U0764475

屈原故里大庸考

金克剑 / 著

中国商业出版社

图书在版编目（C I P）数据

屈原故里大庸考 / 金克剑著. -- 北京 : 中国商业出版社, 2021.11

ISBN 978-7-5208-1386-0

Ⅰ. ①屈… Ⅱ. ①金… Ⅲ. ①乡镇 – 地方史 – 研究 – 张家界 Ⅳ. ①K296.45

中国版本图书馆CIP数据核字(2020)第234829号

责任编辑：刘毕林

中国商业出版社出版发行

010-63180647 www.c-cbook.com

（100053　北京广安门内报国寺 1 号）

新华书店经销

湖南印美彩印有限公司 印刷

*

880 毫米×1230 毫米　16 开　60.5 印张　1226 千字

2021 年 11 月第 1 版　2021 年 11 月第 1 次印刷

定价: 398.00 元

* * * *

（如有印装质量问题可更换）

屈子行吟图[明]陈洪寿/绘[明]崇祯刻本《楚辞述注》

《屈原故里大庸考》编委会

研究发起人：周元庭　李书泰

首席学术顾问：宋镇豪（学部委员）

学术指导：宫长为　李伯谦　王春明　张良皋　李燕杰　何光岳　王中兴
张广志　房立中　杨东晨　翟　杰　张敬轩　杜刚建　屈金星
唐晓渡　吉狄马加　胡伯俊　赵小明　杜芳禄　杨光荣　许显辉
欧阳斌　李培其　邹菊芳　郑在瀛　胡　柯　马　龄

《屈原故里大庸考》课题组

组　长：金克剑

副组长：李书泰　屈楚福

学术指导：田贵君　简德彬（教授）　杨瑞仁（教授）　金　陵（副教授、硕士）

成　员：田开元　屈楚子　陈丰富　周志家　王章贵　陈自文　邹启祥
田奇富　李文锋　龚雪耀　屈建新　屈泽彪　屈新民　曾祥伟

绘画/封面设计：田开元

封面题字：田坤生

文本打印制作：陈　明[首席]　胡薛男　吴　耿　全树雄　金先胜

法律顾问：胡维厚（律师）

公元一九五三年，郭沫若在世界和平理事会上，提名、介绍、宣传、推动，被大会一致通过，正式将屈原列为世界文化名人。

由楚所产生出的屈原，由屈原所产生出的《楚辞》，无形之中在精神上是把中国统一着的。中国人如果不灭种，中国文化如果不消灭，《楚辞》就没有毁灭的一天。楚人的功劳是不朽的，屈原是会永远存在的。

——郭沫若《屈原研究》

论发现

任何一项新发现，无论是自然科学，还是社会科学，往往不会很快为大多数人所接受，要么不理解，要么不服气，要么被打击、被封杀，要么被冷遇、被淡化。法国著名启蒙者爱尔维休说：“审慎的人几乎总是把不论在哪方面有天才的、暂时还没有取得名望的人说成是疯子。伟大的人总是开始引起讥笑，然后获得赞美。”著名俄国科学家、圣彼得堡医学院教授彼得罗夫发现电弧，成功地研究和利用了气体中的放电。但在公众中与其说是赞美，不如说是同情和惋惜。

——苏联科学院院士卡皮查

论屈原

屈原不仅是古代的天才歌手，而且是一名伟大的爱国者；无私无畏，勇敢高尚。他的形象保留在每个中国人的脑海里。无论在国内国外，屈原都是一个不朽的形象。我们就是他生命长存的见证。

——毛泽东

论秭归

秭归并非屈原故里。

屈原出生秭归系千古谬误。

袁山松是第一个将屈原遗迹与秭归县名挂起钩来的人。郦道元将袁山松的挂钩引进《水经注》，并同时对其挂钩产生怀疑：“余谓山松此言，可谓因事而立证，恐非名县之本旨矣。”但是，袁山松的挂钩被后人放大，而郦道元的怀疑却被很多人忽略。

郦道元既为“屈原生于秭归”背了千年黑锅，也为袁氏谬论做了千年宣传。

——张世春（湖北荆州学者，中国屈原学会名誉理事）

论研究

张家界历史文化研究这件事（含屈原故里大庸考），只能加强，不能削弱。要继续不断地坚持下去，不能停，不能断，不能丢，丢了是要负历史责任的。

—杨光荣（中共张家界市委书记在一次常委会上的讲话，并写进了会议纪要）

谨将此书献给我的老乡—伟大的爱国诗人屈原

屈原，公元前353年（戊辰周显王十六年）正月二十三日诞生于古庸国屈家坊（今张家界市永定区阳湖坪镇屈家坊村），成家后分房居住于潭口里（今阳湖坪镇潭口村）。晚年辟谷种兰居住于兰岗(原永定区关门岩兰岗村)。周赧王三十五年（公元前280年），秦将司马错、司马靳率兵十万破黔中（沅陵）、灭大庸国、灭屈家坊。公元前278年农历五月端午，远游旅居于汨罗女儿（女媭）家的屈原闻国破家灭凶讯后，特为庸国和屈氏家族做了《招魂》《大招》两堂祭奠法事后，即投汨罗江殉国——殉庸国而非殉楚国。终年75岁。公元前223年，秦灭楚，距屈原投江殉庸55年。

证　明

——感悟日记 2019年6月8日

欧阳斌

那年，你用出走，证明
水可以自清
你用《天问》，证明
诗可以穿越
你怀抱一块石头沉入汨罗江底，证明
书生的骨头可以比石头更硬
现在，人们用菖蒲，证明
小草，也可以去邪
用龙舟，证明
灵魂，也可以打捞
用粽子与诗歌，证明
对于一个真正伟大者的怀念
没有俗与雅的区别
而且，可以千年不变，万年不变

屈子升天图（出土于长沙马王堆汉墓）

【欧阳斌】当代知名诗人、作家。有多部著作出版。现供职于张家界，文化旅游专家。

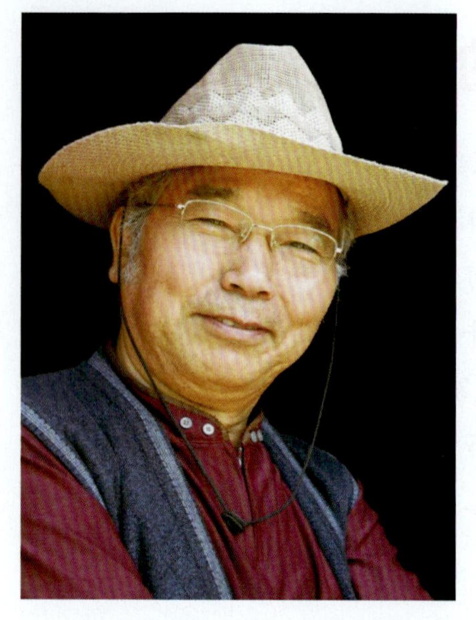

作者自述

金克剑，1948 年 10 月出生，土家族，贫农出身。“老三届”高中毕业，与大学无缘。当过农民，当过“8 · 75”电影放映员及小学、初中民办教师。1979 年暑假参加全县 2000 多个民办教师竞考 5 个公办教师，一考夺魁：初分配于县委宣传部，坚辞，自选大庸县文化馆，任副馆长兼文学专干，从事文学辅导、创作，为本县（市）培养了一批青年作家。曾先后调市文化局、市旅游局，期间创办《张家界》旅游杂志(省刊号)、《旅行》杂志(全国统一刊号)，任社长、主编。发表数十万字文学作品。半生浪得若干各级别文学艺术及其它界别社会团体会员或正副头目虚衔。散文《红与白》入选全国高中语文民俗教材。出版《人文张家界》《生长的城市》等著作。半生中两次辞官，却破例连任市政协 4 届委员、常委闲职，市九三学社第一届副主委等闲职。一生爱好广泛，尤擅创意策划，系注册高级策划师（北京）。曾成功策划实施了成系列影响中外的项目案例，如轰动世界的飞机穿越天门、世界首条最长最高的天门山索道、世界最早最长最高的大峡谷玻璃桥、天门山山水剧场选址最后拍板等。利用市政协委员、常委及民主党派身份，强力呼吁并成功实施对世界遗产武陵源景区大拆迁，影响党中央、惊动联合国。提出并成功申报“张家界优秀旅游城市”和“世界 · 张家界地貌”。早在 2005 年元月，在市政协四届二次会议上，作《关于建立张家界国家公园》大会发言，比北京提出此概念早 8 年。第一个提出为世界遗产武陵源立法获得成功。中国第一个提出并呼吁“创建张家界生态旅游城市”前卫概念，被省人大采纳并获得成功。提出并策划打造城市中心澧水两岸 20 里土家吊脚楼文化风情街，把张家界市逼上世界旅游之都宝座，虽未成功，但为后人留下一个为之生生不息的梦想。从另一层面，我的无私付出，让一大批领导及社会人士因成功组织实施了上述若干重大项目工程而获得升迁晋级；若干企业因采纳了我的智慧知识成果而建成一批闻名天下的人文旅游项目，为我市开创了巨大的人文旅游市场和就业岗位，为张家界市开辟了有别于大峰林模式的城市旅游半壁江山。而本人，却是一个只知默默奉献而不懂回报的寒儒书生。但并不后悔。我只有一个信念：“在地球上创造一个天堂，是策划师的任务。”（西人 · 阿尔托语）

2008 年 9 月，我受邀参加“张家界市历史文化基础性研究”学术工程，自报屈原故里在大庸选题，从此文学改史学，并彻底改写了我的后续生命史。至今日已耗去了我整整 13 年生命日，著成 120 余万字、29 次大修大改、总字数达 3500 万字的长篇屈学论著——《屈原故里大庸考》，全面攻克中国古今一大学术高地。并由此率先叩开了千百年史界未能攻破的中华万年史的大门。欺骗中华民族 1500 年的谣言——“秭归说”终于真相大白、全面清算、原形毕露。正是：乾坤朗朗、日月昭昭，冤案得申，屈原魂归！

13 年来，不知有多少热心者这样问我：“金老师，您凭什么能破释千古第一学术难题——屈原故里在大庸的？”答曰：“因为我是屈原故乡人。不是故里乡亲，就是神仙也说不清！”

此时此刻，回想当年提前 5 年病退，或许是屈原冥冥中的暗示与眷顾。

此地叫高岩墙。位于永定区沅古坪镇三台山村双溪桥组。20 世纪 40 年代初，父母因逃避战乱迁居于此，给开明绅士龚治世课田度日，居住左侧吊脚楼上。1948 年十月初九，我出生于此。老爷子有一子睡庵，一方文豪，贺龙老庚、秘书。曾随红军长征至甘孜，重伤掉队，讨米回家。我的童年、少年、乃至青年，受其教诲熏陶，影响一生。

左上作者头像摄影/江云龙 2017 年夏摄于中央仙山黄帝轩辕国之考察途中

右图摄影/本著作者出生故里高岩墙吊脚楼，槽门左为旧居。　　右图古剑/摄

图说湖南大庸(张家界)屈原故里（图片 167 幅）

第一部分　图说潭口屈原故里（66幅）

一、屈原成家故里——大庸(永定)潭口里簸箕塌老屋场恢复重建创意图（1幅）

1、澧水北岸（左）：姊归岸、姊归渡、文昌阁、鸿文塔、文华寺。以下有屈原悬棺、潭头铺（十八铺）、兰香桥、屈子钓台、二尉渡、观日台、“永界慈界中分”摩崖石刻。

2、澧水南岸（右）：归乡岸、归乡渡（大码头）、丹丘（400亩大沙洲，已毁）、金藏关（古庸都东方第一雄关）、古炮台、屈子读书洞、簸箕塔（一口印）屈原老屋、天问阁、悬崖栈道、三闾大桥、月亮岩、堡子、二尉岩等。

二、屈原出生、成家、辟谷、遁隐四处故里(故居)图示（1 幅）

▲屈原出生第一故里——屈家坊祖屋里（图为屈原大夫祠）

▲屈氏太祖庙——高阳寺

▲屈原辟谷种兰第三故居——兰岗，图为相公洞

▲古庸城正南之天门洞——屈原辟谷修行第四故居，与庸城相距 10 公里

▲屈原成家第二故里——潭口里

三、大庸(张家界)屈原故里 5 份核心证词图（27 幅）

【一证】大宋国史《太平御览》载麓山精舍丛书核心证词

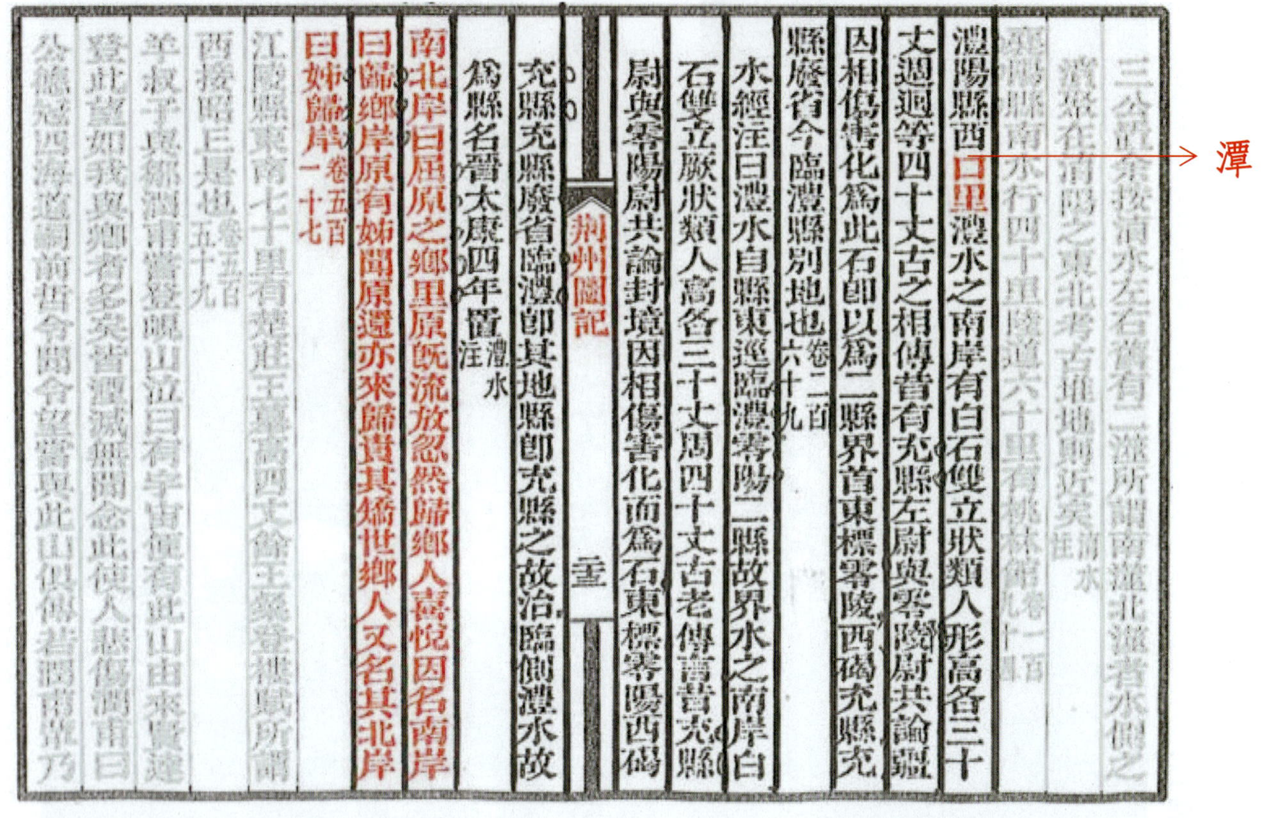
三公岧嶤按清水左右舊有二灘所謂南灘北灘者水側之
嶺嶺在酉陽之東北考古推地則近矣 注清水
襄陽縣南水行四十里陸道六十里有桃林館 卷一百九十□
澧陽縣西口里澧水之南岸有白石雙立狀類人形高各三十
丈週迴等四十丈古之相傳昔有充縣左尉與零陽尉共論疆
因相傷害化爲此石郎以爲二縣界首東標零陵西碣充縣充
縣廢省今臨澧縣別地也 卷二百六十九
水經注曰澧水自縣東逕臨澧零陽二縣故界水之南岸白
石雙立厥狀類人高各三十丈周四十丈古老傳言昔充縣
尉與零陽尉共論封境因相傷害化而爲石東標零陽西碣
荊州圖記 壹
充縣充縣廢省臨澧郎其地縣郎充縣之故治臨側澧水故
爲縣名晉太康四年置 澧水注
南北岸曰屈原之鄉里原既流放忽然歸鄉人喜悅因名南岸
曰歸鄉岸原有姊聞原還亦來歸責其矯世鄉人又名其北岸
曰姊歸岸 卷五百一十七
江陵縣東南七十里有楚莊王墓高四丈餘王粲登樓賦所謂
西接昭丘是也 卷五百五十九
羊叔子與鄒潤甫嘗登峴山泣曰有宇宙便有此山由來賢達
登此望如我與卿者多矣皆湮滅無聞念此使人悲傷潤甫曰
公德冠四海道嗣前哲令聞令望當與此山俱傳若潤甫輩乃

1. 大宋国史《太平御览》选载屈原故里在大庸潭口里的终级结论证言。原载清先绪长沙考据家陈运溶著《麓山精舍丛书》所收录南齐刘澄之撰《荆州记》。其核心文字为“南北岸曰屈原之乡里……”52 字。

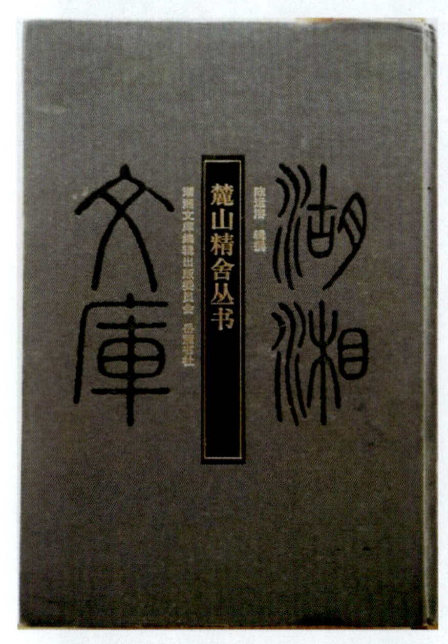

2. 长沙岳麓书社出版《麓山精舍丛书》，记下屈原故里在充县（大庸永定）潭口里的唯一一份国史文献证词，直接宣判除此之外所有关于屈原故里之说皆为谣传伪说。

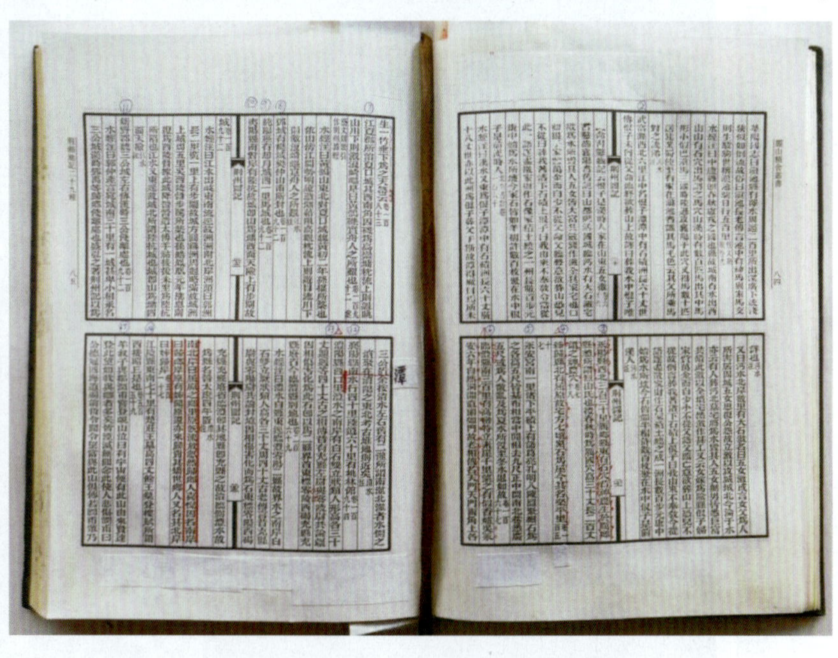

3. 图为所载屈原故里在充县（今张家界市永定区）潭口里核心证词全文

【二证】清光绪《永定县乡土志》

永定縣鄉土志　卷之四　氏族　三六〇

甚重世族毎姓必立宗祠宗祠必修族譜原始要終猶有古宗法遺意試擴而充之推而行之亦火然泉達之機也昔龔子有農宗聚民之論近時學堂變法亦叢各省設立族學誠取諸族所已行者因其法而變通焉立之宗以養之立之學以教之親睦平章之氣去古固未遠也

贊曰八使匡衛四姓稱強指樹錫姓插草畫疆屈昭鬭桑皆楚之良三閭族籍蘭芷馨香子孫千億列甲分房無滋他種永奠宗祊

1、清廷帝师侯昌铭总纂出版的清光绪《永定县乡土志》所载屈原故里在永定屈家坊——三闾宗坊，是朝廷高官发声第一人。同时，也是发现华胥国与伏羲、女娲出生于大庸第一人。曾作诗曰：“高卧华胥国，何者是羲皇。”

2. 侯昌铭（1854-1924）：永定侯家湾人。两榜举人、清廷内阁中书、光绪帝师。退休归里后，主持编撰《永定县乡土志》，以四十八字诗，记下屈原生身故里“三闾宗坊”——即今张家界（大庸永定）阳湖坪镇屈家坊村。虽诗句隐晦，却意味深长。恰与《太平御览》形成两证对接。

（田开元/绘）

【三证】书写在白布上的明代永定《瓜藤谱》

1. 天下第一奇谱——书写在家机布上的明代屈氏《瓜藤谱》。这是古代屈原后裔在国破家亡后流亡迁徙四方留下的重要证据。（屈楚子、屈楚福提供）

2. 收藏明代屈氏《瓜藤谱》功臣屈先社

3. 图为屈楚福向著作者金克剑讲述明代屈家坊屈原后裔《瓜藤谱》失而复得的曲折故事和主要内容。（李书泰/摄）

【四证】收藏在棺材里的清光绪《屈氏族谱》

1..收藏在棺材里的清光绪《屈氏族谱》

2. 收藏光绪族谱的功臣屈楚福(乐园屈)

3.秘藏在棺材里的清代《屈氏族谱》：从棺材里取出收藏50多年的光绪十一年屈家坊第三编《屈氏族谱》，已是水浸溃烂，无法翻阅。收藏此谱的功臣名叫屈楚福(乐园屈)，慈利县金岩乡乐园村人。后来经过屈家坊屈祖生老人两个多月悉心翻晒，逐叶剥离，逐字整理，族谱终于起死回生，重见天日。

2012年7月18日，屈楚福（三岗屈）、屈祖生（屈家坊）二人携明朝《瓜藤谱》、清朝第三编《屈氏族谱》及明清三谱序言合集手抄本到市政协文史委，寻求支持指导第四次修编《屈氏族谱》。图右为修谱发起人的屈楚福，向金克剑讲述该谱从棺材里躲过“文革”之难的传奇经历。

（李书泰/摄）

4. 清光绪《屈氏族谱》在金岩乐院屈氏后裔棺材中重见天日后，即由屈家坊祖屋出生的屈祖生老医生以一个半月时间逐页翻晒剥离，竟完好无损重现原貌。
（屈楚福［三岗屈］/摄）

5. 第二次屈氏族谱
（屈楚福［三岗屈］/提供）

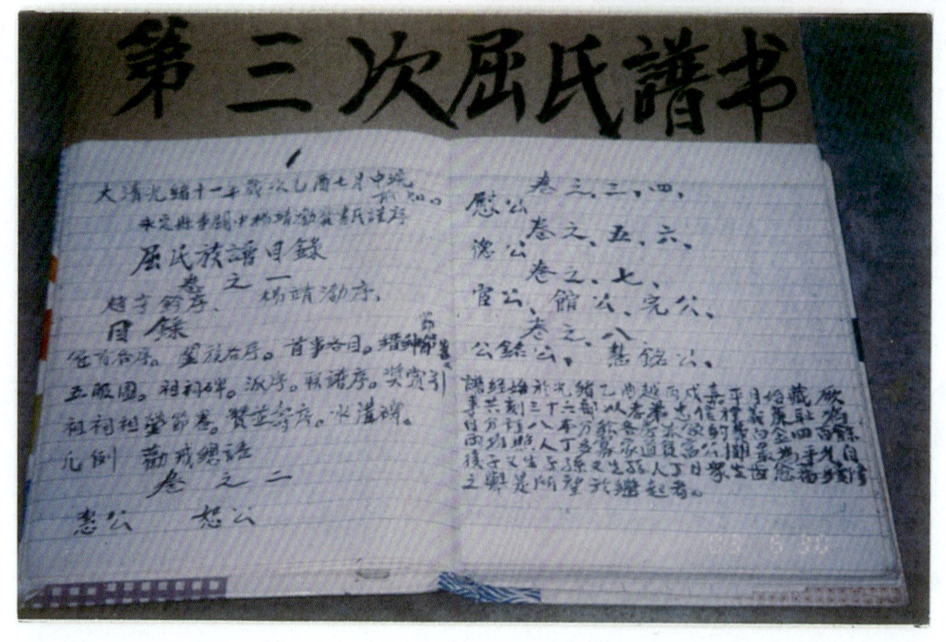

6. 第三次屈氏族谱手抄本
（屈楚福［三岗屈］/提供）

【五证】清康熙六十一年屈氏家传《告祖词》

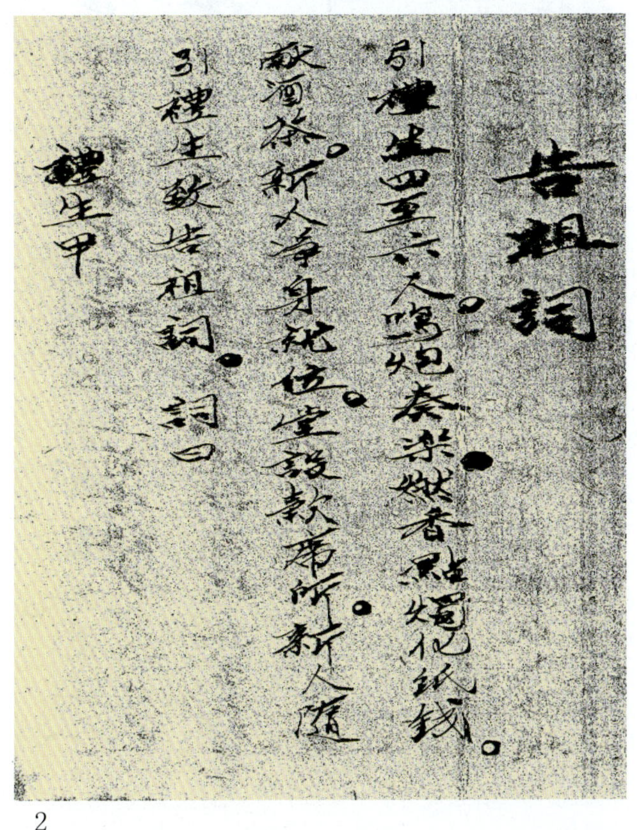

告祖詞

引禮生四至六人鳴炮奏樂燃香點燭化紙錢。

獻酒茶。新人淨身就位。堂設款席。所新人隨

引禮生致告祖詞。　詞曰

禮生甲

2

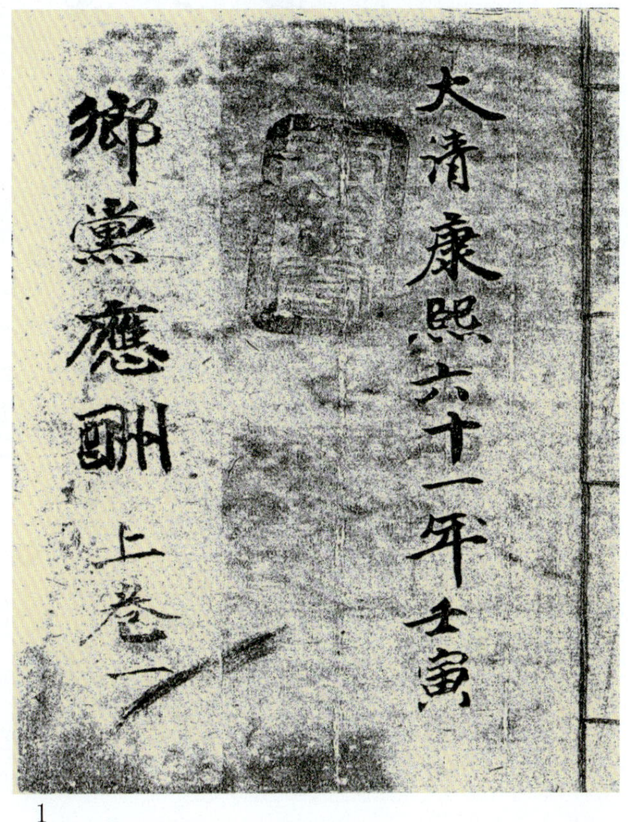

大清康熙六十一年壬寅

鄉黨應酬　上卷二

1

木有根來水有源。堂前告祖先。東方長娥

火陽祖。西方常詰王堯圓。祝融常詰承。啓字始

迪成婚。把人繁。當梁恒若太少典。炎黃禪位萬

古傳。　禮生乙接

炎黃禪位萬古傳。帝官伯陵水消。賢最是顓頊

高陽祖。世代叩拜壹都。宴八元崇師尊嚳卷。

3

四十二熊拜崇山。十二屬末終北庸。壽終江藏

沅水岸。　禮生丙　轉頌

祝融喆人配夜郎。繁衍百國圖。當梁北庸八元

鑄鍾鼎。高陽三池鍾聲揚。神農耜禾植五谷。

嫘祖窺出教蔴桑。萬國九洲拜藝都。庸亡

國碎血染堂。

4

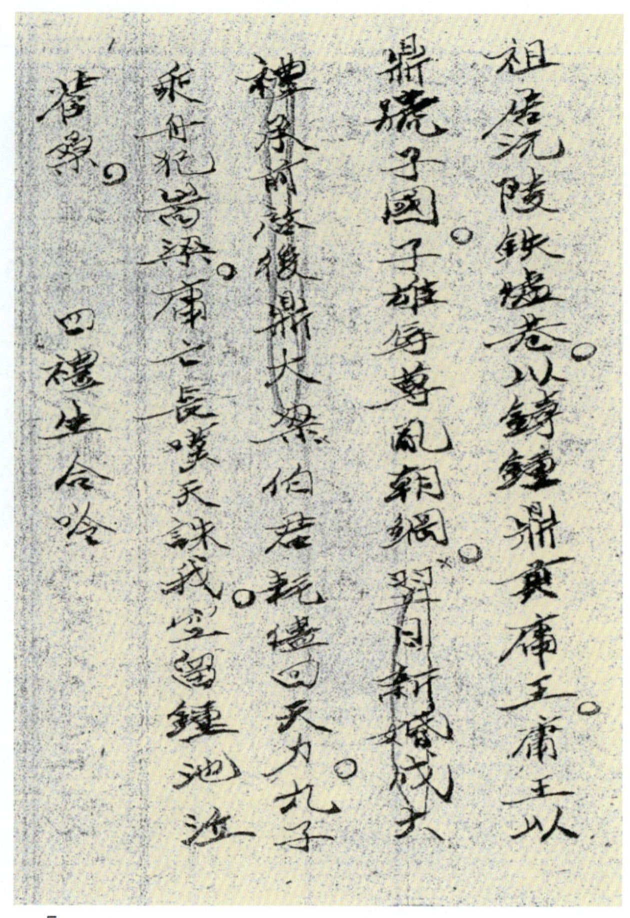

祖居沅陵鉄爐巷。以鑄鍾鼎典庸王。庸王以
鼎號子國子雄。每尊亂朝綱。翌日新婚成大
禮。承前啟後鼎大梁。伯君乾坤回天力。九子
乘舟犯嵩梁。庸亡長嘆天誅我。空留鍾池澀
昔梁。 四禮生合哈

5

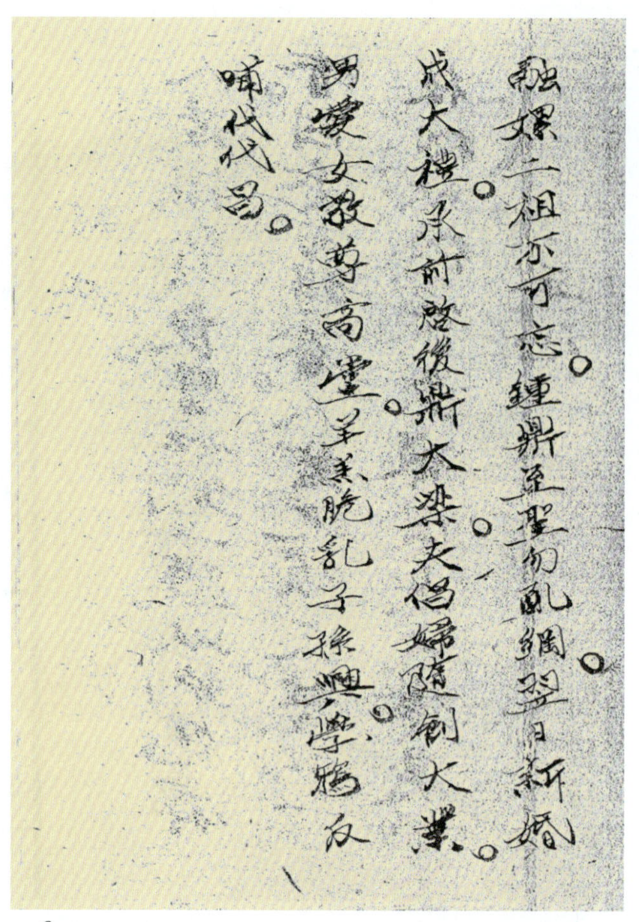

融嫘二祖不可忘。鍾鼎至聖勿亂綱。翌日新婚
成大禮。承前啟後鼎大梁。夫倡婦隨創大業。
男樂女教尊高堂。羊羔脆乳子孫興學勝反
哺代代昌。

6

【按】此《告祖词》由屈原家族后人代代传唱，流传民间1500多年。它完整、系统地记录了大庸帝国从“四十二熊拜崇山”到“十二屈末终北（伯）庸”，即从四十二代熊氏庸王到十二代屈氏庸王的政权更替直至灭亡的全过程。从“九子乘舟犯嵩梁（天门山）至庸亡国碎血染堂”，写透了一部长达4000余年从盛到衰、直至灭亡的庸国兴亡史，是本著继大宋国史所载屈原故里二尉岩潭口里之后的又一份最为重要最为罕见的民间祖传核心证词！其涉及庸国历代庸帝及重要古史人物之多，历史变局信息量之大，**堪称中华万年史的缩影**，被相关专家称之为**“有字天书”**。笔者费时3个年头才将其全面破译，终于弄清了被历史淹灭的大庸帝国兴亡史，其价值无与伦比！

在此谨向提供本证词的龚建业先生深深致谢！

7. 图左：与采访收集屈原家族《告祖词》手抄本的功臣龚建业先生留影于2013年11月张家界市历史文化研究成果评审会上。

（摄影/李书泰）

[附件一]**寻找修氏祖婆——屈原母亲之坟**

1. **屈原母修淑贤(修氏婆婆)墓葬标志物——婆婆岩：**“簸箕塔上婆婆礅，婆婆礅上婆婆岩，婆婆岩下婆婆坟。”此为古之相传的关于寻找屈原母修氏祖婆坟的暗语。图为似头裹苗族头帕的婆婆岩。经仔细观察，此石柱天生10多个人面像，一奇。（屈楚福/摄）

[附件二]**灵均公邓夫人像：**屈原出使郢都20年，元配昭碧霞被楚怀王妖姬郑袖害死，续弦邓氏，系邓国君王公主，生二子屈署、屈跗。秦灭庸灭屈大屠杀之际，邓夫人徙居江苏临海东塍镇屈家村。庸亡屈灭后，屈原正配昭氏后人逃亡北迁远徙第一站即此地，数年后举族南迁，实施长达1405年东迁西的大迁徙行动。（原载《屈原后裔寻访记》长江出版社2010年6月版第57页）

2. 此为本著研究写作作出巨大贡献的屈楚福先生（三岗屈），先后四次率人寻找屈原之母修氏婆婆坟墓，终于一了数十代屈氏后人之心愿。

3. 图为协助屈楚福（三岗屈）寻找屈原母亲修淑贤修氏婆婆坟的当地乐院村民，在乱坟前举行简单的追思悼念仪式。自左至右为张春海、李发银、黄国清、张友生。眼前为公元前280年秋秦将司马错、司马靳爷孙灭庸灭屈所掘之修氏祖坟残址。

（屈楚福/摄）

[附件三]**诗祖故乡发现天门诗社碑(残)**：2016年12月2日，本市天门诗社副社长彭丽珍在沙堤(新城区)工地偶尔发现民国三年(1914)“天门诗社碑”(半截)。大庸天门诗社创办于宋政和元年(1111)，距今910年，为诗祖屈原故乡“千年诗社”找到了实体文物证据，石碑距今107年(后有专文)。

(摄影/古剑)

錫三鑑章
號明宇我田氏自宋仁宗慶
於兹迄今七百餘歲朝代迭
孫宦生大樟樟生子三曰邦
余爲疇公九代孫君爲疇公
祖諱榮趂永州府教授爻諱
花木其中別構屋數楹署曰
點勘繼掌天門詩社尤近漁
甫弱冠嘗謂君曰汝能讀遺
廬可以蔽風雨薄田數畝可

[附件四]**明代《田氏族谱》证言：“……继掌天门诗社”。**可知明代时，天门诗社仍由田氏一脉代代世袭传承，因为天门诗社是由宋代武溪田氏土司长官所创。

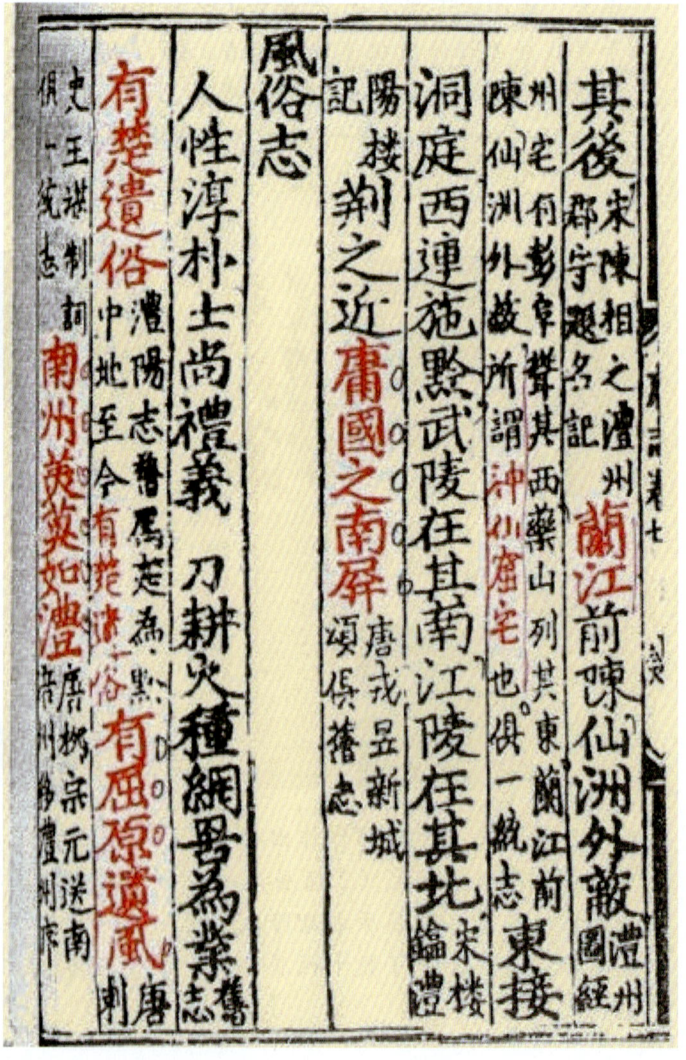

其後宋陳相之澧州郡守題名記蘭江前陳仙洲外蔽澧州圖經
州宅有彭阜聳其西藥山列其東蘭江前陳仙洲外蔽所謂神仙窟宅也俱一統志東接
洞庭西連施黔武陵在其南江陵在其北宋樓鑰澧陽樓記
荆之近庸國之南屏唐戎昱新城頌
風俗志
人性淳朴士尚禮義刀耕火種網罟為業舊志
有楚遺俗澧陽志屬楚為黔中地至今有楚遺俗有屈原遺風唐
史王琳制詞南州美莫如澧唐柳宗元送澧州

[附件五]**明《澧州府志·风俗志》相关信息：**“澧州兰江(澧水)”“所谓‘神仙窟宅’也”“庸国之南屏”“有楚遗俗”“有屈原遗风”“南州美莫如澧”等经典地标性名句。澧水固因多兰而艳称兰江，但究其实，是因屈原诗“沅有芷兮澧有兰”而彰显。而屈原本人，恰又因爱兰辟谷种兰辞朝遁隐，从而让澧兰香名千古。**“澧兰”，是判别屈原故乡所在地望的重要标志物。**

四、叩访屈原——大庸四处故里（故居）位置图(21 幅)

[第一处]屈原出生故里——屈家坊

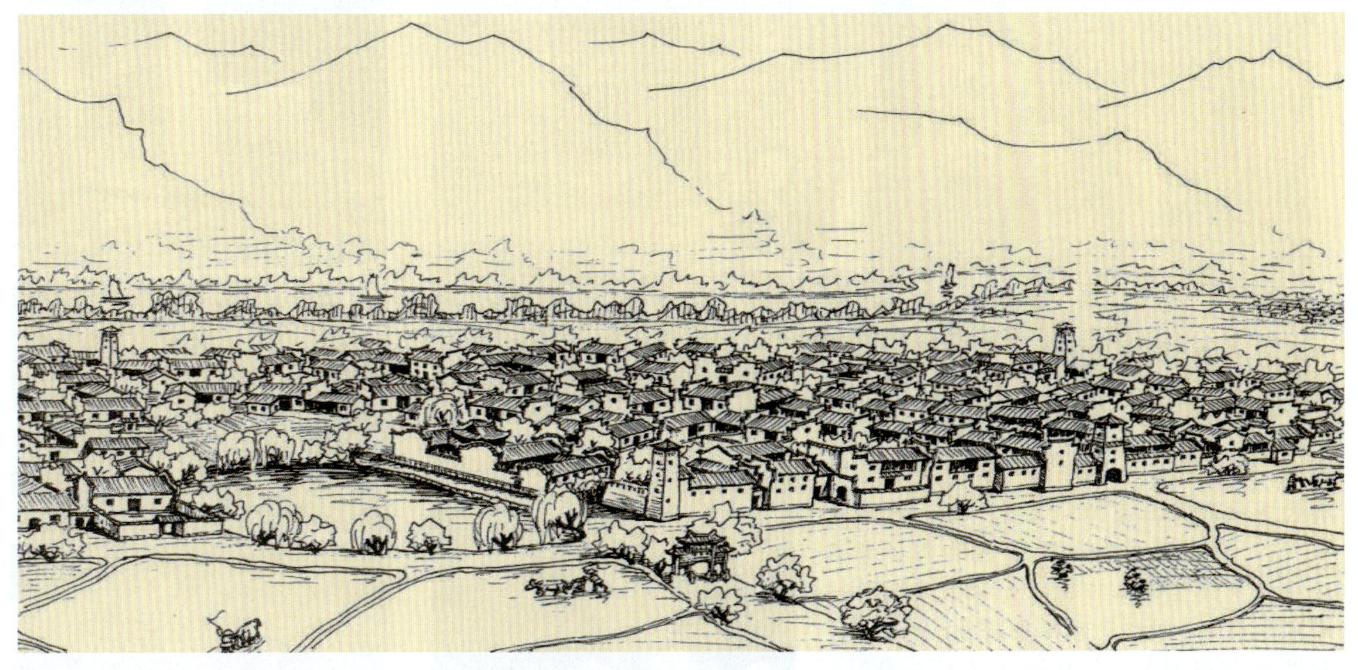

1.明清时期的屈家坊。公元前 704 年，楚王熊通长子熊瑕以“庸楚两国同存共监制”使臣莫敖身份被派遣到古庸国朝廷，并落户屈家坊，且以黄帝武臣狂屈坚之屈改熊姓为屈姓。至屈瑕第三代孙屈荡篡夺了熊氏数千年庸国帝位，开启三百年屈氏大庸帝国时代。图为清末民国时期的屈家坊古城全貌　　（田开元/绘）

2. 2019 年 8 月的屈家坊。现今屈家坊被工业园蚕食后的面积是新中国成立前的四分之一，昔日风貌，无法挽回。　　（胡卫衡/航拍）

3.祖屋里——屈原出生老屋残址：明清民国初尚存三座槽门大院，毁于民国五年（1916）“罗司令反正”。图为首批考察屈原生身故里的本市吉首大学张家界学院考察组成员(自左至右):唐莉敏(副教授)、郑英杰（教授）、屈楚福（屈原后裔）、杨瑞仁（教授）、袁启君（副教授）。

（本版图片由古剑/摄）

4.左为在屈原祖屋里出生的后裔屈祖生老人，因得名“祖生”。时年83岁，为本著课题组屈原后裔主要专家之一。

5.屈原老屋所剩间门、古巷、砖墙及部分石刻等。

6.三闾大夫祠及所供三祖像：为明永乐三年（1405）屈原元配昭氏夫人后裔屈再四回迁后重建。所供三祖自左至右为屈瑕、颛顼、伯庸。祠堂焚毁于民国“罗司反正乱世　（田开元/绘）

五、屈原后裔一千六百八十五年东迁西归路线图

设计：屈楚福　古　剑

六、屈原后裔寻访线路图

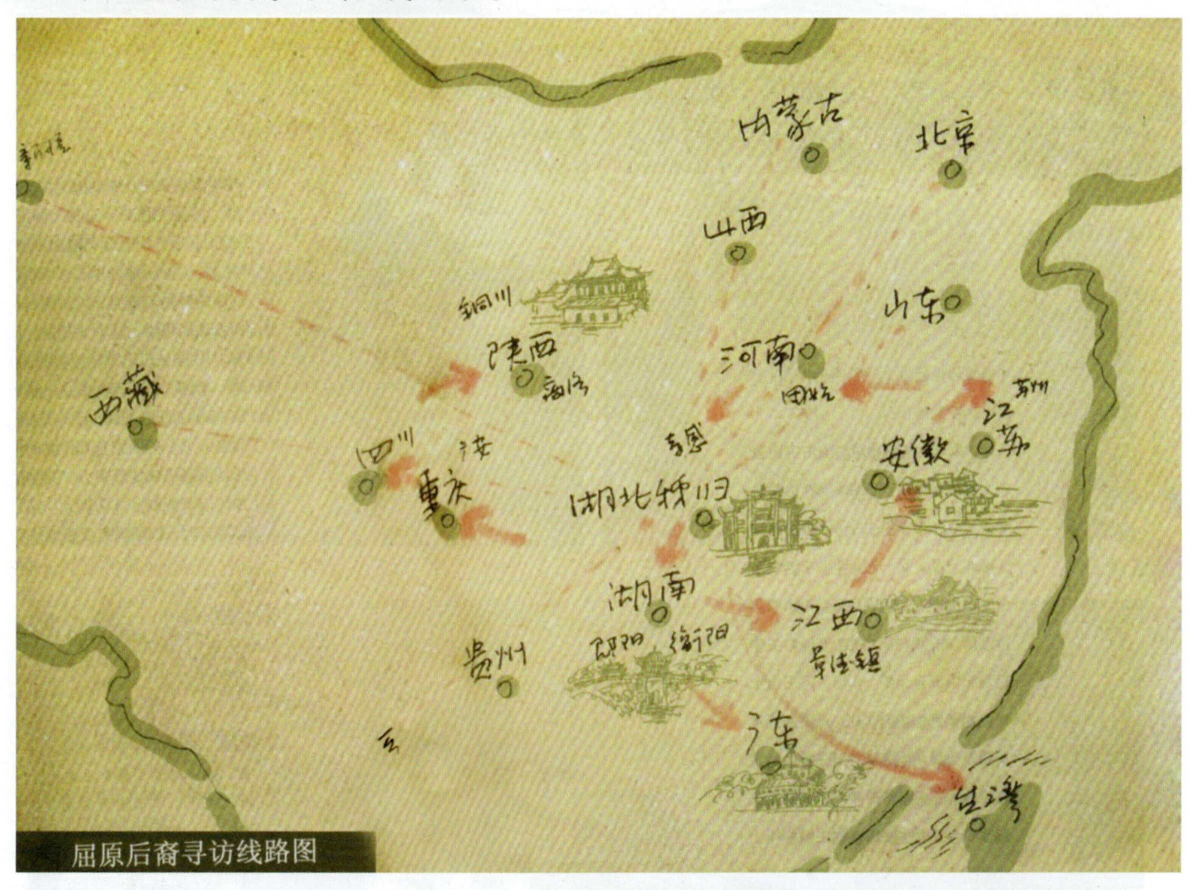

屈原后裔寻访线路图

秭归/郑之问、范长敏、韩永强、刘紫荣（手绘）

（原载《屈原后裔寻访记》2010 年 6 月长江出版社）

七、追寻流落、回迁大庸(张家界)屈原后裔居住地（13幅）

1.屈原祖祠:建于明代中期。位于今张家界市古城中心南正街。由西迁始祖屈全再四后人所建。1946年县府为扩街拆除第一进大门。今因旧城改造拆毁。明代中末期，屈再四家族又在卫城城墙北路建屈氏宗祠。后毁（原县老公安局大院内，千年古樟今存）。 （田开元/

2.隐居桑植八大公山屈原后裔之祖屋

3.定居永定谢家垭龙阳殿屈再五后人所建龙阳大桥

4.明代迁居慈利县的屈原后裔所居之地，如今已成了一座小镇，名屈家河边。

5.桑植县洪家关——贺龙故乡屈家

6.永定社溪峪屈家岗

7.桑植县桥自弯屈家界

【特载】屈原后裔回归祖地大庸（张家界市）两区两县居住分布地名录（41 处）

屈家坊、屈家岗（打鼓台）、飞跃岗（屈）、西溪坪（屈）、兰岗（屈家里）、元当峪（屈）咸水坪（屈）、鲁家坪（屈）、长湾（屈）、代家湾（屈）、吴家嘴（屈）、一家张（屈）、新建（屈）、三岗（屈）、田家台（屈）、张家湾（屈）、培公垴（屈）、集中（屈）、联成（屈）、盘塘（屈）、邢家峪（屈）、伍家界（屈）、关门岩（屈家垭）、蔡家溪（屈）、龙阳（屈）、青湾（屈）、屈家河、屈家桥、屈家嘴、屈家湾、敏家村（屈） 屈家台、砂地坪（屈）、屈家沟、云封村（屈）、屈家峪、屈家界、洪家关（屈）、社溪峪屈家岗、屈家界 桥自弯（屈）。共计 41 处，永定区占 90%以上。（原载《张家界市情大辞典·区划》，民族出版社 2001 年 11 月版第 566-944 页）

8.屈原客居汨罗长女——女媭家：公元前280年，秦将司马错、司马靳灭庸灭屈，国破家亡。公元前278年农历五月端午，旅居汨罗女儿(女媭)家的屈原主祭《招魂》《大招》两堂法事后，抱石投汨罗江殉国(殉庸而非殉楚)。图为十二疑冢之一——屈原陵园入口。

9.屈原后裔流落衡阳祖人嬪公墓

10.桑植县桥自弯屈原后裔屈家界祖墓

11.屈原后裔流落浙江绍兴屈公之墓

12.屈原后裔屈公苏端之墓

（以上13幅图片由《屈氏族谱》修编发起人之一的屈楚子提供，摄影者不详）

13.屈原后裔永定谢家垭乡龙阳殿一脉祖人屈公国顺之墓

第二部分 追寻屈原故里历史文化

一、古庸国历史文化地图（9幅）

[之一] 庸王钟—— 见证古庸国之伟大存在

2.大庸屈氏家族古传告祖词：伯庸八兄铸钟鼎，高阳三池钟声扬。祖居沅陵铁炉巷，以铸钟鼎贡庸王。庸王以鼎号子国，子雄辱尊乱朝纲。伯君耗尽回天力，九子乘舟犯嵩梁。……庸王长叹天诛我，空留钟池泣苍桑。……融嫘二祖不可忘，钟鼎至圣勿乱纲……

——深藏永定区沅古坪秘境的古大庸屈氏家族《告祖词》(清康熙六十一年壬寅《乡党应酬》上卷一)

[之二] 民国时期大庸古城原貌图

与西门溪相邻的西部土地，就是延续七、八千年的庸国帝都废墟——古人堤——庸堤遗址

[之三】古庸国中心区屈原故里历史文化地名分布图

珠泽(汨湖。穆天子钓珠鳖鱼处)
禹溪(大禹导澧遗迹)
昆仑峰
黄河
黄河台
司南峪(黄帝发明司南针遗址)
九日山·后羿射日台
后羿老屋场
九日寨
后羿庙(九日庙)
茅溪河
万年碳化米出土处
古王溪
古王界(葫芦台)
茅山(古庸国包茅授土大祭坛)
古人寨
茅溪河
巫山古人寨
官仓坪(古庸国第一仓遗址)
伏羲洞
脚印岩
(华胥氏踩大迹感孕生伏羲处)
苗寨子
女娲处)
铸铜峪
(古庸国铜矿基地)
崆峒山
宋山(祝融杀鲧处)
宋坪
夏坪
古人寨
(大禹后人居住地)
玉泉寺
巫山石窟
大历山
(舜耕历山处)
历山寺
巫山
大巫山
巫溪
伏羲泉
玉皇洞
上庸
下庸
中庸
大庸溪古城遗址
伏羲太极图
郲王墓
古庸都(二都)
四方城(天门都)
雷泽坪(舜“渔雷泽”处)
神农庙
枫香岗乡
跑马丘
(庸都大校场)
五子坡(熊馆五子)
扒谷丘遗址
(万年古稻田)
舜帝老屋遗址
长谷庸
(万年古稻田)
古陶窑保护碑(舜“陶河滨”处)
金镛城
(今大庸所)
熊馆
(屈原读书处)
崇山
五帝台
七帝墓
连五间
庸山
且住岗
张家界大峰林
(屈原诗“焉有石林，
何兽能言？”发生地)
神农堡
流沙
敦子城(神农建国处)
金鼎
蛇滚坡
神农婆婆洞
盘瓠洞
大地坡
崆峒山
历山城(历辛王建国处。神农出生地)
子午台
凤羽山
(祝融杀鲧处)
帝阁洞
鼬成子石室
帝阁寺(帝：神农帝)
伏羲女娲洞
赤松子洞
地门
社溪(古庸国社祭坛)
女娲庙
古大庸桥
雷公坪(祝融屋场)
白马寺
古庸都(古人堤三都)
神禹碑
屈氏宗祠
大庸卫城
屈原祖祠
庸山
张家界市
古连城遗址
社溪桥
赤松亭
永定区
打鼓台
三望坡(古庸国山川大祭坛)
古天池
(天启七年，
崩天门，垮天
池，改西溪)
仙人溪不死国
天门昆仑
去屈原后裔居住地龙阳殿(25公里)
去七甲坪扶桑溪·古扶桑国·古神州(60公里)
庸王庙
后社溪
武陵源
天竺山
鬼谷洞
兰香桥
屈子钓台
女娲娘娘庙
白大仙庙(鬼谷庙)
潭头铺
细岩头
沧浪古渡
鸿文塔
(昭碧霞坟)
文华寺
二尉岩
日月岩
屈原悬棺
文昌阁
簸箕塔(屈原成家故里)
姊归渡
屈子洞
婆婆坟
丹丘
(屈原父母墓)
姊归岸(40里)
归乡岸(40里)
老庸湾·老庸城(东方帝都)
兰花桥
花旯里·屈原辟谷种兰第二基地
崇阳坪·颛顼故里
花神桥
秦兵灭屈万人坑(大坟山包)
澧水
蛇形地
黄家铺
青云塔(屈子塔)
四十里官道(北岸)
四十里官道(南岸)
高阳寺
阳湖坪
祖屋里
(屈原出生故里)
关门岩
屈家里(屈原辟谷种花老屋)
小花园
大花园
兰岗·屈原种兰辟谷第三故里
花门口
相公岩
屈家坊村
龟背桥(屈氏墓葬区之一)
屈家坊渡
三间大夫祠
相公洞
骚台
迎恩渡
校场
相公泉
古人寨(屈瑕王城)
相公溪
古白国
古茹国
渔父渡

古剑 制图

[之四]屈原诗中崇山县圃文化地图

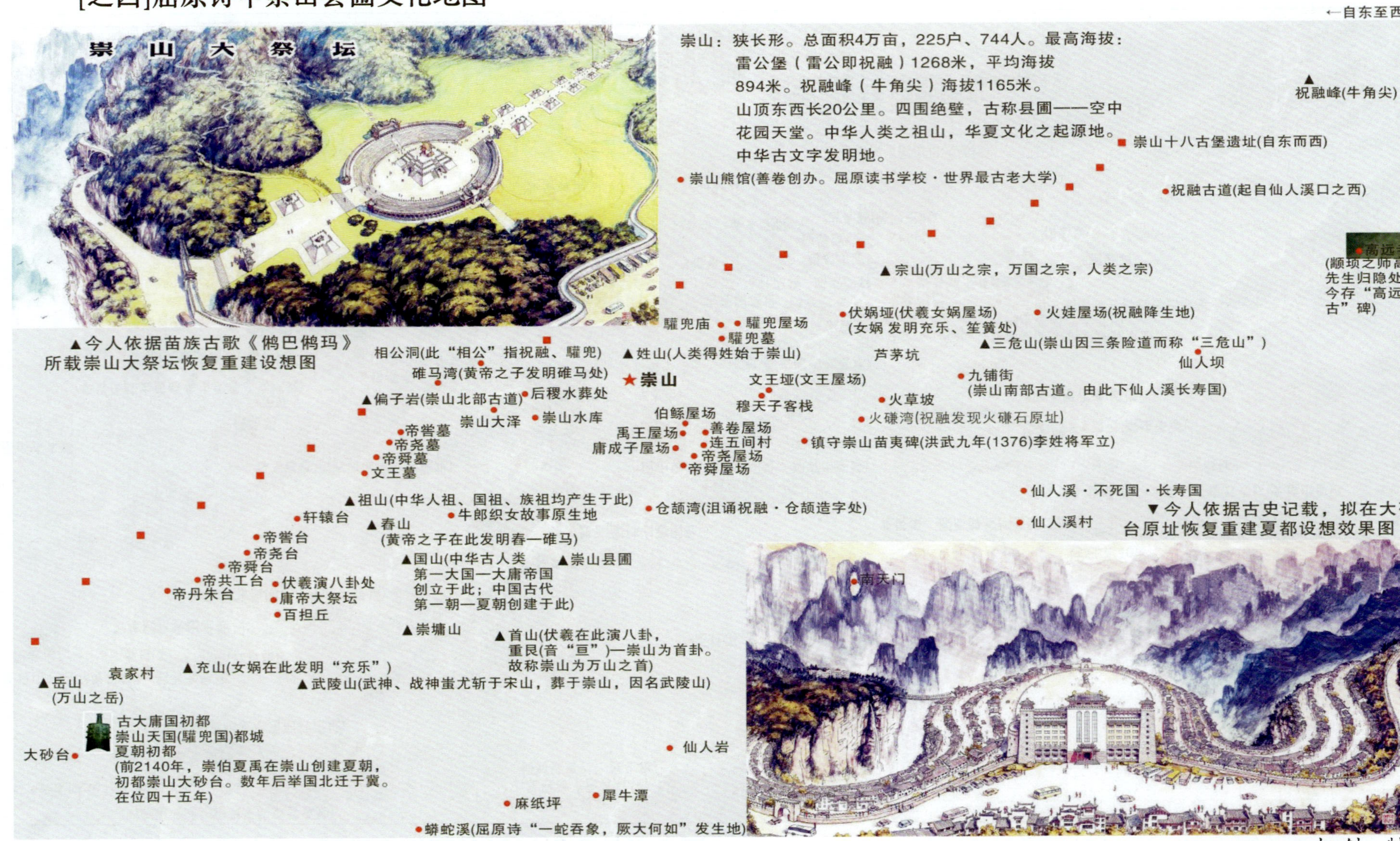

古剑 制图

[之五]屈原诗中天门昆仑历史文化地图

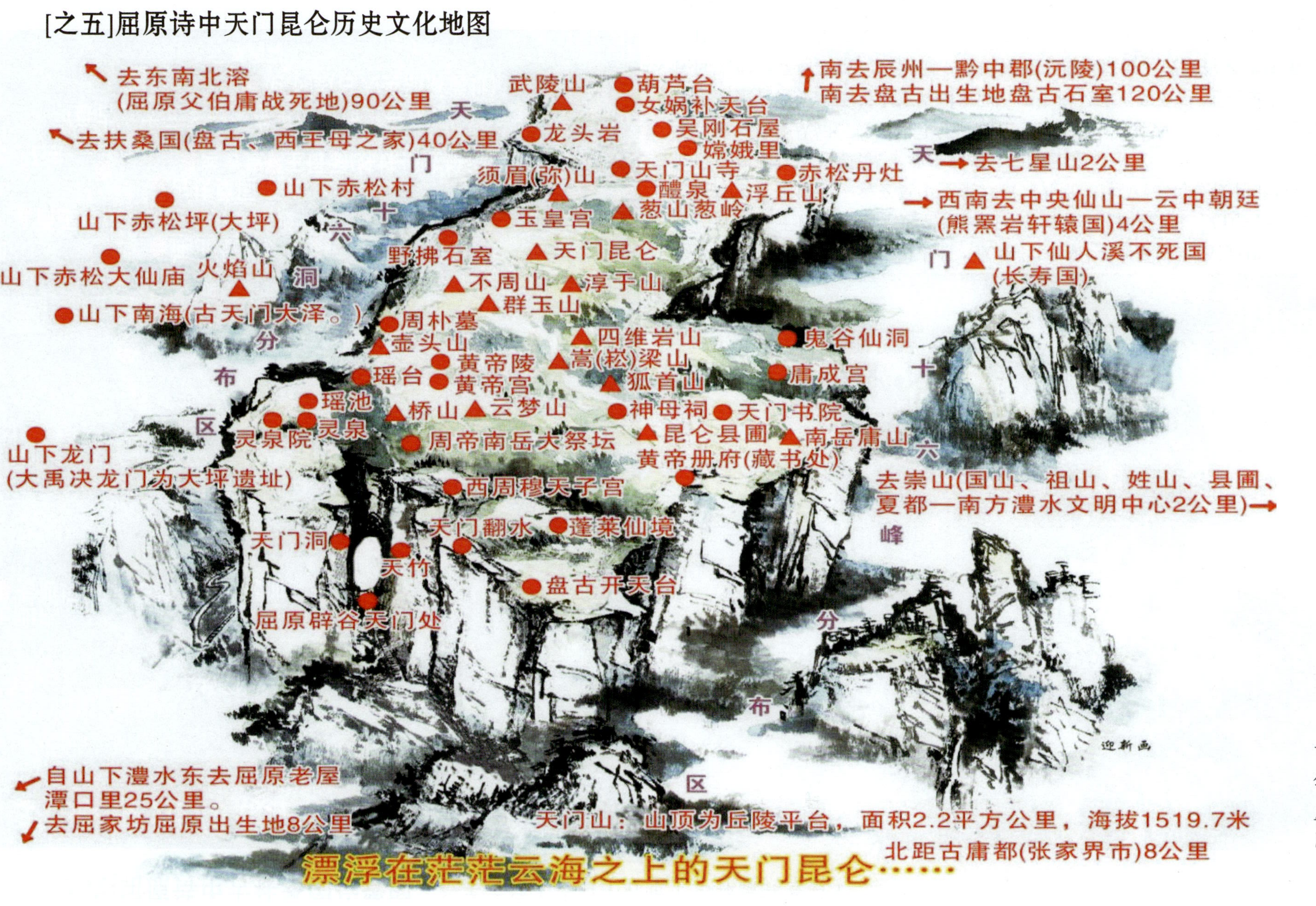

古剑 制图

[之六]屈原诗中古扶桑国位置图（位于天门山东南 120 里七甲坪镇扶桑村）

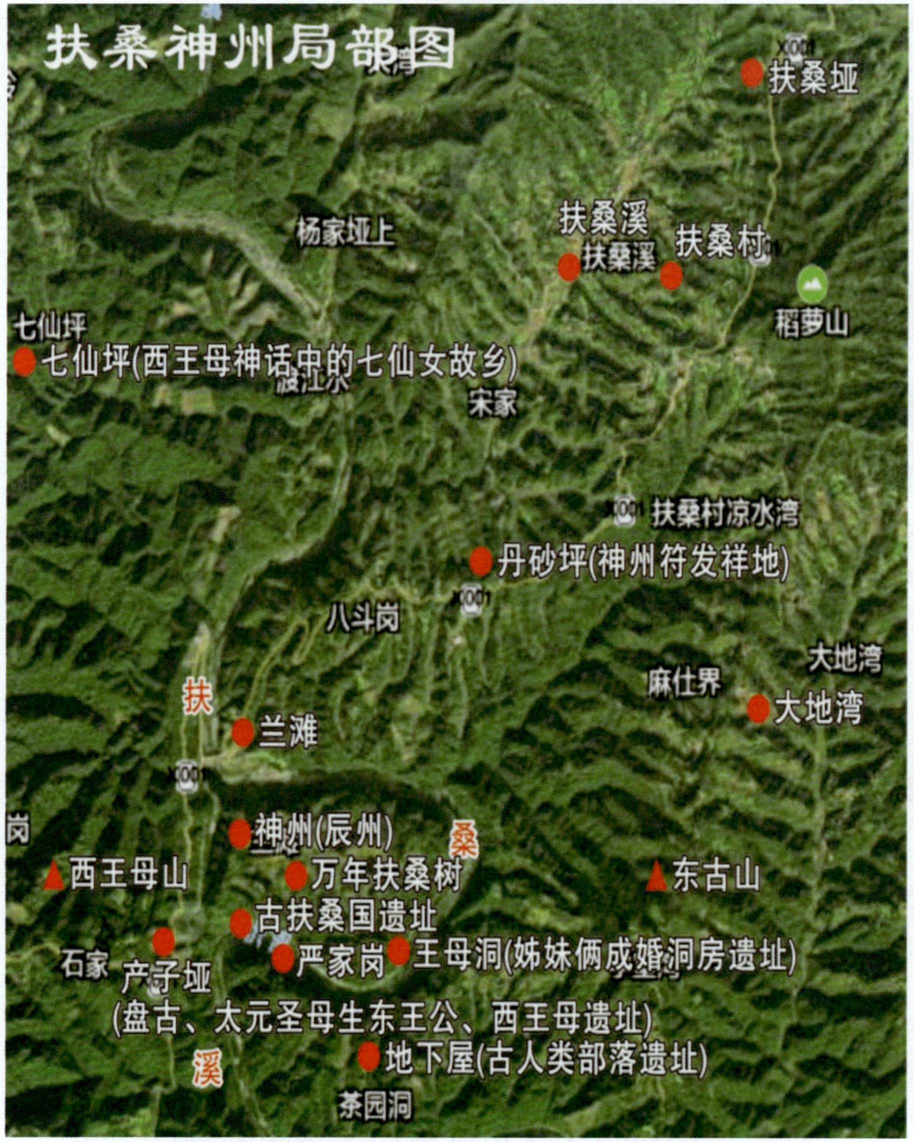

屈原诗中空桑树：此树古名“扶桑”“空桑”“空桑树”“空壳树”，屈原诗“饮余马于咸池兮，总余辔（音配）乎扶桑”（《离骚》）。汉代刘向作诗：“就颛顼而陈词兮，考玄冥于空桑。”（《九叹·远游》）可证汉初此树已空心。此树两次入屈原诗：“魂乎归来，定空桑之。”（《大招》）“君回翔兮以下，逾空桑兮从妇。”（《大司命》）。图为古庸国中心地西北——今张家界市桑植县空壳树乡三千年古空壳树遗照。空壳树又称“空桑树”“空桑”。盖因民间为保空壳树不被大风刮倒，即以树娅支撑以扶持，故又得名“扶桑”。古树孔道可开中型卡车。上世纪六十年代初，自倒于暴风雨中。（图片采用 2018 年 3 月 19 日《张家界日报》，摄者姓名不详。）

[之七]屈原笔下长江以北春秋五霸、战国七雄与长江以南大庸帝国国土态势图

【金氏子按】

发生在公元前722年—前481年计241年的春秋之战和发生在公元前403年—前222年计181年的战国之战，共422年的江山争夺战争，为何全都发生在长江以北？长江以南的万里锦绣河山为何无一国敢踏上一步？这一困扰史界几千年的学术难题，几乎没有一个史家发现并说通。此前若干版本的《中国通史》均以“南蛮荒服之地”轻描淡写，一笔带过。普天之下只有孔子明白并记在《尚书》中：“夏弗克庸帝”“上帝”“天庸”“天子”“皇天”“皇帝”“非天庸释有夏，非天庸释有殷”“惟帝国降格于夏”“庸建尔于上公”“夏王勿克庸德”“帝庸”“元首”“五礼五庸”“生生自庸”“明明我祖，万邦之君”“惟皇上帝”“王庸”“皇天震怒”“上帝”……

原来世界最早称“帝”的国家就是“大庸帝国”，或“天庸帝国”。——而屈原诗中所写历史及其诸多典故，几乎全部出于他所治辖的庸国。

名声若日，照四海之。德誉配天，万民理只。北至幽陵，南交址只。西薄羊肠，东穷海之。(屈原《大招》)

二、古庸国七大人文历史建筑(7 幅)

[之一] 崇山大祭坛——东方金字塔——屈原诗中大禹筑六台于百担丘遗址还原示意图

崇山，海拔 1160 米，面积 23 平方公里。此祭坛位于崇山百担丘。《山海经》载：大禹治水有功，帝舜传帝位与他。大禹在崇山建立夏朝。大禹即帝位之后，为纪念先辈先贤，特在崇山筑帝轩辕台、帝喾台、帝尧台、帝舜台、帝共工台、帝丹朱台，共六座、台四方、台二座，共十二座（载《山海经》）。被称为东方古代金字塔。

[之二] 屈原诗中大禹在崇山大砂台创立夏朝——夏（即大庸王朝）故都重建效果图

公元前 2140 年前后，大禹出生于崇山之“尧湾”。其父崇伯鲧（音滚）受祝融大帝之命治水失败，又盗祝融大帝的“息壤”（一种止水之圣土），被庸帝祝融问斩于庸都北山子午台—凤羽山，史称“殛（读“击”）鲧于羽山”即此。大禹继其父志，三过家门而不入，以疏导之法治水获得成功，舜帝禅位于禹。禹在崇山大砂台建夏朝，此即夏朝之初都。其地形风水学上称“螃蟹形”。数年后举国北上，过长江抵黄河，先后建都安邑、阳翟、洛阳等地。屈原诗中为大禹礼赞笔墨最多。此为当代崇山夏都复原形势图。图中左上为“南天门”，与北天门南北遥对，成为世界大自然一地双“天门”（窟窿）之奇观。

[之三] 崇山易经馆

出生于大庸帝国雷泽坪（今张家界市枫香岗新城规划区）的伏羲、女娲，是充满创世神话传奇的真实人物。大洪水时期，女娲在天门山以葫芦瓜拯救人类，又抟（团）土造人。伏羲则在出生地雷泽坪依天生水绕加上人工开挖，发明创造了人类第一个“太极八卦图”，后因洪水迁居崇山，创造了人类史上最伟大的“崇山太极易经八卦学”超人类智慧的玄学宇宙学，是迄今为止世界无有超越的通神、通天大学问。此崇山易经馆，是当代易学大师丛无为先生在崇山所获得灵感启示而发明创作的太极八卦演绎圣坛，被称为21世纪的天坛，位于崇山连五间——此即祝融、华胥氏、伏羲、女娲、帝尧、帝舜、驩兜、崇伯鲧、大禹、善卷、后稷、周文王等一大批创世开基伟人或出生、或建国、或安葬此地、故称祖山、娃山、国山、神山、仙山等。

[之四] 长寿国空中长寿城——黄帝孕育出生地及中医岐黄之术发祥地——七星山

七星山，海拔1528.6米，为本市最高山。面积2平方公里。与天门山呈东西南并立之势，四周万丈绝壁，是古庸国四大昆仑悬圃之一，亦为屈原诗源之一。因其之南亦天生一座穿山洞穴，被称为南天门。山顶有七座山头，恰似天上七星排列，故尊为与天国、上帝通灵、通神的“七星山”。分别为：天枢星、天璇星、天玑星、天权星、玉衡星、开阳星、摇光星。山上住有长寿国医圣岐（音奇）伯。某日，山下长寿国国王公主附宝，携几个宫女登七星山，在天枢峰下踏春玩耍，忽见电光绕天枢峰旋转，附宝突感肚中有了身孕，产子黄帝。黄帝少年时，即拜岐伯为师，读书习医，终成一代伟大帝王及中医药之祖，与岐伯共创中华中医“岐黄之术”。七星山古属仙人溪不死国（长寿国）版土，天下慕名登山求医及隐居者众，几成空中药市城堡。同时又是颛顼天文之城，曾建观测天象的七星塔（见图中之塔），又专辟观测天象的“观台上”。相传颛顼墓安葬在山顶一古洞中，墓冢犹存。

[之五] 仙人溪长寿国——不死国之都城

仙人溪长寿国（不死国），位于天门山、崇山、七星山、中央仙山（熊壁岩）四山山脚下的仙人溪，溪长19公里，流域面积103平方公里，史载不死国、长寿国即此。此即大庸帝国国中有国所谓“千邦万国”之奇葩。上图为不死民不死国之国都状态，仙人溪与熊溪（右）汇流犀牛潭（图左下），是远古长寿国（不死国）的都城遗址。其远山峰顶，洞开一门，与北天门南北相望，是为南天门。屈原诗：“延年不死，寿何所止？”屈原诗中有不少典故出自这里，如“一蛇吞象，阙大何如？”史称“蟒蛇吸人”。而千古流传的牛郎织女的故事就发生在崇山与仙人溪二地。此为长寿国水都复原图。正中为“万岁山”之“万寿宫。其山峰为盘古峰。

[之六] 大庸卫（所）· 蚩尤故里古城图

大庸卫（所）古城位于市西15公里之武溪，乃中国苗祖蚩尤出生之故里。此城原系黄帝为庸成子所建五城十二楼之西部第一城。因蚩尤祖辈皆武木、武器发明世家，故称“武溪”。中国上古史最重大的事件就是蚩尤与炎帝、黄帝以“大庸帝国”“天帝”“上帝”“庸帝”之名北伐发动逐鹿中原之战。继而三祖争霸，黄帝与蚩尤结盟，打败炎帝。后又黄、蚩开战，蚩尤败，械囚回庸，被黄帝斩杀于武溪对岸不远的宋山。《山海经》载：“有宋山者，有赤蛇，名曰育蛇。有木生山上，名曰枫木。枫木，蚩尤所弃桎梏（枷锁），是为枫木。”此地即古城对岸之枫香岗乡，曾有一棵几千年古枫，空心如屋，可容三桌开席。自倒于20多年前，后人继植一棵枫树以续蚩尤香火。

（以上7图创意文字/古剑　绘画/田开元）

[之七] 庸国帝都建筑遗风——古庸人后裔独创“七十二奇楼”梦中家园——当代版土家族吊脚楼世界建筑之奇观

此为古庸人土家后裔、当代策划师、设计师独创、设计的“七十二奇楼·梦中家园”效果图，其主楼中心采用“天门昆仑”原理，中开“天门”——别出心裁，震撼人心。这是当代建筑师在古代筑城、建筑创世祖崇伯鲧故乡所创造出的当代建筑奇迹。

19.屈原访问石林王国——古索国：屈原问天："焉有石林？何兽能言？"哪里有石头森林啊？哪里的野兽能与人对话？天下真正的"石柱森林"只有一处，它就在屈原家乡，所谓"虎不伤人堪作友，猿能解语代呼童""山中虽有虎，不致伤鸡狗"（顾彩《容美纪游》），那个地方就是石林王国——当今发现开发并震撼世界的中国湖南大庸武陵源——张家界国家森林公园。图为屈原骑马登山访问石林王国——古索国。现已列入世界自然遗产，并获世界"张家界地貌"学术专名称号。与"喀斯特地貌""丹霞地貌"并存于世界。

（田开选/绘）

20.秦国灭庸灭屈：公元前280年秋，秦将司马错、司马靳爷孙俩率兵10万，以"声北击南"之计，偃旗息鼓，从四川秘密穿越巴山蜀水天险，经保靖至古丈，分兵两路：司马靳一路直奔黔中（沅陵）；司马错一路先灭施庸国（今古丈县施庸溪区），拔武溪庸城（今大庸所），继而围攻古庸都（今古人堤）。屈平平大将军（屈原之长子）与司马错日夜苦战，全军覆没，战死庸都。秦军继而进攻屈家坊，屈氏两万多军民奋起抗战，2万人战死，1万人被俘，被坑杀于对岸"黄岩头"大水坑，史称"万人坑"。屈原4孙（长子屈平平之4子）乱中脱逃，远遁江苏临海东滕屈家村。其余屈姓流落华夏各地。长约4800年国龄的大庸帝国从史书中消失。这段不为史界所知的秘史，就记载在屈原后裔《告祖词》中。

（本部分研究撰文/金克剑　绘画/田开元）

第四部分　八千里跋涉觅诗魂

——本著作者湘鄂两省屈原故里考察留影（26幅）

1. 作者沿着屈原足迹，行程8000余里，记下了点点滴滴，不放过蛛丝马迹。

（亚子/摄）

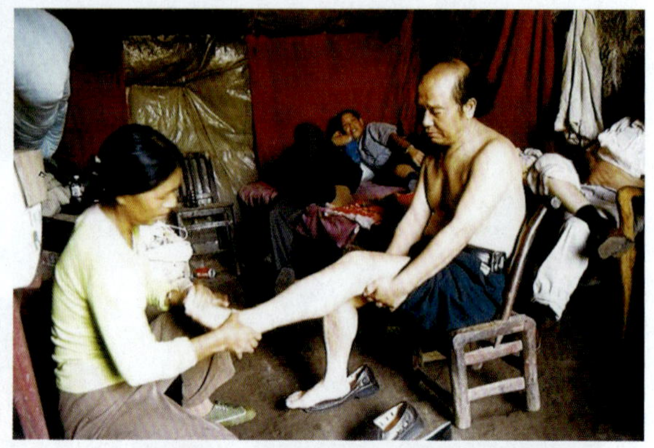

2. 瘸瘸拐拐，高高低低，一双残腿，千山万水。　（亚子/摄）

3. 荒谷古碑费考量

4. 在沅陵火场乡考察屈原诗中祝融礳石取火遗址　（李书泰/摄）

5. 在溆浦寻觅屈原考察舒庸国足迹

6. 在桃江县考察屈原与泪氏夫人及一双儿女的故事。图为作者在桃江岸屈子钓台作秀。　（田奇富/摄）

7. 在汨罗考察屈原与女儿小媭、绣英居住屋场及碑刻

10. 在随州考察博物馆所存有关庸国资料文献

8. 在竹山县考察上庸旧址与当地领导专家留影。左4金克剑、左6李书泰、左8张汉清（张家界市政协秘书长）

11. 在秭归乐平里与落脚坪餐馆老板采访交谈。图中为李书泰。同时考察“屈原旧居”玉米三丘田、响鼓溪“八景”、屈原庙等。

9. 在澧县考察屈原遗迹和城头山古稻遗址

12. 在桃江访问屈原研究专家、作家胡则丘先生。他以屈原在桃江与洎（读季）氏夫人结婚为题材写了部《屈原第二故乡》。

13. 在长沙访问当代著名史学家何光岳先生

14. 在北京访问考古学大师李伯谦
自左至右：李书泰、李伯谦、李夫人、金克剑、龙家雄（周大明/摄）

15. 在北京访问史学家宫长为与周大明先生

16. 与第一批接受潭口采访的村民王家柱、朱月清座谈。图右为著者，图中李书泰

17. 在武汉访问古庸国研究先驱张良皋先生(中)

18. 在北京访问鬼谷子研究大师房立中先生(左2)

19. 在北京拜会李燕杰大师。他是主动提出为我作序第一人。

20. 在屈家坊召开屈原故里考察座谈会。前排左1李书泰、左4金克剑、左5屈祖生，后排左3屈楚福。

21. 2009 年 8 月，本课题组对屈原故里屈家坊进行首次考察，当地村民在屈原旧居张贴“屈原故里欢迎您”标语。2 排左一为考察组成员：李书泰、左二为田奇富，二排右一为：金克剑，三排左一为：屈楚福，前排右一为：屈楚子。

22. 与课题组核心成员屈祖生交谈。本书屈原画像，由本市著名画家田开元创作，并一眼相中屈老形象，即以先生作为屈原模特。屈老以“楚”字辈派正好是屈原的第八十六代裔孙。

23. 本课题组四位核心成员（左起金克剑、屈楚福、屈祖生、李书泰）。屈祖生是当地一代名中医，其药店命名“清醒药店”

（本节图片由李书泰、田奇富等提供）

第五部分 媒体发声

E-mail:zjjdaily@vip.163.com
本版责编/段晓辉 版式/龚丽霞 校对/张丽辉

[视 点]

ZHANGJIAJIE DAILY

3 2010年1月14日 星期四

引子

近日，市政协一篇题为《关于系统研究湖湘远古文明，擦亮湖湘文化品牌的建议》的提案，被评为省政协6个优秀提案中的重点优秀提案。殊不知，这份2008年提交的提案，为何被评为重点优秀提案，抑或说为何引起省政协的高度重视？答案只有一个，这份提案涉及的问题，经过有关专家的反复分析和论证，具有非同寻常的价值，为湖湘文化的研究提供了一条崭新的思路，打开了另外一扇大门。这份提案的主题是，古庸国文化很可能是巴楚文化的前身、河洛文明的近祖和华夏文明的基因，是孕育江汉文化、预衍中原文化的母体文化。一个南方文明古国——远古庸国，就像无价之宝，若即若离，若隐若现。

古庸国文明，很可能是巴楚文化的前身、河洛文明的近祖和华夏文明的基因，是孕育江汉文化、预衍中原文化的母体文化。由此甚至可以派生出一个更加大胆的设想，古庸国是中华文明的摇篮——

穿云破雾寻庸国

■本报记者 黄水中

惊天发现

我市史学专家认为，人们以为湖湘文化属于楚文化系统。从考古角度看文化发展走向，湖湘文化应比楚文化更早，是楚文化的母体文化。

1993年、1995年和2004年的多次考古发掘，在我省永州道县玉蟾岩的新石器遗址中发现的古栽培稻，经北京大学14C实验室及美国哈佛大学人类学系先后用质谱加速器测定，已确定距今至少约有12000年至14000年历史。同时，在澧水中下游和洞庭湖地区发现了更多的农耕文明遗址。在距今8000年左右的城头山等地发现炭化稻谷和大米20000多粒。遗址中出土的木耒、木铲和骨铲、船桨等农具和渔具，这与《易经·系辞》中的"神农氏作，斫木为耜，揉木为耒，耒耨之利，以教天下"的记载完全吻合，与战国中期《尸子》所记"神农氏七十世有天下"及《续三皇本纪》所记炎帝称帝"五百三十年"的时间大体相当。沿澧水而上的古代交易市场留下的许多地名，如慈利"苗市"、"象市"，桑植"樟市"、"瑞市"等，至今沿用。湖湘大地的远古先民创造的文明，似乎并未真正走在其他地方的前列。

在《山海经》、《尚书》、《国语》、《史记》、《汉书》等先秦、两汉典籍中记载的大钟（庸）国、驩头国、楚国，汉前古帝中有伏羲在庸城演八卦，赤帝祝融降于崇山，舜放驩兜于崇山，赧王姬延魂归大庸枫香岗，帝王之师有神农雨师赤松子携帝女女魃隐居庸国嵩梁山（今张家界市永定区天门山），汉高谋臣张良追从赤松子游踪隐居青岩山（今张家界国家森林公园），纵横家鼻祖鬼谷子往来大庸、嵩梁山八次后隐居并终于嵩梁山，楚国三闾大夫屈原曾回茹水（即澧水张家界市城区段）祭祖等，都与湖湘文化发源地的远古庸国有着不可分割的关系。

认为古庸国文化是西南文化的核心，巴蜀文化的母体，江汉、河洛文化的前身，中原、华夏文化的远祖，并非异想天开，而是有七条依据或线索。

一是地质学、生命学依据。据著名地质学家陈国达先生考证，沅澧流域张家界一带在3亿8000万年以前处于浅海近岸地带，附近是茂密的大森林，是恐龙活跃地带。以张家界为核心的沅澧流域正处于地球上生命繁衍最旺盛的北纬30度生物圈内，而古庸国自南至北正处我国地形西高东低之东经110度分界的轴线两侧。

二是考古学、人类学线索。1965年在西南近邻之云南元谋发现170万年前直立人化石，1985年在西北近邻之重庆巫山发现204万年前古猿人化石，1986年再次在元谋小河地区发现距今约400万年的腊玛古猿人化石。古人类向东、向北繁衍迁徙的轨迹在澧水流域已有不少文化遗址可供印证。距今20万年以上的有慈利县金台遗址，距今10万年以上的有桑植朱家台遗址，距今5万年左右的有石门县燕儿洞遗址，距今1万年左右的有澧县城头山遗址，距今8000年左右的有石门皂市遗址，距今6000年左右的有澧县城头山遗址。整个澧水流域5000年左右的文化遗址多次多处出现，仅小小的张家界市就有商前遗址84处，周前遗址142处。

三是地名学、语音学线索。据初步研究统计，在《易经》、《古三坟·山坟·连山易爻卦大象》、《山海经》、《史记》、《诗经》、《楚辞》、《汉书》、《水经注》、《华阳国志》等著名典籍及本土地名志书记录中与本境及周边读音相同相近的地名有：澧水、溇水、漆水、茹水、伏羲洞、女娲娘娘洞、驩兜墓、驩兜冢、驩头国、不死国（仙人溪）等。

四是环境资源学线索。远古时期，古庸国所在地溇澧大地富有充足的盐源，境内溇水很可能是卤水的同音异记，其盐垭、盐井、盐湾等地名，更是远古产盐之地的直观记录。同时，境内地貌类型繁多，大坪、大山、小丘陵、小河川穿插交织，且四季分明，物产多样。这样一处得天独厚的福地，自然是古庸都邑的首选之地。

五是民族学线索。古庸国所在的西南地区共有29个常住少数民族，超过全国55个少数民族的一半有余，就现居古庸国一带的主体民族来看，仍然是远古百濮、三苗后裔，即土家族和苗族。

六是历史或传说人物线索。直接产生并流传于古庸国境内的远古先贤有伏羲、女娲、炎帝神农、赤帝祝融、战神蚩尤（古帝）、赤松子、容成子、盘瓠、嫘祖、女魃、善卷、颛顼、舜帝、驩兜、廪君、夸父、刑天、盐水婆婆、八部大王、梅山猎神、彭祖、巫咸、巫罗等。

七是文明发展线索。火的发明和利用是人类文明进步第一座划时代的里程碑，降于古庸国崇山，作为南方火神的赤帝祝融无疑是传播文明火种的最早旗手。

远古庸国

古庸国是怎么形成的，又是怎么衰落的呢？

据初步研究证明，古庸国是肇基远古，亡于春秋，南起湖南大庸（又称夏庸，今张家界市），北抵湖北竹山（上庸），地处长江中游，境跨长江两岸，涉及湘西北、鄂西南、渝东北、陕东南四省市边境界邻地区，西侧紧邻渝东巫山猿人、滇北元谋猿人两大人类起源地，东北直通洞庭湖盆地及江汉平原，与远古"三苗"、"百濮"部落先民有直接渊源关系，以湘、鄂、渝、晋省市边境大武陵山区土家、苗、瑶、侗等少数民族为主体民族的南方文明古国。"古庸国文明"，很可能是巴楚文化的前身、河洛文明的近祖和华夏文明的基因，是孕育江汉文化、预衍中原文化的母体文化。

那是远古时代，对生命充满好奇，对春蚕充满崇敬，对"大蚕"尸而祝之的大庸人，已不满足于他们祖先在云贵高原元谋、巫山一带的原始采集生活，向着太阳升起的方向一路探寻，来到被后人称作云贵高原与湖广盆地交界之地，即高山与平原结合部的今天门山（古称"嵩梁山"）下，澧水河滨定居下来。他们筚路蓝缕，沿着溪岸河堤搭起亮脚悬棚（吊脚楼的雏形）定居下来。他们广植桑林，养蚕制丝，学会了织丝制衣，人人以丝蔽身，以丝御寒。"以丝裹身"的大庸原始部落成了有衷（衣）穿的"衷"人一族。过去他们以神奇的蚕虫为图腾，现在，他们以成为用蚕丝裹身的"衷"人而自豪。"蛮衷"二字成了庸国人的象征和骄傲。这支"蛮衷"，仿蚕制丝，仿蛛结网，仿虎狩猎，仿鼠藏粮，仿鸟饲雏，仿燕筑巢，仿蜂酿蜜，仿鱼制舟，仿鸦造字，在雄伟的崇山（《国语·周语》载："融降于崇山"）下创造了灿烂的文化，人类文明的一线曙光从这里冉冉升起，中华历史上第一个具有国家意义的城邦终于形成。

随着农耕文化的不断进步和桑蚕技术的不断成熟，崇山脚下的庸国成为称霸一方的帝国。他们当中一些人或者不满足眼前生活，或者由于人口骤增带来新的生存危机，不得不离开故土，四面探寻，开拓更广阔的生存空间。首先是向着南方温暖的东南方向大踏步推进（以后成为"东夷"），在到达海边只能望洋兴叹时，庸国人的东南疆域已无法拓展。一批精英只好改投西、北，向后人称为巴蜀和中原的相对易行和温暖的地域迈进。留守故土的庸国女人们凭着勤劳和智慧在家乡播谷植桑，在屋角设案养蚕，在吊脚楼绣织望归。这里产生了中华最慈祥的母亲"慈姑"，涌现了中华文明史上最聪慧的姑娘"嫘祖"。

古庸国疆域辽阔，开疆后根本无法管理，就连国王脚下的"巴民"、"楚族"也只能派自己的持节使臣去统治。年长日久，持节使者势力不断强大，凭着富饶的土地和丰富的物产，高歌猛进，创造了比肩甚至超过祖国"大庸"的经济和文化。庸国子民走出"大庸"一个一个都出息了，但他们没有衣锦还乡，根效"祖国"，固守祖业的"庸人"们一天天落后于那些后起之秀。末代"庸主"不得不考虑迁都，选择今湖北省竹山县境之田家坝作为新的庸国都城所在地，将新城定名为"上庸"，故都大庸称为"下（夏）庸"。北迁偏安的古庸国与昔日"附庸"，今日强邻巴国和楚国形成三足鼎立的局面，有过一段中兴复苏的辉煌历史，一度成为助周伐纣的巴师"八国之首"。

楚国本是"附庸"小国，也是蛮族后裔，应是庸国和巴国的血亲。他们在比故国都城附近更优越的自然地理条件下创造了更多财富。到周夷王时，楚国更加强大。就在楚国蒸蒸日上的时候，偏安竹山的"后庸国"部落，追随周武王攻打商纣，不惜让精锐部队倾巢出征，虽然获得了国名融入周鼎的殊荣，但国家实力却因此大大减弱。公元前611年，当庸楚两国于方城交战时，巴、秦等国临阵倒戈，前后夹击，昔日的"宗主国"被三大强邻一举打败，庸国自此退出历史舞台。

无字天书

如果说以澧水流域为中心的古庸国的存在，给"古庸国文明很可能是巴楚文化的前身、河洛文化的近祖和华夏文明的基因，是孕育江汉文化、预衍中原文化的母体文化"之说奠定了坚实的基础，那么，伏羲、神农早在古庸国建立之前于此地演绎八卦，对上述之说就更加增添了筹码。

关于人类的起源，张家界本土有伏羲和女娲两兄妹结婚产生人类的传说。不过，这只是荒诞不经的神话，不足为信。其实，伏羲和神农应该是从云贵高原迁徙而来祖先中的杰出代表。伏羲和神农在崇山和天门山下演绎八卦，为古庸国的建立和扩张作出了不可磨灭的贡献。

伏羲和神农演绎八卦，留在崇山脚下的一幅人文八卦图和一张自然八卦图，历经数千年风雨，仍然是无法破解的谜团。现在，试图解读这部无字天书，只能作一番推测和猜想。

解读伏羲和神农演绎的八卦，必须先从崇山说起。《国语·周语》：崇，通"充"。《尔雅·释诂》：崇，重也。"艮在八卦符号中代表山。"既然"重"为"崇"，而"艮"又为"山"，那么，"重艮以为首"就是"崇山以为首"或"以崇山为首"。

《连山易》）64爻卦大象中，第一组第一卦为"崇山君"；第二组第一卦为（伏山臣）；第三组第一卦为（列山民）。三山均在当今的张家界市范围内，崇山不必说，伏山即浮山，在澧南左后所屯，隶其东北二面浮丘子修道处，上有炼丹捣药诸迹，庵庙最多。列山有多处。

《连山易》载："长分消翕者，至精至变至神之理寓焉。乾与坤对，乾之长即坤之消，乾之分即坤之翕；坤之长即乾之消，坤之分即乾之翕。兑与艮对，离与坎对，震与巽对，余五十六卦两两相对，长分消翕，悉准八卦。"这正是"先、中天八卦"的列卦法（仅乾坤易位，余卦不变），由此而知，"先、中天两卦"出于《连山易》的混沌实质于此。薛贞对《连山易》的《中天八卦》的列卦法作了具体的说明，曰："《连山》乾始于子，坤始于午。"（为中天八卦列卦法）先天是"坤子（正北）乾午（正南）"，而中天却是"乾子（正北）坤午（正南）"。

古庸城自然地形以两山一水自西向东延绵六十里直至潭口："崇山龙"连抱"大庸所、二家河两个金盆"；澧水与茹水即武溪水初会绕成大庸所第一个太极；在且住岗绕成第二个太极；在鸬鹚湾绕成第三个太极；在西、阳二坪形成一个庞大的"聚宝金盆"后在潭口媾合，结成第一道铁板城门。尤其是"天门太极"，其"玄武砂"成笔架之势；"青龙砂"连续三岭相护卫；"白虎砂"略退让出"兑方天门"的开阔视野；"朱雀砂"以天门正位而朝；案砂是澧水南岸的阴山。朱雀朝山高，而玄武结穴亦高，正好匹配，太极阴鱼眼以及天门正在一条直线上。左翼和右翼成对偶之势各自展开，成腾飞之势，欲上天门。据传，屈原先祖，庸国四十八丘君王陵穴落此地。

乾一、一门即："天门"，位于正南方，正是伏羲八卦乾一的"天神至尊"位；兑二、二泽即："云梦泽"和"天池泽"，位于东南方，是伏羲八卦兑二的位置；离三、三离即："离山"、"离坪"和"离池"，位于正东方。离山即融（庸）山，祝融为火神，火为"离"，为中女，属四阴卦之一，故又为阴山；震四、四震为四雷，即"雷公山"、"雷公咀"、"雷公坪"、"雷公泉"，位于东北方；巽五、五巽为五风，即"枫香岗"、"风门垭"、"风泉"、"风洞"、"风湾"，其位置正是伏羲八卦的西南方；坎六、六坎为六水，即"大河"、"小河"、"大庸溪"、"响水溪"、"伏羲泉"、"高阳泉"，其位置正是伏羲八卦的正西方；艮七、七艮为七山，即"连山"，本地有歌谣曰："两象起草，双狮连裆，上有龙凤，中有牛王"，分别为"雄狮山"、"雌狮山"、"公象山"、"母象山"、"龙山"、"凤山"、"牛王山"，均在小河坎；八坤为八地，即现在的"且住岗"，古时曰"启土岗"，这里有"三星台"和"五行堆"，其三星台已毁一台，还有两台；五行堆即"五里堆"，及四十八丘之一。

伏羲和神农所演绎的八卦，布下了种种陷阱，是一套充满智慧的狩猎谋略，当时的目的可能也只是捕获更多的野兽而已。后来，这种八卦被武林人运用，所演变的八卦迷魂阵，成了将对方置于死地的绝杀招数。

专家之说

关于古庸国的存在，湖北省史学家张良皋和四川省史学家伏元杰各自的研究成果，均提供了有力的佐证。张良皋在他的著作《巴史别观》里，大谈"上庸"，却没有谈母体"下（夏）庸"。但值得肯定的是，他至少揭示了古庸国的冰山一角。

伏元杰则敢于打破地域观念，直面真相，认为蜀文化不是本地土著文化，在川西本土的考古文化遗存中没有渊源可寻，澧水流域才是古蜀族的发源地，而澧水流域正是古庸国的核心地带，即说明现在的张家界市是历史上古庸国的中心。

伏元杰在题为《澧水流域是古蜀族的发源地》一文中写道，《博物志（物产）》："员丘山上，有不死树，食之乃寿。"即"不死"是在训诂"寿"字。《山海经》中有众多的"不死之王"、"不死之国"、"不死之民"。其实，"不死"即"长寿"之意。"不死之王"实为晋语"蜀(寿)王"；"不死之国"实为"蜀(寿)国"；"不死之民"实为"蜀(寿)民"。

伏元杰引经据典，《山海经》中的"不死之国（民）"有三处：一在晋南。《山海经（海内经第十八）》云："西海之内流沙之西有国，名曰氾叶……流沙之东黑水之间有山，名不死之山。"二是在山东曲阜。《山海经（海外南经第六）》："不死民在其东，其为人黑色，寿，不死。一曰在穿胸国东。歧舌国在其东，一曰在不死民东。""歧舌"为"曲阜"的同音假借字，"黑"同"黎"。《诗序》："黎侯寓于卫"即此，也即《山海经》中的歧舌国地。三在湖南的澧水流域。《山海经（大荒南经第十五）》："南海之外，……大荒之中有不姜之山，黑水穷焉……又有蒲山，澧水出焉……又有人方食木叶。有不死之国，阿姓，甘木是食。"这里的"不死之国"即蜀国。此蜀国在洞庭湖畔的澧水流域，当是蜀族的发源地。

伏元杰认为，驩兜澧水流域的驩兜族为不死之民——蜀之先民。驩头墓在湖南澧水流域张家界市天门山毗邻的崇山。(明)嘉靖《澧州志·卷三》："崇山，在县西一百里，舜放驩兜即此。"(清)同治《续修永定县志（卷十二·崇山、历山、崇山辨）》："《山海经》云：'崇山之首，澧水出焉。'旧志谓山在大庸所西南极陲，《汉书（地理志）》及《桑钦水经》，郦道元《水经注》皆云澧水出充县历山。旧志谓山在慈西二百二十里，……简澧溇之桑植龙山两县交界之所有案山坡，实为澧原。崇山在慈西二百一十里，今拨归永定县。上有巨冢，土人指为驩兜冢。《尚书》所谓放驩兜于崇山是也。"驩兜"也写作"驩兜"、"欢头"、"欢朱"、"丹朱"，驩兜族当属蜀族。因为《大荒北经》说："颛顼生欢头，欢头生苗民，苗民厘姓。"厘、黎、苗姓都是神农族裔，这与蜀族出于神农氏的族属相同。而且，颛顼本身就是蜀族，在古五帝金文中，颛顼又名"珠高阳"，"珠高阳"实为"蜀高阳"，驩兜既是蜀族颛顼之子，其也应当是蜀人，即崇山人；而《大荒经》说得更直接："有人焉，三面，是颛顼之子，三面一臂，三面之人不死。"驩兜为颛顼子，自是"三面不死之人"，"不死之民"即为蜀人，澧水流域的驩兜族当为蜀人，且为远古蜀族之初民。

史书记载

《尚书·尧典》记载："流共工于幽州，放驩兜于崇山，窜三苗于三危，殛鲧于羽山，四罪而天下咸服。"《尚书·舜典》载："舜生三十征庸，三十在位，五十载陟方乃死。"《国语·周语》载："禹夏之兴，融降于崇山。"《史记·五帝本纪》载："黄帝居轩辕之丘，而娶于西陵（武陵）之女，是为嫘祖。嫘祖为黄帝正妃。"又载："舜耕历山，渔雷泽，陶河滨。"《孟子》载："舜之居深山之中，与木石居，与鹿豕游，其所异于深山之野人者几希。"屈原《离骚》曰："帝高阳之苗裔兮，朕皇考曰伯庸。……揽茹（水）蕙（香草）以掩涕兮，沾余襟之浪浪。"（文中"茹水"即今澧水张家界市城区段）。汉司马相如《大人赋》曰："余欲往乎南矣，历唐尧于崇山兮，经虞舜于九疑。"唐王维《根王盘》诗曰："周辍不辞亡国恨，却怜孤墓近驩兜。"清《石达开日记》载："大庸，古庸国是也，民性强悍……"清金德荣《大庸风土四十韵》诗曰："欲问大庸俗，崇山舜典祥。"清罗振鹏《崇山》诗曰："崇山万古矗层云，虞代有臣周有君。"

这些记载，充分证实了古庸国的客观存在。

题图：仰望崇山，那里是曾经辉煌的远古庸国。

本报记者 龚建军 摄

"一部史无前例的史书" 一部 "古庸国的百科全书"

张家界历史文化基础性研究推出新成果

《庸国荒史研究》出版发行

背景链接：

2008年初，张家界市政协周元庭主席撰写《关于系统研究湖湘远古文明，擦亮湖湘文化品牌的建议》提交省政协全会，引起省内高层重视，被评为省政协6个优秀提案中的重点提案；

2008年4月2日，主席周元庭在全市文史工作会上发表《大胆设想小心求证将大庸文化课题研究引向深入》的重要讲话，促使政协文史委工作重点转向张家界历史文化基础性研究；

2009年6月1日，市委常委会听取市政协关于加强我市历史文化基础性研究工作的汇报，由市委办行文成立了张家界市历史文化基础性研究领导小组，一个漫漫而艰辛探寻古庸国历史的破冰之旅终于现出曙光；

2010年3月31日，周元庭主席在张家界市历史文化基础究领导小组会议上发表重要讲话，号召全市文史文化工作者充分认识我市历史文化基础性研究的重要意义，积极参与课题研究，将研究工作进一步引向深入；

一位长期从事本土历史文化研究的普通工作者，怀着对张家界独特的历史文化现象的一份至爱和痴迷，开始了为之奋斗并试图破解历史难题、解开文化谜团、填补历史空白的文化苦旅。在市委市政府及领导小组的强力推动下，省内外一批专家教授及文史工作和文史爱好者，积极响应、支持、推动、参与这一前所未有的开创性工作……

探索消失的文明古国

——序李书泰《庸国荒史研究》

□张良皋

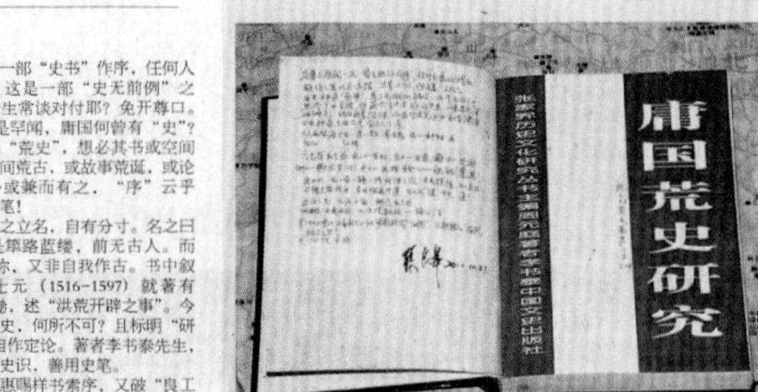

《庸国荒史研究》
作者：李书泰 研著
出版：中国文史出版社

内容简介：该书由张家界市政协文史委主任、张家界历史文化基础性研究领导小组办公室主任李书泰研著。全书65万字，不仅全面系统地研究论证了大庸古国"诞生和发展的客观条件"以及她的"起源与演变"，她的"疆域和领土"，她的"主体民族和主要传人"，她的"前身和异称"，她的"亲族和属国"，还有选择地重点挖掘和阐述了大庸古国"桑蚕文化"、"豆作文化"、"天文文化"、"造字文化"、"用火文化"、"拜草文化"、"祭祀文化"、"商贸文化"、"音乐文化"、"诗歌文化"、"崇山文化"、"昆仑文化"、"澧水文化"等多方面创世开先文化，内容极其丰富、珍贵，得到中国先秦史学会的充分肯定。90高龄的著名史学家张良皋教授在其序言中称该书为"一部史无前列的史书"，亦被张家界文化文史工作者陈自文先生誉为"古庸国的百科全书"。

图为著名史学家张良皋为《庸国荒史研究》所作校正批注手迹。

为这样一部"史书"作序，任何人都要犯难。这是一部"史无前例"之史，来点老生常谈对付耶？免开尊口。"庸国"已是罕闻，庸国何曾有"史"？自名其书曰"荒史"，想必其书或空间荒远，或时间荒古，或故事荒诞，或论断荒唐……或兼而有之，"序"云乎哉？何从下笔！

然此书之立名，自有分寸。名之曰"荒"，自是筚路蓝缕，前无古人。而"荒史"之称，又非自我作古。书中叙及：明陈士元（1516-1597）就著有"荒史"六卷，述"洪荒开辟之事"。今人著庸国荒史，何所不可？且标明"研究"，并未自作定论。著者李书泰先生，也可谓深具史识，善用史笔。

蒙著者惠赐样书索序，又破"良工不示人以璞"之惯例，可谓不我遐弃，推诚相待。我岂敢妄自矜伐，而不以诚相接！逮我稍翻目录，不禁咋舌。此书对庸国史料，可谓穷搜极讨，巨细无遗。全书600多面，内容极其丰富，每有珍本秘籍，世所罕见，而此书见"庸"必取，决不轻易舍弃。当我猛见"居庸关"被收录，也不禁怀疑：是不是搞过头了？但一见其举证，更不禁心智大开。庸国嫡系先祖高阳氏颛顼的领域就曾"北至幽陵"。我近日从事中国嵩排文化研究，识出这个"幽"字，并非两束丝被扔到山沟里。那"两束丝"相并，乃是"兹"字，"兹"就是嵩排；下半截不是"山"，而是"火"。"幽"字是嵩排"幽光"现象，是古代嵩排稳定火源甲烷（沼气）自燃。中国古代江淮河济四"渎"互通，长江嵩排流到"幽州"不难。所以此书不避庞杂，兼收并采，是正确策略。

全书大旨是先行汇集资料，我想应已够学者初步研究撷取。但有一个方面似尚待充实，即"巫风"或曰"巫学"资料。书中设想五帝之前有一个"大庸帝国"，我不大惊小怪，因为我也曾以为庸之立国很可能先于五帝。但若设想五帝之前曾有一个"中央大帝国"在控驭全中国之运转则似过于靠拢"现代思维"。报刊上曾见有学者作此想，不限于《荒史》作者。这种想法也有一些历史现象作根据，并非全然空穴来"风"，若容粗陈鄙见，此"风"业自"巫风澄俗"。

人类何时跨入文明？学术界为此设定许多"门槛"，概略言之，自今人古，反推万年，大概已届文明的"蒙昧时期"起始线。此时，在中国，表现的就是"巫风"弥漫，大约经五千年，中国正式进入"有史"，出现"五帝"的国家形态。不能小看"先五帝时代"五千年的巫文化，不能小看中国大巫们的活动能量，包括他们的文化成就和地域范围。不必谈巫色变，畏之如"妖"，贬之为"邪"，置之于"怪力乱神"之列。中国史学，正因这些"小小的失误"，即使启动了"中华文明探源工程"，一直也只能、只愿意甚至只知道在"黄河中下游"打转，以致始终只让老生常谈指引大家在不可能生长老猴子的地方找寻人类文明的萌生之所，其难度实无异于缘木求鱼。

作序人也算费了不短时间，才悟出《山海经》中的"灵山十巫"是"分境扬灵"，而不是聚集在某座"巫山"的一峰之上。因为《山海经》也开出了另一份"开明东六巫"的名单，表示"开明西"也至少还有"一巫"在那边活动。而"开明"乃是"荆人"（即楚人）某一支的酋豪带领部族到达蜀境建立的"新朝"，取代了蜀境原主人"望帝"政权，取代过程颇似尧舜禅让，说不定这场"蜀版禅让"还早于中原。这使我敢于设想：今成都一带以西，至少必有一巫。这一巫不在开明东六巫之列，很容易在"十巫"剩下的"四巫"中搜寻。得！必是"巫真"，他是滇池之巫。"滇池"得名之由，至今无人知晓。愚见以为，它不过是那位巫"真"到了"水"边。大巫所至，庸人随之，所以战国时代，庸裔楚人正式派遣庄蹻开滇。

"灵山十巫"中有一位"巫礼（礼）"，亦即巫醴、巫澧，是澧水酒神大巫、俎豆大巫。"开明东六巫"中有一位"巫履"，清代学人郝懿行本"礼之义履也"为言，认为巫礼即巫履。这应该引起张家界学人的重视。张家界位于澧水流域，是产粮区，粮食（豆居首，次为稻）一旦丰收，就有余力酿酒，澧水古代应以豆、稻酿酒得名"醴水"，精于植豆、育稻、酿酒的大巫完全可以升格为酒神：无酒不足以成礼。在巫文化时代，巫礼的地位恐仅次于盐神"巫咸"。张家界的学人要搜集巫礼传闻，具有地缘优势，也有义不容辞的责任。以酿酒为重点的巫礼之学来充实这一带乃至全国的"先五帝巫学"，会比单纯探讨"大庸帝国"要容易得多，具体得多，更易于取得全国学界的共识和帮助。尤其是书泰先生在《古庸国豆作文化初探》一节中，提出澧水流域是中国豆作的故乡，豆作文明是比稻作文明更早一轮的起步文明，奠基文明，更是史学界一个重大发现和突破，堪称理论创新。建议著者趁热打铁，做好后续研究。

同时，作序人在序言中提出研究巫礼课题，并非越俎代庖，不过为《荒史》作者拾遗补阙，丝毫也不影响书中既定内容，也许还有小助于"大庸帝国"内容之落实。如果有人认为在李书泰先生《荒史》中的荒远、荒古、荒信、荒寂……之外还隐约有一分"荒谬"，那必为自己学问"荒疏"、胸臆"荒芜"所致；恭请大家审慎察之，切勿妄加腹诽，即使如您所言，亦应多加宽容，嘉其探路之功！是为序。

（作者系华中科技大学教授、著名建筑学家、史学家）

只要找到了路就不怕路远

——《庸国荒史研究》后记

□李书泰

经国内部分学者研究初步证明，古庸国是肇基远古，亡于春秋，地处长江中游，境跨长江两岸，紧邻渝东"巫山人"、滇北"元谋人"、鄂西"建始人"、湘西"石门人"等几大人类化石遗址，拥有四川和洞庭湖两大盆地及江汉平原核心地带，与远古"三苗"、"盘瓠"、"百濮"部落先民有直接渊源关系的南方文明古国。"古庸国文明"，是巴楚文化的前身、河洛文明的近祖，华夏文明的基因，是孕育江汉文化、预衍中原文化的母体文化。目前，已有学者提出大胆设想：大庸国是东方古罗马，中国的庞培，相当于罗马称大秦、日本称大和、阿拉伯称大食，认为庸国境内的崇山（舜放驩兜处）很可能是比"夏墟"、"殷墟"更早的文化遗址，是有待揭开谜底的"庸墟"。

不少专家认为，这是澧沅文化、湖湘文化、荆楚文化、南方文化乃至中华文化研究领域一个值得肯定的大胆设想，它所代表的不单是地方史研究工作者一份难得的工作激情和追求，更是湖湘文化乃至中华文化研究理念的进步和升华。认定澧水沅江流域文化是古庸国文化的源头，是湖湘文化的起点、西南文化的核心，巴蜀文化的母体，江汉、河洛文化的前身，中原、华夏文化的远祖并非异想天开。

然而，长期以来，由于我们没有整体规划，没有统一指挥，缺少基础研究，总是在前人已有的那点记录里改换名称，反复捣腾组合，先辈没有涉及的问题仍然没有涉及，先辈没有理清的线索仍然没有理清，先辈没有填补的空白仍然没有填补。结果是麻布上面绣花、沙滩上建房、茅棚里装修，永远出不了精品。如此下去，就是再空喊100年也是枉然，张家界永远摆脱不了没有文化的偏见，深埋历史底层的灿烂文化永远得不到发扬光大，就连现存的那点文化遗产也会随之淡化乃至消亡。

本人是一个长期从事本土历史文化研究的普通工作者，对张家界独特的历史文化现象有一份至爱和痴迷，发现了一些确有价值的历史和文化信息，也有为之奋斗并试图破解历史难题、解开文化谜团、填补历史空白的决心，但苦于学力不足，深感心有余而力不足，有一种看到香蕉摘不着的苦恼和困惑，恰如俗话所说："没有金钢钻，揽了瓷器活。"自己心里非常清楚，要破解张家界历史文化之谜，还历史以本来面貌，光有热情和决心是远远不够的，不仅要有丰富的知识，广博的见识，睿智的胆识，还要有各学科专家团队的参与，靠集体的智慧才能攻克难关，最终打开这座文化宝库的大门。

为此，笔者曾以市政协文史委主任的身份在《中国新经济·创业导报》上发表题为《张家界历史文化呼唤基础性研究》专文，大声疾呼组织开展张家界历史文化研究，引起社会强烈反响，尤其得到市政协党组和主席会议的高度重视。

2008年初，湖南省政协会议期间，周元庭主席撰写《关于系统研究湖湘远古文明，擦亮湖湘文化品牌的建议》提交省政协全会，引起省内高层重视，被评为省政协6个优秀提案中的重点提案。同年4月2日，周元庭主席在全市文史工作会上发表《大胆设想小心求证将大庸文化课题研究引向深入》的重要讲话，促使政协文史委工作重点转向张家界历史文化基础性研究；2009年6月1日，市委常委会听取市政协关于加强我市历史文化基础性研究工作的汇报，引起市委市政府领导同志的高度重视，形成了市委常委会纪要，并由市委办行文成立了张家界市历史文化基础性研究领导小组，一个漫漫而艰辛探寻古庸国历史的破冰之旅终于现出曙光。2010年3月31日，周元庭主席在张家界市历史文化基础究领导小组会议上发表重要讲话，号召全市文史文化工作者充分认识我市历史文化基础性研究的重要意义，积极参与课题研究，将研究工作进一步引向深入。

在市委市政府及领导小组的强力推动下，很快即有何光岳、张良皋、伏元杰、田贵君、罗维庆、唐丽敏、金陵、陈叶红、满祥、金克剑、陈自文、周志家、田奇富、向延振、吴建国、安用甫、龚岳雄、龚建业、向光清、周保林、张汉清、姜阳春、覃大钰、陈俊勉、李伊忠、于志君、杜登胜、谷娉骅等省内外一批专家教授及文史工作和文史爱好者，积极响应、支持、推动、参与这一前所未有的开创性工作。

尤其是金克剑先生，以超乎寻常的热情和力度投人到这一前无古人的研究热潮中。他认为：人生真正重要的是找到那分既有益社会又快乐自己的职业，正如著名院士王选教授所说："一个献身学术的人，就再也没有权利象先前那样生活了，必然失去以前所能享受的很多快乐，但也必然享受到以前无法享受到的不少乐趣。"正是由于他毅然决然以"失去以前所能享受的很多快乐"为代价，通过整整四年时间的超负荷脑力劳动，苦心孤诣，穷搜极讨，在成功破译"屈原故里在大庸"千古谜底的同时，还连根带土地牵出了"屈氏后庸国"一段隐秘的历史，令人钦佩，亦令人感动。

历史研究千头万绪，任重道远，面面俱到是干不出成绩，显不出亮点的。必须实事求是，一切从实际出发，抓住牛鼻子，选准突破口，有所为，有所不为，做到心往一处想，劲往一处使，以超常的钻研精神一竿子插到底，才能有所感悟，有所发现，有所创造，快出成果。这次市委组织、政协牵头的历史文化基础性研究，既是一次难得的机遇，又是一项庞大而艰巨的系统工程，我们必须抓住机遇，真抓实干，但仅凭一已之力是很难完成预定任务，达到预期目地的。作为课题组直接责任人，工作热情不能降温，研究进程不能减速。自已一定要带好头、服好务、团结课题组一班研究人员搞好交流与合作，力争在专题研究、对外宣传、成果转换几方面都能有所突破，有所创新，做出成绩，做出亮点。苹果只有落在牛顿身上才能产生牛顿定律，砸在牛身上，即使一万次也只能让牛头换砸！我们一定牢牢记住这句至理名言。

"察而知之谓之神"，"问而知之谓之圣"。这里，我们课题组也再次提醒自己，一定会多学习，多钻研，多思考，多吸收，多比较，学会钻故纸堆，既钻得进去，又跳得出来，防止读死书，死读书，一定要擅于发现史料以外、文字以外的隐形线索和隐形历史。我们提倡出书，但我们坚决反对从资料到资料，从文献到文献的照搬照抄，坚决反对人云亦云炒现饭，粗制滥造堆垃圾！我们一惯倡导的是：找准矿脉，再挖矿藏；挖出煤炭，再做煤球；修好水库，再说发电；种出庄稼，再祈丰收。我们一定会进一步认清形势，围绕中心，服务大局，以更加饱满的热情和更加扎实的作风，继往开来，创造出更多无愧于时代、无愧于历史、无愧于人民的新业绩、新成果，努力开创我市文史和历史文化基础性研究工作新局面，为建设文明张家界、文化张家界、和谐张家界、生态张家界作出新的更大的贡献。喜欢的工夫不累人，只要找了路就不怕路远！

然而，研究历史文化，修编志书，从来都是国家工程、政府工程。

至此，笔者再次郑重呼吁市委召开专题会议，专项研究和部署组建张家界历史文化研究院，建立张家界历史文化研究常设机构，迅速成立课题攻关专家小组，对全市历史文化资源和线索进行系统考察和摸底，作出全面具体的总体规划，并将研究经费列入财政预算，形成张家界历史文化研究长效机制，确保课题研究按计划稳步实施和恒久推进。我们充分相信市委市政府一定会一如既往地高高扛起张家界历史文化基础性研究这面大旗，领导机构一定会升格，支持力度一定会增强，推进步伐一定会提速，研究目标一定会更高，研究内容一定会拓宽，研究队伍一定会扩大！

作为后记，除了表明我门的决心和愿望，还有许多感人的事不能不记，许多感谢的话不能不说。

——五年过去了，五度寒暑易节，五度春秋更替，一千八百多个日日夜夜：我们有个疲惫，但我们没有停歇；我们有个迷茫，但我们没有退缩；我们有过失误，但更多的是收获；我门遇到过阻力，但更多的是给力、鞭策和支持！对于阻力我们会当做蛛丝轻轻抹去，很快淡忘，而对于鞭策和支持却永远铭记在心房！大恩大德无以为报，感激不尽，只有难忘！

忆往昔，难忘伯俊书记亲笔改稿，电话鼓励；小明市长放手支持，大力资助；运田副书记当面交流，鞭策给力；元庭主席运智除障，稳健推动；凌之部长亲临指导，长期关注；金铭副主任率团访师，聘请顾问；曙华副市长听取汇报，畅言协商；德湘副主席精心组织，亲理编务；红日副主席带队考察，借力助推；刘桂清、陈吉红、张汉清等新老秘书长多方协调，多次助力。

难忘省政协文史委长伏主任，森芝副主任审阅书稿，题词肯定。

难忘省社会科学院著名史学家何光岳先生亲审规划，亲撰序文，亲笔题词，亲赴庸城，亲临指导。

难忘湖北省华中科技大学九十高龄的著名史学家，建筑学家张良皋教授通览《庸》、《屈》二书，并系统点评，题词作序，给以具体指导和热情鼓励。

难忘中国先秦史学会副会长、中国社科院历史研究所先秦史研究室副主任宫长为，国防大学教授、中国先秦史研究会鬼谷子研究分会会长房立中，中国殷商文化学会秘书长、中国社会科学院历史研究所研究员徐义华，长江学者、中华易学研究会副会长、清华大学历史系教授廖明春，北京大学古博学院特约研究员周大明，中国人民解放军军事科学院研究员王中兴，国家旅游局《中国旅游报》主任、编审史延庭，中华鬼谷子文化研究中心主任翟杰，中国人民解放军军事科学院大校、研究员刘庆，中国先秦史学会副会长、天津师范大学教研处处长、教授杜勇，中国先秦史学会副会长、大连大学特聘教授葛志毅，中国先秦史研究会鬼谷子研究分会秘书长燕昭安，中国先秦史学会顾问、原青海师范大学校长、教授张广志，中国先秦史学会常务理事、安徽师范大学历史与社会学院教授裘士京，中国先秦史学会副会长、四川大学历史文化学院教授彭邦本，陕西历史博物馆研究馆员、陕西省政府参事、研究员杨东晨，中国社会科学院考古研究所研究员印群，中国社科院历史研究所副研究员张兴照，中国先秦史研究会鬼谷子研究分会会员刘尚敬，中国先秦史学会常务理事、陕西师范大学历史文化学院教授王晖，中国航天系统科学与工程研究院项目发展部主任胡良元，中国先秦史学会副秘书长、韶关旅游学院长、教授宋会群，中国先秦史学会会员、石泉县鬼谷子鬼谷子研究会名誉会长李佩今，新浪陕西政府事业部总监李泰等四十九位（未能一一尽书敬请谅解）专家、学者、教授审读全书或纲目。

难忘谷励生、曾祥伟、龚岳雄、龚建业、田奇富、安用甫、刘本银、丁云刚、王章贵、吴明仁、吴扬德、曹开胜等老前辈、老同志无偿寄送或上门提供珍贵文物或文稿资料。

更令人难忘的是，年近八秩、身体虚弱的恩师陈自文老先生及其夫人王姨，他们不图回报、不辞辛劳，连续几十个日日夜夜足不出门，一人精心校稿审稿，一人整日专做后勤保障和健康护理工作。

众擎易举，正是有了领导重视，专家指导，老前辈、老同志的关心厚爱，各委办、各部门的理解支持，我们的工作才得以顺利开展，我们的研究才得以深人进行，我们的丛书才得以成功出版！

芽叶依枝盈盈生，吸乳向阳渐长成。莫道今日枝叶茂，全凭沃野一根深。天时，地利，人和。这是一个干事业的年月，这是一个做学问的季节。我们赶上了一个复兴的时代，我们遇到了一群同心同志的领导、恩师、朋友。让我们一起耕耘，一起期待更多的收获……

（作者系市政协文史委主任）

特别关注

“张家界文化遗存是整个中华古文明一大民间历史博物馆”

我市历史文化研究成果引起学术界广泛关注

12月16日，北京大学震旦古代文明研究中心研究员周大明先生在认真研读《张家界历史文化研究丛书第一辑·鬼谷子身世研究》一书及该《丛书》第二辑《庸国荒史研究》和《屈原故里在大庸》两书纲目以后，特意为课题组同志写来一封阅评建议信，对张家界市委、市政府、市政协组织、领导的历史文化基础性研究大加赞赏，并称张家界的文化遗存，不能仅仅看作张家界地方文明的产物，而应看作是整个中华古文明的一大民间历史博物馆。同时建议张家界市政协之历史文化基础性研究领导小组和专门的课题组与北京大学震旦古代文明研究中心合作，由夏商周断代工程首席科学家、北京大学文博学院原院长、北京大学震旦古代文明研究中心主任李伯谦教授牵头，对张家界现有文化遗存进行整体调查，提出总体研究思路。待有一批好的学术成果后，与中国先秦史学会、清华大学等合作，召开学术论证会，将地方性史学研究成果推广、升华为全国史学界的共识。

这是国内学术界继曲六艺、何光岳、张良皋、孙文辉等高职称知名人士之后，高层学者再次以书面形式对我市历史文化基础性研究成果作出客观、中肯的正面评价。这一局面的出现，与本届市委、市人大、市政府、市政协领导同志对文化、文史工作的高度重视密不可分，与政协文史工作重点转移密不可分。

早在2008年3月，市政协五届二次主席会议就作出决定：自2008年起，将政协文史研究工作重点转移到古庸国、古白县、古充县、祝融、驩兜、赤松子、鬼谷子、周赧王、张良等重要历史课题的研究和整理。这是我市政协文史工作与时俱进、一切从实际出发、服从服务于文化旅游建设的一项工作创新，得到市政协主席周元庭的高度重视。2008年4月2日，他主持召开全市文史工作会议，并发表《大胆设想小心求证将大庸文化课题研究引向深入》的重要讲话，将这一开创性工作列为市政协一项重要的文化工程。学习文史委采取会议发动、上门征稿、书信征稿、网络搜寻的办法，很快征集到“大庸文化研究”论文60多篇，近50万字，从中选择确有价值的对口文章49篇，近40万字，编印成《大庸文化课题研究资料汇编》，印发给参研作者，相互交流，相互学习，将研究引入正轨。

经过长达一年半时间的酝酿筹备和前期研究工作，市政协领导层统一思想：认为以破译古庸国历史文化为核心的历史文化基础性研究，既是探寻湖湘文化源头的需要，也是张家界实施文化强市战略，推动文化旅游产业和城市建设的迫切需要。于是征得市委主要领导胡伯俊书记同意，于2009年6月1日，以政协张家界市委员会名义，向市委常委会议作了关于加强我市历史文化基础性研究工作的汇报，得到与会领导同志的一致认可。会议明确，“由市政协牵头组建张家界市历史文化基础性研究领导小组，由周元庭同志任组长。工作人员以市政协为主，相关部门配合，必要时聘请合适的老同志。市财政应作出必要的经费安排。”

常委会议作出决定后，周元庭主席亲自担纲，广泛征求各方意见，提出领导小组建议名单。2009年9月12日，中共张家界市委办公室以（张办[2009]91号）文件，下发了《关于成立张家界市历史文化基础性研究领导小组的通知》。通知明确，由市委书记胡伯俊、市委副书记、市长赵小明担任顾问，市政协主席周元庭担任组长，市委、市人大、市政府、市政协5位副厅级领导担任副组长。领导小组下设办公室，办公室设在市政协学习文史委员会。

领导小组成立后，周元庭主席精心组织主持撰写题为《建议成立专家小组系统研究古庸国历史文化》的提案，于2009年12月提交湖南省政协十届三次全会，并被评为全省两大优秀重点提案之一。同时走访社会各界热心人士，物色确有较强研究能力的退休老同志，组成课题小组，费时9个多月，对前述古国、古县、古代历史人物的残留信息和基本线索，作进一步深入研究，在掌握大量第一手材料，经过数十次反复论证修改后，于2010年3月最后拟定《张家界市历史文化基础性研究五年计划》。

《五年计划》定稿后，由周元庭主席敲定，于2010年3月31日召开张家界历史文化基础性研究领导小组第一次会议和各区县政协文史工作联席会议。在这次会议上，周元庭主席再次发表题为《充分认识我市历史文化基础性研究重要意义，充分鼓励和调动全市各有关部门和高校力量积极参与课题研究》的重要讲话，对研究人员提出殷切希望和具体要求。至此，张家界历史文化基础性研究走上规范化有序研究轨道。一批研究成果被直接用于城市街道命名和公园建设，如古庸路、庸都园等等。在深入研究古庸湖湘遗存后，周元庭主席于2011年1月再次向湖南省政协十届四次会议提交《关于深度研究湖湘远古起源文化夯实湖南文化大省基础的提案》，再次被评为全省重点优秀提案。

截至2012年12月12日，由课题组直接主笔和积极促成，完成了《鬼谷子身世研究》、《大庸阳戏研究》、《张家界文物古迹》、《庸国荒史研究》、《屈原故里在大庸》等《张家界历史文化研究丛书》5部书稿。书稿送交何光岳、孙文辉、张良皋、宫长为、房立中、王中兴、翟杰、周大明等专家学者和中国文史出版社审定，获得一致好评。

《丛书》出版后，先后有大学教授、文史专家、专业作家、媒体记者、行政官员等多方人士亲笔撰稿，发表评论，给予真诚的鼓励和肯定。

——2012年1月10日，吉首大学张家界学院还专门召集吉张两地18名教授、讲师举行座谈会，对我市历史文化基础性研究取得阶段性成果表示祝贺，并号召大家积极参与和支持此项研究工作。

——2012年2月19日上午，文化部国家非物质文化遗产保护工作专家委员会委员曲六乙打来电话，认为“《张家界历史文化研究丛书》很好，写得好，印刷也好，资料也很好，很宝贵，希望张家界继续写，写出更多更好的作品”。

——2012年2月25日上午9时，湖南省非物质文化遗产保护工作评审委员孙文辉发来信息：“建议将鬼谷子传说申报非遗”，并表示“省里由我来策应”。

——2012年11月2日至5日，我市历史文化基础性研究课题组成员应邀赴陕西参加中国先秦史学会成立30周年纪念大会暨第二届中国石泉鬼谷子文化学术研讨会，带去《张家界历史文化研究丛书第一辑·鬼谷子身世研究》一书及该《丛书》第二辑《庸国荒史研究》和《屈原故里在大庸》两书纲目，受到与会专家学者的广泛关注。会议讨论时，张家界与会代表作专题发言，引起极大反响，当场推荐张家界课题组研究人员集体加入中国先秦史学会；闭幕会上，主持人提议为张家界的学者和研究成果鼓掌祝贺；会后，先后有20多位专家学者索要《张家界历史文化研究丛书》，并连续多人多次打来电话或发来信息表示祝贺，提出后续研究指导意见。

——2012年11月12日，中国国防大学教授、中国鬼谷子文化研究会会长房立中先生，特别邀请我市历史文化基础性研究领导小组主要负责人和课题组成员去北京进行专题座谈，并强调一切费用由中国鬼谷子文化研究中心负责。

——2012年11月16日，中国社科院历史研究所先秦史研究室副主任、中国先秦史学会常务副会长兼秘书长宫长为教授提出，将携相关专家来张家界市考察，筹划将张家界市作为中国先秦史研究基地，并举行授牌挂牌仪式。

——2012年11月19日，中国科学院研究生院演讲与口才协会名誉顾问、中国鬼谷子文化传播中心主任翟杰教授认为，张家界的历史文化研究史实充分，论据充实，逻辑缜密，符合情理，值得肯定。

——2012年12月15日，中国人民解放军军事科学院研究员、中国先秦史学会及中国鬼谷子文化研究会顾问王中兴教授发来信息说：“我正在认真研究你们的著作，我与房立中先生希望先来张家界考察，先举行一些小型会议，对一些问题进行深入的探讨。”

——2012年12月16日，北京大学震旦古代文明研究中心研究员周大明给课题组发来一篇阅评建议专文。

现将周大明先生给课题组同志的亲笔信附后，供广大读者参考。

张家界历史文化基础性研究领导小组办公室供稿

2012年12月18日

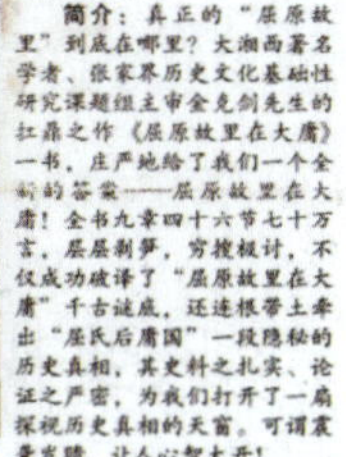

《屈原故里在大庸》
作者：金克剑
（待正式出版）

简介：真正的“屈原故里”到底在哪里？大湘西著名学者、张家界历史文化基础性研究课题组主审金克剑先生的扛鼎之作《屈原故里在大庸》一书，庄严地给了我们一个全新的答案——屈原故里在大庸！全书九章四十六节七十万言，层层剥笋，穷搜极讨，不仅成功破译了“屈原故里在大庸”千古谜底，还连根带土牵出“屈氏后庸国”一段隐秘的历史真相，其史料之扎实、论证之严密，为我们打开了一扇探视历史真相的天窗。可谓震聋发聩，让人心智大开！

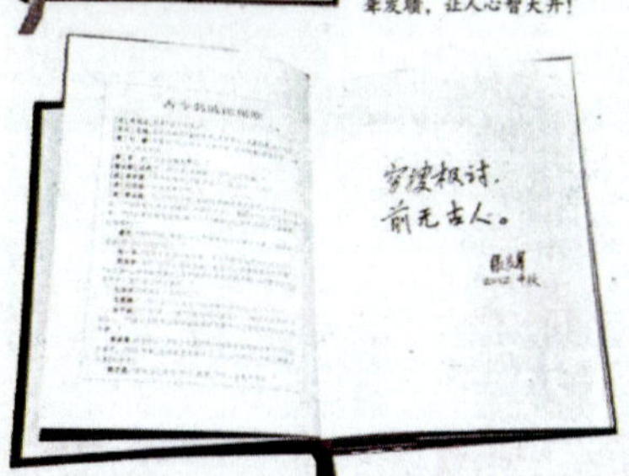

著名史学家张良皋为《屈原故里在大庸》一书题字：“穷搜极讨，前无古人”。

附：周大明先生给我市历史研究课题组同志的一封信

李书泰先生：

您好！

今天，接到您的电话，知道您将我发给您的两篇文章已读毕，而我对您的大作《张家界历史文化研究丛书·鬼谷子身世研究》也读了多遍。在我们的电话交流中，对张家界历史及其鬼谷子的看法多有交集。为共同推动对张家界鬼谷子文化乃至整个中华民族文化遗存的研究，特将我读您的大作的心得及其对与张家界联合研究的看法发给您，以便于您推动后续工作。

先谈学习心得。

一、胡伯俊、赵小明先生所作《总序》之第2页所言，张家界的文化遗存几乎囊括从燧人氏钻木取火、伏羲氏画先天八卦、神农氏教民耕作，到伯庸族建国、与周族结盟灭商，再至鬼谷子捭阖奇术、屈原《离骚》古歌等等中华文明传承史上的诸多奇观，与我在《鬼谷子統治术与老子道学、孔子儒学同为周王室秘学典籍散逸后学在四野的三大分支》一文中，强调的“王子朝携典奔楚”事件高度吻合。从这一历史事件出发，现在“张家界的文化遗存”就不能仅仅看做张家界地方文明的产物，而应该看做是“整个中华古文明的一大民间历史博物馆”。而且这一民间博物馆的史料则直接来源于“王子朝奔楚”时所携带的王室典籍，具有高度的权威性。

二、周元庭先生所作《前言》中道明的将张家界打造成为“世界旅游精品的目标”以及市委高度重视、“由市政协牵头组建张家界历史文化基础性研究领导小组和专门的课题组”，使我们可能的后续合作有了坚强的领导和组织保证。

三、对您在书中第一章中指明的白公胜为一代鬼谷子的观点表示支持。但您在该章第二节所言“孙武就是鬼谷子王孙胜”与史无据，而且也有悖于有关历史事实。本章其他节目所言对历史传说或小说而言多有可取之处，与史学研究而言尚缺少火候。

四、本书第二章《〈鬼谷子分定经〉寓言揭秘》所用以学术史、思想史研究作者有关情况的方法是可取的，但是，此种方法必须有一个前提，就是所引用文是经过学界论证的、而且内容与古代典籍记载一致或密合，也就是说对该文章及其作者的判断必须有可资为凭的史料作为参照物。而本章缺少必要的史料参照。

五、从您在附录中列明的史料来看，您是下了大工夫的。而且所列史料也清晰地指向您道明的“白公胜”为一代“鬼谷子”的观点，十分可取。这是一代史学大家傅斯年高度提倡的方法。其实，当您列出的史料可以构成一个完整的证据链时，结论是不言自明的。

其次，谈谈我的建议。

一、建议张家界市政协之“历史文化基础性研究领导小组和专门的课题组”与北京大学震旦古代文明研究中心合作，由夏商周断代工程首席科学家、北京大学文博学院原院长、北京大学震旦古代文明研究中心主任李伯谦教授牵头，对张家界现有文化遗存进行整体调查，提出总体研究思路。

二、总结张家界以往历史文化研究成果，重新检视、编辑、完善已有书籍，使以往的优秀成果建立在更加详实的考古学证据和可信的史料基础之上。

三、开拓新的研究领域，撰写新的书籍和文章。

四、待有一批好的学术成果后，与中国先秦史学会、清华大学等合作，召开学术论证会。将地方性史学研究成果推广、升华为全国史学界的共识。

五、精心策划，将地方性文化研究成果转化为具有生命力的旅游文化资源，并使之成为将张家界打造成为“世界旅游精品目标”的文化支柱及内在动力。

一介学者，秉直直书己见，不知妥否，不当之处，敬请指正。

顺祝万事如意！

北京大学震旦古代文明研究中心研究员 周大明

2012年12月16日

在庸国的故土上细翻祖先的史册

——序金克剑先生《屈原故里在大庸》

□李书泰

前不久，荆州著名学者、中国屈原学会名誉理事张世春，经多年考证得出石破天惊的结论：“秭归并非屈原的故里。”

尽管张先生认为“屈原生于楚都纪郢铁证如山”却没有找到铁证，但他认识到“屈原出生秭归系千古谬误”则是十分准确的科学判断。

张先生指出：“袁山松是第一个将屈原遗迹与秭归名县挂起钩来的人。郦道元将袁山松的挂钩引进《水经注》，并同时对其挂钩产生怀疑：‘余谓山松此言，可谓因事而立证，恐非名县之本旨矣。’但是，袁山松的挂钩被后人放大，而郦道元的怀疑却被很多人忽略。”并认为“郦道元既为‘屈原生于秭归’背了千年黑锅，也为袁氏谬论做了千年宣传。”这是多么敏锐的学术洞察力，可谓一语中的，令人灵光一闪。

我认为，一个学者不惧权威，不随流俗，不囿于成说，不私于乡情，勇敢否定谬论，大胆坚持真理，将一个错断的历史谜案纠正一半，已经是一个了不起的贡献。因为只有从错误的泥潭中拔出来，我们才有机会循着正确的路径去探寻历史的真相！在此，我向从未谋面的张世春先生表示由衷的敬意。同时，也要提醒有志于屈原故里研究的同仁们，在逃离错误的史界陷阱之后，避免误入新的迷途。

其实，关于楚国大巫师——三闾大夫——“宗教教主”——楚南后庸宗主国“精神领袖”——诗祖屈原的故里，就连距屈原生活年代最近的淮南王刘安和大史学家司马迁也不敢轻易指证“它”在什么地方。他们在其《离骚传》和《史记·屈原贾生列传》中也只字未提生身之地。正如中国屈原学会首任会长汤炳正所说：“屈原故里在秭归，晋以前无载记可据。”

那么，真正的“屈原故里”到底在何处？

近读大湘西著名学者、张家界历史文化基础性研究课题组主审金克剑先生扛鼎之作——《屈原故里在大庸》一书，可谓振聋发聩，让人心智大开！如果说张世春先生挑战权威，驱散阴霾，理性地否定了一个错误结论，那么金克剑先生则剑指流俗，拨云见日，庄严地给了我们一个全新的答案——屈原故里在大庸！

全书九章四十六节七十万言，层层剥笋，穷搜极讨，尽全力以竭泽，求水落而石出，以超乎寻常的毅力和学力，敏锐果敢的悟性和胆识，为我们打开了一扇探视历史真相的天窗。

我与克剑先生是相识相知二十多年的好友，既钦佩他的德养，也仰慕他的智识。他的成功，在于他博学多思，笔耕不辍，长期积累；在于民间草根文化的母乳滋养，地方古籍文献的恒久熏染。他能够成功破译楚辞中博大精深的历史和文化密码，让屈原故里的历史真相大白于天下，关键在于他找到了屈原及楚辞所指涉的那个久远的历史时空，找回了那段历史时空中的屈原及其作品的原初形态，从文化发生学的角度探明了那段历史和情感事象是怎么发生的，其发生源、发生地、发生点都在哪些人群和哪些地方？这个“地方”与当时的时代背景发生了怎样的历史钩链？克剑先生的贡献就在于为我们找回了这一切，找到了历史关联，找回了历史真相，找准了屈学关键。《屈原故里在大庸》一书向我们昭示：读懂历史才能读懂屈原，读懂屈原才能读懂屈辞，读懂屈辞才能进入屈学！

克剑先生很有学术天分，很有学术悟性，也很有学术胆识。他的成功更在于他坚信中华文化并非只有五千年；坚信中原文化并非本源文化，中原只是文化汇聚地而不是发源地；坚信夏商周三代以来近五千年的文明，只是中华民族的第二轮文明，而司马迁笔下的三皇五帝时代以远才是华夏辉煌的第一轮文明；坚信第一轮文明的核心不在中原，而在长江以南的西南地区，在“蝴蝶人”、“元谋人”、“巫山人”、“建始人”、“陨县人”、“长阳人”、“石门人”等远古人类包围的大西南、大武陵、大崇山地区；坚信屈原笔下的燧人、祝融、羲和、高阳等人文始祖才是开发东海洞庭湖，西海四川大沼泽的创世先贤；坚信肩挑两湖、四川的大天门昆仑地区才是人类的摇篮，文明的母地；坚信素有“中央仙山”、“祖山”、“国山”之称的崇山才是这核心的核心；坚信以三苗、百濮、盘瓠等部落先民为主体的崇庸人、天崇人才是我华夏第一轮文明的创造者；坚信大踵国、三苗国、盘瓠国、驩头国、大庸国才是三皇五帝归宿国；坚信庸楚一家，庸国是楚国的母国；坚信原大庸三闾宗坊（即今张家界市屈原老屋）才是屈原笔下“上洞庭而下（兰）江”，“去终古之所居”的“不死之旧乡”！

克剑先生《屈原故里在大庸》一书的成功之处，不仅仅在于他大胆设想，小心求证，以义无反顾的全身心投入，钻天入地，竭泽而渔，搜罗最扎实的史料，分层次编织正、反、主、次等多方面证据链条，以无可辩驳的严谨论证，破解历史谜团，还原历史真相，将蒙冤漂泊流落于异地他乡的屈原冤魂招回故土，让“泪飞顿作倾盆雨”（见著者书中《乐平里考察记》）的屈原英灵在“素有屈子遗风”的“神仙窟宅”——澧水之滨得以安息！更重要的是，克剑先生以他超常的史识灵感、深厚的学术功底，成功破译了屈原“祖先封地”、“诗中昆仑”、“笔下轩辕”等一系列历史古谜，既丰富了全书内容，又填补了学术空白。特别是对屈姓后庸国的存在和兴衰进行了大胆挖掘与充分论证，史料扎实，惊世骇俗，活生生半部庸国史！

尤其是他深入解读和充分利用民间祖传告祖词，以及古庸属地残存地名信息，挖掘出“司马屠城”（屈邑——三闾宗坊）、“后庸灭国”的罕见史料，再现了一段血雨腥风的时空历史，再现了屈原辞赋创作产生的时代背景。正是在这样一种改朝换代、社会急剧变化和动荡的乱世风雨中产生了以屈辞为代表的一系列悲怆之歌。在明确这一国破家亡的重大历史背景后，我们会有更多人穿越时空，更加直接，更加深切地感受到屈原的心态和心境，走进屈原的内心世界，感悟出屈原辞赋丰富而深刻的内涵。

我想，作为详悉掌故、擅长辞颂、深谙巫学、善作神游、通晓祭仪的三闾大夫、宗教教主、精神领袖的屈原，他一定是悲怆的，也一定是理智的、明晰的。处于困顿中的他，仍然洞察历史，洞悉世界，并对世界、对历史保持清醒的认识和有力的批判，正所谓“众人皆浊我独清，众人皆醉我独醒”。在对庸楚高层的“怒其不争”中，他仍然眷恋庸国的辉煌和楚国的强大，充满着对祖宗之国，祖宗之业，祖国历史，祖国人民的无限深情。他在苍凉有力的《天问》中，面对昆仑天门，一连问了一百七十多个问题。问天就是在问“天庸”、问“大庸”、问“大楚”；问“天庸”就是在悲泣天朝“大庸”的渐渐远去，问“大楚”就是在怅叹泱泱大楚的江河日下！一曲《澧骚》（即《离骚》）道不尽爱恨情仇，满腹忧伤，唯有《招魂》寄托一腔哀思，万般愁怅……

在此，我要郑重地说一声感谢：感谢克剑先生的突破和发现，您让我认识了屈原，走近了屈辞，他也有可能让我走进屈学。

同时，借此机会向您提一点小小的建议：鄙人感到，老兄你在破译屈乡谜底时充分利用民间古传、典籍记录和地名密码方面，正如大史学家张良皋所说，可谓“穷搜极讨，前无古人”，但由于您全身心专注于上述几个方面材料的搜讨而忽略了屈原作品中另外一组物产密码的破解。比如，当屈原“忽临睨夫旧乡”之澧水而著《澧骚》时，诗中所涉及的“秋兰、木兰、幽兰、椒兰、兰芷、辟芷……”等一系列故乡物产似应专节细写，包括采集实物标本，并拍摄图片。我以为，屈氏后庸国所在地（即今澧水张家界一带），东接赣庐，西通巴蜀，北枕襄鄂，南极湘桂，地处北纬30度生物繁衍最昌盛的亚热带季风气候区位，雨量充沛，节候分明，动植物资源异常丰富，多姿多彩。这种得天独厚的地理环境和资源禀赋，使得《澧骚》取材独具地理标志性物产特色，这是“屈原故澧秭归说”无可撼动的重要证据链条，尚望著者引起重视，于鸿著正式付梓之前弥补这一遗珍之憾。当然，遗漏之珍料当不独于此，尚有许多珍稀史料有待于本书面世后，求助、求证、求教于国内外一批方家和有识之士。

克剑先生《屈》著的成功，还在于他独特的语言风格。他本是一位作家，从业30多年的职业编辑，国家注册高级策划师。他不是专业学者，毫无学究之气。他敢想，敢说，敢闯，勇于实践，长于策划，素擅出新出奇。他性格爽朗，语言犀利，文笔辛辣，行文极其灵活多变，有时如行云流水，无拘无束；有时似惊涛骇浪，汪洋恣肆。这些风格也体现于本册学术专著。通览全书，既有逻辑层面的严谨论证，又有考证层面的深层解密，既有学术领域的破立交锋，又有情感世界的延伸阅读。不愧职业编辑家的谋篇布局，吾心服矣！

然而，行文至此，我又很自然联想到前苏联科学院院士卡匹查的一段话。他说：“任何一项新发现，无论是自然科学，还是社会科学，往往不会很快为大多数人所接受，要么不理解，要么不服气，要么被打击、被封杀，要么被冷遇、被淡化。”他引用法国著名启蒙者爱尔维休的话说：“审慎的人几乎总是把不论在哪方面有天才的、暂时还没有取得名望的人说成是疯子。伟大的人总是开始引起讥笑，然后获得赞美。”在这物欲横流的金钱社会，克剑先生坐冷板凳、钻故纸堆“读”出来的迟到的发现，也许会遭遇同样的境况，甚至更多的是非议或腹诽。但以他的胆识和实力，他一定会泰然处之，一定会任凭风浪起，稳坐钓鱼台。因为征服是他的个性，进取是他的追求。为捍卫真理，他早已做好准备，而且充满底气，充满自信！

只要找到了路就不怕路远，一个社会如果没有一批充满想象力、感悟力、创造力的“疯子”，这个社会就很难绽放出进步的火花。

笔力不济，词不达意，姑此为序。

史上真的有屈原吗？学术界还不确定呢！

《湖湘大学堂》主讲嘉宾郭建勋梳理“屈原是否存在”的争议

本报记者徐海瑞 通讯员李紫薇 长沙报道

每逢端午，人们都要吃粽子纪念屈原。不过，5月27日，由湖南省委宣传部、省社科联、红网联合举办的《湖湘大学堂》主讲嘉宾、湖南大学教授郭建勋提出，尽管与屈原有关的文化传统从未间断，但关于屈原在历史上是否真实存在，学术界一直颇具争议。

胡适提出屈原为“箭垛式”人物

在这场名为《屈原的乡国之情与人格魅力》的主题演讲中，郭建勋首先梳理了“屈原存在性”的争议，从“五四”以前四川学者廖季平质疑，到1922年胡适发表《读楚辞》，认为屈原“是一种‘箭垛式’的人物”，直到1981年日本青年学者三泽铃尔发表《屈原问题考辨》说：“屈原，完全应该视之为传说性的人物”，近百年的历史中，一直有学者质疑屈原的存在。

在众多质疑声中，尤以胡适的观点影响最大。郭建勋说，胡适认为屈原“是一种‘箭垛式’的人物”，这就像古希腊名著《荷马史诗》，本来是民间流传已久的神话故事，属于早期口头的集体创作，后人却将这些作品的著作权归于虚构的盲诗人“荷马”。远古流传的那些作品是箭，而荷马就是箭垛，“胡适认为屈原与荷马一样，不是真实的历史人物。”针对胡适的观点，郭沫若曾予以反驳。郭建勋表示，尽管针对屈原真实性的争论没有最终“输赢”，但却使双方所讨论的问题为更多的人所关注。

需要确凿实物证明屈原真实性

郭建勋的讲述引起了湖湘大学堂听众的兴趣。红网网友“纷争”表示，“原来我们一直吃粽子划龙舟纪念的屈原，竟然不能确定是不是真实人物。”在现场听讲的众多市民，也围绕这一话题展开讨论。

在郭建勋看来，之所以有那么多的人怀疑屈原的真实性，关键在于在目前可见到的先秦所有文献中，确实没有关于屈原的任何记载，这位“三闾大夫”竟然在史籍中完全没有留下痕迹，确实是不正常的。“这可能主要有两个原因：其一是因为屈原在他的作品《离骚》、《九章》中，多次对楚王的行为进行直接而严厉的批评，这使他不容于楚国当时的统治阶层，所以楚国的典籍故意不记载；其二是有关文献遭秦火散佚了，故而不传。秦、楚两国在政治上的矛盾激烈而不可化解。而屈原是坚决主张抗秦的人物，又是敌国文化的代表，那么秦始皇将与屈原有关的文献销毁，并非不能理解。”

郭建勋说，要否定屈原的存在，首先要推翻《史记·屈原贾生列传》的真实性。这是上述质疑观点一直没有做到的。相反，汉初贾谊《吊屈原赋》、桓宽《盐铁论》、刘向《新序·节士》等文章，均有关于屈原事迹的记载和传说。“这些产生于西汉的文献，完全可以构成一个证据链，说明《史记·屈原贾生列传》的真实可靠。”

为此，郭建勋觉得，在没有充分可靠的证据来证明屈原确实不存在的情况下，人们没有理由去主观地怀疑屈原的存在。“不过，我也很期待，将来在战国遗存中，能够发现证明屈原存在的确凿实物。”

“屈原虚构说”的主要观点

一、“五四”以前，四川学者廖季平就开始怀疑《史记·屈原贾生列传》中关于屈原的记载，认为屈原“25篇”，都是秦博士所作的《仙真人诗》，后来因为汉朝人厌恶暴秦，而将其归在所谓“屈原”的名下。

二、1922年，胡适发表《读楚辞》一文，认为屈原“是一种‘箭垛式’的人物”。

三、1938年，何天行《楚辞新考》则以一部专著的形式，更详细、更系统、更全面地否认《史记·屈原贾生列传》，并进而否定屈原的存在，可以说是否定屈原其人的集大成之作。

四、1951年，朱东润在《光明日报》发表“楚辞探故”系列论文，认为《离骚》是淮南王刘安所作，传统的屈原25篇及《招魂》等，都不是屈原的作品，并怀疑屈原是否真有其人。

整理/记者徐海瑞 通讯员李紫薇

原载2014年5月28日《潇湘晨报》

路漫漫其修远兮，

金克剑在张家界市历史文化基础性研究成果评审会上与中国先秦史学会会长、教授、院士宋镇豪合影　　李书泰 摄

金克剑在汨罗考察　李书泰 摄

著作等身　　本报记者 李享 摄

（上接1版）

1 一场对话，开始艰难的转身

一切来源于2009年元月份一场随性独特而又让人感慨的对话。

彼时的金克剑，刚刚结束四任政协委员的任期，从市旅游局退休。时任市政协学习文史委主任的李书泰正在从事古庸国的研究，想把张家界历史文化进行梳理，但感觉势单力薄，于是找到了金克剑：

“老金，你得帮我，一起搞好张家界本土的历史文化研究。”

“那不行！我提前退休的目的已经计划好了，我一辈子都培养人才去了，现在老了，要抓紧时间把五部长篇小说赶出来！”

“金老师，我告诉你，文学创作往往是短命的，中国文学史，就是唐诗300首，宋词300首，加上4部小说名作！你写小说有什么意思？如果你改行做文史研究，题材选得好，一旦成功，你的著作就是不朽的！”“凡是研究历史的，只要是提出新历史课题且获得验证的，很多都传承下来了。”

……

李书泰一席话，将金克剑说得哑口无言。他心动了。于是，一群人坐下来讨论可供选择研究的题材。经过5个月的研究，几人把张家界的历史文化梳理出纲要，呈交给市政协领导决策。时任政协主席周元庭看了后非常惊讶，他鼓励金克剑“走自己的路，研究好张家界历史！”

在选择题材时，金克剑提出研究屈原故里。面对大家的惊讶，金克剑说，在此之前他已经在《张家界日报》陆陆续续发表了一些关于屈原的小文章，冥冥之中感觉和屈原有缘。

事实上，金克剑在研究屈原之前很多年就隐约发现，屈原的影子就在澧水和大庸这片土地游荡。他高中读《楚辞》时，就认为屈原《九歌·大司命》“广开兮天门，纷吾乘兮玄云”中的“天门”，绝对不是神话中的天门，而是实实在在的天门。为此，还和当时的班主任进行过激烈的争论。金克剑说，他与屈原的关系，就像血和骨的联系，有解不开的情节。

但将屈原身世研究这个难度空前的巨重担子挑上了肩，这不是一个“有缘”就能够解释得清楚的。屈原故里、屈原身世，一直是屈原学这门学问中历史最悠久的难题，2000多年来，一直没有人真正能剖析出来，留下了众多的谜团。

“人生选择的路很多，我选择了一条最没有希望的路，很可能8年10年攻不下来，结局可能就是竹篮子打水一场空。”金克剑说，当时确实有种破釜沉舟的决心，因为自己灵魂深处一直有个声音在说：屈原的魂就游荡在这片山水之间，等待他去发现！

对于金克剑而言，这是一场人生的“大考”！他说，多年来自己都是从事文学创作的，突然改行到的史学研究，无疑是一次艰难的转身——文学可以虚构，散文可以尽情地抒发，唯独史学研究不能造假，它要求有扎实的、禁得起推敲的史料支撑。

但是既然决心已定，老金也不怯场。作为本土知名的文化人，他曾当过电影放映员，做过大庸县文学专干，还是卓有成效的注册旅游策划大师。这些年，他的散文入选高中语文教材，他所提供的创意和策划文案成就了几个非凡的景区，著述的小说集、散文集多达400多万字……无论在哪个岗位上，金克剑绝对是一个出类拔萃之人。因为，他的身上有股拼的精神！

决心下了，从2009年开始，金克剑一夜之间从人们的视野中消失。最明显的一个标志是，两会期间人们再也听不到他那铿锵有力、充满浩然正气又忧国忧民般的建言献策了。

一切，戛然而止！一场静悄悄的历史考证大长征，在无声处响起。

2 关键证词，在饱含泪水中涌现

历史研究，往往是耗费一生也出不了成果的一门学科。特别是关于屈原的研究，2000多年来相关研究者不下3万人，而留下著作的只有三四百人。

屈原，对于刚接触他的金克剑而言，如同一座高山，立在历史烟云深处，可以感受他的存在却难以触摸。

研究屈原，从何入手？

金克剑找来大量史料，试图从中找到一些线索。一本《屈原学集成》，从汉代开始到当代数百名专家研究屈原的精粹与成果，全部汇集在书里。金克剑日夜不停地读，日夜不停地研究，最终却发现在屈原出身地等基础课题方面，竟然没有一篇实实在在的专文，最多也不过是几百个上千字的语焉不详的猜测。就是说，两千年的屈学界，所有的理论文字，都是建立在闭门个人猜测、想象基础上的空谈！

于是，从汉代起，屈学界多了一门寻找屈原故里的学问，至今为止，见诸各地冒出的“故里”已达25说之多，其中以东晋袁山松所编造的“秭归说”影响最大，但全都没有国史文献、地方谱志的文字证据。因了这种“故里乱象”，屈学界发生了1500年持久不断的“屈原故里”真假之争，因为故里真假，直接关系屈原学研究成果的真假。郭沫若在其长篇文章《屈原研究》中，虽然他也认为秭归是屈原故里有误导性，但还是对屈原故里在秭归下了一个“乡里的说法大约是正确的”似是而非的论断。在金克剑看来，这也只是一种猜测。

路在何方？金克剑决定换一种思路。在史学研究方面，“四大证据法”是一道绕不过的坎：文献典籍，方志族谱；民间口耳相传；地名信息；实物和文物。其中，国史证词、地方志和族谱尤为人所看重。

但是，从汉代至当代，两千年屈学研究中，几乎没有一个人找到直接记载屈原生身故里的文献证词。能不能暂时撇开历史上研究屈原的各种资料，直接从正史中找到屈原故里的证据？这个大胆的想法在金克剑心里一闪而过，却深深地诱惑着他。但是，面对浩如烟海的史料，找到相关证据链条谈何容易？

因为压力过大，金克剑跟周元庭主席说：5个月之内如果没有找到屈原在张家界的国史证词，我就拜拜了！

没想到的是，周元庭主席斩钉截铁地送他一番话：那不行，你没有找到证词，说不定可以找到别的线索，从别的角度研究屈原呀！

人世间，也许冥冥之中真有一种力量，被金克剑的精神感动。

5个月时间眼看过去了，金克剑翻遍了所能找到的关于屈原的史料，依旧没有确切的眉目。正在他一筹未展的时候，有天晚上11点多，他接到了李书泰打来的电话：告诉你一个好消息，我找到一份证词，出自《太平御览》！

在电话里一字一句地听完李书泰读完整段话之后，金克剑热血沸腾，脑壳如同要爆炸一样，他脱口而出：你等着，我马上过来！

此时夜已深，金克剑所住的凤湾路口至李书泰的办公室市政协大楼没有了车，金克剑心急如焚，不顾腿脚不便，一路狂奔！40分钟后，他在李书泰所处的308室，看到了宋史里关于屈原故里在零陵（慈利）与充县（大庸）交界处的二尉岩潭口里的236个字，其中核心52个字为：

南北岸曰屈原之乡里。原既流放，忽然归，众人喜悦，因名南岸曰“归乡岸”。原有姊，闻原还，亦来归，责其娇世，乡人又名其北岸曰“姊归岸”。

连读3遍后，他泪水长流，掩卷大呼：我们赢了！

在他的心中，2000多年以来所有关于屈原故里的推测，都是没有国史记载的。而没有国史记载的屈原故里的相关论证，都是经不起推敲的，可以说是假的。

国史证词的出现，让金克剑陡然有了信心。他抛开了所有疑虑，全身心地投入到了屈原故里的研究中去。

好运接踵而至。不久之后，他从清光绪三十二年由侯昌铭修纂《永定县乡土志》发现了关于三闾宗坊的四十八字证言诗：

八使匡卫，四姓称强。
指树锡性，播草画疆。
屈昭斗叶，皆楚之良。
三闾族籍，兰芷馨香。
子孙千亿，列甲分房。
无滋他种，永奠宗坊。

吾将上下而求索

——走近金克剑和他的《屈原故里张家界》

本报记者 曾甲长 通讯员 朱洪桂 唐元元

诗中所写“屈昭斗叶”四姓中的“三闾族籍”，即三闾大夫屈原的生身户籍，就在永定的屈家坊！这一证词的发现让金克剑喜不自禁。侯昌铭，光绪十五年入宫，任觉罗宫教习，后派充内阁协办侍读中书舍人（侍读：帝师），诰封奉政大夫，赐封中宪大夫。这样的人留下的只言片语弥足珍贵，弥补了证据链条中方志这一关键的一环。

在金克剑眼里，屈原故里的迷雾正在散开，真实的历史即将展现在他的面前。余下的，似乎只有族谱这一层薄雾了。但如何捅破这层薄雾，却一直困扰着金克剑。期间，他多次到屈家坊、潭口进行搜集，均无功而返。

有天，他和书秦参加市政协常委会，午餐后返回办公室，发现门没有打反锁，开门后发现两个老人。一问，竟然是屈家坊人，他们因发起第四次修编屈氏族谱而前来寻求帮助，并带来了两本清光绪《屈氏族谱》，其中一本为明清三谱序言合集。金克剑一看惊呆了，里面的十多篇序言，几乎篇篇都写着屈家坊屈姓就是屈原的后裔！

那一霎那，刚才在食堂吃饭时还在祈祷屈原提供帮助的金克剑泪流满面，忍不住大声说：屈原啊，您老显灵了！

3 按图索骥，拨开历史的迷雾

三大基础性证据链条基本齐全了，屈原故里的迷雾在金克剑的眼里慢慢散开。但这还不行，金克剑认为，屈原故里在张家界光有国史文献及地方典籍还不够，还应该有一个庞大的证据链条和大量的根据与细节支撑。

但时间已经过去了2000多年，世界已经不是屈原的世界，要和屈原穿越时空进行对话已经很难。好在屈原是一个伟大的诗人，金克剑决定从他的作品入手，以作品为线索，一个地方一个地方进行考察。

屈原诗词很多涉及到澧水、沅水、大湘西、大武陵地区和湖北古郢都等地区，金克剑和课题组团队为此“按图索骥”走遍了域内的山山水水，从沅澧资水流域的沅陵、北溶、泸溪、辰溪、溆浦、桃江、汉寿、常德、汨罗、岳阳，至湖北武汉、随州、枣阳、襄阳、谷城、老河口、十堰、竹山、乐平里、秭归、宜昌、荆州、沙市、江陵，回湖南澧县、临澧、石门、慈利、潭口等，行程约3000华里。因担心涉及到地域之争，每到一处，他们都化身为屈原的诗歌追随者，明察暗访，不顾腿脚不便详实地了解每个地方有无屈原的遗存、衣冠冢、地名、族谱、后裔、族人墓地等情况。

沅陵伯庸（北溶），屈原父亲战死之地，金克剑了解到屈原曾在那里看过划龙舟赛，龙舟赛在他之前就已存在；泸溪，那里有座望屈亭，屈原远游，在那里作短暂停留；溆浦，屈原在这里待了较长时间，不仅入了《楚辞》，而且当地还口耳相传，方志也有记载。

特别是在桃江，县志明确记载：屈原与当地一女子泊氏相识并结婚生子。泊氏家族是当地的豪门望族。泊氏夫人不仅是个大美女，而且还满腹才华，精通音乐，与屈原爱好相同。金克剑甚至查询到了屈原与泊氏夫人生下两个孩子的名字：屈黑、屈秀英。

搜寻是艰难的，特别是因为担心利益的牵扯，金克剑一行总是“隐姓埋名”，只为查找到第一手真实的资料。

湖北乐平里，是“秭归说”的原点，一直对外宣称是屈原故里。金克剑问当地群众有没有姓屈的，得到的答复是没有姓屈的。接着又连问有没有屈邑（城）、屈乡、屈村、屈谱、屈原父母儿女、屈原家庭、屈原田产、屈原后裔、屈原读书学校等，回答都没有。最后问有没有姓屈的家族?回答也是没有；有没有屈姓坟墓?回答也没有！他们跑了几十个市县，发现若干个所谓“屈原故里”与乐平里一样，既没有历史遗存，没有国史记载，没有地方志记载，没有族谱记载，同时也没有姓屈的家族传承，没有屈氏族谱，连屈氏坟地都没有。最后，金克剑得出一个结论：这些地方均属于“无屈地带”，根本不可能是宣称的“屈原故里”！

“无屈地带”这一理论术语的形成产生，是金克剑三千里调研的最大成果。

2015年端午，金克剑携张家界三位屈氏专家参加由某县承办的屈原学术研讨会，该县一直对外宣称是屈原故里，会长还把儿子的500万元用作相关研究。此前，金克剑一行曾两次实地考察该县，发现其地为典型的“无屈地带”。金克剑在研讨会上代表张家界代表团发言，向这位老会长连问对方有没有屈村、屈乡、屈镇等20多个涉屈问题，对方一个也回答不出，金克剑反问：所有与屈原有关的东西都没有，凡屈皆无，那么屈原的故里又安置在什么地方，难道是漂浮于空气之中？

一连串的发问，让老会长哑口无言，让参会的一众人士震撼不已。一个月后，该县屈原学研究会13人来张家界市对屈家访——潭口，屈原故里进行实地考察，考察过后感慨万千，称学术不能掺假，金克剑先生那次发言给了他们当头一棒，让大家心服口服。

4 惊天动地的秘密，就在那

9年来，金克剑一直跟着屈原的诗词行走考察，屈原诗词写到哪里他就跟到哪里，一首一首地解剖。从中，他发现屈原不仅仅是伟大的诗人，而且也是伟大的史学家——“诗词中信息量很大，蕴含着中国很多悬而未决的重大历史疑题的答案，可惜没有人去破解！”

屈原故里到底在哪里这个问题，金克剑认为自己已经找到了答案，不仅仅有关键证据链条的支撑，而且还有大量实物和文物体系的支撑。以《太平御览》和侯昌铭修纂《永定县乡土志》指引，他去了永定区阳湖坪镇的屈家坊和潭口，进行了大量详实的调查。他发现，在这些地方，屈原及其后裔留下的信息数不胜数。

对于金克剑找到的这些地方，著名建筑大师、著名古人类历史学家张良皋先生曾有过详细的说法：

在屈家坊，我们一行考察了屈原临盆地“祖屋里”，现存两堵砖墙夹两间破屋，一个石条门洞，据说原有三个石槽门，都毁了。从建筑形制看，应该是明清之间重修的老屋。靠东南侧有条古巷（现已变新巷了），叫“花门口”，据说是屈原少时喜欢种花，还突发奇想，利用藤蔓花依巷子口大门编了一个自然大花门，这个名字一直传了两千多年，成了当今“花门口小组”名称。

另一侧是三闾大夫祠旧址，据说民国时当地一个同盟会会员屈髯在此办“清醒学校”。民国时为乡政府至解放后办公社，这里成了两朝乡政府机关。约20多年前，公社迁址，将祠堂转卖给他人，几经拆迁重建，旧祠只剩些残断石条，上面所刻菊花、荷花图案清晰可见。相邻的三层三间阁早没了，所有关于屈瑕受封于此构建邑城的传闻与建筑物都消失了。

沿澧水往下行，第一个参观点是屈原后裔公墓区，据参会代表、当地屈原后裔、退休老干部、本土屈原学专家屈楚福先生介绍，龟背桥等数十处屈原后裔公墓区，安葬者达数万人之多！这是我第一次听到屈原后裔墓葬的信息，这是其他所有“故里”不可能有的奇迹。

又说：永定区屈原后裔现有7000多人，阳湖坪镇接近4000人，仅屈原出生地屈家坊村达2000多人，这在全国绝无仅有！就凭这一条证据，“无屈地带”的秭归乐平里就输了一着。

再往下就是花神桥、兰花桥、兰香桥遗址，一地连建三座与屈原兰花相关的石桥，这是国内屈原纪念建筑的唯一，怎么不令我震惊！

再下，就是《太平御览》所载屈原故里潭口了。因风大涨水，我不敢坐船过江去登屈原老屋场拜瞻，只能站在岸边远观南岸那个平台，据说那就是屈原老屋场“一口印”（一名“簸箕塔吊水”）。屈楚福先生手指河对岸（南岸）说：那就叫“归乡岸”，我们站立的北岸就叫“姊归岸”。两岸上至屈家坊、屈王城（古城寨、古人寨），各长40华里。我心里又是一惊：原来袁山松先辈当年所说秭归县的归乡岸，姊归岸的原生地就在这里！

更有甚者，环绕老屋场对岸半坡，还连建文昌阁、文华寺、鸿文塔，俗传“三文朝屈”；又在对岸老庸湾上段建了一座青云塔，相传为屈原而建。“青云”者，一指有德而负盛名者；二喻在高位；三喻隐逸。大庸有此等崇高身份的古人不是屈原又是何人?

再往上行数里，就是屈原辟谷种兰的“兰岗”，此地还有相公桥、相公泉、相公潭、相公洞、相公庙、相公岩、骚台、大花园、小花园、屈家里等屈原信息，这是天下不二的一组屈原相公符号大汇集！

老先生在考察完毕后，忍不住发出这样的感慨：我分明感受到了一种强大气场包围着我。经验告诉我：当某地一批历史文化地名符号成规模、成建制、成集群堆在一起时，这地下一定有一个惊天动地的秘密！

这个谜底，当然还需要时间的检验！因为长时间日夜用脑，2012年10月13日凌晨3时47分，金克剑将全书70万字初稿本写完最后一字时，头痛如裂，轰然倒地。在市中医院，经过五天五夜抢救，他终于逃过一劫。平息后，他说的第一句话是：感谢屈原在天之灵，庇佑我大难不死！

此后，为了进一步完善书稿内容，他又耗费近6年时间，进行深度广度研究，不断发现新的证词证据，乃至发现屈原家族流落在澧水民间的一批文物藏品，一些物件上还铭刻着“屈××造”的文字。

截至今年端午前夕，《屈原故里张家界》书稿已是第15次修改稿。在书房内，金克剑向记者展示着一条条长长的修改书页。全部书稿堆叠一起，竟然高达1.68米！他说，即将出版的《屈原故里张家界》全书9章57节130万字（文字120万字图片10万字），出版之后，必引发一场学术论战。对此他并不担心，他担心的是未来如何将屈原这一国家品牌重新擦亮，以全新的姿态向国人、向世界推介。他说：我这一辈子和屈原有缘，路漫漫其修远兮，吾将上下而求索。相信不久之后，这部书的内容将会被更多人认同，更多的人们将通过这本书知道屈原身世和他笔下的那部伟大历史的真相。

弘扬大庸文化

11月12日上午，由中国先秦史学会、中共张家界市委宣传部的指导，张家界日报社与市文学艺术界联合会举办的“弘扬大庸文化，寻找张家界梦”张家界历史文化基础性研究成果发布会，在大成山水酒店隆重举行。本次活动得到了张家界大匠策划工作室的特别支持，以及张家界鸿兴置业有限责任公司的独家赞助。

本次活动旨在还原张家界的昨天，深刻老大庸的记忆，传承本土文化。发布会上，中国先秦史学会常务副会长兼秘书长宫长为宣读了11月11日下午评审会给出的《张家界历史文化基础性研究成果评审意见书》，并由中国先秦史学会会长宋镇豪为张家界授予“中国先秦史学会张家界研究基地”的牌匾。作为责任企业，张家界首创文化地产——大庸王府开发商鸿兴置业为课题组特别送出研究经费。

市委常委、市委宣传部部长余怀民，副市长田华玉、市政协副主席余高琪及来自中国先秦史学会、中国社会科学院等史学研究领域的专家学者出席发布会。永定区政府及市规划局、市建设局、市房管局、市工商局等相关单位负责人，市作家协会、美术家协会、书法家协会、摄影家协会、音乐家协会、舞蹈家协会、戏剧曲艺家协会、中南民族艺术家协会、影视家协会、评论家协会、市导游协会、旅游饭店业协会等文学艺术界、旅游界人士参与此次盛会。

市委常委、市委宣传部部长余怀民

张家界日报社社长、总编辑阳益欣

张家界鸿兴置业有限责任公司董事长向绪平

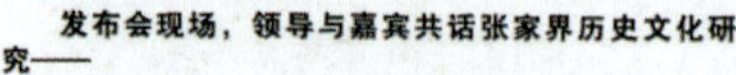

发布会现场，领导与嘉宾共话张家界历史文化研究——

“把张家界的历史文化很好地挖掘整理，让我们的另一种辉煌、另一种风采展现在全世界人民面前。”

市委常委、市委宣传部部长余怀民：

1980年元旦，著名绘画家吴冠中先生，写了一篇文章叫做《养在深闺人未识》，让养在深闺的张家界为全世界所知晓。一位香港著名摄影家陈复礼先生的一张照片，在瑞士皇家学院获得金奖，让世界知道张家界冠绝天下的自然美。到现在为止，经过二十多年的开发和建设，让张家界初步成为国内外知名的旅游胜地，但是张家界的厚重历史文化，被外人所知道的还比较欠缺，所以从事张家界历史文化的研究是一件非常有意义的事情。

前不久，湖南省委省政府在张家界召开了一次具有历史意义的会议，叫做大湘西文化旅游产业融合发展推进会；目前，国家也把武陵山片区的开发，作为独立连片的集中贫困区开发；近期，习近平总书记到湘西做了考察，也了解到武陵山区的发展。自然环境优美、生态环境优越，这是我们的优势所在，但我们厚重的民族文化，应该更是我们的优势所在。省委省政府看中了这一点，所以把大湘西开发、建设发展的战略确定为文化和旅游的深度融合，这是我们未来发展的方向。

我们的知名度在各方面已有很好的体现，但我们的文化研究还需要做大量的工作，所以我衷心希望大家，以严谨的治学态度，把张家界的历史文化很好地挖掘整理，让我们的另一种辉煌、另一种风采，展现在全世界人民面前。

市委市政府已经决定，这几年我们的工作重点是“提质张家界，打造升级版”，这就要围绕城市建设、历史文化研究的展示来开展工作。第一个工作就是在具有特殊意义、历史记忆的南门口进行开发。前不久，市委宣传部已经向全市发起号召，鼓励所有对张家界历史文化有研究的人士积极献策，在澧水两岸建造张家界历史文化长廊，所以在此我也再次呼吁和邀请有识之士，响应这一号召，积极参与建言献策活动。让全世界人民知道，张家界不仅风景优美，而且历史文化更放异彩。

今天，很高兴看到张家界鸿兴置业作为文化地产——大庸王府的开发商，支持张家界历史文化研究，并将张家界文化融入到地产开发，这是一个新的方向。张家界历史文化研究，需要全社会的关心与支持。我希望张家界历史文化研究能够在中国先秦史学会的指导下，更加科学、更有成效，使研究成果更有依据，更有说服力，使张家界文化与自然山水交相辉映。

“推进文化与旅游、文化与经济的深度融合和有机融合。”

张家界日报社社长、总编辑阳益欣：

张家界是一个年轻的旅游城市，但同时也是一个历史文化积淀丰厚的城市。此次评审会，对这一点再次予以了确认。

此次历史文化基础性研究成果的发布，为我们还原了张家界的昨天，更昭示了张家界的明天。“中国先秦史学会张家界历史文化研究基地”的成立，为我市历史文化的研究夯实了基础，搭建了平台，对进一步促进我市文化内涵的挖掘与打造精品城市有着直接的助推作用。秀美山水与文化灵魂相融合的张家界，拥有五千年的历史文化资源，这是区域经济、社会发展的有机组成部分和城市综合竞争力的重要标志之一，同时也构成了一座城市的文化形象和品位，是我们这座城市可持续发展的重要战略资源。

我们愿意通过此次活动，进一步增强张家界的文化自觉、文化自信，积极推进文化与旅游、文化与经济的深度融合和有机融合。进而进一步增强进一步实现张家界的文化自强，为成就张家界的旅游强市梦和全面小康梦做出新的贡献。

“文化地产大庸王府，为文化和山水而来。”

张家界鸿兴置业有限责任公司董事长向绪平：

张家界是一个人杰地灵的城市，在魅力山水名城的背后，有着深厚的文化土壤缊育这座城。张家界拥有异彩纷呈的历史文化资源，且不说古庸国文明，即使是如今存在的贺龙纪念馆、普光禅寺、老院子等文物，以及民歌、阳戏、花灯、傩戏等民间文化精品，都为我们当下的历史文化研究提供了宝贵的资源。为此，张家界鸿兴置业为山水与文化而来，以张家界首创文化地产——大庸王府，来融入城市，传承本土文化。

鸿兴置业本着“以人为本，以史为根，以文为魂，以美为形，以德为先”的开发思路，致力于打造“智者宜居，居住益智”建设文化理念，将在小区内特设百米文化墙，展现庸城文化历史，揭秘中华历史源头；社区配备高尚图书馆、国学幼儿园、艺术展厅等，为社区居民提供更丰富的精神文明生活。进而站在城市发展的高度，传承发扬博大精深的张家界历史文化，丰富世界旅游目的地的文化内涵。

在发布会最后，专家学者现场接受媒体提问，为张家界文化发展、城市建设释疑——

“张家界历史文化研究已卓有成效，仍需更深层次地挖掘和弘扬。”

记者：请问宋镇豪会长，您此次主持《张家界历史文化基础性研究成果评审会》，对于研究组提交的研究成果，整体感觉如何？对张家界的旅游文化建设，您有什么建议呢？

宋镇豪：张家界的历史文化非常厚重，十多年前我就来过张家界，当时感觉张家界仅有自然景观，缺少文化的开发。我们是搞先秦史研究的，主要是研究中国文明的串联、组建，对于大湘西这一块我非常关注。张家界文化是中华文化的重要组成部分，我们的开发必须与经济建设、社会建设、社会发展等方面联系起来，不能只重视自然景观这方面，这方面早已是知名了，所以张家界历史文化的厚重性这一块应该很好的收集、整理和开发。

就我个人的看法，我更关注文物，因为文物是不可能再生的。静观我们城市发展中间，有些方面可能会对我们文化的传承产生一些负面影响，但总体来说，都是对社会大发展、文化大繁荣的一个支持。所以，我希望政府部门，首先要在注意收集、整理、保护的基础上，再进行开发，这样对我们子孙后代也能有很好的交代。很欣慰的是，张家界本地有很大一批本土学者，他们做出了很大的贡献，现在呈现在大家方面《庸国荒史研究》、《屈原故里在庸国》、《鬼谷子身世研究》等六本大书，使人叹为观止，成果是非常的好，对此，我表示非常的敬佩。我希望他们在现在这样一个平台上继续地探索，为张家界的发展和我们中华文明的串联做出更大的贡献。

部分特邀专家学者现场答记者问

张良皋

宋镇豪

寻找张家界梦

——张家界历史文化基础性研究成果发布会成功举办

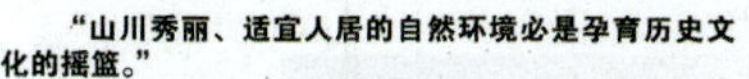

本报记者 张明涛 摄

中国先秦史学会会长宋镇豪为"中国先秦史学会张家界研究基地"授牌

张家界鸿兴置业有限责任公司董事长向绪平向张家界市历史文化基础性研究课题组赠送研究经费

"山川秀丽、适宜人居的自然环境必是孕育历史文化的摇篮。"

记者：请问田贵君老师，我们从本次研究成果获悉，屈原、鬼谷子等很多历史人物，以及很多历史重大事件，都与张家界有关，对此，外界存有很多质疑，您怎么看？

田贵君：我是永定土著，对这些问题开始我也有些疑惑，于是我就和金克剑、李书泰先生组织了一支研究队伍，后来逐渐转变了自己的看法，有一些疑惑的东西也就消除了。大自然把太多的山水奇画给了张家界，给了我的家乡，大自然也把最适宜人居的环境给了我的家乡，怎么还要把丰富的历史文化积淀也要给张家界呢？好事都让张家界占全了。后面仔细一想，那还是有道理的。大家想，这么好的山水风光，这么好的人居环境，它存在了亿万年，那么在这亿万年的历史进程中，难道就是我们这一代人才发现它的美，才发现它适宜人居吗？不可能，我认为古人不比我们差，他们也发现了，于是他们也在这儿生存。我认为，只要有人类生活的地方，就会产生历史和文化。这么好的地方，这么多的祖先生存在这儿，那么，历史和文化也就产生了。所以我们可以看到，张家界山川秀丽，最宜人居，张家界有如此引人入胜的山水石景，又怎能不演绎出更多的历史文化大事呢？这样疑惑也就没有了。

"文化融合、转型升级，让张家界这个品牌更加响亮。"

记者：请问翟杰教授，您作为把历史文化用于经济社会发展的实践家，您觉得张家界应该怎样将历史文化研究成果，与发展旅游经济相融合？

翟杰：众所周知，21 世纪是社会经济和文化大发展的世纪，那么作为张家界，如何使用我们的历史文化、自然景观和人文文化、民族文化并将其文化运用到我们实际的旅游文化、商品文化和文化产业之中呢？我分三个层次来回答这个问题：

第一，如何将自然景观与文化发展相结合。20 多年前，我就知道有一个张家界，我就知道这里的自然景观鬼斧神工般的美丽。但是由于时间紧张，20 年来一直向往的地方没有来，这其中的一个原因就是，我知道这儿的自然景观经过上亿年的演化而成，应该不会有太大的改变，任何时候来都可以。自然景观自然可以吸引很多的人来观赏这里的云山大川，但如果有了文化的根基、历史文化的内涵，我相信更多崇尚文化、热爱生活的人，愿意接受崇尚中华文化的各方友人慕名而来。我也是第一次来到张家界，但不仅仅是因为它的自然景光之秀美，更重要的是，我们的这次研讨会做了一个重大的发现和大胆的推理的设想——就是屈原文化和鬼谷文化。作为中华人民共和国文化部研究中心的主任，我自然要排除一切的事物来到这里，这就是我提出的第一个层次的观点，我们在 21 世纪这样一个转型升级的社会当中，自然景观和文化景观就应该有一个升级转型。

第二，就是由历史文化和民族文化向为现代文化服务的一个转型。历史文化是祖先留给我们的，民族文化是源远流长的民族渊源，这些文化的开发、利用和发掘对于当今现代文化的服务是一个非常好的基础，可以说是博大精深、源远流长。但是如何让这些文化放射出璀璨的光辉，为现代文化服务，这是我们应该考虑的转型升级的第二个层次，也就是如何让历史在当今社会中发挥其伟大作用。第一个问题，我们的余部长已经做了阐述，社会升级仅仅靠大自然给我们的自然景观是不够的，换句话说，如果任何一个人，我相信单凭自然景观来到这里，他一生来一次，第二次来的机会很少。然而对于文化的探索，他可以一次两次甚至带更多的人来这里，因为这是值得我们深入挖掘的一个旅游资源。

第三，就是历史文化、民族文化、现代文化这三大文化的融合。这是我们的文化根基，但是如何将这样的文化根基，如何将这样博大精深的文化运用于我们的文化产业，这是转型升级的第三个层次。这个产业可以运用到我们的企业中，今天我们的企业大庸王府做了一个很好的榜样，如何将我们的产业和文化结合起来，用文化来促进产业的发展，大庸王府就带了一个好头，我非常欣赏，今后，我也会和董事长向总就如何将文化与地方有益结合做更深入的交流。

这次我来到张家界，我感觉到张家界文化产业的发展真的是前途无量，面对这样一个转型升级的大好形势，一定会让张家界这个品牌更加响亮、更加辉煌，源远流长，千古流芳。

"希望本土学者能找到庸国的后裔。"

记者：您从事鄂西土家族建筑研究已有多年，此次来到张家界，对张家界历史文化研究有何感受与建议呢？

张良皋：我想和大家谈一点心声，我姓张，张姓几乎多次被评为全球第一大姓，这个地方叫张家界，那我就是张家人，来到这，我就有回家的感觉。

我曾经做过一首诗，就是《张家界即景》，"五岳行山亦如何"，就是很多画家到处找风景，你觉得这里怎么样呢？"奇峰仙境费琢磨"，把许多山看了，五岳看了，当然很好看，可你也会有一种感觉，中国就这么几座山吗？但是"画家若到我'家界'"，就是您若到我张家界来，"此地天地妙奇多"，你才相信老天爷他的庙里不是我们人类所能想象的美，所以作为张家界的子孙，我引以自豪，张家界的兴旺发达就是我张家的兴旺发达，如果专家、学者能够证明张家界这里的人文、自然在世界上称最，那我们也就增光添彩了。

第二，这次研究会，我长学问了，原来我们到了屈家的聚居地。我曾经为庸国鸣不平，我认为庸国的文化了不起，应该张扬。周武王伐纣，如果没有庸国的帮忙，他会很艰难，庸国其实是一个打抱不平的国家，帮武王伐纣。隋朝曾经把恩施作为庸州，庸国不光是在上庸地带，他的势力范围可能到了恩施了，于是我曾经就请教别人一个问题，有上庸就应该有下庸，下庸在何处呢，他说下庸在湖南，我说你有证据吗？他说这已经是众所周知的事了。但是可能很多人都不知道这样的事，所以我就来代为宣传，所以说庸国的势力范围应该就到了湖南，我没有想到这里有这么多的屈家人居住，这是千真万确的一个大成就，所以我希望张家界的本土学者能够帮忙找到庸国的后裔，屈原的后代，那么我也就多了一些表亲。今天在这里来，我很兴奋，我期待张家界这个城市兴旺发达，前途无量。

文字整理 / 吴凤姣 何吕 摄影 / 本报记者 邵颖

翟杰

田贵君

相关链接：

张家界市历史文化基础性研究成果评审意见

一年来，经中国先秦史学会组织有关专家通审书稿，并实地考察调研和集中评审讨论，大家一致认为，张家界历史悠久，文化底蕴深厚，由中共张家界市委、市政府筹划决策，由政协张家界市委组织实施的张家界市历史文化基础性研究工作，是贯彻落实党的十八大精神，推进社会主义文化事业大发展、大繁荣的具体表现，也是加快区域历史文化研究工作的大胆实践，有着积极的建设性意义。

初步完成的《张家界历史文化研究丛书》六部专著，选题精当，结构合理，内容充实，各具特色，彰显了张家界历史文化独有风貌。其中《庸国荒史研究》、《屈原故里在大庸》和《鬼谷子身世研究》三部专著在已有研究的基础上，有所发现、有所突破、有所创新、有所收获，充分展示了课题组严谨的治学态度和良好的治学精神。

《庸国荒史研究》一书，着重探讨了庸国古都地望在今张家界市古人堤，并且，围绕着庸国的起源、疆域、亲族、属国等相关问题，展开了广泛深入探讨，为中国湘西地区古史研究做出了可贵的贡献。

《屈原故里在大庸》一书，运用地方史志等相关资料，着重探讨屈原生身之地在今张家界市永定区阳湖坪镇屈家坊，并且对屈原所处的历史时代、文化背景进行了深入讨论，推动了屈原研究包括楚文化研究。

《鬼谷子身世研究》一书，另辟蹊径，从白公胜问题研究入手，着重探讨张家界鬼谷子文化，提出鬼谷子真身白公胜之说，进一步推动了鬼谷子研究的深入开展。

同时，我们也高兴地看到，张家界市历史文化基础性研究成果，在当地城市文化表达、文化产业建设、旅游提质升级、地方教材编写等方面得到了广泛利用，让历史变得更加时尚，让文化显得更加亲近，从而成功地实现了社会科学研究成果的传承和推广。

鉴于张家界市历史文化基础性研究成果，经中国先秦史学会研究决定，依托张家界市历史文化基础性研究领导小组，建立中国先秦史学会张家界历史文化研究基地，并吸纳张家界市历史文化研究课题组集体加入中国先秦史学会。自授牌之日起，接受中国先秦史学会的学术指导，参与中国古代文明研究领域学术交流，承担地方区域历史文化研究任务，并定期上报研究规划和科研成果。

中国先秦史学会

二〇一三年十一月十一日

第六部分 大师名家会庸城（2013年11月）

一、张家界市历史文化基础性研究成果评审会剪影（18幅）

1. 张家界市历史文化基础性研究成果评审会出席专家合影。（左7为首席评审专家宋镇豪，学部委员。后排左4为本著作者）

2. 自左至右为部分评审专家：金克剑、翟杰、张广志、宋镇豪、张良皋、杨东晨、宫长为、田贵君、李书泰

3. 与首席评委、学部委员宋镇豪合影

4. 何光岳、宋镇豪、宫长为三位大师在一起

5. 张良皋、李书泰、张敬轩在一起

6. 张敬轩、张广志、杨东晨在一起

7. 作者与翟杰先生合影

8. 何光岳、杨东晨在一起

9. 作者与杨东晨先生合影

10. 何光岳、宫长为、李书泰、宋镇豪在一起

11. 作者与王中兴先生合影。是主动为我作序又一人。

12. 王中兴与本土专家学者田贵君、田奇富在一起

13. 本土著名学者陈自文先生

14. 王中兴与本土知名学者田贵君、田奇富、王章贵在一起

15. 图为本市土家族文化专家、著名画家、本书全部绘画人田开元。与本书作者是“文革”风暴前夜的大庸一中同年级高中同学。也是两个一直没有止步的艰苦奋斗者。

16. 屈原后裔、本市知名演讲家屈泽波担任会议主持。图为开幕时宣读因故未能出席会议的李燕杰先生贺信

17. 与本次评审会赞助商向绪平先生在一起。

（上述图片由李书泰提供）

18. 本次评审会会场设张家界大成山水酒店。会议由“大庸王府”开发商向绪平先生全额支持赞助。前排左7为主评、学部委员宋镇豪先生　　（此评审会会场由古剑拍摄）

中国先秦史学会关于张家界市历史文化基础性研究成果评审意见书

一年来，经中国先秦史学会组织有关专家通审书稿，并实地考察调研和集中评审讨论，大家一致认为，张家界历史悠久，文化底蕴深厚。由中共张家界市委、市政府筹划决策，由市政协组织实施的张家界市历史文化基础性研究工作，是贯彻落实党的十八大精神，推进社会主义文化事业大发展、大繁荣的具体表现，也是加快区域历史文化研究工作的大胆实践，有着积极的建设性意义。

初步完成的"张家界历史文化研究丛书"六部专著，选题精当，结构合理，内容充实，各具特色，彰显了张家界历史文化独有风貌。其中《庸国荒史研究》《屈原故里大庸考》和《鬼谷子身世研究》三部专著，在前人已有研究的基础上，有所发现、有所突破、有所创新、有所收获，充分展示了课题组严谨的治学态度和良好的治学精神。

《庸国荒史研究》一书，从大庸国古都地望在今张家界市古人堤的历史背景入手，广罗有史以来关于大庸古国历史的庞大信息群，并围绕大庸古国的起源、亲族、属国、疆域等相关问题，展开了广泛深入的研究，发现了一个远古文明古国的真实存在，发现、独创了以崇山为核心原点的澧水豆作、稻作及国家文明——中华第一轮文明；以中原黄河为中心的第二轮文明的重大理论观点，已经触及到重写中华万年史的最前沿史学论题。是当今中国史学界探源中华万年史及为大武陵、大湘西区域性古史研究做出的最为重大的突破和贡献。

《屈原故里大庸考》一书，运用首次发现的国史典籍、方志族谱、民间古唱本等所载关于屈原生身地在今张家界市永定区阳湖坪镇屈家坊——潭口里的五份核心证词，以及一批珍贵文物图片、非遗口传、历史地名、古史文献等多重证据，特别是从屈原诗中发现大量自证，展开全方位、多角度、多层面、广泛、深入研究求证，取得重大突破。而独立发现并总结提出的"无屈地带"屈原故里学术理论观点术语，为最后评判甄别认定两千年来多达20余说的"屈原故里"真伪提供了最后的、科学的、平等的鉴别方法标准。这是两千年屈原学研究领域中最重大的突破及贡献，与此同时，由攻破屈原故里宏大主题，不可避免涉及到关于古庸国、中华万年史等成体系重大课题，或可称是万年史的试笔者。这一独创性的研究成果，必将对推动未来屈原研究及楚文化研究产生深远影响。

《鬼谷子身世研究》一书，不落俗套，另僻蹊径，围绕前人见所未见、闻所未闻、独立感悟发现的线索及大量史料，展开深入研究，提出鬼谷子真身即楚平王之孙楚白县（今慈利）县令白公胜之说，可谓振聋发聩，耳目一新，还鬼谷子以真身，让中华古史中"影子人物"走向历史前台。这无疑是鬼谷子身世研究的重大收获，对进一步推动中国及张家界的鬼谷子文化研究将产生积极作用。

同时，我们也高兴地看到，张家界市历史文化基础性研究成果，在当地城市文化表达、文化产业建设、旅游提质升级、地方教材编写等方面得到了广泛利用，让历史变得更加时尚，让文化显得更加亲近，从而较成功地实现了社会科学研究成果的传承转化与推广。

鉴于张家界市历史文化基础性研究所取得的丰硕成果，经中国先秦史学会研究决定：依托张家界市历史文化基础性研究领导小组，建立中国先秦史学会张家界历史文化研究基地，并吸纳张家界市历史文化研究课题组集体加入中国先秦史学会。自授牌之日起，接受中国先秦史学会的学术指导，参与中国古代文明研究领域学术交流，承担地方区域历史文化研究任务，并定期上报研究规划和科研成果。

附：《张家界市历史文化基础性研究成果评审意见书》专家签名表

中国先秦史学会

2013年11月11日

《张家界市历史文化基础性研究成果评审意见书》专家签名表

姓名	单位及职务	签名
宋镇豪	著名史学家，中国先秦史学会会长，中国社科院文史哲学部历史学科高级专业技术职称评审委员会委员，中国社科院研究生院历史系教授、博士生导师，北京大学文博学院教授、博士生导师，中国社会科学院文史哲学部委员	宋镇豪
宫长为	中国先秦史学会常务副会长兼秘书长，中国社科院历史研究所博士、研究员	宫长为
张良皋	著名史学家、建筑学家，华中科技大学教授	张良皋
何光岳	著名史学家，湖南省社科院历史研究所研究员	何光岳
张广志	青海师范大学原校长、教授，中国先秦史学会顾问，中国“无奴学派”创始人之一	张广志
房立中	中国先秦史学会鬼谷子研究分会会长，中国著名兵学研究专家	房立中
翟　杰	著名演说家、策划师、制片人，中华鬼谷子文化研究中心主任	翟杰
王中兴	中国人民解放军军事科学院研究员，中国先秦史学会鬼谷子研究分会顾问	王中兴
杨东晨	著名史学家，陕西历史博物馆研究员	杨东晨
张敬轩	西安古兵学研究会会长	张敬轩
田贵君	吉首大学原副校级督导，张家界市历史文化基础性研究学术顾问	田贵君
陈自文	党史专家、文史专家	陈自文
王章贵	民俗专家、文史专家	王章贵
田奇富	张家界市崇山文化研究会会长，易学专家、文史专家	田奇富
田开元	张家界大匠策划工作室首席设计师	田开元

第七部分　故里乡亲吊诗魂（11幅）

一、2015年5月端午·潭口

1. 屈原回家·活动场地就在正潭口，其右岸远方为屈原老屋场簸箕塔（一口印）。

5. 故里乡亲洒酒跪迎屈原回"家"

2. 潭口故里乡亲等待"屈原"回家

6. 16个训练有素的学生弹古筝欢迎屈原回家

3. "屈原"终于回到了离别两千多年的老家潭口
4. 扮演"屈原"的周志家先生与本著作者金克剑拥抱痛哭（图右下）。本次活动由本市自媒大卡——我的文学高弟龚雪耀策划组织举办，古今一例。

二、2019 年 5 月端午·茅岩河

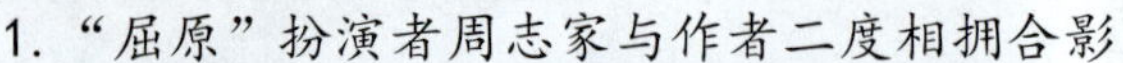

1.“屈原”扮演者周志家与作者二度相拥合影

2. 古筝乡音入画来

3.“屈原”回归故国故乡，乘渔舟泛游澧水

4. 幽幽远去的“屈原”之舟，让多少乡亲洒泪揪心

5. 2015 年 5 月端午，由民间影视家、作家、诗人，我的文学高足龚雪耀发起，在潭口屈原故里举行有史以来大庸第一次盛大而别开生面的迎屈原魂归故里祭典活动，轰动一时。4 年后的 2019 年 5 月端午，茅岩河漂流公司再次发起在茅岩河漂流景区举行屈原魂归故里祭典活动，引发民间热议。其策划执行者又是龚雪耀。

（本版图片均由龚雪耀拍摄、提供）

[附]屈原祭文

时维己亥兮，五月端阳。龙舟竞渡兮，澧水汤汤。抛撒粽子兮，烧艾焚香。劈波斩浪兮，峡谷回荡!魂兮归来兮，万民同唱。诗魂杳杳兮，望我故乡。故乡何处兮？三闾宗坊。老屋安在兮？潭口屋场。父母魂在兮？婆婆墩上。子孙何在兮？五湖三江。忧国忧民兮，痛断肝肠。哭我大庸兮，国破家亡！天门呜咽兮，祖国有殇！行吟泽畔兮，骚赋词章。求索真理兮，远游沅湘。诗祖骚歌兮，百代流芳。招魂回归兮，庸都故乡。先生之名兮，万代传扬。先生之风兮，山高水长！——尚飨！

（撰文：金克剑　邹启祥）

第八部分 历代屈原图谱

屈子受名图

屈子以降图

屈原种兰图

屈原驰马图

屈原荷衣图

屈原江畔采蓠图

屈原兰皋步马图

屈原故居图

屈子招魂图

屈原涉江图

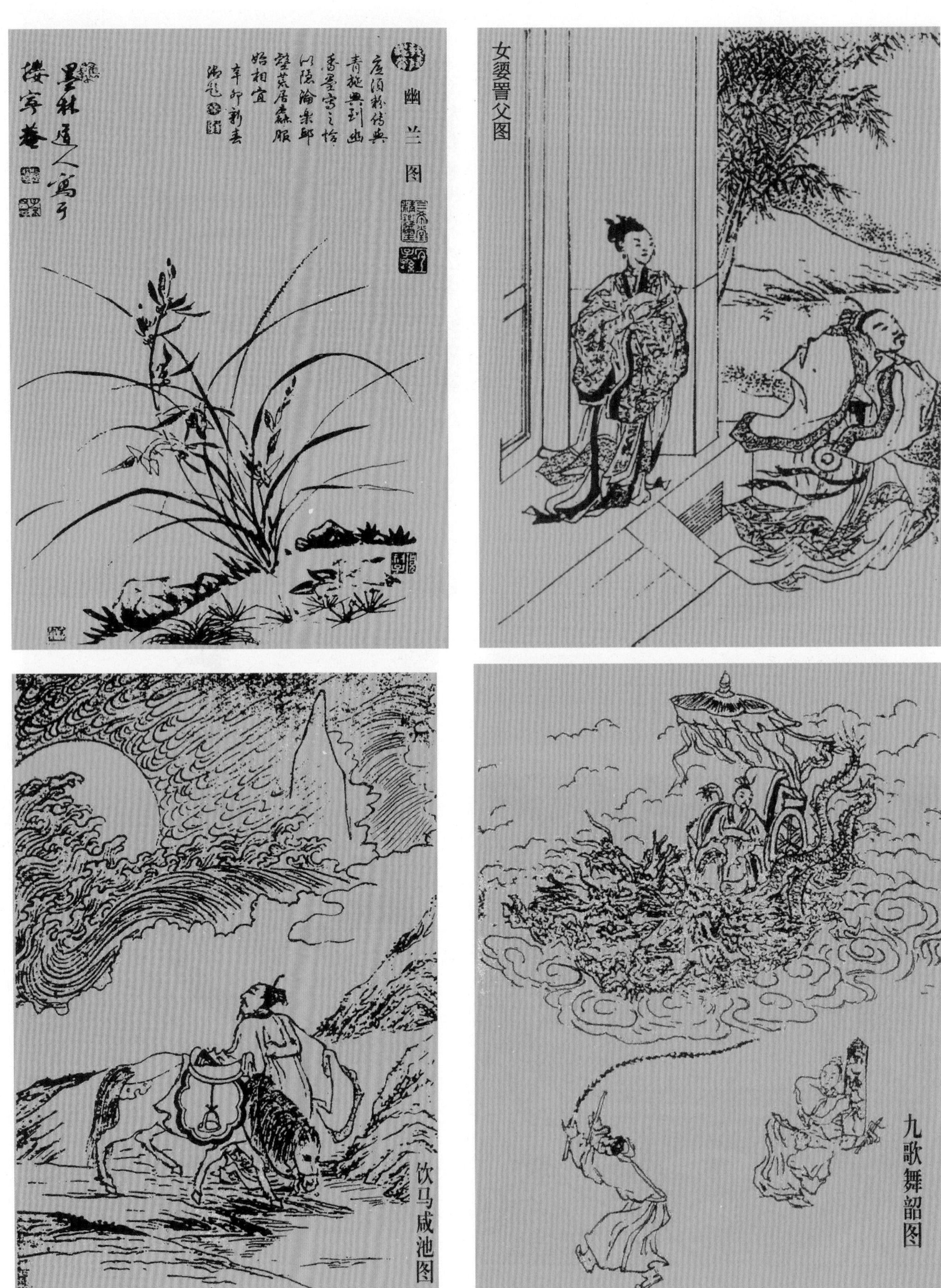

本部分屈原图原载周殿富《楚辞魂》吉林人民出版社 2003 年 1 月版

序一

十三年一剑铸诗魂

—— 金克剑《屈原故里大庸考》序

宋镇豪

一

2013 年 11 月，我受邀出席张家界市地方名贤编著的当地历史文化系列著作评审会，那套书精粹纷呈，揭开了大庸古史与古文化传承中曾经发生的许多奥秘，深感足以改变张家界市历史文化瘠地的时俗观念。也因此有幸结识这位史界无名的金克剑先生，并初识了他的《屈原故里大庸考》70 万字初稿评审本，而现在成书已是 120 余万言的鸿篇巨制了，堪称当今屈学、史学研究的奇迹。他的穷尽式的资料蒐集，爬梳釐析的治学功夫，匠心严饬的文思才识，风格独具的语言魅力，令人叹止。他对屈原故里在大庸的考证，倾注了始终不渝的真切情怀。他凭借一双残腿，考察行程数千公里，在湘楚大地留下一步一叹、一吟一泪所留下的足迹，正是因为对屈原漫漫求索，心系祖国和人民的心路历程的探寻，从而追寻出一个有确指国籍、有生身父母、有妻室儿孙的真实屈原的行踪——直至找到他的生身故里。

经了解，本著发端于 2008 年 8 月初，至 2013 年 3 月的初稿评审本，到 2021 年 11 月下旬最后定稿付梓，历时整 13 年。这在古今屈学研究——乃至相关历史研究中，都是很难超越的奇迹，怎不令我刮目相看！尤其在当今这个充满诱惑而又躁动难安的梦想时代，又有几个墨客骚人、治史寒儒，能自甘寂莫，独守清贫，拒绝诱惑，心无旁鹜地闭门治学、埋头著述的？

2019 年秋，我和宫长为会长第二次应邀到张家界参加张家界鬼谷子学术研讨会，与金克剑第二次见面，我只问一句话："你凭什么实力能破解屈原故里在大庸张家界的？"他回了一句话：

"因为我是屈原故乡人。"

二

两千多年来，关于屈原的家族、家庭、出身、出生故里以及他的祖籍、族籍、国籍以及他一生的社会苦难遭际等研究，一直没有找到切入点。到目前为止，屈学界凡涉及屈原研究的背景阐述，只能沿袭司马迁《史记》中所记的 54 个字所含的信息：**"屈原者，名平，楚之同姓也。为楚王左徒。博闻强志，明于治乱，娴于辞令。入则与王图议国事，以出号令；出则接遇宾客，应对诸侯。王甚任之。"**

显然，这份空洞而无实质内容的文字并没有给屈原人生中留下哪怕半点实实在在可圈可点可供研究的基本情况的信息，从而让东晋时在秭归为官的进士袁山松钻了空子。他将秦汉以来流传于湖南、湖北民间关于屈原故里在"归乡岸""姊归岸"的神秘传说来个移花接木，以"秭归县"

之“秭”替代古籍中所载“姊归岸”之“姊”，把秭归县当成姊归岸的屈原故里了。从此，批判、声讨“秭归故里说”的学术论战此起彼复，持续了1500余年，叫野火烧不尽，春来又发生。并因此形成了屈原故里“秭归说”一大“主流学派”，还钻进了当代教科书。更令屈学界始料不及的，长江南北多地屈学者并不买帐，于是一个个不同版本的“屈原故里”代有“发现”，迄今共达25“说”之多！这本身说明“秭归说”谣言或骗局早已被历代学者识破，秭归故里的地位已岌岌可危。但对金克剑而言，无疑是一把双刃剑，因为前人对付一个“秭归说”就混战了1500余年而一一败北，那么要对付20多个真假“故里”，就算浑身都长着嘴巴也奈何不了他们呀！就在这般凶险诡异的逆境中，这个金克剑居然顶风而上，义无反顾地选择了《屈原故里大庸考》研究课题，我还真为他的冲动捏了一把汗。但后来从他的著作中，我发现金克剑已经大局在握，成竹在胸。说起来，还颇有传奇色彩，先是课题研究发起人李书泰在清代古籍《麓山精舍丛书》中发现了大宋国史《太平御览》所收录的关于屈原故里在大庸充县澧口里的236字国史证词，这简直是屈原显灵在九泉下暗中相助！不妨抄示52字核心证言如下：

“充县……（大庸张家界市永定区澧口里）南北岸曰屈原之乡里。原既流放，忽然归，乡人喜悦，因名南岸曰归乡岸。原有姊，闻原还，亦来归，贵其矫世，乡人又名其北岸曰姊归岸［卷五百一十七］。”

——原来这便是流传湖广两千多年关于屈原故里在大庸的唯一国史证词——亦即袁山松以此道听途说的民间传言来个偷梁换柱、移花接木，篡改了一个“姊”字，瞎编了“屈原秭归故里”——这就是千古谣言的本源之所在。既然金克剑拥有了这唯一一份国史证言，就足让流毒千百年的“秭归说”以及跟风而出的20多处“屈原故里”全部禁口，不攻自灭。

我为金克剑捏了一把汗，也为他的运气、更为中华民族的福气而庆幸。但金克剑明白这只是万里长征才迈出的第一步，于是四方出击，扩大战果：他先是从清朝廷出任内阁中书舍人、给光绪帝起草诏书的举人、大庸一代大儒侯昌铭总纂的《永定县乡土志》中查获屈家坊——屈原出生故里——“三闾宗坊”48字诗证；继而又从民间访得一册清康熙六十一年关于破解古大庸帝国兴亡史的屈氏家族《告祖词》。而屈原嫡系后裔屈楚子、屈楚福两位老人又发现了收藏在棺材里半个多世纪的清光绪《屈氏族谱》。几乎同时又从民间发现了一块书写在粗白布上的明代屈氏《瓜藤谱》，于是带着这些珍贵资料专程到市政协文史委寻求专家指教，而他俩压根儿不知道金克剑正为寻找这些核心证词而焦头烂额呢！

上述关于屈原故里在大庸（张家界）的国史、方志、族谱、布上族谱及民间唱本等5件基础性核心证词先后一一现身，敢说是古今屈原故里学研究中绝对不可能遇到的奇迹与运气。就凭这5份基础性证言五桩奇事，就可初步判定屈原故里在大庸（张家界）的立论依据已经没有悬念。

与此同时，金克剑又从解读《离骚》《天问》《悲回风》《远游》等诗发现了产生于大庸张家界的一大批古史中关于创始、创世先人、巨人、伟人、神人、仙人、先哲、先贤一一亮相现身，汇集到证人队伍行列。尤其在庸城西北枫香岗新城规划区——古雷泽坪北侧的长湾村脚印山上，发现了一双完美的太古人类真实“脚印”（见本著彩版），与古史所言“华胥氏于雷泽履大迹感孕生伏羲、女娲”记载形成物证、史证连锁对接。就凭这一双惊天动地的史前真实人类脚印，就足可断定屈原诗中“女娲有体”所透露出的中华国史发祥地与古庸中心地——包括屈原故里同在一个历史母地已不再是一种民间传闻。金克剑这一浓墨重彩的一笔，正是他率先响应并尝试“中华万年史”研究写作的破题之笔，并由此彻底否定郦道元在《水经注》中将这双脚印连同原本在大庸张家界的雷泽、华胥氏其人，以及铁定在崇山的帝尧、尧母坟一起搬出崇山，远迁到北方的成阳县去了，那里也就成了“帝尧故里”。与此同时，郦先生认同并支持袁山松的造谣作伪行径，把本属大庸张家界澧口屈原故里的“姊归岸”“归乡岸”地名也一并迁移到秭归县乐平里，活生生

伪造了一个“秭归屈原故里”。既然中华古人类创始祖的一双脚印美丽地存在于张家界古庸土地上，由此牵涉的中华人祖及一大批创始、创世伟人、巨人、先哲、先贤，为什么大多（乃至全部）都出生于古庸国境内就不值得大惊小怪了。与此同时，金克剑还发现世界最古老的两大事关地球人类文明历史地位的“茹澧文明”“澧豆文明”“澧稻文明”，均次第产生在澧水流域的古庸国中心地，这等于从根基上奠定了中华（乃至世界）古人类文明中心地及第一古国诞生地必定发生在古大庸的地位顺理成章。说古大庸澧水文明是比恒河文明、两河文明、尼罗河文明等更古老的文明中心就有据可考、有史可稽。还有世界最早的国家——大庸帝国及城市——“墉”的产生，以及文字、青铜陆续在崇山的发明，还有崇山伏羲太极八卦（连后期的九九乘法表）等均在天门昆仑、崇山上下次第发现、出土。而且，金克剑还发现了神话中的西王母所创立的中华人类第一个混沌国——即屈原诗中古扶桑国故址——就在近邻的沅陵县七甲坪镇扶桑村（金克剑说金氏宗祠距扶桑村仅 5 公里），与其比邻的沅陵盘古乡盘古诞生地——盘古居室的发现，又都与具有世界主宰意义的那双古人类脚印发生史证连锁，是足可由此断定中华人类发祥地、文明中心地不在长江、更不在黄河，而在澧水——这一新说不像是耸人听闻的臆断瞎说，因为这双世界独一无二的先人脚印就亿万年地印在这方土地上，记载在几千年前的古籍中。金克剑坚定地认为：史界 20 多年前发起攻坚中华万年史，只能从这双古人类脚印破题。信然！

——上述诸多振聋发聩的独家之论之发现，是我从金克剑著作中第一次读到的。

而这一切文明因素和信息，其实大多都可以从屈原的《天问》等诗篇中找到线索。经分析，金克剑为何产生如此成体系成方阵的战略思考，其奥秘就隐身在他的老乡——屈原诗中。抑或说，要破屈原诗与身世及屈原故里千古之谜，还得与他生身故里的山水、历史、人文背景等多方面的因素综合考量。倘若屈原和本著作者不是同地域同县市的家乡人，他诗中的那些离奇古怪的灵感是不可能凭空产生或随便可解的。从这个层面讲，金克剑对于屈原故里的研究，就已远超两千年来众多（或全部）屈学者仅存在对屈原诗句本身的表面唯心解读层面高出多少个档次，这就不是你服不服气、承不承认的问题了。

这里，金克剑还破解了庸楚两国两个十分敏感，或说两千年楚学界、屈学界几乎绝对多数没有弄通的两大学术盲区：

一是屈原国籍问题，二是庸楚两国关系问题。

从古至今，除了极个别人（如张良皋教授），几乎绝对多数（或全部）屈学者认为屈原是楚国人。这源于司马迁一句模棱两可的“楚之同姓也”。但金克剑研究结论完全相反，断定他是地地道道的庸国人。先祖熊瑕，受其父熊通派遣，到庸国出任“庸楚两国共监”体制之使臣，被庸帝封为大莫敖，恰又看上当年黄帝武臣狂屈坚祖业屈家坊——即古屈邑。狂屈坚，黄帝武臣，一代悍将、名臣，出生大庸阳湖坪屈家坊，却因个性使然，一个“狂”字，落得政界失宠、家败族灭，却留下一处千亩房地产——即今永定区阳湖坪街道办屈家坊村，熊瑕即选此定居。为与大庸“熊”氏有所区别，又以屈坚之“屈”改熊姓为屈姓。后来到了屈荡一代，乘楚以僭越之举，联合秦巴灭了上庸（今湖北竹山县而非大庸帝国本土）而一举篡夺了南方的熊氏庸国政权，更迭为延续 400 多年历史的屈氏庸国。到了楚怀王继位之年，江北战国纷争，动荡不安，庸王屈伯庸即以“庸楚两国共监共存”祖制，急派原本准备登基庸国帝位的儿子屈原，赶赴楚朝廷辅佐怀王。这一去，就是 20 年！**这就是庸楚历史上双方互派使臣共监的两宗实例，是庸楚古史中最重大的发现和突破！屈诗中 7 次自称“朕”，恰又是屈学界一大盲区。**屈学界几乎无一人敢为此作注，何新先生则将“朕”篡改为“神”，与屈诗本意就大相径庭了。普天下也只有金克剑看破这千古之奥秘，认定屈原就是未登基的末代庸帝，这是金克剑最为重大的突破与贡献！彻底颠覆了自司马迁以下经营 2100 多年的屈学楚学。

——可以这样说：对金克剑这一成体系成规模的重大（或说伟大）“发现”，彻底破解了两千年来屈学中长期无法说通的学术盲区。司马迁不知不瞎说，玩了个“楚之同姓也”模糊概念。这恰又让金克剑发现庸楚两国同宗共祖但各司其国其职的特殊体制，而庸为宗国、楚为子国，不可僭越。可叹两千年屈学界楚学界竟无一人识破，简直有振聋发聩之慨，是可与他发现并悟出的**“无屈地带”**学术概念等量齐观，抑或更胜一筹。

中国几千年春秋战国史一直止步在“楚文化”层面上，却不知真正掌握中华大局的不是楚国而是庸国。故盲区多多，基本上是丢了主角庸国而任由楚子国唱独角戏。而历史上时有所提的“上庸”，却无一人识破这本是大庸帝国安放到江北监察北方诸侯国或曰“附庸国”的一颗棋子，或“过河卒子”。因为七、八千年或万年历史长河中，只有庸国才是众国之宗之祖之帝。君不见，在中国古史地图上，有几人发现，**为何历史地图上长江以南半壁锦绣江山是一片空白区呢？金克剑一眼洞穿：江南半壁山河，正是宗庸帝国神圣不可侵犯的固有版土。几千年无一国敢越雷池一步。而且，他又从《尚书》中破解先后两代庸帝祝融以庸帝、上帝、朕、皇天、天庸、皇帝、帝庸等名义灭夏灭商的又一重大古史之秘密，这恰恰又是中国古今史界几乎无一人读懂、无一人看破的古史盲区。金克剑这一独到发现，几乎彻底颠覆了中华国史几千年的全部史论！**信耶？非耶？笑耶？骂耶？读者诸君不妨耐心思考研读。

如果论本著之贡献，上述若干重大“发现”都可荣誉上榜。或许，两千多年被史界忽略或根本无法破解的**“庸楚两国共监共存”**体制的发现，将有可能由此引发并结束中国旷时数千年的庸楚两国历史文化研究盲区之大变局、大洗牌！这正是孔子采风有**“庸风”**而无**“楚风”**的秘密之所在。在孔子眼中，楚国乃庸人所建，充其量不过是“附庸国”。这也是为何楚国数百年一直没有跨越长江半步的千古秘史、疑史之所在。不是不想，而是不敢。这是金克剑对庸史、楚史又一重大发现、突破和贡献！

三

但是，问题并不那么简单，尽管金克剑占有绝对取胜的“法器”，但“小鬼难缠”，满田青蛙叫，你能堵住万千张发声的嘴巴吗？为什么一个“秭归论”横行其道一千五百余年，不仅没有动摇它的根基，反而“野火烧不尽，春来又发生”。如今已不是一个“秭归”、两个“秭归”，而是二十多个“秭归”乱局了，怎不为金克剑捏把汗！但他不以为然，一派“羽扇纶巾，谈笑间，一子落地，乾坤定矣”的泰然。他告诉我：他先后以半年多时间在两湖数个“故里”进行现场明察暗访。为了不因“靶向”走偏而失策，特拟了若干简单问答题，以“有”或“没有”问答，若有，立马到现场查看指认。如关于屈原故里的国史、县志、族谱、屈乡、屈姓、屈村、屈屋、屈人、屈族、屈户、屈原家庭、屈原父母、屈原父母葬地、屈原出生老屋、屈原读书学校、屈原妻室儿孙、屈原辟谷种兰地址、屈原田产地址地名，以及与屈原相关的历史人物、屈原纪念建筑、乃至故乡山水名称地址等等。结果，那些被调查的所谓“故里”竟然没有一处能肯定的答“有”或“无”。只要有人回答“有”，金克剑就坚决要求立马现场查对指认，往往让对方措手不及，一脸粉红。第一批受访的重点“故里”有两处：一为湖北秭归县的乐平里，二为湖南的汉寿县。结果，这两处叫得最早、叫得最凶的“故里”，居然没有一处敢肯定的答“有”或“无”。就那一刹那间，金克剑悟出一个学术观点、一句专业学术术语：**“无屈地带”**——凡“屈”皆无，“故里”何来?! 就这 4 个字，把争吵 1500 年的全部“理论”揭露得赤条条无地自容，让受访者张口结舌，无语可辩。别以为这若干条雕虫小技的儿童式问答，说它是一面“照妖镜”也未必过誉。金克剑以此法调查多处所谓“屈原故里”，曾让多少被访者胆战心惊、额头冒汗。因为这些“故里”，除了后人依传闻伪造一些假现场，建造一些假“古迹”，摆放一些假“道具”，瞎编一些假“传说”，创作一批假“历史”，其原始留存文字证据和实地实物竟赤条条一无所有！

——秭归乐平里和汉寿等地，就是两湖“无屈地带”口气最凶、调子最高、用“功”最深的两例个案！

——这就是一个掌握了大格局的金克剑！

前辈说：考疑史者，谁能对某一重大课题悟出一条或二条可“一箭封喉”的“理论术语”，谁就有可能赢得最后的胜利。但这样的人物并不多，这样的专业学术术语也罕见几人能炮制出来。金克剑也是到了穷途末路时刻才偶尔逼出来、蹦出来这四个字的！我真为他捏了一把汗。我想屈原故里学中争吵千古而无从定论的天下第一公案，也许真该“一语定乾坤”了。

——金克剑将上述瞎编“故里”的理论、文本基础概括为两个字：“谣言”。秭归乐平里就是把袁山松和郦道元合伙炮制出来的谣言充分放大、做“真”的个案，却在金氏“无屈地带”照妖镜面前一下现出“假悟空”猴面来，正应了“四两拨千斤”的俗语。

不备举了。要言之，金克剑先生大著《屈原故里大庸考》，为屈原故里聚讼考辩立起一座阶段性的丰碑，相信读者能从中不难领受到一种稳重勿躁、踏实求真的时代精神，一种执着探索古史奥秘的学人情结，一种历史的反思与批判的魅力，一种弘扬中华古老文明的拳拳心怀，更对张家界地区隐伏的传统历史文化奥秘会有柳暗花明的再认知。

作者以13年人生著出一部全面改写屈原故里史，乃至由此为一些更重大的国史断层或争讼数千年而无果的疑史、错史、乱史、伪史提供了一部辩伪纠错的理论依据及史证线索，那就是本书著者无心插柳的另一收获了。

四

说起来，我与克剑同岁，他长我3月，按旧俗，可称“庚兄”，也算是一段学术缘吧。他以整13年生命代价著出煌煌120万言屈原故里研究大著，并由屈原诗中庞大信息的指引，竟洞开智门，引爆思想风雷，顺理成章地将笔锋直指屈原《天问》等若干古谜，竟多数得以破解。30年前两岸一批学者所发出“重写中华万年史”的动议，居然由一位毫无名望的史学门外汉来个晚来的响应，率先试笔，颇有前仆后继的悲壮。13年，是他生命的五分之一呀！当该文写到这里，我突然想到“加拿大总督功勋奖”获得者格拉德威尔在《异类》一书中所写的一段话：**“人们眼中的天才之所以卓越非凡，并非天资超人一等，而是付出了持续不断的努力。只要经过1万小时的锤炼，任何人都能从平凡变成超凡。1万小时的锤炼是任何人从平凡变成超凡的必要条件。”**即：如果每天工作八个小时，一周工作五天，那么成为一个领域的专家至少需要五年。这就是**一万小时定律**。而对金克剑而言，已不是五年一万个小时，而是十三年没日没夜的血拼苦斗，你说该怎样评价金克剑其人其书？此刻，我遥望南国，向屈原的生身故乡——大庸张家界眺望，忽然想到当年轩辕黄帝站在北方的槐江山南望故乡大庸，老泪纵横，仰天浩叹：

“南望昆仑，其光熊熊，其气魄魄。”（《山海经》）

正是：**八千里路云和月，十三年一剑铸诗魂。**

宋镇豪

2020年9月初稿

2021年10月中旬改定

【宋镇豪】1949年1月生，江苏江阴人。历史学家。中国社会科学院研究员。享受国务院颁发的政府特殊津贴。中国社会科学院有突出贡献的中青年专家。第十一届全国政协委员。教授、博士生导师、学位评定委员会委员、中国先秦史学会会长。2011年3月始任中国社会科学院学部委员。

【特载】

关于彰显张家界地区历史传统文化资源的提案

内部材料　文化　宣传　(066)

全国政协十二届二次会议提案第 1187 号

案　由：关于彰显张家界地区历史传统文化

主　办：湖南省人民政府

主题词：文物保护

注：提案人希望承办单位在办理过程中加强与提案人联系沟通

提案形式：个人提案

第一提案人

宋镇豪　北京市建国门内大街 5 号中国社科院历史研究所（中国社科院甲骨文殷商研究中心）　010-85195814　85195827　100732 010-89521348　13699138009

内容：湖南张家界是著名的中国旅游胜地，2 亿多年前至 300 万年前的地壳运动形成的石英砂岩峰林地貌与天门洞景观，以及当地发掘出土两具恐龙化石而建立的“湖南张家界芙蓉龙地质公园”，为人们所周知，然而在世人心目中张家界市似乎是只有自然生态旅游资源而几无历史文化传承的瘠地。

其实，张家界市只是个年轻的新地名，“大庸”是她的古城名，这里生息着西南地区 29 个少数民族，超过全国 55 个民族的半数有余。大庸是个古国名，历史文脉可上溯到 5000 年前，是有别于楚文化的区域文化系统，为中华古文明的重要组成部分。在这里考古发现有迄今世界上最早的古栽培稻与农耕文明遗址，还是中国豆作的故乡。又分布有城头山、大庸城、古湘城、白公城、黔中城、重华城、里耶城、华容城、罗子城、麇子城等史前及商周以降古城址，以及南岳祝融墓、崇山驩兜墓、辰溪善卷墓、衡阳嫘祖墓、岳阳二妃墓、沅陵盘瓠墓、嵇梁鬼谷墓、临澧申鸣墓、汨罗屈原墓、常德黄歇墓、澧县宋玉墓、历山赧王墓、青岩张良墓等古湘十三墓。**并且是楚国三闾大夫屈原的故里**。这里还出土有至今仍沉睡在文物库房的数千枚“慈利战国简”（简文包括《逸周书》《国语》《战国策》《管子》《宁越子》等）和“永定汉简”。

张家界的古老文化资源对中国地质学、考古学、人类学、环境资源学、农耕文明起源、民族民俗学、历史、地理地名学、简牍文献学、神话传说研究等都具有重要价值。挖掘整理大庸古国文化，对抢救和保护湖南省与大西南历史文化遗产，提升湖湘文化底蕴，塑造多元一体的中华文化大国形象具有十分重要的现实意义。特建议如下：

1、对代表张家界市大庸古国历史文化的标志性遗址遗存进行有序保护，尤其要保护好具有纪念意义的古物化遗迹与古建民居，力戒大拆大毁，避免铺张“大建”，**将湖南大庸古城**

（即张家界市）列为省级或全国重点文化保护单位和中国历史文化名城。即张家界市转化为背托深厚历史传统文化底蕴支撑的旅游胜地，改变原先那种旅游仙境、文化沙漠的扭曲形象。

2、以梳理水系流域历史文化与传统文化为突破口，抓好以大庸历史文化为核心的湘西沅水、澧水流域的地域文化和民族文化遗产的抢救性保护工作，原真性、活态性整理、保护与展示利用一批已经消亡或濒临消亡的农业行事、民族民俗、节候祭礼、宗教活动等传统文化遗产，推动地方文化建设，提高各民族间的凝聚力，满足本地区多民族日益发展的社会文化需求。

3、基于张家界市丰厚的历史文化与传统文化资源优势，建议筹建张家界市博物馆，增进公众相关知识的了解与传播，以确立张家界市自然生态旅游资源与历史文化、传统文化遗产并重的城市品位。

4、**在张家界市建立湖南省大庸古国历史文化研究常设机构**，聚集当地有识之士，重视当地人才培养，形成进一步加强和深入展开大庸古国历史文化基础性研究的长效机制。

5、慈利楚简和永定汉简有重要历史文化与古文献价值，但出土后多年来整理与研究滞后，学界翘首以盼，建议国家社科基金设立专项课题，全国科研院所简牍文献学专家领衔主持，期在推动整理公布。

总之，实施张家界市大庸历史文化资源的挖掘和保护，设立必要的博物馆设施和文化机构，有利于改变张家界城市文化形象与文化产业建设，有利于张家界市旅游资源提质升级，让历史文化与传统文化进入世人视野，让城市家园文化成为记忆工程，留得住古城愁，记得住家园情，忆得起故土亲，无疑可以大大彰显张家界新型城市发展的魅力。

[附] 学部委员宋镇豪先生简介

[简介] 宋镇豪，历史学家，中国社会科学研究员，中国社会科学院学部委员。享受国务颁发的政府特殊津贴，中国社会科学院有突出贡献的中青年专家。现任第十一届全国政协委员。

[简历] 1949 年 1 月生，江苏江阴人。主要学术专长是甲骨学及先秦史研究。1969 年 12 月武汉河运专科学校毕业。1981 年 9 月毕业于中国社会科学研究生院历史系，获历史学硕士学位。现任中国社会科学院历史研究所研究员、学术委员会副主任、专业技术服务评审委员会副主任、先秦史研究室主任、中国社会科学院文史哲学部历史学科正高级专业技术职务评审委员、中国社会科学院古代文明研究中心专家委员会委员、中国社会科学院研究生院历史系教授、博士生导师、学位评定委员会委员，北京大学文博学院教授、博士生导师、中国殷商文化学会副会长兼秘书长，中国先秦史学会会长。2011 年 3 月中国社会科学院学部委员。

[成就] 主要从事甲骨学、古文字学和中国上古史研究，讲有《先秦》等课程。主要论著有：专著《夏商社会生活史》《中国春秋战国习俗史》《中国饮食史·夏商卷》《中国风俗通史·夏商卷》等。主编《甲骨文献集成》《百年甲骨学论著目》。合著《早期奴隶制社会比较研究》《中国古代文明与国家形成研究》《甲骨学一百年》等。主要代表作有：《夏商社会生活史》（专著）、《中国春秋战国习俗史》（专著）、《中国真迹大观》（全 27 卷）、《商代军事制度研究》（论文）、《商代邑制所反映的社会性质》（论文）等。

序二

我读《屈原故里大庸考》

王春明

受朋友之托，我拜读了金克剑的书稿《屈原故里大庸考》。单仅这个书名，就给我以强烈冲击和震撼，因为它顷刻间就颠覆了我头脑中对屈原故里是湖北秭归这一根深蒂固的记忆和认知。但书稿作者却以毋庸置疑的坚定和自信得出屈原故里就是湖南大庸的结论。这份坚定和自信来自哪里?这个结论有何依据?好奇心和疑惑不解促使我开始翻阅并通读了这部大作。掩卷深思，忽然有一种醍醐灌顶豁然开朗的感觉，而且产生了写点感受和想法的冲动。

一

我被金克剑这种敢于挑战历史、挑战传统的勇气和胆量所折服。关于屈原故里，尽管有多种不同的说法，包括最权威的《辞海》里，也没有明确其具体地方。但长期以来，主流的说法就是湖北秭归。就像我这样学中文出身、又干了数十年出版社文字编辑工作的人，如果不是有幸读到这本书，可能也不会关注和质疑这一问题，当然就更不会为金克剑的勇气和胆量而产生由衷的敬佩和赞叹了。

长期做文字编辑工作，我养成了一个习惯。不论是读一本书，还是编辑一部书稿，我都是先读（或者先审编）正文内容，然后再读序言、前言、后记等附件。在我的工作经历中，曾经遇到过不少这样的图书（或书稿），序言、前言都写得非常精彩，把本书（或书稿）吹得天花乱坠，毫不吝惜溢美之词。但是，当你怀着非常期待和虔诚之心认真阅读时，却大失所望，甚至有被诱骗或掉入陷阱之嫌。因此，我常常是拿到一本书（或书稿），先越过序言、前言，直奔正文开始阅读。如果正文部分能够激发起阅读欲望，爱不释手，那么，它的序言、前言质量也就不会有太大出入。如果正文部分越读越感到索然无味，那么序言、前言写得再好又有何用？做编辑多年，遇到过不少专家学者署名的序言根本不能反映其真情实感和真知灼见的情况；而作者自己写的前言、后记又多为书稿内容提要、艰辛经历和一大串要感谢的师长亲朋。这样的序言、前言、后记无法为读者阅读和理解主题提供有益帮助。所以，判断和鉴别一本书（或书稿）的优劣，我的笨方法就是认真阅读正文，避免让序言、前言干扰和左右自己的判断。在读《屈原故里大庸考》时，我是先按部就班地阅读序言、前言，后阅读正文的。因为这洋洋洒洒上百万字的大作，若先读正文，太耗时费力。如果先读序言、前言，若有感觉，就读正文；若无感觉，就婉拒了事，免得耽误工夫。当我读过几篇序言后，便有了继续读下去的激情和愿望。因为这些序言对金克剑大

作给予了实事求是、客观公正的评价，对金克剑的胆量魄力、勤勉刻苦、艰辛付出表达了由衷的赞颂敬佩。从这些序言血肉丰满、感情充沛的文字中，我感受到了金克剑十多年为探寻屈原真正故里、解开两千多年以来故里之谜而上下求索的呕心沥血和殚精竭虑，感受到了金克剑敢于挑战历史、挑战传统、挑战权威而义无反顾的持之以恒。作为土生土长的土家族人和张家界《旅行》杂志主编，金克剑在崎岖山路艰难跋涉的坚守表现了强烈的历史自觉和责任担当。正如他自己所说："寻找屈原的生身之家乡，从人情伦理角度，是能让屈原漂泊两千多年的孤魂回归故乡；从文化层面，是为研究者提供屈原真实的、准确的出身故里、自然环境、历史渊源、社会背景及思想、品格、个性、学识等方面成长过程的脉络轨迹，有助于屈学界准确、客观、公正、深刻、深入地认识屈原、了解屈原、理解屈原、把握屈原，从而作出较为公正、科学的判断，不至于让屈学研究永远停留在'猜想'的层面上。"

二

我为金克剑渊博的学识、严谨的学风和锲而不舍、孜孜不倦的求索精神所折服。屈原是中国历史上第一位伟大的爱国诗人，他在中国历史上筑起的文化丰碑和精神丰碑早已深深地镌刻在中华民族的记忆中，早已成为一种中华民族的标志性基因符号。特别是，屈原在故乡大庸人民心中，几千年来始终是具体的真实的鲜活的，须臾不曾离开、不曾被忘却的。正是大庸这片蕴藏着关于屈原历史信息古老而庞大的文脉符号磁场和掘之不尽的历史文化遗迹群落，为金克剑施展才华、解开屈原故里之谜，提供了得天独厚和不可替代的资源优势。于是，金克剑通过艰辛努力，把有关屈原故里在大庸的所有信息符号进行了逐个逐条的详细求证，并串联成一个完整的历史链条，为自己的结论提供了充分的翔实的论据支撑。正是由于金克剑的不懈奋斗，屈原故里的历史之谜，正在被解开。屈原魂归大庸故里的时日一定不会久远。我们期盼着这一天早日到来！为此，我禁不住由衷地赞叹，屈原有幸，大庸有幸，中华民族的历史文化有幸！

第一，从浩瀚的历史典籍和古代诗词中寻找证据信息。对于屈原故里在哪里，包括秭归乐平里在内，有多达二十多处的说法，两千余年来，一直争论不休、莫衷一是。金克剑生活工作在古大庸张家界，关于屈原的种种传说，不断激荡着他的心灵。为尽早揭开这一谜案，还原历史的本来面目，他如饥似渴地博览群书，把智慧的触角伸向历史深处的方方面面，从众多历史典籍和古代诗词中寻找蛛丝马迹。金克剑从宋代《太平御览》、明清永定《屈氏族谱》、清代《永定县乡土志》等典籍中和汉代司马相如、刘向，三国陈琳，元代大庸翰林杨翰，清代茅岗土司诗人覃绳武等古代诗人的诗句中查寻到有关证据信息，并将这些证据信息进行分析解读，得出的结论就是：离屈原时代最近的距今两千多年前的"司马相如是汉代第一个发现屈原故里并追随南游为天门昆仑崇山作赋第一人"和"早在一千多年前，大宋皇帝就已经把屈原故里在充县潭口里的真相刻写在史册上"。

第二，从大庸当地保存的各种屈氏家族的族谱、屈氏后人的口传、现存的历史遗迹中寻找屈原的身世、屈原的家庭、屈原的家族、屈原祖先的封地等等证据信息。为采集这些信息，寻求有用证据，金克剑通过细致的逐个逐个的考察求证，并认真研究屈氏后人提供的诸多证词，对“屈原故里在大庸”有了一个清晰的脉络：屈原出生在大庸屈家坊祖屋，成家后住在潭口里；屈原有一个完整而幸福的家庭，有父母兄弟、妻室儿女；屈原在熊馆鬼谷学宫求学，后出使楚国担任莫敖。尤其值得提及的是，在我们印象中，屈原投江时是50多岁，而金克剑考证后推断出屈原投江时应该是75岁（公元前278年），此前一年，秦将司马错、司马靳爷孙俩率兵10万分头灭庸灭屈、攻陷黔中，国破族灭，身为末代庸王（诗中7次自称“朕”），出使楚国之莫敖，却远游在外，未能振臂一呼，扶江山于既倒，解黎民于倒悬，已是万念皆灰，只能以死谢罪。而这时他已经被放逐20年（从公元前298年算起）。长期的颠沛流离，严重地销蚀着他的风烛残年。这就更加令人惊奇和感动。一个70多岁的老人为国家为正义而投江自尽，那都是惊天地泣鬼神的英雄壮举，都是流芳百世的楷模。金克剑还把屈氏后裔真切呼唤屈原回归证词呈现在读者面前：他们说“从小到大，只知道三闾大夫是我们的老祖宗”“是从屈家坊走出去的，他是在屈家坊老祖屋出生的”。是啊，屈氏后人就这样祖祖辈辈口口相传了两千多年。他们多么希望能够还原历史的本来面目，由权威部门郑重其事地确认大庸就是屈原的故里啊。

针对“屈原故里秭归说”，金克剑还于2012年端午节期间专程去湖北秭归县城和乐平里进行了探访，结果大失所望。这个被称为“屈原故里”的地方，除了一些经不起推敲的道听途说外，再没有与屈原相关的任何有价值的文物古迹。对照大庸及周围数不胜数的古迹遗存和保留在民间的丰富多彩的历史传说，秭归县城和乐平里简直就是“无屈邑、无屈国、无屈证、无屈谱、无屈志、无屈族、无屈村、无屈户、无屈人、无屈姓、无屈墓、无屈氏文化、无屈氏文物、无屈氏遗物、无屈姓屋场等等‘凡屈皆无’”的地方，并因此偶尔悟出一条可“一箭封喉”的屈原故里学理论术语：“无屈地带”。这更加有力地验证了屈原故里在大庸的确凿无疑。

难怪在梳理屈原诗辞后，金克剑发现凡涉及故乡的诗句，几乎全部与天门昆仑及其昆仑文化体系的各类地名符号和故乡历史人物有关。而没有与秭归和乐平里以及其他数十处所谓屈原故里相关的一山一水一草一木，哪怕一句一字。

第三，从屈原诗中的人物、地名、传说等中寻找证据信息。故乡在每个人心中都有不可替代的地位和不可磨灭的记忆。谁能不爱生于斯长于斯的故土呢?而屈原在自己诗中，表面看来似乎没有透露过关于出身、故乡、家庭、生平等可以判断其真实身份的相关信息。但金克剑通过阅读和思考，发现屈原是把对故土的炽热情感通过诗中所描述的环境、场景、背景等符号表现了出来。于是，他把这些符号进行整理归纳，发现这些地名大都在家乡大庸或附近，这些人物和历史事件，要么就是大庸的，要么与大庸有密切关系的。比如：澧水、澧浦、澧兰、天门、茹蕙、弱水、赤水、黑水、流沙、昆仑、县圃（崇山）、石林（张家界）、巨蛇（仙人溪）、山鬼、赤松子、祝融、羽人、丹丘（潭口）、兰皋（兰岗）……再如：“一蛇吞象，厥大何如”，说的就是发生在仙人溪（不死国、不死民）犀牛潭巨蟒吸人的故事；“焉有石林，何兽能言”，说的就是世界自然遗产、世界“张家界地貌”——张家界石英砂岩峰林。屈原如果不是大庸人，怎能对这些远古时代发生在仙人溪和武陵源的故事信手拈来、运用自如?

前辈大师说过：“历史地名，是永远篡改不了的活化石。”

特别是，屈原在诗中还恰如其分地运用了许多涉及大庸的冷僻典故，更反映了屈原对大庸风土人情的了然于胸和对故里历史文化的真挚情感。这些信息符号所蕴含的历史文化内容的广度深度岂是屈原在被放逐期间仅靠道听途说而能做到的?

在艰难求证过程中,金克剑还有一个重大发现:屈原曾经创作了十八段《离骚》古谱。也就是说,屈原所作《离骚》不仅开中国浪漫主义古诗文体之先河,而且他还创作了以澧水巫歌阳戏为主旋律的音乐巨制——“澧骚”。这一重要证据告诉人们,只有大庸这片神奇的历史文化沃土才能孕育屈原这样伟大的作曲家、演奏家、歌唱家、舞蹈家。

想当年我也曾读过屈原的《天问》,但越读越糊涂。读过《屈原故里大庸考》后,在金克剑引导下，开始对《天问》的内容和历史背景有了粗浅了解。金克剑是在考证慈利甘渊 (堰) 红岩岭颛顼天文台遗址时豁然开朗的。徜徉在多达上千处星罗棋布的古天文遗址上,金克剑突然明白了红岩岭颛顼天文台遗址就是屈原写出这首风华绝代、千古绝唱诗篇的灵感来源。金克剑认为《天问》就是“问天”，通过这种形式,屈原写就了人类历史上第一部关于宇宙、苍天、天象、大地、人类、昆仑、神话、万物万类、三皇五帝、夏商周三代、庸楚历史等包罗万象的伟大诗篇。其中的众多神话传说故事全部出自崇山县圃、天门昆仑神秘信息的幻境之中。金克剑感叹道:“我们不能不为屈原的先知先觉和渊博的学识、绝代的才华、超人的想象、诡奇的语言所折服。1565 个字,涉猎了一部百万年史。”

在《天问》中,屈原把有名有姓的历史人物和各路民间鬼神天衣无缝地融入诗中,巧妙地构成一幅宏大壮丽的天上人间、阴曹地府和谐共生的混沌世界画卷,除了精通巫术的大师、掌管国祀大祭的屈原谁人能够做到?

金克剑还对屈原诗中提到的“昆仑”进行了查证研究:记载公元前 960 年周穆王西征大西域的《穆天子传》中,根本没有提到西域有昆仑的地名:司马迁在《史记》里记载公元前 139 年张骞出使西域过程中也没有找到西域昆仑的影子。金克剑由此推断,屈原笔下的昆仑，只能是南方天门昆仑,那里就是屈原魂牵梦绕的故里。因此,金克剑把屈原诗中所蕴含的大量有关昆仑的信息称为“南方昆仑情结”。

三

我是学汉语言文学专业的。在我的意识中一直有一个疑问无法解释,那就是为什么中国文学史上突然横空出世诞生了屈原这样伟大的文学家、这样伟大的爱国诗人？读过《屈原故里大庸考》,终于从金克剑的求证中找到了答案。

第一，金克剑把屈原故里在大庸放在更广阔的远古时代庸国波澜壮阔的发展史中来求证。金克剑认为,传说中的“三皇五帝”极有可能是共尊一个宗国——大庸帝国!而且极有可能是宗国大庸不同时期的皇或帝!而这个大庸帝国的首都就在今大庸市中心地古人堤遗址,距今 7500—8000 年乃至万年以远。当时的大庸帝国就是中华文明最早的发祥地之一。张良皋等史学家曾这样评价大庸古国：“庸国是铸钟大国、筑城大国、营建大国、制陶大国、农业大国、冶铸大国、造历大国、造字大国、巫傩大国、歌舞大国、器乐大国、祭祀大国、颂诗大国……”“庸国几乎包含了全部的文明因素，所以这个国家在古史上露面之日，就已经是一个全面进入文明的国家。而且在这个中华域中，庸国完全可能是领先跨入文明门槛的国家。”而且大庸古国的中央仙山周围还环绕着与“大中华”相关的一组远古地名符号：中华山、中华仙山、中华庵、新华山、新华村、神州、神州村、神州界，等等。因此,有史学家认为：“当时中国之‘中’如果还有一个核心的‘中国’，那就是庸国。”“中华远古文明史,有一半的辉煌在古庸国。”也可以说,大庸这个地方就是远古时代的大中华——神州——中国的原生点。因此,才有宋《路史》卷二十四:“春秋（指庸）用夏变夷者（夷者，南夷崇山也），夷之；夷而进入中国（指中原），则中国之。”

这个盛极一时的“横跨长江、肩挑川泽云梦两湖的地域辽阔的超级大国”——大庸古国,是远古祝融率领祝融氏（后裔屈氏）家族——古庸人在澧水岸边筑城创立的。若从6500年前（即公元前4500年）算起,到公元前280年屈原之父伯庸——末代祝融王国，大庸古国存在长达三千七八百年。在“朕皇考曰伯庸”诗句中，屈原告诉我们，他的父亲就是大庸古国的国君。金克剑从屈原7次自称“朕”，发现他本人就是一代庸王，其时，“庸楚两国共监”体制不断受到楚国挑战，屈原父伯庸特派屈原以莫敖、庸王（未正式登基）身份出使楚国，以力挽独澜，维系祖制，联手抗秦。金克剑发现“庸楚两国共监制”，相当于古代昭穆制的“江山分（婚）配制”。这是屈学研究一个重大发现，追根溯源，楚国乃为庸国一代大帝鬻熊之子熊绎率八国联军北伐推翻殷商后由周成王划地建楚。也就从熊绎始，“宗庸楚子”，简言“宗子关系”的“庸楚两国共监制”，即互派使臣监管对方朝廷的制度，就代代承袭下来。屈原就是末代庸王所派出去的最后一位使臣，也是唯一一个失败的使臣。这一振聋发聩的理论观点，就是金克剑独家的发现。两千年只知有楚，不知有庸，楚为庸建，庸楚同源。庸史楚史，颠倒黑白，混淆不清，又怎知屈原为何由庸使楚，反被楚子襄王逐出楚宫而归庸的悲剧下场？有人对屈原常常为之悲泣，还以为是为怀王、为襄王而悲而哀，那恐怕是看错了局面。关于屈原被“逐”，历代屈学家差不多都是听凭汉后一些学者的说法，金克剑独以编年史的办法逐一排查，最后的发现是：公元前299年，秦王邀请楚怀王入秦议事，屈原洞察秋毫，力谏相阻，子兰反诬屈原，怀王听信谗言入秦被扣。那位“楚大夫”迫不及待立太子熊横，是为顷襄王，给人感觉是早有预谋的抢班夺权。就在襄王登基的那天，即将屈原逐出宫廷，拔掉影响他王位的肉中钉、眼中刺——这就是后人所说的“屈原放逐”的出典。

屈原宫廷失败，不独对他个人精神的打击，同时对庸楚两国的国运都产生深重的灾难性影响，庸楚几乎决裂。屈原回庸国后，看破局面却无力回天，心灰意冷，拒绝继任庸王，而是归隐兰岗，辟谷赋闲，继而远游而去。公元前280年，秦将司马错灭庸灭屈，公元前223年楚国也被秦国灭掉了。

第二，通过屈原的求学、为官经历来求证。金克剑认为，屈原诞生在大庸古国末期国君的家庭，承继了屈庸氏这个悠久而辉煌庞大家族的优秀基因。金克剑综合专家学者对大庸古国研究的成果，认为屈原青少年时代是在熊馆鬼谷学宫接受教育的，应该是鬼谷子二代或三代掌门人的嫡传高徒。这个熊馆鬼谷学宫，创建于尧舜时期，是中国历史上第一个官办高等学府，也很“可能是世界古代史上历史最为悠久的学校”。战国时期的显赫人物、著名谋略家鬼谷子，在熊馆鬼谷学宫创立了纵横捭阖学说，并培养出孙膑、庞涓、苏秦、张仪、屈原等一大批伟大政治家、军事家、外交家、纵横家、谋略家，而屈原则是外交、文学、诗学、巫学的杰出代表。

约二十八九岁时，屈原以“庸楚两国共监制”使臣身份出使楚国担任左徒莫敖之职，辅佐怀王。屈原具有出类拔萃的才华和为楚建功立业的宏大抱负，本来可以大展宏图成就一番伟业，帮助楚国在秦楚争霸中立于不败之地，但却屡遭佞臣猜忌陷害，先是被楚怀王疏远罢官，后又被楚顷襄王逐出楚宫，逼他回归庸国。最后，壮志未酬，心灰意冷，辟谷遁世，远游三湘。公元前278年五月端午，因庸国被灭，故里灰劫，愤然投江。对于屈原的不幸遭遇，金克剑饱含悲愤地写下这样一段话：“作为出使楚国的莫敖、辅助怀王的谋臣，他未能战胜一帮佞臣，扫清朝廷阴霾;作为联齐抗秦派的合纵外交领袖，未能战胜张仪而力挽狂澜于既倒，终致大楚一败涂地；作为三闾大夫，掌管国祀大祭的巫臣、巫师，面对失败，只有一死谢天，叫国有大难，巫师献身。作为庸国的一代庸王——屈侯（未正式举行登基仪式的末代庸王和无法履职的楚莫敖），在强秦灭宗庸国的战争中，没有挺身而出，为父王助一臂之力，没有以生命一搏，为儿子敲击庸王钟以壮军威，终致宗庸国破，爷孙殉难，楚国痛失半壁江山，屈氏家族灭亡绝种（以屈原当时获得的信息和判断）……”

这是屈原的不幸、屈氏家族的不幸，也是庸楚的不幸、中国历史的不幸。然而恰恰在这万般不幸中，却造就了中国历史上第一位伟大的爱国诗人，第一位伟大的文学家——屈原。

通过解析金克剑破译的关于屈原出身、成长、发迹、放逐的地域背景、国家背景、历史背景和人文背景等历史信息密码，我终于读懂了屈原：屈原之所以能够成为屈原，能够在文学上取得空前成就，一是绚丽璀璨的大庸古国文化和优良的教育，为他奠定了极为扎实的文化基础和提供了丰沛的精神滋养；二是波澜壮阔的时代变迁和仕途的曲折坎坷，使他对政治、社会、历史、人性等有了切腹感受和透彻思考；三是国破家亡的悲剧和辟谷远游生活的无奈，更加坚定了他对黑恶势力的深恶痛绝和对高贵理想的坚守与求索。于是,屈原发出的“路漫漫其修远兮，吾将上下而求索”的怒吼，能够穿越两千多年的历史时空，至今还强烈地激荡着每个中华儿女的心田!

为屈原这样的历史人物确定其出生故里位置，是历史学家、考古学家和权威部门的职责。但作为一个普通读者，我认为金克剑在《屈原故里大庸考》中所作的充分论证，足以为两千多年以来关于屈原故里准确位置、真假之争画上圆满句号。

王春明

2020年8月12日

【王春明】1960年3月出生。山西大学中文系毕业。文学学士。编审。现任中央文献出版社副总编辑。长期从事中共党史和毛泽东等领袖人物生平思想的编辑出版和研究工作。担任责任编辑所出版的图书涉及毛泽东、周恩来、刘少奇、朱德、任弼时、邓小平、习仲勋等。当今重点编辑出版习近平系列著作及中央文献等。

序三

让历史真相大白于天下

李燕杰

中国，是一个诗的国度。

中华民族，是一个诗的民族。

我有幸生活在这诗的环境，又有幸生活在诗的时代诗的家族，父母亲都是热爱诗歌的人，都是认真写诗、认真教诗的人。

我生活在这样的国度，这样的时代，这样的家族，从小就爱诗，爱写诗。冰心看了我的诗，题写了这样几句话：

诗之心，

国之魂，

诗如其人。

我这一生，长期写诗，在教书生涯中，又一直在教中国文学史、中国文化史、中国图书史。在这三史教学中，怎能离开诗？又怎能离开屈原？特别是我又与先父［按：指国学大师李慎言(1895.11—?)河北行唐人。先入清华大学，师承梁启超、王国维，继转北京大学，师从沈尹默、刘半农、钱玄同、马衡、章太炎等国学大师］一道编写《中国文学史》，又在20世纪50年代，主编过《中国诗歌史》。其间，我不仅了解了屈原，熟读了屈赋，而且，多次讲过屈原，多次赞美过屈原，还有幸与郭沫若、文怀沙等老先生谈过屈原，所以我一直自认为是大诗人屈原的知音。

最近，我读了张家界历史文化研究丛书中一本由金克剑先生所著《屈原故里在大庸》，十分震动，我认真拜读了这一本用心血、用智慧写下的120万字的巨著，深深感到自己的渺小。

正如家父所言：

“一个人没见过高山，就不晓得此地是平原。

一个人没见过大海，就不知道此地是小河。

一个人没见过几位真正有学问的人就不知道自己如何渺小。”

我在阅读中，一再想到大凡热爱屈原，关注中国史诗的学者们，读了金克剑先生这一大作，一定会有同感。

同时，我还想到鲁迅先生的一句名言：“中国自古以来，就有埋头苦干的人，拼命硬干的人，为民请命的人，舍身求法的人……这是民族的脊梁。”

屈原是民族的脊梁。

金克剑也是民族的脊梁。

金先生和他的伙伴，为了祖国，为了人民，为了家乡，也为了诗之圣，诗之祖，竭尽心力。他有学识，有见识，特别很有胆识。他这本巨著《屈原故里大庸考》，从屈原本人到屈原辞赋，认真考究，深入钻研，正如李书泰先生所言：“以义无反顾的全身心投入，钻天入地，竭泽而渔，搜罗最扎实的史料，分层次编织正反主次等多方面的证据链条，以无可辩驳的严谨论证，破解了历史谜团，还原了历史真相。”

我完全同意李书泰先生的意见。《屈原故里大庸考》一书不仅使历史真相大白于天下，还应了“黄河尚有澄清日，岂可人无得运时”的古训。

我敢说，这是两千多年来中国屈原故里学界研究最为重大的突破。说金克剑是研究屈原生身故里取得颠覆性成功第一人也不为过。

屈原生身故里冤案的揭破，是两千年来屈学界前赴后继、奋斗不息的结果。金克剑正是行走在这条曲折、漫长、艰难之路的最末一位跋涉者。

七年艰辛，七年探求，七年汗水，七年泪水……

——然而，他毕竟成功了。

中国屈学界将有望从此告别“猜想”研究时代，从而重构中国屈学研究的全新叙事模式。

我说：这也许就是这部著作的终极价值——

屈原幸甚。

大庸幸甚。

中国诗坛幸甚！

我今年86岁了，作为一个阅读、研究了大半辈子屈赋的人，能在有生之年读到金克剑先生这部大作，怎不深深为之感动！我愿向他学习，学习他这种认真负责实事求是的治学态度，学习他“生如逆风船，誓死不落帆”、为了真理殚精竭虑的创新精神。

我真切地希望：

在神州大地，多几位屈原式的诗人；在华夏热土，多几位金克剑式的学者。

我还想用“史家之绝唱，无韵之《离骚》”赞誉这部《屈原故里在大庸》。

李燕杰（手书）于智慧书苑

2013年3月18日

2015年9月重修

【李燕杰】1930年10月出生于北京。首都师范大学教授。第六、第七届全国政协委员。世界华人演讲家大同盟主席。著名哲学家、教育家、史学家、书法家、诗人、演讲大师。他的演讲，曾影响一个时代。一生获20项终身成就奖。被联合国和平基金会称为“世界上最可爱的人”。被国务院授予有突出贡献的专家。2017年11月15日病逝于北京，享年87岁。

序四

高举起屈原故里学研究一面旗帜

王中兴

屈原的故里在哪里？这个问题，在晋以前的史籍中都没有明确记载，就连距屈原生活的年代最近的西汉时期，官至太中大夫的贾谊、淮南王刘安、太史公司马迁等人，他们在自己所著述的《吊屈原赋》《离骚传》《史记》中，全都没有写出屈原故里的具体地望。这一时期，只有东方朔提出了一个“平生于国兮，长于原野”的模糊说法（严格说，还算不上一“说”）。如果从东方朔的这一说法算起，关于屈原故里的探索，古今屈学界持续奋斗了两千多年。两千多年来，屈学界关于屈原故里，先后形成了二十多种说法。这许多说法，虽多有谬误，让人莫衷一是，但都凝聚了中华民族对一位伟大的爱国诗人、对一代民族英雄的深切怀念，对其灵魂归宿的莫大关心。

一

在关于屈原故里的诸多说法中，其中的“秭归”说影响最为广大。此说的始作俑者是东晋时期的袁山松。袁山松其人，在晋安帝（司马德宗，397–418 年在位）时做过秘书监、吴郡太守。他写了一篇名曰《宜都山川记》的文章。袁氏在这篇文章中说，他是从“秭归”之“秭”上得到启示，悟出了屈原故里之所在，于是他提出了这个屈原故里“秭归”说。袁山松的这个“秭归”说，具体地址是指在秭归县的乐平里。因其“说”以“秭”代“姊”，纯属臆测，荒谬绝伦。在当时的社会条件下，也只是在少数人中传播，几乎没有产生什么影响，也并未引起屈学界的重视。百十年后的南北朝时期，北魏的郦道元（466 或 472–527），在其地理著作《水经注》中，援引了袁山松的“秭归”说。此后，屈原故里“秭归”说，才开始逐步在屈学界流传开来。郦道元自觉或不自觉地成了“秭归”说的推手。不过，在此后的两百余年间，人们对这个“秭归”说，仍然颇为陌生。一直到晚唐宪宗（李纯）元和年间（807–820），秭归乐平里才建起了屈原庙。从两宋到元、明的五百多年间，秭归乐平里的屈原庙屡修屡废。明末对屈原庙再予重修，并立碑纪事。清康熙年间，满清王朝为了笼络汉族知识分子，也在乐平里修建了一座屈原庙，还立碑颂德。20 世纪 90 年代初，我曾因公务

到过秭归，当地的朋友告诉我，明、清时期建造的屈原庙，在“文化大革命”时期，均被当作“四旧”破坏了。明代的建筑、庙宇与碑刻，均已荡然无存。清代的建筑、庙宇虽毁而碑犹存。我当时所见到的屈原庙，据说是当代人胡德平（胡耀邦之子）在20世纪80年代初捐资修建的。

自从郦道元的《水经注》引录了袁山松的屈原故里“秭归”说之后，一个关于研究、寻找屈原故里的论争，便在屈学界热闹起来。关于“秭归”说，应该说是由袁山松和郦道元联手推出的。郦道元在自己的著作《水经注》中，既收录袁氏的屈原故里“秭归”说，但也心存疑虑，并有意援引“秭归”出典于夔子灭国、执子以归的历史典故，表示怀疑，为自己留条退路，但他却不对袁氏以“秭”代“姊”的把戏予以辨正而听之任之。袁山松的胡编乱造，郦道元的听之任之，使得这个屈原故里“秭归”说，对屈原故里的探讨产生了很大负面影响。此后，就有一些人步其后尘，人云亦云，加以宣传，使得袁山松的说法几乎成为定局。宋代大儒朱熹老先生，对郦道元在《水经注》中所引录袁山松的“秭归”说法也照录不误，既不表示否定，也不表示肯定，而以“今存于此”作结，就让人觉得他是默认了此说的。当代史学名家游国恩先生，更是根据《水经注》中所引用袁山松的话而明确地认为：现在湖北省西部的秭归县，就是“屈原的老家”。

与此同时，也有一些人对这个“秭归”说提出了质疑，并前赴后继进行批判论战。于是，关于寻找真正的屈原故里的二十多种说法便先后随之产生。广大屈学者十分明白：屈原生身故里的确认，事关一个文化巨人成长的历史背景、文化发生学背景的准确把握，事关研究方向的正确与否，事关屈原其人、其诗是否真实存在的大事。不能简单地看成争文化名人、争文化符号的狭隘庸俗之举。两千多年来，屈学界一次又一次掀起否定屈原、否定屈诗的逆流现象就是明证。事实上，关于屈原故里的研究，已经成了屈原学一门十分重要的课题内容。屈原真正故里一日没有找到，屈学界寻找与论战就永远不会有停止的一天。换句话说，屈原故里达二十余说，本身就是对“秭归”说的怀疑、否定与抵制。这是原学界的觉醒。这是真理与谬讹的较量。但由于20多说中没有一个地方找到可作核心证据的国史文献文字，故所有的争论都归“零”。

那么，真正的屈原故里究竟在哪里？这个问题，屈学界长期争论而无果，乃至成了一个难解的千古之谜。

二

屈原故里究竟在哪里？这个难以破解的千古之谜，其实早在南齐时期（479–502）就被一个叫刘澄之的学者发现并记载在其史著《荆州图记》中。到了北宋太平兴国年间（976–997），又被大宋国史《太平御览》引录入史。其后，到了晚清又被湖南著名方志学家和地理学家陈运溶（1858–1918）收入《麓山精舍丛书》。这就是被称为屈原故里在慈利与大庸交界处的二尉岩——潭口里的236字证词。据我所知，这是两千年屈原故里研究中，所发现的唯一一份以实地实名锁定在某地的国史文献证词。而这一久藏未露的“天书”，恰又被幸运的湖南张家界市杰出的学者兼作家金克剑先生发现，并以此为依据，展开全方位研究，经过8年多艰苦打拼、考察求证，终于给了人们一个明确的答案，在其大作《屈原故里在大庸》中，以翔实的史料、严密的论证告诉人们：屈原故里在大庸——今张家界市永定区阳湖坪镇屈家坊村潭口里。金克剑先生不仅回答了屈原故里的准确地望，还为我们揭开了“屈氏后庸国”一段悲壮的历史真相。

对金克剑先生在大作中所作的结论，我表示十分认同。我相信广大读者、广大学术界同人，只要心平气和地读完、读懂了这部巨著，一定会为之叫好、为之拍手称快的。以洋洋洒洒120万言的证词彻底颠覆根本不成立的“秭归论”，堪称一千五百年来第一人。这是中国屈原学界两千年来最为重大的突破。中国屈原学界探索、争论了两千多年的学术难题终于告破。我预言：这部著作的问世，将对中国屈原学未来研究方向产生巨大影响！

为了探寻屈原故里，金克剑先生根据张家界市历史文化基础性研究领导小组的统一部署，坐冷板凳，钻故纸堆，搜罗被尘封的史料，展开田野实地考察，调查历史文化遗存，搜集、研究民间传说及古庸属地残存的地名信息，研究屈原辞赋创作的时代背景，深入解读张家界地区民间祖传的告祖词，以及《永定屈氏族谱》、苗族古籍等，耗时8年多，在准确发现楚辞中博大精深的历史文化密码后，终于揭开了关于屈瑕封邑、屈瑕封国、屈原父母、屈原出生祖屋、屈原老屋场、屈原田产、屈原家庭、屈原子女、屈原后裔村落、屈原后裔人口、屈原后裔祖茔、屈原政治身份等层层迷雾，还原了历史真相，让我们一代伟大爱国诗人屈原的魂灵，回归到了他出生成长的故土——湖南大庸——张家界市永定区阳湖坪镇——屈家坊潭口！

而这一切，又与他所发现的大宋国史《太平御览》引录南齐《荆州图记》236字证词形成对接！

在《屈原故里在大庸》这部学术大作中，金克剑先生以他自己特有的艺术语言风格，超常的史学灵感，深厚的学术功底，不仅成功地发现了屈原故里千古之谜，而且连带破解了屈原诗赋中所反映的“祝融故里”“大庸古国”“祖先封地”“昆仑之源”“轩辕生地”“云中朝廷”“伏羲演卦、甲象崇山”，以及颛顼甘渊天文台授时制历、禹王建夏朝于崇山、留在天门昆仑的黄帝宫、黄帝陵、黄帝册府三大惊天信息等一系列涉及中华万年史的重大史学课题。及至破解了关于屈原的家庭、父母、妻室儿孙，关于屈原的读书学校，关于身负莫敖、末代庸王之身份，关于所谓被放逐的真实原因和时间，关于辟谷修炼的原生地，关于一些重点作品的创作背景、发生地和时间等若干屈学中的盲区，这就为人们拨开历史迷雾，重新认识屈原，认识屈原出生成长的远古神话背景、国家背景、社会背景、民族背景、家乡背景、家族背景、家庭背景，从虚假的“秭归说”“郢都说”等众“说”阴影中走出来，从两千年一贯不改的全国一窝蜂的屈原诗注解中解放出来，从而以此创立全新的屈原学研究理论范式。他挑战的不仅是两千年来的屈原学界，更是对自己学术、学养、学识、意志、胆魄的挑战。

在学术研究领域，不随波逐流，不人云亦云，不囿成说，不惧权威，敢于立异，能够立新，既需要学术勇气，更需要海纳百川、博学多识的学术功底。在“屈原故里在哪里”这个两千年悬案中，金克剑先生之所以敢于剑指流俗，能够明确地告诉人们一个全新的答案，是因为他本人就出生在屈原故乡大庸古国土地，从小就浸染在浓浓的屈子遗风氛围中，从小就听唱屈原的《九歌》《九章》。他是在遍地巫风、满耳傩音骚歌中长大成人的，又长期从事基层民间文化搜集研究整理工作，而文学创作，恰又是他的职业本行，这种长期积累，奠定了他成功的基石。

读《屈原故里大庸考》一书，我们一定会为其丰富翔实的史料，严密科学的考证，充满诗意的语言而震撼激赏。所谓心智大开，耳目一新。这部著作，从表现看只是对屈原故里所作的明确回答，但因为作者是在屈姓后庸国的存在和兴衰的大背景下，研究和揭示这一疑案真相的，因此称本书为半部大庸帝国史也不为过。

三

读完《屈原故里在大庸》一书后，我难抑心中的激情。我以大半辈子从事学术研究的经历静夜沉思，深感一个幼弱的萌芽将有可能面临被践踏夭折的危机。我想我应该尽一个前辈的责任，再说点什么。长期以来，学术界习惯了人云亦云，你抄我抄，往往十年八年乃至忙乎一辈子也很难产生有发现性、独创性、原创性、建树性的题材成果。比如类似国家“通史”之类的书，少说不下十数个版本，但基本上是按某一个版本模具加减取舍，基本上没有新的发现和发明。就如王逸（89？－158?）一部《楚辞章句》的问世，被后人称作“中国楚辞学第一座丰碑”，从此，两千余年来的屈原学研究，就追随着王氏脚步一路走来。平心而论，两千多年的屈原学研究成果中，除了零星琐碎几篇关于探讨屈原身世故里或生卒年的文章，似乎一直没有发现有分量的专著，几乎全都是对屈原诗本身字句的注释解析。这种状态一直延续到当代，似仍无有更弦易辙的迹象。这种同一题材的无休止的复印、克隆、争论、吵闹，已经让屈原学界和广大读者极度厌倦，甚至反感。笔者无意介入其间说长道短。但我认为这种建立在虚假的故乡背景和国家背景（屈学界只知有“楚国”，不知有“庸国”，不知大庸为屈原母国，更不知屈原生在大庸）的学术论争，充其量还停留在虚无的“猜想”层面。一块肥肉在同一锅里炒了两千年，连渣滓都炒没了，还有多少油水养活这支庞大的屈原学术队伍？长期以来，屈原学界一直沉缅于屈原诗句字面的解释中而不能自拔，从而忽略了对屈原出生地的研究和打假，亦未实施对其千古冤案的甄别和平反。一年一度的五月端午，不明真相的全中华民族仍千百年一贯制地祭奠着虚假的秭归乐平里，这难道不是屈原学界的隐痛与悲哀吗?!

今天，让我们始料不及的是：一个屈原学的门外汉，半辈子从未敢涉猎屈原学的局外人，却如一匹黑马突然间从斜刺里冲将出来，并直指两千年中国屈原学的软肋——多数人不敢触碰的“屈原故里”发起挑战！

我可以这样表述：与其说这是两千年来由屈原学外围的民间人士所创造的学术奇迹，毋宁说这是向全中华民族奉献的一份厚礼！

——他让我们看到到了屈原学的曙光！

是的，金克剑先生在屈学界榜上无名，或说还是个陌路人，但绝不影响这部120余万字巨著的学术价值和分量。正因为不是屈原学圈子内的人，就少了那个圈子里的“行规”和“门派”的礼节、尊卑，因而也就少了许多羁绊和顾虑、传统和包袱。通读全书，只觉得行文如澧水浩荡，大气磅礴，所谓口无遮拦，痛快淋漓！原以为这个“学术盲”不懂“套路”，却不料一册的老辣！120万言就是120万字的证词证据，让你无从质疑、无从辩驳！他是以一个铁面无私的“律师”的身份审判两千年的冤假错案，并建树了属于自己的全新观念、全新思想、全新范式、全新语言风格的屈原学理论模式。没有人云亦云的陈词滥调，没有抄袭先人版本的酸儒老气，归结起来，可用四字概括之——“发现、创新”！

这使我想起2009年钱学森先生去世前留下的一段刻骨铭心的话：“创新，是想别人没有想到的东西，说别人没有说过的话。当前，中国还没有一所大学能够按照培养科学技术创造人才的模式去办，都是些人云亦云、一般化的、没有自己独特的创新东西。受封建思想的影响，一直是这个样子，我看这是中国当前一个很大的问题。”

又说：“你是不是真正的创新，就看你是不是敢于研究别人没有研究过的科学（学术）前沿的问题，而不是别人已经说过的东西。别人已经说过的东西我们知道，没有说过的东西我们就不知道。”

钱先生这段针对自然科学学术界的临死感言，不正是屈学界两千年一贯制的硬伤吗？一个“秭归说”，明明被屈学界广大有识之士怀疑一千五百年、抵制一千五百年、批判一千五百年，却一次又一次地在“权威”面前缄言，在谬误面前败北。说爽直一点，中国的屈原学研究无论从楚辞解析或外延模式，基本上难有创新性突破。屈原学的“标高”大概还停留在刘安、王逸层面，屈原学的“内核”可能还停留在屈原与两个楚王的君臣关系层面；屈原学人物主体思想，大约还停留在“忠君美政”层面；屈原学的“发生点”恐怕还停留在“秭归”“郢都”二说层面。

把一个庞大的屈原学理论大厦建立在子虚乌有的背景发生学原点上，怎能不让人们对这座大厦所承载的屈学文化遗产的内容和价值产生质疑？难道我们还有理由让这种状态继续永不休止地重复下去吗?!

笔者说这些话，毫无诟病或开罪我们的同道之意，只是想借此反省已日渐冷寂的屈原学界：回味一下钱学森先生的忠告吧，在错误的背景前提下因袭、克隆、闭守、重复、延续了两千年的屈学解诗时代该告一段落了！

也许，同道们对金克剑这个“不速之客”的不期而至感到惊讶，或因不了解不信任而不服气，甚至暗生拒绝，乃至恶意相向，但并不影响他的存在，也不影响接受他席卷而来的那股学术春风所给予的那份震撼与喜悦，毕竟，他圆了两千年来中华亿万民众和屈学界代代前赴后继为之追求的梦想——第一个第一次真正破解了两千年未解的屈原生身故里之谜！

就是说：他为屈学界挖掘出了重构21世纪屈原学理论大厦的坚固基石！

1958年5月8日，在怀仁堂召开的中共八大二次会议上，毛泽东同志曾作过著名即兴演说，其中一句话一直影响着中国学术界，他说：

“从古以来，创立新学派的，在开始时，都是年轻的，学问比较少的，被人看不起的，被压迫的。这些发明家在后来才变成壮年、老年，变成有学问的人。这是不是一个普遍规律？不能肯定，还要调查研究，但是，可以说，多数是如此。……不要被名家、权威吓倒，要敢想、敢说、敢做……”

论其年龄，金克剑先生已不是年轻人了，但在屈原学学术殿堂，他还是个惴惴然刚叩门而入的“童蒙生”。严格说，他是由作家改行进入全然陌生的屈原学理论学术殿堂的“无名小卒”。

法国著名启蒙学家爱尔维修有句名言："审慎的人几乎总是把不论哪一方面有天才，而暂时没有取得成就的人说成是疯子。伟大的人物开始引起讥笑，然后获得赞美。"

美国芝加哥大学荣誉退休教授韦恩·C布思说："许多人不深入研究，没有相当的证据，就说别人的研究不可靠。无端指责和怀疑别人的研究成果，只能把自己和他人推向灾难。善于做研究的人决不会从资料到资料，从文献到文献，而是善于发现文字和文献以外的真相和真理。"

上述两位西方大师所说的问题，金克剑先生都领略过了，但他淡定沉默，不去计较，只是旁若无人地不分昼夜地经营他的那一方天地。及至前年参加张家界历史文化基础性研究成果评审会期间，我才得知50万字初稿写完最后一字时，他因长期极度用脑导致颅内受伤，竟轰然倒地！而当他从死亡中跋涉回来之后，又连续以5年时间向深度高度研究，一路斩关夺隘，攻克一系列重大历史难题，先后十多次大修其稿，有些重要文字因不断有新发现而不惜多次重写，其篇幅已由50万字不断升级加码，累积的文本高度和内涵的高度与日俱增，他是志在向学术高峰冲刺，个中之酸甜苦辣，又有谁人能窥其万一！

我与金克剑先生在此前从未谋面，在读了他的大作后，对他所取得的如此重要的研究成果，不能不表示衷心的敬佩和赞赏。因为金先生的这一研究成果，是依托国史古籍文献文字证据与现实历史场景对接，不是凭想象推论，故可称作"终极结论"，但从学术本身角度，还只能算作"一家之言"，不可避免地还要接受学术界同人和有识之士们的品评和求证，但他毕竟是举起了一面旗，走出了一条路，填补了两千年屈原故里学研究的历史空白。我祝贺金克剑先生的成功，也祝愿金克剑先生，在屈学界对于这一问题的论争中，能进一步丰富和完善自己的立论基础，让这一研究成果尽早地被学界认同，以推动张家界市乃至全国文化强国伟大战略的大发展。同时，我也希望屈学界的前辈专家学者及广大读者，能静下心品读这部巨著，我相信你们一定会大开眼界、大有收益的！

也许是这份自信、这种感动，才让我不能沉默；也许仗着我不是屈学"圈子内"的人，没有学术裙带之嫌，亦没有门户学派之虞，更没有学术观点是非之争，才让我多了几分胆量，少了几分顾虑；也许是长期养成的军人作风和仗义行侠的传统风骨使然，才陡生"拔刀相助"之念，于是草成此稿。

2013年1月18日于北京香山寓所
2015年8月18日修改

【王中兴】中国人民解放军军事科学院研究员。中国先秦史学会、中国鬼谷子研究会、中国云南南诏大理文化研究会顾问。参加国家社会科学"八五"重点研究课题《中国军事艺术》、"十五"重点研究课题《中国军事学术史》等书的编委和主要撰稿人。享受国务院政府特殊津贴。2017年11月因病逝世于北京。

序五

屈原与庸国

张良皋

我与克剑结识有好些年了。最初是"神交"。那是2003年4月，长沙策划师谢方一先生到武汉找我，并转告金克剑对我的敬仰，说是读了我的《武陵土家》一书后，才发现我是从吊脚楼建筑艺术风格和巨大成就层面对土家族进行高度评价的第一人。我庆幸遇到知音，于是在赠书上签了"愿为构建大武陵旅游圈呐喊助威。张良皋2003年4月8日于华中科技大学"，然后托谢方一转赠。不数日，接到金克剑的电话，向我索稿，原来他是张家界《旅行》(国内统一刊号)杂志主编。我问要何题材，他说，就是您在书上题签的关于构建大武陵文化圈的内容。不曾想当年夏季第3期《旅行》杂志"清江专号"如期出版。金先生的头条大作标题为《闯荡八百里清江》，文采飞杨，荡气回肠，文如其人。而翻页过去，就是鄙人写的《构建大武陵旅游文化圈之我见》，图文并茂，铜版彩印，赏心悦目，共占6个P的版面，还配发了我14张照片，这小子还真舍得！

从那一刻起，我算初识了这个叫金克剑的土家文人——其实，我俩并未谋面。

到2006年11月10日，那个叫金克剑的叩门而入，说是他们策划团队正竞争沿澧水风貌带开发建设的策划、规划，但苦于没有规划资质，便想请您大师出马，参与规划设计竞标。我表示同意，并引荐我的学生万敏教授团队当面洽谈。次日临别，他索要我刚出版不久的《巴史别观》。我在扉页上题了"克剑先生方家评正　张良皋2006.11.11"。

关于那次愉快且称高端的竞标合作，因与本文无关，不表。

2009年秋，金克剑与李书泰专程到武汉会我，说是发起张家界市历史文化基础性研究工程，请我出任首席顾问，他们的信心源于我的那本小书《巴史别观》，并认认真真下跪给我三叩头，要拜我为师。我很感动。这种传统拜师仪式，大概很少见到了。我从这两位晚辈身上看到了土家族文化人永远坚守着的传统文化内质。说实话，我的本行(指建筑)弟子数以千计，还真没有一个给我伏地磕头的。自此以后，我与两位晚辈电话中常来常往，他二人三句话总离不开屈原、离不开庸国。我笑他俩是走火入魔了。其实我自已又何尝不是。一笑。

后来，我全本通读李书泰的《庸国荒史研究》，还边看边作批注。这是我进入老年后多年来第一次这样充满激情为晚辈审读论著了，阅后，主动提出要为他作序，成稿的题目是《探索消失的文明古国》。时在2012年秋。

但有一件事一直让我十分纠结。克剑与书泰是同时给我递送初稿审读本的，他的书不绕山不绕水，开门见山，直写《屈原故里在大庸》，简直有不可商量的霸气，但我一点也不觉反感。因为，在此前3年交往中，他与我就屈原故里若干真相及理论问题进行过无数次电话沟通和面对面交流。因年老体衰，一本《荒史》读完，让我小病一场，还不敢在儿女跟前讲实话，要再通读克剑这部70万字初稿本，实在勉为其难，但从抽读的若干章节，特别是读到关于屈原故里的国史、方志、族谱、土家民间《告祖词》四大基础性核心证词以及民间非遗口传、成堆成系统的史事发生现场以及一批文物实物等，这才让我高度警觉起来，特别是他告诉我，他经多年研究，突然悟出一个叫“无屈地带”的理论学术词语。他说用这面魔镜足可以让天下所有伪造的所谓“故里”原形毕露。我认真听了他的解释，深深为之震撼。我不得不相信，金克剑可能已经掌握了最终结束中国两千年屈原故里之争的不二“法器”。

2012年6月18日，金克剑、李书泰、田奇富三位研究专家和市政协副主席陈红日、原政协秘书长张汉清及司机李勇一行6人到达武汉，一是拜访我，二是讨论一些关于屈原与庸国的学术难点，三是要沿湖北有关于屈原行踪传说及故里传闻的线路作一次现场考察，重点直指秭归乐平里。数日后，克剑电话中坦言相告：秭归人玩了调包计。他们一行抵达乐平里，正逢端午节，整个乐平里却冷冷清清，无声无息，全部游客只有他们张家界5人，而150里外的秭归县城，却打着“故里”旗号把长江闹翻了天，叫“经济搭台，屈原唱戏”。人们还误以为秭归县城就是屈原故里，听见让我心酸。但经他们明察暗访，发现乐平里与秭归县城“凡屈皆无”，是最典型的“无屈地带”。我无话可说。其实早在我料中。

2013年5月，是我的90岁生日，学校为我办了个很夸张的庆典纪念活动。令我意外的是：金克剑、李书泰闻讯于当天凌晨抵达我校。书泰告知说金克剑因长年不息过度用脑，半部书稿写完最后一个字，一下栽倒在桌下，住院半个月，死里逃生，刚出院第二天就匆匆赶来。那天上午，二人到我家中，第一件事就是认认真真、恭恭敬敬给我下跪，磕了三个响头为我祝寿，怎不让我老泪纵横！要知道，我的这个弟子克剑也是快满65岁的人哪！

2013年11月10日（奇怪，我和克剑初次见面正是2006年11月10日），我受李书泰、金克剑二人之邀，参加了中国先秦史学会关于张家界历史文化基础性研究初步成果评审会议。评审会之前，东道主组织到屈原出生故里屈家坊和他的老屋场潭口里等地进行现场访问考察。在屈家坊，我们一行考察了屈原临盆地“祖屋里”，现存两堵砖墙夹两间破屋，一个石条门洞，据说原有三个石槽门，民国初年，因屈原后裔、同盟会会员屈鬌参加罗剑仇司令“反正”起义，当了某团团长，敌方为报此仇，一把火烧了千古屈家坊，屈原老屋场三个槽门就只剩现今这个破败样子了。从建筑形制看，应该是元明之间整修的老屋。靠东南侧有条古巷（现已变新巷了），叫“花门口”，据说是屈原少时喜欢种花，还突发奇想，利用藤蔓花依巷子口大门编了一个自然大花门，这个名字一直传了两千多年，成了当今“花门口小组”名称。另一侧是三间大夫祠旧址。据说就是这个同盟会会员屈鬌在此办“清醒学校”。民国时为乡政府至解放后办公社，这里成了两朝乡政府机关。约 20 多年前，公社迁址，将祠堂转卖给他人，几经拆迁重建，旧祠只剩些残断石条，上面所刻菊花、荷花图案清晰可见。相邻的三层三间阁早没了，所有关于屈瑕受封于此构建邑城的传闻与建筑物都消失了。几条所砌兰花、菊花等花纹图案的古街之上，铺了一层水泥。沿澧水往下行，第一个参观点是屈原后裔公墓区，据参会代表、当地屈原后裔、退休老干部、本土屈原学专家屈楚福先生介绍，龟背桥等五十处屈原后裔公墓区，安葬者达数万人之多！而且，这些棺地多是重叠葬，最多达九层！屈楚福还指着清光绪《屈氏族谱》内一段文字：“……今人丁繁衍，附葬垒垒，即今龟背桥之茔地……”这是我第一次听到看到屈原后裔多重叠葬（即附葬）的信息，这是国内所有“故里”不可能有的奇迹。又说：永定区屈原后裔现有 8000 多人，阳湖坪镇 4000 余人，屈原出生地屈家坊村达 2000 多人，这在全国绝无仅有！就凭这一条证据，“无屈地带”的秭归乐平里就输了一着。再往下就是花神桥、兰花桥、兰香桥遗址，一地连建三座与屈原兰花相关的石桥，这是国内屈原纪念建筑的唯一，怎么不令我震惊！再下，就是《太平御览》所载屈原故里潭口了。因风大涨水，我不敢坐船过江去登屈原老屋场拜瞻，只能站在岸边远观南岸那个半山平台，据说那就是屈原老屋场“一口印”（一名“簸箕塔吊水”）。屈楚福先生手指河对岸（南岸）说：那就叫“归乡岸”，我们站立的北岸就叫“姊归岸”。两岸上至屈家坊、屈王城（古城寨、古人寨），各长 40 华里。我心里又是一惊：原来袁山松先辈当年以“秭”代“姊”的秭归县的归乡岸、姊归岸，其原生地就在垂直距离约 500 里的张家界潭口里！更有甚者，环绕老屋场对岸半坡，还连建文昌阁、文华寺、鸿文塔，俗传“三文朝屈”；又在对岸老庸湾上段建了一座青云塔。“青云”者，一指有德而负盛名者；二喻在高位；三喻隐逸。大庸有此等身份的古人不是屈原又是何人？再往上行数里，就是屈原辟谷种兰的“兰岗”，此地还有相公桥、相公溪、相公泉、相公潭、相公洞、相公庙、相公岩、骚台、大花园、小花园、屈家里等屈原信息，这简直是一组屈原相公符号大汇集！

我们就这样走马观花看了个“毛坯”，但我分明感受到一种强大气场包围着我。经验告诉我：当某地一批历史文化地名符号成规模、成建制、成集群堆在一起时，这地下一定有一个惊天动地的秘密！

11 月 11 日，在评审会上，10 多个专家对参评的《庸国荒史研究》《屈原故里在大庸》《鬼谷子身世研究》三部大作都给予一致肯定，全投了赞成票。一个地方小城，在同一时间，出了三部划时代意义的史学巨著，在全国都是罕见的。在这个铜臭、浮躁时代，请问天底下又有几个学究愚夫子能拒绝窗外的诱惑，无数年如一日钻故纸堆做学问的啊！

这里有个小插曲，我问克剑、书泰二位：为何不请屈学界的专家参会？回答是：屈学界为屈原故里公案扯皮吵口一千余年，各持己“说”，互不相让，只有请不同道的史家们说长道短，才能心平气和、公正公平。当然，待该书正式出版后，还是要请他们出马评说的。

我一听，还真不失为一种较合理的办法，叫大路不平，旁人铲修。

评审会过后，宋镇豪会长、宫长为副会长一行由书泰引领，上了天门山，我和杨东晨夫妇一行则由克剑陪同，参观了大庸府城、古人堤——古庸都遗址，又参观了由金克剑、李书泰、田奇富、田开元、刘安、陈印、金犁等一手策划设计建成的“庸都园”。在 7 亩地的庸都园徜徉，小得

让人心疼，却让我大开了眼界，不曾料我研究多年没有找到的古庸国中心地，居然在我忽略了的南方大庸找到了，原来上庸只是庸国在江北特设的子国其实一直没有升格为国，均以“上庸”称之。这让我很震惊也很兴奋。可惜这个世界最早由祝融氏建立的文明古国中心本土、被称为“东方古罗马”的庸都古城只留下一块仅7亩的庸都园。7亩地建一座中国远古人祖、国祖、城祖祝融纪念园，未免显得小气、寒酸、心疼，但听克剑说，庸都园的建成来之不易。这片寸土寸金的拆迁空地，原打算留给一家地产商，后来市建设局付少云局长跟赵小明市长打商量，给这座历史名城留点儿文脉，积点德，也好向后人交代，给游客有个说头，留个让游客、市民驻足思索的地方。赵市长二说不说，忍痛大笔一挥，不仅同意还拨专款修建。我说，庸都园虽小，但却是这座城市文化景观的唯一。我和东晨一行仔细瞻仰了园中的祝融塑像，其设计制作水平绝不比大都市低。园中的祝融鬲、庸王钟，是两大古庸国核心识别符号，设计形象准确，文字简洁明了。图案之下，还刻上我所说的“祝融鬲——庸人族徽”“庸王钟——庸国国徽”的两条核心识别符号的论断，令我激动不已！说明他们几个研究者，已从骨子里、灵魂中认识并认同了我对古庸国文化精髓的发现。还有祝融亭廊的对联，副副精准，条条出彩。我诵读了气势磅礴的以张家界市人民政府名义刻写的《庸都园记》，原来出自金克剑之手（按：刚才还在大庸府城拜读了他的《大庸府城记》）。我又逐字逐句揣摩了我努力寻找而不得的《庸王世袭图》，忍不住心潮逐浪，感慨良多。这些年，我孤军作战，率先发起攻占古庸国学术高地，无非是想为践行书写中华万年史倡议打个响动，本是高处不胜寒的学术冷门，没想到在南方张家界遇到两个晚辈知音，更没想到古庸国的原生根基就在大庸而非上庸！

我可以这样说：由金克剑、李书泰创意建成的庸都园，让这座早已消失了的历史文化名都因此而变得伟大！或者说，我因此而为克剑、书泰两部大作找到了信心的支点。

会议期间，我和克剑、书泰作了深度交流。但克剑始终不提索要序言之事。我心里明白，此事一直让我很纠结。因为我在《巴史别观》书中发表了一些支持“秭归说”的言论，他怕伤了我。

此刻，我不能再沉默，还是把话挑明白了好受一些，我是这样写的：“屈原是秭归人，历来绝无争议；直到近年才有个别学者想把屈原说成荆州人，但证据薄弱，未闻有多大影响，考古学界曾在屈原故里一带发掘，本来意在觅得‘楚文化’踪迹，不料一无所获，令考古专家们十分失望，无法解释，一时怀疑纷起，甚至认为屈原是何方‘外来户’。”

文章写到这里，当时确实进退两难。我不是圣人，但也不是横人。骨子里虽发现秭归之说不太靠谱，但一种“巴人情结”割舍不下，于是又鼓起勇气为此论自辩：“我也（为此）请教过考古学者，蒙惠告，屈原故里虽无楚文化踪迹，却有巴文化遗存，这条‘坏消息’，对笔者却是‘好消息’，这充分证明屈原本是巴人。”

克剑向我郑重指出：您这是言不由衷，且前言后语自相矛盾。您明白屈原不是巴人，也不是楚人，而是庸人，是苗族，这是您老自己写的。并当场翻开我的《巴史别观》，指出书中的几段话。

“屈原《离骚》首八句，为我们提供了十分可靠的历史信息，为我们下决心整合庸国古史的破碎冰山加强了信心，屈原这位世界文化名人的贡献不止于文学。按照屈原的启示，我们初步整合起来的一座庸国古史冰山已经十分巍峨，十分辉煌，当然会诱发使我们深入海底，去探寻庸国的潜德幽光。”

又翻页："屈原并不回避他是庸国后裔，连楚王也乐于自称庸王。"

又翻页："庸人以正统自居，上古史是庸国的'版权'，庸国后裔的屈原乐于自数家珍，连周人也不敢侵权。"

再翻页："毫无可疑，屈原一族，是中原五帝高阳氏颛顼一族的后代，也是某一位'庸伯'之嫡嗣。屈原此话，是真是假？历来注家，大多淡然置之，仿佛无须较真；还有一些免不了认为屈原无非称述门户，自高身价，看在屈原身上，不忍戳穿，姑且存而不论。"

克剑说：您的整部书都是为庸国和为庸国的屈原而写，巴国只是顺带给庸国作铺垫，每每涉"巴"，总言不由衷，底气不足。并直言建议未来重版时一定改书名叫《庸史别观》。书泰击掌支持。

我无言以对。这不独指出了我这部书的文本纰漏，还窥见了作者最隐秘的软肋——"地域情结"让学术良心乱了方寸。

我庆幸，暮年遇知己，知己有几人？

抽读克剑的半部书稿以后，我心里明白，秭归之说必将遭遇一场颠覆性挑战。其实，在我发现庸国秘史与屈原关系极密的时刻，就感到屈原故里"秭归"说与"庸国说"将产生致命的冲突，因为秭归自古是夔子国地，又作归子国。且"秭归"之"秭"，是数量字，屈原之姊是姐姐，两字怎能通用？犯这种常识错误，怎不令我汗颜！不是我知错不改，而是木已成舟，只能留下遗憾。如上帝允许，或有修正重版的一天，我一定照他二人坚持的将书名改成《庸史别观》。现在回头审视，确实通本书写的都是庸国，巴国只是陪衬，先天不足，苍白无力，几乎没有一件扎实的历史事件为其作证。不是张某人脸皮薄，挂不住，学术上的误解、误读、误笔，都是不可避免的。近两年，我正在研究著写另一个学术课题：《蒿排世界》，我会吸取教训，写得更合理、更完善一些的。

11月12日，我作为建筑本行，特地乘休会间隙，到吉首矮寨特大桥进行考察。回来后，对克剑说：如果你认为我和你俩一起讨论的一些话题还有一定的价值，我就记下来，看能不能代作序言，也算是师生朋友一场。我感觉到，祝融留给我的岁月已不多了，我不想把遗憾带进未来的另一个世界。

克剑向我深深掬了一躬。

说到这里，不知为何心里突然生出一阵伤感。我对克剑说：悠着点，珍视生命，来日方长，还有大半部书稿等着你攻关呢。如果我在有生之年能读到你正式出版的全本《屈原故里大庸考》，就算托九泉之下的屈原的福了。

克剑听罢，已是泪流满面。

2013年11月28日夜记于中南科大，时年九十。

【张良皋】湖北汉阳人，1923年5月生。1947年毕业于中央大学建筑系，工学学士。建筑师。1982年受聘为华中理工大学建筑系教授。曾两次获国家自然科学基金资助。2013年获"中国民族建筑事业终身成就奖"(中国建筑成就最高奖项)，还是一位天才的庸史学者，第一个提出"古庸国是早于五帝立国、率先跨入文明门槛的伟大创始之国"的论断。亦是第一个发现"屈原是庸人而不是楚人"的重大理论观点，是对屈原身世研究的重大突破。他的重要著作《巴史别观》事实上是一部直指中华万年史的"庸史大观"。金克剑因仰慕其人，特向他行拜师大礼。2015年1月14日16时42分，一代宗师走完传奇人生，仙逝而去，终年92岁。

开篇语

屈子引

历史总是在叹息中一路前行。

在中国古代史上，关于诸多历史巨人的生身故里之争，数屈原最持久最复杂。两千年来，古今屈学界为了弄清屈原的生身故里，不惜前赴后继、生生不息，也免不了唇枪舌剑，恶语相向。但两千多年来的一切努力，似乎都没有显著的绩效，反而越研究越复杂，越考证越糊涂。

溯起这件事的起因之终端，还是司马迁（前145–前92）惹的祸。后人抱怨他为何不写出屈原的生身故里，以至于成了一些学者搞虚无主义否定屈原的把柄。比如胡适先生就说过："屈原是谁？这个问题是没有人发过问的。我现在不但要问屈原是什么人，并且要问屈原这个人究竟有没有。"（胡适《读楚辞》）2014年5月28日《潇湘晨报》发表这样带有煽动性的新闻标题：**《史上真的有屈原吗？学术界还不确定呢！》**，就如黄帝轩辕一样，一句"黄帝死，葬桥山"六个字盖棺，又让人一头雾水，乃至一些人以甲骨文中未发现"黄帝"二字而怀疑其存在的真实性。但从另一方面，又为后人搞"发明创造"——造假、作伪留下了一个很弹性的空间。于是，天底下第一个"桥山"依样画葫芦，就在某省某地被"发现了"，且还大张旗鼓地轰轰烈烈地造陵墓、立祠庙、设祭坛、造县名，七弄八弄，这个"发现"就被堂而皇之地贴上"政治"标签变成"国典"了，全然不知九泉下太史公的感受如何。

无独有偶。东晋年间（约331–401）河南太康有个叫袁山松的官人，作了篇散文（注意：是散文不是史考）《宜都山川记》，从"秭归"之"秭"字上得到启示，炮制了个"屈原乡里秭归说"。这本是一个作弊的丑闻，但结果却让人大出意外，因为出典荒唐而被学界不屑一顾，倒也无事。到了稍晚一点的南北朝北魏（约472–534），河北涿州出了个地理学家郦道元，他在《水经注》中援引了袁氏秭归一说，但留下"**余谓山松此言可谓因事而立证，恐非名县之本旨矣**"的"弦外之音"，而令郦先生始料不及的是，沉寂了数百年的屈学界从此热闹起来，**诸多屈学家不再停留在依据一个虚无的出身背景设定一个虚假的命题，然后在虚假的文化发生学背景的语境里编织深奥的屈学叙事理论而关注起屈原的出身故乡来。**

事实上，经郦道元推出的"秭归说"一发生便因"营养不足"而遭到一些智者的质疑和谴责。因为大家明白如果一旦照此一说推而广之，其谣言必因重复多次而变成真理，从而让

“秭归说”通过正统儒家之口贴上“政治”标签变成合法，那么，对屈原的研究将是致命的。

于是，中国屈学界从此产生了一门新课题：**研究探求屈原真正的生身故里，捍卫屈学的真实与纯粹。我们不能再从一个虚无的背景中又落入另一个伪造的背景陷阱中。**

问题是，大约从明代起，一直延续到清代以至民国时期的修谱之风此起彼伏，“秭归说”已不成文地成了屈氏族谱必须依从的识别“标杆”。到了当代，“秭归说”事实上已经无障碍地进入现行版中小学教材，甚至像陕西“桥山”一样被纳入“国祀”。

正因为如此，千百年来，屈学界几乎代代有新的“发现”见诸媒体，见诸学术著作，呐喊疾呼之声不绝于途。给人的感觉有一种为真理而战并甘愿拼死一搏的悲壮。然终因《水经注》的“权威”，“真正的”国史证词又一时难以发现而无力回天。

直到此时，人们回过神来才发现那位忍受腐刑的屈辱与痛苦，愤而作《史记》的公允和伟大。倘若太史公不知装有知，胡编瞎指一个地方作黄帝和屈原的“故里”或“归葬地”，那这二人的伪史便将成为更难撼动的冤假错案了。

西方一位科学家巴思德有句名言：**“字典里最重要的三个词就是意志、工作、等待。”**

为了一个非凡的人物，历史默默地等待了两千多年。这是一个几乎没有希望的等待。两千多年，考量着中华民族的耐心与涵养，也考量着时间的公允与无私。

实质上，为了推倒一个虚假的“故里”，还历史一个真相，中华民族中数以万计的文化斗士以数十代人的生生不息之精神去辩解、去探索、去求证、去论战，但都无果而终。**他们忘记了一个最基本的法则：在法庭上，无论原告、被告，如果拿不出真正的核心证词和证据，一万个歇斯底里的雄辩、诡辩都归零。**

我坚信一句古话：**“黄河尚有澄清日，岂可人无得运时。”**

我之所以能从门外一步迈进这深不可测的屈学史海中，感觉是天籁中的一种呼唤，抑或是漂泊无依的诗魂的某种启示。

本拙作将依据上天赐给我的中国历史上唯一一份国史证词、唯一一份方志证词、唯一一部屈原家乡明清族谱证词和唯一一份屈原后裔婚俗唱本《告祖词》证词及一大批沉埋千古的各种古籍证词以至一批文物实物证据及庞大的地名证词，一个个手挽手肩并肩向我走来、走来，向两千年关于屈原生身故里在秭归的谬论发起宣战。

历史注定要来一个了断。

这里，我要特别提前告知读者诸君：本书在写作过程中，莫名其妙地带出了屈原笔下轩辕黄帝的出身地与归葬地，还不经意发现了诸如燧人盘古、东王公、西王母、华胥氏、伏羲、女娲、大庸帝国、天门昆仑、扶桑神州、赤县中国、崇山夏朝，以及以国祖祝融为代表的几乎包括了中华远古史上的全部创世巨人会聚澧水河畔、大庸崇山，开创人类最伟大的第一轮文明的深层历史真相，其结果令自己都震颤不已。这叫有心栽花花不发，无心插柳柳成荫。一个门外汉居然一头撞上了中华万年史探源工程的圣殿之门，我别无选择，只能听其自然，

肩负起历史、命运赋予我的使命，孤军奋战，一往无前，毫无顾忌，一并披露。中国远古史上的诸多疑案、冤案、假案、错案，居然同堂会审，叫有疑必查，有冤必伸，有假必打，有错必纠，有案必审。

我只能说：这一切都是屈原冥冥中恩赐于我的“天意”抑或“使命”。

或说：这一切都是因“发现”惹的“祸”。古人称“发现”作“发见”：“凡物未经人见，而首先见之，谓之发见。”（民国《辞源》）今人作“发现”：“经过研究、探索等，看到或找到前人没有看到的事物或规律。”（《现代汉语小词典》）

本著中的核心证词及数以千计的诸多大小证言证据文字，几乎多是著者的首次“发现”。唯有“发现”，才赋予我一介屈原史学局外人敢自不量力重新开启两千年屈原秘史工程研究之信心。

笔者在写作途中的 2015 年 6 月 28 日，《张家界日报》转发人民网的一个叫周某人所写的题为《屈原故里之争当休矣》的训戒言论：“其实，屈原故里在哪里并不重要，传承和光大屈原的爱国主义精神才是最重要的。”且不论他所罗列的那些若干所谓屈原故里在秭归的陈词滥调，早已被屈学界批得一塌糊涂，周先生的这种看似冠冕堂皇的“教训”，却难掩色厉内荏的恐惧心态。照周先生的说法，古往今来，中国历史上遗留下来未能破解的错史、疑史、伪史不知凡几，难道都可以听之任之，不去探究、不去批判、不去求真，而容忍虚假编造的伪史谬误永远大行其道、欺世盗名，从而误导当今，遗害后世吗?!

有道是：沉舟侧畔千帆过，病树前头万木春。那些试图阻挠史界为追求真理前赴后继、不惜舍生忘死的坚定脚步，不仅是可笑的，也是不符合马克思主义思想本质的。马克思本人就是地球上第一个敢于向资本主义制度理论发起宣战的斗士！

为了规避千百年屈原学界残留下来的学术陷阱和纷争千古而不息的“口水之战”的怪圈，我忽然想到何不将学术观念当作一场官司诉讼，或有可能不再重蹈前辈之覆辙，走上必胜之正道呢？于是，我向本市一位叫胡维厚的大律师——本著法律顾问讨教：我该怎样最后赢得这场旷世两千年的一场学术冤案的“战争”？

他说：**“只要把寻找论证的过程视为法律诉讼量刑定罪的刑侦过程，你才有可能胜诉。”**

我默默地记住了这句话。

就是说：我要改换身份，把自己换位成替屈原冤案诉讼翻案的辩护律师。

本著所载 120 万言国史文献、方志族谱、民间唱本、历史地名、文物实物、土苗风俗、屈诗自证等，就是我为屈原故里翻案所提交的原告超级诉状。

2012 年 5 月初作

2018 年 5 月 30 日病中修改

2020 年 7 月 17 日凌晨 5 点 51 分三改。

其时，纠结于新冠肺炎疫情及滔天洪水已大半年矣！

目 录

第一章 揭穿屈原故里“秭归说”千古谣言之骗局

第二章 国史志谱及历代本土诗证

第三章　屈原身世及澧水流域屈子遗风

第四章　屈原祖先封地——大庸屈家坊

第五章　追寻屈原出身之国——大庸帝国

第六章　屈原秘谱“离骚”自证

第七章 为屈原诗中天门昆仑翻案

第八章 屈原诗中轩辕黄帝出生家乡之发现

第九章 屈原诗自证

第一章 揭穿屈原故里"秭归说"千古谣言之骗局

黄帝：屈原诗："轩辕不可攀援兮，吾将从王乔而娱戏。"(《远游》)《穆天子传》载，穆天子登天门昆仑之顶，在庸成氏陪伴下，祀守黄帝宫、封谥黄帝陵、参观黄帝册府(藏书处)、大祭天门昆仑，透露出黄帝出生于大庸，建行宫于天门山顶，并将数千卷书册收藏于天门山顶"册府"——一个山洞的特大信息。黄帝死后归葬天门山，古传其出生地就在屈原家乡与天门山相对的中央仙山——熊壁岩。

屈原故里“秭归说”序

当我经过半年多的前期艰苦阅读、寻访调研，居然十分幸运地、传奇般地获得了历代屈学家无缘得到的关于屈原故里就在湖南大庸（今张家界市）的大宋国史、清代方志、清代族谱、明末清初民间古唱本及明代瓜藤谱等5件基础性核心证词及清、元、三国、汉代四朝五份诗证之后，即正式进入《屈原故里大庸考》一书的初期试写阶段。那天，我那曾从师晚清沅陵县两位举人（大名邓赞禹、全文焕）却时运不济、行将就木的老父，以忧悒的目光盯着我，说：“屈原故里不是在湖北秭归乐平里吗？你抗得住全社会的舆论围攻吗？说不定书没写成，万千之口的唾沫就把你淹死了，还说为屈原千古冤案昭雪平反哩！”

听了老父一席言，让我毛骨悚然，冷汗浸背。可不是嘛！说不定我真有可能重蹈千百年屈学先辈之后辙，玩命十余年，到头打的还是一场口水仗！经过一番冷静思考，我决定改变策略，不妨来个先破后立，叫不破不立，大破大立，干脆先下手把“秭归说”谣言伪史从根子上揭破了，一扫广大读者心中的纠结和挥之不去的阴霾后，再痛痛快快听我讲述屈原故里千古冤假错案的故事！

那就直奔主题：说一说这个欺世盗名、遗害屈学界一千五百年的“秭归说”吧！

所谓“秭归说”，来源于东晋年间袁山松的一篇80余字的谣言《宜都山川记》，文中首次提出屈原故里秭归说。尽管该文道听途说、胡编乱造、满纸谣言，但限于当时出版物的稀缺和交通信息的闭塞，袁氏谣言基本上只限在少数几个读书人的圈子内，几乎没产生反响。到了南北朝时，曾任北魏荆州刺史、安南将军的郦道元（466-527）将其收入《水经注》后，谣言成了史证。尽管郦道元也提醒“余谓（袁）山松此言可谓因事而立证，恐非名县之本旨矣。”可历代注家偏偏忽略了这一忠告，从而把郦道元绑上“秭归说”的破车。一直到四百多年后的晚唐宪宗元和年间（806），原本毫无动静的秭归人却一夜间得到启示，民间开始按袁山松的谣言所述意向，在乐平里成体系伪造“屈原故里”“玉米三丘”“八景”“田宅”之类。谣言变得丰满起来。降至两宋到元明五百多年，尽管秭归屈原庙屡修屡废，明末再予重修，似仍没有引起朝廷的关注。直至清康熙四十二年（1703），满清皇帝为笼络汉族知识分子，正式以朝廷名义在乐平里修了一座屈原庙，刻碑颂德，正式纳入“国祀”。大约从那个时期开始，一些学者对“秭归说”谣言产生警觉，并对屈原生身故里研究产生使命感、紧迫感。但毕竟证据不足，批判“秭归说”无法服众。经过一千五百余年的百家争鸣，“秭归说”谣言不仅没有扳倒，反而引来“星星之火”的燎燃之势，屈原故里又从“秭归说”拓展到“郢都说”“汉寿说”“郧阳说”等累计达二十五说之多！一直到数十年前，詹安泰咬定“秭归是屈原故乡”。加上游国恩等人的附合推动，屈原古史第一谣言“秭归说”差不多成了“铁案”，并且堂而皇之、大摇大摆进入大中小学教材——这正如西方法西斯谣言大师戈培尔所说的“谣言重复一千遍就可变成真理”。但却遭到屈学界更强力的抵制与批判。此举一直延续到当代，多少斗士一路左冲右突，反而越批“屈原故里”越多，到今日止，全国至少产生了25处“故里”之说。并因此出现了像廖平、胡适等一批大师学者从对屈原生身地的怀疑，膨胀到对屈原其人其作品的全面否定的“虚无逆流”现象。不可否认，不可回避，“屈原故里”泛滥成灾，已经严重地影响了屈原个人身份的认定，影响中国屈原学理论基石的坚固稳定，两千多年所层累起来的屈原学理论大厦，几乎成了“空中楼阁”。

是某年某月的某天，一个局外人的我，偶尔从屈学大门外的缝隙探过眼去，看殿堂内熙熙攘攘，吵吵闹闹，竟渐渐看出了点名堂，不曾料就发现袁山松一个小伎俩，用80几个字的漏洞百出的谣言，居然把集结于汉代早期以降的一支庞大的屈学队伍日弄得溃不成军，不少人就帖耳恭命，伏首称臣。“秭归调”于是愈唱愈高。而由此论层垒出来的“屈学大厦”已摇摇欲坠、危乎高哉了！

而我又发现：屈学中的硬伤远不止于“故里”层面，连“楚辞”之学术名号都是个问题。通读屈诗，未见一个“楚”字，而全部诗中所写题材竟找不出半点与“楚”相关的元素，准确地说，只能是“庸风”——这是孔夫子所收集、所定论的学术名号。诗经中无楚风（《诗经》）。

例如：两千年来的屈学著作大厦中，除了“楚辞论”“楚辞注”，就是“楚辞解”“楚辞源”之类反复炒作或彼此克隆的“解诗”著作以外，居然找不出一部关于探讨研究破解楚辞创立者屈原生身故里大背景的专著，那些无根无脉或根脉错得一塌糊涂的“理论”，基本上还是在八斗二升糯米都粘不上的“楚文化”层面上作自恋式的舞动。俗言旁观者清。有感于此，一旁观战几十年的局外人——金某人陡生出几份“路见不平”的勇气，也想与袁山松、郦道元两个谣言大师及一千五百年以来鼓吹“秭归”论的老前辈和当今坚定的“秭归派”诸公论道一番。虽说有些自不量力。

——就在那年那月那日，正是我60岁生日，我在祥龙大酒店扯了一幅红色标语：**“人从六十岁开始变年轻”**。那是西方美术大师毕加索的名言。从那一天起，我人生中的13年即4745天（不包括13年中至少有十分之七的夜战！）的光阴，就全部地献身于关于屈原身世——出生故里研究这个伟大命题中了。这开篇之章，就是全面清算由袁氏、郦氏合伙造谣推出的“秭归说”而误导中国屈原故里学说1500多年恶劣影响的序幕。

——中国屈原学界早就该清理门户了。

第一节　屈原故里“秭归说”是袁山松、郦道元制造的千古谣言之骗局

秭归并非屈原故里。

屈原出生秭归系千古谬误。

袁山松是第一个将屈原遗迹与秭归县名挂起钩来的人。郦道元将袁山松的挂钩引进《水经注》，并同时对其挂钩产生怀疑：“余谓山松此言，可谓因事而立证，恐非名县之本旨矣。”但是，袁山松的挂钩被后人放大，而郦道元的怀疑却被很多人忽略。

郦道元既为“屈原生于秭归”背了千年黑锅，也为袁氏谬论做了千年宣传。

——张世春（湖北荆州名屈学者，中国屈原学会名誉理事。该文引自网络）

本书之所以以张世春先生高论开卷破题，证明与秭归、荆州同处一个地理及行政区域的老牌屈学专家并没有因地缘关系而昧着学术良知跟风起哄。45个字，浓缩了1500年来中国屈原故里学混战纷争的核心观点之所在、之症结、之要害、之本质。其立论之勇气，其学术之良知，其观点之准确，其逻辑之清晰，其遣词之犀利，令人击掌拍案！所谓一字千钧，如雷灌耳，大有长坂坡张飞独人一声吼，吓溃百万敌军作鸟兽散的磅礴大气，令金某拜服慨叹！尽管您努力辩解屈原故里在荆州，却因证据不足而心犹不甘。但我仍然为您的执著表示理解与同情。此刻，我遥向东北拱手：“多谢了！后会有期！”

几乎在同一个时期，我又从蔡靖泉先生《楚文学史》中读到一段关于否定屈原故里在秭归的史证文字，特抄示如下：

“旧说屈原为秭归（今属湖北）**人，人们历来也大都信之不疑，只有个别学者指出屈原故乡当在今湖北江陵。近年来一些学者纷纷论证，秭归在殷商时期为古归国所在地，在西周晚期至春秋中期为夔国所在地，楚王族从未迁居其地，考古调查也从未发现楚国曾建都于其地的证据，故‘屈原故里为秭归’的说话当为民间传说而并非史实。”**（蔡靖泉《楚文学史》，湖北教育出版社1996年8月第1版第382页）

就是说，一省两学者不约而同用各自的观点和掌握的证据发声批判，不因地缘关系而出卖学术良知。

既然袁山松的屈原故里“秭归说”是《水经注》炒作出来的，实质上成了袁氏的传声筒，成了谣言的二次传播者。我们就直接从该书一字不漏地转录如下，并予逐段解剖。

[原文] 又东过秭归县之南。县，故归乡。《地理志》曰：归子国也。《乐纬》曰：昔归典叶声律，宋忠曰：归即夔，归乡，盖夔乡矣。古楚之嫡嗣有熊挚者，以废疾不立而居于夔，为楚附庸，后王命为夔子。《春秋》僖公二十六年，楚以其不祀，灭之者也[1]。（郦道元《水经注·卷三十四·江水》）

[解析] (1)锁定秭归的出典为“夔子”。

这段文字是界定袁山松“屈原故里秭归说”背景发生地在秭归的关键词。应该说，《水》文对“秭归”二字的本义解释十分正确，根出《汉书·地理志》：“秭归，归乡，故归国。”《后汉书·郡国志》亦于是说：“秭归，本归国。”《史记集解》引服虔说：“夔子国在巫山之阳，秭归乡是也。”《史记·楚世家》索隐亦云：“代周伐灭归，归即夔之地名归乡也。”上述三部汉典均明确指出：秭归县名源于古夔子国，但都没有秭归屈原故里之说。三部汉典成书时间相差只有几十年，距夔子国所在的年代均在700年左右，较《水经注》成书时间早出400余年，其结论更为可信。

《春秋·左传》僖公二十六年载：“秋。楚人灭夔，以夔子归。”是说楚灭夔，将夔子（国王）抓捕回归。此之“子归”，即是未来编造“秭归”的出典源头。“夔子不祀祝融与鬻熊，楚人让之，对曰：‘我先王熊挚有疾，鬼神弗赦而自窜于夔，吾是以失楚，又何祀焉？’秋，楚成得臣、鬥宜申率师灭夔，以夔子归。”

这两段文字明确记载了夔子灭国的重要原因，是不祭祀楚之先祖祝融与鬻熊。注意：祝融降生于崇山，鬻熊系祝融之后裔，亦为崇山人。楚国的根在南方崇山，即由祝融创建的古大庸帝国。“夔”字何解？卜辞有“夔”地：“入爻……自夔。”陈梦家认为“‘归’或作‘夔’者，同音相殷也，然卜辞作‘归’，金文《归伯殷》亦作归，故归为正字，甲金之归乃古归子国也。”此夔即归。《尚书·虞书·舜典》载：“帝曰：‘夔！命汝典乐，教胄子……神人以和’。”又“夔曰：‘戛击鸣石，百兽率舞’！”原来夔是舜的乐师。《吕氏春秋·蔡传篇》云：“舜欲以乐传教于天下，乃令重、黎（按：二人皆为一代祝融）举夔于草莱之中而进之，舜以为乐正。”今之夔地（秭归）为舜封乐正官夔于此而得名。郭沫若《西周金文辞大系图录考释》载：“北宋重和元年（1118）发现周成王南征虎方‘安州元器’，其中鼎铭：佳王令南宫伐反虎方之年，王令中先省南国，串（贯）行，王在夔……”郭沫若先生以文物作证，秭归盖因“夔”而来。同时告诉我们：早在周成王时，“夔”就是周王朝争夺的军事目标。

到了公元前634年，楚成王因欲吞并附近各附庸国，以消除后顾之忧，并准备力量，北上争霸中原。[按]这正是古大庸国帝王鬻熊携曾孙熊绎北上助武王伐殷，获胜后滞留周地不班师回朝，暗逼周成王封于荆楚的战略动因。楚王寻找借口，责备夔子不祀楚、夔的共同祖先即大庸宗主国帝君祝融与鬻熊，受到夔子的反驳，坚持不祀。楚成王看到后方确实存在巴、蜀的威胁，必须首先除掉这个不听招呼的夔子国。便于同年秋，命“成得臣、鬥宜申帅师灭夔，以夔子归”（见《史记·楚世家·索隐》）。接着，楚王又命令尹子玉在夔筑城，以防止巴、蜀入侵。越三年，楚国出兵北上和晋、齐、宋、秦四个大国联军大战于城濮，揭开了楚国企图逐鹿中原和问鼎周朝战略的序幕。

[原文] 袁山松曰：屈原有贤姊，闻原放逐，亦来归，喻令自宽，全乡人冀其见从，因名曰秭归[2]，即《离骚》所谓女媭婵媛以詈余也。……县东北数十里有屈原旧田宅，虽畦堰縻漫，犹保屈田之称也。县北一百六十里有屈原故宅，累石为石基，名其地曰乐平里[3]，宅之东北六十里有女媭庙，捣衣石犹存[4]。故《宜都记》曰：秭归盖楚子熊绎之始国[5]，而屈原之乡里也。原田宅今

具存，指谓此也。江水又东迳一城北，……据山枕江，北对丹阳城，……楚子熊绎始封丹阳之所都也。《地理志》以为吴之丹阳，论者云：寻吴、楚悠隔，蓝缕荆山，无容远在吴境，是为非也。又楚之先王陵墓在其间，盖为征矣……熊挚始治巫城，后疾移此，盖夔徙也。《春秋左传》僖公二十六年，楚令尹子玉城夔者也。服虔曰：在巫之阳，秭归归乡矣[6]。

[解析] (2)“姊”“秭”不分，难圆其说。这段话是袁山松炮制屈原故里秭归说的核心文字。即：屈原姊（姐）听到屈原放逐回乡的消息后，也赶回家，并宽解其弟。全乡人见姐弟俩回乡，十分高兴，就以屈原姊的名字将这个地方叫“秭归”。原来“秭归”的名字是因屈原“姊”归家而得名。那怎不直呼“姊归”而转个弯子叫“秭归”呢？

请读者注意：这就是袁山松“秭归说”的核心句字。

何为“秭”？民国《辞源》第1108页[秭]：“数也。十万曰亿，万亿曰秭。”《康熙字典》引《风俗通》曰：“千生万，万生亿，亿生兆，兆生京，京生秭，秭生垓，垓生壤，壤生沟，沟生涧，涧生正，正生载。载，地不能载也。”《诗经·周颂·丰年》：“丰年多黍多稌，亦有高廪，万亿及秭。”原来“秭”是只能用电子计算机才能解读出来的数目字！

那么，“秭”字的本义出典到底是什么呢？秭，从“禾”，即水稻的伴生稻，或曰姊妹稻，叫“稗”，俗称稗子，实为“稗秭”，是稻田的害草，因稗子颗粒如粟，极细，每穗可达千粒，古人因之以其代数目字。由此可以断定，“秭”与“姊”同音异义，风马牛不相及，用三斗二升糯米都黏不上一块。是进士袁山松一时糊涂，“秭”“姊”不分，还是另有用心，开了一个低级的玩笑，从而把一些大儒大师也给“涮”了？

第一代被袁氏谣言所“涮”的当然就是郦道元了。郦先生有权利可以当作“一说”收录，但不可对以“秭”代“姊”、偷梁换柱的把戏保持暧昧，不予戳穿，听之任之，让其遗害后人。不纠错就是默认。更不可理喻的是，郦先生明明在前段文字中援引了一些关于秭归出于夔子灭国、执子以归的典故，可后来又变脸认同因屈原姊而得“秭归”的谬论，这不是出尔反尔的作派吗！

所以说：袁山松的谣言能变成“真理”，郦先生应该是第一责任人，能脱其咎吗！

第二代被袁氏谣言所“涮”的人物是宋代大儒朱熹。朱熹在《楚辞辩证·离骚经》写道：“《补注》引《水经》曰：‘屈原有贤姊，闻原放逐来归，喻之令自宽全。乡人因名其地曰秭归。后以为县。……’今存于此。”朱先生照样有权引录，但以“今存于此”作结，对所录文字不加批判，既不表示否定，也不表示肯定，实质上也是一种默认。在政治上要点滑头，搞点“折中”，还情有可原，但在学术上怎能容忍“秭”“姊”不分的常识错误！这该让后辈学子怎样评价作为已上升为“万世师表”的一代圣贤啊！

这里，我想引用朱夫子的一句名言：“天下义理，只有一个，是与非而已。是便是是，非便是非。”可在以“秭”代“姊”的大是大非面前，圣人却背叛了自己的是非观，表现了圣人的“两面性”，如此“师表”，诚千古之憾事也！甚至说，到了朱熹一代，原本可以以其崇高的威望一举灭了造谣者袁山松的“秭归说”，早日中止这种无聊至极的“屈原故里谎言理论之争”，却因一句“今存于此”，反而助长了一股恶潮，从此谣言摇身一变，竟然还当真成了“真理”横行中国一千余年！并因此而成就了一门“学术成果”堂而皇之地跻身“屈原故里学”殿堂及至影响历代朝廷、影响全中华民族。

第三代被谣言所“涮”的典型文人是明清时期以“三言”著称的大文学家冯梦龙(1573-1646)。冯先生在《屈原与女嬃》中写道：“顷襄王大怒，削屈原之职，放归田里。原有姊名嬃，已远嫁，闻原被放，乃归家，访原于夔之故宅。……”这纯粹是对袁山松谣言之说的文学虚构与信口开河，却被后世屈学者当作证据大量引用。

第四代被谣言所“涮”的代表人物是《康熙字典》的编辑儒公们。2002年汉语大词典出版社修编本《康熙字典》：“姊，姐本字。《尔雅·释亲》：男子谓女子先生为姊。”此“姊”只有唯一一种解释：“姐”。且问：哪里有“姊”与“秭”通之说?！又在第815页“秭”字条目中以107个字解“秭”为“超大容量之数目字”，却在后面又作如下解：“又秭归，县名。《广韵》在归州，屈原此县人，被放，姊来，因名其地。秭与姊同。”显然，此条目解释依据皆出自袁氏、郦氏之说，《广韵》照录，不批驳，不辩正，先是说秭归县名源于“姊来，因名其地”，再作结论“秭”与“姊”同。**《康典》编者对此天大谬误不仅不予批判，反而照录《广韵》，等于认同“秭”与“姊”同义的谬说。**问题是《康典》既然默认《广韵》，为何不在“姊”字条目上特辟“姊与秭通”的释文呢？否则，**人们有理由质疑《康典》的解释有自相矛盾之误，甚至应该严肃批评这些儒公屈服于权贵、任意篡改中华千古字义的酸儒腐儒丑恶行径！一字犯错，遗害千古！**

如果说，个人附合以“秭”代“姊”的谬论，顶多只得个“肚子少墨水”的骂名，但像《康典》这样的权威工具书也跟风于袁氏、郦氏之说而违心地附合并列为辞条，就是遗害后人之大罪过了！

或许有人鄙视金某人不自量力，敢挑剔《康典》之疵。但我告诉诸君：《康典》成书111年之后的清道光七年(1827)，一位叫王引之(1766-1834)的大学者主持对该书进行规模较大的校订，**所改正原书错误达2588条之多就是明证！**

这里，我再次表达我的坚持：中国文字字义神圣而不可篡改，“秭”就是秭——数目；“姊”就是姊——姐姐。二者各司其职，怎能越权渎职改变字义！

——就因为千古以来，历代屈学者不敢质疑《康典》之错，才让“秭归说”谬论大行其道。

第五代被“涮”的代表人物是郭沫若、詹安泰、游国恩等大师了。照袁山松所说，秭归县之名盖因屈原姊回归故乡得名。那人们要问：既然编造故事的核心主体人物是屈原，为何不以屈原之名叫“屈归县”“屈原县”“屈平县”或“灵均县”呢？

据《左传》所载，楚灭夔执子以归是在公元前634年，前述“子归”“归国”“归乡”，即为秭归域名之萌芽。**如果依袁山松秭归县之名源自屈原放逐回乡之时一说，按推算屈原离开郢都回归大庸时间在公元前299年左右，比灭夔执子以归得“秭归”之名迟335年！如果照大师们“力挺”秭归之说，应该是早在屈原放流335年之前就开始纪念屈原了！如此重大的常识性错误，为何没有一个注家产生警觉而予戳穿并痛加揭露批判之?！**

那就让我们刨根问底，看看秭归县之名到底是何时产生的吧！

民国《辞源》（商务印书馆 1947 年版）第 1108 页载：“[秭归] 今县名。汉置。北周改长宁，隋复名，即今湖北秭归县治。宋徙。明废。故城在今秭归县南，民国改归州曰秭归县，属湖北荆南道。”

这段文字锁定建秭归县是汉代（时在公元前 206 年或公元前 201 年之间），彻底否定了屈原被逐回乡即公元前 299 年就有秭归县的说法。其间几经废兴，至到民国时又才改归州叫秭归县，其前提是“改归州”，说明古史中关于归乡、归国、子归诸说都是由夔子国一脉相承的，与屈原被逐引出与屈原姊的故事发生时间相距约 100 年！是说屈原被楚襄王逐回秭归乐平里老家时，中国版土上根本就没产生“秭归县”的名称！既然连秭归县的名称都没有产生出来，那屈原故里秭归说又根出何来？！而东晋袁山松炮制“秭归”说，与汉建秭归县又相距 570 年左右。也就是说，570 年中的各种历史文献和民间传说根本没有发现关于屈原故里出自秭归县的只言片语。证明汉初之前根本没有产生秭归县之说是不需讨论的铁案！

现在真相大白：袁山松的“秭归说”谣言完全是建立在根本还没有产生“秭归县”行政机构名称的信口胡说——是令人可笑、缺乏基本历史常识的一道伪命题！

也许只有一种可能，就是传播于南方大庸充县二尉岩潭口里的“归乡岸”“姊归岸”民间传说启示了他。但身居北方的他（黄露生说袁山松曾在秭归县工作过）无法确认这个传闻的具体过程和准确位置，于是灵机一动，从“秭归县”的“秭归”二字中找到嫁接屈原姊（姐）回归故里的灵感，却忽略了一个最为根本的前提：他忘记了以秭归之名设县的历史根出归子国、夔子国。或说他对这段历史毫无所知。可就是这么个根本不存在的“秭归”，竟然让屈学界当作圣典追捧了一千五百余年！还相继产生了一大批坚定的支持者、吹捧者、“力挺”者、推动者！由此祸及了屈原百万后裔——流落在全国各地的屈氏修谱：必须把屈原之根脉一律统谱于八担二斗糯米都黏不上的秭归！中国屈学界居然在这个沙堆上构建了一座庞大的以虚假“秭归说”为背景的屈学大厦！

也许，连袁山松自己也没有料到，就是他这篇百余字的谣言而非史学考证专著，经由郦道元一推，竟然产生几乎是灾难性的恶劣影响——误导了几乎全中华民族的思维目标——把对一个伟大的爱国主义者偶像的崇拜，引向到了一个与其本人、本地毫无关联、完全虚无而陌生的地方——并在那里无中生有地建造了一座供中华民族世代瞻仰、向往、朝拜的精神文化圣殿！

时至今日，还有一大批负有使命的屈学界学人还在自我陶醉，还要为之论战、为之鼓呼。历史为此开了一个低级玩笑，人们却浑然不觉。

不亦悲乎！

不亦哀乎！

写到这里，我不能不对那个时代的偶像郭沫若先生说点什么。这些年来，关于屈原故里的寻访和研究的波涛此起彼伏，然而，真正的故里没有找到，虚假的秭归却步步升级。特别是当郭沫若为秭归乐平里题“屈原故里”匾额后，秭归很快就纳入“国祀”了。对此，屈学界不少学者颇有微词并为之忧虑：中国的远古、上古历史疑案太多太多了，随着时间的推移和一些文物实证的发现，不少已逐渐破解，但仍有不少还在错讹中扭曲地存在着。当今，某些知名学者，为了某种原因，不惜去干一些有违学术良知的臭事。为了了解郭老的真实思想，笔者特地研读了他的代表作《屈原研究》和相关著作，发现郭老的一些观点还是很有正义感的，但也有半推半就、违心附合的两面性：

“屈原的故乡，据郦道元《水经注·江水注》是在秭归县境内。他引袁山松说：‘屈原有贤姊，闻原放逐，亦来归，喻令自宽。全乡人冀其见从，因名曰秭归。即《离骚》所谓‘女媭婵媛以詈余’也。’

这完全是臆解。因为屈原被放逐之地是在‘汉北’（见《抽思》），后又自窜湘沅间，并非归老故乡。秭归的‘归’字是古归子国的子遗，金文有《归伯簋》，便是那个归国的遗器。秭字不能这样解，并不是因为姊姊回来而名之曰‘秭归’。”（参见刘梦溪主编《中国现代学术经典·郭沫若卷》，河北教育出版社1996年版，第646页）

从上述文字中，我们可以看出郭老对袁山松立论的核心内容“秭归”调包成“姊归”是表示反对的，认为“这完全是臆解”，并出示文物“归伯簋”（音“鬼”，祭器），这等于是对袁山松文的终极否决。但是，在又引《宜都记》“秭归，盖楚子熊绎之始国，而屈原之乡里也”，表示“乡里的说法大约是正确的，但女媭庙便是后人因《离骚》及其旧解而附会出来的东西”。

问题就出在“大约”二字上，本是未定句，是似信非信，是似是而非，半推半就，言不由衷。又说所谓女媭庙之类的东西则是“附会出来的”，也等于彻底否定了。可就是这句“大约是正确的”六个字，恰被一些别有用心的人当作稻草死死抓住，硬是霸蛮把郭老绑上了支持秭归说领袖的破车!!

郭老还有段文字，值得注意。“本来屈原和现在已经相隔了二千多年，所有实质上的物证都是消灭了的，假定他的尸首被捞出而埋葬，将来有那样的幸运把他们坟墓发掘了，——传说秭归县（今湖北省秭归县）的屈沱有屈原的衣冠冢，但这是不可信的，只是后代的人所假托的东西。能够得到多数地底的证据，那是再好也没有的。但在目前仍然是只好信凭着和屈原相去不远的人们的著述。”（同上书，第640页）

这段文字是对秭归编造屈原衣冠冢谣言的坚决否定。说明郭老还是不容易被人“涮”的。后来，他在诗作《过西陵峡》中又写道：“秭归胜迹溯源长，峡到西陵气混茫。屈子衣冠犹有冢，明妃脂粉尚留香。……”有人把这首诗也当作是郭老在赞颂肯定屈子衣冠冢的证据，但细一分析，我以为郭老是在否定弄虚作假的作派。其本意是：明明是只有“衣冠”还要造坟入埋，弄虚作假，骨子里连“衣冠”都否定了。**此种臭事早几百年前的汉武帝就如此这般地在陕西伪造了一座巨大的“衣冠冢”——黄帝陵，甚至那套衣帽也百分之百地是伪造的——因为黄帝距汉武帝几千年，能找得到真实的黄帝衣帽吗?!** ——这本是一出政治把戏，亦是一个天大谣言，后人却把它当真了。汉武帝没想到几百年后，又有人步其后辙，为屈原建了衣冠冢，巧合得令人吃惊!

张家界市永定区某机关一位叫杜登胜的庸史研究爱好者，特地向我出示了一份字据。照录如下：

“郭沫若是当代屈学研究的资深学者，许多学者都认为郭老是屈原故里秭归说的支持者。其实，郭沫若先生曾多次公开指出：女媭庙、屈原旧故系后人的臆撰之作。秭归方

面曾多次邀请郭老为乐平里题写'屈原故里'匾额，郭老因一直未弄清这一问题，本着对历史负责的态度一直予以坚辞。需要特别说明的是，现在的乐平里'屈原故里'匾额并非郭老真迹，而是郭夫人于立群在1965年补题的。"杜登胜还建议，可请专家对郭夫人摹仿郭老字体补题的四字进行真假鉴定。

关于于立群模仿郭老题匾之由来，在另一本书中也有提及："至于乐平里题词，直到1965年才由郭沫若夫人于立群题定。"（见侯文汉、张应荣《论屈原的爱国与故乡恋》载汉寿县政协编《屈原与汉寿》文集，第220页）

[解析] (3)田宅与故宅相距两百里，不合情理。

袁山松为了让编造的谣言"有血有肉"，于是虚构了几个"细节"。一是"县东北数十里有屈原旧田宅"，并且还保留"屈原田"的名称；二是在"县北一百六十里有屈原故宅"，且屋宇尚存。庾仲雍《荆州记》也照录此说："秭归县有屈原田宅，女媭庙、捣衣石犹存。"又说："县北一百里，有屈平故宅，方七顷，累石为屋基，今其地名乐平里。宅东北六十里有女媭庙。"（转引自《楚文化研究论集》，湖北美术出版社2011年版，第579页）

二者所说数据不合，且不去计较。应注意的是：这是一个由两处田产构成的"故里"。所谓"田宅"，即指专为种田人建的庄屋，民间叫"长工屋"，或供屈原自己种田时居住的屋子，一般很简陋，备有粮仓、农具保管室、牛栏和粮食加工设施等。田宅一般建在较远的稻田集中处，这是过去大富户的模式。从上述文字分析，好像是屈原成年后，由父母亲给他分了一处住宅和一处田宅。按常规，住宅与田土相距不远，以便于耕作、收割和管理。但是，从袁先生所描述的环境分析，屈原田宅与住宅相距分别为"数十里""一百六十里""一百里"三个数字差距太大，可断定是瞎说。以三说之三为准，相距一百余里。即便请长工耕种，也是一大难事，因为收割后要跋山涉水走一百余里送粮食回故宅。2012年6月22日经笔者一行5人现场考察，乐平里故宅背后是海拔1800米的向王山，正对面是海拔1500米的天柱山。一百余里山路，少说也有七八座超级大山，一担谷送回家，最快也要三至四个日子。人们有理由质问屈原之父屈伯庸：为什么不在儿子的房前屋后让出一二亩田让其耕种，非要舍近求远百余里，还不如干脆把"故宅"迁到"田宅"更为方便？难道屈伯庸对儿子屈原心有不满，以此方法折磨他、惩治他？

关于屈原"自耕"之事，已见诸不少论著和文学作品，最有代表性的是冯梦龙依照袁山松之说进行文学扩容描述的"奇文"："……顷襄王大怒，削屈原之职，放归田里。原有姊名媭，已远嫁，闻原被放，乃归家，访原于夔之故宅。见原披发垢面，形容枯槁，行吟于泽畔，乃喻之曰：'楚王不听子言，子之心已尽矣！忧思何益？幸有田亩，何不力耕自食，以终余年乎？'原重违姊意，乃秉耒而耕，里人哀原之忠者，皆为助力。……屈原所耕之田，获米如白玉，因号曰'玉米田'。"（转录自周殿富选编《楚辞论》，吉林人民出版社2003年版，第86页）

这一下可好，住宅、农田相距一百多里，这位大楚重臣庸国高官白面书生，就是不挑水也得累死在种田的道途呀！看来这个冯梦龙还是缺了点乡里务农的起码常识，要编也要编得周全一些。可这个原本由袁山松瞎编的谣言还是被他当了真！对袁山松这一天大漏洞，一千五百年来居然没有几个人琢磨识破，反过来还当作“经典证据”抄来抄去。连当今宜昌人李孝配先生也被蒙住了，他说：“从他们的描述看，做原始记录的人是亲自考察过屈原故里的，既看到屈家的田产，又看到屈原的故宅。……”（《楚文化论集·秭归是屈原诞生地考》，湖北长江出版集团2011年版，第581页）

我以为李先生是言不由衷，在有意替袁氏打圆场，其实是为自己立论撑腰。我很认真地告诉读者诸君：袁氏若真到过乐平里，就不会瞎编出住宅与田宅相距百余里的笑话了。本章写作期间，我和考察组一行5人专程调查乐平里，发现现实状况与袁氏之说完全不能对号，根本不存在“故宅”“田产”相距一百余里的问题！我说都到什么年头什么时代了，一些学者还在死抱袁氏之谣言横争，为什么就不破费点人民币往乐平里走一遭不就真相大白了？

比较起来，关于“故宅”与“田产”之说的漏洞，充其量还只能算是芝麻绿豆大小农村孩童们讲的“天话”。在袁山松眼中，屈原出身简直就是一个大山沟里贫下中农资质。李孝配先生也是这样认为的：“屈家的禄田范围，也与屈原自述‘身之贫贱’的身份、地位相吻合。”（引文同前）此说大约是受了冯梦龙的影响。任国瑞也说：“他（屈原）是皇族的后裔，到了一定年龄本应有官可做。但他家道中落，远处秭归，是一位‘贱贫’子弟，容易被人遗忘。”（《屈原年谱》，1990年12月中国文史出版社，第123页）我以为他们都错看了局面。是把屈原被逐出宫廷，心灰意冷，精神崩溃，四方远游漂泊而导致囊贫如洗的短期困顿状态，当作他出身贫下中农的理论依据了。他们忘记了屈原逐出楚宫之时，还是朝中重臣左徒、三闾大夫，乃至莫敖、庸王！怎说他是“贱贫子弟”、是“家道中落”?!

看来，此事真也有商榷的必要。

话说屈原的父亲——屈伯庸。伯庸之“伯”，即古代“公侯伯子男”之“伯”。《周礼·春官》：“大宗伯之职，以九仪之命，正邦国之位，九命作伯。注：上公有功德者，加命为二伯。得征五侯九伯者。疏《公羊传》：‘言九伯者，九州有十八伯，各得九伯，故云九伯。又兄曰伯。又言长也、大也’。”

关于“伯庸”，是人名还是官职，历代争论颇杂。屈原说伯庸是他的父亲。伯庸是官名，是古庸国末代之“伯”，即“庸伯”，亦即庸帝、庸王。更多学者还认定伯庸还身兼末代火神之职——祝融，可证伯庸还是政权、神权集于一身的宗国之王！这个背景对屈原来说，意味着什么？既然伯庸是官职，且还是一代庸王、一代祝融，一定家大豪富。儿子政界失宠了、失败了、落难了，即便断了薪水，也不至于罚他下田“秉耒而耕”，苦力的干活，让他吃不饱穿不暖，变成贫雇农吧?!

再说屈原既出生在这样一个显赫王族的家庭，自身又官居三闾大夫、左徒之职（关于屈原楚莫敖及末代庸王政治身份，后有专论），是楚宫政治局三大常委之一，还是身不离长剑，行不离鞍马，曾在战场上指挥千军万马的文武大将军，可称位高权重，权倾朝野，就凭他丰厚的“工资”也算是人上之人、富贵之家呀！怎能把他降格到贫下中农级别呢！

可见袁山松和一大批屈学家对屈原身世几乎一无所知，于是编造了屈原田宅、屈原故宅的牛皮，还要自耕自食。《后汉书》蔡邕《郭有道碑文》载：“公食贡，大夫食邑，士食田，庶人食力，工商食官，皂隶食职，官宰食加。政平民阜，财用不匮。”照此规矩，屈原大夫应列“公食贡”，最低也得列“大夫食邑”一级，何劳由身为庸王的父亲分几亩薄田，而且住宅、田宅相距一百

余里，还要自耕自食！即使屈原被冤逐回故乡，断了薪水，“身无分文”，以他的影响、声望、田产，屈氏家族再世俗也不会让他种田糊口呀！何况又不是“钦犯”也不是“死罪”！就算是钦犯、是死罪，就更不可能放任他去种田呀！

—— 就凭这一组常识性错误之论，就断定乐平里是屈原之故里，未免小看了广大读者的智商了。

还有两个“细节”有必要探究。一是还“保留屈原田的称呼”。二是有著作证据确凿地说秭归屈原故里还保有“玉米田”等。比如《江陵志》就说：“有玉米田，即其地也。”何光岳先生也说：“屈原的故乡是在秭归。那里确实有不少关于屈原的遗迹，如‘读书洞’‘玉米田’……”(见郑之问等《屈原后裔寻访记》序［二］。长江出版社，2010年6月版)。这简直就是一个完整的屈原小康家园图了。

屈原种的稻子，“米如白玉”，故叫“玉米田”(笔者初访乐平里，还以为是苞谷田，其实不然，说是长玉石之米的神田)。唐代沈亚之在《屈原外传》中写道：“(屈原）遂放而耕。吟《离骚》，倚耒号泣于天。时楚大荒，原堕泪处，独产白米如玉。《江陵志》有玉米田，即其地也。”沈先生是把屈原神化了。原本是冯梦龙的文学创作，作为“传说”“戏说”“鬼话”未尚不可，居然还让后辈屈学者当作史证引录！

这个“神话”后来曾维风先生也讲过，还编了个《玉米田》故事：“泪水又随风飘向天空，很快又‘刷刷’地降落下来。但是落下来的已经不是泪水，而是纷纷扬扬的雪子。仔细一看，也不是雪子，是洁白晶莹的大米！”(《屈原的故事》，中国文化出版社2008年版)

这样的“神话”难道也能成为屈原出生乐平里的学术论著证据证词？

不过，三丘玉米田恰又成了袁山松谣言的漏洞：既然有这三丘能产玉石之米的“神田”，已足够一家乃至一族一村受用，又何必在一百余里之外再分一处“田宅”，而让屈原往返奔走累死累活去栽种、去管理、去收割，还要一担担翻山越岭挑回家？普天之下有这样的蠢事吗？！

［解析］(4)关于女媭庙、捣衣石：此事郭沫若先生认为女媭庙之类是后人因《离骚》及其旧解而附会出来的东西。十分正确。为凡人(特别为一个女凡人)立庙，古来罕见(古有为“贞女”“烈女”，女中英雄立坊建祠的)。窃以为立此庙之动机不在屈原姐本人而在为屈原秭归说制造“证据链”。然细一揣摩，屈原宅之“东北六十里有女媭庙，捣衣石犹存”一句话，又大有问题！此句是说后人为纪念这个妇女的懿德而为其建“庙”，并没有说庙就建在女媭的“老家”呀！全国到处都有观音庙，不等于有观音庙的地方就是观音的出生之家。就算真是女媭出嫁后的婆家，与屈原故里何干？那么这个“捣衣石”与“女媭庙”又有何关联？按袁山松之说，此庙距东晋至少有600多年，河边这块“捣衣石”是否仍旧存留于世或是否就是女媭曾用过的，秭归人自己能相信吗！如果硬要坚持那建庙的地方就是女媭的婆家，时至2200余年的今天，秭归人为何还没有发现仅距60里的女媭之家和女媭之庙的具体地址呢！？

［解析］(5)秭归盖楚子熊绎之始国，而屈原之乡里也：这是袁山松炮制“秭归说”的核心依据之一，即这里曾经是熊绎初期建国的地方。据《史记》，周成王封“熊绎于楚蛮，封以子男之田，姓芈氏，居丹阳”。

丹阳在哪儿？自称荆楚人的冯知明先生说：“历史学家对楚国郢都之前的丹阳争论不休，关于丹阳是何处之争多达十几种说法。据我了解的楚史来看，只能从一种说法。……本人认可楚之丹阳在西北一带的陕西境内。”（见冯知明《楚国往事》，凤凰出版社 2009 年版，第 12 页）又说：“楚氏族当时处于睢山和荆山之间的丹阳，历史学家疑为今陕西商洛之地的商县。”（引文同上书，第 007 页）徐广曰：“在南郡枝江县。”[正义] 曰：颖客云《传例》：“楚居丹阳，今枝江县故城是也。”今人俞伟超说：“不能确定秭归就是熊绎所居丹阳。”（见张中一《屈原新论》第 30 页注 7）胡雅丽、王素菜等说：“丹阳很难定在秭归。”（同上书，注 8）高应勤、程耀庭、宗德生认为“丹江在枝江。”（同上书，注 9）何光岳说：“丹阳在丹淅之会的丹阳。”（参见《楚源流史》，转引自《屈原与汉寿》，第 208 页）清人宋翔凤认为：“丹阳在商周之东，南阳之西，当丹、淅入汉之处，故亦名丹淅。”（宋翔凤《过庭录》卷九）潘世东说：“1994 年，全国性的第九次楚国历史文化研讨会在南漳召开，会后我省楚文史专家张正明同志作出估计，说：‘熊绎丹阳南漳说，多数人赞成，少数人存疑，无人反对。’”（潘世东《汉水文化论纲》湖北人民出版社 2008 年版，第 397 页）这等于由湖北史家群彻底否定了秭归丹阳说！

《大庸熊氏族谱》载：“祝融十五世熊绎……为楚开疆始祖。周成王元年丙戌，追述文武功臣之后，封鬻熊曾孙熊绎于荆楚……子都丹阳，即今枝江县。”注意：此为熊绎后裔所记封地在枝江，等于也否定了秭归。这正是大庸《屈氏族谱》不承认秭归的底气之所在。而《水经注》所谓丹阳城其实距秭归还有相当的距离，秭归与丹阳故城是两个不相粘连的独立地名。以目前发现的正史典籍上既无直接记载熊绎在秭归建国的片言只字，在关于秭归之名的解释中亦无半个涉及丹阳的文字。故古今史家基本上否定熊绎始国在秭归丹阳一说。此其一。

其二，据《史记·楚世家》记载，封于夔地的熊挚应是熊执红，是西周中期楚子熊渠之子，说明从西周中期一直到楚成王在公元前 634 年灭夔之前，“夔”地一直是熊挚后裔的世袭领地。而楚武王熊通封长子瑕为“莫敖”，并同时封屈地为他的食邑，最迟在公元前 704 年左右。因屈瑕在前 699 年的伐罗子国战争中失败而自缢。此前他在“屈邑”（后有专论）苦心经营，建立了一支强悍的屈氏家族部队。如果照袁氏、郦氏之说，屈原故里在秭归，秭归就应该是屈瑕受封的“屈邑”了。也就是说，老楚王熊渠把残疾儿熊挚赶到秭归，还让他建了夔国。紧接着他的后人熊通又把儿子屈瑕封到秭归，时年距灭夔（前 634）还有 86 年，这意味着在夔子国在存活期间又有一支十分强悍的同胞族人进入秭归。据考，屈瑕乃熊渠大儿子熊毋康（句亶王）的后裔，如今一家两兄弟的后人又封到一起了。

这下有好戏看了：

一山二虎。

一地两国。

一族两支。

——可什么故事也没发生。

历史书上好像没有屈氏一族与夔子一族争城夺地、相互杀戮的记录。原来袁氏以常识错误错断了丹阳、秭归、屈邑。这一“错”，恰恰让人们恍然大悟，屈学界连串不断、长期争论不休的、被学界误断的理论命题，原来都是一个根本不可能存在的常识问题！

秭归不等于丹阳！

秭归何有屈邑？

屈瑕一族根本没有封到夔子当政时期的夔地！

“秭归”与“姊归”是两条永远不可能交叉的几何图形中的平行线！

僖公二十六年（前 634）灭夔之后，楚王

委派令尹子玉在夔筑城，又建关设隘，加强防御力量，秭归已经成为楚国与巴、蜀抗衡的军事要地，既已拔掉了夔国，又怎能再取代令尹子玉另封屈瑕进入？关于秭归作为军事前哨，从《战国策·楚策》到《史记·楚世家》《水经注》《史记·秦本纪》等文献均有记载，这一带曾是巴、蜀、楚、秦反复争战的地方，一直到楚灭后才恢复宁静。

历史的真相是：这里自熊挚进入之前和灭夔国之后均没有作为其他任何一届楚王族的封地！没有！

关于"丹阳"之说，这里特别援引清华大学出土文献研究与保护中心编、李学勤主编的《清华大学藏战国竹简（壹）》（中华书局 2010 年版）中首次亮相的《楚居》，这是当代楚文化研究最为重大的突破，其"学术价值可以用竹简版的《楚世家》来比喻"（院文清《〈楚居〉世系疏证》，载《楚文化研究论集》，湖北长江出版集团 2011 年版，第 31 页）。院文清说：

"如千年以来被众多学者认定的楚国早期的都城'丹阳'，就已成为了飘浮在历史天空中的'神鸟'。《楚居》中没有'丹阳'一词，这是确凿无疑的事实。《楚居》的价值绝非仅仅是对传统观点的否定，更为突出的表现是像一场久旱后所遇的甘霖，冲刷掉了许多封盖在楚国历史文化面目上的尘埃，使得一些争论不息的问题可以有了较为清晰的脉络。"

就是说：从清华简《楚居》中没有发现"丹阳"二字，在所载历代众多楚都名称中根本不存在"丹阳"的概念。《康熙字典》"《书·禹贡》：荆州之域，周熊绎始封"（《康熙字典》，汉语大辞典出版社 2002 年版，第 485 页）。是说熊绎始封地在荆州之地。这一说出自最古的《禹贡》，切"荆楚"之本义，又与战国竹简《楚居》中无"丹阳"存在之说对接。因此《禹贡》之论，当为终极结论。既然《楚居》《禹贡》都无熊绎始封国于丹阳、秭归之说，袁山松、郦道元鼓吹的屈原出生地在楚都"丹阳"之证也就可以宣布无效。所有的争论可以从此一刀切——让它永远不再复萌！"丹阳"之论已然随风而逝，唯一可以作为支持"秭归"说的核心证据便也化为泡影。这叫呼啦啦大厦已倾！关于屈原故里封地在楚都丹阳——秭归之说的冤假错案，居然在 2010 年后得以让竹简现身出庭而宣布告破！

[原文] 江水又东，迳归乡县故城北，袁山松曰：父老传言，原既流放，忽然蹔（同暂）归，乡人喜悦，因名曰归乡⑹。抑其山秀水清，故出俊异，地险流疾，故其性亦隘。《诗》云：惟岳降神，生甫及申。信与！余谓山松此言可谓因事而立证，恐非名县之本旨矣⑺。（引文同前）

[解析] ⑹因名曰归乡：郦氏开篇写"县，故归乡"，归乡即夔乡。袁山松正是巧借"归乡"概念而得其灵感。

[解析] ⑺抑其山秀水清，故出俊异……：袁山松在编造了一整套屈原故里的谣言"细节"之后，禁不住自我陶醉起来，进而以长江的高峡湍流壮丽风光推论对屈原的成长所产生的影响。对袁氏的这一番自作多情的描述，连郦道元先生也有些"挂不住"，便批评他是"因事而立证"，即先编造出屈原归乡的谣言，再以秭归位处长江边的特殊环境，揣摩"环境造人"的"理论"。前面提到郭老也被袁山松的"立论"搅昏头了。然而，当我无数次通读屈辞，却怎么也没发现关于"壮丽长江"的半个字句，有的只是"沅有芷兮澧有兰"；更没有发现半个写秭归家乡的文字，有的只是站在天门昆仑之顶"忽临睨夫旧乡"的悲怆与深情。

【附录】

屈原自证：屈原诗中为何没发现写秭归、写长江的一个字一句话？

《离骚》。“济沅湘以南征兮，就重华而陈词。”“沅湘”，古代沅湘包含澧水流域。“重华”指虞舜。大庸之东南、常德之西古有重华县。苏轼：“尧在崇山舜九疑。”（《宿建封寺晚登静山亭望韶石》）证明《离骚》写于沅澧，不在秭归。

《九歌》。诗中写“令沅湘兮无波”“邅吾道兮洞庭”“望涔阳兮极浦”“遗余佩兮澧浦”（《湘君》）。“沅有芷兮澧有兰”“遗余褋兮澧浦”（《湘夫人》）。“广开兮天门”（《大司令》）！“照吾槛兮扶桑”（《东君》）。上述“沅湘”“洞庭”“澧浦”不必解释。“涔阳”即今安乡之焦圻镇，天门指张家界天门山；“扶桑”在沅陵县七甲坪乡扶桑村。11首诗中为何不见秭归踪影？

《天问》。诗中“焉有石林”，指今世界“张家界地貌”的三千八百根砂岩石柱峰林；“一蛇吞象”，史实发生地在张家界仙人溪的犀牛潭巨蟒食人古史事件（见张华《博物志》）。诗中的“昆仑”出自武陵源昆仑峰和天门山昆仑之丘；“县圃”出自张家界的崇山。屈原“天问”即“问天”，正是古大庸人的倒装句。《天问》中170多个问题中没有涉及秭归和长江的半个问题！不知袁山松、郭老对屈原与长江之关系的大肆渲染依据何来？

《九章》。“哀南夷之莫吾知兮，旦余济乎江湘”（《涉江》）“南夷”，历史上专指“南夷崇山”。《永定县志》载：“考《通考》澧阳注，有崇山。蔡传云：‘崇山南夷山’。在今澧州。”马融亦曰：“崇山，南裔（夷）也。”又“上洞庭而下江”“去故乡而就远兮”“去终古之所居兮”（《哀郢》）经分析，这里所说“故乡”“终古之所居”，均与秭归、郢不相干。“终古之所居”应指“南夷崇山”，祝融降于崇山，祝融乃楚祖，亦为屈原家族之宗祖。“乱曰：长濑湍流，溯江潭兮，狂顾南行，聊以娱心兮。”此之“江潭”，指古充县（今永定区）与零阳县（慈利）交界处的二尉岩之七里潭——即屈原老屋场簸箕塔之潭口，又称七里峡、江潭。是众解“江潭”的原生地。“汩徂（音‘吝’‘粗’）南土”“浩浩沅湘”（《怀沙》）。“南土”“沅湘”指示性十分明确。“观南人之变态”（《思美人》），“独茕茕而南行兮”（《思美人》），“临沅湘之玄渊兮”（《惜往日》），“受命不迁，生南国兮”（《橘颂》）。上四句中的“南人”“南行”“沅湘”不必解释。“生南国”以橘喻己，屈原本人就出生“南国”——古大庸国。

《远游》。“闻赤松之清尘兮”中的“赤松”，苗语赤索子，即一代祝融，出生于今永定区大坪镇，建国初还称“赤松坪”“赤松村”，被封为“崇山君”。据考曾隐居天门山修行炼丹，今天门山十六峰有“赤松峰”“赤松”“丹灶峰”，还有“南巢”，指屈原的老家在南方的古大庸国地，“羽人”指流放于崇山的“羽人一族”驩兜，“祝融”则出生于崇山。

《卜居》。从“屈原既放，三年不得复见”分析，此诗写于逐回南方的故乡。“居”，指屈原故居潭口、屈家坊。

《渔父》。“屈原既放，游于江潭，行吟泽畔。”“江潭”即前所述兰江澧水之潭口七里潭，又作观音潭，其下有渔浦渡（又作渔父渡）、渔浦村、渔浦书院（今慈利渔浦中

学）。“泽畔”，指澧水潭口七里潭之两岸。旧诗云：“大泽崇山作枕襟。”又作崇山大泽。《穆天子传》称崇山为“春山之泽”。“春山”即“充山”“重山”“崇山”。均指大庸（今张家界市）之崇山。

《招魂》。“汩吾南征”“魂兮归来，哀江南”！“南征”“江南”明显写江南澧水故乡。还有《大招》，经考证是屈原在汨罗江畔为祭祀帝高阳祖宗所作。

从上列屈原27首诗分析解读，几乎全部写于南方澧沅流域（主要是写澧水、天门昆仑），根本找不到“三峡”“长江”“神农架”“汉水”“沙市”“西陵峡”“巫峡”“秭归”“乐平里”等地的影子。中国人自古就有叶落归根的心理。家既是人的出生、栖居之所，更是人的心灵归宿、疗伤的温馨港湾。如果秭归果真是屈原故里，屈原逐出郢都后首先选择的必然是回到秭归乐平里与家人团聚。那么，秭归也必然留下了他一生中最美好的回忆。然而，我们搜遍了屈原的诗赋字句，怎么找不到一篇、一句、一字反映秭归风土人情的作品和句字呢？为何找不到哪怕关于秭归乐平里的只言片语？难道是屈原屈服于楚襄王的淫威，不敢回家乡看望父老乡亲？设若如此，写几首思念秭归家乡乐平里的抒怀诗，楚王再浑也不会干涉吧？

——所有的辩解都是苍白无力的，只有唯一一种解释：

屈原根本就不是秭归乐平里人！要不只能这样逆向推测：屈原对故乡秭归和父母儿女乡亲毫无眷顾思念之心，是一个不忠不孝、不懂乡情乡谊、不懂人情世故的“冷血”。要么，就像胡适先生说的“我现在不但要问屈原是什么人，并且要问屈原这个人究竟是谁”。

其实，对屈原故里秭归说最早提出质疑的还是郦道元自己。郦道元已经意识到袁山松“因事而立证”背后的假相，可惜未能戳穿并予批判，反而抄引入书，任其谬种流传，既留下千古遗恨，也留下千古笑柄，更为袁山松背了千古黑锅。值得指出的是，尽管郭沫若先生到死都在怀疑“秭归说”是由一个历史人物制造的骗局，坚持不为秭归题“屈原故里”匾额，但也犯了与郦道元同样的错误，在一一否定的最后，又违心地说“乡里的说法大约是正确的”，就是这个“大约”，让郭老学术良心背了百年“十字架”，并且也不自觉地钻进了袁山松所施的陷阱，自作多情且言不由衷地写道：“屈原是产生在巫峡邻近的人（按：郭老为何不直接点名乐平里呢？），他的气魄的宏伟、端直而又娓婉，他的文辞的雄浑、奇特而又清丽，恐怕也是受了这些山水的影响。”还画蛇添足地引录郦道元依据袁山松《宜都山川记》改写的《三峡》全文。这等于是否定中的肯定。引文之末，还要加油添醋：“这段描写是可以信任的。……屈原的辞赋在这种风味上很和三峡接近。”

对郭沫若先生接连两处言不由衷的“笔误”，可以谅解，那个战乱时代，郭老不可能沿着屈原所走的路进行考察，也不知真正的屈原故里究竟在哪里，所以也只能听信袁山松的一边之词了。然而，也就是这一“笔误”，成了“秭归说”最后得以进入中学教材、由谬论变脸成“国说”的重要原因之一。

郭氏之错，错在轻信了袁氏造谣的“文化发生学”的那个发生的“原点”——三峡之滨的秭归。“原点”一错，全程皆错，以致连大学者胡适对两千多年的屈学研究成果都产生怀疑。

第二节　所谓"秭归第一村""秭归第一谱"怎么都与乐平里没一点关系?

《三峡日报》和秭归县委、县政府曾联合策划实施"屈原后裔寻访记"活动，后编印《寻访记》一书，这无疑是一桩功德无量的创举。它让我们有机会不出斗室既可了解到屈原后裔流布四方的过程和现存状态，也为我完成这部拙作提供了诸多有价值的东西。笔者对此表示敬意和感谢。

毋庸讳言，秭归此次活动实乃为求证"秭归说"始而作俑，故不可避免地带有一定的目的性和倾向性。但从书中若干绕不过去的细节中，仍可发现不少对"秭归说"不利的东西。比如，书中所写"秭归第一村""秭归第一谱"等重要内容与乐平里都没有关系。此举三例：

1. "秭归第一村"。《寻访记》写道："在离屈原诞生地（指乐平里）最近的屈姓大村"——归州镇万古寺村，"是名副其实秭归第一屈姓大村"。寻访组在村中考察了生于清嘉庆二十四年（1826），卒于光绪十四年（1889）的屈真（字尚朴）老大人墓，碑文告诉人们：屈真居住万古寺不过6代人光景。请注意下面这句话："因为太久远了，没有人能够说清楚屈姓是什么时候从乐平里搬出来的。"

按说，万古寺离乐平里"最近"，算不上"大逃亡""大迁徙"，抬抬脚就可回老家一走，怎么族谱对"祖籍地望"、搬迁细节等无一字记载？屈原后裔也一无所知？何况屈真迁居万古寺才六代180年！民间三世、四世同堂者比比皆是，六代怎称得上"太久远了"？而比这句话更麻烦的是：据乐平里百姓透露和考古专家在乐平里作田野考查，整个乐平里找不到一座屈姓祖墓、一栋屈姓祖屋，难道屈真临走时，把屈原后人的墓庐、老屋连物带土全部掘出搬迁到万古寺村了?！人们有理由怀疑，万古寺村的屈姓绝对不是来自乐平里，而是从更远的地方迁来的。

2. "秭归第一谱"。《寻访记》写道："秭归县屈原纪念馆在江南屈姓聚居点文家店村获得一部民国十二年手抄本《屈氏宗谱》。这本《屈氏宗谱》从明朝宣德年间（1426-1435）记起，至民国十二年（1923），历16代。世祖为屈轸，秭归县龙城乡人，尊屈原为始祖，为屈原56代孙。"奇怪的是，从该族谱中为何没有发现关于屈原生身地在乐平里的只言片语。"族谱没有记载屈轸是从哪里来，屈家子孙有些什么业绩。不过，对屈家传承记录得还是比较清楚的。"这个信息十分重要，堂堂屈原故里"秭归第一谱"，居然没有对屈原生身故里乐平里的地望、郡望堂号历史、祖茔、变迁等作一字一句的记录，连一世祖屈轸"从哪里来"也未作交待，又怎能断定屈轸根出乐平里呢？

就凭这一点，我说"秭归第一谱"与乐平里毫无人脉关系！由此反证，修谱者根本不知道有乐平里，也不承认秭归是他们的"祖籍"。此"秭归第一谱"所载屈氏，绝对

也是"外来户"。

3.荆州《屈氏宗谱》：在与秭归毗邻的荆州，寻访组又发现了1962年续修的《屈氏宗谱》(手抄本)，该宗谱为"三闾堂"，其序称："屈氏与楚同姓，所谓世禄之家也。……楚亡以后，簪缨氏族必以沦于编氓矣……自汉以后，世系均不可考，无政绩可述。"从主体文字中可以看出，作为近邻的荆州屈氏与秭归乐平里也无半点瓜葛。故此谱既不能为"秭归说"做证，更不能为"郢都说"做证。这三个例子应该说是很有代表性的吧？既然与乐平里最近的第一大屈姓村和号称秭归第一谱都与乐平里三斗二升糯米黏不上一块。对部分谱书经过几个朝代统谱而"例行公事"所写上的"祖籍秭归""根出秭归"的说法其真实性又怎么能让人不表示怀疑？怪不得荆州著名学者、中国屈原学会名誉理事张世春先生作出如下不可动摇的结论："秭归并非屈原故里。""屈原出生秭归系千古谬误。"不过张先生是坚定的"郢都说"者，只是"苦于找不到关于屈原出生郢都的核心证词"。恕我直言：连位处郢都郊区的荆州《屈氏宗谱》都无只字证言，先生您又怎能断定郢都就是屈原故里？众多注家"力挺"东方朔"平生于国长于原野"的说法所指如果就是郢都的话，就更不靠谱了。其直解为"屈平出生于伟大的楚国，成长于浩渺无垠的原野"。

第三节　形形色色的"秭归论"

自从《水经注》引录袁山松"秭归说"文字之后，屈学界从此一改汉代以后几百年中单纯注解楚辞的沉闷气象，一个关于探究屈原出身地的论争便自然地进入屈学行列，这便是当今学界提出的"文化发生学"理论，所谓发生学就是研究历史发生的本源。

这是中国史学基础理论的重大突破。

不可否认，袁山松、郦道元先后推出的"秭归说"，对屈学界的冲击是灾难性的。但是，个中明显的错误，甚至最基本的常识错误，又让一些人产生警觉。刘安、司马迁、王逸三代屈学宗师不知屈原生身故里在何处，但懂得规避，倒无遗害后人之忧。而袁山松不知真相却胡编乱造，谎言竟然变成真理！故而说，谬误比无知更可怕、更危险！

郦道元因轻信而成就了袁氏。朱熹则照录存察却不作评判，让人觉得等于默认。在当代，除了郭沫若，就数游国恩最具代表性了。游国恩说：

"屈原是哪里的人呢？他的家乡是在现今哪一个地方呢？现在湖北省西部有个秭归县，……据《水经注》引袁山松说，屈原是此县人。他在流放中忽然回家一趟。他的姊姊听见了，也归来看他，因此这地方后来就名'秭归'。'秭'或写作'姊'，本是同音的字，可以通用。又按《水经注》'江水'注载有两句话：'江水又东，径归乡县故城北。'下面也引袁山松说：'父老传言，……(略)因名曰归乡。'但据更可靠的说法，秭归或归乡的得名，决不是由于屈原的姊姊或者他自己回到家中一趟的缘故。因为秭归本是古代的夔国，‘夔’与‘归’声音相近，后来夔国就转变为归国。秭归的‘归’或者归乡的‘归’都是‘夔’字的转音，并没有别的故事性的因素在内。但虽然如此，屈原的故乡是在秭归大概是没有疑问的。因为秭归本是楚国最初建国的地方，楚国的先公先王和一切姓芈的公族都可以算是秭归人。这样看来，现今湖北省的秭归县就是屈原的老家。”（游国恩《屈原》，中华书局1980年版，第17页）

游先生这本小册子，大约1962年出版后，一直是屈学界的“范本”，也是秭归论调子愈唱愈高的重磅“武器”。但现在看来，这段文字的破绽与谬误也是显而易见的。比如，游先生认为“秭”“姊”同音可以通用。那就是“姊”（姐）等于“秭”（亿亿）了。但查遍字典辞书文献古籍凡涉“秭”“姊”二字根本找不到可通的范例。不知游先生是装糊涂还是有意为袁山松谬论开脱。问题是，游先生紧接着又提出一个“更可靠的说法”是夔子国事件引出的“归乡”或“秭归”，“决不是由于屈原的姊姊或者他自己回到家中一趟的缘故”，这等于是用历史证言宣判了袁氏秭归说立论的核心理由的死刑！可是，游先生没有“剩勇追穷寇”，乘此机“验名正身”，将袁氏“秭归说”来个终极宣判，反而大笔一转，又把自己的观点来个自我否定：“但虽然如此，屈原的故乡是在秭归大概是没有疑问的。”而理由又退回到“秭归本是楚国最初建国的地方”。关于此论，游先生前面既已全面论证否定，而此时又出尔反而。游先生甚至武断地说：“楚国的先公先王和一切姓芈的公族都可算是秭归人。这样看来，现今湖北省的秭归县就是屈原的老家。”意思是：既使屈原不出生在秭归，但这里曾是先王熊绎始国，故所有先公先王和一切芈姓公族的故乡就都在秭归。那么，秭归也一定就是屈原的老家了！创造这种“霸王理论”“恶人逻辑”，恐怕只有“游大师”敢说敢做。若换一个无名小卒（比如笔者），胆敢说出这样的屁话，不被人骂得狗血淋头、挖三代祖坟才怪呢！一般人都知道，一个人的生身之地与“祖籍”是两个完全不相干的概念。以毛泽东为例，据1941年修《毛氏族谱》记载，毛泽东的祖籍在江西吉安府。照游先生论调，毛泽东也必定是吉安府人了。吉安也就是毛泽东的故里了。但是，全中国全世界人民都只承认毛泽东的出生地在湖南湘潭县的韶山冲，而不是江西吉安。那我还说一句，众所周知，熊绎的前辈是鬻熊，鬻熊的先人是祝融，这就是夔子不祀祝融和鬻熊而遭灭国的根源。但游先生有所不知，楚祖祝融降生于大庸崇山，鬻熊、熊绎爷孙出生地在崇山的北麓熊溪峪，那么，楚国的先公先王和一切芈姓的公族就应该都是崇山人了！崇山也就是这些楚国先公先王和一切芈姓的生身故里了！照此说，熊绎后裔屈原的老家当然也应该在大庸崇山才是，怎么也扯不到秭归呀！

对游大师明明发现了真理，话刚落音又出尔反尔用谬误否定真理的作派，反常变脸得简直让人目瞪口呆！这不正应了那句“知识分子的动摇性和两面性”的领袖论断吗？

如果说，儒家子孙秉承“畏天命、畏大人、畏圣人之言”或“述而不作，信而好

古”的学术思想对其人格的塑造不免留下扭曲的印痕的话，还有一种人则为了迎合一种论调，不惜公开篡改历史。比如，《全唐文》（卷六八三）就收录了一个叫王茂元撰的《楚三闾大夫屈先生祠堂铭并序》曰：“按《史记》本传及《图经》，先生秭归人也，姓屈名原……本实楚之苗系，大父瑕受屈为卿，遂以命氏。”（引自戴锡琦、钟兴永主编《屈原学集成》，中央编译出版社2007年版，第41页）

笔者不敢妄评唐人经典，可打起灯笼都找不出《史记》等先秦典籍中有“先生秭归人也”的字句呀！“秭归”之论明明出自晋代袁山松“秭”“姊”混淆不分的常识笑话，这不是睁眼瞎说吗？我真不明白，这篇公然篡改历史的文章怎么钻进了《全唐文》大书之中！

可谁也想不到，一千一百多年之后的2015年6月23日，人民网发布了秭归人周凌云文章《屈原故里之争当休矣》，公然引用王氏之“胡说”：“唐王茂元《楚三闾大夫屈先生祠堂铭并序》中都明显指出屈原是秭归人。”（发表于《张家界日报》2015年6月25日，第3版）

下面，我们再读一段文字：

“秭归县，西汉置，治所即今湖北秭归县，后魏改为长宁县。隋复名秭归县。南宋端平三年迁治今秭归县东南。明洪武时废。1914年又以归州县改为秭归县。即今址。”（见魏山主编《中国历史地名大辞典》，广东教育出版社）

重复一声：这是辞条全文。笔者连读三遍硬是没有发现关于秭归“屈原”或“屈原故里”的文字！好像这些作为编撰权威历史大辞典的专家爷儿们，孤陋寡闻得写秭归居然不知那县里有个不写就不叫秭归的人物屈原，一如写韶山不知必写毛泽东、写绍兴不知必写周恩来和鲁迅似的。

就是这一“笔误”，初看让人纳闷，继而让人击案。它让人们找回了太史公的“史魂”：

不承认就拒写！

拒写就是不发声的抵制，就是不可商量的否定！

干干净净65个字，还原秭归真史，不让惑众千古的谎言再次进入当今权威教科书！

魏山，好一座史界巍然大山！

其实，历史上诸多史学前辈，多持回避态度。特别是近几十年来，随着政治环境的改善，学术界少了帽子、棍子、辫子，多了宽松、自由、思辨。而现代传媒手段的产生，让这个社会进入全人类信息共享的时代，让破译众多沉埋千古的历史疑案真相成为可能。特别是屈学界，一统天下的秭归说已面临众人声讨“围剿”的危机——

韩隆福说：“秦始皇焚书坑儒的反动政策，使丰富的先秦典籍几乎全部葬身火海，连司马迁在撰写《屈原列传》时也无法弄清楚屈原生卒年的准确日子，其出生地更是一个难解之谜。后世学者提出了各种不同的说法。最早的是秭归说，以后有湖北郢都说、荆州说、沙市说、监利说、归州说；四川奉节说；湖南巴陵说、汨罗说、湘阴说、汉寿说；等等，多种说法并存的现实动摇了秭归说的权威性。”（文载政协湖南省汉寿县委员会编《屈原与汉寿》，2008年内部出版，第120页）

潘惠说：“凶残暴虐的秦人最恶毒的手段就是‘毁其宗庙，迁其重器’，挖掘别人的祖坟，最令楚人感到奇耻大辱而痛心疾首的就是：‘拔我西陵，拔我郢，烧我祖墓夷陵’。可查遍史料，还没见过有什么秭归陵，或夔陵。这是为什么呢？很简单的一句话，秭归不是楚之丹阳，丹阳不在秭归。根据地理历史学家考证秭归之得名与古夔国有关而与屈原无关。”（潘惠《屈原故乡考辩》，载《屈原与汉寿》，第246页）

刘石林说：“从现有的史料分析，或是从屈原本人的作品分析，屈原晚年流放，或包括流放以前，屈原根本就没有到过秭归。秭归名字的来历，实际上也与屈原无关。‘秭’是古代数位名，‘万亿为秭’。‘归’是古夔子国。”（刘石林《汨罗江畔屈子祠》，湖南人民出版社2003年版，第58页）

笔者检索了上自贾谊，下至刘安、司马迁、刘向、班固、王逸等古代一大批屈学先辈，基本上不涉及屈原生身故里研究，不是不想，而是无法，不敢妄说。仅仅有个东方朔朝天一口说了句“平生于国兮，长于原野”的天话。从晋代袁山松与郦道元异时两代合力推出“秭归说”以后，从南北朝直至元明清的大批屈学家到近代的王国维、梁启超、鲁迅、闻一多等国学大师，对屈原出生地在秭归一说都持冷峻态度，少有跟风起哄者，不人云亦云。总体状态还是理智、清醒的。比如梁启超说：“最奇怪的一件事，屈原家庭状况如何，在本传（指《史记》）和他们作品中，连影子也看不出！”（梁启超《屈原研究》。参读周殿富《楚辞论》，吉林人民出版社2003年版，第447页）实质上，从东晋以上朝代，屈学界根本不知道有湖北“秭归”为屈原故乡的典籍和传说。

益阳桃江县有个老作家胡则丘，别出新裁著了本《屈原第二故乡》（岳麓书社2008年版），不与人争“故里”而称桃江县为“第二故乡”。他在书中写道：“屈原故乡有两说，一说为秭归，但被多数专家否定，认为‘秭归得名与古夔国有关，而与屈原无涉’。二说为郢都，即今湖北江陵。多从此说，笔者亦认同。即屈原是湖北江陵纪南城人。”

据笔者分析，胡先生否定秭归是发自内心，而“认同”郢都却是言不由衷。为了让屈原在桃江立足，总得找个合适的“理论依据”呀。那么，东方朔“平生于国（指郢都），长于原野”——洞庭湖四周不正是广袤的“原野”吗？而如此大而无当，不着边际的“原野”，又怎能判断屈原故里的准确位置和原点？

荆州著名学者、中国屈原学会名誉理事张世春，“经多年考证”，得出石破天惊的结论：

“秭归并非屈原的故里。”又说：“屈原出生秭归系千古谬误。”他认为，“袁山松是第一个将屈原遗迹与秭归名县挂起钩来的人。郦道元将袁山松的挂钩引进《水经注》，并同时对其挂钩产生怀疑：‘余谓山松此言，可谓因事而立证，恐非名县之本旨矣。’但是，袁山松的挂钩被后人放大，而郦道元的怀疑却被很多人忽略。”并认为“郦道元既为‘屈原生于秭归’背了千年黑锅，也为其谬论做了千年宣传”。

张世春先生说得何等的好啊！我以为是1500年来第一个对袁山松、郦道元所谓“屈原出生秭归说”所作的最为精辟、最为深刻、最为准确、最为彻底的批判。这不亚

于一位法官对千古冤案所作的终极判决！这不仅表现了先生敏锐的学术眼光，还表现了一个负责任的学者的良知——作为一个湖北人，且与秭归近邻——却没有昧着良心瞎表态，而毫不犹豫地抛弃了狭隘的地方保护主义。真是难能可贵，堪称学界楷模！

湖北、湖南两省学者，不约而同声讨“秭归说”，表明两省多数学者的觉醒与共识。或者说，也只有屈原的生身地、从政地、流放地的两省学者，才有如此刻骨铭心的情怀与洞察力。

青山遮不住，毕竟东流去。

经过两千多年屈学界前赴后继、坚韧不拔的求证论战，这个人类文化史上空前绝后的冤假错案，今日终于到了全面清算了结的时候了！

所有的假象都将回归本真。

所有的言论都将在真理的砧石上来一次锻打，然后让广大民众辨别它的真伪。

不过，对张世春先生坚持认为“屈原生于楚都纪郢铁证如山”，却又苦于找不到“铁证”。我想劝慰几句：千万不要“刚出狼窝，又入虎口”了。前者您大义凛然，为捍卫真理而不怕开罪近邻；后者则是从真理的光明大道又迷失于另一条不归的歧途。建议您读读出土于湖北的楚简《楚居》，一切真相自会大白。楚简《楚居》曰：

“武王熊通自宵徙居免，焉始□□□□□福。众不容于免，乃渭（溃）疆浧（郢，yìng）之波（陂）而宇人焉，氐（抵）今曰郢。”

大意是：武王熊通“自宵徙居免”后，大家发现此地水患太多，武王便开凿渠道而降水位，以抬高地势供人居住，并将改造过的“免”称作“疆郢”，故而“氐（抵）今曰郢”。

这里既言明了“郢”之名的来历，也可知楚武王时期已经将其定都之处称为“郢”。故宫博物院阮文清先生说：“楚武王是第一位都郢的楚君。”（参读《楚文化研究论集》，湖北美术出版社2011年版，第38页）。

既然武王是第一位都郢的楚君，他能愚蠢到把儿子瑕封到郢都当一方诸侯吗？！既然楚简《楚居》明白无误地告诉世界，楚武王是第一个开辟郢都的君王，等于从根子上彻底否定了封子瑕于郢都的谬论。故两千年来涉及屈原故里“郢都说”“江陵说”的全部“理论”基础，完全是建立在根本不存在的假说之上的杜撰！

然笔者仍为两千年来屈学界前辈前赴后继、生生不息的论战表示由衷钦佩，虽说现在看来有些“两败俱伤”的沮丧，但为了追求真理而誓死拼搏、不言放弃的精神仍应被后学珍视尊重。

历史就这样包容一、二个人物的失察作伪和中国屈学界开了一千五百年的苦涩玩笑！

中国屈学界多少斗士却为此付出了一生的代价！

虽说那批沉默（沉埋）千古的楚简终于出庭做证犹嫌过迟，但毕竟澄清了中国屈学界的两大冤假错案。前辈们虽曾为虚假的“秭归”“郢都”及“众说”层垒了一座庞大的“屈学大厦”而感到有种被两个历史人物开涮的耻辱与沮丧，但世界上哪一个伟大的真理又不是用仁人志士们的鲜血和生命换来的?!

第四节　屈原故里“秭归说”千古谣传之调查

——秭归县乐平里考察记

一、泪飞顿作倾盆雨

[讲述] 2012年6月18日，课题组一行5人，开始了对上庸、秭归等地相关屈原故里、古庸国等历史问题的考察。6月22日下午，考察组自湖北上庸（今竹山县）动身，直奔秭归。下午两点左右，导航仪把我们引向屈原镇对岸。在其出洞口的地质公园广场，我们发现了一座石塑屈原像，我和书泰立即停车拍照。稍许，忽听市政协老秘书长张汉清大声疾呼：“快上车！离上船只10分钟了！快！”原来张秘乘我们拍照之际，进路边小店询问屈原镇路径，那女士说离开船只10分钟了，错过了就要等两个半小时。原来以新设“屈原镇”招来游客的初衷大打折扣，渡口生意萧条，故拉长了待渡时间。实际上距开船只6分钟了。好在导航仪还争气，顺利发现了进入渡口的岔道。当我们的车俯冲到渡口时，渡桥正在升启——我们的车子毫不犹豫冲上渡船，提前2秒！

书泰说：“多亏张秘问得及时，否则今晚就要在屈原镇打铺了。”

张秘神秘兮兮地说：“要感谢屈原暗中相助。”

众人作大悟状：是也！是也！

在进入屈原镇的公路上，有座跨路牌坊，上有郭沫若题写的“屈原故里”4字（后来，在乐平里、秭归县城又看到了如法炮制的牌坊）。此刻饥肠辘辘的我们已无心考究是他的真迹，还是夫人余立群的代笔。我们只把目光指向餐馆，谁知跑了三四家餐馆皆关门闭户，拒不开火，因为无客光顾，生意冷清，说“划不来”，只好买八宝粥、饼干充饥。乘买食品之际，我随口问了一位服务员：“这里有屈姓吗？”二三人嘿嘿相视而笑，似乎没听清。

张秘冷讪了一句：“屈原镇讨不到饭吃，是屈原要我们赶紧动身——到乐平里还有30公里山路！”众人一想也是，便坐上车，边飞车边吃食物。

路途，张秘又说了一句“鬼话”：“我打赌，车子一到乐平里，保证有场雷电暴雨等着我们！”

大家一看万里晴空，骄阳似火，都忍不住大笑，又讪笑。谁知，当我们的车刚下到乐平里半山，忽然发现从左侧山头（后知叫“向王山”，海拔1800余米）露出一块令人战栗的黑云，并迅速翻过山顶，向乐平里峡谷压来！司机加大油门，与黑云赛跑，几乎同是抵达乐平里山谷。我们决定首先考察对面山坡映入眼帘的屈原庙。而此时，乌云已笼罩山谷，并伴有雷声。当车子经过屈原庙山脚窄窄的小公路，开进左侧两户农家之间的小院子准备倒车的一瞬间，雷电暴雨追上我们，如倾河之水浇向我们的车子，居然推门不开！！

司机李勇说："张秘算准了，你赢哒!"

张秘沉重地说："是屈原看到家乡的亲人接他来了，想到两千多年被人强行驱赶异乡的委屈，哪能不痛哭落泪啊。"

众人沉默。

金氏子默默地诵念道："忽报人间曾伏虎，泪飞顿作倾盆雨。"

趁雨稍弱，我们顶风撑伞快步登上台地，瞻仰屈原铜像和屈原庙。这些纪念物，都是近几年新造的。我们注意到，屈原庙大门上了一把锁，从门缝往内窥视，不见香火，不见爆竹灰渣纸屑。整个广场寂无一人。一种落寞感油然而生。待拍完照，暴风雨再度袭来！于是钻进车子直奔农嫂指点的"红房子"——落脚坪餐馆。

当车子顶风冒雨在餐馆大门口停稳，书泰、张秘开门顶雨冲进餐馆大门联系住宿，我也作撑伞开门冲锋的准备。他二人大声询问有无歇铺，老板大声答曰有住有吃。张秘、书泰大声招手宣布："今夜就在这里落脚!"

话音刚落，奇迹再次发生：暴雨刀切般戛然而止!! 乌云瞬间撕开一道口子，一缕阳光似舞台上的追光灯照射到餐馆大门口!!

这就神哒!

张秘话中有话地说："这是屈原挽留家乡亲人住下来，有好多悄悄话要跟我们说。"

我看了一下手机，这桩奇事发生的时间是下午 5 点零 5 分。

二、明察明访乐平里

老板叫谭家华，45 岁，妻付承燕，原住向王山反背那边。看着他亲手制作的家具和装修的门面，就断定他一定是个很优秀的木匠。他说他就是木匠，曾在乡信用社工作，后辞职从山那边搬到落脚坪，开了一家"落脚坪餐馆"，目的是想在"屈原故里发点旅游财"。

话题就从"落脚坪"说起。

这个山峪就叫落脚坪，北有向王山（海拔 1800 余米），南有天柱山（海拔 1500 余米），山峪长约 1.5 公里，最宽约 1 公里，属屈原镇屈原村第二组。就是说，乐平里所在地只有一个村民小组的规模。也许话语投缘，谭老板特地取出一本新编《谭氏家谱》，从老谱序中得知，弘农始祖谭永传，原系江西省南昌府首县，元末顺帝时（约 1335–1340）迁至四川成都泸州，生子七人，其中四子乐歌在秭归落脚坪置产安居落业。

谭老板告诉我们：乐歌公自七里峡进入落脚坪时，这里根本就没发现半点屈氏家族的遗迹，只有一个缥缥缈缈的三间大夫的传说。这一直是祖上传下来的古谜。实际上，乐平古名叫"落坪"，就是乐歌公传下来的"落脚坪"，意思是停脚居住落业的地方。与所谓屈原故里的"乐平里"之乐平可能就是一回事。而且，这里的老百姓平时叫的就是"落脚坪"，似乎少有人提起"乐平里"。

我发现谭老板是个能说会道的人物。他把双手背在背上示范性地说："当年的启祖公是被捆绑押送来的，所以落脚坪人就有把双手背在背上的习惯。"他还说：当年离乡背井是四兄弟，后来繁衍生息，分成了谭、李、向、黄四姓，初不开亲，以后出了五户，就开亲了。

我不经意地问起"屈邑""屈城"，谭

老板摇摇头，不知其意。他说：全村2000多人，基本上没有屈姓。

屈原故里没有一人一户屈姓，这令我们大出意外。我反问谭老板："屈原故里，为何没有屈姓？"

谭老板何等机灵，稍作思忖便说："据我分析，屈原在朝廷当了大官，有钱有势，他的父母叔伯及他们的儿孙一定是都跟着他到郢都享福去了。"我延伸了一句："叫一人得道，鸡犬升天。"他连说对对对！看来他还是有点文墨的。

李孝配先生在《秭归是屈原诞生地考》中说："至于秭归乐平里没有发现屈原后裔，甚至没有屈姓人家，可能是由于秦楚经常交兵，而屈原又是抗秦最坚决的人物。在楚国被秦国灭亡前后，乐平里的屈姓人家必然会逃离家乡以躲避秦人的追杀。"（文载《楚文化研究论集》，湖北美术出版社2011年版，第578页）"乐平里没有屈原后裔，没有屈姓人家"的信息正好为我们的考察结果提供了文字佐证。对这种反常理的解释显然比谭老板要"政治"多了。但是，既为"屈邑"，必有其不凡的根底，怎么会因搬走一户屈家人，就连人带地皮也都挖地三尺迁之一空了?!

趁天还未黑前，我们又分别与一些村民交谈闲聊，归纳起来，主要有六个方面的话题：

1.乐平里是启祖公谭乐歌于明洪武二年（1369）始开之地，距今643年，古名落脚坪。"乐平"与"落坪"声同字异，意思相同。除了移民四姓，没有屈姓居住的任何遗迹。熊通封长太子瑕于"屈邑"，邑，即城、县。是判别屈原故里真伪的首要地标。凡无屈邑者皆假。

2.这里没有"屈邑""屈城"之说。一条小山沟容不下一座小城。谭老板说：我们只知道曾属三闾乡，又属三闾公社，前几年又改屈原镇，镇政府距落脚坪60余里。都是民国和当代的事。这些高升的行政单位，全都是借屈原的名。远隔160里的秭归县城。

3.我们只听说屈原升官后，整个屈姓家族都跟着去楚都享福去了，等于老家"空城"了，回来一没有房屋，二没有生活起居务农一切用具，只能寄居异姓人家。他的姊姊就更不可能回到没有人烟的老家了。

4.谈起关于屈原回老家种田，两个村民都笑着摇头说：不可能。一个朝廷大官，又是一个白面书生，犁耙都背不起，还能种什么田喽。

5.关于屈原的"玉米三丘"。村民说：书上说屈原种稻田，产的米像白玉石一样白，就叫"玉米"或"玉石之米"。可全国任何一个地方产的稻米都是白的呀！估计是种的玉米（即苞谷）。

6.关于郭沫若、于立群题字。村民都说"不明内窍"。印象中以前从来没有大人物来过乐平里，也没留下墨迹。现在的所有石碑，都是于立群一人题的。于立群没有到过乐平里，郭沫若更没来过乐平里。当年乐平里的交通太闭塞了。

上述6个问题，村民们你一句，我一句，基本上表述清楚了。

另外，谭老板还兴致勃勃地讲了个关于"屈原与牛"的故事：

说是很久前的一天，屈原挑了一担书，来到落脚坪，不巧捆书的索子断了。正在发愁，见前面有农夫犁田，就说把他的牛鼻绳

讨来用用。农夫说我的牛鼻绳给你用了，我使牛咋办？屈原说："老伯，我用了你的牛鼻绳，保你们以后犁田耕地都不用牛鼻绳。"农夫勉强答应了，只好把牛鼻绳摘下给屈原。屈原捆好书，连道几声谢，就挑着书顺香溪河走了。屈原一走，农夫扶着犁抽了一鞭"走！"那牛果然自觉地按规定犁路拉犁。从此，落脚坪的牛耕田就不用牛鼻绳了。

这估计又是一个"神话"。

谭老板讲这个故事时，一脸的自豪。我们也为之惊叹不已。李勇问："现在是不是还这样？"谭老板肯定地说："是的！落脚坪的牛都是这样的！"说毕，还颇感遗憾地说："你们要是赶上春耕来，就可以看得到。"我们几个当即表示遗憾，如果真的看到使牛不用牵鼻绳，那就可以申报世界农耕奇葩吉尼斯了。

书泰很认真地问："落脚坪之外呢？"

谭老板说："落脚坪的牛卖到外地，没有牛鼻绳就找不到方向了。"

我们又一齐"啊"了一声，这简直是神牛！

谭老板讲的这个故事，与玉米田一样被神化了，对作为屈原故里就在乐平里的史证价值打了点折扣，但耕田不用牛鼻绳的独有现象，地域指代性不可替代，那就不可忽视了。可能是屈原故乡秭归说兴起后，人们将夔子耕牛神话移花接木嫁到屈原身上以作史证了。

天黑定时，一桌佳肴已经备齐。贤惠的付承燕老板娘招呼吃晚饭。四人围坐各斟一杯苞谷烧，洒酒向屈原祭奠。我说："屈原老祖，您在异乡他域漂泊两千多年了，今天我们从家乡赶来接您来了。我们明白您在挽留我们住一夜，您一定还有好多话要对我们倾诉……"

四双泪眼四杯酒。

中途，停电了，付承燕点了两根蜡烛，倒成了很有情调的"烛光晚餐"。

此刻，李勇突然想起什么，说："明天就是端午，再点道小吃——粽子如何？"

众人一听，突然猛醒："是呀是呀！每人点它4个，跟屈原一起过端午！"

付承燕听召而至，有些抱歉地说："哎呀对不起，没有粽子，俺这里不兴包粽子。"

众一阵惊愕："屈原故里不兴包粽子?!"

夜半，我们辗转反侧，不能入眠。

张秘突然一拍床梃，说："屈原借牛鼻绳的故事太妙了，是一个千金难买的反证！"

我和书泰同时坐起来，惊问："此话怎讲？"

"屈原到落脚坪挑书断绳，讨了根牛鼻绳捆了就走，说明屈原不是落脚坪人，只是路过这里。如果是这里人，哪有左邻右舍相互不识之理？还要讨什么牛鼻绳，农夫一抱就送进屋了。"

二人又"啊！"了一声。

书泰说："张秘今天立了三大功：一是抓住了6分钟最后2秒搭上了轮渡；二是预言车到雨到屈原哭；三是破解'屈原与牛'的故事。"我补充说："当然，还得感谢谭老板无意中给我们提供了几条如此重要的活体证据！"

这个故事后来在秭归全国统谱会议中，作为"重要证据"以说服异地屈姓，但一传版本就变了，笔者手中就掌握了一个，全文如下："在屈原故里还有一奇值得一提：这里的耕牛不穿绳，却能听从指挥。相传屈原从楚都回家，快到家门口时，侍者挑书简的绳子断了，一老农当即把牛鼻绳解下来给他。从此后，这里的牛就不再用牛鼻绳了。”（见《徙蜀渝潼贵、位、元、麒公后裔屈氏宗谱》，2009年版，第155页）这个版本与谭老板所说无有区别，只是说屈原是从楚都回家，还多了个“侍者”，可人都到家门口了，一人一抱不就抱进屋了，又何必要用人家的牛鼻绳再打捆挑进屋？这岂不是多此一举？或说那个老农有下轭解牛鼻绳的工夫，早就帮着把两捆竹简送进屋了。所以说，这个“神话”不说便罢，一说又是一堆漏洞。

俗言好事不过三。这个故事后来由一个叫宁发新的人，将其改头换面，挑书担断绳借绳的屈原变成了牵神牛的乡村放牛娃屈原，这头不用牵鼻绳的牛成了“灵牛”（载《屈原的故事》，中国文化出版社2008年版，第9页）

照宁先生所传，屈原还真是一个出生乐平里穷山沟沟的放牛娃，难怪秭归屈原学研究专家都把屈原的父亲伯庸当作是当地一个农民+村长+族长的资质。

——这就是历朝历代、一点一滴编造累积起来的秭归“屈原故里”的“屈子文化”！

三、 端午节：凄清落寞的香炉坪

今日是五月端午节吗？考察组一路走来，压根儿没想到在落脚坪跟屈原一起过端午节。又是一奇。

一提起端午节，众人突然觉得有点问题。是的，这个问题还真不是个小问题。众人七嘴八舌，居然还真发现了一些问题。

问题是昨天一到乐平里，就觉得冷冷清清，我们很纳闷儿，作为世界四大历史文化名人之一的屈子故乡，五月端午竟然不见一个游客！张汉清老秘书长归纳了四个“毫无”：毫无反应，毫无动静，毫无感觉，毫无意识。

不见村民挂艾蒿，撒雄黄。

闻不到粽子香。也没见人包粽子。至少这个很富有的谭老板家没有动静，也就谈不上能在“屈子故里”吃一顿粽子了。

整个山湾听不到一声鞭炮响。

对门半坡的屈子庙依旧“这儿黎明静悄悄”，不见半个人影。一把铁锁，封住了殿内的凄清。

香炉坪——后半山坡上的所谓“屈原故里”，也没有传来爆竹声（一没住户，二没游客）。

昨晚“屈原故里”唯一一家“落脚坪餐馆”只有我们5位客人，没有其他任何游客。

整个落脚坪似乎与屈原没有半点邻居关系。屈原成了无根无基的并不受欢迎的“外来户”。

联想到昨日下午与农户们交谈，大家似乎都缺乏热度，也缺乏自豪感。颇有“与咱无关”“与本案无关”的感觉。

这到底出了什么问题啦？

我们一行几个成了山沟沟里的不速之客，倒让村民们“意外”“好奇”。

我只觉得后背有一股凉气。

下意识告诉我：乐平里出怪了。

刚才我还接到从大庸屈家坊打来的电话，他叫屈楚福，屈原的第86代裔孙，我研究屈原故里特聘的专家顾问。他说，前两天我还参加在秭归召开的全国屈裔宗亲会，说全国屈原后裔要统谱，都要统归到秭归来。

我的天！好戏要开场了。

谭老板的媳妇付承燕叫吃早饭。

按理她应该讲一句客套话：“欢迎远方客人到屈原故乡来，和我们一起过端午节。”但她似乎忘了或许根本没有意识到这一礼节。这正好印证了张秘的四个“毫无”之论。

早餐后，谭老板带我们驱车登上香炉坪半山平台，指证这里曾是胡耀邦儿子胡德平捐资建屈原庙的地方，前年搬迁到落脚坪重建。从庙址下反坡百余米，就看到“屈原故里”老屋场了。三丘半月形玉米梯田，递层而上，这就是“玉米三丘”了。所谓“旧址”，在最上丘田的正中段，如今另半截让郝姓人家建了屋子。令人不解的是，昨天下午一场恶风暴雨，也光顾了“屈原故里”旧址，正中央那块都快一人高的玉米林，全部推倒趴地，而周边田地里的玉米一棵未倒！好像是受了某种力量的指令特意所为。

张秘轻轻说：“是屈原显灵，告诉我们：要推倒冤案，还我真正的故里！”

香炉坪一片寂寥冷清，没有人在这里光顾，小路荒凉。看不到端午节有人在这里烧香放爆竹。我们都心生诧异，都很震惊：这就是屈原故里吗？还以为谭老板把路带错了呢！

在谭老板指点下，在第两丘玉米田头看到一块石碑，上刻“玉米田”，落款于立群，没有题字日期。又在田头小路边题“香炉坪”碑，落款又是于立群，也没有题字日期。

原来“屈原故里”的小地名叫香炉坪。“坪”对山里人是种奢望。其实是一个很陡的山坡，所谓“坪”，估计是因了三丘弯长田而得名。从稻田变玉米地可以断定，这是个缺水的旱坡。不知当年屈原是怎样引水灌溉的？

这就是末代庸王屈伯庸的儿子、楚宫重臣屈原的家吗？

这时，一位老人从郝姓屋后坡地走下来，一问，他就是此屋主人，名郝大学，67岁。李书泰边拍照边问：“这里游客多吧？在屈子故里开个餐馆，一年收入得了？”老人摇摇头，说：“哪有人来旅游哟，三五年见不到几个人来，人家把屈原故里都搬到县城里去了。”

原来如此！

我忽地觉得有一阵揪心的痛楚。

没有人来光顾。见不到有人来烧香化纸。见不到半点爆竹的红色纸屑。凄清而落寞。一千五百年来，一纸谎言让那些只知在书本上做学问的“专家”们为捍卫“秭归说”不惜声嘶力竭地打口水仗，还发誓要“力挺”“力主”此“说”。为什么舍不得破费几个人民币走出书斋，抬抬腿到乐平里考究考究。百闻不如一见。一见不就真相大白了吗？！还争什么？吵什么？“力挺”什么？

比如说，袁山松说秭归北一百六十里乐平里有屈原故宅；秭归东北六十里又有屈原田宅。就是说，屈原故宅与田宅相距百里之遥。照此说，屈原种田，来回要走二百里山路！这本身就是一个缺乏起码常识的“胡说”——世上有在百里外种田的先例吗？！由此可知这位进士大人不仅是“秭”“姊”不分的顽劣学童，还是一个脑瓜进水的愚夫子！今日我们一行5人现场作证：明明已有三丘玉米田，完全可以养活一家，又何必在百里外再分几丘薄田！

就是说：袁山松就这样轻松地朝天一口，然后躲在阴间看了一千五百年的热闹。

凄清孤寂，不忍久留。

四、响鼓溪辨伪

谭老板说，这里还有“三间八景”，并背出一首文人们附会而作的打油诗来：“响鼓岩连擂鼓台，读书洞出离骚才。丘生玉米合情操，照面井里涤尘埃。伏虎响钟啸天来，三间八景胜蓬莱。”

这些景点名称，都由于立群一次性题字。但都没有题字日期。看来，网上披露于立群模仿郭老题“屈原故里”手迹，很可能与题八景是同年同月同日所为。

所谓“八景”，几乎都不具自然生成的可观赏性，全都是后人伪造。比如“读书洞”，不过是一个岩罩，长数步，进深数步，外侧砌了一堵石坎，宽一步，以补宽度之不足，岩罩穹高约一丈二尺。内设石条石凳，亦是后人制作。明白人一看就发现此“读书洞”造得欠水平。一是岩罩内空太窄，难避风遮雨，不宜在此读书。战国时，所著书籍全是竹简或木牍，只有王宫贵族个别人始用帛书。一卷竹书要堆二三尺高，故此地断不能收藏。二是岩罩选址有误。岩罩距对面半山香炉坪屈原“老屋”有300多米高的陡坡峡谷，一个小孩或一个大人将一捆捆竹书搬上搬下，几乎没有可能。要不就用钢缆架“溜索”拉上溜下。因此说，这个“读书洞”可断定是后人因屈诗“伏匿穴处”（《天问》）附会而指。三是故事编得太离谱。彭千红、任建云主编的《屈原的故事》中，有篇《读书洞》，是这样描写洞中景象的：“洞壁像是刻满了浮雕图案，花鸟草虫，千姿百态。从洞顶悬下的钟乳石，如同朵朵白莲倒挂，晶莹玉洁，煞是好看。”经实地察看，这段文字好像写的是外地某个溶洞，哪里有钟乳石！哪里有浮雕图案！又写少年屈原如何在洞中读书：“他背着小藤包，钻进了小溪边的一个天然石洞里。……屈原来到这里，支好石桌石凳，就把塾师不准在书房里读的‘野书’，什么《巫风》《丧歌》《断尾虎》《小脚神》之类从小藤包中取出来，低声地吟咏。……”宁发新《读书洞》（载《屈原的故事》，中国文化出版社2008年版，第86页）读到这里时，我肉皮都有些发麻，那纯粹是哄孩子的“天话”！这个“小藤包”怎么能装得下那么多“不准读”的竹简“野书”呢？既然是石桌石凳，一个童年稚子能“支好石桌石凳”吗？据现场察看，这石桌石凳少说也有百十斤！真是吹牛皮不怕嘴巴痛。至于《珍珠岩》中写屈原和妹妹如何到山上割牛草、喂牛等故事，把楚国三大公族之一的屈姓杰出代表人物、未来的庸王、大莫敖、左徒、三闾大夫的少年屈原定级在“贫下中农山里放牛娃”层面，并由此编造“故里”、编造“遗迹”、编造“故事”，从头到脚假到底！

这种因对历史、对屈原身世缺乏最起码的了解而将其划为“贫下中农”的论著还可找出若干，比如任国瑞《屈原年谱》说：“他是皇族的后裔，到了一定年龄本应有官可作。但他家道中落，远处秭归，是一位‘贱贫’子弟，容易被人遗忘。”（任国瑞《屈原年谱》，中国文史出版社1990年版，第123页）

经查屈原之父屈伯庸，乃后庸时期末代庸王，末代莫敖，末代祝融，家大豪富，位高权重，是赫然于楚辞中的大贵族，有何证据说他是“家道中落”？如果果真是“贱贫”之家，屈原有可能“破格录用”进入楚宫核心吗？把屈原在放流期间，辟谷种兰、远游

漂泊导致囊中羞涩、一文不名，这种人与“贱贫”与“家道中落”致贫有何干系？

课题组一行考察完响鼓坡所谓“八景”之后，彻底看穿这些“遗迹”全都是为了附会袁山松之说和屈原诗而由后人假造出来的。问题是欺骗全国人民感情自不待言，明清时期发起全国屈氏修谱必统谱于秭归就是逼假成真了。重庆潼南《屈氏族谱》为了依附先祖之名声，就把与本族历史毫不相干的乐平里的响鼓坡及若干“传说”收入谱内：

“公之旧宅今在归州江北三间乡，宅前有响鼓沱，涧水激石，响声如鼓。墓田存玉米丘，米粒清香雪白，其种种之不生，不种此田逐年自有。公死之后心恋宗国，神归故土，逆流而上至夔子国之江沱，而尸浮焉。瘗於江岸，建清醒楼以祀之，因名其地为归乡沱。自葬后江流水日如炮声三声，名屈公三炮水。”

上述“响鼓沱”“玉米丘”“归乡沱”“三炮水”全都是明清时期一些文人附会编造的神话传说，外地屈氏不明内窍，出于对祖宗的尊崇和怀念，也就乐于接受并收入族谱。这一收，就等于成了代代伪传的铁案。浑不知屈学界的前辈大师、专家学者们扪心思考过没有？

五、乐平里文物考古一无所有

为了深度了解乐平里是否有可能是屈原故里，我们明察明访，调查该地是否有商周时期或春秋战国时期的文物出土，村民们一口回答没见过。但多年前，确实曾有几拨人来作过考古调查工作，但所有关于乐平里的宣传资料中都没有关于文物做证的内容。

经查，我们至少找到了三份有关乐平里的文物发掘考古结果评论文字，其中两人还是湖北籍的重量级学者。

1.张良皋《巴史别观》说：“考古学界曾在屈原故里（按：指乐平里）一带发掘，本来意在觅得‘楚文化’踪迹，不料一无所获，令考古学家们十分失望，无法解释，一时怀疑纷起，甚至认为屈原是何方‘外来户’。”（张良皋《巴史别观》，中国建筑工业出版社2006年版，第29页）

[按] 此前（即本次考察第一天6月18日），考察组专程赴武汉拜访张良皋教授，就屈原故里在乐平里的千古疑案向他讨教，我们向他出示了《太平御览》中关于屈原故里在湖南充县（大庸永定）与零阳（慈利）交界的潭口里的证词及其他四份国史、方志、族谱、民间唱本等相关古史古籍证词，证明屈原本是大庸人（其父伯庸就是一代庸王），与巴人无关。张先生表示认同。并意识到屈原故里在乐平里的所有理论建构将面临全面坍塌。因为没有任何文献、文物及屈姓家族为乐平里作支撑。

2.蔡靖泉《楚文学史》说：“旧说屈原为秭归（今属湖北）人，人们历来也大都信之不疑，只有个别学者指出屈原故乡在今湖北江陵。近年来一些学者纷纷论证，秭归在殷商时期为古‘归国’所在地，在西周晚期至春秋中期为夔国所在地，楚王族从未迁居其地，考古调查也从未发现楚国曾建都于其地的证据，故屈原故里为秭归的说法当为民间传说而并非史实。”（蔡靖泉《楚文学史》，湖北教育出版社1996年版，第382页）

[按] 这段文字从历史典籍和文物考古两个层面彻底否定了秭归曾是熊绎始国的滥

言，从而作出“故屈原故里为秭归的说法当为民间传说而非史实”的终极结论。这也正是金某人十数年调查考究所发现的结论。说明我的选题并非盲目跟风。

3.张中一《屈原新考》说：“屈原故乡在秭归最早的史料只见于北魏郦道元《水经注》所引的《宜都山川记》，确切的地理位置在秭归县北一百六十里的乐平里，与我们考古界在秭归县城附近所发现的西周晚至东周中期的官庄坪遗址地理位置不符，相距一百多里。考乐平里屈原故里遗址，其地是一个极小的扁圆形谷地，其直径最长处约500米，最窄处约100米，四周高山环抱，交通极其不便。据实地考古勘探来看，在第四纪红色网纹土层上没有发现唐宋以前的文化遗存和遗址，更不见战国时期的遗址和墓葬。累石的屈原故宅屋基遗存时代很晚，没有先秦房屋建筑的遗风。遗址区只发现有零星的明、清时代的陶、瓷瓦片，其址无论如何不能上溯到唐宋时期，战国时代的屈原故宅要落座在乐平里就很难说清了。两千多年来，乐平里没有出土过一件战国时代的文物，也没有发现一件有关战国时期乐平里的历史资料，先秦的史料中根本没有见到过乐平里这个地名，那么，我们有什么证据说乐平里有战国时代屈原故宅呢？没有证据的事是不能令人信服的。”（张中一《屈原新考》，中国文史出版社1991年版，第28–29页）

张中一先生以考古专家们在乐平里考古挖掘一无所获作为证据，从根子上断然否定了战国时期屈原故里在乐平里的传言。就凭这一科学考古结论，就可全面、彻底、永远地宣告所谓屈原故里乐平里之说，纯属无稽之谈，应彻底否定，从屈原学中清除出局！

趁天黑之前，考察组又连访4个村民。“乐平里有屈姓墓没有？”答曰：“没听说过。”又向谭木匠讨教：“屈原到郢都当官，可以把活着的屈姓人全部带走，很有可能性。但是否把长达几千年屈邑历史中代代留存的屈姓墓尸骨也带走了？因为乐平里既然是屈原的祖居出生地，就应该有父有母有婆有祖有太，还有屈氏家族旁系分枝，这些家族尸骨少说也有数万具，难道这么多尸骨也都带到郢都去了？”

善“侃”的谭木匠“嘿嘿嘿”讪笑了几声，无言以对：“那我就搞不明白了。”

暴雨过后的乐平里，天空澄碧剔透。笼罩一千五百年的历史云烟似也化为天籁。此刻，我踩着积水的公路且行且止，心潮难平。一场并不复杂的调查居然让我们一眼洞穿此地的本来面目：此地无屈国、无屈邑、无屈证、无屈谱、无屈志、无屈族、无屈村、无屈户、无屈人、无屈姓、无屈墓、无屈文物，无屈遗物、无屈屋场……凡“屈”皆无！更看不到小山沟沟里的“归乡岸”“姊归岸”，无邑无乡，“乡”在何处？无江无河，“岸”从何来？凡“屈”皆无，故里何来？

——切如我所料！

六、欺骗屈原灵魂的五月端午：冷冷清清乐平里，热热闹闹秭归城

上午10点左右，我们告别热情善侃的谭老板夫妇，乘车沿香溪沟而下。在我们眼前，香溪是一条缺水的沙沟，最窄处可腾身跃起，最宽处不过百米。一直到七里峡快出口，才看到长江三峡大坝的回淹之水。我们停车回眸这狭小闭锁的落脚坪，感到有种说

不出的悲哀感伤。原本很宁静的小山村，被袁山松一个“牛皮”，将其推向了社会视觉的焦点。一千五百年来，屈学界为此风起云涌，论战不休。就在一片质疑、一片批判声中，乐平里凭空垒起了一个虚无的“屈原故里文化”高地。明、清时代，修谱之风大盛，散见国内各地的屈原后裔（或屈瑕的另几条支系），自觉或不自觉地将其“根巴”统一到“秭归屈氏”旗下来，自古没发现有屈姓人居住过的乐平里，一下成了屈氏家族的朝圣之地。实质上，这个虚假的命题因被人重复千年的炒作与“力挺”，已经像陕西黄帝陵一样被写进教科书并确定为“国祀”纪念地。谎言变成了真理，谬讹变成了圣经。这便是中国五千年疑史最典型的两大案例。

如果说，天下的冤事太多且无奈，但没有比被他人给自己凭空制造一个生身故乡和籍贯户口而又被人们当作事实去朝拜去祭奠更滑稽更冤枉更无奈的了。张良皋先生已经注意到屈原是乐平里的“外来户”。然而，一千五百年来，人们已逐渐麻木并乐意接受这一客观既成的事实，反而对袁山松感激有加。这是出于对屈原这位伟大爱国诗人的崇敬和爱戴。有了一个借口，就可以名正言顺地把漂泊无依的诗魂请到那个让屈原莫名其妙的“乐平里”来，并逼迫接受人民为他指定的“故里”及为他而建的庙宇、宗祠、“遗迹”等人文景点，从而逐步完善一个作为精神寄托的圣殿。

下午2时许，考察组抵达秭归县城，就在当日上午，一场热热闹闹的龙舟竞渡的呐喊声似乎还在大江上空回荡。很早以前，该县就把屈原故里“品牌战略”不声不响地从160里外的乐平里移花栽木转移到县城里了，使外人感觉屈原故里就在秭归县城。这是聪明一招。因为放到乐平里，又怎扯得上“秭归”哩？就这么个“调包计”，居然哄过了千百年来的屈学家们，又何怪千千万万善良虔诚的中国百姓？你们可知道当年屈原罢官回乡的准确位置到底在秭归城还是在乐平里？既然是在乐平里，袁山松怎么不直写其地，而绕起弯子写秭归？既为秭归，就要在秭归城里为屈原安个家，找一处田产、一处农舍，外加一处牛栏猪舍——可这一切都只有一个“影子理论”：空洞虚假的“秭归说”！联想到刚刚告别的冷火秋烟的乐平里，我心里禁不住一阵悲凉。既然秭归人一口咬定屈原故里在乐平里，又为何若即若离、心怀鬼胎、偷偷摸摸用“调包”手段移址于县城，并打着他的牌子、借着他的名声大搞“水上经济”的名堂，把戏台上的主角冷在一个山旮旯里，又于心何忍，情何以堪！

在此，笔者呼吁：全中国的屈学家们，全中国的屈原崇拜者们，与其无休无止地观望屈学者们打口水战，听凭他人“开涮”，还不如抬起您的贵脚，破费您几个人民币，到秭归乐平里去，到郢都纪南城遗址去，到荆州去，到郧阳去，到汉寿去，到20余处自称的“屈原故里”去，最后到张家界去。在那里走一走，看一看，瞧一瞧，问一问，查一查，比一比，想一想，真假故里，真假“猴王”，一切真相自会大白的！

告别了，被袁山松、郦道元谣言绑架、坑害了一千五百多年的乐平里！

【考察者】金克剑　李书泰　张汉清　田奇富　李　勇

【考察时间】2012年农历五月初四、初五

2012年6月–7月第一稿、第二稿；2020年8月21日第五次修改；2021年4月10日、11日第六次修改；2021年10月18日零点52分第七次改定。

第五节　以“无屈地带”之论考量“屈原故里”26说之真伪

一、屈原故里二十六“说”真伪大比拼

大约从汉代东方朔最早提出“平生于国兮长于原野”的观点后，关于屈原出生地(故里、故乡)的探索就开始了。截至今日，形成了约26种说法。无论正确、谬误，都凝聚了古今屈学界共同的心血和共同的追求与愿望，因为伟大的爱国诗人、风华千古的民族英雄的灵魂归宿，已经深深地牵动了一代又一代中华民族子孙的心。换句话说，如此之多的“屈原故里”的出现，本身说明了已被纳入教科书的所谓“秭归说”的虚假面目已经越来越被广大民众所怀疑、所抵制，这是一种集体意识的觉醒，是中国屈学界从纯粹解诗的漫长时期向追求真实的屈原出生地及家庭背景，进而试图建立全新表达范式的屈原学研究理论体系，是真理向谬误所发起的挑战，从而让广大国民穿透疑云密布的上空看到一抹亮丽的霞光。

下面，我将多年所能收集到的古今26种故里说法一并列出，孰真孰伪，交予广大读者评判。

1. 国家·原野说。见汉代东方朔《初放》：“平生于国兮，长于原野。”是说屈原出生于楚国，生长于楚国的原野。这算是关于屈原出生国籍和居住地的最早文字了。但笼而统之，大而无当，靶向不明，出局。

2.湖北郢都说。根出汉代东方朔《七谏》：“平生于国兮，长于原野。”(《初放》)此之“国”，有解为楚都郢，或解作“国家”。“原野”，解作广袤的平原之地。意思是：屈原出生在国家(或郢都)，成长在平原。听起来确有追寻屈原出身地的思想萌芽。但真正把它升级为“一说”，还是现代学者浦江清先生。他在对“秭归说”表示绝望之后，发誓找到屈原真正故里。一个偶尔机会，他从东方朔诗句中迸出灵感，在其《祖国十二诗人屈原》中正式提出“屈原的出生地是楚国的都城”郢，后被学界界定为“郢都说”。这可能是屈学界第一个向“秭归说”发难的前辈，亦可能是蹚着“雷区”无畏冲锋而引发“众说”之战并形成理论文字第一人。其追随者有孙作云、喻宗汉、汤炳正、龚维英、张世春等。

现在看来，这不过是一个缺乏具体地名标示的“猜想”。第一，违背了选择封地起码的原则：屈原先祖武王熊通决不会把儿子瑕封在首都郢，否则必酿成一都二王、一都二国的大祸。第二，郢都草创之初，屈姓尚未产生，尽是熊氏天下，“屈地”“屈邑”何从产生？第三，楚简《楚居》中已载明郢都乃由继位不久的楚武王亲自创建，而封子瑕又是在建都多年之后，从根上杜绝了封瑕于郢都的可能。严格说，东方朔这九个字根本还够不上一“说”的资格，因为“国家”何其大，“原野”何其广！

3. 鄢都宜城说。汉代屈学前辈王逸提出，鄢，地名，楚之鄢都，即襄阳之宜城。又作荆州之鄢。此说见于汨罗屈原祠展厅。

是汉代第一个以实地实名界定屈原故里者，但因证据不足而少有人附合“力挺”。

4.湖北秭归乐平里说。出自东晋袁山松《宜都山川记》。由郦道元《水经注》推广全国。“故里”具体地址指在乐平里。现代学者游国恩、詹安泰、王健强等力主此说。郭沫若原本持怀疑态度，但不小心说了一句“乡里的说法**大约是正确的**”，被人抓了辫子而绑上“秭归说”的破车，成了魁首。在“26说”中，该“说”是第一个有“故事”的“一说”，流传时间最长，但影响最坏、危害最大的伪说。一个虚假的“故里”，已经严重地影响了屈原其人其诗的真伪与存在，影响了中国屈学走向，是中国屈学研究长期混战不休的乱象之源。“26说”次第产生的根本原因，就是屈学界对“秭归说”的怀疑、对抗、批判、抵制、拨乱反正的明证。“秭归说”不能成立的主要理由有二：一是核心名称“秭归”出自“楚灭夔子国—执子以归—归乡—夔乡—秭归”这一渊源，玩弄了以“秭”代“姊”的谋术把戏。而所谓“归乡”“秭归”之说的灵感，又出自流传于大庸充县澧口屈原故里的“归乡岸”“姊归岸”。二是“秭归说”虽经一千五百多年的伪造、装扮、鼓吹、推广，乃至进入教科书，但都改变不了乐平里“无屈地带”的死脉！本著的反证代表就是乐平里。后人却有意无意淡化乐平里，暗中调包推出秭归故里说。

5.湖南湘阴玉笥山说。出自晋代罗含《湘中记》：“屈潭之左有玉笥山，道士遗言此福地也。”民国《辞源》（第986页）载：[玉笥山]“湘阴屈潭之左，有玉笥山，屈原放棲于此，作《九歌》。见《湘中记》。”其实并没有明说玉笥山就是屈原故里，这是后人以此捕风捉影附会生造的一“说”，可自动出局。

6.湖南巴陵太平寺说。[清]《一统志》说屈原故宅在巴陵县（今岳阳县）东太平寺。有人以此为由造出一“说”。其实，“故宅”与“故里”是两个独立表意的名词，不能成其一“说”，亦可出局。

7.湖北归州三闾乡说。《楚胜迹志》载：屈原故里在归州（秭归）三闾乡。此论背景实从袁山松秭归乐平里说因袭而来。“三闾乡”可能指乐平里。一地两名，二选其一，此说可自行弃权出局。

8.湖北归州东屈沱说。《归州志》说屈原故里在归州东屈沱。郭沫若对此严加驳斥：“传说秭归县（今湖北省秭归县）的屈沱有屈原的衣冠冢，但这是不可信的，只是后代的人所假托的东西。”（《屈原研究》）清代诗人王士祯有《五更山行之屈沱，谒三闾大夫庙》诗。凭某地有一座屈原庙或一二个与屈原相关的地名就作为确认屈原故里的理由，后学制造“故里说”多仿效之。可出局。

9.重庆奉节说。出自唐代杜甫诗《最能行》：“朝发白帝暮江陵，顷来目击信有证。瞿塘漫无虎须怒，归州长年行最能。北乡之人气量窄，误竟南风疏北客。若道士无英俊才，何得山有屈原宅？”有人以此诗定为“重庆奉节说”，未免过于简单。“屈原宅”之“宅”不等于“故里”，可出局。

10.河南南阳西峡说。黄崇浩力挺此说。1998年、2002年先后发表《屈原出生于南阳》等专文。张俊伟先生力主此说。他们给出的主要依据，一是屈原曾流放汉北，流放地在南阳西峡；二是屈原曾掌管丹淅，南阳西峡是屈原的施政地；三是怀王伐秦，屈原力阻，西峡是屈原扣马而谏地；四是《后汉书·延笃传》关于南阳屈原庙的记载。

笔者简略应答：一、屈原流放地可以是故乡，也可以不是，关键是流放地有无相关屈原故里的成体系证据。二、屈原到丹淅施政之事，有无史证？易地施政者，未必那里就是故里。三、所谓屈原扣马而谏地，若可认定，但扣马地不等于就是故乡。四、某地建了几座庙或纪念物，并不说明此地就是他的故里。如果找不出国史典籍实地实名所载“此地即屈原故里”文字，所有的“考证”“诡辩”“力挺”都归“零”。

11.湖南汉寿说。当代学者黄露生首立此说（代表作《屈原的出生地在湖南汉寿》）。力主者有毛炳汉、侯文汉、韩隆福、张应荣等。经过十余年鼓吹推动，“汉寿说”大有赶超“秭归说”之势。经笔者两次实地明察暗访，发现目前公布的所有证据、证言都与屈原故里无关。以毛炳汉《屈原故里汉寿说》为例：⑴有不少文物证明。经查这些文物顶多只能说明汉寿所经历的那个时期。就如中国屈原学会会长方铭先生所言：“这说明汉寿在楚国历史上，确有非常重要的地位。”（《汉寿屈原故里考》序一）中国屈原学会副会长、湖南屈原学会会长郭建勋先生亦有同感：“书中还附有数十幅汉寿本地出土的精美的战国文物之实物照片，让人不得不承认彼时汉寿楚文化底蕴之深厚。”（《汉寿屈原故里考》序二）言下之意十分明白，这些文物再多都与屈原故里没有任何关联。⑵有较多古迹。经查这些古迹全系后人所建，只能证明屈原曾路过这里，或在此暂住，故留下不少足迹。⑶有历史文献记载。经查所引用多种史料均没有直说屈原故里在汉寿，倒是实实在在告诉人们：屈原曾在这里“侨寓”过。⑷有屈原诗歌印证。经查屈原诗中基本上找不出一句实写汉寿的历史事件人物与地名。所谓“沧浪”，极有可能也是后人因屈原诗中“沧浪”而附会命名。既便是，也不能作为屈原故里在汉寿的核心证词。俗言“功夫在诗外”。“汉寿说”的研究推介过程基本上都是在做“诗外工”，即做“与本案无关”的无用工。而最要命的是，与秭归乐平里、郢都、郧阳诸“说”一样均属典型的“无屈地带”。

汉寿是不是屈原故里，汉寿《龙阳县志》其实已经记述得十分清楚：“史称屈原行吟泽畔，遇渔父歌沧浪，今县西有沧浪水。《离骚》‘朝发枉渚兮，夜（夕）宿辰阳’，盖尝侨寓于此。”并引旧志《郡志》说：“……本郡中三闾巷、屈原巷、屈原祠，皆其行吟侨寓处。”关于“侨”字，《康熙字典》援引《说文》“又旅寓曰侨居”。方铭先生对此作出如下解释：“‘侨寓’一词，准确地陈述了屈原与汉寿的关系，即汉寿是屈原足迹曾经到达过的地方，也是屈原曾经居住过的地方，三间巷、屈原巷、屈原祠等，都是屈原故居所在。”［按：故居：曾经在此居住过、停留过、侨住过］（《汉寿屈原故里考》序一）常德市屈原学会会长梁颂成亦有同感：“何况，至少在沅澧大地，在常德，在汉寿，屈原走过路过，并且住过。”（《汉寿屈原故里考》序三）不必作多解释，一个“侨寓”就已真相大白。屈原历经数年，远游澧沅湘大地，“侨寓”之地不下百处之多，总不能说都是屈原故里吧？

12.湖南临湘说。周笃文、李元洛力主此说。和众“说”一样，此说在没有找到国史证词前提下仅凭一地某几个与屈原及其故里毫不相干的信息传闻而“雄辩”成一“说”的又一例。如“古如城”“州屈”“如人”“茄人”“临清”等（见周笃文《屈原的首丘情结及屈氏封地考略》），显然难当故里之证。

13.湖北江陵（荆州）说。1993 年《江陵县志》载明屈原故里在江陵。蒲士培先生创造此说。力主者有吴郁芳等。主要著作有

《荆州屈氏寻访录》《屈原籍贯江陵说》。但其立论基础仍没有走出东方朔"平生于国兮长于原野"的阴影，充其量不过是"郢都说"的翻版。

14.湖北沙市说。实为拾江陵、荆州说牙慧的翻版，可出局。

15.湖北荆州说。亦即江陵说。荆州、江陵、沙市，与郢都同处一个行政地理单元，应统归为"郢都说"。同一地域哪有那么多的屈原故里！可出局。

16.湖北监利说。有人提出此说，却提不出扎实证据，算是存此一"说"而已，可出局。

17.湖北应城蒲骚说。与上"说"性质略同，可出局。

18.湖北宜城说。似与鄢都宜城（襄阳）之说相同。可出局。

19.河南淅川说。同上述监利、蒲骚、宜城诸说一样，都是在没有发现国史证词前提下，仅凭几个地名牵强附会出来的众"说"之一。出局。

20.青海贵德说。这是目前所发现的屈原故里"西移"说的特例，与日人坚称屈原流放期间曾东渡日本一样充满神话色彩。贵德介于青海湖与西宁市之间，正好成△态势。这很有唐僧西天取经的味道。立论太玄，不足为据，可出局。（信息来源于《云梦学刊》2015年第4期）

21.湖南湘阴（汨罗）说。此说似与湘阴玉笥山说、巴陵太平寺说、岳阳说重复雷同，只能归为一说，故都难成立，算是"说说"而已。可出局。

22.湖南岳阳说。见于汨罗屈子祠展厅。展厅位于岳阳县新墙河，洞庭边，距岳阳市区30公里，相传此地相公山为屈原故宅。古有左徒庙，毁。这是类同湘阴说、太平寺说又一例。误以为屈原死地就是生地，推理似过于单纯。况且，"故宅"不等于"故里"。可出局。

23.湖南桃江第二故里说。桃江作家胡则丘力主桃江屈原第二故乡说。著《屈原第二故乡》（岳麓书社2008年版）。这是聪明人的智慧，屈居第二，独树一帜，尽沾屈子之光泽，又得个风平浪静，与世无争。据本著作者到桃江两次实地考察，还真发现屈原远游曾到达桃江寓住，并与大美女洎（音季）氏相恋成婚，生女绣英，生子屈黑。数年后，携女绣英北行至汨罗，居住大女儿女嫛家（呢称小嫛），直至庸灭国破，投江汨罗。此说可参。

24.湖北老河口说。卧马先生（李敦声）2014年创造此说，其核心理论出自"阴国王城遗址"，而此遗址"疑是楚国故都丹阳地"。"找到'丹阳'无疑找到了'屈原故里'地，因为历史明确的记载'屈原故里丹阳'。"（《屈原故里老河口》自序，中国网络出版社2015年版）这段话很有迷惑性。可查遍古今文献典籍，哪里发现"明确记载'屈原故里丹阳'"的文字？其实，丹阳之说，出自郦道元"楚子熊绎始封丹阳之所都也"，又云"丹阳"即"秭归"。这一谬论早被众家驳斥批判得体无完肤。而真相是：清华楚简《楚居》中找不出"丹阳"一词，等于从根子上彻底否定了"秭归说"。卧马先生心犹不甘，错把《楚居》中熊通所创"疆郢"当"丹阳"了，并指认老河口阴国城遗址即是"疆郢"——丹阳。那就请读《楚居》原文吧：

"乃渭（溃）疆涅之波（陂）而宇人焉，氏（抵）今曰郢。"

意思是：于是在疆涅之地开渠降水垒丘供人居住，故今叫"郢"。

原文明说疆涅即郢都，可证郢都与"丹阳"是两个不同时期、不在同一地存在的名称。郢都距先祖熊绎受封于丹阳350余年（约前1060-前708），距屈原出生（约前353）700年。而武王熊通封子瑕于屈邑，始发地即在郢都，故所封之屈邑（即食采于屈），断不在郢都，其时郢都无屈邑，亦无屈姓。设若封邑在郢都，那熊瑕"以封地屈姓得姓屈"之说又从何说起？更不可能封到先祖废都丹阳，因丹阳其时一无屈邑屈姓，屈原一族又从何产生？故把熊绎故都丹阳作为屈原故里的核心证据，没有丝毫成立的逻辑性，完全是受了袁山松、郦道元谬论的蛊惑误导。岂知就这一牵强附会的伪命题，竟被屈学界玩弄了一千几百年还乐此不疲！

好在苍天开眼，一堆迟迟破译的楚简——《楚居》现身说话：楚都中无丹阳之名！

既然如此，背靠"丹阳"之论的"秭归说"和"老河口说"还有什么能支撑此"说"的话可说?!

25.湖北郧（yún）阳说。当今中国屈学会会长、掌门人、举旗人、屈学权威方铭先生和凌智民先生创造此说。2014年9月16日《光明日报》第16版发表"文化名人故里行：屈原与郧阳"专家座谈会纪要，正式爆炸性提出"屈原沉江郧阳说和屈原故里郧阳说"。2015年1月29日《光明日报·文学遗产》副刊，再次发表方铭《鄂君启舟节是解读屈原作品的钥匙》和凌智民《鄂君启舟节地理密码》两文，提出"鄂君启船队进入'湘''沅''澧'在汉江上游，而非现在的湖南同名河流"。并将湖南的湘、沅、澧三水和洞庭湖整体迁移到今河南西部丹水与汉水之间，实施当代世界上空前绝后的伟大"地名北移工程"，被学界人士戏之为"乾坤大挪移"。旨在从根子上否定屈原放流湖南沅澧之说，达到将屈原放流地从湖南北移到湖北郧阳的目的，从而为屈原故里郧阳说奠定理论基础。

关于湖南"四水一湖"北移说，始作俑者大约是民国学者钱穆。问题是：四条大江固可缩小为溪流"调包"于汉水源头两岸任何一条河流，如湘水安置在汉江丹江口至旬阳江段，沅水由淅水替代，澧水则指在淇河。独丢了资水，因把"资"释成"滔"，又把湘江水系的"郴"释成"鄙"了。因错解一个"资"字，就丢了一条资水，古称"三湘四水"便残缺成"三湘三水"了。释错一个"郴"字，古"郴州"之名便也消灭不存了。更麻烦的是：你北移了三江，却忘记安置囤积五江（包括长江）之水的八百里洞庭湖了。洞庭湖不安置好，四水北移就找不到恰当的河流替代，四水便也成不了体系。

黄风显先生对凌、方二先生实行前无古人的"乾坤大挪移"的举措觉得有些不踏实，他说："还有就是像湘水、沅水这些问题，如果说这些水原来是在汉北，后来秦弃楚名，改到湖南。那么这种批量的改名，不是一条河的改名，而是自然地名的更易，这种情况到底是在什么情况下发生的，在《九章》中有些地名湖南都可以坐实，这些地名又是怎么样更易过去的，确实需要我们继续探讨。"（载《光明日报》2014年9月16日）

成书于春秋战国时的《山海经》载："又东南一百二十里，曰洞庭之山。……帝之二女居之，是常游于江渊。澧、沅之风，交潇湘之渊，是在九江之间，出入必以飘风暴雨。"照此说，至迟在春秋战国之前长江南部的洞庭湖及澧、沅、湘、资"一湖四水"就已注册到潇湘湖南了，历史上根本不存在"秦弃楚名，改到湖南"的重大"移名事件"。

中华民族曾为推翻"三座大山"（帝官封）前赴后继奋斗了好多好多年。我感觉到

"郧阳说"可能是当今屈学者从钱穆故纸堆中得其灵感凭空堆积成的"三座学术大山"。按："三山"者，⑴湘、沅、澧（缺资）四水也；⑵洞庭湖也；⑶汨罗也。本来"四水一湖"北移论早有考古定论予以封杀，如今沉渣泛起；本来争一个"故里说"就已体力难支，又以"沉子河"传闻而界定屈原沉江也在郧阳，三座大"山"又加压了两座大"山"，负荷怕是不堪其重了。还要绕过太史公"贾生，为长沙王太傅。过湘水，投书以吊屈原"（《史记》）的定论，及贾谊"侧闻屈原兮，自沉汨罗"（《吊屈原赋》）的见证文字。尤其要改变千百年来——乃至万年以来、亿万中华族众及世界庞大人群对湖南洞庭湖及四大河流的认知与记忆，怕比登天还难。明明不可能而霸蛮为之，与"秭归乐平里说""汉寿说""老河口说""西峡说"等走的是同一条不归路，即忙乎的尽是与"本案无关"的无用工，因为郧阳也是十足的"无屈地带"！反过来说，这个为寻找屈原故里及屈原文化发生学的"原点"而爆出转移"四水一湖"地点的世界级宏大战略性学术工程的动因，本质上是对古今屈学界虚假的"秭归论"的不满、愤慨与无奈。我宁愿相信二先生不惜以"乾坤大挪移"之法改变屈原真正故里出生地的良苦用心，但却为此担心此举有一大很难撼动的障碍：国家民政部敢不敢动真格批准实施这一江山转移工程？

我给二位老师建言：您二公既然发现屈原的学术大背景主要发生地在湖南四水一湖间，为何不去湖南一头扎进去探索一番，看个究竟？

26.湖南大庸（张家界永定）潭口里说。此"说"在此就不再"说"了。本著以13年时间、120万言已说透纸背了。

这使我想起弗·培根的一句名言："在人类历史长河中，**真理因为像黄金一样重，总是沉于河底而很难被人发现；相反地那些牛粪一样轻的谬误倒漂浮在上面而到处泛滥。**"

二、"无屈地带"理论概念之产生

在中国学术史上，关于一个伟人出生地的寻找与研究，跨时两千余年，多达"26说"，是中国的唯一，世界的不二。这个现象，本身说明"秭归说"的虚假本质早被广大屈学者和广大民众所识破，由谎言欺骗垒起来的"秭归说"大厦，已经在众"说"中动摇，乃至在不久的将来必定轰然坍塌！

然而，长期以来，由于没有发现关于屈原故里的国史证词（或文物、实物），屈原故里之"说"一直处在探寻、论争、批判、求索过程之中，可说是公说公有理，婆说理又长，谁也不服输，谁也不相让，甚至由此让许多屈学者、广大民众灰心失望，心烦反感，并引发对屈原其人、屈原其诗的怀疑动摇，乃至出现否定屈原、否定屈诗的"逆流"现象。最早对屈原的存在表示悲观和怀疑的代表人物是民国时期文化大师胡适。他说："屈原是谁？这个问题是没有发问过的。我现在不但要问屈原是什么人，并且要问屈原这个人究竟有没有？"（胡适《读楚辞》，载二十世纪二十年代《努力周刊》增刊《读书杂志》第一册）

笔者也是在步入屈学门槛后才发现问题的极端严重性的。经梳理，发现两千年屈学研究中，非但没有根本性的突破建树，**反过来把屈原诗否定了多半，成了屈原的掘墓人，**这是局外人不可想象的。在屈原27首诗中，被列入"否定"黑名单的就有《离骚》《天问》《悲回风》《惜往日》《招魂》《大招》《卜居》《渔父》《九歌》（全部）《九章》（部分）《怀沙》《思美人》

《橘颂》《哀郢》《远游》共15篇。综合众家之论，几乎大部分诗篇都否定了。屈原诗都否定了，屈原其人还有价值么？因而说，屈原出身故里背景研究，是屈学中最为重要的基础性学术工程，绝非像有些人大喊大叫的“屈原故里之争当休矣!”（见2015年6月28日《张家界日报》周凌云文章。摘自2015年6月23日人民网）**恰恰相反，屈原真正故里一日不找到下落，屈原其人其诗之争就永无穷期。这是捍卫屈原伟大存在的大是大非问题，是保卫屈原伟大诗篇不被消灭的原则问题。**那个周凌云先生却说：“屈原故里在哪里并不重要，传承和光大屈原的爱国主义精神才是最重要的。”听似冠冕堂皇，殊不知屈学界所出现的若干“逆流”现象，追根到底就是假冒伪造的“秭归说”长期得不到清算而发酵引起的恶果！试想，连一个所尊崇所研究的主体人物的身世都真真假假，恍兮惚兮，那他的伟大诗篇、伟大精神、伟大思想又是凭什么样的自然背景、地域风俗、文化背景、历史背景、人格魅力、个人修为和国家背景产生的？在他漫长的生涯的心路历程，又是凭什么样的地域文化背景哺乳形成的？

所以说，屈原真正故里之谜一日不破，屈学研究就一日走不出迷茫和困局，屈原的诗思之源和思想脉络之源就永远无法颠覆两千年一贯制的“猜想学”的文本表达范式！

那么，该怎样判断甄别两千年来所形成的“屈原故里”“26说”之真伪？或问：我们这一代人还有可能从众家之“胡说”中找到一把可“一箭封喉”、以尽快结束旷时两千多年的关于屈原故里真伪论争的“战国”时代的利器吗？我们这一代、再下一代、再再下一代能看到这一天吗？

数年来，笔者对众家之论进行全面考察综合研究，发现已见诸旧著和公布于媒体的古代、近代、当代共“屈原故里”25处（张家界除外），很难让人信服和接受，其要害问题有二：

其一，25处“故里说”中，均没有找到以实地实名记载的关于屈原故里原生点在某地的具有法律文本意义的国史文献证词——**即“核心证言”**。

其二，25处“故里说”中，经本人数年亲历亲临，若干“故里”现场调查。全是**“与本案无关”的“考证”“猜想”“雄辩”：无屈原故里国证**（国史文献证词）**、无地方文献证词、无屈氏族谱证词，进而无屈邑、无屈国、无屈乡、无屈村、无屈族、无屈姓、无屈户、无屈人、无屈原父母、无屈原出生地、无屈原老屋场、无屈原家庭**（妻室儿孙）**、无屈原田产、无屈原后裔、无屈氏墓葬、无读书学校、无《屈氏族谱》、无屈原诗中与故里相关的地名、相关的先祖人物等共达20余个“无屈”！凡与屈原和屈原故里相关的所有“屈”字文化符号信息皆无!!!**

——当我撕开袁山松与郦道元瞎编、伪造的“秭归”“归乡”谣言，回头调查与“屈”相关的20余种元素，竟然全是空白!!!

——就在这一刹那间，一丝灵感突然在头脑中引爆出闪电弧光四个大字：

“无屈地带”!

就是说，这“25说”中的全部“理论”，都是在“无屈地带”上所编造的弥天大谎！

——这二十五“说”，就是二十五个“戈培尔”留给屈原故里史的谣言！

就这4个字，让我在众“说”围城中左冲右突了整7个年头！

要知道，如果按常规，要“灭”掉这25处谣言之“说”，就必须一处一处一对一地进行现场调研、考证、立论、辩驳，而我所面对的，将是数百个“专家”各自为战，与我厮拼，我就是浑身长满嘴巴，也要被这二十

余"说"的百张、千张嘴巴的口水淹死或累死呀!!

七年四个字，满纸辛酸泪。屈原开法眼，冤案昭雪时!

现在我可以理直气壮地问：既然是"无屈地带"，这20多个屈原故里之"说"又从何"说"起?

要么，只有一种解释：屈原必定居住在那些众说"故里"的空气中!

或问：在25处"故里说"中，部分"故里"或多或少留下了几处相关屈原的纪念物、纪念地，如庙、祠、阁、亭、桥、洞、台、塔、宫及山水地名等，经查，除了部分因屈原亲身游历停留足迹所至、自然留下地名信息外，绝大多数是因后人崇仰所建、或因后人附会命名。如乐平里的屈原庙，就是依据袁山松"秭归说"于唐宪宗(李纯)元和年间(807–820)所建。所谓"三间八景"(包括秭归城内屈原庙)，属于先立"说"，再造景的最早个案之一。经笔者大略调查统计，国内屈原纪念地、纪念建筑共266处之多，绝对多数分布于湖南达197处，其中张家界永定区112处，几乎占全国的二分之一；湖北15处；重庆1处；安徽3处；四川1处；江西2处；福建1处；河南1处；台湾1处，青海1处，南海1处。省份以湖南占绝对多数，地区以大庸张家界为最，可说是遍地屈子遗风。由此判断屈原故里在湖南、放流地亦在湖南的基本方向是不会有错的。

笔者认为：企图通过"混战""横争"达到评判某"说"真伪的目的，一来恐怕全中国人民都没有这个耐心，二来很难找到英明公正而铁腕的裁判。"秭归说"出笼1500年来，怀疑者、批判者、声讨者、抵制者还少吗？可就是这个欺世盗名的"假货""水货"——中国屈学界第一大谣言，照样横行全国到如今、可奈何它不得呀。因为叫嚣不是战斗。你没有找出真正的故里取代于它，一万次歇斯底里的叫嚣都归"零"!

经过数年探索，一直到本书初定稿样书送审后的2015年7月8日，骤然间我大脑中爆出一丝"火花"——我发现了自己曾经发现过的却又疏忽了的一个重大纰漏：当古今成千上万的屈学者前赴后继为某"说"苦战血拼时，几乎全都在有意或无意间钻进了同一条死胡同：寻找屈原故里却一概回避或有意忘记了首先应该清点此地有无与"屈"相关的信息符号，结果这些挖空心思炮制出来的所谓"故里说"谣言，几乎绝对多数都安置在"无屈地带"，而屈学界及广大民众却浑然不觉!

我为这一迟到的觉悟而后怕，叫"细思极恐"！若果迟迟没产生这一灵感而铸成一把利剑、一支利箭，我还真不知怎样对付25"说"之谣言、25个"戈培尔"而让其"**一箭封喉**"！这支"利箭""利剑"，就是"**无屈地带**"——这个姗姗来迟的屈原故里学术概念，极有可能就是终结两千年26处"故里说"——世界学术史上最为持久的一场混战的最公正、最公平、最公心、最公道、最简约、最精准、最通俗、最快捷、最大众——舍此无二的法庭法官最后将高扬的"法槌"有力砸下去的那一声巨响!

这一声终极判决的巨响，让任何诡辩、横争、叫骂乃至行政干预都统统失效!

为了验证"无屈地带"之论的可比证作用，下面，特挑出古今公认最有代表性的"秭归乐平里说""郢都说""汉寿说""郧阳说""江陵说""淅川说""河口说"和最后发现并推出的"张家界(大庸)潭口里说"等八"说"，一表列之。看哪些"故里"能顺利通过"无屈地带"的测评。

——公正公平、公道公理，凡"屈"皆无、满纸谣言者，出局!!!

【附一】屈原故里“无屈地带”测评对比表(特选7例)

编号	故里名称 屈字信息	乐平里(秭归)	郧阳	江陵荆州	老河口	郢都	汉寿	大庸(张家界)屈家坊——潭口里
1	屈原故里国史文献核心证词	郦道元《永经注》引袁山松《宜都记》(散文),属民间“传闻”“谣言”。	无	无	无	无	无	北宋《太平御览》引南齐刘澄之《荆州图记》关于屈原故里在零阳(慈利)、充县(大庸)澧水交界处的二尉岩潭口里。计236字，其中52字核心证词:“(二尉岩潭口里)南北岸曰屈原之乡里。原既流放,忽然归,众人喜悦,因名南岸曰‘归乡岸’。原有姊,闻原还,亦来归,贵其矫世,乡人又名其北岸曰‘姊归岸’。”这就是“秭归”“归乡”的正宗说法出典。
2	方志证词	无	无	无	无	无	无	光绪三十二年(1906)版《湖南永定县乡土志》第四册·氏族谱第九载“三闾宗坊”48字赞诗,记载了屈原出生故里在大庸屈家坊。“三闾宗坊”即屈原出生地屈家坊。宗者,屈氏之祖也。
3	屈氏族谱	无	无	无	无	无	无	明代屈家坊屈原后裔曾两次发起修编《屈氏族谱》。光绪丙戌十二年(1886)三修《屈氏族谱》。光绪版谱收录明清三谱序计16篇及屈原祖祠碑文1篇。其中提及屈原7次、三闾大夫8次、灵均6次、正则2次,共23次。又提屈瑕4次、伯庸2次。总29次
4	文物	无	无	无	无	无	无	本市、区文物部门发现挖掘屈原故里历史相关的春秋战国遗址达数十处。
5	屈邑(屈瑕封地)	无	无	无	无	无	无	公元前704年，楚武王熊通封长太子瑕于宗庸国之屈家坊，以世代流传此地的黄帝臣狂屈坚(一作“竖”)屈氏为姓。屈邑古城最盛时有四十八大街四十八小巷，是一个功能完备的军事城堡。今永定屈家坊村为古屈邑中心地,永定乡土志称“三闾宗坊”。
6	古庸国(由历代熊氏、后由屈瑕家族执政的大庸古国)	无	无	无	无	无	无	公元前704年屈瑕封回宗庸，进入大庸帝国朝廷，屈氏世袭莫敖自屈瑕始。公元前611年，楚、秦、巴三国瓜分上庸，屈瑕第四代孙屈荡乘机逼宫夺权，取代熊氏庸王政权,屈氏后庸政权开始。至公元前280年被秦将司马错灭。老庸王屈原之父伯庸战死于黔中。屈原长子屈平平战死庸都(张家界市古人堤)。屈氏大庸国寿长约330年。其时,屈原远游客居汨罗女儿女婆家,闻凶讯做《招魂》《大招》两堂法事后投汨罗江殉国。(殉庸而非殉楚)

编号	故里名称 屈字信息	乐平里 (秭归)	郧阳	江陵荆州	老河口	郢都	汉寿	大庸(张家界)屈家坊——潭口里
7	屈乡	当今造假命名的"屈原镇",距乐平里60里。	无	无	无	无	无	今张家界市永定区阳湖坪乡,古称"屈邑"。民国设乡,后建镇,今为阳湖坪街道办事处。共19个村3个居委会,其中14个村分布屈姓,总计4800人
8	屈村	无	无	无	无	无	无	阳湖坪镇屈家坊村(居委会),屈姓人口2100余人。全市以屈姓为村或为居地达20余个,如屈家岗、屈家河、屈家沟、屈家界、屈家台、屈家垭、屈家湾、屈家峪、屈家桥、屈家嘴、屈家庸、屈家里等。非以屈姓命名的屈姓村达60余个。共80余个,为全国屈姓村之最多者(2015年统计)
9	屈族	无	无	无	无	无	无	光绪永定《屈氏族谱》载:"夫由食采於瑕得受姓也,历二千余年,其流泽可谓长矣!系传清醒,忠著《离骚》,其垂绪可谓荣矣!且也瓜绵椒衍,自桑永辰慈而外散处四方,其生齿可谓繁矣!……余以自年有事对永(定),因谒(屈原)祖祠,展阅永邑抄谱,始知祖开公由江南徙居永定,生子再大再二再三再四再五,再四为永定始祖,再五为辰之始祖(今永定区谢家[卸甲]垭乡),是永乃大宗。辰虽土著而永乃桑梓也。……"(载光绪丙戌年之谱序)今屈原直系后裔分布于永定、桑植、慈利、武陵源、沅陵、永顺等区县,总1万余人
10	屈姓	无	无	无	无	无	无	张家界辖区内屈姓9200多人(2015年统计),皆系屈原与元配昭碧霞后裔
11	屈户	无	无	无	无	无	无	张家界辖区内屈原后裔总1865户,中心地阳湖坪镇885户,其中屈家坊村270户,集中村230户(2000年统计)
12	屈原父母	无	无	无	无	无	无	屈原之父伯庸,末代庸王,大莫敖,历史上最后一位火神祝融。公元前280年司马错灭大庸,伯庸战死于黔中北溶。其母修淑贤,沅陵人。文武才女。善棍术,俗称"婆婆棍"。世代相传,至今未绝。死葬老庸湾之后山婆婆礅,婆婆坟犹存
13	屈原出生故里	无	无	无	无	无	无	公元前353年,即楚宣王十七年正月二十三日,屈原出生于大庸国屈瑕封邑屈家坊屈瑕祖屋里。此为屈原生身老屋。祖屋残存。

编号	故里名称 屈字信息	乐平里 (秭归)	郧阳	江陵荆州	老河口	郢都	汉寿	大庸(张家界)屈家坊——潭口里
14	屈原读书学校	无	无	无	无	无	无	屈原读书学校位于崇山熊馆（今永定区二家河乡熊溪峪村）。同治《永定县志》载:“熊溪绕熊馆，经广岩咀入澧。”《军谶·教行》:“西伯(周文王)于澧造灵台,立大庠,以明人志伦理也;熊鬻子于庸造熊台,立熊馆,以育熊罴之士也。”鬼谷子白公胜受庸帝之邀在熊馆设鬼谷学宫,孙膑、庞涓、苏秦、张仪、屈原等皆先后为其学子。屈原文武兼修,为“合纵派”领袖,庸、楚大将军。三千年校址今存
15	屈原家庭	无	无	无	无	无	无	屈原在老祖屋完婚。元配昭碧霞(大庸国重臣昭明晖之孙女)。生女小须(即女嬃,嫁汨罗);子平平,庸国大将军,末代莫敖。公元前280年战死庸都(今张家界市古人堤);孙四:开、元、天、祯。昭氏携子女随屈原出使楚国,居郢,被南后郑袖阴害致死,葬潭口细岩头下。另有邓氏、洎氏3位夫人,均有后人,分布全国各地
16	屈原第二、第三故里	无	无	无	无	无	无	屈原完婚后，分家居住潭口里“归乡岸”边“一口印”(一名簸箕塌吊水、“一口印”丹丘),此为屈原第二故里。遗址今存。离郢回家后在兰岗屈家里辟谷种兰,是为屈原第三故里。老屋房产旧址今存,并由后裔居住不变。
17	屈原田产	郦袁氏造谣瞎编说县东北数十里有屈原田宅。县北一百六十里有屈原故宅（均无可指现场)	无	无	无	无	无	屈原田产一在关门岩村的兰岗,400亩,后作植兰辟谷的兰园。今存与屈原相关的相公渡、相公溪、相公桥、相公泉、相公潭、相公瀑、相公岩、相公洞、相公庙、骚台、大花园、小花园及屈原种花旧居屈家里等遗址。二在阳湖坪镇东北兰溪之花旯里,有田200余亩,亦辟为兰园,今存兰花桥遗址。兰溪之外有花神桥遗址。三在屈原老屋场之后山大簸箕塌、小簸箕塌，计370余亩。总共1000余亩,均辟作兰园
18	屈原嫡派后裔	无	无	无	无	无	无	公元前280年司马错灭大庸国，屈原之子屈平平战死庸都(古人堤)。其孙开、元、天、祯逃离大庸,北上至江苏临海东塍镇屈家村，投奔邓氏夫人之子屈署、屈鲋叔父家。未几南迁至特庸。再后,回迁常熟。约从宋代始,屈原元配嫡派后裔陆续向湖南回迁。先后至湘阴、星沙、衡阳等地。明永乐三年(1405),屈再四、再五随明军运粮队回归大庸屈家坊,是为回迁始祖。其后裔分布于大庸、桑植、永顺、沅陵、慈利、石门等地。其他嫡派及3位夫人后裔分别流落全国十一个省份

编号	故里名称屈字信息	乐平里（秭归）	郧阳	江陵荆州	老河口	郢都	汉寿	大庸（张家界）屈家坊——潭口里
19	屈原后裔墓葬	无	无	无	无	无	无	仅在屈家坊临澧岸一线，有60余处屈原后裔各分支公墓区，多为叠棺葬，重棺5–7层不等，最多9层。若以张家界辖区统计，明代以来，总葬数达数万人。全国唯一。
20	屈原故里历史文化地名及古建筑、古遗址等	后期依袁山松、郦道元之谣言而伪造的屈原故宅、屈原庙、玉米田、读书洞、照面井、响鼓台、擂鼓台、女媭庙等。	无	无	无	无	三闾大夫祠、女媭庙、濯缨桥、屈原庙、沧溪寺、清斯亭、钓鱼台、招屈亭、屈原巷、三闾巷、沧港、沧浪水、芷水、江潭、橘洲、独醒亭等	屈邑、屈家坊、三闾宗坊、祖屋里、潭口里、二尉岩、“慈界永界中分”摩崖石刻、日月岩、屈原老屋场（簸箕塔吊水、一口印）、归乡岸、姊归岸、屈子钓台、潭头铺、金藏关、七里江潭、屈子潭、社溪、连山、连城、老庸湾、老庸城、大庸路、大庸铺、崇阳坪、大鳌洲、高阳村（桑植）、青阳乡（桑植）、祖坛、社稷坛、日月坛、山川坛、古人寨（屈瑕王城、玉石之城）、校场、迎恩渡、古城街、三星桥、三星渡、花门口、屈子渡、花神桥、兰香桥、兰花桥、沧浪桥、兰岗（屈原辟谷种兰处）、相公渡、相公桥、相公溪、相公泉、相公岩、相公潭、相公洞、相公庙、骚台、大花园、小花园、屈家里（屈原兰岗辟谷植兰老屋场）、屈子读书洞、天竺山、崆峒山、鬼谷洞、白大仙庙（屈原之师鬼谷庙）、赤松亭、文华寺、高阳寺、三闾大夫祠、龙门祠、三闾阁、屈原祖祠、文昌阁、鸿文塔、太阳柱、青云塔、清醒学校、高阳学校、清醒药店、骚滩、丹丘、女娲庙、花旯里、婆婆坟（屈原母）、白鹤洲、白鹤井（皆因屈原“仍羽人于丹丘兮”得名）、橘子洲、屈子钓台、屈原悬棺、跑马地（屈氏军队训练校场）、万人坑（秦将司马错灭庸灭屈坑杀屈姓万人大坟山包）、屈庸国澧水两岸八十里官路、屈原元配昭氏坟（细岩头）、屈原指挥抗秦古战场、天门洞（屈原晚年辟谷处）、熊馆（屈原读书学校）等

编号	故里名称屈字信息	乐平里(秭归)	郧阳	江陵荆州	老河口	郢都	汉寿	大庸(张家界)屈家坊——潭口里
21	屈原诗中故乡地名	无	无	无	无	无	无	澧水、茹澧、县圃(崇山)、扶桑、首丘、天门、祝融、女娲娘娘(庙)、黄帝湾、昆仑(即天门)、昆仑村(桑植)、昆仑峰(天子山)、赤水、黑水、白水、流沙、澧浦、咸池、兰皋、兰阜(兰岗)、羽人、羽山、丹丘、南夷(崇山)、风穴(天门洞)、不死之旧乡、故居、南巢、飞泉(天门梅花泉)、江潭、增城、沧浪、渔父(浦)、长寿国、雷渊(雷泽)、云梦(天门)、瑶台、一蛇吞象(仙人溪)、石林、瑶之圃、四维岩山、赤松丹灶、赤松(山)、赤松(村)、赤松(桥)、渔浦(父)村、渔浦(父)渡、渔浦(父)溪、渔浦(父)书院等
22	屈原故里历史人物	无	无	无	无	无	无	燧人氏盘古、祝融、沮诵氏仓颉、伏羲氏、女娲、东王公黄帝、帝喾、颛顼、高阳、帝尧、帝舜、伏娲垭、善卷、赤松子、庸成子、后羿、康回(共工)、驩兜、崇伯鲧、大禹、鬻熊、盘瓠、周文王、姜子牙、周武王、周穆王、周赧王、熊绎、熊通、屈瑕、鬼谷子(白公胜)、伍子胥、老子、孔子、司马季主、牛郎织女、伯庸、浮丘子、王子乔、渔父、崇山四大帝王墓(《山海经》:帝尧、帝喾、帝舜、文王)、崇山六大帝王台 (《山海经》:帝轩辕台、帝尧台、帝喾台、帝丹朱台、帝舜台、帝共工台)、天门昆仑、黄帝宫、黄帝陵、黄帝册府等
23	屈原一族郡望堂号	无	无	无	无	无	无	**郡望**:张家界屈原后裔郡望为崇阳坪,位于屈原老屋场潭口簸箕塔,东1公里处的崇阳坪。本境熊氏、屈氏共尊颛顼高阳为宗祖,屈诗有载:“帝高阳之苗裔兮”。世传高阳出生于此,南侧山脚有巨洞名高阳洞,洞内流水不涸,古名大水泉。崇阳坪古有老庸城,古传黄帝为庸成子所建“五城十二楼”之一座。 **堂号**:清醒堂。出自屈原《渔父》诗:“举世皆浊我独清,众人皆醉我独醒。”

[说明]表中所列关于“潭口说”的各项内容出处原点文字证据均载本著(非全部)。

正是:

全民公决,公平竞争。“无屈地带”,真假分明。

千古冤案,一“表”澄清。屈子回家,故里招魂!

【附二】

国内屈原纪念地遗址调查名录

[总计226处。其中湖南197处，湖北18处，其它省地11处。其中张家界市112处，秭归县8处]

屈原去世后，大约从汉代初，关于屈原故里在湖南大庸县澧口里的传说即已四方传播，其"归乡岸""姊归岸"之说被南齐时刘澄之载入《荆州图记》，后又收录于宋代《太平御览》。此后，屈原故里澧口一带关于屈原的纪念遗迹不断现身。屈原离开楚国晚年，已离乡背井，在三湘四水漂泊，故在湖湘诸多地区留下足迹，后人因之为其立庙建亭以表尊崇纪念。从所查遗迹纪念地统计，绝大部分集中在湖南，又以张家界为最多，达61处。远至台湾、南海群岛。但这些地方并不等于屈原全都去过，但流落在那些地方的屈原后人为了纪念他，也为之修祠立碑。而更多都是由地方政府或广大民众自发修建。还有不少遗迹隐于民间，不见经传，故难免有疏漏遗珠之憾。

一、湖南境内屈原纪念地遗迹（197处）

（一）大庸·张家界（112处）

（1）**三闾大夫祠**——一名黑神庙，又作龙门祠，位于大庸张家界永定区阳湖坪镇屈家坊村。供颛项、屈瑕、伯庸三祖神像，俗称"三老爷""三神"。颛项，黑保大神，祀为太阳神，又作天神；屈瑕，珍珠二神，大莫敖，屈氏得姓始祖；伯庸，龙王三神，末代火神祝融、末代庸王、屈原之父。

（2）**三闾宗坊·屈家坊**——在水定区阳湖坪镇，三闾宗坊即屈家坊。此即屈瑕封地屈邑旧址，屈原出生故里。

（3）**屈原祖祠**——位于张家界市南门内。建于明洪武十八年（1385），光绪十年（1884）"于南门内扩大规模，改建新祠。"光绪十二年《永定屈氏族谱》载《祖祠碑》云："及颛项与楚同姓，为楚世官，则有伯庸之子屈原，名曰正则，字曰灵均，独清独醒，作楚辞以抒其愤。则屈氏因高阳之苗裔矣！自是椒衍瓜绵，户口林林。"供伯庸、屈原塑像。祖祠残屋因重建"大庸古城"项目于2016年6月拆除。

（4）**屈氏宗祠**——位于永定古城古庸街东段（原永定区公安局大院）。

（5）**飞廉寺**——位于阳湖坪。以屈原诗"前望舒使先驱兮，后飞廉使奔属"命名。

（6）**花门口**——位于屈家坊。系屈原少儿时在巷口植藤花饰门得名。今属屈家坊村花门口组。

（7）**祖屋里**——在屈家坊村中心地，屈原出生地即此，故称。原有3个槽门，现存清末战火之后留存的一间老屋和一个门洞。

（8）**花神桥**——位于澧口之西龚家峪锅儿溃。专为屈原当选为十二月花神之首兰花神而建。

（9）**兰香桥**——清同治《永定县志》载："兰香桥，在县东澧口，其地多兰，因之名。"桥上石栏刻"沅有茝兮澧有兰"七字。兰香桥隔江之南，为屈原老屋场"一口印"。

（10）**花旯里**——位于澧口村之西。古为屈原田产，后改作兰圃，是屈原第二兰花基地，因得名。圃外有溪，旧称兰花溪。

（11）**兰花桥**——位于澧口村之西花旯里，溪上有桥，名兰花桥，毁于1958年修龚家峪水库拆毁取石。

（12）**文华寺**——位于澧口村。初建于宋端拱元年（988），元至元三十一年（1294）迁址于澧口狮子山。其文华殿（阁）供三闾大夫屈原神像。该寺1962年被列为大庸县文物重点保护单位。清道光《永定县志》载："王道皞，字洵庵，邑明经，……倡修澧口文华寺。"

（13）**文昌阁**——在文华寺南侧，是澧口屈原故里"三文朝屈"建筑之二。

（14）**鸿文塔**——位于文华寺之东北侧山头，是澧口屈原故里"三文朝屈"建筑之三。

（15）**兰岗**——屈原诗中"兰皋""兰皋"出典发生地，位于永定区关门岩乡关门岩村。本为屈原田产，后因出使楚国受楚顷襄王诬陷排斥打击，被驱逐回庸，屈原无意回庸都登基继任庸王，而在兰岗僻谷种兰，归隐田园："余既滋兰之九畹兮，又树蕙之百亩"即此。

（16）～（26）——相公渡、相公桥、相公溪、相公泉、相公洞、相公潭、相公岩、相公庙、屈家里、大花园、小花园几处均在兰岗。是屈原居此种花辟谷留下的地名信息群。

（27）**骚坛**——位于兰岗相公岩，与相公庙同处一地。屈原在相公洞创作《离骚》，并自谱曲十八段，谱成，即在相公岩演唱，故称"骚坛"，又名"骚台"。

（28）**一口印**——一名簸箕塔，屈原居住澧口老屋场。

（29）**屈子藏书洞**——一名读书洞。位于澧口一口印老屋场之下，相传为屈原读书、写作、藏书处。是屈诗"伏匿穴处"的原生地。

（30）**归乡岸**——位于永定区澧口南岸，东起"二尉岩"，西至古人寨迎恩渡，全长约20公里。俗称"官路"。因屈原被逐出楚宫回归澧口故乡下船登岸回归老屋而命名。

（31）**姊归岸**——位于永定区澧口北岸，东起二尉岩正对岸的沧浪桥古渡，西至屈原出生老家屈家坊渡口，全长20公里，亦称"官路"。因屈原姐回娘屋与弟团聚下船登岸而命名为姊归岸。

（32）**沧浪桥、沧浪渡**（2处）——位于澧口姊归岸之东段。出自屈原"沧浪之水"诗句。

（37）**渔**（父）**浦村、渔**（父）**浦溪、渔**（父）**浦渡、渔**（父）**浦书院**（4处）——位于澧口西约10公里澧水北岸之慈利县阳和乡。此为屈原诗《渔父》原生地，渔父之家即此。中有渔浦溪，古称茹溪、酿河、沧浪水，注澧水口有渔浦古渡，乃渔父与屈原相会处。清光绪十二年（1886），由当地乡绅及大学者田金楠、李长青募建渔浦书院，即有纪念屈原诗祖之初衷，今为渔浦中学。

（38）**婆婆坟**——位于屈原老屋场之南山婆婆礅。屈原之母修氏婆婆修淑贤葬此。古传隐语"婆婆礅上婆婆岩，婆婆岩下婆婆坟"。

（39）**龙阳殿**——位于永定区谢家垭乡龙阳殿村。此为屈原后裔屈再五于明代中期回归居此，为纪念屈原先祖而建。

（40）**屈公桥**——位于龙阳殿之南。明代中期屈原后裔屈再四、再五兄弟迁回大庸屈家坊屈原祖地。再五则继续南迁至龙阳殿（今永定区谢家垭乡）落脚。后人为永远不忘再五公德行，建"屈公桥"。明末，有他姓强族，因仇将"屈"字之"尸"字头凿掉，成了"出公桥"，古桥今存。

（41）**龙阳大桥**——俗称"老桥"。位于永定区谢家垭乡龙阳河，明代屈原后裔屈

再五为纪念屈原而建，与龙阳殿同年。

(42) **迎恩渡**——位于屈瑕王城临澧南侧。村民因感恩屈原经常由屈家坊过渡至码头下船到乡间体察民情而命名。

(43) **归乡渡**——位于潭口屈子老屋场之归乡岸渡口，因屈原从郢都回故乡到名"归乡渡"。

(44) **屈瑕王城**—— 一名古城寨，位于屈家坊正对岸。原为黄帝为庸成子所建五城十二楼之一，此为南方第二庸城。古为历代庸帝庸王行宫，故称"王城"。此后屈氏得姓始祖屈瑕以"庸楚两国共监制"使臣身份由楚赴庸履莫敖之职，并在此重建王城。屈瑕后人屈荡取代庸王后，仍以此为行宫。从此，王城成了屈氏家族世代祭祀屈瑕始祖之大祭坛。屈原曾多次在此主祭。

(45) **校场坪·跑马场**——位于古城寨屈瑕王城之东，屈氏庸国军队练兵场。在屈家坊之东，亦有"跑马场"——即屈氏家族历代骑马练武场，屈原自幼在此练习骑马射箭。

(46) **青云塔**——位于崇阳坪与兰岗之间，是明末清初本地乡绅为纪念屈原而建，七层。塔名出自屈原诗："青云衣兮白霓裳，举长矢兮射天狼"。1962年公布为县级文物保护单位，"文革"时被几个农民炸毁。

(47) **熊馆**——屈原读书学校。黄帝时由出生于大庸崇山的教育家善卷创建。位于今永定区二家河乡之熊溪峪。战国时，一代庸帝鬻熊邀请鬼谷子白公胜下山执教，创办文武兼修的"熊馆大学"。孙膑、庞涓、苏秦、张仪、屈原等成百上千的战国风云人物皆在此读书。被称为中国古代(乃至全世界)最古老的大学，距今4000余年。

(48) **骚滩**——位于慈利、永定交界处九都溪。相传有年夏，少年屈原曾与几个同窗文友在此游历作诗，后人故称之"骚滩"。

(49) **屈原悬棺**——位于潭口北岸石壁，相传屈原在汨罗投江数年后，尸骨由女儿小嬃、绣英姊妹俩从汨罗秘密携回安葬于此。

(50) **万人坑**—— 一名"大坟山包"。位于崇阳坪西角黄岩头，原为一巨大水坑。此为司马错灭庸灭屈，将屈家坊和崇阳坪老庸城1万余屈姓家族坑杀于此。

(51) **丹丘**——古言"日月长明之地，是谓丹丘"。此即潭口河中一500亩洲岛，古为屈氏古庸国日月大祭坛。屈原诗："仍羽人于丹丘兮。"是识别屈原故里的重要地标之一。

(52) **二尉岩**——位于潭口东，汉初元年，慈利、充县两地县尉在此勘界，引发民乱，二县村民死伤无算，二尉双亡，因之得名，是古史所载屈原故里就在"二尉岩潭口里"的特殊地标，载之于《太平御览》。

(54) **鬼谷洞·白大仙庙**——位于潭口东北，屈原之师——鬼谷子白公胜早年兵败亡命遁隐于此多年。山坡有纪念鬼谷子白公胜的白大仙庙。白大仙即鬼谷子真人真身白公胜。屈原在庸期间，每年必祀师祖。

(57) **老庸湾、崇阳坪、老庸城**——位于潭口之西3里处。此为熊氏之祖古庸大帝颛顼出生地、发迹地。屈原诗首句即"帝高阳之苗裔兮"。屈原之父伯庸庄园亦在此。屈原在此度过少年时代。史载：轩辕黄帝因仰慕老庸王庸成子治国有方，特别是崇仰他高深的性学养生之术，特举国家财力为他建"五城十二楼"。此老庸城为东方第一庸城。20世纪60年代尚存老庸街、粑粑铺、染布巷等10余条石板老街。后毁于50年代、60年代两次特大洪水。

(58) **屈原祖祠**——位于永定古城南正街，建于明代中末期。前些年因城市改造拆除。

(59) **屈氏宗祠**——位于永定区古庸路，原老县公安局大院内。

(60) **天门洞**——即闻名天下的天门山之天门洞，亦即天门、天门眼、昆仑门，屈原吟“广开兮天门”即此。晚年，屈原在此洞居住、修行、辟谷达两年多，是屈原的第四“故里”。并在此完成《远游》诗。

(61) **屈家界屈氏灭户纪念地**——在永定区谢家垭乡境内。原为屈原回迁后裔再五公之子孙一支至此山界拓荒立足之地，后被仇屈一族串通恶人将99口屈原后裔坑杀于牛栏粪坑，仅剩一个少儿因走外婆免遭杀害绝种。(详见本章特载屈辉专文《拜山屈家界》)

(112) 张家界市辖区内屈氏居住村、组共51处+61处=112处(采录自《张家界市情大辞典》区划【P516-944页】民族出版社2001年11月版)，**总共112处**。

(二) 湘西区域(17处)

(1) **三间大夫祠**——位于溆浦溪口村鹿鸣山。

(2) **屈原相公庙**——位于溆浦桂花园村。

(3) **溆水庙**——与招屈亭相邻。

(4) **招屈亭**——《同治溆浦县志》载：溆浦“有招屈亭，不可谓之傅(附)会”。

(5) **乡贤祠**——乾隆《辰州府志)载：“乡贤祠，在辰州学府内，祀楚屈原”。

(6) **三闾祠**——位于沅陵县城城隍庙附近。

(7) **望屈亭**——相传屈原曾到沅陵县舒溪口胡家坪看望一位朋友。数日后，屈原乘船远行，朋友恋恋不舍，在岸上一路追船，十里相送，一直到沅江大拐角处，仍伫立目送不去，后人于此建“望屈亭”。

(8) **三忠祠**——同治《黔阳县志》载：“在黔阳县北门外。祀三闾大夫屈原。”

(9) **昭灵庙**——《清一统志》载：“俗称黄龙庙，在芷江县之南五里杨溪口，祀楚三闾大夫屈原。”

(10) **屈望村**——位于泸溪县上堡乡沅水岸屈望村。《泸溪县·续志》杂识篇释屈原《涉江》诗，说屈原曾路过泸溪，在屈望村宿夜，故民同有此传说。

(11) **三闾大夫祠**——《清一统志》载：“在澧州东北二里，祀楚屈原。”

(12) **三闾祠**——同治《澧州志》载：“三闾祠在澧州东兰江驿，今废。”

(13) **忠清祠**——在澧州东北二里，明嘉靖甲午(1534)知县汪倬领建。祀楚三闾大夫屈原，以宋玉配。春、秋祀。

(14) **楚天阁**——位于澧县张公庙镇高路铺村。

(15) **三闾大夫庙**——在澧县张公庙镇高路铺村。

(16) **离骚草堂**——一作楚骚堂。在澧县张公庙高路铺村。明嘉靖年容美土司田世爵之子田宗文建。田宗文，本名田九霄，世爵八子之长。明嘉靖三十四年(1555)，随父征剿倭寇有功，袭宣慰职。后“以才名见忌，避居兰澧。”(载《容美土司史料汇编》)

(17) **兰田寺**——位于临澧县新安街乡。(载《方舆记》《澧州志》《安福县志》)

(三) 湘东区域(9处)

(1) **屈子祠**——清同治《平江县志》

载：“在平江县东南屈家巷，古建祀楚三闾大夫屈原，宋县令杨寅重建。”

（2）**忠孝双庙**——清同治《平江县志》：“在平江县西，宋县令杨寅建，东祀楚忠洁侯屈原，西祀秦孝女罗氏……。”

（4）**三贤祠**——清同治《平江县志》：“在平江县西，明嘉靖十四年知县沈越建，祀楚三闾大夫屈原……”

（5）**三贤堂**——《清一统志》载：“在长沙县西北乔江书院，祀楚屈原、汉贾谊、唐杜甫，立义学，因崇祀焉。”

（6）**屈贾二先生祠**——清光绪《善化县志》载：“在善化县西濯锦坊。”

（7）**三间大夫祠**——清光绪《善化县志》载：“在善化县岳麓书院左。”

（8）**岸花亭**——清光绪《湘潭县志》：“湘潭县东五里有岸花亭。中祀楚三闾大夫屈原……”

（9）**屈相公祠**——清光绪《湘潭县志》载：“株洲旧有三闾祠，中奉灵均像，土人呼为屈相公祠，久圮，移像祀于水府庙。”

（四）湘南区域（6处）

（1）**屈原庙**——清光绪《零陵县志》：“屈原庙在零陵县北九十里高溪市，并附祀汉贾谊……”

（2）**昭灵庙**——清同治《祁阳县志》：“昭灵庙祀三闾大夫屈原，在祁阳县元真观前斤。”

（3）**三间大夫庙**——清光绪《道州志》：“在道州斜溪源，祀楚屈原。”

（4）**三间大夫祠**——清同治《桂东县志》载：“在桂东县南，祀楚屈原。”

（5）**招屈亭**——《荆州记》：“招屈亭在武冈州郡圃。”

（6）**招屈亭**——清光绪《邵阳县志》：“在邵阳县东余水旁。”

（五）沅湘洞庭区域（53处）

（1）**三间大夫祠**——位于沅江县城西。

（2）**濯缨桥**——同上处。（引自应国《兰芷春秋》）

（3）**招屈亭**——嘉庆《沅江县志》载：“在沅江县东麦舍窑，今废。”

（4）**招屈亭**——明《一统志》载：“在武陵县沅水滨。”《舆地碑目》云：“今考唐招屈亭碑在武陵县，龙朔间，县令蔡朝英重修刻石以纪其事。”

（5）**三间大夫祠**——清《一统志》载：三闾大夫祠在武陵县东二里（今常德市），每年五月五日竞渡以祀屈原。”

（6）**三间港、三间桥**（2处）——位于常德市武陵区青年北路。

（8）**天问台**——清《一统志》：“凤凰山，在益阳县西南六十五里桃花江内，峰峦突兀，岩壑幽邃，有古石鼓数座，莫知所自，传为屈原作《天问》处，于此渡江，而行吟泽畔，即《楚辞·涉江》处也。”

（9）**花园洞**——清同治《益阳县志》载：“花园洞在县南七十里，相传屈原读书处。”

（10）**凤凰庙**——清同治《益阳县志》载：“在益阳县南六十里凤凰山，祀屈原与夫人及其三子，俗称凤皇神，每端阳竞渡，辄载其像祀之。”

（11）**三间大夫祠**——清嘉庆《常德府志·山川考》：“沧浪水。汉寿县西十五里，一名沧港，有三间大夫祠。”

（12）**三间大夫祠**——位于汉寿县城东南郊龙阳镇宝塔河村。东汉刘表将荆州治所置汉寿时期所建。

（13）**女婴庙**——明嘉靖、清嘉庆《常德府志》、清同治《龙阳县志》载：汉寿有女婴庙，所供奉神灵为女婴。

（14）**濯缨桥**——同治《龙阳县志》载：位于汉寿沧港镇西。

（15）**屈原庙**——《龙阳县志》载："唐屈原庙诗碑，相传在沧浪市屈原庙中。为唐崔礼山撰。"

（16）**沧溪寺**——《龙阳县志》载："沧溪寺，在县西沧港。"寺供沧溪娘娘（一说女婴）。

（17）**清斯亭**——《龙阳县志》载："清斯亭在县西十五里。"

（18）**招屈亭**——明嘉靖《常德府志》载："今龙阳有沧浪水、屈原港、招屈亭。"

（22）**三闾港**——《龙阳县志》载："本郡中三闾巷、屈原巷、屈原祠，皆其行吟处。"（共4处）

（27）**沧港、三闾巷、屈原巷、天乙宫、东岳庙**（5处）——均在汉寿，为屈原侨寓此地纪念遗迹。

（28）**屈原祠**——在汉寿。

（29）**三闾故宅**——《岳阳风土记》载："在城东十三都，今为太平寺。旧传为屈原宅，盖屈原被逐寓此。"

（31）**相公岭、相公庙**（2处）——岳阳新墙相公岭系十三都地，有三闾大夫庙，称相公庙，庙地即太平寺故址。

（33）**三闾庙**（2处）——《道光洞庭志》载："三闾庙在巴陵县有二，一在县南三里湖岸，一在县东（南）六十里新墙河岸，俱祀楚屈原。"

（34）**招屈亭**——《湘阴县志》载："汨罗江口亦有招屈亭，每岁五月五日，祭屈原后，望空举彩旗招之。"

（35）**招屈亭**——《湘阴县志》载："在湘阴县北七十里玉笥山，国朝乾隆乙亥年，邑令陈钟理建。"

（36）**屈原故宅**——《湘阴县图志》载："屈原故宅在翁家洲，今为南阳寺。"即今楚塘乡双桥村南阳街。

（37）**屈原塔**——《清一统志》载："在湘阴县北汨罗江边，相传宋玉、景差招屈子魂处，后人于此建塔。"

（38）**三闾祠**——《湘阴县志》载："在湘阴县署东南隅，庙一寝一，有庑有门，广深计五丈，祀仪如汨罗。明嘉靖二十年，知县梁汝壁建，罗奎有记。年久半为居民侵占。国朝乾隆二十年，知县陈钟理清查归祠。"

（39）**三闾祠**——《湘阴县志》载："在菱子市。"即今湘阴县西临资口镇。

（40）**名贤阁**——"在湘阴县北五里。"祀奉"三闾大夫、夏忠靖、易忠节"名贤。

（41）**屈子祠**——在汨罗市。一作屈原庙。初建于汉，唐时重建，定名汨罗庙。先后更名为昭灵侯庙、清烈公庙、忠洁清公庙、三闾大夫祠，清同治定名屈子祠。

（42）**三闾沉渊处**——位于距玉笥山20华里处河伯潭汨罗江故道。其汨罗市文物保护单位标志碑文曰："河伯潭（又名屈潭、沉沙港）。战国时期的爱国诗人屈原目睹楚国危亡，痛不欲生，遂于公元前278年农历五月五日，在此投江殉国。"

（41）**三闾庙**——唐·诗人窦常作《谒三闾庙》。据编者【附记】云："汨水又西为屈潭，即汨罗渊也。……渊北有屈原庙，庙前有碑。"

（42）**屈原宅**——唐·罗含《湘中记》："玉笥山有屈原宅。"宋人彭淮《玉笥山三闾

宅》诗云：“吴山烟锁子胥祠，汨罗水绕三闾宅。”

(43) **寿星台**——位于玉笥山南麓。实为庙。每年屈原生日，文人学士必来此集会祭典献诗纪念。

(44) **娘娘庙**——一名女媭祠，位于汨罗玉笥山下。

(45) **屈原十二疑冢**——位于玉笥山东八华里的汨罗山上。

(46) **楚塘**——位于屈原疑冢之山下。《湘阴县图志》载：“楚塘，大数亩。屈原女葬父于此取土。其地藕花重台胜他处。”

(47) **独醒亭**——在汨罗玉笥山屈子祠左前方，出自屈原与渔父对话诗句。

(48) **望爷墩**——位于屈子祠右侧，相传屈原女儿女媭常在此墩眺望父亲归来，后人称之为望爷(音“伢”)墩。1980年，湖南省人民政府在墩上置石桌、石凳，并立屈原纪念地保护标志。

(49) **绣花墩**——位于望爷墩左侧百米处，相传女媭要常在此绣花。

(50) **寿星台**——位于屈子祠前方汨罗江畔，建于清乾隆年间。每当正月，当地群众在此演戏，为屈原祝寿。

(51) **剪刀池**——位于玉笥山北坡，传说此地原有水无池，屈原到此地定居后，亲手掘池，以利众人。屈原自沉后，女媭悲愤至极，葬父之后，便在池边用剪刀自杀，血染水池。自此，水池干涸淤塞，虽滂沱大雨，滴水不存。乡人为之奇，取名剪刀池，并在附近建女媭庙，遗址可考。

(52) **桃花洞**——位于屈子祠后山，为一土洞，冬温夏凉，相传为屈原避暑之地。因洞口有桃花林，故称桃花洞

(53) **骚坛**——位于玉笥山西侧，与濯缨桥相邻。坛高约10米。相传为屈原吟诗之处。

(54) **濯缨桥**——位于玉笥山西，骚坛之前。光绪《湘阴县图志》载：“明洪武二年(1369)知县黄思让建。嘉靖二十一年(1542)知县戴嘉猷重建。桥长5米，宽4米。

二、湖北省屈原纪念地遗迹 (18处)

(一) 秭归县 (11处)

(1) **乐平里·屈原故宅**——《水经注·江水篇》载：“县(秭归)北一百六十里有屈原宅，累石为室基，名其地曰乐平里。”

(2) **屈原庙**——宋代诗人王十朋作《题屈原庙》云“故宅秭归江”。唐宪宗元和年间(807~820)始建。后废。当今80年代初由胡德平先生捐资重修。

(3) **屈原田宅**——《水经注·江水篇》：秭归“县北数十里，有屈原旧田宅。”

(11) **乐平里八景**——由一首打油诗串出读书洞、照面井、响鼓岩、擂鼓台、离骚台、伏虎仲、啸天犬等“八景”。

(二) 其他地区 (7处)

(1) **女媭庙**——《水经注·江水篇》：乐平里“宅之东北六十里，有女媭庙，捣衣石犹存”。

(2) **屈沱**——《归州志》：“州东五里屈沱，屈原故居也。”

(3) **清烈庙**——位于归州(秭归)归乡沱(见宋代魏了翁《过屈原大夫清烈庙下》。

(4) **濯缨台**——《光绪荆州府志》载：“濯缨台在城西。”

(5) **濯缨台**——《舆地纪胜》卷六十四江陵府：“濯缨台，在监利县东三里，《旧经》云：‘屈原濯缨处’。”

(6) 三闾大夫祠（3座）——《嘉庆重修一统志》卷三百五十宜昌古迹祠庙条云：“三闾大夫祠有三，一在归州东二里相公岭，祀楚屈原，以宋玉配。一在归州西十里大江滨，唐元和间建，号清烈祠。一在兴山县北，即屈原宅。”

(7) 相公岭——在归州。

三、其它各省、南海等地区 (11 处)

(一) 重庆 (1 处)

金沙堆庙——宋代乌江诗人张孝祥作《金沙堆庙有曰忠洁侯者，屈原大夫也》诗，庙址不详。

(二) 安徽 (3 处)

(1) 三间庙——在池州城北望京门外。

(2) 忠洁侯祠——《池州志》载：“在东流县南街，祀楚三闾大夫屈原，江村民投角黍卜水之大小。”

(3) 忠洁侯庙——《望江县华阳镇庙碑》载：“忠洁侯庙在望江县治华阳镇，万历十二年，邑令龚世仰建以祀楚屈原。

(三) 四川 (1 处)

屈原塔——在四川忠县，宋朝诗人苏轼、苏辙有《屈原塔》。苏轼记云：“在忠州，原不当有塔于此。意者，后人追思为作之。”

(四) 江西 (2 处)

(1) 三间老街——在江西景德镇，长约 400 米。

(2) 忠杰侯庙——又作三间庙，位于景德镇三间老街。其城门上刻“三间古栅”四字。

(五) 福建 (1 处)

屈原岛——位于福建台湾海峡两岸漳浦县佛坛镇辖地。该岛唐朝称鸿儒岛，宋末称屈原公屿，清朝称屈原岛，民国称屈公。自唐陈元光在佛潭桥设行台起，佛昙人民为纪念楚国大夫、伟大的爱国诗人屈原，每年端午节，民众皆组织龙舟到此竞渡祭奠屈原，此而得名。

(六) 河南 (1 处)

屈原庙——位于西峡县。建于东汉桓帝时(146)。《后汉书·延笃传》载：“延笃遭党事禁锢，卒于家乡。乡人图其形于屈原之庙。”

(七) 台湾 (1 处)

屈原宫——在台北。

(八) 南海 (1 处)

九章岛·屈原礁——位于中国南海。此处为一片海礁区，由九处岛礁组成，特以屈原诗命名为“九章岛”。又将其中最大一礁岛命名为“屈原礁”。经揣测，此“九章岛”“屈原礁”之名极有可能与明代朝廷外交大臣郑和出使大西洋有关。就此二名，为中国固定了南海一处极其重要的海域疆土。

据初步调查统计，全国各地分布屈原纪念地、建筑物共 226 处（非全部），其中湖南 197 处，湖北 18 处，其他 6 省及台湾、南海共 11 处。以县区统计，张家界市永定区 112 处，居首。秭归 8 处。

【附记】毛主席说：“没有调查就没有发言权。”本著研究之初，著者曾在两湖地区进行广泛调查走访、查阅多地县志古籍，寻找屈原踪迹。后偶得湖南岳阳屈学前辈张中一先生所发一份关于屈原文化纪念地名录，虽说还有遗珠疏漏之憾，但大部内容已入囊中，在此致谢！在本篇文字已经定稿之际，又偶从手机上发现南海“九章岛·屈原礁”重大信息，让我目瞪口呆，极度震撼！以诗魂屈原之伟名镇守海疆、固化版土、影响重大、意义深远。

第二章 国史志谱及历代本土诗证

高阳帝祖：屈原诗云“帝高阳之苗裔兮”，高阳即颛顼，一代庸国大帝。高阳出生于大庸澧口崇阳坪老庸湾（黄帝为庸成子所建五城十二楼西部第一城），乃屈原之先祖，故将崇阳坪定为屈氏宗族之“郡望”。又以屈原“众人皆醉我独醒”之“清醒”作屈氏堂号。

文献证言序

本著前章用“无屈地带”之理论术语，全方位揭破以“秭归说”为代表的20余个所谓“屈原故里”千古之骗局，澄清了屈原故里学说一片蓝天。那么，真正的屈原故里到底有没有？到底在哪里？既然是“故里”，就必须具备若干与“故里”相关的基本要素。比如：屈原到底有没有父母？有没有出生屋场？有没有家庭？有没有妻室儿女？有没有儿孙后裔？有没有成家立业的实地实名老屋场？有没有实地可指的农田土地？有没有读书学校？有没有种兰辟谷的田产土地？有没有实实在在的诗歌背景发生地？有没有牵涉诗作中一大批历史出典、历史人物、历史事件的真实地点地名？有没有一个真实的国家背景、国家名称、国家地域、国家历史、国家都城？难道果真是楚国、楚人、楚地？特别是：屈原先祖屈瑕的封地到底在哪里？等等，一直是屈学界十分关注但又无法说清的问题，故在两千多年屈学研究中，独这一领域几乎处于白卷状态。两千年的屈学研究基本上是在没有任何真实背景的前提下所作的猜想，或仅仅停留在司马迁那段文字层面对诗句所推理出来的表面文章，几乎没有几个人触及屈辞的本质、本真、本意、本相、本源。比如，一部216万字的煌煌巨制《屈原学集成》(戴锡琦、钟兴永主编，中央编译出版社2007年版）所选有关屈原出生地（还未涉及家庭）的研究文字仅仅只有12行94字！我们不能见怪选家用功不力，而是巧妇难为无米之炊。从先秦至唐宋古籍对屈原出生地、妻室儿女的文字记载一直深藏未露；两千年屈学界又无有成果传世，而所谓“秭归说”明显是向全中华民族开涮的笑话，如果入选此书，等于助推谬误，让屈原身世蒙冤愈深，遗害后人，故选家仅列几条标题，不留半个字的实际内容，真是用心良苦，其德可嘉！

当然，也不可一概而论，龚维英先生就独辟蹊径，考将过来考将过去，居然发现屈原“是个弃儿（可能是私生子）”！还作出“弃儿以至私生子的童年惨痛记忆”的感情渲染。(《屈原少时为“弃儿”研究》）这种毫无依据的推理瞎编，信口雌黄，简直就是一种人身侮辱了，或说这就超出屈原身世研究的本旨了。由此更加说明寻找真正的屈原故里和准确的身世是多么的重要和紧迫！

笔者无意吹毛求疵，从古至今一直以来的屈学研究，基本上都是在略去主人公出身之地、家庭背景，然后在一个模糊不清的国家背景、政治身份背景及诗辞“文化发生学”等背景下进行的。就是说，关于这方面的研究，一直没有关键性的发现和突破。但毕竟时时在牵动着屈学者们的心，因为屈原是否拥有“生身家族”“生身家庭”“生身故里”“生身国家”四大立身元素，事关认定其人能否真实存在的问题；事关理论成果是否合乎其生存环境、社会背景、生活习俗、地域文化、宗教信仰、地方教育等诸方面因素对屈原所产生的影响问题。

笔者经过十二年十个月的穷索极搜，强力攻关，关于屈原故里及身世之谜居然一一找到了下落，甚至发现了他非凡的国家及政治背景身份，并为屈原的真实存在提供了120万言超级“诉状”及大量的、成排山倒海之势的可供“庭审”的证词证据。本章开篇就向读者出示国史、县志、族谱、民间唱本等四件基础性文献证词证据。

第一节　发现屈原故里五份基础性核心证词

一、大宋国史《太平御览》核心证词

——重新公布大宋皇帝御批钦定的关于屈原故里在充县（湖南大庸张家界）潭口里归乡岸、姊归岸的文字记载

1. 引子

关于中国古史上一批创世巨人、文化伟人的准确出生故里的冤假错案，旷时最久的第一人、第二人分别是伏羲、女娲，距今长约7500–8000余年。第三人是轩辕黄帝，迄今约4560余年。第四人是世界谋略之祖（何光岳语）鬼谷子白公胜，距今2530余年。第五人就是屈原，距今（2021年）2299年。

关于中国历史上这一批开山创世巨人的生身年月及出生故里就在这些不确定因素中一路争吵着从远古走来。

站到世界层面审视历史，以一个固定传统节日世代祭奠纪念的伟人巨人，堪称凤毛麟角，而最持久、最有影响力的，大约只有两个：

一个是西方的耶稣；

一个是东方的屈原。

前者成了西方的大教神；

后者成了东方的民族魂。

关于这两位世界文化巨人、圣人的出生地及身世，前者已写进了《圣经》，神，还原成“人”；后者至今还在空气中飘游，人，变成了“神”。

两千三百多年来，一年一度的“端午招魂祭”——千千万万华人一族，划龙舟、撒粽子、挂艾蒿、燃雄黄，还要站在江河岸边长声悠悠地高呼“魂兮归来啊——魂兮归来——！”这个已成模式化的节日，似乎永无止境地在中华大地、在亚洲华人诸国，岁岁上演，代代传承，乐此不疲，无有穷期。

——就是这个人物的灵魂，把中华一族紧紧地凝聚在一起，团结在一起，一次又一次、一代又一代抗拒分裂，抵御外侵，为国家而战斗，为民族而牺牲。

郭沫若先生曾这样说过：

“由庸（楚）所产生出的屈原，由屈原所产生的《楚辞》，无形之中在精神上是把中国统一着的。中国人如果不灭种，中国文化如果不消灭，《楚辞》就没有毁灭的一天。楚人的功劳是不朽的，屈原是会永远存在的。”（《屈原研究》见中国现代学术经典《郭沫若卷》682页。河北教育出版社）

毛主席对屈原更有一番精彩的评说：

“屈原不仅是古代的天才歌手，而且是一名伟大的爱国者；无私无畏勇敢高尚。他的形象保留在每个中国人的脑海里。无论在国内国外，屈原都是一个不朽的形象。我们就是他生命长存的见证。”

两千两百九十余年过去了……时光把一个人物都雕塑成了神话。

到了公元2008年的五月端阳，当我和人们一起在澧岸观看中流击水龙舟竞渡的疯狂，一起高呼“魂兮归来”的那一瞬间，仿佛听到一个游魂荡魄嘶哑着声音在广袤的大地上呜咽泣诉：

——“我是屈原孤魂野鬼吗……

——我有家吗？……

——我的家在哪里啊？

——是在秭归吗?!

——是在郢都吗？是在……？

——我还有回家的那一天吗?!……”

是为了一个千古承诺？抑或是一种隔世使命？笔者从那一刻起，毅然决然提前5年退休，并由文学改行史学，义无反顾地投入**“屈原生身故里在大庸**（今张家界市）”课题研究工程。

毋庸讳言，从前所述中国古史中5大历史巨人出身冤假错案中，屈原列为首案。而令我意想不到的是：就在那正式启动这一工程仅仅一个多月时间的某一刻，竟如神助般得到了屈学界千呼万唤总不得的一部名为**《麓山精舍丛书》**的奇书，并且，就从这部古籍中，**鬼使神差地发现了一段关于屈原生身故里就在大庸**（张家界）**潭口里的国史证词！**难道这是屈原冥冥之中等待2290余年后的跨世纪邂逅？也就从那一刻起，笔者暗暗发誓：一定将人生所剩时日毫不吝惜地奉献给屈原，为他充当“律师”，为游荡两千多年的冤魂鸣冤翻案！此后，我以整整12年8个月的时间在湘鄂两省八千里庸楚大地寻寻觅觅、在八百里汤汤澧水两岸史海深渊打打捞捞，居然在那个不眠的黄昏或早晨，完成了长达120余万言的超级“诉状”——《屈原故里大庸考》，从而彻底澄清了历史迷雾，颠覆了千古谬传，找到了屈原故里，还原了屈原本真！

今日，我就把这份沉埋一千余载、共236字国史证言送上历史的审判台，为伟大的爱国主义者、伟大的民族诗祖屈原申冤翻案，让天下亿万中华民众从被蒙蔽2000余年的混沌中仰望那一线朗朗青天！

2. 惊天大发现：关于大宋国史《太平御览》——所载屈原故里在大庸（张家界）潭口里的核心证词

“澧阳县（按：今湖南石门县）西潭口里（按：原陈运溶辑撰此文漏刻“潭”字，今张家界市永定区潭口村），澧水之南岸有白石双立，状类人形，高各三十丈，周迴等四十丈。古之相传：昔有充县（按：今湖南大庸张家界市永定区，汉置）左尉与零陵尉（按：后更零陵为零阳，即今张家界市之慈利县）共论疆，因相伤害，化为此石，即以为二县界首（因称“二尉岩”），东标零陵（零阳），西碣充县。充县废省，今临澧县（按：即今永定区）别地也。（卷二百六十九）

《水经注》曰：澧水自县东（按：即大庸充县）经临澧、零阳二县故界，水之南岸，白石双立，厥状类人，高各三十丈，周四十丈。古老传言：昔充县尉与零阳尉共论封境，因相伤害，化而为石，东标零阳，西碣充县。充县废省，临澧即其地，县，即充县之故治，临侧澧水，故为县名。晋太康四年置。[澧水注]

南北岸曰屈原之乡里。原既流放，忽然归，乡人喜悦，因名南岸曰‘归乡岸’。原有姊，闻原还，亦来归，贵其矫世，乡人又名其北岸曰‘姊归岸’。”（卷五百一十七）

全文共计236字，核心证词52字。上述证词原载南齐（约479-502）刘澄之撰《荆州图记》。北宋·太平兴国二年（977）《太平御览》引录其中二十一事（之十三）。清·光绪二十六年长沙文史编辑家陈运溶辑撰入《麓山精舍丛书》（湖湘文库编，岳麓书社2008年版，第85页）。由此可证，关于屈原故里，至迟在公元前500年就已载之史籍！

3. 解读

此证言关键词：澧阳县（今石门县）—潭口里（在今永定潭口村）—充县（今永定区）—零陵县—零阳县（今慈利县）—临澧县（今永定区）—临澧（永定）—屈原之乡里—归乡岸—屈原姊。这是一组不可拆解、无法辩驳的历史地名证据链！

第一段：一是界定潭口里与三县行政区域位置及关系；二是讲述两县县尉及两县边界民众为争界址引发械斗造成伤亡流血命案而得名“二尉岩”的地名历史，从而坐实了真正屈原故里的准确行政区域、准确发生地标、并伴随重大历史事件发生的由来。

第二段：引用《水经注·澧水》关于二尉岩的一段雷同文字，强化了屈原故里与二慰岩的真实地标关系。由此分析，郦道元注澧水时，估计还不知道二尉岩潭口里就是屈原故里的信息，否则，他断不会忽略如此重大的关于屈原故里就在大庸澧水的史实，而受袁山松“秭归说”愚弄蛊惑，从而让他背了黑锅，让中华民族遗恨千古！

第三段：是刘澄之留给后人的最辉煌最伟大的文字。其中“归乡岸”与“姊归岸”两大关键地名产生之过程，形象、生动地记述了那段曾经实实在在发生过的真实历史地名与真实历史事件。

52 字核心证词译文大意是：

澧阳（石门）县西部的潭口里……南北两岸就是屈原的出生故里。屈原遭贬逐出楚宫后，突然回到阔别许久的家乡。消息传开，父老乡亲们奔走相告，一片欢腾。为了表达对自己最优秀儿子的无限爱戴，众人共议：将屈原下船登岸回家的潭口南岸命名为“归乡岸”，以志永久纪念。屈原有个远嫁的姐姐，听到弟弟回老家的消息后，也匆匆赶回娘家与弟团聚。屈原的姐姐不畏权势，不惧连累，在弟弟处境最为艰难的时刻回到他的身边。这种敢于矫正世俗的精神难能可贵，令人敬佩。于是众乡亲又作出决定：把屈原姐姐回潭口故里登船过江的北岸命名为“姊归岸”。

【注释】 ⑴“屈原之乡里”：1980 年版《辞海》载：“乡里就是故里。而‘故’有‘老、旧、过去的’意思。‘里’则是居住的地方。”民国《辞源》：“故里，犹言故乡，旧时门巷也。”又“故乡，父母之邦也。”所谓“屈原之乡里”，也就是屈原之故里，即屈原出生的故乡。⑵尉：汉时各县设县尉，掌治安民事，相当于现代的县公安局局长兼民政局局长。⑶充县：新版《大庸县志》载：“汉高祖五年（前 202 年），罢黔中郡，分置武陵郡，置充县（辖大庸、桑植县及溇水中游）。县治在大庸县。”（《大庸县志·沿革》，生活·读书·新知书店 1995 年版，第 53 页）充县，以本境崇山（又名春山、充山、蛩山、穷山、重山等）得名，县治在今张家界市永定城区中心古人堤遗址（即古庸都遗址）。1987 年在此出土一批简牍，发现“充长之印”四字及“永元元年十二月廿日辛丑起廷”等文字（参见侯德极著《千古城廓依天门》，民族出版社 2008 年版，第 140 页），证明争论千百年的古充城建在大庸古人堤不用置疑，至迟在公元 89 年时，大庸境仍属充县。以后几经变更，就成了当今张家界市的市府所在地。⑷潭口里：古地名。一如屈原出生地叫“祖屋里”。《汉语小词典》“里，家乡，故里。”今张家界境内有“屈家里”“嫦娥里”（在天门山）。《张家界市情大辞典》载：“[潭口村] 位于（永定区）阳湖坪镇东部，东抵慈利县溪口镇渡坦坪村，西邻本镇王家垴村和禾家山村，北与慈利县许家坊乡陈坪村交界。由龚家岗、青龙堤、漳漕湾、止风垭、桑树垭、汉（旱）坑 6 个村民小组组

成。总面积7320亩。人口690人。”（民族出版社2001年版，第557页。以后凡引用该书文字，均略称《市典》）道光三年《永定县志》卷七·六十八载张映南作《福德山说》：“下有潭口、星滩各险，扼澧阳数邑之咽喉。……民生其间者，乐诗书，安耕凿，人多寿考，俗醲淳风。”这是当年修志才子们有意无意为这片神秘土地留下的赞语，尤其那句“乐诗书”，意味深长。由此可证此潭口里属于今张家界市永定区辖地，位于二尉岩之西1.8公里之金藏关。又因此处恰乃澧水汇流七里峡深潭之入口，故得名“潭口”。屈原居住老屋场——“簸箕塌吊水”（一名“一口印”）正处潭口南部入口山脚平台，原占地3亩，后因崩塌减少至2亩。史载与现场无缝对接。本拙著将从这里翻开第一页。

在上述236字证词中，最核心的证据是澧阳县（石门）、潭口里、澧水、充县、零陵（慈利）、二尉岩、归乡岸、姊归岸等8大地名符号，形成证言连锁。

下面出示新版《大庸县志》刊登王育久先生所调查关于潭口、二尉岩分疆划界残碑（约三分之一）文字：

“1985年8月19日，县志办王育久同志实地考察，在黄家铺乡潭口村民朱月清门前发现断碑一块，现仅存半截（此碑原立在慈庸交界处——即潭口观音潭老码头），残碑现存文字如下：

夏月　吉日立
□□定县正堂加三级
□□纪录五次功一次郭
□□奉檄县属四各清
□□抵界　为
□□慈分疆抵此碑为界
土名观音潭
乡约　崔秀宗
保正　王公党
周登云
甲长　卢占发

考此碑所立时间，应在建永定县后。查道光《永定县志·职官志》，姓郭的知县只有清乾隆二十二年十二月任、二十七年复任的郭六宰（河南信阳举人）。故此碑当为乾隆二十二年后所立。

据朱月清说：在慈庸交界处观音潭澧水北岸悬岩壁上刻有**“慈界永界中分”**六字。此地对河岸边有两峰高耸，即水经注中所记之‘二尉岩’。现在当地群众又叫‘日月岩’。系古充县与零阳县（慈利）界。”

碑文中所刻“观音潭”，一名“七里潭”“七里峡”“江潭”“屈子潭”等。

【附】**王育久**：1924年9月生于慈利县零阳镇。1949年9月参加南下工作团。先后在大庸县文教科、文化馆工作。民间文化专家，方志专家。《大庸县志》副总纂。副处级离休干部。已逝世。

这块残碑的价值在于：证实与屈原故里潭口里相关的具体位置在大庸、慈利澧水的交界处确有二尉岩、潭口，直到清代乾隆年间两县再次勘定县界，仍然遵照汉代充县、零阳共商所定以二尉岩分疆的旧规不变。（纠错：文中所言“二尉岩”，并不等于“日月岩”。日月岩指此地两处自然奇观“月亮岩”和“太阳岩”。）

可以这样说：刘澄之所记潭口史事，是目前穷搜遍览中国古籍文献所发现的唯一一份背景清楚、记载翔实、地址明确、有人有事、有根有据，而最关键的是52字中，有屈原及姐姐先后回老家的具体情节和细节的描述，以及关于屈原生身故里地望的证词。一千五百多年来，历代各地所谓发现的“屈原故里”累计已达20余说，都试图借一二处蛛丝马迹而断为屈原故里，且不屈不挠地为之鼓噪、为之“力挺”，但终因拿不出权威的国史文献实证而难以成立。

前面所出这份证词，出于南齐《荆州图

记》，收录于宋代《太平御览》，辑存于清代《麓山精舍丛书》，再版于当代岳麓书社湖湘文库。来龙去脉一清二楚，且与地方志书所载吻合。

民国二十八年（1939）《辞源正续编合订本》（按：本著以后各章引用此书证言均简称民国《辞源》）第388页载：

［太平御览］书名。宋太平兴国二年（977）李昉等奉敕撰。凡一千卷，初名太平编类，后改为太平御览。春明退朝録谓书成之后，太宗日览三卷，一岁而读周，故赐是名。凡分五十五门，征引浩博，所载古籍佚文，虽亦采自类书，然考订家之资以考古者甚多。亦省称御览。

李学勤等编辑《炎黄汇典·太平御览》云："李昉字明远，饶阳人，进士，官至中书侍郎平章事。太平兴国二年受诏，至八年书成（按：一本记修于977年3月，完成于983年10月）。初名《太平编类》，因太宗赵光义（又名赵炅［jiǒng］、匡义）一年读完了全书，故改名《太平御览》。书分55部，共有4558个子目，引书达1600种（按：一本称引书2579种），所引古籍，十之七八多已失传，故本书对学术研究很有参考价值。"由此得悉，关于屈原故里在大庸充县澧口里的结论，还是宋太宗赵匡义朱笔圈点的。这位皇帝能下旨发起编撰出版如此浩大的史书工程，绝非等闲之辈。实际上，早在一千多年前，大宋皇帝就已经把屈原故里在充县澧口里的真相刻写在史册上，根本没有给秭归、郢都和其他任何一个地方所谓的"屈原故里"留下半个可以值得随意发挥瞎编的文字。大宋皇帝一言九鼎，锁定屈原故里就在大庸充县与慈利县交界处的"二尉岩"—"澧口里"。这是两大固化千古的地理名称，不可篡改，不可动摇。说明此前所有关于屈原故里在某某地方的传闻都没入大宋皇帝法眼。

但这位皇帝万万没有料到，他所御批钦定的屈原故里在大庸充县澧口里这一重大信息，居然在《御览》中封存了一千六百余年，可见皇帝的圣旨也不是万能的。或者说，当年《御览》规模宏大，印量极少，传播量极其有限。

那么，东晋安帝时（397-405）在秭归为官的进士袁山松又是从哪里得到屈原故里在"秭归""归乡"的传闻的呢？关键是：东晋安帝是公元397–405年，北宋太平兴国是公元976–995年，说明袁山松所听故事早北宋590年。故事虽不完整，秭、姊混淆，但故事梗概元素字音大体相近。说明比刘澄之更早之前，必有类似史传文字，弄得历史真相一头雾水。说来也巧，恰在此时，一个叫王正鹏的民间考古专家，在网上曝出3条关于屈原故里在充县澧口里的旧闻，兹录如下：

【西汉】汉武帝元封五年（前106）荆州刺史（按：姓名不详）撰《荆州图经》："澧水南北岸，屈原之乡里。原既流放，忽然归，乡人喜悦，因名南岸曰归乡岸。原有姊，闻原还，亦来归，贵其矫世，乡人又名其北岸曰姊归岸。"（后略）

【金按】：此为目前发现最早的屈原故里在澧水澧口里的记载，距屈原逝世174年。

【东汉】荆州刺史王睿（？–前190）撰《荆州图经》："澧水南北岸，屈原之乡里。原既流放，忽然归，乡人喜悦，因名南岸曰归乡岸。原有姊，闻原还，亦来归，贵其矫世，乡人又名其北岸曰姊归岸。"（后略）

【金按】此即汉献帝刘协初平元年。

【南北朝·宋（420–479）】刘澄之撰《荆州图记》："澧水二尉岩。……澧阳县西潭口里……"（后略。此即《太平御览》所载文字，距汉武帝元封五年即前190年迟230年）

对比上述三则文字，令我大惊失色！

就是说，屈原故里在澧水二尉岩潭口里的最原始文字，原来始出汉武帝元封五年（前106）荆州刺史的《荆州图经》，东汉王睿、南北朝刘澄之二人所载澧水屈原故里文字，均源自西汉。也就是说，刘澄之抄录西汉证词晚了600余年！而西汉元封五年距屈原逝世（前278）仅170年左右，距袁山松"秭归说"500多年！说明袁山松和郦道元二人根本没有发现上述两汉年代的证言。因而说，由袁山松编造、由郦道元助推的"屈原故里湖北秭归说"极有可能是从"秭归"二字中来了灵感，就移花接木将"秭归"当"姊归"，有意无意中制造了屈原故里"秭归说"史学第一冤案！这一折腾，谬种就横行了1600余年！但无论怎样，这一迟迟公布的被历史遗忘的旧闻，仍然称得上石破天惊，如晴天霹雳！

这是2200多年屈学界从未发现，也从未公开披露过的唯一国史、正史文字！

它在屈学界朦胧的苍穹中划出了一线耀眼的弧光，足让屈原学界为之目瞪口呆，叫"鹞子入林，百鸟断声。"

不过，另一个问题也一直让我颇感困惑：刘澄之先生所说"归乡岸""姊归岸"，与郦道元引录袁山松的"归乡""秭归"似有某些雷同或相近的地方，二者究竟有何关联？我认为鉴别真伪的最简便办法就是将两种版本的文字进行对比，真相自会大白：

甲.《太平御览》引《荆州图记》："澧水二尉岩潭口里，南北岸曰屈原之乡里。"

乙.《水经注》引袁山松《宜都记》："秭归盖楚子熊绎之始国，而屈原之乡里也。""楚子熊绎始封丹阳之所都也。"

[按] 此之秭归即熊绎始封地丹阳。是"秭归说"赖以立足并长期争论不休的基础论据。但湖北省博物馆著名考古专家院（阮）文清先生严正声明：

"楚简《楚居》中没有'丹阳'一词，这是确凿无疑的事实。"并说："如千年以来被众多学者认定的楚国早期的都城'丹阳'，就已经成为了飘浮在历史天空中的'神马'。"（《〈楚居〉世系疏证》，载《楚文化研究论集》，湖北美术出版社2011年版，第31页）

既然湖北的考古结论从根子上彻底否定了"丹阳"之存在，袁山松所嫁接的"屈原故里秭归丹阳说"基础论据便失去了附着物，成了空中楼阁，化成"影子理论"，就凭这一条，"秭归说"不攻自破，不打自灭。

甲.《太平御览》载《荆州图记》："原既流放，忽然归，众人喜悦，因名南岸曰'归乡岸'。"

乙.《水经注》引《宜都记》："袁山松曰：父老传言，原既流放，忽然蹔（zàn，暂时）归，乡人喜悦，因名曰'归乡'。"

[按] 对照前述西汉、东汉、南北朝三朝三代地方史家所载屈原故里证言文字，均已形成统一行文模式，而袁氏、郦氏之引文明显是根据民间传闻东拼西凑的"杂粹"。看似大同小异，但内涵却有本质区别。其一，后者承认是"父老传言"，不是出自正史；其二，"潭口说"叫"归乡岸"；"秭归说"则称"归乡"，而"归乡"之说又出

自“夔子国”——“夔乡”——“归乡”——“秭归”。屈原回归故乡潭口是行为动词，秭归“归乡”则是古代县城的名称。

甲.《太平御览》载：“原有姊，闻原还，亦来归，贵其矫世，乡人又名其北岸曰‘姊归岸’。”

[按] 是说屈原姊（姐，原文未直呼其名）听到弟（屈原）回归潭口老家消息后，不为世俗所阻，赶回潭口老家与弟团聚。此举感动了父老乡亲，以其姐北岸登船产生了“姊归岸”这一光荣的名字。此之“姊归岸”是姐姐归乡登船之岸，与屈原“归乡岸”都是父老乡亲们所赐。这是光荣百代、名垂千秋的赏赐。

乙.《水经注》引“袁山松曰：‘屈原有贤姊，闻原放逐，亦来归，喻令自宽，全乡人冀其见从，因名曰‘秭归’，即《离骚》所谓‘女媭婵媛以詈（lì）余也’。”

[按] 是说屈原姊（姐）回归家乡就叫“秭归”，照此说，“姊归=秭归”。与上句屈原回家乡就叫“秭归——归乡”一样，**玩的就是以“秭”代“姊”的把戏**。而且，还毫无根据地把“女媭”瞎说成是屈原姐。（按：大庸屈氏家族与汨罗共说女媭是屈原女儿。后有专论）

《康熙字典》“秭：数也。一曰数亿至万亿曰秭。”《诗·周颂》：“万亿及秭。”《风俗通》：“千生万，万生亿，亿生兆，兆生京，京生秭，秭生垓，垓生壤，壤生沟，沟生涧，涧生正，正生载。载，地不能载也。”

《康熙字典》姊：“姐本字。”

就是说：秭、姊是两个绝对不可通用的各具独立法人性质的单字！

可就是这两个极普通的常用字，居然被袁山松、郦道元把玩于股掌之中，并以此炮制屈原故里“秭归说”，蒙蔽、坑害、愚弄中华民族1600年！却还有那么多有文化、有思想、有身份的注家们声嘶力竭为之“力主”、为之“力挺”；为之诡辩、为之呐喊！

可以这样说：屈原故里“秭归”说，是中国千古第一宗由饱读诗书的进士袁山松道听途说，以“秭”代“姊”瞎编出来的关于一个伟大名人故里的谣言！

现在细一思量，原来关于“归乡岸”“姊归岸”的故事出典早在大庸建充县之前在两湖大地就广为流传了。大庸首建充县时（前202年），距屈原投江赴死（前278年）仅76年。76年，不过三代同堂（父、子、孙）的日子，屈原回故乡潭口里的故事应该是不会走样的。而晚屈原投江650余年的袁山松极有可能从哪里听到了流传于大庸充县的这个传闻，可他无法打听到或找到这个故事的原生地和文献史料的记载，却偶尔从“夔子——子归——归乡——秭归”中找到嫁接的灵感，结果闹出了一个以“秭”代“姊”的低级笑话，恰又被郦道元半信半疑收入《水经注》，从而制造了影响1600年中华民族对屈原身世故里的误导。特别对屈原学说研究的负面影响，几乎成了一种难以修复的灾难！1600年来，成千上万的屈学职业研究者就在这种虚假的理论基石上，构建了一座庞大的“中国屈原学理论大厦”，并因此害得全中国屈学界为寻找这个真正的“归乡岸”“姊归岸”而扯皮吵口混战一千余年！白白浪费了多少时间、多少心血、多少唾沫、多少感情、多少笔墨纸张！而更可怕的是，由假故里、假身世、假背景而瞎编伪造出的两千年“屈原学理论大厦”，以及由此炮制出来的屈学历史、屈学背景而创作、制作的多数或全部理论、艺术、文学作品，将因全部

打上“虚假”“胡编”“瞎说”“乱造”而面临“全面崩盘”，最终将“噼啦啦大厦将倾”！这是由不得你服不服气、承不承认的最终结局！

然而，这一天毕竟到来了，虽说姗姗来迟。

历史的真相今天终于大白于天下！

4. 屈原6处“故居”

笔者通过对屈原故里展开全面调研，发现湖南、湖北境内的“屈原故居”共达6处之多：

①**屈家坊**：屈原出生屈家坊祖屋里，这是出生他养育他的出生、童年、少年之故居；

②**潭口里**：即金藏关“一口印”（簸箕塔吊水），是屈原结婚分家居住故居，生长子平平、女儿小媭。屈平平生子开、元、天、祯四孙；

③**郢都故居**：前328年，楚怀王熊槐元年，屈原以莫敖之职受庸王伯庸派遣，进驻楚朝廷，行使“庸楚两国共监”使臣之职，定居郢都，辅佐怀王。前299年，楚怀王入秦被扣，其子熊横乘机夺权，自称襄王，并将政敌屈原驱逐出境。前297年，屈原启程回庸，出使庸国并居住郢都达31年，是居住时间最长的异国他乡故里。

④**兰岗**：是屈原从郢都回潭口不久，归隐避世、辟谷植兰于兰岗的居住故居。

⑤**天门洞**：屈原在兰岗辟谷种兰数年后，登上天门山，以天门洞为屋，辟谷修行。约3年后，下山远游。此为洞屋故居。

⑥**桃江第二故居**：屈原远游沅湘，到达“美人窝”桃江之后，与当地美人洎（音“季”）氏结婚，生女绣英，生子屈黑。本地老作家胡则丘依照方志、史料、传说著《屈原第二故乡》（岳麓书社2008年1月第1版）。

⑦**客居并归宿汨罗**：屈原远游的最后一站就是汨罗，因为他的大女儿小媭（女媭）就远嫁在此。屈原在桃江居住数年后，即携小女儿绣英北上抵达汨罗，与长女小媭一家团聚。算是客居它乡。公元前280年，秦将司马错、司马靳爷孙灭庸灭屈。屈原闻讯，做了《招魂》《大招》两堂法事后，投汨罗江殉国（庸国）。50余年后，楚亡。此举确证屈原投江，与楚国命运毫无关联。

二、清代《永定县乡土志》“三闾宗坊”之证

当我发现大宋皇帝御批钦点的《太平御览》问世900多年后的清光绪三十二年（1906），曾在清廷担任内阁协办侍读中书舍人即光绪皇帝之师的举人（大庸人）侯昌铭，在他受聘主持总纂的《湖南永定县乡土志》第四册·氏族第九·第360页中记下了让人心跳的“三闾宗坊”48字赞诗，赞曰：

八使匡卫(1)，四姓称强(2)。
指树锡性(3)，插草画疆(4)。
屈昭斗叶(5)，皆楚之良(6)。
三闾族籍(7)，兰芷馨香(8)。
子孙千亿(9)，列甲分房(10)。
无滋他种(11)，永奠宗坊(12)。

[解析]（1）八使匡卫：八大指挥使主宰永定卫。

[注] 八使：指明代湖南永定卫八大指挥使，即“当时有胡、罗、汤、宋、丁、杜、刘、彭八指挥使为著姓（《永定县乡土志》氏族第九）。”匡：正也，匡正。《小雅》：“王子出征，以匡王国。”卫：指永定卫，建于明洪武三年（1370），初名大庸卫，后改名永定卫。

（2）四姓称强：四大姓氏可称为卫城最为

殷实且有权势的强族。

[注] 四姓：《永定县乡土志》载：“其后则以龚、郑、漆、王四姓为大家，饶有田产，奢俭各异。”

⑶指树锡姓：远古时代，我们的始祖繁衍人口（此指洪水时代出生于大庸雷泽坪的伏羲、女娲兄妹成婚抟（音“团”）土造人的传说。后有专文），初无姓名，于是指树赐姓。

[注] 锡：《尔雅·释诂》：赐也。《书·尧典》：师锡帝曰。传：锡，与也。《左传·庄元年》注：锡，赐也。

⑷插草画疆：古人“插草为标，指手为界”，于是就有了各自赖以为生的地盘。

[注] 草：古代平常百姓随意插草分界，故称“草民”；而帝王分封诸侯，则用茅草包土，受封为王侯，谓之茅土。各受封者在封国内立社（土地神位）。永定阳湖坪之社溪，即崇山祝融、驩兜所立社神祭坛。另在永定区之西有“茅土关”。

⑸屈昭斗叶：永定卫境之古庸国，原有屈、昭、斗、叶四大公族。

[注] 经查，现今四大公族姓氏中，尚存屈、叶二姓，昭、斗二姓消失。远古时期，四姓最初同居阳湖（父）坪社溪桥一带，今存屈家岗、昭家岗、斗地岩、叶氏垴四大姓氏地名。叶氏祖坟在崇阳坪南侧的“蛇形地”。张良皋先生说：“战国时期，动辄‘杀人盈城’‘杀人盈野’，才让庸国后裔的屈、景、昭三氏出兵。”（见张良皋《巴史别观》，第258页）

⑹皆楚之良：这四大姓氏，都是楚国的优良精英人种。

⑺三闾族籍：大庸一带的屈姓皆为三闾大夫屈原一族直系一脉。这是朝廷帝师侯昌铭发现并锁定屈原故里在大庸的重大信息。

[注] 三闾：即三闾大夫屈原。执掌楚国王族中势力最大的屈、景、昭三姓子弟的管束与教育，屈原是唯一任此官职者。或说是楚朝廷为屈原个人专设的一个特别官职。公元前328年癸巳，楚怀王熊槐元年，屈原受父王屈伯庸派遣，以莫敖之职进楚朝廷，监管并辅佐楚怀王，被怀王封为左徒、三闾大夫，古称“庸楚两国共监制。”此体制乃为一代庸帝鬻熊助武王伐纣灭商，其曾孙熊绎受庸帝之命，留周建楚，并由鬻熊派遣庸国使臣协助楚王熊绎监管楚国，史称“楚为庸建，庸为楚祖。庸楚一家，庸楚共监。世代传承，不可僭越。”屈原就是代表大庸宗主国帝王行使辅佐、监管楚怀王职权的一代使臣。

⑻兰芷馨香：意思是：三闾大夫的名声如兰花香芷一样远扬四方。

[注] 兰芷：屈原诗：“沅有芷兮澧有兰。”（《湘夫人》）作者再次借此诗暗指屈原，形成诗证之链。

⑼子孙千亿：意思是：屈原的后裔世代繁衍，成千累万。暗示屈原不仅有后，而且十分繁盛。

[注] 据调查，屈原后裔分布20余省。屈姓人口约130万，占全国人口总数的0.1%左右。屈姓在全国的姓氏排行榜上名列第182位。（见《屈原后裔寻访记》，长江出版社2010年版，第176页）仅张家界阳湖坪镇就有300余户屈姓，屈原出生地屈家坊村达2000余人，张家界市辖区内屈姓达7000余人，为国内一地屈姓最多者。

⑽列甲分房：意思是：这些子孙都一个个分田分房，各立门户，或远徙他乡定居。

[注] 甲：古代户口编制制度。

⑾无滋他种：意思是：永定卫屈家坊没有杂居其他外姓，全都是屈原一脉。

[注] 滋：滋生、滋蔓。生长蔓延。

⑿永奠宗坊：意思是告诉三闾后人，世世代代永远记住屈原宗坊，别忘了回来祭奠。

[注] 奠：用祭品向死者致祭。宗坊：祖宗老屋。世传屈原出生于屈家坊老祖屋。坊，里巷。此指今张家界市永定区阳湖坪镇屈家坊村屈原出生之祖屋。其后人以屈原为祖，故称“宗坊”。潭口在屈家坊之下游，相距20公里。

上述48字，以16字介绍大庸卫的历史背景，以32字记述“三闾族籍”在大庸地繁衍生息的漫长过程。看似没有直呼“屈原”之名，但举世唯一的“三闾”便让人一眼识破。侯昌铭先生乃朝廷一代大儒，自幼受“中原正统论”的影响，免不了也染上“畏天命、畏大人、畏圣人之言”的毛病。明知屈原的故乡就在屈家坊潭口，却不愿一语说破，以免惹出学术麻烦。但48字却又与国史《太平御览》对接，二者形成国史、方志联袂携手的不可动摇的证据链。

[附] 侯昌铭小传　号箴青（1854–1924），字仲熊。大庸县二家河乡侯家湾人。五岁读书，后肄业湖南岳麓、城南书院、陕西关中书院。光绪十一年（1885）中举。光绪十五年入京任觉罗官教习，后又派充内阁撰文、国史馆、方略馆校对官，管理诰敕房事务。补缺后，随翁同龢任协办侍读，给光绪帝写诏书等。光绪二十五年以丁忧（父母丧事）为由，解官回庸。光绪三十二年（1906）受聘修永定县乡土志四卷。擅书法，工诗文，精医术，县人称“一代儒医”。一生著述19种30余卷。（参读《大庸县志·人物》，生活·读书·新知书店1995年版，第751页）

三、明清永定《屈氏族谱》之证

（一）《屈氏族谱》从棺材里站出来作证

[讲述] 说起来真有些传奇色彩。自我启动大庸屈原故里研究工程已过去一年，任你东访西查，耗神费力，就是找不到大庸永定三闾宗坊族谱。这些屈姓人的理由很简单：老谱失传，新谱未修，非是我们不热心帮忙，实在是无能为力。虽说掌握了大宋国史、地方志等核心证词，但到底能不能与三闾宗坊族谱对接，还是让我心里阴影丛生，寝食不宁。2010年9月7日下午1时，我参加市政协一个会议的午宴，我习惯性地虔诚地给屈原奠了三滴酒，然后双手合筷，向天祈祷：“屈原老夫子啊，我要为您翻案，可大半年都找不到您家乡的族谱，今日我求您帮忙，一定要把《永定屈氏族谱》给我送来，如果实在找不到族谱，我只能选择放弃。”我边说泪水边流，与会者还以为老金走火入魔。可我是真诚的。我一句话都不说，默默离席。文史委主任李书泰随我而去。回到文史委办公室，当我推开门的一刹那，见两个陌生人正坐在沙发上。二人一见，即起立相迎，老者80来岁，说了一句话：“不速之客，多有打扰。”年轻的65岁左右，手捧书册，说：“我俩是屈家坊的，我叫屈楚福，他叫屈楚子，都是屈原的后裔。我俩正发起修编明清老谱，想请文史委指点帮助。”边说边手捧两册书稿说：“这是清光绪十二年的《永定屈氏族谱》，这是明清三谱谱序合订本。”我与书泰相视一笑，心灵一阵震动。刚才我还在餐桌上求屈原帮忙把屈氏族谱给我送来，不曾想还果真送来了！

——这是我十二年研究屈原过程中所发生多件奇事里最不可解的一件！市政协文史委主任李书泰可以作证！

老者叫屈楚子，别名屈祖生，说是在屈家坊三间老祖屋生老祖屋长大的，现年 80 岁。我心里一惊："楚子"——这不正是屈姓出于楚祖的信息吗？年轻一些的叫屈楚福，64 岁，退休干部，现居阳湖坪镇三岗村屈家岗组，是从屈原祖屋分支出去的。

当李书泰向二位讲述刚刚还在饭桌上金老师向屈原奠酒求助送屈氏族谱的情境，二人亦感惊骇。只能解释为"心诚则灵"吧！屈楚福说："我们根本找不到（不知道）你们在研究屈原故里！"——从此，二人就成了本课题组最重要的研究成员和顾问。

此时，屈楚子老人又给了我们一个惊喜：他从袋中取出一块陈旧破败的布料，说："这是明代屈家坊族人抄在白布上的《屈氏瓜藤谱》。"这让我俩眼睛一亮：天下有把族谱写在白布上的先例吗?!

关于瓜藤谱和老谱，屈祖生老人讲了它的来历。

早在 1997 年正月的一天，屈祖生偶尔收到他外甥胡维冬（永定区三岔乡人）一纸便信，说发现了屈氏瓜藤谱的重要线索。屈祖生喜出望外，即于次日去三岔与大外甥胡维夏到保存 190 多年的瓜藤谱的屈先社家，经商定允许由屈祖生将其带回屈家坊。屈老花了一个多月时间将其复制。得到了瓜藤谱，楚老就思谋着在有生之年办一件大事：发起第四次屈氏族谱续修工程，以慰屈原老祖的在天之灵。可是，光有瓜藤谱还是作不得数，没有老谱，怎知屈原一族的来龙去脉？"续"什么？"修"什么？

为此屈老又明察暗访，但总是泥牛入海无消息。一晃就是 5 年。2002 年，屈祖生终于偶尔得知老谱已流入慈利县金岩乡乐院村屈楚福（按：与眼前这位屈楚福重名）手中。屈祖生欣喜若狂，当即邀约屈国锦同去乐院屈楚福家，73 岁的屈楚福听明来意，便将老谱拿出，共 7 本，却是潮湿结块，虫蛀字残，看得令人心冷。谱成这样，让保管者屈楚福感慨万千。

该谱书系清光绪十一年（1885）第三次续修版本。说起这套《屈氏族谱》，称得上几经劫难。1916 年，县人罗剑仇串联留日同盟会会员屈髯（屈家坊屈原后人）及贺龙等人，响应云南蔡锷反袁世凯复辟称帝号召，组建湖西护国独立军，策动了影响湖南以至全国的反袁护国起义，遭到拥袁的澧州镇守使王正雅武字营的镇压。武字营攻占大庸，罗部失败。武字营为报复国军团长屈髯之仇，一把火烧了屈氏家族经营几千年的屈邑——屈家坊和黄家铺的下屈家岗。在大难临头之际，一位屈姓老人冒死从火海中抢出了一套《屈氏族谱》。以后几经辗转，传到金岩乡乐院村，及至传到屈楚福二哥屈楚华手中。"文革"时，大难再度降临人间，破"四旧"运动足可以把五千年历史文化全部毁灭。在紧急关头，时任乐院大队党支书的屈楚福不顾个人安危，把老谱从二哥手中接过去，偷偷藏到他爷爷奶奶的棺材中。到 20 世纪 80 年代后，才从棺材中取出，虽说用油纸做了保护措施，但仍遭到水渍虫蚀，破损严重，好在字迹清晰。

屈祖生双手接过老谱，不禁老泪横流。为了保护这份珍贵史料，他花了两个多月时间，小心翼翼对其一页一页分离翻晒，居然

完好无损，并一笔一画临摹手抄了一册。得到老谱，屈祖生便联络屈家岗屈楚福，谋划第四次续修屈氏族谱大事。屈楚福先是将其复印，2003 年，又组织屈新民（三中退休高级教师、副校长）、屈国荣、陆文忠、屈友元等将老谱进行抢救性手抄。2012 年，屈楚福又组织屈国洪、屈国基、屈文武、屈明初等人再将手抄本与老谱进行核对，以备打印入谱。

此刻，屈祖生老人打开由他按旧瓜藤谱原样复制的新瓜藤谱，这是一块家机白布，字迹清秀，排列有序。屈祖生说，这是他一笔一笔将其临摹下来的。当我们有幸观赏到这块家机布上密密麻麻的文字时，不能不为屈老的执着与热忱所感动。

我手捧两册手抄老谱，发现其中一册是明清三谱谱序合集，极其珍贵，激动与感激之情溢于言表。我当着众人忍不住大声呼唤："感谢屈原夫子在天之灵的暗示与帮助！"这样的"巧合"岂止这一次，我感觉到屈原在暗中"给力"。此后许多几乎不可能找得到的极其珍贵的资料信息都莫名其妙地一一被"发现"，进入我的视野。连西安一位叫张敬轩的专家也"不可理喻"地从远方打电话告诉我们："屈原读书的学校熊馆就在你们大庸！"——此是后话。

时隔两年之后的 2012 年 7 月 18 日，屈祖生已病在床上。屈楚福应课题组的请求，从乐院借来《屈氏族谱》老谱和老瓜藤谱原物。可惜老谱仅剩 7 册，序言 2 册被转手他人分管，却因洪水而冲走（按：好在得到了手抄本！）。我们终于看到了虫蛀斑斑的老谱和水渍破旧但仍完整的瓜藤谱！据屈楚福介绍，木刻版老谱属清代光绪十一年第三次续编本，内收明清一、二次老谱谱序 16 篇，以及晋绅节略、各种碑文、家训、修谱凡例等共 32 篇文章。

旧瓜藤谱是用 4 块家机布拼连成的，长宽各 1.6 米。其右上角文字为：

"祖籍南京江夏卫苏州府长寿县北门外花桥土地生长人氏自洪武开辟以后至永乐三年设卫运粮守府至此创业阳和坪后编十都"

[按] 是说阳和坪（即今阳湖坪镇）屈氏一脉，是明代永乐三年（1405）从苏州长寿县（即今常熟县）迁回到阳和坪创业的。如果从公元前 280 年屈邑屈家坊毁灭，到 1405 年屈原嫡派后裔迁回老家，已时隔 1685 年。

这是多么漫长的寻根归宗之旅！

瓜藤谱所抄录总前 6 派仅屈开一支 323 人，屈可进公一支 89 人，共 412 人。为了便于传承阅读，屈楚福又花了近一个月时间，将瓜藤谱改版成表格模式，并作如下说明：

"此谱修自明朝洪武元年[1368 年至崇祯十七年（1644）止共 276 年]。此瓜藤谱传至明伸公前十五代，由其后裔保存下来，现布面破烂，字已残缺，应世世代代永久保存。为此，2012 年修族谱期间，由明伸公第十三代后裔（按：指屈楚福）将此瓜藤谱改版为横排表格式族谱资料，以便永远保存在屈氏族谱内。"

（二）明清永定《屈氏族谱》序言之证（选读）

由屈楚子（祖生）、屈楚福送来的《屈氏族谱》（光绪老谱）中，共收明清三谱谱序 16 篇、《祖祠碑》碑文 1 篇、派序 1 篇，其他杂文 7 篇。本文仅将其中若干与屈原、伯庸、屈瑕相关的文字摘录，此三位人物与大庸屈原故里之关系一目了然。

1.《恭祝》："门光三间，芝发九茎，樽开北海，星庆南辉。……仙乡崇麒，顿首拜撰。"

[按] 门光三间，点出永定屈氏为屈原三间一脉，"仙乡"指大庸古为昆仑神仙窟宅，乃仙人溪长寿古国福地。锁定屈原故乡乃为昆仑仙乡。此论后有专章论述。屈谱所说不虚。

2.《屈氏谱序》（一）："辛巳秋，余摄篆大庸，道经邑之屈家坊，访诸父老，知系三间大夫苗裔。至其里，晤屈子清斋公，得阅所呈宗谱，深悉灵均嫡派，自临海迁江南，越数传至南宋庆元太守蟥公，又数传至明伸公，徙居始聚於大庸城东。逮有明中叶，时兵燹谱谍散失，所存旧帙只十一焉。而待补者甚多，所谓残简断编矣！族人见之，顿生续派之意。……清斋公又於邑之善举，无不力任其事，即偶遭诽谤，经讼年余，卒之冤盆得伸，且以未得终其善举为憾，洵不愧为三间大夫之后也！余故乐为之叙，并以望后人咸知尊祖睦族之意耳，则幸甚！

大清光绪十一年岁次乙酉七月中浣

永定县事关中杨靖渤宝书氏谨序。"

[按] 摄篆：代掌印信，即代理某种官职而非实授。摄，代理；兼职。由此序得知，大庸屈家坊（三间宗坊）之屈氏乃三间灵均之嫡派。嫡：⑴宗法制度下指家庭的正支（跟"庶"相对），嫡出（妻子所生，区别于妾所生）。⑵家族中血统近的：嫡亲、嫡堂。嫡派：⑴嫡系。⑵得到传授人亲自传授的一派（多指技术、武艺）。（《现代汉语词典》）这一信息十分重要。大庸屈家坊屈原一脉，盖因公元前280年大庸国灭，末代庸王伯庸战死于沅水；屈原之子屈平平战死庸都，屈氏家族惨遭屠戮，一次坑杀1万余人，生者被迫远徙，至于江苏临海东塍（读"城"）屈家村。后几经流徙，直到明永乐三年（1405），屈再四随西征军运粮队才回归大庸旧故。而"不愧为三间大夫之后"，则界定永定屈氏乃屈原的后裔。

3.《序》（二）："屈与楚为同姓。自公子（屈）瑕食采於屈，而后世因以为氏。灵均补楚风之亡，《离骚》为诗赋之祖，炳耀日星，讵（音炬，岂）偶然欤！盖三间大夫钟天地间，气萃山川英华，忠诚至超迈古今，其克昌厥后，历千百年而未有艾也，不亦宜乎！乃子孙云,初居处异境递传，而累代人文焕新，簪缨迭起，乡贤崇祀，斑斑可考。……夫宁惟是，科甲绍述，文章追踪，已至盖绍，闻依德言，以续其恋主爱国之一片忠忱云尔。为凭吊汨罗之区，荃兰九畹，掇其英芳，虽上下数千年，吾知其必有合也。世之修谱者甚多，叙谱者不一。而在楚言楚，居之地为楚之人，承楚之裔，宁不思振楚之雄耶？吾闻之，神明之后所生不凡，大夫虽殁，而生气凛凛！其精灵自常存千古，后有继其高风者，屈氏之幸，抑亦士君子所深幸也！岂惟谱之秩然有条而已哉！

庚子科中试侯推直隶州副从佑拜撰。"

[按] 该序对大庸屈氏的来龙去脉、始祖屈原的不朽贡献、屈氏后人继承三间遗风的精神风貌，一一写来，文彩焕然，格调高雅，既可资史，又可品文。妙哉！

4.《屈氏谱序》（三）："屈兄登葑（音"封"），屈子明瑛，芈氏之苗裔也。一日抱本宗谱来叩余为之序。余览其图，自灵均以来，麟趾呈祥，螽斯衍庆，衣冠文物，均可不谓一时之巨族哉！后世子孙，按其世考，其义茹芬，知本饮水思源，将见尊祖。……

进士第文林郎知邵阳县皋城邓钰撰。”

5.《谱序》（四）：“余族始自黄帝，始公孙名轩辕，国於有熊（按：即今张家界之熊罴岩·中央仙山，又名“云中朝廷”），在位百年。二世至少昊，姓巳名挚，在位八十四年。三世至颛顼，姓姬，在位七十八年。八世至季连，季连姓芈。又数传二十二世至（熊）瑕，食采于屈，因以屈为氏，此屈之姓所由来也。二十九世至（屈）原，时周赧王三十六年壬戌（按：应为壬午，即前279年）岁，自临海迁江南。长子承开，居本地，次子承元、三子承天、四子承真，居南塘江陵沔阳。后楚怀王并昭氏、景氏升为三闾大夫。（屈）原忠心不改，徙长沙，游江潭，殁於汨罗，清醒之祠，至今犹存也。其孙蟥公，南宋庆元太守，太守时从长沙湘阴迁衡州府衡阳县永伏秋溪乡。重孙正一郎，宋景定元年徙邵西荒塘村。正二郎……正九郎……。正四郎实余族始祖，居江南苏州府常熟县十字街印花桥。长子开职受游击，出仕星沙（按:今长沙星沙区），徙居永定阳和坪（按：即今永定阳湖坪镇），后编十都屈家坊。再二居慈利县。……再四居永定县。再五徙辰州府沅陵县白鹤山，后裔徙龙阳殿（按:今永定谢家垭乡龙阳村）。馆辂二公后裔徙永顺府桑植县冯（洪）家关、枫香坪。……”

[按] 文中有“二十九世至（屈）原，时周赧王三十六年，自临海迁江南”句。此即公元前279年。考屈原为公元前298年（楚顷襄王横元年）被贬出宫廷，放回故乡大庸。公元前280年屈氏后庸国被秦将司马错灭，屈家坊被秦摧毁，屈原一脉子孙逃命远徙。这段血屠屈原家族导致屈氏大逃亡的秘史，几乎多数屈氏族谱都没表述清楚（所有《屈氏族谱》都修编于明、清时期）。从郑之问等著《屈原后裔寻访记》所提供的信息，议其屈氏家族大迁徙的悲惨遭遇，主体原因是：“在寻访调查中，我们发现屈姓的迁徙既有像汉高祖出于政治原因，以官方迁楚齐贵族到关中便于‘监管’，也有汉民族家族聚集、落地生根的居住习惯，同时还有屈氏作为楚国贵族异地为官的规定的必然。”（第3页）汉寿县一位坚挺“屈原故里在汉寿”的屈学研究者则认为汉寿之所以无屈姓、无屈族、无屈村、无屈坟，凡“屈”皆无，主要原因是楚国是战败国，屈氏遭秦灭杀，只能选择逃亡。照此观点，屈原家族应该是公元前223年楚亡时才遭大难的，比郑之问所言是因汉高祖迁五大姓于关中之说早17年。

笔者经多年艰巨研究攻关，发现了公元前280年司马错以“声北击南”之计灭庸灭屈的重大线索，同时，又偶尔从民间获得一本抄自清康熙六十一年壬寅（1722）的《告祖词》，居然完整无误地记载了古庸国从兴到亡的国史，终于弄清了屈氏家族苦难迁徙史的真实背景。而这一消失于历史长河的秘密，居然莫名其妙地记载在大庸屈家坊《屈氏族谱》中！这是目前国内所发现的所有屈谱中的唯一！

笔者认为郑之问等所谓“汉高祖出于政治原因，以官方迁楚齐贵族到关中便于‘监督’”不是本质之说。须知汉高祖是正宗的楚族，不仅是屈氏家族的忠实保卫者，还是屈原及屈原辞疯狂的崇拜者、推介者。他先是发布征书诏令，搜罗秦火之后幸存的各种典籍，其中就有屈原辞；又督促儿孙学习屈辞、研究屈辞、创作楚辞。他自己创作的《大风歌》至今仍激人奋进，堪称千古绝唱。

其裔孙汉武帝刘彻更是楚辞迷，所作《秋风辞》尤享盛名。他还责令侄子刘安作《离骚传》，开训解屈辞之先河。此后汉室宗亲刘向，其子刘歆都是屈原辞的收集、整理、研究、推介集大成的功勋人物。所以说，明清以来受秭归说影响而统谱于秭归的诸多观点、背景多属谬讹之谈。屈原家族绝不是汉初被迫迁徙，更不存在追杀灭族之灾，而是汉朝廷抢救保护、“以利田宅”的国策。大庸屈家坊《屈氏族谱》序（四）所载公元前279年，正是司马错灭庸灭屈的第二年（前280年秋灭庸）。现在可以断定：大庸屈原一脉是在公元前280年秋灭国灭屈之时逃亡的。据1921年出生的屈楚炎、屈楚志，1929年出生的屈楚旺，1930年出生的屈楚子等老人口传：屈原儿子平平战死庸都，四个孙子开、元、天、祯（一说是屈原四子）是屈家坊攻破之前连夜乘船顺澧水逃走的。他们穿越洞庭，漂出长江，然后沿海岸北上抵达江苏临海东塍镇屈家村。但不知何因，在临海仅住一年多时间，便于公元前279年年底离开临海南迁。对这一疑问，屈家坊人一直琢磨不透。

笔者后来在《屈原后裔寻访记》中找到线索，重修于光绪九年的《临海屈氏世谱》说：“伯庸生（屈）平是为三闾大夫……则屈氏谱系又断自三闾大夫。”该世谱收录了汉平原太守屈燕传：“屈燕，字季儒，出自三闾大夫之系。”谱书还记：“平生署、跗。”此即无名氏夫人所生屈署、屈跗。又说：“屈氏自瑕至署凡数十传，世为楚人，跗客于魏，所为魏贤屈跗是也。”世谱还注明屈跗是三闾氏的依据：“祖徐按黄隶旧谱分注，引氏族大全，屈跗之后为三闾氏，则跗当是屈原子也。”世谱第九自序还载：“常熟始迁祖屈氏自楚至常熟凡八迁，祖徐初一关中，次二成皋，次三汝南，次四徒河，次五临海，次六祁阳，次七汴，次八常熟。”如果以“关中”为首迁地，那就是汉初官方迁五姓于关中之后数代了，与屈家坊光绪十一年《屈氏族谱》所载周赧王三十六年（前279）迁出临海迟70多年！由此分析，临海屈原子屈署、屈跗与屈家坊一支应该是同父异母关系，故屈家坊屈氏很可能是因此而投奔临海屈氏的。说明临海早有屈署、屈跗一支居住。后来分分合合，最后元配昭氏一脉还是迁回大庸了。后经反复探寻，临海屈氏兄弟应系邓氏夫人所生。

值得一提的是：大庸屈氏南迁常熟中途，曾在一个地方滞留数年之久，为纪念这个地方，就将此地命名为“特庸”，今属江苏盐城市。

屈原嫡孙回故乡，意味着屈原正脉叶落归根。

由此可证，大庸永定三闾宗坊正脉之母祖，应该是昭碧霞。

该序开宗名义溯源寻祖，始于黄帝轩辕氏，经笔者考证，黄帝出生于天门昆仑长寿仙乡（今仙人溪），建轩辕国于中央仙山（今熊壁岩村），史称“云中朝廷”，下传有熊氏一脉。

6.《序》（八）：“余族自授姓以来，数十传至三闾大夫（屈）原，又数十传至仕星沙之开公。递及我祖明伸公，聚族於斯，乃其土著，虽非强宗右族，亦非簿祚衰门，何岂无谱。持因明季兵变，谱毁于火耳。道光己酉，我倡修飞莲池家庙，兼领袖社溪瓦桥诸盛举，皆董其成，独於族谱未修……

钦加清军府补用同知裔孙心斋苏高谨撰。”（清道光己酉年《屈氏族谱》）

[按] 簿祚衰门：祚（音“坐”），⑴福；⑵君主的位置：帝祚，践祚。衰门，是说帝王之后，家道中落，王族成了贫民。明季兵变：当指李自成余部占领大庸，屈氏老谱毁于战火。此指明代第二代谱书。飞莲池：指屈家坊莲花池莲花堡（以屈子荷诗命名）；家庙：指三间大夫祠，又作屈原庙、黑神庙，残祠今存。

7.《序》（十一）：“夫由食采於瑕得受姓也。历二千余年，其流泽可谓长矣！系传清醒，忠著《离骚》，其垂绪可谓荣矣！且也瓜绵椒衍，自桑永辰慈而外散处四方，其生齿可谓繁矣！……余以自年有事到永（定）因谒祖祠，展阅永邑抄谱，始知祖开公由江南徙居永定，生子再大再二再三再四再五，再四为永定始祖，再五为辰之始祖，是永乃大宗。辰虽土著而永乃桑梓也……

裔孙申之苏栋识。”（辰州龙阳人，今属永定）（光绪丙戌年之谱序）

[按] 祖祠，指建在永定卫城内南正街屈氏祖祠。祠供屈原像及回迁公像。1946年扩街时，拆除第一进大门，祠堂主殿犹存，近年因重建南门口街区将其拆除。桑梓，《诗经·小雅·小弁》：“维桑与梓，必恭敬之。”是说家乡的桑树和梓树是父母种的，对它要表示敬意。后人用来比喻故乡。（见《汉典》）这是一个重要要信息：“永乃大宗”，是说永定是屈原祖宗出身之地。“而永（定）乃桑梓也”，直接点出永定屈家坊是屈原的“桑梓”之地，即屈原的故乡！这是目前发现的屈氏族谱自述屈家坊是屈原宗祖的故乡的重要证据。

8.《序》（十二）：“我祖自灵均公，越数十传至明伸公，始聚族于大庸城东。逮有明中叶，遭兵变而谱无所存，即间有旧帙，亦不过存什一於千百，编残简断，几等杞宗，无征阅之曷胜太息焉。……余族原籍江南，自开公至今，人丁蕃衍，各处散居，星罗棋布，不下数百户矣！倘谱不修，忘祖者有之，纂宗者又有之。如欧阳文忠公所云，子孙不知姓氏所从来，有禽兽不如者。爰为采访，征文考献，如探河源者，溯星宿，查山脉者，宗昆仑，即我祖之前后，疑者阙之，信者传之，派别分支，不使淆乱，庶后之人贤，是谱而修，分缕晰一目了然。从此子子孙孙，亲其亲长其长，咸庆瓜瓞之绵焉。则幸甚！” 候补府经厅清斋光辉谨识

9.《序》（十三）：“……于南门内（按：指永定卫城南门）扩大规模，改建新祠，即今屈氏祖祠是也！而修谱之议，亦因建祠而停。夫前人有意而后人默体之，是谓善；继前人有其事而后人踵行之，是谓善。……

裔孔常熏敬撰。”

[按] 屈原祖祠遗迹今已不存。

10.《序》（十四）：“……我祖三闾大夫（屈）原。自临海迁江南，至南宋庆元太守璸公，生九子，四子以游击出仕星沙，生五子，再大公居岳州宁乡（按：应为临湘），再二公居慈利，再三公居四川丰都，再四公居永定，实余始迁祖。再五公居辰州沅陵龙阳殿。星散久分，历年不识者有之，庆吊不通者有之。惟我再四公，暨明伸公，聚族于斯。中昆山月如，约族修谱，并约余父心斋秉笔。父已迈，辞，命余司其事。余思（屈）原公以下、开公以上，荒远无稽，既无所考，又何敢叙弟。即我祖之有可征者，渐次就理。披图咸宜，犹国史也；笔削各当，尊春秋也。后丘览者，咸知某为某祖，

某为某始祖，某与某亲，某与某更亲，兰也不淆於萧艾，玉也不混於碔砆。由此尊尊亲亲敦睦一本，是即余之所厚望也夫！

裔孙优廪生仁轩焕章 谨撰。”

[按] 该序称“我祖三闾大夫原，自临海迁江南”。此为谬传。查两千年来屈学界众家之言，从无屈原家住江苏临海而南迁江南（此处实为常熟县）的只言片语，不足为据。若果真是，临海不就成了屈原的出生故里了？那还了得！

11.《序》（十五）：“……我祖自灵均公来，越数传而至宦游星沙之开公，又数传而至明伸公，聚族于斯。缘有明中叶，遭兵燹而谱毁久矣，未及修也。……

十二世孙尔康常禄谨识”

12.《序》（十六）：“不独始迁之祖发迹於永者，缕析条分，而且受姓之初，食采於瑕者，烛照数计，始叹楚无风而《离骚》可以补，楚之风骚，非谱而此谱，正以补骚之缺，何云然也？盖《骚》云高阳之苗裔，自高而下，《骚》未详也。《骚》未详而谱欲详之，荒远无稽，是将尊其所自出，必因附会渎其所自出矣！详其所从生，必因攀援失其所从生矣！故修谱虽溯屈原而序谱不始屈原，略远取近，惟从开公肇始，是亦删书断自唐虞之意也。……

裔孙集生家桢谨识。”

13.《祖祠碑》：“……及颛顼与楚同姓。为楚世官，则有伯庸之子屈原，名曰正则，字曰灵均，独清独醒，作楚辞以抒其愤，则屈氏因高阳之苗裔矣，自是椒衍瓜绵，户口林林。旧有谱书，缘天启七年，洪水汜涨，而原谱遂失……惟再四卜居永邑，是即予之始祖也。……欲序谱务先修祠，修则昭穆有次；谱序则尊卑不致失伦……

验看即任教谕岁贡生玉成自振敬撰。”

[按] 由此可知建于永定卫城南门内的屈氏祖祠，就是专为先祖屈原所建，故又叫“屈原祖祠”。碑文中所记颛顼—伯庸—屈原，是一个十分完整的家族派系，所写“伯庸之子屈原”，与屈原《离骚》开句“帝高阳之苗裔兮，朕皇考曰伯庸”对接，彻底纠正了屈学界误解伯庸为“屈原远祖”等说法之谬，不可动摇地证明大庸屈氏乃屈原一脉，屈原出生于大庸可以修祖祠为证。祖祠因近年修建“大庸古城”项目被拆毁。石碑亦失。

14.南京屈氏缙绅节略：“常熟屈氏，祖三闾大夫。后居安陵，又迁成皋，三迁汝南，又迁河光，公又迁临海……。”

15.派序：“先世伯庸之子正则公，楚之公族也，仕楚为三闾大夫，谓非以儒林翘楚得蒙拔濯欤，竭智尽忠，虽未致楚怀之终悟，而著楚辞一书，允堪为万世津梁。凡我后嗣思谱序之绵远……创为七言以志其派曰：

二十八派

前八派：明良明可 之启登必

后二十八派：自产苏常家楚国

先臣方正宜为则

才宏学裕作词宗

永远传闻怀祖德

后裔 自振撰（光绪十一年）

[按] 此派序将屈原名“正则”巧妙崁入其内，又冠以“词宗”，并激励后裔不忘“祖德”。界定了大庸永定屈家坊为屈原“嫡派”的地位，与永定县乡土志关于“三闾宗坊”的记载形成对接。

光绪永定《屈氏族谱》出自屈家坊，收录明清三谱序共16篇。本文节选12篇，另

节选《祖祠碑》文、《缙绅节略》《派序》等3篇。经统计，序文中提及黄帝2次、三闾大夫10次、屈原7次、灵均6次、正则2次，共25次；高阳、颛顼5次；屈瑕4次；伯庸2次、季连1次，少昊1次。是一组完整的有熊氏——屈氏帝王家族历史节点人物。同时，序文中多次出现一些结论性文字，如“夫由食采于瑕得受姓也”“伯庸之子屈原”“先世伯庸之子正则公”“灵均嫡派”“永乃屈之大宗”“永乃桑梓”等重要结论，无可辩驳地证明采食于屈的屈邑、屈地就是大庸永定屈家坊！亦为屈原出生故乡无疑。大庸、沅陵屈氏家传《告祖词》已十分明了地记述了伯庸是屈氏后庸国一代“庸王”，一直到公元前280年才被司马错所灭。这是《寻访记》所收集的100部中任何一个地方的《屈氏族谱》都不可能了解的历史内幕——因为关于战国时期330余年的“屈氏后庸时代”的国史典籍已毁灭于灭国屠城之战，却完完整整地流传于大庸民间屈氏后裔的“告祖词”之中。而告诉这段秘史的关键人物就是伯庸。你可以伪造历史，但伯庸的“庸王”身份任何人都伪造不了。特别要指出的是：大庸屈氏族谱多次写到“伯庸之子屈原”，彻底修正了两千年屈原学界一些人对伯庸的错误解释，对个别注家宁可相信自己的错误判断，也不相信屈原亲口之言的做派无异于猛击一掌。理不通苗裔先祖高阳和屈原之父—— 一代庸王伯庸，要准确理解屈原诗，只怕有些勉强。

令人深思的是：大庸《屈氏族谱》所收16篇序言及祖祠碑文中，在记述其源流时，没有发现一人一篇一句提及“秭归”，干脆说秭归根本就不存在！这与《寻访记》中所载部分谱书霸蛮攀扯秭归为发祥地截然相反。众所周知，早在明、清、民国时期，全国曾数度大兴修谱之风，出于对袁山松、郦道元的“秭归说”及历代一些附和此说的屈学家的影响，纷纷攀龙附凤，沾其光泽，生怕不提秭归就不是屈原的后代似的。这种身架子（源流）与脑袋（秭归）不能附体的状况，正是不少屈氏族谱的硬伤！

2012年6月19日，中华屈氏宗亲会第三次代表大会11个省48个代表在秭归县城召开，永定屈家坊屈原嫡派裔孙屈楚福参加了会议。会上公开倡导号召全国屈氏统谱，将屈原一脉归统至秭归县来——这是继明清民国时期召开全国屈氏统谱会议之后，当代屈氏所举行的第二次统谱会议。其时，笔者一行数人正巧赶赴秭归乐平里考察。遗憾的是，五月端午全国各地屈氏代表来秭归开会，却借口“交通不便”而不去乐平里“屈原故里”祭祖，不知是何用意？实质上，去乐平里的公路均已硬化，何有不便之说？！再说万里迢迢走一遭，就是过火焰山、爬大雪山也要去乐平里看看。我斗胆地说：国内外只要真正是屈原一脉的任何一个裔孙只要到了乐平里，一切真相就会大白！

被袁山松、郦道元造谣、欺骗、蒙蔽了1600余年的历史该结束了！

笔者无意也无权干涉一支家族的“内政”，只是把大庸屈谱的真实情况说出来，告诉全国屈原裔孙：屈瑕封地、屈原故里、三闾宗坊、屈原桑梓、伯庸故乡的大庸永定屈谱根本不知道也不承认屈祖之根在秭归！大庸明、清、民国三朝版屈谱全部序言拒写虚假的秭归，坚决抵制袁山松的谎言进入屈氏族谱。他让我们看到了屈原故乡的屈氏子孙血管内流淌着的血——那是屈原的血！是屈原的神！是屈原的魂！

【附录】 让我们永远铭记

——记屈氏瓜藤谱、第三谱族谱、谱序收藏者及抢救整理者三位功臣

屈建东

张家界屈氏族民为了追根溯源，正本清源，于公元2004年9月由屈楚子（祖生）、屈楚福（三岗村退休干部）等人发起组织张家界辖区屈氏第四次续谱工作，虽因种种原因而未获结果，但由于工作人员的艰辛努力，收集了一批珍贵的基础信息资料。特别是屈楚子、屈先社、屈先见和乐院屈楚福等人提供了清光绪十一年（1885）的第三部谱书的部分谱序、谱书和瓜藤谱等史料，为重新启动续谱工作立下了不朽的功劳。经走访，大体弄清了事件发生的过程：

在第三谱苏恒公所写谱序中得知，自屈开、屈馆后裔迁到大庸永定以后，族谱均由各自抄录而成，没有雕刻印刷。道光元年（1821），由良德公后裔苏钫公综合整理缮写成佚，每房各藏一编。这就是我们所说的第一谱——即瓜藤谱。咸丰元年（1851），又由良慰公后裔产晓（号昭然）公再次整理缮写多部，分给各房，这就是我们所说的第二谱。此谱初具规模，详于近而略于远，但对桑植、慈利提及不多。二谱同样没有印刷，是缮写在纸上面的。此二次谱自修之日起，经长年累月、世事变迁，大都遗失了。传说第一谱还有一部流落民间，但不知保存在屈氏哪一支系里。直到1982年，这幅瓜藤图谱被这个支系的后人当成包棉花的一块布，包着棉花待售。后来，这包棉花售给三岔乡一个屈氏家里，但这家屈氏同样没意识到包棉花的这块布就是我屈氏家族最珍贵的瓜藤图。就在1982年的一天，良慰公后裔屈先社，到这家去借东西，无意中发现了这幅瓜藤图，大为震惊，意识到这是祖宗在天之灵的保佑，留下了千金难觅的传家之宝！当下，就和这家主人商量，终于把手抄瓜藤谱索取到手里，然后精心整理，妥善珍藏到现在。真是万分庆幸，庆幸万分。

1997年正月的一天，续谱发起人屈楚子收到其外甥胡维东便信，告诉屈氏瓜藤谱之事。屈楚子正四处查访老谱而不得，听到这一消息，大喜！即于次日去三岔与大外甥胡维夏赶往保存瓜藤谱的屈先社家，经商定，屈楚子将瓜藤谱带回屈家坊。这幅瓜藤图是我们这次修谱不可缺少的重要部分，它使得张家界地区屈氏的历史传承得以完整通畅。屈先社为这次续修族谱立下了大功。算起来，这幅瓜藤谱珍藏了180多年！屈楚子得到瓜藤谱后，为了慎重起见，又花了两个多月时间，用家机布临摹复制了一块。2012年屈氏第四次修谱期间，明伸公第13代后裔屈楚福（三岗村）用7天时间将其改版，以便于辨认入谱。

但是，即便得到瓜藤谱（图），但因始终找不到老谱，修编第四谱无法溯源，工作无法推进。

2002年，屈楚子意外打听到慈利金岩乡乐园村屈楚福家保存有清朝时所修屈氏族

谱（第三修编本），即刻邀约屈国锦去乐园屈楚福家，经商定，屈楚子将其老谱带回屈家坊妥善处理。

此第三谱修成于光绪十一年（1885）。当时共印36部，分发于各房头支系收藏，但随着社会的变革，不少谱书逐渐消失了。尤其是在20世纪60年代的“文化大革命”期间，“破四旧立四新”运动的开展，几乎将留存于世的谱书扫荡殆尽。和瓜藤图谱一样，屈原后裔幸运万分，万分幸运，居然还有一套谱书、一本谱序逃过了这万般劫难而留存至今！

话说当时的36部谱书，其中有一部是被家住慈利县金岩乡小溪乐园村良慰公后裔屈苏开收藏的。这是一个珍视谱书传承的家庭，经苏开、常贵、家根三代传到楚云、楚华、楚福三兄弟手里。为了躲过“破四旧立四新”运动，楚云、楚福两兄弟将谱书秘藏于棺木里面，从而保存至今。这就是当时36部谱书中唯一幸存于世的一部谱书。若无这套谱书，这次修谱工作将无从着手，详细的传承关系将无从考究。苏开、常贵、家根、楚云、楚华、楚福祖孙四代功莫大焉！

由于当时谱书秘藏于棺木里面，没有做好防潮工作，再次取出时，7册谱书已被水浸透，结块字浊，处于完全毁坏的边缘。又是良慰公后裔屈家坊屈祖生（楚子），不辞辛劳，一页一页地晾晒分离修补，前后花了3个多月时间，终于将其完整地抢救过来。当年屈楚子与屈楚福（三岗）将此谱进行复印。2003年，屈楚福（三岗）组织屈新民、屈国荣、屈文忠、屈友元，又将此谱进行手抄抢救。2012年屈楚福（三岗）组织屈国洪、屈国基、屈文武、屈明初等人再将手抄本与原谱认真核对，以备打印入谱。经上述族人精心呵护抢救，第三谱得以完整传承。楚子先辈功莫大焉！

另有良德公后裔屈先见，传承家藏了一本完整的谱序。当时借给屈祖生抄录一册，另由屈新民老校长抄录一册。抄录后送还给屈先见。不料遇到特大洪水，谱序原本被卷进洪涛。幸得手抄本被抢救，也是屈原先祖冥冥之中显灵，否则，谱序中关于屈瑕、屈伯庸、屈原三代先祖与大庸张家界地区屈氏一脉相承，和他们的故里就在大庸屈家坊的历史等诸多问题就很难说得清楚了。一册谱序，为四次修谱为屈原故里的认定起到了关键重大作用。屈先见一家对这次谱书的续修之贡献可谓大矣！

——屈原嫡派后裔：应该永远铭记保护老谱、瓜藤谱的前辈们！

四、千古奇文——屈原家族婚俗《告祖词》之证

——关于大庸王朝兴亡秘史及屈原之父之子战死之破译

拙著研究写作中途（2010年7月19日上午），永定区沅古坪镇老文化站站长、资深民间文艺工作者龚建业先生，给文史委课题组送来一本手抄《乡党应酬》上卷一，封面右排书“大清康熙六十一年壬寅”（1722），内页书“龚黄花存、龚先福抄”8字，封面盖有“天籁阁”长方形印章，系当地民间礼生（专司乡间土家族婚丧嫁娶之礼仪的歌师）陈大生、刘治银、屈泽华、屈泽润等传唱。是龚建业先生在沅

古坪土家地区作民间文学搜集时偶尔发现的。小册子最有价值的就是屈原家族婚俗《告祖词》。全文如下：

（一）告祖词

礼生甲（唱）

木有根来水有源，××堂前告祖先。
东方晨曦火阳祖，西方长结玉兔缘。
祝融长哲承启宇，始得成婚把人繁。
嵩梁恒古太少典，炎黄禅位万古传。

礼生乙（唱）

炎黄禅位万古传，帝宜伯陵木嚣贤。
最是颛顼高阳祖，世代叩拜壶都蛮。
八兄崇师尊善卷，四十二熊拜崇山。
十二屈末终伯庸，寿终正寝沅水岸。

礼生丙（唱）

祝融佳人配夜郎，繁衍百国围嵩梁。
伯庸八祖铸钟鼎，高阳三池钟声扬。
神农耘禾种五谷，嫘祖窥虫教麻桑。
万国九州拜蛮都，庸亡国碎血染堂。

礼生丁（唱）

祖居辰沅铁炉巷，以铸钟鼎贡庸王。
庸王以鼎号子国，子雄辱尊乱朝纲。
伯君耗尽回天力，九子乘舟犯嵩梁。
庸王长叹天诛我，空留钟池泣苍桑。

众礼生（合）

融嫘二祖不可忘，钟鼎至圣勿乱纲。
翌日新婚成嘉礼，承前启后鼎大梁。
夫唱妇随创大业，男尊女敬尊高堂。
羊羔跪乳子孙兴，学鸦反哺代代昌。

别看《告祖词》只有40行280字，却上唱远古**祝融、太典、少典、炎帝、黄帝、帝宜、伯陵、木嚣、颛顼高阳、伯庸、善卷、神农、嫘祖等13个历史人物**，以及**祝融八子、四十二代熊氏庸王、十二代屈氏庸王及伯庸八祖等**，把**古庸国、楚国与屈邑**（屈家坊）的历史唱得条理清晰、线索分明，其史典无误、人物无错。细细品读，令人拍案，令人震撼！然而，要真正解析起来，又谈何容易。实质上，解析的过程，就是研究的过程，也是甄别真伪的过程。从2010年8月起，笔者断断续续，一边研究一边试着解析，一直到2012年11月，当笔者专攻《招魂》《大招》，偶尔发现司马错拔黔中灭大庸，并破解千古冤坟万人坑后，才攻克最后一个难题："九子乘舟犯嵩梁"，先后竟达两年多时间！

《告祖词》中，列举了一批古帝名，除了较熟悉的祝融、炎黄二帝、嫘祖等人外，所举太典、少典、帝宜、伯陵、木嚣等，都十分陌生。特别是唱词中几个带数字的名称，让人心惊肉跳，一是担心数据的来由是否合符历史真相，二是是否准确。二者若偏废一方，即证此信息有假。比如："八兄崇师尊善卷""四十二熊拜崇山""十二屈末终伯庸""伯庸八祖铸钟鼎""繁衍百国围嵩梁""万国九州拜蛮都""九子乘舟犯嵩梁"等。因为民间及古代大量诗词中经常可以读到这样的数量词，如"十年为客负黄花"（陈师道）、"十三筝柱雁行斜"（李商隐）、"九万里中鲲自化，一千年后鹤仍归"（陆游）、"八骏日行三万里"（李商隐）、"五更归梦三千里"（黄庭坚）、"烟开鳌背千寻碧"（刘禹锡）、"二十四桥空寂寂"（韦庄），等等。这些数量词你能保证是实数还是虚数？如何验证这40行280字，对笔者前后思考的耐心与学养都是一个严峻的考验。首先，笔者查阅本地《熊氏族谱》及若干史料，列出上

自三皇第一代祝融（燧人氏），下至屈伯庸的七十六代庸（帝）王世系，这是“纲”，是历史的主脉络，是“第一轮文明时期”伟大的祝融家族在人类历史的舞台上所经历的一个个辉煌的联结点。厘清了这条主脉，笔者惊奇地发现：从第一代祝融到穴熊，庸国历史进入熊氏庸帝、庸王时代，约24代；从穴熊到熊瑕（即屈瑕），刚好“四十二熊”；四十二熊之后，庸国进入以屈瑕为代表的“屈氏后庸时代”，从屈瑕入主大庸到屈伯庸亡国，恰恰十二代，故谓“十二屈末终伯庸”。

上述数据与七十六代世系一一对接，让笔者激动不已。这漫漫七十六代，正是神秘的古大庸帝国的根脉之所在。中国万年史第一轮文明，一定是以大庸帝国为代表的崇山文明（或澧水文明）。三皇五帝所依托的“大宗国”，原来就是《尚书》所透露的“庸帝”“帝庸”“天庸”“皇帝”“皇天”“上帝”等大庸帝国！这也许就是“万年史”的核心，证明中国万年史之论并非无因。

那么，“伯庸八祖”何解？

笔者曾为此困惑许久。经深度考证，笔者终于从“三国分庸”事件中找到线索，进而发现了“屈氏后庸”的三百年秘史。告祖词对这一历史真相的传承，简直让人目瞪口呆！我可以这样断言：没有屈氏家族告祖词口口相传，屈氏后庸之谜将有可能成为永久的“哥德巴赫猜想”！“伯庸八祖”，是地地道道的屈氏后庸政权，始自公元前611年秦、楚、巴三国瓜分上庸（今湖北竹山县），屈瑕家族这年正式入主熊氏庸宫，登基庸王宝座的就是屈瑕的第四代孙悍将屈荡，从屈荡到伯庸，正好八代庸王，是谓“伯庸八祖”。破解了八祖庸王，笔者才顺藤摸瓜一气理顺了熊（屈）瑕以上至穴熊，乃至庸国创始祖祝融的七十六代庸王世系。

俗云解铃还需系铃人。想不到大庸帝国逸史最终还是由屈原后裔传唱下来了！

“八兄崇师尊善卷”，扯上祝融八子（八姓）与善卷之关系，把年份推到唐尧时代，考证的结果，严丝合缝，反证善卷系尧时崇山人，并创办崇山熊馆学宫（大学）不可撼动。而“九子乘舟犯嵩梁”，一直到2012年12月才因破解了司马错于公元前280年拔黔中灭大庸，制造血屠屈原家族、坑杀屈氏万人的大血案时捕捉到了“九子”的线索。**把《告祖词》280个字说成是一部浓缩中华万年史、古庸国史、楚国史的文字“铀”，恐怕不为夸张。**

解析《告祖词》后，弥漫在屈原辞赋中的重重迷雾渐渐变得清晰起来。

从这本《告祖词》的《乡党应酬》流传地分析，可以确定这些唱词应该是古代大庸、沅陵等地屈氏家族婚礼中告祖时所唱，告祖就是祭祖。《直隶澧州志·风尚》载：“告祖，冠礼。男子命字，于将婚之时，父率子祭于祠，告之祖，然后命之。犹存冠礼遗意。”

下面，试着对屈氏家族婚礼告祖词进行解析。

（二）解析《告祖词》

[礼生四至六人。鸣炮奏乐。燃香点蜡化纸钱，献酒茶。新人净身就位。堂设款席

所，新人随引礼致告祖词。]

礼生甲（唱）

木有根来水有源，　××堂[1]前告祖先。
东方晨曦火阳祖[2]，　西方长结玉兔缘[3]。
祝融长哲承启宇[4]，　始得成婚把人繁[5]。
嵩梁[6]恒古太少典[7]，　炎黄禅位[8]万古传。

[解析]（1)××堂：此指大庸屈氏堂号“清醒堂”。

(2)火阳祖：火，指火神祝融。阳，指太阳神颛顼高阳。二人实为庸之祖、楚之祖，亦即熊氏、屈氏之祖。

(3)玉兔缘：是以月宫嫦娥玉兔传说类比美好的新婚之喜。

(4)祝融：庸祖、楚祖。降生于崇山（后有专述）。长哲：长，读 zhǎng，长为大。哲，智慧卓越的人。“承启”：承先启后。是说祝融是开启中华大地人类文明的伟哲先贤。宇，宇宙，此言中华地域之大。

(5)始得成婚把人繁：是说祝融定人伦、配婚姻，人类从此得以繁衍。

(6)嵩梁：即天门山。又名昆仑、壶头山、葫芦山、方壶山、崧梁山、梁山、桥山、天崇山、群玉山、赤松山、葱山、浮丘山、四维岩山等。

(7)太少典：即太典、少典。太典：烈山氏、历山氏。历山即今张家界市永定区大庸溪古雷泽之“大历山”。少典：历山氏，姜姓，为炎黄二帝之父。可证历山氏家族的祖源之地就在大庸核心地——华胥氏在雷泽大历山踩“大人迹”感孕生伏羲、女娲的发生原点！“嵩梁恒古”：恒，永久。或作亘，延续不断。是说太典、少典与嵩梁山一样名垂千古。锁定太典少典均为嵩梁（天门山）人。

[按] 此说十分重要。本著已破黄帝出生于中央仙山（今永定熊壁岩村）、葬于天门山（见《穆天子传》）的天大秘密！

(8)炎黄禅位：远古时代，炎帝、黄帝共同打败蚩尤后，炎帝禅位于黄帝，被万代传颂。

[附]　古祝融氏家族（即华胥氏后裔）**七十六代庸帝、庸王世系表：**01 代祝融（此为创立大庸帝国的宗祖，系太古时期第一代火神燧人氏祝融之后裔，距今约 7000 年以远），02 代太典（烈山氏、历山氏），03 代少典（历山氏、姜姓），04 代石年（黄帝兄长神农），05 代帝临魁，06 代帝承，07 代帝明，08 代帝宜，09 代帝来，10 代帝裹，11 代帝节茎，12 代帝戏（蚩尤。古称“蚩庸”，一代庸帝），16 代大称（老童），17 代卷章（善卷），18 代重、黎（火正祝融。重、黎为二兄弟，见《山海经》），19 代吴回（重黎弟，崇伯鲧，一代祝融），20 代陆终（即大禹，在崇山创建夏朝，是“华夏”名词的源头。一代祝融，见《黑暗传》），21 代季连（陆终六子），22 代附沮。（从 23 代穴熊以下至熊通子熊瑕，见 42 代熊氏庸王、楚王世系。未完待续）

礼生乙（唱）

炎黄禅位万古传，　帝宜伯陵木罴贤[1]。
最是颛顼高阳祖[2]，　世代叩拜壶都蛮[3]。
八兄崇师尊善卷[4]，　四十二熊拜崇山[5]。
十二屈末终北（伯）庸[6]，寿终正寝沅水岸。

[解析]（1)帝宜、伯陵、木罴：见祝融氏家族七十六代世系表，第 8 代帝宜，第 14 代帝伯陵（昌意，《山海经》谓炎帝之孙，颛顼之父），第 15 代帝木罴（颛顼高阳）。是说三代先祖帝王都是圣贤伟哲。《路史·后记第四·禅通记》八七五：“炎帝器，器生钜及伯陵、祝庸。……伯陵为黄帝臣。”又卷二十四·国名记：“逄（páng）伯爵，伯陵之国，黄帝所封。”《山海经》：“炎帝生钜，又云器生祝

庸，钜为黄帝师。”《湖南阳秋》衡湘稽古卷之一说：“炎帝之孙曰伯陵。”《山海经·海内经》：“炎帝之孙伯陵。伯陵同吴权之妻阿女缘妇，缘妇孕三年，是生鼓、延、殳（shū，兵器）。始为侯。鼓、延是始为钟，为乐风。”按：同，通“通”，私通之意。乐风：乐曲。是说伯陵与吴权之妻私通，生三子，其子鼓、延发明以钟为乐器，成了音乐家。三子殳发明一种武器叫“殳”。《周礼·夏官·司兵》掌五兵注：“五兵者，戈、殳、戟、酋矛、夷矛。”1993 年 2 月版第 24 页《沅陵县志·大事记》载：“民国 27 年（1938）11 月 3 日，湖南省政府迁来沅陵伯陵路（今太常乡），于次年 5 月 20 日迁往耒阳。”早在汉高祖五年（前 202）置沅陵县、大修沅陵城，就以“伯陵”作街道名称，国内无有二者。这是伯陵居住沅陵的远古信息。而且，史载黄帝得“六相”，其中有“太常察乎地利，故为禀者；……祝融辨乎南方，故为司徒”的记载，二人均为大庸、沅陵人，与伯陵关系极密。

⑵最是颛顼高阳祖：此句与“东方晨曦火阳祖”同。一句“最是”，道出颛顼高阳身世地位之不凡。“火阳祖”“高阳祖”，正是屈原“帝高阳之苗裔兮”所指先祖。大庸、沅陵屈氏家族对祝融、颛顼有如此之情感、之评价，实属罕见。

⑶世代叩拜壶都蛮：壶都指壶头山下的古庸都之代称。壶头即天门。壶都蛮，即古壶头蛮、天门蛮，亦即古庸人。此句与上句连锁，将颛顼与古庸帝国捆绑一起，证明颛顼为一代庸帝不仅见诸史籍，也流传于庸国民间。这是一个流动、鲜活了数千年的草根文物实证。庸楚两国人民世世代代叩拜（祭祀）祖山壶头天门。因为他们都属于颛顼蛮祖的后代。

其实，“蛮”之本意并不含“野蛮”内容。《玉篇》：“蛮，南夷名。”《通志·氏族略》：“蛮氏芈（米）姓，荆楚之后，因氏焉。”旧体“蠻”，左右为“丝”，代表丝布；中为“言”，说话；下为“虫”，古虫作蛇。出自人祖伏羲、女娲蛇尾交合之传，故蛇亦作人。简化“蛮”字还戴了顶帽子。释其本意：“蠻”“蛮”是戴着帽子、身穿丝绸衣、能说会道的人群。说明代表南蛮中心的崇山庸人是中华域最早说人话、最早穿上丝绸衣服，且头戴冠帽、文质彬彬，最早跨入文明社会的文明人。这是中华万年史的伟大创造人种。

古文字是不容易推翻的活化石。

⑷八兄崇师尊善卷：八兄弟都崇拜尊重授我学业的老师善卷（前述）。八兄：指祝融八子八姓——巳、董、彭、秃、妘、曹、斟、芈。倪民《三皇五帝追踪》说善卷崇山人。据考，善卷是崇山熊馆大学的首创人。后裔鬻熊继其衣钵，与周文王一起在熊馆创办军庠（军事大学）、武庠。

⑸四十二熊拜崇山：四十二熊，指从穴熊至熊绎止的 30 代熊氏大庸国之庸帝、庸王，再从熊艾至熊瑕止的 12 代熊氏楚王，他们都祭拜崇山。公元前 704 年，熊瑕被武王封回宗庸国之屈家坊，更熊姓为屈姓，此所谓“食采（菜）于屈”之屈邑。公元前 611 年，楚、秦、巴三子国瓜分上庸，悍将屈荡正式入主大庸帝国朝廷，屈氏后庸国开始。“拜崇山”，说明崇山是庸楚共尊的祖山，是南蛮各族的祖山。

[附]　四十二熊熊氏庸王（楚王）世系

表（上接前22代）：23代穴熊（有熊氏家族由此分出一支以熊为氏。故穴熊被称为熊氏之开山祖）24代熊完 25代熊服 26代熊元 27代熊机 28代熊杼 29代熊怀 30代熊胤 31代熊靡 32代熊祖 33代熊成 34代熊仅 35代熊绅 36代熊克 37代熊成 38代熊单 39代熊辅 40代熊佐 41代熊文 42代熊浩 43代熊桀 44代熊启 45代熊苞 46代熊越 47代熊澶 48代熊俊 49代鬻熊（一代庸帝、祝融，承“天帝之命”助周灭商的总策划师） 50代熊丽 51代熊狂 52代熊绎（一代庸帝，奉天帝鬻熊之命，统领庸师八国伐纣灭商，协助武王创立西周，并创立楚国，是为第一代楚王兼庸王，中国古史第一盲区“**庸楚两国共监制**”从此始） 53代熊艾（自熊艾至熊通，均为熊氏楚王兼庸王） 54代熊旦 55代熊炀 56代熊渠 57代熊延 58代熊勇 59代熊伯霸 60代熊鄂 61代熊仪 62代熊坎 63代熊通（前760—前690。楚武王，是最末一个将楚王列入庸王世系的熊氏代表人，是楚国熊氏取代庸国熊氏的主谋、屈氏庸国的“太上王”） 64代熊（屈）瑕（熊通长太子，因封于大庸屈邑——屈家坊即以屈为姓，改姓屈瑕，一代庸王、莫敖。屈氏后庸时代由此始，是“十二屈氏”庸王的创始祖。是数千年熊氏庸国易主屈氏的始祖，但庸楚两国共监制继续实行，一直到屈原庸灭自然消失。）

以上正好“42熊”！

(6)十二屈末终伯庸：指屈瑕入主大庸屈邑（屈家坊）后，更姓为屈，是为“庸楚两国共监制”楚方之代表——屈氏庸王。从屈瑕至屈伯庸，刚好12代（接上表）：65代屈瑕（代楚武王兼庸王之衔，但并未登基，主权仍在熊氏庸王之手。直至重孙屈赤角止） 66代屈重 67代屈御寇（息公子边） 68代屈赤角（即屈朱、息公子朱） 69代屈荡（叔陀。屈氏正式入主庸宫夺权，登基王位，屈氏后庸王朝开始。时在公元前611年，楚串通秦、巴灭上庸，瓜而分之） 70代屈巫臣 71代屈生 72代屈罢 73代屈春 74代屈固 75代屈宜臼 76代屈伯庸（末代祝融，末代庸王。屈原之父。大庸国灭于伯庸任期） 屈原（约前353年—前278年）经破译，屈原诗中多次自称“朕”，可证他已接替庸王之位（后有专论），但因他远游他方，未正式登基主政，故未入“十二屈”庸王之列。“终伯庸”：公元前280年，秦大将司马错、曾孙司马靳声北击南，发兵10万突袭黔中、大庸，末代庸王屈伯庸兵败黔中，战死沅水岸边之陪都——北溶，屈原之子屈平平战死庸都（古人堤），大庸国灭。

此八句回溯远古若干先人，恰与庸楚形成世系一脉，可证上述创世人物都是南方崇山大庸帝国人，出生中心地大都在崇山南北、沅澧流域，长江以北的楚人主体是北伐庸人。有史家却认为，大庸人是公元前611年灭上庸后由北南迁，大谬！而八兄、四十二熊、十二屈则构成庸、楚两国不可分割的宗子关系。特别是“十二屈”末代庸王屈伯庸“寿终正寝沅水岸”，证明采食屈邑在大庸国屈家坊无疑。伯庸战死于沅陵县沅水岸的北溶（伯庸）区，是确定屈原故里在大庸的铁证之一。上述告祖词所列若干先祖名单，均是一代庸帝——即《尚书》中所载的“天庸”“庸帝”。此段唱词中，伯庸是最关键的人物。对此人的身世，多数屈学者不甚了了。以秭归人王健强先生为例，他说：“楚宣王二十年（前350年）是伯庸的大喜大悲之年。……三十岁的伯庸取代他的父亲，当选为屈氏宗祠的族长。”（王健强：《屈原传》，湖北人民出版社2008年版，第4页）这是毫无依据的瞎编乱造。张良皋说：屈原是庸国的贵族。说明乐平里根本就没有屈伯庸的影子，瞎编都找不到素材。再说，屈瑕家族作为莫敖世家，代代服务楚宫，也不至于到小山沟沟当

"族长"呀！屈伯庸"族长"之说，是"秭归说"又一瞎编伪造的"核心理论"。既然屈原父伯庸在大庸国为王，作为他的儿子，屈原的故乡不在大庸又在哪里?!

礼生丙（唱）

祝融佳人伴夜郎(1)，　繁衍百国围嵩梁(2)。
伯庸八祖铸钟鼎(3)，　高阳三池钟声扬(4)。
神农耘禾种五谷(5)，　嫘祖窥虫教麻桑(6)。
万国九州拜蛮都(7)，　庸亡国碎血染堂(8)。

[解析]（1)祝融佳人配夜郎：告祖词古本中，称新郎为"祝融佳人"。此俗至今还在沅陵、大庸土家人中流行。考究起来，与祝融定人伦、配婚姻有关。是祝融崇拜的古风延续。夜郎：此指举行夜祭（告祖礼）的新郎公。按大庸、沅陵及大武陵地区土家习俗，男子结婚必于前一夜举行十分隆重的告祖祭祀活动。成家立业，繁衍生息，是人生第一等大事。"告祖礼"又叫家礼、祭祖礼，目的是告慰祖先。由是可见庸、楚自古所传"国之大事在祀与戎"遗风古俗之一斑。当夜，家公舅爷送对字、号匾，在礼赞时悬挂。对字、号匾均有俗规。告祖礼一般由三名职业礼生（又叫"督管"）操持。分主礼生、助礼生和引礼生。主礼生主持，助礼生应和，引礼生引着新郎完成各种施礼动作。设盥（音贯。洗）洗、薰香、果品、肴馔等所，每所有一名执事员，阶下设奏乐员、击鼓员、司鼓及燃放鞭炮者。礼生和新郎戴礼帽、穿长衫。堂屋神龛下摆大方桌，点红烛，陈列菜肴果品，肃穆而庄重。

仪式中最引人注目的是"妆郎"，即新郎的家公（外公）、舅爷一方为新郎赠送布疋，称"上红"，每段长短因人而宜。每唱一段，绕行一周后，在新郎脖子上挂一段布疋，亲戚多者可挂数十上百疋，压得新郎一头大汗，喘不过气来，便引来满堂笑声。俗言"妆郎背布不起——是自讨的"。

(2)繁衍百国围嵩梁：对史传祝融建"千邦万国"之说，可参照《礼记·王制》所提供的古制数据："凡四海之内九州，州方千里，州建百里之国三十，七十里之国六十，五十里之国百有二十，凡二百一十国。名山大泽不以封，其余以为附庸闲田。八州，州二百一十国。天子之县内，方百里之国九，七十里之国二十有一，五十里之国六十有三，凡九十三国……凡九州，千七百七十三国，天子之元士、诸侯之附庸不与。"马明文在《沅陵龙舟寻根》中写道："直到后来，火族出了一位酋长祝融，水族出了酋长孟陬（音租），因水火难容，终于发动了战争，火族战胜水族，也就是男人终于战胜了女人，水族大多数归顺了火族，一少部分流入贵州雷公山，成为今日的水族。祝融统一了南方后，为了便于领导，将南方以地域划分为若干个诸侯小国，号称万国。辰州则成为万国之邦。所以沅陵人对男人（龙舟赛中之红船）与女人（黄、白船）之争的习俗一直保留至今。"（文载《盘古新说》，中国文联出版社 2008 年版，第 217 页）民国《辞源》［孟陬］"阴历正月也"。《尔雅》正月为陬。《离骚》：'摄提贞於孟陬兮'。谓摄提是正指於寅之月也。"但此之孟陬，则为水族传说中的先祖。沅陵县七甲坪乡金宅雷坛《三洞桃源科》傩祭巫书中有段唱词：

别下闲言且休唱，　且唱桃源洞里神。
太保高皇登龙位，　立州立县立人民。
四百郡州七千县，　鼎州仙县在中心。
鼎州上有桃源洞、　神仙洞里镇乾坤。

（《上洞桃源科》，载《沅湘傩文化之旅》，时代文艺出版社 2000 年版，第 8 页）

此“高皇”，指屈原所说“帝高阳”，亦即屈原《九歌·东皇太一》所说“吉日兮辰良，穆将愉兮上皇”。此“上皇”亦即“高皇”。永定沅古坪民间至今还保存流传千古的花灯舞——“高皇灯”（参见《湖南土家族风情》，岳麓书社 2010 年版，第 217 页），又作“高花灯”。相传此古典舞出自高阳颛顼。《山海经》载颛顼子孙重、黎均先后继承祝融之职，故学界公认高阳颛顼就是一代祝融，伯庸则是末代祝融。高皇创立“四百郡州七千县”与祝融创建“千邦万国”是一码事。关于“祝融百国”，在大庸帝国核心地区的沅澧流域，我们已找到了扶桑国（今沅陵县七甲坪镇扶桑村）、华胥国（古大庸国之母国，中心地在今永定区枫香岗乡）、三苗国、轩辕国、茹国、道国、蔡国、不死国（仙人溪）、舒庸国、施庸国、驩兜国、大人国、龙伯国、凿齿国、濮国、索国及巴国、寿（蜀）国等附庸国。又在本境找到了部分与之相关的“国”之信息，如竹国峪、小茶国、大国村、国太桥、国家堰、国岩村、国阳岗、观国山等。（参见《张家界市情大辞典》，民族出版社 2001 年版）被称为庸国地理书的《山海经》记录的国家达 92 个，其中较为熟悉的“附庸国”就有羽民国（屈原：“仍羽人于丹丘”。羽人即羽民）、驩头国、载民国、轩辕国、白民国、夸父国、君子国、贯胸国、巫咸国、黑齿国、巴国、中容（庸）国、少昊之国等。围嵩梁：意即祝融划分的千邦万国都环绕着天门嵩梁山。此句具有不可动摇的地域指示性，说明大庸帝国中心在天门崇山不容置疑。千邦万国，见《山海经》所载诸国，皆大庸帝国之附庸国也。

(3)伯庸八祖：笔者乍看“伯庸八祖”，只差吓出一身冷汗。为破译此句，笔者前后费时半年，才偶尔从公元前 611 年楚庄王联合秦、巴瓜分上庸、屈氏家族正式入主庸宫篡夺王位的天大历史事件中找到“八祖”的秘密。原来“八祖”指伯庸以上八个屈姓庸王，非指“十二屈”全部。历史的真相是：屈姓正式入主庸宫登基执政，并非始自屈瑕，而是始自公元前 611 年楚、秦、巴三国分上庸之后，至公元前 280 年屈伯庸战死黔中，大庸灭国，共 331 年，整 9 代。除去没有登基的庸王屈原，从伯庸那年上溯至屈荡，正好是于公元前 611 年灭上庸后出任大庸国国王第一人，以下为屈巫臣、屈生、屈罢、屈春、屈固、屈宜臼、屈伯庸，刚好八代庸王，故后人称之为“庸国八祖”。

由此证明屈瑕食封于屈后，虽出任楚方代表监管宗庸，但并没有正式夺权，不是不想，而是时候未到。一直等到他的第四代孙屈荡，即公元前 611 年三国分庸，才乘势逼宫夺权。屈荡，史传为一代悍将，勇猛暴烈，或许只有他才敢发动庸宫政变，强夺熊氏老庸王之位。

伯庸八祖铸钟鼎：是说伯庸以上八个庸王都直接掌控铸造钟鼎的权力。驩兜在崇山建国之时，曾铸驩兜鼎。鼎是国家权力象征，庸王钟则是庸国国家象征。故历代庸王分封子孙，必铸一钟一鼎以赐。史载禹收九牧之金，铸九鼎，象九州。成汤二十七年，迁九鼎于商邑。周武王二十七年，迁九鼎于洛邑。夏、商、周三代均以九鼎作为传国之宗法礼器。而铸钟鼎之权，均掌握在历代庸帝、庸王手上，任何封国均无权铸造。

(4)高阳三池钟声扬：指先祖颛顼亲自掌控三个铸钟池。流传沅澧流域的《告祖歌·庸人歌》中名其铸庸池。庸池即钟池，亦即

铸造“庸王钟”时熔化铜水浇铸模具的盛器。由此发现庸国铸钟铸鼎至迟在颛顼时代即已开始。亦可证史载“颛庸”即一代庸帝出之有据。当笔者发现这一重大秘密就深藏在民间的唱本中时，心灵的震撼溢于言表。

⑸神农耘禾植五谷：神农，农祖。当代考古学家在澧水流域城头山遗址发现8000—10000年以上水稻种和6500年前的水稻田遗址，又在壶瓶山发现万年以前未绝种的野生黄豆，我们有理由证明神农在这一带发展农耕的史实。神农绝不会出生在黄河流域，更不会和他的胞弟黄帝出生在大西北的大草原和大雪山之上。习凿齿说：神农出生于黔中。黔中郡在沅陵县窑头。

⑹嫘祖窥虫教麻桑：窥，窥见，发现。嫘祖发现蚕虫吐丝织茧而发明蚕桑织布。桑植朱家台遗址出土蚕虫符号及饰有土家西兰卡普织锦图案的陶“豆”。《山海经》则有关于桑植“帝女之桑”的记载，足证大庸帝国是蚕桑文化的源头。

⑺万国九州拜蛮都：万国：《汉书·地理志》云：“昔在黄帝，作舟车以济不通，旁行天下，方制万里，画野分洲，得百里之国万区。是故《易》称‘先王建国，亲诸侯’。《书》云‘协和万国’，此之谓也。”九州：《汉书》亦载：“尧遭洪水，怀山襄陵，天下分绝，为十二州，使禹（祝融）治之。水土既平，更制九州。”拜蛮都：拜，崇拜、朝拜。蛮，南蛮，又作南夷、南裔。史载“放驩兜于崇山以变南蛮”而专指崇山。蛮都即大庸国首都，位于今张家界市区中心之古人堤。由此可证大庸帝国才是远古时代大中华的中心。远古时代，千邦万国、万国九州都要祭祀、朝拜大庸宗国的首都，所谓“协和万邦”，俗称“万国来朝”。想不到民间一段普通唱词，无意间记下了一个关于中华第一轮古国文明的重大信息！它使人联想到第二轮文明的夏都、殷都、周都，及至晚期的大秦咸阳、大唐长安、当代的北京。也许，这“天书”一般的巫音傩歌中，正闪烁着中华万年史的幽光！

⑻庸亡国碎血染堂：这是关于大庸帝国灭亡的最后信息，也是目前所发现的关于大庸帝国灭亡的唯一民间证词。此信息告诉史学家们：大庸帝国是因末代庸王屈伯庸战死而灭亡的，证明公元前611年三国分庸仅止于上庸，大庸国本土（主体）还存在着，并度过了未来331年的屈姓后庸时代。这一结论，为重写庸楚国史找到了新的思路，亦为屈原故里就在大庸国本土中心屈邑——屈家坊潭口里找到了依据。

那么，国史正史上有没有大庸帝国灭亡的蛛丝马迹？笔者在《华阳国志·蜀志》上发现了一条十分神秘的文字：“司马错率巴、蜀众十万，大船舶万艘，米六百万斛，浮江伐楚，取商於之地，为黔中郡。”经破译，发现这正是秦灭大庸的重要信息！

“商於之地”在上庸北部，即河南淅川县西。张仪谓楚王曰：秦愿献商於之地六百里（《通典》）。今有於村，亦曰於中，即商於之地（民国《辞源》第294页）。与黔中南北直线距离约3000华里，这分明是南辕北辙、声北击南、明修栈道暗度陈仓的阴谋！就在这年（前280）秋，秦大将司马错一面以10万大军乘大船万艘，走长江高调“取商於之地”，一面与次孙司马靳率10万大军偃旗息鼓，溯乌江穿酉阳至酉水抵罗依溪，然后分兵两路：司马靳率5万兵攻黔中郡（沅陵），老庸王伯庸与司马靳作战，败，退守北溶，亦败，战死；司马错亲率5万精兵灭施庸国

(今永顺施庸溪)，继捣大营盘，破后坪关，突袭庸都。屈原之子屈平平率庸军主力展开庸都保卫战，不敌，平平退守庸王宫，战死。“庸亡国碎血染堂”所载即此。

礼生丁（唱）

祖居辰沅铁炉巷[1]，　以铸钟鼎贡庸王[2]。
庸王以鼎号子国[3]，　子雄辱尊乱朝纲[4]。
伯君耗尽回天力[5]，　九子乘舟犯嵩梁[6]。
庸王长叹天诛我[7]，　空留钟池泣苍桑[8]。

[解析] 这8句信息量巨大，几乎写透了庸国政权的更迭历史：从庸王以鼎封子国，到子雄反庸夺权乱朝纲，及至九个子国政变犯庸都，最后导致帝国破庸王亡。若不是那段历史的见证者或研究者口耳相传，又有谁能悟透大庸帝国与楚国与秦国之间的深层矛盾！

⑴祖居辰沅铁炉巷：辰沅即辰州沅陵。铁炉巷：在今沅陵县北溶（伯庸）古城。祖居此地，是传唱者告诉人们：他的出生之地就在天门山之南的辰沅北溶铁炉巷，铁炉巷是庸王铸钟铸鼎所在地。这是一个十分重要的信息：末代庸王伯庸的南国行宫可能就在今北溶（伯庸之同音讹写）。据分析，自公元前720年屈瑕封于屈邑（屈家坊），到公元前280年灭大庸，共440年，其间屈姓不断繁衍蔓生，屈家坊已无法承载，于是在中途或因征战、职迁不断有屈姓向外播迁发散，其中一批屈姓人的直系祖，就落户在沅水流域。如民国时治平乡的龙阳殿、石良坝、屈家界、青湾等地屈姓便是与回迁屈家坊始祖屈再四同根的屈再五回迁的一支。光绪《屈氏族谱》序（十一）载：“再四为永定始祖，再五为辰之始祖，是永乃大宗。辰虽土著而永乃桑梓也。”是说沅陵屈姓虽世代居住本土，但永定屈家坊才是真正的生身故里。

从告祖词、庸人歌唱词中，我们已发现北溶铁炉巷正是庸国钟鼎铸造基地。就是说，这里是铸造国家权力鼎和国家图腾符号庸王钟的地方，属于国家特级军事保护区，代代庸王必亲自掌控，故这里必定是历代庸帝、庸王的第二权力中心。前面所唱“高阳三池”，说明早在颛庸时代就已开始在此铸钟铸鼎。这是一个不得了的信息，它彻底否定了楚祖颛顼“北方说”的滥言。由此断定，屈原所写“帝高阳之苗裔兮，朕皇考曰伯庸”，从远祖到父亲，这支家族一直没有分裂拆开，而是在同一个地方生息繁衍，那里就是在大中华的中心地大庸帝国！大庸帝国从远古“天庸”“庸帝”“皇帝”“帝庸”“上帝”“皇天”（见孔子《尚书》）时代一路走来，一直走到公元前280年屈伯庸战死而彻底消亡，其历史跨度长达六千年以远！

查北溶位于沅陵沅水中段北岸，其下游约10公里有支流朱红溪，其主源有二：一源自大庸永定堡子界，二源自大庸永定黄家河。这是古代两条从庸都进入北溶的水路交通线。其中二源支流有落坪、姬昌坪、官庄坪。官庄坪相传是古庸国朝廷官员往返落脚旅居的官邸。故北溶有庸国“陪都”之称。“北溶”本作“伯庸”，伯庸即“庸伯”，庸国之伯——庸王。此名与庸王在此掌控铸钟、铸鼎史实吻合。而在北溶约30公里处有茅塌、龙阳溪，其北源头的龙阳殿、石良坝、青湾等村（1953年均划归大庸），就是从屈家坊分支搬迁出去的屈氏后裔。沅陵现有屈原后裔人口2500余人。

那么，历代老庸王伯庸居住在北溶的行宫究竟在何处？经现场考察，当地百姓指证说：就在北溶溪出口处的花园村。那里就是

古庸帝高阳在此监督铸钟鼎时修建的帝王园林，一直传到伯庸时代，至公元前280年秋被司马靳彻底摧毁。

⑵以铸钟鼎贡庸王：是说在北溶所铸钟鼎，全都归庸王所有，只有庸帝、庸王才有掌控权。甚至这样说：当年的庸帝、庸王、楚王所铸钟鼎重器，都出自这里。因为，任何一个被封为子男之国的国王建国登基，只能由大庸国帝王（或后庸时期的屈氏庸王）依宗法条律赐予，岂能由他人私自铸造！如以为可，楚子何必问鼎于周室，干脆自己铸几个不就成了?！张良皋先生说，周室钟鼎（包括淳于）都是由庸国制造。庸人是铸造专业户，庸国是铸造大国。

庸，从庚从用声，示敲击也。释庸：古与镛通，大钟也。《诗商颂》：“庸鼓有斁(yi)，万舞有奕。”庸鼓即镛鼓。卜辞演奏大钟之祭：惟祖丁庸奏。又“惟庸奏，王永（永久）。”庸舞：钟声伴舞，祈雨之祭。由此可证大庸帝国乃铸钟鼎大国之说与庸人告祖词所载“以铸钟鼎贡庸王”吻合。

⑶庸王以鼎号子国：此句是对上句的回复。凡封子国（亦称“附庸国”），必由庸王赐鼎，亦听庸王号令。这是远古大庸帝国把持至高无上的宗法权力制度的重要信息。

⑷子雄（熊）辱尊乱朝纲：这是一个关于“子雄”篡权乱国的信息。子，即庸之子国；雄，各自称雄称王，亦可解为“熊”。子雄即“子熊”，是为楚熊氏子国。辱尊：辱没庸王，凌驾于庸王之上，有以取代宗庸国的野心、反心，故而干出乱朝纲、悖祖训的僭越之举来。在楚国历史上，熊渠伐上庸、庄王联合秦巴瓜分上庸，就是最典型“熊氏楚子”两起“乱朝纲”事件。从唱词中可以感觉到，在300多年的屈氏后庸时代，“乱朝纲”的事件已时有发生。

⑸⑹伯君耗尽回天力，九子乘舟犯嵩梁：伯君，指庸国君王伯庸。面对子国们的悖逆行为，伯庸采取种种办法予以应对，但似乎收效不大。庸国政权危机四伏，岌岌可危。“九子”指庸国的九个子国，即附庸国。公元前280年，秦大将司马错、司马靳爷孙俩纠集巴子、蜀国等九个被秦征服、控制，或投降的附庸国共10万之众走乌江、酉水、沅江拔黔中，突袭嵩梁山下古庸都，灭庸灭祖，故称“九子乘舟犯嵩梁”。

⑺⑻庸王长叹天诛我，空留钟池泣苍桑：老庸王伯庸，在内忧外患的夹击下，已无力回天，铸造权力和宗法的钟池，已无法保住这座行将坍塌的古庸帝国的大厦，只能一膝跪下，仰首向苍天发出悲号。伯庸登基之时，正是强秦横扫六合的极盛时期。由于楚怀王不听屈原劝阻，作出与秦决战的错误决定，导致屈匄八万屈氏军队全军覆亡，这不仅动摇了楚国的根基，对后庸朝廷更是致命的打击。这支队伍，是伯庸和胞弟屈匄苦心建立起来的，这其中还有成千上万的屈姓骨肉。此后的32年（前312–前280）中，庸国国力衰退、内忧外患、风雨飘摇，尽管伯庸“耗尽回天力”，终抵挡不住内乱与暴秦的进攻，终至于亡国灭族，然后沉寂于历史的尘埃之中。

众礼生（合）

融嫘二祖⑴不可忘，钟鼎至圣勿乱纲⑵。
翌日新婚成嘉礼，承前启后鼎大梁。
夫唱妇随创大业，男尊女敬尊高堂。
羊羔跪乳⑶子孙兴，学鸦反哺⑷代代昌。

[解析] ⑴融嫘二祖：指先祖祝融、嫘祖，暗含黄帝。

⑵钟鼎至圣勿乱纲：钟鼎指代表国家权力与尊严的神圣之物。乱纲：扰乱朝纲。其后两句通俗的解释就是以祖先的故事教育后代要遵纪守法，莫做违纪犯法之事(类似于当代的法治爱国教育)，并勉励新郎继承前人遗志，开启未来，为国家献身出力，以作栋梁。

⑶羊羔跪乳：《公羊传·庄公二十四年注》："羔取其执之不鸣，杀之不号，乳必跪而受之，类死义知礼者也。"羊也知道孝敬其母，岂有人而不如羊乎！

⑷学鸦反哺：古言乌鸦有反哺之义，为孝鸟，后人称侍养父母曰"乌私"，取其能报本之义。

上二句是劝勉新婚夫妻相亲相爱、勤劳发家、孝敬父母大人。

[献金钱、酒菜、茶。鸣炮奏乐。下接长辈嘱儿词和亲朋好友祝贺词，略]

[译注《告祖词》后记]

2015年2月5日，《告祖词》译注最后一稿修改完毕，断断续续已是4年半光景。这是我12年半研究屈原故里千百条证言证词中最为深奥诡奇、最为大气磅礴、最有深度内涵的证言，它几乎写透了中国古代万年史的全部秘密。而这组唱词的线索核心，恰又是被历史淡化、曲解、遗忘的大庸帝国史！

为了破解《告祖词》起源流布之谜，笔者曾先后到沅古坪及与之交界的七甲坪、洞溪、七甲溪、火场等乡进行调查，但很少有人说得清楚，因为这个版本的《告祖词》太古老、太古老了，今人一般不用。据说，谢家垭石良坝著名客倌屈常显曾经唱过，并说是他的师父代代传教的。但不知唱本起于何朝何代，更不知为何人所作所传。事实上，民间歌谣及巫傩、祭祀唱本，都是口口相传，你抄我抄，代代传承下来的。没有办法确认它们的著作权。然不管怎样，笔者除了感谢搜集者龚建业先生，还要感谢这位名不见经传的作者——我认为这位无名作者一定是位饱读古史、深知本土本族历史民俗文化的大学者。在我所发现的若干份最有分量的文献证词中，除了《太平御览》收录的屈原故里在大庸的236字证词，就是这份280字的《告祖词》。它让我揭开了历史冰山一角——始自祝融至屈氏后庸国的兴亡史，捕捉到了屈原家族的千古秘闻，特别是破解了困扰屈学界千百年的关于《离骚》首二句"朕皇考曰伯庸"的"伯庸"身份之谜，它的价值无与伦比！

有人会问：民间礼俗唱本也能算作历史证词吗？关于苗族、土家(濮人)以诗或民俗唱词记录或传承历史的传统，还是请《苗族通史》回答："许多民族的最初时期，也大都用诗来记载历史。……苗族不仅用诗来写历史，而且宗教、哲学、约法规章和风俗礼仪等等，无不是用诗的形式来记述。……这种现象，显然与口头文学的具体情况有关。在没有文字的口头流传中，能够固定语言的莫过于诗歌，因为便于铭记。"(民族出版社2007年版《苗族通史》五·P298页《什么都用诗来记》)

口传文化，归属于非物质文化遗产类，是史考中"四重证据法"之一种，具有十分重要的传史、存史、解史价值。

《告祖词》所涉祝融氏家族七十六代庸帝、庸王世系名录，与前面屈家坊屈氏族谱提供的大庸帝国创始庸帝、庸王，熊氏庸帝、庸王世系，熊氏楚国楚王家族世系、屈氏庸国庸王世系表基本相同，大同小异，略有出入，可参照阅读。

第二节　历代诗证

一、清代茅岗土司诗人覃绳武诗证

覃绳武，邑庠生，道光元年（1821）举孝廉方正。茅岗世袭土司覃绳一之弟。土家族诗人。其《玉峰耸翠》一直被人视为“不可解”的神秘诗，因为一些句子涉及屈原、潭口，这就让人惊诧了：一个相距一百八十里的土司茅岗人，怎知潭口有屈原的故里呢？而且，还谙熟与屈原相关的历史典故和古城一带的地名秘史。唯其如此，后人凡解读大庸古诗的，都不敢下注。于笔者，倘若不是发现《太平御览》的典载、破译侯昌铭的48字“三闾宗坊”诗，孤立地读覃诗，当然会一头雾水，不知究里。原诗：

晓日曈昽照玉峰[1]，　云边高插翠芙蓉[2]。
俯临潭口腾仙鲤[3]，　遥挹天门跃卧龙[4]。
曲蹬常留骚客迹[5]，　孤筇待访羽人踪[6]。
萦青缭白频回抱[7]，　绝顶松荫覆几重[8]。

[译注] ⑴曈昽：形容太阳初升由暗而明。玉峰：指天门十六峰之玉堂峰。意思是：早晨的太阳似明似暗地照在玉堂峰顶上。诗人是借写天门十六峰之一的玉堂峰而暗写屈原。

⑵云边高插翠芙蓉：高高的云层边上似密插着芙蓉般的霞光。

⑶潭口腾仙鲤：是说诗人站在天门山之顶俯看潭口，即今永定区阳湖坪镇之潭口里。此为诗中的核心地名符号，暗示那里即屈原的老家。仙鲤：为潭口著名天然形成如巨鲤的山体景观——天下第一大“鳌鱼”。位于澧水汇入潭口之左壁，与屈原老屋场“一口印”（一称“簸箕塔”）隔江相对。其石壁裂出一块石板，状如鲤鱼从澧水跃出，故称“鲤鱼跃龙门”，其下有鲤鱼桥，又作鳌鱼桥。这是识别屈原老屋场潭口身份的关键地标。

诗的意思是：我站在天门山极顶俯视潭口，看到了那腾身跃出水面的仙鲤。

⑷挹：拉。卧龙：同治《永定县志·艺文》载刘启鳌《前题》：“天门从此看龙跃，好借长风入紫宸。”此句文字甚是难解，但只要登上天门山之顶，就可看见足下澧水两岸五十里山脉如两条卧龙逶迤东去，在潭口相会，然后从这里争相穿过狭窄的潭口——峡谷入口即天生一道大山门，俗称“龙门”。古时，本境科考取士，举子必先到潭口祭鳌鱼神，祭龙门，意欲“独占鳌头”，俗称“鲤跃龙门”，一举高中。这些典故无一不暗指家住潭口里的百代文宗诗祖屈原。

诗的意思是：我远远地望着两条卧龙逶迤东去跃过潭口龙门。

⑸曲蹬：指登天门山弯弯曲曲高低不一的石磴，古称“云梯仙径”。骚客：此绝非泛指众多登天门的文人墨客，实为暗指经常从潭口登天门山的屈原。此句有因果关系。遍查大庸、慈利、桑植三县县志以至澧州志、常德府志所载诗文，尚未发现一首把本

境诗人比作“骚客”的。骚客，因屈原《离骚》而独比屈子，后人有袭因之者。

诗的意思是：曲曲折折的石磴上留下了骚客（屈原）经常攀登的足迹。

⑹筇：音穷。用竹子制成的手杖。孤筇，指诗人独自一人拄杖上天门寻访屈原的踪迹。羽人踪：羽人踪迹。屈原：“仍羽人于丹丘兮。”此之“丹丘”，即指屈原故居澧口那数百亩红色沙洲大祭坛。“羽人”，《山海经·大荒南经》载：“有羽民之国，其民皆生毛羽。”又载：“有人焉，鸟喙，有翼，方捕鱼于海。大荒之中，有人名驩头。鲧妻士敬，士敬子曰炎融，生驩头。驩头人面鸟喙，有翼，食海中鱼，杖翼而行。”《尚书》《史记》载：“舜放驩兜于崇山，以变南蛮。”驩兜又作驩头、讙头。三苗主要首领之一，于崇山建驩头国，又作羽人国。是说三苗古族以渔猎为生。今永定区出土东汉张氏七乳人物禽兽纹镜（永·一级4号），其中即有多个“鸟喙羽人”纹饰。是古大庸人即羽人族的文物实证。所谓“翼”，指南方多雨所披的羽毛蓑衣；“杖”，实为鱼叉、鱼兜的竹竿，这是大庸渔民的典型装束。所谓“鸟喙”，形容古大庸人语言不同于中原，又善歌善啸（隔山吆喝），故以“鸟嘴”称之。诗人所说 “羽人”，是以此暗喻屈原就是古庸人（羽人）的后裔，他的家就在羽人国内而非别处。

诗的意思是：我孤独地拄着竹杖在天门山寻访当年羽人（屈原）的踪迹。

⑺萦青缭白频回抱。意思是：我不断地往复去追赶拥抱飘飞在天门山顶的五彩云朵。

⑻绝顶松荫覆几重。意思是：可一缕云彩都抱不住，只看见天门绝顶上一层层被云雾覆盖的青松。

后二句表达了诗人在天门山寻访屈原不得而无限失落惆怅的心情。

这是目前所发现的第一首大庸土司诗人直写澧口故里拜诗祖的诗。诗中澧口、仙鲤、骚客、羽人、天门五大符号指向明确，出典独有，说明屈原出身大庸澧口之真相早为大庸民间觉察，只是迫于“秭归说”之强势，不敢贸然公开明说。分析起来，覃绳武很可能是从屈原《远游》中获得启示的，不妨作一比较：

[屈诗] 忽临睨夫旧乡。

[覃诗] 俯临澧口腾仙鲤。

[屈诗] 仍羽人于丹丘兮。

[覃诗] 孤筇待访羽人踪。

[屈诗] 涉青云以泛滥游兮。

[覃诗] 萦青缭白频回抱。

屈原与覃绳武都站在天门山云梦绝顶上，都俯首看见了澧口屈原的故乡。天门山与澧口相距25公里，从海拔1518米高的天门山看澧口，可说如在足下。

【补记】无独有偶，写到这里，偶尔发现，清末民国初，邑人刘大建著《大庸史实精华》，也发现屈原与大庸似有纠缠不清的关系，并把这种“感觉”或“发现”记在文稿中：“澧水两岸，山势倒悬，风景绝佳，相传古代诗人屈原，常履其间，赞叹‘沅有芷兮澧有兰’。”（该手抄本藏《大庸县志》档案室）

二、元代大庸翰林杨轫诗证

天门山之南（今大坪之赤松村）有元代至正丁酉科（1357）进士、待制翰林杨轫作天门山十六峰之《道士峰》诗，诗中玄机，不破便罢，一破惊人：

似厌人间世，　清都(1)汗漫游。
岩关(2)栖白鹤(3)，　云气接丹丘(4)。
下睨三千界(5)，　中连十二楼(6)。
步虚声袅袅，　风转不曾休。

[译注] (1)清都：天帝所居宫阙也。《列子》："王实以为清都紫微，钧天广乐，帝之所居。"此指神界昆仑。诗人所写清都，乃指天门山古昆仑。清嘉庆十三年（1808），李华作《天门山名峰记》碑文称："永邑南境，天门名山，……脉发昆仑，支分□摇，连辰永以翠峰，达澧常而高耸……"清乾隆九年（1744），慈利五雷山断山桥摩崖石刻云："窃我慈阳之五雷山，即邑志所载之雷岳也。闻古有人云，祖自昆仑，盖亦天门之麓……"这是张家界永定、慈利两地共称天门为昆仑的古碑刻之证。今武陵源古称昆仑峰（见武陵源区行政区划图），桑植汨湖乡有昆仑村。屈原辞："集重阳入帝宫兮，造旬始而观清都。"（《远游》）屈原之"清都"与杨轫之"清都"当同为天门昆仑之别名。所谓"帝宫"，见《穆天子传》："天子升于昆仑之丘，以观黄帝之宫而封崇隆之葬。"此昆仑之丘，正是天门昆仑。

(2)岩关：指天门昆仑万丈绝壁两条登天之路，一为南部云梯岩，其上有岩关；二为西部断山坼天梯，其上亦有岩关。屈原辞："上高岩之峭岸兮，处雌霓之标颠。"（《悲回风》）此之高岩峭岸与杨诗同义。隐居天门山的鬼谷子白公胜《分定经》亦有"花落岩前月满庭""石崖岩下立根盘""岩前风雨正依依"等十余处"高岩""岩关""岩前"之句，与屈子、杨轫所写吻合。

(3)白鹤：杨轫在《弥勒峰》诗中亦有"鹤立山椒望""猿献岩前果"句；又在《仙人峰》有"白鹤过他山"句。《澧纪》有"何当跨鹤云中去，回首天门任往还"句，均暗指"如闲云野鹤"的一个人物：此人绝不是诗人自己，那到底是谁呢？请看下解。

(4)云气接丹丘：丹丘，即潭口，因有"昼夜光明"的日月山而得名。是说"白鹤"乘着天门昆仑之云气，飞到了丹丘潭口。好一个"接"字！这很快让人恍然大悟：能"飞"到潭口的"白鹤"不是屈原又是谁呢?！回过头再解释"白鹤"，不正是"仍羽人于丹丘兮，留不死之旧乡"的那个"羽人"屈原自己吗?！白鹤——羽人——屈原。这简直是杨轫的神来之笔！此诗之谜，尽隐于此。

(5)下睨三千界：原指道家的一种精神境界，此指作者站在高高的天门昆仑之上，俯瞰足下神州大地广袤世界。

(6)十二楼：相传黄帝因仰慕庸成子的高尚德行，在天门昆仑建五城十二楼。（后有专论）屈原辞"昆仑县圃，其居安在？增城九重，其高几里"？（《天问》）实为同一个昆仑传说。杨轫不直呼昆仑而以昆仑别名入诗，是他敏锐地发现了屈原辞中的诸多昆仑全部都与天门有关，就是说：天门昆仑原本就是屈原的故乡。元代的杨翀与清代的覃绳武，相距整整500年，可说是殊途同归，慧眼识谜，屈原之谜，尽在其中。值得一提的是，界于二者之间的明弘治八年（1495）岳州府提学副使沈钟作天门十六峰之《将军峰》诗，内有“羽族穿眠石”句，是写屈原——“羽族”卧于天门洞内过夜，任山风穿洞而过的难眠之夜。与屈辞“依风穴以自息兮，忽倾寤以婵媛”对接，亦与《淮南子》“羽翼弱水，暮宿风穴”吻合。说明沈钟也是识破屈原在天门山行踪的又一人。

三、三国陈琳诗证

陈琳（？–217），字孔璋，广陵（今江苏江都县东北）人。曾为袁绍掌书记，为檄讨操，酷诋曹氏。袁败归曹，操对之曰：“恶恶止于其身，何乃上及父祖邪？”然终爱其才而不加罪，并使他和阮瑀共掌记室，军国书檄，多出其手。曹操有“陈琳之檄，可愈头风”的赞许，曹丕有“陈琳阮瑀之章表书记，今之隽也”的叹美。惜其流传下来的作品，仅有诗赋十首，书檄八篇而已。在东汉时期，陈琳为建安七子之一，声名颇著。

陈琳壮年时，曾随军南下，游访古充县，作《大荒赋》：

仰阆风之城楼兮⑴，县圃邈以隆崇⑵。
如若华之景曜兮⑶，天门闶以高骧⑷。
过不死之灵域兮⑸，仍羽人之丹丘⑹。
惟民生之每每兮⑺，伫盘桓以踌躇⑻。

［注释］⑴阆风：阆，音浪。王逸注：“阆风，山名，在昆仑之上。”具体位置在天门昆仑云梦峰顶。《离骚》“登阆风而绁马”即此。城楼：指天门洞南面的王楼崱（zè），即王楼子山。远古时，黄帝仰慕庸成子道行，在天门昆仑一带建五城十二楼，其中一楼即王楼，亦即南楼，以招八方仙人来此修行。晋代处士周朴（慈利人），朝廷屡征不起，爱天门昆仑诸胜，尝登南楼，纵酒高吟，作《天门南楼》诗，有“愿借仙人杖九节，临风直欲舞双龙”名句传世。

⑵县圃：昆仑花园，又作玄圃、悬圃。《离骚》：“夕余至乎县圃。”出自《穆天子传》：“春山（崇山）之泽，清水出泉，温和无风，飞鸟百兽之所饮食，先王所谓县圃。”县圃为崇山古名。邈：渺，远也。《离骚》：“神高驰之邈邈。”此处形容崇山花园之高危幽秘，西方谓之天堂。隆崇：隆，《说文》丰大也。《疏》：山形中央蕴聚而高者名隆。崇，高也。

⑶若华：《天问》：“若华何光？”《康典》注：“若木（按指扶桑）何能有明赤之光华乎？”形容森林花树斑烂多彩。景曜：风光明媚。

⑷天门：实指天门山。闶：音亢，闶阆，高门也。此指大庸天门洞之宏敞高大。高骧：骧，音襄。马行迅疾，首腾骧也。故天门山又称马鬃岭。

⑸不死之灵域：不死，指不死国，经考为天门昆仑之仙人溪（后有专论）。灵域：泛指昆仑。天门山又称灵山，山顶有灵泉，又建灵泉院，位于天门洞之顶，唐代建。一名云钵庵，后改为天门山寺。

⑹仍羽人之丹丘：此引屈原诗“仍羽人于丹丘兮，留不死之旧乡”（《远游》）。羽人：

崇山驩兜一族，古称“羽人”，即穿羽毛蓑衣捕鱼者。此为判断屈子故里的核心符号，由此反证《大荒赋》是专为屈原故里而作。

(7)惟民生之每每兮：意出《离骚》：“长太息以掩涕兮，哀民生之多艰。”亦证陈琳实写丹丘——潭口屈原故里。

(8)伫：长时间地站着。盘桓：徘徊；逗留。踌躇：犹豫。

［译诗］我仰望着天门阆风之顶的帝宫楼台啊，渺远高耸的崇山县圃显得格外雄伟壮丽。天门昆仑之上的森林花树为何闪灼着斑烂异彩啊，那巍巍天门就像一匹高大的骏马奔向远方。我经过昆仑山下神灵的乐园不死之国啊，又来到日月岩下“羽人”屈原的故乡丹丘潭口。我仿佛听到屈子还在为民生之艰难反复吟唱悲泣啊，久久地站立在荒废的故里犹豫徘徊逗留。

陈琳诗中，连用了阆风、县圃、天门、不死之灵域、羽人、丹丘等本土地名符号，锁定该诗背景出自天门崇山。而羽人、丹丘与“惟民生之每每兮”连句，可证诗的主题是写屈原和他的生身故里。前四句写屈原故里所处地望，后四句直写屈原故里的具体地点——丹丘。一个“羽人”则点出屈原的身份。本境文人破解“羽人”“丹丘”的，有覃绳武的“孤筇待访羽人踪”，杨钠的“岩关栖白鹤（“白鹤”即“羽人”），云气接丹丘”。陈琳是比覃、杨更早识破“羽人”“丹丘”的外籍大智者。同时，也是最早认识天门昆仑、崇山县圃的大智者。说明到了东汉时期，天门昆仑和崇山县圃的原创权还没有被西域昆仑代替。

能把古充县的天门、昆仑、县圃（崇山）、灵域（仙人溪不死国）、羽人一族、潭口、丹丘等屈原故里核心地名群写得如此准确，说明陈琳一定是亲身到大庸实地考察过的，或原本就是冲着屈原故里寻访拜谒而来的。

四、汉代司马相如诗证——司马相如《大人赋》解密

司马相如（前179–前118），字长卿，蜀郡（今四川南充）人。景帝时（前156–前141）为武骑常侍，武帝召为郎。汉元光五年（前130）使通陕西南夷有功，后拜孝文园令。长于辞赋，所作有《子虚》《上林》《大人》等赋。汉魏六朝之文人多仿之。汉元封五年（前106），陪同汉武帝南巡，作《大人赋》。

司马相如生年距屈原死年约99年。

（一）司马相如：发现屈原故里在崇山昆仑的第一人

金氏子何出此言？西周天子穆满早在公元前960年左右先后五次登天门崇山县圃，早司马相如上崇山1000年左右。诸君有所不知，穆天子登崇山，记录在《穆天子传》中。此竹书到西晋太康二年（281）才从河南汲郡（今河南汲县）魏襄王墓出土，晚司马相如约在汉元封年间（106年前后）南游澧水崇山380余年，故说司马相如为中古时期亲历昆仑崇山又一个重要人物，一点不虚。

司马相如此次上崇山昆仑，白纸黑字写在他的大作《大人赋》中。

司马相如《大人赋》一经出世，就与屈

原《远游》胶着在一起了。前人的争论自不必说，近代郭沫若先生一句“更可断定不是屈原所作”，并将其判定为“是司马相如《大人赋》的初稿”（《屈原赋今译》）的结论后，屈原的这一份知识产权又将有可能与《招魂》《大招》一样被剥夺了。到底是后人司马氏因袭前人屈原的《远游》？还是屈原抄后人司马氏的《大人赋》？笔者对照二诗反复攻读，忽有发现：并非司马公抄袭屈原，而是循着屈原诗中足迹，专门赴大庸古国旧地考察游历了一番，否则，断不可能对屈原故里众多的历史遗迹地名如此之熟悉。而且，还虚拟陪同汉帝宫嫔同游屈原故里。甚至还发现：司马氏笔下所涉及尧帝出生于崇山、鬼谷子隐居于天门鬼谷，以及昆仑、西王母，乃至不为外人所知的“阴山”等符号信息，反过来可为屈原笔下的故乡背景形成佐证，真不失为一篇妙文，这是屈原始料不及的，也是郭沫若、游国恩等诸公所未能识透的一面。笔者在本书中一再强调：如果不是土生土长的古庸后人，又怎能识透那一大串古庸历史地名典故？

下面试着译注《大人赋》（非全文）：

大 人 赋

原　文	译　文
(前略)**祝融**惊而跸御兮(1)，	**祝融开路清道而护卫啊，**
清纷气而后行。	**清除雾气而后前行。**
屯余车其万乘兮，	**屯聚起我的万辆车驾啊，**
綷云盖而树华旗。	**集合五彩云作华盖又树起华丽的旗帜。**
使句芒其将行兮(2)，	**令句芒统领随从们啊，**
吾欲往乎南嬉(3)。	**我要到南方去游乐嬉戏。**
历唐尧于崇山兮(4)，	**经历崇山我见到了唐尧帝啊，**
过虞舜于九疑(5)。	**路过九疑我拜访了虞舜。**
纷湛湛其差错兮，	**清亮的服饰与车骑纷繁交错啊，**
杂沓胶葛以方驰。	**杂沓的脚步与车流交织着一起前行。**
骚扰冲苁其相纷拏兮，	**游行的队伍骚扰相撞而纷乱啊，**
滂濞泱轧洒以林离。	**人马汗水滂沱而淋漓。**
钻罗列聚丛以茏茸兮，	**草木丛聚而葱茏茂盛啊，**
衍曼流烂坛以陆离。	**漫布遍地而杂乱不齐。**
径入**雷室**之砰磷郁律兮(6)，	**径直进入碰撞出的磷光和轰鸣的雷室啊，**
洞出**鬼谷**之崛垒巍垒(7)。	**穿越怪石嶙峋的鬼谷洞。**
遍览八纮而观四荒兮(8)，	**看遍如绸带似的天际而观四荒啊，**
朅(音切,去)渡**九江**而越**五河**(9)。	**我横渡九江而又跨越五河。**
经营**炎火**而浮**弱水**兮(10)，	**越过炎火之山又浮游于弱水啊，**
杭绝浮渚而涉**流沙**(11)。	**弃舟穿行河洲又涉过流沙。**
奄息**葱极**泛滥水嬉兮(12)，	**在浓荫覆盖的葱山作暂短的休息又在河水中肆恣戏水啊，**

原　文	译　文
使**灵娲**鼓瑟而舞冯夷。	叫女娲弹琴让冯夷起舞。
时若薆薆(爱)将混浊兮，	此刻天色如树丛绿荫般变得昏暗啊，
召屏翳诛风伯而刑雨师。	命令屏翳诛杀风伯并刑罚雨师。
西望**昆仑**⒀之轧沕洸忽兮，	西望昆仑山是那样的恍忽不清啊，
直径驰乎**三危**⒁。	于是赶快直奔向三危之山。
排**阊阖**而入于帝宫兮，	推开天门而进入帝宫啊，
载玉女而与之归。	载上玉女与她一起回归。
舒**阆风**而摇集兮，	登上昆仑与众天仙狂欢作乐啊，
亢鸟腾而一止。	如同高飞的灵鸟奋搏蓝天而欢乐自由。
低回**阴山**⒂翔以纡曲兮，	在阴山上空低回盘旋啊，
吾乃今目睹**西王母**⒃霍然白首。	我今日才目睹西王母的皓然白发。
载胜而穴处兮，	她华丽盛妆居处于洞穴啊，
亦幸有三足乌为之使。	幸亏有三足乌供她役使。
必长生若此而不死兮，	一定要像她这样长生而不死啊，
虽济万世不足以喜。(后略)	虽活过一万岁也不值得欣喜。

[注释] ⑴祝融：指降生于崇山的火神祝融。跸：帝王出行时，开路清道，禁止通行。这桩差事，由祝融之神亲自办，表示东道主对汉皇造访的热忱。推出降生于崇山的祝融老祖神，是意在锁定此次汉皇南游的中心地就在南方崇山。

⑵句芒：神话中的木神。以后依序出现的神仙还有：灵娲（即女娲）、冯夷（河伯、河神）、屏翳（众神一体：雷、雨、风）、风伯（风神）、雨师（赤松子）、玉女（天帝之女）、西王母等，均为天门昆仑神界人物。

⑶吾欲往乎南嬉：此句界定故事的发生地在南方。南嬉：本意应为“南夷”“南裔”，专指“南夷崇山”。此之南嬉，即到南方远游寻乐。

⑷历唐尧于崇山兮：这是一个无法撼动的地标。崇山在湖南大庸已载入国史众典。司马相如一字千钧，锁定崇山，其他所有相关昆仑地名均必环绕在崇山，由此可证屈原笔下的故里必在崇山无疑。与《山海经》《水经注》所载帝尧葬于崇山对接。苏轼亦有“尧在崇山舜九疑”诗。汉帝登上崇山，特地拜访了帝尧之神。

⑸过虞舜于九疑：汉帝在崇山遥想到远方九疑山的虞舜，是因为《山海经》记载了舜帝葬在崇山的秘密。

⑹雷室：清光绪《永定县乡土志》载：“天门十六洞天：山旧名灵岩寺，玲珑通脱，四方皆洞，洞以百数，莫得指名，兹举其著者约十六，以配十六峰，皆仙天福地也。为雷洞（雷神所居），有石像如雷；为电洞；为风洞……”从“洞出鬼谷”分析，司马相如所写雷室（古代称洞为石室），当为天门山之雷洞。

⑺洞出鬼谷：这个信息十分重要，可证司马相如到崇山后专程拜访过鬼谷洞，由此可锁定此之“鬼谷洞”只能是天门山之鬼谷洞。清康熙《永定卫志》：“鬼谷洞：天门山下，石室蓊蔚，下有清流合于河。相传鬼谷子游此。”明·弘治《岳州府志》载：“鬼

谷洞：在天门山下，石室幽邃，下有清流。相传鬼谷子居此学《易》，今石壁上有甲子篆文。”清·光绪《永定县乡土志》亦载：“鬼谷洞丹篆：洞在天门山绝壁，无路可阶，有樵者误入洞，见壁上画字如篆文，离奇不可辨。欲再往，则云气怒涌不可支，归述之人，好事者往寻之，竟路迷不得入。”李书泰先生在《鬼谷子身世研究》中发现鬼谷子乃楚平王之孙、政变失败未正式登基之楚王熊胜，即主政慈利白县的白公胜。清·罗光典《鬼谷洞》：“先生古洞说崧梁，难访遗书十四章。传漏神仙轶黄老，家分捭阖误苏张。篆嵌石壁蛟蛇走，烟冷丹灶虎豹藏。颍水清溪踪孰是？总留通号白云乡。”清·罗福海亦作《鬼谷洞》诗：“桃花流水去飘然，笑入云深访洞天。隐逸流多埋姓字，纵横术竟出神仙。道书壁上文留篆，丹诀炉中火化铅。满耳恍闻钧乐奏，一条瀑泻万峰巅。”屈原对其师祖鬼谷子的身世并非不知，只是出于一种忌讳隐忍不提（楚平王夺子之妻，禽兽不如，乃人耻、族耻、国耻），却多次述写搭救白公胜的义父伍子胥：“浮江淮而入海兮，从子胥而自适。”（《悲回风》）。“伍子逢殃兮，比干菹醢。”（《涉江》）“吴信谗而弗味兮，子胥死而后忧。”（《惜往日》）司马相如连写祝融、帝尧、雷室、鬼谷洞四个十分重要的昆仑文化符号，可证《大人赋》的主题素材均来自崇山天门。

⑻八纮、四荒：纮（音宏），古代帽子上的带子，用来把帽子系在头上。此句有二解：一指随帝游行的高官冠带如云；二由此联想这些冠盖旌旗与绚丽多彩的天际线融为一体，言其随行队伍庞大奢靡。四荒，《尔雅》：觚竹、北户、西王母、日下，谓之四荒。［注］觚竹在北，北户在南，西王母在西，日下在东。皆四方昏荒之国。又《汉书》：“四荒之外，不安其生。［注］戎狄荒服，故曰四荒。”崇山自古称“南蛮荒服之地”。笔者已经破译东方西王母就在天门昆仑。西王母与其兄东王公始建“昏荒之国”的原生地就在天门山东南60公里的扶桑神州，即古“扶桑国”。

⑼九江、五河：司马氏所写九江与两千里外的江西九江无关，而是天门昆仑山下的澧水，别称“九澧”，又名九江、九水、九河、兰江、茹江、澧江。九澧为：西澧、茹澧、温澧、溇澧、渫澧、道澧、涔澧、澹澧、黄澧。五河，又作“五溪”，指围绕天门崇山昆仑的五条神水。它们是：熊溪（在崇山北，鬻熊故里）、辰溪（古大庸溪）、武溪（在大庸所）、西溪（夷溪，又名西水，在桑植）、芈溪（在崇山西麓，今属永顺）。龙炳文说：“五溪的命名，都是以古代苗蛮各个氏族名而得名的。西溪住仡夷氏族；武溪住戎吴氏族；辰溪住仡戎氏族；熊溪住仡熊氏族；芈溪住仡芈氏族。”并说：“最早被中原华夏统治者知道的五溪，都在今大庸和桑植县境内的崇山附近。”（《湘西苗族》，载《吉首大学学报》，1982年第3期）《博物志》认为“昆仑有五色流水，其泉流入中国者，名为河也。”这五色河指环绕天门昆仑的五条河水：赤水、黑水、白水、青水、黄河。“中国”，古称赤县神州，本著已破解，即指三皇祝融创立的崇山天国。

⑽炎火、弱水：炎火，即位于天门山之南侧的火焰山；弱水，即若水、茹水、澧水，火焰山的北部山麓，就是茹水。明代李自成部将野拂作“天门北望关山远，茹水东流悔恨深”诗，从中可知天门火焰山与茹水相依相偎。司马氏将“水火不容”的两个地名捆绑一起，可见他对这一带的山水地理知

识十分了解，许多注家解读《大人赋》时，还以为是写西域弱水及吐鲁番火焰山呢！前年笔者随东升旅行社专列旅游团快游西域4省。特地到了高昌古城和孙悟空吃过大亏的火焰山，才发现火焰山下千里无河。所西指的“弱水”，后辈史界信口开河指向青海祁连山，经甘肃张掖一带便汐（音“迷”）入沙漠之中，张掖距吐鲁番火焰山正好是武汉至北京的距离。所以我敢打赌：司马氏此说“越过炎火之山又浮游于弱水”，说明两地相距很近，哪里扯上三万里之外的“火焰山”和“弱水”！

⑾ 杭绝浮渚而涉流沙：既然炎火、弱水和九江、五河、雷室、鬼谷洞都在天门崇山周围，这个“流沙”也绝不会有多远。从司马氏描画的旅游线路分析，这一行人已从炎火山（天门山山系）下山到了茹水，即在澧水河游泳戏水。所谓“杭绝浮渚”，杭，作“航”；渚：水中沙洲。航绝浮渚是说弃船登上沙洲，紧接着又从沙洲涉过流沙。由此可知澧水中这个沙洲与流沙近在咫尺。读到这里，我真为司马相如的准确描述所震撼！我可以按其文字所指标出具体地点来：这一群男女游泳戏水的水面正在今《张家界日报》社背后澧水一段，15年前这里还有一条长达3华里的沙洲。关于这个沙洲，笔者曾于2006年应市文史委之约，撰写了一篇叫《永定明清建筑及旧时风貌》的文章，中有《回眸澧水森林带》一节，其中写了城边澧水两个沙洲，又其中一个可能就是司马相如所写的“杭绝浮渚”之“令牌洲”：

……手巾岩下方河中心，也有一大片沙洲，面积约两百来亩，其形如一支令牌，故称‘令牌洲’，因扼澧水一侧，将澧水一分为二，形成大河、小河并流奇观。沙洲上，古木参天，绿树成荫，成为河中心一座神秘的绿岛，是罕见的江中奇观。六十年代初，白龙泉公社在小河口堵坝，建了一座电站，截断进入沙洲的路。1965年夏，大庸一中团委组织了一次野营活动，我和一些“积极分子”有机会经特许穿过电站大坝，进入这块禁地。当我们一走进这片沙洲森林，就觉得走进了屈原笔下“山鬼”出没的绿色迷宫。我想象不出为何千百年的洪水没有推平这座沙洲，而且让百年（乃至千年）古木能在这里与江水共舞！（文载张家界文史丛书《张家界卫所史话》，2006年内部出版；《张家界文史》第十四辑，第114页）

那么，河岸上的生态又是如何呢？请再读下文：

抗日战争时期，日本鬼子的飞机常路过大庸去轰炸重庆，每当警报响起，全城居民立即渡河隐蔽在河对岸官黎坪森林中，一两万人一进森林，就无影无踪了。往往一躲半天，百无聊赖中，一些人就在林中说书、唱戏、下棋、算命、卜卦或打麻将聚赌，还有提篮小卖的，挑面担儿的，熙熙攘攘、人影幢幢，几疑森林大市场。（引文同上）

我写的澧水令牌洲和岸边的生态环境还是40多年前的印象，如果上溯到汉代，该又是一番怎样的情景！正是这种遮天蔽日的沙渚、河岸，才让那一行上自汉皇，下至随员成百上千前呼后拥的花男绿女们放心大胆地在澧水游泳戏水，在沙洲黑森林中狂欢作乐，还要请“女娲”弹琴，叫“冯夷”跳舞！从令牌洲上溯500米左右，就是司马氏说的流沙入澧之河口了。此之流沙即今沙堤乡，沿流沙河而上，则是别一番景象：一河的黄沙，淘洗得洁净如玉，两岸古木竹林，飞鸟禽兽在林中怡然自乐。流水与浅滩晶莹碧透，鱼虾成群结队。这种生态，一直保持到20世纪60年代。流沙河出口处有两股温泉，其上为“热水坑”，其下为“汤池”，汤池位于流沙河口之南侧（今张家界国际大酒店西头河中）。这无疑是令汉皇一行惊喜发疯的由头。司马氏写这些从深宫中集体出走南下昆仑玩乐的人群，为何要舍洲渚而汇聚流沙，想必与两处温泉有关。司马相如锁定流沙与茹水（澧水）同在一处，是两千年来昆学界的第一人。由此可证笔者考证流沙就在沙堤的结论与司马相如不谋而合。

⑿奄息葱极泛滥水娭（āi）兮：奄，覆盖。息，憩息。葱极，即葱山、葱岭，即天门昆仑。此句可作二解：一解为到葱山做短暂休息后又尽情戏水。但从在戏水的地方中途再上天门葱岭休息这一过程分析，显然大可不必，也不可能，故只能是二解，借天门“葱岭”的环境特征喻比洲渚或岸边的森林荫天蔽日状态。娭，此作叹词，通“唉”。别看司马相如就这“葱极”二字，却为葱极（葱山，葱岭）与澧水同处一地作了证明。魏源力主葱岭即昆仑，却把葱岭解释到西域大雪山上去了。也由此可证，司马相如时期，天门昆仑的原创权还没有被汉武帝窃去，或说还没形成“西域昆仑舆论一律”。

⒀西望昆仑：站到流沙（沙堤）看天门昆仑，流沙正好在西北边。准确得令人吃惊。

⒁直径驰乎三危：三危，即三危山，又作三崇山，即崇山。是说一行人在茹水沙渚、流沙温泉（古名“热水坑”）玩到天快黑了，于是急匆匆直奔三危之山。这又是司马相如的亲历之见！如果照一些注家们说的，这个“三危山”在西域边界，距崇山少说也有一万五千里路，这一群人就是乘飞机、坐高铁也不可能在天黑前赶到呀！司马相如说的三危山，正是弱水（茹澧）南岸的崇山无疑。说明他真正读懂了崇山，识透了三危山。

⒂低回阴山：同样，如果照一些注家解释，这个“阴山”就要指向西域大雪山去了。但司马相如说的阴山绝对没有超出天门崇山的范畴。具体位于今张家界荷花机场北侧，即今阴山高尔夫球场，与流沙出口正面相对，总面积2500余亩，垂直高度不会高于50米。为了证实阴山实有其名，这里引用张家界市民政局于2012年3月1日公布的《张家界市城区道路命名规划方案》：

序号	规划暂用名	道路起止点	拟命名	命名理由
4	阴山路	五子坡环山公路。东起土家风情园，西至荷花村公路西头。	融山东路	1、此路连接南庄坪至荷花的环山大道，其山古称“融山”抑或“庸山”，《永定县志》有载。民间多以阴山为不祥，故以谐音“融山”为其路名。 2、融，又作祝融，本名“重”或“黎”。黎被尊为火神，史载降于本境崇山，故县志称官黎坪为“黎坪”，正好与“融山”形成文化链。

（载2012年3月5日《张家界日报》第3版）

⒃西王母：从“西望昆仑”到登三危崇山，再推开天门进入帝宫，然后带上玉女一起在昆仑与众天仙狂欢作乐，竟兴奋得飘飘如灵鸟展翅蓝天，飞到阴山之上盘旋低回，终于看见了梦中的西王母，原来一头皓然白发，手里拄着权杖，盛妆佩饰绚丽而富贵。她就居住在阴山的一个洞穴里，看起来有些孤寂，好在有三只青鸟供她役使，为她搬送食物。嗨！人果能像西王母那样长寿不死该多好啊，哪怕活一万岁都不值得窃喜的。此句诗的价值在于：司马相如早就知道西王母就住在天门昆仑西北不远的阴山。

再回头看司马相如前面述说的崇山、雷室、鬼谷、炎火、流沙、弱水等符号，与葱极、阴山、三危山等，已经形成一个不可拆解的地名符号链，我认为是汉代昆学界最为重要的证词之一。古史所载亲历西域而断然否定西域昆仑者仅有两人：一为穆天子，二为张骞。古史上亲笔抒写亲历天门昆仑者，亦首推穆天子，次为屈原，再为司马相如。这是一篇完整记述诗人陪汉皇南游崇山天门昆仑的浪漫辞赋，虽说抄用或改造了屈原诗的某些句子，但二人的立意主题、语言风格、思想格调迥然有别。其实司马氏除了追随屈原而造访崇山，所追求的却是极度享乐与浪漫放纵，连天帝的女儿都敢拐带而去，是典型的浪荡哥们儿的作派。司马氏没有像屈原有那么多的忧国忧民与追求抱负，也没有那么多的人生坎坷与遭际，所以辞赋中的调子是一片明朗阳光，故很能遂汉皇的心境并乐于接受。郭老、游老、苏老诸公犯不着为此愤愤然而伤肝伤肺的。何况游国恩先生大骂之后还是把《远游》的著作权交还给了屈原。

笔者倒是由衷地感谢司马相如先生用自己的亲身经历，为屈原笔下的天门昆仑崇山县圃及一揽子昆仑文化符号作证：

这里就是昆仑的发祥地。

这里就是西王母的祖地。

这里就是屈原出生的故乡！

对司马相如的如实记载，颇让其同族家门司马迁为之赞赏，并不惜篇幅将《大人赋》全文照录入史。太史公敢写屈原传，一定是通读了屈原辞——当然包括了《远游》的，也定然看透了司马相如与屈原之间的一些瓜葛，但他忽略不计。我揣摩他所看重的，一定是《大人赋》中的昆仑观点与他对接合拍的缘故，司马迁是最早提出怀疑并否定“西域昆仑”第一人，司马相如是继屈原之后第二个发现“崇山天门昆仑”的先知后觉者（其时，《穆天子传》还埋在棺材里），这在当时，对司马迁是多大的鼓舞与支持！他庆幸遇到了知音，并毫不犹豫地将其引为知音、知己。

（二）为司马相如一辩

在这里，我要凭良心为司马相如辩说几句公道话：苏雪林为了夺回屈原《远游》的知识产权，作了一篇《〈远游〉与〈大人赋〉——中国文史上一件大窃案的揭破》文章，以极度愤怒的笔层层剥笋，一一揭批而去，并作出如下结论：“我现在将《大人赋》和《远游》仔细研究一下，才知道‘文抄公’是司马相如而非《远游》的作者，并且敢断言像《远游》这种伟大作品除了战国时代的屈原，没有第二个能写出。”

我并不反对苏先生为屈原争夺《远游》

知识产权的正义行动。但是，愤怒的苏氏也有出言失误的地方，主要在揭批司马氏“神话地理之错误”中，其论据、结论错得简直令人吃惊，驳论倒成了谬论，以谬辩谬，岂不更谬！

兹列举苏先生批驳司马氏主要言论如下：

1. [苏氏] 由飞泉谷转到正东 大人赋那位大人登太阴访真人后，接着便是“互折窈窕以左转兮，横厉飞泉以正东”。就是说本是由东极到北极，现又由北极向右来个大转弯，又回到正东方了……可怪的是竟由飞泉谷转。飞泉谷在哪里呢？原来《远游》有“吸飞泉之微液兮，怀琬琰之华英”，张揖说：“飞泉谷在昆仑山西南。”司马相如见《远游》“朝濯发于汤谷”，下文又见“吸飞泉”字样，以为飞泉也在东，遂强拉那位正自北极返东极的大人，无缘无故到昆仑西南绕了个大弯。

[金氏子按] 苏先生把太阴定位到“今日地理上的北冰洋”，与司马相如的本意相距十万八千里。大人赋的“邪绝少阳而登太阴”，是局限于天门昆仑而言，少阳、太阴，只是表示旅行线路中的东方与北方的方位。从大人赋所述“横厉（历）飞泉以正东”，与张揖说“飞泉谷在昆仑山西南”十分吻合，没有什么可指责的。倒是由此可见司马相如还真的是从飞泉谷（天门山西南侧），依绝崖古道抵达飞泉——梅花泉——即天门风穴，那里正好是路过飞泉谷向前行的“正东”。苏先生站在北冰洋论喜玛拉雅山大雪山昆仑，当然是南辕北辙了。自己都不知道大雪山昆仑的“飞泉谷”到底在哪里，又岂能以此作抨击他人的论据呢？（关于飞泉谷，可参读第八章之第六节）

2. [苏氏] 以南疑为九疑 相如又认为虞舜所葬处是九疑山，所以下面又缀了两句道：“历唐尧于崇山兮，过虞舜于九疑。”相如不知屈原《远游》主角历东西南北之地，均在大地的极边，不在赤县神州境内，换言之，即不在中国境内，相如一见另本《远游》的“南疑”字样，便认作虞舜葬处的九疑山，岂非又闹出了一个大错？

[金氏子按] 司马相如“历唐尧于崇山兮，过虞舜于九疑”，乃史界常作引用的千古名句。他以亲身经历、亲眼所见的事实告诉人们：被人们误传的唐尧不仅葬在崇山，而且还是出生在崇山的故乡人。

苏先生认定屈原《远游》主角（实则屈原本人）所历东西南北“不在赤县神州境内，即不在中国境内”，似乎屈原已漂洋过海，周游世界各国了，这正是早些年盛行一时的“昆仑西来说”的核心观点。苏雪林、顾实、宫玉海等人力持此说。但经笔者小心求证，已全面破译昆仑源于天门窟窿的历史真相，夺回了昆仑的原创版权。屈原《远游》中的东南西北神界仙界，均在故乡崇山天门昆仑，所有故事均发生在天门昆仑范围之内。而且，天门昆仑，正是“赤县神州”的中心地、原产地、首创地。司马相如笔下的“大人”借“神仙”而写实，所游历之地，全是昆仑崇山一带的真山真水，无一有错，你苏先生满脑子装的是北冰洋、西亚、欧洲、美洲，又怎能与现实对得上号呢？

3. [苏氏] 以唐尧墓在南方 《大人赋》“历唐尧于崇山兮”，当然是说经历唐

尧之墓。他以尧墓陪衬舜墓，以为可增文章热闹气氛，不知又出了岔儿了。《山海经·海外南经》："狄山，帝尧葬于阳，帝喾葬于阴。爰有熊、罴、文虎、蜼、豹、离朱、视肉；吁咽、文王皆葬其所。"按，《吕览》"尧葬谷林"，谷林在今阳城县西。帝喾冢在顿邱县南，顿邱在今河北濮阳。文王墓在今长安聚社中。都在中国北部，三处地点相距都很远。《山海经》把他们的坟墓都拉到海外的南方，并都在一个充满奇兽异物（如视肉、吁咽）的狄山上，所以我怀疑《山海经》的"尧""喾"和"文王"，不是我们中国的尧喾和文王；正如《山海经》的禹和其子启，不是我们历史上的禹启一样。司马相如读了《海外南经》见有尧墓，遂以当舜葬地九疑相提并论。他也应该知舜墓在中国境内，尧墓在海外，这是没法凑泊在一处的。倘使照《吕览》所记，尧墓在河南境内的谷林，则在中国北部，与南部的九疑又不能合拢。司马相如竟这样乱扯一通，可见他不但读《山海经》太粗心——没注意"海外"字样，就连《吕览》等书都未涉目。

[金氏子按] 苏先生以《吕览》一说诋毁《山海经》，殊不知产于秦代的《吕览》不知晚《山海经》多少代！攻击司马相如未涉目《吕览》而否定唐尧葬于崇山的历史，未免过于武断，其实后期的《水经注》也有"尧葬狄山之阳，一名崇山"的记载呀！而苏先生忽略的另一个重要前提是：司马相如是亲历崇山亲眼所见，比《吕览》从书本到书本，从资料到资料的真实性绝对强多了。宁可相信书本上的一句虚言，也不相信亲历者的一双真眼——就如司马迁从张骞十三年出使西域跑遍雪山沙漠并未发现昆仑的影子，从而作出断然否定西域有昆仑的结论，但汉后（包括当代）一些著作却仍牛死不放草地坚持西域昆仑一样。

至于怀疑帝尧、帝喾、文王、禹、启是不是中国人的奇谈怪论，就毋须笔者多费口舌辩证了。

4. [苏氏] 入雷室与鬼谷 《大人赋》里那位大人到舜葬处南疑之后又"径入雷室之砰磷郁律兮，洞出鬼谷之崛礨岁魁"。雷室，据张揖说："雷渊也。"雷渊究竟在何处，无法查考……至于鬼谷，则张揖又说："在昆仑北，直北辰下，众鬼之所聚也。"……王先谦谓："入雷室，出鬼谷，出入阴阳之界也。"那位大人明明在南方的道路上走着，怎么一跑便跑到昆仑之北，北辰之下的鬼谷里去？……

[金氏子按] 苏先生有所不知，登天门昆仑自古三条路，一在天门之东北，从鬼谷峡洞上山；二在天门之西南，从大坪赤松村登山；三在天门之东南，从大坪镇杜家峪水库登山。由北登山，沿途神仙居地有十六洞天，雷洞是其中一个。此洞位处天门西南万丈绝崖之中，故称雷渊。而鬼谷洞恰恰在天门之北。张揖说"在昆仑北，直北辰下"，对极！由此，可以断定司马相如绝对是亲临了天门昆仑现场的。苏先生自己信口开河，还要拿别人说事。

5. [苏氏] 渡九江越五河 "九江"，据张揖说就是江西浔阳县的那个九江。五河，大禹治水时疏导的有五河，《河伯》"与女游兮九河，冲风起兮横波"。晋灼云："五河，五湖。取河之声，合其音耳。"颜师古则云："服晋说五河，皆非也。五河，五色之河也。"王先谦引"梁庾阐游仙诗'昆仑涌五河'，是五河皆昆仑山水也"。《博物志》："昆仑有五道流水，其泉流入中国者，名为河也。"《大人赋》的那位主角既有仙体，高飞空中，览八纮，观四荒，渡九江，越五河，非不可能……司马相如分明是因为他缺乏域外神话地理知识，在那里信口开河罢了。可怪的是他竟敢这样"大言炎炎"，用意在于唬人，汉武帝被他唬住了，我们却只有冷笑。

[金氏子按] 司马相如写"渡九江而越五河"，前面已解，九江即九澧九江，与江西浔阳九江相距三千里；五河又名"五溪"，指环绕崇山的辰溪、酉溪、武溪、熊溪、芈溪。或指天门昆仑五色神水，如赤水、白水、黑水、青水、黄河，它们皆簇拥于天门昆仑四周。司马相如对九江五河表述得如此准确，无一有错，怎说是信口开河？苏先生指责司马氏"缺乏域外神话地理知识"。就历史文献记载：远古时代真正有日记可证周游华夏的第一人只有穆天子，但他绝对没去过欧美；汉有张骞出使西域13年，也未曾到过欧美、大洋洲；唐玄奘也只到过印度；想必屈原更没有可能让他漂洋过海。故屈原笔下的地理范围，与苏先生留洋大师所指的北冰洋、欧洲、西亚等地毫无共同之处。苏先生指责司马氏"缺乏域外神话地理知识"，这叫牛胯扯马胯。司马相如所写地理范围，正是屈原所写内容。倒是苏先生未能身临其境，自己一派乱说，还冷笑什么？

6. [苏氏] 焰火弱水与流沙葱极 《大人赋》："经营焰火而浮弱水兮，杭绝浮渚而涉流沙；奄息葱极，泛滥水嬉兮,使灵娲鼓琴而舞冯夷。"《山海经·大荒西经》："西海之南，流沙之滨，赤水之后，黑水之前，有大山名曰昆仑之丘，其下弱水之渊环之，其外有焰火之山，投物辄燃。"《大人赋》第一句即本此。"浮渚"，张揖谓"流沙中渚"……"葱极"，即葱岭，极者峰巅之谓，在西域。先秦记载言昆仑，均不能指明其在何地，但知其为处于大地正中之绝大仙山而已。自汉武帝与群臣考古籍所记载，以新疆于阗多玉，遂假定新疆一山即所谓于阗南山为昆仑（金按：黑点为苏氏自加）。葱岭在今新疆西南疏勒蒲犁等县西边,中国地理学家谓天山、昆仑均发源于此一大山。葱岭与昆仑既同在汉代所称西域的新疆，所以司马相如叙过焰火、流沙之后，又说在葱岭顶上休息。这可见《大人赋》是撰在汉武帝钦定于阗南山为昆仑以后。葱岭和武帝钦定的昆仑均系内陆干旱之地，新疆虽有一条塔里木河，分为喀什噶尔、叶尔羌、和阗三河，究竟不算汪洋无际的大水，司马相如竟叫那位奄息葱岭之顶的大人，在那里大张女嬉，并叫男女水神鼓瑟的鼓瑟，跳舞的跳舞，大大娱乐一番，真是"活见鬼"!

[金氏子按] 感谢苏先生以确凿的证据揭露了一段一般人并不明内窍的历史真相：原来所谓的"西域昆仑""于阗昆仑"，竟然是汉武帝"假定新疆一山即所谓于阗南山为昆仑"，天门昆仑版权原来就是汉武帝凭皇权窃走并随心所欲赐给异地了！也就是说："西域昆仑"的提法原来始于汉武帝时代即公元前112年（汉元鼎五年）。既然是汉武帝"假定"，又怎能考虑到要配置相关的昆

仑神山神水地名符号呢？既便后人还真的挖空心思把天门昆仑的诸多符号往新疆、甘肃一带嫁接（如赤水、黑水、白水、流沙、黄河、弱水、焰火、葱岭、阴山等），但毕竟无根无据，又天各一方，八担二斗糯米都捏不到一块儿来。司马相如《大人赋》开宗名义，说的是“吾欲往乎南嬉，历唐尧于崇山兮”，他哪里写到了子虚乌有的新疆大雪山？何况与汉武帝同年份同时代同朝廷的司马相如根本就不知道汉武帝“假定”的西域昆仑到底在何方位，是何模样，更不知道“假定”的于阗周边是否拥有一系列相匹配的昆仑地名群，他只知道汉代前只有南方天门崇山昆仑，根本不存在地理常识错误的问题！而苏氏所引《山海经》文字中的流沙、赤水、黑水、昆仑之丘、弱水、焰火之山等地名全在天门昆仑范畴；所谓葱岭，恰是天门山之别名！苏氏以错误的伪史求证真史，这不也是“活见鬼”吗?!

7. ［苏氏］西望昆仑　汉武帝钦定的于阗南山昆仑，在新疆之南，葱岭则在新疆之西。《大人赋》的主角要从葱岭望昆仑，仅能向东南而望。谁知《大人赋》竟写道“西望昆仑之轧沕洸忽兮”，竟以葱岭位置于昆仑之东了。司马相如大概习闻我国人昆仑在西北之说，无意中使它与葱岭位置对调了一下。不过汉武帝连年用兵西域，又新定昆仑的位置，在汉朝君臣说来，正是热烘烘新出炉的地理知识，相如居然搞错了，读此文的汉武帝也不曾觉察，实为可怪！

［金氏子按］　这又叫“牛胯扯马胯”了，既然是汉武帝“钦定假设”昆仑在于阗南山，而葱岭则是后人因需而搬，原本就不存在真实的“地理关系”，就是存在，依两千多年前的地理测绘知识，估计当时朝野上下没有一个人弄得明白，何况司马相如南游天门崇山昆仑之时，武帝“假设”之圣旨还无法落实执行——因为西域诸国还不受汉统辖，还在“连年征战”中。或者说，汉武帝“假定”的圣旨根本就没有生效，没有具体的附着物，可能到了汉后或更迟的朝代，才开始由文人炒作。所谓“司马相如大概习闻我国人昆仑在西北之说”一语，不知从何说起，在那个信息闭塞时代，全中国人都不可能知道昆仑已易主西域，司马相如当然也不例外。而司马相如此刻正在澧水、流沙之间戏水玩耍，此地正好位处天门昆仑之西，“西望昆仑”，就是站到西边的流沙（即今张家界之沙堤乡新市区）望昆仑，何怪之有？

至于苏氏文中所谴责的关于司马相如涉及的三危与阴山、不周山、列阙、寒门之类，笔者不想浪费版面再一一计较了。通览全文，我发现苏先生对司马相如的批判，基本上全错！一个是脚踏真实昆仑写昆仑，点点到位，句句可考；一个是立足欧西说昆仑，字字皆谬，句句失真。一个奔东，一个奔西，本来就不在一条文化线上。一个言昆仑必西域，空对空坐而论道；一个写昆仑在崇山，实打实见以说事。二者之论，谁是谁非，相信读者自有分晓。

那么现在，我想说几句：我连读司马相如《大人赋》数遍，不惜字句对照较真，就怎么没发现《大人赋》与屈原《远游》有何抄袭痕迹，即便看似模仿了屈原的一些创意、语言，但总的来说，其立旨内涵还是与《远游》大有区别的。我从司马相如作品中看出他对屈原的推崇与拜服。《远游》文笔的精深与博大，思想的高远与深邃，是任何一个人都无法摹仿攀比的。《大人赋》的瑕疵难掩司马相如的才气与风度，但对《远游》并不构成任何伤害，这也许是司马迁之所以将二人同时入史，重头推介的原因之一。他并非无视《大人赋》与《远游》之间的纠结，但伟大胸怀包容了这一客观的事实。

汉武帝读司马相如《子虚赋》，不仅大加赞赏，且发出“不得与此人同时”之叹恨，当侍臣告诉他，司马相如就是当朝之人：（武帝）“上惊，乃召问相如。”武帝用人，唯才是举，诏曰：**“盖有非常之功，必是非常之人**。故马奔而致千里，士或有负俗之累而立功名，夫泛驾之马，足驰之士，亦在御之而已。”

这段言论，就是因司马相如有感而发的。

这里，我想以鲁迅的一段评语为司马相如作个论定：“武帝时文人，赋莫若司马相如，文莫若司马迁。” “不师故辙，自摅妙才，广博闳丽，卓绝汉代。”（《汉文学史纲要》）

司马相如，是汉代第一个发现屈原故里，并追随南游为天门昆仑崇山作赋第一人。

五、汉代刘向诗证——刘向《九叹·远游》诗中的屈原故乡信息

刘向（公元前79–前8。有说前77–前6），本名更生，字子政。汉高祖刘邦异母弟刘交四世孙，宣帝时任散骑大夫。经学家，喜谶纬之学。汉武帝、汉成帝曾下旨令民间献书，刘向受成帝命主持整理，其中收屈原赋二十五篇，并注《天问》，作屈原小传。所作《九叹·思古》“违郢都之旧闾兮，回湘沅而远迁”句，指出屈原离开郢都旧居，回归湘沅故乡。在《远游》中，则写屈原“旋车逝于崇山兮，奏虞舜于苍梧”，并全方位述写屈原故乡的崇山、黄帝宫等特定符号，说明刘向是古代从屈原诗中发现屈原生身故乡就在南方崇山的第一人。

在刘向之前，似还没查到发现屈原故里在古庸崇山（天门昆仑的先知先觉）。只因历代注家对崇山、天门昆仑、弱水（茹水、澧水）、鬼谷、流沙、炎火、扶桑等特定故乡地名的具体地理位置缺乏了解，特别受了汉武帝信手所指昆仑在新疆于田西域雪山沙漠的影响，故无法对屈原故里在崇山（大庸）的表述作出正确判断，倘若在前汉时期能有人识破刘向、司马相如的诗中秘密，屈原故里之谜或早就告破，根本不存在两千年屈学研究的误区和弯路。

在刘向的辞赋作品中，《九叹》是其代表作。《九叹》由九首辞组成，似以此代屈原抒情。王逸《楚辞章句》认为：“叹者，伤也，息也。言屈原放在山泽，忧伤念君，叹息无已，所谓赞贤以辅志，骋词以曜德者也。”下面，笔者试着对刘向同题《远游》部分诗句进行解析，从中捕捉一些关于屈原故乡的信息：

1. 登昆仑(1)而北首(2)兮，悉灵圉(3)而来谒。选鬼神于太阴(4)兮，登阊阖(5)于玄阙(6)。

[注释] (1)昆仑：诗人既回沅湘，此之“昆仑”，必定是天门昆仑，与西域昆仑无

关。

⑵北首：回首北向。

⑶圉（yǔ）：养马的地方；圉人（掌管养马的人）。灵：神灵。此指天门昆仑。天门山俗名马鬃岭，与陈琳“天门阏以高骧”吻合。又名灵山、灵岩山，唐时建灵泉院于此。

⑷太阴：月亮。冬为太阴。

⑸阊阖：登昆仑的天门。无论神界或现实，此“天门”均与大庸天门昆仑有关。

⑹玄阙：位于天门北边的黄帝宫。

［译诗］登上昆仑之巅向北眺望啊，天上的神仙都乘马来拜望。在月宫里我挑选鬼神啊，和我一起登上天门进入北边的殿堂。

2. 回朕车俾西引⑴兮，褰虹旗于玉门⑵。驰六龙于三危⑶兮，朝西灵于九滨⑷。

结余轸于西山⑸兮，横飞谷以南征⑹。绝都广以直指⑺兮，历祝融于朱冥⑻。

枉玉衡于炎火⑼兮，委两馆于咸唐⑽。贯澒濛以东朅⑾兮，维六龙于扶桑⑿。

［注释］⑴俾：使。西引：西行。

⑵褰：同搴、骞，举起。虹旗：画有虹霓的旗，或谓以虹为旗。玉门：天门。第六章解《穆传》：群玉之山，即指天门昆仑。

⑶三危：崇山即古之三危山。

⑷西灵：此指天门昆仑之西80公里万灵山之神（位于桑植县上洞街乡麦塔溪村，与永顺桃子溪乡交界）。九滨：九水之岸，此指九澧（澧水别称）。万灵山位于今湘西州永顺县境、九澧之南源，与今永定区西界相邻。

⑸结：盘旋。轸：车。

⑹飞谷：指飞泉谷，位于天门洞之南。南征：南行。

⑺都广：从诗句分析，“都广”与崇山、天门同属天门昆仑体系。待考。

⑻历：经过。祝融：本指降于崇山的火神赤帝祝融，此已物化为祝融山名，一如《千字文》：“沉绕祝融。”即祝融山，亦即崇山。朱冥：指南方。赤帝祝融为南方神。此信息锁定屈原诗中故乡就在南方的崇山。本诗既为屈原《远游》而写，只要锁定降生于澧水崇山的祝融，全诗所表达的所有地名、人物都可归结于此地——屈原故乡。

⑼枉：绕、曲。玉衡：车前辕的横木，此代指车子。炎火：指天门山南侧的火焰山。

⑽委：同逶迤，虚与委蛇，作曲解。馆：舍也。古之旅馆。咸唐：此指位于今武陵源北昆仑峰汨湖（《穆天子传》所言之珠泽）的大咸池与小咸池。古时黄帝曾于此作咸池之舞。旧时大小两咸池各有一馆舍，故谓两馆。

⑾澒（hōng）濛：即“鸿蒙”。宇宙形成之前的混沌状态。朅（qiè）：去。

⑿维：系。扶桑：太阳。实指天门东南八十里的扶桑，今属沅陵县七甲坪镇扶桑村。天下以扶桑名国、名村的只此一处，此即东王公、西王母出生并建扶桑国的地方，遗迹尚存。

［译诗］扭转我的车马向西前行，举起虹旗直驱登天之门。乘架六龙登上三危山顶，召西部万灵之神到九澧之滨。旋转我的车子向着西山，横渡飞泉山谷又向南行。穿过都广山野一直朝前，在南方崇山会见赤帝祝融。回转我的玉车穿过炎火之山，我先后两次曲意在咸池馆舍留停。贯穿鸿蒙之气向

东南而去，将六条飞龙系在扶桑那棵古树上。

[按] 上述所游神界，似乎是照屈原《远游》复述，其地名符号均在天门崇山一带。

3. 排帝宫与罗囿(1)兮，升县圃以眩灭(2)。

[注释] (1)罗囿：昆仑神话中的天界、花苑，即崇山县圃。

(2)升：登、上。县圃：《穆传》："春山之泽……先王所谓县圃。"春山即崇山。眩灭：昏花迷惑。

[译诗] 排开天帝之官进入天苑，登上崇山县圃让我眼花缭乱。

4. 凌惊雷以轶(1)骇电兮，缀鬼谷于北辰(2)。

[注释] (1)轶：通"逸"，飞奔。

(2)缀：连结。鬼谷：地名，相传为众鬼居所。位于天门山之北麓，有鬼谷洞、鬼谷源(老道湾)、青溪、鬼谷子隐身之地雪花洞。周敬王四十一年(前479)七月，慈利白县白公胜政变失败，隐居天门鬼谷洞，自号"鬼谷子"。上二句似出司马相如"径入雷室"和"洞出鬼谷"句。北辰，《论语》："为政以德，譬如北辰。居其所而众星共之。"朱熹解为"北极星"。

[译诗] 乘驾滚滚惊雷追逐闪电，还把鬼谷百鬼系在北极星上。

5. 就颛顼而陈词兮，考玄冥于空桑(1)。

[注释] (1)玄冥：玄，黑色。此指黑神颛顼。空桑：实指《山海经》所载澧水源头"帝女之桑"的故乡——桑植县空壳树乡，此处因有一棵空心千古桑树而得名。颛顼曾在空壳桑树乡之西北20公里的高阳村居住多年。原本实地实人实名，后被解为神话了。

[译诗] 我向先祖颛顼倾诉，考察玄冥之神就居住在空桑之乡。

6. 旋车逝于崇山(1)兮，奏虞舜于苍梧。

[注释] (1)崇山：此指大庸崇山。此二句与司马相如"历唐尧于崇山"句共出古史所传同题典故。

[译诗] 然后旋过车头驰往崇山，告诉虞舜将去九嶷苍梧。

[按] "崇山"之句极其重要，务请读者注意，它是《九叹》的核心符号。其笔下的昆仑、灵圉(天门山)、阊阖(天门)、玉门(天门)、三危(崇山)、飞谷、祝融、炎火、咸池、扶桑、帝宫、罗囿、县圃、鬼谷、颛顼、空桑等一揽子地名、人名信息与屈原诗中反复出现的相同地名人名形成对接，构成一个庞大而完整的崇山文化证据体系，证明屈原《远游》中的故乡就在崇山无疑。刘向距屈原投江约200年，是靠屈原时代较近的文人，加上他受成帝之命整理汇编所收民间书籍时，很可能获得了一些信息，对屈原故乡的大方向应有所闻。或说他已经从屈原《远游》中发现了一个重大的秘密，故《思古》中有告别郢都而"回湘沅"的说法。

从刘向对屈原故里一组庞大古史地名之间的位置关系所叙述的准确与娴熟，我怀疑(断定)刘向极有可能追寻屈原的足迹专程实地游览考察过一次。

第三节　潭口里乃屈原结婚成家居住之故居

——潭口里考察记

[讲述]　自2009年春，经过半年多时间艰辛努力，终于很幸运地获得了国史、县志、族谱、瓜藤谱、告祖词5份核心证词及清代、元代、三国、汉代等5份诗证，共10份核心证词，这意味着可以进入正式考察调研程序了。出生于屈家坊祖屋里的80岁老中医屈祖生告诉我，屈原故里（故居）共有4处：一是屈原出生故里屈家坊祖屋里；二是屈原结婚成家居住故里潭口里；三是屈原辟谷植兰遁隐的兰岗相公洞；四是天门洞遁隐故居。

同年8月7日，课题组一行3人，正式启动考察工程，第一目的地就是屈原成家分居故里——即古史所载的"二尉岩潭口里"。

一、丹丘·潭口里：屈原结婚成家居住故里

（一）丹丘

这就是潭口里。曾在潭口小学和旱坑小学执教34年的陈丰富老师指着一水分流包抄而成的一片大沙洲说：那个洲叫大鳌洲，名出潭口那座"天下第一鳌鱼山"，约400亩。当年洲上古木参天，藤蔓如网，野兔、麂子、飞鸟诸禽兽窜伏其间。早在五帝之前，大庸帝国创始者祝融熊氏家族即在洲岛中心设日月坛，又叫"太阳神大祭坛"，故这里又叫"坛口"。为何叫"日月坛"？秘密就在屈原"仍羽人于丹丘兮，留不死之旧乡"的"丹丘"二字中（《远游》）。民国《辞源》载：[丹丘]"海外神仙地，昼夜长明。"普天之下哪有昼夜长明之地？几千年来，几乎所有的屈学家和昆仑学家都无法破译这个神话般的地名。2009年8月7日，课题组一行3人第一次考察潭口时，村民王家柱、朱月清指证姊归岸之对山，才恍然大悟：屈原老屋场背靠姬公山，石壁上有两个天然穿山石洞，一个如圆日，谓"太阳岩"；一个如半月，名"月亮岩"，合称"日月岩"，即《山海经》所称"日月山"。白日"太阳"（日岩）高照，夜晚"月辉"（月岩）洒地，这不正是日夜长明的"丹丘"之原理吗？这本是大自然无意间生成的地质奇观，却应了天文学"日月同升""日月合璧"的所谓祥瑞之兆，乃至成了"日月长明"的神话发生地，并以日月岩下的巨大沙丘——大鳌洲命名为"丹丘"。杨轫《道士峰》诗有"岩关栖白鹤，云气接丹丘"句即指潭口丹丘。三国陈琳写天门崇山县圃诗，原句引用屈原"仍羽人于丹丘"。说明陈琳对潭口丹丘与屈原的关系已有所闻。《说文解字注》[丘]："中邦之居在昆仑东南。[昆仑下，

当有丘字。嫌人居不必在丘南，故仓颉造字之初取意于此]一曰四方高中央下为丘。《淮南子·地形训》注曰：'四方而高曰丘'。”《拾遗记》说：“炎帝神农筑圆丘以礼朝日。”可知早在神农时，就有了祭祀太阳星君的仪式。圆丘即所筑祭坛。上述典籍文字指示这个“丘”必在昆仑山下，笔者不惜举一章10余万字之力破译屈原笔下昆仑源出天门，那么，这个祭祀太阳神的丹丘大祭坛必在天门昆仑山下的澧口。而澧口的日月岩、对岸的天竺山与穿山洞门（俗名“天竺门”），已构成澧口昆仑——即“天竺昆仑”。落实到具体原点就是400亩大鳌洲——丹丘之洲，一个椭圆形巨岛（可恨几年前被一家采砂老板毁灭）。

丹者：赤帝、火祖、火神、太阳神颛顼祝融。姜亮夫先生力主高阳为祝融，并指出：“颛顼与楚之先人祝融之关系最密。”（转引自萧兵《楚辞的文化破译》）与大庸境内传说形成对接。二人皆为庸楚之祖。丹丘日月坛即祝融、高阳太阳神大祭坛。

距丹丘不远有个关门岩乡，清嘉庆年间，出了个有“七步八叉”之才的覃金瓯先生，一日早晨陪县官考察泛游澧口，正赶上一轮红日从澧口升起，县官偶得上联：“澧口有缺红日补。”覃金瓯随口便对：“天门无锁白云封。”此天门指的就是与卫城遥对的天门洞。清同治三年，县令王日修刚上任即慕名赴澧口视察，恰逢千船百帆过澧口之壮丽奇观，即赋诗云：

溪名澧口众峰环，估客帆樯日往还。
满载枇杷夸大贾，秋来橘柚更通关。

丹丘，是屈原故里三大关键识别符号之一（其二、三分别为澧口、二尉岩）。这是屈原有意或无意留给后人破解其故里的重要密码。据83岁屈楚子老人说：澧口有“双鳌护城”大风水之说。一般人只知道澧口有条跨江而跃的“鳌鱼”，却不知四百亩金沙洲本身也是一个“大鳌”，相传这个“大鳌”从南海背着仙境蓬莱从海上游到云梦大泽，后云梦泽消退，大鳌游不回去了，只好把背上的仙山丢在一边，自己阻滞在澧口，等待回归大海的时机。这座山就是今日的云梦山——天门昆仑仙山。

这当然是神话。天门昆仑本身就是产生神话的源头。屈楚福则说了另一个掌故：相传我们的老祖宗颛顼高阳就出生在大鳌洲南岸的崇阳坪老庸湾，因崇拜对门这只天生“天下第一巨鳌”，便自称“大鳌人”，他的后裔就成了世袭“鳌族”。我们的屈氏祖人，代代都叫“大鳌”“莫敖”。《庄子·逍遥游》：“广莫之野。注：莫，大也。”（见《康典》）

这个传说太令人振奋了！难道两千年屈学界一直茫然不知的屈氏“莫敖”之号由此产生?！陈丰富老师还说：旧时澧口有种形态怪异、味美无比的鱼，喜欢成群结队环洲岛冲滩击水，屈原常坐在对岸石台上垂钓，钓的就是这种稀有的怪鱼。判断这一传说究竟有无的重要细节就是寻找这种“怪鱼”。笔者撰写本著，破笔即先从《屈原诗中昆仑之证》一章写起，其中又首破天书般的《穆天子传》。在破穆天子一行到桑植“珠泽”（今汨湖乡）钓鱼三天的秘密时找到了这种“怪鱼”。《吕氏春秋·孝行览·本味》曾记录了途中美味，就有洞庭湖的鲋鱼，东海的鲕（音“儿”）鱼和澧水的珠鳖鱼：**“澧水之鱼，**

名曰珠鳖，六足，有珠，百碧。”《山海经·东山经》亦载：“又南三百八十里，曰葛山（在今桑植）之首……澧水出焉……其中多珠鳖鱼，状如胏（音姊）而有目，六足，有珠，其味酸甘，食之无病。”明代高尚志《澧纪·叙目》亦载：“星分轸络，俗从南楚。**有鱼珠鳖，传自鼎叟。**”由此可以推测，这种“怪鱼”就是澧水独有的珠鳖鱼。还有种独产于大庸澧水的“**鳙鱼**”，其鱼“似鲢而黑，头甚大，俗呼黑鲢，又称鲢胖头”（民国《辞源》第1684页）。又有**鳢鱼**，圆筒形，头扁，是独产于澧水的名贵鱼种。

如果钓的不是珠鳖鱼，怕就是鳙鱼、鳢鱼了。这三种名贵鱼独产于澧水，且都被载入史典。

陈丰富老师还说：相传元末，**朱元璋曾在潭口文华寺出家**，当了和尚，常在洲上牧羊。一日，刘伯温访主至此，见朱元璋正仰天而卧尽享太阳之福，于是行三拜之礼，朱元璋一拜变换一次手脚，三拜现出“天子”二字，刘伯温大喜找到了真主！故又叫“牧羊洲”“和尚洲”“天子洲”。传说毕竟不是正史。但后来，大庸覃垕反，朱元璋御驾亲征，坐镇荆州，刘伯温则亲赴大庸指挥“七年寨”之战，并下令**建大庸卫，留青田碑**，却是史迹昭然。刘伯温督修大庸卫城（今市中心老城区）时，书《青田碑》埋入西门外，后被掘出，光绪《永定县乡土志》有载：“清康熙间，桥圮（pǐ）得古碑，有文云：‘*久反蛮夷在此间，此间不是久长安；若要安福长安福，浩浩苍天还是天。*’传为刘基遗谶。其后，雍正七年，各土司献土归命，设安福、永定两县，此其验也。”可证刘伯温确曾在大庸停留过。朱元璋第十七子朱权宫廷争权失败，沉溺于古乐谱搜集，曾沿着帝父征覃垕之路来到大庸，并在屈家坊一带搜集到屈原自作《离骚》十八段古谱，以及《慨古吟》《华胥引》等古琴谱（参读本著《屈原秘谱〈离骚〉之证》）。其间，朱权专程到潭口瞻仰屈原老屋场，并在先父出家的文华寺宿住多日，又在天子洲上丹丘太阳神大祭坛留连盘桓，乃至于以“丹丘先生”自号。

在天子洲西北河岸，我们看到躺在沙地上一根巨型古树遗骸，经丈量，蔸部外围周长3.8米，长23米。据采砂人张某介绍，2009年上半年，从沙洲深处挖出，同时挖出数块人工打制的石条。既是“树骸”，大约还有一半外壳被销蚀，就是说，此树实际外围周长不小于6米，全长30余米，距今至少在两千年以上。这一信息印证了莫敖洲——丹丘洲曾经是原始森林的传说。跟我驾船的老船工覃文先还说：这个洲又叫橘子洲。儿童时代，他到岛上放牛，还看到了抱围粗的橘子树林。

屈原成长于斯，居住于斯，对此洲情有独钟，相传《橘颂》即在此构思完成。在他的诗作中，曾多次写到它：“*夕揽洲之宿莽*”（《离骚》），“*蹇谁留兮中洲*”（《湘君》），“*采芳洲兮杜若*”（《湘君》），“*搴汀洲兮杜若*”（《湘夫人》），“*搴长洲之宿莽*”（《思美人》），“*望大河之洲渚兮*”（《悲回风》）

（二）潭口里

铁船绕过丹丘，就进入古史所载两水汇合的潭口里了，潭口里，略称“潭口”。

潭口，其实就是两水争赴一门进入七里江潭的峡谷入口，江面宽50~80米。

"潭口"，是屈原故里老屋场所在地三大识别标志符号之首。《太平御览》引录《荆州图记》，启句便是"澧阳县（石门）西潭口里"，紧接着记述的就是确定方位的识别地标"二尉岩"。雍正四年《古今图书集成》载："雍正以前，潭口两山对峙，形如剑阁，凡十数里。澧水到此，渊涵深澈，必须船渡，陆路不通。"《直隶澧州志》亦载："金藏关，在县东，一名潭口。两山对峙，澧水出此，渊涵深澈。"《湖南省大庸县地名录》载："潭口，位于大庸、慈利两县交界处，是澧水上游的一个大潭，长七华里，故又叫七里潭。潭面最窄处为50米，形如坛子口，两岸悬崖最高处有319米。"（1982年内刊版，第53页）七里潭南北两岸各有一条古道，《湖广岳州府志》称作"**大庸路**"，起自常德，止于湖北来凤，这是远古时进入大庸国核心地的"国门大道"。屈原在《渔父》中自述：

"屈原既放，游于江潭，行吟泽畔。"

《汉典》[泽]："聚水的地方。"[潭]"深的水池。"本境把溪河中大大小小的聚水凹地都叫潭。此之江潭，古称"茹水"。《永定县乡土志》载："茹水出龙茹山，《水经注》叙：'在二尉岩下，属慈利境。'考慈利无以茹名山水者，诸书言茹水，但云在慈利县西。其时未设桑永，统归慈利，则茹水仍出慈利西境。"其实，距潭口乡约30华里的阳和乡就有茹溪，是古茹国的中心地。说明二尉岩之江潭，属茹水之一段无错。当年屈原乘船经二尉岩至潭口归乡岸老屋码头，感慨万千，跪在岸边捧喝家乡茹水，且以兰花沾茹水洗泪，后将此情此景写进《离骚》：

揽茹蕙以掩涕兮，沾余襟之浪浪。

意思是：我手捧兰花和着茹水揩拭泪水啊，热泪滚滚沾湿我的衣裳。

这是一个何等了得的信息：屈原把笔下的"茹水"与"二尉岩""潭口"和"兰蕙"——慈利独产的"零陵香"（慈利汉时称零陵，后改零阳，又作陵阳）三个符号捆绑一起，一下就锁定屈原捧喝茹水且以兰花揩拭眼泪的发生点就在他的老屋门口！

二、鳌鱼山·沧浪桥

潭口入口左侧石壁，裂开一块巨石板，恰似一条巨鱼尾巴。七十多岁的老船工王章生仰首指向南岸石壁上那个半月穿洞说：那座山叫鳌鱼山，也就是鳌鱼头，那个半月洞，就是"鳌鱼鳃"。这显然又是山寨版的"浪漫主义"传说，但牵涉了历史上一个争论千古的显赫人物。春秋末，楚宫夺权失败的楚平王之孙白公胜，在被楚军追杀中，自缢假死，金蝉脱壳，破相毁容，逃匿潭口，在一个山洞隐居多年，著《分定经》。此洞后名"鬼谷洞"。此后，又迁居天门山鬼谷洞、老道湾雪花洞及鬼谷峡洞等地，晚年受聘主持崇山熊馆。对这一秘密，一直到清代嘉庆年间，潭口龚家峪村出了个举人龚经济，曾到大庸贡生罗兴民开办的城东书院主讲，他在《鬼谷洞》诗中第一个提出"**乞儿状貌本不凡，苦心为衍捭阖策**"，认定这个"乞儿"就是楚平

王之孙熊胜，亦即后来主政慈利白县的县令白公胜，五岁时随养父伍子胥逃命奔吴。也就是说，这个神秘的鬼谷子，其真身就是白公胜。这个天大秘密，恰又被本市学者李书泰先生悟透，这是中国两千多年鬼谷子研究中第一个发现者。《分定经》共240卦，十有七成的卦格、封辞都采用大庸本土的实地实名。如其中第107卦就是以潭口的鳌鱼、沧浪为卦格的：

庚辛　央卦　**鳌隐沧浪格**

日到天心影渐高，庚辛金印自风骚；巨舟翻浪多翻覆，浅水回波隐巨鳌。

这“金印”何解？老船工王章生指着潭口南岸一山嘴平台，说：“那台上叫簸箕塔吊水，又名‘一口印’，那里就是屈原的老屋场。”陈丰富老师也说：“这一口印，就是屈原读书老师鬼谷子所说的‘金印’。”

显然，这个“巨鳌”指的就是潭口“天下第一鳌（山）”。此前，鬼谷子白公胜在“甲乙恒卦泊水鸳鸯格”中已有提及“**鳌鱼游水远，平步上云梯**”，指妻贞姬自慈利白公城乘船经潭口鳌鱼桥去天门山，登云梯岩会丈夫鬼谷子白公胜的真实过程。“沧浪”在何处？就在“二尉岩”正对面的山溪——“沧浪溪”口，旧有古桥，建于春秋年间。后改为石拱桥，时在唐宋年间，元代重建。长约1丈八尺，宽约八尺，桥头设有古渡码头，昔日来自常德方向的扁担帮、背篓帮，或去溪口赶场或去慈利、常德商帮者，多由此上下船，此桥即名“**沧浪桥**”，毁于1954年洪水。后改为原木桥，又屡毁屡架，随着公路兴起，古道荒废，航运衰亡，桥不再架。朱月清说：1985年，他乘鸬鹚船去溪口赶场，回来从这里上岸，忽然发现水里有半截石碑，就打觅子（潜水）把它捞上来了，一路上还有几个伙计帮忙扛。前述1985年8月19日，县志办王育久调查“二尉岩”，半截碑文就是在他家抄录的。

屈原回家后，不经意将门前的沧浪水写进他的《渔父》中：

沧浪之水清兮，可以濯吾缨；

沧浪之水浊兮，可以濯吾足。

明代工部尚书周叙（慈利九溪人）曾发现屈原诗中渔父、沧浪就在澧水一带作《仙侣洞》，表达他多次寻找沧浪渔父而不得的惆怅心情：

三楚古来多福地，九溪今即是仙源。

欲寻渔父沧浪处，几度问山山不言。

梁代澧州文人刘孝标曾逆澧水去大庸，追寻屈子遗踪，直达武溪大庸古城，曾在潭口盘桓，作《武溪深行》，留下沧浪诗：

“羞学沧浪水，濯足复濯缨。”

是说他坐在潭口沧浪渡，面对屈原老屋场，一边洗脚一边洗帽子飘带。

由此可知，鬼谷子白公胜以巨鳌作卦格，必与沧浪之水相配，沧浪之水又出于潭口“鳌鱼翻身”搅起的滔天巨浪。这两个符号均由战国初的鬼谷子白公胜以书相传，以至于成了判断潭口身份的两个识别符号。屈原老屋场与鳌鱼、沧浪溪、沧浪桥隔河而望，这一唯此独有的特定地理环境，岂是外乡人所能得以窥见的？屈原儿时即闻听白公胜隐潭口鬼谷洞的故事，不料后来成了晚年鬼谷子主讲熊馆“鬼谷学宫”的弟子。

三、归乡岸·金藏关·屈原老屋场

（一）归乡岸

按照《太平御览》所记，澶口之南岸就是归乡岸码头。屈原自郢都回家，由此码头下船登岸，当地百姓赐名“归乡岸”。

（二）金藏关

《直隶澧州志》载：“金藏关，在县东，一名澶口。”《湖南省大庸县地名录》载：“澶口大队……澶口，即金藏关，为永定卫三大名关之一。”（第56页）金藏关最早是熊氏大庸国时期所创建的军事关隘，是大庸国本土核心地的东方第一雄关。其设关时间不少于7000年。周赧王三十五年（前280）四月甲寅日，秦蜀将司马错、司马靳爷孙声北击南，暗率十万附庸诸国降兵灭庸灭屈，并偷袭澶口屈原老屋，金藏关守军顽强抵抗，终因寡不敌众，全部战死。同年五月庚子日（二十八日）屈氏子孙收复庸国古都（今张家界市区），收复金藏关。其时，屈原客居汨罗女儿（女嬃）家。金藏关作为大庸帝国都城军事防御体系的东部第一雄关，与三关寺、闸口关、百丈关、茅头关、黑松关、温塘关、天崇关、青鱼潭关、边岩关、九渊关、野牛关、龙伏关、大坪关、新攻关、拿坪关、后坪关、油罗关、大泉关、于制关、野鸡关、三江口关等形成古庸都中心地两百里围城雄关，而尤以澶口金藏关最为重要。故自古由屈氏王族居住把守。屈原结婚成家后，就被老庸王伯庸将其分家于此，成了一位少年“关长”。到明初设金藏峒，把守头目为本地土家族族王，名叫“峒峒老王添隆”。（见明《九溪卫志·关隘志》）

经进一步研究，发现金藏关与《连山易》之“八山”有关，即六十四爻卦大象：“崇山君、伏山臣、列山民、兼山物、潜山阴、连山阳、**藏山兵**、迭山象”。此“藏山兵”的原型就是金藏山。因为这里自古就是藏兵的天险。据查，此八山全在大庸境内。“藏”，《墨子·三辩》：“农夫春耕夏耘，秋敛冬藏。”所谓“金藏”，即本地土家倒装语“藏金”。此藏山，又得名于一口印之下的“藏经洞”，即后人所传屈子“藏书洞”，最古则为“藏宝洞”。抗战时期，日寇陷常德之后，即西向欲借大庸去来凤古道，兵逼重庆。不料前卫部队抵达溪口时，发现澶口天险早布重兵，大庸全民皆兵，澶口的十余个山洞均藏伏兵。日寇飞机无法进入，大炮无用武之地，七里江潭无舟可行，只好改道南下，投入雪峰山会战。

83岁的老中医屈楚子向我提供了这一信息：当年先胡子（屈髯）提起过，屈原老屋场其实就是古代的金藏关关隘，临河码头上岸就是一座乱石城门，上有箭楼，城门外为大码头。后被司马错夷毁。

屈原从小在此生活长大，受其历代兵家战史影响，年少即入熊馆，师从鬼谷子，文武双修，成了一代杰出的战略家、谋略家、政治家、文学家、指挥千军万马的莫敖大将军，一把佩剑伴随他独游三湘，苦吟诗歌，放浪形骸，终成绝代诗祖。

（三）屈原老屋场——一口印（簸箕塔）

此地古名“一口印”，是远古庸国帝王

执掌大印的皇家风水，与屈原官至三闾大夫、左徒、莫敖，以至贵为一代庸王暗合，俗名“簸箕塔吊水”，“吊水”即门前的一挂瀑布。屋后有日月之山，即“日月长明之地是谓丹丘”的出典所在。屈原的老屋场就坐落在这块风水宝地上！

老屋场后侧有股天然石泉水，流量足有5寸直径，是潭口三大名泉第一泉，因屈原居住此地，故又叫屈子泉、大夫泉。王章生说：早些年这里还有人居住过，双手推车的吊脚楼，坐南朝北。岸边有码头，与斜对岸的姊归渡——姊归岸、潭头铺南北呼应，是远来香客、船工的夜宿地。一直到20世纪60年代末，因澧水航道萧条而朽毁，屈原老屋场辟成稻田。笔者和李书泰与王章生、覃文先、陈丰富等老人进行探讨：两千年前的屈原老屋究竟是何形状——是石头屋？是砖石屋？是吊脚楼？还是封火统子屋？众人议论纷纷，最后趋向一致的应该是大庸苗土盛行的吊脚楼。后来，笔者还真从屈原《招魂》中找到了吊脚楼的证据：

“……象设君室，静闲安些。堂高邃宇，槛屋轩些。层台累榭，临高山些。网户朱缀，刻方连些。……翡帷翠帐，饰高堂些。红壁沙版，玄玉梁些。仰观刻桷，画龙蛇些。坐堂伏槛，临曲池些。……”

大意是：依照你生前布置的居室，幽静的环境犹让人安闲快乐。高大的房屋深深的庭院，一层层厅堂有栏杆围着。那重重叠叠的楼台亭榭，濒临着高山一座又一座。……那些绣着翡翠的大帷帐，装饰着高大宽敞的厅堂。四面墙壁涂抹朱红颜色，珍贵的墨玉装饰着屋梁。仰面看雕花的方形椽子，上面刻画着龙蛇的形象。坐在厅堂凭栏眺望远方，纡曲的池塘里碧波荡漾。……

从诗中“那重重叠叠的楼台亭榭，濒临着高山一座又一座”分析，不正是大武陵地区土苗蛮夷各族建在溪河两岸、高山大岭的吊脚楼吗？或者说，屈原笔下的吊脚楼范本其实就是潭口老屋的豪宅吊脚楼群！

考古专家刘彬徽先生以文物考古的结论，证实了屈原所描绘的楚国建筑状态：“楚国的宫殿和楼台如此高大、华美……春秋战国时期是我国古代建筑一个大发展时期，其宫室建筑乃至贵族们的居住建筑，总的特点是：普遍用瓦覆盖（瓦在西周初已出现，但仅用于茅茨的屋脊或边沿），堂台更为增高，殷代已出现的斗拱，至此时期已有较复杂的结构，并加雕刻彩绘装饰，等等。出土的青铜器上的建筑图象及各地遗迹、遗物均提供了说明上述特点的资料。”（《早期文明与楚文化研究·楚郢都建制考》，岳麓书社2001年版，第42页）。

由此可证：1.屈子《招魂》的对象和所指的环境就在他的故乡——大庸国，看不到为楚怀王而招或为顷襄王而招或为自招的半点影子；2.屈原老屋应该是吊脚楼。可证古庸人所创造的吊脚楼，到春秋战国时，其建筑能力和工艺水平已经达到相当的高度。正如张良皋先生所说：“土家吊脚楼正是楚宫汉宫的活化石。谁要‘克隆’楚宫汉宫，不妨到土家吊脚楼中去寻找基因。”（《武陵土家》生活·读书·新知三联书店，2001年版）

四、姊归岸·潭头铺·屈子钓台·兰香桥·二尉岩

（一）姊归岸·潭头铺·日月岩·丹丘

按《太平御览》记载，潭口北岸就叫姊归岸。这正是东晋袁山松炮制“秭归说”的谣言真正原生地。早先这里有一大堆古建筑，《岳州府志》称“**潭头铺**”，是古代进入大庸的第一铺，号称“**潭口十八铺**”。可见其地位与影响之大。从**鳌鱼桥**到**沧浪桥**，长约两里，石板嵌砌的“姊归岸”古道旧貌犹存。这便是屈原“行吟泽畔”的出典发生地。据屈家坊84岁老中医、《永定屈氏族谱》第四次修编首倡人屈楚子说，姊归岸东起七里潭出口南北两“岸”，西至屈原出生地屈家坊渡口铺和对岸“**迎恩渡**”，全长40里。潭头铺内侧，有**大岩屋**，相传为远古人类穴居之所。大岩屋北侧，有条从**天竺山**流下来的窄窄沟，因两侧多兰而得名“**兰香溪**”。兰香溪绕潭头铺入澧口处，有巨石，高约4米，宽约4.5米，此即“**屈子钓台**”，屈原成家后，常在此把钓，构思诗作。据传，他最喜钓澧水珠鳖鱼。立于钓台仰观对岸，见垂直山体凸起两页如鲤鱼背之山脊，两山中部各天生一浑圆如太阳、一半圆如月亮的穿山洞，此即“**日月岩**”之来由，乃昆仑神话“**昼夜长明之地——是谓丹丘**”的出典之所在。

此刻，我抑制不住狂跳的心，倘若不身临其境，亲眼所见，这个困扰屈学界、昆学界几千年的“**丹丘**”之谜将永远无法破译！原来屈原自述“仍羽人于丹丘兮，留不死之旧乡”名句，“羽人”“丹丘”“旧乡”是并列一起的，故乡必与丹丘有关。这个“丹丘”，正是昆仑长寿国标志符号的原生点！倘若不现场考察亲眼所见，我斗胆说，史界将永远永远只能凭猜想去瞎编胡说！

我双手相合，对着日月岩深深地、深深地一揖……

（二）兰香桥

钓鱼台一侧，就是兰香溪入澧口，旧有古道石拱桥，长约三丈，宽八尺。清同治《永定县志·津梁》载：“**兰香桥，在县东潭口，其地多兰，因之名。**”桥上石栏刻有“**沅有茝兮澧有兰**”（茝，音柴，一作芷，香草）七字。光绪《永定县乡土志》亦有类似记载。

可以断定：屈原老屋场对岸的兰香桥与刻诗，决不是前人的偶然而为。

据陈年松、屈家塾等老前辈传承，兰香桥可能是大庸历史上最古老的石拱桥之一，比文华寺还早几百年。严格说，兰香桥无论从长度、宽度、高度，都不如大庸境内上百座古桥中的任何一座，却堂而皇之地入志入史，个中深意只要读“沅有芷兮澧有兰”就豁然开窍了，这不明摆着是为纪念此地的主人屈原而命名的吗？其实，关于屈原故里在潭口的归乡岸、姊归岸的传说，早在汉初建充县之前就四方传播了，数百年后的袁山松炮制“秭归说”，一定是听到了这个传说，却苦于信息不通、古籍稀少、交通不便，无法找到实地实名，于是从谐音“秭归”——“执子以归”的史典中找到移花接木的由头，从此，中国屈学界第一大冤案就这样制造出

来了。

60年代初，兰香桥毁于暴洪。后改原木桥，数次兴毁，至今未复。

（三）沧浪桥·观音潭·二尉岩

从兰香桥沿泽畔古道向东，我们一路寻寻觅觅，去捕捉当年屈子孤独行吟的影子。一直走到姊归岸的东部起点处，便是与兰香桥齐名的**沧浪桥**了。也是几毁几建，由木桥到石板桥到风雨桥，如今只剩溪沟残址。其对岸有两座并列小石峰，灰白相间，并肩而立，类如人状，中分一沟，直达800米高山之巅，恰好与正对岸的天竺山之“沧浪溪”相对，是天生绝配的两县界址线。此即《太平御览》引录《水经注》所载零阳（今慈利县）与充县（今张家界永定区）分疆划界之地。公元元年，充县县尉与零阳县县尉在勘界分疆中发生口角，斯文尽失，继而拳脚相向，继而引来两县村民武装械斗，双方死伤无算，两个县尉（按：县尉，汉置，相当现今的县公安局局长或民政局局长）亦死于非命。此案一直闹到县、省，以至震动朝廷。后太守出面调停，裁定以古时两岸两条自然山沟划界，上充县，下慈利，又刻字刻线。后来，为了纪念两位县尉，将两座小山命名为“二尉岩”。

清乾隆二十七年（1762），两县再次发生界址之争。恰好县令郭六宰重回大庸，二度出任永定县令，即与慈利县令一起重勘界址，维持汉代所判，并刻碑以记。同时在沧浪溪口石壁刻分界线，并二面刻字云：“慈界永界中分”。清顺治十六年慈利贡生朱国梃作《二尉岩》诗：

封疆留汉代，二尉石堪奇。
甘雨乃遗爱，和风其去思。
须眉披薜荔，肋骨化蛟螭。
天下古循良，非祠亦非碑。

清道光永顺廪生王道曍曾慕名游览斯地，作《下岩溪》诗：

飘缈仙楼峻(1)，峥嵘尉石岩(2)。
天门遥可望(3)，吊古首重回。

[诗人自注] (1)指仙人楼，在九渡溪；(2)河岸有白石双立状类人，故老传说，昔充县与零阳县尉于此议疆界不决，双双化石；(3)指大庸境天门山。

[金氏子按] 请注意，潭口二尉岩与天门山遥遥相望的信息十分重要，因为**屈原诗中曾多次写他站在天门绝顶回望家乡潭口而悲泣，这是古今所有外籍注家不可解释的秘密之所在。**

“二尉岩”，是屈原故里在大庸潭口的三大识别地标之首。

五、鬼谷洞·屈子恋

（一）鬼谷洞

船行七里潭下段，老船工王章生指着北岸石壁说：“那就是鬼谷洞。”战国初，**慈利古白民国白县首任县官白公胜**政变失败，亡命祖地大庸，初隐地即此，为了不让别人认出真容，就用青竹片烤油烙自己脸，由人变“鬼”。此秘密记载在他的《分定经》著作中：**“命中若带暗疾，雕青破肉，可免伤妻害子。”**并将此洞命名“鬼谷洞”，自号鬼谷子。陈丰富老师说，鬼谷洞的后山深湾，汉代时修了一座庙，名“白公庙”，供“白大仙”菩萨。这个“白大仙”就是鬼谷子白公胜。白公胜在潭口隐居达10年之久。平时除了读书学《易》练功，还到山湾种地狩猎。后来，风声平息，白公胜迁到天门山万丈绝崖古洞，学易修行，后名鬼谷洞，受老子伯阳和天门白猿老祖指点，修炼成古今世界第一谋祖谋圣，是屈原从小敬仰的巨人。少时，常与儿伴游鬼谷洞。七岁即去熊馆鬼谷学宫，入鬼谷门，成为第三代鬼谷子弟子。

据当地老人递代相传：屈原曾借住鬼谷洞，指挥金藏关守军与入侵秦军决战七里峡，重挫秦军，并乘势收复大片失地。陈丰富老师还特将此传说写进他收集的《潭口屈原故事》文稿中。

对这一历史事件的真伪，笔者不敢妄议。查《史记·楚世家》载："二十三年，襄王乃收东地兵，得十余万，复西取秦所拔我江旁十五邑以为郡，距（拒）秦。"

据查，所谓攻陷十五邑者，有记载的只有秦将张若。《中外历史年表》："前277年，甲申，周赧王三十八年。秦蜀守张若攻楚，取巫郡及江南。白起定巫、黔中，置黔中郡。"其时，张若率大军占领洞庭五渚，控制南楚长江口岸，并逆澧水占领沿江城池，其间在大庸潭口与屈军展开血战。桃江作家胡则丘认为十五邑中，"在沅水流域有五座，澧水流域还有七座"。这七座邑城就是津市、澧县、临澧、石门、慈利、大庸、桑植。胡则丘还坚定地认为："这是屈原回江南组织各邑民众所进行的抗秦复国之战。"（《屈原第二故乡》，岳麓书社2008年版）隆名骥、张中一等亦持此说。在本著作最后修饰定稿的2019年3月，秭归屈学研究者黄丹女士专程到张家界考察，在特地实地踏查了潭口屈原抗秦古战场后，坚定地认为：关于屈原抗秦的秘史，是坚定可信的。并认为屈原"济沅湘以南征兮"即是支持此说的自证。"昔君与我成言兮，曰黄昏以为期"，说明他南征是受楚王的盟约而进行的一项重大的政治行为。

据考，大庸灭国灭屈系公元前280年秦蜀将司马错、司马靳爷孙俩所为；公元前278年屈原投江殉难，时在汨罗已久，即公元前277年张若覆灭澧水七城之时，屈原已不在人世。笔者经反复核查，发现公元前280年司马错虽然灭庸灭屈，但屈氏后庸国的贵族遗臣及广大庸国人民并没有投降，而是很快集结残兵败将与司马错血拼，司马错在攻陷黔中、灭庸灭屈之后，达到目的，加上损兵折将，根本无力恋战，即席卷所抢劫的古庸国数以万计的珍宝古物，迅速撤兵回蜀，故才有庸人重占庸都、收复黔中之说，亦才有两年之后——即公元前277年白起再征黔中（沅陵），重置黔中郡；而张若则征洞庭五渚，占领澧水七城，再破庸都（今张家界市区中心古城堤遗址）——的军事行动。至于张若之后楚人收复沅湘十七邑，似与屈原无涉。但我认为屈原潭口抗敌之说不能简单肯定或否定，在近20年放流生涯中，怎能保证这里未曾发生过什么？比如屈氏后裔传唱下来的《庸人歌·告祖词》中就有"子雄辱尊乱朝纲""九子乘舟犯嵩梁"的记载。我甚至怀疑是司马错灭庸、灭屈之时屈原的某个儿子或孙子乃至伯庸旧臣、或屈原的某个兄弟逃匿金藏山中，待秦兵主力撤退，重新集结夺回庸都。

对这一说，郭沫若也有所觉察："我们试问，白起既取得了洞庭五湖江南，何以又

把它抛弃了？楚国的那些地方何以直到后来才为秦人所吞并？这决不会是秦人的讲人情，也不会是白起讲战略，一定是楚国（按：应包括大庸国）民众所蜂起的巴奇山式的抗战，阻止了白起的锋锐。”（《屈原研究》）

据查，为已灭古庸国（宗国）收复江南十五邑，系楚将庄辛所为，时在顷襄王二十三年。

不过，屈原曾在鬼谷洞隐居修炼，还是有其深层原因的。笔者已全面破译鬼谷子晚年主持并执教崇山熊馆、屈原就读熊馆，与孙膑、庞涓、苏秦、张仪等一大批战国精英人物异时同校共习鬼谷子捭阖策的真相。屈原在楚宫推行“合纵”外交策略，张仪则采用“连横”外交手段，各为其主，成为战国时期最为耀眼的两颗政治明星，证明二人都是师从鬼谷子白公胜的谋略（以时间推测，此之鬼谷子，应是白公胜第二或第三代掌门人）。而白公胜，恰又是屈原祖人熊通的后裔，故说屈原、白公胜乃是共祖同宗的直系家门。

说起澶口鬼谷洞及其门徒，这里再举几例：元末农民义军首领陈友谅的两位大将军**陈康龙、陈铭胜**就出生在金藏山上的旱坑村黄狮垭水田庸。二人自幼到澶口鬼谷洞练功习武，练得力大如牛。“旱坑”顾名思义，是多旱少水的地方。每逢天旱，陈康龙和陈铭胜（后自名陈天胜，意比力可胜天），就用鸬鹚船从澶口往山上背水，并送到各家各户。陈铭胜曾与孙子陈武去神堂湾采药，一拳打死一只猛虎，传颂几百年。清代中期，鬼谷子掌门人余道人（大名余世万，本名金辉），曾到澶口鬼谷洞收徒传教“鬼谷神功”，其高足“三保两匠”之一的**张慈保**（1855–1916）就是澶口张家湾人，曾先后到济南、大名府、开封府及湖南各地打擂比武，用“八卦掌”打败天下所有对手，威震大江南北，名载新版《大庸县志·人物传》（第749页）。鬼谷子一代掌门人**王正和**，家住澶口王家垴将军堰，练成能夜行八百里的轻飞功。其次子王育瑛，则文武兼修，是清末民国澧州府著名军界名流。先后师出澶口鬼谷洞的当地武侠高手还有王家垴的**王大牛**、屈家坊**屈原后裔屈龙门**等人。光绪《永定屈氏族谱》载：“(屈)**登封，字龙门。拳勇，雄称于世，任侠好义。阳和**（今作‘湖’）**坪苦旱，公凿险开塘，灌放田数千担，悉成膏腴，至今人念。其利户而祝之，塑像飞廉寺以报其德**。生康熙乙酉年三月二十四，殁乾隆壬辰年五月二十七日。”雍正年间，屈龙门、王大牛受大庸船帮邀请赴津市惩治水霸，为大庸船帮争来了湾船码头，“屈龙门打津市”故事流传至今。

明代早期，屈原后裔出了个武林枭侠“屈嘎人”，所谓“嘎”，土语，意思是不冷不热，不理不睬，傲慢乖张，性格孤癖，不合众群。此嘎人少时练功于澶口鬼谷洞，因武艺高强，大有“力拔山兮气盖世”之概，自称“天下无敌”。他的一手功夫绝招叫“婆婆棍”，一条手梗粗的硬木棍挥舞起来，八人泼水不湿衣。**这种棍术就是屈原母亲修氏婆婆**（修淑贤）**所传，故得“婆婆棍”之名**。屈氏后庸国时期，代代庸王均兼楚国莫敖（一作若敖、连敖）之职，都是文武兼修的“文武相公”，他们的配偶，也多数身怀功夫绝技。这是冷兵器时代的生存与战争之需。庸国灭后，修氏婆婆的夺命棍术便由其子孙代代传承至今。这个屈嘎人是婆婆棍术的最杰出传人。他平素仗义行侠，玩世不恭，浪荡无羁，常以玩笑唬人："老子将来当了庸王天子，一定杀尽西阳二坪。"民间一时风传"潭口出了草寇"，大庸城乡为之恐慌。就是这个"玩笑"，酿成杀身之祸。屈原后裔出了这个败类，族法不容！于是，族长设计将其捕捉，押解三闾大夫祠进行公审，随即将其背绑两扇磨子沉于屈家坊外的澧水中，此地后得名"磨子潭"。

清代载之族谱的文武兼修的鬼谷子传人——屈原直系后裔武林大侠还有："屈苏升，试名连升，生员。工骑射，屡冠军"；"屈苏谦，工骑射，屡拔前茅"；"屈产晓，精拳法，为金辉高弟（按：金辉，即余世万、余道人，本境四都坪乡人，鬼谷子末代著名掌门人，因涉政治大案改金为余。南北大侠杜心五即其高足），工舌辩，在道宪衙门办事，人推为能"；"屈苏鳌，拳勇冠一邑。棱眉铁色，刚直，不避权贵。闾里有纷争者，一言即为冰释"；"屈常祥，官名得友。同治年间以武童从戎左宫保，保举军功蓝翎，把总常德，归标划归本营学习，历署把总"。清末民初，屈家坊出了个文武全才的屈髯，曾留学日本仕官学校，并加入孙中山同盟会，后深造于广州农民运动讲习所，与毛泽东同窗。蔡锷起义反袁称帝，屈髯揭竿响应，任湖西护国独立军团长（后有专文）。再晚一点的屈原后裔中，还有个响当当的老红军、抗日英雄、少校团长、县长、全国人大代表屈绍元；有国民党大庸党部创始人之一、民主进步知识分子屈伸；有国民党在庸党部书记长，县、省参议员，《大庸民报》社长屈定义等。上溯历朝历代，大庸屈原故乡后裔，人才辈出，轰轰烈烈，一点也不寂寞。

笔者早年读"带长铗之陆离兮，冠切云之崔嵬"（《涉江》），又读屈原高冠佩剑的画像，心中总是在问：屈原有武功吗？没有武功佩剑干什么？难道只是装点门面慕其行侠之形象吗？经过近几年的探究，直到不久前从陈丰富、王章生、覃文先、屈楚子等老辈口传中得到屈原曾隐居潭口鬼谷洞修炼的传闻，继而又破解屈原曾到熊溪峪熊馆从师鬼谷子白公胜二代掌门人时，才知道屈原确有文武兼修的经历。佩剑，是文人兼武侠的标志，是时尚，是文人风度，也是现实自卫之所需。如果上溯楚国熊氏历代王族，又哪一个不是文武双全的人物？怪不得潭口文华寺对联首句即"文武全才"！再如唐代的李白不也仗剑远行吗？俄国大诗人普西金与情敌决斗，不就是一场剑术生死决吗？

（二）屈子恋·细岩头

小船返潭口途中，陈丰富老师指着右前方姊归岸北一座叫"细岩头"小山，乃一高约20米的石柱，柱顶裂开一缝，形成状类两个人头相拥而语的两个小石峰，土民又叫它"情人岩"，说是屈原与青梅竹马的大美女昭碧霞生死恋有关。据屈家坊屈原八十六代后裔屈祖生、屈楚福提供文字证言介绍，屈原与昭碧霞成婚后，生女小

婴（屈诗“女嬃”），生子平平。不久，屈原以“庸楚两国共监制”莫敖身份受老庸王伯庸之命出使郢都，先被楚怀王任命为文学侍臣，越三年，即委任为左徒、三闾大夫。后来，昭碧霞携一双儿女与屈原团聚郢都，却不幸被一代妖姬、楚怀王宠妃郑袖阴害早逝。相传屈原自郢回故乡后，把昭碧霞尸骨携回安葬在那座细岩头山脚，其本意可能是对这根神化石柱产生了联想。屈原行吟江潭泽畔，常常对那根石柱痛哭流泪。在他的诗作中，为什么有那么多为故乡老家而悲而哭的句子？其中一个重要原因可能就是对爱妻、对母亲的思念。屈辞“忽反顾以流涕兮，哀高丘之无女”的那个“女”子，恐怕不是前辈臆解的“楚怀王”“顷襄王”，或“忠臣”之类。其实“高丘”即“四方高而中间低”的丹丘。“无女”的“女”，可能指爱妻昭氏夫人或母亲修淑贤老孺人。后来，屈原投江汨罗，潭口百姓就把那根石柱叫“情人岩”。

这本是一个真实的故事，却被民间赋予传说色彩——“人”转化为“神”了。岂止如此，屈原还被大张旗鼓地进入大庸本土巫傩道教神谱之列，成为仙界一员，巫傩唱本中称“屈原相公”。甚至古时评选十二月花神，屈原以高票当选为十二月花神之首——“兰花神”；又被封为“四渎神”。古时大庸国朝廷（及汉至民国的各代官府）一年一度在屈原故乡的社溪举行祭社神——土地神——四渎水神，祭的就是屈原！能被当地民间神化的人一定与本土有关系；就如毛泽东的神话多出韶山，贺龙的神话多出桑植一样。

六、相公柏·文华寺·鸿文塔·文昌阁·屈原悬棺

（一）文华寺

在牧羊人王家柱和村民朱月清的带领下，我们从潭头铺爬上后山。这里是俯瞰屈子老屋场、丹丘洲和七里江潭的最佳处。山垭上原有两棵古柏树，一大一小。相传屈原死后，当地村民在悬棺之后山栽了一棵松柏树，赐名“相公柏”。千年后长成大树。50年代初，大树被津市人砍了打船，现存小者围径正好3.14米，是圆周率的数字。一奇。

相公柏西侧有个平台，约1亩5分。这就是远近驰名的文华寺遗址了。1960年以前，这里还是古木参天、钟声悠远、香火鼎盛的大湘西名刹。50年代仍作为潭口小学。经常为我和考察专家驾船的王章生老人说，他就是在文华寺小学发蒙的。1962年文华寺被大庸县人民委员会公布为第一批重点文物保护单位。文华寺共三进三殿。第一进为祖师殿，第二进为文华殿（后易名文华阁），第三进为观音殿，差不多是儒释道合一的寺庙格局。当地80多岁的王恩明老人口述了大山门对联：“文武全才山水锦绣，华生万物雨露偕兴。”他说记性差了，未必准确，供你参考。

值得注意的是第二进“文华殿”，是该寺的核心部分。据陈丰富、王章生、覃文先、王家柱、王恩明等人回忆，文华阁是三层阁楼，高出前后两殿。两侧各有一座八角亭，亭外四周植有兰草、菊花、荷花、香

芷、芙蓉、杜衡等多达二十余种花草，仅兰草就有十余种之多。这位花主似乎是照屈原诗中所写花草名录来设计种植的。文华殿三楼正面匾刻“文华殿”三个镏金大字，其阁第一层供文昌帝君；第二层供孔子塑像，左右墙上、走廊挂孔子孔子三十六弟子、七十二贤人，及至历代文宗大儒、教育大家画像，如董仲舒、朱熹、王船山者流，是国家范围内的儒家圣殿；三楼正中供屈原相公木雕像，左右挂大庸及潭口一带（今阳湖坪镇屈原故里辖区内）当地历代有功名或有影响的文人画像和传说故事。一些老人至今还有印象的如“王大告十岁入科举”“覃金瓯七步八叉显奇才”“崔迪然文盖湖南”“马元四脚难行苦读得功名”“龚炳然文才超群，教书育人”等。其中有个“王大告骑父赶考”的故事一直为人所津津乐道。说是王大告少时才思敏捷，记忆过人，工诗词，擅书法，九岁时骑在父亲脖子上赶考，宗师大人见之曰：“把父当马骑。”王大告出口便答：“父望子成龙。”宗师大人考他的才智，拿手指长手指宽一张小纸，命其写一万个字。大告不假思索，立即在纸上写道：“一而十，十而百，百而千，千而万。”后中举，公差鸣锣开道报喜上门，大告却在王家垴枫树岗上与一群穿开裆裤娃儿伙伴“打飞棒”（按：大庸民间少儿体育活动）。

把当地“文星”与屈原神像安置在一处供奉，听来简直不可思议，估计国内难得二例，其实是暗含屈原就是本地文曲星之祖宗，只是没有说破。可以肯定，文华寺出自京城文华殿，且与京城“文华大学士”有关。明代设有“文华殿大学士”一职，为“文职之极品”，明洪武十五年（1328）置，秩正五品，本为辅导太子之官，后侍皇帝左右，以备顾问。仁宗时阁职渐崇。清沿明制设大学士，秩正一品。文华殿前本有中和殿、保和殿衔，乾隆十三年（1748），省中和殿，保和殿亦不常置。乾隆后，文华殿大学士常列四大学士之首。明孔贞运《明资政大夫兵部尚书节寰袁公（袁可立）墓志铭》：“赐进士、通议大夫、协理詹事府詹事兼翰林院侍读学士、纂修先朝实录记注起居、管理六曹章奏较内书、文华殿展书诰勅（chì）撰文、前右春坊右谕德左庶子掌南京翰林院事、经筵讲官、通家乡眷生王铎顿首拜书丹。”

这个“文职之极品”者值得垂注。郭沫若说过：“他（屈原）的时代的确是群星丽天的时代，而他在这个时代中尤其是有异彩的一等明星。”（《屈原研究》）《后汉书·班彪传论》：“班彪以通儒上才，倾侧危乱之间……敷文华以纬国典。”《朝野佥载》卷二：“周补阙乔知之婢碧玉，姝艳能歌舞、有文华。”苏轼有“陈植文华斗石高，景公诗句复称豪”句。韦应物《寄皎然上人》诗：“茂苑文华地，流水古僧居。”

上述“文华”分别表示文章的华采、文才、有才华的人、文华昌盛和文华殿等。

至此，笔者方明白与屈原老屋场“一口印”隔江而望的文华寺，原来是专为屈原而建的，能有资格享祀“文职之极品”者，全湖南文化界只有首推“一等明星”的大诗祖屈原！

据几位老人介绍，文华寺的前身叫东岳庙，旧址位于潭口之西老支书黎祖钊住宅后山岗上，碑载建于北宋太宗端拱元年（988）。元代至元三十一年（1294）重建东岳庙，迁址潭口狮子山，对原建筑格局作大幅度调整，重点突出文华殿的中心位置，并改名文华寺，距今720余年。元末明初，天下大乱，文华寺毁于战火。明成化年间（1465-1470）曾修复一次。清康熙年间（1662-1666），潭口王家垴有王道皞者，再次倡首发起重修文华寺之壮举，此事载之清道光《永定县志》：“王道皞，字淘庵，邑明经，仿柳柳州愚溪遗意，自号拙峰，倡修潭口文华寺，同族捐上大茅夹水二洲供寺费，年八十六而终。”

文华寺是古大庸第一文化圣殿。而这座圣殿为何不建在庸城内外，却建在距古庸城50里外的潭口？

（二）鸿文塔

以山头那棵千古松柏树为中点，西侧为文华寺，东侧则为鸿文塔遗址，相距20米。明神宗万历二十八年（1600），潭口王家垴富豪王大询独资修建鸿文塔，设计图纸为九层。塔基山下，即是鬼谷子白公胜作“鳌鱼沧浪”卦格卦辞的“鳌鱼尾”，跨江对岸有“鳌鱼山”，即传说中的“鳌鱼头”，一名半边“月亮岩”。那个半月形穿洞即指鳌鱼之头之鳃。神似至极。修成后，王大询令将早打好了的铁链（长约150余米），一头绹到月亮岩“鱼鳃”上，另一头固定到第五层塔中心，意为**“绹住鳌鱼山，大庸点状元”**。这是一个大胆的文化风水调理创意行为。不曾料落成当夜三更之时，忽然狂风大作，铁链翻滚蹦跳，七里江潭波浪滔天，竟然挣断铁链，宝塔轰然倒塌！王大询以为塔身不牢，并不泄气，牙一咬，又在原址原样重修，且在墙中暗加钢条，修成不久，链子又以相同方式被暴风大雨刮断，宝塔第二次倒塌。于是者三。王大询已是钱财耗尽，心力交瘁，竟一病不起，撒手人寰，所谓空留半截塔，遗恨四百年！

如今，塔基砖石，犹可作证。

何以“鸿文”名塔？此中秘密便是出自流传千古鸿文巨篇的屈原！鸿文塔正对面，便是屈原老屋场“一口印”，风水学上讲是“屈原守鳌，鸿开文运”。

（三）文昌阁

鸿文塔悬崖之下，旧有文昌阁，高五层，八方形，远看如塔。建于元泰定年间（1326年前后），与大庸卫城文昌阁、文昌祠、枫香岗四方城文昌阁、永定罗水官庄文昌阁、二家河乡八家河文昌阁、合作桥岩口文昌阁、大庸溪文昌阁（乾隆四十二年建。嘉庆十八年捐置祀田，荣兴学校）、双溪桥乡文昌塔、子午台文昌阁，构成大庸十大文昌开文运之大风水。潭口文华寺、文昌阁及鸿文塔皆与屈子老屋相望，暗含“三文朝屈”大风水。

大庸人崇仰文昌帝君，是因为文昌帝君有文章司命，有感必通，所谓救人之难，济人之急，行时之便，悯人之孤，容人之过，利物利人，修善修福，忠主孝亲，敬兄信友，作种种阴功，正直代天行化，慈善为国救民等人间美德皆集于一身，是唯一可与观音菩萨并列的文神。故旧时读书人一定要奉祀文昌帝君，以祈祷科举时能文采昌茂，一举成名。因为文昌帝君能让士子名利福禄齐备，所以南方民间士子对其供奉远较孔子为盛。相传二月初二为文昌帝君诞辰，旧时这天必在潭口举行文昌会，其祝文传之今日，曰：

“祝文：致祭于文昌帝君。曰：维神迹著西垣，枢环北极。六匡丽曜，协昌运之光华；累代垂灵，为人文之主宰。扶正义彰夫感召，荐馨宜致其尊崇。兹届仲春，用昭时祀，尚其歆格，鉴于精虔。尚飨！”

关于文昌帝君，其实屈原早就心有所仪了：

“后文昌使掌行兮，选署众神以并毂。”（《远游》）

大意是：让文昌帝君在后面带领随从，安排众神并驾齐驱前进。

上述环拱屈原故里的文华寺、鸿文塔、文昌阁，风水上讲是“三文朝屈”，恰与屈原老屋场一口印呈环抱之势。均是前辈高人为潭口屈原故里所设的风水谜局。自潭口先后建文华寺、文昌阁、鸿文塔及青云塔后，三闾之乡，学风渐兴，文运始开。如王大告、龚炳然、王正询、王道皞、崔迪然、覃金瓯、屈龙门、屈苏升、屈产晓、屈髯、屈家塾、屈常佃、陈年松、屈伸、屈绍元、屈定义等人才一一破土而出，所谓“彬彬然化为文物之区焉”（《永定县志·文教》）。除倡建上述寺阁塔之外，还有倡建三闾大夫祠、高阳寺、花神桥、兰香桥、兰花桥、三星桥等一大批与屈原故乡背景相关的人文公益建筑者，其本意就是暗含尊崇、纪念文韬武略、穷经皓首、显赫一方的文化宿儒大师屈原。

遗憾的是，上述三大驰名的文化古迹，皆一次性毁于“大跃进”时修龚家峪水库——拆庙取石、取砖，荡然无一存者。惜哉！

（四）屈原悬棺

簸箕塌对岸绝壁，有一口人凿石穴，世传是屈原悬棺。相传当年司马错爷孙灭庸灭屈之时，寓居汨罗女儿小媭家的屈原闻悉后，为先祖、为庸国、为屈氏家族做了《招魂》《大招》两堂法事之后，即投汨罗江而殉国。数年后，女媭、绣英姐妹携父遗骸秘回潭口，请人凿石龛于石壁，将尸骨安葬其内，屈原魂灵终得安息。笔者对此说不敢断然肯定，但有不少人认为此传说不无可能，但最后确认，还得对尸骨进行检测。可民间并不在乎这些。因悬棺正位于河岸“大鳌鱼”之上，鳌鱼之西侧，恰又有座天生小石门，俗称“龙门”。当年鬼谷子白公胜以鳌鱼沧浪作卦格，强化了“独占鳌头”对后世教育治学及科举产生重大影响。而其弟子屈原的大名，更是了得，古云“脱布衣，换罗绶，跳龙门，独占鳌头。”（见《朝野新声太平乐府·二》；卢疏奇《沉睡东风举子》）潭口从此成了这一带学子的朝圣之地。宋徽宗政和元年（1111），大庸官坪莫家岗有个叫莫俦（一名莫书祺、莫稽）的学子赴试乘船至潭口时，在悬棺鳌鱼石下大祭诗祖屈原，后果得中，当地古传云：

年少初登第，皇都得意回。

潭口三尺浪，平地一声雷。

莫状元的“状元及第·一品当朝”铜牌于80年代初在大庸所古城古井中出土（今藏

永定区文管所）。明代《桑植县志》有载："莫俦，字傒伍，政和辛卯中进士，状元及第。"

七、花神桥·白鹤洲·三星桥·花旯里·兰花桥

（一）花神桥·白鹤洲

当现年83岁的屈祖生（屈楚子）给我送来一纸"十二月花神"名录，并提供关于"花神桥"的信息时，我震惊了！在禾稼村老支书张友生和出生于当地屈家岗的退休老干部屈楚福的带领下，我们找到了花神桥遗址。它位于潭口西龚家峪村与王家垴村交界处，小地名叫"锅儿溃"，可惜20世纪70年代初，当地修抽水机泵站时，以公路改道，四十里古官道荒废，将其拆毁以作石料。

家距花神桥遗址仅30米的村民姚昌荣（70岁）现场指证：桥为石拱桥，长约三丈五尺，宽一丈二尺。旧有功德碑，刻有倡建者和捐资者姓名及建桥的年代。经屈楚子、陈丰富等老人回忆，印象中大约是建于南宋理宗淳祐年间（1241年左右），距毁桥时约730年左右。花神桥之南，是一个数百亩的长岛，名白鹤洲，是当年屈原泽畔行吟流连的地方，故屈原被人称作"闲云野鹤"。洲上兰草遍地，相传为屈原手植，故将"花神桥"建在洲畔古道以作永久纪念。桥下小溪则名"花神溪"。照建桥年代分析，南宋之时远逃他方的屈原裔孙还没有回迁，建桥者当为居于此地的异姓家族。包括上述之寺、阁、塔均为外姓人倡建。说明屈原出生大庸潭口之传早已根植民间。

说起"白鹤洲"，还有个与本土古史相关的来历。《山海经》载："有羽民之国……有人焉，鸟喙，有翼。……驩头人面鸟喙，有翼，食海中鱼，杖翼而行。"驩头，即驩兜，尧帝政权"八伯"之一。史载"舜放驩兜于崇山"，被苗族尊为远祖。注家多以此载作"神话"解，却不知驩兜本属鸟族，所谓"有翼""鸟喙"，是苗人以鸟羽制成的蓑衣，凡下河下海捕鱼（按：《市典》载澧沅一带留下的海、湖、泽之古地名达200余个，后有专论），或雨天下田耕作，苗人土家必披羽毛蓑衣，羽衣两肩翘起，看似"杖翼而行"。苗人土家，因出大庸崇山驩兜一族，故自古称作"羽人"，屈原"仍羽人于丹丘兮"，把自己称作居住在丹丘的"羽人"，是对自己族属的界定。唯其"羽人"，自古视白鹤为神鸟。鬼谷子白公胜在其《分定经》中多写"白鹤"：**"青松百尺岭头寒，白鹤飞来立晚滩。"**本境元代进士杨翀写**"岩关栖白鹤，云气接丹丘。"**无意间把白鹤与潭口丹丘并称。又**"鹤立山椒望""白鹤过他山"**，发现屈原就是居住在潭口丹丘的白鹤羽人。明代沈庆则作**"羽族穿眠石"**，更是发现屈原夜宿天门洞的秘密，与《淮南子》"羽翼若水，暮宿穴风"无意中对撞。此"若水"即茹水、澧水。"穴风"指天门洞之南北对流之风。

至此，笔者才明白屈原故乡人为何把"花神桥"建在白鹤洲之侧，实则是以"白鹤"（羽人）、"花神"两个符号暗示屈原就是他诗中的"羽人"，他的故乡就在与白鹤洲上下毗邻的潭口丹丘。

（二）三星桥

离花神桥不远，有座“三星桥”。三星溪入澧处有“三星渡”。三星渡西不远处即潭口渡（有人以为三星渡与潭口渡为一渡两名，非也）。三星桥建于清乾隆二十二年（1758），其碑文曰：“……云此界有来往冠盖焉，多自文华寺工竣，上下俱建桥，至斯褰囊亦然不便……”所谓“三星”，指道教神系福禄寿三星神。而潭口人对“三星”却另有解释：福星，即瑶光星——住在潭口崇阳坪的颛顼高阳帝；禄星即文昌星——住在潭口的屈原；寿星即老人星—— 隐居潭口的鬼谷子。相传鬼谷子白公胜寿高150岁左右。颛顼、鬼谷子（白公胜）、屈原，大庸国三大人文鼻祖都不约而同地聚集在潭口，世上一奇。一座三星桥，暗含了潭口三个历史巨人。三星桥，是潭口诸座名桥唯一保存到当今的古桥。

（三）花晃里·兰花桥

自三星桥逆水而上数里，有地名“花晃里”。陈丰富老师说，30余年前，此地沿溪古柳遮天蔽日，古柳最大的有10余人合抱。可惜都被砍光了。溪上有石拱桥名“兰花桥”，约建自晚唐僖宗文德年间（888），毁于1958年修龚家峪水库。相传此地是屈原第二植兰基地，计200余亩，与兰岗兰园隔江而望。“花晃里”“兰花桥”之名皆出于此。“花门口”“花晃里”“兰岗”“兰花桥”“花神桥”“兰香桥”“大花园”“小花园”等，皆是屈原种兰育花、吃花、嗜花如命的见证，真是个名副其实的“花花公子”！

兰花桥外侧，旧有百来亩广场，俗称“跑马地”。原是屈氏庸王修建的家族练兵场（一名校场），屈原常从兰岗到花晃里种花，最喜爱在此纵马为乐，故得名“屈原跑马地”。

八、老庸湾·老庸城·崇阳坪·万人坑·青云塔·兰岗——兼破屈原诗首八句颛顼生身故土千古之谜

（一）老庸湾·老庸城

经关门岩乡禾稼村老支书张友生指证，濒临大沙洲（丹丘）之南侧，有个老庸湾。祖传此之“老庸”出自颛顼，即颛庸老祖的出生地，又是历代老庸王的私家庄园区。屈原之父、末代庸王屈伯庸别墅——第二故里就在此地。屈氏家族世代相传：当年黄帝因仰慕前代庸帝庸成子的高尚德行、治国才能，特别是性学养生之功，特地为他建“五城十二楼”，以吸引天下“仙人”到此修行。此之庸城，为东方第一城，古称“东方帝都”。又因筑城最早，故称“老庸城”。开四门：东崇阳门，西崇山门，南云梦门，北金鼎门。又有三古渡：东老庸渡，北崇阳渡，西黄岩头渡。公元前280年即周赧王三十五年辛巳，秦将司马错以声北击南之计偷袭黔中（沅陵），灭庸国，庸都（古人堤）破，庸国灭，屈家坊、老庸城均彻底摧毁。以后，老庸城几经修复，但规模不如从前。民国中期，这里还是一个较为繁华的商埠，有老庸街、汤圆街、染铺巷、老庸铺、缝纫巷、粑粑铺、榨油坊、百货铺、屠行、米店、商行等。五十多年前，这里还有一片老房子，河边码头、渡口一应俱全。一条古街向山边延伸，叫老庸街，这是一条通往金岩乡的石板古道。靠山脚的石板古道，上从古

人寨城堡，接迎恩渡，迎恩渡对岸即屈家坊；下到老庸王庄园，全长约20公里。这是一条高标准的连接屈家坊——老庸湾的车马道，历史同时留下“上官塌（塌即坪）”“下官塌”“官家地”等屈氏庸国古地名。这条石板古道，历史上称作“官路”。在下官塌，有个打鼓台，相传是老庸王集结军队的指挥台。与屈家坊“战鼓桥”、西溪坪“打鼓台”形成三足鼎立的军事指挥系统，叫一方有事，三方鼓响。南侧约5公里山坡之上有“婆婆岩”，又有“婆婆磝”，婆婆岩之下，就是婆婆坟。此即老庸王屈伯庸的元配夫人修淑贤亦即屈原母亲的墓地，当年（公元前280年秋）秦将司马错、司马靳爷孙率兵10万灭屈灭庸时，年过90的修氏婆婆披挂上阵为保卫屈家坊阵亡。屈氏族兵拼死抢出尸体，连夜草葬于婆婆磝。庸国灭，屈家坊、老庸城破。金藏关、屈原故里等尽皆灰飞烟灭。

从老庸湾傍山依水向东行约1公里，见岸侧半坡上有一平台，那便是簸箕塌——古名“一口印”，即屈原结婚成家后迁居于此的第二故里。屈伯庸把长子屈原的宅地房产分到潭口，其本意是要屈原镇守潭口——金藏关。其实父子俩的住地距离很近。屈原之所以从天门山顶一看到故乡（“临睨夫旧乡”）就哭，其中一个重要原因就是无限思念他的严父慈母，当然还有他的结发妻昭碧霞。

（二）崇阳坪

老庸湾所在地，古名“崇阳坪”，现属禾稼村。“崇阳”，即崇拜太阳。这正是古大庸国一代颛庸大帝高阳——太阳神，和大庸国创始者祝融同为太阳神的纪念符号。此名必定与潭口那个大沙丘——丹丘“日月坛”有密切关系，日月坛一直是熊氏、屈氏大庸国千百年不变的太阳神大祭坛。历代老庸王之所以依丹丘南岸而居，可能还与守护日月坛有关。崇阳坪又叫“鱼形地”。“鱼头”在潭口，丹丘（金沙洲、大鳌洲）为“鱼眼”，神灵为“鳌鱼”，“鱼尾”在黄岩头，总面积1200余亩。鱼形地不仅形似、神似，还莫名其妙与颛顼的传说有关。《山海经》载：“有鱼偏枯，名曰鱼妇。颛顼死即复苏。……天乃大水泉，蛇乃化为鱼，是为鱼妇。颛顼死即复苏。”是说蛇化鱼妇，颛顼死而复生。看似是个神话，但暗含颛顼的出生秘密。这条信息有三个符号：鱼妇、蛇、大水泉。三个符号若能同时绑在一处，即可锁定颛顼出生地。崇阳坪东南山脚有“大水泉”，又作“白龙泉”，位于老庸湾南侧。古时因洞长水大而叫“大水泉”。如果《山海经》所记地点就在这鱼形地的话，那么周边必定还有个“蛇形地”相配。因为那条化鱼妇的“蛇”还没有着落，如果找不到“蛇形地”，说明鱼形地的故事与颛顼传说无关。笔者于是打手机求教曾在关门岩乡为官的屈楚福先生。没想到他第二天一早就回话说：“就在关门岩乡1—2号铁路隧道之间，即禾稼村和宋家湾村交界之地，那个山湾就叫**‘蛇形地’，是叶家人的祖茔。**”从地图上查，此“蛇形地”正与“鱼形地”南沿呈平行相邻状态。

是巧合，还是历史的正版？

叶氏家族，正是大庸国屈、昭、斗、叶

四大公族之一。所谓“蛇形地”，典出叶姓之祖“叶公好龙”，蛇即龙。《湖南省大庸县地名录》载：关门岩公社何家村大队**叶家湾“该村居住叶姓人家得名”**（第51页）。又：双山大队叶家湾**“叶姓人家住此湾得名”**（第52页）。可证叶氏祖坟与叶姓乃一脉相承。我的这种判断颇让屈楚福等一些老人惊诧不已，认为“老金神了”。因为我的口气是不容置疑的。这是中外史家反复检验得出的结论：**发现凡与历史事件相关的地名符号成层面堆积一起时，就很可能找到真理的发生点了。**三千多年前《山海经》提供的若干信息，大都得到证实对接。如果**“鱼形地”**、叶家村、叶家湾、**“蛇形地”“崇阳坪”“大水泉”“丹丘”“老庸湾”**等这么多出自同一国度、同一语境、同一文化发生学的特殊地名捆绑在一起还不足能证明一个重大、伟大历史古谜，就有理由对这些信息的存在提出质疑。

那么现在我们可以确证：屈原先祖颛顼原来就是大庸人，而且与先祖为邻！因为《山海经》所载**“蛇化鱼妇生颛顼”**的传说在这里找到了不可复制的发生点。甚至有理由确证颛顼的老家就在崇阳坪大水泉老庸湾。老庸湾的名字比伯庸早约2200年，是老颛庸（颛顼又名“颛庸”，为一代庸国大帝）留下来的远古信息。

关于颛顼的生身地，《史记·五帝本纪》云：黄帝子“其二曰昌意，降居若水。昌意娶蜀山氏女，曰昌仆，生高阳”。《吕氏春秋·古乐》说：“帝颛顼生自若水，实处空桑，乃登为帝。”若水，即弱水，又称茹水、茹澧、澧水。屈原诗：“揽茹蕙以掩涕兮，沾余襟之浪浪。”此之“茹”即家门口的茹水，又称弱水、若水，即澧水。清道光长沙举人朱衡搭船来庸，作《上滩行》：“从来涉险仗忠信，弱水蓬莱任我游。”此“弱水”即若水、澧水。“蓬莱”指天门昆仑。嘉庆永定知县许绍宗《山行有感》：“未知弱水三千外，更辟青山几洞天。”“空桑”，实为“扶桑”，位于天门山东南沅陵县七甲坪乡扶桑溪村，古为大域名（后有专解）。由此可证，颛顼出生的若水即澧水，与其祖父黄帝出生于仙人溪“寿丘”（不死国）均在同一个地域范围内。潭口崇阳坪鱼形地，正处澧水之南。找到了崇阳坪——颛顼出生地，反证屈原诗首句“帝高阳之苗裔兮，朕皇考曰伯庸”捆绑一起，证明这支古庸家族原本就是古庸国中心地人氏，且代代居住一地，没有分离。

（三）万人坑

在鱼形地（崇阳坪）的西端——即“鱼尾”一段，有个“大坟山包”，又名“万人坑”，如今坟山已平，成了硕果累累的苞谷地。禾稼村老书记张友生告诉我们：“30年前，公社在这里创办农场，屈楚福时任关门岩公社党委副书记、武装部长，兼任农场工程总指挥，我是这个村的民兵营长。当三部推土机在这里推出一坑朽骨时，证明万人坑传说不假。令人震惊的是：我们发现一些头骨、肩胛、脊椎上楔着锈空了的钉子，所有可看清的手、脚都是被砍断了的。说明这万人死前一定遭受了酷刑。”

关于这万名死者的背景到底怎样？本著

将有专文爆出司马错、司马靳爷孙灭庸灭屈的惊天大案！

（四）青云塔

从“万人坑”溯江而上约4华里，即老鸦口，南侧平台有座“青云塔”，建于清康熙年间，高七层，八方，塔基面积30平方米，论其规模及工艺，可称大庸宝塔之冠。何以“青云”作塔名？出典就在屈诗中：“青云衣兮白霓裳，举长矢兮射天狼。”（《东君》）

民国《辞源》［青云］**⑴有德而负盛名者之喻。⑵喻在高位也。⑶喻隐逸也。**

符合上述三个条件的人，自秦汉以来本土唯一能配享祀者，唯有屈原。

1962年大庸县人民委员会公布县内第一批33处重点文物保护单位名单中有“老鸦口石塔”（青云塔）。1967年9月，禾稼村村民宋某、胡某、张某等人以“破四旧”为名将其炸毁。

（五）兰岗——屈原辟谷种兰居住第三故居

从老鸦口再沿澧水而上数里，便是关门岩村之兰岗。此即屈原“余既滋兰之九畹兮，又树蕙之百亩”（《离骚》）的超级兰园，总面积400亩，古名“兰岗”，屈诗称“兰皋”“兰皇”。皋、皇，即水岸之小山岗。与之相配的古遗址还有“相公渡”“相公桥”“相公溪”“相公泉”“相公岩”“相公潭”“相公洞”“相公庙”“骚台”“马郎（栏）口”“屈家里”“大花园”“小花园”等，对河岸西为屈原出生祖屋——屈家坊。屈原本为庸国派驻楚国的使臣，却遭一帮奸佞陷害，被楚襄王驱逐回老家后，心灰意冷，不履庸王之职，却把自己的八百亩田产辟成兰园，并以兰花为食，辟谷修行。所谓“相公者”，古称百官之长者为相，凡为相者必称“公”。一组“相公”符号，锁定屈原种兰于兰岗的史实，亦可证明屈原不凡的身份。为屈原当选为兰花神找到了原生依据。屈原在兰岗辟谷种兰大约5年时间，后辞别朝廷乡亲远游，一去未归。后人称兰岗是屈原辟谷种兰第三故里。

【结语】

夕阳西下。此时我已疲累之至，也兴奋不已。虽说万里长征刚迈出第一步，尚有许多人文遗迹深层内容在呼唤我作进一步踏查，但这第一步，已让我感奋不已，因为让看到了闻所未闻、见所未见的屈原学一片朗朗晴天！

我想，为什么屈诗中那么多描写澧水、描写大庸山水的作品一直不被屈学界注意，凡屈学必称“沅湘”，不提澧水，这不单单是“不公平”“不公正”的问题，我认为是对大庸（张家界）一方土地认识上的盲点。两千余年来，为争屈原的出生地、“流放”地，以及他在一地所待时间的长短等，已经成了屈学的主体内容之一。一些学者已自觉或不自觉地把屈学引入误区。就是说，中国两千多年来的屈学研究，由于没有确定人物主体的出身国家及出身故乡之所在，因而对屈原许多诗篇的产生背景、思想脉络、前因后果等，知之甚少。这样，免不了主观臆断，强拼硬凑。我有个不太恭维的看法：中国的屈学基本上是“猜想学”。我还坚定地认为：障碍两千年屈学研究的根本问题很可能是出在狭隘的文化地域观上。

《荆州图记》的发现虽说晚了一千五百多年，但毕竟屈子在九天之灵最后还是给了人们一个暗示：湖南人不经意间推出了一套“湖湘文库”，让陈运溶辑撰的《麓山精舍丛书》再版出世，从而又不经意地透露出关于屈原故里在充县澧口的重大信息。

于是，一个苦涩却堪称**“伟大的发现”**终于产生了。虽说姗姗来迟。

此时此刻，我并未因小有收获而暗自得意，恰恰相反，我已意识到：真要彻底解开澧口背后的千古之谜，从而破解屈原故里千古之谜，还要跋涉多少艰难曲折的路。……

[首批考察者] 金克剑 李书泰 田奇富 朱月清 王家柱

未来12年半中陆续 [考察时间] 2009年8月7日。是日，屈原故里研究工程开始

[后续考察时间] 2010年6月13日，2011年8月25日，2012年7月16日，2013年6月8日、8月9日、10月9日、11月10日、11月25日，2014年5月，2015年，2016年，2017年，2018年，2019年，2020年8月14日一行6人。此为本著修改期间阶段性考察。

2013年11月10日，参与中国先秦史学会张家界市历史文化基础性研究成果评审会专家学者（部分）考察人员：张良皋、何光兵、张广志、房立中、翟杰、王中兴、杨东晨、张敬轩、田贵君、王章贵、田奇富、田开元、陈自文、李书泰。

2021年8月下旬最后一次考察（补拍部分照片）金克剑、屈楚福、田开元、金陵、罗兆勇、秦钊胜

（2015年4月25日）

第三章　屈原身世及澧水流域屈子遗风

熊绎建楚：熊绎是一代庸国大帝，鬻熊之重孙。出生于崇山南麓熊溪峪(今二家河乡)。曾随曾祖父鬻熊大帝北伐商纣，创建周朝。战后，周成王赐地予熊绎，建立楚国，史称“楚子”，属庸之子国。熊绎曾率八国联军助武王伐纣。庸楚双方约定：“楚为庸建，庸为楚祖；庸楚一家，庸楚共监。”从此，正式实行“庸楚两国共监制”。

第一节　寻找屈原妻室儿女

一、名家论屈原家属

1.屈原自述：“帝高阳之苗裔兮，朕皇考曰伯庸。”（《离骚》）又：“女媭之婵媛兮，申申其詈（音利，责备）予。”（《离骚》）这极其有限的文字，记下了屈原祖先、父亲、女儿的信息。但王逸注：“女媭，屈原姊也。”也有解为奴婢、相好、女巫、“应召女郎”、贱女、荡妇的。[按] 王是臆解，而作“不三不四女人”解者，就是胡说了。大庸屈原生身故里屈家坊的家传说法是：元配妻昭氏碧霞所生长女小媭。“女媭”即女儿“小须”。

2.郭沫若说：“屈原的后人大约会是有的。据《长沙府志》称屈原有子。虽不知其何所据，但他的故乡（按：此指秭归乐平里）还有屈姓存在（按：报告郭老：经笔者一行5人专程赴乐平里考察，全村没发现一户一个屈姓）至少螟蛉也是应该有的。”（报告郭老：乐平里连“螟蛉”也没发现一个）又说：“假使屈子不系独身，则美人芳草的幽思不会焕发。”又说：屈原《离骚》等诗作“有色情的动机在里面”。意思是：虽是单身，但男人的性色冲动还是有的。（参见郭沫若《屈原研究》，《郭沫若古典文学论文集》，上海古籍出版社1985年版，第672页）

郭沫若又说：“他的父亲据《离骚》上说来是伯庸，那定然是号。古时候子孙称父祖的字号是常事。但准正则与灵均为化名之例，伯庸是否也是化名都很难说。”（引文同上）

3.闻一多说：“《太平寰宇记》一四五引《襄阳风俗记》：屈原五月五日投汨罗江，其妻每投食于水以祭之。原通梦告妻，所祭食皆为蛟龙所夺。龙畏五色丝及竹，故妻以竹为粽，以五色丝缠之。今俗其曰皆带五色丝食粽，言免蛟龙之患也。”（闻一多《端午考》）此之“妻”姓名、出身、籍贯等均无考。

4.梁启超说：“最奇怪的一件事，屈原家庭状况如何，在本传和他的作品中，连影子也看不出！《离骚》有‘女媭之婵媛兮，申申其詈予’两语。王逸注说：‘女媭，屈原姊也。’这话是否对，仍不敢说，就算是真，我们也仅能知道他有一位姐姐，其余兄弟妻子之有无，一概不知。就作品上看来，至少他放逐到湖南以后的都是独身生活。”（[清] 梁启超《屈原研究》）

5.游国恩说：“屈原父亲的字，据《离骚》上说：‘朕（我）皇考（先父）曰伯庸。’伯庸在楚国做过什么官职，现在不知道，要不是屈原自己说出来，恐怕连伯庸这名字也是无从知道的。有些注《楚辞》的人还说‘皇考’是大夫祖庙的名称，就是始祖的意思，并不是指父亲。照这样解释的话，屈原的父亲究竟是谁，也不可考了。但照《离骚》的文义看来，这样说法恐怕是不正确的。屈原的亲属还有没有可考的呢？《离骚》中有一个‘女媭’，‘媭’为楚国妇女的通称，本是一个假设的人物。王逸解为屈原的姊妹。……我想，屈原有妻是不成问题的，但这个故事（按：指《襄阳风俗记》）大概从《续齐谐记》中的一个传说讹变而来，是不可靠的。因此，屈原的家属除他的父亲以外，别无可考。”（见游国恩《屈原》，中华书局1980年版，第16页）

6.潘惠说：“谈起屈原的后人，七十五岁退休后义务守庙13年的徐正端老师，他于1996年偶然得知一个令人震惊的消息：‘屈原死后，三子俱入秦，一子住蒲城，改姓孙，一子住耀州，更姓房，一子住韩城，仍本姓’。”（见政协汉寿县委员会编《屈原与汉寿》，第249页）

7.何光岳说：“内中就有《屈氏族谱》八部共一百八十余册，其中屈氏大多系由湘阴迁衡阳的屈原之裔。自屈瑕至屈原十八世，屈原生四子：承开、承元、承天、承贞。承开传四十二世到屈蟥，迁衡阳。惜这四十二世被缺佚。自屈蟥至屈培共二十七世，则自屈瑕至屈培应有八十八世。”（见郑之问、洪长敏等著《屈原后裔寻访记》何光岳《序》（二），长江出版社2010年版，第5页）何光岳《中华姓氏源流史》：“《元和姓纂》：屈南氏，屈原裔孙，仕后魏，魏重复姓，自号南来，乃加南字，或作屈男。”（第3748页）又载：“屈男氏。《姓氏寻源》：屈男即屈南，屈原之后。”又载：“到氏。《广韵》：楚令尹屈到之后。《元和姓纂》云：楚令尹屈到之后，以王父字为氏。”（按：重庆《潼南屈氏族谱》说屈到即屈原之父伯庸，经查考，屈原自述其父伯庸，乃末代庸王，与屈到无关。）又载：三闾氏，屈原之后，以屈原三闾大夫之“三闾”为复姓。（同上书，第3753页）

8.黄灵庚说：“屈原的爱情生活，个体家庭至今确是一个谜,从现在的诗作看,他恐怕是个独身生活者。……不然，他必定在‘发愤以抒情’（《惜颂》）的诗作中为后世提供其家庭、妻儿等个体生活的真实内容。但是，屈原毕竟也是人，他有普通人所需求的情欲。……然而屈原宣泄男女情欲的方式确乎大异于人。在生命意识里，屈原把火辣辣、活泼泼的情欲需求，按其‘中正’人格的理性原则，转换为参与时政的政治能量……”（见黄灵庚《〈离骚〉：生死的交响曲》载胡晓明选编《楚辞二十讲》，华夏出版社，2009年3月北京第1版第1次印刷，第160页）（按：黄先生既然找不到真实的屈原，后面所假设的定论未免就太“政治化”了。）

上述众说屈原家庭基本上无实名可指，无实地可寻，无实物可证，无实文可考。由此可知，从汉代起，两千多年的屈学研究中，基本上没有一个人正儿八经地研究屈原身世及其家庭后裔的历史。

二、寻找屈原妻室儿女

1.屈原妻“邓夫人”说：“陕西山阳县元子街镇屈家洞村同治《屈氏宗谱》绘有屈原及其夫人像，分别注曰‘三闾大夫灵均公遗像’‘灵均公元配邓夫人遗像’。”惜无所生子女记载。（谭家斌：《屈原后裔探考》，载郑之问、范长敏、韩永强、刘紫荣著《屈原后裔寻访记》，长江出版社2010年版，第122页）

2.屈原“无名氏夫人”说：《太平寰宇

记》卷一四五引《襄阳风俗记》："屈原五月五日投汨罗江，其妻每投食于水以祭之。原通梦告妻，所祭食皆为蛟龙所夺。龙畏五色丝及竹。故妻以竹（叶）为粽，以五色丝缠之。"（按：此传说中之"妻"无名无姓，且作一说，待考。所述故事，与《续齐谐记》颇类似："屈原五月五日投汨罗江而死，楚人哀之，每至此日，以竹筒贮米投水祭之。汉建武中［约公元45年左右］，长沙欧回白日忽见一人，自称三闾大夫，谓曰：'君常见祭，甚喜。但常所遗，并为蛟龙所窃。今若有惠，可以楝叶塞其上，仍以五彩丝约缚之。此二物蛟龙所惮也。'回依其言，世人作粽，并带五彩丝及楝叶。皆汨罗之遗风也。"）

3.屈原"四子"说：湖南邵阳乾隆丙辰（1736）修撰《屈氏宗谱》载，屈原有四子：长子承开、次子承元、三子承天、四子承贞。清·衡阳《屈氏族谱》、清·四川《泸北屈氏宗谱》、光绪衡阳《屈氏五修族谱》、民国成都双流县《华阳屈氏续修族谱》等，亦有屈原四子记载，并均以屈原为该支世系始祖。

4.屈原"三子"说：陕西耀县《耀州志·药王族源》载："《韩城志·方技传》载，有叫房寅（阴阳家）的宋朝人，祖籍龙门……相传为战国时期楚国屈姓后裔，当年三闾大夫死后，他的三个儿子进入秦国。其中一个在耀州，改姓为孙，隋唐药王、医学家孙思邈即其后裔。一个居蒲城，仍姓屈。另一个在韩城，更姓为房。"阴阳家房寅即其后裔。上述三子均无姓名，另安徽东至县乾隆《屈氏续修族谱》亦称屈原有三子，屈瑕为始祖。其明代《谱序》曰："（屈）平公接踵连绵，而又生三子，长曰孟师文华公，次曰忠虞武安公，三曰季敏孝思公，各择地而居。"但此之"三子"是否就是入秦"三子"？待考。

关于孙思邈，民国《辞源》有载：［孙思邈］"唐之隐士，华原（今耀县）人。通百家，善言老庄，兼通阴阳医药推步。隋文帝召为国学博士，不拜。唐太宗召至京师，年已老，官之不受。还山。百余岁卒。著有《千金方》九十三卷，医药之书也。"《光明日报》2007年4月9日载长沙人陈录社《长沙赋》云："思邈集中医大成，李政为烟花鼻祖。"是说孙思邈乃长沙人，是长沙人值得骄傲的一代杰出人物。据屈家坊老中医屈楚子说：屈原后裔，代出名医。相传隋唐医圣、药王孙思邈就是屈原后裔。过去大庸有多座药王庙，如尹家溪就有座药王宫，是明代中期常德著名医家钟跃采行医至此修建的。

5.屈原"一姊"说：在安徽东至县龙泉镇黄荆村屈家组发现的《荆桥临海屈氏族谱》，首编于万历二十二年，止于清光绪二十七年（1901）。这本家谱载明屈原有姊名媭（女媭），屈原沉汨罗，"媭闻亟归，视之，后人名其地曰姊归"。并载明屈原有三个儿子："长孟师谥文化，次仲虞谥武安，三季敏谥孝师。"与前述东至乾隆版谱书所记三子同（参见《屈原后裔寻访记》第86页）。［按］谱书中关于屈原姊女媭的记载显然受了袁山松、郦道元"秭归说"和王逸注解"女媭"即"姊"的影响，故存不少疏漏："媭闻亟（急迫地）归"是因"屈原沉汨罗"消息后回到家乡，以后将此地叫"姊归"。此"姊归"是指秭归县还是指汨罗？汨罗有"姊归"地名吗？似指向不明。另外，屈原既死于汨罗，还赶回家乡看什么？照此说，汨罗就是屈原家乡了，显然失实。故此说值得进一步求证。

6.屈原“二子”说：光绪《临海屈氏世谱》（北京国家图书馆藏）载：“屈氏谱系之祖，又断自三闾大夫始，平生署、跗（一作鲋），顷襄王时长沙之难，令署以东国为和。屈氏自暇至署，凡十数传世为楚人。跗客于魏，所谓魏贤屈跗是也。”后汉应劭《风俗通义·姓氏篇》有“屈侯氏，魏贤人屈侯鲋之后”之说。（引文同上之9）何光岳所列《屈氏世系表》，将屈署排列为屈匄之子，并指明即上柱国之子良。中国屈原学会名誉会长赵逵夫则认为：“由屈署的活动看，大约年岁较屈原为轻。至于其世次，尚难确定，有可能是屈匄的子或孙。”（《屈原与他的时代，战国时代的屈氏》）笔者不苟同何、赵之说，应以屈氏世谱为准。

7.屈原“一子一女”说：清《长沙府志》载：屈原有女名绣（一作纬）英，其墓在湖南益阳。郭沫若提及《长沙府志》即此。明甘泽《蕲州志》载：“屈原之子怨父沉江，亦沉于水，名‘黑神’。清陈梦雷《古今图录集成》载：“凤凰庙在益阳县西南六十里弄溪之滨，庙祀原与夫人洎（音季。到）其子，俗呼为凤凰神。”同时载述：“绣英墓在治西方花园洞。《县志》云：相传为屈原之女。”同治《益阳县志》：“（凤凰阁）祀屈原与夫人及其子，俗呼凤凰神，每端午竞渡辄载其像祀之。”（引文同上之9）照此说，屈原放流期间在益阳（桃江）有可能与洎氏结婚，并生一子一女，此说可参。桃江胡则丘先生依据这些传闻演绎《屈原第二故乡》。

8.屈原“一子”说：湖北麻城沈家庄村民国修《熊氏族谱》载：屈原有一子，名“岳”，因屈原受“屈”（冤屈）而死，故嘱其子复更为熊姓。（引文同上之9）

9.屈原“一姊”说：陈运溶撰《麓山精舍丛书》收录《太平御览》抄引《荆州图记》所载称：“原有姊，闻原还,亦来归,贵其矫世,乡人又名其北岸曰‘姊归岸’。”此即大庸屈原故里核心证词（全文见第一章）。此无名之“姊”既未冠“女媭”，又未冠“小媭”，说明此之“姊”是切切实实的屈原之“姊”。与屈原诗中“女媭”无关。我认为这就靠谱了。“姊”虽无名，但不像《荆桥临海谱》受王逸影响断“女媭”为姊。这就彻底否定了众说女媭为姊的错论。

10.屈原“二女”说：湖南汨罗民间传说屈原有二女，一名女须（媭），一名秀英。并有“望爷墩”“烈女桥”“烈女岭”等遗迹。1990年9月版《中国民间故事集成岳阳市卷》收集8则屈原传说，其中《仙匠铸金头》写道：“屈原遗体移回的当晚，女须坐在父亲的旁边……”（收集人刘石林）翻页即《楚塘十二疑冢》有这样一段文字：“传说……屈原的头被鱼虾吃掉了一边，屈原的女儿秀英一看，心里十分难过……”（收集者远大为、甘征文）

同一个故事出了两个女儿，而编者也未说明女须就是秀英，或秀英就是女须，照口传收集原样发表。本著课题组一行4人曾赴桃江、益阳、汨罗一线调研，桃江传说屈原

远游到桃江后，停留数年，与当地大美女洎氏结婚，生一女绣英，一子屈黑。到汨罗后又听到汨罗有小须、秀英二说，且编入《故事集成》。笔者曾与刘石林先生探讨，突然顿悟：大庸屈家坊屈原后裔传说屈原与昭氏生一女一子，女儿小须远嫁到汨罗，是屈原的念祖情结，因为那里是屈瑕兵败自缢葬身的罗子国地。屈原远游的终极目的地就在那里。从桃江出发，北去汨罗时，屈原带了小女儿秀英同行，与挂牵多年的长女小须团聚。我的这种推测，得到刘石林先生的认同。刘先生认定女须就是屈原的女儿，并为此撰文辩正。而绣英、秀英，就是一个人，音同字异，恐是笔误。

11.屈原“一妻一女一子”说：湖南永定（今张家界市永定区）第四次修编《屈氏族谱》（初稿）瓜藤世系表载：屈原元配妻昭碧霞，生女小须，子平平。又载承开、承元、承天、承祯四子，但未载生母。说明屈原有继妻，若按陕西元阳屈谱，是否为邓氏？无考。据分析，承开等四子极有可能是屈原长子屈平平之子，即屈原之孙，系因“屈平”与“屈平平”之误。而小须即女媭，与汨罗女媭对接，可作定论。开公46代后传蟥公，蟥公传正四郎，正四郎为永定屈氏回迁始祖。按永定三间宗坊屈原裔孙代代世传昭碧霞为屈原元配夫人，昭氏为庸楚四大公族之一，《永定县乡土志》载：“屈昭斗叶，皆楚之良。”

12.屈原裔孙说：《元和姓纂》：屈南氏，屈原裔孙，仕后魏，魏重复姓，自号南来，乃加南字，或作屈男。（何光岳《中华姓氏源流史》第四卷第3748页）又载：《姓氏寻源》：屈男即屈南，屈原之后。（引文同上）此为屈原裔孙又一信息。

13.屈原胞兄（弟）到氏后裔说：《广韵》：到氏。楚令尹屈到之后。《元和姓纂》云：楚令尹屈到之后，以王父字为氏。（引文同上）屈到，重庆潼南《屈氏宗谱》载谓屈到即伯庸；又有大莫敖屈易为屈原之父说，那屈易就是伯庸了。所谓屈到之后，可从二解：一指屈原；二指屈原胞兄胞弟（伯庸不止于屈原一子）。请注意“以王父字为氏”之“王父”，即“父王”，可证此之屈到乃一代庸王，故疑为伯庸。按：关于屈原父伯庸，后有强力证词，并非屈到、屈易。伯庸在楚国为令尹（一说为莫敖），在庸国为庸王，正是庸楚二国同存共监制的重要人证。

按上述所载，我们可以将屈原家庭成员名单综合如下：

A.父亲：伯庸，［金氏子按］据重庆市潼南县康熙《屈氏宗谱》载：“屈到，即《离骚》所云朕皇考伯庸。性洁俭，嗜芰，临卒曰：祭我必用芰［按：芰即菱，俗称菱角］［屈］到生屈原，名正则字灵均。”此说值得商榷。据唐余知古《渚宫旧事译注》载：“恭王多宠子，而世子之位不定。屈建曰：楚必多乱……”袁华忠注曰：“屈建，屈到之子，字子木。楚共王时任令尹。”又载：“文王至顷襄王四百年间，楚产之尤著者，……将帅则屈瑕、观丁父、成得臣、屈建……”袁氏注曰：“屈建：即莫敖子木，楚恭王将。事见《左传·襄公二十二年》

《国语·楚语上》。”锁定屈到之子屈建为楚恭王之莫敖、令尹。那么，屈到亦必定是楚恭王时人，而且，是一代庸王，亦曾经是出使楚国的一代使臣莫敖。

《中外历史年表》载：公元前 591 年，楚庄王卒，子共王审立。前 590 年，楚共王审元年。前 560 年，楚共王卒，子康王昭立。

照上述年代分析，楚共王在任 31 年来，屈建受其父王屈到派遣，出任庸楚两国共监使臣——莫敖，在楚则封为令尹，年龄不会小于 35 岁，其生年约在公元前 645 年左右，即楚成王时期（前 671–前 626）。而屈原生于公元前 353 年，相距 292 年！故屈到之说实难成立。又当代学者赵逵夫考证说：“屈原的父亲即见于包山楚简的楚怀王初年的大莫敖屈易。”时年即公元前 328 年，而屈原出生日为楚宣王十七年，即公元前 353 年，就是说，屈原满 25 岁——即公元前 328 年时他的父亲屈易才出生。子比父年长 25 年。即便按郭氏公元前 340 年出生计算，比屈易仍早 12 年！故屈易为屈原之父的推断亦难成立。

B.母亲：修淑贤，黔中人（即今沅陵镇，与今沅陵镇修氏同脉同根）。生女二：屈□、佚名；子三：屈原、屈遥、屈景。

C.姐姐：佚名。约公元前 356 年。

D.弟：屈遥。据赵逵夫说，屈遥在怀王初年（前 328）任大鲛尹之职（见《包山楚简》第 120–123 简。“遥”字释文此据《楚系简帛文字编》）。屈遥当是朝廷中负责国君、贵族渔猎活动的官吏，据《包山楚简》屈遥曾参与司法活动，同阳成公等一起，接受下蔡山阳里人的申诉。所用来记事的事件“□客监逅（遇）楚之岁”，据考即怀王十年（前 319）[按：照此推算，屈遥时年 29~30 岁，屈原正好 34 岁，屈原姐 36~37 岁，时间吻合可信，但这个“父亲”只能是出生于约公元前 373 年的伯庸。屈原、屈遥兄弟俩同朝为官。屈遥后裔无考。

E.妻（共 4 人）：⑴昭碧霞：系湖南永定屈家坊三间宗坊屈原元配夫人。与古代大庸四大姓屈、昭、斗、叶吻合，见《永定县乡土志》。屈原 16~17 岁时与昭氏完婚，生女一：小娶；子一：平平。

⑵邓夫人：载于陕西商洛山阳屈谱，与屈原结婚生子无考。

⑶洎夫人：湖南益阳桃江之说，出身无考，方志有载。（洎：jì〈书〉到；及。此为姓氏）

⑷无名氏夫人：《襄阳风俗记》所载屈原给妻“报梦”的那位无名妻子。待考。

F.儿子（共 11 人）：

⑴屈平平：长子。[永定三间宗坊]

⑵孟师文华公。

⑶忠虞武安公。

⑷季敏孝思公。[东至县屈谱]

⑸屈署。

⑹屈跗。[临海屈谱]

⑺屈黑：即“黑神”。[蕲州志。在益阳县]

⑻屈岳。[湖北麻城屈谱，后复姓熊]

⑼耀州孙某：改姓为孙。唐代药王、医学家孙思邈即其后裔。

⑽蒲城屈某（失考）。

（11）韩城房某：改屈为房。唐代阴阳家房寅为其后。

G.孙子（4 人）：承开、承元、承天、承

贞。［据永定屈氏家族世代传承：四孙皆元配昭氏生子屈平平之子。即屈原之孙。另有族谱载为屈原之子，但查不出能一人生四子的屈原妻。可能是“屈平”与其子“屈平平”之混。

H.女儿（2人）：⑴女媭：长女屈小媭。［大庸永定及汨罗传承］

⑵屈绣英：或秀英。［长沙府志］按：岳阳、汨罗传说女媭应为大庸昭氏所生小媭。由此可证屈原携小女绣英远游至汨罗后，与大女儿小媭团聚。

总计：屈原父亲1，母亲1，弟2，姊1，妻4，子11，女2，孙4。

发现了屈原的妻室儿女，这无疑是一个令人激动的消息。据考，秦灭楚在后（前223），灭大庸在前（前280）。公元前280年，屈原父亲屈伯庸与司马错在黔中决战，败退于北溶，不敌，战死于沅江岸的北溶（今沅陵北溶区）。屈原家族《告祖词》“十二屈末终伯庸，寿终正寝沅水岸”，即指屈氏后裔灭国之战。与此同时，屈原儿子屈平平率庸军与司马错主力决战于庸都（古人堤），兵败。《告祖词》所唱“庸亡国碎血染堂”，即指屈平平战死庸都的场景。此即众多屈谱中有开、元、天、祯四子而无平平之载的背景。按大庸永定屈氏后裔代代传承，屈平平战死，其四子承开、承元、承天、承祯及众孙已逃离屈邑（屈家坊、潭口），从潭口乘船出澧水，至津市转乘大船，再过洞庭，下长江，从长江口沿海北上抵达江苏临海东塍（胜）镇屈家村屈跗、屈署叔父家暂住，拯救了屈原祖屋屈家坊元配昭碧霞一脉。

屈氏后庸灭国之际，强秦压境，白起拔郢，烧夷陵，楚都徙陈，唇亡齿寒，楚国自身难保。屈氏后庸灭国,屈邑（屈家坊）被摧毁，俘虏一万余屈氏家族，施用铁钉钉头、断手断脚等酷刑，然后坑杀于屈家坊东部对岸不远的黄岩头水冲巨形土坑，史称“万人坑”，俗传“大坟山包”。屈原故里潭口亦惨遭秦军血洗，屈氏家族家破人亡，四散逃命。所幸屈原后裔虽天各一方，但毕竟多数得保。这与屈平平血战庸都，牵制敌军，修氏祖婆血战屈家坊，争取屈邑亲属脱逃赢得时间有关。这正是承开四子极有可能为平平之子的深层原因。经分析，屈原在郢都期间，元配昭碧霞被郑袖阴害致死后，有可能在三四年内续弦邓氏（即陕西商洛山阳屈谱所载邓氏夫人）。考邓楚联姻见自楚武王夫人邓曼，门出邓国贵族，是一位美丽贤淑、胸有谋略的巾帼才女或政治家。屈原之续娶邓氏，未必与邓国有关。屈原贬逐回大庸故乡，邓氏似未随归。从所载益阳（桃江）洎氏夫人，生一子名黑，一女绣英。子怨父投江，亦追随投江而去，地方祀为“黑神”，与屈原、洎氏同祀于庙，说明屈原在桃江美人窝滞留再婚生子之说不妄。至于那位给屈原“报梦”的无名氏之妻，难查其人，极有可能是昭氏、邓氏、洎氏三妻之中的“某一位”。但也不排除屈原在异地续娶四房的可能性。从《襄阳风俗记》之地名分析，襄阳位处汉水之北，楚怀王时，屈原受怀王令起草宪令，因属草稿未定，上官大夫见欲夺之，屈平不与，上官进谗，“王怒而疏屈平”。屈原身陷政治危机，只好暂避锋芒，去汉北一带考察，“有鸟自南兮，来集汉北”（《抽思》）即是北上之信息，并有可能在汉北滞留一段时光，不少注家认为在一年左右，可参。且与一红颜美女携手同游：“结微情以陈词兮，矫以遗夫美人。”屈原失宠，一腔失落不平，只有通过与美人倾诉，以表达对怀王的忠诚、时局的忧虑、郢都的思念。我的这种判断，是从屈原诗“既惸（qióng 穷）独而不群兮，又无良媒在其侧”得到启示的。这是双关语：“它（借‘南鸟’喻己）既孤独离群索居，身边又没有好媒人能为它说合。”“良媒”一可解为能为屈原向怀王通风报信说情的“良臣”；二可解为屈原与那位无名“美人”成婚牵线搭桥的真实“媒人”（不少注家将“美人”解作怀王的，浑身起鸡皮疙瘩，令人如吞苍蝇），我认为是后者。这位“美人”极有可能就是屈原在汉北襄阳一带漂流所遇到的红颜知己——即为他报梦的那位无名氏夫人，并且为其生子（待考）。

可以这样说：秭归方面的特大考察溯源行动，和在各地陆续发现的有关屈原亲属的诸多线索与信息，都是两千年来屈学研究的一系列突破。屈原家庭亲属的破译，是确认屈原其人身份真伪的基础性证据，也是将屈原诗辞研究从“猜想”“瞎编”层面引向深入、接近真实的关键。

从目前状态看，上述屈原诸多家属的来龙去脉仍尚未彻底查清，还有若干细节需要举全国学术力量共同攻关，好在冰山已经露出一角，担心屈原可能是光棍汉、崇尚独身主义的人们，总算可以放下心来。

经综合目前所掌握的国内部分屈谱所载信息，得知屈原有 4 妻 11 子 2 女 4 孙。其中大庸永定屈谱续编及瓜藤谱所载屈原父屈伯庸（重庆潼南县屈氏宗谱载伯庸名屈到之说前已质疑）、母修淑贤、元配昭碧霞、子平平、女小婴，而开、元、天、祯实为屈原之孙，伯庸之重孙。那么，伯庸长子与屈原原配昭氏一脉全家福就是四世同堂了。

据《屈原后裔寻访记》记载：全国 25 个省、自治区、直辖市 184 个县（市）273 个村有屈姓居住。全国分布主要集中在湖南、陕西二省，约占屈姓总人口的 42%，其次分布于四川、河南、内蒙古三省区占 21%。湖南占屈姓总人口的 21%，为屈姓第一大省。（按：与大庸张家界形成信息对接）全国屈姓的分布基本上集中在湘、陕、豫地区。全国屈姓总人口约 130 万人，在全国姓氏排行榜上列第 182 位，占全国人口总数的 0.1%左右。在一些重点屈姓分布区域，占当地人口比例的 0.12%以上，中心地区可达 1.2%以上。其重点居住地区覆盖面积约占国土总面积的 33.5%，居住了大约 48%的屈姓人群。在重点地区，屈姓占当地人口的比例在 0.06%-0.12%之间，其覆盖面积约占国土总面积的 33%，居住了大约 41%的屈姓人群。（参见《屈原后裔寻访记》2010 年长江出版社第 176、187 页）上述多数屈姓奉屈原为始祖，为屈原后裔（单单漏掉大庸张家界市）。不排除不少是“搭车”认祖的。

据永定区第四次修编《屈氏族谱》初始普查资料——《张家界辖区屈氏健在人口统计表》显示：屈原后裔 10 大支系（良蛟公、良理公、良惠公、良恕公、良慰公、良德公、公铭公、慧铭

公、再隆公、再延公）59村，在册在世人口为9135人（统计到2014年底）。仅屈家坊（红卫、集中二村）占500余户2000多人。而全国25个省（区、市）184个县仅273个村。屈姓分布较多的河南省28个县56个村；四川26个县36个村。**小小张家界即达59个村！而被屈学界捍卫、追捧了1500年的所谓屈原故里秭归乐平里，竟然没有一村、一户、一个屈姓！2012年五月初四、初五，笔者一行5人曾明察明访乐平里，才发现这里前无屈姓居住，后无屈姓迁入，是典型的无屈根、无屈脉、无屈姓屋场、无屈姓墓葬、无屈姓前人、无屈姓后人，是一个典型的"无屈地带"!!!**

这就是被屈学界一代代一批批"铁杆学者"誓死捍卫、长期论战而死不认输的"屈原故里"——秭归——乐平里！金某真诚感谢发起对全国屈原后裔展开调查寻访的中共秭归县委宣传部和《三峡日报》及郑之问、范长敏、韩永强、刘紫荣同志！能为一片与"屈"姓毫不相干的穷山村——袁山松以混淆"秭""姊"二字概念凭空造谣捏造的"屈原故里——秭归乐平里"坚守1500年而不放弃的真诚与忠心！屈原九泉有知一定会感谢你们的！没有你们的无私奉献，以我一个人的能力、工资、身体状况，既便发誓要走遍全国、追寻屈原后裔踪迹，也不过是一枕黄梁美梦。真是造化弄人，玄机莫测。或说是与屈原前世有约，等待两千年后的一个外姓故乡人为他翻案，为他鸣冤！

【附录】关于屈原姊（姐）辩正

这里必须说一说证词中的一个关键人物，即"原有姊，闻原还，亦来归"的那个屈原的姊姊。姊姊全中国几乎通用，即姐姐。屈原到底有没有姐？屈学界一直争论不休。一般认为出自《离骚》："女媭之婵媛兮，申申其詈予。"汉代王逸说："女媭，屈原姊也。"（《楚辞章句》）《说文》[女须]："媭，女子也，从女须声。……贾侍中说，楚人谓姊为媭。"笔者出生于澧沅交界之地，长期接触并广泛作田野调查，土家族、苗族似乎没有发现称"姊"为"媭"的说法。而分布大庸的以楚国为姓的楚氏大族，也不知道楚人有称"媭"为"姊"的风俗。我断定贾老先生是信口杜撰。明代李陈玉则以"袁山松因夔州秭归县有屈原旧田宅在，遂以秭归以屈原姊得名，不知秭归之地，志称归乡，原归子国。舜典乐官夔封于此，故郡名曰夔州。《乐纬》曰，昔归典叶声律。然则归即夔，后人乃读为归来之归。宋忠曰……郦道元好奇而不能辨，遂两志之《水经注》，故世互相沿袭。"（《楚辞笺注》）

其实，汉代王逸（89？—158？）解女媭为姊，比袁山松（397-405）移花接木篡改历史以"秭归"代"姊归"（397-405）早560余年。而早在公元前202年始建充县（以后的大庸、张家界）之前，屈原与其姊回归故里的故事就在充县一带广为传播。

那么，此之"姊"到底是谁呢？难道屈

诗中那个女媭果真是屈原姐吗?

笔者先后多次深入潭口屈家坊调研，正在进行第四次大庸《屈氏族谱》续修编纂的倡首人屈祖生（又名楚子，1930年出生）、屈楚福（1946年出生）向笔者提交了一份证言（附本章后），并告诉我，这个“姊”没有名字，就是屈原姐。屈原元配昭碧霞，生女一，名小媭；子一，名平平。屈原诗中的那个“女媭”不是姊，而是他的女儿小须，故称“女媭”。

这是目前屈学界第一次发现的关于屈原女儿和儿子的新信息。我认为可作一说。好在著《荆州图记》的作者不知姊之名而不瞎编，没有给后人研究制造麻烦，已是难能可贵。（关于屈原女儿小须即女媭，见第七章第一节［延伸阅读］刘石林《女媭是屈原的什么人》）

【特稿】

屈原母亲修淑贤老祖婆墓葬考察记

屈楚福

修淑贤，黔中沅陵人。出生于公元前373年（考烈王三年）是末代庸王屈伯庸元配夫人，屈原的亲生母亲。后人尊称“修氏婆婆”“老祖婆”。距今二千三百八十多年。祖辈相传：修淑贤原住屈家坊祖屋里。生下屈原后便移居潭口老庸湾老庸城的伯庸花园（即庸王御花园）。

公元前280年，秦将司马错、司马靳爷孙俩发10万陇西卒，以声北击南之计，明打商於之地（今淅川一带，古属上庸），暗灭大庸宗国。他们不仅摧毁了万年古庸都（今古人堤），且一举荡平了屈家坊古邑城。将一万余屈姓士兵和居民坑杀在崇阳坪黄岩头万人坑，年高93岁的修氏祖婆披挂上阵，以一根龙头婆婆棍冲进敌阵，与秦兵血拼，秦兵死伤无算。毕竟年迈力衰，体力不支，被乱刀砍死，屈氏护兵拼死抢出祖婆，随即从秘道逃出，将尸首匆匆掩埋到潭口簸箕塔之后山婆婆礅上婆婆岩山下。而秦兵乘势捣毁了老庸湾伯庸御花园，将簸箕塌屈原房屋一火焚毁并挖地三尺。从此，东方文明古国——大庸消失了。汉代后，一些远徙他方的屈原后人，按先祖遗言，偶尔回到大庸屈家坊，寻访婆婆坟。由于世远年湮，人生地疏，几乎全部无功而返。

到了明代永乐三年（1405），屈原裔孙再四公隐名埋姓，只身一人跟随明朝廷西征军运粮队从星沙回归大庸屈家坊故土，距当年灭屈逃亡江苏临海长达1685年。

再四公回屈家坊后，曾多次组织人马试图寻找屈氏祖婆坟，一了祖人夙愿，但几经查访无果而放弃。

一晃，几百多年过去了。

十多年前，楚子兄（祖生）邀我发起第四次修编《屈氏族谱》工作，我们曾就探寻修氏祖婆坟作过讨论，但也只停留在口头上，有心而无行。

不久前，金克剑先生因《屈原故里大庸考》书稿写作进入扫尾工程，再次催促提交关于修氏祖婆坟的证词。这叫逼上尽途，只能痛下决心，尽快成行，一了千古之憾。

就为了这一千古嘱托，亦为了证实这一千古传说，我先后四次邀人前去实地考察，不仅发现了婆婆坟，还发现了传说中的婆婆礅、婆婆岩和“婆婆放羊”等旁证符号。

2015年6月8日上午6时，我邀村民朱付志（禾家村老庸湾崇阳坪人，原住上官塌）从北站乘车，

经转车后，步行去慈利县金岩乡双中村团家山组，找当地老人开座谈会，了解情况。而后，我俩千艰万难到达他们所介绍的地方，发现一座似巴掌形状的巨石竖立在对面山坡上，是否就是婆婆岩？由于天色已晚，容不得近距离考察，只拍了几张照片，便匆匆往山下赶路。此次考察无果，没有找到婆婆坟。但我没有灰心。

6月26日上午5时，我又约张友生（原禾家村民兵营长、党支部书记）进行第二次考察。7时许，从老庸湾上大湾，再上杆竹湾，到达团家山的三古塌，所谓“三古塌”，即屈原老屋场簸箕塌吊水、大簸箕塌、小簸箕塌，共370多亩，古代均属屈原田产，俗称“三古塌”。这次考察，我抱有两个目的：一是为日后有更多的人上山考察寻找，必须砍通一条便捷路；二是一定要找到婆婆岩和婆婆礅。这是判断婆婆坟的两大标识物。由大湾上团家山的小路已有近三十年无人行走，灌木、芭茅、藤棘丛生，只能边砍边行。约8时，突降暴雨，二人全身湿透，又祸及相机、手机。只好顶雨继续向上边砍边行。有些地段分辨不清，曾几次砍错路线。下午二时许，终于砍通了上团家山的小路。由于荆棘和与石头碰撞的作用，我俩已成了皮破血流的伤员。行至一山岗时，我们见到了当地人介绍的“婆婆放羊”（因很多大大小小的岩桩得名）和“婆婆岩”，那么，这个山岗就是“婆婆礅”了。所谓“婆婆岩”，就是6月8日发现的那座独立掌形石柱。此石柱高约12米，极似一位背着背篓的老人，背篓里装着木柴，头上缠着苗家头帕，插着山花，面向东方眺望。婆婆岩位于婆婆放羊的对面山坡上，去婆婆岩也得砍路前行。到达婆婆岩时，已是下午四点多钟。时间不允许我们久留，我们立马砍光了婆婆岩正面的灌木和杂草，但没有发现婆婆坟。此时已到了五点多钟，只好沿已砍通的路线下山。

我回家后，连续三天高烧不退，不思茶饭，体重降了3公斤。上了年岁的人身体复原慢。但心里急着要找到婆婆坟，于是我去市东区人民医院打针服药，张友生则去黄家铺医院打针。我在家休息服药40余天，夜里几次做寻婆婆坟的美梦，我在手机中将这种现象说给张友生听，他说：“这是你的祖魂找到你哒，他们在阴司缺钱用，你要尽快给他们送钱去。”值得铭记的是：张友生老人为了陪我寻找屈原母坟，辞掉了在慈利一家作坊的保管员工作，造成了不轻的经济损失，我心里有种说不出的歉疚。但他不以为然，说他自幼都崇拜屈原，能有机会帮他寻找母亲的墓地，是他人生的一大幸事，有么子歉疚的？

7月25日，我专程前往长沙修相机，回来后，便为第三次上山考察做准备。

8月13日早晨5时，我背着香、纸、蜡烛、弯刀、相机等，由北站乘车去宋家湾与张友生、张春海会合，继续乘车直奔团家山。8时许，我们到达团家山组李发银（78岁，老党员，曾任该村党支部书记）家，老书记又喊来几位当地村民，向他们了解情况。64岁的黄国清说：“前两年我上山挖葛时，在婆婆岩不远处看见一座老坟，也不知道是哪个朝代的。坟前有两蔸大葛根，其中一蔸伸进坟墓内，我挖了那根长在墓外的葛，根很肥大。但不敢再往内挖。回家后，我一直在想那样偏僻的大山上，怎么会有坟墓呢？”

听了黄国清一席话，我们几个精神一下振奋起来。吃罢早饭，黄国清、李发银带我们三人前去察看那座古坟，约经1小时路程，我们一行五人到达目的地。张友生放下布袋，取出香烛，依传统规矩化钱纸、燃香烛，叩首作揖，祭拜修氏祖神。他说上次上山，礼信没到，让我大病一场，这次算是向祖婆付小心来了。众人听罢，都肃然起敬。黄国清则上前砍通至古坟的通路。众人尾随其后，果然发现了那隐藏在树丛中的墓堆，经砍空杂草，发现此地有两座坟墓。令人不解的是两座坟墓坐向不一：一座头向西偏南，居右；另一座头向正南偏西，居左。墓尾相连，并依后山。两坟均用乱石围砌。无条石、无碑刻，看似寒碜萧条。坟之右侧果有一截老葛根，是黄国清挖葛留下的，说不敢惊动古人。此时同行人催促我施礼，经再三查勘后，我消除了顾忌，并认定右棺应该是自己要寻找的屈原一脉始祖婆婆——修淑贤老孺人之坟。于是，我从背袋里取出香烛、纸钱，在坟前行“三揖、三拜、九叩、一揖”大礼，并为同去的另四人在坟前合影留念，记下这一重要的时刻。

功夫不负有心人，第三次上山，终于找到了婆婆坟！我惊喜，族人将会同样惊喜。

回家之后，一连几夜合不了眼，我老是为左侧那棺坟纠结不已。于是，与 85 岁的屈楚子老大哥一起求证。楚子兄说，修氏祖婆葬在婆婆礅，是代代传教的。据说前辈也曾有人查考过，但都无功而返。因为古时林更深，草更密，野兽出没，毒蛇横道，往往几个回合未寻着而天已晚，故后人再不敢贸然寻找。没料到你们三上三出，总算破解了两千三百八十多年的古谜。还说确定古坟是否与修氏婆婆有关，标志物就是那座婆婆岩。你照片上的这座石山，正是婆婆岩无疑！

那么，与婆婆坟并列的另一座坟又怎么解释呢？楚子兄回忆说：少时听先胡子（屈鬍）讲“古”，当年（前 280 年秋）司马错灭庸灭屈，庸王伯庸与司马错的次孙司马靳决战于黔中，后败退北溶，全军战死。古庸人《告祖词》唱：“伯君（即伯庸）耗尽回天力，九子乘舟犯嵩梁。庸王长叹天诛我，空留钟池泣苍桑。”相传伯庸战死后，秦军翻遍数万具尸体，没有发现伯庸，因为伯庸是末代庸王、末代祝融，又是名义上的众国宗主，司马错有令在先：对伯庸生要见人，死要见尸，是死是活，都必须将其解回秦国。事实的真相是：伯庸次子屈遥（或为三子屈景，待考）是庸国大将军，连日血战，九死一生。父亲战死后，他乘黑抢尸，并将其草埋于北溶后山的伯庸花园之侧（今北溶乡花园村）。此地古时为历代庸王的行宫，因北溶是古大庸国历代庸王铸钟铸鼎的基地。屈遥埋尸后，乘夜黑风高，远遁他方。数年后，这位已落户江苏临海的庸国大将军又潜回北溶，挖出伯庸尸骨，携回潭口，偷偷将其安葬在修氏婆婆坟左，从此一去未回，不知所终。但这个秘密从此在屈原后裔中代代流传至今。

照此说，与婆婆坟紧邻的另一棺坟原来就是屈原之父、末代庸王、末代祝融屈伯庸的坟冢！那坟头又为何正南偏西？查阅地图，由此坟垂直而南，正好与伯庸陪都——即战死之地北溶形成一条直线！是巧合？还是冥冥中的天意使然?!

听了祖生兄一番述说，话虽有理，但仍有疑影在脑中飞闪：左侧那座坟到底是不是伯庸的真身？因为距婆婆坟百多米处，还发现几座坟，我们不能排除他人占阴地而葬的可能。这其中就涉及团家山几个葬在婆婆礅的何氏族人。这个信息几乎成了我的心病。因为这不独是为祖先正本清源、还其历史本真的大事，更是对历史负责、对屈原祖宗负责。相传修氏婆婆战死屈家坊，尸首为家丁抢回并乘乱匆匆将其掩埋在婆婆墩，且留下暗语：“婆婆墩上婆

婆岩，婆婆岩下婆婆坟。谁人识得婆婆坟，永保发子又发孙！”为了破解婆婆坟侧的另一座坟的秘密，这是屈原后裔的一份责任。我无法回避，只有奋然前行。于是决定作第四次考察调研。

2015年10月10日，我乘金岩乡班车，到达螺丝柳下车，沿简易公路上双中村团家山组，特请该村村民黄国清、何龙章两个知情人及其他几个人参加座谈，核实婆婆坟之事。

何龙章，1945年生，本组人。他说：距婆婆坟100多米的一排坟是何氏家坟。最早安葬的叫何自太，乳名台子，1890年前后由金岩乡双冲村猎榔岗组迁居三古塌。其妻太二妈，也葬三古塌。生子一义娃，女一。自太今约140岁。其子何龙义，乳名义娃，葬三古塌，今约110岁。配妻全氏，叫全家老太，生子一家贵，女一三妹。家贵未婚，病死，葬三古塌，今约69岁。何三妹曾被亲戚雇用，照料病人，不料病人未故而自己先死，葬婆家天三峪。

黄国清回忆说：何自太与妻、何龙义与妻及何家贵祖孙三代五人，先后葬于三古塌，具体位置是婆婆磩上两座坟的上方偏东约100米处。何三妹在时，逢年和清明节必送亮、挂青，曾几次烧山，均在那个位置。

说到那个婆婆磩之“磩”，即以石所垒之台地，那是千百年祖祖辈辈为种地保土用石头砌成的。一百多年前，何自太迁居三古塌时，这里的石台早就存在。除了以上五人葬于此地外，从未听另有人埋在这儿的，故与修氏婆婆坟没有任何关联。

查修氏婆婆，生于公元前373年，公元前280年战死，时年93岁。伯庸出生于前376年，前280年战死沅陵北溶，时年96岁。二老战死于同一天，却死地南北，相距150里，距今1735年。

既然二老战死南北，天各一方，而伯庸的尸首又下落不明，那修氏婆婆坟的一侧坟堆又是谁的？我悟了许久，终无法解谜。

为此，我特向金克剑讨教。据他说：早几年，他曾三赴沅陵县及北溶等地调研，捕捉到一些信息：当年司马靳率5万虎狼之兵偃旗息鼓，偷袭黔中（沅陵），老庸王伯庸96岁仓促迎战，不敌，退踞北溶花园——这里便是古庸国经营数千年铸鼎钟的地方，古《告祖辞》：“伯庸八祖铸钟鼎，高阳三池钟声扬。”“祖居沅陵铁炉巷，以铸钟鼎贡庸王。”那年，司马错与伯庸展开北溶花园保卫战，不敌，全部战死。伯庸倒地之时，正值黑夜降临。他的屈姓护将拼命背上庸王尸体，逃出花园，匆匆掩埋一隐蔽处，然后乘月黑风高，消失人间。司马靳下令掘地三尺，寻找伯庸尸体未果，只好撤兵，退出黔中。数年后，这位护将潜回花园，拙出伯庸尸骨，回到老庸湾，依屈姓所留四句暗语，费九牛二虎之力，找到婆婆墩、婆婆岩、婆婆放羊、婆婆坟四大标识场地，将伯庸尸骨草埋于婆婆坟之侧。至于为何座向有异，似与当今葬俗不合，其实，这正是二老战死一南一北，又隔时数年才让二老相聚，这本身就有非凡蹊跷之处。或许就是那位屈氏护将有意留给屈姓后人的玄机古谜，让后人去回味、去反思吧？

正是：千古之谜，一朝得破，前人夙愿，终于得了！幸哉！快哉！

我一膝跪下，向修氏、伯庸祖坟连叩三个响头，并发誓道：总有一天，我们一定会让这里成为屈原后裔寻根问祖祭祖旅游胜地的！

2015年8月18日初记

10月11日二记

2021年1月12日三记

第二节　大庸帝国历代帝王及屈原家族世系表

[按] 2009年至2010年，秭归人以一年时间踏遍大江南北，寻找屈原后裔，但在所搜集到的若干部谱书中，没有一部能不断代地记下屈原家族世系源流。这对笔者同样是一个挑战。2010年7月，笔者得到一册康熙六十一年(1722)的屈氏家族《告祖词》，停停打打，经过3年半破译，厘清了熊氏庸王和屈氏庸王世系名录，这份名录，差不多就是屈原家族的谱系纲绳。但庸王世系并不能替代家族姓氏世系，因为更多派系之首多是普通百姓姓氏。后来，得到永定屈家岗屈楚福先生根据明清老谱及明代瓜藤谱等珍贵史料排列的永定屈氏谱系表，于是在此基础上再作深度考证，终于弄出了这份世系名录。笔者认为，多数谱书对屈原家族世系无法理顺的主要障碍是对熊氏庸国与熊氏楚国、熊氏楚国与屈氏庸国的关系缺乏了解，他们只知道屈氏出自楚熊氏，却不知屈庸氏已是独立法人世系。

以下世系表对庸楚熊屈两支姓氏共源共脉共祖却各有分支作了区分。

表一　大庸帝国创始庸帝、庸王、熊氏庸帝、庸王世系

(祝融氏、华胥氏诸英至熊狂共四十世，至殷商末、西周初)

第一世	**祝融氏、华胥氏诸英**　熊氏创世启祖。古大庸崇山人。华胥氏最早在崇山创立华胥国，史称“君子国”。后与祝融通婚。祝融苗语称“雷公”“雷神”，住雷泽坪(今张家界枫香岗乡)。史载华胥氏诸英在雷泽坪之后山踩了一双史前人类脚印而“感孕生伏羲、女娲”(脚印今存)。约7000年前，祝融创建大庸帝国，是中华古史上第一个真正具有国家意义的祖国、宗国。史称“大庸”“天庸”“天帝”“上帝”“庸帝”“皇帝”“皇天”，自称“朕”等(见《尚书》)。
第二世	**伏羲**　华胥氏在今张家界市枫香岗乡古雷泽之北脚印山踩仙人足印感孕生伏羲、女娲。兄妹俩是中华人类第一代最伟大的人文始祖。伏羲在雷泽坪创造“伏羲八卦太极图”(今存)；而由女娲产生了大洪水时代葫芦瓜拯救世界、采石补天、抟(团)土造人的创世神话传说。并发明“崇山古乐——笙簧”，史称“充乐”。
第三世	**少典**　历山氏，姜姓。伏羲氏之子，炎黄二帝之父。历山，今市西枫香岗乡古雷泽坪玉皇洞石窟之山即历山，又叫大历山、华胥山、脚印山、玉皇山、崆峒山等，可证少典称“历山氏”与伏羲出生地、伏羲在历山之南创太极八卦图及舜耕历山、渔雷泽、陶河滨的史实有关。
第四世	**黄帝**　轩辕氏，约生于公元前2717年三月初三，殁于公元前2599年。曾在中央仙山(今市南之熊罴岩)创建轩辕国，史称“云中朝廷”。是中国古代“三皇五帝”五帝之首。这个“帝国”，就是大庸帝国。
第五世	**昌意**　居若水，即大庸国境内的茹水、弱水、澧水。
第六世	**颛顼**　高阳氏，黄帝之孙。屈原“帝高阳之苗裔兮”即为屈原先祖。五帝之一，一代天庸大帝，史称“颛庸大帝”。其版土“北至幽陵，南至交趾，西至流沙，东至蟠木。”(《史记》)
第七世	**称**　生子老童。《山海经》载：“颛顼生老童，老童生重及黎。”又载：“颛顼生老童，老童生祝融(此之祝融指重及黎二兄弟)，祝融生太子长琴，始作乐风。”(按：“祝融”已成历朝历代可以继承的火神神职)

第八世	**卷章** 卷章即善卷，出生大庸崇山（载倪民《三皇五帝追踪》），中国教育始祖。一代巫祖。帝尧、帝舜之师。创办古代中国以至世界第一所大学——熊馆。《永定县志》载：“熊溪绕熊馆，出广岩咀入澧。”帝尧曾打算让位于他。		
第九世	**穷黎** 即“重及黎”，实为“祝融重”和“祝融黎”二人之合称。“祝融”是火神神职，古时常以神职作人名。“穷”，即“重”“崇”，《山海经》称重山即崇山、穷山、春山、充山等。		
第十世	**吴回** 一代庸帝、火神、火王，生陆终。		
第十一世	**陆终** 生六子：攀（封昆吾），惠连（参胡，即韩），篯铿（彭祖、彭地），莱言（求言，云会人），安（曹姓），季连（芈姓楚）。		
第十二世	**季连** 生子什祖氏。建立荆国，为楚之始祖。以下各世至熊绎，为庸国历届熊氏庸帝、庸王。		
第十三世	**什祖氏**	第十世四	**穴熊** 是以熊姓称庸帝、庸王的启祖。
第十五世	**熊完**	第十六世	**熊服**
第十七世	**熊元**	第十八世	**熊机**
第十九世	**熊杼**	第二十世	**熊怀**
第二十一世	**熊胤**	第二十二世	**熊靡**
第二十三世	**熊祖**	第二十四世	**熊潜**
第二十五世	**熊权**	第二十六世	**熊绅**
第二十七世	**熊克**	第二十八世	**熊成**
第二十九世	**熊单**	第三十世	**熊辅**
第三十一世	**熊佐**	第三十二世	**熊文**
第三十三世	**熊浩**	第三十四世	**熊桀**
第三十五世	**熊启**	第三十六世	**熊苞**
第三十七世	**熊越**		
第三十八世	**鬻熊**（约前1168–前1058） 周文王、周武王、周成王三代帝师。大庸帝国最有影响力的“天庸大帝”，一代火神祝融。《尚书·多方》：“非天庸释有夏，非天庸释有殷。”即指鬻熊及前代祝融——天庸大帝。《尚书》中记载两代庸帝代表“上帝”“天帝”先后灭夏、灭商。生子熊丽。		
第三十九世	**熊丽** 一代庸帝。生熊狂。协助父亲及周文王在熊馆创办军校，为倒纣灭商做战争准备。		
第四十世	**熊狂** 生熊绎。熊狂为大庸国庸帝世系最末一位有名姓的帝王。此后，不知何因熊氏庸帝从熊氏世系中消失。但庸国未灭，帝制存在，并仍然行使大宗国之权，位在周朝及百国之上，楚国（包括夏商周三朝）都是庸国之子国，因熊绎北伐受封建楚受“天庸帝国”监督节制。直到屈瑕入主庸宫，改由屈氏庸王传承庸王世系。原大庸熊氏庸王国体中间断代11世共338年。此为中国古史年代中第一缺失疑案。而原庸王熊氏世系则由熊绎所建楚国楚子世系代替。		

表二 熊氏楚国楚王家族世系

（熊绎至吕平君共四十二世，即西周初年至战国末年）

<table>
<tr><td>第一世</td><td colspan="3">熊绎 楚熊氏始祖。熊狂之后一代天庸大帝。前 1098 年，代表“天帝”“天庸”，统率八国联军助武王伐纣。《尚书·多士》载：“夏费克庸帝。”《尚书·多方》又载：“非天庸释有夏，非天庸释有殷。”天庸即大庸。古代夏朝、殷商两朝之末，都由大庸帝国发动讨伐之战并助其灭亡的。熊绎为楚国创始人，成就了熊氏、屈氏先祖在中国历史上最光辉的一段岁月。熊绎在位三十七年（前 1042–前 1006）。大庸帝国自熊绎北伐建楚，熊氏大庸国帝王世系失传，直至前 704 年熊瑕被熊通以“庸楚两国共监制”使臣身份封回大庸屈家坊，改屈氏，并入主熊氏庸国朝廷，熊氏庸帝从此改由屈氏庸王传承。屈州城（今屈家坊）由屈瑕所建，纵有四十八街，横有四十八巷。</td></tr>
<tr><td>第二世</td><td>熊艾（前 1005–前 981）以下各世为熊氏楚王。</td><td>第三世</td><td>熊黵（前 980–前 970）</td></tr>
<tr><td>第四世</td><td>熊胜（前 969–前 946）从前 964 年起，周穆王始游天下，曾五次造访大庸宗国。</td><td>第五世</td><td>熊杨（前 945–前 887）</td></tr>
<tr><td>第六世</td><td>熊渠（前 886–前 877）</td><td>第七世</td><td>熊挚（前 826–前 876）</td></tr>
<tr><td>第八世</td><td>熊延（前 875–前 847）</td><td>第九世</td><td>熊勇（前 846–前 838）</td></tr>
<tr><td>第十世</td><td>熊严（前 837–前 828）</td><td>第十一世</td><td>熊霸（前 827–前 822）</td></tr>
<tr><td>第十二世</td><td>熊徇（前 821–前 800）</td><td>第十三世</td><td>熊咢（前 799–前 791）</td></tr>
<tr><td>第十四世</td><td>熊仪（前 790–前 764）</td><td>第十五世</td><td>熊坎（前 763–前 758）</td></tr>
<tr><td>第十六世</td><td>熊眴（前 757–前 741）</td><td></td><td></td></tr>
<tr><td>第十七世</td><td colspan="3">熊通（前 740–前 690） 楚武王。其时，楚国势力空前强大。从先辈熊渠开始的灭周之 野心再度勃发。前 704 年，他率先称王，欲与周王朝分庭抗礼。其后，各诸候国纷纷仿效称王，由此正式进入春秋战国时期。其实，熊通更深目的还不只有灭周之野心，还有取代宗国——大庸帝国之终极目的。于是在他登基楚王的当年，以“庸楚两国共监制”之名义，封长子熊瑕为莫敖，并以其使臣名义派回宗庸国，并进入庸国朝廷，居住屈家坊，以屈为姓。（关于屈氏庸王世系见后）</td></tr>
<tr><td>第十八世</td><td>熊赀 文王（前 690–前 677）</td><td>第十九世</td><td>熊禧 杜敖（前 676–前 672）</td></tr>
<tr><td>第二十世</td><td>熊恽 成王（前 671–前 626）</td><td>第二十一世</td><td>熊商臣 穆王（前 625–前 614）</td></tr>
<tr><td>第二十二 世</td><td>熊侣 庄王（前 613–前 591）。联秦巴灭上庸。问九鼎之轻重，有灭周之反心。</td><td>第二十三世</td><td>熊共 共王（前 590–前 560）</td></tr>
<tr><td>第二十四世</td><td>熊昭 康王（前 559–前 545）</td><td>第二十五世</td><td>熊员 郏敖（前 544–前 541）</td></tr>
<tr><td>第二十六世</td><td>熊围 灵王（前 540–前 529）</td><td>第二十七世</td><td>熊弃疾 平王（前 528–前 516）</td></tr>
<tr><td>第二十八世</td><td>熊珍 昭王（前 515–前 489）</td><td>第二十九世</td><td>熊章 惠王（前 488–前 432）</td></tr>
<tr><td>第三十世</td><td>熊中 简王（前 413–前 408）</td><td>第三十一世</td><td>熊当 声王（前 407–前 402）</td></tr>
</table>

第三十二世	**熊类**　悼王(前401–前381)	第三十三世	**熊藏**　肃王(前380–前370)
第三十四世	**熊良夫**　宣王(前370–前340)。曾给大庸国赠大钟一枚，称“宣王钟”,《永定县志》有载。	第三十五世	**熊商**　威王(前339–前329)
第三十六世	**熊槐**　怀王(前328–前299)。屈原事怀王。	第三十七世	**熊横**　顷襄王(前298–前263)。此即使计诱使怀王出使秦国、趁机抢班夺权、驱逐屈原回大庸国而自立顷襄王的主谋。前280年,秦将司马错灭大庸灭屈家坊。
第三十八世	**熊完**　考烈王(前328–前299)	第三十九世	**熊悍**　幽王(前237–前228)
第四十世	**熊郝**　哀王(前228)	第四十一世	**熊负刍**　无王号(前228–前224)秦将王翦、蒙武破楚军,掳楚王负刍。
第四十二世	**昌平君**(前224–前223)　楚将项燕立昌平君于淮南。前223年,楚昌平君死,楚亡。战国时期结束。楚熊氏楚王共四十二世。熊氏楚国于公元前1060年由周成王所封,由率领八国联军伐商倒殷的一代庸帝大将军熊绎创建,至前223年灭,历四十二世共837年,是中国古代史上国龄最长国家之一。楚亡后,熊氏世系可参大庸熊氏族谱。以上为熊氏楚王家族世系。以下为屈氏庸国庸王及屈氏家族世系。这是熊氏楚国与屈氏庸国的分界线。故称庸楚一家。		

表三　屈氏庸国庸王世系

(屈瑕至屈原之孙屈开、屈元、屈天、屈祯共十五世。自前704年–前278年屈氏庸国灭。止于屈平平之后四子)

以下为屈氏庸国庸王及庸王后裔家族世系。屈姓得姓启祖屈坚,史称狂屈坚(一作竖)。黄帝时人,祖居阳父坪(一称阳和、阳湖)屈家坊,黄帝朝中著名武将,有功于国,后家族败落。熊瑕即以屈邑之屈更姓为屈,将屈坚奉为得姓启祖。从屈瑕以下至屈原,为屈氏庸国庸王家族世系,被断为11代,共338年的熊氏庸国帝王家族世系,由屈氏庸国庸王家族世系传承。从公元前704年熊瑕受封于大庸屈家坊,改屈姓后,到前280年,屈氏庸国亡,屈原殉国,共424年。屈氏庸国历史进程中,屈氏一族已成庸国国籍,不可能再依楚熊氏楚国共谱同系。以下为屈氏庸王家族世系。					
第一代	**屈瑕**　楚熊氏第十八世,屈庸氏第一世祖,大莫敖。公元前704年,楚王熊通以“庸楚两国同存共监制”名义将熊瑕封回宗庸国大庸,并在屈邑——屈家坊——屈州城(相传为屈坚所建)落脚,所谓“食采于屈”即此。为与庸国熊氏有所区别,遂以屈家坊之“屈”为姓,奉狂屈坚为得姓启祖,屈瑕则成为屈庸氏及屈庸国之始祖。由此至屈原,以屈庸氏世系排名。楚国熊氏家族世系由此消失,屈氏一脉则由此归为庸人而非楚人。屈瑕生子屈重。				
第二代	**屈重**　莫敖。庸王。生子御寇。	第三代	**屈御寇**　庸王。	第四代	**屈赤角**　庸王。
第五代	**屈荡**　一代庸王。悍将。曾为车右败晋军。名列楚国四百年间“楚产之尤著者”之一。公元前611年,楚、秦、巴三国入侵并瓜分上庸(湖北竹山)。屈荡乘机入主大庸国朝廷(庸都古人堤),熊氏庸王畏其勇猛暴戾,加上早有所谋,只好拱手交出熊氏庸王政权,屈氏后庸时代开始。熊通谋夺庸国政权的野心,一直在他身后90多年终于由其裔孙实现。屈荡在楚为“庸楚两国共监制”使臣,楚共王武士,兼莫敖职。生子屈巫臣。	第六代	**屈巫臣**　庸王,字子灵,楚大夫。生子屈申。	第七代	**屈申**　庸王。楚职不详。

第八代	**屈罢** 庸王。生子屈春。	第九代	**屈春** 庸王、楚令尹、楚国大夫。生子屈固。《诸宫旧事》载:楚令尹死后,多人推荐屈春接任。
第十代	**屈固** 庸王,楚职不详。生子屈宜春。	第十一代	**屈宜白** 庸王,楚大夫,曾教吴起为将之道。生子屈盖、屈匄、屈伯庸。
第十二代	**屈伯庸**(约前375年–前280年)庸王。楚若敖。公元前280年,秦大将司马错、司马靳爷孙以声北击南(北指上庸,南指沅陵黔中,实指大庸国本土)之计,率兵10万自重庆涪陵取蜀道入庸。次孙司马靳率5万兵拔黔中,屈伯庸与之血战,败至北溶,战死,时年85岁。司马错分兵5万灭施庸国,破后坪关,拔武溪庸城,攻破古庸都(今古人堤),长孙屈平平大将军与秦兵日夜苦战,不敌,战死。秦军继灭屈家坊、破潭口里老庸湾老庸城,踏平潭口里金藏关簸箕塔,屈原故里毁灭,屈氏庸国亡。屈氏后庸国存在331年。创建于6800–7000年前的祝融大庸帝国从此消失于历史长河。元配修淑贤。生子屈原、屈景、屈遥。景、遥二子世系不详。		
第十三代	**屈原**(前353年–278年)一名屈平、灵均、正则。庸国派驻楚国"庸楚两国共监制"使臣,任楚左徒、三闾大夫,使楚28年。伯庸时大将军。末代庸王。屈原诗中7次自称"朕"。已授侯爵,称"屈侯"。其子孙一支有以屈侯为氏者。古代伟大的爱国诗人,独创"楚辞"文体,与"诗经"齐名。连横抗秦联盟策划推动者和领袖。后遭楚宫奸佞谗害,被楚顷襄王逐出宫廷,放流回庸。宋代《太平御览》引《荆州图记》云:屈原生身故里在零阳(慈利)与充县(大庸)交界处的"二尉岩"——潭口里,因被楚襄王驱逐回家,村民将其南岸称"归乡岸";又因屈原姐回家探望与弟团聚,村民又将北岸称"姊归岸"。彻底否定屈原故里在"秭归"的千古奇冤。在郭沫若先生的鼎力推荐和介绍下,会议将屈原列入本届世界四大文化名人名录。1953年,世界和平理事会在芬兰赫尔辛基召开。这不仅是中华民族的荣光,更是屈原故乡大庸人的骄傲与荣光。屈原于公元前278年五月初五日因司马错灭庸灭屈而投江殉国,时年75岁。娶妻4人,为昭氏、洎(音季)氏、邓氏、无名氏。子女11人。元配昭碧霞,今阳湖坪镇昭家岗人。生女屈小须,生子屈平平。		
第十四代	**屈平平** 屈氏庸国大将军,是末代"庸楚两国共监制"最后一位莫敖。前280年,司马错分兵两路偷袭黔中和庸都。屈平平率军与暴秦进行悲壮惨烈的庸都保卫战。屈原诗《招魂》中所写挑灯夜战场面,记下了这一灭庸历史事件。屈平平战死庸都古人堤,数万庸军无一投降者。屈家坊万人被俘,坑杀于对岸"黄岩头",史称"万人坑""大坟山"。所生四子承开、承元、承天、承祯,在战乱中逃离大庸,辗转北上江苏临海屈家村,成了屈家坊屈氏一脉直系正脉先祖。		
第十五代	**承开、承元、承天、承祯** 屈原嫡孙,均为屈平平所生。秦军灭庸国之后,屈氏家族由此永远退出庸王世系。秦军屈家坊灭族之战前夕,屈平平已派宫中卫兵护四子及众孙远遁江苏临海东滕镇屈家村。次年南迁至江苏某荒村,屈原四孙为纪念国难迁徙至此而命名"特庸",古名今存。数代后,又迁江南苏州府常熟县印花硚。屈原正脉幸得保存。外地有《屈氏族谱》云:开、元、天、祯四子系屈原之子。经祖传并分析,当是"屈平"与其长子"屈平平"之误。此之内幕,传之屈家坊嫡系后裔,属外者,一般难以识透。设若当年屈原元配连生五子,却为何派名不一?如果是一母所生五子,当与屈平平年龄相差不远,为什么不与长兄一起与秦军血战而逃之夭夭?屈平平之次子屈承元,生子屈奉先。屈氏庸王世系由此终结。以下为屈原之子孙世系。		

表四 屈原之孙屈承元以下部分支系世系

(周赧王三十五年–前280年灭庸灭屈,屈氏庸王世系终止)

第十六代	屈奉先 生子屈珍。	第十七代	屈珍 生子屈显。
第十八代	屈显 生子屈良。	第十九代	屈良 汉高祖九年奉旨迁关中上党,生子屈金杰。
第二十代	屈金杰 生子屈英。	第二十一代	屈英 生子屈虎。
第二十二代	屈虎 生子屈策。	第二十三代	屈策 生子屈刚。
第二十四代	屈刚 生子屈能。	第二十五代	屈能 生子屈耀。
第二十六代	屈耀 生子屈亨。	第二十七代	屈亨 生子屈通。
第二十八代	屈通 生子屈兴。	第二十九代	屈兴 生子屈豹。
第三十代	屈豹 生子屈益。	第三十一代	屈益 生子达乃。
第三十二代	屈达乃 生子屈仲。	第三十三代	屈仲 生子屈高。
第三十四代	屈高 生子屈萃。	第三十五代	屈萃 生子屈杨。
第三十六代	屈杨 生子章名。	第三十七代	屈章名 生子二:屈元、屈方耒。
第三十八代	屈方耒 生子屈仕。	第三十九代	屈仕 衡阳始迁祖。吉路太守去上党旋徙衡阳,生开松、开柏。
第四十代	屈开松	第四十一代	屈光
第四十二代	屈元熏	第四十三代	屈渊
第四十四代	屈真锈	第四十五代	屈元勋
第四十六代	屈仲达	第四十七代	屈元礼
第四十八代	屈本薛	第四十九代	屈行端
第五十代	屈仕政	第五十一代	屈谦益
第五十二代	屈隐之	第五十三代	屈符仕
第五十四代	屈安	第五十五代	屈孙
第五十六代	屈坚	第五十七代	屈裳黻
第五十八代	屈有光	第五十九代	屈益修
第六十代	屈元季		
第六十一代	屈镔 1195年任南宋庆元(浙江宁波)太守。太宗时由长沙湘阴迁居衡阳县永福秋溪(现衡阳县渣江镇秋溪村)合瘗现衡阳县洪市镇石门村石冲组大鸬山,生四子:发隆、发元、发明、发开。屈镔公是屈原裔孙中第一个率先南归湖南的子孙。		

第六十二代	**屈发隆** 生九子：正一郎至正九郎。	第六十三代	**正四郎** 配龚氏，有子四：屈开、屈馆、屈辂、接子屈秉忠。
第六十四代	**屈开** 由江南徙居永定，生五子：再大至再五。是屈原后裔第一个回迁故土屈家坊的始迁祖。	第六十五代	**屈再四** 被称为回迁屈原故里的始祖。生一子屈值装。
第六十六代	**屈值装** 生二子：屈景荣、屈绍。	第六十七代	**屈景荣** 生一子屈纯。
第六十八代	**屈纯** 生一子屈仲鸣。	第六十九代	**屈仲鸣** 生一子屈世英。
第七十代	**屈世英** 生三子：兴财、兴富、兴隆。	第七十一代	**屈兴财** 生三子：宠、宦、宪。
第七十二代	**屈宠** 生三子：明号，明善，明伸。	第七十三代	**屈明伸** 生四子：良惠、良恕、良慰、良德。
第七十四代	**屈良德** 生二子：自明、理明。	第七十五代	**屈自明** 生一子可聖。
第七十六代	**屈可聖** 生五子：之骓、之騋、之驻、之骇、文龙。	第七十七代	**屈之驻** 生一子启宗。
第七十八代	**屈启宗** 生一子登嗣。	第七十九代	**屈登嗣** 生三子：必富、必贵、必琰。
第八十代	**屈必琰** 有子六：自宦、自锡、自□、自□、接子杨□、自让。	第八十一代	**屈自锡** 生二子：产孝、产多。
第八十二代	**屈产多** 生三子：苏镆、苏鋐、苏讳。	第八十三代	**屈苏镆** 生五子：常钧、常镐、常铭、常钿、常锦。
第八十四代	**屈常钿** 生一子家龙。	第八十五代	**屈家龙** 生三子：楚福、楚胜、楚定。
第八十六代	**屈楚福** 生二子：国君、国臣。	第八十七代	**屈国臣** 生一子先钰。
第八十八代	**屈先钰** （**截至2019年8月制表之日**）	第八十九代	**臣**
第九十代	**方**	第九十一代	**正**
第九十二代	**宜**	第九十三代	**为**
第九十四代	**则**	第九十五代	**才**
第九十六代	**宏**	第九十七代	**学**
第九十八代	**裕**	第九十九代	**作**
第一百代	**词**	第一百零一代	**宗**
第一百零二代	**永**	第一百零三代	**远**
第一百零四代	**传**	第一百零五代	**闻**
第一百零六代	**怀**	第一百零七代	**祖**
第一百零八代	**德**		

【附言】上列四表，上溯万年祝融氏，下至当代第八十八代“先”字派，几乎涵盖了一脉相承的中华万年史，其派系分明，传人脉络清晰，未断国、未断人、未断派，堪称世界人类家族史之奇迹。由此表可证：中华人类及万年史起源地在大庸（张家界）是不可动摇的史实，亦由此断定屈原故里在大庸（张家界）之结论不可撼动！表内或有不少错讹遗漏者，欢迎批评指正，以期不断修正完善。

制表人：金克剑　屈楚福

第三节　屈原生卒年岁考辩

梁启超曾说："我们最抱歉的，是不能知道屈原生卒年岁和他所享年寿。据传文大略推算，他该是西纪前三三八至二八八之间的人，年寿最短亦应在五十上下。"(《屈原研究》)

我们且不论梁说对与错，至少他代表了广大人民共同的心声，即对屈原生卒年的关注与期待。但目前可以据之考证的唯一材料是《离骚》开篇两句："摄提贞于孟陬兮，惟庚寅吾以降。"旧注中对此有两种较为重要的解释，一种是王逸说，见《楚辞章句》"摄提"二句注："太岁在寅曰摄提格。孟，始也。贞，正也。于，於也。正月为陬。庚寅，日也。……言己以太岁在寅，正月始春，庚寅之日，下母之体，而生得阴阳之正中也。"

王逸的意思是"摄提"为"摄提格"之简称。按："摄提格"是古代星历学中"太岁纪年"的年名之一，这种纪年法有十二个名称，"摄提格"乃是太岁在寅的年名。因此，这里说"摄提"就意味着屈原生于寅年。"贞于孟陬"意思是"正当正月"。"庚寅"指庚寅日。因此"摄提"二句连在一起就是说：寅年正月的庚寅日，为屈原降生之日。又按夏历以寅月为正月，那么这二句实际上也就是说屈原生于寅年寅月寅日。

另一种是朱熹说，见《楚辞辩证》上："王逸以太岁在寅曰摄提格，遂以为屈子生于寅年寅月寅日，得阴阳之正中。……以今考之，月日虽寅，而岁则未必寅也。盖摄提自是星名，刘向所言'摄提失方，孟陬无纪'，而注谓'摄提之是随斗柄以指十二辰'者也。其曰'摄提贞于孟陬'，乃谓斗柄正指寅位之月耳，非太岁在寅之名也。必为岁名，则其下少一'格'字，而'贞于'二字亦为衍文矣。"

朱熹的意思是"摄提"二句只说明屈原生于寅月寅日，并不说明他生于什么年份。照朱氏推算，屈原出生于公元前335年。

这两种说法，多从王逸说。《淮南子·修务》高诱注："岁星在寅曰摄提。"《后汉书·张纯传》："摄提之岁，苍龙甲寅。"可见"摄提格"简称"摄提"古有其例。又顾炎武《日知录》驳朱熹曰："岂有自述其世系生辰，乃不言年，而止言月日者哉。"唐代陵善经及洪兴祖、钱杲之等均持"三寅"说。

根据屈原本人提供的信息和王逸的解释，近代学人对"太岁在寅"的具体年代作了种种考证和推算。清人邹汉勋《屈子生卒年月考》、清人陈瑒《屈子生卒年月考》、近人刘师培《古历管窥》等。三人根据"干支纪年法"推算出屈原生于公元前343年，即楚宣王二十七年(戊寅年)正月二十一日，与姜亮夫《屈子年表》、陆侃如《屈原》所推相同。但有人认为他们所用的方法不对。因为“摄提格”与“太岁在寅”等都是战国时所用的“星岁纪年法”，与“干支纪年法”不是一个系统。汉以前只用干支纪日，用干支纪年始于汉代。东汉人又根据当时的“干支纪年”向上逆推，推出春秋、战国以至更早的年头的干支名称。因此，历史年表所记的战国时代的“戊寅年”，不等于战国时通行的“星岁纪年法”的“太岁在寅”之年。

从古至今，除了上述各说，参与推算的学者还有：清人刘梦鹏《屈子纪略》推为前366年正月；清人曹耀湘《屈子编码编年》为前355年正月；林庚推算为公元前335年正月初七日；浦江清、何幼琦为前339年正月十四日；陈久金为前341年正月；汤炳正推为前342年正月二十六日；潘啸龙为前342年十二月初二日；曲德来为前349年；王锡荣为前361年；黄任轲为前366年正月元日；谢元震为前366年正月朔日；蒋南华为前343年正月二十一日等。

而近代以郭沫若推算影响最大，且基本以此作为定论。但有人对此提出异议，其理由是：要找出战国时代的“太岁在寅”之年，就必须按照“星岁纪年法”的系统，在后世找到一个基点，然后再往上推。郭沫若先生用这个方法推算出屈原的生年是公元前340年正月初七。死年是公元前278年的楚顷襄王二十一年（周赧王三十七年），死的月日据传说是五月初五日。终年62岁。郭先生所用的方法正确，但结论是有误的，因为这两年都不是“太岁在寅”之年。其他各说虽各自都作了考证说明，但证据仍嫌不足。

胡念贻、雷庆翼二先生又在他们的基础上作了新的考证，共同得出的结论是：屈原生于公元前353年，即楚宣王十七年的正月二十三日。（详见胡念贻《屈原生年新考》，载《文史》第五辑；雷庆翼《楚辞正解》，上海学林出版社1994年版）

这是迄今为止，关于屈原生年考证结论最令人信服的二说。虽还有其他说法，但比较而言都不如胡、雷二公之说合理。因为从系统的观点看，屈原的生年问题是不能孤立地加以考察的，必须与屈原生平的其他事情联系起来进行分析和验证；而采用胡、雷二公之说，则屈原的各种事迹才能形成一个较为优化的有序结构。

那么，胡、雷二公的推算到底与历史的真实是否可以重合呢？事实上，上自王逸、朱熹，下至近代一批屈学家的结论，大部分各持己说，真伪难断。后来，便以郭老的结论正式予以确定，进入教科书。翦伯赞主编的《中外历史年表》，采用了郭氏推算的屈原生卒年份（公元前340–前278年。《中外历史年表》第91页，中华书局1961年2月第一版）。而郭氏之论一出，再度引发了屈原出生年的研究热潮，前面所罗列的一批屈学大家各自的研究方法和结论就是明证，但结果只能一言以“混战”而蔽之。笔者才疏学浅，自知不能充当和事佬以求做出较为合理、又能为大众所接受的结论。此节文字写了大半即停笔搁置，一直到两年后的今日（2015年12月18日），才突然悟出一个办法来——我叫它“对比法”。因为我在破解屈原读书学校熊馆时，发现屈原确实是鬼谷子掌门人的弟子，而且，还与张仪同学，二人年龄虽有差别，但都是鬼谷子的高足，并各自成了合纵、连横的领袖。还有人认为屈原年龄与鬼谷子白公胜悬殊较大，但白公高寿是有史可稽的。这

个发现，与司马迁《屈原贾生列传》的一段文字吻合：

“屈原既绌，其后秦欲伐齐。齐与楚从亲，惠王患之，乃令张仪详（佯）去秦，厚币委质事楚，曰：‘秦甚憎齐，齐与楚从亲，楚诚能绝齐，秦愿献商、於之地六百里。’楚怀王贪而信张仪，遂绝齐。使使如秦受地。张仪诈之曰：‘仪与王约六里，不闻六百里。’楚使怒去，归告怀王。怀王怒，大兴师伐秦。秦发兵击之，大破楚师于丹、淅，斩首八万，虏楚将屈匄，遂取楚之汉中地。……”“明年，秦割汉中地与楚以和。楚王曰：‘不愿得地，愿得张仪而甘心焉。’张仪闻，乃曰：‘以一仪而当汉中地，臣请往于楚。’如楚，又因厚币用事者臣靳尚，而设诡辩于怀王之宠姬郑袖。怀王竟听郑袖，复释去张仪。是时屈平既疏，不复在位，使于齐，顾反，谏怀王曰：‘何不杀张仪？’怀王悔，追张仪，不及。”

就这样，屈原苦心经营的联齐抗秦联合统一战线——“合纵”战略被连横派策士张仪瓦解了。这与楚怀王胸无定见，轻诺寡信，贪得轻友德性不无关系。公元前306年，怀王与秦王在黄棘（今河南新野县境内）签订和约，背叛了原先的合纵盟友，而招致齐、魏、韩三国的联合讨伐。

合纵、连横均是鬼谷子白公胜创造的外交谋术。

且以三人年表对比：

前526年，鬼谷子白公胜出生（楚太子建之子，姓熊名胜）。

前522年，楚平王信费无极谗言，欲诛太子建。楚王杀其傅伍奢子尚，伍奢少子伍子胥受托携熊胜奔吴。熊胜时年4岁。

前479年七月，楚白公胜作乱，杀令尹子西子期于朝，叶公子高率国人攻白公胜，白公胜自缢死。时年47岁。而历史的真相是：白公胜得悍将石乞保护，以诈死脱逃，破相毁容，初隐于潭口里鬼谷洞。继移居天门山绝壁鬼谷洞，数年后，追杀止息，即从此洞下山隐居鬼谷峡洞，其间在峡洞之西古洞与老子共修，称“伯阳洞”，旋即定居老道湾雪花洞。晚年受崇山熊馆之邀，下山主持熊馆，创办鬼谷学宫，培养出孙膑、庞涓、苏秦、张仪、屈原等一大批伟大战略家、军事家、谋略家。

前353年，屈原出生，距鬼谷子白公胜173年。大庸民间传说鬼谷子白公胜足龄180岁，约前346年无疾而终。时年屈原7岁，入鬼谷门，进入熊馆鬼谷学宫读书，从师于第二代或者第三代鬼谷子。

前341年，齐田肦、田婴、孙膑（鬼谷高弟）大败魏军于马陵，杀庞涓（鬼谷高弟）。屈原10岁。

前338年，楚威王熊商二年。时年屈原18岁，受庸王派遣，以“庸楚两国共监制”之使臣身份入郢，事威王。若以郭氏推算，屈原出生于前340年，时年屈原两岁。

前328年，楚怀王元年，时年屈原25岁，事怀王。若以郭氏推算，屈原12岁，尚在崇山熊馆学习。

前324年，秦张仪将兵取陕。时年屈原29岁。若以郭氏说，屈原16岁，仍在熊馆学习。

前313年，张仪去秦相楚（时年即《史记》所记之年），屈原40岁。若以郭氏论，屈原27

岁。

前312年，屈匄攻秦败。屈原41岁，为叔屈匄牺牲及八万阵亡将士主持国祭，作《国殇》。若以郭氏论，屈原28岁。

前309年，张仪死于魏，屈原44岁。若以郭氏说，屈原31岁。

前299年，楚怀王入秦，楚大夫立太子横，是为顷襄王，时年屈原54岁，事怀王29年。若以郭氏论，屈原41岁。时年，屈原与襄王决裂，被逐出宫。郭氏断屈原放流为顷襄王七年（前292年），时年，楚襄王迎妇于秦，屈原48岁，没有与屈原发生任何冲突的迹象，放流屈原找不到作案的动机和理由。

从上述时间流程分析，郭氏之说的屈原年龄与张仪相距太大。张仪去秦相楚之年，郭氏笔下的屈原刚27岁，自庸入楚才七八年时光，最初任职不过一介文学侍臣，后提拔为“三闾大夫”，在政坛还没有多大作为和影响，更不可能游说多国，并建立以联齐抗秦为主体的多国统一战线，成为“合纵”派阵营精神领袖，从而被张仪视为死敌。

综合众方家所推算结论进行比较研究，笔者认为胡念贻、雷庆翼二公的推算远比郭氏更接近历史的真相，本著从胡、雷二公说：

屈原生于公元前353年（楚宣王十七年）的正月二十三日。

笔者破译屈原逝世的日子是公元前278年农历五月初五（与郭老推算吻合），终年75岁。

【特稿】屈原故里根脉寻踪

屈楚福　屈祖生

一、屈原出生在屈家坊祖屋里

根据侯昌铭、屈髯公、屈家塾、屈常佃、陈年松及稍晚一点的屈祖生、屈楚志等前辈递代传承，认定屈原是大庸屈家坊屈氏一脉的直系始祖，他出生的屈家坊老屋自古来被尊为“祖屋”，这个名称喊了两千多年，甚至成了屈家坊的代称，叫“祖屋里”。《永定县志》《永定县乡土志》《岳州府志》等典籍将“祖屋铺”予以收录。

祖屋位于屈家坊村的中心位置，原有三个槽门，现在还残存一间老屋和一扇石门。现在的祖屋是民国五年（1916）澧州镇守使王正雅部“武字营”烧毁屈家坊后复修的样子，距今100余年。屈家坊在两千多年的社会战乱中，曾多次被摧毁，但老祖屋一直地址不迁，坐向不改，毁一次重建一次。

老祖屋坐南朝北，正对双峰山（笔架山），右为鸡公山（载州志），笔架山咀上建了一座庙，俗名“文风庙”，古称“文风笔架”。

出生在祖屋的末代裔孙叫楚子，派名祖生（今年83岁），他的爷爷表示永远不忘出生在祖宗屈原的老屋而取此名。

二、屈原成家分居于潭口里金藏关簸箕塔

屈原生在屈家坊祖屋，结婚成家后分家住在潭口。

潭口在屈家坊的东部，相距约20公里。潭口是古代充县（大庸）与零阳（慈利）分疆划界的地方，其中有个最显著的标志叫“二尉岩”。两座石山，中分一线，上大庸，下慈利。

潭口有两个天然穿石“眼”，一个圆，一个半圆，圆的叫“日岩”，半圆的叫“月岩”，这就是八百里澧水最为有名的“日月岩”。老辈相传：神话中日夜长明的地方，就是屈原诗中的“丹丘”（“仍羽人于丹丘”）。故潭口那个约400亩的沙洲就叫“丹丘”，又叫大沙洲、和尚洲、天子洲、萝卜洲、大鳌洲。是屈氏王族祭太阳神的大祭坛，叫日月坛。丹丘南侧那个大坪叫“崇阳坪”，800余亩。崇阳坪地形就如一条巨鱼，“鱼头”正对潭口峡谷口，丹丘（大鳌洲）则是“鱼眼”，“鱼尾”在黄岩头。而这条巨“鱼”，相传又与颛顼变鱼故事有关（故事见《山海经》），故俗称“鱼形地”。鱼形地南侧有蛇形地，是叶家祖茔，两地并存；鱼形地的东南侧有个白龙泉，古称“大水泉”，正好配成颛顼蛇化鱼的传说风水。由此可证《山海经》所载传说的原生点就在屈原故里，也可证屈氏先祖高阳故里就在大庸本土。由此看，“丹丘—日月坛—崇阳坪”，都与祖宗颛顼高阳帝有关。世代相传，颛顼曾在此建城，是“颛庸帝国”时期的东季行宫，故又称“老庸湾”。后裔中从屈瑕到伯庸，都在此建花园别墅，故“崇阳坪”自古是屈氏家族的“郡望”——“崇阳郡”。屈原的老屋场就在潭口峡谷入口的南边，那里有个平台，原约3亩多，两千年冲刷崩塌，现约2亩多。早几年生产队还在上头种田。因其地形似一颗古印章，被风水师命名为“一口印”，说是王者风水，必出掌印把子的大人物；又传说远古伏羲、女娲曾在一口印下面的水帘洞居住，在一口印台上养鸡，可这些鸡四处觅食不归，女娲就将鸡笼用簸箕盖住，这个平台以后就叫“簸箕塌”。又因为有瀑布从平塌上坠下30米的悬崖，故又叫“簸箕塌吊水”。

关于屈原故里在潭口的秘密，最早出自侯昌铭和屈髯公。清代一些诗人也写潭口是屈原的家。我们屈家坊人早有所闻，但苦于找不到实打实的国史记载，都不敢乱说，怕人家耻笑，说屈家坊人张狂。但关于屈原的传闻任何人都封杀不了。我们的底气是这些老地名，都是传了几千年的古名，现在还在喊，还在用。

三、屈原之家庭

屈原出生于大庸屈家坊祖屋里，在潭口安家立户，有一个完整而幸福的家。他的祖父叫屈宜臼（一作咎），父亲叫伯庸，母亲叫修淑贤，生子三：屈原、屈遥、屈景。有学者说屈原是“弃儿”，或说是“私生子”（龚维英《屈原少时为“弃儿”研究》说：“他（屈原）是个弃儿，可能是‘私生子’。”）这是屈学界的又一个“奇谈怪论”，或叫胡说八道。但我们没有责怪之意，局外人不知不为错。

战国时，大庸屈、昭、斗、叶为庸国四大公族四大姓。其时有个在大庸国朝廷（今古人堤）为官的昭明晖，家居社溪桥的昭家岗

(今为五棓子工厂)，与屈家坊近邻。昭明晖本是一代庸王屈宜臼的官员，宜臼殁后，又继续在庸王屈伯庸属下供职，与屈氏家族关系甚密。昭明晖有一孙女昭碧霞，聪慧贤淑，天生丽质，且擅琴棋书画。因昭明晖与屈伯庸的君臣关系，屈原与昭碧霞青梅竹马，自幼常在一起玩耍，少年时，又在崇山熊馆同窗读书(按：关于熊馆，后有专论)。后经二老撮合，在屈原学成十六岁时，与昭碧霞完婚，生女小婴，生子平平，屈平平生承开、承元、承天、承祯四孙(一说此四孙是屈原之子，“屈平平”系“屈平”之讹，待考。)

屈原约在十八或十九岁以“庸楚两国共监制”使臣名义，北上郢都。初入楚宫，因其才华出众，被召入兰台之宫。兰台是古代的图书馆。又出任“文学侍臣”。这都是闲职。过三四年，楚怀王以屈原杰出的治国才干升其为左徒，又专为他个人设置了个“三闾大夫”之职。据前辈口传，屈原在放逐前，已被大庸国朝廷升为“莫敖”之职，还有可能是接替伯庸王位的一代庸王，故他的一支后人以“屈侯”为氏，他在诗中也自称“朕”。但屈原出使监楚失败，无意登基，便出门远游，从此再没回来过。

四、 昭碧霞之死

屈原不仅才干出众，且相貌堂堂，高冠危立，身佩长剑，实为楚宫第一美男。这一非凡的内质及仪表，让不甘深宫寂寞的南后郑袖为之震惊。这个被称为楚宫“妖后”的郑袖不仅主六宫，还把持楚内政外交大权。屈原的出现，引发了她深埋已久的野心。她与怀王生一子名子兰，先天跛足，及长拜令尹子椒为师，子椒心术不正，疏于对子兰授业及德行的管束，长此以往，将危及子兰未来继任楚王之大事。以她的目光，深信屈原将来必在子椒、靳尚之上，如能让屈原做子兰之师，定能学有所成，出息成文韬武略、安邦定国的栋梁之材。屈原既为子兰之师，将来废长立庶，继承王位，有他一边说合，必是易如反掌。况且，亦可借子兰拜师屈原之便，可常与屈原往来。于是，不顾宫廷非议，施展一切可能让其就范的手段。但屈原洞若观火，不拒不从，不卑不亢。而郑袖是志在必得，死不罢休。后经查访，得知屈原家中有一美妻昭碧霞，且有一双儿女，叫平平、女婴，原来屈原不为所动，乃是夫妻恩爱所致。于是心生一计，说服屈原将妻儿一家接到郢都居住。屈原以为正好借此机会摆脱郑袖纠缠，于是派人将妻儿接到郢都。郑袖为了表示关心，还特地将身边的两个宫女秋菊与冬梅赐予碧霞为侍女。经过一段时间的观察接触，昭碧霞发现丈夫已陷入宫廷争斗的陷阱，不禁深深为之担忧，往往一日三惊，久而久之，竟抑郁成疾，一病不起。而这一点，正是郑袖所需要的结果。秋菊是她暗派的奸细，利用抓药之机，暗下泻药。碧霞三泻两泻，已骨瘦如柴，奄奄一息。而此时，屈原正出使他国，无暇照顾妻小。待屈原匆匆回家，碧霞已处弥留残喘之际，夫妻见面，已无一句遗言，碧霞饮恨而逝，年仅25岁。屈原欲哭无泪，心灵遭受重创，并由此影响了他的后半生。

五、 三闾宗坊

屈家坊自古就称作“三闾宗坊”，意思是老祖宗屈原三闾大夫的出身之地。清末，大庸天崇乡侯家湾出了个大文豪叫侯昌铭(1854–1924)，光绪十一年(1885)中举后，进入朝廷，随翁同龢当了光绪帝的协办侍读(帝师)及内阁中书舍人等职。光绪三十二年(1906)以丧母为由退职回乡，受聘主持纂修《湖南永定县乡土志》，他在第四册·氏族第九·第360页写了一首48字“赞诗”，记下了三闾宗坊的来历：

八使匡卫，四姓称强。
指树锡姓，插草画疆。
屈昭斗叶，皆楚之良。
三闾族籍，兰芷馨香。
子孙千亿，列甲分房。
无滋他种，永奠宗坊。

侯先生是一代饱学大儒，对屈原出生地三闾宗坊的历史很有研究。这48字就十分巧妙地记下了这一秘史。另外，他把潭口那座“兰香桥”也载入乡土志，为后人破解屈原故乡之谜留下了不可多得的信息。

六、 军事城堡屈家坊

史书上、族谱上都说屈瑕食采于屈，屈原的故乡就在屈地——屈邑。《说文解字注》说：“从邑，封域也。”就是说，凡是从邑者都是代表大小范围不相同的帝王封地。大庸屈家坊就是启祖公屈瑕以庸楚共监出使大庸国而受封的屈邑古城，也就成了屈氏得姓始祖。

据屈家塾和髯公等前辈传教，屈瑕封到屈地——屈家坊之前，这里就有屈姓居住，经他们查阅古籍，发现黄帝有个臣子叫狂屈坚(一本作竖)，是一位造兵器的武将军，曾经协助黄帝发明刀箭，狂屈坚的家就在阳和坪(今作“阳湖坪”)，因为“屈坚”带了个“狂”字，也就是苗族“犬王”的意思，必与盘瓠族有关。屈坚是远祖黄帝的大臣，熊瑕也乐意以屈邑为姓。所以说，屈坚是我们屈家坊屈氏一族的得姓启祖。

从狂屈坚开启屈家坊，可知屈家坊至迟始创于黄帝时期(距今4500年)，远早于战国楚武王时代(前700年前后)。到了前280年的后庸时代，大庸国为秦将司马错所灭，屈伯庸、修氏婆婆和屈平平战死，屈家坊彻底摧毁，屈氏和屈原家族惨遭屠城之难，一部分生者四方逃难迁徙。早在1600多年以前，就有屈姓开始在废墟上建房，但古名不改。直到明永乐年间，屈原后裔一支屈再四才迁回屈家坊，是为回迁始祖。为不忘先祖，他们在原地依古时模样重建三闾宗坊。从以后的建筑格局分析，三闾宗坊以屈原诗中的“荷”作“明主题”，即整个屈家坊古城邑依傍澧水北岸而建，平面图呈“荷叶形”，横四十八街，纵四十八巷，约有大小8个水码头连接主要街巷。“暗主题”则是一座军事城堡。这是古代强化“军事自卫”的生存意识的产物。东北方向构有似“莲花形”的碉堡一座，堡内设有射孔、机关，其上有雉堞垛口。堡外有围墙，周围有护城沟。此堡叫“莲花堡”。莲花堡其实又是屈家坊的“祖坛”。而街巷之间则有一系列便于巷战的玄关、陷阱等，还专辟跑马射箭场，是一座易守难攻、易进难出、构建严谨、戒备森严的坚实军事堡垒。

那么，屈邑到底有没有城墙呢？据老辈相传，屈邑没有城墙，这可能与庸国建城等级制有关。军事防御功能主要体现在外围建筑的石墙上。即环邑城四周的封火墙，下半截全用石条砌成，用两寸厚的硬木包铁皮作门，外墙上部，则开射孔。环周房屋二楼，均设特殊通道为之相连，一家吃紧，各家便可迅速调兵增援。邑城四角，各建一座碉楼，高三到四层。又在离屈邑较远的潭口、独子岩、西溪坪，设三处“打鼓台”，一有重大情况，即鸣锣击鼓。今存“打鼓台村”。

屈家坊的最后败落还是50多年前的事，最后几栋封火墙被拆除时，我们终于看到了墙上一个个令人心惊的暗射孔。

城内还建有祖屋、三闾大夫祠（黑神庙）、土地庙、土地台、水井（大小水井9口）、挑水台、官司头、道观槽门、荷池、花门口、祖屋铺（载州县志）、铺门口（又称巷子口）、湾船铺、太阳柱、尧家井、祖屋堰、双堰、祖屋垸、飞莲池（即今灰塘垸）等人文、自然景观，是一个地道的花园古城。

所谓“官司头”，是屈邑古城的衙门。屈氏是古大庸国王族，屈原是庸国王族出身，伯庸之王子。敢设“官司衙门”，说明这支家族拥有一级政府的行政审案权力。“道观槽门”，是庄园内的一家道观。屈氏贵族，代代国君都是掌管祭祀大权的大巫“大道”。屈原追随赤松子辟谷于天门山，其实就是追随道家的思想。稍长一辈的人都还记得，道观内是古代石雕艺术的博物馆，凡石雕人物，大人小孩都叫“岩菩萨”。这些作品多达数百件，多是浮雕。观内有四根刻有太阳的石柱，史传叫“太阳柱”，是高阳颛顼一族太阳崇拜的图腾物。加上祖屋前的那根太阳柱，和永定卫城屈原祖祠里的那一根，一共就有6根了。正堂四方墙壁上，还挂有巨匾，大小十余块，中有“四进士”匾一块（与先辈屈龙门状元未第、却四中进士有关）。在众多街巷中，最有名气的是“花门口”。过去屈氏庄园处处皆花，所植花草完全按照屈原诗中所写花草培植，庄园里还有专职世袭花匠，负责培植管理。相传这座花门是屈原少年时别出心裁沿巷子口种藤藤花自生编织而成花门的。后裔为了纪念屈原，花门巷子一直保存到当今时代。“花门”不存，但巷子街尚存。当代，则以“花门口村民小组”将其传承下来（载《市典》556页）。“祖屋铺”，过去祖屋有两家著名店铺，一是祖屋铺，上了县志、州志，是屈邑十八铺之一；二是“湾船铺”，在河码头边。铺，最早是古驿站，即邮政递铺，设有歇铺、伙铺、商铺，就是古代的邮局兼招待所。由此可见古代屈邑的位置非同一般。“祖屋堰”“双堰”“荷池”“飞莲池”都是屈氏大庄园中的水景。古代屈邑古城，外濒澧水，内掘水池，渠水绕流，亭榭相依,花团锦簇,鸟语花香,是典型的水景式花园小城,或者说这就是按照屈原祖宗的喜好与追求量身打造的“花城”。

值得一提的是：黄岩头对岸龚家峪，俗称“马形地”，与崇阳坪鱼形地的“鱼尾巴”相对，则是屈氏家族跑马射箭、训练军队的大校场。与屈邑军事城堡形成上下照应之势。屈邑南北河岸，有闻名澧州的80里石板“官路”，北岸叫“姊归岸”，南岸叫“归乡岸”。说到底，是为屈邑古城、潭口里金藏关、老庸湾老庸城和屈瑕王城（古城寨）多处军事城

堡配套的兵马道，估计天下无有二例。

与屈家坊西邻处，有个地名叫“营盘院”，靠河边祖茔地还有个“瓦罐寨”，相传都是屈氏家族驻军所在地，亦是屈邑的军事外围。公元前280年，秦大将司马错灭庸之后，直扑屈家坊，营盘院、瓦罐寨的屈氏部队与暴秦血战，不敌，退守屈家坊城内，利用其军事堡垒进行巷战，终因寡不敌众，屈家坊沦陷，万余名屈氏族人被俘，坑埋于黄岩头，这就是民间流传千百年的“万人坑”——“大坟山包”惨案真相。

七、三间大夫祠

屈家坊有三间大夫祠和黑神庙（一名颛顼庙），外人以为只有两处古建筑，其实不然。黑神庙是屈瑕一脉的祖庙，约建于战国中期，汉、宋、元、明、清多次大修。唐代中期，在黑神庙加挂“三间大夫祠”匾额，从此庙、祠合一，成为屈氏家族永久性祭祖、祭屈原的场所，往往二祖同祭。民国时曾作为东平乡乡公所驻地。1902年，屈髯公利用三间大夫祠创办屈家坊自立义学，并将三间大夫祠祠产捐作校产，成为大庸县农村第一所新型小学。1905年，髯公在三间大夫祠创办屈家坊清醒小学。开学典礼那天，屈髯亲笔书写“屈家坊清醒小学”校牌，又挥笔书写“三间大夫祠”匾额。记得当年还是少年郎的屈祖生为髯公磨墨。

三间大夫祠共三进两天井，四面马头墙围合，占地面积2500~3000平方米，建筑面积约500平方米。西侧设有三层钟楼，名“三间阁”，阁楼四角悬挂钟铃。1962年，阳湖坪公社机关迁此，清醒小学迁出。1978年，公社机关迁李家峪，拆除了一些可用之材。1979年，祠堂房产由政府处理，卖给当地群众，买主叫屈志华、屈如和、冯三毛。

三间大夫祠内，南侧为祭祀大厅（主厅），周边各厅为其他祭祀活动场所。三个老爷（屈瑕、颛顼、伯庸）的木雕像就供奉在这里。三个“老爷”菩萨分黑、红、白三色。大老爷颛顼居中，面如包公，相传颛顼是太阳神，被太阳晒得黢（qū）黑，故又叫黑帝、“黑保大神”，黑神庙就是颛顼庙；二老爷屈瑕居左，是屈氏一族的得姓始祖，白脸，一代莫敖，称“珍珠二神”；三老爷伯庸居右，红脸，是屈家坊屈氏的直系先祖，末代庸王、一代莫敖，又得末代祝融神职，故称“龙王三神”。《山海经》载：“祝融乘两龙。”公元前280年，司马错、司马靳灭庸灭屈，伯庸战死沅陵北溶花园（古庸国历代庸帝、庸王监管铸钟、铸鼎秘密军管基地）。

大厅东侧，两只装饰像龙的龙舟就摆放在那里。最抢眼的是那个精雕细刻、镀金披红的龙头，威武而雄壮，故“屈家坊的龙头”，一直是大庸民间津津乐道的话题。其实包含了另一层意思：屈原故乡的“龙”，当然是“龙头老大”，“龙头”就是“为首”的意思。在距屈家坊不远的阳湖溪，还专门修了一座龙头桥，桥外就是龙王洲。据说过去城里连年举行龙舟竞渡大赛，屈家坊的龙舟队必先抬出龙头，由划龙舟者抬着龙舟呜呼吆喝游行，来到龙头桥，举行祭屈原仪式，然后在龙王洲舞龙，再高举龙舟下水，一路吆喝着划上鸬鹚湾参赛。赛后，又把龙头抬回三间大夫祠东部大殿安放。这个专放龙头、龙舟的殿堂，就叫“龙门祠”。乃至又把三间大夫祠也叫“龙门祠”。明清之际，屈家坊出了个颇有屈原风骨的文武全才的领袖人物屈龙门，连续四次中进士而未中状元，四块进士匾挂了两百年。

祠堂大门是青石石门，正上方石匾刻“三间大夫祠”五个大字，刻荷叶花纹，暗示屈家坊“荷叶形风水”，典出屈原“乘水车兮荷盖”（《河伯》）、“荷衣兮蕙带”（《大司命》）、“制芰荷以为衣兮”（《离骚》）等诗句。

三间大夫祠历经千年的世事变故，岿然不动，却不幸毁于1979年。当年参加拆祠堂的有屈先锋。屈祖生、屈楚福、屈国基、屈力强、屈先禄等是为见证人。

八、四大祭坛

屈家坊历史上曾建有四大祭坛，现在看来，那是帝王气派，由此说明屈原家族的“王者至尊”不是虚言。

（一）祖坛（祭祖神）：即莲花池中的莲花堡上莲花坛，位于屈氏庄园东北向，专祭屈瑕、伯庸、屈原三位屈姓祖公，实为家神坛。

（二）丹丘日月坛（祭太阳神）：位于屈家坊东20公里的潭口——“丹丘”，丹丘即大鳌洲。此洲岛当年达600余亩，今存350亩，2016年被挖沙毁灭。古代岛上有原始森林。古庸国时在此建日月坛，因其东南不远半山自生一个“太阳”，一个“半月”，古称“日月岩”，庸王以此建“日月坛”。近年挖砂机从洲上出土2500余年的古树遗骸、城基石条等物。

（三）社稷坛（祭四渎水神、土地神）：位于屈家坊西约2.5公里的社溪桥。大约从汉代以后，屈原被祀为长江水神，封为“广源顺济王”“四渎水神”，历代郡、州、县、卫长官，每年必到社溪祭祀屈原水神。

（四）山川坛（山川之祭）：位于屈家坊正南约3公里的三望坡。三望：山川之祭也。史载成王以周公有太平制典法之勋，命鲁郊祭天三望，如天子之礼。山川坛又叫风云雷雨山川坛。祭品：白色布帛七匹，三牲及其他物品（与社稷坛同）。其“祝文”曰：

“致祭于：

风、云、雷、雨、山川、城隍之神。曰：维神赞襄天泽，福佑苍黎。佐灵化以流行，生成永赖；乘清气而鼓荡，温肃攸宜。磅礴高深，长保安贞之吉；凭依巩固，实资捍御之功。幸民俗之殷盈，仰神明之庇护，恭修岁祀，正值良辰，敬洁豆笾，祗陈牲币。尚饗!”

屈家坊“四祭”之俗延续数千年不改。四神祭祀祝文各有不同，祭品亦有区别。最后一次祭祀活动举行于50年代中期。四个祭坛都用砂土石灰混合后筑成，四方形，底座边长各1丈2尺，台面边长各1丈，高1丈，今废。

九、三间宗坊毁于反袁护国之战

1916年袁世凯在北京称帝，蔡锷在云南组织护国军讨袁，波及大庸。3月上旬，中华革命党人罗剑仇积极响应蔡锷的号召，组织“湖西护国独立军”，屈髯担任团长，联合会党，聚集枪兵，与北军王正雅部激战。3月23日，王正雅部武字营冲出城外，火攻校场，烧毁西门外民房，将罗剑仇部包围在白龙泉福隆祠沟。罗剑仇部在突围时战

死600多人。罗突围后退至贵州铜仁，接受护国黔军委任为护国军左翼独立司令，贺龙担任湖西护国军第一梯团第二营营长。6月，罗剑仇率部复返大庸，聚集大小武装数十股，号称三千之众，一举攻下大庸县城。是谓“罗司令反正”。

是年7月20日，王正雅列举护国军罗剑仇抢劫、烧杀、淫掠、扰民、抗阻禁令等八大罪状，宣布罗剑仇部为“土匪”，并率四个正规营兵力由岩口、潭口、老鸦口三路进军包剿罗剑仇部，双方在县城外激战三昼夜。7月23日，王正雅部武字营乘屈髯兵力空虚，偷袭屈家坊，将屈家坊和下屈家岗房屋全部烧尽。积累了两千多年的屈原故乡文化建筑，多成废墟。王正雅此举原因有三：一是护国军内有一个团长屈髯，是屈家坊人；二是时任护国军一梯团二营营长贺龙在大庸与下屈家岗人屈常钿经常秘密活动；三是屈家坊祖屋乃一军事城堡，如不捣毁，将成为后患，故有此捣巢报复行动。

《大庸县志·人物》载：“屈髯……1916年反袁称帝，屈任湖西护国独立军团长，率部与北军在大庸、慈利作战，其住在屈家坊一带房屋被北军烧毁。”（第762页）

十、大庸《屈氏族谱》不承认秭归

大庸屈原一脉谪派后裔，自古不承认秭归。

清代光绪十一年（1885）修大庸永定《屈氏族谱》所收明清以来16篇谱序和一篇屈原祖祠碑文中都没提“秭归”二字，这恐怕在全国众多屈氏族谱中都是少有的。明清以来，中国民间曾盛行修谱之风，屈原一脉自然不甘落后。据传，明、清时期，屈氏曾先后数次在秭归召开“统谱大会”，提出全国屈氏均以秭归作为屈原的生身之地统一谱书口径。其理论依据就是晋朝时期袁山松的一篇短文《宜都山川记》所附会出来的“秭归”（“秭归”当“姊归”了），《水经注》也引录了袁氏之说。现在回头看，当年为了让祖宗屈原有个归宿，也就捉到黄牛当马骑，错把他乡作故乡了。但“统谱”的结果是：几乎所有以“秭归”作为屈原出生地的族谱，都找不到从秭归乐平里发枝发脉的半点依据来，就连秭归本土发现的《屈氏族谱》，也难圆其说，说明谎言终究成不了真理。但这种负面影响是十分恶劣的。普天之下屈氏族谱，唯独大庸永定县没有跟风接受“统谱”。尽管大庸屈氏不敢公开亮出潭口、三闾宗坊，但毕竟坚守了“底线”。我们相信总有一天会有人站出来翻案，还屈原历史真相。

清光绪十一年（1885）永定《屈氏族谱》谱序中所载的一些论断值得屈氏同胞注意。序一说：大庸屈氏系“灵均嫡派”“至明伸公徙居始聚族於大庸城东”（城东10里屈家坊）。序十一说：“历二千余年，其流泽可谓长矣。系传清醒，忠著《离骚》，其垂绪可谓荣矣。且也瓜绵椒衍，自桑永辰慈而外，散处四方，其生齿可谓繁矣。再四为永定始祖，再五为辰之始祖，是永乃大宗，辰虽土著，而永乃桑梓也。”屈氏祖祠碑说：“则有伯庸之子屈原名曰正则字灵均，独清醒作楚辞以抒其愤，则屈氏因高阳之苗裔矣。自是椒衍瓜绵，户口林林。”族谱明白无误地记载大庸永定一支屈氏是“屈原嫡派”“永定乃桑梓也”。“桑梓”：《诗经》：“维桑与梓，必恭敬止。”是说家乡的桑树梓树是父母种的，对它要表示敬意。后人用来比喻故乡。本句明白无误地告诉后人：大庸永定是屈原的故乡。祖祠碑界定是“伯庸之子屈原”，说明屈伯庸是屈原之父，是我们三闾宗坊屈氏的老祖宗。一些研究者对伯庸说三道四，不相信屈原自己说的话。

屈氏家族永远感谢侯昌铭先生在《永定县乡土志》中记下了48字的“三闾宗坊”赞词，宗坊就是屈原祖宗的出身之地。近年才得见真容的《太平御览》更明确记载屈原故里在慈利、大庸交界之地的二尉岩潭口里。

上述谱序、派序所保存下来的文字证据，就是大庸屈氏拒绝统谱于秭归的背景和信心之所在。

现在看来，大庸屈氏拒绝参加“统谱”是高人之见，但也存在被众屈攻击的危险伤痛。想当年，在全国一片要求（实际上是秭归人精心策划组织的）“统谱于秭归”的吵闹声中，唯我大庸三闾宗坊代表没有昧着良心跟着瞎说起哄，没有给祖宗屈原丢脸，这是屈原骨血在故乡后裔身上遗传的结果，屈祖在天有灵，定当笑慰九泉！

十一、屈家坊屈原后裔族别

这些年，我们发现屈学界又多了一门学问：考证屈原的族别。一些注家死不相信屈原自己说的他是高阳颛顼苗裔。他绝对是大汉族！否则，怎能成为前无古人，后无来者的伟大诗祖呢？骨子里充满了对苗族的篾视与冷漠。但屈原《离骚》首十三字白纸黑字就如同铁板钉钉地刻着：

“帝高阳之苗裔兮，朕皇考曰伯庸。”

就那么武断：我是颛项大帝苗裔的后代，我的老父就是庸国的帝王。而且，我也是一代庸帝！

这叫坐不改族称，行不改国籍。就那么简单。个人的家世自己不清楚，还要让人家说长道短？

其实，屈原的直系先祖楚王熊通早就向天下宣告了：“我蛮夷也！”

此蛮夷即苗蛮。

过了好多年后，熊通的裔孙楚王熊渠比老爷子叫得更响：“我蛮夷也，不与中国之号谥！”（司马迁《史记》）

他们海吹的时候，一脸的霸气，半点脸红都没有。那时，史书上好像还没见“汉族”二字出世哩。

春秋有个左秋明，在他的《国语》中也这样写道：

“楚虽蛮夷，不能宝也。”（《王孙圉（yǔ）论国之宝》）

都为屈原佐证：熊屈氏一族就是蛮夷——苗裔！

近代有个大学者白寿彝也认为祝融氏为颛顼后裔。在传说中，与苗蛮关系最深者为祝融。……他的后裔在苗蛮集团中处于异常显赫的地位。（《中国通史》第一卷第191页）

屈原不仅自己直言为苗族，他的老家屈家坊修编的明清三谱序都记载了这一历史，如序一说：“辛巳秋，余摄大庸篆道，经邑之屈家坊，访诸父老，知系三闾大夫苗裔，至其里，晤屈子清斋公，得阅所呈宗谱，深悉灵均嫡派，自临海迁江南……”序三亦云：“屈兄登肘，屈子明瑛，芈氏之苗裔也。一日抱本谱来叩余为之序。……”查登肘

公，生康熙乙酉年（1705），殁于乾隆壬辰（1772）。说明自明初从临海一路回迁的屈原后裔，一直到清初，屈家坊屈氏家族一直沿袭苗裔不改。到了乾隆六十年（1795），贵州松桃苗酋石柳邓和湖南花垣苗酋石三保发动了震惊朝野的“乾嘉起义”，大武陵地区的苗裔苗民大多受到株连，但回迁永、慈、辰、桑四县的屈原苗裔素以先祖屈原忠君报国为族训，没有一个参加苗民起义，得以幸免三次灭族之难（按：第一次为前280年司马错灭庸灭屈；第二次为前223年秦灭楚）。但后来所有幸存苗裔、苗人都成了地方官府的监控压迫对象，这是秦灭楚后，楚苗经受的第三次灭族性的打击。但屈家坊屈原一脉仍坚持在三修族谱中记下了屈氏出自屈原苗裔的史实。

但有一桩灭门惨案让屈原后裔引起警觉。那是明成祖永乐年间（约1408-1420），分居在辰州屈家界（今属沅陵洞溪乡）的慧铭公第五代孙元连公之第四子屈国顺，全家九十九口，同堂而居而食，却被当地异姓强族买通官府，将九十八口集体屠杀，坑埋于粪池，仅年幼住在外公家的屈国顺幸免一劫。这其中一个借口就是“杀苗子”。对如此惊天大案，永、辰、慈、桑四县屈氏推举族首告状鸣冤，省、州（辰州）衙门竟拒绝受理此案。可说是屈原后裔的千古奇冤！从此后，回迁故乡的屈原后裔就更加低调谨慎，甚至再不向外人提及屈原，故而直到当今，大多数屈姓都不知自己是屈原的裔孙。幸得明清族谱记录在案，要不然就是数典忘祖了。

新中国成立后搞民族普查登记，屈原后裔再不敢以苗族登记入册，都充当了“大汉族”。1982年7月，全县开展人口普查，并对少数民族族别进行普查甄别，重新登记造册，大庸、桑植、永顺、慈利、沅陵等县屈原后裔绝大多数都以土家族登记，因为自古相传，土苗共祖，庸楚一家。倘若屈原先祖九泉有灵，谅必是不会见怪的。

十二、屈家坊屈原后裔祖茔地名录

三间宗坊历来重视先人祖茔地的营造和保护。新中国成立前，祖茔地有世袭守墓人。每逢过年、清明节、亡人节，祖茔地鞭炮不断，送香化纸的后人络绎不绝。尽管后来世事多变，祭祖守墓风气日渐淡化，但祖茔地的地点仍代代传给后人，不能遗忘，更不许占作他用。下面是大庸永定三间宗坊一脉历代祖茔地名（非全部）：

庄子坪乌鸦形土地（红卫4组）、桐木榔（红卫1、2组）、木榔（红卫3、5组）、昭家地（昭家岗。屈氏老祖母、屈原元配昭碧霞家族祖地。红卫3、4、5、6组）、圈木榔（樟木榔。杨家溪下，红卫与李家峪交界处）、龟背桥（集中与上沙湾交界处。屈原后裔迁回屈家坊启祖明伸公即葬于此。此地属重叠葬，一般重叠5~6层，共500~600座）、算盘地、瓦罐寨、牛榔、老禁榔、赵家地、庄子坪、七斗米、红壁岩水塔、前社溪虎形地、二派沟上葫芦形、王家峪、胡家坪、大坪圆顶峪、桃坪金家湾、鹤峰州板凳上、铜关、脉来岗、茶园、屈家坟山、长湾老祖茔、竹园塔杜家铺、杜家偏、朱家湾、杨家旯、送牛郎（榔）、崔家岗、前社溪屈家岗、贵峪屈家岗、张家坝、廖家地、贵峪朱公峪、鲁家咀（三房“产”字辈）、何家（禾稼）山、李家地、金盆形、思善桥、算洲子、教场后茶园、茴香坡、谌家湾、椿木榔、培公垴、大铺里、庄子坪大堰坎、三岔赵家榔、谢家垭石良坝、慈利顶塌、慈利胡氏岗、慈利走马坪、江垭棋盘塌（此地有古“庸”姓）等59处。

屈家坊屈原后裔葬俗有两大特色，一是重叠葬，据分析，随着人口增多，田土无法养人，只好实行叠葬。二是葬坟很少上山，多数埋在澧水岸边，与坟葬向阳高地风水观有所不同，国内罕见。古之相传，先祖屈原投江后，为了永远纪念他，凡后裔安葬，多濒澧水建坟。又说屈原死后被封为江神，濒澧而葬，可保佑灵魂回归到屈祖身边。

[金氏子按] 墓葬是不说话的文物证据。自公元前704年屈瑕受封于大庸国屈邑（屈家坊），至公元前280年屈氏后庸国灭，历时424年。汉代中期至明初，屈原部分后裔陆续回迁，至今已有2100余年。在这漫长历史时期，尽管因战争或四方迁徙，留住屈家坊人口锐减，但屈氏仍顽强繁衍，上述祖茔名录就是明证。屈氏家族世代相传的多层叠葬古俗，国内独有。尤高阳庙发现的九层叠葬，世界罕见。

[执笔者]

屈楚福　屈原第八十六代嫡派裔孙、蟥公二十六代裔孙。1946年出生于屈家岗。永定《屈氏族谱》第四次续修倡首人之一、理事长。张家界市民族文化交流促进会会员、张家界市屈原故里研究学会（筹）副会长、张家界市历史文化研究会会员、《屈原故里大庸考》一书特聘族史顾问、退休干部。曾任阳湖坪公社、关门岩公社、大庸溪区公所等乡镇区武装部部长及关门岩公社党委副书记、茅岗区办事组副组长、永定区交通局党组成员。军人出身。被省军区颁发“老武装”荣誉称号。

屈祖生　派名楚子，1930年出生。出生于屈家坊屈原祖屋。系屈原嫡派第七十六代裔孙、蟥公二十六代裔孙。张家界辖区《屈氏族谱》第四次续修倡首人之一，副理事长。著名世传中医。张家界市民族文化交流促进会会员、市屈原故里研究学会（筹）副会长、《屈原故里大庸考》一书特聘族史顾问。

【附录】 郑袖阴害楚王之新爱

[按] 读到屈原家乡后裔所写《昭碧霞之死》证词，笔者是闻所未闻，心惊肉跳，这恐怕是屈原身世研究中第一次发现的民间版本传说。为了判断此说有无可参依据，笔者翻阅大量古籍，好不容易在《战国策》中查到关于郑袖阴害楚王新爱之事，才觉得昭碧霞被其阴害极具可能性。全文如下：魏王[(1)]遗[(2)]楚王[(3)]美人，楚王悦之。夫人郑袖[(4)]知王之说新人也，甚爱新人。衣服玩好，择其所喜而为之；宫室卧具，择其所善而为之。爱之甚于王。王曰：“妇人所以事夫者，色也；而妒者，其情也。今郑袖知寡人之说新人也，其爱之甚于寡人，此孝子之所以事亲，忠臣之所以事君也。”

郑袖知王以己为不妒也，因谓新人曰：“王爱子美矣。虽然，恶子之鼻。子为见王，则必掩子鼻。”新人见王，因掩其鼻。王谓郑袖曰：“夫新人见寡人，则掩其鼻，何也？”郑袖曰：“妾知也。”王曰：“虽恶，必言之。”郑袖曰：“其似恶闻王之臭也。”王曰：“悍哉！”令劓（yì 古代割掉鼻子的酷刑）之。无使逆命。（载《战国策》。原题《魏王遗楚王美人》）

[注] ⑴魏王：魏襄王。⑵遗：送给。⑶楚王：楚怀王熊槐。⑷郑袖：楚怀王宠幸的美姬，是楚怀王时代的女祸之首。此篇记叙的就是郑袖阴毒陷害魏王所送与楚王美女之事。文中所叙，是见此女之喜怒不形于色，老谋深算，杀人不见血的残忍、苛毒。春秋战国时代，人心不古，多讲谋算。故忠臣贤士，少有善终者。史称“春秋无义战”。

昭碧霞之死及屈原被谗遭贬，均与郑袖阴害有关。

【特稿】 潭口屈原故里地名俚句

屈楚福

说宗坊

千古屈邑说宗坊(1)，屈瑕主庸源路长(2)。
两岸官路八十里(3)，纵横四十八街巷(4)。
屈原出生祖屋里(5)，三间宗祠清醒堂(6)。
道观槽门官司头(7)，太阳柱前是荷塘(8)。
莲花堡上设祖坛(9)，花门口边幽兰香(10)。
连城开门见三望(11)，社坛筑在社溪旁(12)。
跑马场连花神桥(13)，万民瞻仰颂高阳(14)。
古人寨上古城堡(15)，迎恩渡口迎庸王(16)。

[注释] (1)屈邑：指屈瑕采食于屈的原生点屈家坊，在今张家界市永定区阳湖坪镇屈家坊村。宗坊：《永定县乡土志》载四十八字赞诗，称“屈原故里”为“三间宗坊”。

(2)屈瑕主庸：约公元前704年，楚王熊通封长太子莫敖熊瑕于屈家坊，以当地古屈姓为姓，进入大庸国朝廷。公元前611年，屈瑕第四代孙屈荡正式入主熊氏庸国朝廷，篡夺庸王之位。

(3)两岸官路八十里：屈瑕家族沿澧水两岸开辟的军事驰道，俗称“官路”。又因屈原姐回乡与弟团聚于潭口，后人将姐姐登船之北岸命名“姊归岸”，将屈原回老家之南岸叫“归乡岸”。北岸起于屈家坊，止于潭口；南岸起于迎恩渡，止于老庸湾。各长40里，总长达80里。

(4)纵横四十八街巷：古代屈家坊城邑规模大到纵四十八条大街，横四十八条小巷。

(5)祖屋里：屈瑕食采于屈，最先落脚建屋于此。世传屈原出生于祖屋，此即屈原生地原生点。

(6)三间宗祠：亦即三间大夫祠，位于屈家坊飞廉池西侧，一名黑神庙（“黑神”即颛顼），祠庙合一。供颛顼、屈瑕、伯庸三祖像，俗称“三老爷”。清醒堂：永定屈家坊屈氏堂号，出自屈原“举世皆浊我独清，众人皆醉我独醒”诗句。

(7)道观槽门：古代屈氏家族多为巫道掌门人，在屈邑城内建道观便是明证。官司头：实为古代屈邑王族衙门。

(8)太阳柱，屈姓家族图腾柱。是祝融、高阳、鬻熊氏太阳崇拜见证。荷塘：以屈原“制支荷以为衣兮”“葺之兮荷盖”“芷葺兮荷屋”“荷衣兮蕙带”等荷诗之意而筑。

(9)莲花堡：飞莲池正中有小岛，上设祖坛。祖者：祝融、颛顼、鬻熊、屈瑕。

(10)花门口：位于屈家坊之东侧一条街巷之入口。因屈原少时在入口槽门饰花为门而得名，今属花门口村民小组。

(11)连城：远古易经演绎地，社溪西岸台地，即古连山。《周礼》：“太卜……掌三易之法，一曰连山，二曰归藏，三曰周易。”黄帝时曾为天门昆仑建五城十二楼，连城为五城之一。清代早期连城门外的瓦桥已成永定卫城东部城区。三望：谓山川之祭也。指与连城隔河遥对的三望坡村，此为屈氏庸国的山川大祭坛，有祭词载县志。

(12)社坛：即社稷坛，位于屈家坊之西的社溪。此为古庸国朝廷及历代官府祭社之地。

(13)跑马场：位于屈家坊邑城之东，乃屈氏莫敖家族开辟的家族军事训练基地。花神桥：位于跑马场东约10里之白鹤洲花神溪之上。为纪念十二月花神之首——兰花神屈原而建。

(14)高阳：此指坐落于阳湖坪吴家咀的高阳寺。清初石达开曾借大庸入川，在屈家坊参拜三间大夫祠和高阳寺，在高阳寺题“万民瞻仰”匾额。

(15)古人寨：远古人类聚落。轩辕帝曾为天门昆仑建五城十二楼，此为五城之一。又公元前702年左右，屈瑕封于屈邑，特在此废墟筑军事堡垒，故此又叫“古城寨”。

(16)迎恩渡：位于古城堡西北麓河岸，为潭口古渡之一。所谓“迎庸王”，旧有二说：一说所迎恩者，系建五城的轩辕黄帝，为五任古庸帝；二说指熊氏庸帝鬻熊、熊绎及屈瑕莫敖家族代代庸王。

说潭口

茹澧(1)西来出金藏(2)，大鳌洲上祭太阳(3)。
日月岩下是丹丘(4)，簸箕塌上老屋场(5)。

二尉岩上分疆界[6]，西接充县东零阳[7]。
南为归乡北为姊，南北两岸屈原乡[8]。
鳌鱼横江鸿文塔[9]，文华寺下是文昌[10]。
鬼谷洞连娘娘洞[11]，沧浪桥边打渔忙[12]。
细岩头上屈子恋[13]，兰香桥上蕙兰香[14]。
屈子行吟江潭岸[15]，藏书洞中闻墨香[16]。

[注释] (1)茹澧：澧水之别称。屈原“揽茹蕙以掩涕兮，沾余襟之浪浪”（《离骚》）发生地即在其家门的茹澧岸边。

(2)金藏：即潭口金藏关。

(3)祭太阳：指大鳌洲太阳神大祭坛。

(4)日月岩：潭口有形似日、月之穿山石洞。丹丘：泛指日月岩下的地片，屈原老屋场、大鳌洲、文化寺均属丹丘。相传为古天门昆仑日夜长明的神仙福地。

(5)簸箕塌：又作“一口印”“日月台”“丹丘台”，此即屈原老屋场原点。

(6)二尉岩：距屈原老屋场东约4华里处澧水南岸。因零阳、充县二县尉争疆界引发械斗双双致死而得名。此即《荆州图记》《水经注》《太平御览》《大庸县志》《慈利县志》所载充县、零阳二县分界处。

(7)充县、零阳：充县即今张家界市永定区，汉高祖五年建；零阳又作零陵，即今慈利县。

(8)屈原乡：即《太平御览》所载南岸为归乡岸，北岸为姊归岸，南北两岸合为屈原家乡原生点。

(9)(10)鳌鱼、鸿文塔、文华寺、文昌阁：均在屈原老屋场正对岸。

(11)鬼谷洞：位于七里江潭之北侧。相传为鬼谷子白公胜最初逃命隐居处。娘娘洞：全名女娲娘娘洞，位于七里江潭东部尽头之北侧。

(12)沧浪桥：位于姊归岸——七里江潭之东北岸，相传屈原与渔父对话“沧浪之水”所在地。桥毁。

(13)屈子恋：俗名细岩头。位于日月岩之对岸，为一座形似男女会面相拥的小石柱，相传屈原妻昭碧霞尸骨归葬于此。

(14)兰香桥：位于屈原老屋场斜对岸之潭头铺，桥毁，载县志。

(15)江潭：又作七里潭、屈子潭、观音潭、鳌鱼潭、黑虎潭等。南北二岸有“大庸路”（载明《岳州府志》）古道，北岸长5里，南岸长7里，此即屈子行吟泽畔原生点。

(16)藏书洞：位于簸箕塌北侧崖壁，又名藏经洞、读书洞，屈子“伏匿穴处”即此。相传屈原少时在此读书。退朝回乡后，隐此著述。后离乡远游，将所留书籍，尽藏于此。

说崇阳

方圆八百说崇阳[1]，大水泉里有名堂[2]。
鱼形地邻蛇形地[3]，蛇化鱼妇出高阳[4]。
官路官塌婆婆磡[5]，老庸湾边有城墙[6]。
汤圆街里粑粑铺[7]，染铺巷连裁缝巷[8]。
纺纱织布机杼忙，制做衣物献庸王[9]。
官家衙门进士第[10]，打鼓台上鼓声响[11]。
黄岩头边万人坑[12]，秦灭屈族葬忠良。
青云塔西相公溪[13]，屈原种兰在兰岗[14]。

[注释] (1)崇阳：崇阳坪，位于潭口西南3华里处，总面积800亩。属关门岩乡。

(2)大水泉：明代中期改白龙泉。此泉与颛顼出生地传说有关。

(3)鱼形地：崇阳坪地形极似一条巨鱼。蛇形地：位于鱼形地南侧，为古大庸屈、昭、斗、叶四大公族叶姓祖茔地。

(4)高阳：即屈原笔下先祖高阳帝颛顼。其大水泉、鱼形地、蛇形地、崇阳（崇拜太阳神高阳大帝）、老庸湾、太阳神大祭坛四大符号锁定颛顼出生地原点即在崇阳坪。《山海经》有载：“有鱼偏枯，名曰鱼妇。颛顼死即复苏。风道北来，天乃大水泉，蛇乃化为鱼，是为鱼妇。颛顼死即复苏。”出典即此。

(5)官路、官塌：另有官家地等“官”字古地名，与屈氏庸国王族有关。婆婆磡：婆婆，指末代庸王伯庸元配夫人修淑贤，屈原生母。屈原后裔尊称为“修氏婆婆”。殁后葬鱼形地之东南，俗称“婆婆磡”，又名“婆婆岗”。毁于公元前280年司马错灭

庸灭屈。

⑹老庸湾内有城墙：位于崇阳坪之东南角。此为古“颛庸大帝”高阳出生地。后为历代庸王官邸。末代庸王伯庸私家庄园亦在此。老庸湾古为黄帝为庸成子建五城十二楼之东方第一城，俗称老庸城，又称“古庸东都”，是古代一个十分繁华的口岸城市，后毁于秦军灭庸灭屈。汉后再度兴起。明清为县东一大商埠。民国衰败于水患。60 年代初仍存两条古街。后毁于洪灾。

⑺汤圆街、粑粑铺：是老庸湾古城中的古街巷和店铺，汤圆街一直保留到 20 世纪 60 年代中期，毁于洪水。

⑻染铺巷、裁缝巷：相传为老庸王所设被服作坊。

⑼庸王：此指庸国历代帝王。

⑽官家衙门：古时老庸湾系历代庸王私邸，故称官家衙门，一如在屈家坊有“官司头”衙门一样，是屈氏后庸国王族王权的残留信息。进士第：隋炀帝大业二年（606 年）设置进士科，作为取士的科目。可证隋唐时期老庸湾古城已得到恢复发展，其教育事业也得到发展，才有一批科考获得功名者。

⑾打鼓台：位于老庸湾正南的下官埸，近邻婆婆磡，是屈氏后庸国潭口军事防御区三个打鼓台之一（之二在今西溪坪打鼓台村，之三在屈家坊战鼓桥）。

⑿黄岩头：其侧有官家地，为屈氏庸国朝廷官员私邸遗址。万人坑：位于黄岩头东侧。公元前 280 年，秦大将司马错率兵 10 万攻陷黔中（沅陵）灭庸灭屈，在此坑杀万余屈姓族人（详见第七章第六节）。

⒀青云塔：位于崇阳坪之西数里处，清代早期为纪念屈原而修。相公溪，位于关门街村，源于摩天岭。

⒁兰岗：位于相公溪两岸。共八百亩。是屈原晚年辟谷种兰居住第三故里。此地今存相公洞、相公溪、相公泉、相公桥、相公庙、骚台、屈家里等遗址。屈原《离骚》“余既滋兰之九畹兮，又树蕙之百亩。畦留夷与揭车兮，杂杜衡与芳芷”的兰园即此。（详见第七章第一节）

说茔地

三间宗坊祖茔多⑴，全在坪上不爬坡⑵。
临水葬坟古来少，　澧水沿岸上万座。
不忘先祖投江死⑶，代代依水建陵墓。
高阳叠葬达九层⑷，龟背砑边重八座⑸。
算盘地葬明伸公⑹，瓦罐寨前埋献堂⑺。
牛槲木槲老禁槲，椿树槲连圈木槲⑻。
赵家地边庄子坪，算盘地旁桐木槲⑼。
以上全是祖茔地，屈原一脉万代长。

[注释] ⑴三间宗坊：即屈瑕封地屈家坊，因屈原出生于该地祖屋里，故称三间宗坊。

⑵全在坪上不爬坡：自古葬坟必登高，可屈原乡的葬俗一反常态，把坟墓依澧水岸而建。

⑶不忘先祖投江死：点明屈原后裔濒澧葬坟的风俗出于纪念先祖屈原投江汨罗。此举堪称天下第一例。

⑷高阳叠葬：20 世纪 60 年代初，为修建县城抵达黄家铺的公路，在切除阳湖坪高阳庙一屈氏祖墓土丘时，发现 9 层叠棺，为世界罕见。

⑸龟背砑：在屈家坊村靠河岸，发现 8 层叠棺。

⑹明伸公：回迁始祖再四之第 11 代裔孙。算盘地在屈家坊河岸。

⑺献堂：一代革命先驱、同盟会员、湖西护国独立军团长屈髯之墓，位于集中村河边的瓦罐寨。

⑻牛槲、木槲、老禁槲、椿树槲、圈木槲：“牛槲”，即送牛槲。皆临水祖茔。槲：树林俗称。

⑼赵家地、庄子坪、桐木槲：均指临水祖茔。

上述诸多祖茔地，均系屈原后裔各支派独立所建家族公墓区，每处一般葬坟达数百上千座，故称**“宗坊三千户，澧岸万座坟”**。亦因河岸土地有限，故才有重棺叠葬之创举。

第四节　屈家坊考察记

当我在《永定县乡土志》中发现48字"三间宗坊"诗证后，简直无法形容当时的那种极度震撼！从2011年5月13日至2012年12月6日，课题组先后三次在屈家坊召开规模较大的考察座谈会，同时根据需要临时召集群众或电话采访调查。2011年5月13日座谈会的地点在屈家坊三间大夫祠旧址进行，与会者有龚振全（阳湖坪镇干部）、屈先兵（村支书）、屈祖生（又名屈楚子，83岁，屈氏族谱修编倡首人之一）、屈楚炎（89岁）、屈先禄（水稻模范，75岁）、屈楚智（89岁）、屈楚福（退休干部、续谱倡首人之一，66岁）、屈楚旺（82岁）、屈楚镜（75岁）、屈国基（67岁）、屈顺林（36岁）等。2012年12月6日座谈会的地点在阳湖坪镇街上屈国友家。参会者有屈楚镜（76岁）、屈先禄（76岁）、屈力强（69岁）、屈先锋（70岁）、屈祖生（83岁）、屈楚旺（83岁）、屈明初（67岁）、屈国基（68岁）、屈先丛（69岁）、屈国友（62岁）、屈国新（女，65岁）、屈楚福（67岁）等。

屈家坊属永定区阳湖坪镇，南濒澧水，与古人寨（屈王城）、关门岩（兰岗）隔河相望，距市中心约5公里。阳湖坪古称"阳父坪"。阳父，又名寒流，是高阳颛顼的父亲，驩兜则是高阳之子。因阳父居住于此而得其地名。清代、民国年间讹名阳和坪，解放后为避与慈利阳和重名而更名阳湖坪（却错把阳父当"阳湖"）。该镇系永定最大平原之一，土地总面积66平方公里，耕地面积20276亩，2001年总人口21108人。这里自古是供应古大庸国以及后来的郡、州、县的主要粮食、棉花基地之一。战国时期，楚王熊通封王子熊瑕于屈邑即此。屈祖生老人说他就是在屈原祖屋出生的，才有了这个名字。宗坊之"宗"，就是祖屋。

屈家坊总面积1372.3亩，耕地面积1027亩。四十多年前，屈家坊还是一个由封火墙大院子、老木屋、石片拼花老街构成的南方战国古镇风貌，如今已面目全非。但部分旧街格局仍清晰可见。一说起屈家坊村，这些屈姓老人们就有些愤怒、激动。大家你一言我一语，一开口就骂娘，骂王正雅那个狗杂种，毁了屈原宗坊，毁了我们的家园。经查新版《大庸县志·人物》第762页载："屈髯（1871-1950）……1916年反袁称帝，屈任湖西护国独立军团长，率部与北军在大庸、慈利作战，其住地屈家坊一带房屋被北军烧毁。"

老人们告诉我：当年的屈家坊祖屋"横有四十八街，纵有四十八巷"，是一座易守难攻、易进难出、构建严密、戒备森严的军事城堡，就此规模、性质，本身就具备了"屈邑"的架构。《说文解字》："从邑，封域也。"周礼注曰："封境之内曰国曰邑。"查国内屈姓村落，似无有一处可与比者。屈瑕采食于屈邑，非此地莫属。考屈邑宗坊，最早的一次毁灭是公元前280年，司马错灭大庸国、摧毁屈原故里，坑杀屈氏家族1万

余人，制造了古代南方坑杀第一大案，比白起长平之战坑45万赵军早20年。而这一切，都是冲着抗秦主战派精神领袖屈原的。话匣子一打开，座谈会就热闹起来了。老人们开言的第一句话都说自己是三间大夫的嫡派后代，都是从宗坊祖屋分家出去的。全镇22个村，吴家咀、建新、一家张、三岗、田家台、张家湾、屈家坊、培公垴、集中、联成（连城）等10个村都有屈姓。现今总数达3330余人（当年在册人口）。经屈祖生和屈楚福实地调查，从屈家坊三间宗坊发枝到全市各区县的屈姓分布已达59个村（有遗漏），总人数达7000余人。据《屈原后裔寻访记》统计，全国25个省市自治区184个县（市）273个村有屈姓居住。屈姓居住最多的是河南省28个县56个村，四川次之有26个县（市）36个村，但调查组偏偏忽略了张家界市，一个小市（2区2县）就有59个村有屈姓，分别超过河南、四川两个省的村数总和。而一个阳湖坪镇就有14个村885户为屈姓，总人数达3330人，全国第一！而屈家坊（红卫、集中二村）就有500户1936名屈姓，这在全国也是第一！这些屈姓全部是三间后裔，正如侯昌铭所说“无滋他种”。

在屈祖生一行的带领下，我们瞻仰了三间宗坊老祖屋，相传这里是屈原的出生地，往上追溯，还是屈瑕公受封屈邑的最初落脚点。屈原的父亲屈伯庸当时还是已由“公”“侯”级降到“伯”级的大庸国的庸王。后来屈姓人口生齿日繁，屈原一成家就单独立户分到金藏关丹丘潭口里居住，老屋就成了三间宗坊祖屋。祖屋原有3个槽门，眼前的祖屋只剩一间老屋、一个内侧门洞和一个槽门的屋基，门垛条石犹存。二千七百多年来，屈邑祖屋代有毁灭，也代有复修，其间多遭遇洪水火灾，数度废兴，砖木有变，屋场如旧。每逢过年、五月端午，三间屈姓一脉必会集祖屋举行隆重的祭祖仪式。祖屋，又名祖屋铺，与屈家坊的湾船铺及潭头铺等构成古代四十里屈邑十八递铺，号称“屈原乡里十八铺”（后有专解）。由此可证昔时屈邑（屈家坊）的经济繁华与战略地位的重要。从三间宗坊地望风水看，呈荷叶形框架。祖屋前有荷堰，又叫祖屋垸，中有莲花台，是在一个自然小山包上用石头砌的一座祭坛，古称“祖坛”，是屈邑四大祭坛之一。农业学大寨时改堰为田。本地农科所土专家屈先禄的试验田即此。在屈原祖屋残留石碑上尚有几组完整的菊花、兰花、荷花、荷叶图案。屋旁池侧有5棵栋角树，都有数人合抱。先人掘池种荷，取屈子“制芰荷以为衣兮，集芙蓉以为裳”诗句（《离骚》），喻比屈子出污泥而不染的德行情操。

宗坊所留文化遗产基本上已消失殆尽，但遗址、石碑、方志尚有踪影可觅。最有代表性的是三间大夫祠，三进三殿。其大门之上供一镀金龙头，高1.5米，乃樟树所雕，金光灿灿，栩栩如生，绝非一般龙船龙头可比。每逢五月端阳，屈姓龙舟队必在三间大夫祠举行祭屈原请龙下水仪式，得胜后，又隆重地安置其上，故该祠堂门又叫“龙门”。三间大夫祠内另有龙门祠，专供置放龙舟、龙头之用。祠堂西侧有钟楼，高三层各八方，每层翘檐角下都挂风铃，古称“三间阁”。三间大夫祠又叫黑神庙，祠庙合一。神龛上供三尊木雕祖神菩萨，俗名“三老爷”，中为黑脸老爷，即所谓黑神颛顼。民间巫道教坊的神画中，有像包公一样黑的颛项，俗称“黑宝大神”“黑老爷”，就是被道家封到北方的“黑帝”。屈家坊人大多知道黑老爷就是屈原的先祖高阳。何谓“黑老爷”“黑神”？相传颛顼为太阳神，周身被太阳晒得黢（qū）黑，就像戏剧中的包公一样。古称“黑帝”。据村民介绍，那年“破四旧”，某人把黑老爷菩萨劈柴煮饭，煮了半天水就是不开。第二天早晨，发现一灶膛水，吓得那户人家烧香叩头向老祖宗赔罪。左边供红脸老爷，就是封到屈邑屈家坊的改姓始祖莫敖屈瑕。右边供白脸老爷，那是屈原的父亲伯庸，也就是三闾一脉的直系祖宗，末代庸王，又是末代祝融。民国时，当地名流屈髯公创办“清醒小学”，校舍就设在三闾大夫祠，距今70余年。不数年东平乡乡公所由李家峪迁此，成了一乡之中心。1958年成立阳湖坪人民公社时，又作为公社机关。1978年公社再迁李家峪，祠堂成了民居。又几经拆改，古祠已不复旧貌。

说到屈家坊与屈原的宗亲关系，就不能不提到大庸近代最有名望的人物屈髯（1871-1950）。在“秭归说”一统屈学天下的漫长年代，髯公一口咬定屈家坊就是屈原祖屋宗坊，并身体力行，处处维护、宣扬，毫不妥协。据屈祖生回忆，髯公曾在清醒小学担任校长时，给屈家子弟上家史课，讲屈原与屈家坊的历史，并肯定屈原就是在屈家坊祖屋出生的。后来他成家后，父亲伯庸给他分了一处房产，就在潭口里。此处正是古庸国中心东部第一雄关——金藏关，他父亲把他安家于此，就是要历练他的忧国保国意识和作战能力。潭口里的西南边，有个老庸湾，一名崇阳坪，崇阳即高阳。此地曾是黄帝建五城十二楼东方帝都第一城。又称“颛庸大帝”皇家御花园。颛庸之后，历代庸王都将此地作为王族别墅。末代庸王伯庸就住在这里。御花园的南侧山头，有地名婆婆礅，就是伯庸元配、屈原母亲、屈氏后裔老祖婆修淑贤的归葬地。屈祖生还经常听髯公很自豪地说起一个大文豪，就是在朝廷给光绪皇帝当老师的侯昌铭。侯先生大髯公17岁，常坐起轿子到屈家坊与髯公会唔。他告诉髯公：屈原是屈家坊人，这里就是三闾宗坊。髯公说侯二胡子（昌铭小名）在朝廷伺候皇帝，跟光绪帝起草诏书，又在国史馆做校对官，肯定是读过国藏秘史的。但那时“秭归派”还很有市场，侯二胡子、髯公又都是儒学正统学人，无意卷入这场“屈原故里”是非之争，但他们坚信总有一天会真相大白的。“这些交代我到死都不会忘记。”屈祖生老人说。但是，侯昌铭还是在他主笔的《永定县乡土志》中记下了屈原故里——“三闾宗坊”——屈家坊的四十八字诗中，为屈原故里就在屈家坊留下了一段极其重要的地方家乡史证。

髯公毕业于常德师范，1905年留学日本仕官学校，并加入由孙中山创建的同盟会。1910年回国后任上海《民立报》编辑，宣传民主革命，鼓吹推翻清朝。辛亥革命胜利后，回大庸宣传世界进步形势，提倡男人剪长辫子，女人不裹脚，传播民主进步思想。1916年反袁称帝，屈髯任湖西护国独立军团长，率部与北军在大庸、慈利作战，出生入死，时人称颂。北军（澧州镇守使王正雅武字营）就因屈髯追随孙中山而成眼中钉肉中刺，一把火烧毁屈家坊和下屈家岗一带房

屋以报其仇。那次大火，三间宗坊损失惨重。灾后，屈髯组织家园重建工作。1924年，髯公被建国川军第二军军长汤子模上将（本境岩口人）委任为常德警察厅厅长。1927年赴广州参加由林伯渠创办的农民运动讲习所学习，曾与毛泽东同窗，成为中国早期农民运动的领袖人物。结业后回大庸从事农民运动。有人称髯公这种匡扶正义、追求民主民生的斗士精神，必源于屈原之骨血。屈髯一生业绩辉煌，而被大庸人传颂的是他关心教育事业，主张教育救国的“三闾风骨”。髯公曾对族人说：“三闾大夫是干什么的？就是掌管楚国三大公族屈、景、昭的教育。这是为大楚培养储备人才的国家工程。”1902年，髯公利用三闾大夫祠创办屈家坊自立义学，将三闾大夫祠祠产捐作校产，是当时大庸农村第一所新型小学，在澧州、湘西一带是出了名的。其时，他还出任过大庸劝学所所长。据屈祖生回忆，抗战期间（1942年），髯公回屈家坊，捐资重修三闾大夫祠，并创办清醒小学，祠成那天，也是小学开学典礼的日子，已12岁的祖生为髯公磨墨，髯公手握大笔，如龙飞凤舞，“三闾大夫祠”五个大字便一挥而就；同时又书“屈家坊清醒小学”校牌。“清醒堂”是大庸屈氏的堂号。“清醒”作校名，取屈原“举世皆浊我独清，众人皆醉我独醒”联句（《渔父》），意在告诫学子弘扬先人屈原爱国精神，不忘日寇侵略祖国之仇。并自任校长。他在居室中写了“亡羊补牢，未为晚也”以明志，决心继承屈子先祖之遗风，教书育人，以杰出的人才和先进的科学力量振兴中华。

说到屈髯公，62岁的屈国友就提到南北大侠杜心五（1869–1953），杜心五早髯公一年去日本留学，他在东京帝国大学农科，后成了国民政府农业部的高官。二人一农一武，成为至交。1905年，与屈髯结伴赴日留学的还有桑植老乡谷壮猷、陈伯陶、陈图南、谷岸峭、李重华等人。在杜心五的引荐下，屈髯结识了孙中山、宋教仁、黄兴、吴玉章、秋瑾、刘道一及临澧老乡林伯渠、蒋翊武等革命志士，同年加入孙中山创建的同盟会。一个杜心五，带出了一个同盟会“老乡团队”，这是中国革命先驱者的美谈和奇迹。屈髯加入同盟会后，立志继承先祖屈原爱国主义之精神，为中华民族的伟大复兴奋斗终身。

一位叫屈国新的老大姐告诉我们：她的大爷爷屈家塾，生在上屈家坊，清道光秀才，是当时大庸很有名望的才子，一生以教书为业。他经常给屈氏家族讲屈原的故事，他说：“屈原是在屈家坊老祖屋出生的，是从屈家坊走出去的。”屈大姐还说，大爷爷不死，今年要满150岁了。她还说：她爷爷、她父亲每讲屈原时，从不提湖北秭归，他说“真正的‘姊归’在屈原的老屋场潭口！”　屈国新的一席话，让参加座谈会的屈家老人们都哄了起来，他们说：他们从小到大，只知道三闾大夫是我们的老祖宗，出生在三闾宗坊，根本找不到（不清楚）湖北那有个“秭归”！

这让我们大感意外。不过，又让我们释然：怪不得清代大庸《屈氏族谱》十六篇序中没提半个“秭归”——这不正是屈原故里在大庸的真相之佐证吗？！用时尚话叫民间的“集体记忆”。

“三闾大夫”在大庸民间名望极高。大庸土家罗水乡傩坛唱本《请神科·神路正》还把屈原封为大庸傩神：“……天门山、天泉山，观音祖师；云朝山、云岩山、万法教主；联公山、月亮山、太阳山、奎联山，观音祖师；……白马山、白云山，汉真祖师；马岭仙山，三闾大夫，黑神云露都督大夫；……”

上述唱词的全部地名，均为大庸本境真山真水。“三闾大夫”“黑神”两位被请神仙即指屈原、颛顼。

与大庸一山之隔的沅陵县七甲坪乡金氏傩坛《遣船一宗》巫书也把屈原请上神坛：

“再运真香，一心奉请：下元三品水官大帝、桥梁渡子、河伯水官、屈原相公……”

座谈中，几位老人还说出两个与屈原先祖高阳帝有关的符号，一是在清醒学校操场前，立有一根当作綯（音桃）马桩的长方形石柱，高约5尺，四方各宽约1尺，四面各刻一个圆圈，是太阳标志，围绕太阳还有若干凤鸟图形，他们叫它“太阳柱”。这不正是典型的祝融——高阳氏族的太阳崇拜图腾吗？恰与祭祀太阳神的潭口丹丘对接。这种同一个模式复制的太阳柱，在永定卫城南正街屈原祖祠中也有一根。据回忆，“文革”那年，为了保护宗坊这根太阳柱，几位老人悄悄将其埋进一口枯井中。

这让我们一下想起此前3月29日，课题组考察慈利金岩乡落凤村龚氏祖坟发现的一座古墓上的那个图案。墓碑正中位置刻“清故先考龚士登字科士墓”，右刻“生於乾隆乙酉年”，左刻“殁於道光戊戌年腊月初一日”。墓厢左右各立一圆柱，上雕缠龙，暗示“祝融乘两龙”。正面匾额一左一右刻了两只相对的凤鸟，二鸟嘴对嘴之间刻一圆圈，圆圈中间刻一“日”字，托着圆圈的是一根石柱纹饰。图饰主题简洁直白，能一口说出“双凤朝阳”或“双凤拥日”。这种造型，与屈家坊太阳柱是同一模式。就是说，古庸中心地的各个姓氏，都是“崇阳”一族。

与屈家坊咫尺之遥的吴家咀，有座颇有名气的高阳寺，建于汉代中期。建寺时间与张家界森林公园的朝天观大体在一个时期。60年代修大（庸）黄（黄家铺）公路时，从东侧屈氏祖坟的断面发现九层重棺，乃墓葬一奇，俗称“老坟山”。这种多达9层“叠葬”，估计全世界只此一例，也就是说，普天之下只有屈氏大族才有这个多重叠葬传统。**康熙十三年（1624），吴三桂部为了在古庸国故地寻找建国立足的都城，曾到大庸驻兵数年，其间慕名参观三间大夫祠后，又拜瞻了高阳寺，对其建筑工艺大加赞赏，似对高阳帝、屈原在大庸的行踪十分熟悉，受长老盛邀，为正殿书“万民瞻仰”四个行草金字匾额，**匾长1丈2尺，宽5尺。民国时期，曾在寺里设**青阳学校**，匾额尚存。为何以“青阳”名校？青阳是黄帝长子，又名玄嚣，高阳为黄帝长孙。屈原写“帝高阳之苗裔兮”，是说颛顼高阳是屈原家族的先祖。那高阳庙就是屈氏的祖庙。

清康熙九年（1670），李自成率余部攻陷大庸，囤兵五年，**李自成曾慕名瞻仰三间大夫祠，又拜谒高阳寺，并挥笔题“文明天祝”匾额，启迪人民“文明必有天祝”。此匾与吴三桂匾一同高悬于正殿。**

不数年，太平天国领袖石达开取道大庸入川，在其《石达开日记》中曾记述他率兵路经大庸，夜宿城外，不敢贸然扰民的事例：“[四月初八] 大庸此地为古庸国地。民

生不甚富裕，又经兵燹，城廓萧条，予驻营城外，不令军士入市滋扰。”

石达开部队兵临大庸，却没有进入卫城，主力宿住屈家坊古城，因古屈邑镇大，驻兵最多。日记又说：“[四月初十] 予在永顺，见城市於兵燹后，颇多憔悴困苦状。……予军帐在古岭之楚王庙。”（见太平天国史料文献《石达开全集》之《石达开日记》）

“大庸此地为古庸国地”，这是个不得了的历史信息，可见这位学富五车的农民领袖石达开早已识透大庸就是古大庸国的秘密身世。

说到古庸国，屈楚子老人说，他小时听先胡子（屈髯）讲过，这个文明古国说到底是熊氏家族创建的。屈氏的前身是熊氏，后来楚王熊通把长子熊瑕封回大庸，到屈家坊落脚。屈家坊的原主人叫狂屈坚（一作竖），是黄帝的军事大臣，因一个“狂”的性格，得不到黄帝的重用，后人也败了。熊瑕就以此改为屈姓。后来进了熊氏庸国朝廷，成了楚国回驻庸国的使臣。**到了公元前 661 年，秦、楚、巴联手瓜分了上庸**（今湖北竹山县）、**庸国的北方势力剪除了，屈瑕的裔孙屈荡乘机篡夺了熊氏庸王政权，成了屈氏庸国首位国君。**屈氏庸国在公元前 280 年被秦将司马错灭了，三百八十多年国龄的屈氏庸国从此消失了。灭国那年，就是我们屈家人灾难的开始。那年，我们的直系祖宗屈原还住在汨罗女儿小婆家。我们屈家坊一支直系祖宗是屈原长子屈平平，他的四个儿子屈承开、屈承元、屈承天、屈承祯从此流落外地，经过一千六百八十五年的辗转回迁，屈原正宗一脉屈再四才迁回屈原老祖屋——屈家坊！

听屈老这一番述说，犹如在迷茫的天空划过一线弧光，为我未来研究方向指明了路径。

这时，屈楚福说了一个信息，是他的老师屈楚志告诉他的，他说，**屈家坊屈氏堂号叫“清醒堂”**，出自屈原“举世皆浊我独清，众人皆醉我独醒”。还有副固定堂号联：

春秋世泽

战国家声

我心里一震，此联气派之大，立意之高，天下姓氏无有可比者。这不正是一副代表国家形象和帝国地位的古庸国屈氏家族堂号吗?!屈老师又说：“前辈老人代代相传，**屈家坊屈氏的‘郡望’就是崇阳坪。”**还说：“这个崇阳坪，就在潭口老庸湾崇阳坪老庸城。”

这是第一次听到“崇阳坪”如此重要的历史背景！中国古代姓氏十分重视“郡望”的确认。因为它的基本前提就是这里必须是这支姓氏家族的发源、发脉之地！即便子孙迁徙千里万里，郡望之号永不变更！如此说来，**以屈家坊屈原一脉的郡望考量，屈原故里在澧水潭口崇阳坪之说就符合祖规了。屈楚志**，早年就读于上海复旦大学，在校期间受国际共产主义及中国民主革命思想的影响，积极参加学校抗日救国组织，以各种借口要求家中多寄钱财，交给学校地下党组织作活动经费，后被国民党特务机关查办，他被学校开除回家。回到屈家坊后曾担任清醒学校校长多年。新中国成立后，在黄家铺小学任校长多年。**他是又一个最早发现屈原故里就在屈家坊——潭口里的屈原后裔。**

座谈会上，我们对屈祖生中医世家“清醒药店”很感兴趣。屈老说：清醒药店创办于明代，以屈家坊“清醒堂”为号，至屈髯公，代有名医。他的几个侄子如屈家琼、屈家齐、屈家争都是名医。屈祖生师出屈家齐。祖生的后人又接上“清醒药店”。据祖生说：**屈原不只是大诗祖，还是大巫祖**。古代巫与医是不分家的。清醒堂传承的就是屈原的衣钵。

座谈会上，我向老人们特别提出一个困扰我四十多年的一个问题：那是1965年秋，我当时在大庸县一中读高中。一次礼拜六，同窗好友赵先元邀请我到他家吃顿饱饭去，我一点也不脸红。他说他的家在关门岩公社宋家湾大队半坡上。记得当年就是从屈家坊过渡到对岸的迎恩渡，经过古城寨山包（相传黄帝所建五城十二楼之一城）、校场坪，就上了一条宽大的青石板大道。开始以为只是一小段某富人特修的路，抬眼远看，让我大吃一惊：这条石板大道已向前方田园、山湾逶迤延伸而去，不见尽头！我停下来，拾起一块破碎的青石板，厚约2寸。而大石板长宽各异，杂错铺设，路面宽5尺。所有石板切割十分规矩，虽说破碎很多，但大体完整。路面被几千年岁月脚步打磨得可照见人影。这一下，让我按捺不住了。赵先元似乎已见怪不怪，一脸坦然，说从小就听老一辈人讲这条石板大道的传奇故事，听多了走多了就厌了。以下文字就是赵先元讲述给我所刻在脑海中的依稀记忆：他说这叫八十里“官路”。就是从屈家坊和古城寨两地而下，连通潭口里和老庸湾的两条大道。北岸上从屈家坊西门口，向东延伸，依序经过屈翡门口—龟背桥（屈氏祖茔地）—上沙湾—下沙湾—奔马坎—兴隆街—下屈家岗—花神桥—兰花桥（跑马地）—潭口渡—**姊归渡**。全长20公里。这条路又因屈原姐回家由此上岸，被前人称作“**姊归岸**”。南岸上从古人寨屈瑕王城迎恩渡傍河岸而下，一路经过古人寨屈王城—校场坪—鲁家坪—关门岩—兰岗——屈家里—田家坊—宋家湾—青云塔—万缘寺—蛇形地—叶家祖茔—张家湾—万人坑（大坟山包）—崇阳坪鱼形地—禾稼村—老庸城—老庸湾。全长约20公里，这条路因屈原从郢都驱逐回家从此下船登岸又叫“**归乡岸**”。两岸全程40公里，号称“**屈原故里八十里官道**”。

这两条八十里“官道”，是屈氏王族千百年代代修建并完善的。官道除了方便行人，主要功能是两条可供骑马乘车沟通屈家坊至潭口的军事驰道。

赵先元这一番精彩的介绍，令我震惊不已！赵先元却不以为然，因为六七十年代以前，西、阳二坪的人们没有哪个不晓得，哪个没走过的。眼下开座谈会的代表也异口同声作证。虽说屈邑官路被流失的岁月特别是修铁路、修公路所毁，但仍可寻找到部分大道的原始风貌。如此庞大的工程，难道是一支家族能够完成的吗？抑或是几位富豪所做的公益事业？我认为没有那个可能，它只能是一种国家行为、一种政府行为，那个“国家”，只能是屈氏大庸帝国朝廷，它让我们更加坚信屈原故里在大庸屈邑是不可撼动的真相！

你看，就这么个三间宗坊，内内外外，居然有那么多深厚而高远的历史文脉，与潭口丹丘形成一个巨大的屈子文脉气场，由此证明帝师侯昌铭先生48字赞语决不是空穴来风。

［考察者］ 金克剑　李书泰　田奇富　田开元　屈楚福　屈祖生等

［考察时间］ 1965年10月；2011年5月13日—12月6日；2012年3月8日—7月、9月；2013年2月3日、6月3日、7月17日、10月9日、10月10日、11月5日、11月29日；2014年5月；2015年4月25日。所考察调研内容已融入各章节。

第五节　屈原故里文化遗址和历史地名

一、屈原故里文化遗址

文化遗址是沉默不语的证词。

大约从20世纪60年代开始，省、州、市、县（区）文物工作队陆续对屈原故里屈家坊、潭口（主要集中在原黄家铺公社、今阳湖坪镇、关门岩乡一带）进行考古发掘，出土大量上从商周、下至战国时期的文物，如石器、陶器、陶片、豆柄、青铜器、铁器等。已列入名录的文化遗址达30余个。考古文物证明：屈邑最迟形成于商代以远的五帝时期；屈瑕封于屈邑大约是公元前704年，正是春秋初始年间（前722年）。文化遗址如此密集，证明这一带曾经经历过商、周、春秋、战国、秦、汉诸时代，与屈原出生时间吻合：

周家坊村蚂蚁岗遗址（商、周、春秋、战国）、周家坊双眼桥遗址（商、周、战国）、周家坊象鼻咀遗址（商、周、春秋、战国）、三岗村屈家岗遗址（商、周、战国）、阳池村流溪排遗址（商、周、战国）、前社村独子岩遗址（商、周、战国）、屈家坊村陈家麻园遗址（商、周、战国）、禾稼村雷家台遗址（东周）、禾家村老龙岗遗址（东周）、三岗村崔家岗遗址（春秋）、周家坊村公屋场遗址（春秋）、三家岗村崔家屋场遗址（战国）、三家岗村落田遗址（战国）、三家岗村新屋岗遗址（战国）、阳池村李家麻池遗址（战国）、沙湾村上沙湾遗址（战国）、屈家坊三蒐丘遗址（战国）、禾稼村丁家岗遗址（战国）、禾稼村老人岗遗址（战国）、禾稼村土地庙遗址（战国）、禾稼村张家湾遗址（战国）、鲁家坪村鲁家坪遗址（东周、战国）、鸬鹚湾遗址（春秋、战国）、沙湾村张家寨遗址（战、晋、元）、前社村张家塌遗址（战国）、三岗奔马坎遗址（汉代）、阳湖坪沈寨遗址（战国、汉）、田家台村田家台遗址（汉、两晋）、田家坊村田家坊遗址（战国、汉）、禾稼村筒车沟遗址（战国、汉）、关门岩村赵家河遗址（汉）、鲁家坪村下湾遗址（战国）、古人寨遗址（原始社会晚期、春秋、战国）

（目录由张家界市、永定区文物局提供）

二、屈原故里及屈原诗中故乡历史地名

既然一个地方发生了如此波澜壮阔的历史事件，养育了如此庞大而辉煌的屈庸氏家族，产生了一代如此伟大的民族诗祖，那这片土地的风水地望绝不能等闲视之。作为屈原故里，绝不可能是孤家寡人，那里必定有一个庞大而古老的文脉符号磁场，有一片掘之不尽的历史文化遗迹群落。屈原诗赋中，也一定留下大量的故乡地名信息。否则，一切的辩解、求证，都是苍白无力的。经现场调查，并由有关人士提供相关文化遗址资料和地名信息，以及从屈原诗中破译出的若干故里地名，屈邑的背景地望就逐渐浮出水面。

杨光浴说：“地名是历史上人与事的活动舞台。历史，总要有事件发生时间、发生地点、主要人物、发生始末等几个要素，否则就成不了历史。或者说，一切历史事件都要有‘地’做依托，没有离开‘地’而形成的历史，所以说，地面是历史截面人与事的

活动舞台。”又说：“历史的重要条件之一，就是地名。……法国人文地理学家白吕钠说过：‘地名可以当做古文物的一种。地名研究的性质好比研究化石、古钱一样。’英国L.R.帕默尔说：‘地名能提供出重要的证据，来补充并证实历史学家和考古学家的论点。’”（杨光浴《地名学简论》东北师范大学出版社1991年版，第104页）

（一）屈原故里——澧口历史文化地名寻踪

以下所录地名，上起鸬鹚湾，下止澧口20公里屈原故里核心地带。

1.澧口一口印： 一口印（一名簸箕塌吊水。屈原老屋场即此）。

2.澧口一丹丘： 丹丘（位于屈原老屋场西侧澧水入口水面400亩大鳌洲，为古庸国日月大祭坛。屈诗“仍羽人于丹丘兮，留不死之旧乡。”已毁）。

3.澧口一关： 金藏关（古庸国中心地东方第一雄关，位于簸箕塌山脚。此为屈原抗秦古战场）。

4.澧口一坝： 安坝（位于澧口丹丘洲西头澧水分流处。相传大禹导澧，开澧口筑坝以安流）。

5.澧口一坑： 万人坑（俗名黄岩头。公元前280年，秦将司马错爷孙灭大庸国，破屈家坊，灭屈氏家族，屈姓一万俘虏被坑杀于此）。

6.澧口一亭： 赤松亭（位于独子岩。屈原诗：“闻赤松之清尘兮，愿承风乎遗则。”）。

7.澧口一药店： 清醒药店（屈原诗：“举世皆浊我独清，众人皆醉我独醒。”屈家坊世代祖传药店，继承药王孙思邈之医风。孙为屈原更姓后裔）。

8.澧口两脚印： 位于澧口500亩丹丘大沙洲南侧小河对岸之巨石，俗名“仙人桥”“挡水岩”“伏羲钓台”。其上有一双酷似真人的脚印，五指、脚后跟、脚心窝，凹凸均匀，绝无人工打凿痕迹，与真人脚印如出一辙，名传千秋百代。各长30公分，宽13公分。1957年县成立水上运输合作社，疏通河道，将此“挡水岩”炸毁。令人惊奇的是，今永定区枫香岗乡雷泽坪大历山也有一双古人类脚印。（位于今玉皇洞石窟之北大巫山之上，与那双史载华胥氏所踩脚印很可能是同一地质年代所留。传说两双脚印均与伏羲、女娲有关，是世界罕见的奇迹）。

9.澧口两坟： 婆婆坟（屈原母修淑贤坟，位于婆婆墩）、昭氏坟（屈原元配昭碧霞坟，位于细岩头下）。

10.澧口两阁： 三闾阁（在屈家坊，阁高三层，东临三闾大夫祠）、文昌阁（在澧口）。

11.澧口两花园： 大花园、小花园（均在兰岗。相传为屈原隐居兰岗辟谷种花时所建）。

12.澧口两岸： 归乡岸（澧南）、姊归岸（澧北）。

13.澧口两塔： 鸿文塔（位于澧口北坡）、青云塔（位于关门岩乡老鸦口，1962年两塔均列为县第一批重点文物保护单位。青云：⑴有德而负盛名者之喻。⑵喻在高位也。⑶喻隐逸也。[见民国《辞源》] 两塔专为屈原而建。已毁）。

14.澧口两堰： 天子堰（位于禾家山村之崇阳坪。此之“天子”，是对一代庸帝颛顼的民间称呼。古时大水泉 [今白龙泉] 出口有一巨型堰塘，颛顼故居即临堰而修，故得名）、大洲堰（在禾家村）。

15.澧口两校场： 一在屈家坊东部跑马场，二在古城寨东部校场坪。

16.澧口三路： 四十里官路（北岸·姊归岸）、四十里官路（南岸·归乡岸）、大庸路（即“常庸古道”）。

17.澧口三校： 屈家坊国立义学、屈家坊清醒学校、高阳庙青阳学校。

18.澧口三潭： 澧口、七里潭（一名屈子潭、江潭、观音潭、鬼谷潭、鳌鱼潭等）、磨子潭（明代“草寇”屈嘎人背磨子沉水处）。

19.澧口三坊： 屈家坊、田家坊、周家坊。

20.澧口三堂书屋： 位于社溪学堂岗（明洪武末 [1388] 田氏、屈氏、郭氏三姓共建。称田氏紫荆堂、屈氏清醒堂、郭氏崇墉堂。神龛左供田氏先祖田况，中供屈氏先祖屈原，右供郭氏先祖郭支）。

21.澧口三阳： 崇阳坪、阳和（父、湖）

坪、阳池（均与颛顼高阳出生地有关）。

22.潭口三社溪：前社溪、后社溪（古庸国社坛）、社溪桥。

23.潭口四井：尧家井（在屈家坊，此为屈姓逃难离乡后尧姓人家进住的见证）、彭家井、阴井边（上二井在崇阳坪）、白鹤井（在屈家坊，与白鹤洲形成“羽人”信息链）。

24.潭口四进士匾：屈家坊曾挂“四进士匾”，清代屈龙门连考四次，均中进士，与状元无缘。

25.潭口四太阳柱：均在屈家坊（此为屈氏先祖祝融、颛顼太阳神之图腾柱）。

26.潭口四“白鹤”：白鹤洲（位于花神桥之水口处，因屈诗“仍羽人于丹丘兮”得名。此“白鹤”即暗示“羽人”。“羽人”出于屈原族祖讙兜：“有人焉，鸟喙，有翼，方捕鱼于海。大荒［按指崇山］之中，有人名曰讙头。……讙头人面鸟喙，有翼，食海中鱼，杖翼而行。”［《山海经·大荒南经》］）、白鹤井（在屈家坊，典出屈原“羽人”诗）、白鹤庸（位于禾家山村，典出屈原“羽人”诗）、白鹤洞（即屈原辟谷兰岗的相公洞）。

27.潭口五城：屈邑古城（屈家坊）、老庸城（崇阳坪）、古称东方帝都、连城（在社溪西）、屈王城（位于屈家坊对岸古城寨屈瑕玉石之城）大庸城（在黄家铺，建于明末清初，未竣而废，仅建一街，俗称南街。见《大庸县地名录》）。

28.潭口五坛：社坛、祖坛、日月坛（一名太阳神大祭坛）、山川坛（在三望坡）、骚坛（即兰岗相公岩之“骚台”。屈原自谱演奏《离骚》处）。

29.潭口五塌：簸箕塌吊水、大簸箕塌、小簸箕塌、上官榻、下官榻（上下二官榻均为古代屈氏王族私邸花园）。

30.潭口六祠：三闾大夫祠、龙门祠（专放龙舟）、屈氏祖祠（在永定卫城南门内侧，专为纪念屈原修，故又名“屈原祖祠”，其《祖祠碑》文载清光绪十一年《永定屈氏族谱》）、屈氏宗祠（在永定古城区之公安局所在地）、田氏宗祠（在打谷台）、严姑祠（在鸬鹚湾）。

31.潭口七屈：屈家坊、屈家岗（在三岗村）、屈家岗（打鼓台）、屈家里（兰岗）、屈家垭（关门岩）、屈家里（张家湾三礅岩）、屈家庸（屈家坊）。

32.潭口七地：鱼形地（崇阳坪）、蛇形地（叶家祖茔）、马形地、虎形地、李家地、廖家地、赵家地。

33.潭口七相公地：相公桥（关门街古桥）相公溪、相公泉、相公潭、相公洞、相公岩、相公庙（均在屈原辟谷种兰之兰岗）。

34.潭口七寨：古人寨（一名古城寨、屈王城）、江西寨、瓦罐寨、沈寨、张家寨、孙家寨、筑（竹）寨。

35.潭口八街：兴隆街、麻雀街（麻雀拐）、关门街、南街（未竣大庸县城位于黄家铺一带）、汤圆街（在老庸城）、古城街（古人寨西山脚）、瓦桥街（永定卫城东部旧城区，毁于清代中末期。街口起于瓦桥渡，被列为庸城八景之一“瓦桥烟树”，竹枝词云：“红树青山天欲晓，烟村瓦屋似鱼鳞。”）、茅草街（在潭口，与潭头铺岸街相连，全长四里半。相传屈原时代就因潭口水码头而兴盛）。

36.潭口八洲：大鳌洲（庸楚“大莫敖”职官概念原生地）、橘子洲（屈原少年吟《橘颂》即此）、算洲子（屈原后裔祖茔地）、龙王洲（屈原后裔端午祭龙舟处）、大莫洲（相传为远古颛庸大帝——帝高阳颛顼之行宫。庸楚“大莫敖”原生地）、碾洲、大堰洲、白鹤洲（在花神桥之南。出自屈原“仍羽人于丹丘兮”之“羽人”，即指白鹤）。

37.潭口八丘：一句神秘的偈语：“上八丘，下八丘，金银埋在八坝丘。”于潭口七里潭北侧屈子洞石壁。唐朝以后叫观音洞。

38.潭口六泉：屈子泉、白龙泉、相公泉、白沙泉、清沙泉、娘娘泉、傲司泉、福寿泉、大水泉。

39.潭口九星：三星桥、三星渡、三星溪（合为“九星”）

40.潭口十一台：骚台（位于兰岗相公岩之上。屈原隐兰岗辟谷种兰，著《离骚》，并谱曲演奏于此，故名“骚台”，一称“骚坛”）、屈子钓台（在潭头铺河岸，天生巨石，相传为屈子钓鱼处）、上打鼓台（在西溪坪）、下打鼓台（位于下官塌屈邑古城所设军事哨卡）、黄家台、田家台、雷家台、郭家台、台上（在红卫村）、烽火台、瞭望台（以上二台均为金藏关军事设施）。

41.潭口十三口：潭口、溪口、岩口、老鸦口、马栏口、洞口、荡口、塘口、庙门口、渡口、巷子口、花门口、铺门口。

42.潭口十八洞：屈子藏书洞（一作读书洞、藏金洞）、鬼谷洞（又名观音洞，位于潭口七里峡中段北崖岸。战国初，鬼谷子白公胜政变失败，破相毁容初隐处。后入熊馆，为屈原之师）、女娲娘娘洞（在渡潭坪对岸。屈诗：“女娲有体，孰制匠之?”）、康熙洞（在培公佬村）、神仙洞、岩屋堂、渔公洞（相传渔父隐居此洞。以打渔为生。屈原访问渔父即此，当地流传仙人赐鱼故事）、蛇洞（此三洞合称“鱼妇三洞”。与“大水泉” [白龙泉]、鱼形地、蛇形地、崇阳坪、大鳌洲、大漠等捆绑一起、构成颛顼出生地原生点符号链）、相公洞（位于相公溪）、大伞洞、钢锅洞、响水洞、麒麟洞、鼻孔岩洞（又称古人洞，经考为古人类穴居遗址）、大泉洞、大洞（上社溪出口处，与天门洞配成大“地门”风水）、观音洞（古名屈子洞，位于天竺山）、天竺洞（位于潭口西北岸之天竺山之顶，为一巨型穿洞天门，内有天竺寺及石雕佛像）。

43.潭口十八岩：二尉岩（大庸、慈利疆界第一岩，屈原故里第一识别符号）、界岩（位于二尉岩正对岸，为一巨型摩崖，上刻“慈界永界中分”）、日岩、月岩、细岩头（俗名“情人岩”。相传屈原元配昭氏夫人遗骨葬此）、关门岩、相公岩、仙人岩、婆婆岩（屈原母修淑娴墓地）、三礅岩、独子岩、红壁岩、岩屋营房、撑架岩、卫士岩、饭甑岩、大岩屋、黄岩头（秦军灭杀屈氏家族，一万余人坑杀于此，故又称“万人坑”）。

44.潭口十八铺：唤狗铺、潭头铺、杨林铺、苟家铺、黄家铺、彭家铺、新铺岗、祖屋铺、湾船铺、社溪铺、古城铺、大庸铺、老庸铺、歇驾铺、粉铺院、沙坪铺、染铺巷、大铺里。

45.潭口十九桥：社溪桥、瓦桥、花神桥、兰花桥、皇姑桥、仙人桥（伏羲脚印桥）、三星桥、鳌鱼桥、兰香桥、沧浪桥、双眼桥、乞儿桥（此之“乞儿”即跟随义父伍子胥一路乞讨逃命奔吴的鬼谷子白公胜。清嘉庆举人龚经济有“乞儿状貌本不凡，苦心为衍捭阖策”诗，故又名鬼谷桥）、龟背桥（屈氏祖茔地）、龙头桥、战鼓桥、太平桥（在关门岩村）、相公桥（关门街古桥，架于相公溪之上，相传古为屈原领建。初为巨型圆木桥。清代改作风雨桥）、六亩桥、樟桥脚。

46.潭口二十渡：铁驳渡、渔父渡、沧浪渡（位于“慈界永界中分”摩崖处）、姊归渡（秭归岸码头，位于潭头铺）、归乡渡（归乡岸码头。由此上屈原老屋场）、三星渡、潭口渡、老庸湾渡、安坝渡、杨林渡、王家垴渡、流溪排义渡（有碑文）、关门岩渡、屈家渡、杨家溪渡、田家台义渡、田家坊渡、屈家坊渡、迎恩渡（位于古人寨屈瑕所建“玉石之城”——屈王城之北山脚河岸。原有码头石牌坊）、独子岩渡、鸬鹚湾渡。

47.潭口二十五寺庙：黑神庙、高阳寺、文华寺、武庙（位于潭口村村部后面）、王地庙、飞廉寺（永定《屈氏族谱》载：出生于康熙乙酉(1705)的“屈登對，字龙门，拳勇，雄称于世，任侠好义，阳和坪苦旱，公凿险开塘，灌溉田数百担，悉成膏腴，至今人念。其利户而祝之，塑像飞廉寺以报其德。”屈原诗：“前望舒使先驱兮，后飞廉使属。”（《离骚》）飞廉为风神。《天问》有“撰体胁鹿，何以膺（yán）之?”亦指风神飞廉）、观音寺、女娲娘娘庙、康熙娘娘庙、文风庙、五谷庙、五斗庙、相公

庙（供屈原相公菩萨）、青莲堂、永宁庵（建于清乾隆年间，1957年拆毁，2016年移址重建）、广教庵、双峰寺、西佛寺、仁义寺、火神庙（一作祝融庙）、道堂寺、朝阳寺、庙堂岗（楠木山村）、庙垭里（双山村）、白公庙（一称"白大仙庙"。位于潭口鬼谷洞之北山，又作"鬼谷庙"，供"白大仙"。白大仙即鬼谷子白公胜，因受天门山白猿老祖指点而成世界谋祖。寿180岁仙逝而去。庙极灵验。遗址犹存。鬼谷子，屈原之师爷，熊馆鬼谷学宫掌门人）、天竺寺（坐落在天竺山一大岩屋内，内有观音殿，观音菩萨像依石壁而刻。相传此庙由远古古庸国巫傩大师向世界各地传播"辰州符"——辰州傩和辰砂（丹砂、朱砂），其中由祝融族一支进入印度——天竺国，无田无地无居所，就造马拉"大篷车"，以辰州傩扶箕（乩）占卜赛神为天竺国人民驱瘟治病，被印度人称作"吉普赛人"。后来，一部分人回归潭口，将家乡之山命名"天竺山"，表示不忘印度第二故乡，并建庙传播印度佛教）。

48.潭口三十二山： 崆峒山（为屈原故里北之祖山。上起桑植九天洞，经永定区之茅岗、罗塔坪、枫香岗之大历山、且住岗之大历山，再经子午台之崆峒山，东经阳湖坪，抵慈利天竺山止，全长约90公里。俗称"你有千军万马，我有千山万洞"。是南方最大的崆峒山，体系古称"神仙窟宅"）、日山、月山（即屈原老屋场后山之日月山、日月岩）、金藏山、姬公山（姬公，即夏末商初之周文王姬昌。曾秘密入庸，与庸帝鬻熊密谋伐商，创办熊馆军校诸事宜。相传最初的会晤地即在潭口丹丘洲。因之得名姬公山）、天竺山（同治《直隶澧州志》卷三·舆地志·山川载："天竺山，在八都，有洞如屋，自生石观音，前有石柱，上自生石林，水滴其中，饮之，可愈百病。"）、鳌鱼山、禾稼山（花神桥对岸，为古代稻作发祥地）、连山（与"连山易"有关）、万山界、桐木山、筑寨山、楠木山、胡家山、笔架山（屈家坊风水山）、香炉山、张家山、摩天岭（相公溪源头）边山、陈家山、宋家山、杨家山、茅家山、猪达山、猫垭山、南山门、双山、古片山、笔架山、笔峰山、燕马山、狮子山。

49.潭口二十九溪（河、滩）**：** 社溪、阳湖溪、印家河、双溪、大泉溪（白龙溪）、流溪排、杨家溪、青溪（位于西溪坪居委会胡家岗村，此为天门昆仑八条神水之一）、龙家溪、两岔溪、石儿溪、胡家河、鸡眼溪、杨家河、兰香溪、相公溪、沧浪溪、花神溪、三星溪、三溪峪、三溪口、茄子溪、潮公溪、木榔溪、兰溪（位于花旯里，上有兰花桥）、渔浦溪（在阳和乡渔浦村）、茹溪（在阳和乡）、潭头滩、骚滩（位于九渡溪之南，寒水溪出口处，与屈原游此有关）。

50.潭口三十四岗： 屈家岗（三岗村）、大岗、上岗、新屋岗、伍家岗、崔家岗、龚家岗、老司岗、朱家岗、覃家岗、枣子岗、丁家岗、刘家岗、飞跃岗、黄土岗、田家岗、屈家岗（打鼓台村）、宝塔岗、毛家岗、岗上、上岗、下岗（杨家峪村）、应丰岗、兰岗（屈原植兰辟谷原生地）、樟木岗、陈家岗、桐木岗、上岗（桐木岗村）、下岗（鲁家峪村）、庙堂岗、长岭岗、学堂岗（三堂书屋旧址）、昭家岗（位于社溪五棓子厂。屈原元配夫人昭碧霞出生地）、西龙岗。

51.潭口五十九处屈原后裔祖墓地：（分布在上下25公里澧水两岸。其中有大量的叠棺葬，最多叠九层，天下罕见）。

[说明] 1.采录地名基本上以屈原出生故里核心居住、生活、辟谷区域——阳湖坪镇、西溪坪街道办事处两大片区为主，古代均属屈原故里"潭口"范畴。

2.上述地名除大部分引自《市典》《大庸县地名录》、市区行政地图、县志、区志外，其余由屈楚福、屈楚子、张友生、王家柱、朱月清、陈丰富、覃文先、王章生、屈先禄、屈力强、屈国基、屈先从、屈国友、屈明初、张启明、朱西桃等村民讲述提供。

3.所录地名部分已在本书相关各章节中予以解释，多数仅录其名。

（二）屈原诗中故乡地名

1.《离骚》。⑴大鳌洲（屈诗“夕揽洲之宿莽”。此“洲”即位于屈原潭口老屋场门口400亩之大洲岛，俗称大鳌洲）。⑵兰岗·兰皋·兰阜（“步余马于兰皋兮”。此即屈原辟谷种兰基地，在今永定区关门岩村）。⑶花旯里·兰香桥·花神桥·花门口（均与屈原辟谷植兰有关。“余既滋兰之九畹兮”）。⑷荷花池·荷叶形屈邑古城（“制芰荷以为衣兮”。此之荷池荷城皆因屈诗而设而造）。⑸芙蓉古渡（“集芙蓉以为裳”。庸人后裔以屈诗之意境专造庸城八景之一）。⑹茹澧（“揽茹蕙以掩涕兮”。如澧：九澧之一）。⑺县圃（“夕余至乎县圃”。一作玄圃、悬圃，即今崇山）。⑻咸池（“饮余马于咸池兮”。今桑植汨湖乡之大咸池、小咸池村）。⑼扶桑（“总余辔乎扶桑”。位于天门山东南约60公里之扶桑村、扶桑溪。属沅陵七甲坪镇）。⑽阊阖（天门。即今天门昆仑山之“天门”。“倚阊阖而望予”）。⑾白水（一名西水。一在沅陵、二在保靖、三在龙山、四在桑植、五在永定沅古坪。屈诗“朝吾将济于白水兮”。应指源于武陵源昆仑山的桑植白水）。⑿阆风（此即大庸之昆仑天门。“登阆风而緤（xiè）马”）。⒀高丘（“哀高丘之无女”。此“高丘”指天门昆仑）。⒁瑶台（即天门昆仑之瑶台。“望瑶台之偃蹇兮”）。⒂故宇（即故家旧宅，此指屈原潭口故家。“尔何怀乎故宇”）。⒃昆仑（此指屈原故乡之天门昆仑，“亶（zhàn）吾道夫昆仑兮”）。⒄流沙（此指与天门昆仑南北相望之流沙河，即今沙堤乡沙堤河。西域流沙之名系汉武帝指于田为昆仑数百年后才被嫁接到西域。“忽吾行此流沙兮”）。⒅赤水（此指桑植境之赤溪河。“遵赤水而容与”）。⒆西海（“指西海以为期”。此之“西海”实为古天门云梦大泽100公里的永顺、龙山之遗泽，今存海洛、茶湖、泥堤湖、西砂湖、托家湖、细拉湖、龙西湖、下基湖、麦塔湖、灭贼湖、烈湖、泽家湖、坎西湖、砂土湖、补足湖、西湖、海角、卡西湖及今武陵源的西海、中湖、沩湖等，是远古天门云梦泽的西部孑遗信息，故统称“西海”。而关键是环绕西海还残存一组与昆仑文化和中华大域名相关的古地名，如神州界、神州、辰洲、花园[龙山境]、万灵山、洞庭[桑植上峒街、下峒街古称“洞庭”]、桃园、万宝、三元[上元盘古、中元盘古、下元盘古]、盘溪[与盘古有关]、万宝山、仙人山、花园[在永顺]、西眉（在永顺此即天门昆仑之“西极”）、灵观山[1054]、登天堡、施庸国等。是古庸国中心地西部历史信息集中之地。有把西海解为四川盆地古内海者，与屈原诗本意不合）。⒇旧乡（“忽临睨夫旧乡”。此指屈原故乡潭口、屈家坊）。

2.《九歌》。⑴中洲（“蹇谁留兮中洲？”此“中洲”即澧入潭口环绕而成的“中心之洲”——大鳌洲、丹丘，约400亩）。⑵涔（cén）阳（《元丰九域志》载有涔河镇。安乡人应国斌考证认为古涔阳镇旧址在今安乡县焦圻镇内。屈原：“望涔阳兮极浦”）。⑶澧浦（澧水岸边某地。“遗余佩兮澧浦”）。⑷北渚（澧水北岸的洲渚。“帝子降兮北渚”）。⑸天门（“广开兮天门”。此天门实指屈原家乡的天门山之“登天之门”）。⑹空桑（“逾空桑兮从女”。此“空桑”即前所云之辰州府即今沅陵县七甲坪镇之“扶桑”。⑺咸池（“与女沐兮咸池”。桑植有大咸池峪村、小咸池峪村）。⑻扶桑（屈诗：“暾将出兮东方，照吾槛兮扶桑。”是说太阳将从东方升起，阳光照射在我家的门槛之上。此之“扶桑”则解作“太阳”。因为传说中的

太阳是从扶桑山顶上升起的。而潭口，正处晨迎朝阳的水口，故屈原将其喻比扶桑）。⑼九河（“与女游兮九河”。九河指“九澧”“九水”“九江”。见第八章专解）。⑽昆仑（“登昆仑兮四望”。昆仑即天门山）。⑾南浦（“送美人兮南浦”。即澧水南岸）。

3.《天问》。⑴四维岩山（即天门山。屈诗：“斡维焉系？天极焉加？”后有专文）。⑵汤谷·蒙汜（“出于汤谷，次于蒙汜[sì]”。汤谷位于潭口东南方的桃源县热市镇之汤口村。汤泉出谷，注白洋河入沅江，谓之汤谷；蒙汜位于与汤谷成垂直线的北部约20公里的石门县之蒙泉，今有蒙泉镇。汜，《尔雅·释水》：“水决复入为汜。疏：凡水之岐流复还本水者。”此之“蒙泉”，正合其原理：“蒙”者，昏愦、糊涂、昏乱。本已流出去的水，又绕回来，故谓之“蒙泉”。是说太阳早晨从汤谷出发，绕行一周后，于次日又返回来，歇息蒙泉洗澡，然后又从汤谷起程。这本是地球绕太阳公转一昼夜的科学原理，注家们却误以为太阳夜落“西极”去了。“汤谷”“蒙汜[泉]”，一阳一阴，一热一冷，又相距咫尺，是天生的神话源头）。⑶羽山（“永遏在羽山，夫何三年不施？”《尚书·舜典》：“殛鲧于羽山。”鲧，即崇伯鲧，崇伯，即一代崇山王，实为一代庸王。羽山，在今张家界市北之凤羽山，一作子午台、太阳山、崆峒山、庸成山、福德山、帝阁山、金鼎（古天文台）等）。⑷昆仑县圃（“昆仑县圃，其居安在？”此指大庸昆仑崇山。昆仑即天门。崇山又称县圃，见《穆天子传》）。⑸增城（“增城几重？其高几里？”史载黄帝因仰慕庸成子的高尚道行[实指性学养生之道]，在天门崇山昆仑北麓为他修建五城十二楼，是谓“增城”。后有专文）。⑹天门（“西北辟启，何气通焉？”此指天门山之“天门”）。⑺石林（“焉有石林，何兽能言？”此之石林，指今张家界武陵源砂岩大峰林。后有专解）。⑻犀牛潭（“一蛇吞象，厥大何如？”此故事原生地在今永定区仙人溪村之犀牛潭）。⑼黑水·三危（“黑水玄趾，三危安在？”黑水在今永定区温塘镇黑潭；三危即三危山，实为崇山）。⑽长寿国（“延年不死，寿何所止？”长寿国，一作不死国、寿丘，即今仙人溪）。⑾崇山·牛郎织女（“女歧缝裳，而馆同爰止”。女歧即织女，织女牛郎的故事原生地在崇山，其对面中央山今存牵牛老[山]，见《中国苗族史诗·崇山祭祀》）。⑿雷泽·女娲（“女娲有体，孰制匠之？”女娲、伏羲出生地在今张家界市永定区枫香岗乡之雷泽坪）。⒀屈子洞（“伏匿穴处，爰何云？”此即屈原故里之读书洞，一名屈子洞，又屈原辟谷植兰于兰岗之相公洞）。

4.《九章》。⑴瑶之圃（“吾与重华游兮瑶之圃”。此指昆仑崇山县圃）。⑵昆仑（“登昆仑兮食玉英”。此昆仑即天门昆仑）。⑶南夷（“哀南夷之莫吾知兮”。此“南夷”专指南夷崇山。此为屈原故里在崇山之域的最有力证词）。⑷闾（“发郢都而去闾兮”。此之闾指屈原老家潭口）。⑸陵阳（“当陵阳之焉至兮”。此陵阳指零陵、零阳，均即慈利县古之县名）。⑹首丘（“狐死必首丘”。此首丘指历代祖宗归葬的崇山）。⑺江潭（“长濑湍流，泝江潭兮”。此江潭即潭口七里江潭，一作观音潭、屈子潭）。⑻长洲（“搴长洲之宿莽”。与《离骚》“夕揽洲之宿莽”是同一地，即潭口大鳌洲、汀洲）。⑼南国（“受命不迁，生南国兮”。此“南国”指屈原的宗国大庸帝国）。⑽风穴（“依风穴以自息兮”。此指天门昆仑之天门洞)。⑾昆仑 (“冯昆仑以瞰雾兮”。冯:凭。此即天门昆仑)。⑿大河之洲渚 (“望大河之洲渚兮”。此即澧水之长洲——“令牌洲”,长约1.5华里,宽5~15丈,位于庸都古人堤东南。今毁)。

5.《远游》。⑴故居 (“奚久留此故居?”此“故居”即屈原潭口老家)。⑵南巢 (“至南巢而壹息”。此南巢即指屈原南方的老家潭口)。⑶丹丘 (“仍羽人于丹丘兮”。此丹丘即屈原潭口之400亩丹丘洲、大鳌洲)。⑷旧乡 (“留不死之旧乡”。此旧乡指屈原潭口老家)。⑸汤谷 (“朝濯发于汤谷兮”。此汤谷与《离骚》汤谷同)。⑹九阳 (“夕晞余身兮九阳”。此“九阳”指永定区官坪镇之古王界—长茅山—九日山,其上有九日寨、九日庙。九日即九阳。是湘西土家、苗族长诗所唱射神射日处,亦是后羿射日神话发生地)。⑺飞泉 (“吸飞泉之微液兮”。此飞泉即天门洞穹之“梅花甘露”亦称“飞泉”“飞雨”“花雨”)。⑻南州 (“嘉南州之炎德兮”。此“南州”指南方神州——崇山。柳宗元有“南州之美莫如澧”之说)。⑼帝宫 (“集重阳入帝宫兮”。此“帝宫”指天门昆仑之黄帝宫。《穆天子传》:“天子□昆仑以守黄帝之宫”)。⑽微闾 (“夕始临乎于微闾”。微:谦词,如“微臣”“微薄礼物”;闾:家。微闾:屈原谦称,如“柴门”“陋室”之类)。⑾旧乡 (“忽临睨夫旧乡”。与《离骚》句同,即屈原故乡)。⑿大壑 (“降望大壑”。今张家界市武陵源索溪之东有“大壑溪”)。

6.《渔父》。⑴江潭 (“游于江潭”。此即屈原家门口七里江潭)。⑵沧浪之水 (“沧浪之水清兮”。此之沧浪之水即指屈原屋门口七里江潭。其地有沧浪溪、沧浪桥。鬼谷子白公胜《分定经》有“鳌鱼沧浪格”卦辞。是天下众多“沧浪”之源头)。

7.《招魂》。⑴流沙 (“西方之害流沙千里些”。此流沙即天门昆仑八条神水之一,即今沙堤乡之流沙河。距汨罗恰好一千里)。⑵雷渊 (“旋入雷渊”。渊:深水。一作潭、泽。雷渊即雷泽,位于大庸枫香岗乡,华胥氏诸英在此地巫山之上脚印岩履大迹怀孕生伏羲、女娲即此)。⑶云梦 (“与王趋梦兮”。即与庸王——伯庸疾趋天门云梦与秦师——“青兕 (si)”展开拼杀。并楚王率千军万马追杀一头野牛 [或犀牛])。⑷皋兰 (“皋兰被径兮”。此“皋兰”即“兰皋”——屈原植兰三百亩的兰岗,位于今永定区关门岩乡关门岩村兰岗组)。⑸枫 (“湛湛江水兮,上有枫”。此之“枫”,指千里之外的故乡枫香岗。此地有千年古枫,枫树是苗族的祖先神树,又作“妈妈树”,与该地仙人足印 [即华胥氏所履之“大迹”]、麻公山、麻婆山 [此为苗族创世祖地]、千古苗寨等形成屈原先祖符号链)。

8.《大招》。⑴流沙 (“西方流沙”。此流沙即屈原故乡之沙堤,距汨罗之西一千里。汉后流沙地名乃后人为配昆仑而西迁)。⑵荆楚 (“自恣荆楚”。荆,荆条树,细长柔绵,古庸人板土筑墉 [城] 间用以固其土;楚,从林从疋,即最早发现桑林养蚕织布的民族。此之“荆楚”,即庸楚一脉之信息)。

(按:上述地名,多数已在各章节中予以涉猎解释)

第六节　诗祖故乡屈子遗风

故里遗风序

“遗风，犹余风也。《淮南子》结激楚之遗风。”（民国《辞源》1477页）

关于屈原故里之争，似肇起于东方朔的“平生于国兮长于原野”，至袁山松、郦道元伪造出“秭归”说，学术界的争论从此此起彼伏，无有宁日。及至于又生出屈原流放“沅湘之间”一说，笼而统之，竟然置澧水于不顾，似乎屈原与澧水无涉。笔者曾于2000年初先后试着作《屈原与天门》《屈原赋澧》《庸墟问天赋〈离骚〉》等拙文以投石问路，却惨遭网上口诛笔伐。我坚定地认为：屈原作《天问》是因了天下奇观大庸“天门”的震撼与启示有关，对王逸所谓**“见楚有先王之庙公卿祠堂……仰见图画，因书其壁，何**（呵）**而问之”**报以一笑置之。笔者认为这是忽略澧水死盯“沅湘”所致，故而提出关注屈原放流澧水说。关于“澧水”一说，屈原已在他的楚辞作品中留下了大量的诗句。经过广泛深入研究，笔者发现屈原赋澧与游澧关系极密，甚至发现了屈原的故乡与澧水有关的线索。及至苍天长眼，终于泄露出湮埋两千多年屈原故里在大庸充县潭口（屈家坊）的天大秘密，千古之谜，一朝得破。

回过头来，笔者有必要再探屈原因澧水之情结而留下的“屈子遗风”，证明屈子故里在澧水流域具有十分深厚的社会基础之不虚。

芬兰民间文艺学家、历史地理学派的杰出代表人物之一安蒂·阿乐奈（Anitti Aarne）曾谈到幻想故事起源地的探讨时说：“更好的证据是对故事传说中心的探求，这需要顾及在一定地区之内故事的整个地理分布，而特别是它的出现频率和普及性。”（[芬兰]斯蒂·汤普森，世界民间故事分类学（The Folktale）[M]，郑海等译，上海文艺出版社，1991年）

日本著名学者柳田国男说：“传说往往有中心，而这个中心必有纪念物：——传说有其中心点。……传说的核心，必有纪念物。无论是楼台庙宇、寺社庵观，也无论是陵丘墓冢，宅门户院，总有个灵光的圣址、信仰的靶的，也可谓之传说的花坛发源的故地，成为一个中心。距离传说中心地点愈远，人们也就对它愈加冷淡。”（[日]柳田国男，传统论[M]，连湘译，中国民间文艺出版社，1987年）

对上述二位的主张，笔者表示十分认同。也许，读者诸君对本章所记录的“屈子故里遗风”为何那样独钟情于大庸，就明白那隐藏很深很深的秘密的本质内容了——或许因笔者找到了屈原诗中所描述所悲歌的关于故乡传说的中心点——灵光的圣址、传说的花坛、信仰的靶的。

一、文献名流载“遗风”

有初唐四杰之称的才子诗人王勃在《秋日宴山亭序》写道：“东山可望，林泉生谢客之文；南国多才，江山助屈平之气。”所谓“南国”，即屈原所写“受命不迁，生南国兮”的“南国”，即屈原的故乡大庸古国。东晋王嘉《王子年拾遗记》说：“屈原以忠见斥，隐沅澧之乡。”这个“沅澧之乡”值得注意。“之乡”即“之故乡”，想必王先生是发现了屈原故乡在沅、澧一带才有此论的。明弘治《湖广岳州府志》(卷七·澧州)载：“永邑人性淳朴，士尚礼义，刀耕火种，网罟为业(旧志)。有楚遗俗……有屈原遗风。”注意：这是岳阳人说“永邑人”——大庸人(今张家界)“有屈原遗风”。明《一统志》载：“永邑旧属楚，为黔中地，至今有楚遗俗，有屈原之遗风。”

这是国史所载“永邑有屈原之遗风”。

清乾隆二十三年(1757)，与慈利县令第二次在二尉岩勘定界址的永定知县郭六宰(河南人)写道：“永邑为澧兰沅芷之近区，有屈平宋玉遗风焉。其泽既远，其教易施。”(《新建嵩梁书院记》)

这是来自河南的县太爷发现“永邑有屈平遗风”的秘密。

《湖南全省掌故备考·州志》载：“澧有屈原遗风。王堪制词，地境民醇。胡之焕《风土记》：土腴俗美，力于耕桑，畏上东输，号为易治。”清道光三年(1823)永定知县赵亨钤(河北人)也发现了屈原对大庸永邑的影响：“楚南夙号多材，澧浦代生哲士。永邑虽属边陲，而屈骚宋赋，不辍披吟。”(道光《永定县志》)

[按]“遗风”的产生一是某人物的巨大影响力；二是需要产生的土壤和时间。如果屈原不是出身、生活、成长或久居于斯，“遗风”何来？这“不辍披吟”，正是对大庸人与屈原非同一般关系的敏锐发现。

清代名士龚之茗在《延光书院记》写道：“澧居洞庭西澨(音世)，志称神仙窟宅。柳子厚亦称南州之美莫如澧；则以气节、文章，若屈(原)，若宋(玉)，若车武子。代有伟人，后先光映，……先生之言曰：‘澧之先屈宋(按：以屈原、宋玉为澧州、澧水一带的“先人”“先贤”“先哲”，言下之意，屈、宋二人好像就是这里的人)，尚已读书博雅，不有武子允其人者，能使千年后澧人士犹称囊萤故事不衰。其光可言也……’先生笔之，削之，磨之，砺之……宜人人**握灵蛇之珠**，追踪屈宋，步武车李，不愧称文献名邦，是澧藉先生之光于不朽也。”以屈、宋、车、李四大文化名流评价此地为“文献名邦”，且直称四人是“澧水藉贯”之人。(载同治《直隶澧州志校注·艺术志·表记》1193页)清鲁起元《建修考棚序》云：“凡属遐陬(音租)僻壤，靡不说礼乐，敦诗书。……今考棚之建，特作育之一助耳。所望列吾籍者，父教其子，兄勉其弟，家弦户诵，务令敏越入乂(音意)。捷追七步(按：指曹植七步之才)，高摘屈宋之艳，浓薰斑(班)马之香。……”(载道光《永定县志》)屈宋者·屈子宋玉也；班马者，班固两司马也(司马相如、司马迁)。清《直隶澧州志·风俗》：“三月。三日，携酒榼(kē)游水滨，偕伴侣采兰蕙为佩，谓之踏青令后。”

这种风俗，明显是受了屈原“采兰蕙为佩”的影响而逐渐形成的。

清《直隶澧州志》引《一统志》：“士

知义而好文，信巫而尚鬼；民以网罟为业，有楚遗俗，有屈原遗风。”《直隶澧州志》又载：“约而论之……永定得澧之畏上急公而好使，至于信巫尚鬼，虽沿屈宋之余氛，全楚亦惟届苗疆者，稍存旧习，阅新旧各志所录具见。”（见《直隶澧州志·风俗》）《直隶澧州志》卷二十一·艺文志载：“《楚辞》虽变三百篇音节……实为南国文章之祖。读‘沅有芷兮澧有兰’‘望涔阳极浦’诸篇，尤于澧境山川草木三致意焉，乃知澧固三闾大夫被（披）发闲游，素所往来地也。”民国《慈利县志》载：“屈原遁楚澧浦、涔阳，擅名骚雅，搴兰写怨，厥体芬芳，顾承学撰述，千年莫闻。”民国刘大建著《大庸史实精华》说：“澧水两岸山势倒悬，风景绝佳，相传古诗人屈原，常履足其间，赞叹‘沅芷澧兰兮’之不朽作品。”

上述文字早已注意到屈原在大庸澧水的神秘行踪了。

安佩莲《续修澧州志原序》：“忆未履任时，即念澧自《禹贡》得名，而后香吟兰草，美冠南州，三闾、柳州（按：柳宗元）早推为**湖天胜地**。”

在澧水流域，较早为屈原写诗的诗人大约是唐代临澧大诗人李群玉（其诗入选全唐诗）作《竞渡时在湖外偶为成章》：

灵均昔日投湘死，千古沉魂在湘水。

绿草斜烟日暮时，笛声幽远愁山鬼。

关于李群玉，袁中道《澧游记》云：“诗人诗思清逸而冶，真所谓居住沅澧，宗师屈宋，枫江兰渚，荡思摇情者也。……昔李群玉以鸣诗于唐，至今千余年矣，而更无有追步之者。”

明·高尚志《澧纪·叙目》有段不同寻常的文字：“洞庭无波，松梁不骞（音谦，高举）……足足来仪，甘醴涌泉。同作世珍，璧合珠联。维彼沅芷，实配澧兰……史纪巫鬼，骚歌帝君。”

“松梁”，即大庸松梁山，又名天门山。这是以独有的名山界定屈原诗所写的地方，暗示屈原笔下的醴泉、澧兰、巫风、山鬼、离骚、九歌中的仙界帝君与天门昆仑的深层关系。

《澧纪·公署》：“天门十六峰，脉络岷、峨、黔、巫，云栈鸟径，而下接嵚、彭，其延袤广矣！……澧，洞庭之西境也。山之住处、水之发源间，气结凑泊，必有异材出焉。澧兰之颓址，钟灵其斯乎，在斯乎！……生乎其间者，多知义而好文，慷慨激烈，有灵均之遗风。人材辈出，先后相望，羽仪领袖，代不乏人。”毫无疑问，这段话是写天门山脉连岷、峨诸山，向四方延展而下接嵚彭头诸山，这里（以天门十六峰指代大庸）是一块风水宝地，人才辈出，代不乏人，是因为这里有灵均（屈原）之遗风。值得注意的是：所写十六峰脉发四方，实际上已经发现天门昆仑作为万山之宗的至尊地位。进而暗示：屈原其人与天门昆仑必有非同寻常的山水脉源关系！

历史上关于屈原在澧水的行踪，除了载之于方志野史，更多的是留在一大批名流诗人的笔下。

1128 年，宋代大忠臣李纲当了 77 天宰相罢职后，先谪居武昌，次年便“移居澧浦”，在澧水边结庐而居，自称“所历皆骚人放逐之乡”。这是李纲追随屈原到澧水边定居的自述。同朝大忠臣寇准，亦追随屈原至澧而居，作《楚江有吊》：

悲风飒飒起长湖，独吊灵均恨莫收。

深岸自随浮世变，遗魂不逐大江流。

澧州人、钱塘寺丞苏坚写道：“灵均一去楚江空（按：澧水又名楚江），澧阳兰芷无颜色。”明·嘉靖《澧州志》卷六·拾遗有句：“若夫骚吟澧浦，志（方志）称兰江悠悠。”清·魏式曾《重修文庙引》：“澧州多士如云，文运蒸蒸日上，纫兰佩芷，祖述风骚。”此之“祖”，指诗祖屈原也。清·辜滢《澧兰辩》：“澧未尝无兰也，子自不识兰耳。……屈子行吟泽畔之日，方不胜郑重而佩之，今也无人焉过问之。”清·谢阶树《示澧州诸生作》：“香薰选学三篇赋，秀撷《离骚》一卷经。”又《安玉青欲集予澧州唱和诗原唱》：“谁嫌此是巴人曲（按：指竹枝词），我觉都成屈子辞。沅芷澧兰今共采，何曾奕味和差池！”是说屈原诗多是从澧水土人的竹枝词中得到的灵感。清·安佩莲《澧槎（音“查”）唱和诗集》序：“屈大夫行吟香草，千载下齿颊犹馨。兹沅芷芳矣，而澧兰犹茂。”清·知州锡尔《佩兰堂记》：“澧之有兰，著在《骚经》……以为王者香。”在澧州东北二里，有忠清祠，明嘉靖甲午（1534）知县汪倬领建。祀楚三闾大夫屈原，以宋玉配。春、秋祀。尚书郡人李如圭作《忠清祠祭》[1]，曰：

昔在周末，王政不纲。诸侯擅权，天子下堂。楚本荆域，封豕长蛇[2]。乘时攒乱，假力雄跨。公（此“公”即屈原）生斯时，贵戚其卿[3]。相彼怀王，誓竭忠贞。维时上官[4]，妒才肆谗。王不加察，弃智如凡。

公既去位，国事日非。公心眷恋，将安适归。西有虎狼，约会武关[5]。公曰不可，兰[6]说无艰。王会不返，公忧未忘。竟犯谗锋，迁者顷襄。邪曲害公，方正不容。《离骚》寓言，情思万重。惟我澧浦，有兰其幽。一经咏游，千载未休。渔父莞尔[7]，卜居问津。公非不去，忠在致身。汨罗遗踪，楚在有祠。公辞恋澧[8]，惟澧无之。

余生也晚，窃仰高风。时有田使，余志其同。乃建厥祠，祠曰“忠清”。乃建厥堂，堂曰“独醒”。既严且正，惟神之休。董是役者，属我王侯。爰采汀兰，聊制荒词。敬陈薄奠，神其有知。谨奠！

注：(1)李如圭此祭文原无标题，此为校注者所加。(2)封豕长蛇：语出《左传·定公四年》。封：大；封豕：大猪；长蛇：大蛇。贪婪如大猪，残暴如大蛇。比喻贪暴者、侵略者。(3)贵戚其卿：此指屈原与楚怀王同祖，他当左徒，是以宗亲而任重臣。(4)上官：即上官大夫。(5)武关：今陕西丹凤附近。(6)兰：指楚王宠臣子兰。(7)莞尔：微笑的样子。(8)公辞恋澧：公指屈原相公。辞，楚辞。恋，依恋、眷恋、爱恋、恋爱、想念不忘、不忍分离、恋恋不舍。屈原对澧水如此一往情深，说明了什么？

后晋·周朴（葬天门山下）作《吊李群玉》，以屈原精神对出生于澧水岸边的唐代大诗人予以赞颂：“吟魂醉魄归何处？空有幽兰隔岸香。”清·乾隆永定知县（河南信阳进士）郭六宰《登七星山》：“犹忆秦人歌板屋，楚骚何日补遗经。”清·道光丙午（1846）科举人魏湘（慈利人）作《崧梁书院夏日感怀》：“歧路飘萍推国士（按：指韩信《史记》：“若韩信者，国士无双。”），中宵痛饮读《离骚》。”杨玉书《恭和印浦老夫子（大庸）崧梁书院助学原韵》：“旧阅风骚原有本，新磨宝镜定无尘。”清嘉庆八年任永定知县的陕西咸宁人

许绍宗《八月十八日下乡》："骚人遗兴山林助，俗吏尘怀岁月磨。"清代熊国夏《天门山赋》，字字弥漫屈子诗境："薜萝挂于巉岩，兰蕙生于幽谷。"清《直隶澧州志·风俗》载："造龙舟竞渡，标分五色。其舟轻，亦谓之飞凫。俗为屈子投江，故以舟楫争拯之，又以粽子带五丝投水祭之。"清道光《永定县志·风俗志》载："端午节。城外河内龙舟竞渡，均以角黍粽物祀三闾大夫。孩童装故事，游于巷，穷工极巧……"

在屈原故乡大庸，还有一个五月端午摔包子祭屈原的古俗。李发展先生在《望仙楼的包子》中写道："望仙楼一年四季的包子生意都很好，最旺的还是在端午节，几乎全城的家庭在这一天早上都要来此端包子回去，和粽子一块吃。以前纪念屈原，过端午时还要向河里摔包子，为的是喂鱼，不让鱼吃屈原的身子。投河的包子，以五月初二、初三、初四这三天为甚。这几天的包子质量稍差，因为是喂鱼的。全城都摔包子，销量是很大的。初五这天的包子是人吃的，质量自然是上好的。像胡咸宜这样的大家，每过一回端午，买的包子用皮箩筐挑，一个端午下来，摔包子千余个。"（《茶余聊永定》2003年内刊本第69页）

这种五月端午摔包子之俗，天下怕只有屈原故乡大庸。

袁中道（1570-1623）评论澧州唐代大诗人李群玉道："诗人诗思清逸而冶，真所谓居住沅澧，宗师屈宋，枫江兰渚，荡思摇情者也。"（《澧游记》）

屈原遗风之影响，还进入了民间巫傩唱本，列入各路神仙之列。如大庸罗（傩）水乡傩坛《请神科》词："……天门山、天泉山，观音祖师；云朝山、云岩山，万法教主、观音祖师；……马岭山（天门山之西南，又称马鬃岭），三闾大夫、黑神云露都督大夫……"又：大庸永定沅古坪佛坛堂祭词开方朝·大圣叹无常菩萨："周秦汉魏鲁明王，晋宋齐梁在哪邦。**荆棘丛中藏五帝，蓬蒿窝下隐三皇。**屈原因甚投江死，介子（按：介子推）为何抱树亡。堪叹古今贤达士，人人终不免无常。"（大庸道教法士李太盛·体道真靖神妙雷坛）乾隆五十五年（1790）与世隔绝的索溪（今武陵源）文风村邓家庄园槽门所撰碑文，也不忘借屈原澧兰诗之风骨："……语云：人杰地灵，□（邓）翁益信。山原逶迤，发自天门。水流曲折，沼乎澧兰。"（文载《武陵源区志》湖南人民出版社2006年版第96页）据载，明末清初，邓家一屋出了三位举人，当地流传"公孙两案首，父子三俊才"。而"文风村"之"文风"，相传与屈原游索国故旧留诗句"焉有石林，何兽能言"有关。

二、现代故事说"遗风"

（一）彭辉玉22年亡命隐居昆仑屈子情

[讲述] 也就在这片"石头森林"中，居然还生出几个与屈原相关的景观来，如"问天台""屈子行吟"，还有与妻昭碧霞昆仑峰夜宿遇"山鬼"的"蜡烛湖"（天池）。说起"屈子行吟"，还有个活生生的故事：

1958年反"右"运动中，桑植县一位彭姓中学语文教师被打成右派分子的次日从人间"蒸发"，成了当时一桩"特大政治案”。到了1980年，笔者调入县文化馆，上昆仑峰天子山采风，偶尔发现一位自称“七星老人”的山民。老人七十有五，一身沧桑，满腹经纶。经倾心交谈，老人酒兴大发，信口而吟：

沽酒凭吊古，英雄恨醉眠。

在酒精的刺激下，老人第一次毫无保留地向我道出他就是失踪22年的右派分子彭辉玉老师。当年逃进天子山，靠挖葛捕蛇猎兽为生，后被昆仑峰下（按：原属桑植县汨湖公社昆仑大队）一农夫收留，招赘为婿，得以隐居如今。彭老师说：他在这“蛮荒”中苦度时光，唯一能跟他对话的“朋友”就是那座“屈子行吟”石峰。**《武陵源区志》有载：“屈子行吟，位于天子山景区刘家檐前。幽谷尽头一峰高80余米，直径约15米。似一身披长衫老者，背微驼，脸消瘦，双眉紧锁，孑然独立于岸边，凝视东方。远看如人戴冠着袍，披发仗剑，步履蹒跚，神似‘屈子行吟’。”**（《武陵源区志》湖南人民出版社2006年版第79页）彭老师说，每年五月端午，山民无福划龙船抛粽子祭屈原，就不约而同备上香案，在“屈子行吟”石像足下供奉蒿子粑粑和苞谷粽子（山上无糯米），叩首祈福。我想：在众神汇聚的昆仑峰（昆仑为天子山之主峰），居然还有屈原一席之地。在石壁上，我抄下了彭老师书写的两首诗：

清溪流过天山头，空水澄鲜一色秋。
隔断家乡三千里，白云红叶两悠悠。

路远应悲春色晚，百折千回萦崖峦。
泽畔行吟屈子泪，问君我能几时还。

彭老师是把自己的命运与屈原联系起来了，屈原回家了（按：指回大庸，上昆仑峰探望古索人族戚。早在古庸赤松子时代，武陵源就由索人创建古索国，故赤松子又称“赤索子”），我彭辉玉回家的日子又在哪一天？

此后，我与彭老师结成忘年交。在张家界开发初期，他为桑植县开发天子山提供了许多珍贵的民间文化资料。此“屈子行吟”景点，就是他指点确认的。

（二）黄永玉、马龄两位故友屈子情

[讲述] 1946年春，著名国画大师黄永玉流浪至江西赣州，结识在赣州《正气日报·新地副刊》编辑室主任、大庸老乡陈振伦（笔名马龄），从此二人结为至交。后二人分散，天各一方。马龄后来出任上海《文汇报》驻杭州记者，出生入死，名震江浙。黄永玉则浪游天下，冲刺绘画高地。一直到1982年5月底，黄永玉与沈从文先生一行到大庸访问张家界，偶尔得知离散40多年的故友马龄就在大庸。其时笔者在黄、沈二人面前作陪，即表示去把马老接来一叙，因为我是马老师的高中学生。黄永玉喜出望外。我立即驱车到后坪乡将马老师接上山，才得二人在张家界景区会面。当夜，一行宿金鞭岩饭店。晚餐后，黄永玉顾不上休息，倾注全神作《离骚图》，但见一披发僧端坐于地，沉思独慎，面部冷峻怪异，围观者细揣，酷似坐在一角的马龄，不禁哂然而笑。画毕，黄永玉又挥笔作跋曰：

壬戌暮春得会马龄兄于大庸相忘江湖四十年作屈子以赠湘西弟黄永玉。（指印）

次日清晨，笔者见黄永玉卧室灯光通明，便去探视问安，见黄正伏案疾书。横幅上写道：

故人江海别，几度隔山川；乍见翻疑梦，相悲各问年。孤灯空照雨，轻竹暗浮烟；更如来朝恨，离杯惜共传。

又作记曰：

数十年不知马龄浪荡何处，而于张家界墙头所贴画页上无意得之，余三上张家界，为张家界，亦为马龄耳。人生往还多有题目，此种因缘，亦题目也。书唐司空曙诗凑兴于壬戌，弟凤凰黄永玉于大庸张家界。（指印）

马龄先生看画读罢后，泣不成声，即挥泪在画上空白处和了一段文字：

永玉作《离骚图》，倾注全神，俄而成。观者以形神模特很近不解其意而窃笑再三，予感其深情厚爱，潸然泪下，故为诗以志之：形似秃僧不行吟，散发端坐且思忖。人世清浊难逆料，国事阳春仍系心。既已九死犹未悔，焉能六秩叹黄昏？良友知我逾骨肉，但见指纹亦泪倾！

诗中“人世清浊”出自屈原《渔父》“举世皆浊我独清，众人皆醉我独醒”；“九死犹未悔”，出自屈原“亦余心之所善兮，虽九死其犹未悔”（《离骚》）。

想不到黄、马二公都是屈原的精神追随者！

数年后，我得到黄永玉转送给我他出版的一套丛书，中有一册《这些忧郁的碎屑》（1998年三联书店版），他在《屈原、湘西和旅游》中写道：

屈原《离骚》中，许多部分提到两千多年前湘西的独有的风物。沅芷澧兰固不必说，“华灯明烛，兰膏错些”的美丽词藻，在湘西年节中，至今还能见到具体的明证和实感。

我不免这么想，屈原什么时候去的湘西？

是千里江陵一篙直下洞庭，绕湖穿玩一通才进入澧水沅水流域的湘西，呆了相当长一段时候——春兰秋菊，女萝薜荔以及“还傩愿”典祭和结橘柚的冬日，越来越想不开，才由辰河买舟入洞庭，绕至汨罗，扑通跳进水里去的呢？……何况湘西的生活那么好玩有意思，创作欲望正盛，顾不得死。……

要是有人在旁边，他是不会死的，一来人家会救他，二来有人会劝他、会同情他，使他感到些微“下野”的人生乐趣……

总之，屈原这人诗辞做得那么好，又是个政治遭遇坎坷的人，才高和寡，脾气一定是好不到哪里去的。纪念他，是一种对楚王的抗议，一种热热闹闹的抗议，一种政治性很强、化悲痛为欢乐的群众运动。倒是两千多年前有人这样惊天动地描写了我们的家乡的风土人情，使我动不动就要抬出屈原来为我们的湘西吹牛皮。

我知道这是两千多年前屈原走过的、歌颂过并遗留着文化芳香的老路。

你看，黄永玉先生这段文字写得多精彩！好像在与湘西老乡屈原聊天拉家常！

6月1日，沈从文、黄永玉、黄永厚及马龄一行下山，下榻大庸县委招待所，笔者陪黄、马二人在室外纳凉聊天。我向老朋友——该所所长张玉琳建议，请二位大师为招待所新建的花园门题副对联，二人笑着点头，叫恭敬不如从命。黄要马出上联，马一抬头，正好看见对面月光下的天门昆仑山雄姿，便信口出了上联：

“屈骚歌澧水。”

出句点出屈原辞中吟诵澧水的典故："沅有芷兮澧有兰，思公子兮未敢言。"（《湘夫人》）"捐余袂兮江中，遗余佩兮澧浦。"（《湘君》）

黄公一时语塞，亦手握烟斗踱步，对天门沉思，片刻转脸笑起来："羿箭射天门。"

黄公是巧借屈诗中"羿焉彃（bì）日，乌焉解羽"的典故，把射太阳改成射天门，把一座山都射穿了，其内涵又不离屈子吟"广开兮天门！纷吾乘兮玄云"（《九歌·大司命》）之绝唱。可称绝对！

更蹊跷的是这个典故原生地恰又出产在老大庸县官坪公社的"九日山"，即后羿射九颗太阳传说的原生地。这简值是天作之合！黄永玉犹感不足，就当面请表叔沈从文再斟酌一下。沈老沉吟再三，笑着说："各句再减一字：'屈骚澧水　羿射天门。'"众人一惊一疑，旋即击掌叫绝！5字减为4字，一字之改，字字如珠，堪称联语佳话。后来，黄永玉为天门山大酒店作大写意《天门山传奇》中堂画，所题跋语中记下了这个小故事。（文见金克剑《画中情——黄永玉在1982年5月和6月的那几个日子》，载向永新主编《张家界游记选》北方文艺出版社2004年版）

（三）沈从文大师笔下屈子情

[讲述] 1982年5月28日，中国20世纪最伟大的乡土文学之父沈从文先生夫妇回到阔别大半个世纪的大庸，慕名登上刚刚出名的风景名胜张家界。陪同前来的有美术大师黄永玉夫妇、画家黄永厚、湖南名诗人弘征等。此间，我有幸以东道主身份参与接待工作，并就他的作品与湘西大背景、与屈原诗中大湘西等诸多问题进行讨教。沈老一提到屈原，就显得十分激动。他说，我的文学之路就受到屈原的影响，而且，在不少作品中直接描写或涉及屈原。他说，真正有点出息的湘西作家，没哪个不受他的影响的。我们不少作品的灵感就出自屈原的楚辞和他描述过的一些现实场景。不少注家对屈原诗中的一些语言不可理喻，臆解者较多，他们不知道（或不承认）屈原是苗族，他的诗中有不少苗语，如《招魂》中的"些"或"禾和些"就是苗歌、苗巫唱腔结尾时的合唱衬句，以增强热烈气氛，也是苗歌、苗巫唱腔的主要特色。与湘西土家摆手舞结尾合唱"嗬嗬吔"是同一个意思。

听沈从文大师一席话，原来他也是一个屈原的大"粉丝"。记忆较深的是他在《箱子岩》散文中写的一段文字："**两千年前那个楚国逐臣屈原，若本身不被放逐，疯疯癫癫来到这充满了奇异光彩的地方，目击身经这些惊心动魄的景物，两千年来的读书人，或许就没有福分读《九歌》那类文章，中国文学史也就不会如现在的样子了。在这一段长长岁月中，世界上多少民族皆堕落了，衰老了，灭亡了……这时节我所眼见的光景，或许就如两千年前屈原所见的完全一样。**"（《沈从文散文选》湖南人民出版社1981年版）

沈从文又写道："在这条河里在这种小船上作乘客，最先见于记载的一人，应当是那疯疯癫癫的楚逐臣屈原。在他自己的文章里，他就说道：'朝发枉渚兮，夕宿辰阳。'若果他那文章还值得称引，我们尚可就'沅有芷兮澧有兰'与'乘船上沅'这些话，估想他当年或许就坐了这种小船，溯流而上，到过出产香草花的沅州。"又写："那种黛色无际的崖石，那种一丛丛幽香眩目的奇

葩，那种小洄漩的溪流，合成一个不可言说迷人心目的圣境！若没有这种地方，屈原便再疯一点，据我想来，他文章未必就能写得那么美丽。”又写：“战国时被放逐的楚国诗人屈原，驾舟溯流而上，许多地方还约略可以推测得出。便是这个伟大诗人用作题材的山精洞穴，篇章中常借喻的臭草香花，也俨然随处可以发现。尤其是与《楚辞》不可分的酬神宗教仪式，据个人私意，如用凤凰县苗巫主持的大傩酬神仪式作根据，加以研究比较，必尚有好些事可以由今会古。”（以上引自卓雅《沈丛文和他的湘西》，上海文艺出版社 2004 年版）

美术大师黄永玉曾对沈从文先生作过评价，说他是“只靠一大堆作品在国内国外站得住的文学家，一个中国少有的在全世界面前能够代表中国的文学家。”

（按：关于与黄永玉、沈从文两位大师会面之往事，分别记在我著写的拙作《画中情——黄永玉在 1982 年 5 月和 6 月的那几个日子》《大山的倾诉——沈从文缱绻张家界》。北方文艺出版社 2004 年版）

三、大庸诗乡屈子情

大庸人对屈原的感情之深，让很多人匪夷所思。在大庸人心中，好像屈原就是这里的人，只是觉得屈原后来离乡远行未归，平平常常，不值得争来争去的，故大庸人从来不掺和屈原故里之争。

这里说一种“现象”：注家们不是只承认屈原游“沅湘”吗？或咬定老家在秭归乐平里吗？为了证实屈原对沅江、澧水二流域产生的影响（抑或“遗风”的深浅与否），我特地对澧水、沅水两江诗人的旧体诗进行粗略搜罗对比，发现澧水一线诗人留下的颂诗或关联楚辞的诗文远远超过了沅江流域留下的同类诗文。以县为单位，大庸又在众县之上。这其中，我特别对一山之隔的沅陵进行抽查，结果如下：《沅陵县志·沅水》（民国十九年版）所引 11 个人物的诗文，无有一首一句写屈原。《沅水志》不写屈原，就如韶山志不写毛泽东，你说这正常吗？同书“宗教”篇中选辰州竹枝词 38 首，没有一首直写屈原，仅一首有“谁返骚魂易九歌”句。又随便翻出沅陵文史丛书《诗写沅陵》（2006 年香港天马出版公司版）为例：全书共 128 首诗，仅收周广才《龙舟赛前夜练》，其诗曰：“练臂忘辛苦，挥挠不觉疲。志求赢第一，应笑尔痴迷。”等于未写屈原。又：2000 年 12 月，沅陵虎溪诗社编印的诗集《二月花》（远方出版社），共收 520 首诗，仅有一首《鹧鸪天·游秭归屈原祠》词 1 首，写秭归而不写屈原游沅江，等于无有一首！倒是写盘古诗收了 5 首，说明盘古在沅陵是有根基的。

另外，由桑植梅山诗社编印的两期《梅山诗词》（2003 年 12 月第一期、2004 年 12 月第二期），共发表 584 首诗，写纪念屈原或涉及屈辞的 3 首。再以一衣带水的《慈利古诗五百首》为例，涉及屈原本人的诗无一首，涉及楚辞内容的仅 1 首。真正写屈原的诗只有慈利学博余国桢作《荷花池》末句“亦作行吟屈子裳”。

回头再看大庸，信手抽出一本《天门诗词》（中国张家界天门诗社编，2010 年第 2 期，总第 12 期），薄薄 110 页，共发 125 首诗，纪念、颂扬屈原的诗 8 首。同样以《天门诗词》（2011 年第 1 期总第 15 期）为例：**总共发表诗 365 首，纪念屈原诗多达 80 首**（其中新诗 4 首）！约占总量的四分之一。**这是国内任何期刊都不可能做到的**(除非刻意出专刊)。

同样，由陈自文选注《大庸古诗三百首》，比慈利少选200首，但直写屈原诗16首；与屈辞内容相关的诗10余首。又同样，由陈自文选编的《天门山古风韵》，共收诗文200余首(篇)，约有80余首(篇)直接或间接写屈子故里澶口、丹丘(不死之旧乡)、骚客、扶桑、羽族、阊阖、天门、清都、穆天子、八骏、赤松子、高岩、槃瓠、三千界、十二楼、云梯、南裔(夷)等屈原笔下家乡文脉地名。屈原诗中所写近60余处与昆仑神话相关的内容，天门山古诗中涉及了一大半。是古今诗史中独一无二的**“屈子昆仑文化现象”**，这就不单是“遗风”的浅表概念，而是屈原故乡诗人无意间留给后人破解他生身故里之谜的一把把金钥匙。

前面所录关于“屈子遗风”在澧水的诸家之论，直写“屈子永邑(大庸)遗风”的6处，直写慈利无，桑植无，沅陵无、澧县无、临澧无、石门等县皆无!

这似乎是一个有些“损”的调查，乡里乡邻的，何必较真。

但笔者认为，这才是最公正、最公平、最原生态的调查。这么一比较，相信读者诸君大概可以判断屈原与大庸究竟是什么关系了。漫漶在大庸土地上的屈子遗风，是一种乡亲、乡情、乡谊、乡风、乡俗和骨血、骨肉、骨性、骨亲的基因反映，俗言“人亲骨头香”。世界上没有无缘无故的爱，亦没有无缘无故的恨。由此回想在乐平里看到和体验到的那种冷漠、淡然、麻木、无所谓，既无“缘”——亲缘、血缘、地缘、人缘，亦无“故”——缘故、亲故、故里、故土。实质上，那里根本就没有屈原的半点影子，甚至可以说是无中生有。正因为如此，乐平里以至整个秭归，都没发现半点“遗风”。无有其人，风从何来？只能是空穴来风、不正之风!

秭归论者以为秭归既有宅又有田，既有祠又有庙，既有“洞”又有“井”，既有“节”又有“遗”(按：“节”指“屈原故里端午文化节”，“遗”指联合国教科文组织认定端午节为“人类非物质文化遗产”)，怎不是遗风?!

我说非也非也。秭归乐平里的所谓故宅田园本是后人因需求而瞎指，祠庙洞井原系后人依流言而捏造。又经一千余年的造假兴建、“改造提升”，再经一些“啦啦队”员的大吹大擂、推波助澜，看似“累积”(炮制)出了不少“文化”内容，却没有半点是可以和屈原生地、屈原诗赋、地方历史及当地民情风俗融和对接的核心证据证词和民俗事相。至于近些年因旅游而“打造”的“节”“遗”之类，更非原产于秭归、宜昌、乐平里，算不上是他们的私家“特产”，与“遗风”何干?!

何谓“遗风”？风在山水间，风在史籍中，风在骨子里，风在人心中。此之遗风，是血脉之相通，是精神之相袭，是情感之交融，是文脉之延续。发生的一切都是在漫漫默默的、自自然然中的潜移默化，而无半点先天的刻意与后天的强求。真与不真，哪怕一水相依，亦可分出亲疏；是与不是，就是一墙之隔，也能品出内外。这就是沅陵、慈利、桑植、秭归与大庸永定之间的差别。非亲非故之敬重，与骨肉骨血之亲情，不是一

回事。就如贺龙，不说全中国，至少全湖南、全张家界市人民都爱戴他，敬重他，但你不得不承认，大庸、慈利人民对贺帅的热度远不及桑植人的百分之一就是不可回避的事实！由此及彼，如韶山人之于毛泽东，花明楼人之于刘少奇，平江人之于彭德怀，临澧人之于丁玲，凤凰人之于沈从文、黄永玉，绍兴人之于周恩来、鲁迅等。就是同一县一乡一村，伟人出生的村子之热度，远非邻村所比的。怪不得乐平里老百姓对屈原毫无感觉、毫无反应、毫无动静、毫无意识，不是家乡人，感情何由生?!

两千年来，大庸人从不计较历史上唇枪舌剑的横争，也从不掺和屈学界无休无止的论战。他们只有一个信念：伯庸是大庸国的末代庸王，是屈原的父亲。秭归造不出大庸国。庸王的儿子绝不会出生在数千里之外的秭归；庸王也绝不会把出生在屈家坊老祖屋的儿子赶到巴掌大的乐平里受罪。大庸人经历了那场灭国灭祖灭文化灭历史的血屠，但伯庸之名、屈原之名代代传播，传之民俗，播之民间。他们爱戴屈原、怀念屈原、等待屈原，并代代传承屈子遗风。此之“风”，起于大庸古国，起于天门昆仑，起于三闾宗坊，起于澧口丹丘。它游浮于历史时空，弥散于岁月长河；渗透在茹澧大地，影响着崇山南北。

我只能说：这是一种“集体无意识”的自然产物。

信念不死！

遗风不息！

【附录】古代追随屈原游澧、赋澧诗人名流名录

宋　玉　张　良　李　白　吕　温　王　维　李　翱　周　叙　刘长卿　刘禹锡

马　援　杜　甫　白居易　王　粲　李　华　柳宗元　范　泰　岑　参　元　稹

湛方生　张　谓　贾　岛　刘　铄　皇甫冉　姚　合　沈　约　司空曙　李德裕

谢　眺　释咬然　裴夷直　韦应物　杜　牧　卢照邻　戎　昱　李群玉　张　悦

张　署　李商隐　张九龄　段宏古　雍　陶　孟浩然　韩　愈　曹　邺　方　干

刘子澄　谭元春　吴　善　司空图　杨一清　严方升　樊先培　释齐己　陈凤梧

奉天玉和尚(李自成)　吴　荣　寇　准　王守仁　王　燧　周天宝　范仲淹

王士桢　蒋翊武　宋　祁　李如圭　彭祖训　续范亭　欧阳修　何景明　瞿启迪

郦道元　赵彦若　刘崇文　查慎行　江　淹　苏　轼　孙斯忆　何　璘　胡世安

黄庭坚　汤显祖　陆文起　皇甫如森　苏　庠　江盈科　孙士远　左宗棠　苏　序

袁宗道　许　湄　释洁洪　袁宏道　张　范　石达开　李　纲　袁中道　陶　澍

范　浚　王在晋　林则徐　范成大　胡玉成　郑　珍　王齐舆　胡三解　王闿运……

(所选105人，约占实际人数的五分之四。仅据《神奥澧水》《澧州志》所发诗文作者统计)

第七节　屈原故里千年诗社

一、天门诗社源于熊馆——天崇书院

普天之下，你听说有个千年诗社吗？你相信吗？我说有的。此千年诗社就诞生于屈原故乡——大庸，她的名字叫“天门诗社”，以屈原高吟“广开兮天门”命名。民国《辞源》对“诗社”的解释是：“诗人定期聚集，各为吟咏也。《都城纪胜》：社会文字，则有西湖诗社。此社非其他社集之比，乃行都士大夫及寓居诗人，旧多出名士。”按现代说法，叫民间社团组织。

诗社到底始于何代？毛泽东曾在评论明朝著名诗人高启时说过：“书院、诗社共兴。”“有元一代，书院林立，诗社迭起。”此“书院诗社共兴”之说十分精到。故研究诗社必先考求书院。经查，大约到唐玄宗时，始设丽正殿书院，后又改名集贤殿书院，专门掌管抄书、校书、藏书工作。“书院”之名，正式见称于唐代的官牍之中。本境明清时期曾隶属于永定卫的临澧县，于唐代出了个诗人才子李群玉，经由《阿房宫赋》的作者杜牧引荐，参与科考落榜，却于唐大中八年（847）担任宰相裴休之宏文馆校书郎。这个宏文馆的性质大约与丽正书院差不多，其功能相当于秦代的明堂、石室，汉代的东观、兰台，清代的文渊诸阁。而唐代之成为中国文化造化的一个高峰，许多有血有肉的文化故事，都在唐史的忘川上徘徊不去，从而成就了盛唐的国家辉煌。这其中一个可永昭后世的伟大贡献就是唐诗。进而追溯，这“唐诗”能形成一种“国力”，一如当今提出来的“软实力”，就绝不是某几个诗人的单打独斗之所为，而是书院——国家诗教的产生，并进而由书院这一载体产生凝聚诗人的集会吟咏的场所——诗社。以诗仙李白、诗圣杜甫等为代表的唐代诗星群，几乎都是诗社的社员。

关于历史上诗社的记载随手可拾。连《红楼梦》林黛玉都是诗社社员：“既然定要起诗社，咱们就是诗翁了。”（第三十七回）

大庸田氏与赫赫闻名的湖北鹤峰容美（本名“庸芈”，又作“容米”“庸美”）田氏土司诗人群乃是一支根系。庸芈土司早为大庸国北疆属地，公元前611年随上庸灭而并入楚疆之西“南徼”（音“叫”，边界），先后属施南庸州、黔中郡和武陵郡。此支田氏，“自汉历唐（唐元和元年［公元806年］），世守容阳”，到清雍正十三年（1735），九百三十年土司自治，实际是古庸国变相的复活延续，所以这支田姓大族的文化，正是庸楚文化的遗存。庸美的田氏诗人群素以“田氏一家言”著称于世。而大庸武溪田氏诗人群则兴起于北宋大中祥符四年（1012）。是年大庸建武口兵屯羁縻寨。田绍基同时在远古五大金墉城之一的武溪金墉城之西南的古熊馆创办“天崇书

院”，并附设“诗社”，成为大庸田氏始祖，亦为天崇诗社的诞辰之日。

在未来数百年的变迁中，熊馆所设天崇书院和诗社在不断演变。比如书院，以后就有田氏紫荆书院。元大德八年（1304）由川人王申首倡，武溪田希吕捐资于天门山下建天门书院，诗社随之更名为天门诗社，距今708年。此书院还由朝廷获准命名“天门书院”。清乾隆二十二年（1757），永定知县郭六宰，倡修嵩梁书院于文庙之左，是天门书院的延续。虽天门易名为嵩梁，但天门诗社名称不变。清嘉庆年间，县人罗兴民自辟家塾，号称城东书院。那个最早发现鬼谷子的真身就是楚平王之孙白公胜，并留下“乞儿状貌本不凡，苦心为衍捭阖策”的神秘诗句的澧州举人龚经济，曾经就在这个城东书院当主讲。其时，天门诗社仍旧未改，龚经济还是诗社的副社长。光绪年间，河南许州人罗冠武特设瀛洲书院于火药局，天门诗社名称依旧。

在数百年的社会变数中，天门诗社时辍时办，时兴时衰，名称也曾以“嵩梁诗社”变更，但一直没有断代。1995年版《大庸县志》（第623页）载：“清末民国初年，县人侯昌铭、曾道坤、杨良翘等诗文爱好者，自动邀约，缔结‘嵩梁诗社’，饮酒聚会，相互唱和，各有抄本。如退园诗、梅溪诗等。”又载：“民国三十六年（1947）县人庹悲亚等20余人，组成‘天门诗社’，推喜赋诗的县长李善后为社长，刊出《天门丛刊》一期（16开石印诗集）。当年李卸任，诗社自动解散。”

民国初出版的《田氏族谱·墓志铭记·明宇先生墓碣铭》载：“田昌奕（yán）……继掌天门诗社。”据查，田昌奕为清嘉庆（1796-1820）人，从他继掌天门诗社时，距今已200年了，说明天门诗社早在他之前就已存在了。这是田氏家族世袭天门诗社的重要证词。

二、天门诗社与“诗教”

鲁迅说：“故在文章，则楚汉之际，诗教已熄，民间多乐楚声，刘邦以一亭长登帝位，其风遂亦被宫掖。”

由此可知，汉以前还有一种教育模式——诗教。而且，归于书院和诗社。这可能是中国古代教育一大特色。

诗教，源于孔子的“诗教观”，《礼记·经解》云：“孔子曰：入其国，其教可知也。其为人也，温柔敦厚，诗教也。”诗教本属古代有关《诗经》理论的术语，是儒家思想教化的重要方面之一，由《诗》义转出社会、政治、人生的根本意义。所谓“诗教”，原是古代长期流行不改的一种教学模式。当汉赋之风逐渐退潮后，到了唐代，书院大兴，重振诗教，登峰造极，竟弄出个古今中外无有先例的“诗唐之国”。潘平安在《孔子诗教观探讨》中指出：“诗教在我国古代社会生活中有着重要的地位，孔子诗教以诗经为范本，浸润着礼、义、德、行教化的教育，深为整个社会所看重。”实质上，唐代诗教早在唐代就推广到大庸了。一个叫释皎然的诗人曾追随屈原游历澧水，滞留大庸，亲眼见到当地实施诗教的场面，为此写了首《五言答苏州韦应物郎中》诗：

诗教殆论缺，庸音互相倾。

忽观风骚韵，会我夙文情。

(诗载《直隶澧州志校注》)

此诗开句即直写“诗教”二字，“庸音”，实指《诗经》中的“庸风”“风骚韵”即指屈原独创的“离骚”，我破译为“澧骚”，即澧水流域特有巫歌——娱神悦人的情歌骚风（参见第七章第二节《庸风澧骚流巫风》）。所谓“诗教殆论缺”，是关于社会对诗教的一些不同说法。晚清刘师培说：“诗教沦冥，楚辞代兴。”又说：“屈原诗是《书》教之微言。”是“《诗》教之正传。”把屈诗纳入诗教文化体系。而本境还不止于“诗教”育人拔人的体制本身，还拓展到以诗考奖励学子的学费。道光元年至三年（1821-1823）永定知县赵亨钤，曾纂修《永定县志》，并亲自主讲崧梁书院，制定新的考评方法，凡诸生中诗优者可奖以膏火。膏火，即学费。且作《丙戌花朝考取崧梁书院膏火诗以纪事》长诗：

慨然割膏腴，历历阳和坪。
君子成人美，首事尤峥嵘。
劳怨兼仔任，厘然议章程。
宰官顾之喜，慰我饥渴情。
……

是说大庸当地“贫窘困志气”，学子疏于教，于是以“膏火诗”鼓励学子。而为了支持这笔“膏火钱”奖学金，阳和坪（即今阳湖坪）屈家坊屈原后裔富裕大户，慷慨割让数亩良田作为奖金校产。这一记载与明代中期屈尊与田、郭三姓创办“三堂书屋”，民国年间屈髯公首倡创办义学和“清醒小学”形成信息链，可证屈原后裔世代传承诗祖“重教向学”的传统，特别对于“诗教”的特殊情结。如果从田绍基于宋大中祥符四年（1012）始立大庸天门诗社，到今年（2021）止，已达1009年。这一过程坚持了一千多年。一千年只为一面旗帜：天门诗社。一千多年只为一个信念：弘扬诗教文化，传承骚坛遗风。这种精神、这种信仰，只能发生在诗祖诗宗屈子故里——或说这本身就是“诗骚圣典”诗教的结果。

三、天门诗社千年世袭传承断代

明初《田氏墨谱》引《武溪兵屯志》云：“十二风水宝地，首选崇伯夏都。于是建府城于此。”此“崇伯夏都”，指公元前2140年崇伯禹受舜禅位在崇山创建的夏朝，初都崇山。府城，指建于崇山北麓的武溪宋城，兵屯羁縻府治所。原为黄帝建金镛城遗址。与此同时，于宋大中祥符四年（1012）创办天崇书院暨天门诗社。《田氏墨谱》引《武溪兵屯志》说：“天崇书院，建于鬼谷学宫原址。”至民国时期，共四朝两国34代、整1000年。且各个时期都产生出了一批杰出代表人物，比如两宋时期就有一状元（莫书祺，字俦，天崇书院田承满学生，宋徽宗政和元年[1111]辛卯科状元。也是本境第一个状元）、十进士、十八孝廉、二十四秀才。元朝时代天门书院培养出的人才有四进士、八孝廉、十二秀才。明朝时代天门书院拔萃人物有一进士、一孝廉、一解元、一直学士、一秀才。清代有233人获取功名。数十人担任不同级别的政府官员。

清乾隆二十二年（1757），河南信阳人郭六宰任永定知县，他发现“永邑为澧兰沅芷之近区，有屈平宋玉遗风焉。其泽既远，其教易施”。为弘扬屈宋遗风，施以教化，他

择址于县文庙之侧，建崧梁书院。因书院门对天门，又不割断天门书院文脉，故以崧梁为名。此举上报朝廷，乾隆欣慰之至，亲题“重道崇儒”御匾，以褒办学之功。

从北宋大中祥符四年（1012）创办天崇书院并附设天崇诗社，到民国建立（1912），整整900年历史，900年来，大庸历经四朝（宋、元、明、清）两国（民国、共和国）改朝换代的变数，大小战争、社会动乱、自然灾难，一次又一次动摇、摧残弱势的书院、诗社。其间，明初覃垕反明之战，导致田虎灭族，田氏退出武溪政坛，天门书院、天门诗社沉寂147年之后，直到公元1518年（明正德十三年）才由田永乾在社溪串联屈原后裔屈尊及郭氏后裔创办“三堂书屋”并重组天门诗社，薪火再度燃起。据清光绪《田氏族谱》载《田明宇先生墓志铭》云：“我田氏自宋仁宗庆历时承满公以少保由蜀来宦于兹，迄今七年有余……祖讳荣超，永州府教授，殳（shū）讳昌奕（yán），监生。饶于财，室后有园，植花木其中，别构屋楼楹，署曰‘寄跡山房’，藏书数十百种，一一点校。继掌天门诗社。”时在清嘉庆十一年（1806）前后。大约又经过106年的晚清时代，到民国五年或七年1916年（左右），由侯昌铭、曾蹈坤、杨良翘三大文豪发起，缔结嵩梁诗社，把在清末战乱中中断半个世纪的天门诗社再度接起。据清光绪《田氏族谱》载《田明宇先生墓志铭》云：“我田氏自宋仁崇庆历时承满公以少保由蜀来宦于兹，迄今七百余岁，祖讳荣超，永州府教授，殳（shū）讳昌奕（yán），监生。饶于财，室后有园。”值1947年6月，南社诗人庹悲亚（南社社员，与柳亚子为至交）鉴于民国战乱，天门诗社中断，联络“通天教主”覃鲤庭等诗人在普光禅寺集会，宣告重建天门诗社。庹悲亚任社长，并恭请县长李善后担任名誉会长（一说为会长，庹副之）。覃鲤庭、刘赞襄任副社长，邹熙田任秘书长（著有《熙田诗草》）。共有社员28人。现能忆起的名字有：李善后、庹悲亚、覃鲤庭、吴克柔、宋岱风、田运濂（著名画家、大庸一中美术教师）、郑培阳、丁少鲁、吴季況、庹斡清、范苍州、刘赞襄（著名教育家、大庸一中原校长）、杨直清、杨月川、庹凤仪、胡玉昆、邹熙田、邹启祥（唯一健在者）、覃少英，以及三乐学校周某夫妇等。

1987年第三辑《大庸文史资料》有载：“李佑琦回来参加‘国大’代表竞选活动，提出‘联家族、联亲戚和联朋友’的‘三联’口号。首先联的对象就是县长李善后。李县长与李佑琦父亲有过旧交谊，李善后组织‘天门诗社’，同为诗友。”令人惊诧不已的是，天门诗社自恢复成立后，居然从民国灭亡之末，平安走进新中国，并坚持活动到1978年。1978年，即中国政治史上极“左”年代快要终结的前夜，诗社社员杨月川（老中医）逝世了。这天老社长庹悲亚率诗社社员为杨先生举行诗悼活动。此后便偃旗息鼓。1980年，笔者从乡下中学破格录用调到大庸县文化馆任文学专干，曾多次专门拜望80余岁的庹悲亚先生。每次对话，先生总是勉励我继承屈子精神，振兴大庸文学，并流露出对天门诗社无限怀念之意。我听得出这是一位行将就木的老诗人的遗愿。1982年5月底，适逢沈从文夫妇、黄永玉夫妇及黄永厚等一行初访刚刚发现的张家界，沈老听说大庸有个南社社员庹悲亚，很想一见。我毫不犹豫地两边说合，庹老一口应承，说沈从文是他最景仰的伟大作家。于是，我就背着庹老从普光寺西侧小巷一直疾奔到县委招待所。就这样，两位受尽磨难的文坛泰斗在民主政治刚显出晨曦的日子会面了。沈从文谈及南社之事。庹悲亚则从南社谈及天门诗社。笔者插言，信口背诵民国天门诗社副社长、著名教育家，被称为“通天教主”的覃鲤庭作《题赠庹悲亚〈淡默轩诗稿〉》诗：

山鬼憧憧带女萝，驩兜故国血泪多。
怜君扫秃生花笔，一豆青灯续《九歌》。

诗中“山鬼”，典出屈原《九歌·山鬼》。驩兜故国：指驩兜流放崇山后所创建的驩头国，此喻整个中国。是说此时之中国，乃是贪官污吏、黑暗势力猖獗的动乱时代。沈从文先生听罢，沉吟半晌，说：“山鬼憧憧的日子总算熬过去了，我也离开故国（驩兜故乡）四十年了，今天才得回家乡看看。诗人苦尽甘来，能有再续《九歌》的一天，乃人之大幸矣。”

两位世纪老人，紧紧握着双手，相拥而泣。

此后不久，庹老一病不起，撒手人寰。不数年，沈老因中风而逝。那一刻，我就萌发了以文学干部的职业责任，牵头再续天门诗社的念头，并在文化馆主持召开了第一次筹备会议。在确定诗社名称时，老诗人曾祥伟建议用崧梁诗社——但仍承袭宋代田氏天崇——崧梁——紫荆——天门的遗风。并定社刊为《嵩梁诗刊》。由覃大钰担任社长，曾祥伟、戴深秋二老担任副社长，于是，天门诗社一脉在改革开放的新时代连接上了。这是大庸历史上第一个经过法律程序创办的诗社。1994 年 10 月 10 日，重新登记恢复天门诗社。2013 年 6 月 15 日，在普光禅寺召开天门诗社第四届第一次社员代表大会。天门诗社正式升级为“张家界市天门诗社”。会场正面巨幅背景画为屈原面朝天门“问天图”，上书“弘扬诗祖精神，振兴天门骚坛”12 字会标。屈子故乡“千年诗社”从此进入新的历程。

至此，我们是否可以作一总结：天门诗社从北宋大中祥符四年（1012）伴随着天崇书院而诞生，到当代依法换届的天门诗社之传承延续，这期间，经历了屯兵羁縻的阵痛、改朝换代的动荡、灭族绝种的灾难、抗击倭寇的血征、农民起义的洗礼、抗日战争的牺牲、翻身解放的狂欢、极“左”政治的考验、改革开放的喜悦。但是，在诗祖诗魂的故乡，大庸的诗人们似乎没有被压倒，天门诗社没有被灭绝。风风雨雨，他们一路走来；曲曲折折，他们一路走来。顶着压城的黑云，他们一路走来；迎着灿烂的阳光，他们一路走来。走过了 365000 天的轮回，走过了四朝两国 10 个世纪的流年！

2021－1012=1009 年。

我们有百年孤独，百年盛世；我们有千年古国、千年骚坛。**这千年诗社的奇迹当是中国的不二世界的唯一。**也许有人只看到吉尼斯世界纪录中的某一个名称，却忽略了这个奇迹发生的全部过程。

有道是：特殊的荣耀只能在特定的环境中产生。因为这里是诗祖的故乡，这里有诗魂的遗风！

【特稿】屈原故乡千年诗社——天门诗社碑刻出土记

彭丽珍

去年12月2号下午，弟弟来电告诉我，他们在沙堤找石头填房子保坎，在修高铁站路口拾得一块刻有你们“天门诗社”字样的碑刻，你是否前来辨认一下。

3号早上9点多接到报社吴旻的邀请，去市里跟几个诗友聚会，正好顺路去弟弟家了解一下那块石碑的真相。弟弟带我驱车来到沙堤发现石碑的那户人家，我仔细打量石碑，是块残碑，但“天门诗社”四字十分醒目，落款“中华民国三年”的“三年”各缺失了一半，正碑文字共12行61字，估计只有全碑的四分之一，四分之三被裁断，不知去向。经实量，残碑宽57厘米，高31厘米，厚13厘米。现依残碑现状抄录如下：

娶今刘孺□□
樨数婚数嫁皆
向公既病瞽
公吻合世遂以
三犹精强不衰
予更为之铭铭
世治则鬼变人
舟彼贪昧者宁
尔遐福袝合令
耀遂谷
天门诗社
中华民国三年

从碑文起句分析，全碑应为上下两块，此为下块，上块被人为锯断以作它用。12行碑文成句者仅4行，如“数婚数嫁”“向公既病瞽”“犹精强不衰”“世治则鬼变人”，可对句为“世乱则人变鬼”。

天门诗社是我市流传千古的民间诗社，据考可以追溯到宋代大中祥符年初（1008）的天崇书院，书院由武溪田氏土司创办，院址在帝尧时代由善卷创立的熊馆，位于今二家河乡熊溪峪村，是中国乃至世界最早的大学。“天门诗社”就由书院的师生结社创办，史称“院社同兴”，算起来有一千多年的历史，而且一路高歌，瓜瓞绵延，代代不辍，这在中国，乃至世界都是前无古人、后无来者的。关于这个来由，诗社代有传教，因为这里是大诗祖屈原的出生故乡，他所独创的自由诗体，一反《诗经》之风，其创作背景和诗体风格，都与这方土地的历史文脉、山水个性有关。但长期以来，只有文字记载而无实物证明。真是诗祖显灵，苍天开眼，“天门诗社”石碑一朝出土，这可是真真切切的天门诗社真实身份的物证啊！真是踏破铁鞋无觅处，得来全不费工夫。我激动不已，忍不住内心的澎湃，拍下照片飞快发到天门诗社群，希望得到大家的关注与重视。张念升老师第一个打电话告诉我快保护好，千万不要让别人再搞丢了，这是天门诗社的镇社之宝。还说，字是柳体风格。第六届天门诗社社长田奇华平时不看微信，他得到消息后，急切地回复问：“在哪里发现的？”他说看到这个好消息后睡不着了，马上安排人要来现场考证。此时我正在与拾得者谈如何带走石碑。我告诉他，如果说值钱吗？不值！如果说不值钱吗？却是我们天门诗社的历史物证。我说看到“天门诗社”特别亲切，给您老人家一点工钱，还是让我带回诗社吧。我弟弟就协助谈工钱并且帮忙用板车送到我车上。给他们打招呼后，我立马加油飞一般直奔市内，在车子上就忍不住给吴旻姐说这个事情。当我们抵达聚会地点八马茶楼，没有想到，田社长他们早都等在这里。他们在我车子上看看宝贝还不过瘾，又费九牛二虎之力将沉重的石碑从车上抬下来看个仔细，一个个激动而亲切的抚摸着“天门诗社”四个大字，感慨万千，啪啪啪地不停拍照。千年“天门诗社碑”出土在诗宗诗祖屈原的家乡，这就是我们天门诗社以屈原为诗魂的最有力的历史见证！

当晚，我带着久久不能平静的心情，再一次去拾得者家里问个明白。大爷名叫田奇广，70多岁，沙堤人，年轻时还当过代课老师。他小时候就知道有这样一个天门诗社组织，在民间流传千古，原址在老大庸县政府旁边。他说，有一户姓李的大户人家，名叫李会安，在城中心修有几进几出、雕梁画栋的四合大院，石匠的工艺都是了不得的。李先生还有吟诗作赋的雅兴，并加入了天门诗社。为了让新居沾上屈原的“骚气”，还邀请天门诗社头牌人物为其打造碑刻，在他看来，那是一件很荣耀的事。李会安在沙堤也修有木楼，经常骑马回乡度假。但就这块残碑的本意和背景，就说不清了。但与李会安有关系是可以肯定的。

至于天门诗社碑所刻的文字内容，还得继续过细考证。手抚石碑，我百感交集，赋诗一首：

百年“天门诗社碑”出土感怀

这个日子且阴且阳，
风平浪静平平常常。
忽一阵尖啸划破长空，
一列失群的大雁向北飞翔。
这群梦迟的信风使者，
告知寒冬正安步向南徜徉。
回龙观的鸟儿，戛然停止喧闹；
澧水中的鱼虾，瞬间沕水匿藏。
唯有沸腾的沙堤高铁工地，
却雅集了吟坛的吉祥。
“天门诗社碑”在屈原故里重见天日，
证实了千年诗社走过的沧桑。
让整个冬季温暖如春，
让每个诗人激情分享。
刘氏的婚嫁刻入碑铭，
默默掠过民国初立的身旁。
刻下了诗宗的源头，
铭记了历史的走向。
为吟坛的冬日温煮一壶老酒，
为诗魂的祭坛献上一炷馨香。

（原载2017年3月8日《张家界日报》）

【附】为“屈原故里天门诗社碑”出土喜作

田奇华

镇社之宝已被天门诗社收藏，激动之余，口占数绝。

一

百年史证落骚坛，一众诗朋几欲癫。
屈圣神龛多一宝，今宵夜半不思眠。

二

手扶残碑喜欲狂，轻揩尘垢细端详。
一方民国初年石，可证社龄千岁长。

三

众说纷纭几个秋，是非莫辨闹成仇。
今朝喜获残碑证，不怕千夫嚼舌头。

四

百年物证出沙堤，几度纷争终解谜。
定是屈原开法眼，诚心护社上云梯。

［田奇华］ 千年前，宋朝大庸武溪田氏土司创办了天门诗社；千年后，当今第四届传人社长参与保护“天门诗社”碑……

第八节　故里乡亲吊诗魂

大庸《彭氏族谱》载攸县举人丁次山《书城大庸》诗，跋曰：“大庸多读书积学之士，余虽孤陋，或存救吾失也，幸甚。”(《彭氏族谱》卷首三·艺文志) 清道光二十年 (1822) 拔贡、桑植空壳树人彭莲峰12岁时作《眼镜诗》：“秋湖清水浣清毫，写出风流格调高。从此一经就芜曰，**赠君一卷比《离骚》**。”(载2000年新修《桑植县志》620页) 王家坪廪生全翼之一生教书为业，也一生穷愁潦倒，却常以屈原为榜样，长袍破衫，行吟溪河山泽，不失诗癫风骨。暮年，作《端阳竞渡有感》(诗载《王家坪乡志》)：“萧鼓沅江竞渡时，一身南北十年思。龙舟不吊湘娥魂，骚客徒吟屈子辞。酒酌蒲觞来旧雨，艾悬梓里失佳期。何能有命丝难续，再夺锦标也未迟。”

民国时，沅古坪出了个乡间国学大师叫龚睡庵，笔者就出生在他家高岩墙吊脚楼，自幼即受其影响。先生曾跟贺龙做过多年师爷 (秘书)，并追随他参加红军长征，不幸在去四川甘孜路途负伤失散而返。先生穷经皓首，才高八斗，有辰州“第一骚”之誉。解放后，因“伪乡长”历史问题，半生潦倒，每日里在腊鱼坝岸吟诵楚辞，所谓行吟泽畔者也。一生著诗千百首，多失。且读《咏蒲剑》：“三尺青青古太阿，舞风斩碎一川波。长桥有影蛟龙惧，河水无声昼夜磨。”

此之“蒲”，出自《天问》“咸播秬黍，蒲雚是营”句。蒲，即水菖蒲。有民谣：“五月五日午，天师骑艾虎。手执菖蒲剑，驱邪入地府。”《永定县乡土志》：“端午悬蒲艾于门庭……河内龙舟竞渡……”先生将此菖蒲叶比太阿古剑，实则以屈子佩剑行吟而励志，堪称千古绝唱。

桥头乡杨良翘官至漳州知府，一生“诗以屈原为宗，人以屈原为魂”，留下不少以屈原为诗眼的佳作，如《粑粑诗》：屈平词赋楚骚家，日月当空万古华。顶上圆光分凉热，青天两个大粑粑。

此诗乃借屈原以喻他事，但诗中却有意或无意写出屈原为崇日崇光家族的深层内容，显示出杨良翘对屈子研究的深度。又作《偕秋潭登哨棚》诗：“人到穷愁诗有胆，世逢杀运鬼无灵。澧兰沅芷留题处，今日唯余战血腥。”

写的是民国初年，天下大乱，诗人在乡间组建自卫民团，夜里在哨棚值岗，诗中对屈子停留题诗的地方 (暗指屈原故乡大庸) 的黑暗世界表示不满。又《赠杨知事晋绍》：“自古骚音余楚泽，悟人幻梦是邯郸。”

杨良翘还有首《五题庹悲亚淡默轩诗稿》：“青山红豆玉溪生，落魄江湖载酒行。一掬灵均忧国泪，醉余和墨洒兰蘅。”

又作：“见说将军新壁垒，直将屈宋作衙官。”

又作：“商量书稿兰为友，跌岩骚情石可无。”(引自杨良翘《梅溪诗草》)

梅溪诗社社员、秀才高筱恒也是诗不离楚辞的屈子追随者，如《醉观秋景》："兰生澧水群芳压，花种河阳一县春。"

前面提到的"通天教主"——民国大庸教字垭一代土家族文豪覃鲤庭，是梅溪诗社副社长。1939 年正月，覃鲤庭被省保安团龙淑滔逮捕入狱，后经同学汤祖坛保释出狱，但国民党政府还在通缉他，只好隐名埋姓避匿他乡，曾到常德拜见一代文魁吴恭亨老师，赋五律云：

"管铬滇黔地，湘西此要防。
群山常德尽，一水洞庭长。
蛙问连痴帝，狐鸣骇假王。
如何作逐客，来自屈原乡。"

后二句是以屈原自居，写自己成了被通缉的"逐客"，而这个逐客便从"屈原乡"大庸而来。这是本境又一个直写大庸为"屈原乡"的诗人！

覃鲤庭在常德不敢久留，起程去南京，路至长沙，因没带"身份证明"，被警察局扣留，作七绝一首：

"贾生恸哭屈原哀，此地由来贯屈才。
莫为古人愁不了，今朝更有带愁来。"

1894 年甲午中日战争爆发，时在光绪帝身边担任内阁中书舍人，光绪帝协办侍读(帝师)，国史馆、方略馆校对官侯昌铭为丧权辱国之举而痛心疾首，于是以诗纪史，录以传世，其中一首写道：

"不见澶渊使，空传冒顿书。
人言殊可畏，国事竟何如。
名士新亭酒，秋田下潩庐。
故人尽归去，寂寞楚三闾。"

该诗的深层内容是记录并斥责清廷与日本签订不平等的卖国条约。末句"寂寞楚三闾"，暗叹屈原不在人世，否则必奋起维权，反对奸人卖国行径。诗人此时想到抗秦主战派领袖屈原，可惜"故人"不在。"故人"，暗指"故乡之人"屈原。

光绪二十五年，侯昌铭以丁忧（父母新丧，归家守坟）为由，解官回庸，次年受知县聘请纂修《永定县乡土志》。在志书中，侯先生以 48 字"赞诗"，**第一次向社会公开了屈原故里——三闾宗坊就在大庸屈家坊的秘史！**鉴于当时国运衰危、学界动荡，他未能就此重大秘密展开论述，但毕竟写下了这石破天惊的一笔！并且，有意将根本不起眼的潭口"兰香桥"载入志书："兰香桥，在潭口，其地多兰，因得名。"为后人给屈原故里翻案多留下一份证词。侯先生以诗纪史，其心苦，其意明，其德大，其功高！

抗日战争时期，王家坪农民诗人全汉铭作七绝二首：

"家家纨扇忆秦娥，艾酒同斟来驱傩。
备酒菖蒲三尺剑，从戎投笔斩妖魔。"

[按] 诗中以"秦娥"暗指"暴秦"影射倭寇，"艾酒""菖蒲""三尺剑""投笔"喻比屈原。诗人以屈原之精神鼓舞人民投笔从戎抗日：

"歌唱前戎驱日寇，徒岭屈子吊忠魂。
从公笃志闻鸡起，国耻深仇雪后平。"

[按] 诗中"徒岭屈子吊忠魂"之"徒岭"，指抗日前线徒岭之战；"从公"之"公"，暗指屈原。诗人借屈子精神以号召国人抗日（诗载《永定文史资料》第十一辑·八年抗日战争专辑·抗日民间歌谣 1995 年 7 月）。

第四章　屈原祖先封地——大庸屈家坊

狂屈竖(一本作屈坚)：屈家坊屈姓启祖

熊瑕——屈瑕：屈家坊熊姓改屈姓始祖

屈瑕主庸：本为熊瑕，楚王熊通之长子，以“庸楚两国共监制”出使庸国，封为大莫敖。因定居屈家坊黄帝臣狂屈竖(一作“竖”)祖地，即改熊为屈，是为南迁楚人改姓屈氏之启祖。

第一节 屈瑕封邑——大庸(张家界)屈家坊

一、 “屈邑”名之由来

在屈学界，这个观点大约是没有异议的：

——谁找到了屈原的祖先封地，谁就有可能找到屈原的生身故乡。

《楚辞注》：“楚武王子瑕，食采于屈，因氏焉。屈原其后也。”（见民国《辞源》商务印书馆1947年2月版481页）《贵姓何来》：“屈，出自芈姓，以邑为氏。”《通志·氏族略·以邑为氏》：“屈氏，楚之公族也，莫敖屈瑕食邑于屈，因以为氏。”唐·林宝《元和姓纂》屈氏：“楚公族，芈姓之后。楚武王子瑕食采于屈，因氏焉。屈重、屈建、屈到、三闾大夫屈平字原、名正则，并其后也。”[按] 食采亦作“食菜”，乃大夫受封之邑，即“收其租入以为俸禄者”。“采”者，“官”也，“官因其地而食”，“曰采邑”（见民国《辞源》）。清·光绪大庸永定《屈氏族谱》载：“屈与楚为同姓。自公子瑕食采於屈，而后世因以为氏。”（《序二》）《生子·庚桑楚》：“昭、景也，著戴也；甲氏也，著封也。”马叔伦、郭沫若等考证“甲氏”即屈氏。屈氏“著封”，即指楚武王封赏屈氏家族的“爵禄”丰厚而闻名。屈原《招魂》“极目千里”，《大招》“室家盈廷，爵禄盛之……接经千里，出若云只”，说明其“爵”位很高，封地广阔到“千里”之野。足见此之“屈邑”了得！

“屈”在哪？有说在秭归乐平里，在凤阳州屈，在江陵郢都，在……

此之“屈”，注家一作“屈邑”、一作“屈地”。千万别小看这个“屈”字，他是判别“屈原故里”真伪最为关键的地名符号。找不出屈邑，这个“故里”就是虚的。后来的一些秭归说的支持者为了自圆其说，就来个“反推理”，一口咬定乐平里既然是屈原的故乡，那里当然就是“屈地”“屈邑”了。笔者此前曾亲赴乐平里考察，发现此地并无邑城，或者说，这个小山沟沟根本产生不了“邑”。郑之问等著《屈原后裔寻访记》认为芈瑕“受封于屈即今湖北省秭归县”，是在玩模糊概念，“屈邑”原点到底在乐平里还是在秭归县广大地域？秭归即夔、即归，本书已多处引众家之论予以反驳，熊瑕不可能封到夔子还统治着的夔地（即后来衍生出来的秭归），这是不需要讨论“一地二主”的起码常识。至于说屈邑封地在郢都，无异于在一个都城中建了两座朝廷一样不值一驳。

“邑”作下解：“(1)都邑也。大曰都，小曰邑。《史记》二年成邑，三年成都。(2)古称王畿（音机。国都附近的地方）曰邑。(3)侯国之称。(4)大夫采地亦曰邑。《周礼》以家邑之田任稍地。(5)今称县曰邑。”（民国《辞源》第1480页）

上述所解，乐平里、郢都，以及近年热炒的汉寿、郧阳、老河口等地无一条可对号入座，而恰与大庸屈家坊合。其理由是：

（1）**屈家坊·屈州城**：自古为大庸治下一大集镇，直到明清民国之中期，还“横有四十八街，纵有四十八巷”。大小码头七八个，是古大庸境内仅次于庸都的大镇邑，如此规模的邑城，是屈瑕受封此地420年代代经营的结果。故古人又称屈家坊叫“屈州城”。从民国到中华人民共和国，这里成了东平乡和阳湖坪公社的行政治所。古代屈邑曾拥有十八大递铺，俗称“十八铺”。由屈家坊带出的阳湖坪镇现有屈姓村民3430余人，仅屈家坊村就达1100余人。

（2）**古城寨——屈王城**：屈家坊对岸有孤山平台，高约30米，原面积约120余亩，因修铁路、公路切割，今存45亩，古名“古人寨”“古城寨”，是远古大庸先民的发祥地之一，有商代以远文物出土。自屈瑕受封屈家坊后，此地便为屈瑕军事王城。城下为“古城坪”，有“迎恩渡”（相传为古代庸帝庸王过渡处），城下有屈邑十八铺之一的“古城铺”。昔时一条古街自迎恩渡依古城脚沿杨家溪通向“三望坡”（古代庸王三望祭山川之神大祭坛），街长达5华里。据世居古城铺的田凌云（67岁）、吕唐剑（56岁）介绍，1958年还看得到古城铺的热闹场面，从三岔、大坪、小坪、西溪坪、官黎坪、关门岩、金岩等多方来赶场的人，络绎不绝。主要经营木材、大米、桐油。最火的是牛场、猪儿场。老街上有米行、屠行、染坊、油行、绸缎铺、烟土铺、烟馆、饭店、米粉店，应有尽有。最出名的是田姓米行，谭姓屠行，郭家木行（按：郭家主木行，恰与其祖郭支系庸国建筑大师的传说吻合）。后修枝柳铁路毁掉了老街，修了一条铁路桥，叫“四线桥”。此古城堡古称“金镛城”，相传黄帝因仰慕他的老师庸成子的学识德行，在天门昆仑山下建五城十二楼，此为南方之镛城。一个“镛”字，透露出该城系由古庸人以金而建。屈瑕受封屈家坊后，即选中此金镛城遗址，重筑城堡，乃屈氏封地行政军事中心，成为屈邑州城的南半城。古城堡毁于司马错灭庸灭屈之战（后有专文），至解放初期还存一处古城门和一座白塔。

关于屈王城，民间传说曾经是一座金碧辉煌的“**玉石之城**”。

2016年，考古专家在古董古物收藏家唐天立先生大量藏品中，发现一组**从屈王城流失民间的战国时期的漆玉军符印、龙纹饰玉马车和由屈梁和主持设计建造的屈州王城漆玉建筑构件**。关于这座传说中的“玉石之城”的信息，其实早已由屈原写进了他的“绝命之作”——《招魂》中：“砥石翠翘，挂曲琼些。翡翠珠被，烂其光些。蒻阿拂壁，罗帱张些。纂组绮缟，结琦璜些。室中之观，多珍怪些。兰膏明烛，华容备些。二八侍宿，射递代些。九侯淑女，多迅众些。盛鬋不同制，实满宫些。容态好比，顺弥代些。……”

诗中所描述的这座城堡宫殿，哪里是郢都而是他的家族之城——古金镛城——古城寨屈氏王城。因为这座古城里面有一排排临崖吊脚楼：“魂兮归来！反（返）故居些。……高堂邃宇，槛层轩些。层台累榭，临高山些。……”这种建筑风格与今张家界山区土苗吊脚楼模式完全符合。

（3）**大庸**：因远古大庸帝国而得名，其

国都位于屈家坊上游5公里的现张家界市中心地古人堤，屈家坊、屈氏古城毗邻王畿，故称“屈邑”。实为屈庸氏陪都。

(4) **熊瑕受封于屈邑**：公元前611年，楚、秦、巴三国兼并上庸，屈氏家族正式掌控了宗国大庸，大庸帝国降格为侯伯，但仍高于子国——楚国的级别。此时的屈邑晋升为“侯邑”“王城”。

(5) **熊瑕受封**：自熊瑕受父王熊通委派，赴朝廷行使“两国共监”大使之权，按古制，双方使臣均授袭“莫敖”爵位，所谓采食屈家坊，便名正言顺叫“屈邑”。

屈家坊本身古代无有建县历史，至战国末秦灭后庸，至汉高祖五年（前202）建充县于旧庸都（古人堤），都城降为县邑。史载为邑城、充邑、永邑。屈邑退出历史舞台。《中国古代社会史论》：“古代邦和封，同是一个字；城和国，同是一个字。国指城市，野指农村，这就是城市和农村的第一次分裂，因而产生了阶级分化的文明社会。……邦、国、邑三字古文同义。”由此可知，武王封子瑕于屈，实有邦、国、邑之意味。实际上，屈瑕第三代孙，屈荡发动宫廷政变，掌控了庸都，熊氏庸国从而退出历史舞台。

二、狂屈坚（一作竖）与屈邑

关于“食采于屈”，前辈解释总不尽如人意，我也谈点看法。

“采”，甲骨文：“象以手採果之形。古采、採、彩一字。”《说文》“采，捋取也，从木，从爪。”《集韵》释彩：“通作采。”卜辞作纪时之词：“大采指日出之时，小采指日没之时。”又：“大采，雨。小采，雨。”（参读刘兴隆《新编甲骨文字典》，国际文化出版公司2005年版，第342页）

长期以来，屈学界不少人将“采”解为“菜”，那就是封到屈邑“吃菜”去的。胡则丘由此得句：“当时屈瑕出身寒微，在荒野采食为生。”并说“不排除他曾到桃江采食”。并引王逸注：“（楚武王）是时生子瑕，受屈为客卿，因以为氏。”是说熊瑕受到冤屈而贬为客卿，成为普通百姓。胡先生继续瞎说：“这明明白白告诉我们，屈瑕是普通子民，只能当个食客，形同府里养的闲人，并无实职。因此，他可自由谋生。”（见胡则丘《屈原第二故乡》，岳麓书社2008年版，第42–44页）

我认为王逸、胡公都是在瞎猜瞎编。屈瑕并不是一介落魄乞丐，而是楚王熊通长子，一代大莫敖、大将军、楚国军事栋材、出使“庸楚两国共监制”的特使大臣、颠覆熊氏宗庸国为屈氏庸国的主谋。

此之“食采于屈”，其实是一句楚语俗话，如甲某问乙某：“好久不见，你如今到哪里讨吃呀？”意即在何处工作、谋生。乙答：“到张家界。”文雅语则问：“到何处高就啊？”俗气点问：“到哪里发财啊？”**就这么简单：屈瑕就是到屈邑——古庸国谋差事讨吃去的。并不等于是乞丐、穷人。**

屈原故里究竟有无“屈邑”，这是判别屈原故里真伪的重要证据之一。

而“采食”的正解是：古代谓采食即收税，以维持所封之地行政管理财政支出及官员俸禄，包括最高长官自己的薪金。能自主收税，管理辖区的，必是一方诸侯，具有发号施令、掌握生杀大权的土皇帝。按庸楚共

监的宗法体制和传统，屈氏庸国直接继承并更迭为屈氏大房宗庸之国，仍负有对子国主政的宗法任命之职责，并向子国派驻监管官员。这就是历代庸国君王即位必行“登庸纳揆”之礼的真相——以确保祝融一脉帝位政权千秋万代不致落入他姓之主。

屈家坊在熊瑕进入之前到底有没有屈姓？为此我深入阳湖坪镇各村调查，在社溪桥村田家台组村民田开余（现年74岁）的指证下，找到了田永乾、田万宦父子的故宅原址。明成化年间（约公元1475年）迁徙落户阳和（古阳父坪之讹称）崔家岗，继移居伯阳坡，晚年迁居阳和社溪桥。其宅旁有一古樟，1958年大炼钢铁时砍了；门前有“双池”。田永乾之孙，即田万宦之子便得名田大樟，号双池。古池今存，而屋后学堂岗因建五棓子加工厂被推平。这里就是我所要找的与屈姓有关的“三堂书屋”旧址。

“三堂书屋”的创办人就是田永乾，是明初大庸武溪土司、宣慰使、崇山边粮通判田虎的第四代孙。田虎因参与明初覃垕反明起义战争而灭族。田永乾配郭氏，创办“三堂书屋”时，得其岳父郭大公的大力支持。田永乾是灭族之后侥幸逃脱的“钦犯”之一，在外隐名埋姓多年后才携儿子潜回到大庸，又东搬西迁，最后找到十分隐蔽的社溪桥定居。明初覃垕兵败后，田虎列入朝廷追捕要犯。灭族前，田虎将贵重金银财宝散发给田氏子孙，让其各自逃命。田永乾三代四方飘零，想不到在社溪派上了用场，于是，与当地郭姓、屈姓，创办了“**三堂书屋**”。所谓“三堂”，即田氏紫荆堂、郭氏崇墉堂、**屈氏清醒堂**。据田开余老人回忆，儿时在学堂岗读书，还亲眼看到了正堂供的三块“灵牌”，左为“紫荆堂先祖田况”，右为“崇墉堂先祖郭支”，中为“**清醒堂先祖屈原**”。这就是“三堂书屋”的渊源。据老辈世传：“三堂书屋”受聘的第一任教师就是屈家坊屈原裔孙——儒门学究屈尊。本境过去流传一句歇后语：“社溪桥的老师——屈尊了。”

田开余还向笔者介绍了一个极其重要的线索：世代相传，唐朝时，整个阳和（阳湖坪）只剩下三大姓，即尧姓、郭姓和屈姓。**屈原元配昭碧霞之祖地昭家岗、楚武王大夫斗伯比的祖地斗氏湾等古姓都只有地名而无后人了。**

1. 尧姓：即帝尧和其子驩兜的后裔。约四千三百余年前，驩兜被舜流放回到祖国故乡崇山。驩兜在崇山建驩头国，每年祭四岳四渎、土地之神，祭坛就设在社溪。

2. 郭姓：其先祖就是远古时期的建筑城郭大师。民国《辞源》1485页[郭]：“外城也。《孟子》三里之城，七里之郭。”这一信息就已隐含远古筑城的最早发明者必与郭姓有关。大庸古国是远古筑城大国，载之于史的筑城大师中第一个叫**庸成氏**。《路史·前纪·第五卷》载：**“庸成氏。庸成者，垣墉城郭也。注：庸以兵城从戎右墉城。”**另一个是大禹的父亲鲧，史传因出生于崇山，后被封为崇伯鲧。因九年治水失败被祝融大帝处斩于庸城后山子午台之凤羽山。由儿子禹完成治水大业。鲧是一位筑城大师，《世本》载：“**祝融作市……鲧作城郭。**”后将技艺传给郭支。郭支，是晚于庸成子、鲧、禹之后的又一位庸国建筑大师。据张良皋说，甲骨文、金文和楚帛书中有关庸、

墉、融、城、垄（陛）等字，经常出现一个“郭”及其变体，并多以郭代替庸字，成了庸的“意符”。不言而喻，庸国曾是筑城大国，首先发展完善了城郭形制。以此解释郭氏之由来，当不会有错。郭氏即庸氏，实为祝庸氏之一脉。史载公元前1059年（周成王五年），周公建都城于周洛邑，建筑师就是庸人。

据《郭氏族谱》载：“禹乘二龙，郭支之驭。”相传大禹有两个护卫驭手叫郭哀和郭支，也就是他的大匠大作，他们是有史记载的最早的郭姓人。《姓氏考略》载：“夏有郭支，见《抱朴子》；商有郭崇，以崇山名，见《三一经》，此郭氏之始。”由此可知郭氏最迟起源于夏朝崇山，且与大禹在崇山创立夏朝有直接关系。大禹者何人？没有人不知道他就是三过家门而不入的治水大英雄。《郭氏族谱》说“禹乘二龙”，听起来好生耳熟，与《山海经·海外南经》所载“南方祝融，兽身人面，乘两龙”如出一辙。就是说，大禹也是一代祝融。《黑暗传》讲述治水英雄大禹：

共工本是一帝君/作恶无道失民心/祝融一见怒生嗔/领兵与他来相争/提起祝融一段文/他是天上火德星/治理洪水有功勋/当时有臣名共工/共工出世手段能/太荒山中一洞府/五彩精气孕化成/能逃劫难洪水后/三番洪水长成人/养一鳌龙为坐骑/洪水滔滔任游行/祝融吹气如火焚/要把鳌龙来烧死/鳌龙一见心害怕/化道彩虹逃性命/……（见胡崇峻《黑暗传》，长江文艺出版社2002年版，第161页）

谁也想不到大禹原来还是一代祝融！与其父崇伯鲧都是大庸崇山人！这与大禹在崇山接受舜帝权杖，禅位创建中华历史上第一个奴隶制国家——夏朝对接，史载：**“禹夏之兴，祝融降于崇山。”**是说大禹出生之日，就是新一代火神“祝融”降生崇山之时。而当年乘二龙战洪水，驭手就是古庸国的建城大师郭支，与《郭氏族谱》所载对接。《禹贡》“导江又东至于醴（即澧水）。”郭支生于澧水边，才有机会为大禹祝融当驭手。相传郭支最早设计建设的就是社溪历山的“连城”（今由两地合并为联成村）。以后东到华庸（容）、西到庸部（成都），南到哈不庸村（交趾），北到上庸（竹山），规划筑造墉城——“四方城”。《方舆胜览》载：“山南有城，周十余里，春秋庸地，楚使卢戢黎侵庸方城是也。”《左传·文公十六年》杜预注：“方城，庸地，上庸县东有方城亭，楚庐戢黎侵庸，乃庸方城。”相传崇山四方城、大庸溪四方城、熊馆之外的五方城，均与郭氏家族有关。张良皋说：古庸国是“筑城大国，营建大国……筑城是庸国的看家本领。”（见张良皋《巴史别观》中国建筑工业出版社2006年版）

郭支后裔多出伟大建筑师。据《洛阳伽蓝记》描述和相关文献记载，北魏洛阳永宁塔高达“四十九丈”（合147米），堪称古今世界第一塔，其主要建筑设计师就叫郭安兴；令马可·波罗惊叹不已的元大都的规划建造，总设计师叫郭守敬。

很有意思的是，相传熊瑕“采食于屈”，以屈为姓，并在屈家坊建屈邑城，就是后来“三堂”之一的郭支后人主持筑造的。

1982年版《湖南大庸县地名录》第59页载：“阳湖坪公社郭家旯，郭姓人家住在角落边得名。”此为郭支一姓居住阳湖坪公社社溪村的远古地名信息。

3. **屈姓**：说的是屈姓远祖狂屈坚（有“坚”作“竖”者）。

屈坚，又名“狂屈”“狂屈坚”。古庸国地屈家坊人（今永定阳湖坪镇）。黄帝臣，武职。据明嘉靖陈士元撰《荒史》（卷之五）黄帝臣云：“庄生谓黄帝臣有知有无为，谓有狂屈，有吃诟，有象罔。”清·张澍《姓氏寻源》说：“黄帝传有屈坚。”李书泰（《庸国荒史》著者）认为“狂”，似可解为犬王狂屈坚，是否即为犬王屈坚？亦即犬图腾盘瓠族的部落首领呢？如有可能，将是一个十分重要的学术命题。《国学·子部·道家》载：“黄帝理天下，始以中方之色称号。初居有熊之国，曰有熊帝，不好战争。……帝问于首阳山。令采首山之金，始铸刀造弩。……黄帝云：‘日中必彗，操刀必割。’狂屈坚闻之曰：‘黄帝知言也。’”这是关于屈姓之启祖屈坚最早的文字记载。狂屈坚之屈，源于姬姓，为黄帝属下武将，后在平定蚩尤之乱时立有大功。他十分钦佩黄帝的德政，一直认为“武非决世”，就是单凭武力不能解决世间的所有问题。因此，当黄帝说“日中必彗，操刀必割”时，他非常赞同这个辩证的道理。

请注意：引言中黄帝所说首阳山又称“首山”。《连山》：八卦“重艮以为首”。《尔雅·释诂》：“崇，重也。”《现代汉语小词典》：“艮。八卦之一，代表山。”“重艮”即“崇山”。崇山以为首，崇山即首山，八卦称“崇山君”，盖出伏羲演八卦于崇山，众山之首也。故伏羲又称“崇山君”，即崇山国之王，亦证其为大庸人氏。又天门山也称“首山”，见清·皇甫如森《五雷山赋》：“固殊夏泽幻奇，迹著兖州之域；还等首山毓秀，名传壶头（天门山）之隈。尔其脉分岷岭，支衍天门。……嵩梁十六峰西临兮，黛色累累；洞庭八百里东望兮，湖光晶晶。”（载赵辉廷、陈自文编《慈利古诗五百首》，2007年内刊版）

天门昆仑、崇山县圃，皆为万山之首、万山之宗、万山之祖，故称宗山、祖山、国山、首山。

上述文字引出关于黄帝与大庸国的三个信息：

一是所载黄帝采首山之金，首山即崇山。黄帝在首山（崇山）与“狂屈坚”对话，可证“狂屈坚”此人在黄帝政权中的地位非同寻常。二是从黄帝登首山（崇山）“采首山之金，始铸刀造弩”，说明黄帝此时似乎还没有离开“有熊之国”（又作轩辕之国）北伐涿鹿，尚处厉兵秣马阶段。经笔者破译，发现此之“有熊之国”，就建在与崇山一峡之隔的熊罴岩（民间讹为熊壁岩）——又称“中央山”。崇山半山，有“夏启而冬闭”的“穴熊洞”。崇山、天门、熊罴岩之间就是“不死之野”“寿丘”仙人溪（后有专论）。这个武臣“狂屈坚”就被黄帝封在崇山东北约15公里的阳父（今阳湖坪镇），因身为帝臣，故称为采食之邑——屈邑。

二是黄帝为有熊国之帝。“*黄帝初居有熊之国，曰有熊帝*”。有熊，楚之先祖，“有熊氏”家族传承人物有季连之孙——穴熊，后以熊为姓，其先祖为第一代庸帝赤帝祝融。由此可见，黄帝不但是远古祝融后裔，还是庸国的一代帝君。有熊之国即熊帝

之国，亦即大庸帝国。

据《世本》《古今姓氏书辩证》所载："黄帝七世孙有季连，为芈姓，其后裔有鬻熊者，乃周文王之师，曾孙熊绎以王父字为氏。"《元和姓纂》载："相传黄帝生于寿丘，长于姬水，居轩辕之丘，建都于有熊，又称有熊氏，其后有以地为氏者，称熊姓。苗族仡熊氏，汉姓为熊；普米族本牙氏，汉姓为熊；傈僳族五侥时氏，汉姓为熊。"

有熊是熊姓之源，始祖为伏羲、女娲，历经大熊、有熊、芈熊、楚熊四个王朝。

第一阶段：大熊庸国皇朝，史称三皇时期，尊伏羲为始祖。

第二阶段：有熊大庸帝国，史称五帝时期，以少典为先祖。

第三阶段：芈熊大庸王朝，史称熊庸时期，以季连为先祖。

第四阶段：楚熊庸帝王国，史称庸楚时期，以鬻熊为先祖。

第五阶段：屈熊大庸王国，史称屈庸时期，以屈瑕为始祖。

这五个历史阶段，就是大庸帝国7000-8000年演变源流脉络。

三是**屈坚是大庸屈邑始祖**。从黄帝与屈坚在首山之崇山君臣问答中而知，黄帝是有熊之祝融族的庸朝帝君，而屈坚则是黄帝的大臣，照此说，二人还是老乡。屈邑之屈氏宗坊，当因庸臣屈坚受封于此而得名。楚武王封长子于屈邑，原是早有屈邑古名存在的"屈地"。由此得知，有熊世系的五大阶段，极有可能是古庸国的五大阶段即庸楚文化的传承史，又是屈原世家的血缘世系史。

三、屈家坊之"屈姓"得姓源于潭口日月岩

对于姓氏的得姓之源，姓氏学家一般只从现成文献、谱书中寻找"来龙去脉"，很少能从文化发生学的源头层面去解剖的。比如屈原之屈姓，近些年，一些学者似有觉悟，追溯到一支家族——祝融、高阳氏的"火神""太阳神"，即"崇光一族"或"太阳图腾氏族"的哲学层面，我很以为然。就是说：屈原之"屈"姓根出屈坚，屈坚又何以"屈"为姓？此谜不破，难服读者。

龚维英说："高阳氏的命名，取自旭日。高阳者，高悬蓝天的太阳也。《史记·五帝本纪》叙述颛顼部分，言他'依鬼神以制义'是其巫教职司；说'日月所照'则表明其'高阳'的身份。颛顼的裔孙重黎（祝融）［按：重黎实为重、黎二兄弟，均为世袭祝融之职］'居火正，甚有功，能光融天下'（《史记·楚世家》），更不失太阳神身份。所以按司马迁的说法，颛顼就是高阳氏，也是崇拜太阳神的部族。准此，帝颛顼高阳氏的原生态图腾就是太阳，故用'高阳'作为族徽。"（引自萧兵《楚辞的文化破译》第90页）童书业以为"楚之先祖祝融……本是日神，即'日中之踆乌'。"又说"祝融"之名与"大明"有关。《诗·大雅·既醉》："昭明有融。"虞翻解："融即祝融，大明也。"太阳正是大光明。故祝融也是太阳神。姜亮夫认为："颛顼与楚之先人祝融之关系最密（颛顼、祝融、陆终、烛龙、重、黎等名号，皆声音可相通转之词，盖皆源于一也）。《左传》谓颛顼有子，曰犁，为祝融。

……其为人先，是为楚之宗神。……则高阳本为南土至上神，而转化为南土之人王。”（同上书第 91 页）萧兵认为姜亮夫所说“颛顼生于西徼若水，在昆仑之麓，其为西方民族传说之人先”表示“不敢赞成”，笔者认为姜先生说对了一半，误解了一半。姜先生认定颛顼为“南土至上神”和“南土人王”十分正确，符合本意，但又说颛顼生于“西徼”（音叫）若水，即西域边界——祁连山或喜玛拉雅山或西亚的“昆仑之麓”，并且成了“西方民族传说之人先”，那这个“南土”又作何解？前后矛盾，显然是受了“言昆仑必西域”的流毒影响。殊不知姜先生已经找到了颛顼的生身地昆仑，但不在西域，而在今张家界市永定区境内的大庸天门昆仑。所谓“若水”，即自澧口上溯至大庸国古城对岸的龙茹山（龙盘岗）澧水一段，叫茹澧，又叫茹水、弱水、若水（笔者已破译颛顼出生地原点极有可能就在澧口西边的“崇阳坪”——古崇阳郡鱼形地及蛇形地的“大水泉”。可参读第二章第三节“澧口里考察记”）；所谓“昆仑之麓”，则在今张家界市天门昆仑的北麓。颛顼属黄帝家族世系。由此上溯，早在“三皇”以远时期，就有发明用火的祝融，也才有后来的火神之职（即“祝融”）世袭几千或上万年。《庄子》说：“在神农之前有祝融氏。”下面不妨将三皇祝融太阳神崇光氏族世系排列如下：

祝融—太典—少典—黄帝（石年有熊氏）—帝临魁—帝承—帝明—帝宜—帝来—帝裹—帝节茎—帝戏—小帝器—帝伯陵（昌意）—帝木嚣（即颛顼，苗族先祖，屈原先祖）—大称（老童）—卷章（善卷）—重、黎（火正祝融）、吴回（火正祝融、苗祖崇伯鲧）—陆终（苗祖大禹，一代祝融）—季连—附诅—穴熊。以下传至鬻熊、熊绎，直至熊通、屈瑕，及至伯庸、屈原。

虽说前述黄帝众多儿孙中的那位“狂屈坚”因地位不甚显赫未列其内，但也应该属于太阳神“崇光氏族”姬氏家族成员之列。此前，我们先后到屈家坊三间大夫祠和古庸城屈原祖祠发现了两根“太阳图腾柱”，就已十分明确地告诉人们：屈瑕与屈坚同宗同源，一脉相承，而后殊途同归成了祝融—黄帝—高阳氏“太阳神—崇光氏族”屈氏之裔孙。如果屈坚得姓时间以黄帝纪元初始（前约 2550 年左右），至熊瑕封屈地后改姓为屈（约前 704 年），屈氏已存在 1840 余年，可称中国最古老姓氏之一。龚维英认为高阳帝的名字取自旭日，正确。詹安泰先生认为昭、景、屈三姓分别以“谥”“族”“邑”受姓，各不相同：“昭氏是以谥（音式）为氏的，起源于楚昭王的‘昭’字（按：昭氏源自大庸阳父坪，今存昭家岗。屈原元配昭碧霞生地即此。古庸有“屈、昭、斗、叶”四大公族之说）……景氏是以族为氏的，和齐国以谥为氏的景氏不同源。……屈氏是以邑为氏的。它在‘王族三姓’中来源最早，世系最早。……屈瑕是楚武王熊达[按：误，应为通]的儿子，官至‘莫敖’，食邑于商[按：误，应为屈]，因以为氏。”（转引自萧兵《楚辞的文化破译》第 94 页）詹先生论到这个份上，已接近真实了，但仍没有接通屈邑之“屈”来自何处。这是辨别真假屈邑的试金石、分水岭：说通了，是真的；说不通，是假的。那么，让我们听听何新先生的一番惊世骇俗之论：“屈原《离骚》：‘帝高阳之苗裔兮。’……高阳即太昊，即太阳神。楚王族三姓——昭、景、屈。昭，《说文》：

日光也。景，光也。[按：故谓风景又为‘风光’]屈，疑即月出之讹形。而日初之光称朏（音菲）。‘爰始将行，是谓朏明’（《淮南·天文训》）。由此可见，楚王族皆以日光为姓。”何先生又说：“‘楚之先祖祝融……本为日神’（童书业《春秋左传研究》）。所以典籍中说他‘能光融天下’‘淳耀敦大，天下昭明’，即所谓‘有昭德’。所以楚王族昭、景、屈（屈即朏），均以太阳光命姓。故《说苑》记：楚俗拜日，故楚盛服、羽衣、翠被。”（转引自萧兵《楚辞的文化破译》第94页）

这是迄今为止，发现屈原得姓之“屈”典出月亮——朏之讹形——“朏”的第一人！何新先生的解释不仅正确，还莫名其妙地与屈邑之屈得姓之源对接——就是屈原老屋场背后的那两座“日月岩”！五千年前，狂屈坚家族就是从潭口那一对天生日月岩中得到启示而自姓“屈”（即“月出”）的。《山海经》载：“大荒[1]之中，有山名曰日月山[2]，天枢也。吴姬天门[3]，日月所入。有神，人面无臂，两足反属于头上，名曰嘘[4]。颛顼生老童，老童生重及黎。帝令重献上天，令黎邛下地。下地是生噎，处于西极，以行日月星辰之行次。”

[注]（1）大荒：此指被称作“南蛮荒服之地”的崇山。王维《赧王墓》写崇山称“蛮烟荒雨”。三国陈琳以《大荒赋》写崇山、天门山。清·金德荣《大庸风土四十韵》：“欲问大庸俗，从古属要荒。”“要荒”：指边远之地。离帝城500里为一区划的“侯、甸、绥、要、荒”五等地域的居民，都要服事天子，故有“侯服”“甸服”“绥服”“要服”“荒服”之分。大庸自古被称为“南蛮荒服之地”。清·罗光典《驪兜冢》有“荒服蔓草”句。清·王儒庭《芦茅界》称“高低接大荒”。《山海经》：“大荒之中，有山名曰大荒之山，是谓大荒之野。”古之所称“大荒者”，几乎成了崇山的专利。

（2）日月山：指大荒之中驰名世界的天门山奇观。此之“天门”有二：一在今张家界市之南，古称“天门”，实为“北天门”；二在天门山之南的七星山，亦有一巨形天门，俗称“后天门”，实为“南天门”。太古时代将此举世无双的两大自然穿山门洞视为人神沟通的阴阳之门、登天之门、日月之门。并因两山万丈绝壁天生“窟窿”而演变为“昆仑”（后有专论）。这是全世界独一无二的日、月之山！后面的“天枢”“天门”是对日月山的直白称呼。“日月所入”是祝融—黄帝—颛顼天文家族观测太阳、月亮起落的标示物。而不可思议的是：屈原老家潭口也有一对天生日月岩！

（3）“吴姬”（姬，一本作姫）：古代女子嫁出去后，一般用丈夫和娘家的姓并列称某某氏。如战国时，一位姬姓女子嫁给卫国丈夫孔圉（音宇）做妻子后就叫孔姬；若是李姓女子嫁给张姓男子，只能称“张李氏”或“李氏”。那么，这个吴姬就是一位居住在天门（今大庸天门山）观测天象的姬姓女天文大师，或是与天神沟通的大巫师。说明天门山一带有姬姓存在。而吴姓，又与古大庸“西吴”有关，桑植今存“西吴村”。康熙帝曾为天门山之“天南寺”作对联一副：“楚尾吴头开画镜，杯光鸟语入吟轩。”（见胡运惠、崔小贤《大庸部分礼俗书式及联语摘编杂谈》2004年3月·西安·内刊本）楚尾：大庸在楚之西南，位处“楚尾”；西吴位处澧水上游的大庸，自是“吴头”。这位姬姓天文大师，正是在日月之门观测太阳、月亮的起落。

(4)“嘘”：即那个两足弯在头上的无臂神人，是崇山古庸人的“猎神”，乡间称“赶肉神”“赶仗神”，正是头顶地、脚朝天的形象，土家人叫“栽阳桩”，乃由猎人夜间偷来花椒树所雕（不偷不发）。“嘘”，其实是猎人呼唤狗的嘘啸之声。

(5)颛顼、老童、重、黎（按：此二兄弟均为一代祝融）、噎，是记录黄帝家族繁衍过程的书记官。

《山海经》著者的本意十分明显，他们是想告诉人们：这是一支伟大的天文家族（黄帝历、颛顼历很可能就是在这一带完成的）；这是一支崇拜猎神的家族（有远古狩猎文化之遗风）；这是一支可绝地天通的大巫家族（帝令重［祝融］上天，令黎［祝融］下地）；这是一支崇拜太阳、月亮的家族（他们很可能从祖祖辈辈围绕天门日月山穴居安家、繁衍、生息，从而受到太阳神的启示）。

由此，我们可以这样推断：屈坚之屈姓，是否就是潭口那一对日月岩给他的启示而得姓的呢？一个“太阳”，一个“月亮”，昼夜长明，是为丹丘。故潭口屈原老屋场自古又称“丹丘”“仍羽人于丹丘兮”即此。而那半边月天然石穴，朗然透天，美丽绝伦，一如月出之半，“月未盛之明也”（民国《辞源》）；而天将明时将出，其景如美人出阁，犹抱琵琶半遮面，尤显妩媚娇艳。于是，狂屈坚得其灵感，即以半月、初月、新月取姓曰屈。与龚维英说高阳帝之名取自旭日、何新认为屈姓之屈为“朏”，即月出之讹形，意即屈邑古屈得姓必与“月亮”有关。二者所见略同。而后者尤为蹊跷，屈邑潭口，如上所说，恰有一双日月同辉的天生日月岩，而以半边月亮岩最是奇特。狂屈坚身为黄帝大臣，乃饱学之士，以此半月为姓，算是自然天成。而莫敖熊瑕，回归母国大庸屈邑，不以楚之重臣自恃，而甘愿以邑为氏，盖因此姓正合宗祖祝融高阳太阳崇拜之古训，于情不悖，于理不谬，有何言哉！遂以屈为姓。

自然之物印证学术推论，堪称史界佳话。

四、从熊通称楚王说起

公元前741年，楚王蚡冒卒，弟熊通杀蚡冒子而自立，是为武王。熊通杀侄夺权，开了一个坏头，此后就有杜敖弟杀杜敖自立称成王；商臣杀成王自立为穆王；令尹子围（音宇）杀郏敖自立为灵王；弃疾杀公子比自立为平王；负刍杀哀王而自立等。但尽管如此，熊通以其前所未有的勇气、霸气与智慧，励精图治，振兴大楚，扫灭邻国，开疆拓土，在短短的三十多年中，把自熊渠之后的诸多积弊一一革除而鼎新。在他身上，南蛮庸人敢为人先的个性特征表现得最为突出。公元前704年，熊通公开称王。公元前706年，即楚武王约55岁那年，举兵伐随。随君抗议说：“为何伐我无罪之国？”武王说：“我蛮夷也。今诸侯皆为叛，相侵或相杀。我有敝甲，欲以观中国之政，请王室尊吾号。”要挟随君派使者向周帝要王号，随君慑于楚国兵威，不敢推辞，只好照办，但遭到周天子严词拒绝。熊通大怒说：“吾先

鬻熊，文王之师也，早终。成王举我先众，乃以子男田令居楚，蛮夷皆率服，而不加位，我自尊耳！”（司马迁《史记·楚世家》）于是自立为武王，标志着楚国从宗国周朝中正式独立，自此以下楚君皆称“王”，开诸侯子国僭号称王之先河。

这种“不服周”、与宗周公开叫板称王的“僭越”之举，其实他的前人熊渠早就有先例了。《史记·楚世家》载：周夷王之时，王室衰微，而熊渠赖江汉平原的富庶及民心向楚得以强大，于是，楚子熊渠野心膨胀，公开向周室挑战，他说：“我蛮夷也，不与中国之号谥。”乃立其长子熊康为句亶王，中子熊红为鄂王，少子执疵为越章王。熊渠不仅自己称王，还分封三子为王。“分封”二字，非同小可，就是说，熊渠可与周帝并坐论天下了。

然而在后起的、生性暴虐且强势的周厉王的高压和众子国的谴责声中，“熊渠畏其伐楚，亦去其王”（《史记》）。一次轰轰烈烈的称王预演结束了。但熊渠的霸气与勇气，不断激励着后代楚王奋发进取。大约在两个世纪后，其后裔熊通再次发难，公开称王。100 年后，熊通的后裔楚庄王侣竟然“问九鼎大小轻重”，灭周之心，昭然若揭。再过 66 年，楚灵王更是胆大包天，遣使要求与周分鼎。分鼎，即分天下也。

楚武王称王的当年（前 704 年），又干了两件大事：

1. 封长子瑕于宗国大庸屈邑——大庸屈家坊，看似强化先祖熊绎所定“两国共监制”，实则隐藏了以屈氏取代熊氏宗庸的深层目的（野心）。同时，将“莫敖”之职独赐予子瑕，并世代承袭，熊氏楚宫自此以楚王代替莫敖。

2. 沈鹿会盟——楚武王于称王当年夏，邀请诸侯到沈鹿会盟，与会者有庸（指上庸）、巴、濮、邓、绞、罗、轸、申、贰、汪等十一国。只有黄、随二国拒不参加。武王大怒，派大夫蔿章去责备黄国；派长子屈瑕讨伐随国。随大败，随侯逃逸。随国自此不敢造次。此时的庸国仍是诸国之首。这次“沈鹿会盟”，史称“封国会议”，是武王威慑宗周、僭越称王封国的预演。一时天下震动，周室却无可奈何。

如果不将上述不间断的“称王”“问鼎”“分鼎”“封国”等系列“僭越”之举联系起来考量，还只当是个别不义楚王的“野心”膨胀。但若串成一个思路链条，就会发现：这些过程不是偶然的“僭越”犯上，而是一个早已谋划好的“长期维权战略”。考其原委，这个战略的始作俑者应追溯到楚祖鬻（音粥）熊。

五、一代庸帝鬻熊谋划“北进中原”战略

吴荣臻先生在《苗族通史·导论》中写道：“‘北来说’没被采纳的主要原因是，苗族不是由北而南，而是北进中原，败退南归的。苗族在中原生活了相当长的时间以后，因争夺华北平原失败后退回南方来的。从哪里来回哪里去，是人包括高级动物在内的本性意识。……由此可以推测，蚩尤战败后，其族人是向着老家退回来。所以后来苗族传说故事中，有不少是讲述由北到南的迁

徙过程的，对于北进中原的事太久远了，慢慢失去了记忆，而南迁是后来发生的，……不过要真正溯源，那还是北进中原，败退南归。”（参读吴荣臻总主编、吴曙光副总主编的《苗族通史》民族出版社 2007 年版，第 17 页）

吴先生这段文字，是针对楚人（庸人即苗土）而言的，其中“北进中原”乃是智者之论。

公元前 1039 年，年过九十高龄但仍执掌政坛的大庸国一代帝王鬻熊，站在崇山夜观天象，发现中原大地有王气直冲霄汉，而殷都朝歌上空则有灾星降临之象。这便是他在其著作《鬻子》中所写的：“运转无已，天地密移……损盈成亏，随生随死……”这是一个关于宇宙万物本体论的问题，是朴素唯物主义论的萌芽。说直白一点，是鬻熊在长期关注殷商王朝由盛及衰的变数中，预料将有一支充满创新与进取的力量取代那个腐朽糜烂的殷王朝。而此时，有叫太伯、仲雍的两个神秘人物上门说事，于是就有了关于鬻熊秘密北上，与商朝西伯侯周之古公亶父会面，此后成为文王、武王之师的美谈。关于这次历史性会晤，鬻子在其著作《鬻子·原序》中有所披露：“王曰：‘老矣’，鬻子曰：‘使臣捕兽已老也。使臣坐策国事尚少也’。”意思是：“你们要我去打猎擒虎追鹿，那我的确是老了，但如果是要我帮你们谋划富国强民的国事，我还年轻哩。”说此话的前因很可能是古公或其孙姬昌（文王）嫌这个人太老了，便有鬻熊回应的上面那些话。据《苗族通史》叙述那件事的过程中，有古公问他姓名时，他自称我是“老苗”（鬻熊），隐去了真实身份和姓名，故才有以“臣”自称的文字。鬻熊料定商纣将亡，取而代之者唯周，并向周文王传教如何夺取江山和治理天下的理论，并鼓动武王起兵灭殷。这便是鬻熊助武王伐纣的前奏。与此同时，另一个在商朝帝子辛（纣王）王朝服务的八十高龄的大夫姜子牙，似乎也从观测天象中听到了上天的警示。他以对纣王一腔的不满磨砺出一颗反心，渭水把钓，把自己推销给姬昌，便成就了“姜太公钓鱼”的经典成语。

我说：殷商大厦的坍塌，就是这两个老人的力量。但历史的光环好像只罩在姜子牙头上，鬻熊的子孙只是一群让姜子牙使唤的“蠢蛮”。而大庸民间的说法是：灭商前夜，姜子牙秘密来到南方的大庸帝国，与鬻熊庸帝进行秘密会谈。会谈中的一个重要内容就是支持、帮助文王在崇山熊馆创立武庠（音湘）军政大学（后有专文）。对这一历史，人们将姜子牙寄居的地方（今永定区官黎坪街区）赋予“子牙溪”地名；溪流出口，则叫“姬旦口”，这是为纪念文王特使周公旦居住此地而命名的（今溇江九溪有周公渡，相传周公旦是乘船从溇江至澧水，再逆澧至大庸国的）。就是说，推翻殷商，是鬻熊一手操纵、策反商朝两个重臣（周文王、姜子牙）从内部引爆而肇起的。关于文王与姜子牙密谋倒商之事，《史记·齐世家》有零星记载：“周西伯（文王）昌之脱羑（音“有”）里归，与吕尚阴谋修德以倾商政。”权威的史典《尚书·牧誓》记下了这场战争誓师出征相关首领及国家的信息：

“嗟！我友邦冢君御事，司徒、司马、司空、亚旅、师氏、千夫长、百夫长，及庸、蜀、羌、髳、微、卢、彭、濮人：称尔戈，比尔干，立尔矛，予其誓！”

这是参战国军事力量的大检阅，“庸”

之前基本上是周室的一些官员，“庸”之后才是驰骋沙场的各国主力。历史的本相就是如此：真正灭商的主力是以大庸帝国为盟主的八国联军，盟军总司令就是鬻熊之曾孙熊绎。关于这段历史，史界大多不知究里，以为此“庸”就是“上庸”。以为鬻熊还是盘踞在荆楚草莽中的“大酋长”。一些“泛巴论”者居然无视八国联军中无巴、无楚的历史记载，有意**扬巴抑庸**。早在三十多年前，龙炳文先生第一个发现庸人北上的秘密：

“熊绎是从崇山越过长江随武王伐纣的。受封于楚后，率一部分南蛮人即庸人、崇庸人去楚经营。周宣王时（公元前827年）楚王族中争王，熊叔堪率一部分芈人回崇山，当时崇山仍是都鬼主住地，是阿濮仡龙芈的后裔继任鬼主，仍叫濮地。汉史记载此事为‘逃难于濮而蛮’。其实熊叔堪原祖籍就是濮地（崇山大庸），逃离楚地，回到老家来了。”（文载《湘西苗族》吉首大学学报民族问题增刊，1982年第3期第14页）

章太炎说：“今之苗，古之髦也。”（《检论》）郭沫若说：“随同武王伐纣的髦可能就是驩兜部落的人。”（郭沫若《中国史稿》第一册）又说：“驩兜为三苗之一。”舜放驩兜于崇山，崇山在今大庸张家界，此为大庸帝国统帅八国联军北伐的又一证词。

上述文字透露了几个信息：一是统领八国联军北伐灭殷的首领是鬻熊的曾孙熊绎，他们是从崇山（即大庸国）出发跨过长江的，时在公元前1066年。其时，崇山驩兜部落的濮人（土家族先祖）苗人应是北伐联军的主力——庸军主体。战后，大部分军人没有班师回崇山——大庸国，而是滞留周地，协助周王朝平定叛乱，清除纣王残余势力。二是受封于楚。公元前1046年，周武王姬发灭商立周，为了稳定前朝遗民，巩固政权和统治，便大肆追封前朝历代圣王的后人。即在大封同姓贵族的同时，又广封异姓诸侯。别国诸侯分为五等：公、侯、伯、子、男。其不及五等者为附庸。如将吕尚封于齐，周公旦封于鲁，召公奭（shī）封于燕，叔鲜封于管，叔度封于蔡。周初总计封了71个诸侯国，其中兄弟之国15个，同姓之国40个。公元前1027年，即周成王三十七年，在周地漂泊39年之后的庸国大将军、八国联军总指挥熊绎才被封到荆楚之地。受封之时，熊绎已是快70岁的老夫了。三是熊绎受封后，率一部分南蛮人（庸人，即苗人、濮人）去经营荆楚，成为楚国的开山祖。由此可证，成王封熊绎仅指北伐参战军队而非整个南方大庸帝国。四是崇山一直是苗蛮濮人（土家族之先）的中心。舒新宇说：“《尚书·舜典》说：‘放驩兜于崇山’。直接说明了南蛮居住的中心点是崇山。也告诉我们，从舜开始，三苗中的驩兜部落融合南蛮部落，组成苗蛮集团，世代子孙，一直在崇山生息繁衍。”（舒新宇《破解屈原溆浦之谜》东方出版社2007年版，第26页）

周成王给熊绎的所谓“封地”，不过是一块长宽各50里的长满荆楚树的荒地。大庸叫“黄荆树”，灌木，枝细且长，开蓝紫花。庸民常以此树条作为板筑墙的材料。楚：“《说文》：丛木也。一曰荆。《诗·小雅》：楚楚者茨，言抽其棘。注：楚楚，茨棘貌。”故称庸人封地叫“荆楚”。《书·禹贡》：“荆州之域，周熊绎始封。”尽管生存条件艰苦，但熊绎一直不离不弃。史界多有以“荆蛮”为耻之说，恰与源于“崇山南蛮”对接。浑不知这正是对千古之宗大庸国孤陋寡闻的误读。据翦伯赞《中外历史年表》载：公元前985年，“周（昭王）涉汉攻楚”，昭王淹死于汉江。就是说，楚人受封42年后，“不服周”的“反心”就有所暴露，因而遭周帝御驾亲征。由此看出熊绎忍辱负重滞留周地，是有预谋的，这就是秉承公公鬻熊**“北进中原”、一统华夏**的称霸战略，励精图治、努力进取、卧薪尝胆、誓夺天下。其间楚国先后吞并四十五国，从荜路蓝缕于五十里荆楚之地，到武王迁都郢，成为春秋时代疆土最大的“大楚”强国。这个梦想一直曲曲折折走到公元前223年，王翦、蒙武攻破楚军，昌平君死、项燕自杀，楚亡，**整整八百年！**“北进中原”战略最终以失败告终。这是一个何等壮烈、何等艰难的强者之梦！

而真正发现八国联军北伐殷商的统帅是一代庸帝熊绎，从崇山大庸国出发北上伐纣灭商，并留下草创楚国的开山祖，原来是湖南湘西花垣县苗史大学者龙炳文先生。

甚至可以这样说：龙炳文先生的先见之明，已经把楚国与庸国的“宗子关系”告诉给后人了，而长期以来，历代史家几乎没有一人识破楚国的真实背景，故历代“楚文化研究”“屈原研究”，基本上是在一个错误的背景下命题立说的。他们不知道楚国的背后是强大的宗国、古老的祖国大庸！甚至说，连周朝都是受制于大庸帝国的“侯国”，几百年后，才有庸国人执政的楚国人胆敢跳出来称“王”，与周叫板。

公元前209年，楚人陈胜、吴广起义于蕲，称大楚；旋入陈，陈胜称王，号张楚。公元前206年，楚人项籍（字羽）称楚霸王；刘邦封韩信为楚王。公元前202年，楚人刘邦称帝，是为汉太祖高皇帝，距楚亡仅21年。距公元前293年**楚南公范增“楚虽三户，亡秦必楚”**的预言，刚好90年。八百年的苦斗无果而终，二十年的一场混战却轻取天下，楚人圆梦却易号为汉，楚熊氏换了汉刘氏，由崇山北上的南蛮之种摇身变为大汉。南蛮古庸人成了大汉族的启蒙始祖。历史的变数往往玄秘得让人大瞪眼睛。

关于此论，可查《苗族通史》：“特别指出的是，汉，最初不是华夏民族的别称，而是楚族一个在汉水小县——沛邑的一个官职的称谓而已。之后，由于‘汉’统治了华夏族楚族等中华古老民族的绝大多数，而以楚族文化为母体以华夏文化为主流，经过上千年的同化变异而形成汉文化，华夏这一民族被楚族‘汉’化了，成了一个融许多民族优秀文化为一体的新民族——汉族。苗族，因三苗而得其名，汉族是因汉朝的建立而得其名。”（吴荣臻总主编《苗族通史·二》民族出版社2007年版第19页）

照上述之论，所谓“大汉族”原来始出楚族，亦即庸族，即今土家族、苗族。汉文化的母体实为古庸文化！唯有秦汉一统，全盘吸收了大楚古庸文化，才有未来汉文化的辉煌。而与其说是楚族成就了汉，毋宁说是庸人“庸化”了华夏诸族。故称苗、土实为始创农耕文明、最先踏入粮食文明和社会文明的母族，并由这支伟大族群创立了东方伟大历史文明——连所谓“中国”“中华”

“神州”“中央”等核心文明术语全都是他们在澧水两岸创造发明并影响全中华、全世界的！故中华古史后期文明中，掀起了一股歧视苗土、征剿苗土、灭苗灭土的逆流——欺宗灭祖的忤逆行为，难道不应该让当今天下华人一族认真研究反省反思吗？这恐怕又是让一些人不好意思接受的事实。

我想起一句俗话：“数典不忘其祖。”

我真佩服《苗族通史》学者们的锐眼与胆识，叫**千古疑史无识者，四两一拨天下动！**

[附]　关于鬻熊之“鬻”

长期以来，史界诸君对楚祖鬻熊之“鬻”读法不一，一说“祝”，一说“玉”。笔者为此作了一番考究，终于弄清了它的本意。［鬻］《康典》：⑴zhōu《唐韵》《集韵》并之六切。音祝。⑵《说文》：餰也。注：今俗作粥。yù《集韵》《正韵》并余六切。音育。《左传·昭三年》：有鬻踊者。注：卖也。即卖粥为生者。⑶又姓。《前汉·艺文志》：鬻子名熊，为周师。自文王以下问焉，周封为楚祖。此之“鬻熊”，作“祝熊”，即被众多学者断为一代祝融，而非贫困市民长街吆喝卖粥者。故读“育［玉］熊”者，误也。

《升庵集》云：“唐天宝六载，诏祀夏禹於安邑，以宗伯鬻熊秩宗伯夷配。此夏之鬻熊也。”（民国《辞源》1674页）史载祝融助商灭夏。故夏之鬻熊即是一代祝融。亦即《尚书》所载代表天神辅助灭夏、灭商的“天庸大帝”之一。

六、屈庸时代

从公元前704年屈瑕采食于屈邑（大庸屈家坊），到公元前611年三国瓜分上庸，共约93年，是为“屈邑时代”，其时屈瑕尚未登基熊氏宗庸朝廷。从公元前611年三国瓜分上庸，至公元前280年老庸王屈伯庸战死，末代庸王（未登基）屈原投江自杀，屈庸国灭亡，共331年，此为“屈庸时代”，又称“后庸时代”。据推算，熊通出生在约公元前760年。公元前741年，杀蚡冒子而自立，是为武王，年仅19岁。约公元前704年夏，武王自立称王，时年56岁。约公元前739年，生子熊瑕。公元前704年熊瑕被父王封回宗庸屈邑屈家坊，且以邑得姓屈，时年35岁，庸帝将其授予“莫敖”之职。公元前699年，屈瑕受命北伐罗子国，兵败，自缢死，时年40岁。屈瑕在封地仅5年。屈重袭父莫敖位，行使楚监庸国朝廷权力。公元前690年，武王病死于伐随途中，时年70岁，在位51年。

熊通封长太子瑕入主宗庸，史称“开濮”。《史记·楚世家》有载：“三十七年（周平王三十年）……（熊通）乃自立为武王……于是始开濮地而有之。”濮地就是庸地，开濮就是入主宗国大庸。

熊瑕进入屈邑后，发现狂屈坚一脉早已衰败匿迹，为了区别于宗庸熊氏，便以屈邑之“屈”将熊姓改为屈姓，从那一天起，屈邑时代开始了。大庸帝国庸王世系表中“四十二熊”有熊瑕，“十二屈”中则为屈瑕，可证熊瑕已改姓为屈。

据实地调查，屈邑核心在今永定区阳湖坪镇的屈家坊（即《永定县乡土志》所载**屈邑三间宗坊**），实际版土占了今阳湖坪镇66平方公里、南岸西溪坪、关门岩两地127平方公里，共计213平方公里，加上金岩、三岔等地，差不多就是东西、南北各50里的子国框架。在澧水流域版土中，最大的是下游澧阳平原，其次是上游大庸平原。屈邑（俗称西阳二坪）则是大庸平原中最大者，是江南富得流油的豆、稻棉产区。屈瑕入主宗庸屈邑之日，距先祖熊绎以“庸帝”之名率八国联军自庸都（今张家界市区中心古人堤）出发北上伐商，约362年。三百多年中，楚国从小到大，由弱到强，已经成为纵横江汉大地的强国。史载楚国“地方五千里”，拥有整个长江和淮河流域。“带甲百万，车千乘，骑万匹”，从来是秦国的劲敌。到公元前四世纪下半期，“天下莫强于秦楚”“楚强则秦弱，楚弱则秦强”。作为宗国、母国的大庸帝国，在不断支持、扶植楚国的过程中，也不断关注上庸的稳定与发展。对这个大后方，历届庸王、楚王都十分重视，可以说是唇亡齿寒、手足相依。三百多年中，楚国、上庸连年各自扩张征战，三年一小战，五年一大战，但这些战争几乎全部都在江北发生。**从武汉博物馆楚疆域图中可以发现，长江以南近半个中国一片空白，是中国历史地图中的“盲区”，浑不知这个盲区就是被史家忽略或遗忘或一无所知的大庸帝国疆土！**

对屈瑕举家迁居屈邑，史家多以为只是为了“采食”，但我们从屈原“朕皇考曰伯庸”诗中得到启示，就是说，**屈氏家族不知何时已悄悄地掌控了宗庸国主体，千年不变的熊氏庸王已易主屈姓。这是庸宫政变的信息。是楚武王熊通谋划以子国取代宗国的一个重大战略——准确地说：是阴谋！**把长太子瑕封在屈邑，就是在宗庸国城门口安置一颗马前卒子。太子瑕身为莫敖，其地位尽管比令尹小半级，却是楚国政权中第三号人物，军事方面的权力仅次于楚王。实际上就是由令尹、司马、莫敖组成的三驾马车。在楚国诸多将帅中，屈瑕是其佼佼者。在他任莫敖期间，有扫灭七国之功，威震天下。但此时，屈瑕羽翼未丰，时机未到，熊氏老庸王仍然是不可侵犯的“太上皇”。不过，此一时非彼一时，熊通的威猛、屈瑕的强势，对老庸王还是有一定威慑力的。

种种迹象表明，最初的庸楚政权，很可能是“二权监任制”即“两国共监制”，亦即大庸国主体庸王监管楚王（包括上庸）；楚王、上庸王亦保庸王之号。此举似被张良皋觉察，他说：

“我们的兴趣当然在于：居然至少有一位楚王自称‘庸王’。看来还不止一位，从楚庄王灭（上）庸以来，列位楚王自称或被称庸王，也许早成风气。……历代楚王不辞‘庸王’之号……楚王……甘心因袭‘庸王’之号，可见庸在楚国构成诸‘元素’中何等重要，值得矜夸……相比之下，‘庸王’显得高贵，令楚君感到自豪。千载之后，‘庸王’称号毕竟还有机会在楚器中熠熠生辉，真令我们耳目一新，值得作为一则‘轰动新闻’来传播。”（张良皋《巴史别观》36–37页）

支持张良皋这一说的是收藏在宜昌博物馆的“**庸王钟**”，高38厘米，重22斤。其中央钲部铭文为“秦王卑命”；左下鼓部八字为“竸墉王之定救秦戎”，出土于郢都近邻的李家湖古城。张良皋判断铸此庸王钟的

庸王很可能是楚怀王十一年（前318）当过“纵约长”（盟主）的楚怀王。

上述判断，实际上已找到了楚出自庸，故庸楚一家的内幕。这可能是目前楚史界中唯一一个识破此天机者。

其实，庸楚两国共监制（亦即二权监任制）早在熊绎北伐建楚后就开始实行了。到楚庄王公元前611年灭上庸之后，屈瑕第四代孙屈荡乘机逼宫，夺了已腐朽没落的老庸王政权，大庸帝国易熊为屈，开始了屈姓执政的屈氏“屈庸时代”。熊通封长太子瑕于屈邑、力图复兴宗庸大权的战略，终于在109年后得以实现。

这种独特的**两国共监和二权监任制**，发明者就是鬻熊、熊绎。当年爷孙俩率八国联军北伐商纣，都身兼一代庸帝之职。史界前辈没有注意：熊绎封于荆楚，并非以“庸国”名义而封。鬻熊时代，庸国地位至高无上，上古史上两朝两代庸帝“天庸灭夏，天庸灭殷”，就是鬻熊、熊绎两代或后代制裁推翻夏商两届王朝的天庸大帝。这两代跨时数百年的庸帝灭复倒商之战，白纸黑字刻印在孔夫子的《尚书》中，居然没有一个史家读懂悟透！而发现、读懂《尚书》的，古今只有一个建筑大师——张良皋！（可参读张氏《巴（庸）史别观》）到了熊渠时代，集霸气与野心于一身的熊渠，因“甚得江汉间民和”，国力日强，于是野心膨胀，萌生灭宗周、灭宗庸，称霸天下的反心，竟至公然置“两国共监制”于不顾，“乃兴兵伐庸、杨粤，至于鄂。熊渠曰：‘我蛮夷也，不与中国之号谥’。”（《史记》）熊渠首次“伐庸”，暴露出挑战“两国共监制”的野心，他是既不服周，又不服庸。史家们因不明庸楚之血缘关系，还以为是“两敌国”之间的战争。据分析，熊渠的行为可能被上庸察觉，便出兵干预，熊渠正好作为借口兴兵伐上庸。此头一开，一如决堤，从此宗庸危机四伏，两国矛盾加剧，一条与宗周一样朝不保夕终至灭亡的漫漫之路如影随形。

七、 参政观察

屈瑕封回宗庸屈邑之后，踌躇满志，一路春风。他以莫敖身份出任庸宫监管之职，初获“参政议政”权，协助老庸王打理朝政。当时的宗庸国朝廷，在数百年的太平日子中，已“修正”得不思进取，因循守旧，老气横秋。屈瑕年轻气盛，大刀阔斧，整肃朝纲。在短短5年中，屈瑕和他的子孙们大约帮助老庸王完成了下列几件大事的改革和推进。

（一）监管祭祀

祝融，远古三皇时期第一大巫祖、火祖、赤帝、庸帝。民国《辞源》[祝]⑴以言告神为主人祈福者。凡颂祷人亦曰祝，如祝寿、祝贺。⑵或作咒，诅也，设誓也（第1092页）。此之“祝”均由“祝融”衍而生之。祝融出生崇山，创造发明“祝由科”（辰州符）。崇山东南之七甲坪被巫傩研究专家林河先生确认为中国巫傩文化发祥地之原生点（另有专论）。庸楚文化的精髓就是巫傩文化。

早在庸朝鼎盛时代，朝廷就把崇山祭祖作为国策之首，贯穿于整个庸史的国事中。到了庸楚时代，进而作出“国之大事在祀与戎”的基本国策。关于崇山成为巫傩中心的远古信息，《永定县乡土志》（上篇）载：“县俗信鬼，多淫祀，**奉木偶号祖神**，巫祝祷祭甚丰昵，举国若狂，应元（县事）见辄焚之，其风少止。”明代《岳州府志》也有一说：“沅澧流域，其俗信鬼而好祀，其祀必使巫觋作乐歌舞以娱神。”清代《甄氏族谱》对昆仑峰（今武陵源大峰林景区）一带的巫教有段记述文字：“其俗信巫尚鬼，事向王、公安等神，以宿晨傩愿为要务，敬巫师，赛神愿，吹牛角，跳仗鼓……”

《前汉书·地理志》载：楚人“信鬼好巫，重淫祀。”道出了远古时代庸楚崇巫崇傩的文化本质。楚怀王每与秦作战时，还有巫师专门负责诅咒请神、帮助楚军战胜秦军的故事。

屈原辞作中大部分内容涉及祭祀。作为上古唯一一个为他量身定制的“三闾大夫”之职，除了监管和教育屈、景、昭三大公族子弟，就是主理国祀。所谓“功施于民则祀之，能御灾捍患则祀之”。甚至由历代屈氏世袭的“莫敖”（或莫嚣、若敖），位高如大宗伯，除了军事之职，还身负国祀之职（后有专论）。庸楚、苗土共祭的五大“功施于民”的人物是祝融、鬻熊、熊绎，以及蚩尤、驩兜。

屈瑕是一个大巫师。他的直系后人屈原也是一个大巫师。庸楚两国的大公族基本上都是大巫族。这是国族、贵族身份的标志。有人拼命否定这一事实，生怕因此而贬低屈原的形象或楚辞的价值。那我诚邀您到“遍地巫风”的澧沅地区走一遭。《国语·楚语下》载：“（楚）天子亲春禘郊之盛，王后亲缫其服，自公以上至于庶人，其谁敢不齐肃恭敬致力于神。”《左传·昭公十三年》：“楚共王择嗣，遍祭群望。”《太平御览》：“昔楚灵王骄逸轻下，简贤务鬼，信巫祝之道，斋戒洁鲜以祀上帝，礼群神，躬执羽绂，起舞台前。吴人来攻，其国人告急。而灵王鼓舞自若，故应之曰：‘寡人方祭上帝，乐明神，当蒙福佑焉，不敢赴救。’而吴兵遂至，俘获其太子及后姬以下。”这个荒唐的故事恐怕是世界的唯一。《汉书·郊祀志下》亦有类似记载：“楚怀王隆祭祀，事鬼神，欲以获福助，却秦兵。”故《吕氏春秋》有评：“楚之衰也，作为巫音。”屈原自幼就浸淫在巫风傩音中，入楚朝廷又担负国祀之职，你说怎能独善其身？抑或说，屈原辞赋取得如此伟大成就，真还得益于他的大巫职业哩！如不服气，你就把《九歌》11篇巫词删去试试？

昆仑县圃崇山作为南方人类共同的国家中心、祭祀中心和精神中心。

考有史记载的、时间最早、规模最大的一次崇山大祭祀活动，大约是4300年前驩兜放回家乡后，在“崇山天国”（即“大庸天国”。又称崇山昆仑县圃之天堂、极乐国土、神灵所居之处。古史谓“天庸”“天帝”即此）举行的“鼓社鼓会”。流传于大湘西地区的苗族远古史诗《鸺巴鸺玛》，记录了“崇山大典”这一极其壮丽大气的场面：

齐（备齐）了三头水牛/齐了三头黄牛/齐了五头黑猪/齐了五头花猪/齐了七个簸箕大的铜鼓/齐了七面簸箕大的铜锣/齐了九个牛皮大鼓/齐了九面凸凸小锣/齐了一十二把长管/齐了一十二把长号/齐了三百芦笙/齐了三百唢呐/齐了三千大炮/齐了三万小炮……/摆起铜凳银凳/摆起酒坛饭甑/邀来姑娘姊妹/请来后辈舅亲/请来苗老司/请来苗歌师/请来拳术师/请来吹鼓手/请来了九十九寨/请来了九十九岭/女的穿罗穿裙/男的穿绸穿缎/大大的银珈银圈满胸满襟/大大的耳环吊起碰面碰肩/大大的银镯戒子戴满左手右手/大大的头巾围了一圈又一圈/礼乐礼炮备齐了/礼服礼品备齐了/四方的亲戚来齐了/八

面的朋友来齐了/苗老司来到了/苗歌师来到了/拳术师来到了/吹鼓手来到了/点铳十二响/鸣炮三千炮/礼乐齐奏/笙歌浩荡/阿吉哟呵，祖宗高兴/阿吉哟呵，子孙兴旺/炮声响出三天路远/鼓声响出三天路长/笙歌震荡三山五岳/呼声惊动四面八方/声音传去九天九夜/九天九夜欢乐无疆……（文载《吉首大学学报》1982年第三期民族问题增刊《湘西苗族》第120–140页）

如此之规模场面，如此之气势气魄，堪称古今中外千古之唯一，令人激情澎湃，热血沸腾，荡气回肠！

这就是崇山天国的崇庸人（苗族土家）大祭祖！

这使人联想到西方的麦加和耶路撒冷！

史载：公元前634年（周襄王十八年），屈庸氏监官发现夔子借口腿有疾不能远行而三年不上崇山祭祖，下令将其灭国，“执子以归”。这就是袁山松编造“屈原秭归故里”的核心句字“子归——秭归”之根源。

据考，古代崇庸人因人口增多或战乱灾荒背井离乡，远徙他方，都不忘背上木雕祖神菩萨，并同时将“驩兜山”“崇山”“天门”“澧水”“沅水”“白水”“赤水”“茹水”“黑水”等家乡名称随之带走，然后安置在所迁居的新家。如凤凰、花垣、永顺等地就有崇山、驩兜山；云南有三崇山；河南有崇山，随州有崇山；越南交址有崇山；日本有崇云山、驩兜町、驩兜郡；四川有南充市、西充县（充山即崇山）；河南叶县有澧河，南阳有澧水，西安有澧水，江西武宁有澧溪；仅“天门”就达10余处之多！历史上甚至有史家将越南交趾崇山误认作放驩兜的大庸崇山而大发宏论；特别是自从汉武帝出于领土扩张目的把天门昆仑、崇山县圃及赤水、黑水、流沙等昆仑文化符号巧妙借用指向新疆于田后，这些祖山的地名符号便漂洋过海，传遍世界……

（二）军事保国

战争，自古就是推动人类社会发展进步的强心剂和助推器。一场拓疆开土战争之后，血肉模糊的人类必从屠城废墟中站立起来，重新收拾旧山河，用更新更先进的科学技术强国富民，将文明推向前进。在中国古史上，没有比楚国更好战的国家和民族了。范文澜指出：“楚国君自称是蛮夷，专力攻伐华夏诸族，五年不出兵算是莫大的耻辱，死后见不得祖先。”（《中国通史》1978年版，人民出版社，第116–117页）

而庸国，老庸帝鬻熊则在比楚受封建国更早的年代即北上将主力布阵竹山，开辟“上庸”，建立上庸军事基地。

楚国屈、景、昭三大公族，不仅是三大政治力量，更是三大军事力量。屈家坊对河屈邑古城（旧称“古人寨”“古城寨”），就是屈氏军队的最高统帅部。城东古城坪，又称校场坪。屈家坊东部的马形地，又叫跑马射箭场，是屈邑训练家族部队的练兵场。对岸校场坪则专门为楚国训练国防军，这是古代的特例，估计只存在于屈邑，古今无有二家。从古庸地明清武溪、茅岗、永顺、桑植、庸芈（容美）等土司推行“兵农合一”军事制上溯，我们发现最早创造这一兵制的就是古庸国贵族家族部队。简单说来，就叫“闲时为民，战时为兵”。平时土民因地因时自练，农闲集中到屈邑校场坪、跑马场集体练兵演武，“其兵皆素练习，闻声则聚，无事则各保关砦。盔重十六斤，衬以厚絮，如头大。甲重三十斤，利箭不能入，火枪打百步。”（清·顾彩《庸（容）美纪游》）康熙《永定卫志·武备》载：“永定地邻司峒，设防不可不严。

明初，设官兵以控边，无事则秉耒力耕，有事则荷戈御敌。粟无转输之劳，兵损（省）招募之忧。卫西关外教场，周四百五十丈，演武厅三舍、耳房二舍、将台一座，考选贤能。指挥一员督其词，训练士卒，防守城隍。……每年以霜降后赴州开操，立春后大阅散队。一时操练，三时力农，既不防民耕种，兵卒又专训练。本州团营，遂为楚西之最精。”这段文字，正是当年屈庸家族武装实施“兵农合一”兵制的遗风。慈利《九溪卫志》载：麻寮所隘“论山川形势，则西联剑阁之雄巍，东接西山之蟠踞，北连梁山之崇峨，南有天门赤松之壮丽，跨蜀道而雄楚甸，川流溇、澧而萦洄九溪，形出天堑，势若建瓴……官不请俸，职纪土官；军不支饷，名纪土军。驻扎山峒，世守边疆，以捍内而卫外也。……棋布星罗，并力疆圉。有紧荷戈，是以国家无边鄙之虑；无事秉耒，是以闾阎有三九之余。古先王寓兵于农之法，此犹其遗意焉。”（抄自北京图书馆·明代《九溪卫志》）

卫志·添平所亦载：“原族官不支俸，军不请粮，自备衣械，把守……桑植等一十八蛮咽喉要道，为荆、澧、松、宜之要冲，石、慈、九、永之藩篱。军役当于本所，兵不妨农，农不废兵，此户口丁徭之从来也。本所边地，自汉、唐以及宋、元，皆自种自食。”《麻寮唐氏沿革》载：“惟容、桑一十八司盘踞，固结山川，不隶於版图，性情自为，其风气虽不如匈奴之强大，而亦有乘间窃发之震惊。”

将古大庸土苗喻比“匈奴之强大”，正是当年屈氏武装力量的写照。

上述土民兵备之俗，言起自“汉、唐”，亦云“古先王寓兵於农之法”等语，追根溯源，这“古先王”正是屈氏庸王，侯昌铭说“屈昭斗叶，皆楚之良”，此四大公族均在大庸古国境内，是目前发现的关于“楚虽三户”“四大公族”准确地望的唯一文字。唐·余知古《渚宫旧事》卷一·周代上载“文王至顷襄王四百年间，楚产之尤著者”，以屈姓为最多，占7人：屈建、屈庐、屈宜臼、屈春、屈完、屈平、屈荡；景姓3人：景阳、景差、景舍；斗姓3人：斗子文、斗伯比、斗章文；叶姓1人：叶公子高。由此可证，屈姓家族一直是庸国和楚国的第一大族，更是庸国和楚国政治力量的中坚，抗秦军队的主力。

值得注意的是：屈氏军队数量之多，得益于“寓兵於农”的军事制度，而英勇善战，则体现在战术之独特，素质之强健，装备之精良。据永顺、保靖、大庸茅岗等土司所传：“其阵法：每司二十四旗头，每旗一人居前，前三人横列为第二重，次五人横列为第三重，次七人横列为第四重，又其次七八人横列为第五重。其余皆置后，欢呼助阵。若在前者败，则二重居中者进补，两翼亦然。胜负以五重为限。若皆败，则无望矣。每旗十六人，二十四旗合三百八十四人，皆精选之兵也。”（民国《永顺县志》卷七）这种阵法能攻能守，进退自如，连环相扣，敌人很难破阵。据传，“庸人土兵助武王伐纣，即用此法，使‘殷兵大溃’。抗倭名将谭纶、戚继光对此阵法十分赏识，并下令在战场推广。魏源说：‘谭纶、戚继光之鸳鸯阵法，即土兵之法。’”（魏源《圣武纪》卷十四）

为了保证兵源，维持楚国及上庸“三年一小战，五年一大战”的一统中原的长期军事战略，保证源源不绝的兵源，屈氏家族还大力弘扬古崇庸人独有的古俗：土苗人生男婴之后，先过秤，论斤多少择一等量的毛铁

浸泡于药水中；然后以青竹片烤油烙脚板，一直烙到十五岁，终成可赤脚攀山越岭、务农打仗的“铁脚板”。此即“婴儿炮烙祭”；满十五岁那年，再取出所泡毛铁，铸剑一把，佩在身上，并令其独身远行，不给钱粮，自谋生路。待三至五个月，能平安回来者，视其合格；若死在外面，则认为是“化生子”，不值得伤心悲泪。此即土家少年“成人祭”。这把宝剑，从此伴随终身。由此想到屈原，为何成年后无一日不佩剑在身，必与其人“二祭”之俗有关。罗马旧教谓教徒之不纯粹者，于升天国之前，必先经历地狱之苦，所以炼起灵魂，使之洁净也，其狱大抵为火海，环绕乐园之周围，历此火海，则罪恶尽去，始得逍遥于乐园之中。宗庸人的“婴儿炮烙祭”和“成人祭”，本质上就是一种“炼狱”，唯有这种“炼狱”，才打造出中国历史上敢于灭夏、灭商的“天庸天兵”。公元前611年，楚庄王原以为兼并上庸是易如反掌的事，却不料七战七败，险被上庸吃掉，这才狠下心联合秦、巴三国分庸，故史称“惟庸人善战，秦楚不敌也”。

从公元前704年屈瑕落业屈邑，到公元前280年伯庸战死，庸国灭亡，424年中，支撑楚国大厦的主力军多半是大庸屈邑家族军队。屈原在《离骚》中写道“屯余车其千乘”；《招魂》中说“青骊结驷兮齐千乘”。说明屈氏家族拥有“千乘”军队之多，亦说明屈氏家族当时拥有广阔富饶的封地和大量的人口资源，唯其如此，才能生产出大量粮食养活如此之多之久的军队。

因而说，大庸帝国是楚国800年赖以发展与维系战争的强大后盾；而屈氏庸国，则是屈氏家族坚持抗秦扶楚的后方大本营！

（三）农耕富国

建楚四百多年来，作为“打仗专业户”的楚国，征伐战争连年不息，三年一小战，五年一大战，弄得国无宁日，民无宁居。无休止的战争让荆楚广大农民流离失所、农田抛荒。富得流油的江汉平原常常是野草横生，成为飞鸟天堂。荆楚粮荒难荷持久战争之负。长期以来，楚国（包括上庸）源源不绝的兵源、粮秣，无不来自宗庸国大后方。武王欲成先祖霸业，不能不考虑持久之战的兵员与兵粮的后顾之忧，于是将长太子瑕封回宗国故乡坐镇，一来制衡宗国，二来图谋发展农兵教育，实乃国制改革进步之举，堪称高瞻远瞩之策。也因了宗庸国的强大实力，野心勃勃的大楚政权才不敢轻易废除庸楚“两国共监制”及“二权监任制”的宗法制度。

大庸帝国坐拥澧沅洞庭川蜀水稻之粮仓，终成古代世界第一农耕大国。从其附庸国古道国——今澧县城头山古城遗址发现了6500年前世界最早水稻田；在澧县八十垱发现9000多年前的碳化水稻种子。令人惊奇的是：在先祖祝融辖地，即后来归葬地南岳西南方的道县玉蟾岩发现了距今14000-18000年的栽培稻信息！

笔者由此断定：澧县古道国，正与建于三皇时期的大庸帝国同一时代的附庸国——古“稻国”！南方道县，其实也应该叫“稻县”！

张良皋从祝和（祝融别名）之“禾”破解了崇山祝融是中国水稻农耕的创世鼻祖，故大庸国又是稻作文明大国，是最早吃到大米饭的古族古国。

可以说：大楚之兴，赖于大庸先进稻作之农耕；大庸兴则大楚兴，大庸衰则大楚衰。

[提示] **（四）“振兴熊馆，教育强国”**，并入下节。

第二节　寻找屈原读书学校——崇山熊馆

一、 屈原求学读书于崇山熊馆

屈原读过书吗？这简直是废话。不读书能成为千古第一诗祖吗？或问：读书必有学校，此学校在何处？能找到两千多年前屈原读书的学校旧址吗？

我说是真史就一定存在，否则就是伪史。一个非凡人物的诞生，必有一所非凡的学校和一批非凡的老师。为此，课题组数人以屈家坊为中心，向四方发散，几乎踏遍古大庸中心区的山山水水，寻找这所神秘的学校，但杳无影踪。后来，一位叫王章贵的退休老校长告诉我们：他发现了屈原读书的学校熊馆。在他刚出版的《庸史初考》书中，这样记着：**"熊馆，即大庸熊氏古代先民所办的学馆，其历史源远流长。"**（王章贵《庸史初考》张新出准字 [2009] 第 03 号第 124 页《熊馆走出的辉煌》）

时年 81 岁的王章贵老师，一直勤耕不辍，研究本土历史。经过几年调查考证，居然访得了崇山北麓的熊馆，原来就是方志、民间流传了几千年的熊馆大学，即后来的熊馆鬼谷学宫。这一信息，无疑为破解屈瑕受封宗庸屈邑（屈家坊），积极兴办教育，为庸楚两国培育一统天下栋梁之材的政绩找到了依据，亦为中国千古诗祖的产生找到了实实在在的文化背景发生点。

可是，一些史籍却把熊馆理解为熊居的窝子或关熊的房子。民国《辞源》第 945 页说：[熊馆]《倦游杂录》："熊跧伏之所，在石崖枯木中，谓之熊馆。"李商隐《献侍郎钜鹿公启》："柏台侍宴，熊馆从畋。"（畋，音田。如畋弋 [打猎]，畋犬 [猎犬]，畋狩，畋猎 [打猎]）

但在大庸熊姓人眼中，熊溪熊馆是远古熊氏的发祥地。那是洞穴时代，熊氏居住崇山北麓熊溪之北源的熊山熊公洞，所谓"关了一洞熊"，无非一句玩笑，一如牛姓，说"关了一屋牛"，也不算丑化。一说此论出自战国秦人对楚人的诬称。

清同治《永定县志》载："熊溪绕熊馆，经广岩咀入澧。"清光绪《永定县乡土志》亦载："熊溪水出崇山麓，中有熊馆，过广岩咀北流，螺旋入澧。"二志同时锁定熊馆在崇山南麓广岩咀熊溪之侧。《张家界市情大辞典》（按：后文略为《市典》）载：[广岩咀村]："位于后坪镇东部。东邻二家河，南抵巍巍崇山……辖……熊溪岗、熊溪峪、古老泉等 15 个村民小组，总面积 4000 余亩。全村 1765 人，主要姓氏有熊……"（《市典》民族出版社 2001 年版 548 页）《湘西苗族》载："大庸崇山下有五溪：澧水上游的茅岩河，明以前叫酉（夷）溪；澧水西源现在仍叫武溪；崇山东北有芈溪、熊溪，现在仍是原名未改，大庸溪也叫辰溪。最早被中原华夏统治者知道的五溪，都在今大庸境内的崇山附近，五溪的命名，都是以古代苗蛮各个民族而得名的。……熊溪住仡熊氏族……"（载《吉首大学学报》民族问题增刊《湘西苗族》1982 年第 3 期第 10 页）

此崇山五溪之一的熊溪，就是中国古代

史家追寻千古而不得的有熊氏的发祥地，今环绕崇山有熊溪峪、熊罴岩（一名中央仙山）、熊家塌、熊家溪、熊家洛、熊家坪、熊家台、熊家岗、熊家坡、熊家山、熊家村等地名。分布熊姓的村还有教字垭、柏杨、陈木岗、甘溪峪、军家垭、竹园坪、广溪峪、三龙、十八山、丁家峪、中山、尖山峪……而由熊氏上溯，最近的始祖就是黄帝有熊氏。笔者在本书中已全方位破译了黄帝出生地就在天门昆仑系的熊溪熊公洞，以后到周边的崇山、仙人溪、熊罴岩建功立业。有熊氏之本根就在崇山熊溪峪和熊罴岩，亦是楚国熊氏家族祖脉所在地。史界多以为楚熊氏族发自西北青藏高原氐羌游牧部落，全是毫无根据的误判、误解、瞎猜、瞎说。

经实地考察，熊溪峪村正处崇山北麓，有一山峰谓之熊山，山有熊公洞，又称熊穴，此为有熊氏即穴熊氏宗祖出生地。中有泉，名古老泉，熊氏母泉也。其西有熊娘嘎（家）婆洞，是土家苗人古老童话《熊娘嘎（家）婆》的原生点。其北侧绝崖有奇洞，相传此洞内穹广阔，为大庸国初创庸帝地下行宫，故民间说空中常旋钟鼓之声。后被封死，一封几千年，相传洞开之时，必有神仙圣人出世，故名“千年洞”，又叫“封洞”。有专家怀疑可能是秦大将蜀守司马错、司马靳爷孙灭大庸国之前，庸王屈伯庸，庸都保卫战大将军屈平平（屈原之长子）、末代莫敖转移密藏庸国国家重器的洞府。《太平寰宇记拾遗卷六》载：“在辰州（沅陵）武陵二郡界绝壑之半山……山下有石室数亩，望室里虽暗，犹见铜钟高丈余，十数枚，其色甚光明。”崇山天门正处辰州郡、武陵郡一线相邻之间，而如此之多之大的铜钟正是大庸国的国钟，大庸（镛）即大钟。《山海经》将此洞载之于书：“熊山有穴焉，熊之穴，恒出神人，夏启而冬闭。是穴也，冬启必有兵。”

这个“熊穴”，极有可能是有熊氏之始祖发祥地。熊穴——即大庸古族之倒装句“穴熊”。古大庸国曾有“四十二熊”即42个熊氏庸帝，其中第一位就叫“穴熊”，即有熊氏家族分出一支以熊为氏，故尊穴熊为熊氏之开山祖。名称来源就是崇山之“熊穴”亦即“熊公洞”。而楚祖鬻熊之出生原点，则直接与此熊穴有关，苗族史诗《戴熊戴鬻》记述了鬻熊寻父、杀父而后“杀死仇敌祭父”的故事，诗中所唱“略对现略对董”的地方，即为古时“高彩”，亦即崇山北麓进入后坪的熊溪峪一带，此地正是鬻熊出生之地“熊穴”。鬻熊在这里先后举行两次椎牛大祭，通过巫与祖鬼相通，用巫术祭了二十堂客神客鬼，十六堂大戎大夔（太祖宗祝融），才取得胜利（参见吴荣臻总主编《苗族通史》第二册，民族出版社2007年版第282页）2010年7月18日，课题组一行4人专程考察熊溪峪村，68岁的熊玉明、58岁的熊丘林、52岁的熊胜元等现场指认一处处远古先祖穴熊文化遗迹，熊溪东侧的一个高台，约25亩，此即古熊馆遗址中心地。相传学校由四块台地组成，校区总面积达500余亩（包括军事训练场、校场）。

故老相传，熊馆是古代的一所大学，宋代大中祥符年间（1012），大庸武溪田氏土司曾在此创办天崇书院。明清时期学校还在。熊馆原有一尊古鼎，相传是古代舜帝在一次征伐崇山三苗的战争中，为了毁灭驩兜的龙脉，将驩兜鼎推下山，居然完好无损，以后就成了熊馆的镇馆之宝。明初，崇山边粮通判田虎响应覃垕起义，将鼎移往大庸城（即今大庸所城)，拥兵称王，史称“田虎得鼎称王”，后兵败灭族。田虎为保古鼎，又将其沉入边岩潭。直到明末清初，玉泉寺长老将其打捞上来，供在四方城北的玉泉寺。并特在寺庙大山门刻对联一副：

法雨来玉泉，

宗风仰高庸。

约在明代成化年间(1465-1488)熊馆再度复兴，其规模与熊馆外的五方城连成一片，几成边贸重镇。清同治《直隶澧州志校注》引[明]高尚志撰《澧纪》叙目云：

“宅中作极(1)，赤社乃立(2)。旗亭济济(3)，熊馆翼翼(4)。有城嵯峨(5)，有山崱屴(6)。”

[解析] (1)作极：在这方宅基上构造宫殿式建筑。言其此地房屋众多，且体量庞大，有如宫室。使人想到这是座颇有规模的都会。

(2)赤社：赤：甲骨文，从大(人)从火。人在火上，被烤出赤色。《说文》：南方赤色。《礼·祭义》社：“建国之神位，右社稷而左宗庙。”赤社乃立的本意是：在南方的一个城市里立社，即代表一个国家及其先祖的神位之尊。说明与熊馆比邻的五方城曾是古庸国初创时的都城。

(3)旗亭：《西京赋》曰：“旗亭五里。”薛综曰：“旗亭，市楼也。立旗于上，故取名焉。”旗，《说文》“熊旗五游，以象罚星，士卒以为期。”《广雅》：“熊虎曰旗。”《周礼·春官》：“师都建旗。”又《周礼·司常》：“熊虎为旗及国之大阅。”由此得知熊旗、熊虎代表国之师(即军队)、国之都、国之大阅。此之旗亭为汉代市场内最高的标志性建筑，原为市场管理官员的官舍，后成为官办馆舍、驿站。因街市建筑众多，故悬旗帜以引人注目。奇怪的是这些旗帜上多以熊虎为图案。可证远古时代发明旗帜的人正是有熊氏家族，与黄帝有关。这支家族是远古时代最早的崇虎族，鬻熊的第一部著作不是《鬻子》而是《龙虎经》。

意思是：熊馆之侧，群楼高耸，鳞次栉比，商贾辐辏，繁华无比。

(4)熊馆：上述景象表明，这座熊馆并非“关熊”之所，而是崇山熊氏家族远祖创办的一所大学建筑。翼翼：整齐有序，茂盛众多。《汉书·礼乐志》：“冯(读凭)冯翼翼，承天之则。”颜师古注曰：“翼翼，众貌也。”是说熊馆内学员众多，却安静有序，一派学子忘我求学的状态。

(5)嵯峨：嵯(cuó)，形容山势高峻。

(6)崱屴：音则力。山大貌，又山连也，参差不齐也。意思是熊馆的背后，是那座高峻巍峨的崇山。

据查，整个沅水、澧水流域以至整个中国版土内，只有一处熊馆，它就在崇山北麓的熊溪。紧邻熊馆的那座都城，相传是轩辕黄帝因仰慕一代庸帝——庸成子的高尚德行，特为他建五城十二楼。五城之中，四座是四方城，独此城为五方城。清末时，五方城还有一片古街区，尤城中的五通庙巍然犹存。解放初，五通庙学校仍旧袭用，后拆庙迁址，五方城废为“五方坪”——成了一片农田。从高氏《澧纪》描述，熊馆与五方城至迟在明末清初还保留都会之繁华，学校教学井然有序。这一信息无疑是令人震撼的，它告诉我们：这很可能是世界古代史上最为宏大悠久的学校！明末清初李自成到大庸囤兵五年，其中一支部队就驻扎于此。屈原祖太屈瑕对熊馆学宫情有独钟，是因为他本人

就是在熊馆就读的一代杰出文武将才，且楚国的贵族子女无一不是在熊馆念书成才的。楚地战乱频繁，几乎没有一处安静的地方开办教育。同治《永定县志》序：“唯楚有才，常称充县。”充县即以充山（崇山）命名，暗含消失了的古庸国，说明楚国之才，出自庸国充县，甚至可解为出在充山——崇山，这是熊馆学宫存在于庸国崇山的旁证。长沙岳麓书院有副著名的对联：“唯楚有才，于斯为盛。”与上副对联是同一个意思。“唯楚有才”语出《左传·襄公二十六年》：“虽楚有才，晋实用之。”是说楚国的人才被晋国所用。“于斯为盛”语出《论语·泰伯》：“孔子曰：才难，不其然乎，唐虞之际，于斯为盛。”是说在唐尧、虞舜之时，南方教育兴盛，培育出众多人才。此信息告诉我们：熊馆学宫，至迟创办于唐尧虞舜时期。西汉戴圣《中庸·第十章》载：“子路何强？子路曰：‘南方之强与，北方之强与，抑而强与’？孔子曰：‘宽柔以教，不极无道，南方之强也。君子居之；衽金革，死而不厌，北方之强也。而强者居之。’”意思是：南方强于教，北方强于武。即南方以教育为强，是君子之强国；北方以兵武为强，是军事之强国。《国语·郑语》：“祝融亦能昭显大地之光明，以生柔嘉材者也。”此即孔子所言“宽柔以教”。

孔子所指“南方”，只有教育大国大庸国。孔子与鬼谷子白公胜素为挚交，曾在大庸宗国待了很长时间，方得以对大庸国进行深入采风调研。《庸风》《南风》所录民歌必出自大庸；“中庸之道”必定是从“大庸”创世文明中悟出来的为人为政为德之道。

说到孔子与白公胜的关系，笔者发现鬼谷子白公胜创立纵横捭阖之说，著《鬼谷子》《分定经》，又著《天门鬼谷三十六穴量天尺》等著作，成了中国古代谋略之祖、兵法之祖、武功之祖，创大庸“鬼谷神功”，极有可能少时曾求学于熊馆，隐身后又受聘创办鬼谷学宫教学授徒于熊馆。此思路不曾料与西安兵学研究专家张敬轩先生来了个大碰头，他在电话里告诉我：“你们要注意崇山熊馆，据我研究，熊馆是善卷创办，姜子牙曾在熊馆读书，著《阴符经》；后来鬼谷子在此创办鬼谷学宫，传播纵横捭阖学说，苏秦、张仪、孙膑、庞涓、屈原都是熊馆的杰出学子，从师鬼谷子一代、或二代、三代掌门人。”

这些线索恰好与我的研究结果对接！

张先生所提姜子牙在熊馆从师于鬻熊，徐寅诗中有所透露：“姜牙兆寄熊罴内，陶侃文成掌握中。”（一九四七年版《辞源》，商务印书馆406页）

众所周知，在整个战国时期，秦楚抗衡，成为两大对垒强国，双方都采用鬼谷子白公胜的“捭阖策”，事秦的张仪运用“连横”之术，凭一张寡嘴，四方游说，分化瓦解了以屈原为精神领袖的“合纵”战略阵营，二人从此成为政界死敌。从屈原谙熟鬼谷子白公胜的“合纵连横”谋略可以断定：屈原很应该是一代鬼谷子掌门人的学生，且与张仪同窗。由此印证了屈原求学于熊馆鬼谷学宫还是有来路的。

那么，这个熊馆大学究竟创建于何代何年？创办者又是谁？请读下面流传于大庸、沅陵古庸人婚俗《告祖词》：“八兄[1]崇师尊善卷[2]，四十二熊拜崇山。”

[解析]（1)八兄，指祝融八子八姓：巳、董、彭、秃、妘、曹、斟、芈。是说祝融八

个儿子都崇仰尊敬他们的启蒙师祖善卷。说明祝融八个儿子都曾到熊馆拜师善卷。

⑵善卷：帝尧之师。上古最伟大的教育家、大贤人、大巫祖，被奉为中国隐士之祖。尧曾有心将帝位让给他。据倪民《三皇五帝追踪》考证，善卷曾到沅陵黄帝二酉藏书洞读书，帝尧、帝舜先后前来拜访。其中与帝舜有一段对话值得注意：

“帝舜道：‘老先生从前遇见先帝（按：指帝尧）的时候，所居似不在此处。’善卷道：‘是呀，从前老夫住在这条沅水下流（的）崇山（倪民按：在大庸市，今张家界市），（与）西南相近（按：指二酉洞）。后来受三苗氏之压迫，携家远遁海滨，居住多年。洪水平后，三苗远窜，老夫仍归故里。数年以来，无可消遣，忽然想起黄帝轩辕氏曾有书籍数千册藏在此山，老夫耄（音毛）矣，还想藉秉烛之光，稍稍增进点学问，因此又住到这里来。’”（倪民《三皇五帝追踪》旅游教育出版社1998年版第303页）

从善卷与帝舜对话中，才知道善卷出生故里在崇山！亦与孔子所说“唐虞之际，于斯为盛”对接，善卷正是唐虞时人。由此，我们有理由断定：崇山熊馆（大学）至少在帝尧时期（约公元前2297年）就已经创办，创办人正是远古大学问家、教育之祖、大巫祖善卷！刚才写到张敬轩先生提醒姜子牙在熊馆读书的秘史，对此笔者已在此前发现姜子牙与鬻熊共谋倒殷的蛛丝马迹，熊馆之东十里就有子牙溪以及文王特使周公旦——“姬旦口”等古地名。《史记·齐太公世家》载：“周西伯（文王）昌之脱羑里归，与吕尚（姜子牙）阴谋修德以倾商政，其事多兵权与奇计，故后世之言兵及周之阴权皆宗太公为本谋。”故太公望视为军事和权谋术数的始祖，凡是研究谋（权谋）、言（辩论）、兵（军事）的学者都经常假托太公之名以佐证自己的学说。经分析，姜子牙的“阴符之谋”与“鬼谷子”的《符言篇》相同。看来，姜子牙在熊馆从师鬼谷子之祖师鬻熊还是有说头的。所谓“周文王与姜子牙阴谋修德以倾商政”，指的就是鬻熊庸帝以天帝之命串联西伯姬昌与姜子牙推翻殷商，并在大庸国秘密创办熊馆军政大学的说法有史可依。徐寅诗：“姜牙兆寄熊罴内，陶侃文成掌握中。”（民国《辞源》406页）此之姜牙即姜子牙；熊罴，指崇山熊馆。熊馆之南乃崇山绝壁。其上有熊溪源头，有熊公洞，又有熊娘嘎（家）婆洞，此即“穴熊”“熊罴”家族出典之所在。“兆”：预兆、预示。是说姜子牙寄居熊馆作预测占卜之事。正是文王与姜子牙“阴谋倒商”于熊馆大学的又一证词。

屈瑕入主屈邑，对熊馆情有独钟，固然与楚国公族子女基本上都是在这里完成高等学业深造有关，而溯其源，远古时代，一大批文武干才、知识领袖、国家栋梁无一不出自熊馆，远古著述立说者，亦多为熊馆学子或教师。比如赤松子著《中戒经》、庸成子著《容成经》、鬻熊著《鬻子》《龙虎经》、姜子牙著《阴符经》等，并创立各自的学说，如赤松子的养生之道、吐纳之道、中戒之道；庸成子的房中之道；鬻子五行之道的“中和”——此论深得孔子拜赞，因是历代庸国的治国治民之道，于是将其提炼升华为“中庸之道”。说来也巧，1888年出生于天门山下赤松坪的著名教育前辈胡寓农先生，一生教书育人，为人师表。1936年告老还乡养病，在居室书自撰联语一副：

战赢自己乃英雄，

养到中和为极品。

到底是鬻熊故乡人。如此以远祖鬻熊“中和”名言作联句的，恐怕不多。（载《大庸文史资料》1988年第4辑第132页）许多学者断言《山海经》乃古庸国人所作，是古庸国的人文地理经典，大庸国若干古谜尽在书中。白公胜宫廷政变失败，破相毁容，初隐澧口鬼谷洞，后居天门山半山绝壁鬼谷洞，再后下山隐居老道湾三十六玟之雪花洞，晚年受聘下山到崇山熊馆讲学，以其著作《鬼谷子》创纵横捭阖学说传教授徒，是继善卷、鬻熊之后的又一伟大的教育家。所著秘笈《分定经》，以天门崇山内外大量地名作卦辞卦格，隐语中透出真相，终被前人龚经济和今人李书泰二人成功破译，发现这个打坐在天门山而呼风唤雨于整个战国时代的“世界谋略之祖”鬼谷子就是白公胜！（详见李书泰、龙家雄《鬼谷子身世研究》中国文史出版社2011年版）

唐·余知古著《渚（zhǔ）宫旧事》，列出自楚文王熊赀（zǐ）至顷襄王熊横四百年间“楚产之尤著者”122位名录，其中产于大庸屈家坊的屈姓名人依所列序号有：将帅屈瑕（10）、莫敖屈建（13）、楚义士屈庐（41）、楚大夫屈宜臼（48）、屈春（52）、奉法则屈完（54）（楚大夫，曾作为使臣与齐桓公订立盟约）、文章则屈平（60）（即屈原）、武勇则屈荡（101）。共8人，均为熊馆鬼谷学宫学子。

《吕氏春秋》载：“武王以武得之，以文持之，倒戈弛弓，示天下不用兵，所以守之也。”是说楚武王以武力征服，打得江山；以文化臣服，保住江山。此所谓文治武功。楚国之所以创造了不灭的楚文化，盖得力于崇山熊馆教育。这里不能不隆重推出屈氏家族的一代伟大教育家屈时（又叫申叔时），楚庄王（前614年立，前591年卒）的高参。《国语》中载有《申叔时论傅太子》一文，比我国孔丘、希腊苏格拉底等中外教育家早八九十年或一个多世纪。该文全面论述教育功能、教育“九义”的内容，以及教育方法等，堪称中国乃至世界教育史上一座里程碑。还有个屈固，先后因功被封为“王孙圉”（音语）、“太师”，后被晋聘用。《国语》中载有《王孙圉论楚宝》：赵简子与王孙圉、屈固对话，赵以玉佩为“宝”。屈固说：“未尝为宝。楚之所宝者，曰观射（yì）父……又有左史倚相……”这些既有雄才大略又能“辅相国家”、懂经济、懂得治国治民治神的人才和国家物产才是楚国真正的“宝物”。而玉佩，不过是“先王之玩也，何宝哉！”将科学技术人材和知识分子称为“国宝”，堪称我国乃至世界最早提出尊重科学技术人才的思想家。在屈庸时代，熊馆为屈氏家族、为楚国培养输送的政治、军事、外交、经济、文化、教育等方面作出杰出贡献的历史人物多不胜举，仅“莫敖”就有10位以上，如屈瑕、屈重、屈易、屈到、屈建、屈荡、屈申、屈生、屈宜若、屈宜恤等，加上连敖屈匄、屈□（按：此字由“上”“止”上下构成），则有11位莫敖。还有若干若敖——日人谷口·满教授发现屈原就是一代若敖。《左传》《战国策》《史记》等史籍，还记载了屈氏家族一大批楚国的军政大臣、外交家等，其中对楚国政局产生过影响的人物有屈完、屈御寇、屈荡、屈申、屈巫（屈巫臣）、屈固、屈罢、屈春、屈庐、屈宜臼、屈匄、屈盖、屈伯庸（屈原之父）、屈原，以及还未来得及载入庸史、楚史的末代庸国大将军屈平平（屈原之子）等人物。

而最令历史开心的是：这里培育并输出了一大批“帝师”，比如帝尧师善卷，周文王、周武王二王师鬻熊，楚武王师葆申，怀王师屈原等。鬻熊是熊馆最为重要的传承人，在后期编选的《诸子文粹》中，名列诸子百家之首。鬻熊亦是最重要的一个承袭“庸帝”的“祝融”。熊馆的鼎盛与他的重教兴国思想不无关系。其时，“以四海之士皆至”。他在《鬻子》一书中留下许多朴素哲学观点，比如“欲刚必以柔守之，欲强必以弱保之。积于柔必刚，积于弱必强”。是从量变到质变，矛盾向对方转化的辩证法，是鬻子哲学思想的升华。鬻熊之所以与始祖祝融并列成为庸楚共祀的先祖，是因二人都是划时代的创世人物。笔者当初疑熊馆乃鬻熊所创，后发现《庸人告祖词》和倪民披露善卷之事，才发现与最初的判断差之千年。

这绝对是世界创办最早、寿命最长的大学！这是古大庸帝国为全人类留下的一份珍贵遗产！

世人只知北有山东临淄齐国创办的“稷下馆”（杜预注“六国时齐有稷下馆”），而不知大庸国有比稷下馆早2000余年的崇山熊馆！《谷梁传·成公二年》说：“今之屈，向之骄也。”由此可见，代代不辍的熊馆教育，创造了熊氏、屈氏两代庸王家族的显赫。故有“屈氏兴，楚国兴；屈氏衰，楚国衰”之说。屈瑕封于宗庸国，秉承武王崇文重教之传统，重振熊馆大学，并代代为之相传，最后由鬼谷子白公胜和屈原全盘吸收，终于造就了一位伟大的东方智圣、世界谋祖和空前绝后的伟大诗祖！张良皋先生凭知觉发现屈原是庸国贵族，堪称古今史学第一人。屈原的出生地就在大庸屈家坊祖屋里，少年在崇山熊馆鬼谷学宫学成毕业，是正宗的鬼谷子二代掌门人的嫡传高徒。18–19岁时以莫敖之职出使楚宫，代表大庸宗国行使“庸楚两国同存共监制”之权，相当于未来产生的驻楚“钦差大臣”，开始了他不凡的人生之征程。在屈原的背后，有一座伟大的祖山——崇山；有一个伟大的祖国——大庸帝国；有一个伟大的人才摇篮——熊馆！

屈原的青少年时代是在被秦人诬称、辱骂的“熊馆”中度过的。那是一个波澜壮阔的英雄时代。这种人才产生的环境是天下任何一个地方都不可能具备的。笔者一行5人暗察秭归乐平里，在这个不足5平方公里的山窝窝里，我们根本没有发现古代的学校遗迹，此处没有任何培养人才的背景条件。把一个屈庸朝廷显赫王族的优秀儿子当成贫下中农的寒酸子弟，充其量只能与乐平里小山沟沟的牧牛娃匹配，而与屈原出身毫无关联。

二、陪同张敬轩先生考察熊溪熊馆

2013年5月28日，课题组组长李书泰突然接到西安一个陌生电话，对方说他叫张敬轩，是西安兵学研究学会会长。他在研究鬼谷子身世时，听说张家界学者发现鬼谷子白公胜曾受鬻熊之邀，在熊馆执教讲学，创办鬼谷学宫，培养孙膑、庞涓、苏秦、张仪、屈原等一大批战国杰出学子的秘密信息，恰与他的发现产生共鸣，于是萌发赴张家界作一次实地考察之行。听到这一消息，我们当即表示欢迎并发出正式邀请。

6月3日上午，张先生如约而至。我们一行数人到火车站迎接，准备将客人送到宾馆休息，谁知他却不顾旅途劳累，迫不及待地要去熊馆考察。而且要立即开车，足见其心情之迫切。据我们分析，他一是对熊馆大学在古史价值的认识非同一般，二是怀疑张家界学者们的信息到底是真是假。于是，一行数人驱车直奔熊馆。十多分钟后，车达熊溪入口，车速放慢，沿熊溪而上，当年的溪

沟经当代人"整治"，已彻底丧失了"螺旋入澧"的自然形态，昔时溪岸一排排数人合抱的古树早已不复存在。待走近熊馆遗址，却是绿意盎然，张先生一下车，即环视周边环境，从大体状态审视，西为熊溪，源出崇山北麓之熊公洞。东为校区。校区古有高中低三大片区，是为"三台"，与两千五百年前鬼谷子所记吻合。张先生半信半疑的脸终于露出笑容。台地东侧山岗间洼地为逐层而高的梯田，古代皆为池塘，今存者三口，可见荷叶田田，高笋郁郁——此即屈原所言"揽茹蕙以掩涕兮"之"茹"，茹芦也。这些连串的古池塘，旧称"泮池"。泮，音"判"，指泮宫（古代学校），称考中秀才为入泮。凡泮宫必有泮池，供学子课间洗手洗笔之用。泮池尽头，有一古井，水面竟高出地面，一奇，可见水源高远。村民说，熊馆旧时有古井四口，分布四块校区，皆千秋不涸，又是一奇。1958年以前，熊馆四周及校区内，尚有成片古木，阴森逼人，后大炼钢铁尽毁。然新生树木，已渐成材，一派生机。

张先生目测四方四至，说鬼谷子在《野老》中记熊馆东西宽八百步，南北宽五百步，眼下三台四区宽度，大体吻合。张先生还说：所谓"步"，各代长度不一，如商六尺为步，周七尺，秦五尺。据实地估算，校区核心地面积在100亩左右。

此时，张先生紧绷的脸变得开朗起来。他告诉我们：他早就发现战国屈原读书的学校就在古庸国地崇山熊馆。他还在鬼谷子《野老》中发现了关于崇山熊馆的一些文字，说崇山有熊馆，乃远古第一所大学，曾有五位学者主讲，且都有著作传世，古称"五野老"。这五位"野老"的著作，其实就是各自编写的教材。鬼谷子把这些书的内容进行归纳、整理，辑成《野老》一书。查民国《辞源》[野老]："汉艺文志有《野老》十七篇。应劭曰：年老居田野，相民耕种，故号野老。"《汉书·艺文志》："《野老》十七篇。六国时，在齐楚间。"张先生还介绍说："五老"有多解：我知道的五老峰在江西庐山。笔者我告诉他："在今张家界武陵源协和乡也有一座五老峰，山上有五老祠，又名五圣祠，遗址今存。"张先生一听兴奋地说："这就对了！熊馆发祥地，必有五老峰！"他又介绍说：黄帝时，社会上八十岁以上的老人，身居深山老林者，称"野老"；身居井田者，称"井田老"，或"井老"，或"田老"；身居邑者，称"闲老"；身居道门者，称"长老"；身居族长之位者，称"族老"（见《中平人典·五老》）。虞舜时有五位老人，因道行高深而称"五老"，又称"五圣""五通""五灵""五显"，名异而实同（见赵翼《陔馀丛考·五圣祠》）。据我研究，大庸崇山熊馆中的五位老师，因年龄皆在90岁以上，且学识渊博，故称"熊馆五老"。这五位老师是：

熊鬻子，作《野熊》，称野熊老；
熊道子，作《野天》，称野天老；
熊算子，作《野地》，称野地老；
熊书子，作《野山水》，称野风老；
熊鸣子，作《野谋略》，称野谋老。

熊鬻子即鬻熊，又称鬻子。著《鬻子》。

张敬轩先生另有"熊界子，作《野兵》，称野兵老"一说。或曰与熊鸣子系为一人，因"野谋略"与"野兵"同义。张先生又说：鬼谷子在《野老》中，讲过帝尧曾回崇山巡视祭祖，特地拜访熊馆"五老"，五老率诸学子演奏古乐击筑唱歌以相迎。后来，五老结伴游学，传播崇山熊馆文化，留下不少关于"五老"的传说。民国《辞源》[五

老]：“《竹书纪年》：尧率舜升首山，遵河渚，有五老游焉，盖五星之精也。”（第71页）

张先生所谓首山即崇山，伏羲演八卦，“重艮以为首”，重艮即崇山，此万山之首、万山之宗也。河渚：此指昆仑澧水，古称九澧、九江、九河。此之“河渚”，位于且住岗之南澧水中央的月亮岛，距熊馆约3公里，古时约150亩，今存99亩。南岸五子坡山脊正对15里外的天门洞，壮丽无比。此事《论语纬》亦有载：“仲尼曰：‘吾闻帝尧率舜等游首山，观河渚，有五老游河渚’——

一老曰：‘河图将来告帝期。’

二老曰：‘河图将来篝帝谋。’

三老曰：‘河图将来告帝书。’

四老曰：‘河图将来告帝图。’

五老曰：‘河图将来告帝符。’

有顷，赤龙衔玉苞舒图刻版。歌讫，五老乃为流星，上入昂。龙没图在。尧喟然曰：‘咨汝舜，天之历数在汝躬。’乃以禅舜。”

我对张敬轩先生说：孔子所说的“首山”即崇山。史界多以为“河图”在黄河洛水之域，我认为有待商量。真正的河图在五老同游的大庸澧水月亮岛西北岸的大庸溪之“太极图”。古传此太极图为伏羲、女娲依大庸溪之天生太极图形再经人工开挖而成，遗址今存。此地恰又正是华胥氏诸英于雷泽履“大人迹”感孕生伏羲、女娲出典之所在。此“雷泽”即今大庸坪；“大人迹”位于大庸坪大历山之“脚印岩”，一双史前人类足印至今保存完好（有专论）。《太古河图代姓记》载：“伏羲氏，燧人子也……龙马负图，盖分五色，文开五易，甲象崇山。天皇始画八卦，皆连山，名《易》。”此之“崇山”即太极图正对面之崇山。《连山易》云：“重艮以为首。”重，崇也；艮，山也。重艮即崇山，一作首山。《连山易》64爻卦大象，崇山为八卦之首，尊为“崇山君”。君，王也。而且，其余七卦之首如伏山臣、列山民、兼山物、潜山阴、连山阳、藏山兵、迭山象等卦名全部出自大庸本土山名。由此断定：所谓河图必出于崇山澧水，所游河渚之五老必定是熊馆五老无疑。

张先生连连点头，一脸灿烂，算是南北对话，达成共识。

张先生接说：《古今乐录》有《南风歌》：“反（一作陟）彼三山兮商岳嵯峨，天降五老兮迎我来歌。……鸟兽跄跄兮凤凰来仪，凯风自南兮增有喟叹。”此歌内容应出自上述“五老游河歌”。而曰“南风”，又云“凯风自南”，便知此“五老”来自南方。南方“五老”，唯有熊馆五老无疑。而《古谣谚》载《五子之歌》，言述大禹之诫以作歌。五子各作一歌。此“五子”亦即“五老”之谓，皆出熊馆。故可断“五老”始出崇山熊馆“五野”“五子”“五熊”。

我与书泰相视一笑，还真遇到高人了。

张敬轩先生说：“大庸崇山熊馆中的五位高人，皆为九十岁以上老人，且学识渊博，故称‘熊馆五老’，或称‘五熊先生’或‘五野老’。几千年以后，人们为纪念这五老的功德，为他们造‘五圣祠’，所以，赵翼的考证是有一定根据的。**‘熊馆’，是古大庸国最高学府，也是中国乃至全地球历史上第一个官办高等学府**。后为‘鬼谷门’所沿用，亦为‘熊馆’授学于弟子。没想到熊馆遗址就在古庸国地张家界市西郊的熊溪峪村！此处的‘五老’就指‘熊馆五老’。”

为了弄清熊馆的深层秘密，张先生还依照鬼谷子《野老》书所载图例，绘出了一纸崇山熊馆建筑布局平面图：

崇山熊馆井方八阵图

南门[背依崇山]

				十一		正	奇	
[二区]		中极		七	正	中极	正	[四区]
				三				
东门[东望庸都]	十	六	二	十三	一	五	九	西门[西接方城]
				四				
[一区]		中极		八		中极		[三区]
				十二				

北门[前濒茹澧]

此图叫“崇山熊馆井方八阵图”，其要略是：“中空十三，四运四通。七七四十九，四井九田竖。”

张先生又说：“这是一个充满军事谋略玄机的迷宫，各宫格即为教室、办公室、宿舍、图书室、生活用房之类。图示以东西南北四门两轴大道划出四大片区。四区又依三层台地决定建筑层高，即东一区次高，作二层；东二区最高，作一层；西三区、西四区低于二区台地约一丈五尺，均作三层。如此设计，是考虑东方阳光与风向对建筑功用的影响，暗含风水学原理。校区四周有围墙，内辟花园。校区北门外为体育习武竞技场。南门外山坡之顶，则设藏书阁，阁高三层，是名‘熊台’。”

据明初大庸《田氏墨谱》记载，宋大中祥符年间，武溪田氏土司曾在熊馆创办“天崇书院”，有联语传世：“太极龙门迎古帝，熊台石窟锁中天。”此“太极”指位于熊馆外澧水北岸的“伏羲太极图”，相传伏羲演八卦即此。这是南方文明古国的大风水之所在。“古帝”，指帝尧巡视熊馆，受到熊馆五老及学子们的欢迎。“熊台”，即指鬻熊在熊溪熊岗建熊台，创熊馆大学。熊台之南崇山北麓，有石窟溶洞若干，如熊公洞、熊娘嘎（家）婆洞、千年封洞等，又有古藏书洞。

从上图功能布局分析，与鬼谷子谋略迷宫——熊馆——“鬼谷学宫”格局完全吻合。从市中心去熊馆，约12分钟车程。熊馆南依巍巍崇山，北濒汤汤澧水。照村民指点，熊溪出广岩咀，便是五方城遗址。据明·高尚志《澧纪》“旗亭济济，熊馆翼翼”所述，明末以前，熊馆建筑已与五方城街市相连。五方城古为驩兜国初都，虽历数千年史海沉浮，破破败败直到清代末民国初才与熊馆一起消逝，今存“五方田”遗址。

笔者告诉张先生：据考，熊馆被毁，有两个历史人物脱不了干系，一是李自成，二是吴三桂。明崇祯十六年（1643），李自成部属老回回马守应攻占永定，这一带学校、寺庙、祠堂等公共建筑全部成了驻军的兵营。此后，接踵而至的兵乱祸首有王进才、马敬忠、袁宗弟、何腾蛟、堵允锡、张光翠、刘体纯、牛睹子、周运熙、李过、高一功、洪显达、胡正昂、杜文秀等。康熙《永定卫志·建置》载："康熙十三年，吴三桂叛，径踞澧州，以署（屯署）作铸大炮局，拆毁无存。"《永定卫志·荒乱》："康熙十三年（1674）甲寅，吴三桂因撤藩而反，去冬去云南，今春踞澧州，永卫城屯，尽遭蹂躏……五载之久，湖南普被陷没，澧永独逼汤火。"驻熊馆学校的吴三桂部将吴国贵、马三保部，对熊馆破坏尤甚，所积累的千年古物，尽掳掠毁灭一空。永定卫战乱一直到清康熙二十二年（1683）平定吴三桂止，时达整整40年！（参见三联书社1995年版《大庸县志·大事记》）

我对张先生说：据调查，清代末期，熊馆尚存部分建筑，大貌犹存。民国初，原学校迁至五方城的五通庙（一作"五圣祠"），崇山驩兜鼎亦从熊馆移此。该校走过清末、民国，一直到20世纪六七十年代迁往二家河公社中学新校址。熊馆的历史几乎没有断代地穿越了四千余年时空！旧时，本境对熊馆五老的背景不甚明了，但对五老的尊崇却代代相传。如永定城内邻近普光禅寺有"五圣祠"，协和乡宝峰山建有"五老祠"，1983年9月编《大庸县文物志》（初稿本）载："五老祠在宝峰山，有五老峰，传为五老之神，土人修祠祀之。"五老祠，又作宝峰寺，有楹联云："坐登地轴赛仙刹，向对天门表古梵。"此"天门"即从海拔1212.8米五老峰远观天门山。此"五老之神"，即将熊馆五位老师固化成山。相传熊馆五老曾慕名结伴同游古庸都北部名胜青岩昆仑山，"五老峰"就是五老游此留下的实证。笔者认为：五老峰源出古庸国的宝峰山（武陵源昆仑峰灵山之一），以后传播它方，才有江西庐山之五老峰。在今市机场之北山即"五子坡"，即司马相如《大人赋》中所写远古传说中昆仑西王母的澧水行宫。相传熊馆五子常从广岩咀结伴东行，游乎其中，在五子坡面朝天门洞而对奕，面崇山而论道。据现场踏勘，当年屈原仰望天门而狂呼"广开兮天门！"可能就追随五位先师站立在"五子坡"之"五子台"上。此地今留"五子泉"，位于今土家风情园之后山。

关于鬼谷子著《野老》的来由，张先生说：这部鬼谷子《野老》，系祖父张瑞玑（字玉衡，号山窟野人）所收藏，原为孤本竹简。祖父二十八岁在赵县某校教书，三十岁任该校山长，三十一岁中进士。曾到北京清廷军机处当"文书"。先后任韩城、潼关、长安、咸宁等八县知县。一生酷爱藏书，时有"天下第一藏书家"之称。藏书中不乏珍贵竹简孤本，鬼谷子《野老》便列其中。祖父去世，藏书传给父亲张联甲，1899年生，73岁去世。保定军校毕业后，即赴日本振武堂深造。后在天皇第一联队实习。曾为黄埔军校写了一部兵书《秘本兵法》（一名《九行兵法》）手抄本，已成书，14万字，古汉隶誊写。民国十三年（1924），父亲着手书理（即抄写）《五老》等竹简。后极"左"横行，几经政治动荡，原本错佚不全的竹简和一大批珍贵藏书被抄掠化灰。鬼谷子《野老》等手抄孤本得以劫后余生，这是失落的大庸远古文明史的一大幸事。数年来，我穷搜极索，试图获得一星半点有关大庸古国的片言只字，往往如海中找针，事百倍而难得半功。《汉书》存《野老》之名而不知著者为何人，却不料此孤本被张氏三代有心人所藏！而本书笔者金

克剑又从素昧平生的张敬轩手中得其要旨，可谓前世有德，后世有缘。幸甚矣哉！细品《野老》所载崇山熊馆信息，更觉其价值非凡无比，总结起来，体现在6个方面：

1.此书作者即为鬼谷子，且对熊馆五老、熊馆地形方位、建筑布局等如此谙熟，可证决非局外之人，此鬼谷子必在熊馆主持过讲学。而此之鬼谷子，也只能是隐居于湖南大庸潭口鬼谷洞、后隐天门山鬼谷洞，即今老道湾的那个鬼谷子。而这个鬼谷子的真身，正是由清代龚经济、当代李书泰破译出的白公胜，与本土传闻鬼谷子在熊馆创办鬼谷学宫、传播鬼谷子学说吻合。因为从熊馆充满玄机的“井方八阵图”分析，此时的学校，已融入了军事谋略、外交攻伐的诸多内容。

2.从鬼谷子著写“五熊五野五老五子”及主持熊馆的秘史，可窥视这个“鬼谷子”必与熊氏家族血统有关，反证此人乃鬻熊五老一脉之裔孙白公胜无疑，从而为界定“鬼谷子即白公胜”的论断提供了不可复制的实证。也由此得出终极结论：熊馆在哪里，真正的“鬼谷子”“鬼谷洞”“鬼谷清溪”三大识别符号原生点就在哪里，这是识别天下一大抄的“鬼谷洞”“鬼峪清溪”等“鬼谷”符号所不能拥有的不二之“法宝”！

3.为屈原青少年时代上学读书于熊馆的文化背景提供了实证。既然屈原生身故里及老屋场在“崇山熊馆之野”——大庸屈家坊潭口里，那他读书的学校也只能是由古庸国熊氏家族创办的熊馆无疑。

4.从五熊五老主持熊馆，透出历代庸帝、庸王必继承主持熊馆、把持教育大权传统的信息，与屈氏十二代庸王掌控熊馆一脉相承，从而培养出了中国历史上一代伟大教育家屈时（申叔时）和思想家屈固，以及十数代莫敖（若敖、连敖）和一大批政治家、军事家、外交家、谋略家。而屈原，则是外交、文学、诗学、巫学、军事学的杰出代表。

5.锁定了崇山熊馆，又锁定了五熊五老，有关大庸帝国之创立者庸楚之祖祝融，及后裔巨人鬻熊、熊绎均根出崇山，便成定论。由此上溯，帝尧之师善卷受帝尧之命在崇山北麓熊氏发脉之地——熊溪峪初创熊馆，那帝尧出于崇山之论便有据可证。再从祝融八子求学于熊馆上溯至帝喾—颛顼—黄帝，这条黄帝有熊氏家族宗脉线不就十分清晰、十分明了了吗？故黄帝出于南方大庸帝国之不死国——寿丘［仙人溪］——熊罴岩［中央仙山］——熊公洞亦有据可寻了（关于黄帝出生、葬地在大庸古国之惊天大案，请慢听后章分解）。

6.鬼谷子《野老》证词既已认定熊馆的存在，那么，中华民族便可正式向世界公开宣称：世界古代第一所国立大学诞生于中国湖南大庸张家界市永定区崇山之下的二家河乡熊溪峪村。她的名字叫“崇山熊馆”！

7.锁定崇山熊馆，即可为我们所发现的中华远古第一轮文明起源于澧水崇山的论断提供了最伟大的文化实体证据，同时，由此为中国古文字发明创造于崇山——且造字者乃为“祝融（沮诵）氏苍颉”之论找到了实证，亦更为黄帝在天门策（册）府藏书数千卷，在沅陵二酉洞藏书数千卷提供了实证。它告诉人们：也只有文字的发源地才有可能产生世界第一所国立大学；也只有文字的传播中心——熊馆大学的诞生，才有可能让中国古代第一个称帝的文明古国——大庸帝国成为从中国第一轮文明向第二轮文明跨越的世界最古老、最长寿的大国；也只有由这所大学所持续的千古不辍的办学传统，才有可能哺育出一代又一代创世开国巨人——特别是一代最伟大的谋略智圣鬼谷子白公胜及其绵延不绝的鬼谷门派传人和最伟大的诗人——屈原，并因之而漫漫默默春雨无声地涵养出绵绵无绝期的澧水鬼谷子及屈子遗风。

笔者写完这段文字之后，激动之情，溢于言表。这可能是本拙著先期工程所得到的又一份最为重要的文献证词之一。这种迟来的"偶然"是我始料不及的。甚至是否可以这样说：它是鬼谷子白公胜和屈原在冥冥之中，对我在这部拙著中无意发现并决心予以翻案的若干重大历史错案、冤案所给予的最有力的庭审证词和正义的声援。

举头三尺有神灵。我似乎看到了熊馆上空善卷、熊馆五老、鬼谷子白公胜、屈原的魂灵在隐隐浮游……

此时此刻，唯一能表达我感激之情的只有向西安一家祖孙三代学者——张瑞玑前辈、张联甲前辈、张敬轩先生三鞠躬！

2013年6月10日凌晨4时补记

2020年7月21日凌晨2时–6时修改重记

【特载】 古庸国熊馆与鬼谷学派

张敬轩（西安）

要说清大庸"熊馆"的建立，首先需从周族讲起。

周族位居在中国西北部的泾水、渭水一带，即今陕西中部和甘肃东部的黄土高原地区。

周族的共同始祖是姜嫄。《史记·周本纪》说她"出野""践巨人迹"感而生弃，"号曰后稷，别姓姬氏"。可见后稷时期的周族，还是处于"知母不知父"的社会阶段。

周族传到季历时期（大约相当于商的武乙时期）逐渐强大，开始屡伐犬戎。通过征伐，基本上击退了来自西北游牧部落的威胁，周族势力逐渐东发，欲拊商国之背。这时才是周人发迹之始。周族的强大，引起商王朝的不安，于是，开始了讨伐周族和庸族的战争（因为当时庸是周的同盟国，也是商的仇敌），可见，此时的商周和商庸关系，已经对立到了十分严重的程度。

到了商文丁时期，矛盾更加尖锐，《竹书纪年》云："文丁十一年，周公季历伐翳徒之戎，获其三大夫来献捷。王杀季历。王嘉季历之功，锡之圭瓒、秬鬯（同"畅"，古代祭祀用的一种酒），九命为伯，既而执诸塞库，季历困而死，因谓文丁杀季历。"

季历死后，子昌嗣立，是为西伯。

为报杀父之仇，西伯在太王和季历的基础上，力治图强。他秘请庸国大贤（帝）鬻熊为国师，国师提出以"仁义德道"，以"国之四宝"，以"联众牧民"为方略，进一步联合附近的姬姜各氏族部落，以对抗商王朝。据《诗经·大雅·绵》载，当时各部落之间，发生了纠纷，都要到西伯那里请求仲裁，所以《大盂鼎》说"丕显文王，受天有大命。"

西伯在即位后的当务之急，是访贤用能，造就人才。就像《军政·君行》篇所号召的"布道于四海，养士于天下"。于是，西伯联合庸国，建立了两个军庠（庠，古代军校）：一是立灵台，建灵庠，以培养军政人才；二是立熊台，建熊馆，以练养熊罴之士。《军谶（chèn）·教行》对此赞曰："西伯于澧造灵台，立大庠，以明人志伦理也；

熊鬻子于庸造熊台，立熊馆，以育熊罴之士也。此事未发而教行者，命之曰先缪（móu 绸缪）。先缪者，先缪于人，悦于天、地、事、理之间也。”

一、关于鬻熊家族

鬻熊，新版辞海说“周代楚的祖先有鬻熊”。《军政》又作熊鬻，称为“周国师”，与鬻熊是否为一人，待考。（金氏子按：熊鬻、鬻熊即为一人。熊鬻，则大庸土家语的倒装句式，如植桑作“桑植”，藏金作“金藏”，公羊作“羊公”一样）

熊绎，周代楚国始祖，芈姓，鬻熊之曾孙，受周成王封，称楚子。

熊宜僚，春秋末年，楚国勇士，喜于大飞石，可敌百人。楚惠王十年（前479），白公胜串连他请求协助杀死令尹子西和司马子期，他坚辞，但作《历山兵法》四十八篇（韩信序次时改《楚山兵法》，但鬼谷门中仍称《历山兵法》。按：历山，位于今张家界市永定区枫香岗乡之大历山，与熊馆正好南北相对，一水之隔），献白公胜，入鬼谷门（金氏子按：此说极其重要，“献白公胜，入鬼谷门”，八个字把鬼谷子真身即白公胜的秘密一下揭破了！）

二、关于灵台，灵庠

灵台为商末周初之台名，灵庠为周之军校名，建立在灵台之上，其大小已不可考。《孟子·梁惠王上》说：“文王以民力为台为沼，而民欢乐之，谓其台曰灵台，谓其沼曰灵沼。”在汉时，对于灵台有两种说法：一说用于游观，一说用于观天象。郑玄谓“文王受命而作邑于澧，立灵台”，未言其作用。《军谶》谓“西伯于澧造灵台，立灵庠，以明人志伦理也”。此大庠即谓“灵庠”。这个军校建立在灵台的高地上。韩信在序次《军政》时作《灵台行》曰：“西伯灵台兮发《军政》，天行肃艾哲谋圣。周室从此兮成基业，各以其类相对应。”从《灵台行》看，韩信也认为西伯造过灵台，立过灵庠。其地就在天门山下澧水岸边的古庸国之熊馆。

三、关于熊台、熊馆

熊台为商末庸国之台名，熊馆为庸国之军校名，建立在熊台之上，为周国师鬻熊所立。《军谶》说：“熊鬻子于庸造熊台，立熊馆，以育熊罴之士也。”《历山兵法》说：熊馆“立于崇山西北熊岗之上，井方四连，有地四丘。”（金氏子按：崇山，即今张家界之崇山。熊岗即崇山西北麓的熊溪峪村之熊岗组。此地为黄帝有熊氏家族发祥地，由此锁定了熊馆所处准确位置及布局形态。经现场查看，態馆主体建筑群正好建在四丘古田之上，张先生震惊得瞠目结舌！故我坚信：是真史就定可与现场对接！）丘，为古代田地区划。《周礼·地官·小司徒》说：“四邑为丘。”郑玄注：“方四里。”按郑玄之说，此熊馆周长占地十六周里。按100周里等于现在的70里记算，合现在11.2里。韩信在序次《军志》时，作《熊台行》曰：“熊鬻熊台兮易《军志》，篡爚（yuè,火光）九洲兮熊罴士。一朝飞兮先马行，如犺（kāng,抗、健犬）如猑（kūn,昆，即图，马名，马身牛蹄，善登山,为主死）。□□□”到战国中期，鬼谷门第十五代门主稽古先生接收此馆，专门培养鬼谷门有德性有悟性的高徒及社会上的忠义之士，从此，熊馆成为鬼谷门的深造教学区。张仪在他的《纵横》里说：“（熊馆）中空十三兮，立熊园，熊溪边流。五方庠室兮，八方师旒。山阴水阴兮，林深亂。草亭立于极兮，遥台色音。”看来，这熊台熊馆之貌，乃七七八阵演化而四连四通的园林建筑无疑。

明代高尚志在《澧纪》叙目中说：“呰中作极，赤社乃立。旗亭济济，熊馆翼翼。有城嵯峨，有山崩岃。”这里所说的“有城”，就是驩头国的驩兜城（按：即熊馆北侧的五方城）；这里所说的有山，就是熊馆靠南的崇山。如此说来，熊馆在明代基本上未走大样。

清·同治《永定县志》载：“熊溪绕熊馆，经广岩咀入澧。”又清·光绪《永定县乡土志》载：“熊溪水出崇山麓，中有熊馆。”说明清末光绪至民国初熊馆依然存在。

据当地百姓讲，到了清末民国初年，熊馆数度驻军，稻草谷粒长出稻禾，成了蛇窝。但整体架构尚存。

综上所述，熊馆与鬼谷门派，一直是一个待究欲解的谜，是因为时隔三千余年的今天，谁也没有对熊馆及鬼谷门派的确切情况，道出一个所以然。人们只凭历代所涉、传闻而获取淡云薄雾般的说法。根据这些廖廖无几的说法，只能大体勾勒出较为清晰的轮廓，它是不是一个道教门派，或是一个古代军校的实体，共传承多少代，又培育出了哪些人物等一系列悬而未解的问题，还须作进一步的研究探讨。

悬者，玄也。何时揭玄为实，我看已经有门了。那是因为有了张家界领导的重视和学界的共同努力。所以，鬼谷门人所走过的历史脚印，一定会越来越清晰地显示出来。

西安古兵学研究会 张敬轩

2013年11月于西安小雅园室

【附】解读张敬轩先生《古庸国熊馆与鬼谷学派》

2013年11月11日，由中国先秦史学会会长宋镇豪学部委员、副会长宫长为教授率领的一行10位专家学者参加张家界历史文化研究成果评审会，期间，张敬轩先生向我惠送了一份手稿《古庸国熊馆与鬼谷学派》，令我震撼不已。这是继《太平御览》载屈原故里二尉岩潭口里、《告祖词》文中第一次披露了庸师八国北伐殷商前夕，鬻熊扶持周文王到大庸熊馆创建“军庠”（军政大学）的重大秘密史料，证实了《尚书》所载“非天庸释有夏，非天庸释有殷”“夏弗克庸帝”等记载出之有据，即夏朝、商朝两国最后灭亡均与大庸帝国——庸帝有关。并证实鬼谷子白公胜在熊馆创建鬼谷学宫的传闻之不虚，为屈原在熊馆读书，并与张仪同校，且各自以鬼谷子的“纵横捭阖术”——“合纵”“连横”为各自效力的国家而斗智斗勇，从而为搅动历史上波澜壮阔、震古铄今的战国风云找到了实证，其价值无与伦比，特全文刊载。

关于周文王在大庸国秘密创建军校之事，《竹书纪年·卷上》有载：“帝辛三十七年，周作辟雍。四十年，周作灵台。四十一年春三月，西伯昌薨（hōng）。四十二年，（其子）西伯（姬）发受丹书于吕尚。……五十二年庚寅，周始伐殷。秋，周师次于鲜原。冬十有二月，周师有事于上帝，庸、蜀、羌、髳、微、卢、彭、濮从周师伐殷。”

“辟雍”：天子所设大学也。形圆而四

面以木环之。《礼》："大学在郊，天子曰辟雍。"此之辟雍，出自周文王姬昌与鬻熊首创于大庸国崇山熊馆大学校区内的辟雍。辟，偏辟；雍、庸同音，暗含大学设于庸国之秘境，以避商纣王之耳目。其时，周文王及子姬发（武王）、孙姬诵（成王）三代以及姜子牙、鬻熊之子熊丽、孙熊狂、重孙熊绎等第一批高层军政人士都在熊馆听鬻熊讲学，故《史记》载："三十七年，楚熊通怒曰：'吾先鬻熊，文王之师也，早终'。"大学创办四年后，文王病死于大庸，鬻熊遵嘱将其安葬在熊馆大学之后山——崇山之顶，今存古地名"文王垭"。此秘史后载之《山海经·海外南经》："狄山（《水经注》：'《山海经》曰：尧葬狄山之阳。一名崇山'），帝尧葬于阳，帝喾葬于阴。……吁咽（按：李润英、陈焕良注《山海经》解作"舜"。岳麓书社2006年版）、文王皆葬其所。……南方祝融，兽身人面，乘两龙。"与周文王"于澧造灵台，立大庠"的同时，鬻熊"于庸造熊台，立熊馆"，文王办校目的是"以明人志伦理也"，侧重培养未来建国的政治领袖人才；鬻熊则"以育熊罴之士也"，侧重培养指挥千军万马灭殷立周的军事将帅人才。

关于鬻熊协助文王在崇山熊馆创办军庠并为其授课为师之信息，见诸不少古籍，《汉书》"周成王时，封文、武先师鬻熊之曾孙熊绎于荆，为楚子，居丹阳。"《道藏》逢行珪注本《鬻子序》云："鬻子名熊，楚人，周文王之师也。"杜预《左传论》称："鬻熊为祝融十二世孙，是伏羲八卦的嫡系传人，著《鬻子》，是中国的第一部文字书，中国哲学第一部著作，更是楚国（按：实为庸国）第一部著作，可谓四个第一。"而贾谊《新书》"更称周文、武、成三代均以鬻熊为师，请教国事。"由此可证，庸、周关系非同寻常，大庸帝国的宗主地位显而易见。

熊馆大学开办15年后，即帝辛五十二年，以武王姬发、姜子牙为首的一批谋略家、政治家已经学成；一支由鬻熊之曾孙熊绎训练成的"熊罴之师"——战无不胜的庸军主力亦荷戈待令。就是说，十五年的韬光养晦、秘密办校，培养开国人才，并串连集结等一系列准备工作均告完成。于是，就在这年秋，一支由熊绎作统帅的庸师八国联合国军，从崇山天门山下、澧水北岸的古庸都（今之张家界市古人堤）出发，追随周武王，汇集河南鲜原之地。冬十二月，一举灭商。

这个重大历史秘密几乎不为两千年来大多史家所知晓，却被湘西著名苗史学者龙炳文、刘自齐二先生察觉：

"熊绎是从崇山出发越过长江随武王伐纣的。受封于楚后，率一部分南蛮人（崇庸人）去楚经营。"（见《吉首大学学报·湘西苗族》民族问题增刊。1982年第3期第一章。龙炳文、刘自齐撰）

屈原诗："伯昌号衰，秉鞭作牧""受赐兹醢（音海），西伯上告""师望在肆，昌何识""武发杀殷，何所悒"等句，写的就是文王访姜子牙、密谋倒商及武王伐纣之事。而"皇天集命，惟何戒之？受礼天下，又使至代之？"（《天问》）写的就是庸帝鬻熊奉"天"之命拥文王父子推翻殷商的典故。意思是："上天在降赐大命的时候，对受命为君的怎样告诫？既然让他受命治理天下，为什么又派别人来取代?”

请回思《竹书纪年》所载“周有事于上帝”,与《尚书·多士》所载“夏弗克庸帝”;《尚书·多方》所载“非天庸释有夏,非天庸释有殷”形成史实对接。这个“替天行道”先后灭夏、灭殷的领军人物就是两个不同时期的一代庸帝祝融。而扶周倒殷的一代庸帝祝融本名就是鬻熊和曾孙熊绎。多少注家对“皇天集命”及文王、武王、姜子牙伐商的历史背景困惑不解,谁知始作俑者就是“天庸大帝”鬻熊!

关于鬻熊与周文王联合在大庸国崇山北麓熊馆立灵台、熊台,创办辟雍(大学)的秘史,鲜见于史籍。既便职业史家,恐怕也没见几个人弄通,却莫名其妙地在大庸国中心地澧水一带的民间流传。清·同治《澧州志校注》(1918页)载张仕宦《澧阳书院》联云:

“寸莛敢撞灵台钟, 碎缶遥宣辟雍鼓。”

莛(音廷):草茎。灵台钟:挂在大学或学宫、书院、学校里的报时钟。此之“灵台”,典出周文王与鬻熊在澧水岸熊馆创建的军政大学。意思是:有胆量用寸长的草茎去撞响学校里的那口钟。

碎缶:瓦器碎片。缶,瓦器。遥宣:远远地敲响。辟雍鼓:指架在学校里的军鼓。此“辟雍”,亦典出鬻熊与周文王在熊馆创建的军政大学。意思是:可以用小块瓦器碎片敲响学校里的那面军鼓。

这是两句激励学子要有寸草撞钟而鸣、碎片击鼓而响的雄心壮志,不必妄自菲薄,要敢于刻苦攻学、立志成才的励志勉言,却无意间道出了周文王在大庸崇山熊馆创建灵台、辟雍的古史,是巧合?还是历史老人站出来说话了?

张敬轩先生所作《古庸国熊馆与鬼谷学派》一文,为我们提供了极为重要的信息:

1.可证鬻熊在崇山北麓的熊溪熊岗建熊馆的民间传闻和方志记载,早已是众多史著所记载所热议的话题,故熊馆可立。熊馆立而大庸国亦可立。

2.文中透露“西伯于澧造灵台,立大庠”“熊鬻子于庸造熊台,立熊馆”。《竹书纪年》卷上载:“帝辛四十年,周作灵台。”虽与古籍《军政·君行》吻合,但谁也不知周文王造灵台与鬻熊造熊台都在大庸国境内。或说两校极有可能同在熊馆,即一校两制——文校、武校,文武兼修。

3.文中说“鬻熊立熊馆,以育熊罴之士”,可证庸国作为教育大国名不虚传。其后裔楚国屈景昭三大公族子女,及众多军政大臣以及庸楚两国子民皆受教于熊馆之说,出之有据。那么,屈原师出熊馆鬼谷学宫,与同一个时代的苏秦、张仪、孙膑、庞涓等一大批精英人物同出崇山熊馆,便找到了有力证据。

4.从周文王拜鬻熊为国师,又与其共办灵台、熊台大学,为周培育军政开国人才举措分析,说明周朝灭殷前夕的一系列准备工作,都是在商朝之外——南方大庸帝国内秘密进行的,由此可证庸周两国关系非同寻常。亦由此可证《山海经》载周文王葬崇山,《湖广通志》载周穆王葬沅陵大酉山,岳州志、澧州志、永定县志载周赧王葬大庸溪赧王山三说绝非无由之谈。

5.文中所载楚壮士熊宜僚创《历山兵法》献白公胜，入鬼谷门，后成一代鬼谷子掌门人，可证史书中所盛传的鬼谷子其真身就是白公胜无疑。此秘密早被清代澧州举人龚经济识破："乞儿状貌本不凡，苦心为衍（演）捭阖策。"（《鬼谷洞》）这个"乞儿"，就是楚平王之孙熊胜，随养父伍子胥一路乞讨奔吴，招回后任慈利白县县公的白公胜。张敬轩之文与龚氏之诗，形成破解鬼谷子真身的证据链，意义非凡。（金克剑）

三、屈原母校——崇山熊馆的传承、发展与消失

史载：张仪去秦相楚，时在公元前313年，屈原约40岁（按：以胡念贻、雷庆翼二先生正确推算法，屈原生于公元前353年）。由此可证，屈原采用联齐抗秦的"合纵"之谋略，必师出熊馆鬼谷子的纵横术无疑。关于张仪师出鬼谷子，《史记·张仪列传》已有记载：张仪"尝与苏秦俱事鬼谷先生学术，苏秦自以为不及张仪。"既然张仪、屈原二人各为其主，共同采用鬼谷子白公胜的纵横捭阖谋术，那么，判断屈原读书学校在崇山熊馆，并师承鬼谷子学说，从而成了合纵派的领袖人物就顺理成章了。

从二人年龄分析，张仪应该是屈原的学长，屈原约晚张仪一届入学。《史记》："（齐）宣王喜文学……如邹衍、淳于髡（kūn）、田骈（pián）、接予、慎到，环渊之徒七十六人，皆赐列第为上大夫，不治而议论。是以齐稷下学士复盛，且数百人。"《集解》引刘向别录曰："齐有稷门，城门也。谈说之士，期会于稷下也。杜预曰：'六国时齐有稷下馆。'《索隐》引齐地记曰：'齐城西门侧……有讲堂址存焉。'又虞喜志林曰：'齐有稷山，立馆其下，故曰稷下。'"公元前319年，齐宣王辟疆元年，孟轲说齐宣王行仁政。与《史记》所载综合分析，稷下馆应该是齐宣王辟疆上台之前即齐威王时就已存在，且已培养出"数百人"的"稷下学士"。时间可逆推15年，即公元前334年左右创办，汉高祖刘邦称为末代稷下学士。稷下馆于秦汉之战中毁灭，时在公元前206年之前，实际存在年龄约120多年。崇山熊馆创办于约公元前2297年的帝尧时期，距今4300多年，早稷下馆1955~2000年。从光绪末年《永定县乡土志》所载"熊溪水出崇山麓，中有熊馆"分析，崇山熊馆至迟到光绪末（1900）还存在，实际上从民国至新中国之初（1955年）学校还在沿用，只是校舍已不完整，仅存十分之一几栋教室而已。准确年龄达4250多年，堪称世界最早、最古、传世最长的第一大学！

到了秦汉，学校称明堂、石室，又作兰台、东观。实质上仍沿袭商末周初所创的"某台"之称，如前文所载"文王于澧造灵台，立大庠；鬻熊于庸建熊台，立熊馆"。《竹书纪年》称周作辟雍，又作灵台。灵台亦作灵庠，是为军事大学。周时辟雍、灵台、灵庠、熊台均创办于大庸国的熊馆。

关于鬼谷学宫名称，传自大庸鬼谷子白公胜门派。按正史之说，鬼谷子于周敬王四十一年即公元前479年七月，"楚白公胜作

乱，杀令尹子西与子期于朝，叶公子高帅国人攻白公胜，白公胜自缢死”，时在春秋止日（前481年）后的第二年，时年白公胜47岁（前526–前497）。但历史的真象是：白公胜郢都政变失败，退回慈利白公城，再战，再败，以诈术——隐身术脱逃，由壮士石乞放出“自缢死”信息，而亡命大庸潭口七里潭，藏身于北岸的溶洞——后称鬼谷洞。此后，先后移住天门山鬼谷洞、鬼谷峡洞、老道湾鬼谷道场，并安家于雪花洞。约修炼30年后，即前449年，鬼谷子白公胜约77岁时，受崇山熊馆馆主之邀，正式下山进入崇山熊馆担任山长——校长。其时，周室衰微，天下大乱，群雄崛起，战国割据已成燎原之势。鬼谷子白公胜揣度于心，认为久合必分，久分必合，最后必然以乱国一统而定天下。而当务之急，就是为这场即将到来的波澜壮阔的争夺天下大混战做好政治、军事上的准备，于是利用熊馆这一千古名校（其时，熊馆已由帝尧之师善卷创办于1848年左右）作为天下仁人志士施展其伟大抱负的平台。他首先在熊馆的校门口加挂了一块“鬼谷学宫”的牌子，走的还是当年文王在熊馆挂“灵台”、鬻熊挂“熊台”的老路。所谓学宫，就是“泮宫”。这个牌子伴随熊馆一直走过秦、汉，以至唐代。唐玄宗时，始设丽正书院，后又改名集贤殿书院，“书院”之名，正式见称于唐代的官牍之中。毛泽东曾在评论明初著名诗人高启时说过：“书院、诗社共兴。”又说：“有元一代，书院林立，诗社迭起。”散见于各地的“学宫”渐被书院替代。

到了宋朝，书院、诗社遍及天下。大中祥符四年（1012），大庸武溪土司田氏诗人群崛起，先是在黄帝曾为天门昆仑筑五座“天庸城”之首的武溪大庸城建武口寨（武口兵囤羁縻寨，古作“金镛城”。所谓黄帝为感恩庸成子而建“五城十二楼”之首），继又在距武口寨仅8华里的古熊馆创办“天崇书院”，但同时加挂“天崇书院白鹿宫武校”校牌，鬼谷子一代传人向金龙是为武校（又称军校）第一任教头；鬼谷子传人覃豸（音志）彪继任第二届教头。以后传承执掌白鹿宫武校的鬼谷子传人还有武溪兵屯刀仗营总指挥田辉瑾等人。至元大德八年（1304），由川人王申倡首、武溪大儒、富豪田希吕捐资在熊馆创办天门书院，其名称业经朝廷钦准并备案，取代天崇书院，同时保留白鹿宫武校牌子。此后武校递代世传掌门人有鬼谷子传人贡生田先伯、田先亚、武溪土王宫“金刀侠”石泰峰、武溪“金镖侠”苗飞貂等。[上述言论参见田奇富《天门诗教源流考——大庸骚坛千年史证》，张新出准字（2012）第006号]

多少年来，很多人都猜想天门书院校址可能建在天门山下，否则怎以天门命名呢？但数百年来，一直没有找到准确校址。本课题组一行四人曾以天门山为中心，向四面10公里方位辐射查访，最终还是把目光定格到熊馆，这是由不得你承不承认的问题。田希吕居武溪，与熊馆咫尺之遥，且对熊馆历史了若指掌，知道它的历史文脉价值万金难求，无可替代。

清乾隆二十二年（1757），永定知县郭六宰以熊馆离城太远为由，于文庙左侧创建嵩梁书院，但仍沿袭千古熊馆办校之宗旨。清嘉庆年间，县人罗兴民自辟家塾，号称“城东书院”。那个古今第一个发现鬼谷子真身就是慈利白县令白公胜的举人龚经济，就是

这所书院的主讲。此人通经博典，尤对鬼谷子白公胜的学说十分崇拜，在教材中坚持保留历代书院所延续的鬼谷子诸多学科，被称作鬼谷子的又一代嫡系传人。当时，他与年高九十余岁的鬼谷子掌门人余道人（本名金辉）切磋鬼谷子的文武之道，余道人仍乐意为其学子传授鬼谷神功，故历代白公胜之徒无一不是文武兼修的儒生武将。据龚氏后人传，龚经济破解鬼谷子真身的千古之谜，就是得到余道人鬼谷掌门人的点拨方引爆灵感火花的。

综上所述，历史在崇山熊馆以其古远的经历画出了一条辉煌而清晰的发展流程线：熊馆—兰台、灵台、熊台—鬼谷学宫—天崇书院—白鹿宫—天门书院—嵩梁书院—城东书院—民国熊馆小学—1949 年至 1955 年，因熊馆颓废，学校迁至熊馆相邻的五通庙—五通小学—20 世纪 60 年代迁出五通庙创办二家河公社中学—熊馆消失。

这，就是伟大诗祖屈原母校——熊馆鬼谷学宫的前世今生。

【特载】 中国最早的大学
——熊馆大学

韩隆福

大庸神秘的崇山之境，有座善卷创办的绵延至明代、清末的大学。这就是中国最早的大学——熊馆大学，遗址在今湖南省张家界市永定区二家河乡熊溪峪村。

崇山是一个历史悠久且充满神奇色彩的地方，火的发明者燧人氏、光融天下的火官祝融据说就出生在这里。伏羲在崇山开创原始八卦，女娲发明崇山古乐。《山海经》言：“黄帝生昌意，昌意生韩流，韩流生颛顼。”帝颛顼生驩头，驩头生苗民。祝融、蚩尤、颛顼、驩头、鬻熊为苗蛮的五大祖宗。尧帝欲把帝位传给舜，驩头却坚持共工为继承人，引发朝廷动乱。舜囚尧帝，《尚书·舜典》云，舜挟天子以令诸侯，流共工于幽州，放驩头于崇山。三苗盘瓠族驩头只得率部族回到祖地崇山，创建驩头国。驩头率苗民举行崇山大典，建造帝王朝圣、祭天、祭神、祭祖的大型祭坛。这既是崇山苗土民族的精神祭坛，又是古人重大政治活动祭祀的神坛。作过尧、舜、禹“三帝”之师的苗族首领善卷，出生于崇山，年轻时游学于枉山（德山），进行了躬耕扬德理想的实践后，又溯沅水西行二酉山，晚年也回到出生地创办崇山熊馆大学，成为原始社会向文明社会过渡、培养转型期间急需人才的摇篮。

至商末古庸王鬻熊，楚之国君从此皆以熊为氏。郑樵《通志氏族略》言鬻熊出生于崇山，为创建古庸国的祝融之后。西伯姬昌周文王被商纣王囚于羑里时，鬻熊曾献马营救，为文王之师。为灭商大计，鬻熊与西伯、姜子牙等一起秘密来到崇山熊馆大学开办熊馆军校，在商纣王无法控制的大庸宗国之地，培养灭商建周的文武兼备的人才。《军慽·教行》载：“西伯（文王）于澧造灵台，立大庠（大学），以明人志伦理也，熊鬻子于庸造熊台，立熊馆，以育熊罴之士也。”那副“澧水溯源头问世人何为祖国，嵩梁分本末留遗址此是庸都”的对联，传为鬼谷弟子田某人杰作。

《历山兵法》亦云：“熊馆，立于崇山西北熊岗之上，井方四连，有地四丘。”曾有 5

位90岁以上的大师在熊馆讲学，称熊馆五老。其时，周文王姬昌、周武王姬发、周成王姬诵、周公姬旦、召公姬奭、太公望姜尚及以后的庸王熊丽、熊狂、楚祖熊绎，等等，都在熊馆大学听过鬻熊讲学。周文王称崇山为“县圃”，视为空中花园、昆仑天堂。南天门、北天门构成了天门昆仑文化的源头。屈原《天问》中许多神话传说的故事，大多出于崇山昆仑天门神秘信息的幻境之中。数年后，鬻熊曾孙庸国大将军熊绎，继续周文王“剪商”未完的大业，统帅庸、蜀、羌、髳、微、卢、彭、濮等八国联军，从庸都出发，追随周武王会合各路诸侯，于公元前1046年在商都近郊牧野与商军决战，纣王临时武装的数十万奴隶军前线倒戈，武王以戎车猛袭，“纣兵皆背叛”。纣王逃亡鹿台，自焚而死。武王灭商后的第二年不幸离世，太子姬诵即位为周成王，熊绎因灭商有功，为周成王列为楚蛮，并以子男之田，全部南迁至江汉地区，为楚国的发展强大打下了基础。洞庭沅澧苗蛮百濮在民族融合中走向庸楚发展的新时期，崇山熊馆大学也迎来新的发展时期。《穆天子传》载，穆天子五到大庸国、三上群玉之山即昆仑之丘的天门山，上崇山祭祀祖先祝融、文王。屈原《天问》“穆王巧梅，夫何为周流，环理天下，夫何所求?”透出江南将迎来庸国辉煌时期的信息。

春秋以降，楚人从水路、陆路大量进入洞庭湖湘沅澧之地的南楚，作为洞庭鱼米之乡的常德沅澧一带，已是楚国经济、政治、文化、军事的中心地区。王室衰微，诸侯坐大争霸。楚国独雄南服，很快成为春秋五霸中最强大的国家和南方民族融合的中心。前704年，熊通自号为楚武王，“始开濮地而有之”，将长子屈瑕封于西洞庭湖湘沅澧“极目千里”包括古庸国在内的南楚屈地（按：《太平御览》载在今大庸的屈家坊），成为屈氏家族的直系祖先。屈家坊莲花堡上有祭祀屈瑕、伯庸、屈原三位相公的祖坛。前523年，楚平王在常德白马湖畔筑采菱城作陪都，为舟师伐濮，扩疆拓土。何光岳的《楚灭国考》认为，其时，楚国的势力遍布湘资沅澧流域，这已为遍布“四水”大量考古发掘的楚墓实物所证实。到战国七雄，《史记》说楚国“西有黔中、巫郡，东有夏州、海阳，南有洞庭、苍梧，北有陉赛、郇阳，地方五千里”，拥有百万大军，“车千乘，骑万匹”“粟支十年”的储备，成为“天下莫当”的强国。直至前280年，秦将司马错灭庸灭屈，屈氏后庸国历时424年。屈原《离骚》言“帝高阳之苗裔兮，朕皇考曰伯庸”。屈楚祖先颛顼帝高阳，一代庸王伯庸是屈原的父亲，永定大庸屈氏族谱也多次提到伯庸之子屈原。屈原创造的与日月争光的楚辞，成为南北文化的一面旗帜。《九歌》正是用阴阳五行或华夏五方五帝，结合古代东西南北中五帝神话传说而创作的一部极为瑰丽的诗篇。铁器牛耕的使用和推广，带来生产力的飞跃和思想文化的飞跃，科学的兴起、士人的活跃、人才的崛起、社会的急剧变革，楚国为百家争鸣和大一统提供了大量人才，为汉唐的强大、宋明的发展、“为开放性的长江文化打下了基础，并造就了文化重心南移的渊源和取代北方文化的趋势”。屈原把先秦的爱国主义推向高峰。“惟楚有材”，道家老子、老莱子、环渊（关尹）、庄子，农家许行，法家李斯，名家惠施，杂家吕不韦，天文学家甘德，谋略家鬼谷子，儒家荀子，以及许多政治家、思想家、兵家等等大多产生于庸楚。历史悠久的崇山熊馆大学，就成为培养百家争鸣的人才库，仅执教于熊馆的鬼谷子白

公胜就造就了一批军事家、纵横家、思想家、改革家、文学家等众多风云人物。

据李书泰、龙家雄《鬼谷子身世研究》，老子与孔子游学大庸，都结交过白公胜，孔子是白公胜的密友。白公胜政变失败，假死、脱险、毁容，改名换姓，潜隐于屈家坊潭口鬼谷洞，后迁官黎坪鬼谷峡洞，特拜老子为师，著《鬼谷子》。其洞又因伯阳李耳字聃即老子在此授道，又名伯阳洞。鬼谷子晚年迁居老道湾，不久应邀到熊馆大学开创鬼谷学宫，成为谋略家之祖。李书泰先生认为，“在众多署名鬼谷子或孙武的著作中至少有《孙子兵法》《鬼谷子》《鬼谷子分定经》《鬼谷子相术》与白公胜有直接关系”。《鬼谷子》是白公胜侧重于外交谋略的著作，《分定经》则可能是白公胜变相的自传体，《相术》则是白公胜受伍子胥、孔子、范蠡等人影响的心得之作。战国时的兵家孙膑、庞涓，纵横家苏秦、张仪，改革家、外交家、诗人屈原等等都是鬼谷子的高足。熊馆大学为战国时代培养了诸子百家大量的精英人才。从远古以来，长江中游澧水、崇山为中心崛起的第一轮文明时代，开创熊馆大学的善卷，带着澧阳平原古稻田、农耕城祖和太阳崇拜的城头山的骄傲及以德治国的先河，从熊馆走向“三代”以来春秋战国长江流域第二轮屈楚文明时代。屈原结合澧沅流域苗濮巫土文化创造的楚辞，伴着熊馆文化“上下求索”的绝唱，一曲《离骚》千古照！

崇山熊馆大学，从远古走来，绵延了几千年，仅凭她培育出了世界文化名人屈原等一批中华的顶级人物，就谁也不能低估熊馆大学的巍巍丰功。熊馆传播的是天下为公、和谐统一“美政”的人本理论，“哀民生之多艰”的民本思想，宪政治国的法治理念，“恐皇舆之败绩”“狐死必首丘”的爱国爱乡的情怀，“知死不可让”“仗节死义”自投汨渊重于泰山做人的高尚品格。尽管熊馆大学先后两次惨遭明末李自成部、清初吴三桂部驻军的野蛮糟蹋，教室做马栏，尺厚的马粪上长了谷草。冬天拆壁当柴火。但仅管于此，部分建筑框架仍存。抗战时期，大批难民、机关、学生涌向大庸，小城爆满，周边的寺庙、学校、民宅人满为患，残败的熊馆被作为临时学校。解放初，新中国政府仍在此办小学，后因成危房而迁至五通庙。熊馆最后还是毁灭了，一片拥挤不堪的民房替代了昔日的大学。这座绵延了几千年的大学从此结束了自己的旅程。然而，善卷开创崇山熊馆的大学精神同民族之魂的屈原精神一样，永远是我们复兴中华、求索中国梦的强大动力。

（原载 2016 年 4 月 3 日《张家界日报》）

韩隆福 生于 1938 年，湖南汉寿人。湖南文理学院教授、隋炀帝研究所所长、省历史学会、孔子研究会、楚史研究会、炎黄文化研究会理事，常德善卷文化研究会、常德旅游文化协会副会长。1959 年毕业于武汉大学历史系。曾任常德师院（专）教授，历史系学术带头人。市政协常委，多次应邀参加国际学术研讨会。已逝世。

【本书著者按】2015 年冬，本著课题组特地邀请汉寿县屈原研究会一行 13 人到张家界考察并交流。韩先生全程参与，返程后，心潮难平，有感而发，著写此文，《张家界日报》特全文刊载。

第五章　追寻屈原出身之国——大庸帝国

父王伯庸(前 376–前 280):屈诗:"朕皇考曰伯庸。"屈原之父伯庸为大庸帝国末代庸帝(庸王)。公元前 280 年,秦蜀将司马错、司马靳爷孙俩秘发 10 万大军分兵偷袭黔中、庸都,灭庸灭屈。伯庸战死于黔中北溶花园(历代庸帝、庸王铸钟铸鼎——即国家权力祭祀重器之作坊)。

大庸帝国序（张良皋）

●以当时孔夫子的认识水平，他不知“蜀风”“巴风”都来自庸国——连我们后人也是至今才发现。……当整个华夏地区都流行着来自庸国的民间歌谣而且被称为“正声”时，庸国的后裔早已创造出新的文学体裁：楚辞。……铁的事实是：《鄘风》或曰《庸风》在十五国风中地位煊赫，表明了庸国民间歌谣向中原的直接流传。……庸国作为“诗”这一体裁的渊源……作为创造力最旺盛的渊源之地，以楚辞这一体裁之继起，证明其能量之巨大。

●季札深知，中国文化，包括周文化的“始基”在二南（按：指前述之庸国），他并未搞“中原中心论”：即使当着周人嫡裔的鲁国君臣，他也没有高唱“黄土高原是我们民族的故乡!”——这种论调从来也不曾在中国出现，直到两千四百多年以后，才由来自欧洲的学者，如斯坦因（英国）、斯文海定（瑞典）、安特生（瑞典）、伯希和（法国）等提出，被当时直到如今还是六神无主的中国学术界所接受。大家人云亦云，互相催眠，以致让这种貌似有据，其实片面的学说广泛流行，浸（jìn，泡）假成为“定论”。

●庸国的钟传到周国，被奉为神圣的礼器，完全够资格作为国号。所以我们敢说：庸国的文化本来高于周国，就在商朝，周国未必不是庸国的“文化附庸”。

●我们从庸国国号之一音多义推知：庸是制陶大国、歌诗大国、器乐大国、筑城大国、营建大国、冶铸大国、造历大国、农业大国……按照现代学者对文明的解释，有一于此，就可称为跨入了文明，而庸国的国名几乎包含了全部的文明因素，所以这个国家在古史上露面之日，就已是一个全面进入文明的国家，而且在整个中华域中，庸国完全可能是领先跨入文明门槛的国家。

●我们的兴趣当然在于：居然至少有一位楚王，自称“庸王”。看来还不止一位。从楚庄王灭(上) 庸以来，列位楚王自称或被称庸王，也许早成风气，正如魏王之称“梁王”，韩王之称“郑王”，近年发现的随侯之称“曾侯”……历代楚王不辞“庸王”之号，他们当然也会大量接受庸国文化遗产……这“庸王钟”所隐含的历史信息十分重要，能生发的想象空间意外广阔。……楚王甘心因袭“庸王”之号，可见庸在楚国构成诸“元素”中何等重要，值得矜夸!……相比之下，“庸王”显得高贵，令楚王感到自豪。千载而后，“庸王”称号毕竟还有机会在楚器中熠熠生辉，真令我们耳目一新，值得作为一则“轰动新闻”来传播。

●庸国就在金州锡穴，完全有可能在中国第一个拥有青铜，率先跨入文明的门槛，早于五帝立国。

●四灵、五行（按：金、木、水、火、土）和后天八卦都是庸人的创造，其原生地点在庸国。道教盛言四灵、五行、八卦，也因道教的原生地点就在庸国。……这后天八卦图就是庸国世代相传的方隅图。又相传楚国的先祖——其实也是庸国的先祖鬻熊是周文王之师，周文王所演的后天八卦显然受之鬻熊。

●夏商周时代，庸国是祝融氏之国；五帝时代，庸国是高阳氏之国。

●笔者认为甲骨文……完全也可说是庸人首创。庸国委实是一个“失落”了的文明中心。……中国甲骨文的首创权，应该归功于庸国为中心的人群，即祝融氏的后裔。

●当时中国之中如果还有一个核心的“中国”，那就是庸国。

●伏羲、女娲、神农这一套三皇最为重要，正是这一套三皇的传说，在庸国地区长期流传。……正是这一套“三驾马车”的神灵，带领中国古人，在庸国首先肇启人文。这一套三驾马车以外的祝融、共工、燧人、黄帝都不是外来户。祝融就是庸国的先祖。……所以我们可以断言：羲农派的三皇首先是庸国的三皇。

●屈原并不回避他是庸国后裔，连楚王也乐于自称庸王。（按：张先生是有史来第一个发现屈原是庸国后裔的先知先觉）

●《楚辞·离骚经》作者屈原是庸国的后裔，巫咸也是庸神。

●庸人以“正统”（按：宗国）自居，上古史是庸国的“版权”，庸国的后裔屈原乐于自数家珍，连周人也不敢侵权。

——引自张良皋《巴史别观》2006年中国建筑工业出版社

第一节　追寻屈原出身之国——大庸帝国

一、屈邑——屈家坊初立两起变故

就在屈瑕风风火火推进他制定的四大参政战略的最佳时机，楚武王四十二年（前699），熊通向庸国求助以灭罗，获准，并派遣莫敖屈瑕率军伐罗。刚刚出使庸国使臣的屈瑕，春风得意，骄傲自大，轻敌大意，竟被小小罗子国打得落花流水。屈瑕自惭玩忽职守，罪不容赦，无脸见庸楚父老，遂自缢。有文献载：屈瑕在荒谷自缢，对天谢罪，死前大呼：**“楚人不许有败者，败了就当以死谢罪！”**自此，凡庸楚将帅失败，皆效法屈瑕自裁。《左传·桓公十三年》载：“楚屈瑕伐罗……及鄢，乱次以济，遂无次，且不设备。及罗，罗与卢戎两军之大败之，莫敖（屈瑕）缢于荒谷，郡帅囚于冶父以听刑。”

屈瑕死时，年40余岁，封于屈邑刚刚5年。楚国痛失主将，庸国哀殇主帅。21岁的公子屈重临变继任父职，扶旗于既倒，受命于国难。

一波未平，一波又起。公元前690年春，楚武王发动第三次伐随之战，却不幸因心脏病死于征战途中。在这非常时刻，刚满30岁的庸国少帅莫敖屈重，临危不乱，处变不惊，下令秘不发丧，继续进军，最后与随结城下之盟而收兵。9年之内，楚国连丧一将一王，朝野震惊，天下哗然。但屈重隐忍悲泪，稳坐大庸屈邑，赢得南国本土风平浪静。

二、公元前611年：上庸之战开启屈氏后庸时代

《史记》载：“庄王即位三年，不出号令，日夜为乐，令国中曰：‘有敢谏者死无赦！’伍举入谏。庄王左抱郑姬，右抱越女……曰：‘有鸟在于阜，三年不蜚（飞）不鸣，是何鸟也？’庄王曰：‘三年不蜚，蜚将冲天；三年不鸣，鸣将惊人。’……是岁灭庸。”（《楚世家》）

这一年，是公元前611年。

长期以来，史家们对庄王韬光养晦隐忍三年之论颇为赞赏，认为是楚人的智慧与志向所在，乃至广为流传，成了一句著名励志成语，叫“不鸣则已，一鸣惊人”。

翦伯赞《中外历史年表》载：“前611年。秋，楚大乱，戎攻之，庸人统帅群蛮攻楚，麇人率百濮谋攻楚，申息之北门不启。楚与秦人、巴人击庸，**遂灭庸**。”

就是这“遂灭庸”，曾让多少史家乱了方寸，还以为这年把大庸帝国本土灭了。其实是灭钉在长江北部的**“上庸”**。

现在考究起来，发现庄王三年闭门不出，以“淫乐”为幌子，实则是密谋一桩天大的**“僭越”之举：灭上庸、灭宗周**。对庄王这一阴谋，大庸宗国早有觉察，意欲命令上庸兴师问罪。

历史的行走过程往往令人大出意外：这

一年，正赶上“楚大饥”，上庸乘机率群蛮、麇人率百濮首先向楚发难，挑起战争，**惩戒已生二心的楚国**。这让庄王大出意外，却正好为庄王找到灭上庸的口实。但楚人不是庸人对手，庸人七战皆捷，势如破竹。庄王于是一不做二不休，联合秦、巴来个“**三国瓜分上庸**”，如果不是庸人轻敌，麻痹大意，谁灭谁还不一定。

千百年来古史中都以为这一年将整个庸国（即包括大庸国本土）都彻底灭了。笔者十分肯定地说：错矣！

历史是这样记录上庸一步步走向消亡的：约前863年，熊渠兴兵伐庸、杨粤，至于鄂（按：至于鄂，是说打到了湖北境，即竹山上庸地，证明没打到“澧”——大庸宗国【今张家界市府所在地】）。前611年，楚、秦、巴三国分庸（按：亦指上庸）。约前308年，“秦王甚爱张仪，而王欲杀之，今将上庸之地六县赂楚，以美人聘楚王”（《楚世家》）。前304年丁巳，秦楚二王盟于黄棘，归楚上庸（翦伯赞《中外历史年表》中华书局，1958年版，第88页）。前280年辛巳，秦将司马错发陇西卒攻楚，拔黔中，楚献汉北上庸予秦。上述之庸，皆指上庸、上庸郡。大庸国本土一直扑朔迷离，云里雾里。从伐庸、灭庸，然后当玩物、当蛋糕、当花姑娘反复与强秦作为交换筹码。此即成语“朝秦暮楚”之出典。

庸楚关系怎么啦？

梁启超评论说：“楚庄即位三年，联秦、巴之师灭庸，春秋一大事也。巴庸世为楚病，巴服而庸灭，楚无‘内忧’，得以全力争中原。”好一个“内忧”！一个“内忧”，说明了一个实质性的问题：庸楚原是一家，是家族内部矛盾。如此说来，想必是上庸一方出问题了？梁先生可能是第一个窥见庸楚一家之内幕的大智者！2005年版《竹山县志》（古志总纂）是这样称呼上庸的：“竹山，古上庸郡。”（《常青岳序》）“何况竹邑旧本上庸。”（《彭序》）“竹山在周为古庸国，秦汉为上庸。”（《崔序》）“汉时新莽篡位，改上庸为庸部。”（《兵防》）“上庸废县。按县境本古庸国。”（《古迹》）“上庸县东有方城。”（《古迹》）“相传春秋时楚子之上庸。”（《古迹》）“竹山，古庸也。”（《艺文》）“此地古封庸子国。”（《艺文》）

从上述关于上庸的全部称呼分析，上庸并非独立法人国，“古庸国”必包括了大庸帝国本土；“古封庸子国”，此句值得注意，是说上庸乃大庸帝国所封之子国，与楚子国平级，从未直称“上庸国”。这一点可证上庸本属大庸国之一部，即设立在北方的军事基地，或曰“大庸封之子国”。

据考，从夏初至楚亡（前223），三千年历史长河中，大庸国本土（崇山中心）很少发生大规模战争，一次又一次的血战，多在北方完成。**上庸实质上是大庸帝国在诸侯争霸中的一块挡水岩、一个忠诚卫士、一颗滴血的棋子、一枚过河的卒子！**

楚庄王的所谓“内忧”，很可能是上庸王已经发现庄王已生反心而灭上庸以代之的阴谋，故兴兵伐楚，无非是按“两国共监制”给予教训而已，却不料庄王竟借此为口实公然背叛上庸，联合秦、巴将其瓜分，其本质是僭越祖制、摆脱宗庸监督的背逆之大罪！

关于三国灭上庸、分上庸的历史，《开县志》有证：“春秋（前770－前476）本境为巴国地。周平王二十一年（前570），巴、楚、秦三个诸侯国结盟伐庸。灭庸以后，瓜分其

地，巴分到今下川东（含今开县）地。”灭上庸四年后，**“楚王问鼎大小轻重”**，公开要与宗周平分天下，称霸野心终于暴露于世。这就是“三年不鸣，一鸣惊人”的内幕之所在：先伐庸后谋周！公元前611年，屈瑕之重孙、庸国悍将屈荡在庸宫发动政变，正式夺取宗主国熊氏老庸王政权，交权仪式就在庸都古人堤举行：熊氏老庸王万般无奈，把一传数千年的国玺正式移交给屈姓莫敖屈荡，屈瑕所肩负武王入主宗庸以一统庸楚的战略野心终于在他死后93年（前704–前611）得以实现：屈氏后庸时代开始了。

但是，楚人有一条铁律：篡国不灭祖，灭国不灭宗。《秦本纪》载：“五十一年，西周君（按：指周赧王）走来自归，顿首受罪，尽献其邑三十六城，口三万。五十二年，周民东亡，其器九鼎入秦。周初亡。秦不绝其祀，以阳人（实即庸）地赐周君，秦其祭祀。”是说秦虽灭了西周，但仍给宗周一小块地盘，并仍按旧制祭祀西周先王。这叫**灭国不灭祖**。

这个故事，正是楚并大庸宗国的克隆。

后庸时代的屈氏莫敖是实权庸王，熊氏老庸王是傀儡庸王。屈氏家族也没有赶尽杀绝熊氏老庸王王族，而是给他们划了一块土地。经考证，80年代初，时大庸县志办专家在县西35公里罗塔坪乡燕子湾大队发现一块“楚界碑”，在王家坪乡马头溪东发现楚王庙，那地方又叫楚神岗，又在永顺与大庸交界处发现楚神庙。其地盘相当于今半个大庸县（永定区）版土。由此可判断老庸国本土已易主屈氏庸王政权。一个延续七、八千年的世界最古老、疆域最宽广的泱泱大庸帝国几乎在兵不血刃、一团和气之中彻底肢解。但与鬻熊——熊绎时期共同制定的庸楚之间的二国共监制及二权监任制仍然保留不变。新的庸王权力大约只有监管祭祀、督管农耕、督察熊馆教育和供应楚国穷兵黩武的兵源兵粮。**秦不绝其祀，楚也不绝其祀**。一年一度的崇山祭祖，楚人是不敢懈怠的。有时，还要接待各国君王、使节及名士的造访。此时的屈氏庸王，已降格为“伯”，“天庸大帝”之尊不复存在。即所谓“伯庸”之“伯”。

这就是历史。占据历史主角的楚国掩盖了南方第一大文明古国。大庸帝国的灵魂、五脏六腑被楚掏空了，肌体被楚肢解了。尽管如此，在代代屈氏庸王的励精图治下，我们看到的是，古庸都的亭台楼阁依然飘逸壮丽，濒临澧水的城墙、雉堞、碉楼在夕阳下的那种霸气与傲岸依然如昨；一年一度的崇山椎牛合鼓大祭典依然热热闹闹；屈氏庸王依然被奉坐在正位上接受众子国的觐见；庸国子民在屈氏庸王的统治下勤耕苦作，五谷杂粮依然年年丰收；庸国百姓的壮男子弟依然接受屈氏庸国朝廷的军事训练，然后一队队奔赴楚国战场，用头颅和鲜血书写“庸人善战”的历史……这样的日子，大约从公元前611年延续到公元前280年末代庸王屈伯庸战死，后庸时代风风雨雨走过了330年，仍然是中国古史上寿命最长的国家。在这样的幸福日子中，已逐渐降为庶民的熊氏老庸王家族被“修”得腰肥体胖，哼哼哈哈，无所事事，无所作为。曾经作为万国之宗的“天庸大帝”的熊氏后裔，终于蜕变成任人摆布、任人拿捏的“庸人”——庸碌、平庸、平凡、平庸鄙俗、不高尚、不高明、让人鄙薄的人君。还出了“庸人自扰”的千古笑话。我怀疑字典中唯一一个带贬义的“庸人”可能就形成于后庸时代。

但是，庸国屈氏政权在未来330年的漫长历史中，还是大有作为的，在战国混战的数百年中，屈氏庸国基本保持了宗国宗法地位，富强的国体催生了三百年的屈氏后庸鼎盛时代，屈氏庸王世袭没有断代。一大批历史巨人雄峙于战国疆场，其中就出了一位伟大的民族英雄——鬼谷子高徒、一代战略家、绝代诗魂——屈原。而他与之殊死抗争的北方虎狼之国——秦，一直到公元前280年才由司马错以声北击南之计灭了庸国。331年中，长江以南半壁江山仍然是屈氏大庸帝国的天下，仍然是超级大国。这部辉煌秘史虽然尘封在司马错的血土之下，但从孔子一卷《尚书》中仍然可以窥见到曾辉煌于世的“大庸”“庸帝”“帝庸”“天庸”“皇帝”“天帝”的巍峨身影。

三、屈原诗中祝融降生于崇山

屈原到底是哪国人氏？

千百年来，史界几乎是众口一辞：楚人。楚国人。

但太史公却话中有话：“屈原者，名平，楚之同姓也。”（《史记·屈原列传》）

此“楚之同姓”是何意思？

“楚”的代名词作“熊”，俗称“楚熊氏”。出自建国始祖鬻熊、熊绎。“与楚同姓”，是说屈原与熊姓本是一姓，但并未指明是同一个国家。

太史公高明之处就是只知其一，绝不瞎说其二。他不讲明屈原是楚国人，说明屈原背后一定还有个国家！但他一时弄不明白，只好玩个模糊概念。既然熊、屈同宗共祖，就源溯熊绎、鬻熊去探个究竟吧！

一场轰轰烈烈的伐纣灭殷之战落幕了。未来史家都知道：这场改朝换代的战争的策动者和八国联军统帅，就是那个被称作文王、武王之师的，九十高龄的鬻熊。但奇怪的是：如此呼风唤雨、叱咤风云、指点江山、著述立说的人物居然找不到他的真实身份。他有祖国吗？他是哪个国家的人？在八国联军中，他属于哪个国家的首领？他是何方人氏？历史留下来的可证之物，大约只有两本书——《龙虎经》和《鬻子》，只有武王一句话——“吾先鬻熊，文王之师也，早终。”人们要问：既然鬻熊无邦无国，又凭什么能耐充当八国联军的盟主杀伐朝歌呢？有学者说巴、楚人参加了灭殷之战。但在《尚书》记载的战斗序列中明明只有“七国加濮人”，巴、楚受封，还是战后四十年的事，而熊绎受封，是庸人的代表，其时还未建楚；尤其被当代一些史家不吝笔墨的巴人，居然找不到一二个有名有姓的领袖人物传世！

所以说，不找到鬻熊的祖国（宗祖之国），就找不到楚国的根，也就无法破解熊通封太子瑕于屈邑诸多惊天动地的史实。因而，为鬻熊找国，为楚国找祖，或者说，为屈原诗赋寻找文化发生学的大背景，就显得十分重要。

原屈诗：“祝融戒而还衡兮，腾告鸾鸟迎宓妃。”（《远游》）

意思是：火神祝融劝我转车回返，传告鸾鸟去迎接宓妃。

那么，屈原笔下的祝融到底是何方尊神？与屈原的出身故乡有无关联？

看来，不破祝融，屈原难立。

湖北荆楚与湖南湘楚共尊祝融为祖，认识应该是一致的。但从近代楚文化研究成果中，似乎疏于对祝融出生地的考证，或说一直没有重大突破。祝融生身地的确认，是界定祝融所谓“中原说”“东北说”，还是“南方说”的关键证据，楚国人是从周地南下还是从南向北过长江的争论自然迎刃而解，对屈原故里及屈学研究更是至为关键。因它牵涉到确立文化发生学的原点问题。

《春秋左传》载：“二十六年春……夔子不祀祝融与鬻熊……秋，楚成得臣、鬥宜申帅师灭夔，以夔子归。”这是楚人有不祭祀先祖祝融、鬻熊者而遭灭国之祸的最早案例记载。《康熙字典》：“楚之先祝融，主治火事。”《左传·昭公二十九年》：“火正曰祝融。”《史记·楚世家》：“重黎（金氏子按：关于重黎，《山海经》说是二人：“颛顼生老童，老童生重及黎，帝令重献上天，令黎邛（qióng）下地。”）为帝喾高辛居火正，甚有功，能光融天下，帝喾命曰祝融。”这是帝喾时所封的祝融。除了重、黎二兄弟，还有其弟吴回。《楚世家》说：“共工氏作乱，帝喾使重、黎诛之而不尽，帝乃以庚寅日诛重、黎，而以其弟吴回为重、黎后（任），复居火正，为祝融。”由此可知祝融并非一个，而是可以代代袭任的神职。《山海经·海内经》载：“炎帝之妻，赤水之子听沃，生炎居，炎居生节并，节并生戏器，戏器生祝融。”此赤水在今崇山之西北的桑植，发源于大庸（永定）的大米界，直线距离约60公里，又作赤溪河，是天门昆仑山八条神水体系的重要河流之一，与甘肃、新疆、西藏（昆仑口）无关。这是炎帝后裔祝融。《吕氏春秋·孟夏记》：“孟夏之月……其帝炎帝，其神祝融。”祝融成了南方火帝。《山海经·海外南经》载：“南方祝融，兽身人面，乘两龙。”这是神仙祝融。

［后汉］班固《白虎通义》卷第一载：**“三皇者何谓也？谓伏羲、神农、燧人也；或曰伏羲、神农、祝融也。”**［后汉］王符（约85–162）《潜夫论》卷八·五德志第三十四载：“世传三皇五帝，多以为伏羲、神农为二皇，其一者或曰燧人，或曰祝融，或曰女娲。”［后汉］应劭《风俗通义》皇霸第一·三皇亦载：“《春秋运斗枢》说：伏羲、女娲、神农是三皇也。”《礼号谥记》说：“伏羲、祝融、神农。”《六韬》：**“祝融氏，古之王者也。”**《丹壶书》：“祝融二世。”《淮南子》载：“南方之极，自北户孙之外，贯颛顼之国（按：由此可证颛顼国与祝融所建之国均在南方，实为一国也）。南至委火炎风之野，赤帝祝融之所，司者万二千里，是祝融王天下，乃五分之一耳……祝融犹当五分天下之世王于南方者也，故衡山、南海皆称祝融，其后南方之官重、黎、吴回亦谓之祝融，是以《仙传拾遗·薛玄真》曰：‘祝融栖神于衡阜。’罗泌《路史》曰：‘祝融氏号赤帝，以火施化，其活百年，葬于衡山，是以谓之祝融峰。’《衡山记》曰：‘祝融宅其阴。’《湘中记》曰：‘赤帝馆于衡山之巅，事皆鸿古矣。’”

上述三皇之排名，祝融多在其内，是为历史所共认的，说明祝融之神职出现在三皇时期，与《庄子》说“在神农之前有祝融氏”对接。长沙出土帛书载：“炎帝乃命祝融以四神降。”专家认为，帛书所载，可证祝融实有其人。此炎帝又成了祝融神的上司。《越绝书》：“祝融治南方，仆、程佐之。”祝融成了南方帝神。包山战国楚墓的墓主是楚怀王的左尹郡佗，墓中出土的简牍有记载卜筮（音世）的祷辞，辞中有“祈祷楚先老僮、祝融、蚩尤各两羖（音谷，公羊）”等字样（见《楚辞二十讲》华夏出版社2009年版第156页）。与长沙帛书所载形成对接。这是出土文物为祝融作证。《荒史本纪卷之二·禅通纪》（明·嘉靖陈士元撰）：“其后乃有祝融氏。一曰祝诵，又曰祝和。”罗泌《路史·禅通纪》：“祝诵氏一曰祝禾，是为祝融氏。”汉武梁祠画像石有文字记：“(右）伏戏仓精初造王业画卦结绳以理海内。（左）祝诵氏无所□为末有者□刑罚未施。”（参见萧兵《楚辞的文化破译》第809页）《荒史本纪·禅通本纪》载：“[帝] 又使奢比辨乎东，庸光辨乎南。”此“庸光”即《管子》所说黄帝得六相之一的祝融。《荒史本纪卷之三》：“寔（同实）能火乃命为祝融，主乎夏，火正也。炎帝器之孙，祝庸之子，曰句龙。[注]：祝庸即庸光，为黄帝司徒者也。”罗泌《路史后纪·禅通纪》亦云：“祝庸为黄帝司徒。”又说：“炎帝器，器生钜及伯陵、祝庸。”上述祝诵、祝和、祝禾、祝庸、庸光，皆为祝融，始知祝融一职多名。前述大禹也是一代祝融！

关于祝融在太古史中的地位与影响，见诸当代各家之言。

董楚平说：“祝融的名字尤为南方民族的象征。……古代南方民族普遍尊奉祝融为宗神。”（董楚平《楚辞译注》上海古籍出版社1986年版，302–303页）

姜亮夫说：“祝融，为其人先，是为楚之宗神。”（姜亮夫《楚辞学论文集》上海古籍出版社，1984年版）

吴荣臻总主编的《苗族通史》说：“在传说中，与苗蛮关系最深者为祝融氏……他的后裔在这个集团中却处于异常显赫的地位。”（《苗族通史》第一部，民族出版社，2007年版，第199页）

尹智祥说：“在炎黄二帝的谱系中，都有祝融。这些表明，‘祝融’起到了‘光融天下’的作用，融炎、黄为一族，为两族共奉的祖先——蚕丛氏（祝融）。”并断定四川三星堆金器“纵目人”与烛龙（祝融之音转）有关。并说：“据此我们可以猜测，蚕丛（祝融）一代的‘纵目人’，就是大约在5000–10000年前，黄帝——颛顼时代的华夏上一次文明所培养的‘太空人’。”（尹祥智《北纬30°线》天津社会科学出版社2003年版112页）

那么，祝融到底是何方人氏？是真有其人还是远古“传说”？到底有没有可靠的出生之地？

乾隆《衡湘稽古》说：“衡山神降于崇山。”“祝融栖神于衡阜。”

前句：衡山神出生在崇山。后句：祝融神曾栖（qī）息在衡山。衡山神即祝融。

这是目前所发现的另一说：崇山祝融成了“衡山神”。说明祝融所创大庸帝国势力已达湖南衡山之南。

《国语·周语上》说：“夏之兴也，**融降于崇山**。”韦昭注：“融，祝融也。崇，崇高山也。夏居阳城，崇（一作嵩）高所近。”此崇山实指今张家界之崇山。崇，一作嵩，即今湖南张家界嵩梁山，又作嵩高、崧高、天门、崧梁、松梁、嵩岳等。许慎《说文》高：“嵩、高，崇也。”湖南《直隶澧州志卷三·舆地志·山川》载：“**天下山莫尊于五岳，而嵩梁为之配；川莫大于五湖，而洞庭居其首。兴云布泽，毓秀钟灵，神仙亦指为**

窟宅，宜澧境兼美南州也。……是又澧州藉天子声灵，雄关天堑无所用之者。”按：“窟宅”指天门万丈绝壁上的天门眼（又作“洞”），古称“窟窿山”，音转“昆仑山”；此“天子”指公元前约964年西周天子穆满进入古庸境，于“吉日辛酉，天子升于昆仑之丘”（《穆天子传》。后有专论）。此“昆仑之丘”即指嵩梁山和崇山。崇山之东即嵩梁，中隔一溪（仙人溪），故谓“嵩高所近”。《周语》又曰：“夏之兴也，**祖融降于崇山**。”韦昭注：“祖融，祝融也。”此崇山又称“祖山”之由来。

《衡湘稽古之四》载：“衡山神降于崇山。《国语》曰：夏之兴也，祝融降于崇山，鲧封崇伯其地也。”由此可证鲧被封为崇山国（即大庸国）之“伯”正在祝融降生的崇山。亦证鲧原是崇山人。亦由此证明一代祝融大禹出生地必在大庸崇山！

《路史后纪》第二十三卷下载：“始夏之兴，青凋止郊，雨金栎阳，**而祝融降於崇山**。”又云：“大道将兴，青龙止于郊，**祝融之神降於崇山**，（禹）乃舜禅，即天子位。”（见张家界文史第九辑《驩兜与崇山》所收张伟权《土家与楚同源论》133页）

上引《国语》诸条皆云祝融降生崇山于夏朝，值得注意。此之“祝融”，当是夏朝一代祝融大禹。说明不同时代均有祝融家族袭职火神。亦是大禹初建夏朝于崇山的重大信息！（后有专论）

［晋］《千字文》：“漾源嶓冢，**沅绕祝融**。”（《传统蒙学丛书·续千字文》岳麓书社1986年版，周谷城作序）沅，指绕崇山之南的沅溪，属永定沅溪乡，古名元溪，为沅水得名之源头。此之“祝融”，已物化成“祝融山”，又作融山、庸山。这是祝融出生于湖南大庸张家界之崇山而非别地崇山的铁证。

唐诗人杜甫有“南为祝融客，勉强亲杖履”诗（《咏怀二首》，载《全唐诗》卷223-16），其诗肯定祝融在南方。

《开山图》说：“祝融，号曰赤精成子，是（此）成子乃容光之子。”

《外记》曰：“帝命大容（庸）作承云之乐，是为云门大卷。”《吕氏春秋》曰：“是其时，大容、伶伦、荣猿、师东，张于仲春之月也。”

注意：此两史皆写大容（祝融），大容即大庸。大容、大包容、大融合——大庸之本旨也。此为“大庸”名称出典之史证。

《管子》曰：“祝融辨乎南，故以为司徒。”

《论语》曰：“祝融容光。”《黄帝篆》“大司马容光，皆作容。”《路史》作庸光。又曰：“庸光辨乎南而正夏，种芒谷，修驰戒……”

《国语》：“重、黎（祝融）能上下于天，言通天文也。”此之重黎，实为重、黎二兄弟之合称，二人均授祝融之职。

《潜夫论》：“帝喾师祝融。”祝融成了帝喾之师。

《国语》曰：“黎（祝融，即重、黎二兄之一）为高辛氏火正，以淳耀淳大，天明地德，光昭四海，故命之曰祝融，其功大矣，以内兼司马，而令主兵，过于仁慈，以不武得罪受诛，非有奸之罪也，葬于重江乡北。”是说某年某一代祝融因用兵过于仁慈兵败而获罪被杀。

《山海经》说：祝融殛鲧于羽山（按：今

张家界市北之凤羽山，一作太阳山、子午台、金鼎)，事在尧之七十年，时南方未复设祝融，乃在朝之羲和也，亦兼司马之职矣。(《衡湘稽古》)

上述祝融，已是不同时代所设之祝融之国帝或神职了。

《史记·五帝本纪》载：“放驩兜於崇山，以变南蛮。”

清《古今图书集成》载：“慈利县(按：今属张家界市)，唐虞本崇山地，放驩兜于崇山即此。”(《古今图书集成·方舆汇编·职方典》第一千二百一十九卷岳州府部第一五六册之49页)是说慈利在唐尧、虞舜时期，本来属于崇山国。此国即指祝融建大庸国和驩兜建驩头国，亦指大禹在崇山创建夏朝。这是大庸国存在于尧舜时代的重要证词。

《荆州图记》：“崇山，《书》云：‘放驩兜于崇山。”

《尚书地理今释》：“崇山，在今湖广永定卫西大庸所东。”

民国《辞源》(493页)[崇山]：“在今湖南大庸县西南。《通典》：‘澧阳县有崇山，即放驩兜之所’。”

舒新宇《破解屈原溆浦之谜》：“舜征三苗的起因就是听说崇山谣言纷起，有人面鸟身的怪物降落崇山，驩兜思谋在崇山发难；又有火神祝融降于崇山。因此，舜帝不顾年事已高，体弱多病，不顾众臣的劝阻，毅然前往崇山南巡，以图安抚苗蛮，使其归顺，维护天下安宁。”(第32页)按：舒氏所说“人面鸟身的怪物”即指驩兜、祝融一族。古称“羽人”。屈诗“仍羽人于丹丘兮”即此。

明万历甲辰(1604)，永顺土司彭元锦作《铜炉铭》诗：

桓桓义勇，赫赫声灵。
河流岳峙，惠我蒸蒸。
维彼祝融，少惠以成。
云兴风烈，永荫佳城。

[按] 此炉原存永顺旧司城。铭曰：“万历甲辰岁末明月古日衷白主人造。衷白为彭元锦号也。”此铜炉是专为火祖祝融而造，是湘西土家族祝融崇拜的实证。

上述各家之论，明确告诉人们：祝融出生地就在湖南大庸(今张家界市)的崇山。楚学界长期指鹿为马误读祝融或出中原或出东北的论调该偃旗息鼓了。

锁定祝融出生于崇山，并在崇山创立了世界史上万古第一帝国——大庸帝国创立于崇山就找到了铁证；庸楚三苗就找到了祖之根、国之根、三皇五帝之根；中华第一轮文明的中心地就落在了实处；屈原笔下的祝融大宗神原来就是崇山故乡的主宰！

读不懂祝融，不知祝融为何方神圣——**这便是当今中国史学界所发起的重写中华万年史而苦于无处下笔症结之所在！**

四、关于崇山祝融与中华万年史的重大信息

寻找祝融出生地，出于三个目的：一是破解屈原笔下的祝融是不是他的故乡人；二是破解屈原的祖国(祖之国，即古大庸帝国)是否创建在他的故乡，即确定中华万年之国创立于南方澧水崇山。若能成立，可证屈原必定是本地人——即大庸(今张家界)人。唯有生于斯、长于斯、学于斯、成就如斯的“本地人”才有可能对这一世界文明发祥地伟大

信息才那么熟悉，那么在乎，那么充满激情——可以这样说：屈原是中华万年史信息唯一一个发现者、推介者、礼赞者、传承者，我因此而为之吃惊、为之叹服、为之击掌！

当我并不十分艰难地从浩如烟海的典籍中发现祝融出生地在大庸张家界崇山时，似乎没有产生大惊小怪的迹象，一是基于对崇山文化的早期涉猎而高度自信，“祝融降于崇山”与“舜放驩兜于崇山”几乎是老大庸人的口头禅；二是基于社会各界热心人士的支持。我所收获的若干重大信息，不少就是社会人士主动送上门的。比如：“沅绕祝融”四字，就是一位叫刘本银的退休老干部从《续千字文》中查出来的，并为此十分郑重地给笔者打电话告知。别看只是4个字，却是为崇山具体位置所作的终极结论，堵死了一些人可能要钻的空子。

那么，史书上的记载与现实地名场景能对接否？

我说是真史就一定能对接，因为我坚信岁月风雨可以消磨和毁灭人类所创造的、留在大地上的一切，但消磨、毁灭不了从远古流传下来的地名！原生古地名是历史人物与历史事件留下来并依附于某一片土地的固化证词，与出土文物一样无法篡改。

在崇山考察时，已退休的70多岁的村支书樊世尧、80多岁的老人樊中云和现任村支书袁吉任等，带着课题组一行一路指证了崇山数十个古地名并如数家珍一一道出地名中所依附的故事，让我们震撼不已，激动不已。

1.火礳湾·火草坡·火烽岩·火场乡。传说远古时代有个极不平常的男孩，偶然用石头砸出火花，竟然惹下大祸，烧了半个湾，就叫他“火娃儿”，火灭之后，人们发现山坡上到处都是被烧死的野兽、毒蛇。于是有人试着啃食，发觉香脆可口，于是崇山人第一个懂得用火烧烤食物，并发现石头可砸出火花，这种石头就叫“火礳石”，这个地方就叫“火礳湾”。后来，这个惹祸的火娃儿又偶尔发现有种奇特的野草，状如芭茅，晒干后揉搓成绒，点火即燃，于是成了人们专用的引火之物——火草，便有“火草坡”之名流传至今。这个“火娃儿”就是后来的火神祝融。这使人突然得悟：火礳石砸出火星，接燃火草，两火相叠，不就是个“炎”字吗？故火神祝融又称炎帝、赤帝。

在崇山发现火礳湾、火草坡，等于找到了祝融在崇山发现以石击火的原生点。崇山成了中华远古时代火文明发祥地，而祝融则是人类史上第一个播火者。也因此被尊为“火神”。

在崇山东南垂直距离约25公里的沅陵县有火场乡，其北有火烽岩，海拔836米。亘古相传：远古时期，祝融为向天下传播火种，四方实地考察，发现此山石质极佳，于是成了古庸国最古老火源石开采场，因得名“火场”。其山并列二峰，南山头有大量开采火礳石的遗迹，相传从古到今，到这里开采火礳石的人络绎不绝。这里的火礳石个小而有棱角，呈红、黑、白多种颜色，坚硬无比，打火效果极佳。向导又指证相距不远与之并列的一座山头有口天然小水池，常年不涸，池边建了一座火宫殿（一称火神庙。已毁），故水池称“火宫堰”。两山头不经意的文化风水配对，立马让人想到祝融！这绝不是偶然！经了解，火烽岩山下有溪名礳溪，实因祝融采火礁石得名，源自永定堡子界林场，其出口即是大火坪乡，亦隐含祝融发明用火的信息。火场乡自古以养鸟闻名四方，故称“鸟乡”，莫名其妙与祝融火鸟图腾形成文化链。考察组数人在从大火坪乡进入火场乡的指路牌上很艺术地写着“火场哪里去？鸟儿告诉你”。惊得让人大声叫绝！祝融取火种的火烽岩、火宫堰、火礁溪、火场乡、大火坪等符号与鸟乡对接，是情理之中的事。《白虎通义》说：“南方之神祝融，其精为鸟，离为鸾。”鸾是凤的别称，亦是祝融的化身。屈原诗《抽思》：“有鸟自南兮，来集汉北。”以此之“南鸟”暗喻自己是祝融之后，亦即“南鸟”的故乡——古庸崇山。《艺文类聚》引老子语：“吾闻南方有鸟，其名为凤。”《山海经》：“南禺之山，有凤凰鹓雏。”无一不把“鸟（凤）”界定在南方，是祝融出自南方崇山的铁证。庸人、楚人尊祝融为祖，故以凤为图腾。火场鸟乡是庸国的中心地带，这些符号信息便是见证。《中国民间神谱》说：“祝融是我国长期以来受到广泛祭祀的火神。相传他发现了击石取火的方法，取代了燧人氏的钻木取火，使人们取火更为简单便捷。他还发明了火攻战法，并以此法战胜了蚩尤部落。”（乌丙安、江帆主编，辽宁人民出版社2007年版15页）

此段文字有两个信息：一是在崇山同一地区发现祝融两处开采火礁石的现场，证明火礁石传说非是虚言；二是提示学界，祝融参加了黄帝与蚩尤之战。祝融参战必有自已的国家与军队，这是大庸帝国在五帝时期已经存在的重要证据。

2. 傩坑。位于火娃儿（祝融少时小名）屋场之西约50米处。相传古为天坑，后被祝融填土为坪，约3亩，呈方形，周边有观台，此即远古傩坛道场。祝融乃巫傩之祖。后驩兜被逐回家，亦在此设坛，其巫官歹劝榜垄（苗语称谓）曾在此演绎傩舞，并完成鬼词鬼仪，是为“崇山傩”。

3. 火娃（儿）屋场·火娃泉。相传就是那个“火娃（儿）”祝融以石筑屋的老屋场。位于崇山东南部一台地上，约2亩。当地百姓曾在老屋场建房，每建必烧，才知火神之宅基，岂容他人侵占！早些年分田到户，火娃屋场退耕还林，在讨论栽何树种时，大家众口一辞：“栽枫树！”因为枫树是苗族的祖树、妈妈树。如今枫树成林，海内外不少寻根问祖者，都到这里跪拜祭奠。

火娃儿屋场西侧有火娃泉，旧有水井。

4. 裁缝塌·麻纱塌。火娃儿屋场南侧有裁缝塌，相传是祝融建国后的制衣作坊。山垭南侧为麻纱塌，相传是古庸国的麻纱作坊，与裁缝塌配套。大庸是大湘西地区著名的产麻基地，其黄壳麻远销东南亚。远古时代，庸人最早发明用麻制衣。崇山麻纱塌，是远古麻衣制作的见证。

5. 驩兜屋场·驩兜庙·驩兜墓·驩兜鼎。距火娃儿屋场1公里处，有一台地，那里就是驩兜的归宿地。此地任何一个村民都可一一指证那些废墟残迹。连三、五岁的孩子都晓得哪里是驩兜老屋场，哪里是驩兜庙，哪里是驩兜墓。樊中云老人指着东部一条深沟，上自半山，下至山脚，长约800米，口宽5~8米，深3~4米。相传这就是舜征驩兜“南巡崇山”留下的证据：为了让蚩尤、驩兜苗蛮永远归顺，不再造反，就动用军队在

驩兜墓东部山岗挖了这条深沟，叫“断脉沟”，意即挖断驩兜“龙脉”。清道光《永定县志》卷六·金石志第15页载：“鼎一具，在崇山中。相传为驩兜鼎。历数千年，古色斑驳。”相传此鼎为驩兜建驩头国（或为三苗国?）而铸，鼎是国家权力之象征。相传舜帝时此鼎还安置在驩兜庙内。后庙被舜军摧毁，将鼎推下崇山。落在山脚古熊馆大学。继而移至北侧杉树坪五通庙。再后兵乱，为防人盗砸，被推入边岩深潭。元末，时任崇山边粮通判、大庸所武溪土司田虎（又以通判之职称田虎判）自称“虎王”，将鼎打捞，安置于大庸坪四方城之北的玉泉寺。寺门有对联一幅：“法雨来玉泉，宗风仰高庸”。明初，田虎判参加覃垕反明起义事败，灭族。清同治《续修永定县志》卷十二·金石有载：“驩兜鼎，在县西玉泉寺。古色斑驳，寺僧用以焚楮。”“文革”时，为破“四旧”，被当地村民拆庙砸鼎。由此可证比禹收九州之铁铸九鼎还早，可称中华第一鼎。关于驩兜庙，相传战国时即有石室庙宇。历汉、唐、宋、元、明、清。代有修葺。清同治《续修永定县志》卷十二·纪闻载：“系马柱在澧州，澧在隋为州，有驩兜庙，石室在焉。”说明同治时驩兜庙还在。《一统志》载有“驩兜祠堂”，已毁。关于驩兜墓，清道光《永定县志》卷六·陵墓：“相传崇山上下有驩兜墓、赧王墓，载在旧志。”“古驩兜冢，在县西南崇山绝顶。有巨垄，土人皆以见为不祥。”唐王维有《赧王墓》诗云：

蛮烟荒雨自千秋，夜邃风雨鸟雀愁。
周赧不辞亡国恨，却怜孤墓近驩兜。

诗中周赧即指西周末代周赧王姬延。秦灭周，赧王以假死脱逃，隐居大庸，死后，大庸人念其鬻熊为文王、武王之师，以国葬之礼厚葬于大庸溪，墓堆犹存，即今赧王山，正好南仰崇山，故王维才有“却怜孤墓近驩兜”句，并由此引出周朝的文王葬崇山，穆王葬沅陵二酉山的古史美谈。

6. 连五间·尧湾·尧泉。樊世尧老支书居住在连五间，连五间是崇山文明发祥地原生点，是崇山文明的中心地。相传是远古黄帝、颛顼、帝喾、帝尧、帝舜的祖屋。樊老回忆说：他出生于连五间。爷爷是个读书人，长大后，爷爷告诉他：为何取名“世尧”？因这里是尧帝的出生地，故叫尧湾。那口水井，相传就是尧亲手挖的，故叫尧泉。以世尧取名，意在永世不忘自己是尧帝故乡人。

7. 相公洞·相公系马柱。在崇山，关于相公洞、相公系马柱、相公石室几个符号在古籍中出现频率最高，但谁也没有悟透“相公”为何人。明嘉靖《澧州志》卷五·名胜载：“[系马柱] 州南四十里，旧志相传，澧在隋为崇州。有崇山驩兜庙，石室在焉。下有相公潭，左右立石三，野人（按：指崇山苗蛮土家）呼为相公系马柱。”清道光《永定县志》卷十·古迹：“系马柱在崇山驩兜祠石室。（详纪闻）”同治《直隶澧州志》卷二十六：“[系马柱] 《一统志》云在澧州。有驩兜祠堂石室在焉。下有相公潭，左右之石三，皆数十丈，野人呼为相公系马柱。按崇山在今永定，有驩兜冢……其相公亦不知何指？”光绪《永定县乡土志》载：[相公系马柱] “在崇山相公洞下，洞源甚高，上源出龙茹山，……乃见水自绝壁飞流而下，为崇山瀑布，绝盛处瀑布中别有石门，为瀑布掩如水簾，然披簾而入，豁然开朗，有石案长丈余，旁有石如人踞石案而坐，俗谓相公者是。《一统志》引此即驩兜也。其下有柱长数十丈，传为相公系马柱。”又载：“又西南二十五里曰相公洞之山，洞水出三山之岩，瀑布双悬如练，东北流注于澧，驩兜氏之石室在焉。其中有系马之桩，读书之床，其神出入多狂风暴雨，见则其人不祥。”

照上述所载，有相公系马柱、相公洞、相公石室、相公潭、相公山等。《一统志》认为此“相公”就是驩兜，因曾为尧之司徒。《康熙字典》［相］：《周礼·春官·大宗伯》：“朝觐会同，则为上相。……火，水妃也，而楚所相也。注：楚之先祝融，主治火事。……又官名。《吕览》：相者，百官之长也。古《三坟》：伏羲氏上相，共工下相。”由此可知，崇山之“相公”不独驩兜一人，楚之先祝融也是相公！《管子》云黄帝得六相而治天下，其中就有得祝融而辩乎南方。那“相公”何解？民国《辞源》载：“[相] 官名，百官之长，谓相其君以行政也。”又载：［相公］宰相之称。《日知录》：“前代拜相者必封公，故称之曰相公。”现在可以肯定，所谓相公洞、相公潭、相公系马柱、相公石室、相公山之“相公”，应指驩兜（帝尧朝廷“八伯”之一，属政治局常委一级）和“六相”之一的祝融无疑！这绝非巧合，恰与典籍所载祝融降生于崇山对接！

祝融故里在崇山，最后一个疑点得以破解！

祝融既出生崇山，且建大庸帝国于崇山，那么，楚之先、楚之祖、楚之母国必在崇山；其后裔屈瑕受封于崇山之下的屈邑，当是回归祖地了。屈原诗中的先祖祝融，原来就是崇山故乡人！

始料不及的是，传到伯庸后代，屈原也得了“相公”之称！

五、屈原出身之国——东方大庸帝国之发现

（一）“大庸”之名的由来及大庸帝国的建立

读者会问：金先生发现关于“大庸帝国”的秘密，我们见所未见，闻所未闻，请问依据何来？我说：诸君稍安勿躁，后面自有分解。笔者岂敢信口胡说？

张良皋先生说：“上古史是庸国的‘版权’，庸国的后裔屈原乐于自数家珍，连周人也不敢侵权。”（《巴史别观》第 21 页）

一个曾经创造过中华远古辉煌时代的文明古国突然消失了，但大庸古国的名字并没有彻底泯灭，庸国遗民，没有灭绝；庸国遗响，亦非销声。经过五年时间的苦苦寻找，笔者终于从茫茫史海中打捞出一些星星点点的“庸”字信息碎片，一个伟大而神秘的古国终于渐渐变得清晰起来。

接通了大庸古国史，楚史必将重写；屈原故乡的文化大背景亦将不再混沌迷蒙。

《大庸县志》建置·沿革载：“秦王政二十六年（公元前 221），大庸属黔中郡慈姑县辖。汉高祖五年（公元前 202）罢黔中郡，分置武陵郡，置充县。（辖大庸、桑植县及溇水中游）县治在大庸县。……”说明“大庸”一

直作为古地名流传。但真正以“大庸”作为行政建置名称还是“明洪武二年（1369）降慈利州为县，置大庸县旋废。……明洪武三年（1370），羊山卫治（按：今永顺羊峰山）迁大庸，改名大庸卫（今大庸所）。四年大庸卫城迁今永定镇。……明洪武二十二年（1389），大庸卫改名永定卫。……民国三年（1914）奉北京政府令，改名大庸县。……1934年11月24日，中国工农红军第二、六军团解放大庸，建湘鄂川黔边区省革命委员会——“大庸省”、大庸县革命委员会。1985年5月24日，经国务院批准，改为大庸市（县级）……1988年5月……大庸市升级为省辖地级市。”（参读《大庸县志》三联书店1995年版第53–54页）

上述“大庸”之名一直时断时续时灭时生，但无论怎样风云变幻，大起大落，“大庸”这一千古不朽的文化符号仍顽强地存活着。何谓“庸”？何谓“大庸”？多少年来，史界、民间一直没有一个合理的解释。看来不弄清“大庸”二字来历，屈原笔下的一部古老辉煌的历史背景将无法破译。

刘兴隆《新编甲骨文字典》“[庸] 从庚，用声。示敲击也。释庸，古与镛通，大钟也；《诗·周颂》：‘庸鼓有斁（yì）。’庸鼓即镛鼓。《说文》庸，用也，从用，从庚，庚，更事也，易曰‘三庚三日’。镛，卜辞演奏大钟之祭。”又《说文》：“墉，城垣也。《皇矣》：‘以伐崇墉’。传曰：‘墉，城也。’《崧高》：‘以作尔庸。’传曰：‘庸，城也。’庸、墉古字也。城者，言其中之盛受；墉者，言其外之墙垣具也。”又墉：“古文‘墉’者，盖古读如庸，秦以后读如郭。”城郭也。

由上解，大庸即“大钟”，大庸国即“大钟国”，又作“大中国”。既可证是铸钟大国，又可证是远古最早进入祭祀（祭天、祭地、祭神、祭祖）文明的大国。大庸亦作“大城”，“大”，修饰“庸”——城，言其城郭规模宏大，可证庸人是发明筑城古族，亦由此可断人类城市文明创自古庸人。而代表人类文明的四大要素中，除了粮食（澧豆、澧稻），就是城市、青铜器和文字的发明。张良皋说：这四大要素只要拥有一条，就可称为人类文明的发祥地。而中华域能同时具备这四个条件的，只有澧水流域的崇山文明之创始帝国——大庸帝国。

如果从姓氏上追根溯源，大庸出自风姓庸氏，其最早的支系当出自大容氏、容成氏。古代容、溶、庸通。故大容氏又称“大庸氏”，容成氏又称“庸成氏”。就是远古发明造墉（城）的那支庸人家族。早在夏朝以远，庸成氏族即建立了风姓古庸国。这是“容”“庸”字通的铁证。故“大容氏”即“大庸氏”。此为“大庸”之名的原根所在，否则怎么称“古容国”呢？《山海经》中有“中容之国”，实为“中庸之国”。前面已经交代祝融一人多名，其中就有“祝庸”。《康熙字典》：“祝，大。”祝庸即大庸氏祝融，祝庸即大庸。《外记》：“帝命大容（庸）作承云之乐。”《吕氏春秋》：“是其时，大庸（容）、伶伦……张于仲春之月也。”又：民国《辞源》第1092页载：“祝融。火神也。虞翻曰：祝，大，融，明也。”清道光《永定县志》载：据《史记·楚世家集解》谓：“祝，大也。融与庸同音，古通用。祝融即大庸。黄帝第四代孙重黎，为帝喾高辛，居火正（火神），帝喾命曰祝融。祝融为三苗首领之一，原活动在郑州一带，嗣失职南迁（返）。说明本境有其一支。”（引自侯德极《千古城廓依天门》民族出版社 2008 年 8 月版，六四页）祝融，又名庸光。《荒史》载：“帝（黄帝）喜天下之戴己也……以大填、封钜、赤诵为之师……泰山稽为司徒，庸光为司马，恒先为司空……又使奢比辨乎东，庸光辨乎南，大封辨乎西，后土辨乎北。……”此“庸光辨乎南”与黄帝得六相，其中有“得祝融而辨乎南”是同一人。“庸光”与“大融”均含大光明之意。崇庸人把祝庸、庸光、祝融统尊为“大庸”，并逐渐形成一个大域名，与“沅绕祝融”人化地名是同一个道理。古今中外人化地名的先例成千上万，旧有“赤松山”“祝融峰”“女娲娘娘洞”“屈子洞”等；新有“列宁格勒”“华盛顿”“志丹县”“屈原农场”等。大庸地名就是南方苗蛮土家同宗共祖的宗神祝庸的人名！

而真正直呼“大庸”的，还是隐居于大庸天门山鬼谷洞的鬼谷子白公胜，曾出任熊馆山长，并创办熊馆鬼谷学宫。他在《大庸五野》之《野老》中说：“精灵不灭谓之鬼，两高之洼谓之谷，山似日月谓之圣，日山日照谓之阳，月山月临谓之阴，日月之生谓之地。此大庸之日月山谷兮，命之曰日月鬼谷圣地。”《大庸五野》之《野道》进而核实曰：“上日月，登天墀（chí）。幽幽鬼谷静相持。”

[按] 所谓“大庸五野”，指野道子著《野天》《野道》；鬼算子著《野地》；楚人野山著《野山兵法》《楚山兵法》；[张] 野风（鬼谷子门徒）著《野风》《野老》；张界子（鬼谷子门徒）著《野兵》。所写“大庸”，可证至迟在殷商之前就已有此名传世。“日月山谷”，指天门山之北天门和七星山之南天门，古称日月山，山下即鬼谷，故称“日月鬼谷圣地”（此之“日月”，澧口屈原故里有日月岩，其下有鬼谷洞）。“天墀”，指登天门、七星山的云梯仙径，一作天梯，建木。

关于“大庸国”名称，大庸民间千古流传。1982 年第 3 期《吉首大学学报》社会科学版·民族问题增刊《湘西苗族》第一章《族源概说》（龙炳文、刘自齐执笔）将这个古国名写进苗史：“祝融就是仡索。蛮左、蛮戎都是九熊后裔，南蛮的大氏族。他们的后裔现在自称仡戎、仡索……九熊后裔到崇山后，叫濮人，建立大庸国；后叫苗民，建立驩兜国，再后叫南蛮，建立卵民国、羽民国、凿齿国、黑齿民国等许多小鬼国，度过夏、商、周三朝，没有遭大的兵祸，发展农耕，盛极一时。”

龙、刘二先生，是发现大庸国就是一代祝融所创的先知先觉。而且认定大庸国最初建在崇山，苗族史诗又叫“崇山天国”（参读苗族史诗《鸺巴鸺玛》），所谓“天国”，就是“天庸帝国”。可证“大庸国”之名古已有之。

对大庸国的认识，还有一个重要人物——太平天国义军著名首领石达开。1861 年辛酉（清咸丰十一年、太平天国十一年），石达开部进入湖南，四月初八，抵大庸。

《石达开日记》记下了在大庸滞留两日的过程：“[四月初八] **大庸此地为古庸国地**。民生不甚富裕，又经兵燹，城廓萧条，予驻营城外，不令军士入市滋扰。”（见太平天国史料文献《石达开全集》）

这里，特提请读者注意：石达开日记中写进入大庸时，大庸为永定县，县名出自明洪武二年（1369）降慈利州为县，置大庸县旋废。洪武三年，永顺羊山卫迁大庸（今大庸所），改名大庸卫，四年迁建卫城于古人堤。二十二年（1389）大庸卫改永定卫。清雍正十三年（1735），改土归流，置永定县。至咸丰十一年（1861）仍名永定，距废大庸472年，石达开为何仍称大庸而不称永定？说明石达开深知大庸之名的背景和价值。

其实石达开并不是发现大庸就是古大庸国的第一人，但作为第一次路过大庸的义军儒将，能有这个眼光和学问，实属罕见。一句话九个字，铁板钉钉地记下了大庸古国在大庸的史实，与远古荒史文字对接。

岳麓书社2009年版《湖南全省掌故备考》载："祝融氏重、黎，高阳氏曾孙高辛氏封。……高阳生称，称生卷章[有作善卷者]，卷章生重、黎，为帝喾火正，命曰祝融。火正既为官名，则祝融其国号矣。"（第389页）

这是目前发现的以"祝融为国号"，即以祝融——大庸之名作国名的重要文字证据。

大庸是祝融建大庸国的中心地。"大庸国"，是用祝融的名字命名的。祝，大也；融，庸通。大庸国其实就是祝融之国。"大庸""庸光"意含"以火施化""光融天下"的崇山"崇光氏族"对太阳神的图腾崇拜。萧兵先生指出："即便高阳氏与颛顼本无干系而确指祝融。也不能推翻楚人（庸人）太阳为祖先而楚辞潜藏着光明崇拜系统而显示出'太阳神文化'的热色之结论。因为祝融也以火神、太阳神而兼着太阳神。《国语·郑语》极明确地说：'夫黎'，为高辛氏火正，以淳耀光大，天明地德，光照四海，故命之曰'祝融'，其功大矣！"（萧兵《楚辞的文化破译》第91页）

童书业说："楚之先祖融……本是日神，即'日中鸟'"《诗·大雅》说："昭明有融。"虞翻说："祝融，大明也。"太阳正是大光明。林河说："炎帝、祝融、共工、青阳等神的业绩都与太阳有关，似说明楚人（庸人）崇拜太阳是于史有据的。从楚人祭祀风俗考察：崇炎帝、祖祝融（太阳神、火神），贵红色，礼丹凤、朱鸟、丹桂、枫，瑞朱草，以东方为尊，把至尊之神称为'东皇太一'（按：有解东皇、东君为祝融者），把太阳称为'东君'，祭神在东郊设坛（按本境社祭坛在古庸都之东5公里之社溪），等等，无一不与崇拜太阳神有关。"（林河《论南楚太阳崇拜》，引自萧兵《楚辞的文化破译》第93页）

为什么判断大庸国建自五帝之前，即前文引尹智祥先生所说："上一次文明存在过航天时代"，这个时代的伟大领袖就是曾创造过三星堆文明的祝融（蚕丛），与庄子所说炎帝之前就有祝融存在不谋而合。

长期以来，史界一直为"三皇""五帝"的提法表示怀疑，理由是：既然有"皇"又有"帝"，何不见其以某"皇国"传世、某"帝国"之名、某"国"在某方、某"都"在何处？比如"五帝"，这个帝国传了五代帝王，到大禹时代才见国名"夏"，那夏之前的"国"到底建在何处？是何国名？创建者何人？国都在何方？国帝国王世袭者又是何人？

——都一概不知。这便是中国先秦史研究中长期没有破解的第一大古谜。当笔者偶尔发现祝融建大庸帝国的天大秘密时，脑袋轰然开窍：这三个"皇"、五个"帝"，极有可能共尊一个宗国——大庸！而且极有可能是宗国大庸各个时期的“皇”或“帝”！而这个大庸帝国的首都，就在今大庸市（今人以“张家界林场”更名为张家界市）中心地古人堤遗址，距今7000~8000年以远。此论并非空穴来风，古庸国都城近郊朱家台古人堤、金台、燕儿洞、城头山及南疆洪江高庙遗址在7800年以远；泸溪浦市下湾遗址也断为7800年。这决不是偶然的巧合。

这个伟大的消失于历史长河中的中华文明古国——大庸帝国，堪称东方的古罗马，至迟约创建于公元前7800–8500年以远。因为湖南古庸地桑植、金台、古人堤、城头山、燕儿洞、高庙、溆浦等文化遗址已超过7800年了。已远超尼罗河埃及王国（前3500年）、超过两河巴比伦王国（前2700年）、印度恒河（前3000年）等世界文明古国。

（二）屈原之祖国——大庸帝国肇始开基的文明信息

何敢以“帝国”以称大庸？这决不是作者无知之杜撰。因为古籍自古称庸国君王为“帝”，孔子《尚书》就大量称“庸帝”“帝庸”等，可两千年史界竟无一人识破个中之天大秘密，因为一个“庸”字，障碍了这些文星慧眼，结果，曲解了中华百万年文明史，成了千古笑柄！

公元前280年，秦蜀将司马错以“声北击南”之计，一举灭亡大庸帝国，一个承载了七八千年文明史的东方第一大国倾刻间灰飞烟灭（后有专文揭露）。从此，这个远远早于中原黄河乃至世界文明几千年的创世之国化作一缕天籁、一丝轻风、一个幽梦，在历史的太空中游荡……

为了寻找这个屈原笔下消失了的东方文明古国的踪迹，笔者不惜以12年时光在历史古籍的废墟中寻寻觅觅，打打捞捞，竟然零零碎碎拾到了一批信息碎片。我把这些碎片一块块拼接成一个悠长而巨大的“庸”字方阵，一个模糊悠远的伟岸身影便渐渐变得清晰巍峨起来——

1. 由黄帝之道，守高阳之庸：出自林辰《开天辟地》（上）（春风文艺出版社2005年版，三三七页《荒史》本纪卷之一，禅通本纪）。“由黄帝之道”：“由”，意为顺随、听从；归，凭借。即凭借黄帝的治国之道去坚守高阳帝的大庸帝国。可证黄帝亦与大庸帝国有内在联系。这“守高阳之庸”五个字，可作多解：

⑴守卫高阳帝（颛顼）的庸人（一可理解为守卫“愚蠢”“庸碌无为的庸人”；二可理解为古大庸国的人）；⑵坚守高阳帝的都城（与墉通，城也）；⑶镇守（或守护、守卫）高阳帝的庸国。

从上述“守卫……谁的……什么”句式分析，只有守卫庸人、庸城、庸国较为合情，其他（与庸相配有30余种句式）均解释不通。说明此之庸人、庸城、庸国均与高阳帝有关。说直白一点，高阳帝的帝国只能是庸国。

2. 宗风仰高庸：前引清同治《永定县志》载驩兜鼎曾置放于大庸溪枫香岗乡之四方城（古代四大金镛城之一）北侧之玉泉寺，寺院大门刻一古对联，流传至今，老少皆知。曰：

法雨⑴来玉泉⑵，宗风⑶仰高庸⑷。

[注释] ⑴法雨：佛家语。谓佛法及人如时雨之惠被也。谢灵运：“仰弘如来，宜扬法雨。”⑵玉泉：因寺院背后大巫山南麓有天然石泉，古名“玉泉”，因以名庙。⑶宗风：宗，尊祖庙，又祖也、朝也。此之

“宗”，指大宗神祝融。风，遗风，祝融之遗风。⑷仰高庸：寺院正脉面对前方崇山，“仰”，可作“仰首”、仰观，亦可作“崇仰”“敬仰”。高庸，可作两解：一喻崇山巍巍，那里是古大庸帝国的诞生地。[明]《澧纪·跋》：“慈利崇山有注。班固：‘崇山隐天大可骇’。”（《览胜纪》）二指崇仰祝融大帝创立的世界最早的大庸帝国。

3. 颛庸与大庸帝国：颛庸可作三解：⑴愚蒙平庸。宋·苏舜钦《荐王景仁启》：“某资虽颛庸，心辄喜善，敢缘世契，上布公言。”⑵指颛顼。公元前2513–前2435年传说中的上古帝王。黄帝之孙，年十岁佐少昊，二十即帝位，在位七十八年。⑶颛臾，春秋国名。风姓，传说是伏羲之后。故城在今山东省费县西北。为鲁国附庸。《论语·季氏》：“将伐颛臾。”

［**金氏子按**］上述三说各有所指。然“颛庸”究竟作何解释？《山海经·大荒南经》载：“有国曰颛顼，生伯服，食黍。有鼬姓之国，有苕山，又有宗山，又有姓山，又有壑山……又有白水山，白水出焉，而生白渊，昆吾之师所浴也。……有人焉，鸟喙，有翼，方捕鱼于海。大荒之中，有人名曰驩头。鲧妻士（一作土）敬，士敬子曰炎融，生驩头。驩头人面有喙，有翼，食海中鱼，杖翼而行。……有驩头之国。”驩头即被舜流放于崇山的驩兜，炎融即降生于崇山的一代炎帝（赤帝、火帝）祝融；鲧，即崇伯鲧，为一代崇山王（即庸帝）。那么，这个捆绑在一个家族符号圈的颛顼正是他们的先祖，这个“颛顼国”，也必定就在南方崇山。“苕山”，苗语称天门山为“岧松岧梁”（岧tiáo，谓山高），又作松梁山；宗山、姓山，皆指崇山；壑山，一名大壑山，位于今武陵源昆仑之东北，这一带有大庸村、中庸水、庸溪、大庸溪，其下有大壑溪，为古索国九溪之一；白水山位于古索口市之南（今江垭镇），其山出白水，有白堰（渊），又有白堰村，辖高坡、三元、白堰、兴堰、堰坡等14个村民小组（见《市典·江垭镇》第669页）。都是千古传下来的实地实名。所谓“驩头之国”其实就是一代庸国。吴荣臻总主编《苗族通史》认为“驩兜作为三苗国一代国君是比较可信的”。意即三苗国的源头就是大庸帝国。由此，可证《荒史》所言“由黄帝之道，守高阳之庸”与颛庸帝国是史料对接。高阳之庸即颛顼庸国，又称颛庸国。但不知是哪位学究把颛庸瞎解成愚钝、鄙陋？

经查，颛顼庸国时期疆域四至均留下庸字符号：北至幽陵有居庸关；南至越南交趾有哈不庸村；西至流沙有成都庸部；东至蟠木（今胶州市）有上庸村、中庸村、下庸村。透露了当年大庸帝国的疆域四至差不多就是汉武帝尚未指于田为昆仑疆域时的版土全部。当然，这些发现还有待专家更进一步求证，即太史公所言颛顼国四至之说究竟凭何依据。

笔者认为颛顼其实就是一代赤帝——火神祝融。因为颛顼之远祖即是第一代火神祝融。笔者的观点是通过破解“祝融降于崇山”“沅绕祝融”之后发现的。因为这是中国远古史中最伟大的一支火神（祝融）家族，从燧人氏祝融一直传到末代庸王屈原之父伯庸（即大庸，亦即祝融）。这是一条脉络明晰的祝融氏族世袭长河，举世无有一支可与之比拼的氏族。不曾料在萧兵大著《楚辞的文化破译》中找到“知音”，他说：“姜亮夫先生力主高阳为祝融，但他同时指出：'颛顼与楚之先人祝融之关系最密（颛顼、祝融、陆终、烛龙、重黎等名号，皆声音可相通转之词，盖皆源于一也）。《左传》谓颛顼有子曰黎，为祝融。合以《吕览·孟夏记》《国语·周语》《竹书纪年》《管子·五行》：祝融乃南方主火之神，《山海经》称之曰'烛龙'，楚人自称曰陆终，或曰祝融，为其人先，是为楚之宗神。'纵然'颛顼'与'祝融'为一人之说犹有可商，然而高阳（太阳氏）之能指'祝融'，可号'颛顼'，在道理上并无不通之处。何况姜先生也承认秦汉后人多认定'颛顼又曰高阳'。"（《楚辞的文化破译》湖北人民出版社1997年2月版，第91页）既然颛顼是一代祝融之称已为众多方家所认同，则"颛庸"之本来面目便也随之揭开：颛顼——祝融——颛庸——大庸。颛顼之国即颛庸之国，即大庸之国。

为了证实颛顼与大庸国的关系，这里援引本境《澧纪》卷之十七·存外纪（第705页）载："渌图国：在湘澧之间，与大隶之民、柏夷父大亮、俱葆和蕴真、颛顼往从，以浚其明而益其圣。于是作战戒盈之器，著复礼之铭，注《新历》而作《承云》，理阴阳而镇方岳，盖五人为之范云。"这段文字，透露了颛顼一行五人出入湘澧之间的渌图国的信息。这五个非凡人物在湘澧之间的渌图国视察国事政治（"以浚其明而益其圣"），并一起研究发明"战戒（械）盈之器"、著写"复礼之铭文"、注解《新历》、创作《承云》（音乐舞蹈）、调理祭祀五岳之神的相关法度等。上述六大行为，均与大庸帝国国事有关。渌图国在哪里？唐·李白《拟恨歌》："昔者屈原既放，迁于湘流，心死旧楚，魂飞长楸。听江风之嫋嫋（niǎo），闻岭狖（yòu）之啾啾。永埋于渌水，怨怀王之不收。"渌水，《汉典》载发源于江西流入湖南，大约从修水县之西的黄龙，注湖南，经长寿、平江、新市入汨罗。汨罗西北华容，古为庸州，其州治称古庸城，有庸水（今称涌水），为古庸国东部疆域之信息。照李白所说，屈原死后，"永埋于渌水"，此渌水即汨罗江之别称，那渌图国也必在汨罗渌水一带，包括了澧水东段与沅水北部交界之间的土地。应该是古庸国的一个附庸国。在沅水进入洞庭湖之安乡县，"庸田三郎湖"古名至今尚存。

《湖南全省掌故备考》载："渌氏图，高阳氏封。"此载证实颛顼一行五位所去渌图国，原来就是颛顼的一个小封国！《通典》卷一百七十一·州郡一载："若颛顼之所建，帝喾受之，创制九州，统领万国。"这万国之宗必定就是颛顼祝融创建的颛庸帝国。

4. 庸部·庸蜀·庸国公：民国《辞源》载：[庸部]："汉书西南夷传：王莽更遣宁始将军廉丹与庸部牧史熊。《孟庸注》：莽改益州为庸部。"此史实恰与蚕丛祝融自大庸崇山西迁蜀地开疆吻合。《三国志·蜀志·后主传》："乘间阻远，保据庸蜀。"

［金氏子按］《全唐诗》（卷220–249）载杜甫《扬旗》：**"兰州陷犬戎，但见西岭青。公来练猛士，欲夺天边城。此堂不易升，庸蜀日已宁。"**宋·瑀偁（chēng）《寄献鄜（lù）州行军司马宋侍郎》诗："庸蜀既即叙，生命玉津宰。"《古今乐录》："《惟庸蜀》，言文皇帝既平万乘之蜀，封建万国，复五等之爵也。"上述之"庸蜀"，本指古庸人创建的蜀国，故蜀国自古为大庸帝国的附

庸或属国，曾追随熊绎庸帝参加北伐殷商之战，名列第二，都是有其根由的，又恰好与蚕丛氏祝融西征四川大盆地建寿（蜀）国史实形成符号链。汉后，先后设庸州、庸部，故称“庸蜀”。因此说，川人关于“蜀史”溯源的争论似乎可以息火，因为先人早就发现了“庸蜀”的天大秘密，庸蜀一家不可分割，庸人为川人之祖是不可更改的历史！

关于蚕丛祝融入主西蜀，同治《直隶澧州志》（1731页）载张明先《南岳衡山赋》云：“**火德文明，令专司于赤帝**（祝融）。……**自玉册降于神农，而祝融乃有专职。……尔乃开基蜀道，取径黔中，千重络绎，八百窿崇，综诸峦而称衡岳，高一峰今曰祝融。神尊赤帝，位主南宫。**”

请注意“尔乃开基蜀道，取径黔中。”是说祝融从黔中（今沅陵，大庸国核心地）出发，乘船溯酉水经王村、保靖、里耶入川至石堤，打通天险蜀道，开基建立寿国——“蜀国”。南北朝《爨使君》碑文亦载：“迁避庸蜀，流薄南人。”（南人，指南夷崇山庸人）这是关于庸人迁蜀的又一证据。继王莽之后，北周帝亦在蜀地设庸部牧，称庸国公。《山海经·大荒北经》载：“有神，人面蛇身而赤，直目正乘，其瞑乃晦，其神乃明。……是谓烛龙。”《华阳国志·蜀志》载：“有蜀侯蚕丛，其目纵，始称王。”可见这位“直目正乘”的纵目人烛龙就是蜀人的始祖神——蚕丛。所谓烛龙，众多注家都断定就是一代祝融。烛龙——转音“祝融”。因此说，蚕丛氏是崇山祝融氏的直系后裔、血统亲族，古蜀国是大庸国的嫡传属国。加上后期明初“湖南填四川”，古庸人二度大迁徙，庸蜀之亲就更为密切。

弄清了这一源头，有专家发现震撼世界的四川三星堆及金沙文物，极有可能就是祝融氏蚕丛家族的发明创造，即与古大庸帝国的重器有密切关联的判断，不见得就让今日的大四川人想不开。

5. 圣庸：罗泌《路史后纪》卷第一·禅通纪：“太昊必不自圣庸，委师於宛华［即郁华子］。”“圣”有四种解释：⑴最崇高的；⑵称学识或技能有极高成就的：诗圣；⑶指圣人：圣贤；⑷封建社会尊称帝王，圣旨。那么，“圣庸”也只能解为“神圣”而伟大的庸帝、庸国或庸人。总不能说成是“神圣的平庸、庸俗及愚蠢的庸国、庸帝、庸人”或“神圣地使用”（庸一作用）吧？

6. 思庸：《太平御览》载：“思庸，念帝道也。”合理的解释只能是：思念庸国、庸帝、庸人，即谓“念帝之道”。把思念庸帝、庸国、庸人，提升到思念帝王之道，这不正是大庸帝国为远古创始国、宗主国、天庸帝国的重要信息吗？

7. 夏弗克庸帝：《尚书·多士》：“我闻曰：‘上帝引逸’。有夏不适逸则，惟帝降格，向于时，夏弗克庸帝。”大意是：我听说：上帝对人的行为总是有一定规戒和制约的。夏国不节制自己放纵行为，于是上天便降下庸帝讨伐夏国，对夏国进行制裁，夏国为此进行抵抗，但夏国不能战胜庸帝。［注］⑴弗克：弗，不；克，克服、战胜。弗克，不能克服和战胜。⑵庸帝，庸国帝王。或解为“用帝”，也可解为“庸俗、平庸、无能的帝王”。但从句式逻辑分析，是庸帝率军讨伐腐败淫逸的夏朝，夏与之决战，但不能战胜大庸国帝王。

[金氏子按] 古今绝大多数注家对“庸帝”不可理喻，叫“一庸障目”。因为此之“庸帝”绝不能释作“庸碌无为或庸俗不堪的帝王”，于是解释为“天帝”，那“庸”就代表天了。《尚书》中恰又将庸帝称作“天帝”。《说文》：“天，颠也，至高在上，从一，大也。”那庸帝就是天神大帝了。即便有人断句为“向于时夏，弗克庸帝”，连贯起来也是同一个意思。“庸帝”二字无论怎么变通巧辩、诡辩横争，讲上天也只能作“大庸国帝王”解。这一信息说明：三皇五帝时期之前之后，查来查去，唯一一个称“帝”的国家，就是崛起在澧豆文明和澧稻文明发祥地的大庸帝国，是因庸国立国之君乃一代赤帝祝融，故而称“大庸帝国”。这可能是世界人类历史上第一个称“帝”的伟大祖国。只可惜众多注家对这个消失了的中华第一文明古国知之太少，几乎处在孩子发蒙阶段。

《史记·周本纪第四》载：“成王既迁殷遗民，周公以王命告，作《多士》《无佚》。”

周公即周公姬旦，灭商立周开国功臣。西周著名的军事家、政治家。曾协助文王在大庸国崇山下与庸帝鬻熊创办熊馆军庠（即熊馆大学），建立倒殷立周的秘密军事基地。至今张家界永定区一带还流传周公渡、姬旦口、姬公山、姬公垭、姬公庙等古地名。

“庸帝”之说，出于周公旦和成王，是历史本真的实录。

8. 天庸·大庸帝国：《尚书·多方》载：“王若曰：诰尔多方，非天庸释有夏，非天庸释有殷。”

[注] ⑴天：《新编甲骨文字典》：“天：卜辞天、大通用。”故“天庸”即大庸。民国《辞源》：[天]“万物之主宰也。《周礼》：‘天有时以生，有时以杀。’《康熙字典》天：‘《说文》颠也，至高在上，从一，大也。’《白虎通》：‘镇也，居高临下，为物镇也’。”按上解，天即万物主宰，掌生杀予夺之权；又作至高在上；又作大，居高临下，既站在天的位置上，管理天下之国之民，俨然如太上皇、太上国，与“主宰”同义。那么，“天庸”即“大庸”。这是一个代表“天”的人间主宰，掌握生杀予夺之权的“太上之国”。这是一个被历史淡忘（或彻底消失）的重大信息：夏、商、周之际，古大庸帝国——五帝主宰的“太上之国”不仅存在，还在监督、制约着这些成百上千、大大小小的所封之子国（这使人想到当今的万国之霸——美国）。⑵有夏、有殷：古代句式，即指夏朝、殷朝。“释有夏、有殷”之“释”：《说文解字注》：“解也。《广韵》：舍也，解也，散也，消也，废也，服也。”《康熙字典》：《礼·王制》：“出征，执有罪反。”又《仪礼·士虞礼》：“释：犹遗也。”

大意是：庸王说：告诉你们四方诸侯，并不是大庸帝国要废弃（征伐、灭亡）夏国；也不是大庸帝国要废弃（征伐、灭亡）殷国。

后几句大意：而是因为你们的国王和你们四方诸侯，腐败黑暗，民心丧尽，又闭塞了上天（上天：此指宗国大庸皇帝）的命令，还无耻地为自己的罪行辩护，所以上天要派遣天庸大帝出征讨伐你们。由于夏国政治黑暗又不很好地祭祀上天，所以上天才降下这样的大祸，派庸帝灭亡夏朝而让殷国代替夏。……

[金氏子按] 此文庸灭夏与前文“夏不能战胜庸帝”形成历史事件的对接。可证代

代庸帝就是本文中的天庸大帝。孔夫子以两篇权威文史，记载了远古大庸帝国先后灭夏灭殷的历史过程及两国灭亡的历史教训。是两把极其珍贵的破解“五帝庸国史”的钥匙。我敢“一篙子打一船人”：长期以来，持守“惯性思维”的历代史家对这一重大信息似乎全都没有悟透。以我书架上几个版本的《通史》及注解四书五经的大书，对“庸”的解释几乎是一个口径：低俗、庸俗、不堪与人配的人渣。因一个字而曲解、错解《尚书》，简值到了令人吃惊的地步！这些注家不乏古今史学大师、权威（不好意思点名）因为对“大庸帝国”的背景一无所知，所以历代注家都无法窥视“天庸”——大庸——庸帝所承载的极其重大而伟大的古国文明信息，从而痛失深层开掘研究并确立中华万年史源头的机遇，而留下把中国文明史推迟几千年的错误遗憾！

关于大庸灭夏，《墨子·非攻》有载：“火神祝融亦曾助殷灭夏！”是说崇山火神赤帝祝融曾率大庸帝国军队帮助殷人消灭腐败的夏朝。史载：夏自孔甲以来，诸侯多叛，夏桀不务修德而暴虐，百姓弗堪。汤修德，诸侯皆归汤，汤率诸侯伐夏，桀败死。时在公元前1763年。此之祝融，即一代天庸大帝。

关于祝融率天庸（大庸帝国）军队助武王伐纣，《衡湘稽古》亦有载，《金匮》曰：“武王伐纣，都洛邑，未成，阴寒雨雪十余日，深丈余。甲子平旦，有五丈夫乘五车，从两骑，止门外，欲谒王。大师尚父，乃使人出北门而导之曰：‘天子未有出时。’即而令谒者（谒，音月。告也。又作官名）召祝融名人五神相惊视，祝融拜王曰：王代殷立周，谨来受命，愿使风伯雨师，各奉其职。”王曰：“予岁时亦无废礼焉。”此段文字佐证了《尚书》所载“天庸灭夏、灭殷”，就是大庸国主导灭夏、灭殷两大历史事件。此之“庸帝”，正是一代祝融——鬻熊无疑！证明祝融原来就是代表“上帝”“天意”的天庸之帝！鬻熊不顾九十高龄，四处串联游说，组建八国联军，又策反文王、武王、姜子牙等，创办熊馆军政大学，为北伐殷商作准备，数年后，发起伐纣灭殷之战，其主力核心就是大庸帝国。墨子发现祝融助殷灭夏的信息正好与助武王伐纣灭殷的历史对接。《竹书纪年》卷上载：“帝辛五十二年庚寅，周始伐殷。秋，周师次于鲜原。冬十有二月，周师有事于上帝，庸、蜀、羌、髳（máo）、微、卢、彭、濮从周师伐殷。”

这段文字，在《尚书·牧誓》中也有表述。

请注意“周师有事于上帝”七字，恰与八国为首的“庸国”发生句式粘连，这个“上帝”，不正是代表“天”的天庸帝国——大庸帝国、庸帝、天帝吗？

《竹书纪年》与《尚书》所载不谋而合，大庸帝国替天行道、主宰天下千邦万国的千古之谜，居然也有告破的日子!!

关于庸帝替天行道，先后倒夏灭殷，《尚书·召诰》亦引庸帝之言：“我不可不监于有夏，亦不可不监于有殷。”是说：“我不得不要监督你夏朝，也不得不监督你殷商，因为你们……”与《多士》《多方》所载对夏、商二朝的军事制裁，乃至消灭之，是同一个跨过夏商两朝的大国、大帝所为。此大国古史上只有大庸帝国！此帝就是大庸帝国之庸帝。夏朝建于公元前2140年，灭于前1711年，国龄429年。殷商建于前1711年，灭于前1098年，国寿603年。庸国仅此两朝，国龄就达1159年，还不包括夏朝以远和商朝以后的国龄——这就是《尚书》中所透露的点滴信息！

而将上述重大秘密载之于《尚书》的人就是曾到慈利白国白县与白公胜（鬼谷子真事真身真人）过从甚密的孔子。其时，孔子慕名深入大庸帝国中心地采风，其本意是想寻找能为之投靠立足的国家，混口饭吃，以制造机会传播他的文化主张，却意外闯进大庸帝国核心地，发现了这个伟大帝国的若干秘密和伟大文化背景。才有了三百篇中的《庸风》《南风》和经典著作《尚书》中对天庸、庸帝、天庸大帝等若干关于大庸帝国秘史的记载。而《多方》，相传又是周成王所作，《史记·本纪·周》曰："成王自奄归，在崇周作《多方》。"这是西周第二任国君亲身经历那场灭商之战后的真实记录，是亲眼见过一代伟大庸帝鬻熊（祝融）的武王之子！文中"崇周"何解？崇者，崇山也。周文王、周武王父子灭殷商之前夜，隐于大庸帝国崇山北麓熊馆，与鬻熊一起创办文武学校，为周文王倒商灭殷培养军政人材。灭商后，国名"崇周"，即西周，实为纪念"崇山庸国"之大恩，有不忘"国祖"之意。故西周与殷、商、夏三朝再牛皮，但都尊庸为祖为帝，并受其节制管辖，也才有未来庸帝两次两代灭夏倒商的讨伐灭国之战！

我说：今天，我之所以能从史海中拾掇到古庸国的几朵浪花，广大读者一定要永远记住孔夫子的大功大德！

至此，我们可以这样说：大庸帝国极有可能是古代中国建立最早、版土最广、势力最强、贡献最大的上一轮文明创世之国。一般人并不清楚，一提庸国必谈"上庸"，却不知那是比鬻熊更早的时代大庸帝国设在江北的一颗"过河卒子"，即北部军事基地——那是一支未来进击中原的劲旅，或说，是暗中制衡北国楚熊氏力量的砝码。而楚国则是另一颗棋子：未来取代中原的北方大国，唯有起步晚却充满活力的楚国。至于到公元前611年，上庸与楚发生内讧，被三国兼并瓜分，大庸帝国从此进入后庸屈氏统治时代，那是后话。

笔者从破解天庸灭夏、灭殷的秘史，发现大庸帝国至少在五帝之前、三皇之时就已存在，距今8500年以远。五帝时代的历史有可能改写。或说，中华万年史的起步地极有可能在天庸帝国的中心地——大庸崇山澧水流域！

正苦于难觅知音，却意外从张良皋教授的《巴史别观》中找到了佐证，他说："夏商周时代，庸国是祝融之国；五帝时代，庸国是高阳氏之国（史称"颛庸"）。"（张良皋《巴史别观》中国建筑工业出版社2006年版第71页）

这是继孔子之后，两千五百年来中国历史上第一个悟出并发现夏商周及五帝时代的宗国、祖国就是大庸帝国；掌管这个伟大国家的"天帝"，就是祝融、颛顼（祝融）这一伟大结论的人。

这叫殊途同归，不谋而合！

9. **大庸**：民国《辞源》［大庸］："今县名。民国以湖南永定县改置。永定县，明为永定卫，本名大庸，故名，属湖南武陵

道。”（369页）

10. **大庸铺·大庸路·大庸溪·大庸渡**：均在今张家界市永定区版土内。（载明弘治元年《湖广岳州府志》卷之七·澧州）

11. **舜生三十征庸**：《尚书·舜典》："舜生三十征庸，二十在位，五十载陟（zhì）方乃死。"［按］可证舜帝时期庸国国力十分强大。征庸，实际上就是舜征庸国"叛逆"三苗、驩兜、共工、鲧所谓"四大恶人"。有将"征庸"译作"征用"者，非也！"三十—二十—五十"，是一个完整的时序并列与递进句式，具有不可拆解的内在联系。

12. **庸国之南屏·庸田三郎湖**：《岳州府志》："（澧州）东接洞庭，西连施黔，武陵在其南，江陵在其北。荆之近庸国之南屏。"又载"庸田三郎湖"在澧州安乡县。可证澧州安乡均属庸国地。

13. **庸器**："铭功之器，周礼春官有典庸器，为掌藏乐器之官。郑司农云：庸器，有功者铸器铭其功。"（民国《辞源》531页）［按］此证古庸国是最早将有功者铸器铭功的始创国，到周朝时，因袭了这一纪功褒奖形式，并以铸典庸器以铭其功为最高荣誉。此传统至今仍在沿袭。这相当于当代中央为表彰抗击心冠疾病的英雄颁奖授勋一样，都是沿袭六七千年以远古庸帝国的宗法传统。

14. **大庸水**：《慈利县志校注·诸水大势》："澧水源出县西历山，东流至武水口中，左得温汤水，右得大庸水、仙人溪。"此之"历山"，即今永定区大庸溪"舜耕历山"典故之古大历山；仙人溪，古"长寿国""不死国"即此。

15. **大庸坪**：《永定县乡土志》载："西乡十三都区地：大庸坪三区……大庸所前坪二区……"大庸所，明初朱元璋在大庸设卫、所军事机构以监管当地蛮夷（少数民族）的军政合一机构。

16. **大庸古城**：乡土志又载："大庸古城，即今大庸所，宋时筑武口寨于此。"今张家界市政府所在地也以此称之，而且是比大庸所更早的古庸城。

17. **庸山**：乡土志又载："又西三十里曰庸山，故大庸所城在焉。"

18. **大庸坪·大庸溪·大庸滩**：乡土志又载："过白龙庵十里至大庸坪。渡大庸溪十里至响水洞。"《永定县志》载："大庸滩……以上诸滩，由城南至大庸所，由大庸所上至白岩长官司。"

19. **大庸俗**：即"庸俗"。清·金德云（南京人，嘉庆举人，永定知县）《大庸风土四十韵》："欲问大庸俗，崇山舜典详。"是说要了解舜典所详细记载的大庸古国历史和民情风俗，就要到崇山一带去寻找、去探索。或说关于大庸风俗，尽记载在舜典古籍之中。

20. **蚩庸**：语出《南齐书·萧遥光传》："萧遥光宗室蚩庸，才行鄙薄，缇裙可望，天路何阶。"语含侮辱、不耻之贬意。张良皋说："'楚'的国号是'蚩尤'之疾呼，庸国子族楚人很可能自称为'蚩尤之国'。"（引自李书泰《序宋泓锡〈自然风水学〉》）。此论极其独特，恰与我们发现蚩尤实为一代庸帝对接。"蚩尤"，别称"蚩庸"，与"颛顼庸帝"而别称"颛庸"同类。盖因蚩尤败于黄帝而被后人丑化诬蔑，"蚩庸"成了贬词、恶语。殊不知与炎帝、黄帝并称。清·张炘（xin，山阴人）《庸城夕照》："蚩蚩古大庸，城市已非昨。”此之“蚩蚩”，则作敦厚、民风古朴之貌。

21.古大庸：明·魏湘（澧州人）《野牛铺成善桥碑记》：“予为本邑人，尝游古大庸。”又《朱桂村先生传》：“……余仍往永定主松梁讲席……新任邑侯稽公遣札至古大庸，促余归……”一个“古大庸”，深意尽在其中。

22.庸蛮：《史记·楚世家》：唐·张守节《正义》：“昔武王伐纣，庸蛮在焉。”庸蛮：古史以南方崇山为南蛮中心。这是庸帝祝融（鬻熊）统领庸师八国北上伐纣的信息。此以“庸蛮”相称，是地域方位标志，似与丑化、侮辱南方民族无关。

23.天崇·西庸·大庸坪·西庸：民国三年（1914）改永定县为大庸县，县内行政区划东坪、天南、天崇、官尹、西庸……首善镇（县治）。又：大庸坪（十三都）。（《大庸县志》1995年版第55页）瑞士日内瓦著名诗人拜伦在莱茵湖边创作了《西庸的囚徒》，其“西庸”的背景即是湖边的那座西庸城堡。此为远古大庸帝国使臣西行欧洲诸国外事的信息。

24.庸溪·中庸水：“（溇水）有庸溪，又名白马泉。战马溪，有中庸水。索水……有季子溪，又名大庸溪……”（引自《炎黄文萃》·《溇水源流纪略》2009.01）这些水名可证溇水一带必是大庸国中心版土。季子，战国苏秦之字称，是孙滨、庞涓、苏秦、张仪、屈原等战国策士云集大庸熊馆从师鬼谷子的信息。

25.舒庸·舒容：沅陵县舒溪口，古有舒庸、舒容、舒康、舒琴、舒鸠、舒国茶等六舒，其中舒庸国、舒容国、舒国茶均为古大庸国之附庸国，分布于沅陵溆浦、辰溪等地。

26.书城大庸：《彭氏族谱》（卷首三·艺文志）攸县举人丁次山作《书城大庸》，跋曰：“大庸多读书积学之士，余虽孤陋，或存救吾失也，幸甚！”

27.庸人：周初铜器邢侯簋铭载，西周王朝对邢国公分封时：“玲荣遝（tá）内史曰：‘□井（邢）侯服，易（锡）臣三品，州人、重人、庸人。’”（见周书灿《西周王朝经营四土研究》中州古籍出版社2000年版129页）三“人”中“重人”即重山人，亦即崇山人；“庸人”即大庸人。古称“崇庸人”“重庸人”（见《穆天子列传》）。又记：商甲骨文有“庸”字。两种文物文字证实天庸伐纣灭商是历史的真实，“庸帝”“天庸大帝”出之有据。曾参加殷末武王伐纣战争。

28.大庸村：《张家界市行政区划图》（湖南地图出版社）载：慈利县赵家岗土家族乡有大庸村。

29.“庸”字村组名：《张家界市情大辞典》载“庸”字村组名若干，如：慈利县东岳观镇阳风坪村有孟庸组（657页）。《诗经·庸风》：“美孟庸矣。”该县又分布有中庸村（679页）、雅庸（682页）、富庸（708页）、超庸（753页）、莫庸（761页）、大庸村（见前）、郭家墉（洞溪乡大田村，此名与郭姓之祖郭支为古庸国建城大师有关，797页）、彭家墉（797页）等；江垭镇棋盘塌村有庸姓（676页），是大庸国灭亡后以国为氏的远古庸人之孑遗。永定区合作桥乡有下庸组（594页），阳湖坪镇分脉垭村有平庸组（553页），枫香岗乡有上庸、中庸、下庸三组。

30.转闻天子必大庸：同治《直隶澧州志校注》[下]《双溪桥记》：“斯役也，慈人慰镐京之望，当路旌卓号之材，靡不曰：

‘令哉！我梁侯也！转闻天子必大庸。’” 此之“大庸”，当作“大用”。即大庸者必大用。

31.大庸铺·大庸渡·大庸义渡：明·万历《慈利县志校注》载：夏聚渡（与夏禹有关）、周公渡［二十三都］（与周公旦有关）、大庸铺、大庸渡。道光《永定县志》：“大庸义渡，离城三十里。”

32.六义附庸，蔚城大国：梁·刘勰《文心雕龙·诠赋》：“于是荀况《礼》《智》，宋玉《风》《钓》，爰赐名号，与诗画境，六义附庸，蔚成大国。”［按］“六义”：诗有风雅颂赋比兴，谓之六义。又叫“六诗”。是说《诗经》中关于诗歌创作所运用的风、雅、颂、赋、比、兴六种模式，手法都是追随模仿庸国庸人创造的诗词手法和风格发展而来的。故称大庸国为歌诗之源、歌诗之国。故孔子在庸小住期间，得以收集到一批庸国民间歌谣，结集为《庸风》。

33.庸俗·庸夫俗子·庸俗不堪：本意指古庸国独有的民俗风情，平常得一如“楚俗”“秦俗”一样，却为何把这个句子当作贬义词？“庸夫俗子”本指庸国民间普通百姓，为何也成了贬义词？亦不知“庸俗不堪”典出何处。其实，诸君多有不知，这三个“庸俗”，正是远古大庸帝国创世文明的重要信息，说明这个古国是最早形成民间风俗、民族风俗和社会风俗的文明古国。庸国是“风俗”概念产生之源，应该为之赞赏。只是到了庸国末期，国家礼崩乐坏，风俗变味，“庸俗”便成了贬义词。而自三朝至春秋、战国以来，那么多国家宫廷腐败、风俗蜕化、民心不古，却为何不以“夏俗”“商俗”“周俗”及“秦俗”“齐俗”“楚俗”“明俗”“清俗”等作贬义者？道理很简单：这些国家都是晚大庸帝国数千年的后起之国，他们根本没有机会和时间将各自的风俗固化成“夏俗”“商俗”“秦俗”“汉俗”等风俗的概念代名词。“庸俗”是中华古俗以国之名流传后世的发祥、形成之国，是一个伟大的创世文化符号，值得全中华民族为之骄傲为之自豪。

34–45.民国《辞源》“庸”字12解：

(1)用也。《书》“畴咨若时登庸。”谓将登用之意。

(2)常也。即庸吾庸行。《易》：“庸言之信，庸行之谨。”［金氏子按］是说庸人说话讲信用；庸人做事讲谨慎。

(3)功也。《书》有能奋庸熙帝之载。《晋语》：无功庸者不敢居高位。注：国功曰功，民功曰庸。

［金氏子按］凡有功或立功者皆谓庸，说明远古以庸作为立功受奖的代名词，出自远古庸国创立的以功行赏的激励机制。古云“立功、立德、立言”。此句有努力奋斗，立大功以为帝争光之意。

(4)愚也。《史记》：才能不过凡庸。凡人物卑下者曰庸，如庸医庸儒之类。

［金氏子按］庸国庸人中固然也有平凡者、卑下者，但其他国家也有平凡者、卑下者，怎么就不把“夏人”“殷人”“周人”“秦人”“楚人”“齐人”“汉人”也作为固化的贬词呢？可见，大庸国民已成了古代人类的道德之楷模，品行之榜样，才能之标尺。庸人中出了有违上述准则者，就可殃及整个国民。庸人影响何其大哉！再说“庸医”，可解为“庸国之医、庸人之医”，根本

不存在贬义；“庸儒”则是庸国、庸人中的大知识分子、一代大儒，与“卑下”有何关联？反过来说，庸国庸人中有名医生、有名大儒，说明古代庸国、庸人是医药、文化教育事业的发明、创造之祖。用一个伟大光荣的国家和国民作为“卑下者”的代名词，不知出典何在?!

⑸犹岂也。《左传》：庸非贰乎。[按]岂，副词，表示反问：岂有此理。

⑹赋法之一种。古力役之征，岁不过二十日，闰加二日，不役者日为绢二尺，谓之“庸”。唐有租庸调法。

[金氏子按] 由此可知，古代的力役之“庸”、唐代的租庸调法，原来都是沿袭古庸国发明创造的劳动力计酬法和田赋制度。

⑺与墉通，城也。《诗》以作尔庸。

[金氏子按] 可证庸国为远古建筑、筑城之创始大国。

⑻与傭通即庸保。受值而为人所役使者。

[金氏子按] 此即今机关或家庭所雇“傭人”。受值，指收取“佣金”，旧作“傭金”，说明大庸国是最早进入劳动雇傭制度社会的国家，这是生产力高度发达的表征，亦是阶级社会萌芽的重大信息；傭值：即佣金，说明大庸国是历史上最早发明货币流通的国家。又“庸作：受人傭钱而为之工作也”。透露出古庸国是古代最早进入劳动力市场化时代的国家信息。

⑼爰也。《书》：“帝庸作歌曰。”

[金氏子按] 爰：何处、哪里；于是。此解语焉不详，举例与“爰”无关。却无意间提供了一个重要名称“帝庸”。“帝庸”即庸帝。一如帝尧、帝舜。非“帝用”也，“帝用”能作歌吗？亦非帝平庸、帝庸俗。它告诉人们：大庸古国是自三皇五帝至夏商周三朝，是唯一一个称“天庸”、称“庸帝”的王朝，亦即庸朝！

⑽与镛通。《诗》“庸鼓有斁（yì）。”

[金氏子按] 庸人能歌善舞，是著名器乐大国、歌舞大国，庸舞、庸鼓等专用名就是明证。编钟、虎錞都是庸人制造。

⑾国名。商之侯国。春秋时为楚所灭。

[金氏子按] 此解片面，只知商之小小侯国，却不知以天帝之名灭商的天庸——占了南方半壁江山的大庸帝国！

⑿姓。以国为氏……诗之孟庸是也。（民国《辞源》第530页）

[金氏子按] 上述12解，仅有一条“卑下者”的“愚”为贬义词。占压倒多数的11解均为褒义或中性词。或者说，11解就是庸国、庸人的11种创世文化的总结。这是中国古代乃至全世界任何一个国家都不可能出现的奇迹。而以一个国家中某些“卑下者”的表现来泛指一个国家或一国之民为“愚蠢的”人种，乃至成了千古不变的恶名，虽说是极不实际也不科学更不公平的偏执之说，但却从一个反面透露出中国远古草创时期古庸国才是执掌中华国土并创造了人类、国家基础文明的伟大信息！《现代汉语小词典》（以商务印书馆1985年版第664页为例）[庸]字解释省掉10种褒义或中性意义的词意，单选贬义1种⑴平凡；不高明。例举“庸碌”“庸人自扰”“庸俗”“庸中佼佼”；中性1种⑵<书>用。对庸字所含那么多伟大创世、创始文化内容不选，就不单是编者不公平、不公正的问题，还说明编者们对庸国历史缺乏最起码的了解。**笔者呼吁重新修订**

《现代汉语字典》，恢复庸字中关于创世文明的正能量内容。它不是为哪一个古国翻案鸣不平的问题，它是事关中华民族在世界人类社会进程中伟大发明创造的功绩，事关中华民族创世文化在世界的高度和地位。

46.庸人歌：本境土家民间婚俗礼词有《庸人歌》：“祝融佳人配夜郎，繁衍百国围嵩梁（按指天门山）。伯庸八祖（按：指伯庸以上八个庸王）铸钟鼎，嫘祖窥虫教麻桑。”

47.庸音·风骚韵：唐·释咬然《五言答苏州韦应物郎中》：“诗教殆论缺，庸音互相倾。忽观风骚韵，会我夙文情。”庸音：指大庸古乐之音。如《大庸慨古吟》《华胥引》即是。“风骚韵”即指屈原诗。屈原以庸音填词作谱，其《离骚》中有十八段为屈原自作。

48.中庸：民国《辞源》：⑴《礼记》篇名，子思所作。⑵不偏之谓中，不易之谓庸，故道德之最正常者，谓之中庸。孔子曰：“君子中庸，小人反中庸。”《论语》：“中庸之为德也，其至矣乎！”（第44页）

［金氏子按］将古庸国先人、圣人、伟人长期积累和总结的关于道德的一些理论精髓提炼为“中庸”，是古代哲学的伟大突破。以古庸圣贤的道德准绳作为中华人类的道德标准，与前述“思庸，念帝之道”吻合。汉代郑玄说，子思作《中庸》，是为了“昭明圣祖之德”。“圣祖”，即前述“圣庸帝国之祖”。所谓“中庸”之“中”，即“符合”之意，“中庸之道”即“符合庸国传统和祖先礼制的处世之道和治国之道”。由此可证大庸帝国所创思想精神文明的悠久伟大，对当代乃至未来国家精神、国际事务、社会道德建设等仍具有永远的借鉴意义。

49.狐庸·孟庸：狐庸即屈申，屈氏后庸国第一代屈氏庸王屈荡之子，亦名申工巫臣，大庸屈家坊人，一代大巫师。大庸国祭祀主祭大臣。关于孟庸，《庸风》有“云谁之思？美孟庸矣”句。相传出生于大庸孟坪（今且住岗城区），古大庸阳戏传承者，春秋时楚国著名的戏剧艺术家。楚人称“优孟”。今孟姓分布于永定城区之孟坪、沙堤乡等地。慈利县东岳观镇阳风坪村有孟庸组。这是迄今为止发现的以“孟庸”为地名的实例。

50.大庸田：永定官坪乡长茅村石明厚家有一丘“大庸田”。相传为古庸国帝王官田。

51.二公庸：三家馆乡漩水村有二公庸。相传古时此地出了两位古庸人的高官，故称庸公，二公庸为“二庸公”之倒装句，是土家语言的一种“左言”特色。

52.大庸里：在永定新桥镇（载清同治《直隶澧州志校注（上）》）。其地有上社溪（与阳湖坪前社溪一洞相连），相传此地为古大庸国某贵族的故里。

53.大庸口：“永定县灵顺祠钟款。文刻‘大元荆湖北道澧州路慈姑县十三都大庸口灵顺祠。至治元年（1321）刘国道’。信女窦妙真，插银钗一支，陷入钟面，形迹尚存。……”（《舆地纪胜》，载《直隶澧州志》）按：此钟款距今690余年。大庸口，位于今大庸溪古城太极图之东侧大庸溪出口。

54.金钟大镛：《尔雅》云大钟曰镛。[按] 大庸又作大钟、大镛，乃铸钟大国之证。大庸国亦可称“大镛国”。杨万里有“金钟大镛浮水涯”诗（《题望留亭》），杜甫亦有“金钟大镛在东序，冰壶玉衡悬清秋”诗（《寄裴施州》）。《幼学故事琼林》注曰：“夏禹欲通神，只因铸镛钟于郊庙。”

55.庸人：周初铜器邢侯簋铭有州人、重人、庸人。[按]“重人”即“崇人”，亦即崇山人，《穆天子传》作“重邕人”（崇庸人）（见周书灿《西周王朝经营四土研究》中州古籍出版社2000年版129页）。

56.“庸”字街名：张家界市位于古庸都古人堤中心区，留下了一批“庸”文化街名：大庸（东、中、西）路、融山（庸山）路、庸楚街、大庸桥路、崇光路（以祝融崇光氏族命名）、古庸路、后庸街等。另有仿古建筑群大庸府城、又在南门口重建大庸古城。另沙堤亦建古庸城。与屈原相关的街名有天问路、澧兰东路、澧兰中路、澧兰西路、橘颂路、屈原大道（在屈家坊工业园）、屈子坊路、天问路等。

57.北庸（溶）：沅陵县有北溶（庸）区。何光岳说：古溶、容、用、庸通用。北溶即伯庸。《庸人歌》“伯庸八祖铸钟鼎”，其铸铜基地即在今沅陵县北溶镇。庸国灭，屈伯庸战死于此。因得名伯庸，讹为“北溶”，今为区治。

58.古庸溪：属桃源县茶庵铺镇古庸溪村。溪注夷望溪。“夷”，南夷崇山。

59.庸城：《湖南阳秋》载：“十二月冬十月与布（注：英布）军会于会缶（音“否”，长沙），布兵精甚，上乃壁庸城。”此庸城即长沙。此为长沙古庸城的证据。亦可证长沙为古庸国中心地版土。

60.大庸联语：1946年，大庸县县长黄光焘为县立初级中学大门嵌“大庸”二字，书学校铭联一副：

继往开来有容乃大，

顶天立地不易为庸。

61.大庸路：古道。起自武陵常德，止于湖北来凤，全长约800公里，是古大庸帝国贯通东南至西北的古驿道。二者之间距古庸都（今张家界市区古人堤遗址）几乎完全相符（纯属巧合），各长约400公里。大庸路名，载之明弘治《湖广岳州府志》。

62.庸都园：位于张家界市中心古人堤遗址东侧，系一袖珍文化公园。中有巨型祝融塑像及庸王钟、祝融“鬲”以及百代庸王世系等内容。公园虽小，却影响非凡，是张家界市第一次推出大庸国概念的创举，对该市文化定位具有十分重要的意义。古大庸国研究开山文化大师张良皋教授对此小园予以高度评价。

63.水庸神：商周时，人们就有祭祀水庸神的习俗。上古时国家的祭祀中，大型祭祀有八种，谓“八蜡”“大蜡八”，而第七种祭祀就是水庸，祭水沟、溪流。此时的水庸就是城隍神的前身。水庸初作为城隍神，与古庸人发明城郭有关。《礼记》：“天子蜡八，水庸居其七。水则隍也，庸则城也。”（玉篇）《世本》：“祝融作市。”即祝融始开城市贸易。祝融一名祝庸，故祝庸为城之古城隍。水庸神即祝融，亦即崇伯鲧和大禹父子，俗称“河伯”。明末学者冯应京《月令广义》中则以屈原为江神。屈原为直谏忠臣因受谗而被放流，愤而投江。民间为纪念其爱国之心也将其奉为江神。屈原故里有社溪坛，此即祭后土、祭水庸、祭四渎神、祭屈原江神之所。

64.大庸仓：明·万历《慈利县志》卷之九·上供42页载：“大庸仓。米一千二百石。每石加耗米五升，蓆米一升，船脚米三斗三升五合，秋粮内派。”此为古大庸国国

仓之状态。

65.庸戈（音庸）：《集韵》：“兵器也。”按：由此字可证：古代兵器始创于庸国庸人。而兵器之首则是常规杀伤性武器。

66.槦（音庸）：《集韵》：“一曰兵架谓之槦。”即置放兵器的木架。与古“戫”字形成古庸人创造兵器证据链，是远古庸人又一创世文明的重要信息。

67.惟庸人善战：《古代战事考》：“惟庸人善哉，秦楚不敌也。”是指公元前611年上庸国觉察楚王侣有灭周并有灭宗国大庸以代之的野心，乘楚大饥攻楚，楚不能敌，遂联合秦、巴击庸，瓜分上庸。

68.庸人善弈：《通志·氏族略》：“尧时，庸人善弈。性狂放狡黠。”庸人发明围棋、打三棋等多种棋类。是将军事寓于娱乐之中的休闲活动。

69.庸人好巫：《民俗博览》：“庸人好巫，端公疗疾，其效神验，乃上古遗风也。”庸人创造辰州符，传播全世界。庸人善扶箕（一种以撮箕为道具的迷信活动）；又善占卜赛神，印度吉普赛人即古庸国“箕卜赛”人西迁得名。

70.楚灭庸：《左传》：“文十六年，楚灭庸。”按：指公元前611年楚、秦、巴三国瓜分上庸（今湖北竹山县），而非大庸国中心本土。

71.庸浦：《左传》：襄十三年，楚“战于庸浦，大败吴师。”

72.庸，南夷之国：《说文解字》：“庸，南夷之国也。”［按］南夷之国与蔡传“南夷（裔）崇山”有关，屈原“哀南夷之莫吾知兮”，写的就是他的家乡古大庸国。

73.庸国子孙：《姓谱》：“庸国子孙，以姓为氏。”此指公元前611年秦、楚、巴三国灭湖北上庸后，“子孙以国为氏”（《通志·氏族略》）。公元前280年，秦大将司马错灭大庸国后，一部分亡国之民亦以庸为姓，今慈利江垭棋盘塔村有庸姓。

74.庸水之阳：《读史方舆纪要》：“临庸水之阳。”庸水在今永定区大庸所古城。

75.庸师八国伐纣：《尚书·牧誓》：武王兴兵伐纣，“庸、蜀、羌、髳、微、卢、彭、濮人”等八国参战。八国联军，庸国为首，其余七国实为附庸国。有所谓“巴师八国”之说者，皆错！八国联军中巴楚无名，其时巴人尚未建国，但有巴人加入庸国联军作战。

76.庸国：《史记》卷二十一：“建元以来五子侯者年表第九：庸国，城阳顷五子，元鼎六，元封六，太初四。”此实为大庸帝国之小附庸国。

77.鄘：《说文解字》：“鄘，南夷国，从邑庸声。邑，国也，从口，先王之制尊卑，有大小从之，凡邑之属皆从邑。……”“阝”旁，表示是有城的国家。此之“南夷国”亦指南夷崇山。国，亦即大庸国。

78.庸，国名：清道光《永定县志》载：“庸，国名。左传文公十六年，楚灭庸。”按：此即公元前611年楚、秦、巴三国瓜分位于湖北竹山县的上庸，而非南方宗主国大庸。这是历代研究古大庸国的盲区。

79.附庸：附庸於诸侯之小国也。《礼》：天子之田方千里，公侯之田方百里，伯七十里，子男五十里，不能五十里者，不合于天子，附于诸侯，曰附庸。《史记》卷六·三王：“制曰：‘盖闻周封八百，姬姓并列，成、子、男附庸。’”《汉书》卷二八上地理志第八上：“周爵五等，而土三等，公、侯万里，伯七十里，子、男五十里。不满为附庸，盖千八百国。”[按] 大庸张家界土家婚俗《庸人歌》：“祝融佳人伴夜郎，繁衍百国围嵩梁。”附属大庸国的小国多以百计千计，故称“附庸之国”。《礼记·王制》：“凡四海之内九州，州方千里，州建百里之国三十，七十里之国六十，五十里之国百有二十，凡二百一十国。名山大泽不以封，其馀以为附庸闲田。凡九州，千七百七十三国，天子之元士、诸侯之附庸不与。”毫无疑问，“附庸”名词创自大庸帝国，后被广泛引用。熊绎率庸师八国伐纣，后七国均为“附庸国”。这正是中华远古第一大国的铁证！

80.**附庸国**：古代欲保自国之安全，藉大庸国势力听其指挥受其束缚之国。以后历朝历代被广泛运用，乃至流布世界。如见之报端的“美国率其附庸国打伊拉克”之类。若有想不通者，怎么不创造出“附夏国”“附商国”或“附英国”“附美国”的概念来？

81.**附庸风雅**：附庸，依傍（见前“附庸”）；风雅，指《诗经》中的《国风》《大雅》和《小雅》。其本意是：风雅依附于庸国庸人。是古庸国庸人创造风、雅、颂高雅诗歌的原始证据。诗经中的《庸风》《南风》等就是孔子亲自到大庸国崇澧一带采录的民歌。因附庸而显风雅，意即一旦跟风庸国，向庸国学习，就变得有文化而高雅起来，是当时的一种文化时尚与社会心态，并非贬义，与汉代文人以读屈原楚辞为风雅之事一样。本是褒意，但一些欠缺文化修养的人装腔作势，也参与这些高雅文化活动，装点门面，就显得可笑了，于是好词烙上了贬意之印。清代蒋苕生太史《临川梦》：“院本内有《隐奸》一出，刻意诋毁眉公，出场诗云：‘装点山林大架子，附庸风雅小名家。’”

82.**藩庸·附庸**：明·高尚志《澧纪》：“澧为古天门郡耳。而上及武陵者，澧得武陵之一焉。……自天门专置，而澧不纪武陵矣。自天门改为澧，收所隶于南平者，而澧不纪南平矣。……《登绩纪》：‘藩庸’守政书地书官。……《禹贡》导山导水；《山海经》以山见水；《水经注》以水见山。”藩，指封建王朝的属国或属地。藩庸，即藩庸国，亦即“附庸国”。

83.**庸行**：“何谓‘至行’，曰‘庸行’。”（清·金缨《格言联璧》）至行：至高无上的德行。庸行：出自《易·乾》：“庸言之信，庸行之谨。”意思是：古庸人所提倡的讲诚信、信誉、信用；古庸人所遵从的行为谦虚谨慎。此之“庸”，非愚者“庸”，亦非“用”。有将“庸行”注为“日常行为”者，恐非是。“庸行”的本意是：古庸国（庸人）所传承的“庸言”“庸行”，是至高无上的德行。

84.**夏王弗克庸德**：庸德，古指常德，即一般的道德规范。《礼记·中庸》：“庸德之行，庸言之谨，有所不足，不敢不勉。”《中国近代文论选·读新小说法》：“经，所以正人心，小说亦所以正人心；经，所以明庸德，小说亦所以明庸德。”有将庸德作普通人、庸俗人、平庸人的德行解，大错！大谬！这是对“庸人”的历史偏见，或说是对字义的误读误解。《尚书·咸有一德》：“阙德匪常，九有以亡。夏王弗克庸德，慢神虐民。”此之“庸”指庸国，不能作“用”

“平庸”“常”解；德，德行、道德。庸德，即庸国庸帝庸人创立的行为准则、道德规范。意即残暴的夏王不可能战胜庸帝所创代代遵从的为政为人之道之德，而怠慢神灵，暴虐百姓。此句与“夏弗克庸帝”句式意义类同。与“夏王灭德作威”（《汤诰》）对应。

85.五礼五庸：《尚书·皋陶谟》：“天秩有礼，自我五礼五庸哉！”庸，《尔雅·释诂》：常也。《传》：“五礼五庸：用我五等之礼接之，使有常。”庸国庸人创造了礼教文明五种范式，堪称礼义之邦。

86.以庸制禄：《地官·大司徒》：“以庸制禄，则民兴功。”庸，功也、劳也。禄，奉禄。以功定禄，或因功行赏，则人民必建大功业。此为古庸国首创的论功行赏激励机制，影响数千年，或将影响永远的人类社会。

87.登庸纳揆：登庸，皇帝登基；纳揆，任命宰相。意即政权始立。《随书·高祖纪》：“登庸纳揆之时，草昧经纶之日。”皇帝登基曰登庸，说明大庸帝国早已成为万世不变的皇权象征，是认定政体不可逾越的法定依据和宗法传统。这是一个关于创立于崇山的大庸帝国为中华第一国的远古信息。

88.天不降庸释于文王受命：《尚书·君奭（shì）》：“天不可信，惟宁（文）王德延，天不降庸释于文王受命。”意思是：我也不敢安于上天的恩赐，不能长期依赖上天（指天朝庸帝）的眷顾而不考虑上天的惩罚，以致超越我大周臣民的利益而置他们于不顾。说明到了周代，仍需口头上听命于“天朝庸帝”。

89.采庸：《致虚杂俎》：“笙曰采庸。”焦氏易林：“噬嗑采庸沫乡，要我桑中。”笙簧乃女娲发明于崇山（一作充山），故叫“充乐”。充山为祝融初建庸国地，故笙为古庸国乐器，谓之采庸。

90.军庸：指军中容车。即载运战死者衣冠、画像等的车。皮日休《三羞诗》：“军庸满天下，点将多金玉。”由军庸车联系古大庸所经历的战争，战争产生军庸。这是古庸国的独创。

91.蘴（丰）庸：谓五谷丰熟，民食足用。庸，用也。此为古代庸人发现发明种豆，创造中华人类第一轮文明——澧豆文明的重大信息。

92.笙庸：《尚书》：“笙庸以间。”孔子以庸为大钟。郑玄：“庸即《大射》颂，一也。”引《大射》者，证东方之磬为笙，西方之磬为颂之事也。说明古乐器笙为古庸人创造。亦证古庸人是音乐、乐器的古族古国。

93.徽庸：丰功，伟绩。汉·张衡《司空陈公诔》：“纂禹之迹，导扬徽庸；至训京畿，协和万邦。”汉太祖元嘉九年，诏曰：“古者明王经国……铭徽庸于鼎彝，配袷（jiá，双层衣被）祀于清庙。”为丰功伟绩者在鼎上铭徽，与铭功于典庸器类同，都是古庸国的独创。后世功臣刻石勤碑即由此而来。

94.考庸：考察任用。《文选·王融〈三月三日曲水诗序〉》：“接礼贰宫，考庸太室。”李周瀚注：“庸，用也；太室，明堂也。言考用才能於明堂之官也。”按，此语原出《书·舜典》：“明室以功，车服以庸。”

95.流庸：指流亡在外受人雇用的人。《汉书·昭帝纪》：“比岁不登，民匮於食，流庸未尽还。”颜师古注：“流庸，谓去其本乡而行，为人庸作。”唐·刘禹锡《谢分司东都表》：“宫里获安，流庸尽复。”现代语叫“打工的人”。此为古庸人最早出门打工赚钱养家的远古信息。与“傭人”“庸保”“佣人”“傭值”形成信息链。

96.**密庸**：暗中显功效。《列子·周穆王》：“善为化者，其道密庸，其功同人。”张湛注：“取济世安物而已，故其功潜著而人莫知焉。”是说古庸人不事张扬，而善以智慧谋略办成大事。

97.**殊庸**：以庸国的名义为特殊的功劳定名。唐·司空图《故盐州防御使王纵追述碑》：“外训骁雄，内苏疲瘵，殊庸既显，善政亦闻。”

98.**旌庸**：表彰有功的人。北周·庾信《请功臣袭封表》：“伏惟皇帝崇德庸，兴亡继绝。”与殊庸意同。

99.**以作尔庸**：《诗·大雅·崧高》：“以作尔庸。”注云：“庸，城也。”是古庸人发明筑城之信息。

100.**庸成氏**：《路史·前纪王》：“庸成氏，庸成者，垣墉城郭也。”朱起风《辞通·庸》：“容、庸同声同用。《庄子·胠箧篇》：‘容成氏’。《六韬·大明篇》作‘庸成氏’，是其例也。”顾实《结绳而治时代之文书》云：“容成氏即庸成氏，《穆天子传》称：‘群玉之山，庸成氏之所守，先王之策府。’”（按：群玉之山即天门山，策府即黄帝天门藏书处）按：庸成氏，即一代庸国大帝庸成子，亦为一代名医，性学养生之医祖。黄帝仰慕其名，特动用国家财政在庸都四周建“五城十二楼”。

101.**谨庸**：谓言行谨慎，合乎中庸之道。语本《易·乾》：“庸言之信，庸行之谨。”孔颖达疏：“庸谓中庸。庸，常也。从始至末，常言之信实，常行之谨慎。”又《礼记·中庸》：“庸德之行，庸言之谨。”郑玄注：“言德常行也，言常谨也。”明·赵南星《许州重修尊经阁记》：“夫郑公之深於道也，於其谨庸，强恕之训知之矣。过於谨庸则非道，离於恕则非仁。”——这便是古庸人所总结、所遵从的为人处世之道。

102.**世庸**：世代的功绩。《新唐书·令狐德棻（fēn）传》：“陛下受禅于隋，隋承周，二祖功业多在周，今不论次，各为一王史，则先烈世庸不光明，后无传焉。”古人以庸为功绩之称，创造了万世沿袭的激励奖励机制。

103.**德庸**：犹功德、功用。《墨子·尚贤中》：“若昔者伯鲧（崇伯鲧，崇山庸帝），帝子元子，废帝之德庸，既乃刑之于羽之郊。”以“庸”作为功德功用的代名词，说明此“庸”之内涵该有多深。古史载祝融（一代庸帝）在羽山杀治水失败的崇伯鲧。羽山，即今张家界市城北之子午台，古名凤羽山，山下有凤湾。

104.**贲庸**：贲（bén），指帝王居处的大墙。《尚书大传》卷四：“天子贲庸，诸侯疏杼；大夫有石材，庶人有石承。”郑玄注：“贲，大也。墙谓之庸。大墙，正直之墙。”《太平御览》卷一八七引此文作“贲墉”。明·王志坚《表异录·宫殿》：“帝居墙曰贲庸。”贲庸即大庸。此为大庸帝国庸帝居住宫殿王者至尊信息。

105.**靖谮庸回**：语言善巧而行动乖违。犹口是心非。同“靖言庸回”。《左传·文公十八年》：“崇饰恶言，靖谮庸回。”庸回：人名，共工的异称。可证共工原为大庸国崇山人。“靖谮（zèn）庸回”，就是有人图谋不轨地毁谤、攻击共工庸回。汉·王符《潜夫论·明暗》：“共鲧之徒，弗能塞也；靖言

庸回，弗能惑也。”清末，章太炎为驳斥康有为保皇理论，澄清人们思想，宣传革命主张，于光绪二十九年上半年写了一封致康有为的公开信，即著名的《驳康有为革命书》云：“共、驩四子，于尧皆葭莩姻娅（按：姊妹二人的丈夫互相称谓“娅婿”）也，靖言庸回，而尧亦不得不任用之。今其所谓圣明之主者，其聪明文思，果有以愈于尧耶？”

106.庸奏：卜辞，演奏大钟之祭：“惟祖丁庸奏。”此为远古庸国庸人首创以演奏大钟祭祀的信息。

107.庸舞：卜辞，钟声伴舞，祈雨之祭。此古庸人巫师创造钟声伴舞祭天求雨的信息。

108.庸濮：《左传·昭公九年》：“周武王克商以来，巴、濮、楚、邓，吾南土也。”孔颖达疏：“庸濮在江汉之南。”杜预：“庸亦百濮夷。”此之濮，实为古庸人之一支，即今大庸、恩施等地之土家，古称“卜人”，即以占卜巫舞为业的人。

109.庸国公：汉王莽篡权，改益州为“庸部”，益州牧改为“庸国公”。至南北朝时，北周的国公之封仍沿袭“庸国公”，如庸国公王雄（506–564），北魏、北周大将。这是汉代及未来一些国君帝王不忘大庸宗国、继承大庸国宗法礼制的重要信息。

110.庸牧：《后汉书》卷75《刘焉传》：“赞曰：焉作庸牧，以希后福。”牧，官名。商代设置。是被商王派驻在商都外从事畜牧的官。庸国设牧使。

111.上庸：《竹山县志》：“竹山本古上庸。”又：“竹山古上庸。旧无城。”公元前1579年，庸国大帝为监管长江以北众附庸国，特在江北竹山（今竹山县）设军事机构——上庸。非国名也。从古以来，史界错把上庸当“庸国”——即大庸帝国本土，浑不知上庸本为大庸国北方之军事基地，连张良皋大师也犯了同一错误。数年前来张考察大庸，才知犯了大错！

112.上庸山·上庸水：《竹山县志·山川》载：“上庸山。城西四十里，上庸水发源于此。”

113.上庸邑：《湖北省志》：雄峻为一方镇，古置上庸邑。

114.庸城山：《竹山县志》：“城西五里，庸人昔居其上，置鼓。”

115.上庸郡：《竹山县志》序：“竹山，古上庸郡。”

116.古庸国：《竹志》：“竹山在周为古庸国，秦汉为上庸。”《竹志》未错，同时还真隶属于大庸帝国（今张家界市）。

117.上庸书院：《竹志》：在旧学宫西。雍正九年，知县白云龙建义学于县署西……后改为上庸书院。

118.庸部：《竹志》：汉时新莽篡位，改上庸为庸部（按：长官为庸部牧）。

119.楚子上庸：《竹志》：在麻家渡玉皇阁，有楚子墓。相传春秋时楚子之上庸，卒葬此。[按] 文字语焉不详，楚国与上庸决不是从属关系，而是上下级关系。上庸乃庸帝特在江北设置的军事基地，监管江北楚国及其它诸国，叫庸楚同源，庸楚一家，庸为宗国，楚为子国，庸监楚子。

120.庸城：《竹志》：光绪已卯夏，余奉檄权篆庸城（竹山）。

121.庸江：《上庸赋》：至若孔阳神潭

水……别于庸江。

122.祗（zhì）庸：《周礼·大司乐》：以乐德教国子，中和祗庸孝友。【注】祗：恭敬；庸：庸德。《扬雄文》：恢崇祗庸烁德懿和之风。（民国《辞源》1092页）

123.古庸州：今贵州省沿河土家族自治县（见《中国土家族历史人物》，民族出版社，1983年版）又，贵州的德江古称“庸州”。此为大庸帝国西南疆土的重要信息。

124.保墉：《竹书纪年》卷上：“帝发。……再保墉会于上池。”地址无考。

125.仲庸：《竹书纪年》卷上：“仲壬，名庸。”

126.庸师八国伐殷：《竹书纪年》卷上：“冬十有二月，周师有事于上帝，庸、蜀、羌、髳、微、卢、彭、濮从师伐殷。”（按：与《尚书》所载同）

127.庸作：庸，傭（今作佣）也。受人傭钱而为之工作也。《汉书》：“匡衡家贫，庸作以供资用。”这是数千年前古庸国产生的以酬金雇用、雇工劳动关系的重要信息。一如当代的“打工”。

128.庸人自扰：指本来没有问题而自己瞎着急或自找麻烦。原出一场战争。情节无考。但决非指庸碌愚蠢的古庸人自行骚扰。

129.庸中佼佼：原指古庸人中出类拔萃者，后人却反解其意，指平庸人中比较特出的（佼佼、美好）。

130.鄘风：孔子周游列国，采集民间歌谣，其间，到了白县（今慈利），与白县长官白公胜结为莫逆之交，继而专程进入庸国首都，开始了长达半年的调研，除了历史，还采录了古庸国民间一些民歌。经删简，编成《诗经》，内收《鄘风》诗12首，堪称古庸国文化遗产的瑰宝。有注家对孔子不设《楚风》颇感不解，但鄘风中却写了“楚宫”“楚室”“望楚”等句字。其实，孔子无错。他在大庸采风，对庸楚两国血缘关系洞若观火。楚风即庸风，庸风即楚风，而庸是祖是根，楚是子是流。尤其把“非天庸释有夏，非天庸释有殷”“夏弗克庸帝”等一部惊世骇俗的历史事件记在《尚书》中，为消失了的大庸帝国留下了翻案昭雪的线索和证据。此“鄘风”之“庸”，就是一条铁证。孔夫子之功大矣！

131.庸人隐逸：《乡土湖南》载：“隐逸也成为此后庸人的一种特质，鬼谷子、张良先后修隐于天门山和青岩山（今张家界国家森林公园、武陵源），更多的隐者湮灭于历史的清风里，不为后人所知。这种隐逸文化又促进了中国道教文化的兴盛。”（中国旅游出版社）

132.特庸：位于浙江盐城市东北。公元前280年司马错、司马靳爷孙俩灭庸灭屈，屈家坊屈原之孙、屈平平之子屈开、屈元、屈天、屈祯亡命北上至江苏临海东滕镇屈家村，投奔同父异母——郑氏夫人所生的族叔屈署、屈跗。次年（周赧王三十六年）南迁至“特庸”，继南迁至常熟。“特庸”，为纪念国破家亡落难北迁至此而命名。

[金氏子按] 从上述132个“庸”字信息中（远非全部）发现，涉及远古肇基创世文明的文化符号占了约四分之三，还不包括庞大的崇山创世文明符号、庞大的天门昆仑创世文明符号、庞大的中央仙山黄帝创世文明符号、庞大的祝融氏家族创世文明符号和庞大的大脚印及华胥氏、伏羲、女娲创世文明

符号。这是从“三朝”始到秦汉末的众多古国中的唯一。甚至可以这样表述：在全世界所有的文明古国中，似乎很难找到一处可与之匹配的对比者！

这里特地引录张良皋先生关于对古庸国的评论，他说：**庸国是铸钟大国、筑城大国、营建大国、制陶大国、农业大国、冶铸大国、造历大国、造字大国、巫傩大国、歌舞大国、器乐大国、祭祀大国、颂诗大国……古庸国因是筑城大国而称“庸”、称“墉”，因是铸钟大国而称“镛”，因是军事大国而称“戎”，因是煮盐大国而称“巴”(盐巴)，因是桑蚕大国而称“楚”，因是板筑大国而称“荆”。《山海经》是庸国的地理神话著作，文王八卦是庸国的方隅图，甲骨文是庸人的首创……**

又说：“按照现在学者对文明的解释，有一于此，就可称为跨入了文明，而庸国的国名几乎包含了全部的文明因素，所以这个国家在古史上露面之日，就已经是一个全面进入文明的国家，而且在整个中华域中，庸国完全可能是领先跨入文明门槛的国家。”(张良皋《巴史别观》，中国建筑工业出版社，2006年5月第一次印刷)

［附］古庸人、古庸国具有创世开基意义的各种发明创造

1. 钻木燧石——庸人是发现用火之祖(燧人氏为第一代火神祝融)

2. 祝融制鬲——庸人是制陶之祖（祝融鬲，自古为庸国族徽标志）

3. 帝女之桑——庸人是桑蚕之祖（是世界第一个穿上绫罗绸缎的古国古族。桑植出土蚕纹陶坛、可为作证“帝女之桑”)

4. 澧豆文明——庸人是澧水豆粮之祖(开创中华人类第一轮粮食文明——豆作文明)

5. 醴水大巫——庸人是酿酒之祖，亦是中国古代巫傩之祖（天门昆仑灵山十巫中，巫醴为澧水酒神)

6. 辰州傩符——庸人是巫傩之祖（辰州符是巫傩文化的灵魂)

7. 庸人制历——庸人是制历之祖（七星山、天门山、甘渊是祝融、黄帝、颛顼等历代天文大师观天制历处。流传千古的《黄帝历》《颛顼历》距今4500-4900年)

8. 彭头古稻——庸人是农耕之祖，是发明种植水稻之祖（澧县彭头山和稻(道)县发现万年水稻种)

9. 筑城建国——庸人是筑城建国之祖(庸人以土筑“墉”。庸、墉即城即庸国)

10. 镛钟大音——庸人是音乐之祖（古音乐因镛钟而产生)

11. 崇山充乐——庸人是乐器之祖（女娲在崇山发明世界最早古乐而得名充乐。同时发明笙簧)

12. 沮诵造字——庸人是文字之祖（沮诵苍颉氏在崇山造字。沮诵即祝融)

13. 澧豆祭祀——庸人是祭祀之祖（庸人登山种豆并以豆祭祖祭神祭山祭天)

14. 禮豆文明——庸人因豆粮文明而上升为人类最古老的禮义文明之祖（无禮豆不成禮义文明)

15. 熊馆办校——庸人是教育之祖（善卷在崇山北麓创办熊馆大学；鬼谷子白公胜在熊馆创办鬼谷学宫，是世界最古老的大

学，屈原在此完成大学教育）

16. 六义附庸——庸人是诗歌之祖（庸人创造的六种诗赋体裁叫风、雅、颂、赋、比、兴。而屈原就是从这个诗国中走出来的中华第一个最伟大的第一等诗祖）

17. 神仙窟宅——庸人是神话之祖（《狐首经》："神仙之地，发于天门。"女娲于天门昆仑补天，见《黑暗传》，是中国古代最古老的创世神话）

18. 甲象崇山——庸人是太极八卦之祖（伏羲文开五易，甲象崇山）

19. 蚩尤作兵——庸人是兵战兵器之祖（中国远古第一战神蚩尤。蚩尤是兵器之祖、兵法之祖。蚩尤出生地在今张家界市永定区大庸所之武溪）

20. 澧水大船——庸人是造船之祖（澧县城头山遗址发现世界第一船，确定古庸人是中华最早乘大船出海航行的古国古族）

21. 轩辕车马——庸人是造车之祖（"轩""辕"是马车的两大部件。发明人是千古第一帝轩辕黄帝。慈利出土五千年车马器构件）

22. 西琅卡普——庸人是织锦之祖（桑植出土汉墓陶豆，上绘土家族西琅卡普纹饰图案）

23. 崇山天国——庸人是开基建国之祖（中国远古第一国——大庸帝国，第一朝——夏朝均建于此）

24. 天庸大帝——庸人是百国之祖（大庸帝国是古史第一个称"天庸""庸帝""天帝"的大国。屈原家族《告祖词》："祝融百国围嵩梁"）

25. 鄘风澧骚——庸人是创造民歌、诗歌之祖（中国古代第一个真正称得上文人创作的伟大诗篇作者屈原出生于大庸张家界）。

26. 庸作雇佣——庸人是世界最早以酬金雇用劳力之祖（是世界第一个进入雇佣制[今之"打工"]经济社会的国家）

27. 庸舞庸奏——庸人是世界第一个以卜辞演奏大钟舞祭之祖。

28. 流庸庸作——庸人是世界最早出现流亡在外受人雇佣打工之祖。

29. 考庸太室——庸人是最早考察任用官吏制度之祖。

30. 笙庸以间——庸人是最早以笙与庸钟演奏颂歌音乐之祖。

31. 以庸制禄——庸人是最早以功定禄、论功行赏激励机制之祖。

32. 附庸风雅——古庸人最早创造风、雅、颂高雅诗歌之祖（只要依附庸国庸人文化，就会变得高雅起来）

33. 金钟大镛——古庸人是制造大祭——大钟大鼎之祖（辰州[沅陵]花园。今沅陵北溶镇。是古庸国以铜铸鼎、铸淳、铸钟基地）

34. 庸医疗疾——古庸国古庸人是医药、医生的起源发明之祖（后来因庸国庸医中有水平不高或滥竽充数的医生而贬称"庸医"）

35. 昆仑天门——古庸人是创造"昆仑天门"神仙文化之祖（是中华大地神话文化的起源地、衍生地、传播地）

36. 庸人科技发明——古庸人是中国远古时期科技发明之祖：农耕、粮食、居住、医学、天文、历法、文字、教育、礼仪、祭祀、武器、人伦、婚姻、教育、文化、艺术、算术、书籍、竹简、木牍、珠算、巫傩、地理、建筑、机械、筑城、制陶、铸钟鼎、车马、造船（澧水漂出世界第一船）、

动物驯化饲养、制衣、蚕桑、冶炼（铁、铜、金）、烧磁、驯养家畜、丧葬……张良皋教授断言：**古庸人包罗了中华古史文明发明的主要内容乃至全部。**

六、关于大庸帝国的疆域及若干重大历史问题之破译

那么，这个被我们发现并认定极有可能是消失于历史长河的中华第一轮文明的创世之国，即被一些学者所称的“宗国”“祖国”的大庸帝国，到底创立于哪个时代？创立者是谁？疆域到底有多大？熊氏庸国与屈氏庸国、熊氏庸国与熊氏楚国、熊氏楚国与屈氏庸国如何分界？上庸、大庸是何关系？等等，能说得清、道得明吗？

应当说，作为史学、屈原学的门外汉，笔者固然踩着先人的肩膀有所发现，并收获了一些心得，但真要说清楚上述诸多深层面的问题，仍觉力不从心。这是一场需要举全国学术界之力，共同探索、共同攻关并长期作战的全新学术高地——因为它已经触及到中华万年史起步发生地的终端史学命题了。它除了心平气和、学术包容、心襟开阔、求同存异，以达成共识，还需要有巨大的勇气从传统了两千多年的“中原论”“黄河论”“楚文化论”等情结中破茧而出，开辟一个全新视野、全新观念、全新内容、全新模式的学术新战场——即把目光从北方向南方——越过黄河、走出中原、跨过长江——向长江之南半壁江山——古庸大地定格！那该有多少纠结、多少不舍、多少不服、多少不屑、多少冷漠、多少反感、多少排斥、多少拒绝，从而形成一种难以调和的对抗！

——因为两千年以远的中华国史已被“中原论”“黄河论”一刀切断了！

笔者明知自己势单力薄，要改变形成于几千年时光的一种固习，谈何容易！

但，箭在弦上，不得不发。古言“嘤其鸣矣，求其友声；相彼鸟矣，犹求友声”！

下面，笔者以我这十余年的探索攻关，就上述若干十分关键的问题作初步回应：

（一）澧岸筑城——庸国创立时期的远古信息

张良皋先生说：“庸国先于五帝立国。”（《巴史别观》）那必定早于黄帝纪元。

这里，我想援引2011年11月24日第18版《湖南日报》专版“城头山：打开一座中国最早的城”，记者龙文泱报道：

“2010年5月1日，上海世博会世博园。……中国馆展示的是‘城市发展中的中华智慧’，入馆第一景就是‘中华最早的城市——城头山’。

厚厚的玻璃地板下，6000年前的城市城头山遗迹被做成模型，用最从容的姿态展示远古人类文明的绚丽。

黄土，全是黄土。城头山找不到一根钢筋，一块砖石。要知道，中国最早的砖也比它的建城史晚了近3000年。在中国，早期的城墙无一不是用黄土夯成的，所以仓颉造‘城’字时才会加上‘土’字旁。……

6000年中国最古老的城，6500年世界上最早的水稻田，5800年最早最完整的大型祭坛——湖南澧县城头山，人类文明曙光初露，震惊世界。中华文明五千年及其起源于黄河流域（中原文明）的定论也有了新的考量。”

无须对这段文字作过多的发挥，我只单说一个“**城**”字：

城的初文叫“**庸**”。《诗·大雅》：“因是谢人，以作尔庸。”注：庸，城也。《礼·王制》：“附于诸侯曰附庸。”注：附庸，小城也。《传》曰：“庸，城也。”甲骨文“墉”：“城垣也，从土，庸声。”《诗·大雅》：“又筑土垒壁曰墉。”是说筑城的人和操作过程也叫“墉”。

中国古文字的基本特点是古人类劳动、实践、发明、创造的象形记录，即以形表意，意在字中。一个“庸”字，信息量足可引爆一部中华万年史。古代以“庸”作“城”，说明中国古代最早发明造城的人是庸族庸人；古代城又作“墉”，说明古庸族庸人以土筑城；古代城又作“国”，说明古代最早建国的人必定是发明建城的古庸族庸人，而且创立的第一个国家就叫“**庸国**”。那么，这批最早发明筑城、最早建立国家的庸族庸人，必定是世界人类史上最先跨入文明社会的族种人群！

就说说这个“墉”字吧，它至少记下了两个重要信息：(1)6000–8000 年前筑城主要材料为土，并辅以绵长而牢柔的黄荆树条固其土层，而后夯之。无砖无石。说明当时尚未发明砖，或尚未发明能开山凿石的金属利器；(2)“墉”字拆解：从“土”从“庸”，即庸人夯土筑城为“墉”。且由此衍生出一组与城市建筑相关的“郭”（城郭）、“鄘”（墙）、“牗”（窗）等“庸”字群。说明“墉”字的产生必与创造并修筑该城的“人”有关。这个“人”群，只能是“墉”字的主体——以“土”筑城的“庸人”。此之“庸”，普天之下只有出于崇山的祝融氏族，即祝庸——大庸——庸人，以及后期古庸成氏的庸人家族！

就是说，是最古老的庸人创造了世界第一座城——城头山之墉（姑且以此城为例），其后人并因此而创造了“墉”字！唯其如此，大庸国才被称为远古史上的第一国，因为她造出了远古史上第一座土城。古代城就是国，国就是城。就是说：古庸人因建国而筑城，那么，地球上第一国就在澧水岸诞生。我的这种推断，是从文字考据中得其灵感的。其实张良皋先生早我数年前就看出端睨了，他说：“**常德一带发现了不少古城遗址，应是庸人劳绩。这是最早的庸人开拓，同时也必有地名搬家。**”（《巴史别观》62 页）既然“墉”产生的祖宗是崇山祝融氏，那么崇山庸人与澧县又有何关系？历史的背景就有那么的奇妙。这里引录原产于三苗中心——大庸崇山的长达 1400 余行的中国苗族古歌《都果都让》的几段唱词：

“奶归（苗人先祖之母）是从澧州来的，奶归是从澧县来的。……你们的舅舅是江士澧州，你们的舅舅是江山澧县。……回到旧居的澧州地方，回到故居的澧县地域。……穷乃略卡啊，在澧州的南北种地；穷门略若啊，在澧县的南北耕耘。……欢乐的鼓社节是从澧州兴起，热闹的踩鼓会是从澧县兴起。……”

那么，这支迁居在澧州澧县的苗人的首领又是谁呢？古歌这样唱道：“果索是大滨天国的雷公，果欠是大兜地（帝）国的酋长。……取汉字姓为石苗姓叫驩兜驩柔；……”古歌中的“果索”（一称“仡索”），苗语即祝融，“大滨天国”之“大滨”，指的是“崇山大泽”之岸边的三苗族先祖祝融最早

创建的崇山天国，“雷公”，即降生崇山的果索祝融；“大兜地国”，指被舜放回崇山的驩兜所创建的驩头国（见《山海经》）。古歌第六部《崇山祭祀》进一步唱道：“仡雄苗人的一支，才从水乡边的陆地迁徙，迁到崇山的地方，迁进峻岭的地域。迁到崇山的地方，仡濯宗支生养了许多儿女；迁到驩兜驩柔，生养了很多的子孙。……迁来的苗人啊，有的留住仁大巴（苗语：‘天门山’）的地域；迁的苗众，有的留住仁大洛（山名，即今花垣崇山，《穆天子传》称“赤乌氏春山”即此）。……仡笑不吉和达列啊，同是崇山仡驩氏族的先人。……”（参读《中国苗族古歌》[都果都让]，石宗仁翻译，天津古籍出版社1991年12月版）

从唱词中，我们发现澧州澧县的苗人与大庸天门崇山苗人是甥舅宗亲关系，他们的先祖就是祝融、驩兜。在苗族另一部叫《鸺巴鸺玛》的史诗中，亦有“从蔷堤蔷仨上来，从澧州澧岘上来”——迁徙崇山的记载。由此可以判断澧县城头山以土筑墉的人类就是远古崇山庸人。或说澧县城头山古墉城就是大庸国的东都，而天门北麓的古人堤、古墉城，则是大庸国的中央首都，故才有“中央仙山”。从1962年到20世纪80年代，在古人堤陆续出土新石器时期的石斧、石锛、石刀、割削器和显示印纹、划纹、弦纹、兰纹特征的红陶、灰陶如豆、鼎、鬲、盆、罐、壶等陶器碎片；发现地下排水系统、15口水井，以及房屋木柱、木板、街巷遗迹，以至战国青铜剑、铁刀，东汉木牍、九九乘法口诀表等文物，层累成新石器、商、周、春秋战国、秦汉等多个文化时期的古城文化演变脉络。特别值得一提的是：文物考古专家尚巍告诉笔者，那年在古人堤开发项目建筑时，**发现远古时代的祭坛遗迹**，说明早在六七千年以远这里已有人类举行祭天祭神的宗教神坛！由此联系与之相距不过180公里的澧水中游一段，其原始社会晚期遗存与城头山时期不可能拉开很长距离。事实上，距古人堤不过75公里的上游桑植还发现了3万至10万年左右的朱家台包子堡旧石器遗址（共2处）和朱家台新石器时代遗址（见《桑植文物》2003年作家出版社）。巧合的是：晋武帝太康四年（284），因移天门郡首府于澧阳（今石门县），改充县为临澧，县治即在天门郡旧址古人堤，重现了历史上古庸人第二次回迁澧州澧县的历史，暗合了城头山古墉城与古人堤古墉城的亲缘关系。

现代考古界、史学界判定一个地域是否进入国家文明的重要标志之一就是“墉——城”的出现。有了城郭就具备了国家的要件。古代往往一座城就是一个国，城就是国的代名词。建城就是建国。古代城市一般都建在交通、经济、文化、政治活动的中心地，这是人口集散战争防御的需要，由此便出现了军事与兵器。亦由此可证，城头山之墉城的产生，必伴随一个“国”的诞生，这个“国”，不是天上来客所建，而是世居澧州澧县的古庸人，她的国名最初就叫澧洲国，出出澧岸畔的“芳洲”“中州”。汉建澧州于此，故又作“澧州国”。实则是大庸国的东都庸城！

（二）南方第一古国——大庸帝国秘史初探

关于古大庸帝国，似在零星野史中，如天籁逸响恍兮忽兮，若隐若现。据我所知，当代独闯这一禁区的，不是职业史家而是一代著名建筑大师张良皋先生。本是个风马牛不相及的专业，史家们两千年未解之谜，却让一个年近九旬的老人一眼洞穿，并著了一本《巴史别观》史著，书中“巴史”廖廖数页，却无意中发现了早已消失于天籁逸响中的大庸帝国！可以说，他的独特历史观已远超两千年的众多史家大腕。或者说，没有先生的“破冰”之举，我的这部拙著要平安落地，只怕有些难，故因此而向老人行三跪拜师大礼。张良皋说：“夏商周时代，庸国是祝融氏之国；五帝时代，庸国是高阳氏之国。”（《巴史别观》）这是古今数千年史界为古庸国定位第一人。前文已论，从燧人氏祝融后裔创立“祝融之国”后，传至颛顼颛庸，都是递代相传的祝融。故庸国创始人定为祝融是符合历史本真的。但第一代祝融到底是谁？张良皋一眼洞穿：这个祝融，就是走下神坛的燧人氏——第一代火神。笔者十分佩服张老之论，但到底是第一代燧人氏，还是燧人氏后裔中某一代祝融？因为燧人氏产生的年代极其极其遥远。

下面列出一组产生于崇山大庸中心地及周边的一批“古老国”，与大庸帝国形成众星拱月之势，均与祝融建国有关。

(1)**燧明国**——屈原《天问》首句：“遂古之初，谁传道之？”这个“遂人”就是中国初始创世传说中的“燧人氏”——发明用火的创世祖、第一代火神——降生于崇山的祝融。祝，大也；融，光明。光融天下也。相传燧人氏祝融在崇山创立第一个氏族国—— 一个开始进入火文明的酋长部落。崇山至今还保留“祝融洞”“相公洞”“火焰山”（即“炎火山”）“火娃屋场”“火礁湾”“火草坡”；其外屏有“火场（乡）”“火烽岩”“火宫庙”“火宫堰”“火礁溪”“烽火（村）”“天火岭”“夜火（村）”“大火坪（乡）”等古火地名。沅古坪一带流传的祭火神、灶神有贴字神联习俗，如：“妇孺赤浴休近灶，有辱祝融火焚罪。”

所谓“燧明国”，其实就是“火之国”，是大庸国的萌芽、预演。或说是“崇山天国”的异称。

(2)**华胥（诸英）国**——即《山海经》所载“大比赤阴国”，赤阴、诸英皆“祝融”变音。《山海经》说：“大比赤阴，是始为国。”诸英为伏羲之母，距今7800年以远，与古人堤、城头山古墉城历史及高庙、溆浦等遗址大体吻合。

(3)**大踵国、大人国**——此之“大踵”（足）“大人”，载之《山海经》。苗族古歌《都果都让》所载苗人母祖果尼吃了阿普果龙送的七颗苦药果，生下七个龙女叫黛闺戎，生了七个雷子叫黛林索。七个龙女长成了七个“力大无穷”，为首的叫穷乃略卡；七个雷子长成了七个“力大无比”，为首的叫“穷门略若”。这些大足大力大人，或是《山海经》中所写的大踵、大人？这些人自称是澧州、澧县的外甥。古歌唱：“七个力大无穷的穷乃略卡啊，在澧州地方找戈；七个力大无比的穷门略若啊，在澧县地方打斧”，然后在这里建立自己的聚落家园——此即“大踵国”。踵，“崇庸”快读。大踵，即“大庸”的异称。

(4)**大钟国、大镛国**——大钟国即大镛国。镛即庸，大镛国即大庸国。大庸即祝融。

(5)**大戎国**——大戎即元戎，谓兵车也。苗语大戎即大庸。大庸国是一个军事强国，

是发明兵器的国家，涌现出以蚩庸（尤）为首的一大批能征善战的英雄人物，故称大戎国。戎者，军队也。苗族《接龙词》唱："东方的大戎（庸），西方的大笮；正方的大戎（庸），六角的大笮。"蚩庸战神也是一代祝融。

⑹**颛项国**——《淮南子》："南方未极，自北户孙外，贯颛顼之国，南至委火炎风之野。赤帝祝融之所司者，万二千里。"此"颛项国"与大庸国在同一地区。颛顼国即大庸古国的"母国"，即"颛庸国"。从"赤帝祝融之所司者"分析，原来颛顼就是一代祝融。

⑺**盘瓠国**——是古庸国在高辛时期的异称，盘瓠族就是祝融后裔中吴回一族。苗族始祖为盘古（即第一代燧人氏祝融）。女娲、伏羲、神农（炎帝）、蚩尤（最后一个炎帝）、驩兜等则是苗人先祖。盘瓠在古大庸帝国三苗百濮时期为尾濮，距今5000余年。

⑻**驩头国·驩兜国**——即舜放驩兜于崇山后，创建驩头国，载之《山海经》。苗族史诗《鸺巴鸺玛》告诉我们：这以后，苗族迁徙的队伍，在七个头领（可能就是前述"七个力大无比"）的率领下，分成七路，迁上了"天国崇山"，在这里建设了自己有史以来的第二个乐园，并举行过好几次鼓社鼓会，繁荣轰动一时。《竹书纪年》："三十五年，帝命夏后征有苗，有苗氏来朝。"《战国策·魏略》："禹伐三苗，东夷之兵不起。"说明东夷与三苗降部结成了联盟，共同反舜、禹。此次战争，是鲧妻士（一本作土）敬为首的。战败，鲧妻士敬率子炎融逃回崇伯鲧曾执政过的崇山国，投奔驩兜，共同加入大庸帝国。"炎融"，即一代炎帝祝融。

⑼**三苗国**——《山海经》："赤水出昆仑。"（此赤水即今桑植赤溪河，昆仑即天门山）又云："三苗国在赤水东（按：今崇山）……"郭濮注："昔尧以天下让舜，三苗之君非之，帝杀之，有苗之民叛入南海，为三苗国。一曰三毛国。"（注：此之"南海"，即天门山、七星山之南麓的古"云梦遗泽"，大禹决龙门，南海成为40余平方公里的今永定区之大坪镇）《史记·五帝本纪》："三苗之国，左洞庭而右彭蠡（lǐ）。"《山海经》："西北海外，黑水之北，有人有翼，名曰苗民。颛顼生驩兜，驩兜生苗民，苗民厘姓，食肉。"郭濮注曰："苗民，三苗之民。"所谓"三苗之国"，史界至今未找到原生地，从上述文字分析，此"三苗国"或有可能即为崇山驩兜三苗所创驩头国之异称。

⑽**夏朝·夏禹国**——夏禹国约建于公元前2070年至前1600年前后。最初发迹建夏于大庸崇山。夏朝·夏禹国实为夏庸国。夏朝在入主中原之前一直在崇山称伯（霸）一方，故曰"禹夏之兴，祝融降于崇山。"是说禹升神格为"祝融"，并在崇山创建夏朝。《白虎通·五行》说："时为夏，夏之言大也，位在南方。"锁定夏朝初立位于南方，即今天门山、七星山之南的大坪镇，从根子上否定夏朝建于北方之说。夏禹国在立国数年或几代后，因舜帝之子无淫的干扰才始由大庸崇山举国北上，迁都于河南嵩山东麓颖水居夏，夏邑（河南禹州）一带，后称阳翟。有下列史载为证：

湖北发现楚族民间长诗《黑暗传》，写大禹即所封一代祝融。澄清了禹王为何与"祝融降于崇山"之说的真相。

《史记·夏本纪》：“于是帝尧乃求人，更得舜，舜登庸（入主庸宫），摄行天子之政，巡狩。行视鲧之治水无状，乃殛鲧于羽山以死。天下皆以舜之诛为是。于是舜举鲧子禹，而使续鲧之业。”

《国语·周语下》：“有崇伯鲧。”韦昭注：“鲧，禹父。崇，鲧国（按：指崇山国，即大庸国）；伯，爵也。”

《竹书纪年卷上》：“帝尧陶唐氏，六十一年，命崇伯鲧治河。六十九年，黜崇伯鲧。七十五年，司空禹治河。”

上述文字告诉人们：大禹出生、成长、受禅登基都在崇山鲧庸国。故《国语·周语上》云：“夏之兴也，融降于崇山。”是说大禹得祝融之神职后接受舜禅位庸宫于崇山，即在崇山建立夏朝。故《杜夷幽求》曰：“以舜禹之登庸，不似跛鳖之与晨骥乎?”是故《符子》曰：“舜禅夏禹於洞庭之野。”此说极其重要，是说夏禹登基不在北方而在南方的“洞庭之野”——大庸崇山！

[金氏子按] 所谓“洞庭之野”，指在洞庭湖以远的地方。笔者已查获崇山周围共有四条洞庭水，四条洞庭水环绕天门崇山，其中一条注沅水，此即永定区王家坪镇境内之洞庭溪（见 2013 年 11 月版《张家界市行政区划图》，湖南地图出版社编制），三条注澧水。天下何有二处！且不独是“洞庭之野”的原生地，还是洞庭湖名称的源头，即先有四条洞庭水注两江入湖，才有“洞庭湖”之名播扬世界！故笔者判断大禹祝融继位夏庸帝位发生原点一定就在洞庭之野的崇山！故《路史》云：“当尧之时，舜举之禹，祝融之神降于崇山，乃受舜禅，即天子之位。”把夏禹登庸于崇山说成是“祝融之神降生于崇山”，与《湖南全省掌故备考》所言“则祝融其国号矣”形成对接。《山海经·大荒北经》则载禹在崇山筑六帝之台。倘若轩辕、帝喾、帝尧、帝舜、帝丹朱、帝共工六大古帝不是天门崇山人，禹帝凭什么要为这一批先祖筑台祭祀于斯！或曰，如果禹帝本身不是大庸崇山人，为何不把六帝之台筑到北方、筑到西方、筑到东方？只有一个解释：他本人就是受封于崇山的一代祝融，能受封祝融之职称者的祖地、出生地只能在崇山，由此说明夏（大）禹所建夏朝必在崇山境内无疑。穷索史典，似不见“夏朝”之“朝”，想必是后期史家所定。也难怪当代一位名声颇著的易氏“雄辩家”在央视讲坛慷慨陈词，说中华文明断代是“伪史”，不会超过三千五百年（公元前 1579 年至当今时期），应自殷商始，此“夏”之国存在不存在还是个问题，因为史界至今还没找到夏朝立国于北方的准确原生点。今日个我提出夏朝前身原本是“夏庸”之说，或可为这位先生释疑解惑。此位先生既然一不小心偶尔革了“中原正统论”的命，又何不改变一种思路，站在“中原”放眼南国大庸，或许能见到另一片灿烂的晴空！

综上所述，古大庸帝国的缔造者极有可能是燧人氏火神祝融后裔直到 7800 年（按此即湖南高庙、溆浦遗址年代）前的某一代祝融。此后代代发展，其名称往往因人而异，但以“庸”字附身的祝融之衔却代代不变，直至末代祝融——屈原之父伯庸。

张良皋说：“我们推崇祝融，正为推崇庸国，因为‘祝融’就是‘祝庸’。……这个国家源于祝融。”（《巴史别观》31 页）

一言九鼎。

（三）古庸国疆域

古云："普天之下，莫非庸土。"

在广大人民心目中，一提"中原文明"就必提到"三朝"，而印象最深的是因专宠妲己、暴虐无道的殷商王朝的纣王。那么，这个创造伟大青铜文明的国家地盘到底有多大？《竹书纪年》卷上载："是时舆地东不过江、黄，西不过氐、羌，南不过荆蛮，北不过朔方，而颂声作。"关键一句是"南不过荆蛮"，即没有跨过长江。长江以南三万里锦绣江山难道是空白地带？中国古史文明似乎走到长江北岸就止步了。武丁中兴时期（前1271–前1213），武丁曾发动了多次征伐方国的战争，向南一直打到荆蛮一带，但未能跨过长江一步，为什么？是跨越不过，还是不敢跨越？历代史家可能没有料到，因为这长江之南半个中华域版土，就是大庸宗国、帝国的领地。武丁不是不想，而是不敢！

李书泰先生说："大庸古国，是一个横跨长江、肩挑川泽（四川盆地）云梦（大泽）两湖（洞庭、鄱阳）的一个地域辽阔的超级大国。"（《庸国荒史研究》）这个国家的首都就建在崇山东北10公里澧水之阳的古人堤，位处北纬28°52′13″–29°25′06″，东经110°04′15″–110°55′06″之间。我们称它为"古庸国文明""古崇山文明"或"澧水文明"。与其几乎同处北纬30°一条生命线的古印度文明、古希腊文明、古埃及文明、古巴比伦文明、古玛雅文明及古两河文明，构成了地球人类生存创世的亮丽风景线——地球文明的绿色腰带。从有关史料中得知：印度约公元前3000年始建国；埃及约公元前3500年建第一埃及王朝；巴比伦约公元前3500年始建国；希腊约公元前3000年始建国；玛雅约公元前1100年（即中国在商帝乙末，商纣初）始建国。比较起来，大庸国建国时间早于世界所有文明古国，这是不争的事实。而中国之夏王朝，建自公元前2033年的古庸崇山，仅超过玛雅文明，但远在大庸帝国之后2000~3000余年。故笔者认为能与世界文明古国站在同一起跑线上（乃至超越）的文明古国大约只有创建于澧水崇山下的大庸帝国！夏朝脱胎于古庸国，这是值得史界高度关注的学术命题。鄙人甚是不解：史界高喊"四千五百年文明古国"或"五千年文明中国"，如果从夏朝算起，还差950~1000年，如此巨大缺口从何填补！？即便以黄帝纪年——公元前2550年算起，中国历史仍然远在古印度、埃及、巴比伦、希腊之下！

笔者在前文中一再提醒：以祝融、伏羲、神农为代表的"三皇"，与以黄帝为首的"五帝"至今还没有找到他们各自的"皇国""帝国"，如果找不到，"三皇五帝"就是无国游民和寻常平民资质，又凭什么资格头顶"皇""帝"之帽，代表国家与世界文明古国争锋比拼？若如此，以黄帝个人纪年（公元前2550年）作为中国古代文明的开局之年就没有法律保障，世界也不会承认！从这个道理上讲，易某先生发誓以拼了身家性命之慷慨质疑中国五千年文明就不是怪论奇谈了！

关于大庸古国的疆域，史书虽没有明确界定，但在一些典籍中仍可捕捉到一些信息，如：清·顾祖禹《读史方舆纪要》载："四川首州府（今成都），庸国地。大宁、奉节、云阳、万县、开县、梁山皆其地也。"晋·常璩（音"渠"）《华阳国志·汉中志》载："汉中本附庸国，属蜀。"《太平寰宇记》《舆地纪胜》皆说"汉中于周为庸国之地。"

《魏书》载："皇兴四年置东上洛，永平四年改为上庸郡。辖商、丰阳二县。"明《岳州府志》载："东接洞庭，西连施黔，武陵在其南，江陵在其北，荆之近庸国之南屏。"同治《来凤县志》载："旧县志谓楚之西北郧阳七县，故汉中郡，古为梁庸商麇诸国，是秦楚之隅。"《路史》卷二十九"庸城"条释作"今岳之华容（庸）。"《施南府志》说：隋大业年间施南地清江郡改为"庸州"。《太平寰宇记》：金州（今安康市），于周为庸国之地。《四川通志》："夔州，春秋为庸国地。"《元和郡县志》："隋开皇九年（589）置务川县，属庸州。"（庸州，黔江地是也）。据张良皋考证，溶州即容美、庸州；容阳即庸阳，是为"庸国南土"。庸美是庸国的宗亲（《巴史别观》）。施庸，大庸之附庸国，都城在今永顺县长官乡，宋时设庸州，元为会溪施庸峒，明洪武二年置施庸州。即今古丈县施溶溪镇。湘西东南有舒庸国二：一为沅陵丑溪口舒庸国，二为溆浦舒庸国，皆大庸之附庸国。《路史》卷二十九 [庸城]："今岳之华容。"华容即华庸。《一统志》："春秋时庸国鱼邑，汉置县。"《杜注》："鱼腹。"《湖北省志》："上庸，东接均房，西距汉岷，南抵荆衡，北通汉水……为上庸子国之分封。"……由这一思路，我们的眼界或可拓展得更广阔一些，一个"庸"字符号，可能就是这个国家疆域或人口所抵达的地标。如：河南修武庸城，安徽宿县庸城，以及河南的舒庸城等。王应麟《诗地理考》："鄘城，即鄘国。""本庸姓之国。"又如：云南建水县哈不庸村；贵州德江县庸州；贵州沿河县庸州；重庆乾江县庸州；四川成都市庸州、庸部；湖北竹山县上庸郡（国）、庸部；河南卫辉市鄘城；信阳市庸墩村；安徽舒庸城；宿州市庸桥区，南部无为县庸浦；浙江盐城东北有北洋（北庸）（公元前280年秋，司马错灭庸城破，屈原孙子一行北逃亡命落脚第一站即此）；山东青岛交州上、中、下庸村；北京昌平居庸关（又称居庸塞、居庸县）等。若从上述四方"庸"地分析：北京"居庸关"恰在"幽陵"；云南"哈不庸村"恰在今越南的"交阯"；四川成都"庸部"恰近西方"流沙"；青岛"庸村"恰近日本的"蟠木"。这不正是司马迁笔下以及颛顼、屈原所写所记"北至于幽陵，南至于交阯，西至于流沙，东至于蟠木。动静之物，大小之神，日月所照，莫不砥属"的颛顼庸帝的疆土吗?！这个"颛顼国"即是"颛庸帝国"！

上述史典，无可辩驳地记载了颛顼时代古大庸帝国的疆域基本上覆盖了古中华域实际版土的大部！如有不服气不相信者，你就以夏商周三朝为例，查查他们以国名固化成的行政名称和地名到底有多少？只有这样公正、公平地比较你才能心平气和、不好意思骂娘了。其实，我们应该为中国远古时代有这样一个伟大的"超级大国"而感到自豪，感到骄傲！这就是三皇五帝时代留给后人的创世文明的伟大文化财富！

有感于此，魏·曹植作《帝颛顼赞》云：

昌意之子，祖自轩辕。始诛九黎，水德统天。以国为号，风化神宣。威鸿八极，靡不祗虔。

古庸国研究学者李书泰为此总结了一句经典名句："普天之下，莫非庸土！"

（四）熊氏庸国·熊氏楚国·屈氏庸国之关系

1.熊氏庸国：根据庸人后裔《告祖词》

提供“四十二熊”信息，熊氏得姓之前，应该是三皇五帝之庸国；而熊氏庸国应该从熊氏正式得姓的穴熊时起，黄尚明《楚简中祭祀用玉问题探索》载：葛凌楚简

2. 三楚先：一说祝融、穴熊、鬻熊。又云三楚先当是老童、祝融、鬻熊，亦以老童、祝融、穴熊三人并列。然鬻熊上距穴熊26代，故穴熊当为熊氏庸国开山之祖。熊氏庸国止于公元前611年三国分上庸，约共42代。

3. 熊氏楚国：自一代庸帝鬻熊及曾孙熊绎统帅八国联军灭商之后，熊绎主力一直滞留周地，以保周室政权。至公元前1060年，周成王始封熊绎于荆楚之地。《史记·楚世家》：“熊绎当周成王之时，举文、武功劳之后嗣，而封熊绎于楚蛮，封以子男之田。”此后，创建楚国，是为独立法人国，但与大庸宗国及宗周法定为宗子关系，故史称“楚子”。李学勤《论凤雏卜甲中的周王与楚》引H11:83甲有“楚子来告”（见《楚文化研究论集》第十集，湖北长江出版集团、湖北美术出版社版第6页）。对这一史实，多数楚学家浑然不觉，唯张良皋独具法眼，认定“楚人是庸国的子族”。亦即楚国是庸国的子国和封国。唯有这种宗亲关系，才有“两国共监制”的产生。屈原以莫敖的身份从庸国赴楚国任职的背景即此。此制度直至公元前280年屈氏后庸国灭亡止。公元前223年，熊氏楚国为秦所灭。

4.屈氏庸国：约公元前704年，武王熊通封长太子熊瑕于大庸国屈邑（屈家坊），熊瑕以屈家坊古姓之“屈”（黄帝臣狂屈坚之屈姓）改熊姓为屈姓，屈氏以莫敖身份进入宗庸朝廷。公元前611年楚、秦、巴三国分庸（上庸），屈氏莫敖家族正式篡夺熊氏庸王政权，熊氏庸国时代结束，屈氏后庸时代开始，并继续以“两国共监制”维系屈氏庸国与熊氏楚国的宗子关系。

（五）上庸与大庸的宗子关系

同治《竹山县志》载：“竹山在周为古庸国，秦汉为上庸。”又：“[周] 庸子国。《牧誓》：武王伐纣，庸与焉。”又卷之四·形势：《省志》：“有方城天险之保障，为上庸子国。”吴熊光驻节竹山，作《驻书竹山诗》：“此地古封庸子国。”公元前611年，上庸国被楚、秦、巴三国瓜分后，先后更为上庸县、上庸郡、庸部（王莽）、新丰县、上庸县、孔阳县、上庸、竹山县等。

上述文献皆确定上庸为“庸子国”，即“庸国的子国”。就是说：在上庸的背后还有一个“宗庸国”。此之“宗庸国”，必是江南的大庸帝国。按惯例称江北为“上”，如湖南有首著名歌曲《挑担茶叶上北京》；解放初，北方一批军干、政工人员奉命南下，分赴江南各省，叫“南下干部”。由此可证“上庸”必是南方庸国分封的北部子国。

澄清这一事实真相，南北庸史研究才不会因“宗子”关系之争而红脸。

那么，“上庸”到底是何时为何人所封？

经笔者数年寻踪，在《墨子·非攻》中找到了线索：“少少（片刻）有神来告曰：‘夏德大乱，往攻之，予必使汝大堪（胜）之。予既受命于天，天命（祝）融、隆火于夏之城间西北之隅。’”

大意是：天神来告诉汤说：“夏王桀十分淫乱，你去攻打他，我一定使你大胜。我已经从天神那里得到命令，天命火神祝融、雷神丰隆焚烧了夏都城的西北角。”

就在墨子同一段文字中又说："天命周文王伐殷有国。"

这两条史证信息，不正是《尚书》所载"非天庸释有夏，非天庸释有殷""夏弗克庸帝"的出典吗？此之"天"即"天庸大帝"——大庸帝国一代庸帝祝融。助汤灭夏的祝融本名待考，但助周灭殷的天帝祝融必是鬻熊（一声之转作"祝融"）无疑！

历史的真相是：夏桀乱德，一代祝融以"天命"为由率大庸帝国军队助商王成汤灭夏。战后，祝融留下一批将士驻留商之西南边境一带开疆拓土，建立军事基地，其目的是行使帝国宗法权力，监督商国，并以方位称"筑山"。同治《竹山县志》（史）序曾对"竹山"之"竹"表示质疑："抑又旁搜众说，载为一代之书，而'竹'独无之。"其实，此之"筑山""竹山"，均系大庸国创立者祝融之"祝"的变音异称，即"祝山""祝融山"。前面引张良皋"庸国源于祝融"之论即可作证。大约过了二三百年，上庸背靠强大的宗庸国背景，不断开疆拓土，广开锡铜矿山，又与巴人争夺盐源，很快崛起，创造了庸国史上的辉煌，俨然成了江北势力最为强悍的一个"准"字号的国家。从殷商到周楚时期，凡大庸帝国的重大军事行动，基本上由上庸完成。在大庸本土，除了对付东西南诸蛮方国，基本上没在本土发生过大规模的战争。但上庸历史上真正称"庸之子国"，还是周初的事。即墨子所说"天命周文王伐殷有国"。亦即《尚书》"天庸释有殷"的背景。

史载：公元前1065年（周武王十二年），时封弟叔鲜于管，叔度于蔡，立纣子武庚禄父为诸侯以治殷遗民，使管、蔡监之。并由庸、邶、卫三国代表协助三诸侯共监，此即周史上的"三监"制。公元前1063年，管叔、蔡叔与纣子武庚叛周，周公东征。前1062年（周成王二年），周公东征，讨管、蔡、武庚。前1061年，周公平三监之乱，杀武庚、管叔，放蔡叔（参读翦伯赞《中外历史年表》1985年版第16页）。

作为三国参与三监代表之体制级别，无冠无冕的"上庸"显然不能代表大庸帝国，于是，时任庸国帝王的熊狂（一说为熊艾），正式封上庸为"上庸国"，都在竹山，列第四等子爵，故称"庸之子国"，与楚子国平肩，即相对独立的准"法人"国。此"上庸子国"之名出于西周"三监"的由来。

公元前611年，"不服周"的楚庄王野心膨胀，意欲取代宗周乃至宗庸，阴谋被上庸国察觉，即奉帝命乘荒灾"楚大饥"，联合众蛮惩罚楚国。楚七战七败，遂一不做二不休，勾结秦、巴一举灭亡上庸，并瓜而分之。《开县志》对此有载："春秋（前770–前476）本境为巴国地。周平王二十一年（前570）巴、楚、秦三个诸侯国结盟伐庸。灭庸以后，瓜分其地，巴分到今下川东（含今开县）地。"这是三国分上庸事件的地方证言。但所说年号有误，应为周匡王二年（前611）。上庸国之亡，等于被胞弟自己摧毁了楚国外围屏障，宗庸国亦折断中流砥柱，宗庸至高无尚的"天帝"形象大损。到了强秦时代，"庸楚两国共监制"已经名存实亡、江河日下，竟被秦国一一消灭，让历史叹息千古、遗恨万代！

若从6500–7000年前，即公元前4500

年-5000年以远的祝融率伟大的祝融氏家族——古庸人、古濮人在澧水岸边开发澧豆、澧稻文明，进而版筑墉城，创立大庸帝国，到公元前280年屈原之父伯庸——末代祝融亡国，共传76~78世，**大庸帝国国寿长达3700~4000余年。**

——夏王朝自公元前2033年至公元前1579年，共传14世，国龄454年。

——商王朝从公元前1579年至前1066年，共传17世31王，历时513年。

——西周王朝约始于公元前1066年，止于东周末即公元前256年，经历了27世37王，统治了约810年。

——楚子国约创于公元前1060年（周成王广封之年），时年，鬻熊大帝派曾孙熊绎助武王伐纣，战后留居荆楚之地，建立楚国，是为庸国北疆军事重地行使监管周朝等众子国之权。后因楚国强大，野心膨胀，意欲僭越篡夺宗庸帝国之权，已危及宗庸宗法社稷，故先帝先王早就制订并强力实施“庸楚两国共监制”，这才有了熊（屈）瑕出使宗庸，后人屈原又出使楚国的秘史，弄得古今史家两眼昏花、一头雾水，目瞪口呆，成了中华古史中最为难解的谜案，故两千年屈原学研究，基本上是瞎猜臆解。公元前223年，秦将王翦、蒙武攻破楚军，楚昌平君死，项燕自杀，楚亡。共传约28世，国寿约837年。国寿仅次于古宗庸国。

——上庸（子国）约创于公元前1579年，比楚建国早519年。公元前611年，被秦、楚、巴三国联手灭之，约传32世，国寿968年。

——屈氏后庸国约始于公元前611年，灭于前280年，共传8代庸王，国龄331年。

[金氏子按] 是否可以这样说：大庸帝国的存在是一部伟大的正史，她是那个时代不仅在中国，在全世界都可能是最古老、最伟大的国家之首。同时，让我们发现：在以崇山为中心的澧水流域，“大庸”符号俯拾即是，证明大庸是大庸帝国的中心地不可动摇。找到了祝融出生地和他的“庸”字符号群落区，就等于找到了这个**大宗国、大母国、大“祖”国**，困扰史界几千年楚国的背景便豁然开朗。文裁逢说“**庸人就是祝融氏的后代**”，与张良皋“**庸国本是祝融之国**”的论断发生对撞，算是识破了天机。那么楚人再牛也是庸人的子孙，楚国再强也是庸国的子国。

——这便是屈原出身、成长、发迹的地域背景、国家背景、历史背景和文化背景之所在。

这里，我想援引月明日先生一段话：“张家界的前身叫大庸，以致不少人把‘庸’看成是平庸的意思，因而‘大庸人’变成最无用的人，听起来非常忌讳。1994年，改大庸市名为张家界市的时候，没有人不拍手赞成的，有不少人说，从此我们再也不是‘大庸人’了。”月明日先生对大庸的评价是：“其实大庸的‘庸’绝非平庸的‘庸’。大庸原是古国名。”并说：“**古庸国是中国古代文明的一个发祥地，与黄河流域的古殷商之地一样，同是中华文化的摇篮。在辉煌文明的推动下，古庸国曾经盛极一时。**”还说：“有人推测屈原的祖先就是庸国人。”（月明日《揭秘消逝古国》第38页）

冯知明在《楚国往事》中写道：“我颇惊讶地了解到，庸国几乎成了中华文明的摇篮。伏羲在庸地传法，女娲在庸地造人，而她补天应是在西之（按：应在南之）昆仑吧；神农氏在庸地遍尝百草，分辨五谷。就是说远古三皇其实就是庸之三皇。庸地还是尧的长子丹朱的封地，传说他发明了围棋，下棋时有树叶飘落于水杯中，成了喝茶的第一人，故‘茶风源于巴山楚水间’。庸国还是铸造大钟鼎的国度。庸人矛坚器利，与楚征战，七战七捷。‘惟庸人善战，秦楚不敌也’。庸国开疆扩土，北抵汉水，南接长江，东西之间，面积几近四万平方公里。”（凤凰出版社2009年版第13页）

显然，冯先生所言此之庸国是长江之南占据半壁江山的大庸帝国本土，还只是大庸帝国设在江北竹山监督北方诸国的一处军政合一的一枚过江棋子——即监管北方诸国（包括夏商周）的军事基地，古称“上庸”（即“北庸”）。而就凭这一颗小小的“钉子”（版土就是当今的小小“竹山县”），就已够惊天动地了。

冯先生显然还没发现江南大庸帝国本土，如“南接长江”，这正是竹山县的位置，显然不了解大庸帝国的版土几乎占据了万里长江之南的中华半壁江山！中心地则在两湖长江之南的秘密显然一无所知，但对太古、远古时一批巨人伟人与古庸国之关系的界定还是恰当到位的。特别那段“远古三皇其实就是庸之三皇”的宏论，与张良皋、李书泰及本著笔者的研究发现同时发生对撞，可称史学研究的奇迹佳话。谢谢冯先生！

至此，我们是否可以断定：屈原不仅是土生土长的地地道道正正宗宗的“大庸人”，还是大庸帝国王族世胄乃至末代庸王。抑或说，我们找到了这个大背景，将为未来屈学界研究楚辞屈原，开辟了一个全新的思想领域，屈学研究将有望从“猜想”层面进入本质世界。

七、追寻屈原诗中县圃崇山远古文明

“朝发轫于苍梧兮，夕余至乎县圃。”（《离骚》）

“昆仑县圃，其居安在？增城九重，其高几里？”（《天问》）

“驾青虬兮骖白螭，吾与重华游兮瑶之圃。”（《涉江》）

“祝融戒而还衡兮，腾告鸾鸟迎宓妃。”（《远游》）

远古时，崇山因祝融降生于崇山，华胥氏、伏羲、女娲居住崇山，舜放驩兜于崇山、大禹建夏朝于崇山，而名震华夏。此前此后，一批批伟人巨人创世人物和社会名流，或出生于崇山，或流寓于崇山，或游历于崇山，或归葬于崇山，或筑台于崇山，或祭祀于崇山，或创国于崇山，或发明于崇山……这里是远古时代人类文明的发祥地，是人类的精神中心、文化中心、祭祀中心、教育中心、创造发明中心和建国中心。

崇山一山30多个名称，每一个名字都记录着不同时代的某一个重大历史事件的信息，这在全世界万千名山中是独一无二的。由于历史的原因，她的辉煌名声不幸湮没在庸国没落消亡后期历史的尘埃中，但古名不灭，精神长存。

多少年来，学界研究古史、国史、楚史、屈原史，由于忽略了（或根本没发现、不了解）大庸崇山，许多重大问题只能凭汉后一些典籍去编造，去设想，去推测。特别是从黄帝开始的历史纪元，关于一些创世巨人的

来龙去脉，大多是一个个未曾解开的谜。中华上古、远古史（且不论太古史），基本上是一部“疑史”。笔者初涉屈学，初无感觉，既久，才发现屈赋中多数仙人凡人几乎全都与崇山县圃、天门昆仑有关，便觉**不解崇山，疑案难断；不识崇山，屈原难立**。

《说文解字》：崇，充也，音近假借，以崇山名。《说文》：崇，嵬高也。山大而高也，从山，宗声。《尔雅·释诂》：崇，重也。邢昺曰：又高贵也。《易·系辞》：崇高莫大乎富贵。《左传·宣十二年》：师叔，楚之崇也。又充也（按：本境充县由此得名）。《礼·乐记》：复缀以崇。《仪礼·多饮酒礼》：主人再拜崇酒。注：崇，充也。谓相充实也。又聚也。《诗·大雅》：福禄来崇。注：谓积而高也。《广韵》：崇，敬也，就也。《国语》：崇。崇山。崇之字亦作“宻”（按：暗含“宗山”），亦作“嵩”，故宻山亦曰宻高山（《说文解字注》765页）。

以下为笔者所收集到的关于崇山的各种名称：

1.天崇山：近人发现甲骨文中有“崇”“天崇”“兄崇”“父崇”等古文字。与天门山西侧相邻，为一孤峰，西与崇山隔溪（仙人溪）相望。为远古天门、崇山的合名。今有天崇山、天崇垴、天崇关、天崇乡、天崇毛尖（茶）等古名。清·同治《直隶澧州志校注·艺文》第696页载：“子五人：长国瑛，庠名炳。五国宾，榜名湘，道光丙午（1864）亚元。闱墨出，远近传诵，咸以为有‘天崇人魄力’。”（朱之才《蕉窗先生传》）

2.崇山：《尚书》《五帝本纪》：“放驩兜于崇山以变南蛮。”《太古河图代姓纪》：“伏羲氏，燧人子也，因风而生，故风姓。末甲八太城三十二易草木，革生月，雨降日，河泛时，龙马负图，盖分五色，文开五易，甲象崇山。天皇始画八卦，皆连山名易，君臣民物阴阳兵象始明于世……天下之民号曰天皇太昊伏羲有疱升龙氏。”伏羲在崇山演八卦，《连山易》六十四卦之首曰“崇山君”。由此可知影响世界文明的中华太极八卦易经源出于庸国崇山，传播于神州大地。

《中国苗族古歌（都果都让）》第六部《崇山祭祀》唱：“仡雄苗众的一支，才从水乡边的陆地迁徙；迁到崇山的地方……迁到崇山的地方，仡灌宗支生养了许多儿女……”也就是这支崇山苗人，创造了“牛郎织女”的千古神话故事。（天津古籍出版社1991年版228页）古歌中所讲苗族仡雄（熊）一支，就是屈原的先祖。仡灌，即驩兜一支。

3.重山：《连山易》：伏羲八卦“重艮以为首”。《尔雅·释估》：“崇，重也。艮，山也。”《现代汉语小辞典》：“艮（音亘），八卦之一代表山。”重艮即崇山，亦作“重山”。鬼谷子（白公胜）《分定经》：“重山高耸拂云端。”又：“若问安闲日，重山好放牛。”皆指崇山。是说八卦崇亘为首卦，是伏羲演八卦于崇山的重大信息。《穆天子传》作“重庸人”。重山之“重”，出自《山海经·大荒西经》：“颛顼生老童，老童生重及黎。帝令重献上天，令黎邛下地……以行日月星晨之行次。”此重、黎皆是天文大师颛顼之孙，均被封为祝融之职，并由二人负责观天制历。《史记·太史公自序第七十》载：“昔在颛顼，命南正重以司天，北正黎以司地。”此重——祝融即在崇山观天，故又得名重山。今张家界市区古有南正街、北正街，又有官黎坪——北正黎司地为官之处。

4.充山：汉高祖五年因崇山之名建充县，筑充城。《礼仪》注：崇，充也。《说文》：长也，高也。《广韵》：美也，备也。《周礼·地官·充人》：充人即崇山人。所谓“充山”，出自女娲在崇山发明笙簧，作“充乐”。即崇山古乐。7000年古充城在古庸都古人堤（今张家界市古城中心）。1997年出土木牍90余片，中有“充长之印”四字。

5.舂山：《说文解字》［舂］“捣粟也。……古者，雍父初作舂。”《世本》宋衷注：“以雍父为黄帝子。”是说黄帝之子发明“舂”,舂即碓，乡间称碓码。故发明舂的地方就叫舂山。舂山，即充山、重山、崇山。说明黄帝之子雍父是崇山人。这与黄帝生于昆仑寿丘对接。雍、庸同音异记，实为庸父。笔者以大量证据破解黄帝出生于仙人溪不死国、寿丘（包括天门、崇山、熊罴岩、七星山在内），在熊罴岩建“云中朝廷”轩辕之国，并大规模建设天门昆仑、崇山县圃的史实。“舂山”最早见诸《穆天子传》：“穆满，示女舂山之宝……乃至于昆仑之丘，以观舂山之宝。”意即登上昆仑山（此指天门昆仑，非西域昆仑），观看舂山的宝物。又说：“舂山是惟天之高山也！……舂山之泽，清水出泉，温和无风，飞鸟百兽之所饮食，先王所谓县圃。……舂山，百兽之所聚也。……”

2013年5月12日，笔者考察崇山，村支书袁吉任指证“碓马湾”就在陈家塌（即崇山水库）之西侧，言称是古人发明碓马（舂）的地方。今属连五间村。无独有偶，熊壁岩村秘书汤进波送来《熊壁岩村小地名名录》里面也发现“碓马岗”地名。汤秘书说：“相传碓马岗是古人发明碓马的地方。”雍父出生于熊壁岩，肯定与他的发明有关。一峡之隔，两座历史圣山，同时保存了两个关于“舂”（碓马）的地名符号，且与《穆传》《说文释字》等古籍对接，你能说这是巧合？

6.穷桑·穷山·大穷山：宫玉海说：“‘穷桑’也就是‘穷山’。”又说：“有‘穷桑（崇山）’就有‘崦嵫’（胭脂山）。”（宫玉海《山海经》与《世界文化之谜》吉林大学出版社1995年版第100页）《山海经》：“轩辕之国，在此穷山之际。”宫玉海注：“穷山：一解为崇山。”（宫玉海《山海经与世界文化之谜》49页）《礼·檀弓》：“充充如有穷。”注：孝子心形充屈。穷，急之容也。民国《辞源》（370页）载：[大穷山] 东南方荒远之地。《淮南子》大穷山又作大荒。古代专指崇山为“南蛮荒服之地”。清代《续修永定县志》编纂王儒庭《芦茅界》诗：“极目群山顶，高低接大荒。”指的就是今张家界之武陵源和崇山。

7.首山：《钢鉴易知录》：“帝采首山之铜，铸三鼎于荆山之阳。”八卦“重艮以为首”，重：重山，即崇山。艮：山也。重艮即崇山。即指崇山为众山之“首山”。与驩兜在崇山铸驩兜鼎形成对接。

8.蛩山·狄山：《山海经·海外南经》（岳麓书社2006年版266页）：“狄山，帝尧葬于阳，帝喾葬于阴。……注释：狄山[(1)]，一名崇山，亦作蛩山，崇、蛩声近。”

(1)狄山：同上注：“狄山，一名崇山……”《汉典》“狄山：崇山。”张守节《正义》引张楫曰：“崇山，狄山也。”《水经注·瓠子河》：“《山海经》曰：尧葬狄山之阳。一名崇山。”

9.岳山：《山海经·大荒南经》（岳麓书社版347页）载：“帝尧、帝喾、帝舜葬于岳

山。注：岳山，即狄山。”

10.汤山：《山海经·大荒南经》：“狄山，帝尧葬于阳，帝喾葬于阴。……吁咽(解为舜)、文王皆葬其所。一曰汤山。”

11.宗山：《山海经》：“又有宗山，又有姓山。”其一，祝融被三苗、楚人、土家皆奉为大宗神，亦即祖山；其二，前注崇山又作“密山”，诸山之宗也。

12.姓山：出典同上。南方人类得姓由崇山肇始。据张家界市崇山文化研究会会长田奇富先生查考发现，至少有160个姓氏出自崇山。

13.主姓坡立谱山：此即苗语所称得姓之坡，立谱之山。故崇山为姓山。

14.比高立姓高仁立谱：古苗语，是说远古时代，苗祖比高在崇山发明姓氏；苗祖高仁则在崇山发明为各姓氏著写谱书。故濮语称崇山为姓山。濮人，今大武陵山地区土家族之一脉，为庸国古占卜大族，其中一支远徙印度，一架马车游走四方，扶乱占卜赛神，古称“乩（吉）卜赛人”。

15.祖山：一即崇山。远古土、苗共尊祝融为祖，故崇山为祖山。《永定熊氏世家统宗大成谱书》载：“祖楚祝融一世季连、陆终六子，嗣为祝融，至鬻(音“祝”，不读“玉”)熊，为文王师，成王封曾孙熊绎于楚，以主祝融、鬻熊祀。”由此证明，崇山即祖山得名于祝融、鬻熊。民国《辞海》(第926页)载：“祝融……民赖其德，以为火祖，配祭火星。见《汉书五行志》。”

16.国山：因祝融在此建大庸国，黄帝建轩辕国，驩兜建驩头国(一说三苗国)，大禹建夏国（朝），皆为中国远古建国之源头，故称“国山”。《山海经》有“共工攻国山”之记载。何光岳《南蛮源流史》(第五节)载：“李玄伯说：‘鲧亦称崇伯，崇山亦必与夏有深切的宗教关系。’驩兜前已说是鲧之孙辈，崇山自然被驩兜奉为祖山和国山了。所以，他们所迁之处，也就在出现驩兜的地名的同时也出现崇山的地名。这的确与他们的宗教崇拜有关。”

17.黔山：杨鸿显《苗族先民在崇山》：“崇山又叫黔山，古黔中郡因黔山得名。又叫武陵山。”《康熙字典》：“黔，《广雅》：黑也。《说文》：黔黎也。秦谓民为黔首，谓黑色也。”而溯其源：黎，一代祝融。民间对火神祝融称“雷公”，又与颛顼同称为“黑神”“黑老爷”，如屈邑屈家坊有黑神庙，故曰“黔黎”；又黔首之“首”，一作“人头”，一作首领。故称崇山为天下首山，因又称黔山。

18.武陵山：何谓“武陵”？即古代武神蚩尤之陵。本著已发现蚩尤被黄帝斩杀于庸国故乡——今张家界市永定区枫香岗乡之宋山，葬与宋山相对的崇山，因是古代“武圣”“武神”“战神”之陵，故俗称“武陵”，其崇山又名“武陵山”，乃至将大湘西一带统称武陵山(事载《山海经》)《太平御览》引《武陵记》：“武陵山上有神母祠(卷四十九。按：神母即王母娘娘、西王母)。……山边有石窟即马援所穿石也。此山头与东海方壶山相似，因名壶头(卷一百七十四)。”故天门山又名壶头山。这是武陵山即天门山的最权威证言。柴焕波认为崇山、天门山(包括熊罴岩、七星山、武陵源)是武陵山的主体(《湘西古文化钩沉》)。

19.县圃：《穆天子传》：“春山……先王所谓县圃。”屈原：“昆仑县圃，其居安在？”“夕余至乎县圃。”［三国］陈琳《大荒赋》：“仰阆风之城楼兮，县圃貌以隆崇。”县圃、阆风，皆指昆仑。可证崇山属天门昆仑体系。“县圃”是“赤县神州”及未来“县”的原生地。

20.崇山南裔山：又作南夷山。《书经·蔡传》：“崇山南裔山，在今澧州。”其时，崇山属澧州。马融及《释文》均曰：“崇山南裔也。”《淮南·修务训》注云：“崇山南极之山。”知道崇山在南方，却不知崇山在南方何处。屈原《涉江》：“哀南夷之莫吾知兮。”金开诚等注：“南夷：指南方荒凉的土著居地。古代对中原地区以外各族人民统称为‘夷’，这是一种蔑称。清钱澄之说：‘南夷，不指郢，指江湘以南，皆夷地也。’清王夫之说：‘南夷，武陵西南蛮夷，今辰沅苗种也。’清张云璈说：‘盖指所放之地而言，近於湖南之苗疆，故曰夷。’”（金开诚、董洪利、高路明《屈原集校注·下册》中华书局 2008 年第 3 版，第 471 页）窃以为上解靶向“武陵西南、辰沅苗种”“苗疆”等，十分正确。南夷崇山正处辰沅武陵中心，乃苗蛮（包括庸人、楚人）的精神领地，“南裔（夷）崇山”已由蔡邕提炼成一个固定的指代性符号，比如一提“大荒”“南蛮”，必指崇山一样。故屈原所写“南夷”就是故乡昆仑南夷崇山无疑。

21.祝融山：［晋］《千字文》：“沅绕祝融。”沅：沅溪，指绕崇山而流的沅溪，古名元溪，为沅江得名之源头。此之“祝融”已物化成一座山。世上人变山的故事，并不少见，但绝对是一方最有影响、最有威望、贡献最大的杰出人物。一条沅溪、沅水，锁定这位化成崇山的伟人祝融是大庸崇山人。

22.三崇山：非指“三座崇山”。自古崇山三条危崖险路，故称“三危山”。相传崇山古三苗败于禹征崇山驩兜，中有三个头领各背一个祖神菩萨，带着各自的部族分散亡命云南，不料偶尔同在澜沧江畔相会，三个首领以为是“天意”。为了永远纪念祖山，将各自所带的祝融、蚩尤、驩兜三个祖神菩萨合供一处，叫三祖堂，山叫三崇山，又叫三危山。《滇志》：“三崇山名三危山，阑沧江经其麓。或以为即古三危山也。”

23.崇庸山：《穆天子传》载：“乙丑，天子东征。重邕氏头目□□送天子至于长沙之山。……柏夭曰：‘重邕氏之先，三苗氏之□处。’”此之“重邕人”即崇庸人。崇山祝庸后裔都称“崇庸人”，即今土家族、苗族之先祖，故又叫崇山为崇庸山。以后将天门山之西北、崇山之东北侧——老道湾之南侧——摩天独峰专称崇庸山。

24.高戎霸凑：苗语对崇山的称呼，传说是龙和麒麟的故乡（见《湘西苗族》吉首大学学报民族问题增刊 1982 年第 3 期之第一章）。

25.仁云仁梦：苗语对天门崇山的另一称呼，即云梦山（引文同上书）。

26.高剖高崇：苗语，意即崇公山。崇公：驩兜（引文同上书）。

27.稿谱山：苗语：祖公山。即崇山。祖公：驩兜（引文同上书）。

28.高肉崇：苗语称呼，汉语译为崇公山。“肉崇”，汉语译为崇公岩，又叫驩兜岩，均与放驩兜于崇山有关（参见隆名骥《苗学探微》民族出版社 2005 年版 89 页）。

29.驩兜山：崇公山又叫驩兜山。（引文同上）

30.相公山：因崇山相公得名，前文已破相公即黄帝六相之一的祝融。又驩兜亦称

相公。相公系马柱、相公洞、相公潭、相公岩，均指祝融与驩兜。光绪《永定县乡土志》云：“又西南二十五里曰相公洞之山……瀑布双泉如练……驩兜氏之石室在焉，其中有系马柱、读书之床。”可证驩兜石室与祝融相公洞实为一洞。民间传说古时洞中有二相公对奕，当指此二人。

31.大泽崇山：出自《穆天子传》：“春山之泽，清水出泉，温和无风，飞鸟百兽之所饮食，先王所谓县圃。”同治《永定县志》：“大泽崇山作枕襟。”此之大泽即指今崇山水库，约250亩。

32.天国崇山：“天国”即指“天庸帝国”，苗族史诗《鸺巴鸺玛》说：“史诗告诉我们，这以后，苗族迁徙的队伍，在七个头领的率领之下，分成七路，迁上‘天国崇山’。崇山究竟在哪里？传说就在辰州附近的沅、澧二水之间，即今大庸县所属地盘。”史诗还告诉我们：“苗族曾在崇山建立了第一个乐园，曾在那里举行过好几次鼓社鼓会，繁荣轰动一时。”（参读《吉首大学学报》1982年第三期民族问题增刊《湘西苗族》第131页）对崇山天国的生态环境，《穆天子传》曾作过十分动人的描述。

33.天门崇山：清同治《永定县志》载：“天门山在城南三十里……百余里蜿蜒至此，突兀险峻，旧称崇山，又名壶头山。”这是天门山古称崇山的又一史证。

34.崇州：四川成都之西的大邑，与四川的庸州、贵州的庸州（德江）等同属古庸国西疆版土信息。

35.崇国：商之侯国。国在今陕西西安澧水西（见高亨《诗经今注》）。此之崇国，乃大庸崇山庸人（即穆天子所称“崇庸人”）北迁一支所建。为了纪念宗国故土，以崇山名国，又将都城之河命名澧水。史载“以伐崇墉”，即指陕西崇庸国。唯一留名的崇国国君称崇侯虎。有把崇伯鲧作此崇国之君者，误。

八、屈原诗中远古开山创世人物汇集崇山之证

笔者在苦苦破译屈原诗中的一批创世巨人及影响历史的诸多人物中，不经意蹦出一个重大“发现”：这些人物及由他们制造的一系列重大历史创世事件，怎么都不约而同地一个个、一桩桩向崇山走来、走来、走来。他们或出生于斯，或汇集于斯，或发明于斯，或创国于斯，或筑台于斯，或归葬于斯……

我两眼茫然，六神无主，心潮拍岸，进退两难。

我知道可能因此而激怒被史家们熨平了两千多年的历史教科书，开罪终身躬耕于“中原论”学域中的前辈大师们：田里蛙声一片，“掌上”骂声一片。

但我无法遏止此刻的冲动。我只能孤注一掷，将这些历史真相的碎片经过整合后抛将出来，把他们放到真理的砧板上，让当代人、让正在“进行时”的历史老人锻打，是铁、是钢、是金，抑或是一堆废矿石。

（一）盘古开天辟地于昆仑崇山：范文澜说：“巫文化之源是盘古文化。”“善卷是中国圣师之祖，原始宗教——巫教的创始人，而巫文化之源是盘古文化。”（《中国通史》）

屈原《天问》首句：“遂古之初，谁传道之？上下未形，何由考之？”

笔者考证“遂古”即“燧人氏盘古”。

盘古准确出生地在湖南辰州沅陵的丑溪

口盘古洞（今改“盘古乡”），一支庞大的考古及史家团队已集体进行论证界定。2003年2月12日，《湖南日报》在B1版推出了《开天辟地，中华始祖，盘古就住在沅陵》头条新闻。作为“神话”传说了百万年的“盘古”终于“显山露水”，揭去神秘面纱，回归人间。原来中华人类开山始祖盘古，生有其地，住有其屋，婚有其妻，后有子女，实有其人。中华民族不必再漂洋过海去非洲、欧洲或拉丁美洲找创世祖宗了。长期以来，关于盘古出生地的探讨争论一直没有结果，但真正的识别标志符号只有一个——昆仑。近些年才发现的神龙架民间唱本《黑暗传》无意中透露了这一信息：盘古开天辟地的中心地就在昆仑：“说的是远古那根痕，无天无地又无日月星。一片黑暗与混沌，天地茫茫无一人。乾坤暗暗如鸡蛋，迷迷昏昏几千层。盘古生在混沌里，无父无母自长成。那时有座昆仑山，天心地胆在中心。”

唱本接着写盘古如何登昆仑开天辟地，用巨斧砍开混沌，于是天地始分，世间便有了生命，有了人类。又举一例：起源于昆仑崇山的中国苗族古歌——《都果都让》（意为“苗族从古代至近代的诗篇”），共分十一部，依序为“远古纪源”“傩公傩母”“除鳄斗皇”“苗族变迁”“辰州接龙”“崇山祭祀”“婚配”“纠纷”“丧葬”“招魂”“赶秋节”（石宗仁译，天津古籍出版社，1991年12月版）。从“辰州”“崇山”两大地域符号分析，此长诗的发源地必定在崇山及其相邻的沅陵无疑。其第一部“远古纪源·世界之始”这样写道：“这样啊，盘古才来开天；……盘古叫太阳来照白天，盘古叫月亮来照晚上；……盘古开天成天啊，盘古开地成地；……盘古开天的时候，用四根骨头撑天（按：“四根骨头”指矗立在大庸、沅陵交界处的天门山、崇山、中央仙山、七星山）；盘古开地的时候，用四根骨头撑地；撑偏了又垮了天，撑歪了又塌了地。……”

所唱盘古开天辟地的故事发生地就在崇山天门昆仑！就在距沅陵盘古洞约90公里之北的大庸境内，它的初名叫“窟窿”——“天门之窍”——万丈绝壁一窟窿！笔者以一章12万字篇幅全方位破译了屈原笔下昆仑原生点就在天门山、七星山、崇山、中央仙山（熊壁岩）、张家界（今昆仑峰古名犹存）。号称昆仑五大县圃（悬圃、玄圃），即人神共享的昆仑天堂花园。

盘古，就在这里出生、长大，并用巨大的石斧开天辟地。这个人类起始神话与另一个版本的神话惊人地相似，唐·李冗《独异志》卷下载：“昔宇宙初开之时，上有女娲兄妹二人在昆仑山，而天下未有人民。议以为夫妇，又自羞耻。兄即与妹上昆仑山，咒曰：‘天若遣我兄妹二人为夫妇，而烟悉合，若不，使烟散。’于烟即合，二人即结为夫妇。”

显然，这就是大洪水时代，女娲、伏羲兄妹成婚的神话。笔者在第八章破解《天问》时无意间破译了女娲、伏羲的生身故乡也在天门昆仑山下！就是说：东方人类起源的两个神话都发生在地球北纬29°–30°与东经110°交叉的天门昆仑中心！这座伟大的自然之圣山，是造物主的匠心之作。

有人说：北京故宫是皇帝造的，天门昆仑是上帝造的。

盘古——东王公、西王母——女娲、伏羲两代造物造人始祖，同享天门昆仑之精之神。连女娲炼石补天立柱的磉磴（柱础）都立

在天门昆仑（见《黑暗传》）。她开山炼石的遗迹在今慈利县金岩乡的九渡溪仙人楼下（见唐朝宰相张九龄诗，有专解）。

在盘古故乡沅陵七甲坪，被专家认定为辰州符的创始地，这里的“上岗教”“沿河教”两教并存几千年，共把盘古纳入傩坛最高神灵，如：

“三桥王母衙前去，三元盘古衙内行。”（《申发歌》）

“拜请三元盘古仙人，衙前相和会，两相和会好郎君。

拜请三桥王母仙人，衙前相和合，两相和会好郎君。”（和会歌）

“上元盘古大帝，中元盘古大帝，下元盘古大帝。

叩请上元盘古大帝，打开三十三重天门。（架阴马诀）

叩请中元盘古大帝，打开三十三重天门。（架阳诀）

叩请下元盘古大帝，打开三十三重天门、明月二宫、日月二宫。”（《造桥歌》）

“西王母”，相传是盘古的女儿。《荒史·本纪卷之一·元始本纪》载：“盘古氏继天立极，一曰浑沌氏，生于大荒，莫知其始，明天地之道，达阴阳之故……”又载：“盘古氏没，天皇氏作，是曰天灵，生于昆仑无外之山，以木纪德，体真得一。”此文透露了一个重要信息：盘古氏、天皇氏的出生地均与天门昆仑有关，与《黑暗传》说盘古在昆仑开天辟地吻合。

据1990年内刊版《中国民间故事集成·湖南卷·岳阳市分卷·盘古开天辟地》神话说：“佛祖之父名伯道，在水晶洞修炼。母亲姓金名庸，在白莲洞修炼。金容曾在洞中绣就一件紫龙袍，敬与玉皇。玉皇龙颜大悦，封金容为白莲真人。白莲真人当年怀孕，胎怀七载生佛祖。佛祖怀胎一十四春生盘古。盘古身长九尺，力大无穷。当时世界一片混沌，盘古使巨斧，拦腰砍断，上者为天，下者为地。盘古顶天立地，两眼如日月，吸呼如风云，牙齿如星斗，毫毛如松林，左手如南岳，右手如北岳。死于梁山，葬于莽林，头朝东海，足向西天，手指南方，眼观北斗。五脏为五谷，六腑成六畜。肉是金，骨是银，大肠为江，小肠为河，肚是湖，肾是山，肝为海。自此天地形成，五谷竞长，六畜兴旺。后又经历百万年变迁，物换星移，沧海桑田，成了如今的大千世界。”

这个版本讲盘古有母亲金庸，甚是特别。并说盘古死于梁山。此“梁山”正是天门昆仑之嵫梁山，一作嵩梁山、梁山、桥山，与盘古降生于昆仑、开天辟地于昆仑对接。

沅陵有座索山，相传是盘古归葬的地方（《盘古新说》中国文联出版社2008年版，第71页《沅陵有个“盘古乡”》，刘纯意著）由是可证：如果剔去盘古身上的神话外衣，原来是一个有出生地、有创世地、有死亡地、有安葬地，且有父母妻室儿女的真实人物，且三地同在沅陵、大庸。

这里又出一证：天门昆仑之东南40公里有个“沅古坪”镇，境内“盘塘”村之南有座“盘古岭”，盘塘之东约8公里有黄粟界村，其地又有座“盘古岭”；王家坪之东30里有座盘古庙（桃源境）。谢家垭乡石良坝村有“盘古岩”（见李岳源《秦介绥前前后后》，载1988年11月《大庸文史资料》）。据考，“沅古坪”

之"沅"，1953年沅古坪治平乡划归大庸之前称"元古坪"，所谓"元古"，即三元盘古无疑，因为这里集中了一组盘古氏曾留下的地名信息。历史的真相大约是：盘古出生于沅陵丑溪口盘古溪盘古山之盘古洞，迁居于北部约150里的扶桑溪，居神州（半岛），与太元玉女通婚，生子东王公，生女西王母，然后登上西北约八十里的昆仑天门，开天辟地。此之元古坪，与扶桑、七甲坪是同属一个行政辖区，古称"九都"，民国时划为治平乡。由此可证盘古是一个真实人物，活动范围始终以沅陵、大庸为中心，向四方扩张，但并未远离故土，连死后安葬都送回到沅陵。故专家称：名声如此之大的沅陵之"陵"，极有可能就是盘古陵！

屈原《天问》首推盘古，然后引出一条呈方阵的巨人、伟人、圣人、仙人、神人队伍，一一手挽手从历史烟海中杳杳走来，走向澧豆文明和澧稻文明的共同发祥地，走向中华第一轮文明的中心地——澧水南岸的天门昆仑崇山！

崇山东25里之屈家坊、70里之潭口里，就是屈原的生身居住故乡。弄来弄去，原来屈原与这批远古创世巨人伟人都是同一处文化母地的老乡！

（二）祝融降于崇山：祝融为远古三皇之一（见《白虎通》），人类最伟大的"播火者"。是他高举圣火率领古人类告别生食时代，走向熟食文明，这是区别人与兽的本质标志。崇山因"火祖"而得祖山圣名；祝融因发明用火而得"火神"尊号；崇山因赤帝祝融和县圃而成为"赤县神州"的原生点；因为祝融创立古庸国、大禹创立夏朝于此而成世界建国之祖……祝融及祝融氏族几乎涵盖了东方人类以"火"为标志的初始文明创造的全部。

（三）燧人氏祝融击石取火于崇山：《重增幼学故事琼林》载："燧人氏钻木取火，烹饪初兴。[注] 上古民未知熟食，燧人氏作观星辰，而察五行，知空有火，丽木於民。如是钻木取火，以教民烹饪，而民利之，故号燧人氏。"

张良皋先生以锐敏的悟性破解了"稷是被请下神坛的神农，正像祝融是被请下神坛的燧人一样。"（张良皋《巴史别观》）原来太古时期的"燧人氏"即排列"三皇"之首的燧人氏就是第一代火神祝融！而一提到燧人氏，使人立即想到火的发明者。张先生从缈杳的传说中发现了一个真实的人物，这是一大贡献！可有谁知人类火文明的发祥地就在中国崇山！

恩格斯说："就世界性的解放作用而言，摩擦生火还是超过了蒸汽机。因为摩擦生火第一次使人支配了一种自然力，从而最终把人同动物界分开。"

这种认识与评价是大智之言。故崇山燧人氏祝融名列三皇之首是无可动摇的，长期以来，人类传说中的"燧人氏"无名无姓，无有生身籍贯。传说的终极是虚无。就好比找到了盘古的真正出生地、找到了人类共同始祖的故乡就在沅陵丑溪口盘古洞，就等于找到了人类初始文明或起步文明的发生点。经实地考察，笔者似乎并不很难地在崇山找到了燧人氏祝融的老屋场——火娃（儿）屋场，以及他发现击石取火的发生点"火礤湾"和发现引燃火种的"火草坡"。同时，在崇山东南30公里处的沅陵县火场乡发现

祝融第二处大规模开采火礴石的火峰岩（海拔836米）。两个并列小山头，一为火礴峰，一为火宫堰。火宫堰顶上古有座火宫庙（又名火神殿、火祖庙、祝融宫），毁于60年代初，遗址尚存。旁有一个小水池，四时不涸，与火礴峰配成水火相生相克之风水。山北半山有古陶坪村，即祝融当年发明以火烧陶的原生点。山下则为火礴溪（后名石礴溪，又叫镰溪）。

民国《辞源》载：［火祖］祝融与瘀伯也。民赖其德，以火为祖，配祭火星（926页）。又载：［火镰］旧时打火之火刀火石。《朝市丛载》洋取灯诗："引得灯光胜火镰。"（926页）又载：［火石］取火之石也（925页）。值得注意：《辞源》又载［火山］《山海经》：昆仑有炎火之山，投物辄然。《神异纪》南荒外有火山。其中皆生不尽之木，昼夜燃，得暴风不能猛，猛雨不灭（925页）。此之"昆仑"指天门昆仑。"南荒"专指放驩兜于"南蛮荒服之地"的崇山。天门山东南有"火炎山"，为一巨大山体，万丈绝壁，壁上无树无草，呈赭赤，在旭日或夕阳映照下，其山一片火红，一如火山燃烧，故得名。现在把燧人氏祝融在崇山发明火联系起来，这座"火炎山"定与其有关。就是说：火祖故乡必有火炎山！

（四）燧人氏赤索子结绳纪事于崇山： 太古未有文字，燧人氏始作结绳之政，大事结大绳，小事结小绳以纪之。此燧人氏即祝融。据苗史学者龙炳文等考证，祝融苗语叫仡索，又叫大索、赤索（松）子，其一支封于昆仑峰——今张家界之天子山，以大峰林万丈绝壁猴子荡藤采山果石耳得到启示而发明"索"，大为索，小为绳。

何光岳说："这个擅长做大绳的人叫索，以后形成氏族、部落，又发展为国家。"又说："古人结绳纪事，用绳索来推算历法时辰，便演变为八索九丘。"还说"索人有用发结成索子，即今叫发辫的习惯。"他认为，"索国……周灭商，索人分散，有一支北迁为索离国，后转入朝鲜；一支南迁于湖南大庸市索溪。"还说："常德之西的大庸市西北九十里有索溪、索溪峪。《读史方舆纪要》卷十七湖广岳州府：九溪卫、索口溪，在卫治南。志云：卫东北有喝堡溪、斗溪、王富溪，卫东有龙馆溪、书院溪、大富溪、大河（应为大壑）溪，卫南又有下阑溪，合索口溪为九溪，今索口已堙。索溪上有索溪峪，是著名的武陵源风景区之一。"（何光岳《南蛮源流史》第十七章《索国的来源和迁徙》）上述地名所指，即古索国地，乃古庸国之"附庸国"，恰与崇山燧人氏祝融发明结绳纪事对接。

（五）华胥国、华胥氏履大人迹感孕生伏羲、女娲的原生点在昆仑崇山：（后有专文）

（六）女娲抟土造人、炼石补天的神话原生点在昆仑崇山（后有专文）

（七）伏羲氏创八卦于昆仑崇山（后有专文）

（八）祝融创建大庸帝国于崇山（前述）

（九）中华第一帝——黄帝出生于崇山东南部的"寿丘"——仙人溪，并在熊黑岩创立"云中朝廷"——轩辕国（后有专文）。今崇山之顶尚存历史古地名"黄帝湾"。

（十）黄帝陵在天门桥山： 古来都说黄帝陵在陕西桥山，西周穆天子却在他的《穆天子传》中记载黄帝宫、黄帝陵和黄帝册府（藏书洞）三大实体证据同在天门昆仑山上，并且举行守卫黄帝宫、封谥黄帝陵、大祭昆仑三大祭祀活动。本著将在后面全方位为黄帝出生地、黄帝身世、黄帝陵翻案。

（十一）沮诵氏仓颉创造文字于崇山：《中外历史年表》（翦伯赞主编）载："前2550年。黄帝。……沮诵、仓颉造文字。"张良皋说：**"甲骨文完全也可说是庸人首创。""中国甲骨文的首创权，应该归功于以庸国为中心的人群，即祝融氏的后裔。"**并破译了发明文字的真实人物叫"祝融氏仓颉"，诅诵即祝融。

（十二）颛顼大帝制历于崇山：笔者经数年穷考，发现颛顼根出崇山，出生地极有可能在大庸关门岩乡的崇阳坪。后来被道家、神仙家封为北方神，人们就以为颛顼就是北方人氏了。这种错觉居然还让不少注家深信不疑。屈原说"帝高阳之苗裔兮"，这个"帝"就是一代庸帝。史作"颛庸"。颛顼一生至少有两大贡献：一是开创大庸帝国的鼎盛时代，其疆土达于中国四极。唐·杜佑《通典》卷一百七十一·州郡一："若颛顼之所建，帝喾受之，创制九州，统领万国。"屈原在《大招》中所写"名声若日，照四海只。德誉配天，万民理只。北至幽陵，南交趾只。西薄羊肠，东穷海只"。就是为颛庸帝国的一代大帝高阳招魂（按：仅凭这一点，可证《大招》出自屈原而非宋玉）。二是将祝融氏天文家族发扬光大，创造了远古时代最为科学先进的《颛顼历》。《中国文化史词典》认为："古六历……除殷历、颛顼历外都是东汉人的伪托。……秦朝统一中国后，曾在全国推行颛顼历，一直实行到汉武帝太初元年（前104）改订历法为止。"（浙江古籍出版社1987年版第362页）笔者就此之说特别补写了关于慈利甘渊（堰）勤中村红岩岭颛顼天文台遗址考察内容。明·高尚志《澧纪·卷十七·澧中神仙》："渌图国，在湘澧之间，与大隶赤民、柏夷父大亮、俱葆和蕴真、颛顼从往，以浚其明而益其圣。于是作战戒（械）盈之器，著复礼之铭，注新历而作承云，理阴阳而镇方岳，盖五人为之范云。"此五位"澧中神仙"，其实都是颛顼的老师，同时又是天文官、著名的天文学家、大巫师，都往从于"湘澧之间"。《新序》曰："颛顼学乎渌。《韩诗外传》作禄图。《真仙通鉴》曰：渌图于江湄，为帝说黄庭，教以清和之道，上以奉天，使二仪无违；下以营人，使年命无坠。《国铭记》曰：今湘东郡醴陵有湄水，古之渌国，高阳封其地也。"又明·陈士元《荒史》："渌图国在湘澧之间。"这些文字，都是关于颛顼居住、活动于湘澧之间崇山古庸中心的重要信息。"注新历"即制《颛顼历》，其天文台中心遗址在今慈利甘渊乡勤忠村红岩岭。

（十三）尧帝出生于崇山：司马相如《大人赋》："吾往乎南矣（裔）……历唐尧于崇山兮，过虞舜于九疑。"苏轼："再使鱼龙舞洞庭……尧在崇山舜九疑。"《水经注》："墨子以为尧堂高三尺，土阶三等，北教八狄，道死，葬蛩山（崇山）之阴。《山海经》曰：尧葬狄山之阳，一名崇山。"乾隆《桑植县志》载知县顾奎光咏汤谷诗："漱石每疑闻舞乐，沉然端喜卧尧封。"汤谷在桑植昆仑峰北麓之空壳树汤溪峪村，尧帝曾在此与妃子泡温泉，故有"每疑闻舞乐"之句。今崇山连五间有尧湾、尧井遗迹。

（十四）舜放驩兜于崇山：关于舜放驩兜，一般说法是驩兜不肖，尧帝欲选舜作为接班人，遭到八伯中的驩兜、共工、三苗、鲧四人反对，而驩兜则力荐共工，招致尧帝

不满，于是引起权力之争而遭尧讨伐。何光岳说：“舜因尧夺取部落联盟的领导权，遭到驩兜和丹朱（按：有说驩兜、丹朱为一人）的反对，而舜借尧之名进行讨伐，便说是尧伐丹朱、驩兜。《路史·发挥》引《纪年》云：‘尧末德衰，为舜所因。’《史记正义》也引《竹书纪年》云：‘舜囚尧，复偃塞丹朱，使父子不得相见。’可见丹朱之覆亡，乃舜矫尧之命行之。《汲冢竹书》：‘舜篡尧位，立丹朱城，俄又夺之。’《庄子·盗跖》：‘丹朱与南蛮旋举叛旗，尧乃战于丹水之浦，人因谓尧杀长子。’”（何光岳《南蛮源流史》第三节）于是，舜“流共工于幽州，放驩兜于崇山，窜三苗于三危，殛鲧于羽山，四罪而天下咸服。”（《舜典》）又云：“驩兜国，其民尽似仙人。帝尧司徒。”

《博物志》说：“（驩兜）以尧让位于舜，故不服。”

对于驩兜，史书多以“四大恶人”予以贬斥，如道光《永定县志》卷十·陵墓说：“至若驩兜、赧王名虽恶而迹已古。……古驩兜冢在县西崇山绝顶，有巨垄，土人皆以见之为不祥。”清代澧州诗人黄道让诗云：“去国三千里，凶人罚已终。君恩有天大，臣罪此山崇。今昔华夷异，幽明浑敦同。一朝心未死，犹自荐共工。”末句“犹自荐共工”，即驩兜力荐共工接替帝位而遭尧舜迫害流放的信息。

但是，在大庸溪大历山悬崖之上，开凿于清嘉庆年间的玉皇洞石窟虎龙洞中却留下了一副耐人寻味的对联：

“要把丹朱安虎穴，旋忧赤子别龙楼。”

联语“丹朱”与“赤子”配对，丹朱为尧之子，赤子指赤松子，赤松子原为大庸国崇山侯，因厌弃官场而隐居天门山；驩兜则败于官场放回故乡崇山。玉皇洞石窟，正好遥对崇山驩兜墓后的那座山顶。驩兜，又有驩头、讙朱等称呼。苗语称“国兜”“戴驩”。苗族史诗《古老话》有关于驩兜的苗语诗句：“戴驩上来，坐已仁，住巴扒/才育西家，才生驩跑，驩高务、驩高果/养驩明高，驩扒代……”（引自岳麓书社出版龙炳文、龙秀祥记录整理之《古老话》第102页）。吴云臻、吴曙光认为驩兜是三苗国君是可信的。鲧、梼杌、皋陶、伊尹、夔、妹喜则是三苗大臣（吴云臻、吴曙光总主编《苗族通史》民族出版社2007年版第一卷213–222页）。三苗国即驩兜国。中国苗族古歌《都果都让》称驩兜后裔叫“灌兜灌柔”，意为坚如磐石的氏族。又称仡灌，与仡獾、仡驩系同音异写。该宗支有十七个姓氏，如石、席、易、余、时、史等姓。石姓为仡灌宗支的强宗大族。就是说，驩兜氏族谱系清楚，是历史上的真实创世先祖。清·光绪《永定县乡土志》载：“其都内古迹祠庙如驩兜鼎。在玉泉寺，渔人得之边岩潭中，无他字迹。土俗指为驩兜鼎，形质古朴，颇似釜鬵，决非近时之物，僧置寺院中心焚褚帛。”

（十五）赤松子故里在天崇山：屈原诗：“闻赤松之清尘兮，愿承风乎遗则。”（《远游》）

屈原因仰慕赤松子超然物外，清静澹泊的出世思想而追随其后。汉初张良为避杀身之祸，追随赤松子来大庸故国隐居。后有诗：“辟谷张良论赤松，后人何处访仙踪”“昔闻张子房，从此赤松游”。明万历《慈利县志》载：“赤松山在邑西一百六十五里，与天门山对峙。昔赤松子尝辟谷于此，上下数十里，号赤松村。里人祀其神，曰赤松大王。”清同治《直隶澧州志》载：“赤松子，相传隐居赤松山，迄今有丹灶。”《续修永定县志·仙释》载：“赤松子隐赤松山，有丹灶列天门十六峰之一。张良从赤松子游，天门、青岩诸山，多存遗迹。”

关于赤松子真实姓名，苗族史家龙炳文通过对苗族《跳龙歌》的研究，认为“这组组歌中的重要人物仡索，在《论语·子罕》疏称‘索家’。仡索原名大索，濮语尊称仡索，谦称歹索。濮语美名‘祝融’，汉译‘烛龙’。《山海经·大荒北经》有‘烛龙’，闻一多、杨宽均认为烛龙即祝融。大索是七戎中第一个降夔的人，又名仡夔；大索是中国农业的奠基人，发明耧耨，又名夔耧夔耨。华夏进入中原之后，学夔耧夔耨，积极提倡农牧业，也尊称他（祝融）为神农。这个祝融是濮人的帝王名（即“庸帝”），后成为强大的氏族名。似以火施化（按：施化，即传播火种教民用火），装饰尚红，号为赤帝，又名赤索子，即赤松子（按：此发现至为重要！）。他还是一个音乐家，经常在南岳山上（按：此之南岳指天门山，为古南岳。北周帝宇文邕亦以此称曾祀封天门为南岳）奏着优美的乐曲。他以音乐移风易俗，天下大治，在位百余年，其乐后进入汉乐叫《九音》《九招》。”（龙炳文、石家齐、梁晓燕《从〈跳龙歌〉探讨苗族族源》载1983年《苗族历史讨论会论文集》88页）

提请注意：一句“华夏进入中原之后”，这不正是夏禹在崇山创建夏朝，不久举国北上中原的信息吗？历史就这样奇妙，一段辉煌逸史居然载在苗族古歌之中！长期以来，赤松子其人一直扑朔迷离，在崇山祝融氏族所创大庸帝国世系中，似是个“外来户”，原来就是一代祝融！并且担任神农之师、雨师。此人在大庸影响巨大而悠远。今天门山上有赤松山、赤松峰、赤松丹灶、丹灶峰、赤松岩、赤松石室、赤松炼丹金水池等遗迹古名；山下有赤松坪（今大坪镇）、赤松村、赤松溪、赤松老屋场、赤松祠、赤松大王庙、百花桥（以赤松子不食五谷、啖百草花得名，一名赤松桥）、赤松碑等遗迹。其碑序云：“尝闻古之人有赤松子者，黄帝之雨师也。唐诗‘还逢赤松子’。陈子昂先生亦咏及之。而先人以之名是桥，此其人乎？抑非其人乎？要必有说以处？此第创自乾隆年间，已费尽辛苦矣。……是为序。生员赵宗周撰。龙飞道光十五年乙未岁春月谷旦立。”

史称赤松子曾封为崇山侯，实为大庸国一代之庸帝，可不知为何无意官场，却四处云游，习辟谷导引之术，沉醉于仙家养生之道。最后辞职，成了神界第一大巫。著《中戒经》。神农慕其德行，专程来天门山赤松石室拜赤松子为师，行弟子之礼，并聘他为雨师。孔稚圭《玄馆碑》记下了这一历史事件：“赤松子石室之下，神农行弟子之敬。”《路史》曰：“赤松子，诸侯也。……神农行弟子之礼下之，致为雨师。农事重雨，故周礼有司巫，若国大旱，则帅君巫而舞雩。神农之有雨师，岂曰之巫也？传赤松能随风雨上下，入火自烧。亦《参同契》‘入火不焦，入水不濡，能存能亡，长乐忘忧之旨耳。’《庄子》所谓‘之人也，物莫之伤，大浸稽天而不溺，大旱金石流，土山焦而不热’者也。……慈利县（指大庸）有赤松山，其后裔当高阳、高辛世为雨师。尧时赤松与为水工，盖尧时多雨，故不为雨师，而以为水工矣。”（《衡湘稽古卷之一》）相传赤松子求雨

日久不至而在天门山自焚祭天谢罪，神农之女女魃亦追随赤松子而自焚。今大坪尚存赤松子二人自焚的“燎祭湾”，为古庸大地留下了一个缠绵悱恻、美丽动人的爱情故事。

关于巫师燎祭献身上帝，《论衡·明雩篇》载：“鲁缪公之时，岁旱，缪公问县子：‘寡人欲暴巫，奚如？’”《左传》亦载：“夏大旱，公欲楚灭巫廷。[注] 巫廷（按：此“廷”有误，然无法制作，权以相形字代之），女巫也。主祈祷请雨者，或以廷非巫也。疾病之人，其面上向，俗谓天哀其病，恐雨入其鼻，故为之旱，是以公欲焚之。”（民国《辞源》504 页）《列仙传》载：“赤松子者，神农时雨师也。服水玉，以教神农，能入火自烧。往往至昆仑上，常止于西王母石室中，随风雨而上下。炎帝少女追之，亦得仙俱去。”文中“昆仑”，指天门昆仑，绝非西域雪山；西王母石室，在天门昆仑，又有神母祠（王母宫）。天门十六峰中，有丹灶峰，传赤松炼丹处，今炼丹之“金水池”尚存；又有赤松峰，一作赤松山。天门以人名山名洞者，一赤松、二天老、三高远、四鬼谷。而又以赤松子为最。屈原辟谷于天门洞，卧风枕石，口接飞泉，极林泉之乐，盖因追随赤松子而隐逸也！感作《悲回风》《远游》。清代永邑戴联科诗云：“磨墨且待飞泉来，千千珊珊琢笔架。”（注：飞泉，实指天门洞梅花雨；笔架，天门十六峰之一）

（十六）上古大贤人善卷故里在崇山： 据倪民先生考证，认定善卷故里在“这条沅水下流的崇山（倪民按：在大庸市，今张家界市。）”《湖南全省掌故备考》载：“古善卷墓，辰溪县西南龙溪观，宋时封茔立祠。”说明善卷出生崇山，死葬辰溪。

（十七）岐黄之术起源于昆仑七星山： 与天门昆仑相并列的七星山南天门，与北天门一北一南，镶嵌于万丈绝壁之上，从而创造了举世闻名的昆仑两窟窿奇观。七星山（海拔 1528.6 米），其山顶有天枢、天璇、天玑、天权、玉衡、开阳、瑶光等七座山峰，是为七星山名之出典，乃天门昆仑四大悬圃之一。其上有天师庙（海拔 1372.5 米）、天师庸（海拔 1360.7 米）、天师洞（海拔 1427.6 米）三个神秘“天师”地名。民国《辞源》（第 379 页）[天师]：“1.黄帝称襄城童子为天师。见《庄子》。2.**又称岐伯为天师**。见《素问》。3.东汉张道陵自称天师。所传之道曰天师道。后世因称道陵之子为张天师。”此之“天师”第一说与七星山无关，第三说属后期文化，与七星山历史不对称，唯第二说与七星山有缘。据分析，此之第二个“天师”地名，透露了岐黄之术的信息。认定此天师即岐伯，长沙马王堆汉墓帛书《古医书·十问》可证：“黄帝问于天师 [岐伯] 曰：‘万物何得而行？草木何得而长？日月何得而明？’天师曰：‘尔察天地之情，阴阳为正，万物失之而不继，得之而赢。食阴疑阳，稽于神明。……及夫发末，毛脉乃遂，阴水乃至，溅彼阳勃，坚蹇不死，饮食宾体，此谓复奇之方，通于神明。天师之食神气之道’。”（载李学勤、张岂之总主编《炎黄汇典》，吉林文史出版社 2002 年版第 506 页）

《黄帝内经·素问》卷一亦有黄帝问于天师岐伯的文字：“昔在黄帝……乃问于天师曰：‘余闻上古之人，春秋皆度百岁，而动作不衰。今时之人，年半百而动作皆衰者，时世异邪？人将失之邪’？”岐伯对曰：“上古之人，其知道者，法于阴阳，和于术数，食饮有节，起居有常，不妄作劳，故能形与神俱，而尽终其天年。今时之人，不然也，以酒为浆，以妄为常，醉以入房，以欲竭其精，以耗散其真，不知持满，不时御神，务快其心，逆于生乐，起居无节，故半百而衰也。”

黄帝与天师岐伯以问答形式解医惑创医论的言论著作开创了世界中医药、针灸学、性学之先河，为人类的健康作出了无可比拟的贡献。《辞源》（第807页）[岐伯]：“黄帝时人，黄帝与之论医，有《素问》《内经》等书。本作岐伯。”又[岐轩]：“轩辕咨於岐伯，更相问难，作《内经》，见《帝王世纪》。故世称医士为岐轩之术，亦称岐黄。”又[岐黄]：“医家之祖，岐伯与黄帝也，通作岐黄。”《世纪》曰：“神农使岐伯定《本草经》。”《衡湘稽古》：“岐伯作《本草经》，以丹砂为首。”

本著不惜以两章之篇幅破解屈原诗中轩辕、笔下昆仑，以成方阵之势的证据证明黄帝出生于天门昆仑四大悬圃之一的不死之国（寿丘—仙人溪）——中央仙山（熊罴岩）。故岐黄之术必与七星山“天师”符号有关。而七星山恰又称为昆仑体系中心地区五大中草药宝库之一（天门山、七星山、中央仙山、武陵源北昆仑、八大公山）。所谓不死之野、不死之民、不死之国、寿丘，均一一破解，实为人间昆仑花园演绎成昆仑天界仙境神话的核心文化内容。这是人类追求长寿不死的最高或终极境界。而实现这一目标的最为重要的手段，就是用医药战胜谜信与疾病，延缓衰老。由此，笔者认为：岐黄之术（古代中医药科学）的原生地必在天门昆仑长寿国中心地无疑。也唯有这种长寿文化背景，才有可能产生岐伯、黄帝一类的最伟大的中草医药、针灸之祖。

笔者在破译《穆天子传》中，无意**发现黄帝藏书数千卷于天门册府**（藏书洞）之谜，查后人辑黄帝藏书目录中，涉及中医药及养生的大约有：《黄帝内经》十八卷、《黄帝外经》三十七卷、《黄帝三王养阳方》二十卷、《神农·黄帝食卷》七卷、《泰始黄帝扁鹊俞拊方》二十三卷、《黄帝岐伯按摩》十卷、《黄帝泰素》二十篇、《黄帝杂子气》三十三篇、《黄帝泰阶六符》一卷、《黄帝阴阳》二十五卷、《黄帝杂子芝菌》十八卷、《黄帝杂子十九家方》二十一卷、《泰壹杂子十五家方》二十二卷、《泰壹杂子黄冶》三十一卷、《黄帝素问》九卷、《黄帝针经》九卷、《黄帝流注脉经》一卷、《黄帝素问女胎》一卷、《黄帝养胎经》一卷、《黄帝针灸虾蟆忌》一卷、《黄帝十二经脉明堂五藏人图》一卷、《黄帝明堂偃人图》十二卷，等等。（参读王贵民、杨志清分册主编《炎黄汇典》，吉林文史出版社2002年12月第1版）那么，天门册府藏书目录中不应排除一大批远古萌芽时代的医药著作。

据查，远古时代，昆仑崇山祝融氏家族多出长寿者，最有名的如庸成子、赤松子、鬻熊、彭祖、盘瓠、鬼谷子等。《轩辕本纪》说：“有容成公（即庸成子，崇山人，一代庸帝。后裔以庸成为氏，世守天门昆仑，《穆天子传》有载），善补导之术，守生养气，谷神不死，能使白发复黑，齿落复生。黄帝慕其道，乃造五城十二楼，以候神人。”《博物志》卷五·服

食记载了黄帝曾在天门山与天老先生对话的秘闻。黄帝问天老：“天地所生，岂有食之令人不死者乎？”天老曰：“太阳之草，名曰黄精，饵而食之，可以长生；太阳之草，名曰钩吻，不可食，入口立死。人信钩吻之杀人，不信黄精之益寿，不亦惑乎？”（《御览》卷九八九、九九四，《事类赋》卷二四引）西晋张华作《博物志》，曾亲赴大庸采访，记下了不少珍贵的传说逸闻，比如屈原向天问难“一蛇吞象，厥大何如”，就采自仙人溪不死之国。天老，生于天门山下，长寿之星。相传为黄帝之臣，曾与出于本境的蚩尤、祝融、太常等“六相”齐名。李白《大猎赋》：“天老掌图。[注] 天老，黄帝时臣。《竹书纪年》黄帝五十年，天雾昼昏，帝问天老，天老曰：天有严教以赐帝，帝勿犯也。天乃甚雨，得图书焉。”（民国《辞源》第377页）据《后汉书·张衡传》注引《帝王纪》，[增]《绎史》卷五引：“黄帝以风后配上台，天老配中台，五圣配下台，谓三公。”《路史》亦有此载。足见天老其人了得。

为纪念天老功德，大庸历史上将天门十六峰中之一峰命名为“天老峰”。玉皇洞石窟摩崖石刻《天门十六峰集句》中有“天老负儿书台转，簸箕手执盖鸡笼”句。清代永定诗人戴联科亦作《天门十六峰歌》，吟“天老寻胜负儿至，鸡笼簸箕好位置。”诗中天老、负儿、簸箕、鸡笼皆十六峰之名。能以十六峰命名的本土人物是不多的，其中还有神农之师赤松子，尧时著名学者、唐尧神仙家高远先生，曾做过天门山漆园吏的庄子等，其峰名曰丹灶、高远、漆园。天老与黄帝这段对话，涉及天门圣药黄精及长寿之道，并引出黄帝得图书的逸闻，正好与黄帝在天门山设“册府”（黄帝藏书处）的史实对接。据《初学记》说：“神农氏之末，少典氏娶附宝，见大电光绕北斗枢星，照郊，感附宝，孕十二月，生黄帝于寿丘。”（《路史》《御览》等亦有载）此“北斗枢星”实为七星山之天枢峰。讳指附宝女在七星山“感而受孕”，后生黄帝于寿丘——七星山下的仙人溪长寿国。那位中医药——针灸学之祖岐伯，应该就是七星山人。民间相传:七星山的天师洞，是岐伯的出生地；从天师庸之“庸”分析，岐伯很可能是古庸国某一代国医；天师庙，则是后人为纪念岐伯而建，民间俗称“药神庙”。

[延伸阅读]

关于“岐黄之术”的原生地

关于附宝女偶尔看见“电光绕北斗枢星感孕生黄帝”之说，似与华胥氏诸英在雷泽坪（今张家界市永定区枫香岗乡）脚印岩“履大迹感孕生伏羲、女娲”的故事几乎是一个模版。笔者为求证此传说之真伪，先后三登七星山进行实地考查采访。世居山顶曾家湾的永定当代名医、大儒（诗人、地方史专家、书法家）、93高龄曾祥伟先生对此传言却另有一说：

世代相传，中国古代医祖岐伯原本就是仙人溪不死国（长寿国）七星山人，世居七星山顶天师庸——天师洞石室，利用满山遍野的高山云雾药草，研究长寿养生、治病救人的医术，成为古庸国一代著名国医，尤对延年长寿、性学养生、久婚不孕、妇科保胎等独有心得，史称“庸国医祖”，被一代庸帝赐为“天师”，故岐伯居住的山湾就叫“天师庸”，藏身的山洞叫“天师洞”。

七星山下仙人溪，是史书中所载古长寿国、不死国原生地，其长寿自然背景：一是一条自然矿泉水——仙人溪，二是一座出产天然长寿药草的七星山。所谓“七星”，是指山界上有七座呈北斗星分布状的山头，是出产神奇长命药草的宝库，“不死国”——“长寿国”因之而得名。话说仙人溪长寿国出了一届国王名少典，娶大美女附宝为妻，可久婚不孕。附宝便由卫士宫女一行护卫下登上云缠雾绕的七星山，拜请国医岐伯把脉治疗。相传那天，附宝一行到山上游玩，不觉来到七星山之“北斗星”峰下，突然晴天起闪电，电光环绕北斗山峰旋转，附宝忽觉肚中有所触动——她怀孕了！史载：“电光绕北斗枢星感孕生黄帝”——这就是未来中华人祖——古庸国一代伟大帝王——轩辕黄帝出身的传奇背景，似与华胥氏诸英在雷泽（今张家界市枫香岗乡古雷泽坪）之后山——脚印岩“履大迹感孕生伏羲女娲”的传奇几乎是一个模版。

轩辕长到七岁时，附宝便将他送上七星山，拜岐伯为师。岐伯对这个聪慧绝顶的小“神童”更是疼爱有加，经过数年悉心调教，终成一代大医和中医药开山祖——“岐黄之术”！并由此产生了中华千古第一帝——创世开基的庸国大帝——黄帝！

这个故事发生原点就在七星山一个叫曾祥伟先生老屋不远处。曾先生几代人受岐黄之术的影响，代出名医，尤祥伟为最，乃一方名医、一方大儒。数年前，九十八岁无疾而终，留诗8000余首，惜未付梓。

秦灭庸灭楚后，古庸国旧臣在天师洞边重修天师庙，神坛上供岐伯、黄帝二医祖像，从此世代医家和广大求医善男信女必上山祭祀。一直到上世纪四十年代末，香火渐沓，庙颓不复，遗址今存。

2021年2月19日即农历正月初八日夜补记

（十八）帝喾、帝尧、帝舜、周文王四大伟人、帝王归葬于崇山：上列庸国四个伟人，全都被屈原写进楚辞中。

《山海经·大荒南经》：“帝尧、帝喾、帝舜葬于岳山。”李润英、陈焕良注：岳山，即狄山。（按：狄山即崇山。岳麓书社版2006年版347页）《海外南经》：“狄山，帝尧葬于阳，帝喾葬于阴。……吁咽（注：苗语“吁咽”与“虞舜”有同音之混，故注家多指传说中的上古帝王虞舜）、文王葬其所。”《山海经》两次记录上述帝王葬于崇山，可证此说必有其十分重要的证据。

（十九）庸成子是崇山人：宋·张君房《云笈七签》说：“时有女娲之后庸成氏，善知音律，始造律历，元起辛卯，又推冬至日在之星。”是说庸成氏是女娲的后人。庸成氏又作容成氏。《路史·前纪》：“庸成氏，庸成者，垣墉城郭也。”《辞通》庸：“容、庸同声同用。”《荒史·因提本纪》：“燧人氏没，庸成氏作。庸成者，墉城也。群玉之山，平阿无险，四彻中绳，庸成氏之所守，先王之（谓）册府也。册府所在，庸

成是立。”

笔者已成功破译《穆天子传》所载天门昆仑（《穆传》作群玉之山）庸成氏把守黄帝宫、黄帝陵、黄帝册府等重大秘史。黄帝藏书于天门册府史证确凿，可以结案。应引起注意的是：笔者解屈原诗“女娲有体，孰制匠之”（《天问》），已破译华胥氏诸英在雷泽脚印岩踩“大迹”感孕生伏羲、女娲之原生地就在古大庸国的雷泽（今永定区枫香岗乡之长湾村）——立国（庸国）于古人堤后，迁居在庸国都城西郊雷公坪天子巷（天子者祝融），与其后代庸成子曾为一代庸帝，后人以先祖为姓氏，并代代镇守天门昆仑黄帝陵、黄帝宫、黄帝册府史实形成对接。说明伏羲、女娲就是大庸崇山人的祖先，后代也一直居住大庸。古庸国的先祖当然也就是伏羲、女娲了。

（二十）鲧封崇伯于崇山：《论语》云：“禹，高阳之孙，鲧之子也。曰文命。”《史记》：“颛顼之子鲧，之孙禹。”《竹书纪年》：“帝尧六十一年，命崇伯鲧治河。”《史记·夏纪注》：“索隐曰：连山易云，鲧封于崇山，故国语谓之崇伯。”《汉书·刘向传注》：“师古曰：鲧，崇伯之名，即梼杌也。”梼杌（音桃屋），传说中的猛兽，借称恶人。《书舜伯禹作司空传》：“禹代鲧为崇伯，入为天子司空，治洪水有成功。”（民国《辞源》第493页）李玄伯说：“鲧亦称崇伯，崇山必与夏有深切的宗教关系。”童书业亦说：“鲧、夏祖、炎融（当即《国语》之融，即祝融），驩头为炎融所出，故亦放崇山之传说也。”何光岳说：“崇山是鲧所在地，鲧曾被封崇侯于此。”（《南蛮源流史》）《衡湘稽古之四》载：“《国语》曰：夏之兴也，祝融降于崇山，鲧封崇伯其地也。”把祝融降于崇山与鲧封崇伯于崇山捆绑一起，界定二人同是崇山人，又是一根人，即伏羲、女娲之后人。由此反证鲧生禹必在崇山。崇伯：崇山国伯级爵位，实为一代庸帝。崇伯鲧为庸国筑城大师。《淮南子》：昔者鲧作三仞之城，诸侯倍之。禹知天下叛之，乃环城平地，散财物，禁甲兵，施之以德，海外宾服，四夷纳职。《史记》：“殛鲧于羽山，以变东夷。”被杀的原因是治河失败，相传杀在东夷（山东）。其子大禹接替父亲崇伯之职，继续指挥治水获得成功，治水纪功碑立在大庸雷公坪（按：大庸发现《神禹碑》，后有专题，见第八章第四节），故鲧死于山东，不太可信也不可能。据分析：鲧被杀的地方其实就在古庸都城北之羽山，俗名凤羽山，古称崆峒山、帝阁山、子午台、太阳山、金鼎（古天文台），清代县令李瑾改名“福德山”。相传鲧被杀前就囚禁在山顶的羽山洞里（今名“卧虎洞”，因在洞内发现一具虎骨架而更名）。

据笔者私想，屈原提出伯鲧治水被杀的问题，一定有重大的冤情，一定是回到家乡故都登羽山问天（羽山面向天门，位置最佳，震撼人心！）有感而问。在《天问》一百七十多个问题中，数对崇伯鲧问得最多，必与此有关。我甚至怀疑：崇伯鲧本应是当时一代庸帝的重要接班人，却遭人暗算。“治河不成功”之罪摊上杀身之祸。此“凤羽山”之凤，古传为祝融火鸟图腾原生地。祝融三苗古族崇拜火凤凰，自称为凤凰族，亦作“凤羽族”。“羽人”“羽族”“羽民国”，皆源于此山。

屈原"仍羽人于丹丘兮"，三国陈琳《大荒赋》照句引用；本境明代诗人沈钟有"羽族穿眠石，兵威挫敌人"诗传世。锁定崇伯鲧是大庸崇山人，他的儿子大禹出生地及创建夏朝初始地，不在崇山又在哪里？

（二十一）大禹筑轩辕、帝喾、帝尧、帝丹朱、帝舜、帝共工等六台于崇山：屈原辞中曾60余次出现古代历史人物或传说，其中祖先神30多位，那么，这些祖先神的籍贯、背景与崇山有什么关系？《海外北经》："禹阙之，三仞三沮，乃以为众帝之台。在昆仑之北。……不敢北射，畏共工之台。台在其东。台四方。"此之众帝，指传说中的帝喾、帝尧、帝丹朱、帝舜等上古帝王（岳麓书社版279页）。《海内北经》："帝尧台、帝喾台、帝丹朱台、帝舜台，各二台，台四方，在昆仑东北。"上述两说都扯上"昆仑"，均指天门昆仑（包括崇山县圃），与崇山葬众帝形成对接。有解为西域沙漠、雪山昆仑者，非也！《大荒西经》："有轩辕之台，射者不敢西向射，畏轩辕之台。"（岳麓书社版353页）据《穆天子传》日记说："吉日辛酉，天子升于昆仑之丘，以观黄帝之宫而封［□］隆之葬，以昭后世。"按：此□缺字应为"崇"。陈琳《大荒赋》有"县圃貌以隆崇"句，有注为"丰隆"者，此雷神也，怕是看走眼了。是说天门昆仑有黄帝宫和黄帝陵，与"台"形成对接。

［按］多少年来，史家对《山海经》载大禹在崇山筑六大帝王台无法解释。笔者也是一头雾水，大禹凭何因登崇山为六位帝王筑祭台？一直到2013年不经意发现屈原笔下的大禹继承父职崇伯并在崇山建夏朝时才恍然大悟，原来崇伯鲧之子崇伯禹出生于崇山，并于公元前2140年在崇山接受舜帝禅位，建"夏"，即"夏庸"王朝，书称夏朝，初都崇山。为了永远纪念列祖列宗，禹帝便在崇山为上述六大帝王筑祭台，世代供奉祭祀。这是当时崇山最为宏伟壮观的人文建筑群，具体位置在今崇山的天门垭——百担丘。此垭为从北山绝壁小径攀登崇山之天险古道，上垭即见七星山之南天门。苗族史诗《鸺巴鸺玛》所载舜放驩兜至崇山后，所率部族迁徙至此，举行九天九夜崇山祭祀大典。此即始创于祝融、伏羲时代的（天庸）崇山天国大祭坛。禹王筑六台于此，不过是延续先人之礼制。可惜是土台，怎禁数千年风雨浸蚀？遗址犹存。

（二十二）楚祖鬻熊生于崇山：屈原的直系先祖是鬻熊。鬻熊故里在崇山北麓熊溪峪熊公山之下，即今永定区二家河乡熊溪峪村，亦即古代熊馆旧址处，一代伟大庸帝。是继承并发扬熊馆精神的伟大教育家。鬻熊之所以能成为周朝三代帝师，因为他还是历史上最伟大的谋略家、战略家及最古老的哲学家。他所代表的不仅是一个时代的文化标杆，更是一个文明古国最杰出的代表人物之一。

（二十三）熊馆"五老"执教于崇山熊馆

（二十四）周文王姬氏家族情系天门崇山

1. 姬昌（文王）葬于崇山之文王垭：为了做好伐纣灭商的准备工作，文王姬昌受一代庸帝鬻熊指点，从北方秘密南下，进入大

庸国，在崇山熊馆创办军校（军庠），鬻熊曾向他传授五行配五方的新八卦学，助成姬昌演《周易》。姬昌死后葬于崇山之文王垭。文王归葬崇山，与其先祖后稷葬崇山有关。《山海经》有载："狄山，帝尧葬于阳，帝喾葬于阴……文王皆葬其所。"张守节《正义》引张揖曰："崇山，狄山也。"郦道元《水经注·瓠子河》："《山海经》曰：尧葬狄山之阳。一名崇山。"狄山，是北方民族南迁于崇山的重要信息。为了纪念周文王与崇山的血肉之情，民间将文王当年定居崇山的老屋场命名为"文王垭"。

2. 姬满五游大庸：屈原诗："穆王巧梅，夫何为周流？环理天下，夫何索求？"（《天问》）

姬满，文王第五代孙，昭王之子，继位称穆王。贪攻伐，好珍宝，喜旅游，大半生游山玩水。公元前964年前后，穆天子先后五次来到（天门）昆仑之丘、春山（崇山）、黑水（温塘）、赤水（桑植）、珠泽（桑植汨湖）、采石（今大庸所古城花岩）等地游山玩水，寻找宝石。全过程记录在《穆天子传》日记中。笔者以一章10万字篇幅对这部日记进行重点破译，一些重大发现令人目瞪口呆。穆天子姬满死后葬崇山之南约90公里的沅陵大西山。

3. 姬晋（子乔）隐天门：屈原《远游》："轩辕不可攀援兮，吾将从王乔而娱戏。"王乔，名姬晋，周灵王太子，字子乔，一称王乔。好道学，通音律，喜吹笙，尤为崇拜先祖文、武、成三王之师鬻熊，对其《龙虎经》深解其意。太子晋放弃王位不继，独上祖山——崇山寻祖求道。周灵王二十二年，被仙人浮丘子引度上天门山（有学者疑为中岳之嵩山，非也），授其大道之要，使其修炼"石精金光藏景录神之法"，终于得道仙成，被道教尊奉为"桐柏真人"（按：桐柏，即今张家界市永定区之且住岗，古名桐柏山）。

4. 姬般游茹水：姬般系周文王第十六代孙，即武王姬发的胞弟姬度之后裔，为蔡国第十六位君主——蔡灵侯。公元前542年太子弑景侯而自立，是为灵侯。继位后，荒淫无度，不理朝政，但唯一可褒的是看重"祀祖"。在他执政期间，曾带着数十个娇妾美女，南下古庸祖山——崇山追寻先祖文王陵而祭。《庄辛说楚王》载："蔡灵侯南游高陂，北登巫山，饮茹溪之水，食湘波之鱼。"此之高陂，指历朝历代成千上万先祖巨人由此攀登崇山的古道偏子岩，坡高10里。巫山指与之相对的永定枫香岗乡之大历山，又称大巫山。此之"茹溪"即大庸国之茹水，亦即九澧之一的茹澧。明《永定卫志》载："澧水，卫城下，江源出历山极西龙茹山，有茹水入于澧，东流至武水口。""湘水"即湘江。二水实为蔡灵侯出行路线图，即从蔡国都城（今河南驻马店市上蔡一带）出发，过长江，乘船经洞庭湖吃湘江鱼，再逆澧水至古庸国之武溪故都捧喝茹水，再从对山"瀑布双悬"古道登崇山祭祖。

5. 姬延葬大庸：姬延，周慎靓王之子，即周赧王（？-前256），东周第25位周王，也是最后一位国王，在位59年，是东西两周在位最长的君王。公元前256年（周赧王五十九年），秦攻韩，取阳城，斩首四万；攻赵取二十余县，斩首九万。诸侯大震。周赧王与诸侯联合攻秦，秦遂攻周，俘赧王入秦，逼献其邑三十六，口三万，与九鼎宝器于秦，赧王得归。为避杀身之祸，赧王以假死南逃大庸，隐居十数年，死葬大庸溪坪中之赧王山。《直隶澧州志》载："周赧王墓。县西十五里，有赧王山，中有大冢，封殖甚高，周列小冢四十余，或云殉葬宫嫔也。"唐诗人王维作《赧王墓》："蛮烟荒雨自千秋，夜邃空余鸟雀愁。周赧不辞亡国恨，却怜孤墓近驩兜。"所谓"近驩兜"，站在赧王山隔澧水而望，正对面就是巍巍南方之祖山——崇山，其上有驩兜墓。

（二十五）熊绎统帅"庸师八国"北伐殷商誓师崇山：对于庸人驰聘于伐纣战场、战后受封荆楚、创建伟大楚国的秘史，学界一直没有找到源头；战争的总策划师、八国联军的幕后总司令、灭殷之战的第一功臣——鬻熊，被人误读成是"髳国"的"大酋长"，且读："鬻熊既是'文王之师'，又是'髳人的酋长'，还是庸、蜀、羌、髳、微、卢、彭、濮（人）'八国'的首领。"（吴荣臻、吴曙光《苗族通史》第一卷，民族出版社2007年版第278页）一个小小的"髳人酋长"，担当八国联军的总司令，显然不能服众。问题是不知道八国之首的庸国原来就出自大庸，更不知道鬻熊是大庸帝国的一代最杰出的伟大帝王。然鬻熊毕竟年迈（时约96岁左右），故将出征大帅之职交给四世同堂的曾孙熊绎。实质上，鬻熊是罕见的寿星，有资料告知：鬻熊约生于公元前1173年，逝世于前1045年，寿年128岁！我敢说，发现熊绎统帅八国联军誓师崇山、北伐殷商历史真相的第一人是苗史学者龙炳文先生和刘自齐先生："楚初立是周王朝的'绥服'，但崇山仍是荒服，不属楚统属，仍是苗巫文化的中心。熊绎是从崇山越过长江助武王伐纣的。受封于楚后，率一部分南蛮人（按：即崇山庸人）去楚经营。"（吉首大学学报民族问题增刊《湘西苗族》第一章《族源概说》[龙炳文、刘自齐撰稿]第14页）

这就是《尚书》记载的"庸帝""皇帝""帝庸""天庸"，即"非天庸释有夏、非天庸释有殷"的出典之所在。此时之"庸帝"，正是一代祝融——鬻熊！此之灭殷商之"天庸"，正是八国联军之首的大庸帝国！

不识崇山真面目，庸史、楚史从何论！

（二十六）七大帝师出于崇山：崇山是中国古代最古老的政治中心、军事中心、文化中心、教育中心，历史上至少出了炎帝之师赤松子（崇山侯）；黄帝之师庸成子；帝喾之师祝融（《潜夫论》[后汉]王符撰·卷一·赞学第一："故《志》曰：黄帝归风后，一作岐伯，中医药之祖，颛顼师老彭，帝喾师祝融，尧师务成，舜师纪后，禹师墨如，汤师伊尹，文师姜尚，周公师庶秀，孔子师老聃，若此言之而信，则人不可以不就师矣。"）善卷；文王、武王、成王之师鬻熊；楚怀王之师屈原；光绪帝之师侯昌铭等七大帝师。

（二十七）高远先生隐居天门崇山：《湖南全省掌故备考卷三十二》（596页）载：仙释·唐虞·高远先生："何侯，尧时隐苍梧山，慕长生。舜南巡狩，止其家。夏禹时，五帝以药一器与之，使投酒中，一家三百余口饮不竭，以余酒洒屋宇，拔宅上升，位为太极真人。高远先生，尧时人，与何侯同里閈（音汗，里巷的门）。因共炼药，亦得道仙去。"高远先生是尧时著名神仙家、学问家。

曾在崇山东北高远峰顶修行，垒石为室，是古庸国地最古庙宇之一。汉初重修，命名“高远寺”（约与昆仑峰［武陵源］朝天观同期），元、明、清均有修葺。清代末期迁址山下。高远寺所供菩萨一为高远先生，神仙装，飘逸潇洒，二为崇山王驩兜，一身武官装束。旧址今存“高远万古”石刻。清康熙年间，以“高远鸣钟”列县境八景之一。

（二十八）巫、傩文化发祥神州崇山（后有专解）

（二十九）人间昆仑和神界昆仑始创天门崇山（后有专文）

（三十）西王母的故乡在昆仑崇山（后章已成功破译天门昆仑西王母）

（三十一）屈原笔下的织女牛郎神话发生于崇山（事载《中国苗族古歌·崇山祭祀》。后有专文）

（三十二）屈原笔下后羿射日、嫦娥奔月神话原生点在昆仑崇山（后有专文）

（三十三）辰州符发明创造于辰州崇山（后有专文）

（三十四）历代庸楚帝王祭祖朝圣之地在崇山：崇山大祭祖（指祭三皇火祖、苗祖、楚祖祝融及五帝时的蚩尤、驩兜、鬻熊），起源远古，三皇五帝时已成国祭。4300年前，驩兜被驱逐放回故国崇山后，在崇山举行了有史来最为盛大的鼓社鼓会大祭典。苗族史诗《鸺巴鸺玛》记述了这一空前绝后的大祭。这是庸楚君王代代登崇山祭祖规模，排场最宏大、最壮观、时间最长的一次。后来，众附庸国和一些家族为了方便祭祀，把崇山之名随人口四方迁徙而播迁。这就是为何不少地方怎么也拥有崇山、有祝融、有驩兜、有澧水等崇山文明符号的起因。史载：公元前634年，夔子三年不祭祀祝融、鬻熊被楚灭国。

大庸国、楚国有一条共用的基本国策：“国之大事在祀与戎”。

（三十五）古庸国蚕桑文化、土家织锦发祥于崇山：前述由桑植朱家台墓葬之“豆”引出那个神秘的以“豆”立国的“蛮国”大庸，而另一大发现是：文物“豆”精妙绝伦的纹饰与传统土家织锦西兰卡普纹饰如出一模！专家定论：“其藤蔓组合纹就是土家族织锦‘西兰卡普’和挑花的传统纹饰，也是至今见到的土家族最早的纹饰模样。”（见《桑植文物》作家出版社2003年版12页）无独有偶，1986年在古庸都（古人堤）之北武陵大学工地汉墓出土一尊踞坐铜俑（永博藏一级3号），经国家文物局专家鉴定，其发髻网纹头饰和斜佩花带纹饰，与土家族织锦（西兰卡普）纹饰完全一致（引自“大庸府城博物馆策划方案”）。这是目前国内第一次发现的青铜土家织锦纹饰实证。两件文物均出土于大庸国中心地，可证此地必是土家族西兰卡普织锦的发祥地，亦是古代土家族的发祥地。《山海经·中山经》载：“又东三十里，曰鲵山。……又东三十里，曰雅山。澧水出焉，东流注入视水，其中多大鱼（鲵）。其上多美桑，其下多苴，多赤金。”“又东五十里，曰宣山，沦水出焉，东南流注于视水，其中多蛟。其上有桑焉，大五十尺，其枝四衢，其叶大尺余，赤理黄华青柎，名曰帝女之桑。”不用翻译，这段文字明显写的就是今桑植县的澧水、柿（视）水。这里是中国大鲵的故乡，古称鲵山、鲵水（鲵水后演变成醴水、澧水）。雅山，在今桑植县五道水镇雅溪，其地有雅溪洞电站，其溪北山即雅山。逆雅溪5公里即澧水北源（主源）之老洞。雅溪入澧下流40里即桑植坪，此地正是桑蚕文化的发祥地。是芙蓉龙化石出土之地（无齿恐龙，专家认定是地球恐龙的祖母），故称“多蛟”。这棵古桑，就生长在桑植坪，桑植县由此得名，明末清初时朽空自毁。“帝女”是谁？约有三说，一为炎帝后裔说：“《中山经》记述的帝女名曰女尸，以及帝女之桑的故事，她们可能也是炎帝后裔。”（王红旗《经典图读〈山海经〉》上海辞书出版社，2003年版63页）如果照此说法，我们有理由怀疑神农很可能也出自崇山。二为帝喾之“帝女”说：“据传说帝喾有四个妃子……四妃常仪，先生一女叫‘帝女’，后生一子叫‘挚’。”（《中华庸姓源流》2007年香港版22页）三为赤帝祝融之女说。张越编著《图解山海经》注释：“帝女，传说中的赤帝之女。”（第338页，吉林出版公司）赤帝，指祝融，降生于崇山，距桑植坪约90公里。数年前，在桑植朱家台等新石器时期遗址出土一批蚕丛纹冥器，说明蚕桑文化出自三皇祝融家族，祝融“蚕丛”之论有了依据。由此分析，此之“帝女”应该是祝融大帝之女。

正因有了“帝女之桑”蚕桑文化的发展，才造就了祝融蚕丛一族。蚕丛氏祝融乃一代庸帝，曾率大军远征四川大盆地，并以仙人溪“长寿国”之名建“西寿国”，即以后的“蜀国”，今成都古称“庸部”，后设庸州。有史家考证，四川三星堆文物，极有可能就是祝融蚕丛氏长寿族创造的史前文明。

[特载]

禹王在大庸崇山开启夏朝，崇山乃夏朝第一国都（节选）

杜钢建

舜帝后期众人推举禹领导治水。禹为崇伯鲧之子，也称伯禹。禹念其父前非，决定厘改制量，象物天地，比类百则，严格遵守法律规定，一切为群生着想。

舜帝时期的四岳都是共工氏的后裔。共工氏家族是治水专业户。有共工氏从孙四岳辅佐禹治水，可以得到专业指导。史书说禹王疏川导滞，封崇九山，决汨九川，陂鄣九泽，丰殖九薮，汩越九原，宅居九隩，合通四海。禹王治水得到人神拥戴。舜帝禅让禹王，祚以天下，赐姓曰“姒”、氏曰“有夏”。祚四岳国，命以侯伯，赐姓曰“姜”、氏曰“有吕”，谓其能为禹股肱心膂。历史上所谓“一王四伯”制度所表彰的都是“亡王之后”。禹王是被流放的崇伯鲧的后裔。四岳国君是被流放的共工氏的后裔。作为亡王之后，禹王与共工氏的后裔四岳同心戮力，亲密合作，终于赢得天下。禹王时期共工氏后裔四岳被赐姓氏姜、吕。共工氏后裔的姜、吕氏族对于禹王开启夏朝发挥了重要作用。

禹王在大庸崇山开启夏朝有一个重要的异象预兆，这就是祝融神在崇山显像。祝融神在崇山显像的历史事件在诸多史料中均有记载。《国语·周语上》曰：“昔夏（按指夏朝）之兴也，融降崇山。”《逸周书·世俘解》

曰："乙卯，钥人奏《崇禹生开》三终，王定。"孔晁注："《崇禹》《生开》皆篇名。"《周礼·春官·钥师》"掌教国子舞羽歙钥。"清孙诒让正义："《崇禹》《生开》，盖大夏之舞曲，以钥奏之者也。"崇禹，即崇山大禹。《崇禹生开》为一非二。《史记·孙子吴起传》载："夏之兴也，融降于崇山。"《竹书纪年》曰："禹治水既毕，天锡玄圭，以告成功。夏道将兴，草木畅茂，青龙止于郊，祝融之神降于崇山，乃受舜禅，即天子之位。洛出龟书，是为洪范，三年丧毕，都于阳城。"崇山是夏之兴的祥瑞地，据"禹贡九州岛图"在荆州，故曰崇禹（金按：崇禹即崇山伯禹）。开即夏王启。《国语·周语上》："昔夏之兴也，融降于崇山；其亡也，回禄信于聆隧。"这里的融，即祝融。回禄，即火神，后用作火灾的代称。终夏一代，重、黎（按：重、黎为二兄弟）后裔始终居火正祝融之位。据《尚书·尧典》《史记·历书》等载，重、黎的后裔还有羲和，也是掌天地之官，亦当为火正祝融一类人物。

像祝融神显像的类似事件在历史上多次发生过。史载，十五年，有神降于莘，王问于内史过，曰："是何故？固有之乎？"对曰："有之。国之将兴，其君齐明、衷正、精洁、惠和，其德足以昭其馨香，其惠足以同其民人。神飨而民听，民神无怨，故明神降之，观其政德而均布福焉。国之将亡，其君贪冒、辟邪、淫佚、荒怠、粗秽、暴虐；其政腥臊，馨香不登；其刑矫诬，百姓携贰，明神不蠲而民有远志，民神怨痛，无所依怀，故神亦往焉，观其苛慝而降之祸。是以或见神以兴，亦或以亡。昔夏之兴也，融降于崇山；其亡也，回禄信于聆隧。商之兴也，梼杌次于丕山；其亡也，夷羊在牧。周之兴也，鸑鷟鸣于岐山；其衰也，杜伯射王于鄗。是皆明神之志者也。"王曰："今是何神也？"对曰："昔昭王娶于房，曰房后，实有爽德，协于丹朱，丹朱凭身以仪之，生穆王焉。是实临照周之子孙而祸福之。"夏朝之兴，祝融神人显像。商朝之兴，梼杌（táo wù）神兽显像。周朝之兴，鸑鷟（yuè zhu 一种水禽）神鸟显像。神异现象有时预示福佑，有时预示灾祸，都在提醒世人遵道崇德。

禹王的出身在史料记载中有诸多神异现象。《竹书纪年》载："帝禹夏后氏，母曰修已，出行，见流星贯昴，梦接意感，既而吞神珠。修已背剖，而生禹于石纽，虎鼻大口，两耳参镂，首戴钩铃，胸有玉斗，足文履已，故名文命。长有圣德。长九尺九寸。梦自洗于河，取水饮之。又有白狐九尾之瑞。当尧之时，舜举之。禹观于河，有长人白面鱼身，出曰：'吾河精也。'呼禹曰：'文命治水。'言讫，授禹《河图》，言治水之事，乃退入于渊。禹治水既毕，天锡玄圭，以告成功。夏道将兴，草木畅茂，青龙止于郊，祝融之神降于崇山。乃受舜禅，即天子之位。洛出龟书，是为《洪范》。（以上出《宋书·符瑞志》）三年丧毕，都于阳城。"《孟子·万章上》："舜崩，三年之丧毕，禹避舜之子于阳城。"舜崩三年后禹王才离开崇山，都于阳城。崇山实际上是禹王开启夏朝并居住三年的国都。舜之子有巴陵、长沙等人，都在湖湘地区。禹王为了回避舜之子（金按：此指商均）才离开大庸崇山的。

史载，在磊庸崇山开启夏朝的禹王是"转世人"，相传禹王的前世是黄帝的孙子大禹。史载大禹曾经活了360岁。后来入九嶷山仙去。多年后尧理天下，洪水既甚，人民垫溺，大禹念之，乃化生于石纽山，曰女狄。女狄生子长大后能知泉源，乃赐号禹，后人称曰神禹。黄帝的嫡孙转世为后来的禹王，这只是古庸大地诸多再生人事例之一。根据此说法，禹王的母亲女狄出于狄人的部落。

崇山国在尧舜时期是伯爵国。大禹，简称禹，大即伟，是尊称。尧知其功如古大禹知水源，乃赐号禹。姒姓，名文命、政命。由大庸崇山的祥瑞，名崇禹。爵位伯，故称夏禹、伯禹、号有夏氏、夏后氏。又称姒禹、文禹、神禹、帝禹、白帝。禹王以后，夏商周时期崇山国是侯爵国。在甲骨文卜辞中，崇侯多次出现。商朝甲骨文中多处提及崇侯虎伐𩵦方等。𩵦方为商朝末期西方八国之一。商朝军队去（夷耳）国要路过崇国。根据史书记载，商王锡命西伯，得专征伐。《史记·殷本纪》曰：“乃赦西伯，赐之弓矢、斧钺，得专征伐。”周文王受命九年，大统未集，盖得专征伐，受命自此年始。

周国的兴起也与伐“崇山国”有关。《竹书纪年》记载：“三十四年，周师取耆及邘（yú,周时小国），遂伐崇，崇人降。”《史记·周本纪》载：“受命，明年伐犬戎，明年伐密须，明年败耆国，明年伐邘，明年伐崇侯虎，而作丰邑。明年，西伯崩。”《左·襄三十一年》正义：“《尚书大传》：文王一年质虞、芮，二年伐于，三年伐密须，四年伐畎夷，纣乃囚之。”《文王世子》正义引《大传》：“五年，文王出，则克耆。六年，伐崇，则称王。”可见，文王称王与伐崇有关。崇山国在当时诸侯国中具有举足轻重的地位。《竹书纪年》载，三十五年，周大饥。西伯自程迁于丰。《逸周书·大匡解》曰：“惟周王宅程三年，遭天之大荒。”《诗·大雅》曰：“既伐于崇，作邑于丰。”周国作邑于丰也是与征伐崇山国有关。可见崇山地区从伏羲到夏商周的重要地位。（按：经考，此之崇侯虎、丰邑，与大庸崇山同名不同地。金克剑著作中已有涉及。西周版土没跨过长江。长江之南亦无“丰邑”之地名。历史上古庸国与西周是宗子关系。西周王朝是在庸国大帝祝融、鬻熊策划支持下灭夏、灭商后创立的。此事载之《尚书》多士、多方等篇章。）

综上所述，《史记·孙子吴起传》《国语·周语上》《竹书纪年》等记载，“禹治水既毕，祝融之神降于崇山，禹王乃受舜禅，即天子之位。”崇山在今湖南张家界地区，是故禹王也称崇禹。大庸是禹王创建夏朝的根据地。禹王的父亲鲧被封在崇山，爵位为伯，称崇伯鲧。禹王在崇山开启夏朝，有共工氏后裔四岳辅佐，疏通天下。此前舜帝流放四凶之一驩兜也在崇山。据考，驩兜后裔移民两河流域建立了巴比伦文明（此文不展开）。崇山地区在夏商周时期均为崇国。有个奇怪的现象，是我以后才偶尔发现的：在春秋战国地图上，我突然肆现，以长江为界，北半部江山拥挤着齐、楚、燕、韩、赵、魏、秦等多国版土；长江以南半壁江山，则是一片空白之地，令人匪夷所思。这是两千年史界课题的空白。而张家界的金克剑和李书泰二先生，却早已明察秋毫，一语捅破，与本人不谋而合。这片中华半壁江山，不正是已消失于历史长河中的古大庸帝国版土么?!

[杜钢建自注] 崇山，位于张家界市城区10公里郊外，与著名的天门山比肩而立，仅几里之遥。这里是张家界历史文化发源地，古有“伏羲八卦源于张家界崇山”之传说。山高林密，壁陡岩奇，风

景绝美。但只因生在荒远闭塞的张家界，就注定其无法名扬四海的命运。为何？因为张家界世界级的绝版风景太多，比之稍逊的景观就被其盖过锋芒，无法成名。如果放在其他市州，想必早就成为著名景区了。

2015年12月4日

杜钢建，江苏人。历任中国人民大学法律系副主任、国家行政学院教授，浙江工商大学“西湖学者”，汕头大学法学院院长、首席教授等。现为湖南大学廉政研究中心学术委员会主任、湖南大学法学院院长。当代中国著名法学家，大陆新儒家代表人物之一。主张将儒学的道德理想转化为政治法律理论，在会通兼容东西文化的基础上转换成弘扬自由、人权、民主、宪政精神的学说，为未来中国的政治法律改革提供系统明确的指导原则。

【著者按】杜先生原文8500余字。主要内容包括：1.伏羲最初立君建国就在现今张家界武陵山区的崇山；2.帝尧时期崇山是驩兜的流放地。3.帝尧时期崇山国是禹王的父亲鲧的封国。4.禹王在湘西崇山开启夏朝，崇山乃夏朝第一国都（所引皆原文）。以上四论除了驩兜，其余三论一直没有人敢公开提出，可说是独具慧眼、标新立异之说。偶见杜先生此之大作，其兴奋之情溢于言表。我庆幸发现了知音。因为此前数年，我已经发现夏禹在崇山建夏朝并为六大帝王筑祭台的重大秘密，这正是中国古今史家们茫然无措的硬伤之所在。

此前的七年中，笔者为破解屈原故里及诗赋中的诸多典故，不可避免地涉及了一大批远古创世开山人物，尤其是当我破译《山海经》所载崇山四大帝王墓和禹王筑六大帝王台于崇山，简直让我目瞪口呆！由此提出四大问题：1.倘若四大帝王不是出生于崇山之人，或曾经没有在这里工作过、居住过、战斗过，凭什么理由将尸骨安葬在异乡崇山？2.假如六大帝王巨人不是出生于崇山之人，或曾经没有在此长留过、定居过、工作过，禹王有何理由为他们在此筑六大帝王台？3.既然六大帝王台皆由禹王所筑，那这个禹王如果与崇山没有深度关联，不是此地人氏，不是此地长官，不曾在此出生、居住、生活、工作、战斗过，以及与这六大帝王没有任何家族瓜葛，他凭什么理由发起实施如此浩大的工程？4.为什么两千余年的史界，凡注解《山海经》的所有版本（本人至少收藏5种），都对上述四大帝王墓、六大帝王台全都出现在湖南大庸崇山的事实或遮遮掩掩，或委以曲蛇，不敢直陈其词，不敢直面真相？这里还不包括《穆天子传》中所载黄帝陵、黄帝官、黄帝册府全都在天门山的“原子弹”信息！

因为一旦认定，将意味着由历代史家们所界定的中华人类文明的发祥地在中原——河南——河套——黄土高坡地区的论断受到颠覆性冲击，甚至改写！因为，撕开混沌夜幕，用双手捧来人类文明朝霞的一大批伟人巨人——盘古、东王公、西王母、燧人氏、华胥氏、祝融、伏羲、女娲、炎帝、黄帝、颛顼、帝喾、帝尧、帝舜，以及赤松子、庸成子、善卷、崇伯鲧、共工、驩兜、三苗氏、禹王、鬻熊、熊绎、鬼谷子（白公胜）、屈原等，几乎全都是大庸崇山人！连周文王、周武王、姜子牙、周公旦等倒殷灭商的前夜，都是在崇山熊馆办军库做准备，并集结八国联军由此北上伐殷的！

——因为只有大庸宗国、大庸帝国才是最强大、最隐蔽、最安全的大后方！而且历史的真相确实如此：上古灭夏灭商两次改朝换代之战，都是当年“灭庸灭帝”发起、统帅的！（见《尚书》）

未曾料在我正为“高处不胜寒”的孤独而暗忧——因为书稿一旦进厂，变成受众产品，金某人极有可能很快成为众矢之的而面临“灭顶之灾”，在此关键时刻，我发现了杜钢建先生的大作！而且，他所论述的四大历史人物与事件的结论，与鄙人的发现不谋而合，惊人地一致！

——这说明了什么?!

杜先生发现并断定“禹王在大庸崇山开启夏朝，崇山乃夏朝第一国都”，此论告诉世界：中华上古史最为辉煌的一页——正式建立第一个可考可稽的文明古国——夏朝的始创地原来在大庸崇山！或说：伟大的中原文明的发祥地——实际胎养地在崇山！笔者认为这是为夏朝立国疑史翻案的第一声春雷！亦由此可证：伟大的夏朝——中原文明的源头原来在大庸崇山！中原文明与伟大的大庸澧豆文明、澧稻文明一脉相承。这正是大庸为何又叫“夏庸”的重要信息。夏即大也。为了区分古庸国与夏国，我把以崇山为中心的大庸文明叫第一轮文明；把从禹王分界的黄河中原文明叫“第二轮文明”。出生成长于古庸崇山的禹王就是中华两轮文明交替对接的第一传人。

那么，禹王立夏与黄河文明的历史差错到底出在哪里呢？

这里引录白乐天主编的《中国通史》第二章之第一节之一、夏的起源与发展：

“夏部族……主要活动区域和夏王朝的统治中心地带，大致西起今河南省西部（豫西）与山西省南部（晋南）……这一区域的中心是中岳嵩山及其周围的伊、洛水流域、济水流域和颍水与汝水上游地区。嵩山古名崇山。先秦与汉代及以后的人们在考证和追述夏人的活动区域时，多将其与崇山及周围地区相联系。如称夏禹为‘崇禹’；禹的父亲鲧，称为‘崇伯鲧’。在现今河南豫西地区还有一些关于夏代都城遗址或其他遗址所在地望的文献记载与传说。如有‘禹都阳城’（今登封告成镇附近），‘启都阳翟’（今禹县境内），太康羿、桀所居之斟鄩（今巩县境内），‘帝杼居原’（今济县境内），等等。其中多数是可信的。故有关夏代文献记载与传说的地望，应是研究夏代的重要依据之一。”

此论的核心文字是把河南的“嵩山”误作南方大庸的“崇山”，地址一错，崇禹、崇伯鲧也就由南方搬到北方了。这正是两千多年来史界既真实、又混淆不清的源头。

我以为历史差错的“原点”就是对崇山真伪——真假“李逵”的鉴别与定论。

关于“祝融降于崇山”“舜放驩兜于崇山”“崇山在湖南大庸县城之西南二十里处”的结论文字足可单独著成一部大书。仅管中华域中（乃至日本、越南等国）也有“崇山”之名称的分布，但早被众多古籍文献所解释、所定论，不存在争论。崇山是古大庸文明的中心，是澧豆、澧稻文明的专利符号。

其它所有“崇山”（包括河南嵩山）都没发现第一轮文明所产生的伟人群和文明信息群。

那么，河南的“嵩山”又为何变脸成为“崇山”了呢？

查民国《辞源》（496页）“嵩”字全部辞条中有“嵩少”“嵩丘”“嵩明”“嵩呼”“嵩室”“嵩高”“嵩阳”“嵩陵”“嵩县”“嵩山三关”“嵩山四叟”“嵩阳书院”。实在找不出“嵩山古名崇山”之说，亦无“崇伯鲧”“崇禹”之名与嵩山有何关联之词，更无禹王在嵩山立国之信息。故可断定“嵩山古名崇山”之说是民国时期及当代史界的“创造发明”。但恰是大禹从大庸崇山举国北上所必然留下的符号信息。

再查“崇”字（493页）共计40条，全部条目无一处称“崇山又名嵩山”。现将与崇山本意相关的条目内容抄示如下：

［崇］⑴高也。⑵重也，高贵也（金按：故崇山又称“重山”）。⑶充也，聚也。（金按：故崇山又称“充山”，汉高祖五年［前202］建充县、东汉光武建武二十三年［47］，桑植农民义军相单程攻充城，马援率军镇压即此。且问：河南嵩山的“充山”在哪里？）⑷姓唐虞时封鲧于崇。舜殛鲧以崇更封诸侯。商末有崇侯虎，子孙以国为氏。［崇山］在今湖南大庸县西南。《通典》：“澧阳县有崇山，即放驩兜之所。”按澧阳，即今澧县治。（金按：这叫一言九鼎。是对“嵩山古名崇山”之说的断然否定）［崇牙］乐器饰。《诗》崇牙树羽。（注）：“悬钟磬之处。”（金按：此为女娲在崇山发明“充乐”之史证）［崇伯］《竹书纪年》帝尧六十一年，命崇伯鲧治河。《史记·夏纪注》索隐曰：连山易云：鲧封于崇。故《国语》谓之崇伯。《汉书·刘向传注》师古曰，鲧，崇伯之名，即檮杌（音“捣务”）也。《书舜典伯禹作司空传》禹代鲧为崇伯。入为天子司空，治洪水有成功。［崇义］今县名。（金按：一在江西，明置；一在大庸，北周建德四年大庸置北衡州，辖崇义县。县以崇山名）

以上嵩、崇两字对比，真假崇山原形毕露。白氏《通史》所说“嵩山古名崇山”纯属伪造，“崇禹”“崇伯鲧”与嵩山毫无关联，故可彻底否定禹王在河南嵩山建夏朝之说。

不过，笔者反过来又要真诚地向白乐天等诸位编者先生表示感谢，因为在谬误的表面已经捧出了一连串真理的明珠：崇山：崇禹——崇伯鲧。说明杜钢建先生的发现与他们殊途同归。只不过把这三个识别夏朝源头的关键证据摆错了地方，或说南冠北戴了。怪只怪“中原正统论”对中国古今史界的围城实在太坚固了。

这里，我要真诚地向北方史界呼唤一声：“为了真理，请到南方崇山来走一走、看一看吧！”

不过，有两个问题想与杜老师商榷：

其一：关于文王伐崇侯虎之崇国，作邑于丰，与古庸之地伯鲧封于崇山国而称崇伯鲧不是一回事。文王不仅未曾出兵大庸崇山，反而曾在崇山熊馆办军校，拜师庸帝鬻熊。周朝是大庸帝国鬻熊代表“天意”一手策划扶持创立的，庸周宗亲关系一直保持到公元前280年庸国灭。有关文王、穆王、赧王及姬晋（子乔）、姬般等五代周朝王室族人归宿大庸崇山之史实，已先后在本著中予以述及。

其二：引文中多次提到“融降于崇山”之“降”，杜老师认为是“祝融神在崇山显像”，并列举了几个例子。但从“降”字正解中，只有“降生”可匹配，叫出生、出世。多指宗教的创始人或其他方面的有名人物［见《现代汉语小词典》］。

其实，笔者当初也有此疑，后来，从楚族民间神话史诗《黑暗传》中找到了答案：“共工本是一帝君，作恶无道失民心。祝融一见怒生嗔，领兵与他来相争。提起祝融一段文，他是天上火德星，治理洪水有功勋。当时有臣名共工，共工出世手段能。大荒山中一洞府，五彩精气孕化成。能逃劫难洪水后，三番洪水长成人。养一鳌龙为坐骑，洪水滔滔任游行。祝融吹气如火焚，誓把鳌龙来烧死……”

不必迟疑，那个“治理洪水有功勋”的祝融，不就是大禹吗！因为大禹治洪水有功，被推举为一代祝融，也就在大禹加冠神职，即祝融“降生”“诞生”的这一天，他在崇山宣告创立“大夏·夏朝”。

九、 崇山古名典故

1. 崇山隐天大可骇：《澧纪·跋》：“慈利崇山有注。**班固：‘崇山隐天大可骇！’**”（《览胜纪》·《澧纪》第840页。班固［32–92］，字孟坚，今陕西咸阳人。东汉初重要史学家和文学家。以《汉书》影响最大。相传班固曾初登崇山，才发出如此惊叹震撼之声）

2. 撮壤崇山：［唐］李善：“孰可撮壤崇山，导涓宗海。臣蓬衡蕞品，樗散陋姿。……崇山坠简，未议澄心。”（李善《上文选注表》）

3. 尧在崇山舜九嶷：苏轼《晓登尽善亭望韶石》：“……蜀人文赋楚人辞，尧在崇山舜九嶷。圣主若非真得道，南来万里亦何为！”是说尧出生在崇山，舜归宿到九嶷。表示他认同“蜀人文赋”（指司马相如《大人赋》）、“楚人辞”（指屈原独创的楚辞）的看法。此诗可断定帝尧的出生故里在崇山。

4. 历唐尧于崇山兮：司马相如《大人赋》：“余欲往乎南裔，历唐尧于崇山兮，经虞舜于九嶷。”司马相如在《大人赋》中透露他曾登崇山游历，发现尧帝故里就在崇山。南裔：崇山专称，即南裔（或南夷）崇山。此诗与上诗结合考量，证明帝尧的出生故乡在大庸崇山已成铁案。

5. 慈利县——唐虞本崇山地：清《古今图书集成》：“慈利县，唐虞本崇山地，放驩兜于崇山即此。”［按］意思是：早在尧舜时期，慈利县就属崇山辖地。此之“崇山地”即指崇山天庸帝国，远古时崇山为国家行政中心的代名词，亦可证尧出生在崇山的史实。

6. 崇山碑：崇山北麓二家河《李氏族谱》载《永镇崇山》碑序：“原本江南常州府无锡县李家街松树土地居住。洪武二年特授江西抚州府昭勇将军。于洪武八年奉旨提调湖广澧州安福所古牛坝堵瑜，于九年分发统领兵将于永定卫镇守苗夷，安营崇山连五间，带守三个凹，坐镇苗夷，除匪安民，以靖地方，直可千秋焉。是序。”

时甲午年二月初四（乾隆三十九年［1774］岁届甲午邑庠戚刘承谟传 嘉庆十二年（1807）二月初二日阖族公立

［按］此碑可证洪武年间，崇山还居住着古苗夷。那时，苗夷被官方称作“匪”。明隆庆华容人孙斯亿为纂修《岳州府志》到

大庸采访，作《永定道中》诗：“楚塞谁将汉吏屯，千年城廓依天门。云边箘貉驩兜冢，雪里松杉仡佬村。”“千年城廓”指汉初在古庸都遗址所建充城。仡佬是苗族一种，即李氏将军所镇苗夷。此为崇山自古为三苗中心的重要例证。

7.《永镇崇州》碑：碑在天门山寺，民国五年主持僧道静书（碑文略）。与《李氏族谱》载同名碑不是一个概念。天门山远古时又称崇山、天崇山。[按] 隋文帝开皇十八年（598）以崇山大名改北衡州为崇州，更零阳为慈利县，与崇义县同隶于崇州。崇州、崇义，均因崇山而得名。这正是天下崇山归大庸的终极结论。千百年来，所有关于崇山的学术之争都是伪命题。比如“嵩山”又作“崇山”之类。

8.崇山连天外：李如圭《忠清祠祭》：“宋任续《思王庙记》：州彭山庙碑云：‘崇山连天外，界越嶲（音西）冈阜。靡迤如舞如驰，遏千里之势於洞庭之野，屹瞰郡治，兹为彭山，盖澧邦所瞻也。庙盖其巅，神曰彭山，世传为唐神尧子。……续尝闻：名山大川，主之有神，皆命於帝。……惟神昔以分茅，抚临藩国……保洞庭兮三江，捍崇山兮五岳，扬灵兮报祀典，山川兮长久。’”

[按] 彭山庙有二，一在澧州，二在今张家界市之南，俗称“盘山庙”（土语“盘”“彭”不分）系明成化二年卫指挥使彭伦为天门盘古而建。所谓“彭山”，实乃唐尧之子，与“历唐尧于崇山兮”（司马相如）、“尧在崇山舜九嶷”（苏轼）所载对接。可证大庸土著为彭山建庙，必与尧帝乃崇山人有关。

9.崇山，南裔山：道光《永定县志》载：“考《通考》澧阳注，有崇山。蔡传云：‘崇山，南裔山，在今澧州。’”（按：蔡传者，指宋人蔡沈注《书经》。汉后至清，崇山多次因区划建置变动而附属它县）

10.大泽崇山作枕襟：清·道光何璘《劝农口号》：“萧然城郭愧监临，大泽崇山作枕襟。”大泽崇山又作“崇山大泽”，典出《穆天子传》。即今崇山之顶天然水泽，是天生山顶湖泊之奇观。20世纪60年代改建建成崇山水电站水库，华国锋曾亲临视察。

11.崇山虽僻古尧封：清·张采《驩兜墓》：“崇山虽僻古尧封，旅冢知埋第几重？”意思是说：崇山虽处僻远的南裔之地，却是古帝尧的出生和封地。与“历唐尧于崇山”“尧在崇山舜九嶷”等史典形成不可动摇的帝尧出生故里在崇山的证据链。

12.曾记崇山会议时：吴恒良（民国湘西苗民抗日革屯军领袖）《挽隆子雍四首》：“曾记崇山会议时，匆匆又过九年期。”此指三十年代湘西苗民抗日革屯军领袖隆子雍在崇山主持召开秘密军事会议，并决定撤离崇山，进入凤凰、吉首、花垣等大山。

13.放崇山之传说：《国语》：“炎融（金氏按：即一代炎帝祝融）。驩兜为炎融所出，故亦放崇山之传说。”炎融，赤帝祝融。是说驩兜系祝融之后裔，故而放回崇山。实际上是将驩兜赶回家乡崇山。证明驩兜出生地也在崇山。与其父帝尧出生崇山形成家庭证据链。

14.崇山舜典详：清·金德荣《大庸风土四十韵》：“欲问大庸俗，崇山舜典详。自明归版籍，从古属要荒。”

15.崇山万古矗层云：清·罗振鹏《崇

山》："崇山万古矗层云，虞代有臣周有君。铁耳铜铉凶族鼎，金凫玉碗弱王坟。"铁耳铜铉驩兜鼎、金凫玉碗，都是驩兜遗留下的古文物。虞代有臣，指唐尧之子驩兜；周有君，指周文王及周赧王，均葬崇山山上山下。

16.一条界破古崇山：指崇山瀑布。（清·徐奏钧《新增县境八景》）

17.崇山依旧卧层云：（清·罗光典《驩兜冢》）

18.崇山尺寸地：［明］孙斯亿《驩兜冢》："崇山尺寸地，何日葬驩兜？"

19.《中国地名大辞典》［崇山］："在湖南大庸西南……山顶有驩兜庙、驩兜墓，今残迹尚存。"（《中国地名大辞典》上海辞书出版社1990年4月版第78页）

20.《湖南地方志》［崇山］："周赧王虽为天子，为诸侯所役逼，负债流逸于澧水，无以归。故崩后立墓于张家界市西南7.5公里处，墓向南，与澧水南岸崇山顶上的驩兜墓遥遥相望。"（《湖南地方志》1996年第5期）

21.《辞源》［崇山］："山名。在湖南大庸（即今张家界市永定区，下同）西南，与天门山相连，相传舜流放驩兜于崇山，即此。参阅《通典》一八三、《州郡》十三、《读史方舆纪要》十七、《湖广慈利县志》、明·邝露《赤雅》中·崇山。"（《辞源》1979年版）

22.湖西护国独立军军歌："崇山崇山大庸中，山高水恶出英雄。有个罗司令，领导护国军。打进大庸城，电报打下省。来了唐荣阳，十字解和才退武字营。南兵进了城，鞭炮放得很。一二三——四！"［按］1916年，蔡锷在云南宣布独立，组成护国军政府，率兵攻入四川。消息传到大庸，天崇乡木讷里人罗剑仇立即响应，宣布成立湖西护国独立军，投入反对袁世凯复辟帝制的武装起义。此为护国军军歌。

23.崇山木叶落纷纷：清道光增贡罗光典（大庸人）《永定竹枝词》："崇山木叶落纷纷，日暮招魂有断云。遗迹全凭摩诘句（按：摩诘指唐代王维作《赧王墓》诗），松楸萤暗赧王坟。"赧王：东周末代天子姬延。为避秦王追杀，以假死之计，追随先王——周文王、穆王远遁大庸国境，死后由庸国人盛葬于大庸溪赧王山，墓地犹存。宋代洪迈《容斋随笔》中记载他的外甥余玠在大庸慈利任县令，其时，赧王山五里堆崩，现出古墓，内多器物，中有虎钮錞于数枚，余玠收藏一个，高一尺三寸，重十三斤。本县县志记载后又发现三枚。

24.崇山郡：唐朝进士、右拾遗、太和八年吏部两员外郎裴夷直作《崇山郡》诗，曰：

地尽炎黄瘴海头，圣朝今又放驩兜。
交州已在南天外，更过交州四五州。

（全唐诗卷五百十三，第5856页）

［按］是说诗人被贬谪到交州（中越交界处之界址名交趾）以远的地方。他把自己比作当朝时代的驩兜。《尚书》等典籍已确指舜放驩兜的崇山在湖南大庸。诗人遭贬南行之途，专程上崇山拜谒驩兜墓，不禁感慨万千，与当年舜放驩兜于大庸崇山相比，他流放的地方要比驩兜远得多。证明此诗所写"崇山郡"必与大庸崇山有关。大庸国灭后，汉置充县，此后建崇州、崇义县、天门郡、北衡州、大庸卫等，但不知崇山郡为何代所建，待考。

25.维南有崇山：唐·杜甫《九日寄岑参》：

维南有崇山，恐与川浸溜。
是节东篱菊，纷披为谁秀。

[按] 唐诗中，似杜甫、裴夷直直写“崇山”者十分罕见。“维南有崇山”，锁定该崇山在南方，当指大庸崇山无疑。本著已对杜甫亲身游历崇山所作诗进行解读，与裴夷直“崇山郡”一说形成信息对接。维：助词。

26.文开五易，甲象崇山：出于《太古河图代姓记》。五易：经以易名，厥有五义。一曰变易，谓阳变阴，阴变阳也；二曰反易，谓相其顺逆，审其向背，而反见之；三曰对易，谓比其阴阳，洁其刚柔，而对观之；四曰移易，谓审起分聚，计其往来，而推移而上下之。（见毛奇龄仲氏易，民国《辞源》73页。按：原文不知何因缺第五易）甲象：甲子甲为十干之首。即伏羲（先天八卦）六十四卦崇山为首，书为“重艮以为首”。重，崇也；艮，八卦中“☶”代表山。重艮即“崇山”。这是伏羲在崇山创造并演八卦留下的铁证，是追寻伏羲出生地的自证。或说：伏羲已经把易经、八卦的发明地、演绎地暗含在卦象卦格之中，刻写在崇山之上，无意中彻底堵死了后人争夺、瞎解易经原生地在北方某地的企图。

27.崇国：崇国有二：一在今陕西西安澧水西（高亨《诗经今注》）。《诗·大雅·文王有声》：“文王受命，有此武功，既伐于崇，作邑于丰。”是说文王灭崇之后，即以其城“作邑”，并迁都于此，改称为丰。崇国国君为崇侯虎。因他政治腐败，贪婪成性，“百姓力尽，不得衣食”，周文王“唯为民乃伐崇”（《说苑·指武》）。《诗·大雅·皇矣》：“帝谓文王……以伐崇墉。”所载“西安澧水”，此为崇国远祖必与今之澧水崇山有血统关系的信息。二在大庸澧水南岸之崇山国。《国语·周语下》：“其在有虞，有崇伯鲧。”韦昭注：“鲧，禹父。崇，鲧国。伯，爵也。”是说夏禹之父鲧在崇山建崇国（实为庸国之延续）。此之崇山，本在南方火神祝融出生之地，却被“中原论”者误解在河南嵩山，难道北方河南成了“委火炎风之野”的火神故乡？

28.崇山黄帝湾：位于崇山顶，与中央仙山（熊壁岩）相望。《鬻子》：黄帝在崇山“为杵臼，以利万姓。”其子发明“舂”（舂米之碓马），故崇山得名“舂山”，一作“充山”。

是说黄帝曾在崇山发明用“杵臼”捣谷破壳出米，是水稻文明的初期发明。他的儿子则在父亲的基础上发明“舂”——即“碓马”，从而解决了水稻变米，并进而完成取代豆作文明的伟大转变。这是中华古文明的核心价值之所在，是从豆作文明向水稻文明转化的伟大信息，从而奠定了崇山作为祖山、国山、姓山的崇高地位。或说本著作者提出中华第一轮粮食文明——豆作文明与第二轮粮食文明——稻作文明的论断出之有根，说之有据，并由此修正古史文明论断中仅有城市、青铜、文字三大要素的错误——只有豆作——稻作粮食的发现，才有其它所有文明的产生。也因为在崇山发明了“杵”“舂”，水稻取代了澧豆主粮地位，从而将崇山文明推进到一个全新时代——稻作文明时代。为了纪念黄帝父子发明杵臼、舂（碓）的伟大功绩，又将崇山称为舂山。将发明碓马的老屋场命名为“碓马湾”。

如果未来有人有心评价我的这部拙著核心价值，我自以为就是从发现屈原生身故里的重大背景中，发现了更深层面的关于古庸一族对这个地球所作的创世开基的伟大发明与贡献——即从澧豆、澧稻两轮粮食文明向其它物质文明转化的贡献。

上述简要罗列有关崇山人文符号，就是由三皇祝融氏家族经营数万年的崇山文明中心的大致概貌。然而，在北方后起文化的覆压之下，在历史风雨的摧残之下，崇山文明与大庸古国文明已成杳杳之天籁，淡淡之幽梦。以至于国史疏懒，消失人间。

张良皋说："庸国委实是一个'失落'了的文明中心。"（见张良皋《巴史别观》中国建筑工业出版社2006年第一版第129页）

这是一个十分英明的论断。他道出了中国上古、远古史的核心价值之所在，校正了千百年来国史研究的视野。而这一批伟人巨人汇集大庸帝国发祥地崇山，正是第一轮文明中心地强大集聚力量的表现，一如后起文明时代，一大批伟人、巨人不惜毕其一生去逐鹿中原一样。

从上述崇山文脉符号中，让我们惊奇地发现：屈瑕采食于屈，正在他的宗国文明中心，这就注定屈氏家族将在这个历史大舞台上扮演一个非同寻常的角色。屈原诗中所写诸多古帝、圣贤、神仙，原来几乎全部出生于崇山天门内外，都与他的故乡有关。他的生命之孕育、身体之诞生、个性之陶冶、学业之所成、品格之造就、思想之形成，无不与崇山文脉息息相关。

这，就是困扰两千年屈学界的崇山古庸文化大背景之所在。

十、崇山文物古迹

长期以来，崇山湮没无闻，却不时出现在一些史考著作中。或许是因了"驩兜恶人"的臭名，历朝历代的诗著除了辱骂，几乎少有人关注崇山的真实存在。即使明明从典籍中发现了"祝融降于崇山"，发现了"尧在崇山舜九嶷""历唐尧于崇山兮"，发现了善卷的故里在崇山，发现了伏羲演八卦于崇山——"重艮（崇山）以为首"，发现了帝喾、帝尧、帝舜、文王墓葬在崇山和六大帝王台筑于崇山的神秘信息，发现了西周先王说崇山（春山）即"县圃"，发现了鲧封崇伯於崇山（有人把这个崇山篡改成北方的"嵩山"）……但史界一直宁可信其无，不愿信其有，乃至对其进行曲解、移址或篡改、搬迁。人们心中只有"舆论一律"的一条黄河，一个中原。凡发生在此范围之外的所有与之相悖的创世文化都是不存在的。或讥为欲与北方"分一杯羹"。或"仅仅是为了炒作，赚一点名声而已"。

对此，乾隆《辰州府志》序中有段文字予以批评："武陵今之名县也，而不知所谓武陵蛮者，乃在武溪（按：武溪即今崇山北麓大庸所城之武溪村）以上。崇山，明之卫所也，而不知所谓放驩兜者乃在澧州之永定。"

这里不妨抄录几段辱骂驩兜的文字：《尚书》："禹曰：……何忧乎驩兜？何迁乎有苗？何畏乎巧言令色孔壬！"《左传》："昔帝鸿氏有不才子，掩义隐贼，好行凶德，丑类恶物，顽嚚（yín 蠢而顽固，奸诈）不友。

……天下之民谓之‘浑敦’。”（指驩兜）《孟子》：“万章曰：‘舜流共工于幽州，放驩兜于崇山，杀三苗于三危，殛鲧于羽山：四罪而天下咸服，诛不仁也。’”清《古今图书集成》：“大庸所。崇山……最上巨垄云驩兜墓，人不易见，见多不祥。”民国《辞源》：“崇山，在今湖南大庸县西南。……驩兜：传说中恶人。唐尧时，驩兜与共工同为非作恶，被舜放逐到崇山。”……

那么，这样一片承载了远古第一轮人类文明的崇山，到底还有无文物可资佐证？笔者无法作出准确回答，但史籍中还是有些蛛丝马迹的文字可供考证：

清《古今图书集成》载：“崇山：在湖南大庸市西南。……山顶有驩兜庙，驩兜墓，今残迹尚存。”（上海辞书出版社1990年版787页）明《澧州志》载：“有崇山驩兜庙，石室在焉。下有相公潭。……”清道光《永定县志》载：“鼎一具，在崇山中，相传为驩兜鼎。历数千年，古色斑驳。”（卷六·金石志16页）又：系马柱在崇山驩兜祠石室下（引文同上书卷十·古迹）。清同治《直隶澧州志》载：“唐·驩兜冢……民用耕此获铜甲鐶者，商人买得，乃金甲也，未知何时所藏。”（卷二·陵墓）又载：“周赧王墓。县西十五里，中有大冢，封殖甚高，周列小冢四十余，或云殉葬宫嫔也。王右丞诗：‘蛮烟荒雨自千秋，夜邃空余鸟雀愁。周赧不辞亡国恨，却怜孤墓近驩兜。’洪迈《容斋续笔》：慈利县（按：宋时大庸属慈利）周赧王墓中藏古器物甚多。旁有五里堆，皆冢也。淳熙十四年丁未，余甥玠宰慈，于五里堆得一铜錞。”（卷二·陵墓）又载：“系马柱《一统志》云在澧州。澧于隋为崇州，有驩兜祠堂，石室在焉。下有相公潭，左右立石三，皆数十丈，野人呼为相公系马柱。”（按：相公洞、相公潭、相公系马柱、相公山，均为古时对祝融、驩兜之称）清·同治《续修永定县志》载：“驩兜鼎，在县西玉泉寺。古色斑驳，寺僧用以焚楮（chǔ 香纸）。”清·光绪《永定县乡土志》载：“其都内（按崇山属十一都）古迹祠庙有驩兜石室。……土人掘得铁器如锄式，三角有柄，不详所用。”又载：“响石得之崇山中，长广数丈，击之声清越如钟磬。其地产鉎铁，殆金石合质如古浮磬然，今藏陈氏。”（卷三8页）清贡生罗振鹏《崇山》诗：“崇山万古矗层云，虞代有臣（按指驩兜）周有君（按指周文王、周赧王，一葬崇山上，一葬崇山下）。铁耳铜铉凶族鼎，金凫玉碗弱王坟。”（按：弱王指赧王）《太平御览》卷四十九载：“淳于山……在辰州、武陵二郡界……。山下有石室数亩，望室内虽暗，犹见铜钟高丈余，数十枚，其色甚光明。”《穆天子传》谓天门山为淳于之山。故老相传，崇山北崖有千年封洞，疑似古淳于洞。这是大庸古国重器遗存的重要线索（待考）。

1958年5月26日，大庸县文物专干第一次登上崇山，对崇山文物状况进行普查，据当年《大庸县文物普查工作报告》称：普查组在陈家塔社分支书协助下，找到驩兜墓，同时找到驩兜屋场、驩兜庙等遗址。报告说：“在栏上（按：在崇山中西部地带，今属袁家村）的（新）石器时代的文化遗址上，找到了石斧、石锛等石器及一些碎陶片、碎瓦片。当地群众以前在该两处耕地拾到古代的锄头和银子等。说明在崇山的周围很早就有人存在着。”

遗憾的是：此后文物部门浅尝辄止，再没有下文，更谈不上组织专家对其众多遗址进行抢救深度考证和发掘，以致随着后来无序的开垦种粮而遭到毁灭性破坏。

2001 年 4 月 24 日至 26 日，市政协崇山驩兜墓历史考查课题组一行 12 人对崇山进行考察，收集到不少关于“崇山天国”的信息，并在相公洞（祝融洞）发现一个古代石秤砣（现存市政协文史委）。关于崇山远古文明遗存，如祝融创建大庸帝国——天下第一都遗址——大砂台遗迹尚存；祝融出生地——火娃屋场旧址如旧；驩兜逐回崇山举行盛大祭祖大典的祭坛——百担丘遗址仍在；沿崇山北部山头十余座古堡遗迹还在；祝融火娃屋场、驩兜墓、驩兜屋场、驩兜庙遗址均在；华胥氏、伏羲、女娲老屋场伏娲垭、黄帝居住老屋场黄帝湾、庸成子、帝尧、帝舜、崇伯鲧、崇伯禹、善卷老屋场——连五间等仍有旧址可寻；少年祝融玩火烧山的“火磏湾”、打火磏保留火种的“火草坡”，古名与地点可对号入座；以祝融、驩兜两代“相公”曾居住过的“相公洞”，如今已成了崇山寻根问祖游的热点。然大禹所筑六大帝王台、四大帝王墓及后稷墓、文王墓等全被司马错暴秦夷为平地；崇山大泽已改造成世界第二高落差的相公洞电站水库；黄帝发明杵臼、他儿子发明“舂”——“碓马”的“碓码湾”旧址尚存；当年穆天子登崇山在先王周文王老屋场——文王垭居住五天（上下共七日），《穆天子传》载：“曰天子五日观于舂山之上，乃为铭迹于县圃之上，以诏后世。”可惜屋场虽存但铭迹消失……

历史，总是以叹息表达遗憾。但柳暗花明的好事却不期而至。

就在我对本章作最后一遍打磨，正为文物实物的缺逸而表遗憾的时刻，我得到了一个重大信息：一位靠收破烂起家的民间收藏家唐天立先生经数十年在澧水两岸转悠，居然收得了数以万计的古董，这其中就有一批关于崇山驩兜、帝舜、屈原家族等内容的藏品，如“驩兜龙手覆盖角”“驩兜青铜钺”“驩兜王爵”等青铜器；有“舜帝巡猎图陶砖”；有“土家古文字泥板书”；有屈原故里屈王城、屈州城的“玉石宫殿构件”。特别是一批公元前 9700—前 2221 年的“三彩太阳鸟纹陶罈”，公元前 7721 年的“三羊兽太阳鸟陶罈”和“双耳彩陶罈”“双耳绘画连陶罈”“双龙陶罈”“太阳鸟彩绘陶罐”等，真是令人震惊，令人赞叹。就是说：本著有所弱势的第五重证据法——文物实物之证，在最后一刻，列成方阵向我走来；一个个挺胸站到我面前，向我报到（按：上述文物实物今藏于武陵源《大湘西记忆博物馆》）。

一切皆是缘。我相信冥冥之中的造化。就是这些长期被历史误谈、误解、误判而感压抑、怄气、不满的列祖列宗们，终于等到这一天，不早不迟，一个个都站出来为这本书作证来了！

2013 年 5 月 11 日，课题组一行数人考察崇山，连五间村党支书袁吉任（65 岁）、前任书记樊世尧一起做向导。袁书记无意间指着崇山北沿一线山头说：“从西部尽头那座山峰起，一直绵延到连五间驩兜峰（驩兜墓之

北山)，全长约15华里，大小二十多个山峰，其中若干个山头都有古堡遗迹。”此话一出，满场哗然！袁书记告诉我们：还是少年时，就常与伙伴登临玩耍。碉堡主体已被摧毁，但基脚尚存。垒石大小不一，最重者达一两千斤，多数就地开采，部分取自峰下。碉堡占地面积大小不等，一般在20~25平方米，小的仅15平方米左右。北侧临崖，崖高1400余米。山麓为澧水平原。15里碉楼，构成铜墙铁壁，护卫着崇山天国的安全。由于山头林密路险，这些碉堡的秘密，一直深藏不露。

那么，如此庞大的建筑工程，始于何年、毁于何代？从工程规模之大、耗资之巨分析，这绝不是山上村民或一二家富户之所为，亦非盘踞山上的民间武装所为，且都无史可稽。有史可查的，约有两案：一是乾隆三十九年(1774)崇山镇守苗夷碑所记：李将军“于洪武八年(1375)奉旨提调湖广澧州安福所古牛坝堵瑜，于九年分发统领兵将于永定卫镇守苗夷，安营崇山连五间，带守三个凹，坐镇苗夷，除匪安民，以靖地方。”(载崇山北麓二家河乡《李氏族谱》老谱序)但其时天下归明，崇山苗夷业已驱逐远遁，根本不存在修筑碉堡之举。二是明初洪武二年(1369)，武溪土司、崇山边粮通判田虎(一名田虎判)，响应茅岗覃垕反明起义。洪武五年，覃垕败，田氏株连遭灭族之祸。田虎败退崇山。明军攻，田军不敌，退守仙人溪，战死，葬纱帽山。今武溪边岩尚存田家堡子遗迹。

据分析，田虎退踞崇山，不过两三个月，不可能完成如此宏大工程。

由此上溯汉秦，崇山再无大规模的军事行动信息之残留。而唯一的线索，就是公元前280年，秦大将司马错灭屈氏大庸国、平屈家坊，继而进攻崇山。其时，据守崇山的少量庸军退守碉堡。秦军实施强攻，庸军将士不敌，或从碉楼跳崖，或血战阵亡。十五里碉堡群全部摧毁。然后，如卷席般将累积上万年的崇山文化遗存全部毁灭，一大批文物珍宝抢掠一空！

照此之说，崇山碉堡群修筑年代或许更加久远。

我们将历史再上溯到4300年前，这年，驩兜政坛失败，被新登台的舜帝流放回老家崇山。舒庸国后裔舒新宇说：“据史书记载，鲧和驩兜曾被一同放逐回到崇山。我们已经知道，崇山是苗蛮集团的根据地，驩兜后来在此建立了有苗国(又称三苗国)，又称驩兜国。”(《破解屈原溆浦之谜》，东方出版社2007年版)此论符合历史真相。随后，舜帝从此进行了长达数十年的征伐驩兜之战。为了保卫崇山政权，筑城大师鲧在崇山筑碉堡。这是一个伟大的国家工程。驩兜率军民与舜作战。舜军占领了崇山，摧毁了碉楼。驩兜率残军躲进万丈绝崖中的相公洞，后反败为胜。驩兜死后，舜再伐崇山，踏平了驩兜墓，并在墓地两侧开挖长达200米、宽10米、深8米的“断脉沟”，意即挖断驩兜龙脉，永世不得翻身，从此，崇山土苗人民被迫四方迁徙，有的远涉重洋，进入世界各洲安居。所以说：昆仑崇山作为当时世界的中心还是不无根由的。

照此说，崇山城堡是驩兜、伯鲧所修，毁于舜征崇山之战？

此论有何根据？

无独有偶，据2007年4月10日出版的《潇湘晨报》报道：沅陵发现10多公里“古长城”。同年4月18日《湖南日报》亦作报道：沅陵舒溪口惊现“古长城”，遗址年代作用尚无定论。又同年5月23日《湖南日报》记者肖军再写《舒溪长城》：“这块土地上发生过许多战争。正史上记载的就有：禹征三苗，禹师囤兵窑头（古黔中郡濮国都城所在地）。《春秋大事表》载：在泸溪和舒溪口二十华里地带，集中居住有舒庸（按：大庸国之附庸国）、舒蓼、舒鸠和六舒四国。群舒为保卫家园，联合反抗禹师，双方形成僵持局面。舒民在舒溪口曹公坪修筑点将台。……于是史家推论，群舒为防止禹师的侵袭，极有可能修筑了这条永久性的长城，作为‘龙舒城’的‘城外城’。”

这一信息恰好与舜征崇山驩兜形成南北信息对接。事实上，其时舒庸、黔中，均属驩兜国政权属辖，故舒庸长城与崇山城堡皆系驩兜势力所筑。

顾颉刚说：“历史是层累造成的。”

崇山文化历经数万年的积累，本已形成一个巨大的世界磁场极，但怎禁得起千百年来一代又一代的征伐战争的摧残与蹂躏？而这些战争，差不多又都是古庸国帝王家族内部的权力争夺之战，根本谈不上“正义”与“非正义”“伟大”与“反动”，最后遭罪的还是广大平民百姓家族，并由此祸及数十万、上百万年的文化积累，痛哉！惜哉！

康有为有一段令我刻骨铭心的话：“此则我国人不知崇敬英雄，不知保存古物之大罪也。然不知崇敬英雄，不知保存古物，则真野蛮人之行为，而我国人乃不幸有之。则虽有千万文明之具，而为二者之扫除，亦可耗然尽矣！虽有文史流传而无实形指睹。”（康有为《欧洲十一国游记》，社会科学文献出版社2006年版）

[民间传说]

崇山人为何不吃黄鳝

黄鳝（一作“鳝鱼”）炖蒿菜，是土家名菜。可大庸崇山人不仅不吃黄鳝，反而把黄鳝奉为他们的神灵。

相传四千三百多年前，帝尧朝廷发生了一次为争夺帝位的宫廷政变。结果，虞舜继承帝位，并立即将持不同政见的驩兜赶回庸国，崇伯鲧押回大庸，斩首于古庸都（今张家界市中心）北部凤羽山（即今子午台），另二位共工、三苗分别驱逐回庸国本土等地。且说驩兜被驱逐回大庸崇山后，并不屈服，他一边带领崇庸人（三苗、濮人、土家）开发建设大庸，一边厉兵秣马，准备讨伐舜帝。舜帝得讯，亲率大军南下回故乡大庸征剿。驩兜寡不敌众，只好退隐百丈绝壁下的“相公洞”里，凭险固守。《永定县志》载古时有两个“相公”在洞中下棋，所谓“相公”，指的就是祝融和驩兜。再说舜兵封住洞口，日夜攻打，洞内水尽粮绝，加上洞中无水，八百将士生命垂危。

这天，驩兜正倚在洞壁昏睡，忽觉脚趾发痒，睁眼一看，原是一条黄鳝正咬住他的脚趾往一边拖。驩兜一脚将其踢到一边。一会儿，那黄鳝又啃脚趾来了。于是者三。驩兜心里一亮：有黄鳝必有水源！忙俯身对黄鳝说："黄鳝黄鳝，你若是来搭救我驩兜的，就给我指点生路吧！"那黄鳝似懂人话，松开口，掉头往洞内溜去，驩兜紧跟不舍，终于在一个十分隐蔽的地方找到了水源。将士们喝饱了水，乘夜溜下相公洞，一鼓作气，打败了舜兵。

战后，驩兜下令：从今往后，崇山人永世不得吃黄鳝！以后，崇山人将黄鳝奉为神灵，至今如此。

（口述者：刘本银，退休老干部。原载《中国民间故事集成大庸市资料本》，1987 年版）

十一、《山海经》之"寻竹"：破解天门崇山六大帝王台之谜

按《山海经》所载，屈原笔下的中国上古史中的帝喾、帝尧、帝舜、文王四大帝王均归葬崇山。与此同时，又爆料禹筑轩辕、帝喾、帝尧、帝丹朱、帝舜、帝共工六台于崇山。如果扯上《穆天子传》所载天门昆仑黄帝陵及崇山驩兜墓也在崇山，那么，天门崇山就有六座帝陵六大帝台了。而这些人物，几乎全部进入屈原辞赋之中！

这一信息的揭秘，不独令笔者战战兢兢，也定让广大读者大出意外！还以为是著者在玩弄历史、凑地方"名人效应"的热闹。笔者自知一口难辩，只想提醒诸位：刚才前面读到的那些关于崇山巨人群的文字，可全都是古人实打实记录在古籍中的，鄙人哪有这个本事和狗胆？换成是您，敢么?!

这里，笔者愿与诸位一道，再作深度考究，看到底真伪如何？

从《山海经》文字中，可以看出，筑六台的人是大禹，必与大禹继父鲧之志，在崇山创建夏庸（夏朝）有关，并与"禹攻共工国山"有关。此之"国山"前解为崇山。禹伐共工，其中最重要的一场战争就是杀共工大臣相柳（áng 卬，一本作柳、相繇）。且读《山海经·海外北经》：

"共工臣名曰相繇（注者疑即相柳或相柳。繇：音咒），九首蛇身，自环，食于九土。其所欤所尼，即为源泽，不辛乃苦，百兽莫能处。禹湮洪火，杀相繇，其血腥臭，不可生谷；其地多水，不可居也。禹湮之，三仞三沮，乃以为池，群帝因是以台。在昆仑之北。

有岳之山，寻竹生焉。

有系昆之山者，有共工之台，射者不敢北向。……"

意思是：共工的臣子名叫相繇（咒），有九个头，身形像蛇，自己盘成一团，在九座山上吃东西。他所呕吐的地方，便形成了沼泽，那臭味不是辣的就是苦的，各种野兽都不敢生活在那里。大禹为了治水，杀死了相繇，相繇的血又腥又臭，以致那里不能种植谷物。当地又多雨水，不能住人。大禹去堵水，多次堵住了，又多次塌陷了，便形成大水塘，因此把它建成诸帝祭台，祭台在昆仑山的北面。

有座岳山，上面生长着一种竹子叫寻竹。

有座系昆山，山上有共工台，射箭的人不敢向北射击。

这段文字看似人神相杂，荒诞不经，说本质一点，是大禹杀鲧之后，为了不让其死灰复燃，对其部族大开杀戒，并将这些尸体与泥土混和，反复鼓捣，变成血肉之土，然后用这些血土在昆仑山之北筑群帝之台，以众帝王之魂灵、之威望震慑南裔蛮人。所谓“群帝之台”，指的就是前述六大帝台。由此看出这个“三过家门而不入”的治水功臣大禹原来也是个冷血无情的杀手，或说是一个谋夺舜帝权力的野心家、阴谋家，他的“师傅”就是舜帝，舜帝之权力，就是他用最卑劣的手段从帝尧手中谋夺过来的，史书上所颂扬舜帝的那些“愚忠”“让贤”故事全是虚伪的谎言！

那么，大禹筑六台的昆仑到底在哪里？其实，前面《山海经》已经给了答案：既然四大帝王坟葬在天门崇山（还未含黄帝陵和驩兜墓），他们的祭台又能建到哪里去？对此，民国抗日时期南社社员、本土教育家、著名诗人庹悲亚先生早已觉察，他在《旅行天门山有感》诗中写道：

战云一道海东开，破碎金汤眼底来。

半壁尚余龙虎气，三山空筑帝王台。

这是张家界本土又一个发现大禹在天门山、崇山、中央仙山筑帝王台的学者。“三山空筑帝王台”之三山，指的就是天门山、崇山、中央仙山（熊壁岩）。意思是：抗战国难当头，仅剩半壁江山，看来，这筑在天门崇山的帝王台的英灵怕也保不了行将坍塌的民国之江山了。

提请读者注意《山海经》中留下的8个字：

“有岳之山，寻竹生焉。”

是说，你只要识破了岳山之上的寻竹，千古之谜就迎刃而解了。八个字，两个谜。

“有岳之山”：是明指，即前面所破的“岳山——狄山——崇山”（远古称天崇山，并与天门山又统称“天崇山”）。清·光绪《永定县乡土志》载：“又东三十里，曰天门山之山，古号松梁，实为南岳。”故称天门山为岳山。清·道光《永定县志》载：“天门山……宇文建德中，祀为南望。”[注] 南望就是南岳。康熙《永定卫志》载：“……分武陵郡置天门郡。宇文周建德中，祀为南望。”《山海经·西山经》载：“槐江之山。……实为帝之平圃……南望昆仑，其光熊熊，其气魄魄。”是说黄帝站到北方的槐江山远望南方昆仑壮丽辉煌的大气象。这“南望”的昆仑，当指天门昆仑。《云笈七签》载：“西王母之山名轩辕台，帝乃休于冥伯之丘，昆仑之墟……又复游逸于昆仑宫、赤水北；及南望还归，而遗其玄珠。”此“西王母之山”即指天门昆仑。由此得知，天门山又名轩辕台。昆仑宫即天门昆仑之丘的“黄帝宫”（见《穆天子传》）。赤水北：在桑植一带。南望：此时黄帝已站在天门昆仑望祀南岳。望：谓山川之祭也，是为“三望”。今天门山之东北有三望坡村，属西溪坪社区，与黄帝南望祭远在南岳的古帝祝融有关，“岳山”之名由是而生。

“寻竹生焉”。是说岳山天门之上生长着一种叫“寻竹”的竹子。

麻烦就在这“寻竹”上。天下无山不竹。以某一棵竹子作一山的标示物，笼统得一塌糊涂。寻竹：郭璞注：“大竹名。”有作“长竹”的。这等于说了一通废话。民国《辞源》（377页）载：[天帚]“即天竹。”《通雅》：“南烛草，即南天烛，俗所谓天竹

是也。”按今俗指南天竹为天竹或天帚。笔者以为靠谱了。这“寻竹”不正是天门山的“天帚”吗！而这“天帚”又恰是昆仑天门神话中“天帚”的原型。明·弘治《岳州府志》载：“天门山。在县西南一百八十里(按：时大庸属慈利县，距今市中心180里)，即古松梁山，状如香炉，有十六峰相次环列，最高者为天门，空明透彻，上贯山顶，门角各有一竹倒垂下拂，俗名天竹。”明·嘉靖《澧州志》照抄岳志，但末尾云俗名“天帚”，与“天竹”同义。而“天帚”更为形象。因此竹倒生天门洞穹南北绝崖，风吹如扫帚。清·康熙《永定卫志》载：“卫南三十里，即古松梁山，孤峰高耸，素壁千寻，望之有似香炉。……其峰最高为天门，明透贯顶，门角各生竹倒垂，谓之天帚。”清·道光《永定县志》载：“天门山……其峰之最高而洞达者为天门。门旁各生竹倒垂，谓之天帚。”《太平寰宇记·拾遗卷七》载：“天门山，古嵩梁山也，有十六峰相次，最高为天门，空明透澈，明贯山顶，其上有‘泉门之雨’，向有竹罄，折垂地摇拂无尘，人谓天帚。”《荆州记》载：“天门山角上特生一竹，倒垂拂拭，谓之天帚。张养浩诗：‘山展野屏垂地远，风挥天帚扫云空。’”清·光绪《永定县乡土志》载：“天门山……有竹倒垂如帚，是名天帚。”《荆州图副》：“天门角上石生倒垂下一竹拂谓之天帚(卷八)”

试想，这几根细小的竹子，如果没有十分百分特别的意义，为何让那么多文献古籍那么上心重复转录传世？这恐怕正是《山海经》以“寻竹”作标示之物的理由。既然“岳山”即天门，这“寻竹”就必定是天门山的特产。天帚即寻竹，本境俗称“龙头竹”“凤尾竹”，正悬垂于天门洞穹顶南北边出口处。恰好与“梅花甘露”形成南北照应。此“甘露”即屈原在《悲回风》《远游》中所写的“口接甘露”，亦即“泉门之雨”。其实此竹极细，但不乏修长之美。因竹生石隙，又经受数万年的风吹雨打雪摧，却不减古苍朴拙、绿意盎然的精神之美。天下一奇也！

今版《大庸县志》载：“天门眼北边的顶部边缘，有倒垂的龙头竹，它的根像龙头，枝叶像凤尾，随风摇曳，前人称为‘天帚’扫天门眼。洞口东侧是高约200多米的沟槽，有泉水从岩壁上堕落，向洞口飘散，溅下点点‘梅花雨’。相传人若用口接到四十八滴梅花雨，能羽化登仙。”(三联书店1995年版第158页)

就是这一神奇之“寻竹”，一直是天门仙山的重要标志物之一，历代入诗者，不乏其人：

“天堰又将天帚扫，手倾南斗浴星文。”(清·田大年《天门山和李邑侯韵》)

“壁挂苍藤红雨落(按：指天门梅花泉)，门悬翠竹白云留。”(清·王前培《游天门山》)

“云彩过时帘捲日，竹梢垂处帚悬空。”(明·谭纶《天门唱和》。谭，岳州同知)

“龙鳞挺偃盖之松，天帚列倒垂之竹。”(清·熊国夏《天门山赋》)

“见夫仙溪环其麓，灵泉出其巅，龙头现瑞，凤尾(天帚)呈祥。”(清·王师麟《游天山门记》)

“入望蒸岚朝佛脚，筛空花雨泻诗胸。”

“晚来热退风如虎，石上斑余竹化龙。”(庹悲亚《旅行天门山有感》选句，[自注]“筛花雨”：指天门洞穹的“梅花雨”。“竹化龙”：天门洞穹生一奇竹，根像龙角，号龙头竹。或谓“天帚”。)

在偌大一座天门昆仑山上，神奇诡怪的东西何止成千累万，又缘何以两棵细小的竹子牵动了古今的一群地理学家，并让那么多文献旧志竞相转载，又让一个个文人墨客倾情讴歌？当年，屈原追随赤松子辟谷于天门昆仑，就在这“登天之门”枕石而眠，仰观天帚（寻竹）拂云，口接“梅花甘露”。这是一个历史的默契：《山海经》作者在天门——昆仑两个概念中设足了谜局，明明露出天门崇山就是昆仑的秘密；明明记录了“群帝之墓”与“群帝之台”就在天门崇山，也不惜绕弯子，打哑谜，结果蹦出个“寻竹生焉”的小玩意儿——然小则小矣，却与破解天门昆仑千古之谜关系极大！这是一个证明岳山——天门即昆仑之丘身份真伪的“标示物”：谁在岳山找到了“寻竹”，这个“昆仑”——“窟窿”——“天门”就在斯地！发生在昆仑山上的六大墓葬、六大祭台之说，便也因之成为定论。由此可证《山海经》一群地理史家，必定是亲临其地，亲眼所见了的。须知天下竹子何其多，非生特别之处，非有特殊个性，非赋特别意义的竹子，又怎有资格为一桩天大的历史事件，重大的历史秘密标示作证！

——这就是高人手笔，于大观之中留一闲笔：一个足可撬动昆仑之门——人神共仰的世界登天之门的杠杆；这也是上苍赋予人们破解屈原生身故里真实背景的一把钥匙：在那众多古帝、众多巨人安葬、筑台的地方，就是他的故乡！

——怎一棵“寻竹”——“天帚”了得！

[延伸阅读] 龙炳文·刘自齐·吴善淙关于“崇山中心论”

[金氏子按] 湘西自治州龙炳文、刘自齐、吴善淙三位苗史学家提出“崇山中心”论，指的是“五帝”时期，证明在“中原中心”时期以前还有一个国之“中心”，这势必又要让占压倒优势的“中原论”者们大动肝火，围而讨之、诛之、骂之、鄙之。对此，张良皋先生曾有过极辛辣的回应（后有专论）。

实质上，“崇山中心”已远溯到“三皇”以远，即南方人类开创的“始基文明”阶段——“澧豆文明”时期，我称之为“第一轮文明”，而后期随着大禹迁夏都于黄河平原，崇山中心转移，黄河流域的“中原”一带便成了新一轮文明的中心，此即史界定论的“中原文明”。笔者认为“两个中心”论是历史的底色，黄河中原绝对不是中华文明唯一的源头！“是黄河——母亲河的乳汁哺育了伟大的中华民族”这句让中华族骄傲了几千年的口号并不符合历史的底色本相。

还是听听南方苗史学者们的一些见解吧：

“驩兜为颛顼之后，苗民之祖。其未到崇山前，崇山为南蛮（芈.古族）之地。驩兜到崇山后，融合于南蛮。”

“崇山即南蛮居住的黔、涪、巴、夔地。驩兜是三苗部落联盟主之一。……南蛮居住的中心地点在崇山……（崇）山在澧州永定县（今大庸县）。《乾州厅志》也说，明代时在今花垣县吉卫公社地设崇山卫，其名称

就是由古崇山而来的。”

“崇山很古就成苗蛮集团居住地域……”

《永定县志·建置沿革》：本境汉置充县，隋置崇州，又置崇义县，“盖境内有崇山以立名也”。

“从舜开始，三苗中的驩兜部落融合南蛮部落，组成苗蛮集团，世代子孙，一直在崇山生息繁衍。现在大庸县的佐庸堤，又叫古城堤，就是这一苗蛮集团的文化遗址。这个遗址有新石器文化层，陶器文化层，铜器文化层，铁器文化层……崇山后来叫云梦山，苗语叫‘仁云仁梦’，再后叫嵩梁山，苗语叫‘召嵩召梁’，战国叫天门山（屈原：‘广开兮天门！’），苗语叫‘仁大坝’，最后才叫武陵山……”

“大庸崇山下有五溪：澧水上游的茅岩河，明以前叫酉溪（夷溪）；澧水西源现在仍叫武溪；崇山东北有芈溪、熊溪，现在仍是原名未改；大庸溪也叫辰溪。最早被中原华夏统治者知道的五溪，都在今大庸崇山附近。五溪的命名，都是以古代苗蛮各个氏族名而得名的。酉溪住佐夷氏族；武溪住戎吴氏族；辰溪住佐戎氏族；熊溪住佐熊氏族；芈溪住佐芈氏族。”

“驩兜到了崇山后穿南蛮服——翠羽（屈原诗中“仍羽人于丹丘兮”之“羽人”即此），吃南蛮食黑苞谷、黄糁子。驩兜带来了三苗先进技术先进文化，组成苗蛮集团，以巫文化为主体，创造苗巫鬼文化……”

“在崇山分五宗六族：即佐跻、濮僮、濮沙、佐驩、佐轲；熊、夷、颛、徕、铠、鲧。称崇山为主姓坡立谱山，濮语叫‘比高立姓高仁立谱’。即《山海经·大荒南经》载：‘又有宗山，又有姓山。’”（即崇山为南方各民族祖宗之山，亦是得姓之山）

“苗蛮集团在崇山有个相当长的休养生息阶段，歹劝榜垄开创鬼教，尊称巴代劝（即鬼主劝）……到了阿濮佐龙芈，才完成鬼教的一切鬼词鬼仪。”

“崇山……仍是苗巫文化的中心。熊绎是从崇山出发越过长江随武王伐纣的。受封于楚后，率一部分南蛮人（崇庸人）去楚经营。”

[按] 熊绎是受古庸国鬻熊——一代天庸大帝之命，率八国联军北伐殷商的。联军中第八支劲旅就是崇山濮人。

“《越绝书》载：‘祝融治南方，仆程佐之。’祝融就是佐索。蛮左、蛮戎都是九熊后裔，南蛮中的大氏族。他们的后裔现在自称佐戎、佐索，仆程就是濮左。九熊后裔到崇山后，叫濮人，建立大庸国，后叫苗民，建立驩兜国；再后叫南蛮，建立卵民国、羽民国、凿齿国、黑齿民国等许多小鬼国，度过夏、商、周三朝，没有遭大的兵祸，发展农耕，繁盛一时。”（《吉首大学学报·湘西苗族》民族问题增刊，1982年第3期第一章。龙炳文、刘自齐撰）

从苗族《古老话》看出，濮人（今土家族）是个定居最早的民族，有史以前就进入了农牧社会。他们的老祖先“佐熊”“佐鬻”从黔、泾、巴、夏迁入黔、涪、巴、夔后，就定居下来。濮人以崇山为中心，建立部族联盟国——大庸国（苗语又称大戎国），曾有五支濮人北上远征。哪五支呢？即大芈（蛮）、大索（祝融）、大戎（共工）、佐黎（九黎或记成佐伶）、佐僚（凿齿）。他们由湖北历河南以至山东半岛一带去活动过，并且在那里待了一个相当长的时期。后来因与华夏民族迭次竞争失败后，大部分濮人被华夏族同化了；有一部分顽固的濮人逃进深山，后来变成了山戎、山獠、高丽等人；有一部分恋念老家崇山，便由祝融率领从山东经河南，由河南转湘北，逐步退到黔、泾、巴、夏，再退黔、涪、巴、夔，回到崇山与原地的濮人团聚了。这段史前历史，只有苗族《古老话》保留一部分；《山海经》记载一部分；正汉史就无从稽考了。但可以从《左传》《国语》《国策》和《史记》等书，看出濮人活动的一些线索和痕迹。到司马迁作《史记》中才知濮人是“耕田”而“有邑聚”的民族。到《国语》“蚡冒始启濮地”和《史记》“熊通（楚武王）……始开濮地而有之”，濮人活动才进入汉族史籍。

崇山地势险要，出可进中原，退可据西南。后汉马援称为“鸟飞不渡，兽不敢临”；唐李吉甫所谓“溪山阻绝，非人迹所履者”。后有牂牁犍为，地属高原，尤为险阻。在一个比较长的时期内，濮人与华夏在崇山一带地区，形成了相互对峙的局面。

当楚顷襄王执政之时，庄豪（蹻）攻楚失败，退回崇山濮地，楚军追至且兰、夜郎和滇池等濮人建立的鬼国。这次变乱，引起一部分濮人迁徙，有的入深山险阻，有的出国，形成百濮。崇山的濮人有一部分在这次战争中迁入徽山（飞山），成“飞山蛮”；有部分进入梅山，成“梅山蛮”。

（文载1983年12月湘西自治州《苗族历史讨论会论文集·湖南城步苗族源试探》，吴善淙、龙炳文，1983年12月）

[附记] 龙炳文（1927-?），苗族，花垣县人。已故。著名苗史学者，中国民间文艺家协会会员、苗语专家、当代苗史研究开拓性人物，曾在湖南省民委民族研究所任职。湘潭大学客座教授。80年代初，曾亲身到大庸崇山进行考察。曾创办“湘西苗乡文化研究所”并任所长。所编译《古老话》是研究古代苗民历史文化的重要文献。是大庸崇山文化、古庸国文化、苗濮文化研究最早起步者。

刘自齐（1940年11月生），苗族，花垣人。副教授。教育家、语言学家、作家、苗史专家，主编《湘西苗族》一书。1993年10月获国务院颁发的政府特殊津贴。曾任湘西州电大校长、党委副书记。

龙炳文先生和刘自齐先生是最先研究发现崇山在苗史中崇高地位的先知先觉。也是最早发现“大庸国”伟大存在的先知先觉。特别是发现“熊绎是从崇山出发越过长江随武王伐纣的。受封于楚后，率一部分南蛮人（崇山庸人）去楚经营”这一论断，把南北两湖楚学界忙了几个世纪至今不明究里的难题一纸捅破了。笔者本是楚学、屈学的门外汉，本地又不像北方后期文明保存了那么多的地下文物，有些学术难题简值就是解不开的死结。谁知偶尔读到湘西州龙炳文、刘自齐等苗史专家的大作后，竟然如在暗夜中忽地亮起一盏明灯，灵感之门轰然打开！

我很庆幸，在我初涉屈学殿堂之时，即得两位大师启示：

北者张良皋，南者龙炳文。

第二节　屈原故乡“九澧蛮豆”创始文明

——从屈原赋澧发现东方人类第一轮文明发祥地在澧水流域

一、屈原赋澧引爆“澧豆文明”万年史的思想火花

文物专家们从桑植朱家台战国墓随葬品中多出祭器（食器）——“豆”，并进而发现澧水上源及湘西广大地区存在着一个有别于长沙、江陵、巴蜀的“蛮国”，和一支民族意识、生活观念、文化传统都极为相同的人类群体，而这个“蛮国”或政治区域只能是由当地的原始土著先民所组成。专家以“划时代意义”评价这一重大发现，一点不为过。

一个不起眼的“豆”，让文物外行者不可解：为何把祭品（或食器）以粮食“豆”命名？只有两种可能：远古时期，这一带人民一定以豆作主要食品和主要食器，进而作主要祭器和主要贡品。

由此深究：远古时代，这个地区的主粮必定与豆类作物有关，并由此进化成一种民族意识、生活观念和文化传统，进而产生国家。

这个平凡得不屑一顾的“豆”，怎么有如此伟大而深远的文化意义？

这让我一下想到一个曾引发笔者研究屈原的主要动因——那个不被屈学界注意的“澧”字，那个暗示着地标意义的“澧”字！

屈子写道：“捐余玦（读“诀”。玉器）兮江中，遗余佩兮澧浦。”（《湘君》）“沅有芷兮澧有兰，思公子兮未敢言。”（《湘夫人》）“捐余袂（读“妹”，袖子）兮江中，遗余褋兮澧浦。”（《湘夫人》）另外，屈原诗中还有《禮魂》。

无须争辩，就凭一组“澧”字，就可断定《九歌》是在他的澧水故乡创作的。

屈原连用五“澧”，让我回味再三，却一直没有悟出内中奥妙。2012 年 9 月 19 日，老民间文化工作者龚建业给笔者送来了康熙年间民间手抄本《庸人歌·告祖词》，中有“万国九州拜蛮都”唱词，并说，这个“蛮都”民间有二解，一为蛮国之都，即“古庸都”，在大庸古人堤；二为“蛮豆”，是古代庸国人的主粮“蛮豆”。查 1986 年版张家界市永定区《沅古坪镇志》第三章第二节植物载：“粮食作物类：水稻、玉米……豌豆、黄豆、红豆、绿豆、蛮豆、蚕豆。”同一地区 1987 年版《王家坪乡志》“植物”亦载：“黄豆、绿豆……蛮豆、泼豆。”

一个“蛮”字，把此豆产地锁定在“放驩兜于崇山以变南蛮”的蛮国崇山，即大庸古国中心地。也就在这一瞬间，一扇灵感之窗打开了，此天大秘密正秘藏在屈原诗中的“澧”字上！

一个不经意的发现，其结果将很可能因此而改写一方一地乃至一国历史！

“澧”（醴）：从水，从酉（酒），从曲（酒曲），从豆。它形象地告诉我们：“豆”的主要产地一定就在澧水流域！查中国千江万河，带粮食的河流极其罕见，而大江大河恰只有澧水带“豆”！这是个具有地理标志性意义的活态文字文物。经进一步研究，发现“澧—豆”的含义远不止于一个产地地标，它还是一个生命之标志，国家之标示，社会之支柱，文化之渊薮。

查《新编甲骨文字典》，公元前1300年的殷代甲骨文中有“豆”字。

让我们一起考究一组带“豆”的文字吧。

“壹”：第一，万数之初始。又作首，粮食豆为首。引伸为万物万类为首者皆称为“壹”。《史记·封禅》：“闻昔泰帝兴神鼎一，一者壹统，天地万物所系终也。”屈子诗：“深固难徙，更壹志兮。”

“頭”（头）：以豆作人之“头”的一半，意即有豆才有人的生命，豆是生命之“首”。引进社会、国家，凡领袖人物皆称“头领”“首领”“领头”，溯起源头，皆因“豆”而起。

“豐”（丰）：《新编甲骨文字典》：“象豆中实物，示丰满之义。”《说文》：“豆之豐满者也。”诸粮豆为尊、为壹、为首、为长、为根，故丰歉以豆而论。一豆顶起一座粮仓。

“脰”（dòu）：脖子；颈项。因古人最早入喉的主粮为“豆”，故称喉为“豆——脰”。咽喉是人之生命最关键的通道，叫有豆入喉则生，无豆入喉则死。成语“断脰决腹”：砍头剖腹。

“厨（橱）”：从木、从厂（厨房）、从豆、从刀（刌 cǔn，割）。有厨必有豆，无豆不成厨。叫民生之豆，豆之国粮。

“豆”“俎豆”：以豆作礼器之名，用于祭祀，故称国器。古代古墓葬祭器豆为首，当今的高脚盘即从古代“豆”（盘）沿袭而来。祭品粮食亦为“豆”，叫“俎豆”。《礼记·明堂位》：“夏后氏（指夏禹）从楬（jié）豆，殷玉豆，周献豆。”（可证至迟夏朝大禹时代，豆粮已成人类主食和祭品之主粮）《汉书·郊祀志》：“皇帝……杀一牲牛以为俎豆牢具。而五帝独有俎豆醴进。”豆，古又作酒具。《礼记·乡饮酒义》：“乡饮酒之礼……六十者三豆，七十者四豆，八十者五豆，九十者六豆，所以明养老也。”武陵源向王天子庙对联曰：“向以称王，威严赫濯三千界；天其有子，俎豆馨香亿万年。”潼南县乾隆《屈氏宗谱》载《咏清烈祠》诗：“离骚千古笺，俎豆万年觞。”张家界土家族《告祖礼·行初献礼》：“赞之：惟豆孔硕，惟豆孔庶。”是说祭祀的木制祭器甚大甚多。孔，甚也；硕，大也；庶，多也。

豆豆丁：供陈设的豆子食品。可证豆粮又是神仙、亡灵在阴间的食品。

“禮”：《周禮》：“掌天神人鬼地祇之禮。”因澧豆果腹而后知禮义；古云仓廪实而后知禮仪。古人作《禮记》，屈原作《禮魂》。徐铉曰：五禮莫重于祭，故从示。豊者，其器也。

“逗”：逗留，停步不前。能吸引人止步的，必定有豆——有豆吃的地方才能招人、留人。又产豆、有豆之地，方是留人盘桓之地。又以豆挑逗、逗引、招引。文章语句中有逗号，其形如豆芽。

“登”：瓦豆。古以盛饮食之器皿。《诗》：“于豆于登。”又，祭字头，登山祭祀，宗庙之祭。指古人登山祭天、祭山、祭神、祭祖。亦解登山种豆、找豆、采豆。《荀子宥从篇》释陵：“百仞之山，任负车登焉。”溆浦两江乡有“登山村”，沅陵也有“登山村”。又有“證记”，古人分豆记录人名。又以豆之多少作为信誉证明保证之物。

“嶝”：山上可以攀登的小道。初文出于登山找豆、种豆而走出来的山路。

“醴”：甜酒。天下美酒谓之醴。自古美酒产醴（澧）水。澧水因产甜酒而得名醴。澧、醴通。十巫中有巫醴，此即澧水大巫，亦即酒神。故澧水又称酒河。又称澧水为发明酿酒之源。慈利县阳和乡有“酿河”，相传为远古酒神大巫酿酒原生地。屈原作酿酒诗：“吴醴白蘖，和楚沥之。”（《大招》）醴：以澧水酿酒。蘖（音聂），酒曲。故醴（澧）水古称酒河。酒之起源地也。

“樹”：古人因伐树掘土种豆而得“樹”。

“噎”：古人因吃豆不慎而堵住喉管，故得“噎”，后有成语“因噎废食”。

“痘”：一种急性传染病，即天花。故出天花又作“出痘”。种牛痘即种下新的生命之“痘”以培养免疫力。

“豆”：古量名。《说宛》十六黍为一豆，六豆为一铢。又四升为豆。《仪礼》稻米一豆。又与斗通。《考工记》食一豆肉，饮一豆酒，中人之食也。

“燈”（灯）：灯盏，即古豆盘。大庸土家诗人覃鲤庭：“一豆青灯续《九歌》。”

“豆”：陶豆，古庸人最早发明煮豆子的陶罐。曹植：“煮豆燃豆萁（qí豆茎），豆在釜中泣。”由此可证，直到汉代三国时，还有以豆为主食、以“豆”煮“豆”的信息。

“豈”（岂）：表示反问：“岂有此理。”古人因豆而激烈争执，以豆作评判理由，以豆作道理之标准。

“殪”（yi死）：因饥饿争豆起歹心而杀人。后以此字解作死、杀死。屈原：“左骖殪兮右刃伤。”（《国殇》）

“短”：因豆子分配不公而说长道短。

“曀”：今解“天阴沉”。古人因无豆粮果腹，心中感到如天色阴沉而焦急。

“豆腐”：清·王汲《事物原会》：“腐乃豆之魂。”故称国菜。永定境内有豆腐岗、豆腐坡。鲁迅小说中有“豆腐两施”，吆喝卖豆腐之美女也。

“豆菜”：即豆芽菜。苗族史诗《戴熊戴罾》：“豆菜生奶夔。”此之豆菜乃苗人先祖之名，反过来证明苗族可能是豆作文明的始创族群。

“豆蔻年华”：美好的年华，充满生命的活力。豆芽茁壮，成了青春与精神的象征。

“懿”：美好（多指德行），嘉言懿行。有豆即壹（一）心，无豆生“次心”。“次心”何有德。豆粮可以修德养心。有豆可成高尚，无豆饥饿成盗。俗言饥寒起盗心。豆子已上升人格、道德。

“證”：即“证”，如证明、证据、证件、证人、证实、证验、签证。以豆为证信之物，无豆何以作证。

“瞪”：以豆比眼。因分豆不匀心存不满产生口角而瞪眼咧嘴。瞪眼如豆。

“凳”：把祭祀的豆（灯）置放在高凳之上。

鬬“斱”（dōu，即“斗”）——为厨房之豆分配不匀而发生争斗；又因争夺国粮——豆粮而发生战争……

此类带“豆”的文字还有许多许多……

另外，古代还有音同即意通、音近即意近的豆文化字群，如：

“肚”——豆入腹中而称“肚”。古代“肚”即“豆”。

“都”——共同拥有豆，共同享用豆的地方。人群为交豆、囤豆、分豆、吃豆而纷纷汇集到首都。都，囤积豆与人汇集的中心地，必与为首的酋长国君居此有关，发展下去便成“首都”。“首”即頭，頭领。有頭领居住、掌控豆粮的人群集聚城邑叫首都。

“𧯷”guó，音𧯷（国）。“国”之古体。“𧯷”字左为“豆”，表意为古代因“豆”而立“𧯷”，又意为防止他族抢夺豆粮而围城。又：古代以“十豆”立国。“十豆”，表示粮食丰盈。或说远古时代最早的国家首创于产豆的地域——澧水一带。这是中华“城”与“国家”概念发生学的重要信息！

“**黎豆**”：载民国《辞源》1717页。南蛮古国中，种豆一族曰黎，此为颛顼后人一支——黎。《山海经》：“吴姖（姬）天门，日月所入。……颛顼生老童，老童生重及黎。”“天门”，即大庸天门山。此“重”“黎”二兄弟先后被封为火神——“祝融”之职。可证祝融创建庸国（豆国）必与豆粮产生有关。亦证豆作文明发祥地就在澧水流域古庸国中心地。

且品下面一组同音异体“豆”字符：

“**读**”：腹中有“豆”，才有心思读书。发蒙读书，教人数豆，古称“算术”。

“**度**”：古人以豆度日、度命、度荒、度假，因缺豆、少豆而度日如年。以豆的丰歉或因分豆之多寡而揣度人心。

“**赌**”：古人因赌“豆”而得“赌”。等等。

古代以豆入诗的句字也很多，最早有《周武王觞豆铭》：用武王饮酒为礼器“豆”作铭文：“戒之骄骄则逃。”清·赵翼《桂平道中》：“远岭路高人似豆。”唐·温庭筠《南歌子》词：“玲珑骰子安红豆。”唐·杜牧《赠别》：“豆蔻梢头二月初。”唐·赵嘏《江亭晚》：“野人篱落豆花初。”杜甫《投简成、华两县诸子》：“南山豆苗早荒秽。”宋·朱熹：“种豆豆苗稀，力竭心已腐。”古谚：“种瓜得瓜，种豆得豆。”

《战国策·韩策》载：“五谷所生，非麦而豆，民之所食，大抵豆饭藿羹。”告诉我们：古人所吃的东西，大多是豆饭和菜羹。这是豆作文明早于稻作文明的例证。

公元27年，汉建武三年四月，关中豪帅十余部相争，民大饥，黄金一斤易豆五升。（翦伯赞《中外历史年表》132页）可证至迟在汉代，豆粮还是北方民族的主食。

在澧水豆的故乡，至今还残留着不少带豆子的地名信息，如桑植官地坪镇中坪村有蚕豆湾，永定区新桥镇贵峪村有金豆湾，红土坪乡张二坪村有黑黄豆湾，合作桥乡南山村有豆萁岗组，花垣县道二村有豆腐坡，龙潭乡有豆子组，麻粟场乡有溜豆组，石门县中岭乡有豇豆河（约6公里），永定区仙人溪有豆腐干组，罗塔坪乡黄土界村有黄豆界，该乡青岩村有豆子岗小组，罗水乡白竹村有红豆峪小组，西溪坪居委会寒水坪村有豆腐子湾，屈原出生地屈家坊有豆儿咀，桑植县龙潭河镇竹垭村有豌豆组，等等。（参读《市典》《湖南省地图册》）张家界武陵源昆仑峰下有黄豆落（《武陵源区志》地图）。光绪二十六年（1900）十一月二十六日黎明，与大庸相邻的永顺县塔卧突降“豆雨”，地上积豆二三分厚，豆色淡黄，用土覆盖能萌芽。（载《湘西文史资料》第十四、十五辑合刊·湘西百年大事记，第74页）这些“豆”字地名、豆雨奇观虽不代表一地就曾经历过豆作文明，即如一条小小的“豆溪”“豆水”一样，足可证明在这些地方产豆吃豆种豆，是无可争议的。

南宋著名诗人陆游在其《老学庵笔记》卷四写道：“辰、沅、靖州蛮有仡伶、有仡

徕、有仡僚、有仡偻、有仡山，俗亦土著，外愚内黠，皆焚山而耕，所种粟豆而已……”是说这五种少数民族，都以种粟谷、豆类为生。其实这五种人都是苗人、濮人土家族后裔，分布在以澧水为中心地的大湘西地区。大庸称“仡佬”，又作“仡佬苗”。一个“裋”（shù。粗布衣服），即穿着粗布衣服种豆的人。由此字找到了豆作文明的原创者——澧水人类。明代岳州人孙斯亿有“千年城廓依天门”“雪里杉松仡佬村”诗（《永定道中》），可证澧水崇山曾是仡佬苗人的发祥或世居地。这支古族很可能就是最早发现豆、最早吃豆并进入人工种植澧豆而最早成为粮食文明人的字证。

经深入研究，我发现生长于澧水流域的豆子主要为黄豆、豌豆、金豆、豇豆、鲧（滚）豆、蚕豆、陆（绿）豆、饭豆、娥眉豆等九种，总称为“九澧九蛮豆”，或“九夷豆”“九苗豆”。并莫名其妙与创世于斲、以豆粮开国立基于斲的九位人文先祖产生关联，如：黄豆与黄帝，称轩辕氏之豆；豌豆与伏羲之师宛华，称宛华氏之豆；金豆称少昊金天氏之豆；豇豆称庸回共工氏之豆；鲧（滚）豆称崇庸氏伯鲧氏之豆；蚕豆称祝融蚕丛氏之豆；陆（绿，不读“玉”，南方古音读“陆”）豆称祝融陆终氏之豆；饭豆称三苗驩兜氏之豆；娥眉豆称虞舜娥皇氏之豆等。

据《湖南日报》2011 年 10 月 18 日记者周拥军、李寒露，通讯员何勇报道：记者在石门县壶瓶山发现一处野生植物的群体，经省农业厅专家确定：**系保存较完好的国家重点保护野生大豆**（南方称黄豆）**群体**。有专家称：这一发现，对改良我国大豆品种质量资源具有重要价值。该野大豆植物群体，是石门县农业局技术人员在开展国家重点保护农业野生植物资源野外调查时意外发现的。而且进行了大量观察记录工作。初步摸清，该野生大豆群体生长发育规律为苗期 4–5 月，花期 8–9 月，结荚期 9–10 月。

这一信息，锁定澧水流域为黄豆类主产地并非妄谈，亦为先人以澧水产豆而创造“澧”字提供了文化发生学的实物标本活态证据。

从对“澧豆”庞大字符信息群进行初步盘点，我已经注意到澧豆对古人类的生存、繁衍、发展、文明所拥有的创世开基性意义。它是人类从采集、渔猎的“野蛮人”时代向真正的“社会人”过渡与嬗变的关键媒介。设若当时还没有发现豆，人类要脱胎蜕变成“文明人”，不知还要等待多少个地球旋转世纪。故先人奉豆为人类头颅之豆，人体之豆，生命之豆，创世之豆，民生之豆，国粮之豆，文明之豆，礼仪之豆，道德之豆，祭祀之豆，立国之豆，创造之豆，发明之豆，宗法之豆，文字之豆，战争之豆，首都之豆等。这在北方黄河中原文明时代是不可能拥有的通过以文字符号形式固化成的人类殊荣与崇高地位。我提请史家们对这一结论引起高度注意。这个“澧豆文明”时代，恰又距稻作文明的萌芽还有一段极其漫长的时光路程。古代人发明文字，象形是基本骨架，表意是本质内容。上述“豆”字符群，已经十分明白地记载着一个鲜为人知的或已十分成熟的地球人类社会——或者一个人类国家的社会、政治、宗教、经济、文化、习俗、劳动、建筑、冶炼、战争、伦理、道德等成体系、成制度地世代传播的重大秘密。从司马迁到清末民国初及至当代的一大批断代史家，把中国的历史一刀砍到 4500–5000

年之内，并进一步把中国历史文明的源头指定在中原——黄河乃至大西北沙漠草原一带。5000年以上以远似乎是人类的空白。由于这个定论，历史课本中的一大批创世人物通过人为的包装编造，都一一安置到“中原”或大西北，让他们成为游牧民族（肉食族），成为永远也找不到具体生身地、成长地、发迹地的“游魂”。占了半个中国版土面积的温暖宜人、山青水秀、叶绿花红，适宜人类繁衍生息的江南半壁江山反而成了不入历史地图、不入史家法眼的空白地，成了历史的盲区。而排斥生命的地方却成了文明发祥地。这个起码的法则一直困扰着史界几千年，一直到当今时代，仍无为之翻案纠错的迹象，岂不咄咄怪事?!

笔者认为“澧豆”文化字符迟到的发现，反过来在拷问我们的断代史家：能服气吗？能相信吗？能接受吗？能承认中国古文字留下来的密码吗？能心平气和坐下来讨论吗？难道我们堂堂大中华的历史还要永远地按照“4500-5000年”模式稀里糊涂一直走到黑吗?!

也许“澧豆”字符还有更深的背景和秘密需要举全中国史家专家去探求，但“**中国乃至世界第一轮文明——澧豆文明时代**”的概念已经由成体系的古文字记录在案，叫铁案难翻！它是介于渔猎采集文明和稻作文明之间的最早产生的第一轮伟大文明。如果我们还没有发现在澧豆文明之前还有一个比澧豆文明更早的文明时代的话（非指原始的采集渔猎时代），那么澧豆文明就应该界定是中华人类的第一轮粮食文明，而黄河中原则是第二或第三轮文明。抑或说澧豆文明是创世文明，中原文明则是后期文明。如果这第一轮文明能够成立，中华民族的第一条母亲河就应该是带豆粮哺育人类的澧水了。这第一轮文明——澧豆文明，是不会少于15至20万年或更古远的粮食文明！这使人想到那几条创造了古埃及文明、巴比伦文明、亚述文明、苏美尔文明和印度文明的尼罗河、幼发拉底河、底格里斯河和恒河。

澧水，这是中国历史上唯一一条携带着可以喂养人类的豆粮信息的伟大母亲河！

早些年，台湾学者倡首提出两岸共写中华万年史的动议，思路无疑是非凡而正确的，但海峡两岸学者们忙乎了十七八年，似乎没有丝毫进展，因为找不到万年史下笔的地方。而当年的倡议者、支持者、热血者，大多已经作古，他们的那些美好愿望，实际上已经灰飞烟灭了。归根到底是沿袭了五千年的思维定势的桎梏，是那个“中原论”的禁锢使然，使他们无法找到打开五千年以远历史的那扇思想大门。说专业一点，就是还没有找到研究的切入点——“芝麻开门”的那扇神秘之门！笔者断言：如果不换个角度，换种思维模式，还继续再沿着“中原”“河南”“黄河”“大西北”之老套子往上溯，溯到“炎、黄、蚩”一家三祖争霸混战止也就闭门死路了。

就在我杀青此文之时，翻到所收藏的《人民政协报》2014年8月28日评论版刊出北大教授王中江先生的《重燃文化创造的火炬》，曰：

“中国文明在很大程度上是从中原发展起来而向四周逐渐扩展的文明……中国文明大体是从商代开始的。”

这种陈辞滥调与易中天先生在电视讲座中声嘶力竭所捍卫的“3700年中原文明”如

一模铸就，早已被广大史界人士和民众所怀疑、所反对。此刻，我想壮起胆子说一句："中原文明"恐怕不一定或绝对不是中华文明的全部，即所谓万年史的源头！其实，早在两千两百九十余年前，伟大的屈原就已经站立在澧豆文明发祥地的高度向天问难，他在《天问》中把源头目标直指遂古——燧人氏盘古，并由此理出了一条十分明晰而漫长的历史脉络。即在一万至数十万、乃至上百万年前的那里，才真正是中华人类文明起步的发祥地——即靠九澧九蛮豆养育支撑的伟大昆仑天堂——澧水天门崇山文明！

谁能想到，就这么一个不起眼的"澧"字，竟神秘地暗藏了一部关于伟大的中华百万年创世文明起源地的天大秘密！

胡适说："发明一个字的古义，与发现一颗恒星，都是一大功劳。"（《论国故学——答毛子水》）

我说：那颗朴素、简单、平凡、浅显的"豆"字，就是大自然万物万类中的一颗伟大的"恒星"！

那么，发现这颗不起眼的"恒星"——"澧豆"的功劳就应该授予发现发明"醴（澧）"——即带"豆"字符号文字的伟大古庸人！

二、寻找陶"豆"背景后的"大庸帝国"——世界"国家文明"起源地在澧水大庸

张家界市文物局某考古专家认为："桑植（按：贺龙故乡，属今张家界市）朱家台战国墓还有一个突出的特点就是墓内多出食器豆（按：高脚盘。明器），占出土文物的40%左右，有的墓中不随葬其它器物，但豆却不能少。这种现象，'在长江、江陵等地战国楚墓中很少见到，但在湘西怀化、溆浦、保靖等地的战国墓中却数量很多'。这种多出陶'豆'的现象，说明湘西地区在战国前后似有一个别于长沙、江陵、巴蜀的'蛮国'，或有一个以豆为中心作随葬品的政治区域和埋葬制度。而这个'蛮国'或政治区域应该是当地的原始土著先民所组成，只有这样解释才行得通。"（尚巍《从桑植考古发现谈土家族族源》，载《张家界考古文集》待出版，191页）

这个观点，在《桑植县文物普查总结报告》中亦有如下表述："这种情况（按：指多出'豆'）表明，早在商代以远，在澧水上源的广大地区，居住着一个民族意识、生活观念和文化传统都极为相同的人类群体，其村落聚集，已经遍布澧水三源及溇水两岸，成为这里的主体人群。据现有的考古资料显示，这个人群的考古文化十分特别，在全国并不多见，是全国独有的一种文化类型，其地域东端只到石门，西边只到永顺猛洞河流域，南达沅水，北部仅到湖北鹤峰县的江口、铁炉坪一带。显然，这是桑植考古史上的一次重大突破，具有划时代意义。"（1987年6月17日，参与考古者为王先云、涂义南、任家桥、谭敦美、周扬声、尚巍、满元恒、黄明孝、陈才学、谷伯尧、廖清菊、向光清、江家元、尚立昆）

这是迄今为止，我们所发现的关于在澧水中上游的一大片土地上，因多出"豆"的特殊葬俗而怀疑古代曾在这里建有一个以豆粮为脊梁的伟大"蛮国"的重大信息。但令人惋惜的是，这几个考古人明明已从陶豆中窥视到"多出豆"的桑植乃至整个张家界市及八百里澧水流域早已因"豆"而建立了一个乃至一大批"豆國"却固执地对此视而不

见，或见而不信，故张家界市乃整个大澧水、大湘西范围内的大量文物，基本上不与“𤰞”搭界，不与“人”对接，仿佛这些极其珍贵的文物都是“天外来客”莫名其妙丢弃在这里的。这使我想到 [英] 格林·丹尼尔（著名考古学家）的一句影响世界考古界的名言：

“没有历史观念，考古学只能回到单纯收集遗物的水平。”（丹尼尔《考古学一百五十年》文物出版社，1987 年版，第 321 页）

这句至理名言，是对世界考古学界的辛辣批评，对湖南、尤其对张家界市考古学界更是值得反思、自省的名言警句。

那么，这一带真的没有一个国家吗？要判断这些“国家”究竟是谁，只能从古籍史料中寻找，并与这些出土文物对接，以下为从古史中查获的一批与古庸国相关的国家名录，供这些考古专家和坚决不信乃至反对、抵制的人们。

1. 扶桑国：位于天门山东南 40 公里的辰州（沅陵）七甲坪镇扶桑村。晋代葛洪在《枕中书》中记下了这一秘密：“在二仪未分，天地日月未俱时，已有盘古真人，自号原始天王，游乎其中。后与太元圣母（太元玉女）通气结婚，生扶桑大帝（东王公）、西王母。后又生地皇，地皇又生人皇，伏羲、神农、祝融、五龙氏等乃其后裔。”

这个“扶桑大帝”，就是盘古氏的儿子东王公。

这是中国神话源头出现的世界第一国——扶桑国（混沌帝国），第一帝——东王公。都城在今扶桑溪的神州（半岛）。西王母在这里首先发现丹砂（今存丹砂坪村），创造最原始的“神（辰）州符”，继而发明世界最早的“神（辰）州傩”，开创人类最原始的巫傩宗教文化时代。

2. 华胥国：清光绪帝师、举人侯昌铭（大庸人）曾吟“高卧华胥国，何者是羲皇”诗，最早发现华胥氏在古雷泽（今永定区枫香岗乡）建华胥国（君子国，一说女儿国）的信息。永定枫香岗、大庸溪一带为古雷泽，其玉皇洞石窟之大历山巫山村有座“脚印山”，其上有一双史前人类足印（左足印长 35 厘米；右足印长宽与左足均等，五指、脚掌、脚跟与当今人类一模一样），史传华胥氏诸英在这里创立天下第一个女儿国——华胥国。某年某月某日偶然在雷泽仙人岩发现一双神秘古人类大脚印，便好奇地踩在上面，竟“感而受孕”，生下伏羲、女娲。此史典与脚印岩山下的“太极图”、伏羲在崇山演八卦，女娲在崇山发明“充乐”、在天门昆仑补天传说完全吻合。而雷公亦是崇山人，此之“雷公”就是古庸国开国大帝祝融。他就是华胥氏的合法丈夫，亦即伏羲、女娲之生身父亲，此事与当地的伏羲洞、蛇滚坡、大地湾、华胥湾等形成完整的远古人类信息链，证明此之华胥国很可能就建在今枫香岗乡之古雷泽坪，后因大洪水迁上崇山。祝融在崇山创建大庸帝国。伏羲氏在此创立太极八卦。女娲则发明笙簧，古称“充乐”。

3. 大庸帝国：“大庸帝国”名称出典载《尚书·多士·多方》。张良皋说：“庸国完全有可能在中国第一个拥有青铜，率先跨入文明的门槛，早于五帝立国。”（《巴史别观》第 52 页）龙炳文也说：濮人（庸人）在崇山创建大庸国（《湘西苗族》）。大庸国约建自华胥国之后，即三皇时期早期，6500~7000 年之前，

是历史上影响最大、国寿最长的文明古国，创立者为华胥氏诸英之夫雷公——祝融（大庸）。初都崇山，后迁古雷泽、大历山之大庸坪——今枫香岗乡之四坪，是中国古代第一座“四方城”，古称“天门都”。此后都城多次更易，最后迁古人堤（今市邮政大厦一带）。此遗址已出土两万年前的磨光石刀及新石器时代的诸多文物。《淮南子·时则训》载：“南方之极，自北户孙之外，贯颛顼之国，南至委火炎风之野，赤帝祝融之所司者，万二千里。”

此信息告诉我们：颛顼之国——赤帝祝融所管辖的大庸帝国的疆域已到达炎热的南方（按：即交趾，越南境内），疆域一万二千里是什么概念？此话看似讲了两个国家，实质上就是一个古庸国，颛顼之国就是“颛庸之国”，祝融之国就是大庸之国。

4. 轩辕国：由黄帝所建，初建于今中央仙山——熊罴岩山之顶。后并入大庸帝国，并任一代庸国大帝。

5. 茹国：何光岳先生在考证南蛮源流中发现澧水一带有若干古方国尚未破解，比如古茹国、古索国、古道国、古蔡国等，敦促张家界方面要组织力量研究。屈原“揽茹蕙以掩涕兮，沾余襟之浪浪”，此之“茹”，指澧水流域的“茹芦”（俗名高笋、冬笋）；“茹”即指茹水岸的香草（指兰草、佩兰）。

茹国，顾名思义，必建在有茹水的地方。茹水，一名若水、洳水、弱水等。本境茹水有二：一在枫香岗乡之龙茹山，俗名龙盘岗，山有溪，名茹水，后有周氏盘踞其地，故又叫周家河，全长约5公里，注澧。二在澧口下游10公里之阳和乡，其地有茹溪，古称酿（土音读rǎng）河，源自太华山（1176），全长约20公里，注澧。澧水西自龙茹山茹水，东至阳和茹溪，全长约60公里，古称百里茹澧。澧水外号九澧，九江、九河之一也。经考，此即茹国中心地，都城在今阳和乡渔父村。其范围大体包括今慈利岩泊渡以西、大庸潭口以东大片土地。从甘渊颛顼天文台遗址分析，茹国与渌图国同为颛庸封国之一。

6. 驩头国：建于4300多年前，定都在崇山百担丘。庄子曾说过：“南海之帝为倏，北海之帝为忽，中央之帝为浑沌。”（庄子《应帝王》）《左传·文公十八年》载：“昔帝鸿氏有不才子，掩义隐贼，好行凶德，丑类恶物，顽嚚不友，是与比周，天下之民谓之浑敦。”又云：“舜流四凶族浑敦、穷奇、梼杌（táo wù）、饕餮（音号贴），投诸四裔，以御魑魅。”此浑敦即浑沌，浑敦即驩兜。是说驩兜建驩头国于崇山，崇山位处中华大地之中心，故谓“中央之帝”。而熊罴岩古称中央仙山。

7. 长寿国：一名不死国、寿丘。位于崇山、中央仙山、天门山、七星山之间的仙人溪。仙人谓之不死。此为三皇时期之古国，史传由蚕丛祝融氏创建，后一支征四川，建寿国，后名蜀国，隶属庸国，古存庸州、庸部、庸部牧史熊等庸国信息。

8. 索国：在今武陵源索水一带，都城在今武陵源的军邸坪。考索人之“索”，何光岳认为与该族发明绳索、辫发和结绳记事有关。另一说与苗语“仡索”相联系。龙炳文、刘自齐在《湘西苗族》中说：“从《古老话》中得知，蛮戎叫佗戎，祝融就是佗索。”又叫大索、赤索、赤索子，亦即赤松子。此索国即由佗索祝融氏所建。《论语·子罕》疏引《正义》：“九夷、八狄、七戎、六蛮，谓之四海。”李巡注：“九夷在东，一玄菟、二乐浪、三高丽、四满饰、五凫更、六索家、七东屠、八倭人、九天鄙。”据初步考证，古索国的核心国土相当于当今的武陵源行政区。其边界东达江垭索口市（古集市），北抵草倠大山（海拔1492米）、西接大层楼（1222米）、南止斗篷岩（1072米）。几乎占了北昆仑的全部，是地地道道的“石林王国”。民国《慈利县志》载：“索水，亦县内大川也。出大庸张家界，东流十五里，届止马塌入县二十都。西径是青崖山（按：鬼谷子白公胜曾自称青岩真人隐居于此）……崇峦大谷，连接数县……峰截溪盘，随分异号，盖所谓赤县奥区焉……其外则万石耸立，高秀入天，石并赭赤，连峰高卑，弥漫皆遍，闯眼突兀，奇甲天下……”当年熊绎北伐殷商，索国国王朱蒙率索军助战。战后，朱蒙与北方索人会合，转战朝鲜，征服高丽国，后以两国之名全称索丽国，被奉为朝鲜始祖。一部分班师回国，后迁至汉寿，西汉建索县。何光岳说：“索国……周武王灭商，索人分散，有一支北迁为索离国，后转入朝鲜；一支南迁于湖南大庸市索溪。”又说：“索丽国在前，高丽建国在后，高丽是在朱蒙南迁后进入高丽人部落后才被奉为高丽国王的。”（何光岳《南蛮源流史》之十七章《索国的来源和迁徙》第327–333页）

屈原回归故乡后，先后到索国故地昆仑峰索溪寻访先人，留下“焉有石林，何兽能言”的诗句；又在汉寿留下不少遗迹，成了汉寿人误认为屈原故里在汉寿的由头。

永定博物馆在古庸都遗址出土“索丞之印”（二级·9）和“索右尉印”（000011二级·11）两枚汉代索人印章，必与索国之说有某种联系。

9. 磐瓠国：《永定县乡土志》载：“磐瓠国，肇祖荆事。国有炎神（按：炎神即祝融），龙鸟官师。沈沈濒夥，穆穆汉仪。博我皇道，百族归熙。”（此之“磐”即“盘”）据考，磐瓠实为祝融八子之陆终，即一代祝融，故谓“炎神”。磐瓠国为大庸国之附庸国，中心地在沅陵。

10. 道国（古名稻国）：位于澧县车溪乡，都城在城头山。考古发现，此古城约建于6000年前（参见《湖南日报》2011年11月24日第18版《城头山：打开一座中国最早的城》），道国是大庸国的附庸国之一。何以“道”名国？一说境内之南有道水，源自慈利广福桥镇，经临澧入澧。澧县境有道河乡；二说“道”谐音“稻”。澧阳平原曾是古大庸帝国的东方粮仓。专家在城头山东城墙发现了距今6500年世界最早的水稻田，又发现了距今8000多年八十垱水稻种；与此同时，又在道县玉蟾岩发现了公元前1万多年的世界最早的古栽培稻种。说明道县之“道”与古稻国之“稻”必与始创水稻有关。

2011年，湖南省文物考古研究所和美国哈佛大学等专家在澧阳平原启动稻作农业起源课题研究。2012年主要开展了临澧县华垱遗址的考古发掘，取得一定突破。

省文物考古研究所专家李意愿介绍，发掘中发现了几条距今约1万年前的灰沟，人为堆积性质明显，初步推测是壕沟的一部

分。发掘的地层中，每层均出土有炭末，说明此处曾是人类生活场所。专家认为，澧阳平原目前发现的遗址中，最早的是彭头山文化，距今9000年左右，华垱遗址的发掘，把澧阳平原新石器文化往前推进了1000年。

11. 濮国：在沅陵黔中郡（窑头）。从《尚书·牧誓》载庸率八国联军伐商，列在最末称“濮人”。《中外历史年表》第42页载：前611年，“庸人帅群蛮攻楚，麋人率百濮谋攻楚”。濮人（百濮）杂处庸地，庸濮一家，本为庸人中的“扶乩（音‘吉’）占卜赛神”大族，四方游走，相对独立，是印度吉普赛人（译音）的先祖，实称“乩卜赛人”。

12. 蔡国：何光岳说在慈利五雷山一带，为大庸国附庸国（待考）。

13. 大人国·龙佰国（夸父国）：《列子·汤问》：“而‘龙佰国’有大人，举足不盈数步而即五山之岳……至伏羲、神农时，其国人高数十丈。”此“龙佰国”，又叫“夸父国”，又作“大人国”。《山海经·大荒东经》载：“有波谷山者，有大人之国。”“有大人之市，名曰大人之堂。有一大人踆（cūn 踢、止、退）其上，张其两耳。”《山海经·大荒北经》亦云：“有人名曰大人。有大人国，厘姓，黍食。”又载：“颛顼生驩头，驩头生苗民，苗民厘姓。”可证大人国与崇山驩兜苗民同姓同宗。此“大人国”，位于沅陵、辰溪、溆浦三县交界处之九龙山，古曰“龙山”。《山海经·大荒西经》：“大荒之中，有龙山，日月所入。”龙山是天门昆仑南方体系之圣山。民国《沅陵县志·舒溪记》：“龙山上居住着无怀氏之民。”其部族出了一位猎神，曰夸父，以犬为图腾。夸父发明了弓箭。《吴越春秋·勾践外传》云：“楚有夸父，幼无父母，小而习箭，箭无虚发，后传道于羿。”夸父善走，古有“夸父与日逐走”之说。《淮南子·天文训》说夸父“日行九州七舍，行五亿七千百九里。”《朝野金佥》载：“辰州东有三山，鼎足直上，各数千丈，古老传曰夸父支鼎石也。”经笔者现场考察，见此支鼎石位处柳林叉乡明月山村。九龙山海拔1214米，其西有庸坪乡。其北有圣人山（1350米），碑刻“昔日大禹治水，曾路经此山”。

关于龙佰国（大人国）的消亡，相传与应龙杀夸父有关。《山海经·大荒东经》：“大荒东北隅中，有山名曰凶犁土丘，应龙处南极，杀蚩尤与夸父，不得复上，故下数旱，旱而为应龙之状，乃得大雨。”《山海经·大荒北经》又载：“大荒之中，有山名曰成都载天。有人珥两黄蛇，把两黄蛇，名曰夸父。后土生信，信生夸父。夸父不量力，欲追日景，逮之于禺谷。将饮河而不足也，将走大泽，未至，死于此。应龙已杀蚩尤，又杀夸父，乃去南方处之，南方多雨。”

14. 舒庸国：舒庸国有二：一在溆浦，位于溆浦县舒庸溪乡；二在沅陵，位于沅陵舒溪口乡。

2010年3月6日，课题组一行（金克剑、罗金铭、李书泰、田奇富、吴耿）在长沙考察，住省政协喜迎宾酒店，与政协文史委主任欧长伏共进晚餐，有服务员舒瑜听说课题组调查古庸国和屈原，偶尔插话，说：“小时爷爷告诉我：我家乡古代叫舒庸国，国很小，但十分富足，人民有礼貌，很和谐，就像传说中的‘君子国’。不好战争，是个爱和平的国家。后来被夜郎国灭了。爷爷又告诉我：屈原到过溆浦，还在舒庸溪住了很长一段时间。爷爷还专门带我到舒庸国故址现场指证，交待我们不要忘记舒家曾经的辉煌。舒庸国就在今溆浦县的舒庸溪乡。”

一席话惊动四座！须知这是出自一个没有半点上古历史知识的女孩子！

舒瑜，家住溆浦县桥江镇桐家坡村第五组。爷爷舒钦斌，父亲舒煜东。并报出了自己和父亲的手机号。小舒正在一边打工一边自修，准备参加高考。

这简直是从天上掉下来的信息！

6月13日，课题组辗转从桃江、汉寿、汨罗，直抵溆浦桥江镇桐坡村，与舒钦斌见面，村支书舒采坤专门组织舒福成（80岁）等老人座谈，同时查阅了民国二十五年（1936）由舒葆元刻印的《舒氏元公通谱》。舒氏老人们向我们讲述了舒庸国的一些传闻。次日，在溆浦城参观了屈原广场等遗迹后，又考察了舒庸溪乡古舒庸国遗迹，证实舒瑜传言不虚。

查《路史·国纪乙》：少昊偃姓国：舒庸氏，楚灭之（成十七年），在舒城。与庸别。《寰宇记》：舒庸城与舒鸠城相似。又《姓觿(xī)》舒庸氏：“《姓考》云：成十七年楚灭舒庸，因氏。”舒庸国是大庸国的直封子国。

6月15日，课题组到达沅陵县舒溪口乡。考察了掩埋在荒茅中的舒溪古长城残址。古城起于舒溪河边，绵延在山脊之上，长达10余公里。清代学者顾栋高《春秋大事表》载：“卢溪县东二十里有古龙舒城，舒蓼、舒庸、舒鸠和六舒及宗四国也……”据2007年5月22日《湖南日报》记者肖军报道：舒溪长城与禹征三苗有关。禹师囤兵沅陵窑头（古黔中郡所在地）。群舒为保卫国家，联合抗击禹师，修筑长城，作龙舒城的“城外城”。禹建夏朝在公元前21世纪，距今4100余年。

毫无疑问，“舒庸”是众舒之首，正是我们要寻找的已消失于历史长河的南方农耕古国——舒庸国。这座龙舒城，便是舒庸国的都城，距溆浦舒庸国约200华里。

舒氏部落曾是武陵地区大族，分舒庸、舒蓼、舒鸠、舒鲍、舒龙、舒龚等氏。曾有一部北徙河南，建舒庸国，筑龙舒城。公元前574年（丁亥，周简王十二年），楚灭舒庸（今河南舒城）。

公元前280年，司马错与次孙司马靳拔黔中，灭大庸。沅陵、溆浦舒庸及永顺施庸等小国一并灭之。

屈原在远游之旅中，先后到达两个舒庸国。并将此行写进《涉江》：“入溆浦余儃(zhān)徊兮，迷不知吾所如。深林杳以冥冥兮，猿狖(yòu)之所居。山峻高以蔽日兮，下幽晦以多雨。霰雪纷其无垠兮，云霏霏而承宇。哀吾生之无乐兮，幽独处乎山中。吾不能变化而从俗兮，固将愁苦而终穷。”

意思是：行到溆浦我有些彷徨啊，心中迷惘不知该往哪方。茂密的山林一片阴暗啊，那本是猿猴栖住的地方。高峻的大山遮天蔽日啊，山下霪雨霏霏迷迷茫茫。无边无际的雪花啊飞飞扬扬，布满天空的浓云阴沉无光。悲哀我的生活毫无乐趣啊，孤独地住在这老山林。我不能改变心志随波逐流啊，必将穷愁潦倒终生无望。

屈原为何访问舒庸国及沿途诸多小国，

因为那里都是宗国大庸的附庸国，是屈氏后庸的南部重要边国。公元前280年，末代庸王屈伯庸率兵与司马靳决战于黔中（太常乡窑头村），参战的就有舒庸、施庸等10余个小国。作为末代庸王——伯庸，正值强秦崛起，楚国唱衰，庸国难复，千邦万国，一盘散沙。自己却远离帝都，踏察民情，其心何忍，情何以堪！

相传屈原在龙舒城留住期间，曾乘舟上溯泸溪考察民情，在白岭岩山下一个小村寨住了数天，后来此地便叫“屈望”，即今屈望村（事载《中国民间故事集成湖南卷泸溪县资料本》1986年版）。然后，从辰溪转麻阳、凤凰，再去溆浦。在溆浦待了一段时间，才取资江北上。

15. 施庸国：位于今湘西自治州永顺县施庸溪镇。大庸国附庸国。公元前280年司马错爷孙率兵10万突袭施庸国，继而拔长官、回龙，破关坝、营盘，施庸国灭。随之拔后坪关，攻大庸所（武溪），直逼庸都，大庸帝国灭。

16. 向国：酒王——棼王，炎帝之子。苗族,初封地在酉阳，盘居大武陵山区，以农业为主，发现了酿酒。故称酉水。曾加入熊绎率八国联军北上倒商灭纣之战，被熊绎封侯建立向国，位于孟川河阳县。早于熊绎建楚。

17. 大庸帝国所属百国寻踪：当我很幸运地得到老民间文化专家龚建业发现并送来的康熙六十一年（壬寅）民间《告祖词》第一等核心证词时，却为解释一句“**繁衍百国围嵩梁**”之“百国”颇费周折。是说古庸江山中，先后诞生、繁衍了一百多个子国——即依附于大庸帝国的“附庸国”。嵩梁即天门山，是古大庸帝国和天门山神仙天国的地标。如果找不到“百国”的真名实国，就有理由质疑这份告祖词的考史价值。思考再三，突然想到研究古庸国秘史的开山人物张良皋大师，于是打电话向他求教。对方传来爽朗笑声：“从《山海经》中找！”他说：“《山海经》是古庸人创作的人文地理神话历史奇书，说是古庸国的家学也不为过。”

我一下茅塞顿开！

以下就是从《山海经》中所载查出来的百国名录（凡与前重复者不录）：

羽民国、结胸国、灌国、三苗国、䣙国、厌火国、贯胸国、交胫国、岐舌国、不死国、三首国、凿齿国、周饶国、长臂国、三身国、一臂国、奇肱国、丈夫国、巫咸国、女子国、轩辕国、白民国、肃慎国、长股国、无臂国、一目国、柔利国、无肠国、聂耳国、博父国、拘瓔国、肢踵国、大人国、君子国、青丘国、黑齿国、雨师妾国、拘缨国、玄股国、毛民国、劳民国、伯虑国、枭阳国、离耳国、雕题国、北朐国、氐人国、开题国、列人国、貊国、鄘氏国、凿齿国、犬封国、林氏国、盖国、射姑国、肢国、少昊国、大人国、小人国、蒍国、中容（庸）国、君子国、司幽国、青丘国、黑齿国、玄股国、赢土国、夏州国、盖余国、熏民国、女和月母国、三身国、季禺国、卵民国、盈民国、不死国、季厘国、䣙民国、焦侥国、蜮民国、张宏国、淑士国、白氏国、长胫国、西周国、赤国、沃国、先民国、北狄国、女子国、丈夫国、轩辕国、寒荒国、寿麻国、盖山国、互人国、胡不与国、大人国、叔歜国、北齐国、始州国、毛民国、儋耳国、无肠国、深目民国、中徧国、犬戎国、牛黎国、盐长国、巴国、辛氏国、朱卷国、大幽国、钉灵国等，共115国。

此后，又从《盘古新说》等著作文献(非全部) 中发现了一组古国名：夏朝、崇山天国、九黎国、西戎国、三苗国、共工国、南国(神农地皇创建)、夜郎国、天国（天皇元隆时在沅陵九龙山创建)、罗子国、小茶国、澧国、鬼国、长沙国（载《穆天子传》)、龙伯国、犬戎国，计16个，三方统计共147国。

——“繁衍百国围嵩梁”千古之谜终于告破！

2021年6月17日补记

三、 世界稻作农业的起源地在古庸大地的湖南澧水屈原故乡

本著既已涉及探究屈原生身故里及其笔下的国家文明背景，逼得我再延展一段与之相关的文字。

托起中华第一轮人类文明的豆作农业的晚期——约距今一万——两万年以远，水稻就被南方人类发现了。继在浙江余姚河姆渡遗址发现距今6500年至7000年的水稻遗物后，20世纪80年代，又在澧县彭头山遗址发现了距今9100年的栽培稻种，比前者早了2100年。与此同时，20世纪90年代，在湖南道县玉蟾岩发现世界最早的稻种有硅酸体，被专家认定是距今1.25万年的谷物信息。巧合的是，这两个地方，彭头山有“道水”，约6000年前建城头山古城，后又建“道国”，澧县今有道河乡；道县亦有道水。道县、道水、道河、道国，我认为初名应该是“稻县”“稻水”“稻河”“稻国”。这是水稻农业起源于湖南“两道(稻)”之地的文物远古信息。考古专家、农业考古学家严文明认为玉蟾岩的稻作农业是第一阶段的萌芽期，彭头山文化应属第二个阶段即确立期，第三个阶段则是发展期，即相当于屈家岭文化、石家河文化阶段。1996年12月至1997年1月在澧县城头关山东城墙及汤家岗文化遗址，先后发现三丘距今6500年世界最早的稻田遗址，这是东方人类栽培水稻的实证。随着水稻栽培技术的不断提升，粮食的剩余催生了古庸人版土筑城的创举——中华史上目前所发现的有可能是中华第一座“庸”——“墉”——“城”便在城头山拔地而起。这种伟大创举的远古信息是以这支筑城的人群——“庸人”的名称进入沮诵氏苍颉的文字符号之中的。

与澧县稻作信息相呼应的，还有大庸永定区枫香岗乡的“长谷庸”古田区。长谷庸古田被当地称为“祖田”“母田”“国田”。应该是与城头山时代相当的又一古庸人栽培水稻的遗址。1969年初，中共大庸县委在袁家界（今武陵源袁家界景区）创办“五七干校”。1971年春，在开山拓荒劳动中，李维朝、肖武运、王章贵、龚德邵等一批实名实人接受“改造”的干部在地边古浸水沟古田里发现一丛丛、一片片野生水稻。据他们回忆介绍，野生水稻谷粒呈红色，米粒细长，曾请教了自治州农业专家，认为极有可能是远古水稻的祖先。有种红谷一直到50年代末还在南方许多地方栽种。（按：关于袁家界五七干校干部发现古野生水稻的信息，可参王章贵2009年10月《庸史再考》内刊版第164页）说明澧水流域作为水稻原产地具有源远流长的遗传基因根系，就如在石门县壶瓶山发现野生黄豆群落一

样。

严文明认为，世界上最主要的农业起源三大中心一是伊拉克的大麦、小麦起源地；二是中国的小米、大米起源地；三是美洲的玉米起源地。它们对后来古代文明的产生起了决定性作用，如美洲的玛雅文明、安第斯文明；西亚（伊拉克）两河流域、埃及和印度河流域的希腊文明、罗马文明；中国的长江文明（包括黄河的小米文明）。这就是世界三大文明中心的源头。

如果不带偏见，我提出将湖南澧水流域境内的水稻文明代表符号或可称作“澧稻文明”更为准确，远古人类没有驾驭大江大河的能力，就如伊拉克境的幼发拉底河和底格里斯河——只有这些温情脉脉的中等之河才有可能成为哺育人类的伟大的母亲河一样。

历史的真相就是如此：澧水流域承载了中华史上的两轮农业文明——豆作农业文明和稻作农业文明起源地的无尚荣誉。

这两轮文明都有不可撼动的铁证：

1.以中国古文字——“澧”为代表的“豆作”文明；

2.以澧水流域彭头山、城头关山及汤家岗为代表的稻作文明。

值得注意的是，严文明教授演讲《农业起源与中华文明》（文载2009年1月8日《光明日报》）文稿中没有涉及比稻作农业更早的豆作农业，但提到印第安人传说中的玉米、南瓜、豆类“农业三姐妹”概念。而究其实，豆类的发现远在水稻之先数十万年。豆类食物最早被吃兽类、鱼类或野果、南瓜、薯类的野蛮人发现，是因为没有脱壳的障碍，即便进入规模性的人工种植阶段，也不过是刀耕火种；而发现稻米可食固然不难，但如何栽培和脱壳，却有一个漫长的发明过程。1976年在河北武安磁山遗址发现距今8000年前的粮窖、石铲、石镰、石磨盘，这是北方粟（小米）种植、收割、储藏、脱壳的连锁过程信息。而笔者破译《穆天子传》中发现崇山即“舂山”（即今张家界市西南20里的崇山——重山——充山）的“舂”字，原来就是发明于崇山的“舂”——土名“碓马”。崇山、中央仙山（熊壁岩）至今还保留发明碓马的两个原生古地名：碓马湾和碓马岗。古籍中且有黄帝发明杵臼、黄帝之子——“雍（庸）父作舂”的记载。《湖南阳秋》衡湘稽古之一载：“赤粪作杵臼于舂溪。”此之“赤粪”与黄帝同年同朝为官，在舂山——崇山共同切磋发明了初级破谷工具——杵臼。《吕氏春秋》曰：“赤粪氏作杵臼。”舂溪位于今崇山陈家塌碓马湾，长约500米，注入“崇山大泽”（今崇山水库），再坠下绝崖，此即县八景之一的“崇山瀑布”，瀑崖壁有溶洞洞，是为“相公洞”，即祝融、驩兜二相公隐身地。这个“舂”，即“碓马”，就是南方最古老的稻谷破壳工具。“稻”，从禾从仓从臼，它十分形象地记载了稻谷从栽植到收割入仓，再到用杵、用舂脱壳的全过程。而从用木杵击臼到提升为用脚踩的碓马，又是一个漫长的发明过程，故可断定“杵臼”是稻谷破壳食用的初级阶段；“舂——碓”是漫长的发展阶段；“碾”（旱碾和水碾）则是成熟阶段。崇山之碾分“旱碾”和“水碾”。初级为旱碾，即由人拉或牛拉；水碾则用水鼓带动碾架，工序、工艺较之牛碾更复杂更先进。发展到“碾”，已是几十万年以后的高端发明了。由此可以确定：将一座伟大的昆仑县圃——崇山同时赐名为“舂山”，以记载人类进入大米文明时期，可证“崇山”——“舂山”之名正是伴随发明“舂”而得其名的。而存留在崇山的“碓马湾”“碓马岗”则是大米文明的确立时期，即由“舂”变“崇”的文化进化。“崇”：崇高、伟大、崇仰、崇拜，暗含对“舂”“碓”即稻谷文明起源地的宗教崇拜。

关于澧水流域“杵臼”“舂碓”“碾”的发明，与水稻进入食用阶段的历史过程，这里再出一证：据张家界市永定区文物管理所所长邹波平介绍：2007年8月初，北京电视台考察队专程到张家界市永定区官坪乡考察碳化米，并留下完整的考察录相。碳化米发现现场位于海拔1000余米的官坪乡官仓坪村的官仓山上（一名观音山），碳化米遗址分布约一亩，经试掘，从地面到2米深的范围皆有碳化米的出现。该米呈黑色，形状狭长，坚硬。据估计，全部收集应有数百斤或千斤以上。据稻作文化考古专家顾海宾介绍，很可能是远古时代人类留下的米仓，因遇暴洪或某种灾难突然被泥土掩埋，经过漫长年代的脱水、碳化，形成了今天的大米层。这也许就是“官仓”地名的由来。此之“官仓”，有人判断只能是消失了的古庸国国仓。由此可证万年前以至数万年前澧水人类已掌握了破稻壳为大米的技能，并发明储藏大米的“仓”。2009年3月2日，永定区文管所为此作了《关于请求鉴定尹家溪镇观音山碳化米遗址年代的报告》。2007年9月27日《博览周刊·科学探秘》作了报道：《20万元一斤的佛米（碳化米）》。（引自王章贵《庸史再考》第166页）

那么，澧水稻作农业究竟起源于何时？据《湖南日报》2013年3月8日（记者李国斌）报道，2012年10月至12月，在中美合作的“澧阳平原稻作农业起源研究”项目推动下，省文物考古研究所等组织队伍对湖南临澧县华垱聚落遗址进行考古发掘。据现场发掘领队李意愿介绍，遗址年代保守估计距今1万年前，甚至还可更早。距今1万年前正处于新石器时代早期。澧阳平原此前发掘的遗址中，最早的是彭头山文化，距今9000年左右。对比华垱遗址和彭头山遗址出土的陶器，两者特征相似，表明有很强的联系，但华垱遗址器物组合更为单调，陶器烧制火候更低，形态更原始，专家推测华垱遗址可能是彭头山文化的一种早期形态。

这一发现告诉世界：中国澧水流域华垱遗址年代在1万年以远，如此这般，就把澧阳平原的稻作农业推到了1万年以前。就是说，澧水流域是目前发现的世界最早吃上大米饭的地方。比北方8000年前吃上小米（粟谷）早2000~3000年！比河姆渡人吃大米饭早3000~4000年！

或许可以这样说：华垱遗址的稻作文明聚落与崇山的“舂”“碓”文字符号的合璧，是锁定澧水流域作为稻作农业起源地的两大实证。

由此上溯，“澧稻栽培农业”之前的“澧豆种植农业”则更加古老久远，它把人类进入粮食作物文明（区别于兽物蒙昧文明）的时间推前数十万年以远。早些年生物界、农学家流行稻作农业亚热带起源说、印度起源说、泰国起源说、日本学者山地起源说的论断甚嚣尘上，中国农学界只有忍气吞声的份。

再举两证：

1. 国外现存出土最早的稻粒，是泰国从能诺塔古遗址中发现的，距今5500多年。比澧水古稻晚4500~5500年，几乎是中国目前已广泛流行的“中华文明4500–5000年之说”。

2. 早在公元前1700年前的殷代甲骨文中就已发现“稻”字，比印度《阿阇婆吠陀》诗中始见的“稻”字要早千年。

上述两则信息的发现，让澧水稻作文明立于世界至高地已成不可撼动的史实！就是说：东方人类的两轮农业文明——澧豆农业文明和澧稻农业文明均次第产生于中国澧水流域！

两轮农业文明共处一地，是世界粮食文明无与伦比的伟大奇迹！

长期以来，史界判定中国文明产生的三个基本要素：一是城池的出现；二是青铜器或金属冶炼技术的发现；三是文字。（参见《南方文物》1996年第2期）笔者认为此理论缺乏最最关键的元素——粮食（豆、稻）的发明。而且，应列为文明产生诸要素之首。就是说，界定人类文明的概念，基本前提是农业粮食文明。

本人研究发现的结果是：粮食——城市——国家——青铜——文字五大要素均最先产生于澧水流域的古庸国版土，好像不在“中原”、不在黄河、不在黄土高坡，更不在西羌、不在大西域雪山和蒙古大草原！

对此，中国最伟大的农耕文明的鼻祖神农氏炎帝，有句名言可以印证：

“有石城千仞，汤池百步，带甲百万，而已粟，弗能守也。”（转引自2017年第10期《老年人》杂志第42页王开林《上古的寿星》）

此语充分强调了粮食的重要性。

没有粮食，所有其他文明都没有产生的理由。人之无食，何谈城市？何谈家国？何谈文明？

这里，我以为有必要记下一则新闻：挪威诺贝尔委员会2013年3月4日宣称，2014年诺贝尔奖侯选名单中，中国著名杂交水稻育种专家袁隆平榜上有名。袁隆平被提名，表明生物技术推动世界和平也受到关注。由袁隆平上溯到远古时代的农业启祖神农，都是湖南人，这本身就是湖南乃世界稻作农业文明始创地古今两大“农神”的明证。

至此，屈原笔下的“澧水”“澧兰”“茹澧”“澧浦”——这条伟大河流源头的天门昆仑、崇山县圃、大庸古国以及上古史中几乎大部创世伟人、巨人都出生于斯、成长于斯、云集于斯、创业于斯、发明于斯、建国于斯、北伐于斯、归葬于斯，就不觉得大惊小怪了。抑或说：此前古史学界将一大批上古伟人群一一驱赶到更新世冰河期肆虐的秦岭以北及大西北的氐羌、西域、沙漠、青藏高原、大雪山、大草原，都是有违文明产生的起码条件的：排斥生命的地方能产生伟大的人类和伟大的社会文明吗？

既然以种植和栽培为主要特征的两轮粮食文明——豆类及稻谷农业都起源于澧水流域，那么，我们是否可以作出如下结论：

中华文明的源头——原生点极有可能是在以天门昆仑崇山为国家行政文明中心的澧水流域；澧水，或许是比恒河、两河及尼罗河等世界文明摇篮更古老、更悠久的母亲河！

笔者不敢妄言，由台湾学者倡首发起的重写中华万年文明史开山之笔到底从何处入手、何处着笔？为什么二十多年过去了，这些倡首者、发起者，一个个都先后故去，可大陆史界至今还不见动静，是否又被“中原文明”“西羌文明”“黄河文明”障眼了？此刻，笔者想起当年北伐中原的黄帝，站在北方的槐江山，极目南天故国故乡，发出的无限感慨：

“南望昆仑，其光熊熊，其气魄魄。”（《山海经》）

这，就是屈原回到潭口老家跪在归乡岸边捧着茹澧之水揩洗悲情之泪的文明背景、国家背景、乱世背景和故乡背景之所在。

【特载】澧水漂出世界第一船

林　河

最近，湖南考古界传来了一个石破天惊的消息，澧水之畔的城头山文化遗址，新出土了非常精美的木桨和长约两米的木舵。这一伟大的发现，把中国的海洋文化史至少提早到了1万年之前，使中国从落后的海洋国家一跃而成为世界上历史最悠久的海洋国家。消息传开后，前往观看的游人络绎不绝，迅速成为新的旅游景观……

海洋文化是人类文明中最具活力的文化，自从发明了舟楫之后，人类征服世界就不再是一个遥远的梦了。我们完全有理由这么说：人类之所以能主宰世界，海洋文化是立下了头功的。

人类发明舟楫的时间，距今大约已有1万年历史了。欧洲丹麦西阑岛的马格勒莫瑟文化遗址，是一个距今1万年到6000年之间的古文化遗址，遗址中就出现了鱼镖、鱼钩、鱼网、独木舟和树皮筏等海洋捕捞用具。

独木舟只能在近海航行，虽然因季风、暖流等偶然的情况，也会有渔民随着洋流漂泊到远洋的时候，但那都是一些消极的、被动的漂流；人类要想象麦哲伦、哥伦布那样征服海洋，就必须具备有比独木舟高级得多的木板船，只有这样，主动权才能够掌握在人类手中。

人类一万年前发明了独木舟之后，大约又过了五、六千年，两河文明及埃及古文明才出现了强大的船队，又过了1千年，红海才出现了拥有30人以上划手的埃及船。但是，这时候似乎还没有发明船舵，航船只能靠橹来艰难地把握航向。

一直到10多年前，谈起海洋文化，好象都还是西方的专利品。提起中国，就只知中国有内陆文化。这的确也是事实，由于中国的正统文化是内陆文化，不仅是外国人，就是中国人对中国非正统的海洋文化也非常陌生，因为文献上的记载少得可怜，而考古发现又没 赶上，就是想要谈中国的海洋文化也无话可谈，直到浙江河姆渡距今近7000年的古文化遗址中发现了木浆和陶舟模型以后，人们才知道中国也有很古老的海洋文化，但是，河姆渡出土的木浆只能证明当时已经有了独木舟，与西方的海洋文化相比，中国的海洋文化仍然显得落后。

但是，中国的历史却给我们留下了许多的海洋文化之谜。据《后汉书·南蛮传》云：“交趾之南有越裳国，周公居摄6年，制礼

作乐，天下和平，越裳氏以三象重译而献白雉。”文内虽然没有提到舟楫，但是，从交趾（今越南）以南到中国的北方去进贡，就算他们是从陆路而来，也不知要经过多少大江小河，还要横渡长江黄河，携有三只大象，没有船怎样过渡？象有那么重，独木舟怎能渡象？这条记载，似说明中国在早周时期就已有载重量达几吨以上的大型木板船了。

商代的甲骨文中有“舟”字，但不是以独木舟为象形，而是以有隔板的木板船为象形，似说明中国在商代就已有了建造先进的“密封隔水舱的”的木板船的能力了。

早金文中出现了“舰”字，其象形下面是个“舟”字，上面是个“南”（南方民族特有的一种房屋，即今日吊脚楼的前身）字，顶上飘着军旗，在“舟”和“南”字之间，有两道栅栏。这个字很形象地告诉我们：“舰”是一种有隔水舱的，有船楼的，有防护栏的，飘着军旗的大型战船。

河姆渡文化告诉我们：7千年前的河姆渡人已能建造有榫卯的高级木楼，既然已有如此高超的木工技艺，不把它用于造船是完全违背逻辑的。这一现象似说明不是河姆渡人不会建造高级的木板船，而应是考古发掘没有跟上去。

西方引以为骄傲的古代最大的海战，是发生在公元前256年的罗马人与迦太基人的埃克诺木斯海战，这次海战，双方动用了七八百艘战船，迦太基人的大战船中有五层楼的橹船，可算得是当时的庞然大物。但与中国的吴、越海战相比，单只越国一方。就有死士八千，戈船三百，比越国强大的吴国，必须更多，规模决不亚于罗、迦海战；在舰队建设方面，罗、迦的战船只有单一的冲刺类型，而吴、越海军却有大翼、中翼、小翼（各级战斗舰）、桥船（快艇）、突冒（冲刺舰）。楼船（居高以制敌的的特种战舰）、余皇巨舰（统帅乘坐的旗舰）及补给舰等型号，远比罗、迦的舰队先进。而且，吴、越海战比罗、迦海战在时间上要早两三百年。显然，当时最先进的海军不在西方，而在中国的吴、越之地。这样先进的吴、越海军，如果没有发达的海洋文化，难道是无根之木吗？

许多迹象表明中国海洋文化的历史要比西方悠久，但就是缺乏考古根据，真是太令人遗憾了！

城头山遗址出土了这么大型的木舵，又出土了许多有榫卯的木构件，这一事实告诉我们：7千年前的中国人已掌握丁相当先进的造船技术。因为独木舟和小型木板船都是不用舵的，只有大型的木板船才有用舵的必要。最初，人们根本不懂得用舵，独木舟和小型的木板船都是用桨来改变航向的，到能够制造较大的木板船后，用桨来掌握航向已十分困难，人们才发明了橹。橹实际上只是桨的延长，并不能从根本上解决大型木板船的航向和稳定问题。只有发明了既轻巧又灵活的舵以后，人类在从海洋的束缚申获得了彻底的解放。因此舵的发明，是海洋文化史上一件至关重要的大事！

在西方，舵的发明和普及可能还不到3千年历史，这从公元前1250年前后，埃及在红海上航行的已有了几十名船员的大型风帆船还在用橹。公元前550年的陶书《希腊海战图》上的希腊战船也还在用橹。而中国人却在7千年前就出现了用舵的大型木板船，这不能不说是人类海洋文化史上的一大奇迹！城头山遗址出土的木舵的尺寸为两米，据此推算，其船身的长度至少在十米以上，其载重量至少在十吨以上。7千年前有如此大船，真可以算得上是“世界第一船”了。

从七八千年以远，中国就有了用舵航行的大型木板船，以此推测：中国人发明独木舟的历史，至少还可以往上推万年以远，这样一来，人类的《海洋文化史》将不得不为之改写了。历史已经证明：人类第一个征服海洋的不是别的民族，而是繁衍于南方澧水流域 以天门昆仑、崇山为中心的古庸国先民！

【附记】数年前，我受中国当代巫傩研究大师李鸣高 (林河) 前辈的邀请，参加了由他在湖南沅陵县七甲坪镇五甲湾村金氏宗祠主持召开的全省巫傩表演及学术交流会议，此地正是我金氏家族的祖地，亦是古代南方神州傩文化的重要发祥地、传承地之原点。从这里走向全国、走向世界的辰（神）州扶桑巫傩文化，已经被列为国家级非物质文化遗产。会议间隙，我俩就一些相关学术问题进行交流，他诚邀我加入中国巫傩文化研究会，意即收我为徒，我说我正受命研究写作《屈原故里大庸考》，工程浩大，已是分身乏术，且没有巫傩文化研究这方面的专著，实无资格加入而婉拒。当我汇报已获得了若干足可制胜的核心证词时，他为我庆幸并予鼓励。当我提到从屈原诗中发现澧水豆作文明和澧水稻作文明以及由此产生了国家、文字、青铜、城市等一整套闻所未闻、见所未见、并足可定论为“中华澧水文明”的全新历史观后，他震惊了、激动了。他说：“我刚不久看到澧水漂出世界第一船的文物实体，正好给你补充一条关于澧水船舶文明的文物实证。这是伴随粮食文明、国家文明和城市文明所产生的江河海洋船舶文明，正好与澧水流域实为中华文明始创地观点发生对接。这是我与你心息相通达成的一种学术默契！”我说：“这是屈原在神助于您我！”我告诉他：我已全面破解当年秦军司马错灭庸灭屈的历史谜案：在庸都城破家灭的前夜，屈原长子屈平平大将军已暗中派亲兵将屈开、屈元、屈天、屈贞4个儿子及孙子眷属**从潭口逃逸，他们先乘小船抵达津市，再转乘大船出洞庭、下长江、漂大海，再北上江苏临海东膝镇屈家村落脚暂居**。这个在津市“改乘大船”的细节信息正是屈原后裔代代口传至今的铁证。可证战国时代古庸国就拥有可漂洋过海的超级大船了。林河听罢，连击三掌曰：“天意，我的文章刚在《张家界日报》发表，今天你就给我提供证据来了，而且是与屈原家族、与古庸国灭亡相关的千古秘史！妙哉！”我被林大师的一份童稚所感动。我压根儿也想不到拯救屈原后裔子孙的头功原来是一艘能驾驭漂洋过海的澧水大船！而且，此大船又出自古庸国万里江山的核心地带——澧水古庸流域——津市。这里不仅是出产澧豆、澧稻的国之粮仓，也是将古庸国国粮销往江北、海外的世界的第一国际粮港！

后来，我进一步研究发现古庸国是世

界巫傩文化的始创地，而那个“原生点”就在西王母故乡——沅陵县七甲坪镇扶桑村。巫傩的太祖神婆就是西王母，**她在扶桑创建了百万年前人类史上第一个混沌国——巫傩国——扶桑国**，因为她已在此发现了朱砂(朱砂矿区遗址今存)，进而发明了影响世界的辰州符，并由此演绎成地球人类史东方古国的巫傩文化。就是这个中华人类的太祖婆——西王母。数年后与其兄东王公从扶桑国追随父亲盘古和母亲太元圣母登上天门昆仑山一起开天辟地，创造人类社会，成了未来的人间天界最高主宰，并创造了远古时代的神话世界。从扶桑去天门山，不过七十多里山路。这正是我迫不及待想与林河先生交流共享的重大发现。林先生是学界溯源巫傩文化原产地在沅陵辰州的当代学者第一人，可惜他却因无人告知巫傩创世之祖——**人类第一神婆西王母就出生在七甲坪行政区内扶桑村的信息**，往返多次却擦肩而过！这无疑是林先生的终生遗憾。正因为溯源“靶的”错误，就不可避免地减弱了他对巫傩文化本质灵魂的领悟探究。比如一个“傩”字，他以字音牵强附会出与“糯谷”之“糯”及种糯谷一族的农民成了傩文化产生的根源之所在学术的观点，就让人不好意思苟同了。

——后来不久，我听到林河大师的高徒、爱徒金承乾老侄传给我的噩耗，林河大师不幸病逝在书案上，留下了中国古今第一部 50 万言《中国巫傩史》（花城出版社 2001 年 8 月第一版）。

我只有无语。

金克剑 2021 年 6 月 18 日补录

【附录】　杜甫诗说道国与舒国

唐代诗圣杜甫在湖南漂泊期间，先后访问了澧水道国和沅水舒庸国故地，并作诗说其事：

神尧十八子，十七王其门。
道国洎（及）舒国，督唯亲弟昆。
中外贵贱殊，余亦忝诸孙。
丈人嗣三叶，之子白玉温。
道国继德业，请从丈人论。
丈人领宗卿，肃穆古制敦。……

（《别李义》载《全唐诗》卷 222-243）

大意是说上古帝尧十八子中有十七子都被封为诸国之王。其中，道国和舒国就是被封的“百国”之一。舒国就是舒庸国。

从上句分析，舒庸国、道国的两个国王可能是帝尧十七子之中的两个儿子，故称“亲弟昆”。昆为哥。而在两国中，又以道国为盛，继承了帝尧之德，成了澧水稻作文明的表率。同样是种稻之国，舒庸国却分裂成了好几个“舒国”。丈人：岳父大人。卿：古时高官名，如卿相。又君称臣为卿。宗卿：指丈人成了道国国王的大臣。穆：古代君王传位的昭穆制，叫左昭右穆。意思是：道国之所以强大，是因为推行了古老的昭穆制。

关于溆浦舒庸及道国两位远祖实行昭穆制之事，《溆浦县志》有类似的记载：“磐瓠之子，既以先父有功，母帝之女，立之君长，赐有印绶。厥后唐尧嗣位，南蛮为其外甥；虞舜继帝，南蛮为其亲戚，二代要服之国，瓜葛历然。”

杜甫此诗，是极其罕见的史证文字。由

此可证，古庸人《告祖词》所唱祝融“繁衍百国围嵩梁”，与沅陵所传祝融建“千邦万国”对接，并由此窥见了神秘的崇山远古文明冰山之一角。

上述十三国，还只是“祝融繁衍百国围嵩梁”（《庸人歌》）的“百国”之零头。它们与庸师八国联军中的七国，都是大庸帝国的附庸国（“附庸国”由此而来）。龙炳文先生发现的卵民国、羽民国、凿齿国、黑齿民国等无一不是大庸国的封国。因此，文物考古专家发现的那个以“豆”为中心作随葬品的政治区域和丧葬制度的这个“蛮国”只能是大庸帝国。而且，这个“豆”区域，恰恰是大庸帝国的早期发祥地及国土中心地。

文物终于找到了配对的历史。

《永定县乡土志》对古大庸之名几经变更，写了一段意味深长的话：

“旧志明初废慈利州，为大庸县，大庸旋改为卫，仍置慈利县，仿依明史正之。赞曰：‘秦黔汉充，荆楚外篱。’有道先服，无道则携。群阴穴据，炟以赫曦。归我王化，复见官仪。玉屏（按：指玉屏山，即天门山）、金藏（按：即金藏关，在澧口，暗指屈原故里），山水雄奇。千年古国，还返皞熙。”

大意是：任你朝代更迭，大庸古名时隐时现，但天门屈原所代表的雄奇壮丽的人文自然、大庸古国所创造的千古不朽之文明，最终还是要返还给她们的灿烂光辉！

第六章　屈原秘谱“离骚”自证

屈母修氏（前 373－前 280）：沅陵人，名淑贤，史称“修氏婆婆”。自幼随父习武，棍术尤出神入化，得名“婆婆棍”，传之当今。公元前 280 年，司马错、司马靳灭庸灭屈，修氏为保卫屈家坊，不顾九十高龄，与秦血战至死，屈氏族兵抢出尸首，秘葬潭口后山“婆婆礅”，时年 93 岁。

第一节　屈原秘谱与大庸古乐源头

一、屈原秘谱

两千多年来，屈学界对屈原辞的研究已不止于对其诗句文字本身的诠释，不少学者早开始注意到屈原辞与音乐的关系。比如游国恩在他所著的《楚辞论文集》里就有这样的论述：

“‘离骚’就是‘劳商’，是楚国故有的歌曲名。近年出版的《离骚纂义》又进一步阐明这一看法。他说：‘劳商’与‘离骚’本双声字，古音宵、歌、阳、幽并以旁纽通转，疑‘劳商’即‘离骚’之转音，一事而异名耳。盖《楚辞》篇名，多以古乐歌为之，如《九歌》《九辩》之类。则《离骚》或亦楚人固有乐曲，如郢中之有《阳阿》《薤(xiè)露》《阳春》《白雪》，后世乐府之有《齐讴》《吴趋》之类……王逸不知《劳商》即《离骚》，亦即楚之古曲，故以为别一曲名，其实一也。”

这个观点对启开一种思路不无意义。笔者对《离骚》的粗浅理解是：“离骚”即“澧骚”，是流传于大庸澧水一带的庸风巫歌。屈辞中有“伏羲驾辩，楚劳商只”(《大招》)诗句，说明《驾辩》与《劳商》是独立成典的古歌曲名，不须与“离骚”音转。我倒是从游先生的论述中得到一些启示：屈原辞既然可以吟唱可以演奏，且有成型的曲名，那能否还找得到有关屈原诗辞的古谱呢？或许，在屈原乐谱中可以发现与屈子故里相关相通的“乡声”“乡音”“乡愁”“乡情”呢！

此念头一出，不数日还真如愿以偿，才知自己孤陋寡闻至极！我所得到的是由中国书店影印出版的明代朱权编集的《神奇秘谱》(上中下三卷)。在下卷“神品凄凉调”(即楚商)中发现了《泽畔吟》和《离骚》两支古谱！而且，朱权在《离骚》的前言中写道：“臞(qú)仙(按：指朱权以臞仙——屈仙——屈原暗比自己)曰：《离骚》之操有二，其十八段者，屈原自作也。”是说《离骚》十八段曲谱系屈原自己创作！

这真令我大出意外！

而在中卷部分，还发现了大庸人龚子辉(一作薇)传承的“霞外神品”《慨古》(一本作《慨古吟》)琴谱。此后，我穷搜极索，又得吴文光先生所著《明朱权神奇秘谱全释》，还得到《屈原问渡》及《慨古吟》带唱词的古琴谱等。

这朱权何许人也？

人民出版社2001年版《中国艺术》说：“三千余年来，琴基本上与历代文人相伴，如孔子、伯乐、司马相如、蔡邕、嵇康、董庭兰、姜夔、郭楚望、朱权、徐上瀛、张孔山等，他们弹琴、论琴、斫琴，许多人为这门艺术倾尽毕生的精力。”

把朱权排在孔子、伯乐、司马相如、嵇康等古琴宗师之列，足见其人了得。

朱权(1378–1448)，字臞仙，号涵虚子、丹丘先生，自号南极遐龄老人，明朝开国皇帝朱元璋之第十七皇子。平生喜好音乐，擅造古琴。

明永乐元年(1403),朱元璋第四子朱棣篡权即位,以“巫蛊诽谤”罪将朱权从皇城贬迁至南昌,寄身南昌宁献王兄长门下(一说朱权曾任宁献王)。从此,险遭朱棣诛杀的朱权从此闭门读书,不问国事,淡漠政治,专注琴艺。在此后漫长岁月中,四处浪游采风,一边收集琴曲古谱,一边与民间琴师切磋琴艺。其间沿着澧水,追循洪武初年先父率平章杨璟和军师刘伯温御驾亲征大庸茅岗土司覃垕造反的行军足迹,深入大庸采风,从朱权自号“丹丘先生”分析,证明他必定访问过潭口屈原故里遗址,天下丹丘在潭口,而且很可能由屈原的身世联想到自己的遭遇,便以“丹丘”“臞(屈)仙”自号,暗把自己比屈仙、屈子。同时,在屈原故乡访得《慨古吟》《离骚》《泽畔吟》等古谱。“丹丘”这一信息极其重要,它与大庸古谱《慨古(吟)》《离骚》形成发生地证据链,从而界定两支古谱原产地必在屈原故乡大庸。

据吴文光先生说:“《神奇秘谱》是明代宁献王朱权领导下的一个班子花了十二年的时间和功夫所编纂的一部包含从汉魏到宋元各个历史时期的大小六十四首琴曲的我国第一部大型琴谱专集。它完成于公元一四二五年,距今已有五百七十八年了。”

关于这部《明朱权神奇秘谱全释》,吴文光博士说:原计划三年内完成打谱工作,不料难度巨大,加上种种干扰,竟持续25个年头!

所谓“打谱”,是说古琴谱是以减字为载体的,它不包含具体的节拍符号。因此,要把古代琴曲的个性和风格音响化就必须对谱按弹,在演奏上求得对古谱的合理诠释。这一个过程被称作打谱。然后,再用现代录音技术或通用的记谱法把它记录下来,使之相对固化,形成一种版本。打谱实质上是一个二度创作的过程。笔者由衷感谢吴文光大师把这些古谱打成五线谱,否则,我就是拿到手上,也等于是一纸“天文”。

二、从《华胥引》溯大庸古乐之源

为了破解《离骚》秘谱中的音乐密码,我特地委托大庸阳戏研究专家周志家先生进行专题研究。周先生又请张家界市戏剧音乐家屈国忠先生(经查,系屈原八十七代裔孙)将吴文光大师的五线谱转译为简谱,然后,又由周志家先生进行对照研究。经周先生认真思索,决定先破解他疑是出自大庸国的“太古神品”《华胥引》。因为华胥氏本是古崇山人。史载“华胥氏履大人足迹感孕生伏羲、女娲”的真实发生点就在今张家界市枫香岗古雷泽坪巫山之上的那双太古人类“大脚印”。在《华胥引》解题中明白界定“一云黄帝之所作,一云命伶伦所作”。黄帝出生于大庸“不死之丘”仙人溪、居住在中央仙山(熊罴岩),曾叫乐官伶伦到天门昆仑山下的仙人溪砍竹子制竹管乐器,并到中央仙山的一个高台上演奏,引来凤凰共舞,留下“凤凰台”古名。此古谱经周先生反复吟唱、悉心揣摩,竟然听见了那样熟悉、那样亲切的乐音,那不就是大庸阳戏的主旋律吗?!周先生这一发现,不只是让他自己激动不已,也让我为之极度震撼!

笔者对戏剧及其音乐本是外行,但曾出马于大庸县文化馆,就必须涉猎地方传统民间戏剧和音乐。

何谓“阳戏”?古云“歌舞祀三圣曰阳戏。

每灾病，力能祷者，则出愿帖祝于神或酬阳戏。"(《贵州通史》第三卷833页。其三圣有多说：伏羲、文王、孔子；尧、舜、禹；禹、周公、孔子；文王、武王、周公。各地亦自定三圣，如贵州的川主、土主、药王)大庸阳戏，源出伏羲、女娲，传之帝高阳颛顼，故谓之阳戏。

大庸阳戏音乐唱腔属民歌体结构，有"上河调"与"下河调"之分，同时又有"正调"与"小调"两大类区分。正调以[正宫调]为主。其他曲调还有 [蛤蟆赶钓][金钱调][悦调][崇关调][小丑调][阴调]等。正宫调有板式变化，绝大部分剧目均以它为主腔主调，故称"当家调"。其五声宫调式过门中出现清角(清角，黄帝之琴。见《风俗通义·天中记》卷四二)，[小丑调]则为商调式，这些特点本身就透露了大庸阳戏与黄帝古乐互相融合的信息。

大庸阳戏的正调有三大特点：一是[正宫调]的板式变化。正宫一流为十字句或七字句单句式，一句唱词分为上下两腔演唱；正宫二流、正宫三流均为夹句式，或七字句十字句。板式根据演唱情绪有一板三眼和一板一眼之分。二是在唱词尾部的"转音换辙"。为了假嗓演唱的需要，无论唱词在任何韵辙上，词句尾部必须转换到直喉韵的"发花辙"上，其方法是加"啊""呀""哪"之类的叹词。三是"金线吊葫芦"的真假声结合的唱法(这使人联想到当代湖南著名歌唱家何纪光《洞庭渔米乡》用真假嗓结合的唱法)。唱词部分用真嗓，拖腔用假嗓，音域达两个高八度，唱腔起伏跳跃性很大，尾部拖调高亢激昂，可分"急扬法""缓扬法"和"综合法"三种唱法进行演唱，上下句尾部拖腔主要旋律音符是：

2·1 6 5 和 2 3 2 1 – |

《华胥引》能与大庸阳戏音符对接吗？回答是肯定的，《华胥引》确有大量的阳戏音乐符号存在。

如 6 6 1 | 2 1 | 6 5 | 5 – |，6 6 1 | 2 1 | 2 5 | 5 – | 与现今阳戏的 6 6 6 1 | 2 2 3 2 | 5 – | 的旋律是一致的；3 3 5 | 6 5 | 6 1 | 1 – |，6 1 2 3 | 2 2 2 1 | 6 1 1 | 与阳戏的 2 3 2 1 | 6 5 5 6 | 1 – | 是吻合的；2 4 5 | 5 5 | 与阳戏的 2 4 5 5 | 或 2 4 5 5 5 | 是完全相同的；6 1 2 3 | 2 2 3 2 1 | 6 1 1 |，3 3 5 | 6 5 | 6 1 | 1 – | 与阳戏的 2 5 6 1 | 2 3 2 1 | 6 5 5 6 | 1 – | 也是一脉相通的。还有 2 5 | 5 5 | 5 6 1 6 | 2 2 | 1 – | 与阳戏的崇关调 2 5 5 3 2 | 1 3 2 1 6 (5) | 3 3 2 3 2 1 6 | 2 2 3 2 1 – | 相似。

在这里还要特别提到的一点是，此古乐曲，多达10余处用到 2 4 5 与 5 4 2，这是古典音乐最具特色的古朴之风韵。而大庸阳戏音乐中恰恰在这一点上完全相同、相通，完全吻合对接！其它音乐完全可以不用4音，或 2 3 5，或 2 6 5 或 1 3 5，只有大庸阳戏继承了古典音乐最具说服力的特点，亘古不变，数千年不改，这种不抛弃，不放弃，"咬定青山不放松"的韧劲，不得不令人折服，同时也说明古传大庸阳戏来自远古华胥氏古谱遗响不是空穴来风。

以上众多的音符能够对接、相通、吻合，这一信息告诉我们：第一，远古时期的《华胥引》就有太古时代的"阳戏"音乐符号存在；第二，大庸阳戏的终极源头明显出现在伏羲时代的《华胥引》,阳戏音乐元素至少发生在伏羲之母国——华胥国时期，黄帝、伶伦传承《华胥引》的素材就源自华胥国;第三,太古神品《华胥引》就是大庸古乐中最具代表性的一首“很古老的乐曲”“太古之曲也”,我认为称得上是大庸古乐的活化石，乃至是中国古代音乐的活化石。

关于华胥国,笔者已全面溯源破解,并发现本境清光绪举人、清廷内阁中书舍人侯昌铭作《退园诗草》,中有:“身既为农隐,世亦与我忘。高卧华胥国,何者是羲皇”的惊人之句,说明他早知华胥氏原来就是古庸国国母。他所写华胥国,应在古大庸国之先。此国其实就是《山海经》所载的“衣冠带剑”的“君子国”。这个装束最典型的形象极似屈原。笔者经多年探求，已全方位破译华胥氏履大迹感孕生伏羲、女娲的秘密。

三、大庸人传承的《慨古吟》

关于《慨古吟》,朱权说:“是曲也,不知何代创作。若非考槃在涧之硕人,必衡门东道之高士。其趣澹然沉静,鼓之者乎,孑然若遗世独立于无何之乡也,可以回古风于指下,以今追昔,可以感兴伤怀于一唱二叹之间,而有余音也。”

吴文光大师在《慨古》解题中说:“除《神奇秘谱》外,仅有《风宣玄品》和《杏庄太音补遗》收有此曲。诸谱解题均未提及乐曲的作者。”

然当代古琴教育家、演奏家顾梅羹教授却发现了《慨古吟》的传人,他说:“此曲最早见于明洪熙元年朱权神奇秘谱，明嘉靖十八年朱厚爝《风宣玄品》和嘉靖三十九年《萧杏庄太音续谱》,都是无词之曲。现时琴人所弹的是另一个有词的传抄本,各地皆同。”顾先生在有唱词的《慨古吟》题头标有“大庸龚子辉传谱,查阜西订正”。在曲尾又注曰:“有词的这种，是湖南大庸县一个民间艺人龚子辉传的谱,查阜西幼年在大庸从俞味莼学得,又经他依照田曦明的节奏唱法订正，曲情从唱词。”

经查,这个传谱的龚子辉(又作薇),号庸澧,永定镇人,生于清朝咸丰元年(1851),殁于光绪三十四年,终年57岁。龚子辉爱好琴棋书画、金石古董,曾求师于汉口浙派画界一代名家沈涓、钱雪桥及沅陵大画师张世华等,尤工于造琴和古琴演奏。在他的传教薰陶下,大庸的琴棋书画蔚然成风。龚子辉的名声享誉大湘西一带,堪称书画、音乐界一代宗师。

据大庸老文化人黄玉振（92岁无疾而终)回忆,当年龚子辉、田曦明、俞味莼时称大庸艺界三杰。他们以屈子为风骨,呼朋引伴,结社于南门城楼,切磋研磨古琴古谱,玩木偶、唱阳戏、奏丝弦、办诗社,凡金石书法、品鉴古董、吟诗作对,无不通晓,诚首开民国“沙龙”之风。尤演奏屈原自作《离骚》古谱,轰动一时,其品格之高,流风之盛,几与大都市比。时有永顺少年名查阜西者,慕名拜三杰为师,全盘吸收流传于古庸地的古琴谱，而尤爱华胥氏遗音《华胥引》和屈原自创之《离骚》,终成中国一代古琴大师,为抢救、保存一批文化遗产作出重大贡献。

《慨古吟》

（一）

今古悠悠，世事的那浮沤，群雄到死不回头。
夕阳西下，江水的那东流，山岳的那荒丘。
愁消去，是酒醉了的那方休。

（二）

想不尽，楚火的那秦灰。
望不见，望不见吴越的那楼台。
世远人何在，明月照去又照来。
故乡风景空自的那花开。

（三）

日月如梭，行云流水如何。
嗟美人呵，东风芳草的那怨愁多。
六朝旧事是空过。
汉家箫鼓，魏北的那山河。
天荒地老，总是的那消磨，消磨消磨更消磨。
慨当年，龙争虎斗，半生事业又何多。

周志家先生经推敲，此之《慨古》和《慨古吟》两种版本的曲调与大庸阳戏相同的音符对接多达37处！他说：“仅此可见，古庸国的古歌与古戏是并存的，是相通相同的，简直就是孪生姊妹、双胞胎。”

由大庸人传承的古谱古歌与大庸阳戏曲谱对接，说明远古戏曲对音乐的影响是巨大的。而大庸阳戏，又起源于太古澧水巫傩祭祀神戏，能与之对接的歌谱，必定出自本境。

那么，屈原自谱《离骚》，能与大庸阳戏对接吗？（《慨古吟》古谱略）

四、屈原自创琴谱《离骚》与大庸阳戏神秘对接

周志家先生有段十分动情的话，他说：“当我翻开研究屈原的《离骚》《屈原问渡》《泽畔吟》以及朱权《神奇秘谱》中的太古神品《华胥引》、霞外神品《慨古吟》等古曲后，寝卧难安，心潮澎湃，夜夜久不入眠，天天爱不释手，一而三，三而再，反复低吟，对我的震撼难以言状。”（《大庸古乐研究》）这种兴奋冲动之情状，又岂只有他一人哉！？

周志家先生在破解《华胥引》之后，又成功破解了《慨古》（无词版本）和《慨古吟》（有词版本），发现“有词版本《慨古吟》，十分明显的音符与现今阳戏的音乐节奏旋律是一脉相同的。”有了这些准备，接着，直指屈原创作传世经典琴谱——《离骚》。

关于本琴谱之背景，朱权说：“臞仙曰：离骚之操有二，其十八段者，屈原自作也。十一段者，后人追感而作也。”朱权一言九鼎，肯定了“屈原自作”，无疑是十分令人兴奋的信息。这是我此前做梦都没想到的。我想，这只怕是屈原九泉有灵，自己站出来作证伸冤来了，谁都会意识到：一旦古谱核心旋律与地方传统古戏古乐旋律合拍，它的证据价值将是不可撼动的！

据吴文光先生《神奇秘谱全释》介绍说：“《离骚》：吴文光于1995年定稿。朱权把十八段无辞《离骚》归为屈原自作，这说明了其作品的久远及音乐的深刻。……《离骚》版本颇

多,它的后起版本与《神奇秘谱》在用音上不同。《神奇秘谱》本于五声中插入变音,起到了隐显莫测、悲愁交作的功效。乐曲前后两部分各有两段泛音,曲调深沉抑郁,犹如叙述诗人的身世和抱负。”

那么,这十八段古谱的曲名能与《离骚》原诗吻合吗?对比的结果不容置疑。十八段曲谱名称出自《离骚》各句,而其后人所填的歌辞,则出自《浙音释字琴谱》,相传为宋代古琴家创作。

五、《离骚》琴谱歌词

(一)冀古·叙:“帝高阳之苗裔兮,朕皇考曰伯庸。”

三代以上,以仁义而王。三代以下,有以不仁义而亡。唐虞三后以降,惟称秦汉晋隋唐,灭德作威而无方,桀纣堪伤。

(二)灵均叙初:“皇览揆余初度兮,肇锡余以嘉名。”

微臣小字而灵均,宗姓楚同,分景昭屈而族姻。职掌三闾,幸王室之亲亲,亲亲。图议政事,为国之珍;应对诸侯,究国之宾。以谗见疏,谏于秦,竟为逐国之臣,南荒垂老而蒙尘。

(三)指天为正:“指九天以为正兮,夫唯灵修之故也!”

指天为正,高高而有听,身死言行。忠谏也为人臣,谨当那力诤,楚秦黄棘之盟。闻初命俱会武关,不可其行。孤衷罄,众醉无醒。

(四)成言后悔:“初既与余成言兮,后悔遁而有他。”

成言那后悔,不如缄默人为最。以谗见疏,遂使非其罪。与世初无改,忧心谁解。知进须知退。

(五)长叹掩涕:“长太息以掩涕兮,哀民生之多艰。”

长叹掩涕,烦乱应无计。不能与世推移,有为无济,边使遭秦系,楚人如悲亲戚。嗟正道,无归已。

(六)灵修浩荡:“怨灵修之浩荡兮,终不察乎民心。”

灵修浩荡,嗟哉的那数化而堪伤,天道也何无常!脱驾而焚章,泽国而云乡,山高而水长。去逐也而投荒,烟水凄凉!

(七)回车延伫:“回朕车以复路兮,及行迷之未远。”

回车延伫,凝眸那故楚,故楚——彳亍嗟徒步。独立斜阳,残红远树。谁念君恩最苦,宗室谁为主?那恭承嘉惠,竢罪向长沙,路前问渡,顾答依渔父。衷心回护,鸱与鹭相为伍,今至于斯知何故!

(八)女媭詈予:“女媭之婵媛兮,申申其詈予。”

女媭詈予,枪唇剑舌竟投机,忠言逆耳,于尔也何其为?武关而诱会,国误而君欺,臣将缄默希其宜;时其疑,君何其知。臣闻伏羲世,无为而治。

(九)就舜陈词:“济沅湘以南征兮,就重华而陈词。”

寥寥就舜陈词,此情惟有天知。嗟乎妄是而为非,说论何为?犯颜于勿欺,仰思大舜欲予违。

(十)埃风上征:“驷玉虬以乘鹥兮,溘埃风余上征。”

埃风上征,红尘蒙结苍冥。浮云蔽日况无情,一醉何时醒。沧浪之水浊而清,浊足而清缨。清如白,白如清,春潮雨急,野渡舟横。

(十一)宓妃结言:"吾令丰隆乘云兮,求宓之所在。"

宓妃结言,以怨自吞,上对洛神之前,诉因缘。宗亲王室,忠谏而成冤,以谗见疏而复迁。后土而皇天,此心红日悬悬,铁石坚。成仁取义难全,《离骚》只自怜,《远游》《天问》连篇。

(十二)犹豫狐疑:"心犹豫而狐疑兮,欲自适而不可 。"

犹豫狐疑,《离骚》一曲空悲。冀君悟非,返于正道,予违还已而归。举首空翘企,造化小儿,看来分明于我相欺。山河重整,知在何时?谲诈的那秦使张仪,归执吾王,果中其机。两君相会,何安于理?放逐南来,泽畔行吟,睥睨家国看危亡,那无面而楚。

(十三)灵氛就占:"索琼茅以筳专兮,命灵氛为余占之。"

明问灵氛,而就予占,拐龟显见。再蓍而重占,此意厌厌!

(十四)巫咸决疑:"欲从灵氛之吉占兮,心犹豫而狐疑。巫咸将夕降兮,怀椒糈而要之。"

巫咸以决其疑,此身见楚应无期。故乡睥睨,烟淡草离。豚栅鸡栖对掩扉,国破而身危。

(十五)璃珮众薆:"何琼佩之偃蹇兮,从薆以而蔽之。"

璃众,珍儒得配,今日人非当代。臣与君相背,恩空戴,宗亲空爱。身与世相碍,国与家同败,徒追悔。死生兮无尴不尬,一曲《离骚》烦悖。

(十六)兰芷不芳:"兰芷变而不芳兮,荃蕙化而为茅。"

悲伤,兰芷不芳,隆冬傲雪霜。憔悴应殊样,众草相为行,逐臣征路徬徨。清浊兮汨罗江,此心兮空恋怀王,怀王。

(十七)远游自疏:"兰止变而不芳兮,吾将远逝以自疏。"

长沙路,远游自疏,心驰目极,色悴容枯。"离骚"空自重,呜呼,江山社稷谁能扶。看天上那月轮孤。云山惆怅,烟树模糊。望楚怀吴,指平湖问津渔父,三闾大夫。

(十八)临睨故乡:"陟开皇之赫戏兮,忽临睨夫旧乡。"

临睨那故乡,水茫茫。竢罪苦风霜,五岭三湘路何长,招隐行藏。骚赋不成章,搜枯肠。附柔情,托诉襄王,谲诈误忠良,天地纲常,又谁当。痛伤宗国危亡,心裂向南荒。满天风景凄凉,思佯狂,竟赴汨罗江!

【著者按】此歌词引自《浙音释字琴谱》,载《历代诗人咏屈原》,内蒙古人民出版社1982年10月版,温广义辑注。屈原古琴曲《离骚》被明代古琴大师朱权定论"屈原自作也",就免除了一桩诸家纷争的麻烦。而十八段《离骚》古琴歌词,选家则认为可能出自宋初。至于作词家姓氏及何方人氏无考。从歌词内容及观点分析,显然有许多缺陷与不足,但毕竟填充了屈原古谱有曲无词的缺憾,亦为后人打开了思路,故照词收录并致谢。

第二节　屈原自创《离骚》十八段琴谱全本

一、朱权收集《离骚》古本

離騷

臞仙曰。離騷之操有二。其十八段者。屈原自作也。十一段者。後人追感而作也。按離騷經曰。屈原名平。與楚同姓。仕於懷王。為三閭大夫。三閭之職。掌王族三姓。曰昭屈景。屈原序其譜屬。率其賢良。以厲國士。入則與王圖議政事。決定嫌疑。出則監察群下。應對諸侯。謀行職修。王以親、珍之。後被讒。王疏屈原。親親日衰。原憂心煩乱。不知所愬。乃作離騷。上述唐虞三后之制。下序桀紂羿澆之乱。冀君覺悟。反於正道而還已也。是時秦使張儀譎詐。誘與俱會武關。原諫懷王勿行。不聽而往。

遂為所脅。卒客死於秦。而襄王立。復用讒言。遷屈原於江南。原復作九歌。天問。遠遊。漁父等篇。冀伸已志。以悟君心。而終不見省。不忍見其宗國將遂危亡。乃付諸徽軫。告乎上下也

（一）叙　曰 [illegible]。[illegible]

[illegible]

[illegible] 五 六 [illegible] 曰 [illegible]

[illegible] 三 [illegible]。（二）靈均

叙初 [illegible] 五 四 [illegible] 曰

[illegible]

天為正

[illegible]

指

[illegible]

成言後悔

[illegible]

五 長嘆掩涕

蕩

六 靈修浩

七 回車延佇

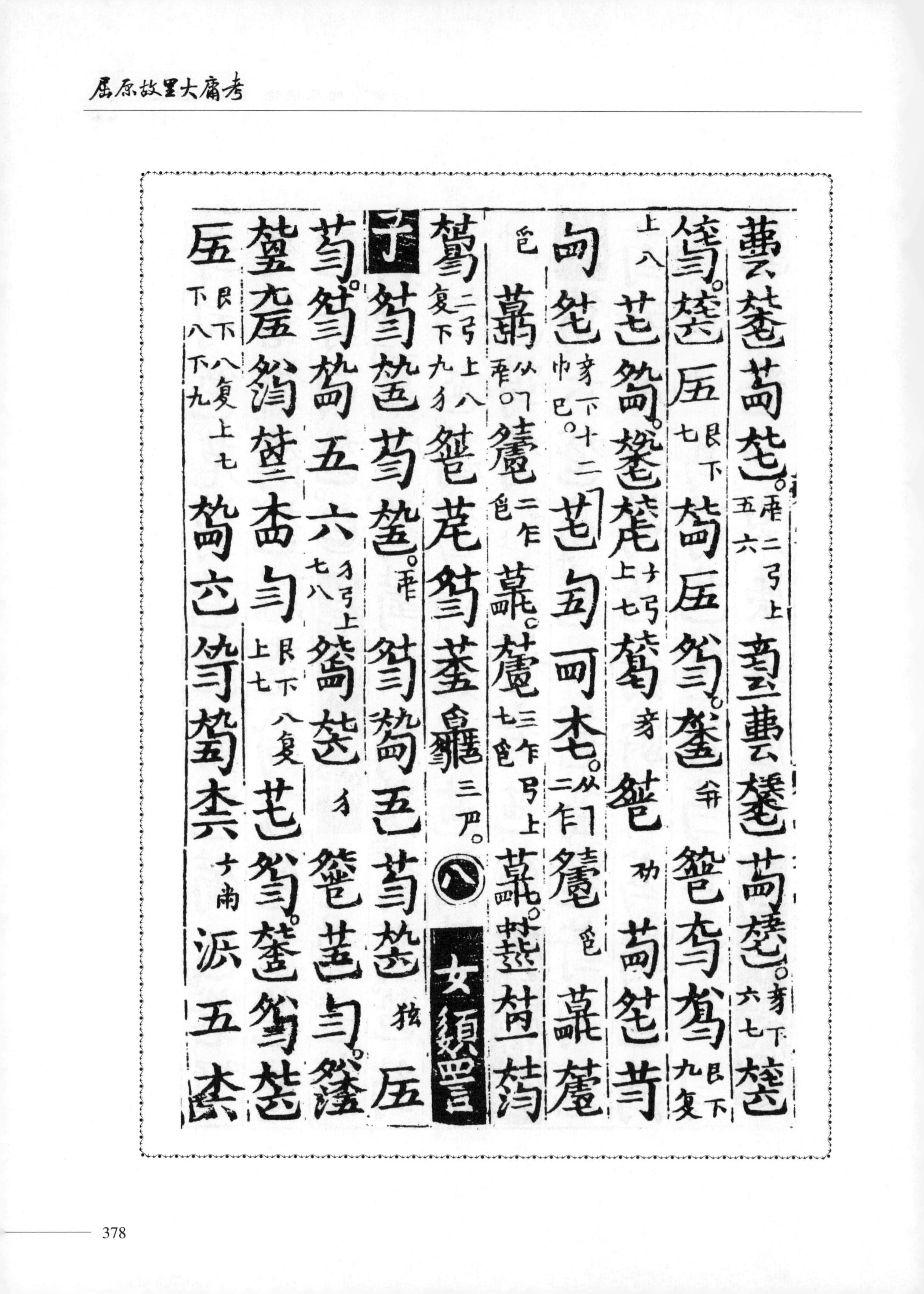

（九）就舜陳詞

（十）埃風上征

（十一）虙妃結言

猶豫狐疑

靈氛就占

巫咸決疑

璚珮衆薆

蘭芷不芳

遠遊自跡

臨睨故鄉

二、吴文光释《离骚》

（三）指天爲正

（四）成言后悔
（五）長嘆掩涕

（六）靈修浩蕩

稍慢

（七）回車延停

（八）女嬃詈子

（九）就舜陳詞

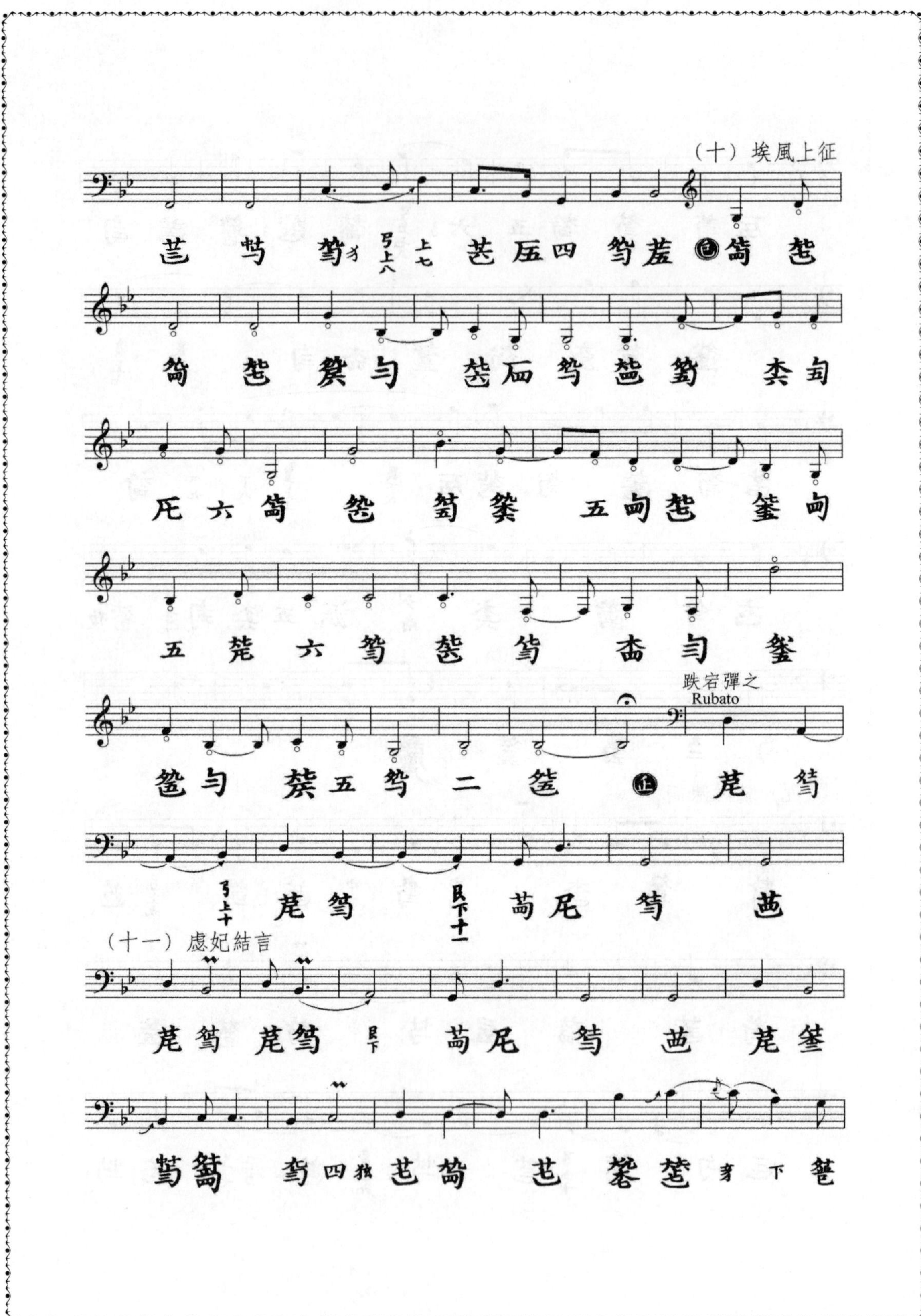
（十）埃風上征
跌宕彈之
Rubato
（十一）虙妃結言

（十二）猶豫狐疑

（十三）靈氛就占

（十四）巫咸决疑

稍快

（十五）璚珮衆薆

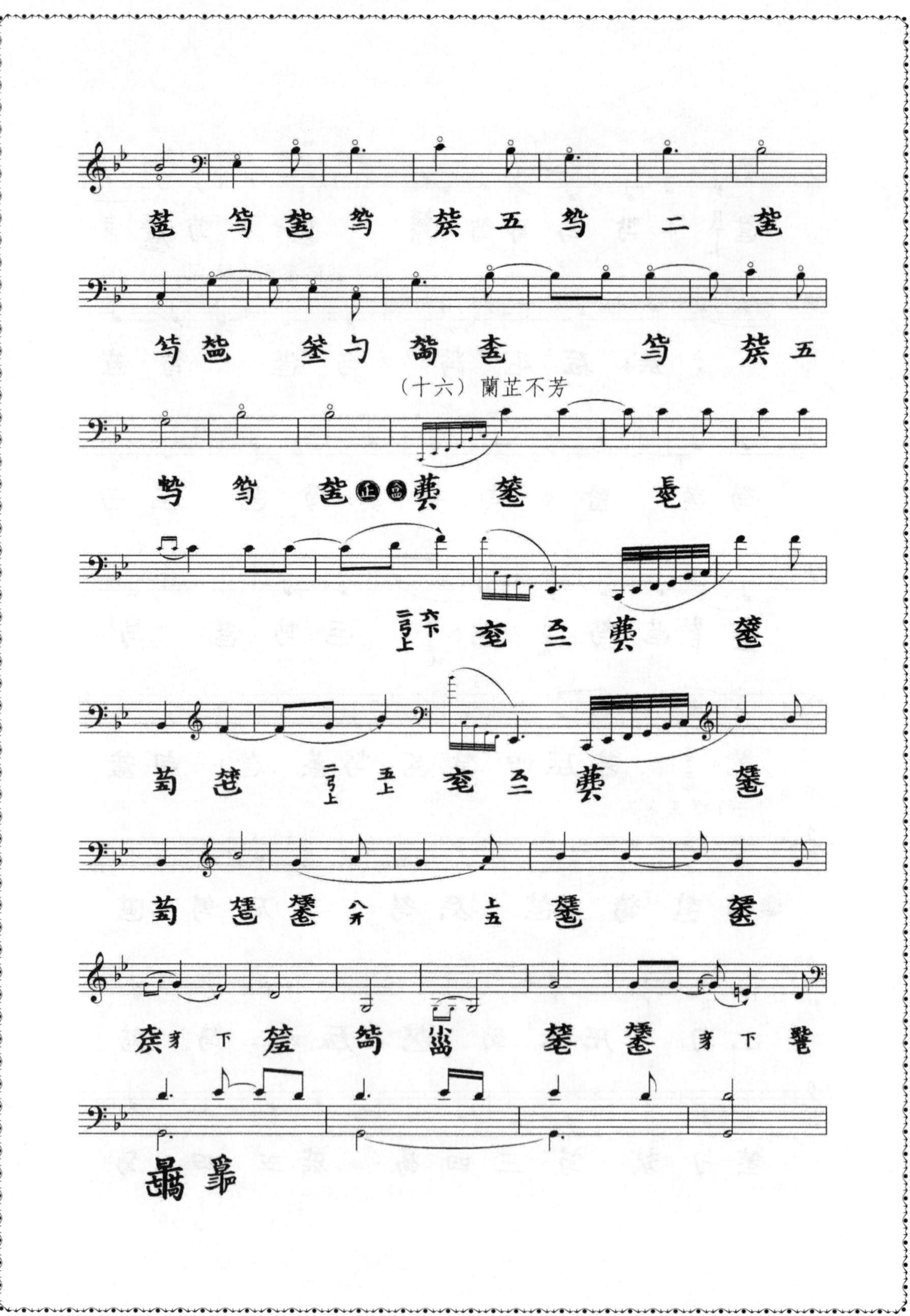
（十六）蘭芷不芳

（十七）遠游自疏

（十八）臨睨故鄉

三、西麓堂古琴谱之《离骚》

離　騷

淒涼調，即正調緊二、五弦各一徽，以五弦為宫之徵調商音，凡二十段。　據西麓堂琴統彈出整理。

1＝♭B

一段叙初　2 5 6 | 6 — | 25 66 | 2 2 | 2 — | 13 26 | 6 6 — | 2·2 66 | 22 2 | 312 6 | 6 6 | 32 33 | 2 2 | 2 — | 11 26 | 6 6 — |

二段仕楚　1·2 3 | 3 3 | 033 32 | 423 21 | 16 2 | 2 — | 26 216 |

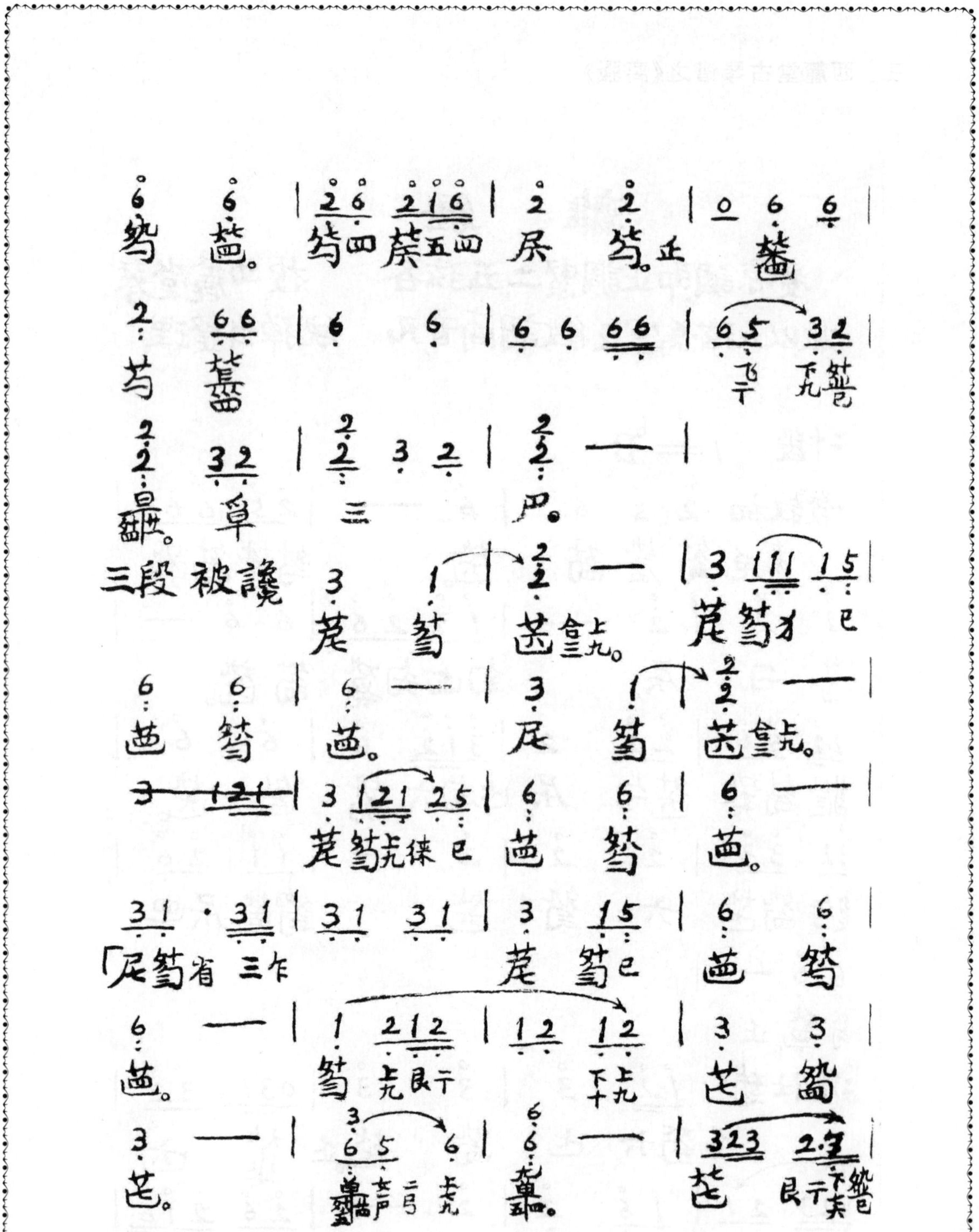

三段 被讒

65 3 | 3 3 | 5 6 5 | 777 72 |

334 343 | 22 76 | 61 6 | 6 — |

四段忧愤

6 — | 66 i | 6 — |

6 · 6 | 7.6 43 | 6 12 | 3 3 |

3 — | 333 343 | 36 3 | 3 33 |

3 — | 5.6 11 11 | 21 121 65 | 63 1276 |

6 6 | 6 — |

五段尽忠

56 5 | 223 2321 | 1 123 |

2 — | 11 12 | 33 6 | 343 23 |

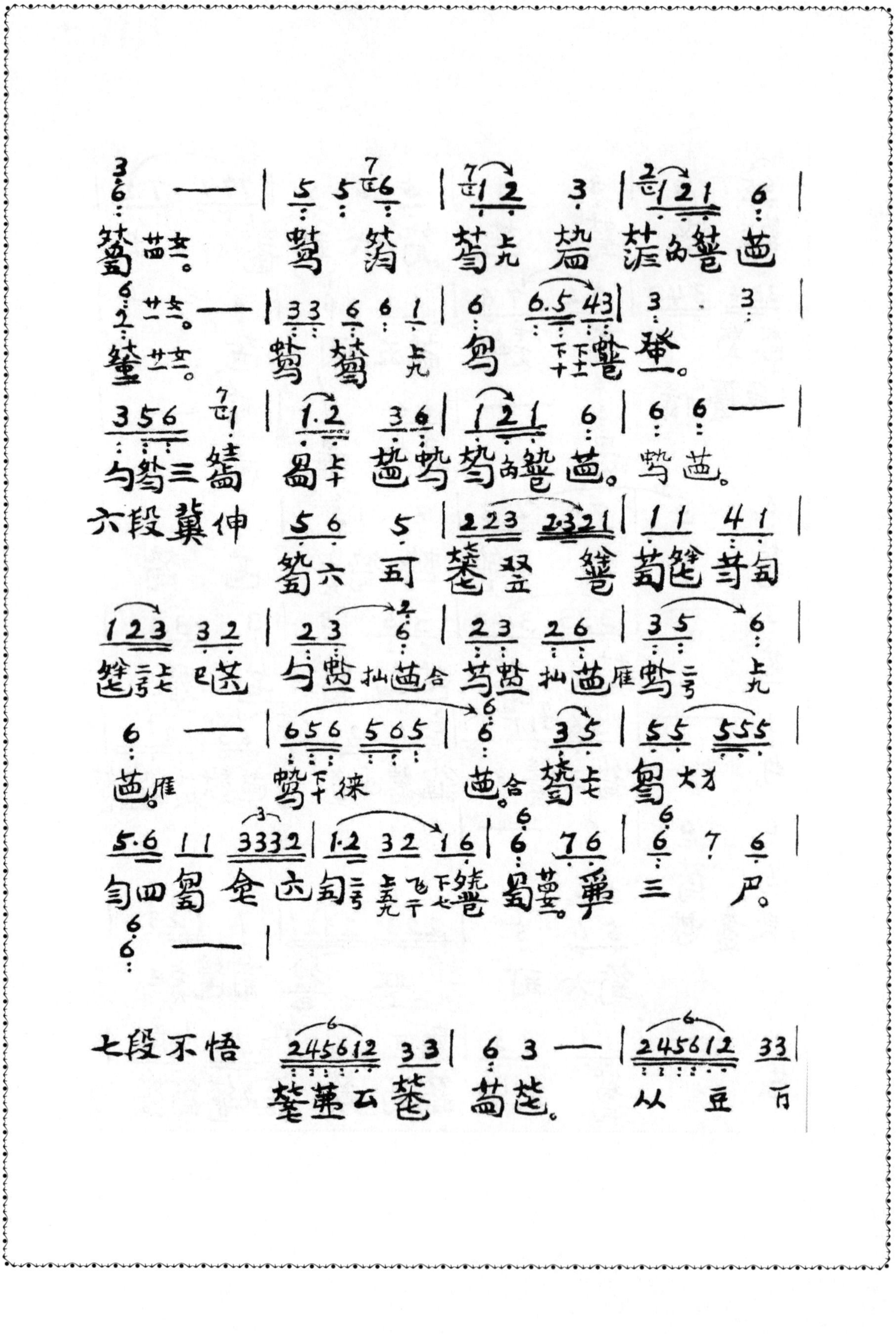

6 — | 5 5 6 | 1 2 3 | 1 2 1 6 |

2 — | 3 3 6 6 1 | 6 6.5 43 | 3 3 |

356 | 1.2 36 | 121 6 | 6 6 — |

六段冀伸 56 5 | 223 2321 | 11 41 |

123 32 | 23 6 | 23 26 | 35 6 |

6 — | 656 565 | 6 35 | 55 555 |

5·6 11 3332 | 1·2 32 16 | 6 76 | 6 7 6 |

6 — |

七段不悟 245612 33 | 6 3 — | 245612 33 |

八段長嘆

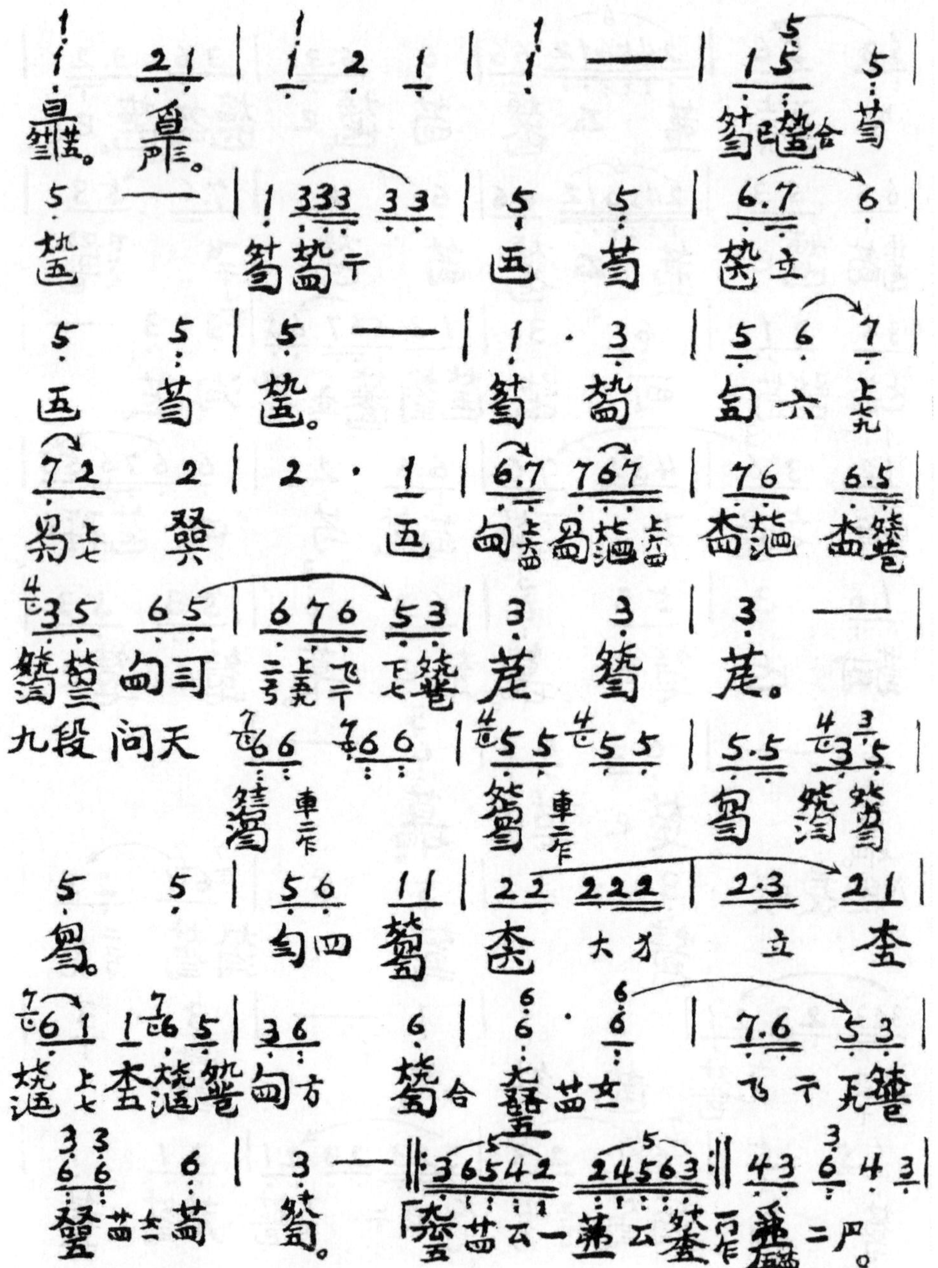

九段 问天

十段远游

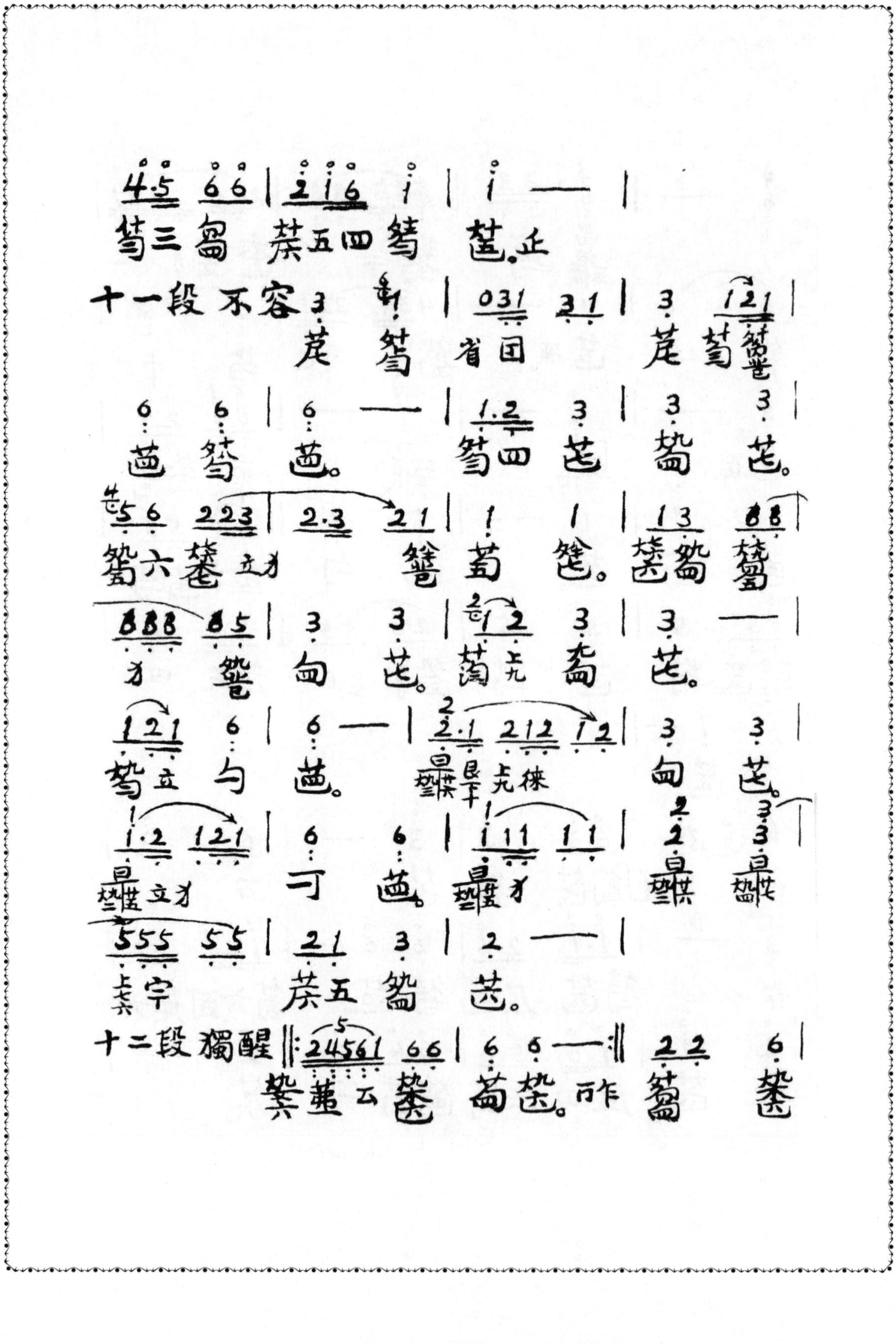

十一段 不容

十二段 獨醒

十三段问答

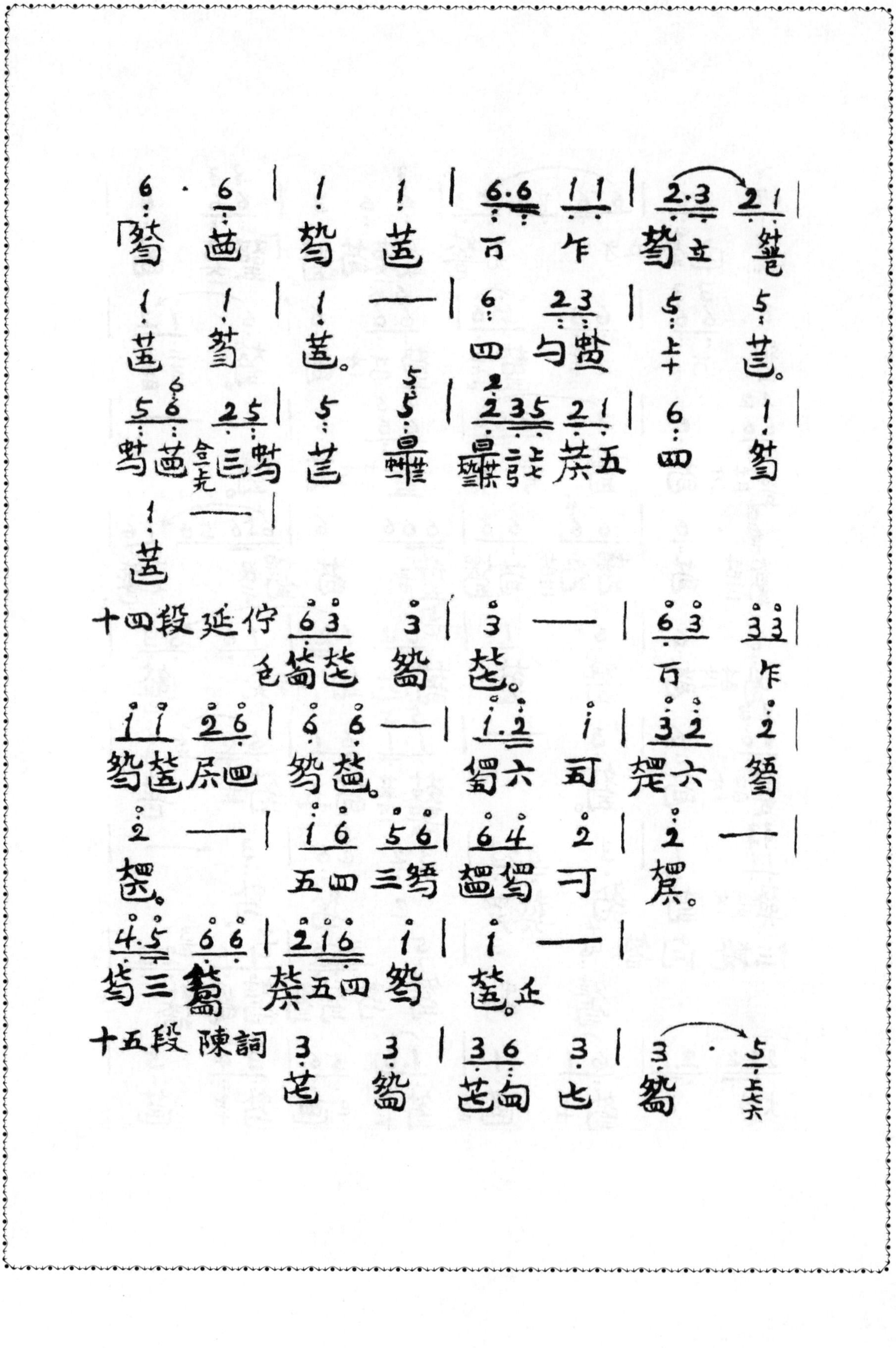

6 · 6 | 1 1 | 6.6 1 1 | 2.3 2 1 |

1 1 | 1 — | 6 2 3 | 5 5 |

5 6 2 5 | 5 5 | 2 3 5 2 1 | 6 1 |

1 — |

十四段 延佇 6 3 3 | 3 — | 6 3 3 3 |

1 1 2 6 | 6 6 — | 1.2 1 | 3 2 2 |

2 — | 1 6 5 6 | 6 4 2 | 2 — |

4.5 6 6 | 2 1 6 1 | 1 — |

十五段 陳詞 3 3 | 3 6 3 | 3 · 5

十六段

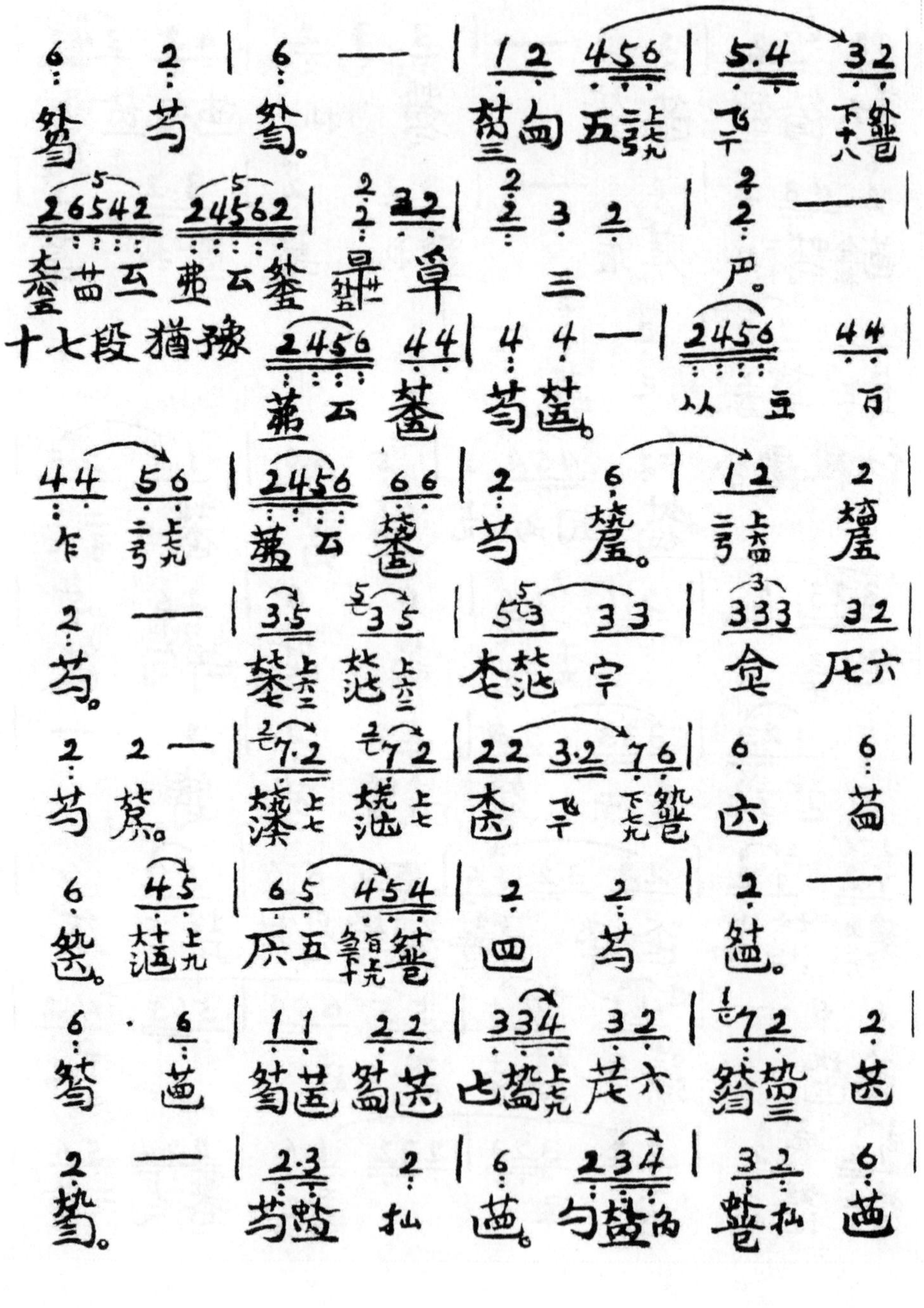

十七段猶豫

十八段委命

十九段自疏

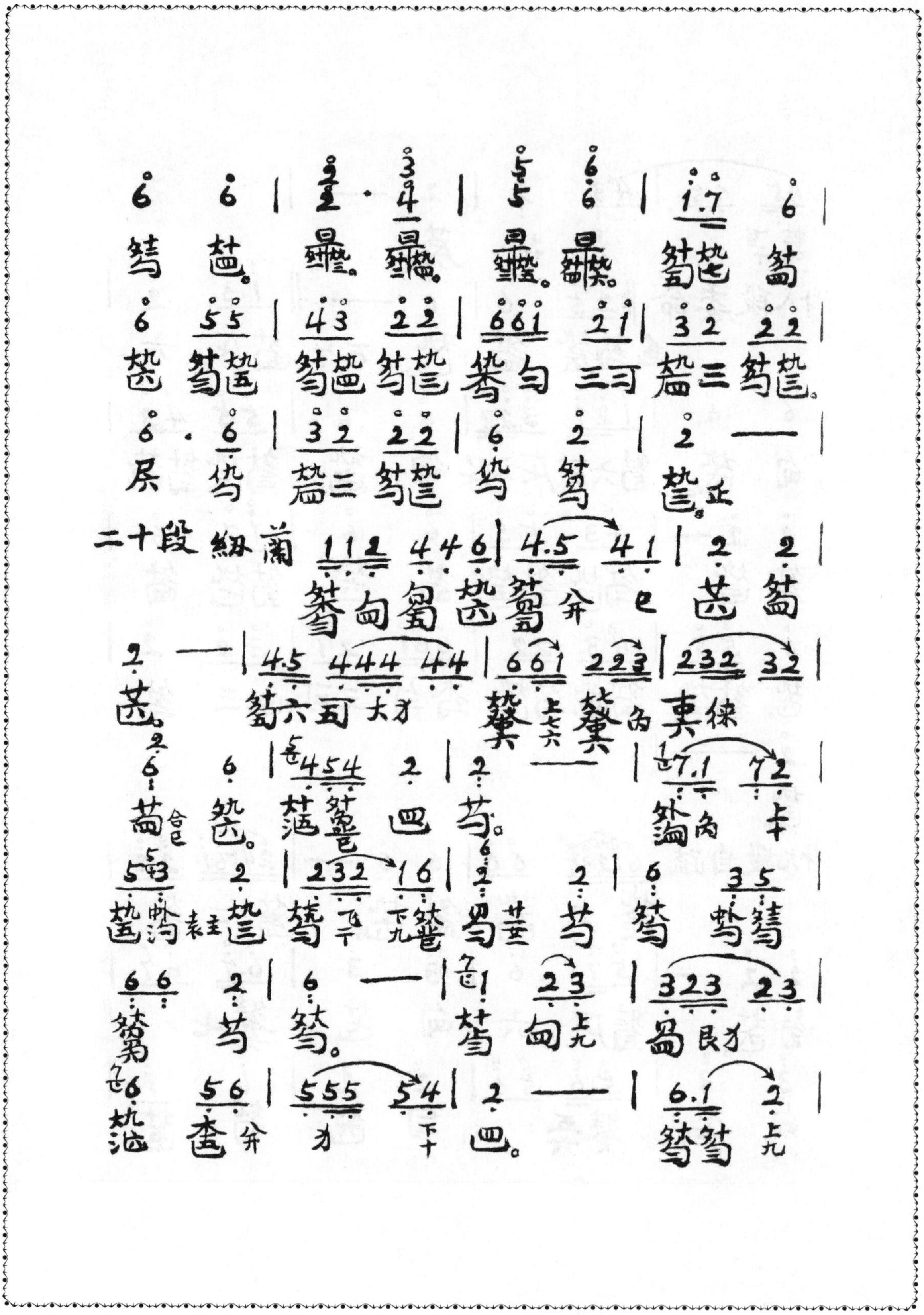

6 6 | 2· 4 | 5 6 | 1 7 6 |

6 55 | 43 22 | 661 21 | 32 22 |

6· 6 | 32 22 | 6 2 | 2 — |

二十段 112 446 | 4.5 41 | 2 2 |

2 — | 4.5 444 44 | 661 223 | 232 32 |

6 6 | 454 2 | 2 — | 7.1 72 |

53 2 | 232 16 | 2 2 | 6 35 |

66 2 | 6 — | 1 23 | 323 23 |

6 56 | 555 54 | 2 — | 6.1 2 |

2 — | 44 56 | 4 2 | 2 — |

尾声 1·2 1 | 323 22 | 6 2 | 2 — |

2 — ||

屈子弹琴图(佚名画)

四、屈国忠释《离骚》之简谱

（三）指天爲正

（四）成言后悔
（五）長嘆掩涕

（六）靈修浩蕩

稍慢

（七）回車延佇

（八）女嬃詈子

（九）就舜陳詞

（十）埃風上征
跌宕彈之
Rubato
（十一）宓妃结言

（十二）猶豫狐疑

（十三）靈氛就占

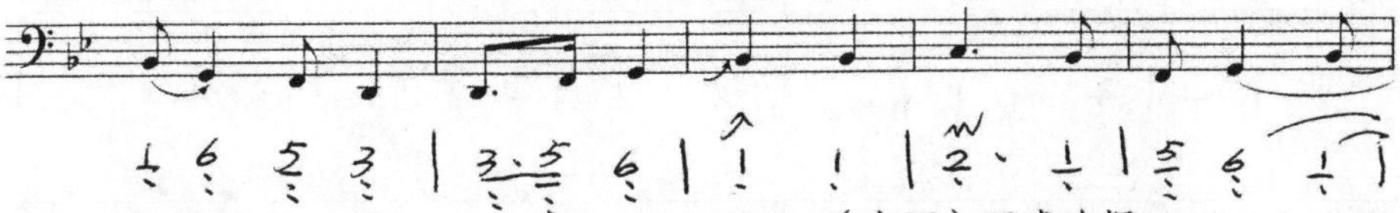

（十四）巫咸决疑

（十五）璠珮衆薆

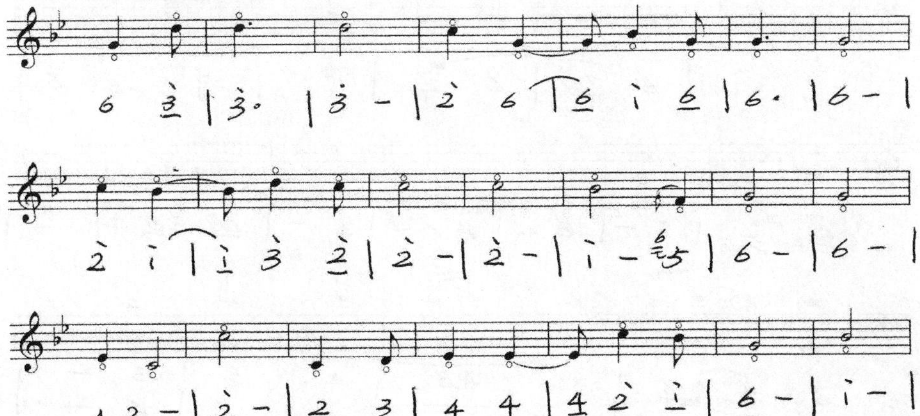

（十六）蘭芷不芳

（十七）遠游自疏

（十八）臨睨故鄉

五、周志家发现屈原《离骚》古谱与大庸阳戏神秘对接

(一)叙

2 2 | 6 6 — | 2 2 6 | 6 — | ,2 2 | 3 3 | 6 2 | 2 — |

与阳戏丑调 2 2 2 | 3 3 6 6 | 6 5 6 | 5 3 2 | 相似。

(二)灵均叙初

6 — | 2 1 — | 2 1 2 2 | 6 6 6 5 6 | 2 6 | 5 6 3 2 | 2 — |

与阳戏丑调尾句 6 6 · | 6 5 | 6 6 1 | 6 1 2 3 2 | 2 — | 相似。

3·2 3·2 | 2 — | 3 2 3 2 | 2 — | 6 6 6 2 | 6 3 2 | 2 — |

与阳戏丑调开头句 2 2 2 | 3 5 3 2 1 6 | 3 6 6 | 5 3 2 | 相似。

(三)指天为正

6 6 6 | 6 1 6 5 | 6 6 5 6 | 6 5 3 | 6 1 · 2 |

与阳戏丑调尾句 6 1 6 6 1 6 5 5 3 · 6 · 1 2 — | 完全相同。

(四)成言后悔

6 3 3 | 3 3 | 3 — | 1 3 — | 2 2 1 — | 6 — |

与阳戏正宫调下句 5 5 3 5 3 2 | 1 3 2 1 6 (5) | ,

蛤蟆赶钓头句 5 5 5 3 | 2 3 2 1 6 | 3 3 1 | 2 3 2 1 6 | 相似。

(五)长叹掩涕

3 1·1 | 6 3 3 | 3 3 6 3 | 3 3 6 | 3 — | 5 3 3 5 | 3 1 — |

6 6 — | 与阳戏阴调开头 3 5 3 5 3 2 | 1 2 6 1 2 2 | 3 5 2 3 6 5 |

2 2 3 2 1 — | ,下句 1 1 6 1 2 | 3 - - 6 | 5 5 3 5 5 6 5 | 3· 5 5 2 |

3 — | ,还有正宫调下句 5 2 3 5 3 2 | 3 1 2 1 6 (5) | 相似。

(六)灵修浩荡

1·2 32|1 —|6 6 —|5 6 1|1 —|

与正宫调尾句3 2 3 2 1 6|5 6 1 —|,杨傍妆6·6|5 6|1·2|3 2 1|完全相同。

(七)回车延伫

245612 3 3 6|3·245612|3 3 6|3 5 6|

与阳戏正宫调2 4 5 6,丑调3 6 3 6|5653 2|相似。

6 6 6|6·i 6 5·|3 6 —|3 2 1|6 —|

与阳戏丑调下句6 1 6 6 1 6 5 5 3·6·1 2 —|,正宫调下句开头5 2 3 5 3 2|1 3 2 1 6 (5)|相似。

3 3 3· 5 6|1 1· 2|

与阳戏丑调下句3 3 3|6 6 0|5 3|3 6 1 2|相似。

(八)女媭詈予

1 —|2 1 1—|2·1 2 1|1 —|

与摆手舞1 1 2 1|1 —|2 1 2 1|1 —|1 2 1 2|5 5 3|1 2 2 1|1 —|相同。

1 1 3 —|2 1 6|6 1 6 5|3 —|

与咚咚喹1 1 3|1 1 3|1 5 1|3 3 3|相似。

(九)就舜陈词

3 3|6 6 2|2· 1|6 · 5|

与阳戏正宫调上句拖调2· 1 6 5完全相同。

1 1|1 3· |5 5|5 2 1|1 —|

与阳戏正宫调下句拖腔 i 2 — 5 |5 3 2 i —| 完全相同。

5 2|2 3 5 5|5 5 6|6 1 2|5 5|

与阳戏正宫调 5 2 3 5 3 2|1 3 2 1 6 5| 完全相同。

5 — |5 — | 2· 3 5| 2 1 6|1 1 — |

与阳戏正宫调 5 2 3 5 3 2|3 1 2 1 6 (5)| 完全相同。

(十)埃风上征

3 3|3 1 6|1· 3|2 2 —|

与金钱调 3 3 2 1 6|1 3 2 3 1 2|3 1 2| 相似。

2 2—|2· 5|5 6 5|3— |5 1|1 2 1|6—|1—|

与阳戏丑调 2 2 2|5 6 6|6 5 6|5 3 2| 相似。

(十一)宓妃结言

6 6|6 5 3|6 3 3|6 3|3 5 6 5|2 2 1 1 1|,3 6·5|

3 3 —|5 1· 2|2 —|

与阳戏丑调 3 6 3 6|5653 2|5 3 5 1|2 —| 相似。

(十二)犹豫狐疑

2456 3 3 6|3 —|2456 3 3 6|3 —|

与正宫调 2 4 5 5 5 和丑调 3 6 3 6 相似。

1· 6 6|6· 6|6 5|1 6 5|3· 5|5 1 —|5 3 —|

与阳戏小开门 6 5|6 5 6|i 6 5|6 5 i|i 6 5|3— | 相似。

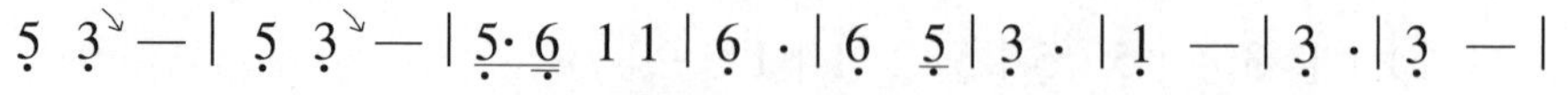

5 3 — | 5 3 — | 5·6 1 1 | 6 · | 6 5 | 3 · | 1 — | 3 · | 3 — |

与蚂蚁上树 5 5 | 5 2 3 5 | 6 1 6 1 | 2 3 1 2 | 相似。

(十三)灵氛就占

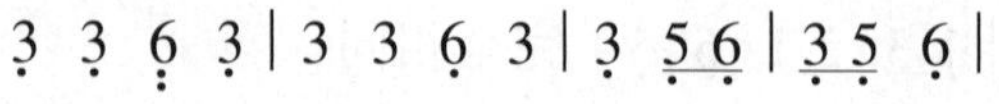

3 3 6 3 | 3 3 6 3 | 3 5 6 | 3 5 6 |

与丑调 3 6 3 6 和梁山调 3 5 6 | 5 3 | 5 6 5 3 | 2 — | 相似。

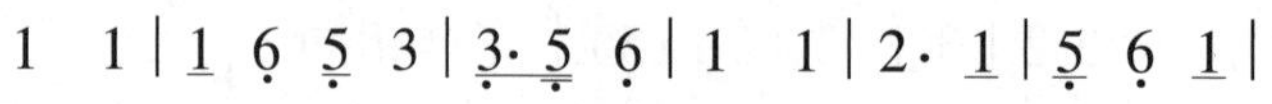

1 1 | 1 6 5 3 | 3· 5 6 | 1 1 | 2· 1 | 5 6 1 |

与悦调 1 1 1 2 | 5 3 2 | 1 6 2 3 | 5 6 1 | 杨傍妆 3 3 3 5 | 6 i |
6 i 6 5 | 3 — | 3 6 5 3 | 2 5 3 2 | 1 2 6 | 1 1 12 | 3 2 1 | 相似。

(十四)巫咸决疑

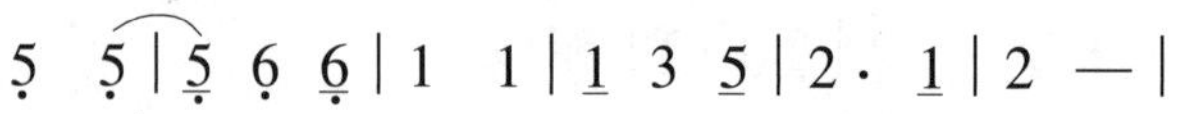

5 5 | 5 6 6 | 1 1 | 1 3 5 | 2 · 1 | 2 — |

与蚂蚁上树 5 5 | 5 2 3 5 | 6 1 61 | 1 2 3 5 2 | 相似。

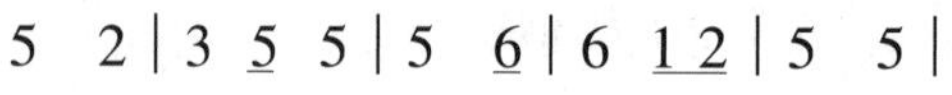

5 2 | 3 5 5 | 5 6 | 6 1 2 | 5 5 |

与正宫调 5 2 3 5 3 2 | 1 3 2 1 6 5 | 相似。

5 — | 5 — | 2 · 3 5 | 2 · 1 6 | 1 1 — |

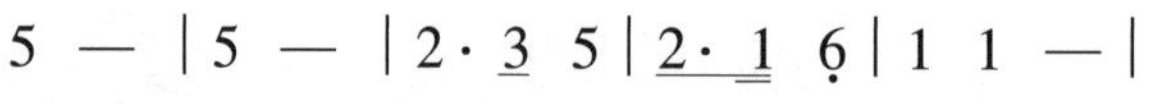

与正宫调 5 2 3 5 3 2 | 1 3 2 1 6 5 | 和悦调 6 2 2 i | 6 i 5 6 |
i — | 相似。

(十五)琼珮众薆

2 i | i 3 2 | 2 — | 2 — | i — 6 5 | 6 — | 6 — |

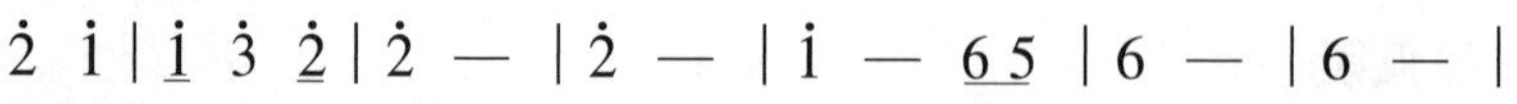

与水落音 2 1 2 3 | 5 3 5 6 | i 3 | 2 3 i 5 | 6 — | 相似。

(十六)兰芷不芳

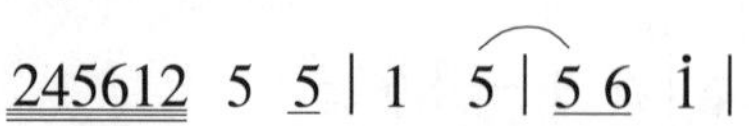

245612 5 5 | 1 5 | 5 6 i |

与正宫调 2 4 5 5 和正宫结尾 3 3 2 i 6 | 5 5 6 i | 相似。

(十七)远游自疏

3· 5 6 | 21 16 | 5 61 | 1 — |

与正宫扫腔 35 6 5 55 55 35 3 21 6 5 56 1 | 相似。

3 3 5 | 5 — | 6 1 | 2 — |

与丑调下句尾部 33 3 | 66 0 | 5 3 | 361 2 | 相似。

1 1 — | 5 1 | 1 3 | 6 1 | 5 3 — | 2 — |

与丑调上句 22 2 | 56 6 | 65 6 | 53 2 | 相似。

(十八)临睨故乡

2· 1 | 1 11 11 1 | 1 76 | 6 6 66 | 66 6 | 4· 6 | 1 3 |

3 4 | 6 65 | 与阳戏导板 6 1 — 3 — 2 2 — 32 12 33

2 — 6 056 12 16 5 5 | 相似。

3· 5 6· 1 | 1 3 — | 2 1 6 | 5 — |

与正宫调 231 1 2 53 | 2· 1 6 5 | 相似。

6· 6 61 | 6 5· | 3 3 | 3 — | 1 3 | 3 3 | 5 1 | 1 — |

与阳戏正宫调起头 66 61 | 22 32 5 | 相似。

前面我们从吴文光音乐博士诠释朱权《离骚》版本的古曲中寻找到众多的对接点，下面，我们再从另一个**古琴演奏家顾梅羹先生根据西麓堂琴统弹本释谱的《离骚》版本看看音乐的相同之处：**

二段**仕楚** 16 2 | 2 — | 与悦调 16 2 | 56 5 | 16 2 | 26 5 | 相似。

26 216 | 6 6 | 26 216 | 2 2 | 与桑植白族仗鼓舞音乐相似。

三段**被谗** 3 1 | 2 — | 3 111 15 | 6 6 | 6 — | 3 1 | 2 — | 121 25 |

6 6 | 6 — | 31 31 | 31 31 | 3 15 | 6 6 | 6 — |

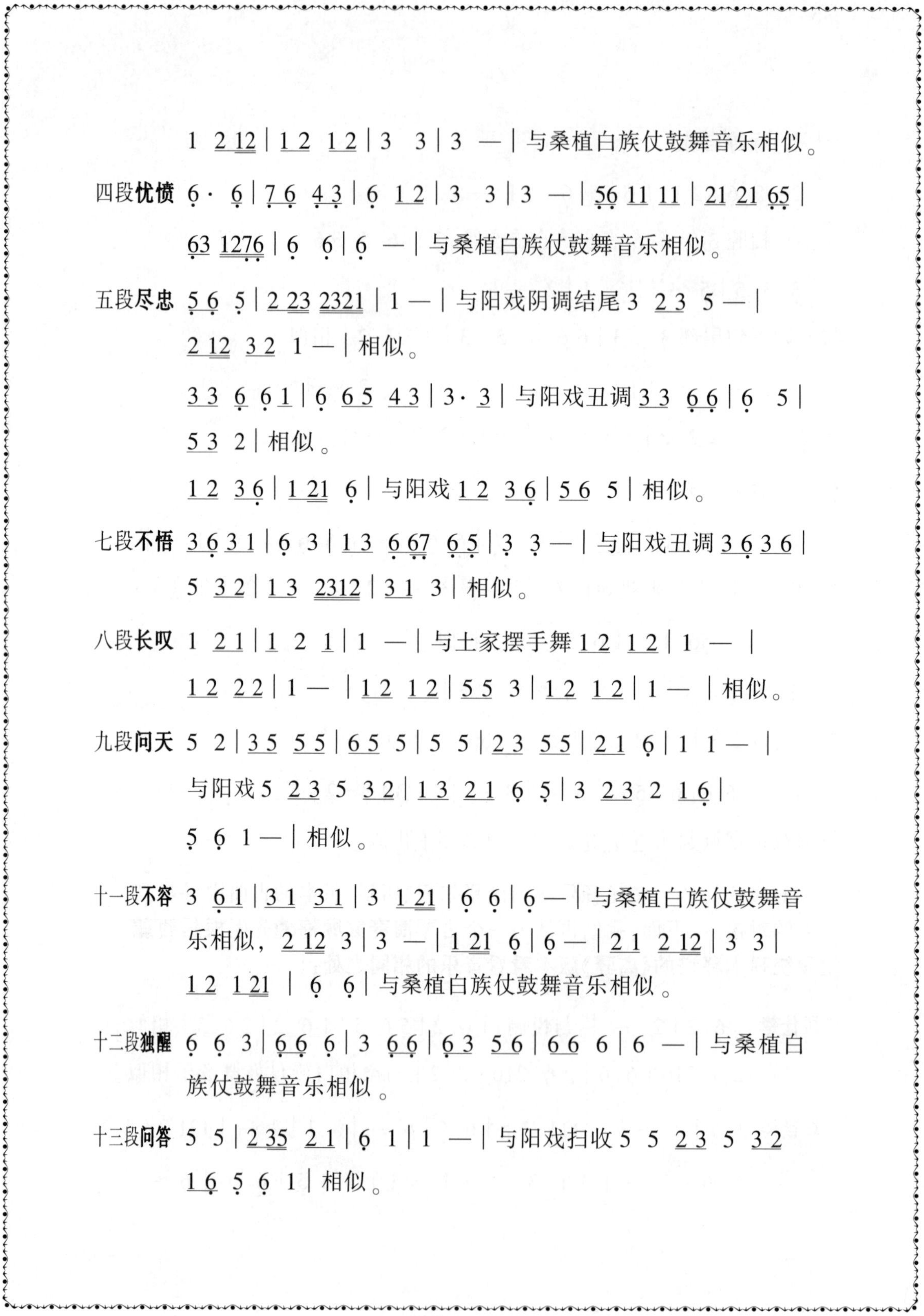

1 2 12 | 1 2 1 2 | 3 3 | 3 — | 与桑植白族仗鼓舞音乐相似。

四段**忧愤** 6· 6 | 7 6 4 3 | 6 1 2 | 3 3 | 3 — | 56 11 11 | 21 21 65 |
63 1276 | 6 6 | 6 — | 与桑植白族仗鼓舞音乐相似。

五段**尽忠** 5 6 5 | 2 23 2321 | 1 — | 与阳戏阴调结尾 3 2 3 5 — |
2 12 3 2 1 — | 相似。
3 3 6 6 1 | 6 6 5 4 3 | 3· 3 | 与阳戏丑调 3 3 6 6 | 6 5 |
5 3 2 | 相似。
1 2 3 6 | 1 21 6 | 与阳戏 1 2 3 6 | 5 6 5 | 相似。

七段**不悟** 3 6 3 1 | 6 3 | 1 3 6 67 6 5 | 3 3 — | 与阳戏丑调 3 6 3 6 |
5 3 2 | 1 3 2312 | 3 1 3 | 相似。

八段**长叹** 1 2 1 | 1 2 1 | 1 — | 与土家摆手舞 1 2 1 2 | 1 — |
1 2 2 2 | 1 — | 1 2 1 2 | 5 5 3 | 1 2 1 2 | 1 — | 相似。

九段**问天** 5 2 | 3 5 5 5 | 6 5 5 | 5 5 | 2 3 5 5 | 2 1 6 | 1 1 — |
与阳戏 5 2 3 5 3 2 | 1 3 2 1 6 5 | 3 2 3 2 1 6 |
5 6 1 — | 相似。

十一段**不容** 3 6 1 | 3 1 3 1 | 3 1 21 | 6 6 | 6 — | 与桑植白族仗鼓舞音乐相似，2 12 3 | 3 — | 1 21 6 | 6 — | 2 1 2 12 | 3 3 |
1 2 1 21 | 6 6 | 与桑植白族仗鼓舞音乐相似。

十二段**独醒** 6 6 3 | 6 6 6 | 3 6 6 | 6 3 5 6 | 6 6 6 | 6 — | 与桑植白族仗鼓舞音乐相似。

十三段**问答** 5 5 | 2 35 2 1 | 6 1 | 1 — | 与阳戏扫收 5 5 2 3 5 3 2
1 6 5 6 1 | 相似。

十四段**延伫**　2 16　1 | 1 — | 与阳戏 2 16　1 2 | 1 — | 相似。

十五段**陈词**　3　3 | 3 6　3 | 3· 5 | 3 2　17 2 | 2　2 — | 与阳戏丑调

3 6　3 6 | 5 3　2 | 5 3　5 1 | 2 — | 相似。

3 2　2 | 3 2　2 | 6 2　2 3 | 2　2　— | 与阳戏丑调

2 2　2 | 3 2　1 6 | 3 6　6 | 3　2 2 | 相似。

十八段**委命**　6 61　2 1 | 3 2　2 | 2 — | 与阳戏 6 6　6 1 | 2 12　3 2 | 5 — | 相似。

周志家先生对比分析结果，发现《离骚》的音乐基本音符，几乎与大庸阳戏同出一辙。全曲十八段竟然有40处之多的音乐符号能与大庸阳戏吻合！

从以上如此之多的相同、相近、相似的音符，不由得令人为之惊叹不已。周先生说："我要重申一个观点：古代乐曲最明显、最具特色的音符就是2 4　5或5 4 2，或4 6　5，或6 4　2，或6 4　3，或3　4 6等变异都离不开4音的利用，无论是《华胥引》《慨古吟》《离骚》以及《泽畔吟》，每首古曲都有4音的出现，而且多次出现，这是远古的"流行"音符，而大庸阳戏乐曲中保留了这个最具特色的4 6 5和2 4 5，这是关键的对接点，是重中之重的对接处。事实就是如此神奇，神奇得让人瞠目结舌，让人刮目相看，让人惊叹万分，让人不可思议。这种感悟、这种感觉、这种感慨，全来自这个神秘的4音！"

这样看来，屈原是非常熟知和完全精通古大庸国的民间音乐的，才有可能写出千古传奇、千古不朽、具有大庸民间音乐符号元素的传世经典《离骚》。与此同时，也可以更进一步佐证屈原就是大庸人，国史所载他的故里就在今张家界的屈家坊潭口，不容置疑！另外，周先生在译注《离骚》古谱之前，先攻《华胥引》和《慨古吟》，发现二曲均与大庸阳戏古曲多有相似雷同之处，与笔者破解华胥氏原来就是在大庸溪雷泽坪踩大脚印感孕生伏羲、女娲的大庸崇山人形成历史信息对接，互为印证，就不能以"巧合"淡然处之了。

国人常把《红楼梦》比作"无韵之《离骚》"，现在看来，这句名言要退休了——

《离骚》不独是一部伟大的中国古代的澧水神曲骚歌—— 一如西方的"但丁神曲"，而且是一部伟大的有韵之音乐经典巨著。我称它为"千古绝响，澧水骚音"。

[提示]《泽畔吟》《屈原问渡》释谱略

第三节　屈原：庸楚伟大天才之歌者

笔者自发现屈原作十八段《离骚》古谱，方知《离骚》不仅开中国浪漫主义古诗文体之先河，并创作了以澧水巫歌阳戏为主旋律的音乐巨制——澧骚。这种心灵的震撼与激动是难以言表的。我曾为大楚的衰落而痛惜，为大庸的灭国而感伤，甚至在写作期间，独自一人常去潭口、屈家坊、澧水归乡岸、姊归岸寻寻觅觅、徘徘徊徊，去神交行吟泽畔的诗祖。而当发现《离骚》古谱并确认其主旋律居然与古大庸阳戏乐音及大庸民间古歌、傩音相糅杂、相吻合，简直就是一脉相承时，我的心一下释然了。

如果说，秦国灭楚灭庸而统一天下，完善统一了政权体制、文字、度量衡、法律等一揽子封建帝国的建置和文化体系，但彻底地拒绝、破坏并毁灭了乱世春秋战国以来各国所创造、所积累的重要文化遗存。而大庸、大楚之灭亡，却留下了由屈原创立的楚辞——一部永世回响于中华大地的天地自然人神之交响乐！

我说，那是庸楚不幸中之万幸：庸楚虽亡，而庸楚的核心文化精神却传下来了，并永远地活在浩然天地间，活在永恒的时光中，感召着世世代代的中华优秀儿女！

而更出我意外的是：由屈原上溯五千年、八千年，及至一万年以远的三皇五帝、祝融播火始创人类澧豆、澧稻粮食文明时代，都是一个音乐巨人辈出、音乐之声回响不绝的天籁之音世界！

[后汉] 班固《汉书》卷二二·礼乐志第二载：“王者未作乐之时，因先王之乐以教化百姓……昔黄帝作《咸池》，颛顼作《六茎》，帝喾作《五英》，尧作《大章》，舜作《招》（按：招，读如韶，一作音召，绍继之义）……《招》，继尧也。《大章》，章之义也（按：章，义为彰、彰明）。《五英》，英华茂也。《六茎》及根茎也。《咸池》，备矣（按：备，完备。指咸为皆，池为包容浸润，合之为完备）。”

班固《白虎通义》卷第二礼乐载：“《礼记》曰：黄帝乐曰《咸池》，颛顼乐曰《六茎》，帝喾乐曰《五英》，尧乐曰《大章》，舜乐曰《箫韶》……”

[后汉] 应劭《风俗通义》声音第六：“夫乐者，圣人所以动天地，按（即‘安’）万民，成性类者也。故黄帝作《咸池》，颛顼作《六茎》，喾作《五英》，尧作《大章》，舜作《韶》……《咸池》备矣。”

[汉] 《纬书集成》乐编·乐动声仪：“黄帝乐曰《咸池》，帝喾乐曰《五英》，颛顼乐曰《六茎》，禹曰《大夏》，武曰《大武》。”

又《孝经编·孝经援神器》：“伏羲乐名《扶来》，亦曰《立本》；神农乐名《扶持》，亦曰《下谋》；少昊乐曰《兀渊》，伏羲之乐曰《立基》，神农之乐曰《下谋》，祝融之乐曰《属续》。……少昊之乐曰《大渊》。”

《风俗通义》·琴：“谨按《世本》：‘神农作琴’。《尚书》：‘舜弹五弦之琴，

歌《南风》之诗，而天下治’。”

《周礼》：“大夏，夏禹之乐。舞大夏以祭山川。”

[梁] 任昉《述异记》：“南海中有轩辕丘，鸾自歌，凤自舞，古云天帝乐也。”经破译，此南海即今天门山之南麓崇山之东南的万亩大泽，古云“大泽崇山作枕襟”。夏之前为古云梦遗泽，水面达50余平方公里，后为大禹（一代祝融）疏浚为大坪，今存禹王决山导泽之龙门口遗迹。因赤松子之家位于大坪西北之山谷，故称赤松坪，今有百花桥，因赤松子吃百草花而得名。轩辕之丘指仙人溪不死国，与大坪南海紧邻。“鸾歌凤舞”，指黄帝与伶伦在中央仙山（今熊壁岩村）演奏“天帝之乐”，引来鸾歌凤舞，是为凤凰台。今属熊壁岩村凤凰台组。

[隋] 魏征《隋书》志第八·音乐上：“伊耆有苇籥（yuè）之音，伏羲有网罟之咏，葛天八阙，神农五弦……汉明帝时，乐有四品：……其四曰短箫饶歌乐，军中之所用焉。黄帝时，岐伯所造，以建武扬德，风敌励兵，则《周官》所谓‘王师大捷，则令凯歌’者也。”

又：“(西魏) 恭帝元年，平荆州，大获梁氏乐器……及建六宫……于是有司评定：郊庙祀五帝日月星辰，用黄帝乐，歌《大吕》，舜《云门》。祭九州、社稷、水旱……用唐尧乐，歌《应钟》，舞《大咸》。祀四望（《楚辞·九歌·河伯》：“登昆仑兮四望，心飞扬兮浩荡。”四望，山名，在今桑植县芙蓉桥白族乡大庄坪村，海拔约1200米，自古为释道圣地。祀四望，指古代天子在四望山向四方遥祭山川。）飨诸侯，用虞舜乐，歌《南吕》，舞《大韶》……”

又：“……律吕之音，即黄帝所命伶伦铸十二钟，和五音者也。”又：“黄帝遣伶伦氏取竹于嶰（xiè 山涧）谷（按：即昆仑嶰谷，今永定区古不死国、长寿国之仙人溪村），听凤阿阁之下，始造十二律焉。”

凤阿阁在熊壁岩——中央仙山之凤凰台上。遗址今存。

又卷七十五：“上古之时，未有音乐，鼓腹其壤，乐在其间。”

[唐] 刘昫《旧唐书》卷二十八：“窃闻鼓吹之作，本为军容，昔黄帝涿鹿有功，以为警卫。故《搁（gāng）鼓曲》有《灵夔吼》《雕鹗争》《石坠崖》《壮士怒》之类。”

[宋] 张君房《云笈七签》：“时有女娲之后庸成氏，善知音律，始造律历，元起辛卯，又推冬至日在之星。”庸成氏崇山人，一代庸帝，系崇山女娲之后裔。庸成氏造律历，竟与音律有关。其后裔世守天门昆仑之黄帝陵、黄帝宫、黄帝策府（黄帝藏书洞）。

又：“帝以伐叛之功，始令岐伯作 [军]（车）乐鼓吹，谓之《箫铙歌》，以为军之警卫。《搁鼓曲》《灵夔吼》《雕鹗争》《石坠崖》《壮士怒》《玄云》《朱鹭》等曲，所以扬武德也，谓之凯歌。”

又：“庸成子有道，知律者，女娲之后。初为黄帝造律历，元起辛卯，至此时，造笙以象凤鸣。素女于广都来，教帝以鼓五十弦瑟……黄帝损（按：或为省）之为二十五弦。伏羲置琴，女娲和之。黄帝之琴名号钟，作清角之弄，帝始制七情，行十义之教。七情者，喜怒哀乐惧恶欲。十义者，君仁、君臣、父慈、子孝、兄良、弟悌、夫义、妇听、长惠、幼顺，十义也。帝制礼作乐之始也。帝以庸成子为乐师，帝作《云门》《大卷》《咸池》之乐，乃张乐于洞庭之野。”

上述文字，记录了太古、远古、上古诸时期一批创世开基人物，无一不是音乐创作、演奏的音乐大师或歌唱家。这些大师以音乐教化人民，以音乐治国励军，以音乐祭祀神灵，以音乐愉悦情志精神，这种创造音乐文明的伟大作曲家、音乐家居然全部是古庸国帝王伟人，其音乐文化发生地全部处在人类进入国家社会文明起步阶段的大庸古国！这一不争的事实，一直是古今史家的盲区。到了春秋战国，以至秦汉以降，多少帝王将相，才子佳人，无不以音乐为炼心炼志炼神炼功的手段。屈原之所以能成为一代伟大作曲家和演奏家就不值得惊诧了。

春秋时期，孔子曾向鲁国乐师师襄学习演奏音乐，一支曲子苦练三个阶段：从掌握演奏技巧到领悟作曲者心意，再到听出作者容貌，最后认定这支曲子定是周文王所作。师襄说：我的老师也认为这支曲子就是周文王的《文王操》。当年周文王追随一代庸帝鬻熊秘密进入大庸宗国，在熊馆创办军校，为反商灭纣作人才培养、为激励学子作《文王操》。

就是这个孔子，一代圣人伟哲，为访挚交白公胜鬼谷子，进入大庸国秘境，不仅发现并记载了古庸帝国伟大存在的许多秘密，特别是记下了夏商两代“庸帝”“天庸大帝”先后支持并协助灭夏倒商的重大古史信息：“非天庸释有夏，非天庸释有殷”（《尚书·多方》）“夏弗克庸帝”（《多士》）“我不可不监于有夏，亦不可不监于有殷”（《召诰》），试问：昔日夏、商两朝，都是独立法人之帝国，有谁敢监督、监管并征剿、消灭他们？对于这一古史盲区，数千年中国史界只有一人识破：他就是伟大的孔子！此间，他还深入大庸国民间采风，收集了古庸国遗存下来的一批文化精粹，并将其以《庸风》编入《诗经》。世人对《诗经》中有“鄘风”“秦风”“卫风”“郑风”“齐风”“魏风”等，而无大国“楚风”颇为不解，君不知，**楚为庸国所建，楚为庸之子国，庸风即楚风，楚风即庸风。天下人不知，唯有孔子知**。公元前479年4月己丑，孔丘卒。公元前278年，出生于大庸帝国的屈家坊、一代伟大的浪漫主义诗人屈原投江殁，与孔子阴阳相隔整200年。

国人大多只知孔子是中华文化鼻祖、中华儒学始创之宗师，却少知他还是一个伟大的音乐演奏家。而国人几乎多数只知屈原是一位伟大的爱国诗人、诗祖、诗宗及政治家、外交家、谋略家、军事家，却不知他还是一位伟大的**作曲家**、**演奏家**、**歌唱家**、**舞蹈家**。而此之歌、此之舞，必与他掌管国祀的左徒身份和大巫官身份相关。郑再瀛先生论定屈原是一个“大巫官”，笔者经过多年探讨，认为这个界定符合屈原身份。有前辈以为“三闾大夫”之职除了掌管屈、景、昭三大公族教育外，就是掌管国祀，笔者发现此论不谬，很可能与他的莫敖（一作若敖、莫嚣）职位有关。黄露生先生等人查出早期的大宗伯即大巫官，莫敖即是楚国的大宗伯，可参。《升庵集》有鬻熊也是大宗伯的记载。

《路史后纪卷十一》：“禹於洞庭张乐成于洞庭之野，乃作大庸之乐以皈帝，美作

大化大训六府九原之章，以禹功。”此之“大庸之乐”，正是大禹应大庸宗国之命北上中原继承舜位而创作的纪功之乐曲。这种模式，是“庸夏同存共监制”的萌芽。**从夏朝末，到商朝末，两朝腐败政权都是大庸帝国行“天帝之命”，先后将其剿灭的。**这两次政变之秘史，全由孔子记载于《尚书》之中，却为何千百年来的史学大师们竟无一人诀破!？洞庭之野，即今永定王家坪镇为洞庭溪之源头。永定合作桥乡有洞庭水库、洞庭溪；桑植县上峒街一段澧水称洞庭水。此即“洞庭之野”出典之源。经笔者破译，禹乃崇山伯鲧之子，生于崇山，系一代祝融[见《黑暗传》]。大庸古有《神禹碑》，可证其出身，故有禹作“大庸之乐”之说。

孔子、屈原两位巨人，为全人类留下了两部不同文体的始创性文化经典——《诗经》《楚辞》，合称为“风骚”。

毛泽东主席曾这样评价屈原：“(屈原)不仅是古代的天才歌手，而且是一名伟大的爱国者，无私无畏，勇敢高尚。他的形象保留在每个中国人的脑海里。无论在国内国外，屈原都是一个不朽的形象。我们就是他生命长存的见证。”(转引自冯知明《楚国往事》凤凰出版社2009年版第141页)

“天才歌手” 。毛泽东主席这样评价屈原，说明他所看到的屈原不只是用诗去“歌”，而同时又是用音乐去演奏，去吟唱的真正的歌者和舞者。

屈原自创的十八段《离骚》古谱，为何与古庸国千古传唱的大庸阳戏 、《慨古吟》以及巫音傩歌、民间古调等草根乐音形成和弦？

我认为只能以音乐的地域属性去解释。我们有理由以此判断屈原骚歌只能产生在他生养成长老去的故土。《离骚》放到任何一个地方，都会因“水土不服”而难产生与本地古乐旋律自然沟通合拍的艺术奇观。

两千多年前，孔子演奏的《文王操》怕是失传了。由此上溯到古庸国的祝融、伏羲、女娲、神农、黄帝、庸成子、颛顼、帝喾、帝尧、帝舜、大禹等一大批伟人、巨人的音乐作品，还有诸如《驾辩》《劳商》《九歌》之类的乐谱等都可能佚失了，唯独屈原的《离骚》和大庸《慨古吟》等部分古谱幸存下来。而且，这部古谱又是朱权在屈原故乡采风所得，并因此以“臞仙——屈仙——屈原”之名和屈原故里地标名称“丹丘”自号。普天之下只有屈原“仍羽人于丹丘”诗，这是潭口故乡太阳大祭坛的特有名称，亦是屈瑕封“屈地”“食采于屈”而得“屈”姓的原生自然符号——今潭口之日月岩。

我不知道怎样表达对屈原诗祖的那份感激之情。抑或这也是一种 天意 ？还是等待了两千两百年的一次乐语对话？

一位年轻人问我：屈原谱曲唱《离骚》，何以大庸阳戏作主旋律？

我说：问到本质上了。

《离骚》古谱与古庸国宫廷阳戏主旋律自然合拍，一证大庸阳戏起源古老，是六七千年古庸国的原始国戏，不排除屈原自幼耳濡目染的因素；二证大庸阳戏音乐艺术本身的个性特点与屈原心境的通灵默契，因为大庸阳戏的基本旋律是哀音悲调，是名副其实的悲情剧种，而这个基调，正是《离骚》核心内容自身的诉求；三证大庸阳戏本身出自大庸巫傩神祇（qí）乐舞的论断正确，须知屈原就是巫傩职业的传承者；四证屈原就是大庸人，不然，又怎对大庸阳戏那样情有独钟、耳熟能详？

正因为大喜大悲大哀的特质，才使阳戏得以千古不衰。君不见，古今中外长传不朽的文学经典，又有哪一部不是悲情的演绎？命运的苦旅？精神的磨难？生命的抗争？

李大钊有句名言：

绝美的风景，多在奇险的山川。

绝壮的音乐，多是悲凉的韵调。

高尚的生活，常在壮烈的牺牲。

法国伟大作家雨果曾说过：“音乐表达的是无法用语言描述，却又不可能对其保持沉默的东西。”

德国大音乐家、世界第一个“用声音来表现思想”的艺术大师裴多芬说：

“音乐是比一切智慧、一切哲学更高尚的启示……谁能参透我音乐的意义，便能超脱寻常人无以振拔的苦难！”

第四节　屈原与楚辞音乐学

在屈学研究领域，除了解读屈诗，或为屈原泼墨作画外，还有为屈诗作谱演奏的古琴家、音乐家。这门学问，被称作“楚辞音乐学”。但不能不承认，这是屈学研究中开发力度最弱势的一个门类。

几年前，我们得到《朱权神奇秘谱》，发现“霞外神品”中至少有三件作品是为屈原诗而作，其中《离骚》十八段为屈原自己作谱。其它如《泛沧浪》，系南宋郭沔作，体现“沧浪之水清兮，可以濯我缨；沧浪之水浊兮，可以濯我足”（《渔父》）之意。乐曲旋律别致，节奏跌宕，听来令人有驾舟于江河，心和于太虚之趣，堪为琴中之逸品。经笔者考证并实地踏查，渔父、江潭、泽畔、沧浪、渔父渡五大地名符号原点均在屈原老屋门口的潭口。《泽畔吟》系南宋徐天民所作。抒写屈原回故乡后，忧国忧民，行吟泽畔，形容枯槁，无以释怀之态，故此曲在《神奇秘谱》中列入“神品凄凉意”调中。**而朱权把十八段无辞《离骚》归为屈原自作，犹如在屈学界划出一道闪电弧光。我认为这是屈辞音乐学研究中最为重要的发现，至为难得，因此朱权把它列入“神品楚商意”乐调中。**

如果说，朱权因在屈原故乡采风得到《离骚》十八段古谱而以屈原“仍羽人于丹丘”自号“丹丘先生”，那么，邻县永顺人查阜西（1895-1976）则是在屈原故乡直接拜大庸琴师田曦明、龚子薇、俞味莼而成长的近代古琴大师。在查阜西留下的《存见琴曲谱辑览》中（与顾梅羹合著）收录不少有关屈原曲谱歌辞。如《琴谱正传》中收《吊屈原》；《文会堂琴谱》收《屈原》；《琴学轫端》收《屈子天问》；《理性元雅》收《渔父辞》；《浙音释字琴谱》收《泽畔吟》《离骚》《屈原问渡》；《发明琴谱》收《屈原问渡》等。据考，这些曲谱的创作者，多

出宋初。我这里还有两份据西麓堂琴统弹出整理的无辞《离骚》古谱和无辞《屈原问渡》古谱。《屈原问渡》又名《九歌》，说明"九歌"乃至《九章》等多数诗歌都是能奏能唱能舞的巫祭乐歌。

上述关于屈原古曲琴谱的内容发生地，基本上都在屈原的生身故乡。

朱权之父皇朱元璋曾于洪武三年在古大庸地设大庸卫；洪武二十三年又设九溪卫，是明初第一个启用被丢弃千年的古国"大庸"作"卫"之名的开国元首。朱权能在大庸收集到《离骚》《泽畔吟》《泛沧浪》和大庸无词古琴谱《慨古》，是屈原故乡大庸人民馈赠给他的一份厚礼。朱权收集的无辞《慨古》，实际上与查阜西传承下来的有辞《慨古吟》是同一母本，只是前者更古，后者被人填上唱词，它让我们从中看出古谱随着时代的推移而更趋完善的发展轨迹。经本土音乐专家和戏剧专家对比研究，发现这些古谱竟然都携带着大庸阳戏古乐的近亲基因！可以说，这是屈辞音乐学史上真正与地方古乐信息对接研究的创新突破，它让显得十分玄乎的屈辞音乐学归根落地，亦是屈原自己在自己的生身故里冤案的卷宗中又补充的一份重量级证据！

长期以来，很少有人发现屈原诗能够演奏歌唱的音乐特点，故鲁迅有"史家之绝唱，无韵之《离骚》"褒扬伟大文学作品《红楼梦》的千古名言。其实，古代早有人发现屈诗不独可吟，还可奏可唱可舞的秘密。如本境永定土家竹枝词描写民间艺人表演木偶戏："薜衣萝带舞婆娑，嘈杂神弦唱《九歌》。"说明屈原《九歌》原来是可以并直接进入祭祀演唱的"歌"和"舞"。元人郝经亦有诗云："三闾一曲歌，忽唤刘伶醉。"郭天锡写王昭君："生来近住离骚国，瑶琴惯织《九歌》谱。"所谓人极美，诗极美，意极美，惜不知"离骚国"不在秭归在大庸。又有个元人叫耶律楚材，既是楚辞学者，又是古琴家，还是大旅行家，不仅深谙《离骚琴曲》，还夜坐弹《离骚》："一曲《离骚》一碗茶，个中真味更何加！香销烛尽穹庐冷，星斗阑干山月斜。"唐代诗人雍裕之作《听弹〈沉湘〉》："贾谊投文吊屈原，瑶琴能写此时情。秋风一奏《沉湘》曲，流水千年作恨声。"

上述信息告诉我们：屈辞音乐学之论完全是建立在屈辞可弹可歌可舞基础之上的。

循着琴声骚音，我去苦苦追寻，居然找到了屈原的故乡。经研究，**屈辞琴谱的基因是大庸阳戏，而大庸阳戏的原产地就在屈原的故乡**。值得一提的是，那年舜放驩兜于崇山，驩兜在崇山大砂台举行九天九夜大祭祖，所演奏节目除了大庸阳戏，就是**崇山大鼓吹**。一百一十多支古谱一直流传到当代，当代的传人叫邹启祥先生。

感谢朱权、龚子辉（薇）、田曦明、余味莼在天之灵！感谢为屈原古谱和大庸古乐的搜集、保存、研究、翻译、传承作出重大贡献的吴文光、查阜西、顾梅羹，以及当今的屈国忠、周志家、邹启祥诸位先生！

第七章 为屈原诗中天门昆仑翻案

——中国昆仑源头暨《穆天子传》之破译

屈原回家(前 353–前 278)：屈原为伯庸之长子，末代庸王。公元前 328 年(楚怀王元年)，屈原受父王之命赴楚，出任“庸楚两国共监”使臣，被楚王封为莫敖、左徒、三闾大夫。居楚 21 年，公元前 296 年，怀王被秦王所囚，楚襄王抢班夺权，将屈原驱逐回庸，从此彻底改变了屈原的人生和政治命运。

昆 仑 序

我之所以以背水一战的决心向昆仑学源头发起挑战，就是建立在对屈原大量昆仑诗中所隐含的“南方昆仑情结”——亦即故乡情结的基础之上的。欲叩开屈原故里大门，就必须找到一把类似于“阿里巴巴”的金钥匙，这把金钥匙，就是“昆仑”。

论及最早真正走近昆仑、登上昆仑，并记述亲历昆仑的文字，可能是成书于周代早期的日记文献《穆天子传》，故寻找昆仑源头，绕不开这座“大山”。

在破译这部“天书”的过程中，我不经意发现了文中所载**黄帝宫**、**黄帝陵**、**黄帝册府**居然同时汇集于天门山的真相，其结果将有可能改写这部被前人篡改了的秘史。这恐怕不是危言耸听。

经过破译，笔者有幸发现《穆天子传》中根本没有记录“西域昆仑”一个字，同时，也看不到西域昆仑神话的萌芽。这等于是对两千多年来关于“西域昆仑”的伪史争讼所做的终极判决。结论是：屈原诗中的昆仑原型不在西域(西藏、新疆)，而在南方，就在他的故乡——这个地方叫“天门昆仑”……

在我初涉屈原学并正式启动寻找屈原真正故里的研究过程中，偶尔发现《太平御览》关于屈原故里在大庸古国充县潭口里的文字，同时，又意外发现《永定县乡土志》关于屈原故里“三闾宗坊”屈家坊的记载，我突然感觉到被荫翳了两千多年的屈学上空，裂出了一线光明，蒙在屈原故里的云雾正慢慢散去并渐露真容。

但我并不轻松，也没有半点大意，我给自己提出一个更加严苛的命题：既然屈原的家乡在古大庸，难道在他的诗赋中就没有一丝有关家乡的文字表述？为什么两千多年的屈学研究中，几乎少见前辈发现诗中的奥妙？就是今人编造的《屈原的故事》(中国文化出版社 2008 年版)中，除了伪作的秭归《九畹芝兰》，或霸蛮拉扯的《橘颂坡》外，就再也找不到屈原诗中的任何家乡地名句子了。但这绝不能怪罪秭归文人的疏懒，实在是打起灯笼都找不到一点儿影子，就是瞎编也得有点由头呀！

那么，屈原诗赋中真的就没留下一丁点儿蛛丝马迹？

我不太相信。否则，屈原故里在大庸就又是一个假想命题，也就是“秭归第二”了。在一个偶然的思想碰撞之后，我在屈原的诗赋中找到了一个重大秘密：他是在借用神游天国的假象，述说他回故乡后的一系列行踪，并留下了一连串的家乡地名符号。而这一切，似乎又与《山海经》的神话“撞车”了。我的感觉是，这绝不是两千多年来众口一词的《山海经》成全了大词人的成功，恰恰相反，拂去蒙在《山海经》诸多天界神话表象上的幽光，你就会发现，它所记录的诸多山海地名和神话传说本来就源于屈原的故乡，所以说，屈辞有意无意与《山海经》形成对接,算是殊途同归。因此,要破解屈原诗赋中的家乡密码,就非得请出《山海经》不可。

《四库全书》编者在撰《山海经提要》中说:

"观《楚辞·天问》,多与相符;使古无是言,屈原何由杜撰?"

该编者认为屈原《天问》所用典故多来自《山海经》。但同时引述朱熹另一观点:"朱子《楚辞辩证》谓其'殆因《天问》而作',似乎不然。"

朱熹认为《天问》在先,《山海经》在后,《山海经》倒是"殆因《天问》而作"。

对这一观点,张良皋先生自有一通说法:

"但我们既知庸国早有灿烂的文明,在庸国早已出现了《山海经》这样的'疑史',并不意外。……不过庸国先民发明了文字,能将'远古的梦幻'著之简册而已。""我们现在已知,屈原本庸国统治阶层后裔,他引用的典故必多庸国旧闻。《天问》和全部《离骚》中许多故事与《山海经》的关系竟如此密切,我们说《山海经》是屈原的'家学'也不为过。四库馆臣所撰《提要》的信心出于常识,无可驳难。"(张良皋《巴史别观》,第38页)

我以为张先生是发现《山海经》与古庸国有密切关联的第一人,亦是发现"屈原本是庸国统治阶层后裔"的第一人。也就是说:屈原本庸人,楚人亦庸人。没有这两个前提,要从骨子里弄通屈辞和《山海经》,几乎没有可能。我很在乎张先生所说《山海经》的作者们其本身就是古庸人的论断。

不过,笔者倒还有一说:无论屈辞还是《山海经》,凡所共用的诸多历史典故或神话素材,其来源亦多出自天门昆仑。就是说,二者共享了昆仑文化的核心版权内容。从两千多年昆仑学界的成果查询,还没有发现有人对《山海经》的著述者和成书时代做出较准确的界定。目前唯一声称亲历昆仑的人就是西周天子穆满。到屈原被楚襄王驱逐回家写昆仑,二者相距达660余年。汉武帝派使者张骞出使西域专门清查黄河源头和昆仑,历时达13年,是历史上第二个亲历西域寻找昆仑的朝廷官员,其结果是昆仑的影子都没看到,于是司马迁以张骞的亲历做出否定西域昆仑的结论,这恰与周穆王的亲历形成对接。

然而,司马迁未能遏制"伪昆仑"论的恶性蔓生,后续的昆仑史反而由一些根本没去过西域的文化人在根本不存在的背景下,瞎编乱造,肆意放大,推波助澜,乃至于完成了一个庞大而虚无的"西域昆仑文化体系"。而他们称所依凭的主要文献就是《穆天子传》加上《山海经》。[金按:关于《山海经》成书年代,说法不一,一说最迟应是西周早期。《山海经》载:"狄山(指崇山),帝尧葬于阳,帝喾葬于阴。……吁咽(指虞舜)、文瑨葬其所。"此之"文王",当指西周创始祖周文王]

面对昆仑学界如此强大的阵容,我还敢坚持太史公的观点吗?!看来,不破《穆天子传》,屈原笔下的故乡昆仑就无法做出合理的解释。我只能单枪匹马,向两千多年昆仑学发起挑战!

第一节　屈原笔下的“昆仑故土情结”

笔者在反复品读屈原诗时，不经意发现内有大量关于天门昆仑的句子，集中排列，竟达34条之多，所涉天门昆仑地名，达50余处，屈原这种“昆仑故土情结”是举世无双的。且读：

“揽茹蕙以掩涕兮，沾余襟之浪浪。”

“朝发轫于苍梧兮，夕余至乎县圃。”

“饮余马于咸池兮，总余辔乎扶桑。
折若木以拂日兮，聊逍遥以相羊。”

“吾令帝阍开关兮，倚阊阖而望予。”

“朝吾将济于白水兮，登阆风而緤马。
忽反顾以流涕兮，哀高丘之无女。”

“望瑶台之偃蹇兮，见有娀之无女。”

“邅吾道夫昆仑兮，路修远以周流。”

“忽吾行此流沙兮，遵赤水而容与。”

“陟升皇之赫戏兮，忽临睨夫旧乡。仆夫悲余马怀兮，蜷局顾不行。”（《离骚》）

“广开兮天门！纷吾乘兮玄云。令飘风兮先驱，使涑雨兮洒尘。”

“君回翔兮以下，逾空桑兮从女。”（《大司命》）

“与女沐兮咸池，晞女发兮阳之阿。”（《东君》）

“暾将出兮东方，照吾槛兮扶桑。”（《河伯》）

“登昆仑兮四望，心飞扬兮浩荡。”（《天问》）

“斡维焉系？天极焉加？”

“出自汤谷，次于蒙汜。”

“何阖而晦？何开而明？角宿未旦，曜灵安藏？”

“昆仑县圃，其居安在？增城九重，其高几里？”

“四方之门，其谁从焉？西北辟启，何气通焉？”

“焉有石林，何兽能言？焉有虬龙，负熊以游？”

“雄虺九首，儵忽焉在？何所不死？长人何守？”

“黑水玄趾，三危安在？延年不死，寿何所止？”

“穆王巧梅，夫何为周流？环理天下，夫何索求？”（《惜诵》）

“昔余梦登天兮，魂中道而无杭。”（《涉江》）

“驾青虬兮骖白螭，吾与重华游兮瑶之圃。”

“登昆仑兮食玉英。”（《悲回风》）

“吸湛露之浮源兮，漱凝霜之雰雰。依风穴以自息兮，忽倾寤以婵媛。”

“冯昆仑以瞰雾兮，隐岷山以清江。”（《远游》）

“轩辕不可攀援兮，吾将从王乔而娱戏。”

“仍羽人于丹丘兮，留不死之旧乡。”

“朝濯发于汤谷兮，夕晞余身兮九阳。

吸飞泉之微液兮，怀琬琰之华英。”

“命天阍其开关兮，排阊阖而望予。”

“集重阳入帝宫兮，造旬始而观清都。”

“张咸池奏承云兮，二女御九韶歌。祝融戒而还衡兮，腾告鸾鸟迎宓妃。”

当我初略抄出上述屈诗中所涉及的“昆仑神话”部分句子之后，真让我大惊失色：为什么在他十多篇代表作中都离不开昆仑神话？而且每写昆仑都充满激情，仿佛神思飞跃，羽化升天，与一帮神仙遨游天国，乐哉悠哉。而且，多次在昆仑云层中“忽临睨夫旧乡”，从而引发“思旧故拟想象兮，长太息而掩涕”。如果不是看到自己真正的故乡，何生如此感天动地的念乡情结！这决不是矫揉造作的无病呻吟，更不是神化的虚无抒情！不是！那么我想：这个“昆仑”决不那么简单！我分明已经从神话的背后发现了什么，甚至我强烈地感觉到：这么多“昆仑”，除了偶尔信马由缰扯到了东南西北疆，但核心内容还是在写他的故乡，他的潭口，他的丹丘，他的扶桑，他的咸池，他的茹水、赤水、黑水、白水、黄河（此之“黄河”即今桑植县汩湖乡黄河村、黄河垭、黄河台等“黄河”），他的长寿国仙人溪，他的县圃崇山，他的昆仑之丘天门山，乃至昆仑峰（今武陵源）大石林！难道他笔下的“昆仑”与他的故乡有关？

看来，要破屈原故里的千古之谜，只有首先破解他笔下的昆仑，否则，一切注解都只能是“猜想”！

辉煌的大厦只有依托坚实的基石才能站立起来！

这块基石，就是昆仑！

第二节　屈原诗中天门昆仑之起源

一、昆仑“天门”形成年代

（一）郦道元瞎编“天门永安六年说”

1500余年来，被称为地球奇观的巍巍大庸天门山——天门眼（洞），一直被一层阴霾笼罩着。这层阴霾，就是南北朝时期（前450）郦道元在其地理著作《水经注》（卷三十七·澧水）中对天门洞的形成年代所做的错误结论：

“吴永安六年（263），武陵郡嵩梁山高峰孤竦（sǒng），素壁千寻，望之苕（tiao高）亭，有似香炉。其山洞开，玄朗如门，高三百丈，广二百丈，门角上各生一竹，倒垂下拂，谓之‘天帚’。孙休以为嘉祥，分武陵置天门郡。”

此论一出，流毒影响历代史家。《寰宇记拾遗卷六》载：“嵩梁山，在澧阳县。按此山在澧水之阳，望之如香炉状，今名石门。吴永安六年，自然洞开如门，高三百丈，门角上各生一竹，倒垂下拂，谓之天帚。孙休以为嘉祥，置郡因山为名。隋文帝改曰石门县也。”

看来，有必要对郦氏之说做一剖析，以正视听。郦氏全文71字，把天门洞的形成年代锁定在吴·永安六年（前263）。就是说：这个闻名世界的穿山窟窿——人类神话中的“登天之门”——昆仑，只有短短的1750多年的地质生命史。它让人崇仰，也让人困惑：这个“天之门”到底是怎样形成的？到底是哪个地质年代出现的？它的真实背景究竟是怎样的？1500年来，郦道元一言九鼎的瞎判一直误导着社会舆论，影响了一代又一代人的思想观念。人们虽对郦氏之说半信半疑，却又苦于找不到正确答案，就只能照此说去为天门山定位了。稍查当今国内外各种版本的文献书刊、旅游宣传资料等，特别是天门山公司的所有资料，都持“永安六年天门洞开”之说，误导视听，就已超出学术概念范畴了。殊不知这是郦道元先生给古庸大地凭空制造的第二大学术冤案（第一大学术冤案为屈原故里秭归说）。看来有必要予以辨析澄清事实真相。

笔者细读郦氏全文，发现至少有3大疑点：

1. 天门洞开与天竹同时产生不合情理：按郦道元句式逻辑：“其山洞开……门角上各生一竹……谓之天帚。”（《山海经》称“寻竹”，本土称天帚或龙头竹）是说天门崩塌现出门洞之时，即在南北洞顶洞口上就各长出了一根竹子。郦先生不知道这种奇异的竹子在石缝中生长是需要几百年甚至上千年的时间和特殊生存条件的。

2. 一次性崩出一个巨大天门不合科学原理：凡游过天门洞的人，都可证明洞底是一个巨大平台。按郦氏之说，当年崩出天门之时，那块巨石（相当于一座高131.5米宽37米长30余米的石山或高楼）一定是呈整体一次性由一种“神力”自然而然穿山“飞”出去的，否则，能在洞底留下一个巨大的平台来吗？

3. 所载天门洞数据，与现实严重不符：郦氏说：此天门“高三百丈、广（宽）二百丈”。

且看1995年8月版《大庸县志》第158页所载数据：“天门眼：海拔1264.7米，据测洞底至洞顶高131.5米，宽37米，长约30米。”折合市尺即：高394.5尺，亦即39丈4尺5寸，郦氏多吹了260丈5尺5寸；宽111尺即11丈1尺，郦氏多吹了188丈9尺。牛皮吹脱胯了。差距如此之大，请问有多少公信度？说明郦道元根本没到过大庸，更没亲眼见过、实地考察过天门，完全是道听途说，信口开河，胡夸虚报，所以断定“永安六年”之说不足为史之据。

（二）历代文献众说“天门”之真相

再看比郦道元约早450年的《后汉书·郡国志》是怎么记载天门的：“马援军度处有嵩梁山（嵩梁山即天门山），山有石开处数十丈，其上名曰天门，援战壶头（壶头即天门）不利即此地。”又云：“此山与东海方壶相似，故名。”由此可知，早在东汉光武建武二十三年（47），伏波将军马援率军征剿充县（大庸）相单程农民义军之时，就早有“天门”之名存在了，并且亲眼见到了天门洞，据目测估计高“数十丈”，与39.4丈的实际高度大体相符。其时，马援在天门洞内驻兵避暑达数月之久，直至瘟死壶头（此天门山之壶头，与沅陵沅水“壶头山”无关），留下“男儿要当死于边野，以马革裹尸还葬耳”的千古励志名言。

明嘉靖《常德府志》照引《后汉书》所

载："《汉书》云此山与东海方壶相似，故名。马援军度处有嵩梁山，山有石开处数十丈，其上名曰天门。援战壶头不利即此地。"同时引《吴録》："崧梁山山石开处，容数十丈，其高以弩射之不及。"《常德府志》为何不引《水经注》而引《后汉书》和《吴録》？其原因是当时大庸属常德府治辖，对属下天门的形成历史与大小规模耳熟能详，人所共知，故没有附会郦道元之瞎说而丧失原则。

明隆庆《岳州府志》亦载："永定卫，三国吴置天门郡。充县有崧梁山，山有石开处数十丈，弩射不至，名曰天门……析武陵郡西界置天门郡，治今永定卫城（按：治'今永定卫城'即古充城，亦即今张家界古人堤古庸城遗址）。天门郡以天门山名。"注意：《岳志》并没有说"置天门郡与天门洞开、吴王孙休以为'嘉祥'"有任何关联。

再读清顾祖禹《读史方舆纪要》："天门山旧名崧梁山，有十六峰环列，最高者为天门。沈约云：崧梁山顶有石开处数十丈，其高以弩仰射不至，谓之天门，孙吴因以名郡。"是说孙吴在大庸地设郡，以当地最为奇特的天门山命名。根本没有涉及"天门洞开而设郡"的地质事件。

南北朝·梁·沈约《宋书·州郡志·荆州》："天门太守，吴·孙休永安六年（263）分武陵立。充县有崧梁山，山有石开处数十丈，其高以弩仰射不至，其上名天门，因此名郡。充县后省。"这段文字更是把吴永安六年孙休以天门名郡的缘由道得十分的透彻，哪有崩出"天门"之时讨吉利而设天门郡的说法？

《三国志集解》载："吴立天门郡实因充县有崧梁山，其上名天门，因以名郡。据此则天门郡似应在充县。"此论把吴置天门郡名称的由来也说通节了，本没有半点歧义，却让晚170多年的郦道元自作聪明，画蛇添足，给大庸制造了第二大冤案。

其实，比永安六年早50年的三国时曹操书记官陈琳，为追寻屈原故里，专程到古充县考察访问，作《大荒赋》，中有"仰阆风之城楼兮，县圃邈以隆崇。垩若华之景曜兮，天门阅以高骤"名句（前解）。可证在永安六年之前"天门"就已十分巍峨壮观了。陈琳比郦道元年长230余岁，比较而言，陈琳之说的可信度绝对远超郦氏之说多少倍了。

道光三年（1823）进士县令赵亨钤修刊《永定县志》写道：**"充县，隶武陵郡。吴孙休时，置天门郡，以境内有天门山得名也。"**（卷之二·建置沿革志）这是所有文献中说得最直白、最明确、最权威的证言，把1500余年来的所有误传、误解、误导一次性否决，**是为终极宣判**。距今190余年。

本土著名学者、清光绪《慈利县志》总纂吴恭亨说："吴析（分开、散开）武陵郡西界置天门郡，治今大庸县城。天门郡以天门山名。"与赵县令语出一辙。他们坚决不信、不提、不引郦道元炮制"天门洞开"之瞎说。

以上各个朝代的史典异口同声都说吴王孙休在大庸设郡，并以那里有座神奇巨大的天门而作天门郡名称，根本没有说是因为那年"天门突然洞开，孙休以为嘉祥"才分出武陵西部数县置天门郡的。这等于是全面否定了郦道元的瞎编之言！

这是郦道元给大庸古史制造的三大冤假

错案之一。1. 把大庸（张家界）的雷泽和那双古人类脚印以及华胥氏整体搬到北方的成阳县去了；2. 把大庸崇山帝尧和母亲的坟也搬到成阳去了；3. 瞎编天门洞形成于吴永安六年（263），彻底改写天门洞形成于亿万年的地质史，将影响中华人类起源史及社会发展史的认定。

（三）发生在永安六年的历史事件

那么，永安六年到底发生了什么事，而让孙休做出在大庸充县新设最高级别的天门郡的决定？且读《三国志·孙休传》："吴永安六年冬十月，蜀以魏见伐来告……将军丁封、孙异如沔阳中（按：今陕西汉中附近），皆救蜀。蜀主刘禅降魏，问至然后罢。……取屯田万人以为兵，分武陵郡置天门郡。"《资治通鉴》亦载："吴永安六年，刘禅降魏。魏灭蜀后，东进至涪陵、保靖（湘西）一线。孙休震惊，急派武陵太守钟离牧杀哗变蛮酋数百，取屯田万人为兵，置天门郡。"

上引两部国史，已经把孙休置天门郡的原因陈述得清清楚楚，哪里有半点"天门洞开，孙休以为嘉祥而置天门郡"的意思?！同一部《三国志·钟离牧传》记得或许更详细一些："吴孙休永安六年，蜀并于魏。武陵五溪夷与蜀接界，时论惧其叛乱，乃以牧为平魏将军，领武陵太守（按：后汉时武陵郡治临沅，即今常德）往之郡。魏遣郭纯试守武陵，太守率涪陵（川东）民入迁陵（今保靖），屯于赤沙，诱至诸夷、邑君，或起应（郭）纯。又进攻酉阳县（今王村）。郡中震惊。牧问朝吏曰：'西蜀倾覆，边境见侵，何以御之?'……时，郭纯已据迁陵……牧曰：'救火贵速，非常之事，何得循旧?'即率所领，晨夜进道，缘山险行，从塞上斩恶民怀异心者魁帅百余人，支党几千余级，纯等散，五溪平。"

——这，就是吴·永安六年（263），吴王孙休面临"西蜀倾覆，边境见侵，何以御之"的国家危机所做出的分武陵置天门郡以解国难的战略决策。这才是当年惊心动魄的历史背景真相，根本就没有发生所谓"天门洞开"的地质事件！

至此真相大白：所谓"天门洞开，孙休以为嘉祥，分武陵置天门郡"的说法，完全是郦道元道听途说、凭空捏造、瞎编乱造的谣言！翦伯赞主编《中外历史年表》（1985年版）载："263年　癸未　吴永安六年　八月，魏钟会、邓艾率兵分道攻汉，汉改元炎兴。十月，吴以汉告急，遣将攻魏。十一月，魏邓艾至成都，汉帝刘禅降，敕姜维降于钟会，汉亡。……武陵蛮骚动，吴武陵太守钟离牧压服之。"

——国史中哪里有永安六年"天门洞开"地质异变的只言片语？这叫"盖棺论定"！

（四）本土方志邯郸学步留遗憾

令人遗憾的是：清代乾隆年间，距大庸不过200公里的澧州府一帮秀才，在他们编修的《直隶澧州志》（上册，第61页）写道："三国永安六年，析武陵郡西界置天门郡。时嵩梁山洞开如门，高三百丈，孙休以为嘉祥，因改山名天门。郡治山北麓三十里之旧永定卫城。"这段文字不仅因袭了《水经注》的文字主体，还有所"创新"、有所"发展"：

1. 加了个"时"字："时嵩梁山洞开如门"，把郦氏本来有些模糊的意思明朗化、具体化、细节化了。一字之加，谬误上升为"真理"。

2. 照抄“高三百丈”：作为州府史官们，想必也到过大庸，怎么对郦氏“高三百丈”的牛皮不更正不辩讹，反而照录不误呢？这叫以讹传讹，错上加错。

3. 加了句“因改名天门”：郦氏文字中本没有说孙休因崩出天门而改名天门的意思，《澧志》却想当然在蛇身上画了一只“足”。这等于是在谎言的基础上再制造了新的谣言，成了造谣的“帮凶”！

4. 改写了永定卫城建城史：照《澧志》所说，三国永安六年设天门郡，郡治（治，旧称地方政府所在地）在“旧永定卫城”。就是说，三国时新置天门郡治设在明洪武四年（1371）修建的旧永定卫城内。1995年版《大庸县志》载：明洪武三年（1370）改永顺羊山卫为大庸卫，次年派常德卫指挥使兼署大庸卫事的张胜筑卫城。洪武九年（1376）正式置大庸卫，将卫治从大庸所迁入新城。洪武二十一年（1388）改名永定卫。照《澧志》所言，早在公元263年的天门郡治就设在1085年后修建的永定卫城了。说明早在1085年前中国古人就懂得“穿越时空隧道”了。

一群堂堂州府州志的编纂者，居然犯下这等低级的错误。仅此一条，这段关于“永安六年天门说”的史证价值就丧失殆尽了。——中国古今历史上的诸多冤假错案，不就是这些秀才坐在书斋里拍脑壳炮制出来的吗？这其中就包括袁山松、郦道元合伙炮制的“屈原故里秭归说”。州志一错，弄得各州府县志跟风追捧：连本境几部县志也表现得无所适从，只好鹦鹉学舌，照引不误。民国大庸一代文豪、南社诗人庹悲亚作《旅行天门山有感四律》中有“一门历史征三国，百战壶头忆伏波”名句。［自注］⑴三国吴永安六年（263），天门洞开。⑵东汉伏波将军马援南征，曾驻军壶头山。壶头峰为天门山的玉壶峰。

[金氏子按] 先生既写东汉马援征南（相单程）驻军天门时在公元47年；而至216年后即吴永安六年才崩出“天门”，这不是很滑稽吗？可悲亚先生浑然不知。

比如，清咸丰四年永定知县刘耀黎（贵州清平监生）作《天门山十六峰》：“自昔山灵异，孙吴纪瑞年。”又如，清永定庠生尹际昌作《天门十六峰》：“永安六年洞初辟，嘉祥肇赐称天门。”清嘉庆拔贡熊国夏作《天门山赋》：“东吴洞壁而设郡，祥纪永安。”即便当今已有地学专家做出科学结论，新修《大庸县志》仍以旧说界定天门：“三国吴永安六年，皇帝孙休认为嵩梁山石壁洞开如门，是天开的嘉祥征兆，遂命名为天门山，并分武陵郡置天门郡于大庸。”

本来引文就错，又错上加错，编造了“遂命名为天门山，并分武陵郡置天门郡于大庸”的伪史。请回头查郦道元71字，哪里写有“孙休皇帝命名天门山”的字句！如果说，外地的专家学者因不见天门山真容而猜想出错还情有可原，但本土方志专家，怎见错不纠，反而邯郸学步以讹传讹?！那么，永安六年天门山到底发生过洞塌地质事件了没有？很遗憾地告诉读者大众：截至今日，除了郦氏之说，此前还没找到任何相关的文献资料。笔者之所以不依不饶地向郦道元追讨天门山的“公道”，是因为在屈原《天问》《大司命》《悲回风》《远游》等伟大诗篇中，已经记载或涉及了关于天门山之天门洞

所承载、所蕴藏的关于盘古开天、王母嫦娥、洪水传说、女娲补天、抟土造人、天门昆仑、黄帝神宫、黄帝陵墓、黄帝册府、赤松鬼谷、颛顼观天、庸成穆王、祝融大禹、共工驩兜、屈原辟谷、周帝南祭等一大批极有可能改写中华万年史的重大秘密。

（五）地学专家的终极结论

为了还原历史真相，彻底否定郦氏误传，1985年10月，大庸市政府特地邀请著名地质学家田开铭教授和旅游地学研究生覃功炯对天门山这一旷世奇观进行科考研究，覃功炯的文字结论是："天门山的形成到现在已有几亿年的历史，岩溶作用持续了漫长的地质时期。在这个过程中，天门洞已经在逐渐形成。1700多年前的那次崩落（按：指永安六年，即公元263年），可能只是洞道之间的间壁扩大，而不可能是在那一次突然形成的。"（参见贾功炯《大庸天门山开发考察报告》，陈自文编《张家界旅游资源研究文集》，第252页）《湖南地理志·下卷》则在更早之前为天门洞的形成做了如下结论："天门山的天门，高达1000公尺，此天门之形成，乃为第三纪古喀斯特溶洞之残留。在天门山之南的山地约在1000公尺左右的高度处，亦有洞穴发育。"（1962年版）

两家之科学结论，与历代史典的文字证言形成千古心灵的感应与对接，这是对郦道元讹传之论的终极判决。

——至此，争论1500余年的"天门洞开永安六年说"将永远、永远地画上句号而不容翻案！

二、"天门"命名之源头

阴霾既散去，天门露真容。此时此刻，笔者仿佛听到从天门山万丈绝壁碰撞出的回音在宇宙间轰响。那是2300年前伟大诗祖屈原站立在家乡澧水北岸对天门发出的呐喊——

"广开兮天门！"

——但屈原还不是最早提出天门概念的人。

流传于神农架的神话史诗《黑暗传》写道："混沌初开分天地，盘古出世此时起。盘古出世神又神，站在九霄云里层。手拿一把开山斧，斧头用来开天门。"（胡崇峻搜集整理，长江文艺出版社2002年版）

湖北神农架流传的《黑暗传》以大量篇幅肆意铺陈盘古在天门昆仑开天辟地的神话史，绝非凭空瞎编，实则是大自然造就的伟大天门对初始人类的震慑而产生的敬畏与崇拜。就盘古百万年人类文化根系脉发于天门昆仑，与亿万年诞生的天门相比，人类历史不过是眨眼一瞬。亦由此证明：大庸天门山之形成，已非是一部人类起源史可类比的。

《山海经·大荒西经》载："大荒之中，有山名日月山，天枢也。吴姬天门，日月所入。……颛顼生老童，老童生重及黎，帝令重献上天，令黎邛下地，下地是生噎，处于西极，以行日月星辰之行次。"笔者认定此之"天门"就是大庸天门,又作日月山,是因为天门之南七星山又有个南天门，其门小于北天门，故被称为日月之门。这是颛顼天文家族观测日月星辰运行的古天文台。重、黎祝融家族均系崇山人，这是界定天门山在大庸的"族证"。

界于春秋战国时期的鬼谷子白公胜隐居天门山下鬼谷洞（位于北侧万丈绝壁之"鬼谷洞"），著《分定经》，在"丙甲大有卦"中写道："登云自有梯，骑鹿上天门。"此"天门"正是他遁隐的天门山。

比鬼谷子白公胜岁大的老子，著《老子》曰："天门开阖，能无雌乎？"此之"雌"，与"雄"相对，是说天门一开一合，能没有雌雄（即前门、后门）之分吗？此"雌雄之天门"，普天下只有大庸的北天门和比邻而立的七星山的南天门，古称日月山。民间恰恰将二山称为前门、后门，亦曰南门、北门，或曰阴门、阳门，这是世界范围内大自然中的阴阳绝配！老子曾在天门山居住经年，鬼谷子向他求教。《重增幼学故事琼林》说："称善卜卦者，曰今之鬼谷。"[注]"王诩受道于老君，隐居鬼谷洞，因以为号。善卜筮兵法，常入云梦山采药，得道不老。"天门山鬼谷洞有二：一在北山万丈石壁，二在天门西北麓之老道湾雪花洞，鬼谷子白公胜的老屋场在此。当年鬼谷子白公胜楚宫政变失败，遭楚军追杀，遂逃回白县慈利。又败，又逃匿于澧水七里潭的鬼谷洞，其对岸之西南就是未来屈原的老屋场簸箕塌——一口印。老子与鬼谷子常入云梦山采药，指的就是天门云梦山。今山下犹存老道湾、伯阳（讹作"白羊"）坡、伯阳洞等古地名。伯阳坡旧有老道石雕，俗称"岩神菩萨"（高达二丈五尺，惜三线修铁路时砸毁）。

汉代刘安著《淮南子》："经纪山川，蹈腾昆仑，排阊阖，沦天门。"此昆仑、阊阖、天门，均指天门山。焦延寿《易林》："登昆仑，入天门；过槽丘，宿玉泉；开惠观，见仁君。"二人不仅对天门十分熟悉，还发现天门与昆仑之间的关系。

汉初童谣："著青裙，入天门，揖金母，拜木公。"此天门指大庸天门山之天门。童谣中"木公"，又称东王公、东华帝君、沅陵扶桑大帝，与西王母同为盘古氏所生，乃亲生兄妹。金母即为西王母，沅陵扶桑人，天门昆仑神界大宗神。天门古有神母祠，清光绪拔贡、漳州知府、天门诗社副社长杨良翘作《新迁土地祠题壁》："天门险峻号山国，青犊红羊薮盗贼。……名山福德寿人诗，木公金母同锡羡。……腊酒千杯醺笑容，昔日上高今大庸。"诗中木公、金母即指天门昆仑神界东王公与西王母。《独断》："上者，尊位所在。但言上，不敢言尊号。"《说文》："上，高也。"此之"上高"，实对木公、金母之尊称，并界定二神均为大庸天门山人。

古籍《诗含神雾》载："天不足西北，无有阴阳消息，故有衔火精以照天门中。"

大约成于秦汉以远的《狐首经·势原篇》（按："狐首"，出自"狐死必首丘"句）说："神仙之地，发于天门。"又说："天门渐长，富贵之地。"天门山已经进入古代地理阴阳学的专用术语。

唐末杜甫："子负经济才，天门郁嵯峨（《别唐十五诫》，《全唐诗》卷220-40）。"杜甫曾在大庸流寓时日，留下了不少关于天门昆仑、崇山县圃的诗句。

大庸旧有童谣："金梭银梭，开天门，结百果。"天门成了少儿向往的仙域天堂。

《晋书陶侃传》："梦生八翼，飞而上

天，见天门九重，已登其八，惟一门不得入。”此指梦见西周穆天子乘八匹骏马上天门昆仑之事。

清乾隆二十一年（1756）《衡湘稽古卷之二》载：“天门山古称南岳容（庸）山，望若阵云，非清霁素朝不见其峰。丹水（桑植县之赤水）涌其左，澧水流其右，此慈利（按：其时大庸属慈利辖地）之天门山也。盖南岳容光（祝融）徙武陵，因亦有南岳容（庸）山之号，在今施容（按：即今古丈施容 [庸] 溪）容 [庸] 美之间，北周时，因是故改祀岳于天门山，非衡岳也。”

这段文字十分珍贵，它提供了如下众多的地名信息：

第一，天门山古称南岳庸山。第二，丹水（桑植赤水）与澧水均在天门山下。第三，施庸、庸美均属南岳庸山范畴。第四，北周时改遥祀南岳于天门山，而不必远去衡山。

百万年以来，天门因各个时代的人际变化，世事沧桑，不断注入新的文化内容，故新名称在不断增多。最古的名字可能叫“云梦山”，宋·祝福作《云梦仙境》云：“城之东南云梦山，山腰有洞门无关。云深路杳不知处，世传仙子栖其间。松花不老瑶草鲜，石床丹灶空年年。信知仙居别有境，人间幻出壶中天。”迨至云梦遗泽消退，露出“天门”真容，故云“先有云梦，后有天门”。近代专家在天门山顶发现菊花石 、三叶虫、海贝、海螺等化石，印证了古云梦大泽的地质演变过程。又因天门洞状如巨壶而得名**壶头**。《卫志》：“壶头即天门。”《武陵》：“山头与东海方壶相似，神仙多所游集，故名。”

苗族学者龙文玉说，“从舜帝开始，三苗中的驩兜部落融合南蛮部落，组成苗蛮集团，世代子孙，一直在天崇山生息繁衍。天崇山后来叫云梦山，苗语叫‘仁云仁梦’，再后来叫嵩梁山，苗语叫‘召嵩召梁’又叫天门山，苗语叫‘仁大坝’，最后才叫武陵山”。

上述信息告诉我们：早在帝尧，驩兜时代（距今4300年左右）天门崇山就已成了三苗中心，并且拥有一组辉煌的名称：

古史上的蓬莱、瀛洲、方丈三大海中神山仙居，其实就是漂浮于云梦大泽中的天门山。方丈之山即位于天门山西北、老道湾之南侧的“天崇山”一名天崇峰，一峰兀立，高与天门并列，极顶有平台，宽不过一丈，故称“方丈”。又名盘古峰，一奇也。一即云梦泽衰退时期的方丈——方壶之山，故又称壶头山。因天门洞极似一把巨壶安置在万丈绝壁之中而得名。其他见诸古籍文献的名称还有盘古峰（即方丈之山）、天门昆仑、昆仑之丘、昆仑之墟、昆仑、群玉山、淳 [錞] 于山、云梦山、四维岩山、嵩梁（嵩梁山）、嵩山、嵩岳、嵩高、崧梁山、南岳庸山、脚印山（山顶有一双古人类脚印）、梁山（按：《辰州傩歌·河边教·请戏歌》：“又请梁山土地到，插田种地管阳春。”“梁山土地”即天门土地。《淮南子地形训》：“南方之美者，有梁山之犀象焉。”指天门山下有犀牛出没。本境古代多犀牛，仙人溪犀牛潭、罗水乡犀牛潭村、八大公山，一作大梁山，山下亦有犀牛村，芙蓉桥乡则发现犀牛臼齿化石）、桥梁山、桥山、浮丘山（俗传“左赤松，右浮丘”，盖因浮丘子引王子乔上天门而得名）、册府（黄帝藏书洞）、葱山、葱岭、天门仙山、嫦娥山（山之西南绝顶有“嫦娥里”）、东王公山、西王母山、庸成山、日月山、玉皇山、穆天子山、南岳庸山、南岳（北周帝宇文邕祀天门为南岳）、玉屏山、仁大霸（苗语）、仁云仁梦、岩松岩（tiáo，高貌）梁、仡戎霸凑（皆苗语）、赤松山、葫芦山、马鬃岭、神都山（众神之都）、不周山、炎火山、武陵山。还有十六座有文化典故的山峰：玉堂、玉壶、丹灶、老僧、笔架、金匮、将军、漆园、弩牙、高远、猿点、箭杆、天姥、负儿、簸箕、鸡笼。还有十六洞府，其中最有影响的是黄帝万卷藏书处——天门册府和万丈绝壁上的屈原师爷鬼谷子（白公胜）修炼避世的"鬼谷洞"以及天门山腹中16洞天。

清·同治《永定县志》载："天门山在城南三十里，……百余里蜿蜒至此，突兀险峻，旧称崇山，又名壶头山。"原来天门、崇山古代原是其名共姓、不可分离的圣山，故远古时又叫天崇山。介于天门、崇山之间的老道湾背后有摩天孤峰兀立，古名"天崇峰"，形似男根，故称祖山。

——一座山拥有90多个历史文化山名，这说明了什么？

三、"窟窿"：天门昆仑之本源

何谓"昆仑"？杨雄《太玄·中》说："昆仑磅薄幽。"范望云："昆，浑也，仑，沦也，天之象也。"

在世界众家笔下，昆仑是世界的中心和天的大门，是地之中心，是万山之宗，它在帝国的中央，是天堂，是花园，是天神居住的地方，它象征上天、天国、天庭、天界、神界——它是人间社会之外的另一个神话社会。

但谁也想象不出，如此令人神往的"昆仑"一词，居然起源于"天门"！

天门（包括七星山之南天门、张家界国家森林公园昆仑峰"天下第一桥"——天下第一高大自然门），是大自然在万丈绝壁上自然洞开的三扇巨门，即洞穿三个大"窟窿"，或曰三个大孔穴。"窟窿"一声之转即"昆仑"，是本境古庸人（土、苗）语音快读相混的产物。

民国《辞源》【窟窿】："谓孔也。《宋景文笔记》：'孔曰窟笼。语本反切。'按集韵别有窿字。训云孔窿，穴也。"（第118页）又【窟穴】："《史记·天官书》所见天变，皆国殊窟穴，家占物怪。"

明·冯能成《游（慈利）仙侣洞》："九溪为楚西陲，万山拥翠，百水挂流，雄镇也。……下有仙侣洞奇甚，……江河湖海，同一源也，华恒岱岳，同一脉也；崑仑之窍，散为八埏（shān）；洞庭之墟，通于吴越。"（文载《中国张家界历史文化博览》，民族出版社2007年版，第325页）此之"崑仑之窍"，窍者：窟窿也。（见《现代汉语小辞典》，商务印书馆，第444页）

"昆仑之窍"，这是本境明代学者第一个对昆仑的本义解释，"昆仑之窍"与"洞庭之墟"派对，故此之"昆仑"即代指"天门"，亦即"天门之窍"。

由此可知："赫赫我祖，来自昆仑"（《天门名峰记》碑文）的"昆仑"，就源于大庸张家界之天门山、七星山、武陵源三个巨"窍"——即三个巨大的"窟窿"（孔穴）！三个巨大的"昆仑"！此之"我祖"，即指开天辟地于天门昆仑的盘古！

明·周莹《天门山》诗："次第森罗十六峰，一峰有窍属谁通。"此之"窍"，即指天门之窍——天门窟窿。明·李镜《天门山集》序："夫天门之胜，在……永定卫前，南裔崇山之东也。山有巨石，壁立万仞，中有一窍，洞开如门。"明·沈钟《天门山集》

序："永定僻在澧之慈利西南隅，其山有天门者，上倚霄汉，中一窍空洞如门。"明·俞调元《望天门山》："壶头之山高穹窿，烟岚凝结凌青空。山腰谁凿石壁破？双扉洞达中玲珑。"清·赵元睦《天门山歌》："窟窿青嶂森天门，我欲叩之见天尊。""窟窿"："泛指高起成拱形的。"（《现代汉语小词典》，第450页）"高起成拱形"，正是天门窟窿之形状。

上述各家尽言天门为"窍"，此"窟窿"之义由是而生也。

清同治年间，一位叫"佚名"的诗人写了首《燕子洞》诗：

玄关閟（音闭，闭门）幽妙，此地得昆仑。碧星挂冰柱，青莲凝露盆。……

（载《慈利县古诗五百首》，第90页）

这是清代本境第一个把洞穴（窟窿）直接当作"昆仑"入诗的人。这让笔者十分振奋，说明我对"天门即窟窿，窟窿即昆仑"的解释是合符本义的。看似不起眼的小诗，却诀破了一个天大的关于神话天堂的秘密：昆仑原本就是一个巨型窟窿——天门！但是，比这更早的唐代，人们已把天门窟窿——孔穴称作"神仙窟宅"，"窟宅"，洞穴之居也，并以此喻比天门昆仑，意即昆仑神仙居住的"家"，甚至扩大到作为澧水流域的别称。

《图经》："号为神仙窟宅。"苏轼《宿建封寺晚登静山亭望韶石》："蜀人文赋楚人辞，尧在崇山舜九疑。……此方定是神仙宅，禹亦东来隐会稽。"[注] 尧在崇山：尧出生于崇山，葬于崇山；《山海经·海内东经》："会稽在大楚南。"刘俊教授认为会稽在湖南攸县。大禹至春秋时，九江在湖南，屠山在湖南，会稽在湖南，禹王碑一在长沙岳麓山，二在大庸白马寺。大禹出生于崇山，并在崇山建夏朝。后有专文。

南济汉《桃源径》："漫说幽寻境易穷，神仙窟宅可潜通。"清·尹际昌《天门十六峰》："神仙窟宅几瞻仰，镇日柴门劳梦想。"（清道光《永定县志》）清·昌师麟《云中插锡》："岂是神仙窟，稜稜锡插霄。"（此为崇山县圃八景之一）清·龚之茗《延光书院记》："澧居洞庭西澨（音世），志称神仙窟宅，柳子厚亦称南州之美莫如澧；则以气节、文章，若屈、若宋，若车武子，代有伟人……"（载清同治《直隶澧州志校注》，第1593页）

此文以赞洞庭之西"神仙窟宅"——天门山下澧水风光之美，却以"气节、文章——代有伟人"对屈原三人予以大加赞赏，原来作者早知屈原就是天门山下人。

《永定县乡土志》载："天门山上洞以百数，莫得指名，兹举其著者约十六以配十六峰，皆仙天福地也，为雷洞（雷神所居），为电洞，为风洞（在云梯岩上，风伯居地），为云洞（云师居地），为泥洞，为蛇洞，为龟洞（三洞在山寺旁），为祖师洞（在寺正殿坐下），为玉皇洞（天帝所居），为鬼谷洞（鬼谷子，在此学《易》），为果老洞，为老龙洞，为玄天洞（在云梯岩上），为合山洞，为求儿洞等。"[注]《楚辞·远游补注》：玄武谓龟、蛇、住北方，故曰玄，身有鳞甲，故曰武。是古代神话中的北方之神。道教常以青龙、白虎、朱雀、玄武为保护神，以壮威仪。宋真宗时（998—1022）因避所尊圣祖赵玄朗讳，改玄武为真武，故宋以后上有真武而无玄武之名。天门之龟、蛇，即为玄武二神之居所。《远游》："召玄武而奔属。"《直隶澧州志·卷三·舆地志·山川》："天下山莫尊于五岳，而嵩梁为之配；川莫大于五湖，而洞庭居其首。兴云布泽，毓秀钟灵，神仙亦指窟宅，宜澧境兼美南州也。……是又澧州藉天子声灵，雄关天堑无所用之者。"[注] 天子：应指穆天子游历嵩梁——天门昆仑之丘，因后句"雄关天堑"正是穆天子周游华夏大地的表征。《澧纪·张翰林文光送斗初李公耀分守澧州》："澧水自来仙窟宅，萤台桂馆任从容。"清·刘启达《游云朝山记》："天门南下，蜿蜒数十里，……为云朝山，是山也，灵气拥护，昔人建刹于此，崇祀真武，……况蓬莱方壶（指天门昆仑壶头山），高下周迴三千里，为自来神仙窟宅，其壮观又复何如？……客曰：此缑（音沟）岭笙瑶池磬也，吾辈殆仙乎？"清·周仲琏《游燕岩》："个中清赏谁来继？游遍神仙窟宅无。"清·熊国夏《天门山赋》："崇朝遍雷雨，洞嗔掩耳之威；大块回风云，窟拥荡胸之势。辟门叫阖，灵气于以往来；披阆扪天，云雾为之启闭。"此之"窟"即为天门窟窿。元至正六年（1346）进士张兑作《天门山图》："天门洞开云气通，江东峨嵋皆下风！"

综上所述，才知昆仑是由"窟窿""窍""窟宅"演变而来，原来昆仑之名源于澧水窟窿——万丈绝壁——天门！

而我要告诉天下的是：天门窟窿之所以能提升为未来的世界昆仑文化符号并形成体系，是因为在它的四周，还环绕着一个庞大的"窟窿"群落——崆峒山，以及古庸"昆仑二十八门"，这就是文化符号的正能量聚集效应。

四、崆峒山：昆仑起源地貌之形态

崆峒，旧作空桐。《尔雅·释地》：北戴斗极为空桐。一作空同。《庄子》司马彪注：空同，当北斗下山也。《广韵》《集韵》等作空洞，山穴也。一作崆峒。

1982年版《湖南省大庸县地名录·白龙泉公社概况》第63页载："戴家湾大队**崆峒山［地片］**。"清道光《永定县志》对此崆峒山的来龙去脉做了大概论述："福德山，在城北数里，系邑主山，发脉自桑植县上河溪，结构于此，旧名**子午台**。雍正八年，奉拨归永顺县，时县令李瑾改名福德山。又名**凤羽山**，以形似得名。一名**帝阁山**……山后有洞，亦名帝阁洞。"又名**庸成山**、北门坡、**太阳山**、**金鼎**、**羽山**（按：《尚书》祝融"殛鲧于羽山"即此）。

大庸崆峒山由三段山脉构成：上段起自桑植县的上河溪乡，呈东南走向串连永顺万民、桑植廖家村至利福塔乡，囊括九天洞、苦竹河、风浪溪及永定区的罗塔坪乡止；中段起自温塘镇串茅岗、三家馆至枫香岗乡**崆峒山**（一名大巫山、麻公山、大历山、宋山、月斧山、玉皇山等）之东大庸水（茅溪）出口；再往下一段起自小河坎大历坡，经子午台**崆峒山**，止于**社溪连山**；再往下一段起自连山，经阳湖坪屈原故里**崆峒山**，止于慈利溪口**天竺山**东部阳和。东西三百里、南北十八里崆峒山系，遍布绝崖天门、地穴溶洞，总数不下数千余个。明初，朱元璋命杨璟征剿茅岗土酋覃垕起义，土军的口号是："你有千军万马，我有千山万洞。"就凭这"千山万洞"，前后与元、明朝廷作战七年，故得名七年寨，堪称世界古代战争奇迹。被誉为"亚洲第一洞"的九天洞、驰名世界的黄龙洞，均属崆峒山系。而且，还拥有武陵源、风浪溪、驻马溪、双峰岩四处"张家界地貌"——世界独有的砂岩峰林奇观；同时分布二十八个绝壁穿山"天门"，如震撼世界的天门山之天门、七星山之南天门、武陵源之天

下第一桥（门）、屈原故里阳湖坪社溪天下第一之地门（又称“天下第一阴门”。高132米、宽30—35米，后门出洞纵深约3千米，后门称“大洞”，民间戏称此为天下第一深“阴道”）；还有刻在大庸溪崆峒山的南国第一石窟——玉皇洞石窟等。如此一阴（崆峒）一阳（天门），构成地球罕见的天门崆峒山地貌，古称澧水“神仙窟宅”，“崆峒”出典即此而来。

《黑暗传》写道：“青龙岭上昆仑山，昆仑山上起青烟。三千七百神仙洞，八百洞中降真仙。”写的就是天门昆仑之神都。青龙岭，脉发武陵源昆仑峰，逶迤南下至回龙观，与天门昆仑南北并峙，被称为“永邑之太祖山”（见张家界国家森林公园龙凤庵碑文）。

崆峒、窟窿、昆仑同音同义，崆峒即窟窿，窟窿即昆仑，昆仑即天门。因而说，以崆峒天门界定昆仑之源头，乃自然之造化，天公之恩赐，却不料被汉武帝抬手一指，将天门昆仑指向了西域雪山沙漠。

五、“天门昆仑”名称之由来

那么，将昆仑冠以“天门”又有何证据？我说只要立论准确，证据总是有的，否则，天门即窟窿的命题就很难服众了。清乾隆九年（1744）慈利县五雷山断山桥摩崖石刻记：“窃我慈阳之五雷山，即邑志所载之雷岳也。闻古有人云，祖自昆仑，盖亦天门之麓。然群峰环拱，层峦叠翠，为楚南胜境。”（载《五雷山志》，湖南出版社1994年版）这段文字值得注意，它道出一个重大的历史秘密：听古人说，**五雷山出自祖山天门昆仑！**

这是目前笔者发现的本境第一条称天门为昆仑祖山的证据。

清嘉庆十三年（1808）李华作《天门名峰记》碑文：“永邑南境，天门名山，……脉发昆仑，……连辰（州）永（定）以翠峰，达澧（州）常（德）而高耸。”

这是本境直接记载天门昆仑的又一块碑文，“天门名山，脉发昆仑”，与五雷山碑所载“祖自天门昆仑”无缝对接！这是本土古碑不经意留下的又一证词。它告诉全世界：天门昆仑的存在还真是“空穴”来风，因穴而名！

明·李槃作《慈利县记》有段十分重要的文字，敬请诸君留意：

“按《舆图验方志》：慈利形胜地也。山有骑龙、道人之崒嵂，川有溇江、澧水之浩瀚，洲有芙蓉、鸳鸯之佳丽，其迢递县治者则于历纪矣。大抵天地发育于东，万物秋成于西，故西隅名山大川居多，稽（诸）瑶池、昆仑咸在流沙、弱水之外，其扶舆英淑之气，浼而地之。……慈为楚西极边，亦足以当之矣，胜国前故名郡也，距我明始县而隶澧。”（文载《中国张家界历史文化博览》，民族出版社2007年版，第323页）

这段文字告诉我们：在慈利县所辖的西极大庸，虽处“西隅”（西部角落），但“名山大川居多”。经他查考，这里的瑶池、昆仑，都距流沙、弱水不远。并说，明代以远，曾以天门（昆仑）设郡（按：指吴永安六年设天门郡）。这里一连点出**瑶池**、**昆仑**、**流沙**、**弱水**四个昆仑名称元素，都在慈利极边的大庸。此之瑶池、昆仑必是天门无疑！流沙即今永定沙堤之流沙河；弱水即上自天泉山，下至慈利阳和、溪口一带的茹水（又作茹澧）。说明早在明代，一般地方学者都知道天门瑶池、昆仑、流沙、弱水等昆仑名称就在大庸。这是天门昆仑源头在古大庸的地方证言，尤其珍贵。

天门昆仑作为神界天堂，早已进入本土民间巫傩唱本，如桑植傩戏本第八场《安营扎寨》唱："说此香来道此香，生在昆仑山顶上。前五百年长不成，后五百年长成香。"

本境有句道家常用语："须弥山下一条溪，一对童儿哭凄凄。我问童儿哭什么，亲人一去永不归。"对此须弥山，一般人不能解，但常见诸诗作之中，如清·于翼如（慈利人）《登逮云山绝顶》："破晓攀藤露气寒，须弥世界眼中宽。危疑天姥万千丈，高耸岱宗十八盘。"逮云山在慈利高峰乡。此"须弥世界"与"西眉""须眉"字别义同，均指天门昆仑。"天姥"指天门昆仑十六峰之"天姥峰"。"岱宗"指崇山，万山之宗也！诗人从逮云山联想到天门崇山。

清代朱国挺（慈利人）作《二尉岩》诗："须眉披薜荔，肋骨化蛟螭。"又作《天门山》："浩劫陵离留炼石，须弥块垒聚鞭山。"明·高尚志者《澧纪》云："昆仑山者，西方曰须弥山，对七星之下，出碧海之中，上有九层，第六层有五色玉树，荫翳五百里。"

是说西方叫昆仑山为须弥（又作西眉、须眉）山，此须弥山所指即天门昆仑。辰州傩戏《搬鲁班》，师（白）："想起西眉山上有三根沉香木，师徒二人那年砍了两根，还有一根会长得差不多的。"徒（唱）："……猛抬头用目望，西眉山就在面前存。"师（白）："……走到西眉山前了，到边哒歇下子，天气热。"师（白）："讲吉祥话听道：主梁主梁。"徒（白）："生在何方？"师（白）："生在西眉山上。"徒（白）："长在保岩头上。"（参读王文明、刘冰清、金承乾《辰州傩戏》，中国文史出版社2007年版，第211—213页）"对七星之下"，是指天门昆仑与七星山比邻相对，因七星山高出天门山10米，故称"对七星之下"。此之"碧海"，指天门山兀立于古云梦大泽之中，今仍可见天门绝壁九道海水线的痕迹，一道海水线即有一条长达数十华里的绿色植物带。

所谓"荫翳五百里"，经考天门昆仑体系范围已北达桑植草傩大山（海拔1492米，下同）、鹤峰佛灵尖（1228米）、骡子界（1598米）、黄柏棚（1815米）；西北抵八大公山（1890米）；东北至石门的壶瓶山（2099米）、金竹山（1671米）；东接澧县的刻木山（503米）、太青山（1020米）、临澧的太浮山（605米）；东南止于桃源的星德山（843米）、永定的太阳山（624米）；南达沅陵的辰龙关、天鹅池（1141米）、溆浦（与沅陵交界）的圣人山（1355米）、沅陵的九龙山（1214米），辰溪的聋子界（1021米）、泸溪的天桥山（762米）；西南抵龙山的西眉、永顺的仙人山（约800米）、神州界（1100米）、永定的大米界（1032米）、永顺的万灵山（1200米）、万宝山（1736米），接八大公山。东南西北四至，纵横五百里，大体相等，是天门昆仑山水体系的辐射范围，亦是神界体系的活动范围。证明高先生对天门昆仑的秘史很有考究。

民国《辞源》[须]："山名，见佛经，亦作修迷楼，其义为妙高。亦曰雪山，即今之喜玛拉雅山也。须修之与喜，弥迷之与马，楼之与拉，皆一声之转。"此解显然是

受了言昆仑必西域的影响。绕起弯子解释喜马拉雅山，霸蛮把天门昆仑指向了喜马拉雅山脉，人间天堂变成了人间“地狱”。但本土历史上一直以**须弥——西眉为天门昆仑**。桑植民间低傩戏本第十四场《上锁断煞》唱道：

“西眉山上一只鹅，口含青草念弥陀。
西眉山上一口钟，半边生铁半边铜。
西眉山上一蔸茶，枯枝叶叶都发芽。
西眉山上一只船，渡来渡去几千年。”

桑植县凉水口乡有座山就叫“西眉界”(921米)，把中国自己的“西眉”固化成一个撼不动的大山符号！龙山县也有个“西眉村”！

在昆仑名称符号中，还有两个重要的山名叫“葱山”“葱岭”。程发轫说：“凡崇高之山，自远处瞭望，必呈青葱之色。……《晋书》载：孝武文李太后身长而黑，初为宫人时，宫人皆谓之‘昆仑’。唐宋时，富贵人家，取马来人肤黑身高而有力者为奴，谓之‘昆仑奴’。是昆仑具有高黑二义。……以‘芳草青葱，牛羊食之肥壮，故名帕米’，则知葱岭得名，由于芳草青葱而来。(颜师古注：葱岭，谓山上悉生葱。)”(程发轫《昆仑之谜》读后感，载苏雪林《屈赋论丛》之第556页) 苏雪林说魏源固主葱岭即为昆仑最坚，遂倡“葱岭三千”之说。(见《小方壶地理丛书·魏源葱岭三千考》) 把葱岭指向西域喜马拉雅山、阿耨达、天山、冈底斯山等地，同时列举十余证，证明葱岭即昆仑。

纪昀《阅微草堂笔记》说：“昆仑之为葱岭无疑，其地多产玉，又上有龙池，故玉山瑶池之说，尚非无因。”由此可知，昆仑还有两个名字叫葱岭、葱山。

那么，天门山有葱岭、葱山之说吗？纪昀先生讲的葱岭昆仑，好像就是天门山，因天门山又作群玉山、淳于山，上有龙池、瑶池。凡昆仑神话中的符号一应俱全。那么，这个葱山到底在哪里？

笔者万万没有料到，居然从《方舆纪胜·辰州府》中找到了线索：

“葱山县境。有葱如人植，往取，辄绝。祷神而求，不拔自出。《武陵记》谓之葱岭。”

由此得知此之葱山、葱岭并不在西域大雪山，而在辰州府沅陵县境内的天门山！

继而又在《寰宇记辩伪卷六》中发现了关于天门山上神葱的重要文字：

“天门山。按：黄闵《武陵记》云：上有葱，如人所种，畦垄成行，人欲取之，先祷山神，乃取，气味甚美。不然者不可得。崖中有书数千卷，人见而不可取。”

古史告诉我们，魏源所论葱山、葱岭的准确地方原来根本不在西域大雪山，而在天门山！同时讲明了何以为葱岭的由来，比“芳草青葱”的解释显然高明多了，原来是实有其葱，不过不是凡人小菜，而是“仙葱”。特别值得注意的是文字末尾透露了黄帝藏书于天门山的重大信息，原来古史中记载的古帝藏书的“册府”(一作“策府”)准确地方就在天门葱山，这还了得！

《太平寰宇记拾遗卷七·辰州》又载：

“《沅水记》云：沅陵县有孤山崖石，上有葱，如人植，人时往拔取，辄绝。祷神而求，不拔自出。《武陵记》谓之葱岭。”

这个“沅陵孤山崖石”不就是沅陵天门山吗！1953年前天门山南半部属沅陵县。

照上述诸说，铁定葱岭葱山就是天门山，哪里在西域大雪山?！可反证纪昀所说昆仑之为“葱岭”就是“天门葱岭”无疑！

明代佚名先生作《五雷山赋》云：“蹑石门之绝顶兮，小谢希翼乎仙踪；眺天门之胜境兮，后杜旷览乎高峰。惟葱山之苜翠兮，烟云黔淡而蒙茸。”（载周保林、向子林著《五雷探胜》，国际展望出版社 1992 年版）这是明代本境文人笔下的“天门葱山”。清代俞耀作《石门［天门］凝碧》诗：“层峦隐约青葱里，叠嶂依稀杳霭边。欲识云门（按：古乐名，黄帝所作，言云雾之出，润益万物，此实指天门洞）在何许？光凝似草绿芊绵。”清代汪豫作《弦歌洞赋》：“天门左拥而郁葱，溇水右萦而清泚。……浦号银筝，只属岸傍雅调；宅名善卷（按：已解，崇山人），何如洞里钓天？”（载《慈利诗五百首》）

上二诗均以“青葱”“郁葱”喻比天门葱山。

这是清代本土文人记葱山即天门山的有力证词。魏源大师坚持西域“葱岭三千”之说，谓葱岭即昆仑。本义说对了，但不知葱山就在他的湖南故乡天门山，而推到西域冰山雪岭上去了。所谓“葱”，分冬葱（太官葱、冻葱）、汉葱（木葱）、胡葱、楼葱（龙爪葱）四类。冬葱夏衰冬盛，汉葱夏盛冬枯。葱味辛而香，与蒜、姜齐名，是三大香菜之王。其茎白叶青，喻意“一清（青）二白”。本境盛产葱，不仅家种，还有野葱。野葱类有藠、乌蒜（一名绿蒜），遍山遍岭，处处青葱。每至初春，山妹子成群结队上山挑藠（土语“姣儿”连读），又作“挑葱”，清代土家诗人向晓甫有《挑葱》竹枝词，曰：“相偕女伴同挑葱，穿岩登山西又东。最爱娇音歌一曲，归来同唱‘映山红’。”又：“映山开花女儿忙，岭上挑葱葱味香。歌唱相恋凭木叶，娇音吹断路人肠。”看看大西北万里雪山，终年不化，又哪能长得出葱哟！

至此，我们可以断定：西域大雪山“葱山”“葱岭”之名，绝对是从天门葱山、葱岭搬过去的，可惜安放得太不合符葱所生长的气候环境，不知万丈冰山雪域何有青葱的起码常识。只怕是湖南大师魏源也被“言昆仑必西域”给蛊惑了。

下面再谈“青岩昆仑”。

1983 年版《湖南省桑植县地名录》第 242 页载：“汩湖公社。……咸池峪大队……小咸池峪大队……黑儿峪，袁家界牧场。昆仑。……司南峪大队……黄河大队。”中华人民共和国地方志丛书“武陵源区志”（湖南人民出版社 2006 年版）中《武陵源区行政区划图》标示地名有：昆仑峰，黄河，黄河垭，黄河岩。

上述桑植县所辖昆仑、黄河大队，于 1988 年划入新成立的武陵源区。

这是关于天门昆仑体系之北部青岩昆仑的证词。青岩即今武陵源昆仑的名称亦与“窟窿”有关。武陵源三千石柱八百峡谷，中有高达数百米的昆仑门（即天下第一桥）、气势磅礴的南天门、架在万丈绝壁上的“仙人桥”壁上天门、洞穿于海拔 1200 米山顶的老鹰嘴天门，还有东天门、小天门等十余个世界级自然天门——窟窿——昆仑。这就是北昆仑名之由来。《慈利县志·卷三·地理》载：“索水亦县内大川也。出大庸张家界，东流十五里，届止马塌入县二十都。西境是

径青岩山……崇峦大谷，接连数县……峰截溪盘，随分异号，盖亦所谓赤县之奥区焉。”注意：末尾说“赤县之奥区”，说明编纂者已注意到古大庸辰州一带就是远古时代的**赤县神州**。而青岩昆仑则是赤县神州的“**奥区**”。所谓黄河、黄河村、黄河垭、黄河岩，还有黄河庵、黄河庙等涉“黄河”古名，决非是跟了北方黄河的“风”，谁人知道，此之黄河源出桑植、大庸境内的青岩昆仑，北注汨湖（珠泽），伏流注入溇水。这才是“河出昆仑”的真正出典源头！此之黄河是天门昆仑体系中八大神水之一。《穆天子传》载：“癸酉，天子舍于漆泽，乃西钓于河。……甲辰，天子……以祭于河宗。丙午，天子饮于河水之阿。……癸丑，天子大朝燕然之山、河水之阿。……河宗柏夭受璧、西向沉璧于河，再拜稽首。”从《穆天子传》得知，至迟在西周早期古庸国境内的黄河之名还叫一个字的名称“河”，说明天门昆仑的名称专利还没有被皇权夺走、封往西域（乃至全国四方）。后来天门昆仑传说流布四方，昆仑之名亦四方开花，原本始创于大庸古国中心地的青岩昆仑之黄河，被照搬到北方，岂知北方之黄河与西域昆仑相距千里万里，七不沾八不连，后由汉使张骞出使西域考察一十三年，结果呢？“太史公曰：《禹本纪》言‘河出昆仑。昆仑其高二千五百余里（按：在世界地图上，打起灯笼都找不到有这座高达二千五百里的高山，除非中国的“嫦娥号”飞到宇宙中其它星球去寻找）日月所相避隐为光明也。其上有醴泉，（瑶）[华] 池’。（按：此之“醴泉”，一看便知出自湖南澧水，西域何有‘醴水之甘泉’？瑶池、华池、龙池、天池、天堰等昆仑符号全在天门山）今自张骞使大夏之后也，穷河源，恶睹本纪所谓昆仑者乎？故言九州山川，《尚书》近之矣。至《禹本纪》《山海经》所有怪物，余（不）敢言之也。”（司马迁《史记·大宛传》）

司马迁以如椽（chuán）之笔，锁定“河出昆仑”之说不可靠，且与西夏毫无关联。可惜司马迁也不知此之“黄河昆仑”的故乡其实就在古庸国——即今张家界武陵源昆仑黄河。你可以搬走河名，却搬不动三千奇峰八百秀水的昆仑峰！

清咸丰五年（1855）古庸昆仑峰下、黄河之畔，出生了一位才貌双绝的土家才女刘霜环，作了首《行黄河道中有感》诗：“葱茏古木日沉西，山路崎岖滑滑泥。势倒悬崖须勒马，让开石角免钩衣。”（参读《武陵源区志》，第96页）诗中“黄河”即指武陵源昆仑峰下之黄河；“势倒悬崖”，即指昆仑大峰林万丈石柱，有摇摇欲坠之感。那个大诗人杨良翘又作《挨户团歌》：“凤头姐，龙头哥，天天常将队伍拖，拖到袁家界上化香坡（按：即今天子山袁家界，昆仑峰即此），至今不敢过黄河。［诗人自注］黄河：康中乡地名。”（按：此即源于昆仑峰下的黄河。康中乡即今中湖乡）前章所述三国曹操书记官陈琳作《大荒赋》，诗中阆风、县圃、天门、灵域、羽人、丹丘，皆为屈原故乡天门昆仑符号。汉代刘安著《淮南子》：“经纪山川，蹈腾昆仑，排阊阖（按：指天宫之门），沦天门。”

这里的昆仑，显然指的就是天门山之昆仑。此之“天门”是耸立在大庸城南的实实在在的自然之天门！

汉·焦延寿《易林·比之八·姤（gōu）》载：“登昆仑，入天门；过糟丘，宿玉泉；

开惠观，见仁君。”

大意是：如果你想攀登昆仑，进入天门的话，中途要经过糟丘（按：“糟丘”实指天门山南侧的“豆渣山”，乡里叫豆渣为“糟”），还要在玉泉寺住宿（按：天门山顶古有玉泉寺。玉泉，又作“灵泉”。晋·周朴《宿玉泉寺》有“夜听猿不寐，山高月上迟”诗句。又大庸溪枫香岗乡有玉泉寺，今传庙门古联：“**法雨来玉泉，宗风仰高庸**”），然后才能打开“惠观”（按：此“惠观”指天门山古昆仑宫，亦即黄帝宫。唐代在旧址重建后改名天门山寺，古尊“天宫帝阁”），拜见仁慈仁义的玉帝——黄帝。

这段文字包罗了今张家界市内的昆仑、天门、糟丘、玉泉四个现实存在的地名，构成了一个完整的昆仑符号链，全世界的“昆仑”都不可能拥有！我怀疑此书作者必定亲身考察过天门昆仑，否则，他不可能如此熟悉这方的古地名。

《搜神记》卷十三载：“昆仑之墟，地首也。是维帝之下都，故其外绝以弱水之深，又环以炎火之山。”句中“昆仑之墟”，显然指的是天门昆仑。昆仑之山是当然的“大地人之首”。所谓“帝之下都”，指的是黄帝初建轩辕国的地方，在天门昆仑之中央仙山（熊罴岩），后黄帝北伐中原，旧都（云中朝廷）当然降为“下都”了。“弱水”指环绕天门山下的茹水（茹澧）。“炎火之山”即矗立于天门山之东南侧的“火焰山”。四大符号与天门昆仑对接。

杨良翘有首《寄万仁山副官·吟兰书记》诗：“庸城立马跳壶头（按：天门山），两戒河山战不休。……知否昆仑今夜月，有人遥盼武襄侯。”（按：唐开元间僧一行倡“山河两戒”之说[王应麟《玉海》卷二十]）此诗所写清末民国时发生在天门山下的一场地方派别之战，杨先生将天门山直写成昆仑，说明他对天门昆仑的历史早有洞察，虽无有与人争讼昆仑之意，但无意间道出了个天大的秘密：昆仑即天门！就是武陵源的青岩昆仑峰，也尊天门为祖。乾隆五十五年（1790），武陵源文风村邓家修建庄园，其碑文云：“语云人杰地灵，邓翁益信。山原逶迤，发自天门。水流曲折，沼乎澧兰。”（碑文载《武陵源区志》，湖南人民出版社2006年版，第96页）这个元明将相、举人之家，似乎深谙青岩昆仑与天门昆仑之间的从属关系，故留下“发自天门”之句，实乃高人之见！请注意：“沼乎澧兰”四字。在极度偏僻闭塞的武陵源昆仑大峰林中，山民连写碑文都不忘纪念屈原，可见屈原当年深入古索国访问仡索先祖，留下“焉有石林，何兽能言”八字名句，已经在赤县奥区留下了不可磨灭的印象。倘若屈原没亲历此地，这些山民有什么必要刻上伴随屈原一生的“澧兰”情结的诗句？

这里还有一个重要信息，清乾隆己酉科拔贡、《慈利县志》纂修皇甫如森作《五雷山赋》：“这等首山毓秀，名传壶头［天门山］之隈。尔其脉分岷岭，支衍天门。五岳乃是宗派，五老乃是弟昆，五台联为羽翼，五岭作其篱藩。群岫盘旋，俨如侍卫；诸峰罗列，直若儿孙。……嵩梁十六峰西临兮，黛色累累；洞庭八百里东望兮，湖光晶晶。……盖兹山崇隆之体，郁葱之象（此即天门‘葱山’之谓也），实扶舆磅礴之气所钟。”（载赵辉廷、陈自文编选《慈利古诗五百首》，第67页）赋中尊壶头天门为“首山”，天下山脉均由天门分支发脉。支衍：分支衍变。五岳只是它的派系，五老（峰）只是它的小兄弟，五台山是它的翅膀，五岭是为它护院的篱笆；群山盘绕，是它的

侍卫，诸峰耸立，则是它的儿孙。

——这就是屈原笔下天门山高耸神州大地、至尊至高至大、威武独专的“首山”形象！

皇甫先生将壶头、天门、嵩梁三个主要名称全部列出，意在铁定天门就是首山！首山者，昆仑之首、万山之宗也！

黄帝采崇山铜铸刀铸鼎而称其首山，乃万国之首、人类之宗也！

明正德年间（1512），永顺宣慰使彭世麒之第十二子彭明道作《白山石刻竹》（十六句选九）：

泰山之固，盘石之坚。月楼为记，万古千年。……崔巍翠壁，脉承昆仑[1]。青葱郁郁[2]，不磨天成。志士住此，十二彭君。以言其父，龙虎将军。月楼其号，明道其名。万代之后，瞻仰斯铭。楚山之祖[3]，福石之宗[4]。……

[注]（1）脉承昆仑：言刻之白山，脉发天门昆仑。（2）青葱郁郁：天门昆仑又名“葱山”“葱岭”。可证此之“昆仑”就是与永顺毗邻的天门昆仑。（3）楚山之祖：指天门昆仑乃楚山之祖山。楚山：泛指大武陵众山。（4）福石之宗：福石，指永顺老司城之后山，因称“福石城”。此指天门昆仑乃福石山之宗山。（该石刻位于永顺三家田乡，摩崖犹存）

临末，再出一证，晋·干宝《搜神记》载：“赤松子者，神农时雨师也。服水玉散，以教神农。能入火不烧。至昆仑山，常入西王母石室中随风雨上下。”赤松子原为崇山一代祝融，称“崇山君”，后辞朝归隐天门。此之“昆仑”即天门，“西王母石室”即天门山神母洞。古有神母祠，一名王母宫。

六、天门昆仑版权流失于汉武帝

一南一北万丈绝壁之上天生两个巨大窟窿，居然孕育出一个影响人类从人间自然图腾向神界宗教图腾演变的超级文化符号——昆仑，从而极大地丰富了地球人类创造的文明内容。

在本章第三节已破译的《穆天子传》中，得知周穆天子曾先后五次到大庸核心境域，三次上天门昆仑，而此时，万里西域根本没有昆仑的记载。但为什么自汉朝后，天门昆仑的名称莫名其妙地飞到大西域广袤大地？后来，几乎连喜马拉雅山脉也囊括其中，“喀喇昆仑口”一直抵达新疆与印度交界处。长期以来，广大人民对这一重大秘密毫无所知，殊不知早就记载在司马迁的《史记》中：

“而汉使穷河源，河源出于田（按：今属新疆于田县），其山多玉石，采来，天子案古图书，名河所出山曰昆仑云。”（《史记·卷一二三·列传第六十三·大宛》）

大意是：汉朝使者（按：指张骞）寻到了黄河的源头，黄河源出于阗国，那里的山上盛产玉石，使者们采运回来，天子查考古代图书，命名黄河所发源的山为昆仑山。

白纸黑字，写得清清楚楚明明白白，大西域新疆（乃至以后的西藏）的昆仑山之名，正是汉武帝刘彻站在长安向西一指而抛过去的。时在汉元鼎二年，即公元前115年。史载：是年，“张骞使乌孙还，西域始通于汉”（翦伯赞主编《中外历史年表》，第111页）。说起来，汉武帝指于阗为昆仑，还是采纳了使臣张骞的建议：“且臣得而以义属之，则

广万里，重九译，致殊俗，威德遍于四海。天子欣然，以骞言为然。”（《史记·卷一二三·列传第六十三·大宛》）

大意是：况且如果真能如此，并进一步用道义使他们归属，就能扩张土地上万里。又通过多次反复翻译交流，以至于臣服不同风俗的人民，汉朝天子的声威恩德就可遍布于四海。天子很高兴，认为张骞的话对。

汉武帝采纳了张骞的建议，当即命令张骞从蜀郡的犍为派遣秘密行动的使者，分四路同时出发，各自向前推进一二千里路，但中途受阻，汉使被杀，只好改从滇越，终于打通夏的道路。张骞继而跟从大将军卫青攻打匈奴。此后，威恩兼施，反复与西域各国进行友好往来，并不断对反抗者予以征剿，最后大体实现了扩张疆土的目标。

——这就是困惑两千一百年、错断两千一百年、讹传两千一百年、曲解两千一百年、论争两千一百年的天门昆仑版权流失的真相：原来这是汉武帝为了扩张大汉疆土而策划的一个国家战略行动！

其实在汉武帝时期，昆仑之名并没有因皇权之威而很快在西域落地。为了实现向西方扩张的目的，武帝多次西征，并先后在酒泉、武威、张掖、敦煌等地设郡。大汉的领土，已突破青藏高原的东沿，向西推进万里，大昆仑的威名亦随着西征而得到强化。从这个意义上说，出产于古大庸——今张家界，天门昆仑的名称西移，是对大中华一统所做的重大贡献。18年后，即汉后元二年（前87），汉武帝死。

此后，经过历代的宣传，特别是通过一些文人肆意曲解《穆天子传》，虚构编造，登峰造极，昆仑神话于是从天门昆仑嫁接到西域。连天门昆仑八条神水及众多相关地名也悄悄地在西域落户。但是，强扭的藤儿结不出真生的瓜，由于“水土不服”，在后来所掀起的昆仑文化大论战的浪潮中，几乎所有名称都无法与西域山水对接。实质上，一直到今天为止，西域昆仑仍然只是一个抽象的名称符号，根本不可能找出一二“昆仑”的原生点和所有相关的山水名称发生点。它告诉世人这一不变的法则：历史地名是永远搬不动也改变不了的固化文物；所有因人而迁的地名，充其量只是一个虚无的符号，永远永远也不可能“进化”成“原生点”。

这里，再举两例，**让诸君读者明白皇权势力是如何逐步升级，终于彻底地把天门昆仑版权葬送在西域大雪山中的**。元书《太祖记》载：“十六年……太祖（成吉思汗）历大雪山。”“十七年春，诏封昆仑山元极王，大盐池惠济王。”《元史·郭宝玉传》：“帝驻大雪山前，时谷中雪深二丈。诏封昆仑山元极王，大盐池为惠济王。”

关于成吉思汗诏封大雪山为昆仑之事，他的顾问——元代杰出的少数民族旅行家耶律楚材曾随他征战西域、中亚达6年之久，见证被升格为昆仑的大雪山的真面目，并写进《西游录》云：“升（登）金山，啖瀚海，逾昆仑。……时方盛夏，山峰飞雪，积冰千尺许。”

无独有偶。时为道教全真派代表人物丘处机（长春真人）不远万里赶到成吉思汗行宫八鲁湾觐见太祖，后由跟随他游历西域的弟子李志常编著《长春真人西游记》云：“……上（指元太祖）驻跸大雪山之东南，今

则雪积山门百余里，深不可行。”八鲁湾，属阿富汗兴都库什山系，山极高峻，雪终年不消，故有大雪山之名。太祖封此山为元极王，并指认为昆仑。这种以昆仑定国土疆域标志的做法，其实是师承汉武帝，相距约1105年。

五十七年后，元世祖（忽必烈）置太祖已封大雪山为昆仑于不顾，又命都实探索河源，以阿尼马卿为昆仑。都实，元朝少数民族旅行家，女真人。元至元十七年（1280），他奉元世祖命勘察黄河源，历时四个多月，终于发现黄河源头“火炖脑儿”即星宿海。纠正了《汉书》中所述黄河源头为伏流重源的非科学说法，也彻底否定了西部黄河出昆仑的千古谬讹。仁宗延佑二年（1315），翰林学士潘昂霄根据陪同他踏勘的阔阔出的口述，写成一部河源志。

如此反复折腾，“昆仑”简直成了皇帝手上的小猴帽，可随心所欲赐戴。不过，它总算让我从欺骗中看清了这些由古人信手指定的所谓昆仑的狰狞面目：**“积冰千尺”“深雪二丈”“雪积山门百余里，深不可行”“雪终年不消”**。当代学者何新先生对昆仑的解释用字极其简洁：雪山。（《宇宙之问》）诗人毛泽东先生对昆仑的解释是：“飞起玉龙三百万，搅得周天寒彻”，而到“夏日消融，江河横溢，人或为鱼鳖”，**可证这个“昆仑”非寒即涝，乃人类一大祸害**，所有美好、神秘、神圣全都荡然消失，只有一身的寒颤、恐怖、绝望。换句话说：全中华乃至全地球的民族人类都被汉武帝给“涮”了。至到当今止，丢在大西域2133年（前112年–2021年）的“昆仑”，至今还没完成关于“昆仑天堂”包括具体地址在内的所有历史元素架构的安置、建设，都没有确定，没有实指中心点，只仅仅是一个虚无的名称概念。毛主席早看出端睨，干脆对昆仑说：“不要这高，不要这多雪。”甚至提出把昆仑砍成三截：“一截遗欧，一截赠美”，送给欧、美两洲，剩下“一截还东国”——即给作恶多端的小日本也留一截，冻死他们。原诗中“还中国”就改成“还东国”了。这绝对不是玩幽默！

一代巨人、伟人、圣人，一个空前绝后的民族英雄，并没有被古人的一个伎俩所涮。

关于天门昆仑版权西流之后的状态，有一段最有代表性的文字，值得一读：

“灵琐，闻一多先生读为灵薮，谓即县圃，亦即《穆天子传》‘清水出泉，温和无风，飞鸟百兽之所饮食’的春山之泽，先王所谓县圃。（闻一多《古典新义·离骚解诂》）其义至精。案：此即所谓‘天池景观’。在荒凉枯索的黄土高原或沙漠充斥的地带，渺无人烟的高山之颠忽然出现‘天池’，风和日丽，气候适中，水源丰沛，生物繁茂，初民当然视为仙境，屈原亦必十分向往、顾恋（又，《涉江》称昆仑之巅为‘瑶之圃’，有玉英可采食，所以怀疑‘天池’四周或水泉中有玉石矿床暴露，与此昆仑又称‘玉山’暗合）。昆仑在西北方，其原型最可能是被夏人、狄人集群拜为‘天山’的祁连（昆仑、祁连一音之转……并与‘天——祁连·昆仑’有对音关系）。”（参见萧兵《楚辞的文化破译》，第136页）

这段文字前大部分对昆仑的描述，与天门昆仑极似，可“昆仑在西北方”一句就说砸了。至少有三处纰漏：第一，错断《穆天子传》所记春山县圃在西域沙漠雪山。笔者即将全方位破解春山县圃即今张家界市崇山天门。萧老师显然也受了“言昆仑必西域”

的影响。第二，误判屈原《涉江》之本义。经考，屈原不曾到过西域，诗中“瑶之圃”就在他的家乡天门昆仑。天门山又作群玉之山，山顶今有瑶池、天池、丹池、灵泉及数年一度的万丈绝壁天门飞瀑（俗称“天门山翻水”）。第三，不合自然生存法则：既然是“荒凉枯索”“沙漠充斥”“渺无人烟”的高山之巅，又怎能独善其身地产生“风和日丽、气候适中、水源丰沛、生物繁茂”的天堂“天池”呢？2007 年夏，笔者一行曾随旅游专列做了一次“西域昆仑行”考察活动，目睹祁连山之巅白雪皑皑，银装素裹，与萧氏所言大相径庭。我断定那山顶上绝对找不到“天池”，即便有可作“池”“湖”的洼地，也只能是永世不可融化的“冰池”。笔者曾专程考察了距祁连山西去数千里的乌鲁木齐那个“天池”，也是山上冰雪耀眼，池畔寒气砭骨，绝对是可观不可居的险恶之地。因此，我们有理由怀疑：远古“夏人”“狄人”能在这冰国之巅找到“昆仑天堂”吗？

——这，就是千百年来昆学家为之津津乐道、为之争讼不息的昆仑“天堂”“天国”“花园”“乐园”“伊甸园”和“人类文明的中心和发祥地”！

怪不得连“潘金莲”“西门庆”及曹操墓也要死争的“符号大战”的旅游经济时代，至今还不见西域诸省、自治区开辟“**大雪山昆仑天堂死亡游**”的项目呢！

其实，关于汉武帝、元太祖、元世祖诏封昆仑于大雪山（阿尼玛卿山）的史实，苏雪林前辈早在她的《昆仑之谜》中作了详尽表述：“汉武帝考定昆仑公案。汉武帝为我国历史上有名勤政远略之帝王，亦迷信神仙最甚之帝王也。彼以欲断匈奴右臂之故，遣张骞使月氏。……‘天子按古图书，名河所出曰昆仑’。（《史记·大宛列传》）……武帝固为好神仙之君主，习闻昆仑一大仙山。（金氏子按：可证武帝孤陋寡闻，不知昆仑在南方的大庸天门山）又习闻河出昆仑，闻骞言则大喜，以为由河源以索昆仑，则昆仑可得，仙人可睹，不死药可致矣。其后遣张骞使乌孙，必曾嘱其对此仙山，再切实探索。顾骞为诚悫（què，诚实）之人，不善为谎语，觅昆仑不见，惟有据实回奏。司马迁：‘今张骞之使大夏也，穷河源，恶睹所谓昆仑者乎？’可证也。武帝于心不甘，则另派他人往。所谓‘汉使’必为其他使臣，而且不止一批。（《大宛列传》言：‘汉率一岁中，使者多者十余，少者五六辈，远者八九岁，近者数岁而返。’）此类使臣之派遣虽为政治关系，顾亦必负有寻觅仙山之使命，渠等亦未觅得昆仑，惟报告于阗（田）之山多玉，武帝谅以屡求此山不得，无以解嘲于廷臣，遂根据古图书所言昆仑条件，而指于阗之某山为昆仑。”（《昆仑之谜》，武汉大学出版社 2007 年版，第 488 页）

苏先生这段文字将汉武帝指于阗为昆仑的背景全过程梳理得一清二楚了，**证明汉武帝完全是随心所欲、无中生有的瞎指。元太祖、元世祖则步汉武帝之后辙，也依样想当然地瞎封。这本来很滑稽的把戏，居然让代代史家将这一虚假的命题当了真事争论不休**。其中有个重要理由，认为汉武帝指于阗为昆仑是因为“案古图书”昆仑三大条件皆合于于阗，这更是假上加假了。三大条件一曰“在西北”，一曰“多玉石”，一曰“河源之所出”。笔者无缘得见这部“古图书”之真容（估计此“古图书”除了汉武帝，全中国人民都未必见过），但就以这三个条件立论，简直不值一驳。一曰“在西北”：笼而统之，大而无

当，“西北”何其大！有悖判定准确地标基本常识；所谓“（黄）河源之所出”：此事早就被张骞及上百个使臣反复查考而彻底否定了的事实，此条件还管用吗？黄河源与于阗相距数千公里，清末、民国、当代时期的学者不会不知道吧？所谓“多玉石”，且不说昆仑的真正面目到底如何，普天之下多玉之地也不止于阗一处吧?!

且读《穆天子传》日记所记他先后五次游历大庸天门昆仑的全过程，其中有关于在这一带开采宝石的记录：“季夏丁卯，天子北升于舂山（崇山）之上，……孳木华不畏雪，天子于是取孳木华之实，持归种之。……天子于是得玉荣、枝斯之英。……”“癸巳，至于群玉之山（天门山），庸成氏（按：一代庸王之后）之所守。……天子于是攻其玉石，取玉版三版三乘，玉器服物，载玉万只。天子四日休群玉之山（天门山），乃命刑侯待攻玉者。”“庚寅，至于重雝（yōng）氏（崇庸氏）黑水（在今永定区温塘镇黑潭）之阿。……爰有采石（宝石）之山（按：位于今大庸所古城之花岩村，有专文），重庸氏之所守。曰枝斯、璇瑰、役（代用字）瑶、琅玕（gān）、玪（jiān）㺰（代用字）、□□、玗琪、录（代用字）尾，凡好石之器于是出。……五日丁酉，天子升于采石之山，于是取采石焉。天子使重庸氏之民铸以成器于黑水（今永定温塘之黑潭）之上，器服物佩好无疆。乙丑，……送天子至于长沙之山。”

又：清·熊国夏《天门山赋》：“仙溪拖皮练，惊七宝之珠球。”（按：天门七宝为：金、银、琉璃、砗磲（qú）、玛瑙、琥珀、珊瑚）

如上所载，穆天子一次性在天门昆仑“载玉万只”，这算不算是“昆仑多玉石”的铁证呢？至于“在西北”，前文已大量引录古典中关于天门昆仑位于“楚之西极”“西隅名山大川居多，稽诸瑶池、昆仑咸在流沙弱水 [澧水] 之外……慈为楚西极边”等文字，一点雨一点湿地记录在案，与大西域冰山雪岭死亡之地不在一个概念之内，岂能由一位帝王瞎指就将昆仑之版权褫（chǐ）夺之、迁移之、篡改之?!汉武帝孤陋寡闻，不知穆天子早他850余年之前就数次西征夺地掠宝，却没给西域记下一字一句关于“昆仑”的信息，而先后五次深入古庸国境内叩访天门昆仑，并一次又一次满载珍宝而归。说明昆仑版权还掌握在大庸人手中。**850年过后，汉武帝发起数百人去西域探河源、找昆仑的群众运动，依然一无所获。**不曾想从古至今的一大批昆学家居然依据汉武帝一手炮制的伪史展开了一场旷时两千多年关于西域昆仑的口舌战争。汉后的大量凡涉昆仑文献，基本上全都依武帝之封将昆仑指向西域，误导中华民族两千年！清末近代最著者如魏源、张星烺（lǎng）、顾实等。张、顾等甚至以武帝之谬论为导向诠释早武帝850多年的《穆天子传》，把穆天子明明记录的群玉之山——天门昆仑之丘强解到大西域，等于是说：850多年前穆天子征西域没发现昆仑，850年后，汉武帝发起群众运动寻找西域昆仑又一无所获，本已构成铁案，汉后的史家却反以武帝之谬论误读瞎解《穆传》中的昆仑，在汉武帝所犯的错误上再升一级。我不太恭维地说：**汉后至今，所有关于西域昆仑的教科书、地图、理论观点、文学作品、影视等，全都是在汉武帝造假基础上的克隆、编造、延展、虚构，它已经彻底地丧**

失了昆仑之本旨、之本真、之美好、之神秘、之价值、之意义；所有关于西域昆仑的论战，几乎全都是以汉武帝炮制的虚假的伪命题立论而展开的毫无学术价值、毫无论战意义的“窝内斗”！

七、“神仙之地，发于天门”

——屈原笔下天门昆仑神话起源地之发现

“贵真人之体德兮，美往世之登仙。”（《远游》）

屈原诗中，总共涉及了90多个有名有姓的历史人物和各路民间鬼神，构成了一幅宏大壮丽的天上、人间、地府混沌世界。梁启超对此曾作过特别评价：“在世界文学作品中，除了但丁《神曲》外，恐怕还没有几家够得上比较哩!?”陈子展也认为“屈原远比荷马、但丁、歌德、莎士比亚更为伟大”。荷马留下神话史诗《伊利西特》和《奥德赛》；但丁留下长诗《神曲》；歌德留下民间传说长诗《浮士德》。除了荷马（前850），屈原（前353—278）远比但丁（1265—1321）、歌德（1749—1832）早。一部伟大的史诗，代表的不独是一个诗人的创作最高成就，折射出的是一个国家、一支民族、一个时代的历史之辉煌、文化之高度。

不可否认，屈原诗是中国古代文化史上唯一一部文人创作史诗。从某种层面讲，也称得上是一部伟大的神话史诗。有学者把屈原诗中的神话传说与《山海经》相比较，甚至怀疑屈原诗或比《山海经》更早。事实上，除了《九歌》人物是完全的民间俗神仙鬼，特别是《天问》，所问170多个问题，大多数涉及神话或已经演绎成神话，成为人神杂糅的特殊综合体的历史人物。而且，这些远古史中的若干历史人物和著名神话，大多都发生在天门昆仑中心地，这是古代中国诗人、作家原创文学作品的千古一例，极大地丰富、深化了天门昆仑神话体系的主题内容和神话发生学表达环境。实质上，还有大量为屈原诗作补证的神话故事至今还流传着。例如，湘西土家族史诗——土家族仪式歌《摆手歌·开天辟地》中，写“张古老补天，李古老补地”的发生地也在天门山。他们用“五色石头补天上”“天上有个月亮照空中，是张古老补天时挂的灯笼；地上露珠滚动，是张古老补天时滴下的汗珠。张古老补天做成了，李古老还瞌睡沉沉打鼾。……张古老摇他鼾呼呼，南天门上擂天鼓”。后来，一个老娘一胎养八个子女，名气力、蛮力、长手、长脚、杉卡、杉索、冗比、补所。因为老娘生病想吃雷公肉，几兄弟就想出赶起十二头水牛糟蹋粮食惹怒天庭的主意，他们烧起冲天大火，吆喝得地动山摇，惊动了上帝墨特巴：“凡间一片呼声，何人玩啥把戏？天门土地禀告：凡间出了坏事，有人糟蹋五谷。”墨特巴命令雷公下凡调查，反被气力和蛮力兄妹捉住关在铁笼子里。后来，好心的冗比和补所给雷公烟抽、给雷公水喝，雷公得烟火烧通了铁笼得以逃命，人间从此惹下天祸，雷公为了报复，要放齐天大水淹了人间。天上女神雨恶阿巴劝他不能灭绝所有人类，雷公懂得报恩，就向凡间丢了一颗葫芦种子，给冗比、补所兄妹俩，葫芦种子很快发芽、牵藤、开花、结果，长成仓屋大的葫芦。一时，“三山五岳埋水底，

整个凡间一扫平”“补所跳进葫芦里，冗比跳进葫芦里……葫芦顺着水漂，葫芦随着水流，漂也，流也。天门边搁住，古王界顶搁。”兄弟俩得救了。为了繁衍人类，婚姻神士义图介要兄妹俩成亲，于是就有滚磨子、葫芦藤、烧烟子等故事。但二人就是不同意结婚。士义图介最后说：“再往古王界上跑跑吧！”于是兄妹“古王界上去了哩，古王界上跑了哩”，结果兄妹二人在古王界上大碰头，这是“天意”。于是，兄妹成亲繁人。（参读《开天辟地》，《中国民间歌谣集成湖南卷·永顺县资料本》1988年内刊版，第48页）

古歌中所唱的“南天门上擂天鼓”“天门土地禀告”“天门边搁住”“古王界顶搁”等四个关键地名，全都是天门山当今还在叫的实地实名，并非想象中的神话之名。故天门山又有“葫芦山”之称，俗称“金线吊葫芦”。是东方“诺亚方舟”的原生地。为了纪念“张古老”补天的功德，将他居住过的大庸溪之四坪叫“张古庸”。四坪，远古庸人最早筑四方城的原址，今名四坪村（见《大庸县地名录》1982年版，第30页）。“古王界”位于天门山西北约20公里的永定沙堤乡羊池村之后山，其山东麓为古王溪（《市典》第594页），山之西麓为茅溪、大庸水。此之古王界，又名长茅山，是古代崇山古庸王创造茅土授封原始法典的圣山。明·湘北参政郭榧《茅山叠巘（yàn）》：“崇山巍峨楚城西，山畔苞茅浥（yì）露齐。万里龙蟠归一统，林村砧杵逐晨鸡。”诗中点明此之“苞茅”——长茅山恰位于崇山楚城的西部，“楚城”指大庸国古都古人堤故城（今张家界市之中心）。明代邻县沅陵人王儒真为此撰《菁茅赋》，曰：

“惟兹苞茅，生而异类；一茎三脊，拔乎其萃；爰芬藑（qion 藑茅）苾，为祥为瑞。……故用之为祭也；……嗟夫，先王制礼，后王荐修，历代未泯，万世流传。作古今之仪范，继天地之皇猷；昭诚宣化，与国咸休。予是思之，用述其由，记其功用，于以示讽，勿剪勿伐，宜栽宜种，冀其于万斯年，不失沅江之底贡。”又有“既著之夏典，又荐於周室”之说（唐·路荡《拔茅赋》）。

古王界还有个十分传奇的名字叫九日山，其上有九日寨（今名长茅山村），九日庙遗址犹存。是远古苗族英雄射太阳神话的原生地（见《中国苗族古歌·都果都让》），亦是后羿射日神话的原生地。所谓“古王”，应该是古代主持苞茅授土祀仪的一代庸王。长期以来，南方创世文明的地之中央——“中国”——大庸帝国的地位一直以空白地带被遗忘，被疏漏。更因了汉武帝将代表地之中央的天门昆仑瞎指给西域大雪山——于田，从而由此形成了一整套全面颠覆中华远古文明始创史、源头史的“基础性理论”——黄帝昆仑西来说——即氐羌说、雪山说、牧羊一族说便产生了。所以说：昆仑中央的宗主地位不彻底平反归位，中华煌煌正史就不可能正写！而让其归位的唯一途径就是归还天门昆仑的原创版权，而这个“原创版权”的核心内容就是天门昆仑神话的起源地位的确立。齐·黄闵撰《武陵记》云：“壶头山边有石窟，即马援所穿室也。……北山头与东海方壶山相似，神仙所游集，因名壶头山也。”此壶头山即天门山。“穿室”即南北对穿的天门洞。这里正是远古神仙家，隐逸家游集圣地。屈原曾在此洞辟谷隐居两年多，著《悲回风》《远游》。

前面已经引录了大量关于天门昆仑被历史界定为“神仙窟宅”的证言，这里再出一证：

“神仙之地，发于天门。”（《狐首经·势原篇》）

“昆仑之山，名曰地心，扶桑日出，揜（yǎn 掩）山日入。”（《狐首经·天原篇》）

上句“天门”与下句“昆仑”相呼应，这是断定“天门”即“昆仑”最古老的又一原始证据！

关于“昆仑地心”之说，楚族史诗《黑暗传》有载：

“度下开天辟地斧，昆仑山上讲根由。传下徒弟混沌仙，混沌未分有一山。天心地胆在中间，盘古老祖他在先。”

此“天心地胆”与“昆仑地心”是同一个概念的两种说法，故又称“中央仙山”，亦即西方所说“昆仑山是世界的中心和天的大门”（《世界文化象征辞典》）。所谓“扶桑日出”，不在山东，也不在日本，更不在墨西哥。史界认为“榑木”即“扶桑”，窃以为是绕了大半个中国版土的臆解，他们不知道中华域中还真有“扶桑”，更不知道它的原点就在天门昆仑之东南约50公里的扶桑村，亦即扶桑坪、扶桑溪，属辰州——今沅陵县七甲坪乡——西王母、东王公出生地、古扶桑国即此。“天门”“昆仑”“扶桑”三大核心地名符号捆绑一起，“天门昆仑”的概念就可以注册到历史的钢板上了。《黑暗传》又载：“混沌山上十八祖，青龙岭上昆仑山，昆仑山上起青烟，三千七百神仙洞，八百洞中降神仙。……昆仑山中地方宽，山中有山山上山，无数洞府神祖占。”

这段唱词所写昆仑神仙洞府，不正是众家所言天门昆仑“神仙窟宅”吗？

先说说令人陌生的《狐首经》。它是一部古代葬坟地理著作。“狐首”，出自“狐死必首丘”。与另一部葬书《青乌经》构成姊妹篇。《轩辕本经》：“黄帝始划野分州，有青乌子善相地理，帝问之以制经。”《抱朴子·极言》：“黄帝相地理则画有青乌之说。”［注］“青乌，彭祖弟子。”又《文献通考》：“秦有青乌子，著《青乌经》。”《风俗通》：“汉有青乌子，善术者。”说明青乌子已固化成古之堪舆家的专用名号。《柳宗元文》有“子孙百代承麟趾，谁之言者青乌子”句。本境永定徐术坡村李必棚（与李自成有关联）墓联云：“谁擅青乌祀，成此白玉楼。”《解难二十四篇》问：“葬者，大事也。学必有源，宗必有经，世所之传，其说不一，图书甚广，何者为要？”答曰：“《狐首》《青乌》等经，其来旧矣，莫知为何代书契。相传既久，讹舛多途。郭氏者公所著《葬书》，皆本其旨。”或说《狐首经》为黄帝所知。

说到青乌子，桑植县官地坪镇还真有个“青乌村”，李书泰先生考证此地可能与青乌子出生地有关（宋泓锡《自然风水学》序）。经查，官地坪1958年11月前还属慈利“青阳乡”，又有颛顼曾为观测西北天象在此居住过的“高阳村”。特别是黄帝曾在此地“大咸池”“小咸池”向当地盐巫习“咸池”之乐舞，古遗迹古地名尚存。由此分析，这部《青乌子》，或有可能就出产于桑植青乌村。

《狐首经·势原篇》又载：“众水归元，

天门渐长，富贵之地。……势如重屋，茂草乔木，开府建国。”

注意：此之“开府建国”与“昆仑地心”之论，有意无意中记下了一个重大秘密，即：“在天门昆仑的中心——地之中央开府建国。”此之“国”，最早应推东王公、西王母在扶桑所建扶桑帝国，因东王公史称“扶桑大帝”，抑或是“辰州符（祝由科）”传承者祝融所创大庸帝国？因《尚书》载有“庸帝”；抑或是黄帝在中央仙山创建的“云中朝廷——轩辕帝国”？因轩辕自称“黄帝”。

这是一个个不得了了不得的信息群！因为这三大帝王联系着三大帝国；全在天门昆仑境内！！

这个“昆仑中央地心”，正是神话产生的源头，与古人所传“天门仙山”“中央仙山”“神仙窟宅”形成文脉捆绑支持。所谓“众水归元”，元者，始也、长也、大也、首也。归元即归属于元之山——天门昆仑。由此分析，《狐首经》极有可能出产于首山——崇山一带。此前，笔者已破译“首山”“首丘”即天门崇山——万山之首、之宗。出生于崇山、创建崇山熊馆大学的大巫祖、大学问家、大教育家善卷，死前曾说过一句话：“某得归返故乡，死正首丘。”此“首丘”即指其生养他的故乡崇山！（参读倪民《三皇五帝追踪》）与此同时，从《狐首经》《青乌经》二书中发现“神仙之地，发于天门。昆仑之山，名曰地心”的重大信息，最终得以为界定“中国古代神话发源地在天门昆仑”的论断落槌定音。

现在可以这样说：古史上最早以诗歌形式书写天门昆仑，并如数家珍般留下如此众多美妙而珍贵的关于天门昆仑文化地名信息的人物只有屈原。诸如天门、昆仑、县圃、阆风、瑶台、瑶之圃、清都、阊阖、天阍、扶桑、咸池、茹澧、赤水、黑水、流沙、汤谷、增城、空桑、风穴（天门洞）、丹丘（澧口故里）、飞泉（天门梅花泉）、沧浪（天下沧浪之源出自鬼谷子的“鳌鱼沧浪”卦格，生发地位于屈原家门口之茹澧）、四维岩山（屈诗：“斡维焉系？天极焉加？”）、不死之旧乡（仙人溪）、石林（今武陵源三千石柱奇峰）等不下30余处之多！就凭这一组庞大的天门昆仑（地名）和一批成方阵走来的昆仑神话历史人物，就可断定屈原故里必在天门昆仑山下无疑！或者说，唯其这片壮丽恢宏的历史与神话的沃土，才是成就屈原创作中国伟大“神曲”的先天因素和灵感之源。加上一个战国纷争的乱世和大起大落的人生遭际，终于引爆了诗人对故乡的那种汹涌澎湃的激情和冲天诗情，于是，堪称东方文明古国第一部——或说最后一部伟大天才的巨匠之制在古庸国里诞生了！局外人见“天门”就以为是西游记神话中的“天宫南天之门”；见“昆仑”必联想到汉武帝所指的于田——或汉后扩而大之的西域大雪山，当然就埋怨屈原为何不在诗中给家乡留点地名线索，以致让多少人误读、误解、误判屈原诗中的文字本意及文化背景。乃至由此产生对屈诗真假的怀疑及对个人人格的轻薄。

那么，将昆仑冠以“天门”，又有何证据？我说只要立论准确，就必有一些蛛丝马迹的证据存在，否则，昆仑即窟窿的论断就是伪命题，当然就很难服众了。且先读《海内十洲记·昆仑》：“山三角：其一角正北，干辰之辉，名曰阆风巅；其一角正西，名曰玄圃堂；其一角正东，名曰昆仑宫。”笔者读到这条珍贵信息，即不假思索地报出三个地名所处准确位置：1.正北阆风巅：巅，山之顶。即今天门洞之顶偏西正北山顶边沿的“盆景石区”。所谓“阆风”之名，即从“天门风穴”而来。屈原浪漫神游“登阆风而緤马”即此。2.正西玄圃堂：“玄圃”又作“县圃”“悬圃”“瑶之圃”，是天门、崇山、七星山、中央仙山四大昆仑空中花园的专用古称，亦是中华万年史前人类之四大祖山的初名。玄圃堂准确位置在今天门山西部凌霄台（即李娜木屋西）；相传为黄帝所建昆仑五城十二楼其中之一座“仙楼”。正东昆仑宫：位于天门洞顶正东的云梦仙顶，亦为黄帝建昆仑五城十二楼其中之一楼，因天门窟窿而得名昆仑宫。《穆天子传》说：“吉日辛酉，天子升于昆仑之丘，以观黄帝之宫而封□（崇）隆之葬，以诏后世。”“癸亥，天子具蠲（juàn）齐牲全，以禋（yìn）□（祀）昆仑之丘。”该文还有穆天子行守护黄帝宫、封谥（shì）黄帝陵之大祭大礼的重大信息。

晚清大学者章炳麟《答铁铮书》云：**“观其阆风、玄圃为神仙群帝所居，是即以昆仑拟之天上。”**是说所谓阆风（天门）、玄圃（崇山），自古是神仙群帝居住的地方，不过是把昆仑（实地）比作天上（虚空）罢了。我以为是古今一语道破天机第一人。与《狐首经》所言“神仙之地，发于天门”吻合。由此可证屈原诗中所写自己追随赤松子“轻举”遨游，与众帝众仙会聚于云端天宫玄圃，其实是实指家乡天门崇山，与黄帝在熊罴岩建轩辕国称“云中朝廷”同理，并非一些注家所指谪的屈原有消极遁世求仙出尘思想云云。

八、杜甫诗画天门昆仑

杜甫（712—770），字子美，祖籍襄阳，生于河南巩县，是我国历史上最伟大的诗人之一。杜甫晚年，朝政衰微，战乱频仍，穷愁潦倒。约在760—770年，开始长达10年的“漂泊西南天地间”的流寓生活，其时遍游湖南三湘四水，特别在崇山昆仑一带滞留很长一段时间，这是诸多学者被忽略的重重一笔。笔者为此特别收集到杜甫全诗，从中发现了一批杜甫所写崇山、昆仑的诗作，才知道至迟在唐代，天门昆仑仍然无视汉皇圣旨而顽强保留着它的王者至尊。

1.《九日寄岑参》：“维南有崇山，恐与川浸溜。”

这是笔者发现继裴夷直写“崇山郡”后所发现的唐代第二个直写崇山的诗人。可证杜甫上过崇山。杜甫在大庸流寓日久，此后又浪游西蜀，作《扬旗》诗，中有“此堂不易升，庸蜀日已宁”句，发现大庸国与蜀国的族戚关系，为后人破译庸蜀同源共祖秘史提供了一个重大信息。

2.《戏题画山水图歌》：“十日画一水，五日画一石。能事不受相促迫，王宰始肯留真迹。壮哉昆仑方壶(1)图，挂君高堂之素壁。巴陵洞庭日本东，赤岸水(2)与银河通，中有云气随飞龙。舟人渔子入溆浦(3)，山木尽亚洪涛风。尤工远势古莫比，咫尺应须论万里。”

[注释] ⑴方壶：大庸天门山万丈绝壁

穿山石洞，其洞形远观似一把巨形玉壶，故称壶头、方壶、玉壶。清嘉庆六年拔贡、嘉庆二十六年《永定县志》纂修熊国夏作《天门山赋》：“是以幽探谢屐（谢：南北朝文人谢灵运），景入溪囊。形号方壶仙境，纂留鬼谷元方。赤松子丹九成而有灶，周文史封三暂而若堂。”明嘉靖《常德府志》载：“壶头山，县西二百里辰州界。《汉书》云此山与东海方壶相似，故名。马援军度处有嵩梁山，山有石开处数十丈，其上名曰天门。援战壶头不利，即此地。”不必怀疑，杜甫“昆仑方壶”写的就是昆仑天门。这是诗人站在古庸都古人堤——唐代为崇义县城远眺天门昆仑山的壮丽景象。⑵赤岸水：此指位于昆仑天门之西今桑植境内的赤水，一名赤溪河，位于桑植城之西。⑶溆浦：今溆浦县。远古舒庸国即此。此“舟人渔子”指屈原，屈子有“入溆浦余儃佪兮，迷不知吾所知”。此之“溆浦”，天下只有一个，距天门昆仑之南约200公里。一个“方壶”、一个“溆浦”，一省两地南北相望两大铁证，锁定杜甫画中的“壮哉昆仑”必定是天门昆仑无疑！

3.《同诸公登慈恩寺塔》：“回首叫虞舜，苍梧云正愁⑴。惜哉瑶池⑵饮，日晏昆仑丘⑶。”

[注释] ⑴虞舜、苍梧：这两个符号界定诗人所写内容在湖南。⑵瑶池：此之“瑶池”应指天门昆仑之上的“瑶池”。⑶晏：同“宴”。“昆仑丘”指天门昆仑之丘。此二句是表达对曾经与友人在天门昆仑饮瑶池之仙水，又宴酒于天门昆仑禅寺往事的怀念。

[按] 诗人把虞舜、苍梧与天门昆仑瑶池绑在一个连句中，与司马相如“历唐尧于崇山兮，过虞舜于九疑”，及汉代刘向“旋车于崇山兮，奏虞舜于苍梧”、宋代苏轼“尧在崇山舜九嶷”等三大名家均是同一个表达模式，本身具有不可撼动的证史价值，而杜甫在《九日寄岑参》中有“维南有崇山”句，与上述众诗形成诗域地名对接。一证杜甫曾亲登天门崇山，二证天门崇山即昆仑。

4.《木皮岭》：“忆观昆仑图⑴，目击悬圃存⑵。”

[注释] ⑴忆观昆仑图：是说杜甫回忆当年曾在大庸古国故地友人家欣赏昆仑画作。此即前诗《戏题画山水图歌》所画天门昆仑山水图。⑵目击悬圃存：是说诗人曾亲自站在古庸城（古人堤）远看过对面的悬圃崇山，证明昆仑悬圃确实存在，亦证杜甫已发现天门昆仑与崇山悬圃同处一地的重大秘密，反证屈原诗中昆仑县圃就在故乡天门崇山。

5.《将适吴楚》：“不意青草湖⑴，扁舟落吾手。……日车隐昆仑⑵，鸟雀噪户牖。”

[注释] ⑴青草湖：杜甫作《宿青草湖》自注：车湖，南青草，北洞庭。⑵日车：相传羲和为驾驭太阳车之神。此指太阳。隐昆仑：是说黄昏之时，太阳已隐落在洞庭西极的天门昆仑山后，鸟雀的叫唤声传入百姓的窗户。诗人将洞庭湖与千里天门昆仑捆绑一起，形成周游两地互证。

6.《阻雨》：“伫立东城隅，怅望高飞禽。草堂乱悬圃，不隔昆仑岑。”（岑：cén，小山）

[按] 此诗是写诗人因下雨滞留庸城之东某客栈草堂，无限惆怅地望着高飞的鸟儿，却发现前方崇山悬圃与天门昆仑并列一

起的动人气势。此诗十分准确地记述了古庸都与前方崇山与天门成三角相依存态势的视觉关系，与屈原笔下的昆仑县圃形成百代对接。亦可证杜甫所言“目击悬圃存”是站在庸都亲眼目睹对面崇山天门悬圃的存在。昆仑岑指横亘天门山前的小山，实指今张家界市官黎坪的伯阳坡。而草堂的茅草因风吹而扰乱了崇山的视线。

7.《后苦寒行》：“蛮夷长老怨苦寒[(1)]，昆仑天关冻应折[(2)]。”

[注释] (1)蛮夷：蔡传：南夷崇山。《尚书》：放驩兜于崇山以变南蛮。刘伯温：“久反蛮夷在此间。”（留在大庸桥的《青天碑》谶[zhèn]言）蛮夷多指崇山南蛮古国。(2)昆仑天关：天门昆仑天关有二，一关位于中央仙山东南麓的中柱垭“天南关”，民国设天南乡，实为黄帝轩辕国的南城门。古关石门犹存。清代本境诗人田昌大集句《天门积雪》，即有“下满坑谷高陵危（苏轼），昆仑天关冻应折（杜甫）”句；二关在天门山与崇山之间的仙人溪口，名“天崇关”，古为仙人溪长寿国的北卡门，民国设天崇乡，以远古崇山著名关口命名。杜甫诗中能如此准确无误地记下天门昆仑的两大“天关”，真是神助之笔，由此确证诗人冒雪从天崇关、天南关登昆仑、中央仙山（熊壁岩）的细节，局外人又怎能识破个中细节之谜！

8.《魏将军歌》：“披坚执锐略西极[(1)]，昆仑月窟东崭岩[(2)]。”

[注释] (1)西极：古指天门昆仑为楚之西极。(2)昆仑月窟：指月色下的天门窟窿。民间俗称“天门眼”“天门洞”。崭（zhǎn），高峻，高出。崭岩，此指高峻万丈的天门昆仑。

9.《奉赠太常[(1)]张卿二十韵》：“方丈三韩外，昆仑万国西[(2)]。建标天地阔，诣绝古今迷。……”（载《全唐诗》卷224–5）

[注释] (1)太常：有三解：一、人名。黄帝得六相，其中有太常，沅陵人。屈原之母修氏即沅陵人。二、地名。因太常之人而得太常乡、太常村。在天门山之南的沅陵。三、官名。秦代称奉常，汉景帝时更名为太常，为九卿之一。此诗太常张卿即是。(2)昆仑万国西：与本境屈原后裔《告祖祠》“祝融佳人伴夜郎（指新郎），繁衍百国围嵩梁。……万国九洲拜蛮都，庸亡国碎血染堂”对接，可证古传祝融建万国很可能是荒古时代的一段正史。天门山即嵩梁山，亦即昆仑，处楚之西极。大庸国都城即今市中心之古人堤，此为三皇祝融所创“万国九洲”的“蛮都”。由此可断定杜甫所写此之昆仑即天门是他亲眼、亲历之实景。

10.《寄韩谏议》：“今我不乐思岳阳，身欲奋飞病在床。美人娟娟隔秋水，濯足洞庭望八荒。…… 芙蓉旌旗烟雾乐，影动倒景摇潇湘。星宫之君醉琼浆，羽人稀少不在旁。似闻昨者赤松子，恐是汉代韩张良。昔随刘氏定长安，帷幄未改神惨伤。……”

[按] 诗中岳阳、洞庭、芙蓉、潇湘四个地名符号锁定诗人身处湖南。而羽人、赤松子、张良三个特定人物则是界定诗人正寓住大庸。屈原诗云“仍羽人于丹丘”，“羽人”即崇山驩兜三苗羽人；赤松子即炎黄二帝之雨师，初为古庸国一代大帝，称“赤帝”，苗语“赤索子”，亦即今张家界武陵源

古索国创始人，今天门大坪有赤松山、赤松村、赤松溪、赤松桥、赤松丹灶、赤松大王庙，张家界上袁家界有松子岗、松子城等古地名；张良则追随屈原、赤松子先后隐居天门昆仑、武陵源昆仑峰。这是一组拆不开的大庸古圣人史证链。

11.《奉先刘少府新画山水障歌》："……闻君扫却赤县图，乘兴遣画沧州趣。……得非悬圃裂，无乃潇湘翻。悄然坐我天姥下，耳边已似闻清猿。……沧浪水深青冥阔，欹岸侧岛秋毫末。不见湘妃鼓瑟时，至今斑竹临江活。……"

[按] 诗中潇湘、湘妃、斑竹等均在湖南洞庭，毛泽东诗中亦有以此典故，如七律《答友人》："帝子乘风下翠微，斑竹一枝千滴泪。"可证杜甫正流寓湖南，此诗亦必写于湖南。"赤县"，经笔者破译，其中心地在赤帝祝融诞生地崇山县圃。"悬圃"，指天门崇山，典出《穆传》"春山（崇山）之泽，……先王所谓县圃"。"悬圃裂"，此指昆仑崩裂出一扇世界天门之奇观。"天姥"，天门昆仑山下有十六峰环绕，其一峰曰"天姥"。玉皇洞石窟摩崖石刻天门十六峰云："玉堂琢器玉壶空，丹灶老僧道不同。笔架修文金匮上，将军演武漆园中。弩牙善射高远柳，猿点怀刑箭杆戎。天姥负儿书室转，簸箕手执盖鸡笼。"诗中"天姥"又名"王母峰""婆婆峰""祖婆峰"；"猿点"即指清猿老祖，一名白猿老祖，实为隐居天门山中的**鬼谷子白公胜**；"沧浪水"，在屈原老屋潭口七里潭，鬼谷子白公胜《分定经》有"鳌鱼沧浪格"卦辞；"欹岸侧岛"，"欹（yī）"，叹美词。岛，指潭口澧水河中之"洲岛"，此即名载古籍的潭口丹丘——大鳌洲岛，古时面积达500余亩。把鳌鱼沧浪与丹丘岛并在两个句子中，形成一个极为严密的屈子故里潭口地名证据链，故可肯定画家所作山水图，一定有潭口的画面。亦由此证杜甫必定亲临踏查拜谒屈原老屋场潭口丹丘。

杜甫诗中"新画山水"图，其题材内容可判定为天门澧水。

在古代诗人群中，以数量如此之多直写大庸天门昆仑县圃，并涉及已被历史遗忘的庸蜀、道国、舒国、赤县、神州，乃至屈原故里沧浪、丹丘、羽人、赤松子、张良、天门十六峰等，杜甫为第一。这得益于他因避战乱而漂零寓居湖南大庸的苦难经历。"支离东北风尘际，漂泊西南大地间。三峡楼台淹日月，五溪衣服共云山。"（《咏怀古迹五首》）这"五溪"正是大庸五溪（有专解）。又道："多忧污桃源，拙计泥铜柱。……南为祝融客，勉强亲杖屦"（《咏怀二首》）。"桃源"指常德桃花源；"铜柱"指湘西溪州铜柱，建于后晋天福五年（940），楚王马希范铸，原立古丈会溪坪，后移至永顺王村。在《诸将五首》中，又唱"回首扶桑铜柱标，冥冥氛浸未全销"句，此"扶桑铜柱"显然指湘西扶桑和铜柱。扶桑在天门山之东80里扶桑村；"南为祝融客"，是说在崇山拜谒祝融，做了崇山的客人。这些不可移动的地名人名句子，是杜甫游历湘西桃源、大庸、永顺、古丈等地的重要证词。与《奉寄章十待御》"湘西不得归关羽"形成"湘西"符号链。

关于杜甫所写崇山、昆仑、悬圃、扶桑、赤县、神州、祝融、武陵、澧水、羽人、湘西等符号的诗还有若干首，全部发生在今张家界古庸国核心地。因为诗句神思飞跃，牵扯太远，故不再选。

我说：大庸张家界人民有理由**为诗圣杜甫塑像立碑**，永世铭记这个唐代伟大诗人为这片土地所留下的文化财富。这不仅是一种感恩，对确认中华大昆仑的源头在大庸张家界更是具有极其重要的考据意义。

九、本土民间诗文咏昆仑

桑植白族祠堂《拜祖词》：“山有昆仑水有源，花有清香月有影。竹根有笋林成荫，莲蓬定从节上生。”

永定《屈氏族谱》清代序（之十二）：“爰为采访、征文考献，如探河源者，溯星宿、查山脉者，宗昆仑，即我祖之前后，疑者阙之，信者传之……”

凌空有仙子。（元·杨钠《玉壶峰》）

此景属仙家。（元·杨钠《弥勒峰》）

深厚连坤轴。（元·杨钠《金匮峰》）［注］坤轴：地之中心。杜甫诗：“杀气南行动坤轴。”该句暗指天门山为地之中心。

灵泉响幽谷，逍遥捐上真。［注］上真，天界神仙。李商隐：“莫羡仙家有上真。”《仙源峰》

元·余阙《天门书院记》：“道民于厚，天门之墟。”［注］墟：原有许多人家聚居而现已荒废了的地方。此指天门昆仑之废墟。

潇湘自古名山地，屈子遗芳致生泪。……
官舍前对天门山，奇峭颇亦具峰峦。……
我欲乘槎附张骞，拨开云雾问神仙。
（清·许绍宗《山行有感》）

我民受兮公之福，蛮心化兮天门开。
（宋·刘子澄《嘉惠庙碑·迎送神之歌》，载《澧纪·典祠》，第392页）

大块迥风云，窟拥盈胸之势。辟门叫阖，灵气于以往来；披阅扪天，云物为之启闭。……青云之梯石共登，……形号方壶仙境，篆留鬼谷元方。赤松子丹九成而有灶，……举头天外，通帝座于微茫。……阿阁之东西闶阆，……（清·熊国夏《天门山赋》）

［注］窟：指天门窟窿。辟门叫阖，门阖即天门。披阅扪天，意为开门摸天。云物启闭指天门开合。云梯、方壶、鬼谷子、赤松子、帝座、闶阆（又高又大的天门）等，均为天门昆仑符号。

左携赤松右浮丘，下视八极尘埃浮。
（元·张兑《天门山图》）

［注］赤松:指天门赤松峰。浮丘：因浮丘子荐王子乔上天门而得名浮丘山。

隔巘闻咿咋，扶桑日色东。（杨钠《鸡笼峰》）

［注］扶桑在天门东南80里扶桑村（有专解）。

一尘无处著，毕竟是仙乡。（明·沈钟《高远峰》）

民惟勤穑事，壤本接仙乡。（清·金德荣《永定风土四十韵》）

悬崖峭壁隔尘寰，上有仙人学炼丹。
（明·叶守礼《丹灶峰》）［注］此炼丹者即赤松子。

采药仙人去不还，尚有金匮架岩端。
个中必有长生诀，何日攀跻试一看。
（叶守礼《金匮峰》）

［注］仙人：指赤松子，民间为其建赤松大仙庙。炼丹：指赤松子在天门山炼丹，今存丹池。金匮：指天门十六峰之金匮峰。

阊阖(1)晴开曙色葱，星收华盖(2)月朦胧。
仙鸡唱丑桃都黑(3)，羲驭扶桑海峤红(4)。
岚气暖蒸三岛(5)暖，觚光彩绚九霞重。
壮游记得蓬莱境，石砭云关辇路(6)通。
（明·朱蕴《天门曙色》）

[注] ⑴阊阖：昆仑之天门。⑵华盖：《晋书·天文志》称“天皇大帝上九星曰华盖”。⑶仙鸡、桃都：《玄中记》：“东方有桃都山，山有大树，名曰桃都，枝相去三千里，上有天鸡，日初出时照此木，天鸡即鸣，天下鸡皆随之。”⑷羲驭扶桑：羲和为驾驭太阳车之神；扶桑为神木，太阳从此出。今天门山东南之80公里处有扶桑溪、扶桑村。海峤指海中仙山。实喻天门诸峰——耸立在朝日云海中，有似海中仙岛。⑸三岛：此将天门等山喻比海上三仙岛。⑹辇路：天子乘车马往来之路，暗指“壮游华夏”的西周天子穆满曾三次登天门昆仑之丘。

万仞悬崖图画里，四时仙境鸟声中。（明·吴佐《天门唱和》）

神仙仿佛在方外，洞庭⑴分明在目中。（明·张帷《天门唱和》）

九重阊阖深严处，咫尺天阶怅望中⑵。

锁钥⑶半开云出洞，广寒⑷未闭月悬空。（明·周莹《天门唱和》）

[注] ⑴洞庭：此指环绕天门昆仑的四条洞庭水——桑植上峒、下峒的洞庭水，蹇家坡的洞天（庭）河，永定协和乡的洞庭溪，王家坪乡的洞庭溪（注：沅江洞庭溪）。⑵阊阖：九重天门。天阶：登天宫之台阶。⑶锁钥：指开天门的钥匙。⑷广寒：天国广寒宫，相传嫦娥仙子居此。天门山顶西南侧有“**嫦娥里**”；西北二十里有吴刚砍桂树的“月斧山”；西北四十里有后羿射日的九日寨。这是一个完整的嫦娥神话符号群。（后有专文）

到此仙风吹面面，更于何处访瀛洲？”（清·王前培《游天门山》）

绕遍孤峰与茂林，清池一点照天心。（清·杨瑛《天池》）

[注] 天门山顶有天池、瑶池，一作天心堰。

六月天漕飞瀑布，倒泻银河出仙溪。（清·田荣超《山中口号》）

[注] 天门昆仑极顶，有天漕堰，平时干涸无水，或逢某年久旱不雨，突然喷出一股大水飞泻下山，蔚为奇观。此即神秘莫知的“天门翻水”。此天门昆仑千古之谜也。

又：两山凿穿一门空，一门劈开两山通。

多少神仙关不得，长年只许白云封。

昔闻张子房，从此赤松游。……

巍巍帝者师，何事谋归休？……（清·罗复《赤松山》）

攀藤跻险到高峰，忘却非仙觅赤松。

壁上篆文皆甲子，炉中丹气亘秋冬。……

几次欲寻丹灶处，洞门却被白云封。（清·罗振笏《游赤松山》）

翠壁何年凿？藤萝匝地缠。（《石门凝碧》）

飞瀑来何处？仙源不可寻。（《天漕飞瀑》）

凭高一眺望，云海隔蓬瀛。（《玉峰晴雪》）

荒烟杳霭处，昔有仙人住。（清·俞永弼《丹灶飞烟》）

天阊对敞高舒眼，帝座遥通任我呼。（清·罗振骞《望天门山》）

[注] 天阊：天门。指天门洞开南北。帝座：一指天门昆仑仙界之玉皇大帝，二指黄帝。

莫谓山高空仰止，此中真有上天梯。

凌空积雪望天门，高处生寒接帝阍。（清·愈良模《仙径云梯》）

闻道仙人别有溪，沙滩平远涨痕齐。（清·徐奏钧《仙溪纱雨》）

仙溪有仙踪，沙雨飞极浦。

何处觅仙人，鼓枻（音意，桨）招渔夫。（清·罗光典《仙溪沙雨》）

天门高耸不可接，古刹嶙峋不可攀。（清·汤立贤《永定竹枝词》）

半壁尚余龙虎气，三山空筑帝王台。（民国·庹悲亚《旅行天门山有感》）

[注] 三山空筑帝王台：三山，指崇山、熊罴岩（中央仙山）、天门山。《山海经》载崇山有轩辕、帝喾、帝尧、帝舜、帝共工、帝丹朱等六台；熊罴岩（中央仙山）有凤凰台，传黄帝命乐官砍昆溪之竹制笛，并为黄帝演奏于此，招来凤凰起舞唱鸣，因得名；天门山有西周天子穆满祭昆仑之台。《穆传》：“癸亥，天子具蠲（juān）齐牲全，以禋祀昆仑之丘。”北周帝宇文邕登天门祀南望

亦筑大祭台。

雄风踞地望天门，笑月吟风爪下吞。(朱国挺《狮子岩》)

西南嵩梁十六峰，东瞰洞庭八百里。(向魁鼎《登五雷山》)

天门山不朽，侠骨共嶙峋。(魏湘《周该》)

遥看山势插云根，突兀天门第九村。(胡公威《紫金山》)

直把尘氛扑三斗，天门顶上认星红。(朱之材《望天门山》)

西眺天门十六峰，暮霭偕珠岩共灿。(朱佐君《奎星楼赋》)

君不见，永定天门之山摩云天，惟有孺人节孝之高堪齐肩。(胡公辅《前题》)

天原积气天何门，岩窦窥天若阖掀。春天天色天门麓，秋月天门月影皦。(赵拱乾《望天门山》)

书院规既就，牍额曰天门。(邹湘倜《书虞文靖公〈天门书院记〉》)

层岩削壁莫由从，石径天开洞府重。(于旭《天门山》)

天门一山插南斗，奇崖怪石无不有。……
截得梅花万万株，洞天福地相眩惑。……
既不假古圣贤灵异迹，助我声色腾我誉。
亦不借梅花枝下销魂意，招惹游客如鹜趋。
只恃本来面目好，一峰峰自出尘表。
静待当今搜奇人，拨雾穿云来探讨。(清·戴联科《天门山十六峰歌》)

天外有天天不夜
山上无山山独尊

——明·李自成（为天门山寺大山门作）

天本仙山通，与泰与恒与华与嵩与衡并出重霄，五岳归来谁不看；

门疑神斧劈，时云时雨时雷时风时雪重开太极，八星底蕴此平分。

——民国大庸南社诗人庹悲亚撰

天若有情，三千界直通呼吸；

山能配兵，十六峰罗作儿孙。

天作高山，山高作镇；

门通大道，道大通神。

仰惊六字窍，变成几多雨，几多雾，几多雪，几多风和雷。时出时入，时往时来，多少神仙谁镇住；

俯视众山小，看破一个嵩，一个衡，一个恒，一个泰与华。自南自北，自东自西，个中底蕴此平分。

——以上载张顺畅主编《大湘西旅游对联选》

天门仙山(《天门山碑》)

天门仙山

——当代金庸题甲申年

十、天门昆仑逸事

（一）天门昆仑生物记

……天堰泄银河，讶千丝之瀑布；仙溪拖匹练，惊七宝[(1)]之珠毬。……尔其秀气独钟，群材并育。布叶崇阿[(2)]，垂条林囿。岩桂秋香，山梅春馥。玉盖仙芝，金英逸菊。龙鳞挺偃盖之松，天帚列倒垂之竹。薜萝挂于巉岩，兰惠生于幽谷。枣梨橘柚，云披而蓊郁离离；栝柏缏楠[(3)]，风靡而灌丛簇簇。以及龙须充药圃之材，虎荆列园林之木，无非嘉卉之葳蕤[(4)]，而山灵所孕毓[(5)]者也。更有锦凤白鹇，文狼元鹿[(6)]。苍膺振翮以遥冲，狡兔竞驰而蜷伏。仙禽之翅大如轮，小鸟之身轻若谷。狙工联臂[(7)]，悬绝壁以吸泉；玃[(8)]

喜同群，拿纠枝而转辘。駓騃(9)毛群，翩翩羽族，逼仄嬉游，骈田饮啄(10)。他如伏翼飞鼯，蟉虬长蝮(11)，光怪陆离，纷腾征逐。又不独鸟衔花落于碧岩，猿抱子归于青麓。为先哲所品题，补山经于简牍。况乎胜状无穷，随时俱丽。晖含旭日，莺花迎笑以呈妍；凉透蕙风，风竹摇声而荫翳。挹秋高之爽气，岚光与二酉(12)俱清；领冬朔之凝寒，雪色偕七星连缀……（引自清·熊国夏《天门山赋》）

[注] (1)七宝：金、银、琉璃、砗、玛瑙、琥珀、珊瑚。西周穆王姬满曾先后三上天门昆仑，攻取玉石以百车计。(2)崇阿：远山。(3)栝柏缏楠：四种树名。栝（音刮），桧树；缏（音鞭），古代一种名贵大木。(4)葳蕤（音威瑞）：枝叶茂盛状。(5)孕毓：孕育。毓（音育），生育、养育。(6)文狼元鹿：文狼，似人之兽。《水经注》："朱吾以南有文狼人，野居无室宅，依树止宿，鱼食生肉，采香为业，若上皇之人也。"元鹿，善良之鹿。《易》："元者善之长也。"(7)狙工联臂：狙（音巨），猴子；工，长于，善于。善于联臂自绝壁而下饮水的猴子。(8)玃（音决），大猴也。(9)駓騃：兽行貌。《张衡赋》："群兽駓騃。"駓（音鄙）；騃（音四）。趋曰駓，行曰騃。(10)逼仄嬉游，骈田饮啄：逼仄即逼侧，相迫也，《洛阳伽蓝记》："浮图高大，僧房逼侧。"骈田，聚会罗列。《张衡赋》："骈田逼仄。"骈（音偏），聚集。(11)蟉虬长蝮：蟉虬（音女求），传说中有角的小龙，此处形容龙蛇行之曲貌。蝮，一种毒蛇。(12)二酉：即沅陵二酉洞。据倪民《三皇五帝追踪》新解，此为黄帝第二藏书洞，第一在天门册府。

（二）天门昆仑异闻

1.仙人溪巨蟒吸人：屈原"一蛇吞象，厥大何如"？故事发生地就在天门北麓仙人溪犀牛潭之麻纸坪蟒蛇溪。

2.野人：《梁书》载："梁元帝承圣元年（552）十二月，天门山获野人，三日死。"

3.犼（音吼）：清同治《续修永定县志》载："同治二年（1863），邑南有异兽，大如牛，尾似团扇，口阔，径直如盆，周身红毛，长数尺，噬人及诸恶兽，或以为犼云。"

4.独角兽：1984年4月，天门山药场工人郑玉如等人在天门山顶天堰附近发现过。

5.米猴：三四寸长，又名哈叭猴。民国《大庸史稿》载："此猴体小，可藏在人的衣袖内，供观赏。"

6.鬼车（九头鸟）：俗言"十个湖南佬，抵不上一个湖北九头鸟"。《续修永定县志》引《齐东野语》云：邑南有"鬼车，俗称九头鸟，耳圆如箕，十肢环簇，其九有头，其一独无，而鲜血点滴。每脰各生两翅，当飞时，十八翼霍竞进，不相为用，至有争拗折伤者。"清罗福海诗云："鬼车夜半谁相唤？周赧坟头杜宇声。"

7.犀牛：天门山西北仙人溪有犀牛潭。《淮南子·地形训》载："南方之美者，有梁山之犀象焉。"天门山又名梁山。

8.绿毛鱼：明弘治《岳州府志》载："天门灵泉，在天门山顶，泉中鱼生绿毛。载《天门赋》，晋周朴有诗。"

（三）屈原诗中天门昆仑八条神水

1.黄河：位于桑植县黄河村，源于今武陵源天子山昆仑峰，沿途有黄河垭、黄河台、黄河庙、黄河村，注珠泽（汨湖），伏流二十里注溇水。

2.赤水：⑴桑植赤溪河：源于永定神州界。⑵沅古坪赤溪河：源于永定沅古坪镇李家村。

3.黑水：位于温塘镇黑潭。

4.白水：⑴桑植白水：一名西水。全长约60公里。⑵慈利江垭镇白堰村白水。⑶沅陵白河：又称酉水，此为中国最长、流域面积最大的白河。源于湖北宣恩县椿木营，经来凤卯洞入湖南龙山，至沅陵注沅水，全长约400公里。沈从文笔下的白河即此。⑷沅古坪白河：又名白岩溪。全长约50公里。屈诗：“朝吾济于白水兮。”王注曰：“淮南言白水出昆仑之源，饮之不死。”《文选·思玄赋》：“斟白水以为浆。”⑸桑植樵子湾白水：古称白水源。

5.青水：在永定西溪坪胡家岗村，一名青溪。位于青溪口村民小组。

6.洋水：本境有二：一位于永定阳湖坪镇洋池村。洋池因洋水聚而为池得名。二位于沙堤乡（古流沙）水洋池村。水洋即洋水，土家“左言”倒装句之称谓。

7.流沙（水）：主流在永定沙堤新城区。流沙区域涵盖新桥镇国土全部，流沙面积约占永定区国土的六分之一。

8.弱水：一名茹水、若水、澧水。源于桑永交界的天泉山，经茅岩峡、漩水，下至龙盘岗大巫山（大历山），此为茹水上段，再至潭口——屈原门口，又自潭口至慈利县阳河乡，境内有茹溪，古茹国即此。全长约120公里，为九澧之一的“茹澧”。

上述八条昆仑神话（文化）地理河流，均紧紧环绕天门昆仑四周，构成一个辐射五百里的天门昆仑文化山水体系，为人类、为神仙提供了一片创造梦想家园、天堂仙国的巨大平台。千百年来，这些被打上“昆仑神水”的普通河流，曾被多少人苦苦追寻、苦苦探索，甚至因寻找不着而将其归入“神话传说”使之成为虚无，殊不知这八条神水至今仍好好地存在着，有声有色地流淌了亿万年。汉后昆仑学界把昆仑八条神水瞎指向西部沙漠及雪山，但因“水土不服”，至今都找不到适合嫁接（造假）的地方。

（四）屈原故乡七十六处神仙窟宅

1.天门：即举世闻名的天门山一扇天之大的——“窟窿”，从而成就了人类一个伟大的天堂之梦——昆仑。她是当然的昆仑之祖。人类第一个认识登天之门的祖先是出生于天门之南的盘古氏。未来他的儿子东王公、女儿西王母，便成了这座圣山的主宰。“赫赫我祖，来自昆仑”，根出于此。祖：盘古、东王公、西王母。

2.南天门（后天门）：与天门山南北并列的七星山。在海拔约1400米的山之南侧一孤峰之顶，洞开一门，被称为南天门，创造了世界昆仑两大天门的自然奇观。

3.阴门（地门）：俗呼“大洞”。位于屈原故里屈家坊北部后社溪（新桥镇）伏流6公里出洞，注前社溪（古屈邑，今阳湖坪镇），洞门豁然开朗，高宽大小与天门山之天门相当，故与“天门”配成宇宙阴阳二门，名曰“阴门”，又作“地门”。远古时期，祝融、驩兜

祭“四渎之神”，不选澧水沅江，单远阴门之水，是谓“社溪”。屈原殁后，古庸国遗民将屈原祀为四渎水神，代代祭祀，是为“社祭”。后建桥，名社溪桥。上世纪桥毁坛没。

4.日月岩：位于潭口。一穿洞圆如日；一穿洞如半月。这一“日”一“月”神似形更似的两个袖珍登天之门，比邻而生，有如孪生兄妹。因了人们的更深层面的神话想象，使之成了神界日月光明不息的象征。从此，这里成了古庸人祭太阳神的大祭坛——“丹丘”之名由此而来。而历史的因缘让人不可捉摸，人类最伟大的爱国诗祖屈原成家故里就在日月岩下，巧合的是，屈原祖姓“屈”的由来就出自那个刚出之半“月”——“朏”（音“菲”），可又有谁能识破其中的天机？

5.昆仑门：在北昆仑峰（今之武陵源）。20世纪80年代初，被一位中央高官一口更名为“天下第一桥”。这个名字算是把昆仑之门的另一层意义说穿了：大凡自然石门，仰观为“门”、俯瞰为“桥”。而在昆仑神话中，人要进入天界，必穿过28道天门，再过28座天桥。故天门山又得名“桥山”“梁山”（桥梁之谓也）。《导游湖南》介绍说：“天下第一桥——此桥原叫‘古庸桥’，因其附近曾有一庙宇名为‘古庸庙’而得名。桥面宽约4米，厚约10米，跨度约50米，相对高度约350米，故名‘天下第一桥’。”（李玉兵《导游湖南》，中国戏剧出版社2008年版）或说“天下第一山门”。

6.仙人桥：万丈绝壁天生一座贴崖天桥，宽仅1–2米，厚2.7米，长24米。桥下云飞云涌，则成了一扇贴崖而建的巨大天门。这大概是昆仑峰第二个“世界第一”的奇观。有人往往对一些号称“第一”的作派表示反感，可如果武陵源没有这些“第一”的绝活儿，又怎能成就伟大“昆仑”之大名？

7.鹰咀门：在张家界鹞子寨海拔1300米的老鹰咀山顶，石壁洞开，一门中空，长约30米，高约20余米，宽15米，是武陵昆仑山系中位置最高的天门桥山。

8.东天门：位于天子山东南壁，状呈长方形，酷似人造之门，高约25米，宽约10米。

9.南天门：位于天子山东南半山，底宽约20米，高约40米。

10.北天门：位于黄石寨五指峰背面，即登黄石寨半山之卡门。

11.西天门：位于天子山西部登山入口半山。左为一面厚仅2米、总面积约2500平米的巨大石屏，右为石峰，中穿一缝，是谓西天门。

12.天眼：位于张家界森林公园琵琶溪西北方向，“望郎峰”左有一石峰，状如村妇，向西北眺望，正前方千米石峰之上，穿一圆孔，直径约20米，朗然透天，民间俗传“望郎峰，望穿石壁”，一只“天眼”——或曰一座圆形天门。这是昆仑天门中最小者，也是最奇者。

13.天灶门：在西部40公里澧水岸（罗塔坪乡），有一形如灶孔的巨大天门，穹高约100米，宽约200米，进深约50米。其后有巨形天坑，深1000米，传为昆仑诸仙聚餐处，俗名仙人锅灶。

14.穿洞桥：在桑植汩落湖，亦即《山海经》所载“帝女之桑”的家乡。其门呈半月形，其上有路，门高90米，宽30米，深70米，为西北昆仑山系中最大之天门。

15.芙蓉天桥：位于桑植芙蓉桥乡，俗名自生桥。门洞高20米，桥孔高8米，宽5米，深3米，桥面长10米，宽3米，厚12米。此地有高阳村，相传颛顼曾在此观天居住。属大层楼（海拔1222米）昆仑山系。

16.神州门：位于永定区青安坪乡神州界，门穹高约50米，宽约30米，桥面长约35米，宽约8米。属神州界昆仑山系。

17.穿岩：在永定后坪镇，崇山北麓阳关（崇山古关隘）半山，有天生石门，极似人造石拱桥，俗名穿岩，其门高约15米，桥长20米，是古代登崇山三条古道之一，今为穿岩坪村，属崇山县圃山系。

18.天崇门·佳门坼：今水泥厂东北侧之“边岩”，古有一天生石桥横架山谷上，高约50余米，拱长60多米，拱宽约15米，自古为登崇山西北之古道，俗称“天崇门”。光绪《永定县乡土志》载：“佳门坼在水鸡头，崇山之支陇也，桥本一山连属。明天启时，山崩裂訇然中开（断）。其上为双水洞，水悬流至此而下入澧，相传宋田承满曾屯兵于此。”田家古堡遗址犹存。

19.天竺门：位于永定合作桥乡岩口之南山上，天生一门，高5-6层楼，宽约15米，是为天竺门，属潭口丹丘、天竺昆仑山系。

20.穿穴岩：又作“穿心眼”。位于永定王家坪镇与桃源交界处的飞溪河，其半山洞穿一门，高约20米，宽约10米。属昆仑太阳山和天傩界山系。其下有48个箱子岩（古濮人悬棺葬）。

21. 马头溪自生双桥：位于永定沅古坪镇浏月台，从半山阴沟出口处连生两座天桥，俗名自生桥。其形极似人作，巧夺天工。二桥并列，间距约25米。上、下两桥高约25米，宽约20米，进深10米，桥长约25米，宽约8米。如此天生连体两座石拱桥，堪称世界奇观。属昆仑太阳山、马头山山系。

22.地窟门——槟榔石室：位于市城西40公里罗塔坪乡。所谓“孔”，实为一巨型地下窟窿。西高东低。洞高15-25米，宽20-30米，长有5根电线杆东西排列贯通。旧志载：“(此洞)群蛮往来之所，昔徭人侵扰，邀击屈服，与之盟，划此为界，镌石人像立于道左。”明·嘉靖岳州府同知胡容作《槟榔洞记》云：“萦纡而下，豁然轩敞……巧若天造……壁上有石如笋……崖有仙机杼……小猴如贯从中出……”

23.地窟水门——柳阳洞：桑植竹叶坪乡柳阳溪出口，有阴河穿山石洞，高30-35米，宽15-20米，长约4公里，出洞注溇水，自古为出入桑慈地下古道，系北昆仑体系之地窟门，乃天下一奇。周穆天子钓于珠泽（今汩湖），曾慕名作穿洞游。

24.鬼谷双峡洞：位于市区火车站西南侧伯阳坡，山脊东西断裂两条石缝，进深各约1.5公里，各高70余米，宽5-15米，天

光一线，为古庸城近郊一景。相传鬼谷子白公胜在此隐居，因双峡之门得其灵感，创"纵横捭阖"之说，故称"捭阖门"，成就了影响世界的谋略兵书《鬼谷子》。

25.玉皇洞石窟：位于市西7公里玉皇山（一作巫山、大历山、月斧山、崆峒山等），原是远古人类居住的洞穴，清代由当地绅士李京开开凿成石刻艺术景观。洞窟分上、中、下三层，其北有巫山峰泉洞石窟。计九窟共塑石像36尊，石刻70余处。始刻于乾隆六十年（1795），竣工于嘉庆十二年（1807），是昆仑"神仙窟宅"的另一种类型。先后被列入省级、国家级文物保护单位。

26.四十八个箱子岩：位于永定区与桃源县交界处的飞溪河东侧石壁。古人在绝壁上开凿48个方形石窟，专为48个地方巫傩大师灵魂升开成仙而凿。此称"悬棺"。在古庸国地的澧水、沅江、酉水流域居多。这是古庸人人造"窟窿升天"的特殊葬俗。

27.屈原悬棺：位于潭口屈原成家第二故里簸箕塔（一口印）隔江对岸峭壁之上。女儿（女媭）将父遗骨葬此，一是叶落归根，二是合符"神仙窟宅"的庸人古俗。

上述27座（处）天门天桥、地窟地门、人凿石窟、大小不等，风格各异，是大自然与人类共创的人文自然奇迹。在一个不太大的地理单元，拥有如此众多的天门天桥地窟石窟奇观，世界无有二处（还不包括如九天洞、黄龙洞、娘娘洞、仙侣洞、燕子洞、丹寺洞、龙王洞、将军洞、天星洞等数百座巨型地下窟窿溶洞，其中已对世界开放的有黄龙洞、九天洞和龙王洞。古人称澧水一带为"神仙窟宅"，非虚妄之说也）。

这些天门天桥，地窟地门，人造窟宅，随便搬到哪国哪地，都是一道震撼人心的风景。正是如此之多之美之巨的"天门窟窿"，才构建了影响世界人类文明史的"天门昆仑"文化体系。虽因皇权扩疆拓土战略之需而将天门昆仑概念指向四面八方，乃至漂洋过海，反过来让昆仑源头从此噤若寒蝉，以至于销声匿迹，遭遇了与屈原故里相同的命运。但天门窟窿，亘古不移，你拿走了天工创造的知识版权，却无法拿走文化发生学的原点——七十六座（处）通天之门——七十六处天人共造地窟仙宅！

天门昆仑对此寂然不动，只睁一只眼睛盯着这个有趣的世界。

第三节　穆天子三登天门——引出黄帝宫、黄帝陵、黄帝册府惊天大发现

一、 屈原笔下的穆天子之问

屈原向天问难：

“穆王巧梅，夫何为周流？环理天下，夫何索求？”（《天问》）

意思是：周穆王精于策马之术驰骋四方，他为什么要周游天下？穆王周游天下，他寻求的是什么？

周穆王，姬满，西周第五代国王，周昭王之子。公元前976年继位。周穆王贪好攻伐，酷爱游山玩水，曾率六师车马，驰骋于中华域广袤大地上。《左传·昭公二十年》载：“穆王欲肆其心，周行于天下。”穆王“得名马，造父御车，乘以西游”。《竹书纪年》载：“十三年（前964）……冬十月，造父御车，入于宗周。”史载周穆王旅游天下自是年始，至三十九年（前938）“王会诸侯于涂山（按：安徽蚌埠西）止，历时26年，旅游里程达19万里”（参读《千古之谜——中国文化500疑案》，中州古籍出版社，第791页）。周穆王五十五年（前922）穆王死，在位55年，几乎一半时间在大自然中驰骋。这是五千年以来古今中外第一人、第一帝，是全球范围内旅游最早（指连续不断地以游山玩水为主要目的真正意义的旅游行为）、历时最久、行程最长的伟大旅游家，是古代人类创造的伟大奇迹，故历朝历代奉他为旅游之祖。甚至可以说，称穆天子为世界旅游之祖也不为过。屈子问周穆王周游天下的目的是什么呢？一在国土，二在珍宝，三在玩乐。而主要是珍宝，可用“穷搜极索”形容之。关于周天子周游天下之史实，穆满秘书柏夭已用日志记录在案，这本日志就叫《穆天子传》。《晋书束皙传》载：“晋太康二年（281）汲县人不准（人名）发冢，得竹书数十车，皆简编，科斗文字，杂写经史，皙为著作。随宜分析，皆有考证，是曰汲冢书。”《穆天子传》与《竹书纪年》同出于汲郡战国魏王墓中，经晋人荀勖等整理编校。凡六卷八千五百一十四字，今本仅六千六百二十二字。最早为其疏注的是西晋著作佐郎郭璞；近代有英人爱台尔、翟里斯，法人沙畹、伯希和、邵维尔，德人夏德、福尔盖等以及日人小川琢治，多以证明中国文明及中国民族西源为目的，进行有关《穆天子传》的所谓研究。国内疏注者近现代有丁谦、孙诒让、卫聚贤、刘师培、顾实、岑仲勉，当代学者有常征等。从整体上评价，多数天马行空，离题甚远。有的将穆天子行程路线指向欧亚交界的乌拉尔山，有的指向大西洋东岸，横贯欧亚两大洲。诸如伊朗高原、高加索丛林、黑海草地、华沙平原、北欧拉多加湖、俄国莫斯科……都留下穆天子的足迹。这些即在今日以现代化交通工具也不易到达的地区，而责其2900多年前之周天子及其六师之人马，岂不勉为其难？

从《穆天子传》文体风格和语言的特征分析，有专家认为与同墓出土的《竹书纪年》有很大差异，后者是一部编年史，而前者是一部日记体散文，具有一定的文学性质。比如写“穆天子之马走千里，胜人猛兽”，并“征鸟使翼”“日行八百里”，这便是关于周天子“八骏之乘”，即八匹长羽翼的骏马的故事，这显然近乎神话志怪传奇，有专家认为减弱了这部书的信史价值。还有人在读了一些注家著作或“穆天子演义”之类的书之后，则认为与《山海经》一样荒诞不经，称其为“伪书”。但更多学者则认为这是一册帝王出巡日志，由史官一路跟随实录，基本上是亲历亲闻（也不排除隐略一些高度机密之事，如掠夺、杀戮、征战。否则，何率“三师之兵”作陪？），而今人也只能承认其信史价值应远超那些关门著述者。

值得注意的是，《穆天子传》本来记录了“西征”“北征”“东征”“南征”（按：此之“征”作二解：一作征战、征伐；二作军旅。别于商旅、婚旅、天子巡旅等。穆天子率“六师之旅”周游列国，当作“军旅”），直接以“昆仑”之名出现，似乎只有“南方昆仑”，可不知为什么，在两千多年史家的研究专著中，为何一提穆天子必提西王母昆仑，对南方昆仑视而不见，毫无兴趣，这一偏见，极大地影响了中国人对神话昆仑和现实昆仑的正确认识，进而导致“昆仑”最终退出历史舞台，一个无比美好的文化符号从此消失在西部那风雪茫茫、黄沙漠漠的庞然大物“昆仑山脉”之中。

我在初读该书的时候，前四卷中，一个叫“**春山**”，另一个叫“**昆仑之丘**”的两个符号引起了我的注意，也吊起了我的胃口。这两个概念与西王母居住的弇山完全不是一个类型，而且反复出现，贯穿前四卷。其间，又出现了与春山有关联的“**群玉之山**”，似乎与“春山”又在同一个地方。这个名称我觉得很眼熟。到第四卷，先写“东征”，继写“南征”，又写东征南还。而第四卷后部分对西征、南征各地的方位、里程作了一个总结，其中提到“**南至春山**”“**昆仑之丘**”，说明“春山”在南方，而在这个春山之西遥遥数千里的地方，就是那个“**西王母之邦**”。

这一番看似枯燥的方位里程叙述，却让我大开眼界！它让我心情振奋，看到了南方“昆仑之丘”的一线“灵光”。尽管“春山”这个符号跳跃性很大，但我发现个中脉络仍十分清晰。

《穆传》的发现，无疑让虚幻迷离的“昆仑”再次成为人类的焦点。不可否认，那个把旅游、掠夺与情色愉快结合的周天子，不愧是中国古代最伟大、最浪漫也最野蛮的旅行家。从因旅游而率“六师”军队考量，这“旅游”放纵中分明透出掠夺、杀戮的血腥之气，但日记中却隐瞒不记。若总结其最闪光的情节，莫过于在西域与西王母的浪漫邂逅幽会，和在南方昆仑瞻仰黄帝宫并为黄帝陵举行盛大隆重的封谥祭奠仪式，证明那个葬黄帝的“桥山”是在“南方昆仑”而非北方陕西。这是一个可能要彻底否定陕西黄帝陵的重大信息！因为穆天子很可能是古代有文字记载的第一个亲见黄帝陵并亲自为黄帝举行盛大封谥祭奠仪式的帝王。这一发现让我目瞪口呆！从穆天子日记文字查找，今陕西黄陵就是一个根本不存在的谎言！而恰恰相反，白纸黑字记载在《日记》中的黄帝陵却在南方的天门山上！屈原在《远游》中这样写道：

“集重阳入帝宫兮，造旬始而观清都。

朝发轫于太仪兮，夕始临乎于微闾。”

显然“帝宫”“清都”“太仪”，皆指黄帝宫。“微闾”，自谦语，指诗人的家。如“陋舍”“柴门”之类。意思是：“登上天门之顶进入黄帝宫，又造访旬始星到清都参观。早晨从太仪天庭启程回转，傍晚回到澧口家中。”屈原作此诗时，正辟谷修炼于天门洞中。这天，他登上天门山顶，瞻仰黄帝宫、造访清都殿，盘桓一整天，夜宿太仪天庭。次日早晨从天门绝顶出发下山，行程约60里，回到澧口老家，正是夕阳衔山之时。这是毫厘不爽的实际路程。如有疑虑者不妨亲临一试。有人将帝宫注为虚无的神仙“天宫”，或帝高阳之宫，都不对。表面看，屈原与穆天子可能是“偶尔”撞车，其实都是历史原貌的真实写照。它让我初步断定屈原笔下的昆仑，与《穆天子传》的“南方昆仑”十分吻合。它更坚定了我意欲破解南方昆仑的信心。我的目的是要重新校正人们的视点，重新认识昆仑，进而破解屈原笔下的昆仑到底在西域还是在南方，从而探寻屈原故里的秘密。

二、穆天子三登天门昆仑，意欲何为？

《穆天子传》［卷一］“癸丑，天子大朝于燕然之山，河水之阿。……天子大服：冕祎，……奉璧南面立于寒下。曾祝佐之，官人陈牲，全五□具。天子授河宗璧，河宗柏夭受璧，西向沉璧于河，再拜稽首。祝沉牛、马、豕、羊。河宗□命于皇天子，河伯号之，帝曰：‘穆满，女当永致用□事。’南向再拜。河宗又号之，帝曰：‘穆满，示女春山[1]之宝，诏女昆仑□舍四，平泉七十，乃至于昆仑之丘，以观春山之宝[2]，赐语晦。’天子受命，南向再拜。”

上述文字记载周穆王到达北方的燕山、河水（黄河古称“河”“河水”）之滨，举行盛大的“南祭春山昆仑”活动。河宗氏柏夭受璧沉河，又沉四牲。柏夭为什么沉璧于河？这是古代天文学祭祀礼仪，叫蜡祭水庸（祝融为水庸神），沉璧于潭；苍璧礼天，沉璧于潭。天子先后两次面向南方祭拜春山昆仑。说明这年周天子尚未到达春山昆仑，但从天子的一席话语中可以看出，他对春山、昆仑的情况似乎十分向往且十分了解。

从穆天子南祭的位置分析，大约在雒（洛阳，即“宗国”之都）的正北方黄河岸（孟津之北），与湖南西北部的春山（崇山）、昆仑之丘（天门山）大体呈正南即子午方向。

注意：这段文字的核心是三个符号，一是“春山之宝”的“春山”；二是与春山紧密相连的“昆仑”和“昆仑之丘”；三是三次出现的“南面”“南向”。

周天子为何要站在黄河岸遥祭南方春山昆仑呢？有两层意思：

一是祭祖。

二是念念不忘春山—崇山—昆仑之丘的宝物。

祭谁？有三祭：一祭黄帝，黄帝是他的始祖；二祭祝融（沉璧礼天，即有祭水庸神祝融之

意）；三祭周文王。他的祖太就是周文王。难道周文王也安葬在数千里之遥的南方春山昆仑之上？

历史不会有错，祭祖可是古代国君第一件大事，决不会稀里糊涂一通乱来的。《山海经·海外南经》载："狄山[1]，帝尧葬于阳[2]，帝喾[3]葬于阴。爰有熊、罴……离朱、视肉；吁咽[4]、文王[5]皆葬其所。……南方祝融[6]，兽身人面，乘两龙。"

［注］⑴狄山：一名崇山，一作重山、充山，又作蛩山，崇、蛩声近。⑵阳：山南为阳。《山海经》曰：尧葬狄山之阳，一名崇山。"⑶帝喾:传说中的上古帝王唐尧的父亲。⑷吁咽：岳麓书社版李润英、陈焕良注《山海经》认为吁咽是上古帝王虞舜，笔者从是说，与《山海经·大荒南经》"帝尧、帝喾、帝舜葬于岳山"对接。岳山即狄山，狄山即崇山。⑸文王：此之"文王"，只能是周穆王的祖太文王姬昌。此为文王葬于崇山的最原始证据。关于文王为何选崇山作归宿地，源于庸帝鬻熊、熊绎爷孙两代助其父子在崇山熊馆创办军政大学（军庠）灭殷立周之恩。⑹祝融：南方赤帝火神，史称降生于崇山。锁定祝融根出崇山。

《山海经》在同一段文字中特地点出祝融，是告诉人们：这一帮历史巨人都会集到崇山来了。以祝融证明是南方崇山。民国版《辞源》载："祝融……民赖其德，以为火祖，配祭火星，见《汉书·五行志》。"由此得知，崇山称为"祖山"，盖因祝融火祖之故。还包括国祖。

亦由此得知，周朝之祖周文王也葬在崇山！

从周天子遥祭文王，反证《山海经》所记不虚。说明周文王的玄孙穆满天子在黄河沉璧沉牲南祭所望的春山，原来就是崇山！

关于《山海经》所载周文王葬崇山一事，一直争论不休，对文王南葬不可理喻。《楚世家》载："周文王之时，季连之苗裔曰鬻熊。鬻熊子事文王，早卒。"《康熙字典》："鬻（zhōu，音祝，不读"玉"）……又姓。《前汉·艺文志》：鬻子名熊，为周师。自文王以下问焉，周封为楚祖。"（第1457页）鬻熊，崇山祝融后裔，是殷末古大庸帝国的一代伟大庸帝，著《鬻子》，周文王、武王及成王，三代皆奉其为师。文王因庸国大帝鬻熊之助而得天下。文王死后葬崇山，一是与恩师为伴，二是与帝喾、帝尧、帝舜、丹朱、共工等先辈伟人并葬祝融故里崇山，也是一代帝王回归祖山的荣耀。

事也凑巧，八百年后（前256），穆天子的裔孙、末代周赧王时国衰式微，乃至于被强秦所掳，后割地献城献九鼎，遂得苟全。史载周灭，赧王死，葬惮孤野丘。而《直隶澧州志·陵墓》载："周赧王墓。县西十五里，有赧王山，中有大冢，封殖甚高，周列小冢四十余，或云殉葬宫嫔也。王右丞（按：指唐代诗人王维）诗：'蛮烟荒雨自千秋，夜邃空余鸟雀愁。周赧不辞亡国恨，却怜孤墓近驩兜。'洪迈容斋笔记：慈利县（按：大庸曾属慈利）周赧王冢中藏古器物甚多。旁有五里堆，皆冢也。"是说周赧王死后已归葬大庸，葬惮狐是假。于是成为一大公案。明代慈利诗人朱国挺却发现了另一重要信息：周赧王假死南征（逃），隐居先王安葬的崇山北麓，为先祖守灵，死后由庸国土著为其安葬在大庸坪上，是为赧王墓。朱先生作《周赧王陵》诗：

曾歌麦秀叹周京，革运从此不再庚。
白帝已知非赤爵，东迁谁信又南征。
沙丘二世犹为惨，坑下诸生特有情。
却忆惮狐千古聚，欲将抔（póu，捧）土笑长城。

（诗载《慈利县志校注》）

如此说来，周穆王南游春山访祖，叫前世有因，后世有缘。

(1)春山：春，与“重”“崇”“充”等字同音，古通用。《尔雅·释诂》：“崇，重也。”《左传·宣十二年》：“师叔，楚之崇也。又充也。”《仪礼·乡饮酒礼》：“主人再拜崇酒。注：崇，充也。”《永定县志》：“唯楚有材，常称充县。”此之“材”，人才也。充县，汉高祖五年（前198）置，治在古庸都（古人堤）遗址。盖以崇山得名也。清同治《续修永定县志》载：“壶头山马援军度处，在汉属沅陵，在三国属充。”此充即充县。《读史方舆纪要》载：“充城……宇文周时尝置衡州于此……崇山在充城西三十里。”大庸（今张家界）古人堤遗址汉代简牍有“**充长之印**”四字，即充县长官的印鉴，这是目前发现的关于充县最早的原始记载。翦伯赞主编《中外历史年编》载：“丁丑，汉永和二年，正月，武陵蛮围充城。”综上所述，春山即崇山、重山、充山。现在又增加了一个**春山**！

这个名字虽说是大周天子穆满亲笔载入《穆天子传》的，但关于“春”的本义却出自黄帝之子雍父发明春。穆天子在黄河南祭说了两句很关键的话：“示女（女，汝，你）春山之宝”，“乃至于昆仑之丘，以观春山之宝”。原来终极目的是念念不忘那个崇山的宝物。周天子对宝物的占有欲之强烈之执着，古代可称是无人可比的代表人物。且读《穆天子传》：“己未，……用观天子之宝器，曰：‘天子之宝，玉果、璇珠、烛银、黄金之膏。’天子之宝万金。□宝百金，士之宝五十金，鹿人之宝十金。天子之弓射人、步剑、牛马、犀□器千金。天子之马走千里，胜人猛兽。天子之狗走百里，执虎豹。”

南方昆仑——春山（崇山）真有宝物吗？有的。无宝岂能称昆仑？前文熊国夏《天门山赋》载有“七宝”。又可从本境各种文献、历史地名中捕捉到本境关于宝物的信息。清道光《永定县志》载：“宝珠山在崇山东，与观音山相近。”又载：“陈家溪，在治东，源于天门山下，东流至两岔溪，与珍珠峪水合流又北流，绕西溪坪入大河（澧水）。”又有玛瑙洞，在仙人溪（见《黎坪仙溪垱记》）。桑植县刘家坪乡有珠玑塌村（《市典》，第885页）。同书第696页又载：慈利岩泊渡镇岩市村有宝珠村民小组。天门山东南66公里处王家坪镇八家河村与四墩溪村之间有太阳山，是民间著名传说老大、老二乘飞鸟捡金子的故事发生地。在桑植苦竹坪乡，也有一个金子山村。又，瑞塔铺有金塌（坪，土语）。官地坪乡有胭脂塌。马合口乡有黄金包、银子岗。樵子湾乡有乌金塌村。汨湖乡有金峰界村。长潭坪乡有撒珠滩。上河溪乡有黄金塌。上洞溪乡有冠珠坳。澧源有金山村。西莲乡为水晶石产地。西莲乡金竹有黄金台，又有玉金村。永定温塘有金山界村。天门之南的沅陵枞树面是闻名世界的金矿基地。在古流沙地（今永定沙堤乡）有黄金塌、梭银潭。官黎坪城区有黄金塌居民小组。崇山西北

120公里处的桑植县八大公山是国家级自然保护区，古称游乐山，民国十八年（1929）设游乐乡（参见《桑植县志》海天出版社，第41页），此即《山海经·西山经》所载之“乐游之山”，记下了古代环绕天门昆仑诸山已成古人类旅游胜地之信息。游乐山又是藏宝之山，1958年成立了“万宝山人民公社”，同年12月，国务院总理周恩来亲笔署名，给万宝山人民公社颁发奖状，全文如下：

国务院奖状

奖给农业社会主义建设先进单位湖南省桑植县万宝山人民公社。

总理　周恩来

一九五八年十二月

这是以共和国总理名义为万宝山所作的最高荣誉奖励。

桑植县有首古谣：“地是刮金板，山是万宝山。树是摇钱树，人赛活神仙。”

西邻八大公山的龙山也有座万宝山（海拔1736米）。屈原故里潭口对门叫天竺山，此地有堆金村。古天门、崇山范围内还有两处金藏山（金藏，土家倒装语，即“藏金”），一处在今桑植的金藏乡；一处在屈原故里潭口金藏关。明万历《慈利县志校注》载：“金藏潭，在金鸡岩下。”金鸡岩之南有金岩乡，又有金盆村。武陵源区有金坡、金长沟、抗金岩等古索国留下的金矿基地。沅古坪镇有浮金坪村、金冈村。官地坪镇大茂村有乌金岭组。洞口村有晒银塌。慈利景龙桥乡有金坪村。柳林铺乡有宝珠山。沅陵县有金河村、黄金坪村、金垭村、金子溪村、大金坪村、金塌村、白金坪村、金溪村、沙金滩（乡、村）等，是中国南方著名的产金大县，又是古代驰名世界的“辰砂”出产基地。辰州砂早在五帝时期即已由古庸国的卜人（即濮人土家族）连同沅陵辰州符（最初名“祝由科”“祝由符”）传播西亚、印度乃至欧洲（参见《世界文化象征辞典》，湖南文艺出版社1994年版，第97页）。是古庸国、舒庸国、古濮国、夸父国等“祝融百国”的国家财政命脉。古代发生的多次征黔中之战，多因掠夺这一带金矿和辰砂而起。

而真正称得上“价可敌国”的宝物还是大庸武溪古城的“花岩”，县志作“花石”。早在古庸国初立时，该地花石即列为贡品，古称“花石纲”。道光《永定县志·艺文》载熊继楚天门《宝珠山》诗，可供周天子一读：珠宫玉阙山中寺，瑶草琪花洞里仙。仰视夕晖余宝树，夜光犹锁翠微烟。

诗中珠宫、玉阙、瑶草、琪花、洞里仙、宝树、山体自然夜光皆指天门昆仑的珍宝元素。

清·嘉庆二十一年（1816）江苏江宁上元（今南京）举人金德荣任永定知县，作《大庸风土四十韵》，有“只以山多宝，因之俗小康”句，由此说明远古人类以“群玉之山”喻比天门昆仑，还是有来由的。

⑵乃至昆仑之丘，以观舂山之宝：这是一句方位指示语，其逻辑就是：只有登上昆仑之丘，才便于观看舂山（崇山）的宝物。是说这个“昆仑之丘”比舂山要高，二山之间又很近。将这几句话与第二卷联系起来分析，临近舂山（崇山）的那座“昆仑之丘”只有天门山。二山并列，仅一溪（仙人溪）之隔，且天门山海拔1518米，比崇山1165米高250米，是崇山的天然观景台，亦即昆仑之台。这就是穆天子所说“昆仑之丘”了。

三、惊天大发现：黄帝宫、黄帝陵在天门昆仑?!

[卷二] “丁巳，天子西南升□之所主居。爰有大木硕草。爰有野兽，可以畋猎。戊午，□□之人居虑献酒百□于天子，天子已饮而行。遂宿于昆仑之阿(1)、赤水(2)之阳。爰有鹯（zhān）鸟之山，天子三日舍于鹯鸟之山(3)□。吉日辛酉，天子升昆仑之丘，以观黄帝之宫而封□（崇）隆之葬，以诏后世(4)。癸亥，天子具蠲齐牲全，以禋□（祀）昆仑之丘。”

这段文字的大意是：丁巳日，天子到西南处某地居住、打猎，当地土著献酒。天子饮酒后继续前行，并住宿在昆仑之旁、赤水的南面。三天后又住在鹯鸟山上。等到吉利的辛酉日，才登上昆仑之丘，参观瞻仰黄帝的行宫并为其举行封谥祭祀仪式，同时将此事载于史册以告诉后人。癸亥日，天子又圈齐三牲五畜，举行昆仑之丘大祭。

在《山海经》《淮南子》等古籍中，**河水、弱水、黑水、洋水、白水、青水、流沙**（水）等是出现频率最高的昆仑水系辨识符号，尤其河水、赤水、黑水、弱水，凡论昆仑必有之。著名学者苏雪林在她的《昆仑之谜》中对这几大水系进行详尽“考证”，发现“黄河以外，洋弱赤黑各水与今日西域昆仑山脉亦均不发生关系”。并说：“古今学者，于此四水，牵之、挽之、揉之、搓之，望其与昆仑山脉，打成一片，而顾此失彼，总不自然。赤水之名，仅见野史，既难捉摸，只有付之不论。黑水弱水名见经书，安敢下为探讨，而迷离恍惚，依然闷葫芦一个。故宋代毛晃喟然叹曰：‘史志及诸家言黑水弱水互有异同，率多牴牾，姑撮其梗概，辨其误而阙其疑，以俟博达君子而折中焉。’（《禹贡指南》卷2）魏源则直指弱水为荒诞（《释昆仑上》）。近人蒙文通先生亦归黑水于神话（《古史甄微》）。是岂无故而然哉！夫竭二千数百年学者之聪明才力，不能解决此区区四水之问题，言之可笑而亦可哀矣。使《山海经》《淮南子》所言昆仑果在中国，四水果为中国之地理，又乌得有此现象耶？”（苏雪林：《屈赋论丛》武汉大学出版社2007年版，第525页）

上述各大家之论，基本上是对西域昆仑四水的全面否定。最后以“皆为神话”而不了了之。苏先生更是由此发出对《山海经》《淮南子》关于四水在中国地理的质疑。我以为这还是固有的**“言昆仑必西域”**观念的结果。方向一错，走在两条相背的路上，愈走愈远，何怕你“二千数百年学者之聪明才力”!?

其实，《穆传》《山海经》《淮南子》等，在昆仑识别的问题上，还是留有余地的，它们既不可回避地要瞎写西方昆仑（所谓高达数千里、数万里，阔达数十万里、上百万里之“牛皮”），但仍很认真地对南方昆仑进行述说。尽管西、南二昆仑也有交叉，但南方昆仑的脉络、各大水系等符号都可以信手找到出处。这里，我可以认真地告诉读者诸君：上述西域所不存在的“神话”地名，在南方天门昆仑全都可以找到它们的下落！拙作将对此按文章出台先后进行逐一介绍，以解“二千数百年学者”之心结、之遗憾、之苦恼、之怀疑、之愤懑！

(1)昆仑之阿（é）：《尔雅·释地》：“大陵曰阿。”《玉篇》：“水岸也，邸也。”昆仑之阿即昆仑赤水岸边的丘陵处。赤水系昆

仑八条神水之一，故代称昆仑，可知昆仑与赤水相距不远。

(2)赤水：此赤水自永顺县桃子溪乡北流桑植县利福塔乡，至洪家关乡小河口入澧，全长约 45 公里，古称赤水，民间作赤溪、赤溪河，是澧水南源重要干流。1929 年 7 月 14 日，洪家关人贺龙将军所率红四军与湘西王陈渠珍十九师向子云部在赤水开战。向部大败，向子云泅渡赤水时被淹死，史称“赤水大捷”（或“赤溪河大捷”），可见赤水之深、水量之大。赤水两岸，皆巍巍青山。其中最著名的有神道圣山“万灵山”（海拔 1015 米），相传是古代“昆仑天门”诸路神仙西部聚会之地，屈诗中多次写到巫咸，乃至“十巫”，均与“万灵山”有牵连。万灵者，万巫也。此乃赤水之成为南方昆仑“神水”的根巴。《山海经》载：“又东北三百里，曰灵山。其上多金、玉……”此灵山即此万灵之山。周天子第一次登昆仑之前，曾在赤水之阳的万灵山、大米界休闲三日，至吉日辛酉才“升于昆仑之丘，以观黄帝之宫”。从万灵山去天门山约 180 里。

那么，穆天子为什么对赤水情有独钟？屈原也有“忽吾行此流沙兮，遵赤水而容与”诗（《离骚》）。据分析，两位古人都是冲着先祖黄帝而去的。《庄子·天地篇》：“黄帝游乎赤水之北。”《博雅》：“昆仑虚，赤水出其东南陬（音邹，山脚）。”（按：如反以天门昆仑为坐标，则为“西南”；如以昆仑之虚万灵山为坐标，则处东南）

(3)鹯鸟之山：鹯鸟山，俗名“鸟儿岭”。《市典》第 848 页载：“鸟儿岭村位于瑞塔铺镇西部，东邻瑞市村，西邻澧源镇高桥村，……由大岩塌、小溪口、河台、骑马岭等 9 个村民小组组成。”

穆天子在赤水留宿一日之后，即取旱道向大庸进发。路经小溪口时，勒马转道，直奔鸟儿岭——鹯鸟山。且一住三天。考起原委，是与穆天子酷爱打猎有关，而又对射鸟至为入迷，曾在旷原（内蒙古）居住三月，“六师之人大畋（tián，打猎）九日”“载羽百车”“鸟兽绝群”。此桑植之鹯鸟山，不知何因，自古是桑植最为有名的百鸟王国，中有一鸟名“鹯鸟”，传说极神，后绝迹，其山俗名“鸟儿岭”。相传“骑马岭”就是当年穆天子骑马射鹯鸟留下的古名。笔者早在 2010 年夏即已破译《穆天子传》，并先期著写成章，以扫清未来研究过程中的重重障碍。但为天子“三日舍于鹯鸟之山”的记载苦思三年未果。一直到 2013 年 4 月 16 日修改本章时，逼着再作一次赤水考察行，沿穆天子开往大庸的古道走到小溪口，一位农民指着北边山岭说：“那座山就叫鸟儿岭，山那边的瑞市河岸之西，有个鸟儿岭村，属瑞塔铺镇（古名水打铺）。”又说：“相传古代有个天子曾骑马在岭上射鸟，故又叫‘骑马岭’。山那边还有个骑马岭村民小组。”这无意间的信息让我狂喜不已！这不正是我苦思不解穆天子为何在一个小山村连住三日而不舍离去的鹯鸟之山吗！回市急查《市典》，有载；又查《张家界市行政区划图》，亦在瑞塔铺镇西侧亮亮索索标着“鸟儿岭”的大名！想不到当今文献地图与二千九百七十多年前的帝王日记对接！别看这个细节，它却是考量我破译《穆天子传》是否与现场吻合的关键。

细节决定真伪！

穆天子在鸟儿岭狂猎三日后，即从小溪口向大庸国核心地开拔，所走这条一百五十里古道，恰又是今日的张桑高速公路线！

⑷天子升昆仑之丘，以观黄帝之宫而封□（崇）隆之葬，以诏后世：这段文字记录了天子第一次从昆仑之丘的西南方进入赤水万灵山境内，在这里受到当地土著（明清属永顺土家族土司）的酒食款待，然后在赤水的南岸居住三天。等到吉日辛酉，才登上昆仑（天门山），参观瞻仰黄帝的行宫，又为黄帝陵举行盛大的封谥仪式，并诏告后世。到癸亥那天，又备齐三牲五畜，举行隆重的祭祀昆仑之丘大典。这段文字有三个重要信息：

一是到赤水住了 3 天（赤水与天门昆仑相距约 80 公里）。二是到昆仑之丘参观黄帝行宫并举行黄帝陵封谥仪式。（由此证明此前黄帝一定到过昆仑之丘，并建有黄帝行宫，死后安葬于此）“黄帝之宫”：即黄帝在天门昆仑之上所建行宫，后被道家、神仙家借用为神界“天宫”，即“想象为天帝所居。按《史记》赵简子疾，五日不知人，寐语帝所曰：我之帝所甚乐，与百神游于钧天。所谓帝所即天宫也”（民国《辞源》，第 378 页）。三是在同一地举行盛大祭祀昆仑之丘的活动。

此处，必须澄清一字之误：

《穆天子传》出土简牍原文：“以观黄帝之宫而封□隆之葬，以诏后世。”

“封□隆之葬”？缺“□”字何解？

《水经注》卷一《河水》直记为：“观黄帝之宫，而封丰隆之葬。丰隆，雷公也。”引文“观”字前缺“以”，将“□”缺字直写为“丰”“丰隆”即雷公。照此说，周穆王登昆仑之丘，以便参观黄帝之宫而为雷公举行封谥仪式（2002 年吉林文史出版社新版炎黄汇典卷 1，第 21 页）。此之“雷公”与黄帝宫有何联系？难道雷公神死了？还死在昆仑山，葬了千百年，等着周穆王在其坟上加高黄土封号升级？如果雷公神都死了，那谁来呼风唤雨打雷迎春播雨？连三岁的孩子都不信，雷公没有死，天上无雷不下雨呀！郦先生显然是一种错断。通读《穆传》，与雷公毫无牵扯，根本不存在登昆仑为雷公坟增土封谥的影子！笔者认为，此之“□”缺字，应为“崇”字，即“封崇隆之葬”。崇，高也、大也。此句与“以观黄帝之宫而……”是一个完整的粘连式递进句式，前面的“黄帝宫”必与“封谥”连锁，即“以便参观黄帝的行宫，从而为黄帝举行盛大封谥祭奠仪式，并下昭将此事载之于史，传之于后世”。这是一种至高无尚的礼仪，并非安葬死者尸首。“封”，即“封谥”（音式）。指君主时代帝王、贵族、大臣死后，后人依其生前功绩事迹所给予的荣誉称号。例如，诸葛亮谥“忠武”。另外，按“祖有功而宗有德”之标准，中国古代帝王死后在太庙里奉祀时追尊的名号，起源于商代，如太甲为太宗、太戊为中宗、武丁为主宗而封谥。

照郦先生之说，周穆王在黄帝宫发现雷公死尸葬此心生恻隐而为其封谥，然后昭告后世：“我把雷公之坟封葬了呀！天下人要永远记住雷公所作的这件大事啊！”对此□缺字，宫玉海教授认为“陵”与“隆”同义。“□”应为“黄”字，亦即“封黄隆之葬”或“黄陵之葬”。说明白点就是封谥黄帝陵。（宫宝海《〈山海经〉与世界文化之谜》吉林大学出版社）

宫先生的主张可参。

但我以为从字面上解释，□缺字应为“崇”。本境《五雷山志》载清·佚名作《五雷山赋》，末句为：“而有此嵬垒其形、崇隆其体之名胜！”（《五雷山志》湖南出版社 1994 年版，第

341页）又同一书之第342页载皇甫如森《五雷山赋》末句为："盖兹山崇隆之体，郁葱之象，实扶舆磅礴之气所钟。"陈琳《大荒赋》："仰阆风之城楼兮，县圃（崇山）邈以隆崇。"崇隆、隆崇，均指崇高、伟大、壮观、隆重，这正是黄帝陵的独有地位和气派。同时，笔者另有话说。对上述日记所载文字的理解，大相径庭者有之，一解离题十万八千里者亦有之。比如《列子》卷三《周穆王篇》说："(穆王）已饮而行，遂宿于昆仑之阿，赤水之阳。别日升于昆仑之丘，以观黄帝之宫而封之以诒后世。遂宾于西王母，觞于瑶池之上。"此引文至少有两处失真：

⑴"以观……而封之以诒后世。"明明是"而封□隆之葬"，即"封谥黄帝之墓"的关键句篡改成"封黄帝之宫"了，黄帝的行宫还需要封祀谥号吗?！原句为"以诏后世"，篡改成"以诒（yì）后世"，"诏"是帝王的诏书，"诒"是普普通通的遗留。说明列子抄文马虎。或说列子没有读懂。

如果诸位还有不放心的话，不妨再出一证：道光三年修刊《永定县志》第621页载："[崇隆]：若白虎、赤松诸胜，其磅礴崇隆之势，亦可称奇。"白虎：指今张家界市武陵源风景名胜区之白虎堂；此之赤松，是指从天门山北上登上武陵源之赤松城，位于袁家界之松子岗。又有赤松庙。既然古籍与本土县志都有"崇隆"之出典，就可断定此之封谥的对象必定是天门山黄帝陵而非它指。

⑵"遂宾于西王母，觞于瑶池之上。"显然，这后二句是列子凭"言昆仑必西域；言昆仑丘必西王母"的模式，想当然把[卷二]与[卷三]毫不相干的内容拆解"拼装"一处了，于是得出完全相反的结果。[卷二]中哪有西王母、哪有瑶池对饮的句子！纯粹是瞎编！列子先生（岂止只有一个列子！）这一篡改，让多少无缘研读原著的人受其欺骗，信以为真。

谬种，往往就是由那些没读懂原著的先辈（不排除同辈、后辈）"大师"有意或无意中流传的。

四、黄帝归葬在天门桥山

《穆天子传》记周穆王登上天门昆仑之后，第一件事就是参观黄帝宫，证明史称黄帝在昆仑山上建行宫属实。但传说中（包括一些论著）的黄帝行宫似乎不在周穆王所记的南方昆仑而在西域，《水经注》卷一《河水》说："黄帝宫，即阿耨（nòu）达宫也。"又说阿耨达在天竺国西。天竺即印度。就是说，黄帝当年出国旅游跑到印度西部一座高山上建了一座行宫。显然又受了"**言昆仑必西域**"的影响。通读《穆天子传》，可知周天子西征数次，打起火把也没有发现有黄帝之宫的记录，所记帝宫恰在南方天门山，这无疑是让人意外的消息，可为什么几乎所有昆学者都没有发现，仍要固执地坚持黄帝所登昆仑在西域？事实上，所有持此论的人都是纸上谈兵，没有实地踏勘，捡到封条就是信，一齐起哄捧场，谬误变成真理，"牛皮"成了信史。对此，司马迁以辛辣的笔锋予以批驳，彻底否定了"西域昆仑"的存在。他在《史记》中说张骞出使西域十数年，奉帝命顺查黄河之源及昆仑，结果走遍了西域沙漠雪山，就是没有发现昆仑的影子，于是只好照实入史，却惨遭后代昆仑家们的辱骂，如顾实先生骂道："司马迁腐刑之余，阳气消沮，信口开河，言不由衷，将上古累代传之信史，付之一笔抹煞。”又骂：“秦始皇之焚书为野蛮，司马迁造疑古之谣为野陋，厥罪维均。”（《穆传讲疏》，第3页）另一个叫张星烺（lǎng，朗）的先生也破口大骂：“(司马迁) 以腐刑之余，对于汉武帝之措施，无处不表示其愤慨，因愤慨而讥讽，因讥讽而颠倒黑白……百家竞言黄帝登昆仑，稽穆天子传纪程，昆仑当在于阗，毫无疑窦。故汉武帝案古图书，名河出山曰昆仑。武帝当时必与朝中博古之臣，共相考证，而后有此定案。惟未与司马迁议及耳。迁于《大宛列传》后讥之……然则世间竟无昆仑欤？三代之书，悉为虚构伪作欤？武帝朝中群臣，悉为指鹿为马之徒欤？迁之颠倒是非，固有由矣。”（《中西交通史料汇编》第1册，第6页。上述引文均见苏雪林《屈赋论丛》，第489页）

把一个因敢于在皇帝面前为李陵将军讲点实话而惨遭腐刑的大史宗骂得狗血淋头的顾、张二公，自以为这一下就战胜了司马迁，就扶正了“西域昆仑”的“累代信史”之说。果真如此吗？恕我直言：口出秽言的二公好像或根本没有读懂《穆天子传》。中国历史上确有一些史家都犯了同样的毛病：**在一个虚假命题的指引下，共钻了一个走不通的死胡同。**这些以《穆天子传》作为辱骂司马迁的底气与信心的背景的人，却不知完全是建立在曲解《穆天子传》本意上的冤枉。《穆天子传》明白地记录着周天子是在南方昆仑参观黄帝之宫的，哪里有于阗（田），哪里有印度之西的阿耨达山的文字?!而且，还白纸黑字记录着一个重大信息：在天门山顶为黄帝举行盛大、隆重的“封谥”仪式，以此“诏告后世”。

那么，周天子要向后世诏告什么呢？

1. 诏告：黄帝之宫在南方昆仑——天门山之上！

2. 诏告：黄帝之墓在黄帝之宫所在地，在南方天门昆仑桥山之顶，而不在其他任何地方!!

3. 诏告：他在天门昆仑之巅举行祭祀昆仑之神盛大仪典!!!

这是三条连环信息：周天子为黄帝举行封谥仪式是在黄帝宫所在地天门山；设若没有黄帝墓的存在又何谈“封谥”?!给谁封？封什么？封给谁看!?

黄帝陵在南方天门昆仑，是周天子耳闻目睹后的现场记录，而封谥仪式又是他本人亲自主持举行的重大国祭仪典，且正式“诏告后世”。如此隆重而盛大的国祀，应该算信史吧？退一万步，设若黄帝陵果真在今陕西黄陵县，又设若昆仑果真在印度之西的阿耨达山，或说在张先生死口讲的新疆“于阗”，那么，穆天子怎么舍近求远不去陕西封谥（宗周都城在雒［洛阳］，西去陕西黄陵不过200公里），却要跑到4万余里外的阿耨达、2万余里的于阗、15000余里的天门山隔山买羊实施模拟虚无的陵墓封谥？还要大张旗鼓地“诏告后世”？

我想与顾实、张星烺诸公商量一下：你们一口咬定“昆仑当在于阗”，可我打起灯笼硬是没发现《穆天子传》中有关于周天子在于阗为黄帝墓举行“封谥”仪式的文字。我倒想求教诸公：于阗真有黄帝宫吗？于阗真有黄帝墓吗?!黄帝凭什么要把一口袋尸骨背井离乡孤零零地背到冰川大漠中去安葬?!还要安葬到印度万里以远的阿耨达山?!你信吗?!牛皮吹脱胯哒!!一个连五岁孩童都不会相信的“牛皮”却让一些“大儒”们声嘶力竭为之鼓吹为之张扬为之捍卫

为之一把鼻涕一把眼泪捶胸顿足！这些人物中，郦道元又是始作俑者。您老人家也不想想，在那个远古时代，人们凭什么交通运输工具把黄帝的尸首运到四万里以远的印度之西的阿耨达山上安葬?!

——这就是争吵了两千多年的伪昆仑学、伪黄帝学的根源之所在!!

而这些“牛皮”居然成了历代一大批大师大儒未来制造昆、黄二学的核心理论依据！

——不亦悲乎！

——不亦哀乎!!

——不亦笑乎!!!

周天子亲眼发现、亲见亲历总比你们道听途说“信史”多了吧?!

要知道，汉武帝信口指昆仑在于阗之时，穆天子的日记《穆传》还躺在汲郡的一口棺材里睡大觉哩！就是说，**汉武帝指定于阗为昆仑之时（前115，即汉元鼎二年），他根本就没有读过远850–870年前所记的《穆传》，根本就不知道昆仑存在何处的真相和黄帝葬南方天门昆仑的真相。包括司马迁也没见到过《穆传》**，否则，他就不会记下一个模糊概念而直接照录穆天子亲历、亲见、亲祭、亲记的关于黄帝陵的文字了。史记《五帝本纪》是这样下笔的：“黄帝崩，葬桥山。”

只有六个字，没有其他任何可以延展思路的文字！

这6个字一出，河套那边很快做出反应。经这些人一顿附会鼓噪，黄帝陵很快落户在陕西黄陵县北的桥山之下，号称“天下第一陵”。

读者一看就明白：陕西黄陵之出现，显然出自司马迁六个字的启示。

看来，笔者又免不了要为此跟汉武帝、跟两千年来的各派史家扯皮了。本书原意只是为了破译屈原诗中穆天子周游列国的秘密意图，再证实屈原诗中穆天子是否真到过屈原故乡，**不曾料爆出了关于黄帝陵与屈原故乡同在一地的惊天大案来！**这是我万万没料到的！没有退路了，我只能顶着一片咒骂声循着周天子的指示去破译那座安息着中华人文始祖的“桥山”——天门昆仑之桥山了！

五、影响千古的陕西桥山黄帝陵是欺世盗名的假墓

——中国千古第一冤假错案——陕西假黄帝陵之揭破

首先看司马迁提出“桥山”概念的时间。据《中外历史年表》载，司马迁约生于公元前145年，即汉景帝五年（郭沫若考订在武帝建元六年，后此十年），著《史记》时间在45岁左右，即公元前99年（壬午，汉武帝天汉二年），距黄帝纪年约2450年。

周穆王周游四方起步约在公元前964年，南游昆仑约在公元前960年左右，约早司马迁860年。此年周穆王距黄帝纪年约1590年。

《穆天子传》出土于西晋武帝太康二年（281），约晚司马迁作《史记》381年。就是说，司马迁写6个字定黄帝葬地时，《穆传》还安睡在坟墓里。两相比较，《穆传》优势明显胜于《史记》。况且司马迁是借助传说资料以作史据，而《穆传》是亲历其地亲眼所见又亲自主持封谥大祭，两相比较，《穆传》仍居胜者地位。至于后人以司马迁6字牵强附会，指鹿为马，瞎编乱造，胡说八道，就更不足以为证了。

其实，司马迁决不是信口开河，信笔瞎写，他所说“葬桥山”，可谓一字千钧，地动山摇，但这座“桥山”决不在陕西！

——它就在今张家界古庸国天门昆仑之桥山！

《太史公自序》写道：“二十而南游江、淮，上会稽，探禹穴，窥九疑，浮于沅、湘；北涉汶、泗，讲业齐、鲁之都，观孔子遗风，……过梁、楚以归。”（文载《司马迁自述集》陕西师范大学出版社1993年版，第18页）

请注意“浮于沅、湘”，是说他曾乘船进入并考察沅水、湘江一带的重大历史事件。到沅水考察的重点在哪里？除了“沅绕祝融”的崇山，和沅水发祥地——今张家界市永定区沅溪乡之沅溪+沅水之源环绕的昆仑之丘——天门桥山又能到哪里呢？司马迁极有可能是乘船经沅水逆沅溪登天门桥山发现了黄帝陵！

——这是历代史家不可能联想到的重大细节！

原来他在没有读到过《穆传》的前提下与周天子殊途同归、不谋而合！说明二人都是亲耳所闻，亲临现场，亲眼所见的现实场景！

这一点，我们可以从太史公《大宛列传》中写昆仑时为何只采用汉使张骞的口碑资料而只字未提穆天子写昆仑之丘的日志文献的真实原因。倘若司马迁未亲眼所见、未亲耳所闻，他能作出“葬桥山”的结论吗?!

那么，陕西桥山、黄陵又是怎么出现的呢？

据东汉·班固《汉书·武帝纪》载：“元封元年（前110）冬十月，诏曰：‘……朕将巡边垂，择兵振旅，……亲帅师焉。’行自云阳……北登单于台，至朔方，临北河。勒兵十八万，旌旗径千余里，威震匈奴。……还，祠黄帝于桥山，乃归甘泉。”

此段文字是说汉武帝北巡回到横山（桥山）后，下令建黄帝祠，却无祭黄帝墓之记载，说明公元前110年之前，此地既无黄帝祠又无黄帝墓。若有坟必祭，又何须建祠？

——请读者诸君记住这个年号！

之后，班固又将此事收在《郊祀志》中：“（汉武帝）及遂此巡朔方，勒兵十余万骑，还祭黄帝冢桥山……。上曰：‘吾闻黄帝不死。有冢，何也？’或对曰：‘黄帝以仙上天，**君臣葬其衣冠**’。”

此段文字是说汉武帝第二次巡朔方，班师回归时在桥山祭黄帝冢。但祭的是“衣冠冢”。一语道破天机：这里原本无黄帝陵，是汉武帝下旨新造的假墓！且与新建帝祠是同一次行动。既是衣冠冢，可证该黄帝陵不是真陵。连衣冠也是假的！且问：**远汉武帝2430多年，还能找得到黄帝的“旧衣冠”吗?!** 造假造到这个水平，竟然让两千多年来多少政治伟人文人大师学者，至今还坚信不疑！既然是假陵，后人又为何把它当成真陵炒作了两千两百多年，并进而弄假成“真”了呢？我认定其中必有文章。

关于汉武帝除了造假昆仑，就是造假黄陵。此事西汉刘向撰《列仙传·黄帝》有载：“黄帝者，……（略）自择亡日，与群臣辞。至于卒，还，葬桥山。**山崩，柩空无尸，唯剑舄（què）在焉。**”（《御览》卷六九七）《路史·后纪》卷五：“黄帝自择亡日，七十日还葬于桥山。”所谓“还葬于桥山”：还，返回老家。还葬，指归葬故乡。《列仙传》又说：“神圣渊玄，邈哉帝皇。莅莅（lì）万物，冠

名百王。化周六合，数通无方。**假葬桥山**，超升昊苍。”

一句“**假葬桥山”，一语道破天机！**！此“假葬桥山”与“山崩，柩空无尸”形成严密的证词组合。所以说：对陕西“假黄陵”之揭露并非金某人最先提出，原来早有慧眼高人。这是前人最早对汉武帝弄虚作假，伪造黄帝陵的公开揭露，亦是对陕西桥山黄陵假案的终极判决！

再说“桥山”。民国《辞源》说：“在今陕西中部县（抄者按：由此可知此时还不叫黄陵县！）西北以沮（音举）水穿山而过若桥然，故名。上有黄帝冢，亦曰子午山。……绵亘八百余里，宋人所称横山之险，亦即桥山北麓也。”照此解，**桥山必有一个“穿山而过”的石洞，形成“下洞上桥”的自然形态。故判定此“桥山”是真是假，只要亲临现场，一看便知**。那么，陕西黄陵到底有没有“山洞之桥”呢？还是请当地专家说个明白吧！笔者手头正好有一册由高俊元先生著《中国黄帝陵·地貌新考·人文景观》（陕西旅游出版社1999年版）在第19页发现一段文字：

“桥山，山势拱起，高阜如梁，自山巅左右望之，似沮水穿山而行，若桥，亦是轩辕黄帝驭龙逸仙之‘天桥’，故因此而得名。”

显然，这段话出自民国《辞源》，原来桥山既无“桥”，又无“梁”，是站在山巅远观沮水而产生的“如梁若桥”的意象。在同书的第27页，有幅《神秘的地貌环境》图，这些自然山头分别画成龙、凤、虎、龟四兽，意在表现黄帝陵之“风水”。从地图上看，沮水绕山而行，一无“穿山石洞”，二无“若桥”图形。从风水角度看，沮水离黄陵甚远，任你强化“想象”，仍看不出“若桥”的样子来。我说这就出怪了，千百年来流传的“黄帝葬桥山”，原来是徒有空名，名不副实，原本无桥，纯属造假！

为了证明这座“桥山”究竟是否合符“桥梁”的基本原理，笔者又查《辞源》，[桥] 的解释是：“水梁也，高而曲者曰桥，以通两岸之往来也。”由此可以断定，司马迁所说桥山——桥梁山其名不假，但好像不在八百里横山。八百里横山找不出一处能作“桥梁”解释的地形环境。

顺便说说高先生书中所写关于黄帝骑龙上天的神话：“众臣民不让其走，扯其衣冠，拽其靴子，紧握龙须，搂抱龙爪……人们百感交集，泪流化成沮水河。”显然又是从《汉书》中附会而来：“黄帝采首山铜，铸鼎于荆山下。鼎既成，有龙垂大胡髯下迎黄帝。黄帝上骑，群臣后宫从上龙七十余人，龙乃上去。余小臣不得上，乃悉持龙髯，龙髯拔，坠，坠黄帝之弓。百姓印望黄帝既上天，乃抱其弓与龙髯号（嚎哭），故后世因名其处曰鼎湖，其弓曰乌号。”

原文如此，好像没指明这个故事就发生在陕西桥山，更没有“泪化沮水”的说法。

对付谎言最有效的办法是用正史戳穿它。古籍中较早的《竹书纪年·卷上》载：

“一百年，地裂。帝陟（zhì）。”“帝王之崩皆曰陟。《书》称‘新陟王’。谓新崩也。帝以土德王，应地裂而陟，葬。群臣有左彻者，感恩帝德，取衣冠几杖而庙飨之，诸侯大夫岁时朝焉。”

——这，恐怕是目前发现的最早最权威记载黄帝百年归寿后全过程的文字了。61个字，平平常常，实实在在，哪里有葬陕西桥山之说的半个字句?！哪里有黄帝骑龙升天之说的半个字句?!

汉武帝指横山为桥山假造黄帝陵之时，简牍《竹书纪年》还安睡在汲县的一座坟墓里做梦哩！这位大帝万万没有想到：171年后，**这几块竹片会从坟墓里爬出来揭露他伪造黄帝陵欺世盗名的把戏!!**

那么，汉武帝为何要指横山为桥山而假造黄帝祠、黄帝陵？《中外历史年表》载："前422年己未，周威烈王四年。秦作上下畤，上畤祭黄帝，下畤祭炎帝。"此载当出自《汉书》："自秦宣公作密畤后二百五十年，而秦灵公于吴阳作上畤，祭黄帝；作下畤，祭炎帝。""畤"(zhì)，祭天地及古代帝王的处所。《汉书·郊祀志注》："祭五帝于雍畤。"

依上述之说，早在公元前672年，即汉武帝造假陵祭桥山562年之前，秦宣公就已建"密畤"祭祀黄帝了；250年后，即公元前422年，秦灵公又建上畤、下畤，上畤祭黄帝，下畤祭炎帝，其时距汉武帝312年，说明祭祀炎帝黄帝之事至迟始自秦宣公时代，并一直传承到秦灵公。读者是否注意到：史典文字说先秦祭五帝于"雍畤"、秦宣公作"密畤"、秦灵公作"上畤""下畤"等，根本没有提到那座"桥山"，即"桥畤"。从秦国诸公四方设畤祭炎黄二帝史实分析，可证从秦宣公以远到秦灵公，数百年间还不知北方"桥山"究在何方，亦即炎黄二帝的葬地还没有被真正发现，故只能选某地设畤以遥祭或"心祭"。史载：自秦德公时遂都"雍"。雍因雍水、雍山得名。雍水源出陕西凤翔县治西北、雍山东南，经岐山、扶风、武功入于渭。雍地距桥山不过三百余里，秦国历代诸公在数百年中，怎么没有一个君王去桥山设畤祭祖，而老在雍、密等地设畤？况且，陕西自古是大秦本土，对黄帝陵就在本国中心领土的重大信息不可不察，还要等到三百多年以后他们的死敌汉武帝去张扬去作秀?!

现在可以断定：汉武帝下令在桥山建黄帝祠、伪造黄帝衣冠冢，与秦宣公选址"密"建上畤、下畤，秦灵公选"吴阳"建上畤、下畤，还有选"雍"建雍畤，都是一个模式，并不等于"雍""密""吴阳"及"桥山"等"畤"就是炎、黄二帝的归葬之地。而且这些再牛的先王也根本没宣布他们所选的"畤"地就是黄帝、炎帝的归葬地呀!

而从伪造"衣冠冢"分析，汉武帝根本不知道真黄帝冢究在何处，于是根据司马迁所记"黄帝崩葬桥山"的六个字说法自欺欺人地在横山指了一块地叫"桥山"，然后建祠庙，造陵墓，并在陵墓落成之后举行盛大祭祀活动，来个弄假成真。

这种做法，充其量不过是秦王家族560多年前设"密畤""雍畤""吴阳畤"的翻版，叫"桥畤"。

仅此而已，岂有他哉?!

据兰草先生《黄帝·黄帝陵》说："汉刘邦举义造反，第一个在沛县城墙上遥祭过黄帝。"但我肯定绝对不是遥祭陕西桥山"桥畤"，因为那时他的第五代孙即汉武帝刘彻还没生出来，还没来得及伪造"桥畤"，伪造"黄帝祠"，伪造"黄帝陵"。

也许有人说：桥山若非真黄帝陵，何称"黄陵县"?

我说，这又是一假。史载：西汉设翟道县，此为旧名；东晋设中部县，此为第一次

"升级"，盖以"黄帝居中"得名；1944年才改黄陵县，这是近代升级版。经过两千多年的炒作哄抬，推波助澜，一如秭归乐平里"屈原故里"，终于弄假成"真"。

——这就是黄陵县黄陵之由来。

历史上，关于黄陵之说，并非一家。比如湖南有湘阴黄陵和黄陵庙（民国《辞源》，第1712页）；有湘潭黄陵山和黄陵亭（引文同上书，第1715页）；河南有黄陵岗（引文同上书，第1715页）；山东有曲阜黄陵，河南有新郑黄陵和灵宝黄陵；河北有涿鹿黄陵；甘肃有天水黄陵；山西有大同黄陵；北京有平谷黄陵；陕西有子长黄陵；山东有寿丘黄陵；等等（见兰草《黄帝·黄帝陵》陕西人民教育出版社，1997年9月版）。陕西黄陵之说充其量也只能算是众陵之一。

仅此而已。

况且众说多辞，本身就是对历史疑案的否定而发起的挑战！

兰草先生还以1973年在湖南长沙马王堆3号汉墓出土《黄帝四经》作为黄帝存在或为横山黄陵的立论证据，却不知自己犯了一个低级错误：《黄帝四经》出土于湖南，不正好成了黄帝出生于湖南、修道于湖南、安葬于湖南的铁证吗？！"北儒南道"，这是学界千古定论，"黄老之学"源于南方已成不争之铁案，况且黄帝三大藏书洞（册府）均在湖南：一在天门山，《穆传》称"册府"或"策府"；一在天门山之南约90公里的"二酉藏书洞"（即大酉洞、二酉洞），故《黄帝四经》出土湖南，更使三者捆绑成"黄陵在湖南"的证据链。兰草敢引此为陕西黄陵做证据，怕是不计后果的冒险。

我之所以断定横山在秦灭汉兴之时突然冒出个"桥山黄陵"，完全与汉武帝为遥祭黄帝信口所指有关。**而细揣其用意，是试图将先祖之陵咬定在北疆边界，以证明这一带自古为黄帝版土，不可动摇。**而且，以畤地作疆界古有先例，《汉书·郊祀志》载："（秦）文公梦黄蛇自天下属地，其口止于鹿衍。文公问史敦，敦曰：'此上帝之征，君其祠之。'于是作鹿畤，用三牲郊祭白帝焉。"意思是：秦文公梦见一条黄蛇从天而降于所属之地，其蛇口正处叫鹿衍的那个地方，于是采纳史官敦的建议，在鹿衍设畤以祀，这片土地从此就成了秦国的版土。

汉武帝效法秦王指横山为桥山，捧出人祖黄帝，以此威慑匈奴，自是技高一筹。而此前，**他还有过更伟大的战略擘**（bò）**划：即把天门昆仑指向新疆于田，以于田为大汉西域本土中心。**《史记·大宛传》记载了这一不为史界注意的秘密：

"天子数问骞大夏之属（按：指疆域属地）。……而汉使穷河源，河源出于田（按：旧作阗），其山多玉石、采来（按：采即彩，采来为一种珍贵玉石，而非一些注家所注的'开采回来'，大谬！《穆传》有'采石'，即今张家界市永定区大庸所之'花岩'），天子案古图书，名河（按：指黄河。可证汉初黄河之名尚未出现）所出山曰昆仑云。"

张骞曾三进三出西域，最后一次死里逃生回汉是公元前115年（汉元鼎二年），"张骞（出）使乌孙还，西域始通于汉"（《汉书》）。张骞以前后13年周游西域的亲历亲见亲闻实话实告汉武帝：西域没有昆仑，（黄）河源亦不出昆仑。其实汉武帝也不会相信，他是另有所图——这是一个伟大帝王早对西部那两万里江山所心生向往且萌生占有之意。于是采纳张骞之计，以"于田多玉"为由，剑锋一指，那苍茫浩缈的大西域就易名为

“大昆仑”了。此“大昆仑”的原创版权就是盘古开天辟地的“登天之门”——天造地设的巨大“窟窿”——“混沌”之门，即今张家界市永定中心城区正面的天门山大窟窿——大昆仑！可谁也没有想到，诡秘的公元前115年，天门昆仑名号竟在不声不响、不知不觉、不闹不吵、不战不争的一派祥云和煦中一团和气中，被一个帝王“手指口封”到几乎占当年大汉国土面积三分之一的大西域！不可否认，天门昆仑，乃万山之祖之宗，是中华人类第一轮文明和第二轮文明——澧豆文明和稻作文明的发祥中心，借昆仑之名并将其安置到大西域，等于宣告这大片土地已经正式归属中华神州大地的怀抱，对征服、固化、稳定大西域国土具有极其重大的战略意义。这是5000–7000年中华历史上唯一秉赋如此雄才大略，握有如此胆魄力量的第一大帝！

——这绝对是中古时期掀起昆仑符号大战最为成功的案例！

整整两年后，即公元前110年（汉元封元年十月），汉武帝又成功地复制了一桩影响后世几千年的拓疆战略：他把横山之北的一段山头指定为“桥山”，并在这里建祠作畤，于是，人祖黄帝坟就以虚拟模式不费吹灰之力从湖南大庸张家界天门桥山北移到陕甘边塞的广袤土地，从此辉映于黄帝大旗之下！

汉武帝潇潇洒洒动用天门昆仑和天门黄帝陵两颗棋子，只轻轻一扬，便锵然落在大西域、大西北的要塞上，叫一子落地天下动，万里江山归中华！

——汉武帝这一招真是高、高、高家庄的高！

汉武帝两招棋术从大国政治层面原本无可厚非，还可大书特书，礼赞千古，但却为未来学术界留下了南方天门昆仑、天门昆仑黄帝陵两大悬案，惹出了学术界无穷的麻烦。两千余年来，昆学界发起的论战如火如荼，生生不息。即便同代的太史官司马迁因李陵案而惨遭腐刑（残毁生殖器），但仍坚持史德正义，冒着杀头的危险对汉武帝所指于田为昆仑表示冷笑鄙夷，并毫不妥协地将自己的观点记在《史记》中：

“太史公曰：《禹本纪》言‘河出昆仑。’昆仑其高二千五百余里，日月所相避隐为光明也。其上有醴泉，（瑶）[华]池。今自张骞使大夏之后也，穷河源，恶睹《本纪》所谓昆仑者乎？故言九州山川，《尚书》近之矣。至《禹本纪》《山海经》所有怪物，余敢言之也？”

大意是：太史公说：“《禹本纪》称黄河源出昆仑。昆仑山高二千五百多里，是太阳和月亮交相避隐放射光明的地方。那座山上有醴泉、瑶池。如今自从张骞出使大夏之后，探寻到了河（按：其时，黄河还不叫黄河，一个单名“河”）的源头，他哪里看到了《本纪》中所谓的昆仑山了，所以说到九州的山川，还是《尚书》的说法比较靠谱。至于《禹本纪》《山海经》所记述的怪异之物，我敢述说它们吗？”

同样，司马迁对汉武帝指横山为黄陵桥山不予附合，只轻描淡写地写了“黄帝崩，葬桥山”六个字。一些学者还铁板钉钉地认为司马迁既是陕西韩城人，此六字必定写的就是韩城横山之桥山。笔者的理解恰恰相反：司马迁的六个字是个模糊概念，既不跟风汉武帝，又不丢失“桥山”的真实身份，给历史留下了一个可供后人解谜的空间。司马迁对先秦以“畤”地祭黄帝而从未听说有

陕西桥山黄陵之说，不可不察，如果果有其事，先秦之人早就炒得火红齐天、浪潮滚滚了，还轮得到死对头汉家天子去作秀去张扬?！如果果有其事，只须加上“黄帝崩，葬翟道桥山”不就一锤定音了?可司马迁下笔千钧，一字不加！伟大之处就在于不唯上，不唯今，不唯帝，不唯权，不唯势，不唯利，不唯苟且偷生，不唯故乡虚名，只唯史家良知，只唯历史公正！

也许，有人认为后世有那么多大人物都去拜祭过陕西黄陵，当然也可成为黄陵的旁证。我以为后去者对这一假案不承担任何连带责任，就如袁山松伪造出屈原故里秭归乐平里而让那么多人顶礼膜拜一样。因不知内情而跟风起哄者，何错何罪?！但如果把这些跟风者的言论和行为反过来当成确认“黄陵是真的”“秭归乐平里是真的”证据，那就有些可笑或欺世盗名了。而这两处伪作恰恰就把这些后来者的言论作为二手证据去唬人了。就如请求郭沫若和夫人于立群题字，得手后立即大肆张扬，说乐平里是郭老、于老认同、支持的，郭老夫妇就被绑架着成了“证人”，进而被抬举为“秭归派”的领头人物。

——不亦冤乎！

——黄陵县正是做足了类似的文章，或曰秭归乐平里正是克隆了黄陵的推销模式！

那么，司马迁所言“桥山”到底在哪里呢?答案就在《穆天子传》所透露的闻名天下的**“天门昆仑桥山”**。

昆仑天门，为南北对穿石洞，其洞顶是一个巨大穹窿，一如天然之桥拱。1999年12月11日，由本著作者金克剑全程创意、策划，并推动实施的、轰动世界的飞机穿越天门竞技国际旅游宣传活动即在此穿洞天门发生。4架表演机并排穿洞飞过，估计全地球再找不到这么壮观巨大的万丈绝壁上的天然“石桥”了！

——这便是古天门崧梁山之由来。崧梁，桥梁山也，故又作桥山、梁山。与《辞源》所说“以沮水穿山过若桥然故名”的原理吻合，但有本质区别：前为真桥真梁，后为“若桥若梁”的视觉意像。如此而已，岂有它哉?！

民国《辞源》载：“［天门］：梁山亦名天门。”（第377页）亦即天门又称梁山。

此之“梁山”“天门”，不正是湖南大庸张家界的崧梁山、天门山吗?！

如此之万丈绝壁穿山桥梁，全世界只有这一处，没有第二处！没有！

因此原理，与天门山遥对60里的今张家界市武陵源风景名胜区之袁家界万丈天然穿山之洞，不就被今人按天门桥梁原理命名为“天下第一桥”吗?！

关于天门梁山，不独载于《辞源》，还进入天门山南麓八十里——巫傩发祥地的沅陵七甲坪傩坛——辰州傩戏，且读“上岗教”《梁山土地》：

内唱：龙凤鼓，景阳钟，送我梁山土地公。

土：我是儿山土地（按：儿山指“儿子”，与谐音梁山即“娘山”搞笑）。

内白：梁山土地！（按：此“梁”，即谐音“娘”，与“儿”对应）

土：这就主东升位（敬揖），我乃梁山土地，特来你家，帮你兴五路的阳春，你们在哪里?……梁山土地管阳春的！（光绪元年手抄本）

此之“梁山”实指天门梁山。因为自古辰州巫傩出天门仙山。嵩梁山之“梁山”！

再读七甲坪“河边教”《梁山土地》：

土：土地老儿下天台（按：天台，指天门山顶之平台玄圃），左插杨柳右插槐。……玉皇大帝传急令，要我下凡管阳春。借动两边锣和鼓，土地打马上天庭。（此“玉皇大帝”指黄帝。出自宋真宗皇帝圣言：“黄帝在世管人，死后升天，统管万神，可称为玉皇大帝。”二处引文载王文明、刘冰清、金承乾编著《辰州傩戏》，中国文史出版社2007年版）

与天门山相邻的辰州傩所传“梁山土地”即天门土地。所谓玉帝（黄帝）、西王母等神仙，全都居住在天门昆仑。

《淮南子·地形训》：“南方之美者，有梁山之犀象焉。”此之“梁山”正是天门梁山，其北麓仙人溪为古代不死国。其地有犀牛潭，今属官黎坪街道办事处之犀牛潭村。（《市典》，第529页）可证《淮南子》所言梁山决非虚构！

关于黄帝宫、黄帝陵就在天门昆仑这一重大历史信息，倘若不是《穆传》史官追随穆天子先后五次到大庸亲历亲记，就有可能永远地被人指鹿为马给篡改了！！

这个张冠李戴的故事，与屈原故里在秭归的传播、表述，简直如出一辙！其本质就是两个字：“造假”！

关于轩辕黄帝，屈原在《惜诵》中写“令五帝以折中兮，戒六神与向服”，五帝之首即为黄帝。值得注意的是屈原在《远游》中有两句双关夹意的句子：

“重曰：春秋忽其不淹兮，奚久留此故居？

轩辕不可攀援兮，吾将从王乔而娱戏。”

大意是：我要继续诉说：岁月急速去而不停留，我为何还久久地留在自己的故居？轩辕黄帝离我久远不可攀附啊，我将跟随王乔一起游戏。

说的是黄帝得道乘龙上天，众大臣欲攀附升天而不得的故事。请注意两句诗中有个最关键的人物处所标示的信息，即：诗人的“故居”与轩辕升天的位置在同一个地方，也就是说，黄帝乘龙升天的准确地点原来就在屈原的故乡——天门昆仑之上！

这是众多注家根本无法解释的重要细节！就凭屈原诗中的这个证据，就可断然否定陕西假桥陵！按古翟道横山一带，是虎狼秦国疆土，屈原怎么会跑到那里与轩辕对话呢?!

王乔，即王子乔，古仙人。洪兴祖引《列仙传》：“王子乔，周灵王太子晋也。好吹笙，作凤鸣，游伊洛间，道士浮丘公接上嵩高山。”

天门山古又作浮丘山，临澧亦有浮丘山，均因传浮丘子在此修道而得名，故元代至正六年（1346）进士张兑作《天门山图》诗曰：“左携赤松右浮丘，下视八极尘埃浮。”《诗经》中所歌的南国、南方、南土的崧高山，就是天门山，一作“崧梁山”。此之崧高，绝非北方河南的嵩山！历代以来，几乎所有注家都错解为河南的嵩山！显然又是受**“论文明必中原”“论昆仑必西域”**的影响，却忘了河南在北方的黄河流域，与长江以南的南国、南方、南土何干?!河南因嵩山而派出嵩县、嵩阳书院、嵩泉寺、嵩山中岳寺、嵩岳寺塔等几个“嵩”字地名，古史文献中根本不见嵩山又名“崧山”的说法。普天下只有南方的天门山又名“崧山”“崧梁山”“嵩梁山”等90多个辉煌瞩目的名字！这是昆仑天门自出生于沅陵的盘古登天门开天辟地时起（见胡崇峻《黑暗传》），所累积百万年人类崇拜、向往天门昆

仑的智慧的结晶，这是天下无有可与之相比的天堂天国之神山、仙山、圣山！

有人为了推销江北嵩山，竟然篡改《诗经·大雅·崧高》原诗原字，如："嵩（原字为'崧'）高维岳，峻（原字为'骏'）极于天。惟（原字为'维'）岳降神，生甫及申。"（见林业部宣传办主编《奥岳嵩山》，中国林业出版社1995年版）

就这么一字之改，孔夫子在古庸地采风得来的天门崧梁山就改籍成"河南嵩山"了。所以说，**中国历史不彻底清算"中原论"，中华万年历史将永远不可能还原其真史的本来面貌！**

于是，这一组符号就这样一一走来，站定在天门极顶，构成一堵屈原故里证据墙：穆天子—昆仑—天门—崧梁山（桥山）—黄帝宫—黄帝陵—黄帝册府—屈原故里。

这一堵证据墙可证明下列问题：

1.屈原笔下的轩辕黄帝、周穆王、浮丘公、王子乔等人物都在同一个地方会合，这个地方就是昆仑天门；2.证明穆天子、屈原二人都发现了黄帝宫、黄帝陵、黄帝册府在昆仑天门的若干重大秘密；3.证明屈原故里就在离昆仑不远的天门山下；4.证明司马迁6字出之有据，且有他的自序"浮于沅、湘"做证，但因一些人对这一内窍未能识破，或未亲身考察对证，从而不幸让一些不轨之人钻了空子，编造了一个假桥山以欺世盗名，让我们的先祖蒙冤蒙羞；**5.证明在屈原时代，中国根本就没有陕西桥山的概念！更不消说公元前960年前后的西周时期了。**

[卷二] "甲子，天子北征，舍于珠泽(1)，以钓于流水(2)。曰：'珠泽之薮，方三十里。'……天子□（按此□当为'升'）昆仑以守黄帝之宫，南司赤水而北守春山之宝(3)。"

(1)珠泽：这段文字记录周天子在天门昆仑瞻仰黄帝宫、封谥黄帝陵之后，突发思古之幽，决定沿着黄帝在南方昆仑的行踪再走一遍，就是说，他在天门山完成了封谥黄帝陵、大祭昆仑山之后，暂时放下下一步工作，作临时调整，下了天门山，来了一次"北征"。据分析，此次"北征"，离天门山不会太远，因为前说"观黄帝之宫"，紧接着说："守黄帝之宫，北守春山之宝"，是一种因果递进逻辑，中间间断时间不长。

按古人"向东走水，向北走直"的远行特点（远古指南针没有普及，只能以此法保证不迷路径），穆天子北行的路应大体呈垂直线，地图上的地名有沙堤（流沙）、黄家坪、新木岗、水绕四门、天子山、昆仑山（此即北昆仑，即今武陵源风景名胜区袁家界天下闻名的"天下第一桥"）、昆仑峰、黄河岩、黄河垭、黄河、汨湖（珠泽）。全程约70公里。

《穆传》记录周天子离开天门昆仑北游到珠泽，并在这里留宿，在流水钓鱼。天子还说珠泽苇荡之水方圆三十里。那么，这个"珠泽"到底在哪里呢？按北上线路上的"泽""湖"，一是"汨湖"，二是南湖，二湖相距约20公里。汨湖今属桑植汨湖乡；南湖属今竹叶坪乡。二湖均为古云梦遗泽。但从方位分析，南湖偏离90°直线上，我认定汨湖就是"珠泽"。为了验证我的判断，我在电话中咨询曾在汨湖近邻当过副乡长的李书泰先生，汨湖面积到底有多大，有哪些特点。李书泰一口回答："长6里，宽5里，正好方圆三十里。"与《穆传》所记"方圆三十里"惊人巧合！又说："汨湖小不小，大不大，48大岔、48小岔。"这简直是天意！还说：该湖还有个天下无二的特点，即湖的出口不是溪河而是一条地下阴河。春洪暴涨，满湖汪洋，待雨住洪消，湖水从阴河伏流而逝，留下一个水草丰盈的大沼泽。这不正是周天子所说的“珠泽之薮”吗！薮，词典解释为“生长着很多草的湖”。与汩湖生态完全一致。没想到我的判断马上得到证实！

查《桑植县志》：“汩湖乡位于桑植县东部，距县城36公里。……境内中部有面积5400亩的低洼盆地，四周环山，48条峡谷和10余条小溪汇集于此，每逢降雨，山洪齐至，只有一汩眼徐徐消泄，积水成湖，故名汾（音觅）湖，1982年改名汩湖。……20世纪60年代以前，一雨成湖，汩湖无法耕种。1969年以来，掘通1940米的排渍隧道，新开河道5000余米，还修建了排灌渠道，使5400亩渍水地变成了良田。”（《桑植县志》，海天出版社2000年版）

方志与《穆传》所记吻合。《穆传》似乎对满湖苇草极感兴趣，不厌其烦地记述了汩湖的各种水草：“爰有萑苇、莞蒲、茅萯、蒹、葽。”原来珠泽乃一沼泽！屈子《天问》：“咸播秬黍，莆雚是营。”［注］秬（音巨），黑黍。莆，即“蒲”，水生植物。雚（音还），芦类植物。一说莆雚即雚蒲，亦即莞（音“晚”）蒲。“汩”应为“汾”（音“觅”）字之误，潜藏也。水汾成泽，水涨成湖。千百年来，这里船舶、码头一应俱全，还有供消水后过湖的跳岩木桥。此湖乃天然蚌、珠、螺、贝生长繁衍地，过去当地每年从沼泽中产出蚌、珠、螺、鱼达数十万斤，既是一大宗出产，又是一大景观。查《吕氏春秋·孝行览·本味》曾记录了途中美味，就有洞庭湖的鲋鱼，东海的鲕（念“儿”音）鱼和澧水的珠鳖鱼：“澧水之鱼，名曰珠鳖，六足，有珠，百碧。”是说产于澧水流域的珠鳖，长有六只脚，身上长有珍珠。碧，青玉。是说珠鳖身上的珍珠就像一颗颗青玉，有上百个。此信息十分重要，珠泽之“珠”，必与珠鳖有关。穆天子搜寻天下奇珍异宝，澧水珠泽生长天下三大美味的珍珠珠鳖绝对逃不脱他的法眼，因此，趁在手下正忙乎着在天门昆仑之上掘宝之间隙，跑到珠泽寻找身上长青玉珍珠的珠鳖，当是不难理解的。那么可以断定，今武陵源昆仑峰下的汩湖正是《穆传》中所记的珠泽，其得名于珠鳖。“珠泽”是古名，“汩湖”是俗称。现在看来，破译珠泽，不独是“天意”，证明笔者的判断完全合符穆天子北征目标的本意。证明《穆传》所载珠泽与汩湖百分之百地一致决非巧合。由此反证穆天子所征南方昆仑即今天门山不可动摇！西域昆仑鼓噪了几千年，“论战”了几千年，到头来因为没有半个地名符号可以和昆仑对接，只好大骂大吵收场，干脆把“昆仑”概念出卖给西方国家算了。

［补记］ 关于破解珠泽文稿搁置“冷处”两年期间，笔者与政协学习文史组一行10人专门考察了汩湖，虽说通过扩修阴河，变湖为坪，但余泽苇荡仍处处可见。当年的珠鳖早已绝迹，但30里绿色稻田也让人神往。毕竟苍海变桑田。当听说西周天子还在汩湖出口钓流水鱼时，更一下提起了众委员的兴致，特地参观了穆天子钓流水鱼的汩湖阴河入口，洞口虽不复旧貌，但从洞中上蹿的鱼儿溅起的水花却让人目瞪口呆！两千九

百七十年过去了，今日亲临其境，仿如昨日！

不数日，又偶尔发现了两段文字："又南三百八十里，曰葛山之首，无草木。澧水出焉，东流注于余泽，其中多珠鳖鱼，其状如胇（音姊）而有目，六足，有珠，其味酸甘，食之无病。"（《山海经·东山经》）

又，明·高尚志《澧纪·叙目》亦载："星分轸络，俗从南楚。有鱼珠鳖，传自鼎叟。"

显然，这都是写澧水中的珠鳖。为"珠泽"又提供了两份证词。这个"余泽"太重要，说明澧水流域云梦余泽大多都盛产珠鳖。

(2)钓于流水：此之"流水"，指汩湖水入阴河之水。湖水从洞中泻入，鱼欢虾跳，自古是乡民钓鱼的宝地。当地有此俗话："汩洞流水鱼跳岩（土语读'埃'），架起锅儿等菜来。"这天下一大奇观怎不让好玩好宝的穆天子着迷！所以，穆天子在汩湖洞口钓流水鱼，又叫钓花鱼，自是一大乐事。或者说，如果不是本土学者、百姓十分熟悉地名及山川河流，这个"珠泽"将成为注家们一个永远解不开的结。怪不得多数注家把珠泽当"神话地名"了。

穆天子沿着当年黄帝曾走过的路北游至珠泽汩湖，还有一个目标就是珠泽左右两岸有大小两处咸池，大者叫大咸池峪（村），在泽之西约10余里处；小者叫小咸池峪（村），在泽之东北15里处。《庄子》曰："黄帝张咸池之乐于洞庭之野。""洞庭之野"之"洞庭"，天门昆仑占了四处，这是令众史家大出意外的事。一处位于天门山东南边60公里的王家坪镇，有洞庭溪从慈利洞溪乡洪子峪发源，经太阳山（洞庭山）、桥边河、八家河二村注入沅陵洞庭溪主流，至洞庭溪乡入沅水，全长约70公里。又天门山西北约90公里处有洞庭之山。《五藏山经传》卷五注解为："山在永顺桑植县西七十余里，曰上峒，与其东北四十里之下峒并临澧水之上，水象却东就位之形，其北之零水、辰水东西分流象屋宇形，故曰洞庭，庭之义谓左右有位也。"上峒，即今桑植县上洞街乡，距万灵山仅10公里。第三处在永定区合作桥乡，有洞庭溪、洞庭水库；第四处在桑植蹇家坡乡，有洞天（庭）河、洞天（庭）山。这4座洞庭山，4条洞庭水，与大小二咸池均在天门昆仑范畴，二者形成庞大的昆仑符号链。湖南洞庭湖之名盖由澧、沅上游四条洞庭水相汇入湖而得名！《咸池》，周代"六舞"之一。相传为黄帝所作，尧增修而用之。周代用以祭祀地祇。黄帝在大庸故乡珠泽及大小咸池休闲，偶尔发现当地盐巫大跳其形怪诞、舞乐优美的祭盐神之舞，十分振奋，便习之并予改造，遂成《咸池》之舞。穆天子既是因黄帝而来，必然要欣赏一下神奇古老的咸神巫舞。

说到咸池巫舞，不能不提到屈原"巫咸将兮降兮，怀椒糈而要之"。此巫咸在屈诗中多次出现，不能不引起注意。巫咸与祝融氏家族巫彭有关。巫咸无疑是掌管盐的神巫，亦即楚神。屈原是庸国后裔，巫咸也是庸神。天门山之东南王家坪乡马头溪村有"楚神岗"。《石达开日记》记大庸与永顺交界之地有"楚神庙"。此之《咸池》之舞当与巫咸盐女神不无关系。

今从昆仑—帝宫—帝陵—册府—珠泽—咸池—洞庭等符号如串珠玉，这不能不让人们产生这样的联想：黄帝早期发迹的地方极有可能就在古大庸国的核心地带。怪不得死后都要葬回故土天门山顶。

张良皋先生有句十分精辟的话："在中国'羲农派'的三皇中，……正是这一套三皇的传说，在庸国地区长期流传。……就是这一套'三驾马车'的神灵，带领中国古人，在庸国首先肇启人文。这一套三驾马车以外的祝融、共工、燧人、黄帝都不是外来户。祝融就是庸国的先祖。……所以我们可以断言：羲农派的三皇首先是庸国的三皇。"（《巴史别观》，第151页）

这位"不是外来户"的黄帝，原来也是居住在庸国土地上的一代巨人！这与刚才述说的黄帝在昆仑所留下的若干文化遗迹，在庸地咸池、珠泽留下的盐神之舞等，形成信息串供。

为了证实上述之春山、珠泽、昆仑之丘所处域地方位在南方的大庸境，这里援引《穆传》一段文字："南至于春山、珠泽、昆仑之丘，七百里。自春山以西，至于赤乌氏春山，三百里。截春山以北，自群玉之山以西，至于西王母之邦，三千里。"

上述方位指向文字明白无误地界定：春山、珠泽、昆仑之丘、群玉之山四大核心符号，全在一个方位、一个地域范围内，而与西王母之邦相距三千里！就是说，笔者对《穆传》中的"西王母之邦"不在春山、珠泽、群玉之山（天门）、昆仑之丘（天门）地域范围体系的破译完全正确，这就从根本上否定了两千多年来昆学界误读《穆传》，将南方昆仑塞进"西域王母"体系，并以此错误演绎、虚构、延伸、放大，炮制一系列昆仑理论的虚假命题。

我坚定地认为，对昆仑之有无、昆仑之所在，最有发言权的，古代唯有二人：西周第六代国王姬穆满和汉代出使西域十三年的汉使张骞！其他任何未亲身考察，只在纸上谈兵的个人和他所有的著作都只能以此二人作为是非判别的标准答案。

(3)天子□（升）昆仑以守黄帝之宫，南司赤水而北守春山之宝：这段文字记述穆天子在珠泽芦苇沼泽、咸池等地疯玩几天之后，又返回天门昆仑，行守帝宫之礼。这是一种至高的礼节，表示天子对黄帝的尊崇。但是细品后两句，又觉非全是，其目的好像是指挥赤水那边的某种行动（估计是"攻玉"），又控制可从昆仑俯视的春山（崇山）之宝。这才是最终目的。

一个更大的计划就在他闲游的过程中一步步谋划完善。

六、且看穆天子日记中的春山（崇山）县圃昆仑天堂

[卷二]　"季夏丁卯，天子北升于春山之上，以望四野。曰：'春山[(1)]是惟天之高山也。'孳木华不畏雪，天子于是取孳木华之实，持归种之。曰：'春山之泽[(2)]，清水出泉，温和无风，飞鸟百兽之所饮食，先王所谓县圃。'[(3)]天子于是得玉荣、枝斯之英。曰：'春山，百兽之所聚也，飞鸟之所栖也。[(4)]'爰有□兽，食虎豹，如麋而载骨，盘□，始如麋，小头大鼻。爰有赤豹、白虎、熊罴、豺狼，野马、野牛、山羊、野豕。爰有白鵛（sǔn）、青雕、执羊犬、食豕鹿。曰天子五日观于春山之上，乃为铭迹于县圃之上，以诏后世。"[(5)]

(1)春山：因黄帝之子雍父在崇山发明春——春谷的碓马，而将崇山又名春山。此

名天下唯此独有。

这段文字记录周天子于夏天丁卯自北山登上春山。上春山自古北山一条路，在今相公洞之偏子岩，天子日志所记方位十分正确。所谓“偏子岩”，乃登崇山县圃的古道，左为刀截绝崖，右为稍缓陡坡，路从刀背脊岭上攀行，稍有不慎，便有坠崖之险。远古时代，一大批伟人、巨人，千千万万的三苗、土家、濮人、楚人（皆为古庸人的主体），从这里一步一揖地登攀而上，去崇山居住、祭祖、朝拜、求学、旅游、寻宝、登仙，此谓崇山县圃之“石梯仙径”。清代列为崇山八景之一。

此刻，周天子站在春山极顶，放眼四望，心旷神怡，发出感慨：“春山是天下最高的山啊！”

周天子这样评价，是对崇山作为祖山、国山、宗山、姓山地位的认同与推崇。按《山海经》记载，这里是**黄帝、帝喾、帝尧、帝舜、丹朱、驩兜、共工、后稷、善卷、文**王等一大批伟人巨人长眠之地，是人类火祖祝融的故乡，本身就是一座座高耸云天的丰碑，他们德比天高，功高盖世，是人类早期文明的拓荒者、引路人、奠基者，怎能说不是“惟天之高山”呢？“惟天之高”即崇高如天。周天子发现崇山上有种不畏冰雪，迎冰而开的花，叫孽木华（花），于是取其种子，带回周都广种。

⑵春山之泽：春山之泽，即崇山之顶的云中水泽，位于崇山连五间西北之陈家塌。其泽又称崇山大泽、天池、瑶池、瑶之圃，约300亩。泽水坠崖成瀑，是为庸城外八景之一“崇山瀑布”，瀑布之下有相公洞（相公者祝融、驩兜也）。1964年扩天池筑小Ⅱ型水库，总库容70万立方米，发电量1000千瓦，钢管长1480米，落差625米，居中国第一位，亚洲第二位，世界第四位。约公元前298年屈原回到大庸故乡，其间登崇山县圃，吟“吾与重华（舜）游兮瑶之圃”（《涉江》）即此。20世纪60年代末，时任省委书记的华国锋同志登上崇山，视察崇山之泽——陈家塌水库，并饶有兴趣地询问当地群众：“知不知道历史上曾有祝融降于崇山的故事呀？”答曰：“知道！”“知不知道有放驩兜于崇山的故事呀？”答曰：“五岁的孩子都晓得驩兜！”

崇（春）山之泽又名“崇山大泽”，清代何璘曾作《劝农口号》诗：

萧然城郭愧监临，大泽崇山作枕襟。粳稻鱼虾同人课，旱干水溢每关心。（八句选四）

（诗载道光三年《永定县志·艺文志》。又载清同治《直隶澧州志校注［下］·艺文志》）

查何璘，号十樵，顺天宛平举人，清乾隆十一年（1746）任直隶澧州知府。此诗为巡视永定登崇山所作。穆天子初游大庸时间是公元前964年左右，而何璘任澧州知府是1746–1750年之间，二者相距为2710年左右。这是一个了之不得的同一信息对接，如果没有何先生的睿智博学，今天我的解释就要大打折扣了。其实，“大泽”之说，早已有之，解释也很简单，比如《淮南子·地形训》说“自东北方曰大泽”。又有**大泽、无泽、浩泽、丹泽、泉泽、海泽、寒泽等八泽之说**。杜甫亦有“深山大泽龙蛇远，春寒野阴风景暮”句。问题是与崇山不对接的信息有何价值！

“大泽崇山”，也就是“崇山之泽”

“春山之泽”！

本境一篇古祝文中也有“大泽”之说：

风云雷雨山川城隍祝文

维神赞襄大泽，福佑苍黎，佐灵化以流行。……祇陈牲币。尚飨！（文载道光《永定县志》）

同治九年（1870），新任永定知县龙恩湛，自老家桂林而来，慕名登览崇山，他写道：“环邑峰峦尤多杰出者，《传》曰：‘深山大泽，实生龙蛇’。韩愈氏所谓橘柚之色，竹箭之美，千寻之名材不能独当也，必将有大人焉出而鸣。”龙先生引唐代文宗韩愈赞美天门崇山乃藏龙卧虎之地，云中山顶天生大泽，一派大人气象。正如旧志所载“具有天崇人魄力”也！这不仅是对大泽的哲学解释，也是对崇山历史地位的真实评价。《山海经·西山经》有关于大泽的记载：“又西三百二十里，曰槐江之山。……实惟帝之平圃、神英招司之……。南望昆仑，其光熊熊，其气魄魄。西望大泽，后稷所潜也。”是说黄帝从大庸北伐中原后，把所住的北方槐江之山作为自己的私家小“昆仑”，故称“帝之平圃”。《山海经》这段文字极其珍贵，它记载了黄帝与南方昆仑、崇山大泽的往来史实，捕捉到了黄帝与古庸国的特殊亲密关系。“南望”，一说黄帝站在槐江山平圃之上，南望家乡昆仑，只见上空一片灿烂的祥光紫气，云蒸霞蔚，仙气缭绕，壮丽辉煌。接着又朝昆仑之西的崇山大泽观看，那里是埋葬后稷的地方。二说黄帝站在北方槐江山顶祭祀南方昆仑祖山，称为“望祭”。可参。

就是这个“大泽”，一下就把崇山的身份挑明了。在它的东部——是昆仑之丘天门山，从天门山“西望”，只能是崇山大泽了，后稷就潜身（埋葬）在那里。可见“大泽崇山”的出典早在黄帝之前即已有之。

此信息告诉我们：远古农神后稷原来也归葬于崇山！

后稷，名弃，尧帝时期的人，周代最初的远祖，其母姜嫄，乃有邰氏之女，亦是帝喾的正妃。弃自幼喜欢种植农作物，精通农事，遂被其胞兄帝尧推举为农师，后人尊其为“后稷”，亦即“谷神”。《孟子·滕文公上》载：“后稷教民稼穑。”与之旁证的是：拙著此前以为当代澧水城头山6500年水稻田及9000-10000年前的水稻种遗物，证明稻作农业文明起源澧水已成世界共识，那么，作为农神的后稷归葬于澧水豆作、稻作两大农业文明中心地崇山就不值得大惊小怪了。**或说豆作、稻作两轮文明的共同起源地都在崇山。**

屈原在《天问》中有问：“稷为元子，帝何竺之？投之于冰上，鸟何燠之？”

是说后稷是帝喾的长子嫡出，帝喾为何对他这样狠毒？后稷出生后被抛弃冰上，群鸟怎么对他给予保护？

这个农神后稷就葬在豆作、稻作两轮粮食文明发祥之中心地崇山，屈原对此应该是知道的，故也才将他纳入问天的对象。后稷之祖黄帝、之父帝喾、之兄帝尧既然都安葬天门、崇山，那么，他死后归葬父、兄之侧便是情理之中的事了。崇山既为古之“大泽”，照古代传说，“后稷死时，即化形而遁于大泽成为神”（《山海经》李陈氏注）就更合情合理了。《山海经》等文献多处记载**轩辕、帝喾、帝尧、帝舜、丹朱、驩兜、共工等历史巨人都葬在崇山，并筑六台的历史**，不曾

料又发现了**后稷也安葬于此**！从而形成中国历史上独一无二的“**祖山**”提供了不可动摇的历史证据链！

一些方家面对上述古之圣人共葬崇山一直百思不得其解，要么虚以委蛇，要么闪烁其词，要么矢口否认，要么偷梁换柱，移花接木，把崇山之名四方搬迁，或者把这些巨人通过“封神”强行拆伙，将他们遣散封神于东西南北中，于是，中国境内一人多葬的现象就自然产生了。比如舜，就指葬在了九嶷，尧就指葬在了济阴成阳，黄帝则由汉武帝指葬到了陕西横山的桥山，等等，从而引发了无休无止的伟人葬地之争讼。盖因对崇山缺乏了解或徘徊于“西域昆仑”阴影所致。

屈原在《天问》中问道：“简狄在台，喾何宜？”引出两个历史人物。简狄，神话中有娀（音同“松”）国的美女，后来成为帝喾的次妃，生子契，是商朝的始祖。帝喾，古代五帝之一，据《史记》说帝喾高辛，黄帝之曾孙。高辛父叫蟜极，蟜极父叫玄嚣，玄嚣父叫黄帝。由此反证，从黄帝、帝喾、帝尧、丹朱、驩兜、后稷、文王、赧王等一大批巨人、伟人、圣人共葬崇山天门，难道是一支皇家大族的公墓区？从屈原向天问难扯出简狄、帝喾，并非凭空想象，而是在天门崇山看到了这些伟人之坟后有感而发的问题。亦证屈原《天问》中所产生的地点全在他的家乡——古大庸！

那么，崇山为何又叫“大泽”？我所说的是真实的“水之泽”。

关于崇山之泽，《永定县乡土志》有段十分神奇的文字：“相公系马柱：在崇山相公洞下，洞源甚高。上游出龙茹山（按：屈原所写揽茹蕙之茹水源头即此），潜行数百里至此洞，乃见水自绝壁飞流而下，为崇山瀑布绝胜处。瀑布中别有石门，为瀑布掩如水帘然。披帘而入，豁然开朗，有石桌长丈余，旁有石如人踞案而坐，俗所谓相公者是。《一统志》引此相公即祝融、驩兜也。其下有石柱长数十丈，传为相公系马桩，皆好奇者附会云然。其实境洞壑至深邃处，类有石田、石林、石柱之属，象形惟肖，意志天然……。”由此得知崇山大泽源远流长，潜行数百里聚成云中天湖，天下一奇也！故云“祖泽绵远，帝道遐昌”，古大庸帝国初立之大风水也！

⑶先王所谓县圃：先王，指周文王、周武王。县圃，一作悬圃、玄圃、平圃，特指昆仑之顶的“花园”。文意：这里就是先王所说的县圃。所谓“清水出泉”，经调查，崇山顶上有木讷泉（山下有木纳里）、火娃儿泉（祝融泉）、白水泉（白水洞）、丈母哭泉、双水泉、阳峡泉、大砂泉、相公泉（相公者，祝融，驩兜也）、花岩泉、尧泉（帝尧也）等达十余泉。

⑷春山，百兽之所聚也，飞鸟之所栖也：是说春山（崇山），是飞禽走兽的天堂，与人类和谐相处，并列举13种动物。还有孳木、玉荣、枝斯等奇花异草。这就是崇山花园的生态美景之所在。

⑸……以诏后世：是说天子在春山留住五天，游山观景，祭奠先王，并在山上刻文字以诏告后人。《山海经》载文王葬崇山。今山上有“文王垭”。穆天子在此一待五天，主要就是为祭先王并寻找宝物奇花而来的，与《山海经》所载对接。

七、穆天子在天门顶发现世界的“肚脐”

[卷二] “辛卯，天子北征，东还，乃循黑水[1]。癸巳，至于群玉之山[2]，容成氏之所守[3]。曰：‘群玉田山[4]，□知阿平无险，四彻中绳[5]，先王之所谓册府[6]，寡草木而无鸟兽。’天子四日休群玉之山，乃命刑侯待攻玉者。”

这段文字记述穆天子从春山回宗周后，又先后几次西征、北征。至辛卯北征东还之后，又马不停蹄循着黑水，再次登上了“群玉之山”，在这里“攻其玉石”，满载而归。

(1)黑水：此之黑水即张家界市西35公里温塘镇黑潭之水，由此可知穆天子此次登天门昆仑，是路经西部黑水而来。必须提前告知：穆天子淡化黑水行程可能隐藏着一个重大秘密（后有分晓）。

(2)群玉之山：李白《清平调词》：“如非群玉山头见，定向瑶台月逢。”此之“群玉之山”即指天门昆仑山。瑶台，指整个天门昆仑就是一个巨大的云中花园平台，瑶台之上有瑶池。穆天子自从登春山（崇山）之后，可能一些大事未了，于癸巳二度来到南方，并登上“群玉之山”。这个名称十分陌生。它是被历史湮埋的古名。《太平御览·卷四十九》载：“淳于山，与白雉山相近，在辰州、武陵二郡界。……山下有石室数亩，望室内虽暗，犹见铜钟高丈余，数十枚，其色甚光明。”（文载清·陈运溶辑撰《麓山精舍丛书》，岳麓书社2008年版，第138页）

我觉得这个“淳于山”与“群玉山”很有缘分。为了确定淳于山的方位，不妨先从《太平御览》引《荆州记》一组山名进行分析，其文摘顺序如下：小西山（在天门山之南沅陵县境）、芋山（在今桑植）、嵩梁山（天门山）、崇山、武山（山有水出，谓之武溪是也，在县之西。即今武溪大庸所古城）、壶头山（天门山）、天门山、黄闻山（桃源）、风门山（有二说，一天门即为风门，《淮南子》称为“风穴”。清人蒋骥谓风穴在昆仑之巅。又引《淮南子》昆仑山北门开，以纳不周之风。一说永定的风门垭）、石帆山（在开阳界）、淳于山、武陵山（湖南著名考古专家柴焕波认定武陵山核心主体就是天门山、崇山。龙炳文、刘自齐认定天门崇山就叫武陵山（《湘西苗族》）。后泛指大武陵。杨鸿显著《秀山苗族源流叙说》第24页载：“崇山，……周楚时叫黔山，西汉时叫武陵山”）。

上述地名除了小西山、黄闻山、石帆山离天门较远外，其余全部在天门、崇山一带，故淳于山绝对不会相距太远。辰州郡，即沅陵；武陵郡，指常德。大庸永定旧时曾先后属武陵、辰州二郡。

道光《永定县志》载：“武溪属永定，壶头在天门山。”同治《续修永定县志》载编纂者张序枝的按语说：“《汉书·地理志》（谓）沅陵先有壶头山，马援军度处有松梁山，其上名曰天门。据此云先有壶头山，此时壶头已必属充，非复沅陵所有。故《晋书·地理志》云：‘充县松梁山裂。’今天门山壶头峰南踞沅陵，北瞰大庸。”这是最权威的说法。

道光《永定县志》县域图明确二地疆界以天门山南侧为界，山下的赤松坪（大坪）、沅溪、四都均属沅陵。仙人溪与沅陵交界处有沅陵垭、沅陵峪及天门山之东南与大、慈、桃、沅四县接合部的元古坪地区，1953年将上述地盘划归大庸县，赤松坪改为大坪，以

与小坪相对应。清代汤立贤有首竹枝词可见沅陵与永定分属二郡之关系：

天门高耸接天关，古刹嶙峋不可攀。

谁识辰沅善男子，年年秋日陟名山。

根据多方因素分析，淳于山基本确定就是天门山，亦即“群玉山”，盖“淳于”“群玉”音同字异之故。

按本文第一卷注“至于昆仑之丘，以观春山之宝”，意即站在昆仑之顶（指天门山高丘）看西部春山（崇山）的宝物。正好是周穆王第二次到大庸，并登昆仑之丘（天门山）的位置，这也是唯一可观崇山或站在崇山近观天门的位置，却为何卖了个关子，把“昆仑之丘”之名改成“群玉之山”了？

淳于，又作“錞于”，一种古代祭乐或军乐器，铜铸，形似碓头，又似农家牛铃，上有钮，其状为虎、为虎龙、为山纹、为环花、为綮马、为龟鱼、为鱼、为凤等。《周礼》说：鼓人掌管教人用六种鼓四种金属乐器的声音来调节音乐。所谓“四金”，指錞、镯、铙、铎。即用金錞配和鼓声。郑玄注云：錞即錞于，形状如舂杵的头，上大下小，奏乐时敲响它，与鼓声相和。贾公彦义疏说：錞于的名称，出于汉朝的太子乐宫。（参见宋·洪迈《容斋随笔·上》）

据熊传新《我国古代錞于概况》介绍：全国见于报导的錞于共71件，其中出土于湖南西部沅、澧二水流域之龙山、保靖、花垣、泸溪、溆浦、石门、慈利（单漏掉了永定、桑植）、安乡、靖县、会同等县计40件；贵州松桃5件；湖北西部清江流域之松滋、长阳、巴东、利川、建始、恩施等县13件。三项合计58件，占总数的82%。其余均系采集，出土地点不明，其中仅1件出土于涪陵小田溪二号墓。（参见隆名骥《苗学探微·关于“虎钮錞于”族属考》，民族出版社，第169页）

从上述分布情形看，錞于主要分布在湖南境内。那么，漏载的天门山——群玉山（錞于山）一带到底发现多少件錞于呢？且看：

⑴宋淳熙十四年（1187），大庸溪周赧王墓之五里堆摧，发现虎錞1件（有载物失。见洪迈《容斋随笔·上》）。⑵《湖南通志》（卷末三四）载：在五里堆遗址（即容迈所载之“五里堆”），同时“有聂氏、楚氏、王氏者，也各藏一錞”。计3件（有载物失）。⑶永定区当代出土3件。共7件。⑷桑植出土2件。⑸慈利出土1件。⑹石门出土17件（其中一窖出土15件，为全国出土錞于之最）。共计27件，约占全国出土錞于的一半（除去广西等地13件）。如果加上大庸国中心属地龙山、保靖、花垣、泸溪、溆浦、安乡、靖县、会同等县出土22件，大庸国中心地即占了49件，占全国总数的三分之二以上！

张良皋先生说：“錞于出土密集的地域，恰恰是土家族分布的地域，说明土家族是錞于的原创者。有学者认为錞于是中原首创而传播到土家地区的，这真匪夷所思……我们只能相信，甲骨文首创者的南方，正是錞于的老家。”（参见张良皋《巴史别观》，中国建筑工业出版社，第71页）

由此可以作出初步结论：历史上虎錞最早见诸典籍文字的，唯有大庸，出产最多的也是大庸国故地，故可确认以大庸为中心地的土家族（濮人）才是錞于的发明出产地。关于錞于之论其上约起于《周礼》，其中仅见贾公彦《义疏》所说的汉朝，其末止于宋代的洪迈。而就这一器物本身的出处，尚不见诸典籍，说明北方儒家对此物也很陌生。

熊某专家仅凭在涪陵小田溪出土一件虎錞就断定錞于由巴人创造，理由是巴人崇白虎。金某不敢苟同。如此之多的虎錞出土于大庸国中心区地，却没有争得话语权，而让拾得区区1件淳于的地方成了制造“巴人虎论”的凭证。殊不知大庸土家也是崇虎大族，但大湘西土家赶白虎，崇黄虎。古时无有白铜，又哪能造得出白虎錞于！青铜虎錞正合黄虎真相的本意。且大庸祖人鬻熊的第一部著作就是《龙虎经》，比后期出现的巴人崇白虎论至少早三千年以上！

据张良皋考证，古庸字衍生于先周之“唐”，五期（五帝）或之后则从庚、从康、从用、从甬，像棒杵击钟，甲骨文早期已有甬钟。庸字本身作“钟”。又作镛为铸钟，即冶铸之发明人为庸人；古庸字的象形字为有四门的城郭，后衍变为墉，乃为庸人发明以土筑城的史证。**大庸，实为大钟；大墉国，亦称大钟国、钟国，乃至“中国”。**

文字是历史留下的源头证据。文字是很难篡改的历史。

《太平御览》所载“錞于山”，必定在古大庸国的诞生之地。从所记洞中有数十枚高丈余、金光灿烂的铜钟，可以肯定就是古大庸国秘藏的国之重器。屈氏家族《告祖词》载老庸王伯庸与司马错战于黔中、北溶，兵败死，此前已抢救了一部分重器，其中必有铜钟。大庸古国历史千古，创造了灿烂的南方文明，但到今天为止，我们还没发现类似三星堆那样轰动世界的出土文化实证，出现了大国与文物不相称的缺憾。这条数百年前发布的信息直至今日才偶尔发现，我们既为之震撼又为之遗憾。震撼于大庸古国在灭亡之前还能秘藏数十枚高丈余的铜钟，这不正是铸钟大国的见证吗？遗憾的是这一信息为何一直尘封史海，竟鲜有人发觉，甚至连錞于山的古名莫名其妙地以“群玉山”之名记录在《穆天子传》，也无一人识破！两千七百多年前，穆天子又是怎么知道天门山还有个像“阿里巴巴”一样神秘的“錞于山”呢？这位爱宝如命的穆天子，是否看到了这个神秘洞府，看到了洞中数十枚金光闪耀的铜钟，以及还没有公开的诸多文物珍宝？

但不管怎样，我们还得感谢《穆天子传》，毕竟记下了一个可以佐证关于大钟之国所创造出的辉煌文化的秘史！

而錞于，则是庸钟体系中的另一类产品：它也是一种钟，不过是小钟，或说是放大了的铜铃，且作用也不一样，是一种服务于宫廷或祭坛的乐器。从秘藏在錞于洞中的“高丈余”的铜钟分析，它应该是周代以远的遗物，那么，錞于的铸造史也应依次朝更前的年代上溯。我还分析，这个洞说不准最初就是收藏錞于的地方，后来才收藏古钟，否则，怎不叫“庸钟山”呢？或曰这位贪“宝”如命的强盗西周天子，是否顺手牵羊拐走了一批重器？我甚至怀疑当年宗周宫廷演奏的錞于就是从大庸国偷（抢）去的！也怪不得中原大多文化人看到錞于后感到惊奇。而我们的一些史家却还要脸红脖子粗地说是中原传到南方的！

关于古庸国铸钟的历史，仅从解字中说史，文献实录几乎是空白。前章所解屈原后人《告祖词》，终于发现了有关屈伯庸和他领导铸鼎铸钟的一些线索，我们可以肯定，大庸核心地带出土錞于数量占了全国的三分之二以上，必与庸王领导铸钟铸鼎有关，故

錞于山亦与此有关。

综上所述，群玉山——錞于山读音一致，方位一致，与《穆传》第一卷所说“昆仑之丘”的方位亦一致。而这座高出崇山近250米可俯观“春山（崇山）之宝”的唯一一座山就是天门山，因此，我们可以断定穆天子采用“群玉之山”之别名其实就是天门山，也就是同音不同字的“錞于山”。正因为是一座万宝聚集的神山，也才称天门山为“群玉之山”，也只有这样，才不负南方“昆仑之丘”的盛名。唯其事关国家最高利益，把守这座宝山的重任就落到古庸国一代帝王、黄帝史官、大巫祖庸成子之后人庸成氏世袭担任。

《穆传》中特别提到庸成氏。据分析，此庸成氏应该是当时的一届庸国帝王。从夏商到西周时代的君王一直没有称帝。秦朝以远的古国唯一称帝的就是大庸帝国、天帝、天庸、庸帝（《尚书》），且一直作为万国之宗、之祖。庸人婚礼《告祖词》中有“四十二熊拜崇山”“繁衍百国围嵩梁”“万国九州拜蛮都”等唱词就是名证。对周穆王的到来，庸成氏（庸成子的后人）肯定举行了十分隆重的外事接待，但没有详细笔录，倒是在黑水（今永定区温塘镇）与崇庸人头目一起喝酒的过程却详细入志。查《穆传》真正记录国事接待的唯一一次只有与西域西王母觞于祁连山瑶池对歌吟诗。由此可以窥视这位风流天子重色轻友的德行。想当年，一代大庸国帝王鬻熊祖孙拼老命帮周文王、周武王办校育人，讨伐殷商，夺得江北半壁天下，而今他们的后人又以三师兵力五进五出大庸宗国，也不知弄走了多少珍宝，却舍不得多记几个字。是否有些不地道？

现在让我们一起欣赏穆天子此行（注意：仅这一次）的收获。《穆传》记：

“天子于是攻其玉，取玉版三版三乘，玉器服物，载玉万只。”

“三乘”应该是“三车”或“三马”之驮；载玉“万只”就不是个小数目了。一句话连记三“玉”，也算为“群玉山”作注了。

⑶容成氏之所守：是说周穆王循着黑水，直到癸巳那天，登上了天门群玉山，山上由庸成将军把守。此之“容成氏”，是“容成子”的后人。容成子，本作庸成子、庸成公。庸成子传为古庸国的一代庸帝（曾为黄帝史官），崇山人氏，古称“崇庸人”（有注家把庸成子搬到北方或西方崆峒山，似有不妥。庸成氏与三皇时期祝融［祝庸氏］实为远古两大氏族，但二者必有其更深的关系），为古代传说中的仙人，曾为黄帝之师。考黄帝纪年为公元前2550年，而穆天子南游群玉之山为公元前960年左右，相距1590年。即使容成子活了200岁，也有1200多年的时间差。《穆传》不是神话，是纪事日志，故此之容成氏（注意“氏”）只能是容成子的后裔，即以祖名为复姓的一位将军。民国《辞源》可证：“容成。复姓。《路史》云，太岳后。”（《辞源》，第449页）既然容成子的后代一直在守卫群玉山，由此可反证《穆传》中所记群玉山就是天门昆仑无疑。

民国《辞源》又载：“容成。黄帝时人，始造律历。道家有采阴补阳之术，谓本於容成公。《汉书·艺文志》有《容成阴道》二十六卷。《后汉书》冷寿光行容成公御妇人法。”《外纪》说：“（黄帝）命羲和占日，尚仪占月，车区占风。命大挠作甲子。命容成作盖天及调历。”庸成子是引导黄帝学习性养生术的老师。《神仙传》载：庸成子字宗黄，道中人。谯秀在《蜀记》中则说庸成子是“蜀之八仙”之首。《列仙传》认为庸成子是老子之师，后又成为黄帝之师。他最初在太姥山修道，后转移到澧水北岸子午台一带的崆峒山中，时年二百多岁。庸成子隐崆峒山后，致力于《容成经》研究写作，又著《容成阴道》，该书主要讲房中术。《汉书·艺文志》认为：“房中者，性情之极，至道之际。……乐而有节，则和平寿考；及迷者弗顾，以生疾而殒生命。”抱朴子称：“其大要在还精补脑一事耳。”又说：“服阴丹以补脑，采玉液于长谷。”（见《抱朴子内篇·极言》）这种古代道家和神仙家研究房事和祛病延寿的性卫生术，影响了几千年，庸成子则为其开山之祖。

庸成子擅长导引之术，守生养气，白发变黑，齿落复生，老而转少，寿二百余岁。历史上曾把庸成公与彭祖相提并论，是谓“容彭”。民国《辞源》第450页载：“谓黄帝史官容成公与尧臣彭铿。彭铿（读‘坑’）封于彭城，即庄子所云彭祖是也，并古之长寿者。”

屈原在《天问》中问道：

“彭铿斟雉，帝何飨？受寿永多，夫何久长？”

译文：彭祖献上他做的野鸡汤，唐尧对此怎么乐于品尝？彭祖获得了很长的寿命，为什么活得那么久长？

屈原写彭祖，必联想到“容彭”并称的容成公。《云笈七籤·轩辕本纪》中说，黄帝十分仰慕庸成子的道行，曾经领导环八十里澧水岸建造五城十二楼，等候仙人的拜访。（参见乌丙安、江帆《中国民间神谱》，辽宁人民出版社，第280页）［唐］王瓘（guàn）《广黄帝本行记》亦载：“有庸成公，善补导之术，守生养气，谷神不死，能使白发复黑，齿落复生。（黄）帝慕其道，乃造五城十二楼，以候神人。”这五城分别是：潭口老庸城东方帝都、古人寨庸城（后为屈瑕王城）、武溪（大庸所）、古庸城（一作蚩尤城）、古人堤古庸帝都、阳湖坪社溪古连城。

《汉书》卷二五下·郊祀志第五下载：“明年，东巡海上，……方士有言黄帝时为五城十二楼，以候神人于执期，名曰迎年。”应邵曰：“昆仑玄圃五城十二楼，仙人之所常居。”此之昆仑即天门，玄圃即崇山。

本境世代相传：古庸国一代庸帝、黄帝之师、中国古代性科学奠基人庸成子，晚年退出政坛，隐居今张家界市古城北子午台崆峒山，潜心研究性学养生。相传黄帝北伐中原坐天下之后，曾多次衣锦荣归，到崆峒山拜访庸成公，向他求教性学养生之道，著《素女真经》，故有黄帝御驾崆峒山之说。

从本土古地名及其庸成子出身分析，庸成子的主要活动地就在天门、崇山一带。所谓庸成子成了西蜀八仙之首，其实并非凭空捏造，史载**祝融蚕丛氏西征，创建寿国**。今有四川教授伏元杰先生几经考证，断定蜀人乃从崇山仙人溪长寿国（蜀、寿训为长寿、不死、仙人）西迁至蜀。或曰此之长寿庸帝就是庸成子。《汉书·西南夷传》：“王莽更遣宁始将军廉丹与庸部牧史熊，大发天水、陇西骑士……合二十万人击之。［孟康注］莽改益州为庸部。”（见民国《辞源》，第531页。按：“益州：成都。”见民国《辞源》，第1048页）而王莽则称庸部牧史为“庸国公”。“牧史熊”，是说牧史为熊姓，正好与鬻熊后裔熊氏对接。楚之

创立者熊绎即为鬻熊之曾孙，亦为庸成子之后。一个“庸国公”之称，正是庸国灭亡之后在大西南复活的特例。

庸成子在庸都之北崆峒山修炼、著述，后世留下不少关于他的故事，至今还在留传的清末龚子渊在北门坡三遇庸成子，后得功名，中秀才、武举。1911 年，在北门坡石板上刻“遇仙处”三字，至今仍存。又建遇仙亭。

关于庸成公在大庸崆峒山“显身”的故事，早在明代初期就在同一方向被人发现。清同治《永定县志》古迹志第 107 页载：“遇仙堆。明初，建文庙在城西北隅，后毁，议复建，有人立城东北隅堆上，左右盼望，指示庙基，忽失所在，从而迁之，屡发科名，以为仙授云。其堆在明伦堂前。”

这座“遇仙堆”一直作为县境“古迹”载入各志，保存了 500 多年才因自然沧桑之变逐渐消失。相传这个指示建文庙地基的仙人就是庸成公。所谓“屡发科名”，历届志书均有记载，与龚子渊故事吻合。我们不排除产生鬼神“幻觉映像”的可能（这种现象世界各国均有不少记载），但至少说明庸成子作为大庸古国的一代庸帝、文化圣人，在这片土地上的影响之深之大。

⑷黄帝建五城十二楼：从穆天子乘八匹骏马周游四方地名分析，与黄帝有关联的似乎只有南方昆仑。黄帝钟情南方昆仑，有五例可证：

之一、经常站在他的“下都”槐江山深情眺望：“南望昆仑，其光熊熊，其气魄魄。”之二、支持建设南方昆仑五城十二楼，丰富了昆仑神话体系中的硬件设施。之三、在南方昆仑天门修建行宫（即黄帝之宫）。之四、祭祖——亲登南方昆仑并“望祀南方祝融”。之五、黄帝驾崩前，曾嘱将其埋葬在崧梁山——天门之桥梁山。

《轩辕本纪》所载黄帝仰慕庸成子的道行，“曾建五城十二楼”，这一信息告诉我们：人们理想中的昆仑原来并非全是自然界中虚无缥缈的神话，这其中还掺杂了大量的凡间人类的建设劳动，就是说，原来昆仑天界是人神共建的，把神话天堂变成了可触、可摸、可观、可赏、可游、可玩、可住、可吃喝拉撒人神共享的地方。这是迄今为止还未能被一些史家注意的问题。

《本记》说此事有个十分重要的前提：就是因“仰慕庸成子的道行”才为他建“五城十二楼”，并以这些琼楼玉阁、瑶草鲜花恭候仙人的光临入住。说明庸成子的居地必在南方古庸大地之昆仑。这种爱屋及乌的美谈还有一例，《郊祀志》载：“汉武帝以道士公孙卿言仙人好楼居，于是作首山宫、建章安宫、光明宫，千门万户，皆极侈靡，欲神仙来居其上也。”（引自张岱《夜航船》，汕头大学出版社 2009 年版）我断言汉武帝一定是受了黄帝的影响。东方朔《十洲记》载：“昆仑山，其一角有积金为天墉城，面方千里，城上安金台五所，玉楼十二所，其北户承渊山，又有墉城金台玉楼相鲜，西王母之所治也。”（见民国《辞源》，第 383 页）这大概是后人为“黄帝建五城十二楼”所作的解释。但夸张得太离谱了。东方朔很会“侃”，也很会“涮”：“平生于国兮（“平”，屈原名平），长于原野”（《初放》）就是他吹出来的。不过，他能记下“黄帝建五城十二楼”的重大史实还是有功的。

何谓“天墉城”？《说文》：“天：颠

也，至高在上，从一，大也。”（《康熙字典》）天庸即大庸。墉：⑴小城也。⑵筑土垒壁为墉（民国《辞源》，第349页）。墉城：神仙之居也。《水经注》：昆仑山有墉城。金台玉楼，相似如一。杜光庭‘女仙以金母为尊，金母以墉为治’。”（民国《辞源》，第349页）

照上诸解，“天墉城”就叫“大墉城”了，或干脆叫“大庸城”。这个名称十分重要，它锁定就在古大庸国中心地，即今张家界市。无论被人瞎指到西方还是北方，统统与“庸”无关。“大庸”的“庸”“墉”“镛”“容”等字群地域属性是唯一的。穆天子将天门昆仑之丘改称群玉之山，却无意中说出守山头目为庸成氏，一切疑窦便豁然而释。这恰恰是困扰古今所有《穆传》研究者的难点之一。

【附一】 屈原故里五座昆仑金庸城

历史上屈原故里由轩辕黄帝动用国家财力建造五座昆仑金庸城（一作天镛城），自西至东有五：

1. 武溪金庸城：即今市西武溪古庸城。原为蚩尤家族世居故里，发明武器之祖，故门前溪水得名武溪。蚩尤为一代战神、武魂。曾随黄帝北上与炎帝争霸。炎帝出局，蚩黄开战。蚩尤败，被黄帝遣回，杀于武溪对岸之宋山。东汉马援曾在此设关，并作《武溪深行》诗。宋代田承满在此建武溪土司。又设武口寨。明初在此设大庸卫，旋改大庸所。今为大庸所乡。古城址犹存，但面目全非。

2. 古人堤：苗语仡（果）庸堤，又称古城堤。祝融创立大庸帝国之首都。考古发现城中的帝国大祭坛、庸王宫等古帝王遗迹，以及古井、街巷、大浴场、地下水道等设施。先后出土不同时期陶片、东汉简牍、“九九乘法表”竹简和“充长之印”等一批有价值的文物。如秦剑、庸剑、古印章等。《尚书·多方》“非天庸释有夏，非天庸释有殷”即与五座“天庸城”有关。天庸，天庸之国也，天之庸帝也，天庸之都也。天，大也，天庸即大庸。在庸国中末期——即春秋至公元前280年秦将司马错灭庸灭屈的漫长时代，这里一直是苗蛮庸濮的政治中心、军事中心、经济中心、文化中心、居住中心，更是精神朝拜中心。

大庸古都创自五帝之前、三皇祝融时代，庸墟仍存，行政中心至今沿用。依序先后为古庸都、古充县、天门郡、临澧县、北衡州、崇义县、崇州、安定州、大庸卫、永定卫、永定县、大庸县、大庸市、永定区、张家界市等十五届行政治所。城史已历7500–8000年，可能是中国乃至世界唯一寿命最古使用最长的都城。

3. 连城：位于永定区阳湖坪镇社溪桥西北侧。此城筑在山脊平台，城呈长方形，有东南西北四门。三面石山陡坡，易守难攻。其城因连山而得名连城。“连山”，古易名，《周礼》：“太卜……掌三易之法，一曰连山，一曰归藏，三曰周易。”连山相传为宓戏（伏羲）所创。归藏即澧口屈原老屋场之金藏山、金藏关、金藏洞。[宋]王应麟《玉海》卷三三·艺文·易载：“皇甫谧云：‘夏人（即庸人）因炎帝曰连山。《连山易》，其卦以纯艮为首，艮为山，山上山下，是名连山。”该连城古有社稷坛。古为尧帝、驩兜祀四渎水神之所。后纳入历代庸国朝廷及屈氏后庸

国四大祭坛之一。屈原殁后，被祀为江神、水渎神，庸人在此设坛以祭。明清之际，该城极度繁华，其街道上已与瓦桥、庸城街口接壤，竹枝词曰："红树青山天欲晚，烟村瓦屋似鱼鳞。"即此。

4. 古人寨（屈王城）：位于屈家坊正对岸之古城寨。其地为一孤立山岗平台，原约200亩。约公元前704年，楚武王熊通以"庸楚两国共监制"将长太子熊瑕派往大庸国，定居屈邑屈家坊，并以屈邑之屈更姓为屈，又在对河岸之天墉城旧址上建屈邑军事城堡，古称"屈王城"，盖因代代屈氏庸王而得名。又因建筑构件大量采用玉石，故又称"玉石之城"。民间发现的古城构件刻有"屈梁和屈木伏造"等字样。因修铁路、公路切割，随着最后一座白塔拆除，古城旧貌不再，旧址仅存45亩。

5. 老庸城——古庸国东方帝都：位于今澧口西崇阳坪，此地为屈氏宗族的郡望之地。史载黄帝为庸成子建"五城十二楼"，所建东方第一座就是位于澧口里老庸湾崇阳坪的"古庸国东方帝都——老庸城"。古有城墙，开四门：东高阳门，西轩辕门，南嵩梁门（天门），北金鼎门。又有三古渡：东丹丘渡，西老庸渡，北崇阳渡。城中有东西南北两条交叉大街，十余条小街。公元前279年，秦将司马错、司马靳爷孙俩分兵破黔中（沅陵）灭大庸国，继又踏平屈家坊，摧毁澧口屈原故里，夷平老庸城，并将屈家坊和老庸城一万余俘虏坑杀于老庸城西门外黄岩头大水坑，俗称"大坟山包""万人坑"。秦军撤退后，逃脱的老庸城百姓又在废墟上重建家园。20世纪50年代至60年代三线建设，这里还保留老庸街、汤圆街、染布巷、老庸铺、裁缝铺、粑粑铺、榨油坊、杂货铺、屠宰行、米行、商行、南杂铺、伙铺、剃头铺、歇铺、米粉馆等，是渡坦坪、金岩、关门岩、阳湖坪、西溪坪一带的中心墟场。当年三线建设修铁路，这里曾是民工驻扎地。这里一直保持繁华状态，却毁于接连几年的特大洪水。

上述五座"天墉城"均沿澧水而建，其南方大背景正好是天门昆仑、崇山玄圃东西走向的长度，全长80里，这是一列昆仑天然风水屏障，自然景观与人文景观达到了天人合一的境界。以当时整个世界都城格局比较，此五座金碧辉煌的"仙人之城"，世界无有二处。

唐代临澧大诗人李群玉曾游历古大庸，作《秀峰霞楼》："**汉苑好居三殿隔，仙台频望五城遥**。"后句"仙台"即天门昆仑崇山县圃。诗人站立其上，遥看足下五座金庸城壮丽风光。

晋·葛洪《抱朴子》卷一八《地真》说："仙经曰：九转丹，金液经，守一诀，皆在**昆仑五城**之内。"此"昆仑五城"即天门昆仑山下五座金庸城，与《狐首经》"神仙之地，发于天门"对接。

可以说，这是中国五帝初期——约前2550年、距今4570年前中华史上规模最大的"国家城建工程"，是黄帝为人间昆仑赋以人文内涵所做的一件惊天地、泣鬼神的大事。也就是说，远古时代，仅管在国力、财力及建筑工具、建筑材料、建筑技术极其落后的条件下，人类对天门昆仑神秘壮丽风光的向往已不止于神话想象，而是借用这一想象，再通过人类后天的建设装扮，让人文与自然相得益彰，从而打造成人神共享的昆仑天堂。有人质疑当年黄帝建造如此浩大“五城十二楼”城市工程，资金何来？此谜还是在我发现穆天子凭三师兵力威慑宗庸国，先后5次进入大庸，到天门山、崇山、北昆仑、武陵源天子山（即以穆天子得名）寻宝，特别是得知庸国武溪瑰宝——花岩（采石）专门稳居上游温塘娘娘洞，命军人明抢明夺开采武溪无价之宝——花石，长达整整一月（见本章第三节之九）。

既然是南方昆仑，那么，东方朔所载“西王母之所治”又作何解？

说起天门昆仑西王母，历史上还真有那么回事，《武陵记》载：“武陵山上有神母祠……山边有窟即马援所穿室也，室内有大蛇如舟，云是援之余灵。”又记：“此山头与东海方壶山相似，因名壶头。”（参见清·陈运溶《麓山精舍丛书》）

前面已有武陵山即崇山、壶头山、天门山的多家论断，那么这个“武陵山上的神母祠”自然就在天门山之上了。

此之“神母”是谁？是否就是东方朔所说的“西王母”？

初稿写到这里时，笔者对屈原笔下天门昆仑山上有无“西王母”真还没有底，但相信只要“天门昆仑”立论不谬，这个“西王母”迟早是要现身的。一年后，我在回头修改这一章时，果真发现了关于西王母的一揽子文献古籍，原来西王母的生身故乡就在天门山之东南约50公里的辰州沅陵县的扶桑！还是笔者的正宗老乡！

[附二] 本境古代文人笔下的天门昆仑十二楼

照《广黄帝本行记》所载，是说除了建五座金庸城，还在天门昆仑及崇山之上建了十二座楼台、帝阁。史称“五城十二楼”。5000年过去了，我们无缘一睹这些天宫帝阁的旧容，但一些古建俗名仍代代相传，如崇山中心地的“连五间”村，相传就是远古时留下的五座楼台旧址，后来成了五帝的行宫；天门山顶灵泉附近的“黄帝宫”“灵泉院”“神母宫”“神母祠”及赤松峰顶的“赤松大仙宫”等；中央仙山（熊罴岩村）的“中央仙山宝殿”“凤凰台”；七星山顶的“天师殿”（后称庙）、“观日阁（阁毁台存）”；还有高远峰上颛顼时期留下的“高远寺”等。而且，历代以来，大庸本土一些文化人在他们的诗作中为之倾情泼墨。世界上没有无缘无故的爱和恨，尤其是诗人。当某一处风景成为众人共同创作的题材时，这道风景必是被众人共识的。本土诗人官僚对“黄帝建五城十二楼”早有所闻，对天门昆仑的背景深有感悟。尽管他们碍于北方儒家们“西域昆仑”“西域昆仑王母”的强大舆论，不敢公开叫板对抗，招惹是非，但他们仍用自己的笔隐晦地为天门昆仑楼阁而讴歌。有的人憋不住，也偶尔公开点出“昆仑”、点出“十二楼”，由此证明南方天门昆仑的存在已不止于古籍经典而深入民间了——

“仙署何人到，云栖百仞高。”（元·杨钠《玉堂峰》）

仙人们办公的署所在百仞云层的山峰之中。

“下瞰三千界，中连十二楼。”（元·杨钠《道

士峰》)

这位进士已明写昆仑十二楼。破题了。

“矗矗空中起，迢迢野外苍。”(明·沈钟《高远峰》)

十二楼高矗太空。

“堂堂一何峭，玉阶一何高？……檐阿撑斗柄，柱础压神鳌。”(明·沈钟《玉堂峰》)

十二楼的宫殿太高了，像天门山万丈峭壁；十二楼的石阶太高了，我迈不上去。十二楼的檐角直指北斗，十二楼的柱头正压在一只神鳌背上。

——如此壮丽辉煌的十二楼啊！

“玉壶高阁烟霞里，贝阙常开紫微中。”(明·谭纶《天门山唱和》)

烟霞中的楼阁，紫微中的贝阙。

“九重阊阖深严处，咫尺天阶怅望中。”(明·周莹《天门山唱和》)

九重天门云气森森，欲登不成一脸怅然。

“东偏一支势窈窕，危楼杰阁凌高原。”(清·赵元睦《天门山歌》)

天门昆仑山顶之上，高耸着危楼杰阁。

“十六峰清形聚米，千寻峭壁矗层楼。”(清·俞永弼《雨后望天门山》)

在诗人眼中，天门高耸，环绕四周的十六峰不过是一些小米粒，而在万仞绝壁之上矗立着一层层壮丽的楼阁。

“云里楼台烟漠漠，波间星斗影森森。”(清·杨瑛《天心堰》)

楼在云雾里，星在瑶池中。

“神仙之所居，往往不可接。”(清·俞永弼《断山虹石》)

叹息，无奈，是因为十二楼太高。

“天门高耸接天关，古刹嶙峋不可攀。”(清·汤立贤《永定竹枝词》)

这天关“古刹”，必是凡人所筑。此说不虚。《山海经》中的六帝台、七帝墓及历朝历代儒释道神仙家们在这里修建的寺宇宫观都成缈缈天籁，有待考古专家们寻觅。

[附三]　一颗玄珠与黄帝登南方昆仑

那么，黄帝亲登南方昆仑的情形又怎样呢？民国《辞源》第978页载：[玄圃]“指仙人所居地也。相传在昆仑山上，有五城十二楼”。黄帝发起在庸成子故乡修建了五城十二楼，达到了黄帝“等候仙人拜访”的目的，自此之后，一大批高人隐士前去光顾、居住、修炼、禅隐，也因之带动了古代历久不衰的南方昆仑旅游活动。黄帝完成了这一规模空前的建筑奇迹后，是否亲自参加了竣工典礼，并拜庸成子为师，练习导引术和房中术，典籍上只有点滴记载。令人惊喜的是，在民国《辞源》第978页[玄珠]词条中偶尔发现了一个重大信息：“玄珠：喻道家之奥旨。《庄子天地》：‘黄帝游乎赤水之北，登乎昆仑之丘，而南望还归，遗其玄珠’。”张籍诗：“赤水今何处，遗珠已渺然。”此话有四层意思，关键是“南望”，确证黄帝所登昆仑是南方昆仑而非西域的“阿耨达太山”，不在那酷热酷寒，不见鸟迹，不见人踪，黄沙万里，冰雪连天，滴水不见的西域死亡之地。如果是在敦煌、酒泉、于阗或印度之西，黄帝又“南望”什么呢？提醒列位诸君，该文前面引用过的《山海经·西山经》也有“南望”，但他是站在他工作的北方槐江山“南望昆仑”，那遥远的南方昆仑之上，“其光熊熊，其气魄魄”。再又西望大泽崇山。

而《庄子天地》则是“登乎昆仑之丘而南望”，并非槐江山之南望。说直白一点：黄帝先是站在槐江山南望昆仑，心向往之，后来是一了心愿，回归故乡，登上南方昆仑，并站在昆仑望南方。何谓“望”？谓山川之祭也。《诗鲁颂谱》：“初，成王以周公有太平制典法之动，命鲁郊祭天三望，如天子之礼。”《春秋僖公三十一年》：“夏四月，四卜郊，不从，乃免牲，犹三望。”《公羊传》：“三望者何？望祭也。”由此得知黄帝南望、周穆王南望，乃至于北周帝宇文邕（575）南望，皆为望祭南方崇山、昆仑之上的先祖。今天门山之东北之10里处有“三望坡”村。故老相传，皆为古帝望祭之台也。笔者现场查看，发现三望坡最高处，隔天门山顶特近，一刀切壁，壮观无比，确实是“望祭”天门的最佳处！

清《南岳志》郭嵩焘序文：“……封泰山禅……惟北周分裂，望祀于天门山……”清乾隆《直隶澧州志》第62页载：“北周建德四年废临澧、溇中二县，以其地置北衡州（州治在古庸都古人堤）。宇文地南不至衡山，乃祀天门山为南岳，故置北衡州。……隋开皇九年平陈，地兼衡山，可修五岳，礼祀祝融，故不用北衡州名。十八年（598）改北衡州为崇州。”崇州，因崇山而名也。同治八年（1869）《天门山碑记》载：“宜乎赤松炼丹，鬼谷学《易》，永安称瑞，宇文建德祀为南望而不置。……”

上述“望祀于天门山”之“望祀”，及“祀为南望”，皆指在天门山“南望”——“礼祀祝融”。

那么，早于北周3100多年的黄帝此时此刻站在天门昆仑之巅，又“南望”什么呢？笔者以为庄子认定黄帝登乎昆仑之丘是在南方，是对接于《山海经》所载“南望昆仑”而形成的一种逻辑关系，且与黄帝曾因庸成子之道行而倡修五城十二楼的秘史形成递进关系，因而“五城十二楼”成了界定昆仑方位的核心内容，从而确证此之五城十二楼必定在南方昆仑——即是黄帝亲自主管的国家工程项目，这个项目的发生地在庸成子的家乡大庸，绝对不可能落户到西方那数万里外的雪域山上！黄帝登南方昆仑，必定是五城十二楼完工之后。可惜他的此次南巡未能像后人穆天子那样一路张扬，且有书记官随行做笔录，否则一定是极其壮观热烈的！

黄帝此次登南方昆仑，至少有三件事要办：一是为五城十二楼竣工剪彩；二是拜望尊师庸成子，求延年益寿的房中之术；三是望祭南方先祖祝融。我说的是三皇时期的祝融。关于“三皇”的选定与确认，一直未能统一，《白虎通》坚持燧人氏——祝融、伏羲、神农为三皇人选，或燧人氏祝融、伏羲、女娲为“三皇”组合，我以为是客观公正的。人类文明的标志性跨越线就是“炮生为熟”，即火文明的产生。降生于崇山的祝融因儿时偶尔击石起火，烧了崇山半壁山林，却意外发现“击石取火”这一伟大发现，故称为“火儿”“火娃儿”，至今“火娃儿屋场”犹存。这种贡献的价值是足可远超后人瓦特发明蒸汽机贡献的。任何一种发明创造都无法相比的。祝融以火施化，成了世界东方的播火者，后被国家升神格祀为火神。遗憾的是：关于祝融其人，一直处在扑

朔迷离中，问题是“祝融”一直作为“火神”神职代代世袭流传，乃至于三皇时期、五帝时期、三朝时期都有“祝融”的出现。这是一支伟大的崇光、崇火家族。比如帝高阳就是太阳神。其实，燧人氏祝融才是人类的真正的始祖。黄帝被奉为先祖，但毕竟是“五帝”时期的先人，其贡献、名声不必与太古时期祝融相比。

《古三坟书》载：“伏羲氏，燧人子也，因风而生，故风姓。”（引自苏雪林《屈赋论丛》，武汉大学出版社，第181页）照此说法，伏羲是燧人氏祝融的儿子。

张良皋教授认为：“（后）稷是被请下神坛的神农，正像祝融是被请下神坛的燧人一样。一种文明普及了，创造这种文明的神功也就复归于人。”（张良皋《巴史别观》）

上述“燧人氏祝融”的说法看来非是一家之言。

这个道理，黄帝自然是十分了解的，作为五帝时代的“老大”，在三皇先祖面前仍然是谦卑的后裔。因此，他此次登南方昆仑，极目南方，定然是心潮澎湃，于是在天门极顶——十二楼某楼阁之上，向南方“望祀”，向生于崇山、拓荒并葬于南方的伟大先祖祝融顶礼膜拜！这一幕，在3100年后，北周帝宇文邕也在同一地方——天门山顶以同样的方式重演了一回“望祀南岳祝融”祭祖大典。——历史的巧合居然如此奇妙！

历史典籍没有留下黄帝在天门、崇山待了几个日子及所做的大事的太多字证，除了“南望”祭祀，大约就是拜访尊师庸成子，寻求延年益寿的房中之术，然后到昆仑四周游览休闲，然后启驾回归北方。临走，不知何因，他遗失了一颗极其珍贵的玄珠。他丢掉的，不只是虚无的“道家的奥旨”，而是一个真实的国宝级的圣物。

经分析，黄帝在天门昆仑待了一段时间后，很可能选择原路下山，即经双峡内，折东至汪家寨、庄家峪、珍珠峪、两岔溪，乘船出西溪，在古庸都休息数日后，遂乘船泛澧东行折北而归。令黄帝始料不及的是：一颗采自天门昆仑的稀世珍宝——“玄珠”，不慎失落。据民间传闻，黄帝遗珠的地方，就是今天的珍珠峪村，今属西溪坪街道办事处。或说，珍珠峪是古庸国一大珍珠产地，黄帝走这条路离境，必与寻宝有关，可惜丢失路途，成为一大憾事。（按：后来，黄帝三次派人回天门昆仑寻找遗珠，居然失而复得！）

历史又一次在同一地巧合：当年黄帝南巡昆仑之路，正是穆天子南游春山、群玉山（天门山）的老路。穆天子此次旅游，除了八翼骏马，还带上了宠幸的美人女听和女列，迢迢数千里，重返昆仑春山（崇山），除了搜罗宝物，有可能也是冲着庸成子延年益寿的房中秘术来的。这与他去西域昆仑与西方王母幽会有着极其相似的动因。

需要指出的是：庸成氏把守昆仑之丘（亦即群玉山、錞于山、天门山），原来是一门世袭职业。这可能是当年黄帝为褒扬庸成公的德行与功勋，特封的一个规矩：天门昆仑之丘由庸成子的子孙世袭把守！仅这一条，就断了诸多史家把庸成子东扯西拉的念头。

另外，从穆天子后来将“昆仑之丘”记录为“群玉之山”分析，说明他在昆仑之丘已经有了重大发现：这里还是藏宝之山，并探出昆仑之丘又叫“群玉山”（亦名錞于山）

的秘密。此论与昆仑神话中遍地皆琳琅满目稀世珍宝的基本条件相符。

从穆天子瞻仰黄帝宫到守护黄帝陵，反证黄帝在昆仑之丘为庸成子修建五城十二楼，同时还为自己建了一所行宫，并亲登昆仑之丘“南祀祝融”的历史事件的逻辑性与真实性。这是目前我所发现的黄帝南巡至天门崇山的五大证据之一。所谓五大证据：

1.《山海经》：帝南望昆仑之丘，但见“其光熊熊，其气魄魄”；

2. 帝仰慕庸成子而在南方昆仑之丘建五城十二楼；

3. 帝登南方昆仑祀南望，南归而遗珠；

4. 穆天子参观守护南方昆仑之黄帝宫，并为黄帝陵举行盛大封谥仪式和祭昆仑大典；

5. 黄帝在天门山开辟“册府”（藏书洞）。

此五大证据链连而锁之，足称信史。黄帝界定南方昆仑并倾心打造，是继盘古氏登天门昆仑开天辟地、女娲氏在天门抟土造人、祝融氏在崇山县圃创建华夏史上第一帝国——大庸帝国之后人工创造昆仑天堂的第一人。而大禹则在崇山创建中华第一朝——夏朝：人间天堂之夏都。这一系列创举的历史意义在于：中国的昆仑神话早在黄帝之前百万年的盘古、西王母时期就已经形成了。或者说：中国的昆仑神话，并非全是人类的幻想，它是建立在一个真实的载体之上的自然风景文化、人造天堂文化与神仙鬼怪文化的结合体。并由此得知：昆仑“五城十二楼”的神话概念起源于更古老的盘古、西王母时期，黄帝时代，起源于南方大庸（张家界）昆仑天门、崇山县圃。同时，这一由黄帝亲自创意、设计、领导修建的如此浩大宏伟的国家工程，不可辩驳地证实了昆仑神话绝非纯粹幻想，而是人神共同建成的天人合一的人间天堂、天国。比西方神话之产生早几千上万年！

而最重要的是纠正了聚讼两千余年的昆仑之争。纠正了泛昆仑学者把昆仑神话源头推到西亚、希腊、印度、欧洲、幼发拉底河和底格里斯河流域，中国的昆仑神话反而成了舶来品的错误命题。此论是以近代的苏雪林、顾实等人为代表的。本来，苏先生经过十分认真严肃的“考证”，发现所有关于河出昆仑、赤水、弱水、黑水、青水、洋水、流沙、葱岭、五城十二楼以及一揽子关于昆仑在西域的符号都无法与昆仑对接，为此则聚讼2000年，归根结底这一切都子虚乌有！在穷尽极搜之后，对西域昆仑彻底丧失信心，无奈之下，只好把目光投向了更遥远的西亚，最后的结论是：“夫昆仑神话之发生，实不知其已有若干千年之历史，其传入中国，亦有二千余年。”（苏雪林《昆仑之谜》）这无疑是苏雪林独创中国昆仑神话“舶来说”的一大超级谬论。

苏先生犯了一个与诸多昆学家共同的错误，那就是总把目光死盯在西域，无视《山海经》《穆传》等典籍中所载昆仑在南方大庸的事实！我斗胆肯定：昆仑神话绝非从国外“传入中国”，它是中国的特产，版权在中国。我甚至认为：最早承认昆仑源头在南方的天门山是黄帝，完善建设南方昆仑天门的也是黄帝，完善昆仑神话体系的还是黄帝，他亲自领导完成的增城十二楼（即“五城十二楼”）国家超级工程，极大地丰富了昆仑神话的内容，《山海经》《淮南子》等典籍

都予以引用并加以扩大乃至由此虚构神话志怪文化。2000多年来，成百上千的昆文学家谈昆仑必西域，似乎只有产“玉”的地方才配有昆仑，但从《穆传》中记录的南方昆仑的稀世珍宝，决不在西域之下！至于苏先生断定昆仑传入中国不过2000余年，不知核心证据何在。我只想问，这位口不离《穆传》的前辈，怎么就没有发现周天子在南方昆仑之丘拜谒黄帝宫、守护黄帝宫，为黄陵封谥，并发现黄帝册府，且站在天门山俯观春山（崇山）的史实呢？如果以黄帝纪年为公元前2550年推算，到今天已有4500余年，哪能只有2000余年呢？而顾实先生著《穆天子西征讲疏》，洋洋数十万言，居然说穆天子“游辙所至，且至欧洲”。可我在研读《穆传》中，一个字一个字地数、一个字一个字地啃，却怎么也没看到欧洲的半点影子!？而令我吃惊的是：这位顾先生，或说还有更多古今昆学大家，缘何没发现、没看懂周天子五次南游的史实？说穿了都是所谓“西域昆仑”观点的误导。

一个争论2000余年总落不了地的“西域昆仑说”终于让中国人民对昆仑神话的激情逐渐减退，中国的“昆仑神话”最终只落在那座横亘在西部小半个中国土地上的“昆仑山脉”而失尽了全部意义。一代伟人毛泽东显然也受到“西域大昆仑”的影响，他在《念奴娇·昆仑》词中超浪漫地告诉昆仑：你呀身子太高了，你呀大雪太多了，你呀温度太寒了，反正也没甚用处，还不如让我用宝剑“把汝裁成三截：一截遗欧，一截赠美，一截还东国”，这样，昆仑山的冰雪分割享用，大家都“凉热”平衡了。这首伟人诗发表后，反响巨大，也反响不一。一方面为毛主席心胸博大、出手大方而佩服，也有不少人认为是拿国土送人情，实为不妥。环境再恶劣，也不能拱手相让呀！我却不以为然，倒认为是伟人对西域昆仑天堂真实面目的写照。就是说，原来那个令人神往的大“昆仑天堂”，竟是个冰雪终年覆盖的庞然大物，人间地狱。与其说这就是古人类所向往的“昆仑天堂”，那只能是死亡的坟墓！这明显看出伟人对“昆仑”的反感、厌恶不屑、排斥与不满。伟人开了个苦涩的玩笑，与其这样，还不如把它切割几截送个顺水人情罢了。这和苏雪林等一批昆学者把昆仑版权干脆拱手送给印度、希腊等西亚诸国似是一个性质。然而，当我在《穆传》中偶尔发现穆天子在南方天门昆仑瞻仰、守护黄帝宫、黄帝册府、为黄帝陵封谥，并大祭天门昆仑时，我的心一下为之释然，原来，真正看得见、摸得着的昆仑，还是固化于中国“脐眼”的南方大庸（张家界）天门昆仑！

(4)群玉山之天田：清光绪《永定县乡土志》载：“天门之山……天池、天田在焉。其上有滥泉，是名天堰。”此之“天田”，后来成了昆仑神话体系中的苍龙星宿，但天门山顶确有实实在在的景物——天池、天田及天堰、瑶池。屈原诗中许多看似神话的地名，往往是他故乡的真实地名，许多注家常对此迷惑不解，故此“天田”当为“群玉山之天田”。这是不经意记下的一个小细节，恰恰成了群玉山原来就是天门山的一个地名证词和实物证据。

(5)四彻中绳：即天门山顶上的四维岩山，大地“肚脐”，屈原问天：“斡（音管）维焉系？天极焉加?”

意思是：枢纽上绳子联结何处？天的顶端又往哪里安放？

四彻：群玉山顶四至边缘。中绳：四方土地皆由中绳——即纲绳维系着。四彻中绳当“四维”解。《管子》：“礼仪廉耻，国之四维，四维不张，国乃灭亡。”《淮南子·地形篇》说：“昆仑，……旁有四百四十门，……旁有九井玉横，维（系）其西北之隅。”玉横者，即北斗之玉衡星，昆仑西北隅有玉横维之，则是昆仑西北之巅上系于天也。王逸说：“维，纲也。”指制约天体的枢纽。洪兴祖说：“淮南曰，帝张四维，运之以斗。东北为报德之维，西南为背阳之维，东南为常羊之维，西北为蹄通之维。注云：四鱼为维。”“维”指天的四角，亦即“四彻”。《淮南子·地形训》又说：“昆仑之丘，或上倍之，是谓凉风之山，登之而不死；或上倍之，是谓悬圃，登之乃灵，能使风雨；或上倍之，乃维上天，登之乃神，是谓大帝之居。”《淮南子·原道训》又说：“横四维而含阴阳，紘宇宙而章三光。”《河图始开图》说：“昆仑之墟，有五城十二楼，河水出焉，四维多玉。”《河图》亦载：“昆仑者，天地之中也。”

上述“玉横维其西北”“乃维上天”“横四维”“四维多玉”等都是对“四彻中绳”的准确解读。维所以系纲者，四角（“四彻”）系之，则纲举目张。故以喻维持国家之具也。又：堪舆家所用罗经，有二十四方向，谓之二支、八干外。其四隅以乾坤巽（音“勋”）艮（音“亘”）为记号，谓之四维。（民国《辞源》，第315页）此二解，前者于昆仑天国，其神治国之道与人间无二；后者则为天国风水定位，以四维四彻中绳维系天国大厦。《穆传》“四彻中绳”四字，应属道家奥旨，以空对空。但穆天子惜字如金，没工夫在山上谈经论道，所记基本上都是当地实打实的地名。没错，他记的正是天门山神界天国的真实地名——四维岩山。四维就是乾坤巽艮之四至、四彻、四极。维，又作维系之具，即绳子，亦即“中绳”。乾隆十八年（1783），几乎成了一个凝固的哲学名词的“天门四维岩山”，突然间在本邑被炒得沸沸扬扬，且惊动了县府。这一年，正好是浙江上虞人马燧走马上任永定县令的那一年。这年，他倡首发起培植庸城东方风水，建崇文塔、崇文庙（东岳宫）、观音阁、回龙阁，又发起对天门昆仑胜地的千年古刹进行修缮扩修。恰好遇上了关于当地百姓将四维岩山捐赠给天门山寺作永久庙产的义举。这件善事被县衙勒之于石，幸存于世。

福田永固

特受湖南直隶澧州永定县正堂加三级纪录五次马遂为愿施公山以资福田祈衙勒石垂永久事

乾隆十八年（1753）四月初一日，据胡敦之、胡卯生、胡元振、胡太元等以前事禀称：“窃照天门山，层峦耸翠，环列皆峰，洵为永邑之胜，永称澧阳之巨观。山寺建于先朝，培修赖自后人。考诸碑志，历历犹存。祗缘该山福田有限，主持香火难继，敦

等愿以四维岩山之山土，施为住持香火之福地，仰祈赐衔勒之，俾获永垂久远，将天门山芳名，不让五台诸山矣！伏乞赏准勒石，卑福地永固而乐施不爽。”上禀等情到县，据此除禀批：“查天门山为永邑之屏障，甲于南楚，洵为奇观名胜。”据称尔等乐善，愿将该山四维岩山上山土，施为常住福地，甚属可嘉，准即给衔勒石，以垂永久可也。外合行给照，为此照给该僧，合同澄文收执，遵照勒石，嗣后力种福地，永远供奉天门香火，毋负各施主等一番乐普之盛心也。须至执照者，该僧领遵，依照勒石，并将各施主姓名载福田永固，众善流芳，共垂永久之记。是以为志。

永定县督捕厅□□吕

山主胡子桂　胡训之　胡文臣　□□□

主持僧脉秀名澄文　徒淡逸　孙明也　重孙无波

皇上乾隆十八年岁次癸酉菊月二十日　立

皈依斋公阳清善

《穆传》所记“四彻中绳”，正好与天门山顶上的“四维岩山”对接。这与“山田”——“天田”形成一个地名证据链，证明“群玉之山”就是天门山，亦即就是“錞于山”无疑。穆天子虽变了几个名，但一不小心又如实记下了两个关键地名。而且，又如实记下了庸成子——这个古崇庸人中的杰出代表人物是任何地方都搬不走的，就是黄帝也恭恭敬敬从北方槐江山赶回到天门昆仑来，为他，也为南方昆仑建了五城十二楼。

当我发现天门山之顶居然有块莫名其妙的“四维岩山”碑，震惊得心跳加速、目瞪口呆！这不只是一个山名，它是一部哲学、一个国家立足的四根柱石，是神界的四条“中绳”（纲绳），说明天门山在远古史上一定发生了什么，一定有顶级人物光顾并赐予此名，将这里确定为华夏之中绳，国家之中心：即无论人间之国家、神界之天国，均以此为“四维”，四维张而国旺，四维折而国亡。

这里，我再出一证。天门山之东280里有五雷山（今属慈利），《五雷山志·历史沿革》载：

“五雷山又名雷岳、雷山，元至正四年（1344）以前，称大维山，据传……有如《淮南子·天文训》中之‘地维’（维系大地的大绳子），故名。早在8000年前，大维山属三苗部落活动区，至夏、商、西周濮人活动区，至春秋末期属白县（县治于白公城）。”（《五雷山志》，湖南出版社1994年版，第7页）

五雷山是天门昆仑体系中的东部又一座仙山福地，二者关系在五雷山断山桥摩崖之上有“**祖自天门昆仑**”的记载。这两个名称决非无缘无故附会在天门山和五雷山之上，它是大人之象、大国之象。《河图括地象》提出昆仑以地之中心作为认定的基本条件：

“昆仑……神物之所生，圣人仙人之所乐也。出五色云气，其白水流入中国，名曰河也。其山中应于天，最居中。”又说：“地之中央曰昆仑。”“昆仑山为柱，气上通天。昆仑者地之中也。”“昆仑地之中也，其外有五色弱水……”

上段文字所写关于昆仑之事，全在大庸天门！

苏雪林解释此之中心即大地的“肚脐”。那么，大地的肚脐到底在哪里？在于阗？在罗布泊？在敦煌？在西宁？在冀州？在酒泉？在西域昆仑大雪山？在祁连山？（《史记集解》引《太平御览》认为：“周穆王见西王母，乐而忘归，即在此山。山有石室王母堂，珠玑镂饰，焕若神宫”）在鄂尔多斯？在潜山？在泰山？在邕宁？在天山？在广西昆仑关？在巴颜喀拉山？在冈底斯山？在喀剌昆仑？在不知葱长何处的西域葱山？在喜马拉雅山？在东海？在日本？……它们算不算大地的中心毋须我饶嘴多舌。我们可以原谅古人对自然地理常识的缺乏而胡编乱造昆仑的方位、高度、长度和面积，但是，在拥有了现代地图、现代测绘成果、现代卫星云图的当代，总不至于对“肚脐”（中心）的判断产生错觉吧？

泛昆仑等于没有昆仑。我说。

笔者在本著中提出昆仑概念完全是为了找到屈原笔下的家乡昆仑，而非跟人家争昆仑的所属权。就事论事，这个“肚脐”总要有个说法呀！那我可以告诉诸君，天门山上的“四维”其实就是国家大地的“中绳”维系之所在，或许就是中国大地（或全球）的“肚脐”。我还郑重地告诉诸君：天门、崇山之间的仙人溪，有座高达1000余米的石柱“中柱山”，又被称为“昆仑柱”；武陵源有“昆仑峰”“南天柱”以及“乾坤柱”，均是超过千米的孤立石柱。崇山南侧有座高耸云端的“中央仙山”“中央仙山”古碑四个大字的断碑仍保存在海拔1405米的中央仙山庙之顶，今属四都坪乡熊壁岩村，该村辖簸箕山、凤凰台、仙山等13个村民小组，195户757人（参见《市典》，第590页），就在天门山东南50公里处的沅古坪镇，还有座“中华仙山”，崇山北崖又叫“新华山”。如果你觉得很玄，何以如此之大的口气，妄称“中央仙山”“中华仙山”“新华山”的？我想，这几座亘古山名绝非是普通人随意命名的，它一定有高人发现——我无法指出此之“高人”究竟姓甚名谁，但有些结论神奇得难以想象。如果你有兴趣，**可立即铺开一张中国新版地图，用圆规以古庸都即今张家界市为中心点，向东南西北四至划一个圆圈，就会惊奇地发现：北至内蒙古包头，南至海南陵水或三亚，东达浙江台州，西抵川藏滇交界的德钦，这四至线的长度大体均等，大庸张家界市正好处在“肚脐”位置。这四至土地，大体是远古时代华夏族**（我指的是这个范围内的千邦万国，为首者即古大庸帝国）**最早开发疆域四至的地方**。北至内蒙古包头，意为“有鹿的地方”。秦始皇当年采纳李斯“治驰道，兴游观，以见主上之得意”的建议，启动了在全国范围内修筑“大秦直道”——此即国家版土的中轴线大道。这无疑是中国古代最伟大的国家工程，“始皇欲游天下……乃使蒙恬通道，自九原抵甘泉，堑山堙谷，千八百里”（《史记·蒙恬列传》）。所说九原故地即今包头，正处在南北子午线上，其线南下正好路经张家界市古庸都（古人堤）南北中轴线，又恰与正北的子午台、正南的天门崇山，直抵海南岛的陵水或三亚，这里正是大秦帝国南海郡（广州）辖地之南端。今张家界市北有子午台之古地名，可惜此“国家中轴线”大道计划因拖累于长城之浩大工程而告辍。笔者甚至认为，从包头至大庸，可能就是冲着天门昆仑天堂的“中心”来的。

经分析，我突然发现，这四至界线似乎与五帝时期一代庸帝颛顼庸国的四至疆界相

似。即《史记·五帝本纪》所载："黄帝崩，葬桥山。其孙昌意之子高阳立，是为帝颛顼也。帝颛顼高阳者，黄帝子孙而昌意之子也。静渊以有谋，疏通而知事，养材以任地，载时以象天，依鬼神以制义，治气以教化，絜诚以祭祀。北至于幽陵，南至于交阯，西至于流沙，东至于蟠木。动静之物，大小之神，日月所照，莫不砥属。"

关于发现颛顼乃是一代庸帝的秘密，最早发现者又是那个建筑大师兼史家张良皋先生，他说："这一带是武王伐纣时纠集的巴（按：错！史载为庸）师八国（庸、蜀、羌、髳、微、卢、彭、濮人）中第一大国庸国的南疆。**夏商周时代，庸国是祝融氏之国；五帝时代，庸国是高阳氏之国。"**（见张良皋《巴史别观》，第71页）

这可能是史界惊天动地的一个大发现！这与我的研究结果惊人一致！

而且，我还要告诉诸君：就在颛庸帝国四至边界，至今仍有成体系的庸字符号在顽强地保存着颛顼庸帝的旷世之功。

——这个"肚脐"，恰正在天门昆仑山之中心！

人们常把中国地图地形喻比一只大公鸡，东北为鸡冠，西北为鸡尾，南海为鸡腿。如果你觉得还不服气的话，建议你立即继续用圆规、尺子以今张家界市为支点，呈"丫"字形，向共和国地图——"雄鸡"三方三级辐射：东北抵达"鸡冠"——北极之漠河，西北抵达"鸡尾"——阿勒泰，南极抵达"鸡脚"——曾母暗沙，你会更大吃一惊：怎么这只"雄鸡"三方长度又惊人地一致！怎么"雄鸡"——中国的中心——肚脐还是在庸国帝都——张家界市中心地！

此前，笔者曾主持一个名为"张家界·中国城际中央公园"的战略性项目策划，在以张家界为中心，向四方辐射画圈时，其结果令我大惊：在外圈弧线上，囊括了天津、北京、呼和浩特、银川、兰州、西宁、成都、昆明、南宁、海口、港澳、台北、杭州、上海等大都市群，圈外仅剩沈阳、长春、哈尔滨、乌鲁木齐和拉萨。

这一结果再次证明：先人无意或有意间发现**天门昆仑作为中华"肚脐"的地位**，不是空穴来风。这不是您服不服气的问题，只能说是玄机、是天意，是大自然、是先人先哲早就发现了的天大秘密！也正是远古时代的盘古氏西王母、燧人氏祝融、华胥氏、伏羲、女娲、苍颉、炎帝、黄帝、蚩尤、庸成子、赤松子、颛顼、帝喾、帝尧、帝舜、鬻熊、熊绎、崇伯鲧、大禹、丹朱、共工、屈瑕、驩兜、后稷、伯庸、屈原等几乎全部创世人物为何都出生于此，或创业于此，或归葬于此的深层原因：这些人类文明的伟大先知者、先觉者、先驱者、创始者、创世者、发明者、传播者、推动者、实践者、战斗者、牺牲者、开国者、建设者、繁衍者，本来就是人类的灵魂、国家的中心，他们的出生地或归葬地也必然处于中心地位！

前辈程发轫先生《书程旨云先生文后》云："我国泰山古时亦居昆仑地位。古人谓泰山所在地为天下之中，故称为齐，齐者脐也。古有人死之后，亡灵皆归泰山，受泰山司命或泰山府君鞫（音'掬'）治之说，泰山之下为梁父，为祀地主处，乃坟场，盖古人固信死神居墓地也。"此出典与天门崇山有相近处。天门崇山古因处华夏四维中绳之“脐”，故成古时创世巨人伟人亡灵之归宿地。不过，把泰山指为昆仑中心，似有违地理常识，泰山充其量在人的左肩位置，距“肚脐”远着呢！或说，古大庸帝国核心地处中国大地之中心，故曰“中庸”，中庸者，古庸国在中华域所处位置也，不偏不倚谓无过不及之谓中。晋《法显佛国记》云：“中天竺所谓中国。”说印度实乃真正大地之“中国”，而中华反为边疆。宋释僧愍作戎华论云：“如经曰：‘佛据天地之中，而清导十方’，故知天竺之土，是中国也。”如果照《法显佛国记》所云“中天竺”可代表中国，容我斗胆一问：倘若古大庸也出了座“中天竺山”，是否也可称中国呢？那我就告诉诸君：屈原故里澧口对岸之山，便名“天竺山”，亦即“中天竺山”，海拔596米，载《张家界市行政区划图》（张家界市人民政府编制，湖南省民政厅监制，湖南地图出版社制作印刷，2009年2月）。网上亦有载：“天竺山，位于慈利县许家坊乡南部，系中支的分支，海拔596米，横亘15公里。又名南山。上有伞把洞，泉水不涸。”站立此山，恰与天门山隔澧水相望。古人称天门昆仑山才真正是华夏国土之“肚脐”！

既然结果已说明了许多“想不通”的问题，这个国家大地的“肚脐”中心只能在天门昆仑四维岩山、四彻中绳和中华天竺山之地了。

也就是说：按照先人所定昆仑的条件，天门山又得了一条。老大庸人其实早就发现了天门与昆仑关系的诸多嫌疑，但从不参与“昆仑在何处”的争论。但知道天门山原本又叫“四维岩山”，是流传万年的古地名，到了近代，如果不是这块碑文，或许早就被历史遗忘了。你只能承认它非凡的背景。

《淮南子·天文训》将上古五帝之神分封于东南西北中五方，称为“五星”，其中黄帝封在“中央，土也，其帝黄帝，其佐后土，执绳而制约四方”。此之“执绳而制约四方”，其实就是《管子》《淮南子》《河图》《穆传》《天问》等典籍所说的“四维”“四彻中绳”“乃维上天”“斡维焉系”等神界名词，均从天门山“四维岩山”得来。存在决定意识。我甚至认为，最早发现“南方昆仑”处于华夏中心的秘密很可能是盘古、西王母。他们从扶桑起步，登上天之大门——天门山，创造人类史上最古老的神仙、巫傩文化。到了数十万年后的伏羲氏时代，地球已旋转出一个全新的时代。他发明了探寻宇宙奥秘的伏羲太极八卦学。其《连山》中所隐“八卦重艮以为首”，“重”，崇也；“艮”，山也。重艮即崇山，八卦重艮以为首，意即八卦无字玄秘文化的领袖是崇山首卦、是崇山君、是万山之首山，这是人文始祖伏羲的伟大发明创造。何茂荣说：“中国的传说中，是伏羲氏和女娲氏兄妹二人来到昆仑，结为夫妇，于是人类才重新得到了繁衍。”（《现代人类的曙光自中国升起——亚当、夏娃和伊甸园不在西方》，载《山海经与世界文化之谜》吉林大学出版社，第292页）。由此得知，伏羲女娲兄妹在大洪水时代，受天神指令结为夫妇拯救创造人类的故事，原来就发生在天门昆仑——葫芦山——壶头山！这与伏羲之母华胥氏在大庸溪巫山履大迹感孕怀伏羲女娲双胞胎，及伏羲在崇山演八卦，八卦崇山为首

(重艮以为首) 对接。神仙家、道家把伏羲封在东方，一如把颛顼封在北方，并不等于他们就是出生于东方或北方之人了，这是神界工作调动配备的需要。伏羲所发现的这个秘密，真正识破了的是黄帝、颛顼。颛顼庸帝由崇山、天门向地之“四彻”扩张，成为远古最大帝国。黄帝出生于天门昆仑的对山熊罴岩，对天门昆仑了若指掌，他认为南方昆仑具有“其光熊熊、其气魄魄”的大国之象，于是将财力向南方昆仑倾斜，建五城十二楼，并嘱自己死后归葬昆仑崧梁桥山，生前坐位不在“中央”(中原、中州何称地之“中央”?)，死后让魂灵镇守“中央”。我甚至怀疑：天门山之“四维岩山”的名字，极可能就是伏羲、女娲命名的。而识破黄帝安葬于南方昆仑之崧梁桥山而非在北方的重大秘密的第一人是周天子穆满。而识破“五帝分封”的另一个人则是屈原。屈原诗中大量出现的伟人巨人及神仙，多数都与“南方昆仑”有关。

诸君不妨查查现代地图西域由阿尔金山、可可西里山、祁连山、冈底斯山、喜马拉雅山等冰山雪川沙漠组成的所谓“大昆仑”，且查它们的“四维岩山”——地之中心，在何处生长着?

至此，我们似乎明白了屈原向天讨教“四维”系天的问题，决不是凭空想象，而是触景生情，有感而发。假若他不是大庸天门山下之人，他能知道天门山又叫四维岩山，是维系大地江山社稷及神话世界的“纲绳”之所在吗?这与穆天子上天门昆仑而对“四彻中绳”颇感兴趣简直是跨越时空的对话!

不到天门山，怎知四维岩?!

——这，就是“**中国**”概念的原生地!

八、在天门山发现黄帝藏书册府

(6)先王之所谓册府：先王，指周文王。前解。“册府”，又作策府，黄帝天门藏书处。可证周文王曾登临过天门昆仑山，并亲眼见过册府的位置。

《炎黄汇典》 [册府] 注：“今按：此句当指黄帝时代而言。容成(庸成氏)作历，综合大挠作甲子、隶首作算数等六人的创造，后世以为有书册纪录，故传说他守此册府。”(《炎黄汇典》，吉林文史出版社，第21页) 由此证明容成氏所守群玉之山其实就是“昆仑之丘”—— 今天门山，是在同一座山同一个地方。庸(容)成氏守群玉山(昆仑之丘)，**一守黄帝宫、二守黄帝陵、三守黄帝“册府”**。

民国《辞源》第1132页 [注]：“策府，往古帝王以为藏书册之府。所谓藏之名山者也。”

《辞源》第1356页又载：[西昆] 谓西方昆仑群玉之策府，相传为古帝藏书处。[上官仪] 详观帝箓，披策府于西昆。 [李长民赋]：“法西昆仑群玉之策府，萃东壁之灵光。”此引录文字将策(册)府指向“西方昆仑群玉之山”，却不知此“昆仑群玉之山”就是大庸天门昆仑群玉之山。大西域雪山中何有册府?

那么，《穆传》所透露的天门群玉之山究竟有没有“册府”?此之藏书处到底在哪里?这是一个至关、至命的考验!敢与历史记载对接的就是真理，反之就是谬误，就说明笔者是在随心所欲地瞎解历史。笔者坦率地说，在发现此段文字时，压根儿就不知到底有没有“黄帝藏书处”，甚至对“策府”二字产生莫名的恐惧：5000年以前的历史果真有求证真相的可能吗？这种研究岂不是在浪尖上跳舞，在炭火中取栗？须知这是决定《穆传》译注成败得失的关键之所在呀！文章“冷处理”9个月之后，也是“天意”，或说黄帝终于站出来说话作证了。在陈运溶辑撰的《麓山精舍丛书》（第153页）中偶尔发现了《太平寰宇记辨伪卷六》一段文字：“天门山。按黄闵《武陵记》云上有葱如人所种，畦垄成行，人欲取之，先祷山神，乃取，气味甚美，不然者不可得。**崖中有书数千卷，人见而不可取**。”又载：《太平寰宇记拾遗卷七·江南西道十七·辰州》（第139页）载：“葱山。《沅水记》云：沅陵县有孤山崖石（按：此即天门山），上有葱，如人植。人时往拔取，辄绝。祷神而求，不拔自出。《武陵记》谓之葱岭。”

上述记载提供两条重大信息：

之一：葱山·葱岭。这就是以魏源（1794–1857，湖南隆回人。道光进士。官至高邮知州。著《圣武记》《海国图志》。被公认是湖湘文化的代表人物之一）为代表的“昆仑葱山、葱岭”之说的原生地。魏源固主葱岭即昆仑，遂倡“葱岭三千”之说（《小方壶地理丛书》）。纪昀（音“云”）《阅微草堂笔记》亦持此说：“昆仑之为葱岭无疑，其地多产玉，又上有龙池，故玉山瑶池之说，尚非无因。”不过二人所指葱山、葱岭各有不同。魏源把西部占了少半个中国的冰山雪岭定为“葱岭”，诸家多不以为然。冰山雪岭何有“葱”？又喻“郁郁葱葱”更不确切，当为“白雪皑皑”才是。纪先生所说“玉山”，与《穆传》“群玉之山”颇近，若谓天门昆仑为葱岭，正好印证上述所载葱岭、葱山。

原来这个被人争论了几千年的真正的“葱山”“葱岭”就是天门山！魏源、纪昀力挺葱山、葱岭即是昆仑天门，没错。天门葱山、葱岭必是昆仑无疑！但魏源虽是湖南人，却与大庸无缘，故出言有误，是读史中的百密一疏，或本来就受“言昆仑必西域”“言昆仑必王母”泛论的影响使然。

之二：天门藏书数千卷。不亚于爆炸了一颗原子弹！就是这不经意的7个字，把4500年前发生在天门山的一系列天大秘密极其珍贵地记下来了！

这是一个足可产生“原子”裂变效应的无价信息！

一证黄帝“策府”在天门昆仑，反过来又为《穆传》天门山“黄帝册府”之说找到了依据，同时印证了前述各家古籍所载“昆仑群玉之策（册）府”的信息来源均出自天门昆仑——群玉之山，与《穆传》对接，反证《穆传》所记天门昆仑、群玉之山就是同一个地方，是一山多名。

二证“先王”（周文王）曾上过天门昆仑拜谒过黄帝宫、黄帝陵，并参观了黄帝藏书洞——“策府”。先王还说春山是昆仑之县圃，证明他还上过崇山，与上天门群玉之山形成时间对接。

三证笔者破译“群玉之山”即“錞于山”，亦即“天门昆仑”的结论确凿无疑！从而彻底澄清了2000多年来把群玉之山误读为“西域昆仑”，致使误导了上从《山海经》，下到历代昆学界，乃至全中国、全世界人民对昆仑真实身份的认定，从而导致

"泛昆仑"思潮的波澜迭起。

之三：黄帝藏书于二酉。倪民先生费时10年所著《三皇五帝追踪》，以详尽的史料告诉天下：中外闻名的沅陵二酉藏书洞的洞主是黄帝而非秦朝书生伏胜，把这两洞历史推进了2300年！据大先贤、大学问家善卷对尧、舜介绍，其藏书达"数千册"之多！就是说，加上天门藏书的册府（策府），中国远古大庸、沅陵二地就有了三大藏书洞，且全在天门昆仑中心！

这说明了什么?!

中国古代五帝分封，谓"东南西北中，黄帝坐中央"，这个"中央"不正是"四彻中绳"的天门——崇山——熊壁（罴）岩——中央仙山吗?!

《穆传》现场所载黄帝陵在天门昆仑之丘具有极其厚重的文化发生学的基础，这在中国任何一个地方都是不可想象的！而这一发现，让我们更加坚信：屈原《天问》之所以写西周天子，是因为穆天子多次访问天门昆仑崇山县圃；屈原《远游》写轩辕黄帝，是因为轩辕黄帝的故乡本来就在天门昆仑、崇山县圃！

屈原笔下的昆仑县圃，原来就是他出生、居住的故乡！

【附录】

在沅陵二酉洞发现周穆王藏书

本章初稿搁置两年后，正在沅陵二酉洞作旅游开发的刘忠维先生给我惠送一纸文稿，告诉我周穆王因追随安葬于天门山的黄帝陵和天门册府，又在沅陵二酉洞藏书的信息，竟生出归葬大酉山的念头，读罢，喜出望外，遂补记于下：

周穆王喜游历，被后人称为中国历史上第一个大旅行家，同时他也是一个大收藏家。传说周穆王受黄帝精神之影响，将王室的经典秘笈也藏于二酉洞，内容包括唐虞三代及夏商周时期的文化成果及反映礼乐制度等书简。明代沅陵唐九官有诗云："闲寻酉室到云窝，未见藏书见薜萝。深谷尚余三代俗，白云遥忆穆王歌。泉飞绝壁人踪少，林翳重冈鸟语多。著作使君饶异况，胸藏二酉兴婆娑。"

清乾隆二十九年（1764），江西南丰人谢鸣谦到沅陵访友，游历二酉山，作《游小酉山记》："小酉山居酉江之末，著自中古。或曰穆王游迹所至，或曰避秦人隐此。顾有称善卷者，则又自上古云。"清凤凰人刘豹在沅陵为官，陪谢鸣谦同游二酉山，亦作《游小酉山记》："小酉洞，西去郡二十里，相传周穆王藏书处，一云秦人所藏。时有二黄奕其中，嗜游者感之。"《湖广通志》亦载：辰溪有"藏书石室，在县南钟鼓洞中，相传为穆天子藏书处"。内容包括唐虞三代及夏商周时期的文化成果及反映礼乐制度等书简。明正统中（1440），有樵者入钟鼓洞看见不少书简，樵者禀告县令，县令急去取书，惜书皆随风飘散（见《湖南通志》）。此事载之清王先谦辑《湖南全省掌故备考》卷十二第181页："辰州府　藏书石室　辰溪西南，相传为穆天子藏书处，白于县令取之正面，书随风飘散。"又据《湖广通志》载："大酉山有周穆王墓。"即其晚年效法善卷，来大酉山修道，后终老于此，归葬于此，故极有可能将书简藏于钟鼓洞。（此文由刘忠维先生

提供）

[按] 细读上述文字，与笔者所发现的史证形成对接。它的价值在于：

(1)补穆天子游历沅陵二酉之缺，反证穆天子五游天门崇山之不妄；穆天子极有可能是趁某一次天门昆仑之行的间隙南行二酉（日记无载）。

(2)穆天子藏书二酉，则是《穆传》之外的信息，值得垂注；而死后归葬二酉山，则与先王（文王）归葬崇山（及至赧王归葬大庸溪），应该是与庸周世交（熊绎伐纣，庸国为周人打下江山）有关。或许有种尊祖情结。

(3)按"论昆仑必西域"观点，西域"葱岭"昆仑必有黄帝册府、黄帝宫、黄帝陵三大实体建筑遗迹，可《穆传》中为何没有半个字的表述？且问：黄帝又凭什么把数千卷书和自己的尸体运到万里之外的沙漠雪山安葬?！我断定持西域昆仑论者和解《穆传》西域昆仑者，都不敢正面回答，因为我断定在广袤万里西域不可能找到黄帝出生地及黄帝宫、黄帝陵、黄帝册府四大原生点。不信你就试试?！

(4)按《穆传》所记，庸成氏家族因感恩黄帝为先祖庸城子建五城十二楼，其后裔从此代代守护黄帝宫、黄帝陵和黄帝册府，与《炎黄汇典》所载庸成氏守册府之说吻合。庸成子出生大庸地，实为一代颇有影响的庸帝，《穆传》一些注家胆敢把黄帝尸骨和天门册府搬到西域大雪山之上，但世代守卫册府和黄帝陵的庸成氏家族搬不走呀！即便搬去也早冻死、饿死、渴死而绝种，哪能等到1600年后穆天子上雪山拜访庸成氏后裔呀！

九、穆天子凭什么在大庸温塘（温泉）隐身一月之久？

[卷四] 乃遂南征，东还。丙戌，至于长□（潭）（按：此□字典无法注音。经推敲，此字由"三点水"作偏旁，右上为"山"，右下为"火"，疑为"炭"，炭加三点水，应为"潭"。此地正是温塘至茅岗的十里长潭，又作"渔潭"，今已筑渔潭大坝。周穆王自西而至，必翻越赤水之西的大米界、神州界，路过长潭，原长约10公里，因筑渔潭大坝现长5公里），重邕氏之西疆[(1)]。丁亥，天子升于长□，乃遂东征。庚寅，至于重邕氏黑水之阿[(2)]。爰以野麦……，西膜之所谓木禾（按：本意是："就好比西膜人吃的木禾。"并不是指崇庸氏就是西膜人。证明周穆王此前已访问过西膜。西膜，西域古民族。注意：很多注家误读"西膜"，把这段关于与崇山庸人交往的事件误以为是西膜民族，是错解《穆传》的又一个重要符号）重邕氏之所食。爰有采（应为"彩"之误）石之山，重邕氏之所守[(3)]。曰枝斯、璇瑰……凡好石之器于是出。孟秋癸巳，天子命重邕氏供食天子之属。五日丁酉，天子升于采（彩）石之山，于是取采石焉[(4)]。天子使重邕氏之民铸以成器于黑水之上，器服物佩好无疆。曰天子一月休。秋癸亥，天子觞重邕之人□□（按：□□为土人名，多种字典无法注音，可能为土著酋长，亦为彩石山之守卫头目），乃赐之黄金之罂二九、银乌一只，贝带五十、朱七百裹……□□（按：头目）乃膜拜而受。乙丑，天子东征。□□（按：头目）送天子至于长沙之山。……天子使柏夭曰："重邕氏之先，三苗氏之□处[(5)]。"以黄木□银采，□乃膜拜而受。

丙寅，天子东征，南还。

(1)重邕氏之西疆：从第四卷开篇分析，这是穆天子第五次"南征"（游）至崇山西

北部的温塘黑水，并住进了当地土著“重邕氏”部落。这支部落是专门守卫“彩石”山之宝物的。从穆天子前两次来崇山、天门，似乎都是冲着当地的宝物来的，甚至发现了古庸国收藏国之重器巨型铜钟的秘密所在，也同时发现了这充满神秘色彩的錞于原来就出于南方昆仑——天门山。仅管两次“攻玉”，满载而归，但仍贪心不足，于是把目标投向了古庸国稀世珍宝——彩石，这是五进大庸的动因。

这段文字记录了穆天子动用心术，如何与崇庸氏土著头目打成一片，一起喝酒，并馈赠金银贝朱等小玩儿以收买之，最终达到了开取采石的目的，并请当地崇庸人工匠为其就地加工，佩在身上，以保万寿无疆，才心满意足地东征长沙，热心肠的头目千里相送至长沙。穆王此次南方昆仑之行打上句号。

这是一个具备了故事、情节、人物活动、心理活动的帝王行踪日记。从整个行动看，不像在西域西王母那里大事张扬，似乎没惊动庸国官方，只与守采石山的下级官员低调接触。据分析，其实那个把守群玉山的庸成氏可能就是当年一代庸帝的世袭后人氏者，姓也。庸成氏十分热忱地欢迎西周天子的光临，并允许他自由开采当地宝石，这是两国世传宗亲友好的表示。但当时庸国仍然是天下百国的宗之国祖之国。西周王朝就是由一代庸帝鬻熊与其重孙熊绎率八国联军协助周武王伐商灭纣打下来的，故再牛皮的周穆王，不过是庸国麾下的子国，岂敢张狂造次。

重邕氏，“重”：《尔雅·释诂》：“崇，重也。”重即崇。《连山易》：八卦“重艮以为首”。重，崇也。艮：山也。“重艮以为首”即八卦崇山为首卦。

“邕”：按原著“邕”字左偏旁原有“缶”（音“否”）字，《康熙字典》无载。按汉字多有以字之主体读音者，与邕之音形相近者如“灉”“噰”“雝”皆读“庸”音。经分析，如作“崇邕”不可解。能与“崇”搭配，只有崇山、崇高之类。还有一个很特殊的搭配叫“崇庸”，即“崇山古庸人”。《诗·大雅》：“以伐崇墉。”此“墉”作庸城。《武帝内传》：“我墉宫玉女王子登也。”此“墉”作京城。崇庸人又称“天崇人”。清同治《慈利县志校注》（艺文）载：“子五人：长国瑛，庠名炳。五国宾，榜名湘，道光丙午（1864）亚元。闱墨出，远近传诵，咸以为有‘天崇人魄力’。”（朱之才《蕉窗先生传》）

崇山为火神祝融（又作大庸、祝庸）降生的地方，故“崇山庸人”即祝融庸人。

“邕”字左偏旁之“缶”为一种瓦器，正是祝融制陶“鬲”一族的独特表征，故称庸国为制陶大国。加“缶”偏旁之“邕”正是祝庸庸人之本义，故邕作“庸”，重邕氏即为“崇庸氏”。

(2)黑水之阿：前面提示过，穆天子曾经路过黑水一次，但不见有任何动静。现在真相大白：他是先打个“探头”，访查天下奇宝——“彩石”（土名“花岩”“花石”），但时间和准备不足。过一年后，二进黑水。且看他干了些什么：

崇庸氏部落所居黑水，位于今张家界市西约40公里处的温汤镇黑潭村。黑水，是《穆传》《山海经》《楚辞》中多次出现的一条河流，与河水、弱水、白水、青水、黄河、流沙、咸池、扶桑、县圃等判别昆仑身份的几大标识符号。长期以来，人们总认为这些神秘兮兮的地名只属西域昆仑所有，然而争论几千年，这些河流及地名符号实体至今无法在西域大雪山、大沙漠找到适合安置的地方，即根本不可能存在的伪命题。殊不知这些地名实体全部集中在天门昆仑四周！有的还一名多处。张家界的黑水至少有5条，如温汤黑水，桑植棓子溪和五里溪之间的黑水峡，桑植岩屋口黑水，四都坪上村黑水，合作桥八家村黑水等。白水至少有4条，如桑植白水（白水即酉水）、江垭白水（《山海经》所载“白渊”即此）、沅江第一大支流白河（即酉水）、永定沅古坪镇的白水（一作白岩溪）、流沙即今沙堤溪、河——古黄河，在今天子山之黄河村、黄河垭、黄河台、黄河庙等，比中原黄河——初称“河”之名早几千年！根本用不着东拉西凑，连洞庭溪都有4条！

温汤镇黑水发源于天泉山（海拔1263米）与云朝山（1129米）之间的黑水峡，全长约15公里。上段被一山梁阻隔，其下天生一穿山溶洞，伏流百米。洞内流水如墨，阴森恐怖，故曰“黑潭”“黑水”，今为永定温塘镇黑潭村。水出黑潭，两岸古木参天，遮天蔽日，仿若“黑水”。此为山水一大奇观也。黑水至哈溪村以下，与温水相汇，以下合称温水西向注澧，古称“温澧”，与源于上段澧水不远的茹水（即弱水，另注）相汇，则称“茹澧”，桑植境有“酉澧”，以下各县有溇澧、渫澧、道澧、澹澧、青澧、涔澧等并称九澧、九江、九河、九水，古称800里澧水。

《穆传》所记“重邕氏黑水之阿”，即在今温塘黑水之旁的黑潭村一带，此地乃一仙境之地。清代王庭驹曾作《洗墨池赋》：“津不号寅，山疑邻酉。水之色，数百年而不变，几疑黑水之西；石之贞，千余载而不移，真同异石之九。”

[注] 酉：今张家界市桑植酉水，又名“白水”（“白水”另注）。“黑水之西”：酉水位于黑水的西部，此之黑水即指温塘黑水，西距白水入澧处（桑植县城）约40公里。从《穆传》《山海经》《楚辞》所写黑水方位分析，应为温塘黑水。其所处位置正好在崇山崇庸氏之西疆。

(3)彩石之山，重邕氏之所守：是说崇庸人把守彩石之山。为了保卫这片彩石，大庸国当局特地组建了一支军事力量，其基本队伍就是崇山庸人。彩：原为“采”字之误。此非动词之“采”，古“采”“彩”通。乃为花之彩、纹之彩、色之彩、光之彩。“彩石”，即有花纹色彩并闪烁光泽的石头。穆天子似乎总是注意异域他国的民情（吃木禾之米）、物产（采花纹之石）。这彩石之山正是古大庸国的国宝。清同治《永定县志·古迹志》载：“花石。武口江石上有花如重台牡丹，枝叶扶疏，以物击碎，拂试之，復见层叠，互见慈利景物。又《卫志》有石上葵花，亦甚生肖。”《一统志》对此奇石亦有记载：“历山在大庸所东北。石峰高耸，下临河流，旁阜有石室，下有花石，沿河数里，茎叶如莲。旁有桃花洞，洞口多桃花。”光绪《永定县乡土志》载：“又西三十里曰庸山，故大庸所城在焉……茹溪萦其东，武溪环其西，至城南两水合流北折而东，中多美石，文如牡丹，俗谓之花石。”花石即“采（彩）石”。

古大庸国除了国色天姿的“彩石”——“花石”，还有其他宝石值得关注：

清康熙《永定卫志·古迹》载：“石上葵花，花在石上，高五分，枝、茎、瓣、叶，嫣然如葵。”

清同治《永定县志·金石志》载：“五

鲤石，在南关河下，中有五石，鳞次如鲤，宛然天巧。”“芙蓉石，在观音桥河下，其色红紫，其形宛若芙蓉。”“牡丹石，在五溪河中，石形如牡丹，故名。”“葵花石，在城内井旁，石形似葵花，故以名其井。”

同治《永定县志·古迹志》又载：“方平石，明都司雍简，见白羊一群，使人逐之，一羊化白石，余羊入土中，掘之，获金以修庙，闻于朝，敕名普光寺。今石犹存。”

就凭这几段简短的文字，就可知古庸国里天门昆仑山下的奇石宝物品类之繁多，价值之非凡。而尤以天墉城武口之“彩石”最为神奇珍贵！武口，即武溪注澧之出口，位于今张家界市后坪镇武溪古城，相传为远古黄帝建“五城十二楼”之“天墉城”旧址。宋大中祥符年间在废墟上筑武口寨，后为田氏羁縻土司宣慰使司衙门。明初撤永顺羊山卫于武溪大庸城，改名大庸卫，卫衙设此。旋迁至今市区，重建大庸卫城，原大庸卫降为大庸所。清同治《直隶澧州志》载：“大庸所城，在（永定）城西三十里，以溪名。”柯泗昌《今县释名》认为该城地处“庸水之阳”。同治《澧州志》《续修永定县志》载：“明洪武时千户武才筑，周五百丈，广二里二百八十步，高一丈，门四，各以方名。”该古城共存在4500多年，至清代雍正撤卫建县，其军事机构及职能随之消失。武口古城古为大庸国重要军事基地和商埠码头。同治《续修永定县志》载：“永通草（药材）不甚蕃滋，因大庸所河水磨刀开片最佳，各省巨商皆远自川贵，贩至赁居制作，然后散远他处。乾嘉之际，市廛辐辏，利及居民，几欲成一巨镇。”

古代影响武口古城商贸兴衰的当家产品居然是三件物品，一为花石（彩石），二为通草，三为磨刀石。后二件还是明清时代的事。外人有所不知，这“磨刀石”其实就是“彩石”（花岩）的残余末梢。而真正在海内外引起关注的还是武口的“彩石”——即“花石”，土名“花岩”。相传，古庸国历史上发生了无数次战争，不为疆土，就为“彩石”，叫“彩石之战”。据考，彩石（花岩）开采于7200年前的华胥氏诸英建“华胥国”之时。7000年前的祝融创建世界真正国家意义的最早、最大、最悠久的“大庸帝国”，其主要财政收入也是彩石（花岩）。甚至有专家认为：远古出生于今枫香岗之古雷泽坪的伏羲、女娲，发现大庸坪上的天生水绕奇异图形，极似从伏羲洞流出的娃娃鱼，得其灵感，并动用庸国“**彩石财政**”，招募数百民工，在溪流水绕的不完整图形上开挖水道，变成极似两条娃娃鱼（大鲵）依偎一起的达百余亩的巨形“太极图”，从而创建了地球人类史上最古老、最神秘、最伟大并影响中华、影响世界人类文明进程的祖源文化——太极——八卦文化。历史到了4500多年前的大庸帝国最昌盛、最伟大的黄帝时代，为了创造人类梦想中最美好的生活家园，也动用“彩石财政”，领导创建世界人类史上规模最为伟大、工程最为艰巨的、人神共享的天门昆仑花园——悬圃天堂——“五城十二楼”项目工程。然而，有限的资源最终还是抵挡不住人类的贪婪而被彻底耗光。随着大庸帝国的衰败、灭亡，崇庸人已无力捍卫这份天赐宝物了。周穆王走遍天下，一年四季马不停蹄，到处看“西洋镜”，也到处搜罗奇珍异石，珍珠宝物，这些不义之财均一一记录在《穆传》中。他隐居离“彩石”约15

公里的黑水（今温塘镇“娘娘洞”），会见了守宝崇庸人头目，作为大庸国的全权代表，头目对周天子的到来表示十分欢迎，并允许他自行开采“彩石”。

⑷五日丁酉，天子升于彩石之山，于是取彩石焉：这个“彩石之山”就在今大庸所古城对岸之龙盘岗，当地土民叫“花岩山”，后叫花岩村。经过七八千年、上万年，或更久远的无度开采，彩石山已逐步耗空，到了元明时代，彩石开采工作面已经延伸到澧水河床之中了，《永定县乡土志》载：“花石，在大庸城东河中，石质白而纹如牡丹重叠，碎之层出不穷。潜急滩中者大数丈，采甚艰。诸小石亦有纹理，可作什物用。武口花石见宋《寰宇志》：其石质青黑而粗，面作牡丹，枝杆间有花叶如人雕镂而成，在河滩急流中。水涸时可凿取之。大料可作屏面，惜坚脆易裂。往岁土人曾取献一方，与志言合。”到了清朝，虽只剩下可制磨刀石的残渣余绪，却又成就了乾嘉南方商贸巨镇盛世！20世纪60年代初，在彻底掏空了的河床上修筑了花岩电站大坝。从《穆传》所载分析，那时开采彩石工作面还在山上。

关于大庸古城的彩石——花石，是一个真实存在的大地恩赐之物，当时的大庸帝国就是一个“群玉拱围”的仙山福地，并借这些稀世珍宝充实国力，成了远古时代世界第一文明大国、军事强国。

因为崇庸人擅长制作宝石佩饰首饰，故穆天子称赞“凡好石之器于是出”，天子便命崇庸氏宝石匠人在黑水将彩石琢磨成佩饰物，给天子佩戴在身上，以保万寿无疆（此即非凡价值之所在）。天子十分喜悦，与崇庸人头目一起喝酒，并赏赐与他金瓶29只，银乌1只，贝带50件，朱700裹等物品。崇庸人头目跪拜接受。

⑸长沙·重邕氏之先·三苗氏：一个月后，天子得到了彩石佩饰，心满意足，要起驾东征了，崇庸人头目以大庸国最高礼节亲率卫兵一直把穆天子一行送到长沙。天子使臣柏夭对头目说：“崇庸氏的先祖是三苗。”天子又赏给崇庸人头目黄木银采等贵重物品，以表谢忱，庸人头目又跪拜接受。丙寅那天，天子从长沙南归。

从《穆传》记载中，穆天子在春山（崇山）“五日观看于春山之上”“四日休群玉之山”。在温塘黑水“天子一月休”。堂堂大周天子，在一个偏僻的乡村一住一个月，恐怕也是“前无古人”的。

周天子何以在温塘黑水逗留了整整一个月？考原委有四：

一是温塘有一烫一温两温泉，是养生疗养胜地。加上有两位由今花垣土著赠送的两个宠美人女听和女列姊妹俩陪伴，不会寂寞。二是此地十分隐蔽，民情淳朴，便于完成他垂涎已久的“取彩石”计划。三是交通方便，从温塘黑水前往彩石采石场（武口寨），乘船走水，来往安全自由，不留痕迹。四是黑水崇庸人既是守宝人，又是祖传的工艺师，干脆就地制作，将宝物佩戴在身，以求万寿无疆。从开取彩石到加工制作，没有一个月的过程，是不可能制作出价值连城且能保长寿的佩饰宝物来的。

值得注意的是天子书记官柏夭在长沙所说“崇庸氏之先，三苗氏之□处”，道明崇庸氏的先祖是三苗氏。十分正确。崇山崇庸氏先祖祝融、黄帝、蚩尤、高阳、驩兜、鬻熊正是三苗集团的六大庸帝。崇山是三苗

(南蛮苗裔) 庸国的发祥地及政治中心、军事中心、经济中心、文化中心、祭祀中心。其实，周穆王对古庸帝国的历史一点不陌生。大周王朝的天下，有一半 (或大部!!) 是大庸帝国一代庸帝鬻雄和曾孙熊绎以“天庸”“天帝”“上帝”之命发动组织千邦万国——其中以庸国为首的八国联军打下来的！这段辉煌的历史白纸黑字载之于《尚书》。周穆王接连五次南下大庸，低调相处，十分谨慎，竟然隐身黑水秘境。这与他西征酒泉，以风流张狂之态在弇山会见西王母国王的排场形成反差，就是情理之中的事了。

穆王点明崇庸氏头目为三苗后裔，还可作四证：

一证周天子此行方位正是三苗中心天门崇山 (三苗族恐怕不在喜马拉雅山，不在祁连山，不在于田，不在西戎，不在大夏，更不在印度、伊朗吧?)。

二证“重邕氏”即“崇庸氏”的破译正确。

三证“黑水”正在出“彩石”附近的温塘镇，锁定了“南方昆仑”一个标示符号在天门之西，这很重要，它将同时对天门“流沙”“赤水”“黑水”“白水”“洋水”“弱水 (茹水、澧水)”“河 (黄河)”“青水”等系列昆仑标示河流地名的认定产生巨大的连环互证作用！

四证崇庸氏头目护送天子到长沙，则是《穆传》中最最最关键的证据：就是说，周天子东征长沙，始发点就在西部的大庸 (今张家界市)，而非西域昆仑，西域昆仑编造不出“长沙之山”来，更编造不出“崇庸氏”为三苗的后裔来！“三苗左彭蠡，右洞庭”绝不在西域！中国只有一个长沙，它在中国的湖南。湖南的天门、崇山在长沙的西方！二者在东西南一条线上，全长约400公里。陈录社《长沙赋》云：“溯殷商，域属三苗；至西周，始名长沙。”(《光明日报》2007年4月9日，第4版) **是说殷商时，长沙属三苗国；西周时，才正式定名长沙。此说正好与穆天子所说的三苗及所到达的长沙相互印证，说明穆天子离开温塘黑水，由崇庸人头目护送到长沙的线路千正万确！我真不明白，那么多史家明明从《穆传》中发现了湖南长沙的重大地名信息，却硬要死扯到新疆、西藏、甘肃、青海乃至西欧的所谓“昆仑”，还要进行永无休止的“论战”，到头干脆把昆仑拱手推给西亚、中东、西欧，好像昆仑的版权只应西域拥有，其他地方都无权使用似的，这是为何？**

从远古交通工具分析，大庸帝国中心地澧水流域，是世界最早发明船舵的地方，著名巫傩文化大师林河对从澧县城头山遗址发现距今7000年的船舵进行考证，断言古庸国是世界船舶史上最早进入海洋文化时代的古国。周天子一行先是乘木船顺澧水而下至慈利，然后从慈利舍船步行骑马行军。这条东游之路，正是当今的长张高速路走向，历史上，恰是长庸千古驿道。

[卷四] “庚辰，天子大朝于宗周，乃里西土之数。曰：自宗周瀍水以西，北至于河宗之邦，阳纡之山，三千有四百里。……[中略] 南至于春山、珠泽、昆仑之丘，七百里[1]。自春山以西，至于赤乌氏春山，三百里[2]。东北还，至于群玉之山，截春山以北，自群玉之山以西，至于西王母之邦，三千里[3]。…… [中略] 各行兼数，三万有五千里。”

从《穆传》卷五、卷六发现，穆天子此次总结周游四方的里程，还不是他旅行的全部。经逐次核实，大体弄清了周游四方的次数：北征9次，西征13次，南征14次，东征12次。总里程达19万里（周代“里”，较今“里”小。此数据参见《中国文化史500疑案》，中州古籍出版社1997年版，第791页）。

⑴南至于春山、珠泽、昆仑之丘，七百里：意思是，南行到达春山（崇山）、珠泽（汨湖）、昆仑之丘（天门山），计七百里。证明此三大地名同属一个地理单元。这是一个不能拆解的昆仑地理符号链，也是《穆传》唯一直写“昆仑之丘”的文字，可证当时西域还没有昆仑名称的出现。证明笔者译注无错。

⑵自春山以西，至于赤乌氏春山，三百里：意思是，从春山（崇山）以西，到达赤乌氏春山（崇山），约三百里。此处又冒出个“赤乌氏春山”，难道崇山之西三百里的地方还有座春（崇）山？其实这条重要信息在[卷二]中就已经出现了。《穆传》日记写道：穆天子在春山（崇山）留住五天后，即于“壬申，天子西征。甲戌，至于赤乌。（此缺‘赤乌’）之人其献酒千斛于天子，食马九百，羊牛三千，穄（jì）麦百载。……天子乃赐赤乌之人□其墨乘四、黄金四十镒、贝带五十、朱三百裹。……曰：‘□（春）山是惟天下之良山也，宝玉之所在，嘉谷生之，草木硕美。’天子于是取嘉禾以归，树于中国。曰：‘天子五日休于□（春）山之下。’乃奏广乐。赤乌氏之人其好献二女于天子，女听、女列以为嬖（bì,宠爱）人。曰：‘赤乌氏，美人之地也，宝玉之所在也’。”

文字并不艰涩，关键是：春山（崇山）之西是否还有座赤乌氏春山（崇山）？

经查：在大庸之西南约三百里的花垣县还真有座春山——崇山！

苗史专家隆名骥先生告诉我们：“在凤凰县火炉乡苗族合鼓坪北边，有一孤峰耸立，苗语称‘高肉崇’，汉语意译为‘崇公山’。山上有一巨岩耸入云霄，苗族称‘肉崇’，汉语意译为‘崇公岩’。《山海经·大荒南经》说：‘驩兜放于崇山，驩兜生苗民。’因此，崇公山就是驩兜山，崇公岩就是驩兜岩。驩兜是古代三苗国领袖，三苗战败，逃居湘西崇山。崇山有多座，传说大庸崇山（即天门山）曾发现驩兜鼎。花垣崇山境有驩兜鼎。”（隆名骥：《苗学探微》民族出版社2005年版，第89页）

隆先生是吉首自治州人，对花垣崇山有所了解。

《永绥县[花垣]直隶厅志·古迹》载：“崇山卫即夜郎坪，地在治（按：今花垣县城）南八十里许（按：今花垣县吉卫乡），但此非放驩兜之崇山。山在澧州永定县（按：今大庸县）。”苗史学者龙炳文、刘自齐亦引永绥志一说，并说：“《乾州厅志》也说，明代时在今天花垣县吉卫公社地设崇山卫，其名称就是由（大庸）古崇山而来的。”（吉首大学学报民族问题增刊《湘西苗族·族源概说》，第6页）

上述二说印证大庸崇山之西南三百多里地的春山（崇山）正是花坦县吉卫乡的春山（崇山）无疑。《穆传》中说“天子乃赐赤乌之人□其墨乘四、黄金四十镒”。此之“人□其墨”，无法解释，但在今吉卫乡西北数十里处却有大山曰“人江墨”（海拔1042米），此山名符号，是否就是那个人江墨山所出产的墨玉“人江其墨”的信息呢？（见《湖南省地图册》2000年版，第124页）那么，花垣崇山的“赤乌之人”又作何解？隆名骥说：“三苗国的鸟图腾，史书有记载，民间有传

说……（乌）龟的图腾，也屡见不鲜。《述异记》说：‘蚩尤之神，龟足蛇首。’《拾遗记》说：‘包羲龟齿龙（蛇的神化）辰。’蚩尤是九黎国之君，三苗是九黎之后。包羲即伏羲。《山海经·海内经》曰：‘有人曰苗民，有神人首蛇身，曰维延。’闻一多《伏羲考》认为维延就是汉石刻中交尾之伏羲女娲，为南方苗族传说中的祖先。说明了是蚩尤的后裔，建立三苗国，其以（乌）龟图腾的部落邦鲧治水。”（《苗学探微》，第77页）

经考，这位乌龟图腾的首领鲧就是崇山人，史称崇伯鲧。细揣隆先生所言，笔者茅塞顿开：这个“赤乌之人”（或“赤乌氏”），不就是湘西三苗的先祖蚩尤与乌龟图腾的合称吗？叫“蚩乌氏”，亦即“赤乌氏”。龙炳文说降生于崇山的火神、赤帝祝融与蚩尤、驩兜同为赤乌氏三大宗祖。以后，崇庸人（苗土）四方迁徙，把崇山和赤乌氏图腾都带走了。花垣、凤凰各有一处。大庸崇山古有“龟蛇捧足”列崇山八景之一，清人昌世麟有诗：

积块崇朝麓，龟蛇象并呈。
蹒跚横古道，迂曲走庸城。
城藉天门势，山环澧水清。
淳风犹太古，不必训先氓。

这个“龟蛇捧足”，就是暗隐赤乌图腾源于崇山的实证，其景观犹存。

⑶截春山以北，自群玉之山以西，至于西王母之邦，三千里：将春山与群玉之山并列一起，再次证明笔者破译春山即崇山，群玉之山即天门山的结论正确。这是一个十分准确的地理坐标：春山（崇山）以北、群玉之山（天门山）以西——两个粘连在一起的地名符号构成一个原点，由此朝“西北”方向——正是大西北的弇（yán）山——西王母之邦所在地，全程三千里（以古尺码计算）。这一长距离的界定，不可辩驳地告诉人们：西王母之邦与天门昆仑、崇山县圃不是同一个地域地理概念。它彻底否定了将“西王母之邦”误解为“昆仑”的谬论，从根子上斩断了“西域昆仑”的存在。从穆天子以下到汉武帝时代的850年中（前964–前112），天门昆仑的原创版权还掌握在大庸国崇庸人手中。

是否可以这样说：千古第一奇书《山海经》，可能比《穆传》成书要迟。就是说，《山海经》面世之前或之后所有昆学家关于昆仑的论述，只能以《穆传》为准。我甚至还说：《山海经》的作者，根本没有可能见到《穆传》。

[小结] 穆天子先后5次到古庸国访问旅游，直接上天门昆仑3次、崇山1次、赤水1次、瑞塔铺（乌儿岭）1次、黑水（温塘）2次、花岩1次、汨湖（珠泽）1次、天子山昆仑峰1次、长潭（渔潭）1次。其地名、人名依行文次序有：春山（崇山）之宝、昆仑、昆仑之丘、春山之宝、昆仑之阿、赤水之阳、鷂鸟之山（乌儿岭）、昆仑之丘、黄帝之宫、封谥黄帝陵、昆仑之丘、舍于珠泽（汨湖）、珠泽之薮、昆仑、县圃之上、黑水、群玉之山（天门山）、庸（容）成氏、群玉田山（天门山）、四彻中绳（天门四维岩山）、先王（黄帝）册府、群玉之山（天门山）、长潭（渔潭）、重邕（庸）氏（崇庸人）、黑水之上、长沙之山、三苗氏等。留住时间共68–75日，最长住黑水温塘温泉——娘娘洞整1个月。娘娘洞，位于温塘温泉之西岸。即以穆天子两位由今花垣苗人所赠双胞胎美女女列、女听命名，至今仍在流传。

第四节　天门极顶　世纪唱和

——明代天门诗社在天门山顶为穆天子南游天门昆仑2400年举办盛大唱和诗会

对于穆天子先后南游大庸，其间三上天门昆仑的那段历史，天门、崇山下的一帮文人似乎早就引起注意了。明朝成化弘治年间，由大庸天门诗社社长周莹（举人，时在永定卫衙任职）倡首发起，并联络了本土和曾在永定卫为官或游览视察的一帮数十个外籍文人官僚诗友，如沈钟（明弘治年间岳州府提学副使）、柴皋（荆州人，明成化年间任九溪卫和永定卫都指挥）、李镜（岳州知府）、谭纶（岳州同知）、吴佐（浙江钱塘平湖人，乡贡，岳州府通判）、张帷（岳州府推官）等登上天门山，在天门云梦绝顶举办了一次规模空前、极度浪漫、影响深远的"穆天子南游天门山2400年唱和诗会"活动。这些诗作后来分别载之于《岳州府志》《澧州府志》《永定县志》和《永定县乡土志》等典籍中。

唱和诗由天门诗社东道主周莹出句，即以末四字"通、中、空、风"四字为韵，而末句必挂上穆天子的八骏羽翼乘风上天门之"风"，以示对穆天子南游天门昆仑的纪念。穆天子南游昆仑约为公元前960年左右；举办诗会时间为明成化二年即1460年左右，距穆天子游天门2420年，距今2981年，选四首：

周莹（起）

次第森罗十六峰，一峰有窍属谁通。
九重阊阖深严处，咫尺天阶怅望中。
锁钥半开云出洞，广寒未闭月悬空。
昔年曾有青云志，从此扶摇八翼风。

李镜（和）

小山历尽到高峰，万仞天门咫尺通。
仰望蓬莱红日下，远瞻庐阜白云中。
苍崖突兀松杉古，曲径迢遥马迹空。
欲造最高峰上立，飞腾须是仗天风。

吴佐（和）

乱山环拱一奇峰，咫尺天门路可通。
万仞悬崖图画里，四时仙境鸟声中。
云能变幻穿还出，雪不坚牢补又空。
我欲题诗登绝顶，扶摇健翮借天风。

谭纶（和）

螺髻参差十六峰，天门独耸路难通。
玉壶高阁烟霞里，贝阙常开紫微中。
云彩过时帘捲日，竹梢垂处帚悬空。
我来欲蹑层楼望，须藉扶摇万里风。

[点评] 第一首：诗中涉及天门十六峰、天门洞（"窍"），又写了体现昆仑帝宫几大要素的"阊阖"（天门）、"天阶"（进入帝宫的高大台阶）、"锁钥"（指"帝阍"，即掌管帝宫门锁、钥匙的守门人，实指天门洞云飞云涌）、"广寒"（与月宫嫦娥对话。嫦娥的家就在天门山顶西南侧的嫦娥里，见某军事地图）。后二句看似喻比自己少时奋发向上的拼搏精神，而本意是述写远古（"昔年"）穆天子周游华夏八方的壮志豪情，与末句"从此扶摇八翼风"形成承先启后的逻辑关系，是说这位乘八匹翼马飞行的人历史上只有穆天子一个。这是诗会主题的确定，否则，就没有必要举办这个诗会了。

第二首：万仞天门、蓬莱等均指天门昆仑之元素。请注意"曲径迢遥马迹空"。此句之"马迹"指马留下的足迹，并非是诗人们骑真马上天门自留的。一般的马是不可能上得去的。其实写的就是穆天子乘八匹长翼

的“神马”登上天门山，《穆传》记“癸酉，天子命名驾八骏之乘，赤骥之驷，造父为御”，俗称“天子之八骏”：赤骥、盗骊、白义、踰轮、山子、渠黄、华骝、绿耳。“迢遥”，指穆天子骑马远道而来。末句“飞腾须是仗天风”，是说诗人很想登上山之极顶，乘两翼依仗天风飞向远方。此二句均指穆天子驾“翼马”上天门昆仑的传说。

第三、第四首分别写了天门昆仑的一些景物，如“四时仙境”“玉壶高阁”“贝阙”“紫微”“天帚”“层楼”等。第四首写“竹梢垂处帚悬空”，指的是天门洞倒悬的龙头竹、天竹，有专解。其末句“扶摇健翮借天风”“须藉扶摇万里风”，均指借助穆天子长翅膀的马而腾飞。可说句句紧扣“天门昆仑”和穆天子之马。虽说诗歌算不上历史读本，但诗中所反映的真实历史事件却是不容置疑的。

《晋书·陶侃诗》：“梦生八翼，飞而上天，见天门九重，已经其八，惟一门不得入。”由此证明唱和诗不离穆天子八匹能飞的骏马，不过是穆天子的梦中行为，浪漫得令人神往之至！

这段文字写的情境、地点一听便知。证明周穆王梦乘翼马登天门（非神话“天门”）之事已被广泛传播。亦证《穆传》谓“群玉之山”“昆仑之丘”，其实就是天门之山！与明代文人唱和诗的立意格局如出一辙，原来早有知音哪！

2400余年来，能像这种以天门诗社沙龙诗人专题为纪念穆天子南游昆仑2450年而举办唱和诗会的历史事件，全中国可能只发生一次。这第一次就发生在大庸张家界土地上的天门昆仑之巅！昆学家们口口声声昆仑在西域大雪山，那个地方被如此之多的大儒所宠爱，怎么就没有一个儒首发起远游至西域大雪山、大沙漠“死亡之地”为周穆王举办一次纪念“诗会”呢？怎么就没发现有某一个诗人为他作几首颂诗呢？这又是为什么?!

据大庸（张家界）千年诗社当代传人田奇富先生（前任天门诗社社长）说：发生在明代的那次唱和诗会，就在云梦绝顶举行。辰、庸、永、桑、慈、石等县数百诗人，超万百姓蜂拥而上，挤爆天门，至夜不归，十数座寺院广开佛道大门，大锅熬粥，施舍听众，通宵达旦，柴火映红天门山上空。诚千古之盛事也！

却不料这样的故事真在古大庸帝国的天门山发生了。这又是为什么?!

这是一个关于南方昆仑就是天门山的错位证据链。设若穆天子没有上过天门山，这帮有头有脸的人物是吃饱了没事干去冒险爬山还要确定一个老掉牙齿的话题为骨头都变成化石的异乡的帝王赋诗吟诵？我想，这样的蠢事个别疯子有可能干，但决不会是一个庞大的长着智慧大脑的诗人官僚们结社去干！就凭他们倡首发起纪念穆天子登天门500年的那一刹那，该让他们几多激动！它表明这一帮热血君子意欲为昆仑翻案，为穆天子翻案的决心与意志早已形成。他们不再沉默、缄口不言，听凭那些昆学家把持话语权呼风唤雨左右历史胡说八道误导后人。不错！自从大庸帝国灭亡之后，南方文化从此被北方文化覆压以至泯灭。然而，南方固然少了自己的史家，自己的代言人，但天赐的人文山水资源和远古的辉煌文明却是覆压不了的！这帮名气不太大、成就不太高、影响不太广、地位不太尊的地方诗人、官吏，凭借家乡诗祖屈原的一种精神也要干出一番让后世刮目的大事来！他们想通过这个活动校正天下人的目光。虽说他们的声音太微弱而随天风飘逝，但在500年之后的今天看来，他们才是一批屈原诗祖故乡、敢向传统观点挑战的有风骨气度的绝顶浪漫洒脱而前卫的诗人群！

在古代，也许只有诗歌才是最好的传播媒介。他们当年的呼声虽说甚微，但毕竟为我们后辈留下了一首首可作史证的诗证文字！距今560年过去了，重读他们的诗作，仍感到有千钧之力在摇撼着南方昆仑——全人类向往的天门仙山！

这里，我还想向诸位读者再举一例：清雍正年间，大庸茅岗土家土司王后代覃绳武，不仅是本土发现屈原故里就在大庸澧口的其中第一人，而且也是发现周穆王上天门昆仑山秘史的又一人：

三清⑴高出有云梯⑵，拾级层层路转西。
未识几时登上界⑶，始知深处有招提⑷。
松风送响兼钟度，　花雨飞香⑸绕院迷。
轩举何须生八翼⑹，　天门咫尺任攀跻。

——《云梯登殿》（清同治《永定县志·艺文志》）

[注] ⑴三清：指玉清、上清、太清。玉清，元始天尊；上清，玉宸道君，即灵宝天尊；太清，混元老君，即道德天尊。此指昆仑神话中的天界，为天帝所居，天帝多指一代庸帝——黄帝，后演绎成“玉皇大帝”。⑵云梯：天门昆仑、崇山县圃皆有“仙径云梯”，此乃昆仑神话“天梯”之源，又解为“建木”。⑶未识几时登上界：此句暗示人们虽早知当年周穆王登天门昆仑的史实，但不知道到底是哪朝哪代的事。⑷始知深处有招提：只知道森林深处有隐藏着的一座座古寺。招提：指天门山之寺庙。古谓官赐额者为寺，私造者为招提。⑸花雨飞香：指天门洞上的梅花飞泉（一作梅花雨）。⑹轩举：指马车。八翼：指为周穆王拉车的八匹骏马。意思是：天门近在咫尺，任由你攀爬而上，又何须让八匹骏马插上翅膀？此为全诗的破题之句：它告诉人们：当年的周穆王曾登临过昆仑，这昆仑就是大庸“天门山”而不是西方大雪山的伪“昆仑”！

第五节　为何《穆传》没有半点关于“西域昆仑”的域名、山名符号文字？

当笔者战战兢兢按《穆传》所记顺序逐一啃读推敲时，居然莫名其妙地破解了“天门昆仑”真相，这完全是出乎意料的结果！正欲搁笔转战下一章时，忽然间，脑中闪过一线弧光：有问题！有大问题！屈原笔下的穆天子如此频繁地出入西域，怎么日志中没出现一个“昆仑”字样儿来？是随行史官的疏忽，还是注家的误解？于是又回头复查，除了西征，其北征、东征旅途中也没有半个“昆仑”的符号！

就是说：这部被历代昆学家作为“西域昆仑”重要理论支柱的《穆传》，竟然没留下半点关于西域昆仑的证据，没有！这简直是一个令人匪夷所思的国际玩笑！

这无疑又是一个让人难以接受的“发现”！又必定是要招惹昆学界的“发现”！

其实笔者在破译屈原笔下穆天子时，根本就没作指望。诸君不是刚读过前面的文章吗？我一直谨慎地使用“西域昆仑”与“南方昆仑”两个概念，最初也只是想将二者区分一下，看哪些昆仑是属于西域的，哪些是属于南方的，从而为破译屈原诗中众多的昆仑符号与家乡的某种联系找点依据，没想到最后的结果竟是这样的出人意外！现在看来，最后的结果也只能这样！君不见，2000年昆学界唇枪舌剑，你杀将过来我杀将过去，本身就已暴露出昆学“西域论”的空虚、脆弱。一个虚假的命题加上一些人的霸道、固执，必然只能吵闹收场。回过神来，我忽然长吁了一口气：这个结局的出现，其实是真理发展的必然结果。真的就是真的，假的死辩死争也成不了真的。说明我以破译史上最难啃的《穆传》而捕捉屈原笔下穆天子与其故里线索的决心是对的，路子是正的，判断是准的。我之所以敢于挑战昆仑学源头，就是建立在对屈原昆仑诗中所隐含的“南方昆仑情结”——亦即故乡情结的自信之上的。那么，“西域昆仑”是不是在周穆王时代还没有出现？我们暂不讨论，还是先研读一下下列穆天子旅游行程表——

【附表】穆天子周游四方及游历古庸国行程线路

[卷一]

次数	出游日期	方位	所到地点名录	主要事件	留住时间
1	戊寅	北征	漳水·盘石·钘山·滹沱(在河北)	钘山打猎	无载
2	乙酉	北征	犬戎		无载
3	甲午	西征	隃(《战国策》作西“俞”)之关登。焉居。禺知之平		无载
4	辛丑	西征	滲泽。河水(指黄河)		无载
5	戊寅	西征	阳纡山。燕然之山(在河北)	河宗柏夭迎天子至燕然之山	无载
	癸丑		燕然之山。河水	**大朝燕山、河水。沉璧沉牲于河，南祭舂山、昆仑之丘。“南方昆仑”之名初现。此之“昆仑”明显不在西域，而是在黄河岸南祭舂山、昆仑，即大庸、崇山、天门**	无载
	己未	不明	黄之山	在此展示天子所藏宝物图典	无载
6	乙丑	西征	(西渡于)河。温谷乐都。积石山(今甘肃东南)	八骏之乘饮于积石之南河	无载

[卷二]

次数	出游日期	方位	所到地点名录	主要事件	留住时间
7	丁巳	西南	(宿)昆仑之阿、赤水之阳(均在今张家界市)	在鹳鸟山(即鸟儿岭,在今桑植)射鸟三日	3日
	辛酉	南征	昆仑之丘。黄帝之宫(均在今张家界之天门山)	参观黄帝宫。封谥黄帝陵	无载
	癸亥		昆仑之丘。黄帝宫(均在今张家界之天门山)	大祭昆仑	无载
	甲子	同一地	珠泽(今张家界之桑植汨湖,这是锁定南方天门昆仑的实证)	天子在昆仑之丘、黄帝宫完成两大祭祀仪式后,北至约70公里珠泽(汨湖)垂钓	无载
	无载	同一地	昆仑丘。黄帝之宫。赤水。舂山,(均在今张家界市)	自珠泽返回昆仑,以守黄帝之宫,南司赤水而北守舂山之宝。并以三十人进入昆仑丘	无载
	辛卯	同一地	舂山(崇山)。舂山之泽(指"崇山大泽")。县圃(此指文王所说崇山之县圃)	天子自舂(崇)山之北登上舂山。天子五日观于舂山之上,并勒石铭迹于县圃之上	5日
8	壬申	西征	赤乌。舂山之虱(按:据《穆传》记赤乌舂山距天门昆仑之西三百里,在今花垣县一带,花垣有崇山)	赤乌之人献美女女听、女列予天子	5日
9	己卯	北征	(渡洋水)。曹奴		无载
10	壬午	北征	黑水(西膜之所谓鸿鹭)	留骨六师之属	无载
11	辛卯	北征 东还	(乃循)黑水(今张家界之黑潭)。(癸巳至)群玉山(即温塘镇、天门山)。容成氏(即庸成氏,古庸国一代庸帝)。四彻中绳(天门山之四维岩山)。天门册府	攻玉。取玉版三版三乘,玉器服物,载玉万只	4日
12	丁酉	北征	羽陵	攻玉	无载
13	戊戌	西征	剞闾氏。铁山(乃遂西征)	祭于铁山,祀于郊门	无载
14	丙午	西征	鹖韩之人	大朝于平衍之中	无载
15	庚戌	西征	玄池。乐池。竹林	奏广乐	3日
16	癸丑	西征	苦山(茂苑)。(丁巳西征)黄鼠之山。(乃遂西征)西王母之邦	苦山食苦	无载

[卷三]

次数	出游日期	方位	所到地点名录	主要事件	留住时间
17	甲子	西征	**西王母。瑶池。弇(音“眼”)山,西王母之山(一说弇山在甘肃祁连山一带。请注意:此行无昆仑之记载)**	**天子觞西王母于瑶池。二人对歌。天子在弇山勒碑纪其迹。并树槐以垂永久,古外朝所树之木也。眉题“西王母之山”而非昆仑**	无载
18	丁未	北征	温山。滹水。羽陵墓。旷原(按:今银川以北至内蒙古一带)	大猎九日。载羽百年	九日
19	庚寅	东征	戊口之山。智氏之所处		无载
20	乙酉	南征 东还	献水。(遂东征)瓜卢之山(遂东征)沙衍		无载
21	辛丑	南征	沙衍(乃遂南征)。积石山(在甘肃东南)	天子渴于沙衍,求饮未至。高奔戎刺马取血以饮天子	无载

[卷四]

次数	出游日期	方位	所到地点名录	主要事件	留住时间
22	癸未	南征	**(丙戌至于)长澤(今永定之西澧水渔潭,一称长潭)。重邕氏之西疆(崇庸氏即崇山庸人,黑水在其西)。重邕氏。黑水(今永定之西黑潭水)。采石之山(即花岩,在今张家界永定之西大庸所城)。长沙(湖南长沙)**	**取采石,制作佩饰。重邕氏头目送天子至长沙。柏夭说重邕氏之先为三苗。(长沙在湖南,西域无“三苗”)**	曰天子一月休(1个月)
23	丙寅	东征 南还	文山	取采石	3日
24	癸酉	东南	巨蒐(搜)氏		无载
25	乙亥	南征	阳纡。河水(之北)		无载
26	癸丑	东征	澡泽		5日
27	戊午	东征	(南还)长松(之登)。(壬戌)雷首。犬戎		无载
28	癸亥	南征	髭之登。钘山。三道(之登)		无载
29	癸酉	南征	太行。(渡黄)河。(入)宗周	大朝于宗周之庙	无载
30	甲申		洛水。北济于河。南郑(陕西汉中)	祭于宗周之庙	无载

[卷五]

次数	出游日期	方位	所到地点名录	主要事件	留住时间
31	丁丑	南征	(南郑)蒦(wò)泽。洧上(洧,音“伟”,洧川,在河南)。大沼。渐泽。桑野。桑中		不载
32	庚寅	西游	(周邑)。雀梁。荥水(在河南)		不载
			范宫(按:《竹书纪年》穆王十四年作范宫)		
33	戊戌	西游	邴(音丙。宋下邑,在泰山)。又郑地	高奔戎捕虎	不载
34	甲戌	东游	雀梁。羽陵		不载

次数	出游日期	方位	所到地点名录	主要事件	留住时间
35	甲戌	东游	留祈。黄泽。曲洛		不载
36	丙辰	南游	黄室之丘。夏后启居所		不载
37	□	西征	九阿。丹黄。黎丘之阳。南郑(今陕西汉中)		不载
38	□□	□□	□□之虚,黄帝之间	□先王九观以诏后世	不载
39	己巳	□征[南]	蒩台(音“租”。泽生草曰蒩。江南皆言蒩)。纽蒩之兽。漯水(按:漯音“垒”。在河南)	得五鹿	不载
40	甲戌	西□(征)	(缺载)	得美人盛姬。建重璧之台	不载
41	戊寅	无载	(东狃于)泽中(狃:拘泥)。重璧之台	盛姬因寒疾死。此后,举行“视皇后之葬法”大丧。至壬戌下葬	不载
42	乙丑	东征	五鹿。漯水	舍于五鹿。钓于漯水	不载
43	癸酉	南征	蒩台		不载
44	甲戌	西征	因氏。河(指黄河)。(西济于)河	钓于河	不载
45	庚辰		茅尺。(遂西南)野王	祀,除丧,素服而归	无载
46	甲申		(北升于)大北之登	天子永念伤心，乃思淑人盛姬,于是流涕	无载
47	乙酉		钘登。(乃遂西南)(宿于)虞(按:国名。《左传》注:虞国在河东大阳县。又县名,属梁国)。(南征)南郑	《穆传》记录至此	无载

[说明] 文本采用《古今逸史精编·穆天子传》重庆出版社 2000 年版

细读行程表，读者诸君一定会惊奇地发现：除了笔者偶尔破译的南方有“昆仑”字符外，其余北、西、东三方都查不出半个“昆仑”字样来！即使周天子到了所谓西方“昆仑神话”的核心地——“西王母之邦”——西域之地，也仍然看不到“昆仑”二字的影子！这里只有昆仑神话中的两个符号：西王母、瑶池。但在当时，“西王母”还是一个可用华夏语以诗对歌的“少数民族”文化人，后来还专程回访宗周的真人真事，怎么吹也算不上中华民族伟大的太祖母呀！怎么夸张也算不上昆仑神话的核心人物呀！因为在她那小小小的邦国中，根本没产生昆仑山之名，没有五城十二楼，没有所有关于昆仑神话的任何符号证据！所谓“瑶池”，也不过是小小邦国王宫中开凿水池辅以花草亭阁假山的“后花园”而已。西夏诸国，干旱少水，能造一个有水池花草的小花园，当属稀奇。有注家疑此瑶池即为新疆天池，非也！弇山距新疆天池还有数千里之遥！就连穆天子为了纪念此次西征抵达西王母之邦的历史性事件而刻字纪迹，也只能到邦国境内的弇山去找一块石头，并立一棵槐树以示外朝之规，然后在碑石之眉书写“西王母之山”几个字。仅此而已。

请诸位细揣一下周穆王题“西王母之山”五个字的重要信息：

⑴界定“西王母之山”是周穆王亲赐并题刻，证明此前无有此山品牌名，故“西王母之山”就是弇山，其实当年还没有获得

"昆仑"称号。

⑵证明未来所有出现"西王母之山"的著作，都在《穆传》之后，包括《山海经》。有把"西王母之山"误作昆仑者，也只能算是后来"泛昆仑"的产物。既然西王母之邦是昆仑的核心地，为何不登上昆仑去刻碑？既然穆天子是冲着昆仑的梦想而万里迢迢穿越风沙漠漠、赤地万里、酷热酷寒、环境极其恶劣的河西阳关走廊来到昆仑"仙境"，他的秘书柏天怎不留下半个字的惊叹、赞赏或描述呢！哪怕几个字也行啊。没有！连"昆仑"之名都吝啬得不给它一个字！而且，相信读者诸君已经注意到：在"西征"（包括"北征""东征"）的线路中，除偶尔出现的一个"赤乌氏春山"（已解，今湘西花垣）和一条"黑水""洋水"之外，凡《山海经》《淮南子》《水经注》《十洲记》等古籍所载的关于西域昆仑神话体系中必不可少的"标志性"地名符号如天门、阊阖、五城十二楼、县圃、流沙、赤水、黑水、河水、青水、白水、汤池、咸池、扶桑、帝宫、开明兽等，**怎么都集体地消失在周穆王的视野之中**？以上述典籍达成共识的昆仑九门也没发现一个在那里！《淮南子》加码到"旁有四百四十门"就更是一个"宇宙牛皮"了。而围绕天门山，笔者不需作任何思索就可一口气摆出七十六个真正的"天门"来（还只局限于今张家界市区范围，未涉及邻县昆仑山体系），而且，**其中的大多数只要往哪个国、哪个省、哪个市一放，保证都说是"世界奇观"!**

这是为什么？这说明了什么?!

一些昆学家将《穆传》无限放大，说那个浪荡天子多次往返西王母邦与那位老太太"幽会"，似乎二者之间有什么带颜色的故事，现在，只要把这份行程表略加浏览，就会发现周穆王出访西王母之邦只有一次！一次！没有二次！更没有三次、四次！而南下出访大庸帝国天门昆仑却达五次之多！既然历代昆学家咬定西域有昆仑，或昆仑在西域，那就让我们一起关注一下《穆传》中对周穆王在"西王母之邦"和"南方昆仑之丘"二地的一些发现和评价吧：

[卷二] 载："乃遂西征。癸亥，至于西王母之邦。"

[卷三] 载："吉日甲子，天子宾于西王母。乃持白圭玄璧以见西王母，好献锦组百纯，□组三百纯，西王母再拜受之。□。乙丑，天子觞西王母于瑶池之上，西王母为天子谣曰：'白云在天，山□自出。道里悠远，山川间之。将子无死，尚能复来。'天子答之曰：'予归东土，和治诸夏。万民平均，吾顾见汝。比及三年，将复而野。'西王母又为天子吟曰：'徂彼西土，爰居其野。虎豹为群，於鹊之处。嘉命不迁，我惟帝女。彼何世民，又将去子。吹笙鼓簧，中心翔翔。世民之子，惟天之望。'西王母还归其□。天子遂驱升于弇山，乃纪其迹于弇山之石，而树之槐，眉曰'西王母之山'。"

这两段文字就是《穆传》中所载周穆王出访西王母之邦的全过程，共220字。归纳起来，有四个节点：一献礼，二对饮，三对歌，四刻石。充其量是一个比较风流浪漫的外事接待。全篇不见**"昆仑"**二字。只有一个弇（读"眼"）山，说明弇山没有进入昆仑神话体系。全篇没有对这方土地的山水风光作一字描述，使人看不出半点"人间天堂""昆仑仙国"的影子。一个根本没有昆仑的地方，产生昆仑神话的灵感从何而来？何况这样一个仅仅存在一个人造瑶池的恶劣环境！《太平御览》卷三八·地部三·昆仑："《山海经》曰：周穆王至昆仑之丘，游轩辕之宫，眺钟山之岭，勒石西王母之山，纪迹玄圃之上。”这段文字显然把天门昆仑与西王母之邦混在一起了。前文已经破译，昆仑之丘即天门昆仑，轩辕宫在其上；钟山在崇山北麓的澧水北岸之大巫山（大历山），其西有钟山、鼓山，其二山之口为玉泉古寺，“法雨来玉泉，宗风仰高庸”即此寺之山门联。《易林》“登昆仑，入天门；过糟丘，宿玉泉”即此。钟鼓山之正中，为王氏祖茔。大庸《王氏族谱》曰：“又东至玉泉山，结木穴，吾始祖景公瘗（yì）所也，祖妣朱孺人，亦附於侧穴。右山形如钟，左似鼓。……天门三峰烟山则又其第三重案也。川岳灵秀……得吉穴若此，因图以志之。”所谓“勒西王母之山”应在西域弇山勒石；纪迹于玄圃则在大庸春山（崇山）；王氏族谱所说“天门烟山”，其实就是“天门弇山”之异写，怎能把相距万里的地名混在一处！

现在可以界定：既然大吹特吹的大西北沙漠雪山昆仑中心西王母之邦都没有“昆仑”二字，那么以后凡出现的所有“昆仑”均与西域无关！亦由此证明前面所述天子与河宗在燕然之山的黄河岸南祭昆仑之丘与春山，都不涉及西域。因而说：**所谓“西域昆仑”，原来是一个因错读错解《穆传》而附会出来的“伪命题”！**

令笔者欣慰的是，笔者惴惴然破译《穆传》的结论，想不到在几百年后的司马迁著《史记》中得到印证：“太史公曰：《禹本纪》言‘河出昆仑。昆仑其高二千五百余里，日月所相避隐为光明也。其上有醴泉、（瑶）[华] 池。’今自张骞使大夏之后也，穷河源，恶睹本纪所谓昆仑者乎？故言九州山川，《尚书》近之矣。至《禹本纪》《山海经》所有怪物，余不敢言之也？”（《史记·大宛列传》）

大意是：太史公说：《禹本纪》称：“黄河源于昆仑。**昆仑山高二千五百多里**（**本书著者按：此为古今学界关于西域昆仑山之高度第一大“牛皮”，就凭这一段文字，就可断定“西域昆仑”是彻头彻尾的伪命题，是欺世盗名的千古史学界的耻辱与笑话**），是太阳和月亮交相避隐放射光明的地方，那座山上有醴泉、瑶池。”如今自从张骞出使大夏之后，探寻到了黄河的源头，哪里看到了本纪中所说的昆仑山了呢？所以说到九州的山，还是《尚书》的说法比较可靠。至于《禹本纪》《山海经》所记述的怪异之物，我敢评说它们吗？

司马迁作史记的时间是前99年，他所引张骞关于否定西域昆仑的言论是前115年，即同朝16年的史臣、使臣。司马迁的结论是基于张骞出使西域的证词，张骞的证言是基于他三次出使西域，在西域游走13年亲身调研的结果。周穆王西征是公元前960年前后，张骞出使西域是汉元朔元年（前128），比周穆王晚832年。至元鼎二年（前115）才回到长安。就是说，公元前960年，一个曾先后13次驰骋大西域的国王，没有发现西域昆仑；821年后，一个出生入死、历经磨难，先后三次出使西域，以13年亲历的汉朝使臣张骞，依然没看见西域昆仑的影子！既然这两个跨越8个世纪的现场见证人，都一口咬定没有在西域发现昆仑，请问，此后所有张骞炮制的关于西域昆仑神话的依据又出自何处?!

由此可证：《山海经》一书应晚于《穆传》。如果《山海经》出世在前，穆天子决不会拒之不读。至于《山海经》如何把南方昆仑与西域昆仑混为一谈，就是另一个课题了。

那么，我们是否可以初步作出认定：

屈原笔下的昆仑历史、神话故事，全部发生在南方天门昆仑！

屈原故里必在南方天门昆仑山之下无疑！

2021年10月21日凌晨6：35分27稿修改定稿

第八章　屈原诗中轩辕黄帝出生家乡之发现

元配昭氏(前350-？)：名碧霞，屈原元配，今永定区阳湖坪镇昭家岗人，庸国重臣昭明晖之孙女。昭氏娴淑貌美，知书达理。生子平平，生女屈嬃(屈诗“女嬃”)。婚后随屈原出使楚国，遭怀王宠姬妖魅郑袖阴害，遗骨由屈原携回，葬潭口细岩头山脚 。

黄帝、王母序

吉日兮辰良，穆将愉兮上皇。……　　——屈原《东方太一》

轩辕不可攀援兮，吾将从王乔而娱戏。——屈原《远游》

宋·张君房在《云笈七鉴》说："黄帝居代总百一十一年，在位一百年。自上仙后升天为太一君，其神为轩辕之宿，在南宫，黄龙之体象，后来享之，列为五帝之中方君也。"

《世界文化象征辞典·音乐》载："公认的编年史把黄帝诞生的年份定在公元前2697年。"（湖南文艺出版社1992年版，第1175页）那么，他的出生地又在哪里呢？

本来，这黄帝其人最初并没有纳入我的研究计划中，但偏偏又从屈原诗中发现他笔下的"东皇太一"——"上皇"及"轩辕"。此人就是大中华文明的创始祖——黄帝的名号。而且，通览屈诗，上下数千年的历史流年中，总有他无形的力量驾驭着全局，就是说这个大帝似乎与屈原出生地有某种渊源关系。是绕过去，装着"视而不见"，还是硬着头皮"碰一碰"？我这才感到，屈原诗中所提出的一个又一个问题，对我而言，无异于是一座又一座难以登攀的史学高山。况且，关于黄帝本身，是真是假，是人是神，及他的准确生身地、成长地、发迹地、建国地、统辖地、归葬地等一揽子史学之谜，一直是三千年中华史界第一大公案，至今没有作出令人可信的定论。就是说，谁胆敢再度向黄帝其人的学术争论发起挑战，就是飞蛾扑火，就是自不量力，就是一败涂地，就是千古笑柄。但我没有退路，别无选择，既然黄帝已入屈原法眼，我就得直面相对，在此一搏。我坚信既是一个真实的历史人物，就必定有其可寻、可找、可考、可见、可触、可摸、可依的实地实名乃至实物。敢下此赌注，是基于笔者已经找到了屈原故里在大庸的庞大证据链，而且又不断发现屈原故里与黄帝故里之间的许多丝丝缕缕的关系。甚至说，凭我的直觉，黄帝出身地的千古大案也将有了了结的时日。

第一节　在屈原故乡仙人溪不死国发现黄帝出生地

一、追寻黄帝生身故乡

屈原登天门昆仑追寻远古先人，如祝融、轩辕、帝高阳、赤松子、帝喾、帝尧、帝舜，以及一大批半人半神的神仙家，展示了天上人间一幅幅缤纷多彩、绚丽无比的画卷。上下数千年，纵横数万里。初以为是在制造神话故事，经反复研读，才发现是触景生情而神思飞越，去放歌这些人神杂糅的先帝伟哲的创世大业和丰功伟绩，展示一万年乃至“遂古之初”以来的百万年天门昆仑文明史。而“三皇”之末，神农氏衰，以轩辕黄帝为代表的一大批出生、居住、创世、开拓于斯的巨人，携带南方的粮食作物（豆作、稻作）、农耕文明和足可抗御北方寒冷的布衣，以及所发明的刀矛利器、文字书籍等，走出天门崇山，跨过澧水长江，北进广阔无垠的黄河流域，逐鹿中原，开创新的文明沃土。在这一批巨人之中，轩辕黄帝无疑是举足轻重的领袖人物。他是屈原的先祖，是轩辕国的肇始之祖，是继祝融大帝之后的最有影响力的一代庸国大帝。

笔者在前章破译《穆传》时，一不小心偶尔发现天门昆仑山上居然有黄帝宫、黄帝陵、黄帝藏书册府，这三大符号是确认黄帝此人出生地和归葬地的第一等文献证据，这是出我意料之外的重大收获，甚至改变了本著作的写作题材构成。就是说，若从破译轩辕黄帝入手，等于攻下一座学术高地，对确认屈原故里在大庸古国旧地的判断，是符合历史本真，具有破题作用的。轩辕不能立，则与屈原相关的其他各种论据都将受到质疑。这是权衡本书能否成立的重要砝码之一。屈原身为主管国祭的莫敖、左徒，又是掌管三族教育的三闾大夫，并为楚怀王之师，绝对是最有机会阅读楚宫国史档案的人。他对确认天门昆仑之丘同时占有的黄帝宫、黄帝陵、黄帝册府三大铁证的背景不可不察。如果屈原的结论与本书的论证相悖，那我的观点就有可能成为一种假想命题，也很难与我破译《穆传》无意发现被历史怀疑了5000年的黄帝出生原来就在天门昆仑——今张家界市的史实形成对接。这不仅事关屈原的翻案，更是为黄帝翻案的重大举措。我没有退路，只能怀着对历史的忠诚及对屈原的坚定信念，大踏步往前走去。

那么，历史上界定黄帝出身之地和归葬之地的源头文献究竟出于何处？因为这是判定其真伪的关键证词，只有找到了记载合理准确的源头文献证词，才有可能攻克中华国史中第一等学术难题。没想到这个5000年的首案又让我招惹上了。

——那就让我试试吧。

司马迁《史记·本纪第一·五帝》载：“黄帝居轩辕之丘。”这是一个无确切地域指向的地名，但可能是正史中唯一的线索。与“黄帝崩，葬桥山”一样笼而统之，不得要领。那么，天底下有“轩辕之丘”吗？

《山海经·海外西经》载："轩辕之国，在此**穷山**[(1)]之际，其不寿者八百岁。……穷山在其北，不敢西射，畏轩辕之丘[(2)]。在轩辕国北，其丘方，四蛇相绕。此诸夭之野，鸾鸟自歌，凤鸟自舞。凤凰卵，民食之；甘露，民饮之，所欲自从也，百兽相与群居[(3)]。"《纬书集成》说："黄帝兴于**穷山轩辕之丘**。"又说："**轩辕之丘，在穷山之西南。**"又说："轩提次之，号曰帝寿鸿，即轩辕，有熊之子也。"（有熊，少典之国号。子，其裔也）西晋张华《博物志》载："西海内西北有轩辕之国，在**穷山**之际，其不寿者八百岁。"上述文字中，最关键的是"轩辕之丘"和"穷山"。

《重增幼学故事琼林》载："黄帝作盖天，阴历乃始。"注："黄帝姓公孙，生于**轩辕之丘**，曰轩辕氏，国于有熊氏，命**庸成**作盖天及调历。"《山海经与世界文化之谜》载："黄帝生于**轩辕之丘**，因名轩辕，姓公孙，国于有熊，故号有熊氏。"（宫玉海：《山海经与世界文化之谜》，吉林大学出版社1995年版，第54页）此段文字中，出现了"庸成"。

上述各家之论，能锁定黄帝出生之地的关键地名信息有"轩辕之国""穷山""长寿之地""轩辕之丘""国于有熊""庸成"等6个关键识别符号。并指明轩辕之丘在穷山之际，或在穷山之西南。看来，这个"穷山"是破解轩辕之丘、轩辕之国的第一把钥匙。第二把钥匙是轩辕之丘与"有熊"即熊罴之地有关。"国于有熊"，也就是"国于有罴"，意为黄帝在出马熊或人熊的地方创立国家。而判断轩辕的出生之地和轩辕之国，必定要找到熊罴之山或熊罴之丘，这是一个十分苛刻也是最起码的识别符号。第三把钥匙是"庸成""不寿者八百岁"的"寿丘"。

(1)穷山：宫玉海注："穷山，一解为崇山。"（见宫玉海《山海经与世界文化之谜》）有戏了，入题了。"穷"，穷尽也。舜放驩兜于崇山，以变南蛮（《尚书》）。蛮夷荒服之地，谓之穷山大荒，故崇山又称"南夷崇山"。《汉书》："四荒之外，不安其生。"［注］戎狄荒服，故曰四荒，崇山因又称狄山。民国《辞源》解："崇山，在今湖南大庸县西南。《通典》：澧阳县有崇山，即放驩兜之所。"（按：澧阳，即今澧阳县治）

(2)轩辕之丘：《山海经》记载了崇山5座上古创世人物的丘、台、墓葬，它们是帝喾台、帝尧台、帝舜台、帝共工台和帝丹朱台。这里又记载崇山有轩辕之丘，当指纪念轩辕丰功伟绩的那座台。台、丘、堆近义。这一信息告诉我们：轩辕之国又与崇山相邻，那么轩辕之国的所在地只能是与崇山南北相对的熊罴岩之山了。此山又叫"中央仙山"。就是说：黄帝出生地极有可能就在与今湖南张家界市的崇山一峡之隔的熊罴岩——中央仙山。这个"熊罴岩"（后讹写成"熊壁岩"），正是打开黄帝生身地、发迹建国地的第二把钥匙即"国于有熊"的原生点。

(3)此诸夭之野……百兽相与群居：夭，即沃。是说轩辕之国是一片美丽富饶的土地，人民怡乐自在，生态环境宜人，人兽和谐相处。穆天子更是亲眼所见，亲身经历，并将这春山（充山、崇山）生态奇观载入《穆传》。

从上述古籍断断续续的文字中，黄帝出生故乡的大体方位和住址就已显山露水了。

二、南方“寿丘”——仙人溪

判定黄帝出生之地的第三把钥匙就是“其不寿者八百岁”。就是不长寿者也有八百岁的“长寿之国”。对此，屈原已发声向上苍讨教：“何所不死？长人何守？……黑水玄趾，三危安在？延年不死，寿何所止？”（《天问》）

大意是：是什么地方有不死之国？那里的巨人凭什么保持他生命的长寿？黑水把人的脚趾都染黑了，三危山又在哪里？又是哪里的人长生不死，他们的寿命到何时为止？

屈原告诉人们：这个“不死国”（寿丘）在有黑水和三危山的地方。而以往注家眼中只有一个“西域昆仑”，一提“黑水”或“三危”就把屈原赶到万里冰山大漠的西方去了。此之“黑水”，其实就是穆天子在那里隐居一个月开采彩石的黑水，即今永定区温塘镇的黑潭村。黑水从一条长长的溶洞伏流而出，过往行人必蹚水进出，阴暗的洞水好像把脚板都染黑了。这便是多少注家无法确解的“玄趾”的由来。蒋骥说：“玄趾承黑水言，《路氏余论》，黑水染足，涉者其色黝黑入肤是也。”这肯定是屈原的亲身经历，否则是不可能提出如此冷辟的问题的。

“三危”即“三危之山”。《淮南子·时则篇》载：“三危之国，石室金城，饮气之民，不死之野。”意思很明白：要找到南方的不死之野（即“不死国”“寿丘”），就必须破解与之相关的三大难题。

1. **三危之国**：与屈诗“三危”显然是同一个概念，在上古史中出现的频率很高。民国《辞源》第17页载：“云南云龙县有三崇山。《滇志》：三崇山名三危山，澜沧经其麓。或以为即古三危山也。”

原来“三危山”与“三崇山”有缘。“放驩兜于崇山，窜三苗于三危。”（《尚书》）崇山为古三苗公认的祖山，类似于中东的耶路撒冷和麦加，具有崇高的威望。一个“崇”字道尽了这座山的崇高、伟大。《苗族古歌》记录了他们从崇山西迁的过程：“清早起，向西行……”向着日落的方向迁徙。三苗背井离乡迁徙异地，为了不忘祖宗祖山，方便祭祖，就把“崇山”地名也“迁”走了。“三崇山”就是三苗部落中的三位祖公各自带去敬奉的“崇山”之名，后来合选一座山，故谓“三崇山”，又名“三危山”。或说三苗即“三崇”，是族名固化为地名的又一证据。一如“**沅绕祝融**”，沅水能绕一个人物吗？不是，祝融已固化成一座山了——崇山——祝融山。“**三危之国**”，原来就是“**崇山之国**”的别名。古之相传：“**崇山自古三条路，三条都在云里头。**”崇山壁立万仞，危乎高哉！故又叫“三危山”，所谓“三危之国”就是苗族史诗《鸺巴鸺玛》所唱的“崇山天国”，与熊壁岩——中央仙山称“云中朝廷”。亦即《山海经》所载：“大荒之中，有人名曰驩头。……有驩头之国。”此“崇山”之名在北方的河南，湖南的花垣、永顺、凤凰及越南的交趾等地都发现了。隆名骥先生说花垣还有象征性的驩兜冢，凤凰合鼓坪崇山还有驩兜城。新中国成立前，凤凰崇山驩兜岩边还设祭坛，插三面三角红旗。隆名骥说：“第四天祭的保

家鬼，就是祭祀驩兜。凤凰合鼓坪东边有'驩兜山'，就是祭保家鬼的地方。有一孤峰耸立，苗语称'高肉崇'，汉语意译为'崇公山'。山上有一巨岩耸入云霄，苗族称'肉崇'，汉语意译为'崇公岩'。崇公就是驩兜。"（《苗学探微》，民族出版社 2005 年版，第 42、89 页）据考，驩兜流放于崇山之后的漫长岁月中，又有一大批三苗人继续迁徙，其中一支人走水路迁至日本，故今日本地名录中有不少与崇山相关的地名，如驩兜（蟠豆）郡、驩兜（蟠豆）町、崇云山等。（《日本地名速查辞典》，四川人民出版社 1999 年版）

2. 石室金城：石室，指崇山驩兜石室。清光绪《永定县乡土志》载："又西南二十五里曰相公洞之山……驩兜石室在焉。"又说室内"类有石田石床石柱之属"。清同治续修《永定县志》亦载："系马柱在崇山驩兜石室下。"《康熙字典》："相，楚之先祝融。""相者百官之长也。《古三坟》伏羲氏上相，共工下相。"又《管子》："昔者黄帝得蚩尤而明于天道，……得祝融而辩乎南方……黄帝得六相而天地治，神明至。"祝融生于崇山已有定论。此之"相公洞"，即祝融相公洞无疑，亦即驩兜石室，二者实为一洞，今存。民间称"相公洞有两个相公下棋"，当指祝融、驩兜。屈原在家乡兰岗辟谷种兰，居住于相公洞，又有相公溪、相公泉、相公庙。

"金城"，又作金镛城，即前章所论黄帝在天门昆仑一带所建"五城十二楼"。

3. 饮气之民：即靠表演气功武术为业的人。亦指继承神农雨师赤松采药炼丹修炼吐纳之术的隐士们。张家界市官黎坪居委会，是中国唯一定名为"**大庸硬气功之乡**"的原生地。这里的土著，婴儿出生之日，必用烤出竹油的青竹片，在婴儿脚板上烫烙，此所谓行"婴儿炮烙祭"。从 5 岁开始到天门鬼谷洞练习硬气功——此即被列为省级非遗、影响世界的"**鬼谷神功**"。春秋战国之际，败于政坛的楚王白公胜，隐名埋姓，破相毁容，隐居天门鬼谷洞，独创出影响大半部战国史的《捭阖策》。而他以"饮气、吐纳"之术为其精髓的"鬼谷神功"，更是传遍中华，大有横扫六合、打遍天下之势 。所谓"饮气"，就是练功时的吐纳行气之术。20 世纪中期，鬼谷子白公胜第 82 代徒孙、国际硬气功大师赵继书，先后两次随华国锋、邓颖超出访西欧南亚诸国，所表演"鬼谷硬气之功"震动欧洲。这个"**硬气功**"，**其实就是**"**饮气之功**"的一字之讹。气功本是发功于无形之气力，何有软、硬之说？长期以来，无论是本土"饮气功"大师或是国内外气功专家，总是为这一名称百思不得其解，殊不知是"饮"（yǐn）、"硬"（yìng）音同义不同的笔误，而且一误两千年，猜谜两千年！

换句话说，《淮南子》的作者不仅发现了轩辕黄帝的"不死之野"在天门山和崇山之下，还发现了发祥于天门山下官黎坪鬼谷峡洞的"**饮气之功**"和靠这门功夫讨吃的一支民族群体"**饮气之民**"，此即今张家界市永定区的土家人（古庸人、古濮人）。这是一个极其难得的细节，这个细节对界定轩辕之国、轩辕之丘、轩辕寿丘无疑是一个不可复制的证据细节。

关于古庸国饮气功产生的最早证据是发现于战国时代的行气玉佩铭，它是刻在一个十二面体的小玉柱上的铭文，共计有45字，其文为：**“行气，深则蓄，蓄则伸，伸则下，下则定，定则固，固则萌，萌则长，长则退，退则天。天其舂在上，地其舂在下。顺则生，逆则死。”**（参见图文《中国通史》，新疆青少年出版社2002年版。其图片说明文字为：战国行气玉佩铭。这是我国已知最早的气功专门文献的珍贵文物，论述了气功调息的方法要领）

清代崇山北麓木讷里出了刘明灯一家五位文武举。刘明灯，咸丰壬子乙卯科武举，投左宗棠帐下，同治六年调补台湾总兵。五兄弟之所以勇猛善战，名震华夏，得益于自幼拜鬼谷神功后代掌门人余道人为师。刘明灯5岁时即苦练“鬼谷饮气功”，殁于光绪二十一年（1895）。《简青公墓表》曰：“君讳明灯，字简青，姓刘氏，澧州永定县人也。生时，父梦星球火树千炬满堂，故名。幼奂奇气，习骑射，臂力过人，目光炯炯如电。……”文中**“幼奂奇气”**，即指幼年练鬼谷饮气之功。

4. 不死之野：《帝王世纪》说：“黄帝生于寿丘。”晋人皇甫谧说：“黄帝生于寿丘，长于姬水，因以为姓；居于轩辕之丘，因以为名，又以为号。”是说黄帝出生于寿丘后，到另一个叫姬的地方长大，故得姓姬。这段文字告诉了一个指代性十分明白的地名——寿丘（与“不死国”“不死之野”均同义），只要找到这个“寿丘”，轩辕故里、轩辕之国就显山露水了。值得注意的是前面《山海经》原本已说过了的话，又在《大荒西经》中重复了一遍：“有轩辕之国。江山之南栖为吉。不寿者乃八百岁。”但两处对比分析，发现作者用心良苦，《海外西经》似乎只有局部的位置提示：“穷山之际”“穷山在其北”，却没有最关键的方位指示，很容易被人误解（误解者还真不少）。而这段文字明确指出轩辕之国是在“江山之南”，此之“江山”，似是《山海经》曾提到过的北方之“槐江山”，黄帝曾站在山顶，“南望昆仑，其光熊熊，其气魄魄”。《山海经》作者界定轩辕之国在南方“穷山”与“不死之国”，与《穆传》周穆王在南方昆仑之丘发现黄帝宫、黄帝陵、黄帝册府殊途同归，这是两大文献之证，古今史界一直没有弄清这几个关键地名出自何处。《纬书集成》载：“（黄帝）兴于穷山轩辕之丘。”又云：“轩辕之丘，在穷山之西南。”此说与《山海经》吻合。是说黄帝兴起于崇山的轩辕之丘。轩辕之丘在崇山的西南边。这是两个不可拆伙的山名。轩辕之丘即中央仙山（熊罴岩），正处崇山的西南面，二山一峡之隔。

这里再取一证，《淮南子·墬（dì，同“地”）形篇》载：“自西南至东南方有……不死民。”作者就像拿着个“扫雷器”，一直从“西南”扫到“东南”，最后在不死民——寿丘定格。虽说有些忸怩，但两个“南”字是撼动不了的。这“东南方”，也只能是澧水的寿丘。因为南方见诸典籍的只有唯一这个寿丘！

关于“不死之国”，《山海经》至少有三处记载：“流沙之东，黑水之间，有山名不死之山。”此句之流沙、黑水、不死之山，均在大庸地。前有定论。“不死民在其东。其为人，黑色，寿不死。……一曰在不死民东。”（《海外南经》）此处不死民似亦在南方。但争论较大，姑且不论。《山海经》又

载："南海之外……大荒之中有不姜之山，黑水穷焉。……又有蒲山，澧水出焉……有不死之国。"注家们认定这个"不死之山""不死民"也在湖南的澧水流域。这可能是有个搬不动的地名符号"澧水"之故，否则，也要被人搬到西方或北方或欧洲去了。君不见，注写中国上古、远古史籍的先辈们，有几处替南方说了公道话？好在南方出澧水的地方发现了一处"不死之国"。

有这一处就足够让我们挥洒了。

《吕氏春秋·求人篇》："禹南至不死之乡。"是说大禹治水曾到过南方澧水流域的"不死之乡"——轩辕故乡，实为大禹故乡。再次强调"寿丘不死之乡"在南方而非北方。清光绪十八年（1892）桑植县知县龙启涛撰《疏凿茅岩记》碑文曰："《禹贡》'导江东至于澧'。澧居九江之一，源于桑植而汇于茅岩，以下达津市，实桑植咽喉也。"（参见《中国张家界历史文化博览》，民族出版社，第33页）这是最早记载大禹治水疏导澧水九江（九江即"九澧"，前解）的文字，印证《吕氏》所载属实，证明大禹南至不死之乡就在澧水。永定区之西北30公里处古有禹溪，20世纪60年代成立禹溪公社。相传大禹疏治澧水干流之大庸水（又作茅溪），其工程大本营设此因得其名。

三、在天门昆仑山下仙人溪发现"不死之国""不死之民"

那么，这个"不死之国""不死之民""不死之乡""寿丘"的原生点到底在澧水的哪一段？

答曰：是交错于天门山、崇山、中央仙山（熊罴岩）、七星山四山之间的仙人溪。

仙人溪，今属永定区官黎坪居委会，由仙人溪、犀牛潭、雷家3个村组成，主流仙人溪长18公里，总面积约50平方公里。境内由四座孤山分割成十数条大峡谷，是天门昆仑神话体系的重要水域组成部分。古代天门昆仑中包括了今武陵源风景名胜区的昆仑峰，均属"不死之乡"范畴，**"昆仑"本义即不死之天堂**。但原生点只有一个，就是"仙人溪"。《永定县志》："溪何以仙名？在雷家村之阳，有石高耸，曰仙人峰，其地有仙人洞，溪之得名本此。或曰是溪也，抱山而行，圆折方流，不可名状，幽邃清绝，人迹罕至，故名仙。"《梁书》载："梁元帝承圣元年（552）十二月，**天门山获野人**，三日死。"清同治《续修永定县志》引《齐东野语》云："天门山有'鬼车'，俗称'九头鸟'。耳圆如箕，十肢环簇，其九有头，其一独无，而鲜血点滴。每肢各生出两翅，当飞时，十八翼竞进不相为用，至有争打折伤者。"这个故事与《山海经》"九首人面鸟身，名曰九凤"之类的记载颇有相似处。俗言"天上九头鸟，地上湖北佬"，焉知湖北没发现的九头鸟，早到湖南大庸张家界"不死之国"安家了。

清同治丁卯（1867）曾任朝廷国史馆誊录、大庸崧梁书院主讲的罗福海作《鸓兜冢》诗云："鬼车夜半谁相唤？周赧坟头杜宇声。"鬼车，九头鸟也。《续博物志》："郝氏夜祠佛，鬼车乘烛光而下，翼广丈余，九首互相低昂。其家呼犬，持杖逐之，坠一羽，长三尺许，广八九寸，色类鹅雁。""周赧坟头"：史载西周末代君王姬延周赧王从秦虎口脱逃亡命大庸，死葬雷泽坪赧王山(今枫香岗街道办事处)，是为赧王墓。《续修永定县志》又载：“同治二年(1863)，邑南(天门山、仙人溪一带)有异兽，大于牛，尾似团扇，口阔径直如盆，周身红毛，长数尺，噬人及诸恶兽，或以为‘吼’云。”“吼”，民间传说中的一种恶兽，有将此兽画于大门以作门神者。无独有偶，穆天子在崇山发现一种吃虎豹的恶兽：“爰有□兽，食虎豹，如麋(音迷)而载骨，盘□，始如麇(音君，獐子)，小头大鼻。”《续修永定县志》之卷十二《纪闻》载《李娥死而复生》异闻，可证“不死之国”之神奇：

武陵充县(大庸汉初置充县)，妇人李娥，年六十卒，埋城外已十四日。比舍有蔡仲者，谓富殡当有金宝，乃盗发冢。闻娥于棺中言，曰蔡仲汝获我头。仲警遁，为县吏所执法。当充市，武陵太守闻娥复生，召问状，娥曰：“为司命所召，过西门见外兄刘伯文，语以误为所召，今得遣归，既不知道，不能独为我得一件否？又我在此已十余日，形体为家人所葬，哪得自出。”伯文遣门卒与尸曹相问，答曰：“武陵西界，有男子李黑，亦得遣还。便可为伴，兼敕黑过。”蔡仲使发出娥，于是娥与伯文别。伯文曰书一封以与儿陀，娥遂与黑俱归。太守问之，乃表以为蔡仲虽发冢，为鬼魂所使，宜加宽宥，诏书报可太守，遣马吏于西界推问李黑，得之与娥语协，乃致伯文书与陀，陀识其纸，是父亡时送箱中文书，而书不可晓，乃请费长房读之，曰：“告陀，我以府君出，案行部当以八月八日中时，武陵城南沟水畔顿汝，是时必往。”到期待之，果至。但闻人马隐隐，诣沟水有呼声，曰：“汝得我所寄李娥书耶？死生异路，不能得汝消息，来春大病，与此一丸药以涂门户，则避妖疠矣！”言讫忽去。来春，武陵果大病，白日见鬼，惟伯文之家鬼不敢问，费长房视丸药曰：“此方相脑也。”(转录自湖南省大庸市民间文学集成办公室编，金克剑主编，《中国民间故事集成湖南卷·大庸市资料本》1987年版，第183页)

李娥死而复生的故事，所记人事皆有出处，虽荒诞不经，却是一桩真人真事，故不少权威史籍竞相转载。时人曰：此之李娥死而复生，实乃不死国(长寿国)之遗风也！前人谓古天门山、崇山、仙人溪、七星山、中央仙山(熊罴岩)乃为不死国之秘境，是《山海经》素材的主要出产之地。更令人吃惊的是，我们的屈原大夫，在他的《天问》中，居然还向苍天求解一个不可理喻的难题：

“一蛇吞象，厥大何如？”(《天问》)

意思是：一条巨蛇能把大象吞下，那么它到底应该有多大？

这是成语“巴蛇吞象”的典故出处之地，但谁也找不到出典原点在何处。此事《山海经·海内南经》有载：“巴蛇食象，三岁而出其骨。……其为蛇，青黄赤黑。一曰黑蛇青首，在犀牛西。”

又《山海经图赞》说：“象实巨兽，有蛇吞之。越出其骨，三年为期。厥大何如？屈生是疑。”是说所吞之“象”，不过一巨兽而已，喻其蛇大。“巴蛇”，注家多解为长江巴地之蛇，非也！非也！古“巴”字如蛇形，后谓大蛇为巴蛇，非指蛇产巴地也。屈原对这一历史奇事颇为不解，故而向天发问。而《岳阳风土记》则望文生义，以“巴

陵”之“巴”附会出“巴蛇冢”“巴蛇庙”“象骨山”之故事，俨然这个成语出自“巴陵”地，错解了《山海经》及屈原诗之本意。或说受了《淮南子》所言“羿射日除害而断修蛇于洞庭”的误导。

请关注《山海经》所载末句4个字：**“在犀牛西。”**

是说这个故事原生地在“犀牛的西面”。这是唯一解此成语的钥匙，可惜两千年来所有注家都不敢贸然作注，干脆略之不提。那我就告诉诸君：这个故事的发生原点就在张家界市永定区仙人溪犀牛潭村，即不死国仙人溪的犀牛潭之西侧的麻纸坪峡谷蟒蛇溪内。《市典》载：“犀牛村。位于官黎坪街道办事处南部（仙人溪内）。由上岩门头、下岩门头、豆腐岗、麻纸坪、腰寨上、鸡（姬）公岩、天门溪、大屋、中柱垭9个村民小组组成。总面积15000亩，耕地1515亩。全村168户638人。”（《市典》，民族出版社2001年版，第529页）

这个“麻纸坪”本是古寿国以溪中野麻造纸作坊地（按：20世纪50年代末，在仙人溪口建造了大庸县第一个国营造纸厂，与历史惊人地相似！），又因出了巨蟒又叫“蟒蛇溪”“恶蛇溪”。请再读西晋张华《博物志》一篇文章：

天门郡（按三国时吴王析武陵郡置天门郡，郡治在今张家界市之古人堤古庸都遗址）有幽山峻谷，而其土人有从下经过者，忽然踊出林表，状如飞仙，遂绝迹。年中如此甚数，遂名此处为仙谷。有乐道好事者，入此谷中洗沐，以求飞仙，往往得去。有长意思人，疑必以妖怪，乃以大白石自坠，牵一犬入谷中，犬复飞去。其人还，告乡里，募数十人，执杖揭山草伐木，至山顶观之，遥见一物，长数十丈，其高隐人，耳如簸箕。格射刺杀之，所吞人骨，积此左右有成封（封殖，堆积如小丘）。蟒开口，广丈余，前后失人皆此蟒气所吸，于是，此地遂安稳无患。（载《续修永定县志》卷之十二《纪闻》）

这就是屈原诗中所写“一蛇吞象”和“巴蛇吞象”成语出典的唯一原生故事（亦可能是全世界的唯一），它是真实的存在而非神话。关于仙人溪蟒蛇吸人之奇闻，至今仍在流传。相传仙人溪山谷有大蟒，常常将过路人兽吸进口中，单单不吸一个放牛娃，因为这放牛娃是个孝子。以后，就把这地方叫**放牛岗**，地名至今未改。《山海经》所载仙人溪犀牛潭决不是巧合。张良皋先生认定《山海经》这部书本身就是古庸国史地学者所作，对庸国中心地的重大历史事件当然不会错过。而屈原将此事列入《天问》以求释疑，是因为他的故乡就在古大庸不死之国。而天门山、仙人溪、崇山、七星山、中央仙山（熊罴岩）等地又是屈原青少年时代经常游历的地方，儿时听到关于犀牛潭蟒蛇吸人的故事自然是不能忘怀的。这，恐怕也是历代屈学家和《山海经》注家始料不及的。

关于仙人溪为湖南澧水流域“不死之国”“不死之民”“不死之野”“不死之乡”“寿丘”的认同，四川伏元杰教授自有一番高论，他在研究著写《蜀史》时，发现澧水流域的“不死国”即为远古之蜀国。《博物志·物产》：“员丘山上，有不死树，食之乃寿。”知“不死”是在训诂“寿”字。“寿”字在古代又为晋语“蜀”同音假借字。川人读为shú，而晋语读蜀为shóu，《尚书·牧誓·伪孔传》：“蜀，叟。”朱骏声《说文通训定声》注："晋人语也。"《后汉书·董卓传》："吕布军有叟兵，内反。"注："叟兵即蜀兵也。"所谓"不死之国""不死之民"，其实即"长寿"之意。"其不寿者八百岁"即指长寿八百岁彭祖。长寿之地乃称寿丘。伏先生认为"不死之王"实为晋语"蜀（寿）王""不死之国"实为"蜀（寿）国""不死之民"实为"蜀（寿）民"之误。伏先生发现颛顼又名"珠高阳""珠高阳"实为"蜀高阳"。驩兜即颛顼之子，放回大庸之崇山，当属蜀族。《山海经·大荒经》载："有人焉，三面，是颛顼之子。三面一臂，三面之人不死。"驩兜即颛顼之子，自是"三面不死之人"。"不死之民"既为蜀民，澧水流域的驩兜族当为蜀人，且为远古蜀族之初民。伏先生还认为，《山海经·大荒北经》所说"颛顼生驩头，驩头生苗民，苗民厘姓"，厘、黎、苗都是神农族裔，这与蜀族出于神农氏的族属相同。（参读伏元杰《蜀族发源地探讨》，原载《成都文物》2009年第2期）

照伏先生丝丝入扣的分析求证，断定驩兜既流放于崇山，当属蜀（寿）族，而崇山恰与仙人溪不死国同山共脉，蜀族首领在此"不死之国"，那么，"不死之民""不死之野"的"寿丘"必在崇山、仙人溪、天门山、中央仙山（熊罴岩）、七星山一带。这种考证是建立在史证基础上的，且与《山海经》《淮南子》《吕氏春秋》等所载南方不死之国的信息对接，反过来证明这些典籍所载并非虚妄之谈。那么，现在，我们是否可以确认湖南澧水流域的"寿丘""不死之国""不死之乡"就是拱围在天门、崇山、中央仙山（熊罴岩）、七星山四大昆仑县圃怀抱里的长寿国仙人溪，这里才是千百年来史家们和黄帝子孙们苦苦寻找而不得的轩辕黄帝真正的出生之地——寿丘的原生点！

此时，让我突然得悟，相传黄帝寿152岁或180岁，前章所述高寿者赤松子、庸成子、彭祖、盘瓠以及鬼谷子白公胜等其实都是出生或隐居在这里的长寿之星！同时，也明白中国神界为何将寿星叫南极仙翁，南极老翁，一是因南极星位居天之南，二是这些天下大寿者多出南方长寿国！按当今养生家观点，这与最适宜人类居住的地域条件有关。按古代通用说法，"南斗注生，北斗注死"。这是古代最朴素的生命法则。据载，俄罗斯人口在逐年锐减，只好用"英雄母亲"之法奖励生育就是寒国不适宜人类繁衍的例证。人之长寿，预示国之长寿，延长生命即延长国家命运。寿星还可预示帝王的寿命，而帝王之身当然系天下之安危。相传黄帝和岐伯等六位名医，在昆仑七星山完成了医学重典——《黄帝内经》一书，岐伯因此受尊为"天师"，是黄帝的医药蒙师和国医顾问。今七星山（海拔1528.6米）天师庸、天师洞和天师庙遗址尚存。（地名见湖南测绘局1983年调绘《七星山》[H-49-101-(63)] 1974年版图式）而庸成公则是性学养生的始祖，亦被黄帝拜为老师，并因为仰慕他长寿养生和高明医术，竟不惜动用国力在古大庸国都城沿澧水二岸建昆仑五城十二楼。相传居住天门昆仑的一代西王母（按：西王母已经成了天门昆仑代代相袭的最高的神职）的使女素女，则授黄帝房中之术，黄帝因著《素女真经》。黄帝的这些举措，是从性养生科学方面完善了长寿国的内涵，排除了神话的虚无成分。而另一个长

寿条件，是仙人溪、天门山、中央仙山（熊罴岩）、七星山、昆仑峰（今武陵源）一带，自古是出产圣药的宝库。历朝历代，周边数省前来采药者络绎不绝。“文革”时，许多公社、大队兴办药场，其药源多出自上述大山之中。笔者之父金继光，曾受命创办红土坪公社张二坪大队药场，独自冒死闯荡天门、七星、中央仙山（熊壁岩）、青岩昆仑等地采挖药材，险些丧命就是例证。

有学者认为：昆仑文化中，最核心的内容是仙家长寿圣地。神农、赤松子、轩辕、庸成子、颛顼、高远先生、帝喾、尧帝、高辛、驩兜、舜帝、大禹、善卷、鬻熊、姜子牙、姬旦、孔子、老子、墨翟、庄子、鬼谷子（白公胜）、浮丘子、王子乔、周赧王、黄石公、张良、李虚中、司马季主、葛洪、司马承祯、张邋遢、野拂等一大批圣人、巨人、神仙家、道家等重量级人物，都无一例外地在这里修炼得道。

假的就是假的，迟到的真理尽管包裹着一层厚厚的历史尘垢，一旦剥下这层外壳，仍见其灿烂光芒！

至此，是否可以作个小结：屈原写他追循黄帝足迹、写轩辕之国、写不死之乡、写仙人溪大蛇吞象，原来都与他的故乡有关！

那么，说轩辕生长于姬水而得姓姬，又作何解释？

按常规，子承父姓，天经地义，除非出生后过继他人改姓。抑或黄帝时姓氏尚未完善，故以地名为姓。后人对姬姓考证颇杂又找不到发生原点，其实并不需要有那么多周折。《山海经·大荒西经》载：“有轩辕之国。江山之南栖为吉。不寿者乃八百岁。……大荒之中，有山名曰日月山，天枢也。吴姖（一本作‘姬’）天门，日月所入。有神，人面无臂，两足反属于头上，名曰嘘。颛项生老童，老童生重及黎。帝令重献上天，令黎邛下地，下地是生噎，处于西极，以行日月星辰之行次。”

从上述文字逻辑分析，轩辕国、寿丘、日月山、吴姬天门、颛顼、老童、重、黎（即祝融二兄弟）、噎（岳麓书社版《山海经》认为“噎”为周文王之别称，可参）等符号，都同处一地：即“江山之南”的天门、崇山。因为祝融降生于崇山已成铁案。外地注家解“天门”为神界“天门”，解“日月山”为神界之日月，均是隔山卖羊的作派。不到大庸故国地（张家界），怎知天下日月山！前文已述，张家界核心地有两处日月山，一处在屈原故里潭口，另一处在天门、七星山。北之天门俗称“天门”，似乎举世周知。但多数人有所不知，与天门山一峡之隔的七星山，又有一个山体洞开天门，只稍小于北天门，俗称“南天门”或“后天门”，两门相配又称“日月之山”“日月之门”“阴阳之门”。前门为日，后门为月。清光绪《永定县乡土志》有载：“天门者二，一在崧梁山，一在七星山左。崧梁天门，见于《汉书》，相沿为马援征壶头，三国吴立为郡。……仙溪天门，山势较低，然险峭不可越，无人迹往来。”

这是全世界所发现的唯一两山两天门并列于万丈绝崖的地质奇观，是昆仑神话“天门”“天阍”“阊阖”“天庭”“天桥”“天路”“天梯”“天国”“天堂”“日月山”产生的真正**原点**。所称“吴姬天门，日月所入”之“吴姬”，指古庸国以远之时，此地即有“西吴氏”人存在，后一支东迁至吴越，始有“东吴”“西吴”之别。既久，便成了一个大域名指称。此之东吴指长江出口以东广大地区，西吴则指澧水西部地区。今桑植有“西吴村”。此“吴姬”之“姬”，当是“西吴之地”的姬氏人家，实为轩辕姓氏之由来。相传康熙皇帝曾为天门山寺作了一幅联语，曰：“楚尾吴头开画镜，杯光鸟语入吟轩。” [采录者胡运惠按] “康熙皇帝题湖南大庸天门山寺联。该寺分王爷殿、大佛殿、观音殿和真武殿共四进。现均毁。”（胡运惠、崔小贤《部分礼俗书式及联语摘编杂谈》[内含康熙皇帝等撰天门联] 打印本，2004年版3月·西安，第104页）所谓“楚尾吴头”，正是说大庸古时确有吴氏。后分支徙东，故曰“吴头”。而大庸又是楚之西南之极边，故曰“楚尾”。吴，古作虞，虎字头，从虎。崇山天门南北之崇庸人、濮人，乃为虎族，是为中国土家族的远祖图腾。“吴姖”，郝懿行按：“姖字《说文》《玉篇》所无，藏经本作姬。”吴姖即吴姬。即在“西吴之地”——天门、七星山观测日月星辰运行起落的虎族姬姓天文大巫族。是这一方天地的主宰。轩辕家族原本就是天门古姬氏家族，以姬为姓，是极自然的事，犯不着出生一地，又迁往另一个地方获得姓氏，而历史真实背景已载之于史，黄帝家族就是中国上古史上最伟大的天文家族！七星山至今还有观测天象的“**观台上**”。黄帝青壮之际，澧水豆作文明已经淡出历史舞台，进入稻作文明时代，黄帝轩辕之庸国国力因农耕、制造技术高度发达而得强盛。因此，在他的壮年之初，在南方轩辕庸国完成了一系列伟大发明创造，凭着南方的宜人气候，在农耕水稻培植及桑麻织衣诸方面取得重大突破发展，从而迎来八百里澧水云梦平原、澧阳平原及沅江流域的稻谷丰收，武陵昆仑山区一片金黄。这种水稻金黄之色，恰好与黄豆——大豆之金色形成一致，故此为黄帝尚金黄之色出典之所在，其中又与稻谷之色最密，哪里是干旱焦裂的“黄土高坡”之色！关于“黄帝之色”的界定，出自中原之论，一些史家以为黄帝起自大西北黄土高坡，还是居无定所、以牧羊为生的游牧民族，故中央为黄土之色，其实不然，黄帝故乡人自有古之相传的权威解释。清《直隶澧州志·风俗》载：

“立春先一日，官长迎春东郊，里民取祈年吉祥语饰故事。鼓乐相迎，拥土牛芒神归，祝其形色，卜年丰歉，以黄帝为金谷之色也。”

“**黄帝为金谷之色**”这一说法，乃由大庸黄帝故乡人界定，彻底否定了后儒判定的所谓“黄土高坡之色”！远古时期，黄土高坡不可能生产稻谷。居无定所，以牧羊为生的民族又怎沉下心来搞那么多的发明创造！大约在第一轮澧豆文明的末期，黄帝势力空前强大，于是他率姬姓家族告别故乡天门昆仑、中央仙山、崇山县圃、武陵源昆仑，举国北伐，入主中原，开始了人类历史上最为壮阔精彩的江山争霸之战。虽说姬姓北迁，但仍有子孙踪迹可循，如中央仙山熊罴岩之南50里处有姬昌坪，今属沅陵县落坪乡。姬昌系周文王之大名，说明文王之姓与黄帝一脉相承，亦证文王在崇山求学于熊馆，拜一

代庸国大帝鬻熊为师，称崇山为县圃，死后葬崇山，说明有其历史渊源。沅陵七甲坪乡与永定王家坪镇交界处有姬公界，崇山东麓后坪镇有姬公垭，今张家界荷花机场旁新木岗村（又名辛母岗）有姬公溶湿地，官黎坪居委会有姬公峪，又有姬旦口（与周成王首辅周公姬旦来庸国熊馆创办军庠有关。潭口古有周公渡），沅古坪镇槲木岭村有姬家峪组，桑植西莲公社有姬家界大队，又有姬水（《桑植县地名录》，第114页）。这一串远古的“姬”字符号，正是轩辕得姓的草根证据，无可辩驳地记载着黄帝生于大庸寿丘且长于大庸姬水的铁证！把出生地与得姓地一分为二，除非黄帝的生父不是真父。

由是可知，屈原写轩辕因功高盖世，名冠乾坤而追随不得的文化发生点，实际上就在黄帝的故乡中央仙山下“不死之乡”“不死之野”“不死之国”“不死之民”——寿丘仙人溪。狐死恋首丘，死后要归葬。故说人老思故乡，叶落要归根。黄帝死后为何归葬天门桥梁山就不值得大惊小怪了。因为那里才是他的出生地、成长地、学医地、读书地、发迹地、创业地、建国地、北伐争霸出发地。

所谓“轩辕之丘”“寿丘”，说到底就是黄帝的“首丘”——出生之地。也由此衍生出“狐死必首丘”的典故来。

第二节　屈原家乡熊罴岩——中央仙山乃轩辕国始创之地

史界对轩辕之国出于“有熊”，故得“有熊之国”“有罴之国”，或曰“熊罴之国”之称。因此，这个“有熊氏”之国必然与古老的“熊罴之地”有关，这一观点似乎不存在分歧。但从先秦、两汉至今，这个“熊罴之地”，似乎一直没有找到“发生学”的原点。著名苗族史学家龙炳文先生早在1982年与人合著的《湘西苗族》族源概况中写道：“崇山、壶头山（天门山）、赤松山、熊罴岩等险峻山岭，连绵几百里，出可进中原，退可入高山洞穴。”（《吉首大学学报》民族问题增刊，1982年第3期，第8页）1981年初夏，龙炳文先生为著写《湘西苗族》一书，专程从湖南省省民委到大庸与《大庸县志》编纂筹备组学者一起考察天门山、崇山、仙人溪、熊罴岩、昆仑峰（武陵源等地），笔者时为《大庸县志·文物志》分志主笔，得以参与其中。在考察座谈会上，龙先生一再提醒关注崇山、天门山，特别是中央仙山熊罴岩，他说：“熊罴岩，民间讹传熊壁岩，这里很可能是轩辕国的始创地，这是一个沉积很深很深的历史大泽。中央仙山熊罴岩、崇山、天门山、七星山，是中国历史创始文化的中心地，是南蛮三苗集团的朝圣地，你们如能突破，将很可能改写上古史！”当时听龙先生讲“古”，如听“天书”，对我未来改行，弃“文”从“史”，影响极大。在未来出版的《湘西苗族》一书中，龙炳文和刘自齐联手对崇山、天门山、中央仙山熊罴岩做了浓墨重彩的倾情推介。一晃三十七八年过去了，现在才觉得龙先生不愧古庸国学界的先知先觉。这与当今著名史学泰斗何光岳先生敦促张家界学界要抓紧研究天门、崇山、中央仙山熊罴岩的观点不谋而合。

这个古称中央仙山的“熊罴岩”正是历史上很多人死争“黄帝故里”“轩辕之国”却苦于找不到“熊罴之山”在何方的那个“或缺”。因为“或缺”，几千年关于黄帝的史料一直让人半信半疑，甚至还产生了对黄帝身份的质疑。实际上，当今所指定的若干“黄帝故里”，没有一处发现真实的“寿丘”“中央仙山”“熊罴山”之类的史证和地名之证。如果资料翔实，太史公为何吝啬得只用“黄帝居轩辕之丘”和“黄帝崩、葬桥山”13字作结？有学者干脆将昆仑文化圈一路突破，从中华圈、亚洲圈、西亚圈，直达地球圈。于是，轩辕之国的国旗便一路西进，一路征战，一路杀戮，终于高高地插上了匈牙利境内的阿尔卑斯山之巅了。（拜读宫玉海先生《山海经》与《世界文化之谜》第53页，《轩辕之国为何在欧洲》第56页，《匈牙利——轩辕之国》之后，才发现轩辕黄帝早在5000年前就远征欧洲了！）

熊罴岩是大庸人对熊罴山的俗称，又名“中央山”“中央仙山”。本境土民常将孑然兀立的山叫作“岩”（南方土音“埃”，不读北方音“盐”），如金鞭岩、夫妻岩、四维岩、将军岩等。又因讳一个“罴”与女人阴门“屄”同音（土语“屄”读音“批”），就讹叫“熊壁岩”。熊罴岩位于崇山之南，天门之西，与崇山、天门山、七星山四大擎天大柱呈棱形而立，构成天门昆仑四大悬圃壮丽奇观。现属张家界市永定区四都坪乡熊罴岩村，海拔1405米，辖簸箕、平塌、凤凰台、老屋、（中央）仙山、千斤老等13个村民小组，总面积18945亩，耕地面积1482亩，其中稻田650亩，全村195户757人（《市典》）。熊罴岩之顶为一巨大台原，丘陵遍布，亦有凸出云表之山峰。这里泉水不涸，土质肥沃，适宜农耕居住。数十万年来，这里一直人烟不息，或说是不归版籍的化外之土。民国之前，这里官吏不至，皇恩不沾，是真正的“天界桃源”，十多年前才修通了一条简易公路飘在百丈悬壁上。

熊罴岩山体庞大，有四条著名的溪水发源于此：

①仙人溪：主流源于熊罴岩与七星山之间的中柱垭，全长70里，北注澧水，是屈原笔下“不死之旧乡”的原点主体。

②沅（元）溪：源于熊罴岩西南麓，经乌木峪，至熊家塌村与熊溪合注老洞溪到四都坪止，全长约35里，再汇入沅陵深溪南注沅水。是“元水”“元江”的得名源头。而此之“元”，实因中华古史第一元帝——轩辕黄帝出生于此而得名。

③熊溪：源于熊罴岩东南麓，至熊家塌与沅溪汇合并入老洞溪，长约25里，上游属熊溪峪村。因中华伟大熊氏发祥于此得名。

④五溪：澧水上游的茅岩河，明以前叫酉溪（夷溪）。大庸所城有武溪，源自永顺。崇山北麓有芈溪、熊溪，熊馆大学即此。大庸溪古称辰溪。（参读《吉首大学学报》1982年第3期；《湘西苗族》第一章，第10页）

⑤武溪：源于熊罴岩西北，经永顺永茂绕崇山西北，至武溪口古大庸城入澧，全长

约60里。

此之“武溪”，是黄帝军事大臣、大帅蚩尤的出生地。少年时即发明五种武器，青年时成了一代伟大军事家、战略家，号称“战神”“武神”，故得其地名。后与炎、黄三人北上黄河，逐鹿中原，继而三祖争霸，黄帝与蚩尤结盟，炎帝败。黄帝与蚩尤战，蚩尤败，械押回大庸武溪故乡，被黄帝斩于枫香岗之北的宋山。后木枷发芽，长出枫木，寿长数千年，被苗族称之为“妈妈树”“祖树”，一直存活到1986年被暴风摧折。

所谓东南西北，四水环绕，皆出“中央仙山”，来路不凡，去路绵远并留下一批“元”字古名，如元溪、元陵垭、元陵峪、元陵溪、元陵垭、元陵峪、元陵溪。还有东南100里的元古坪等，构成一个成体系的“元”字文化区域。1953年之前，今大坪、熊罴岩、熊家塌、元溪、四都坪、元古坪等地，均属沅陵县，1953年划归大庸。元古坪改为“沅古坪”。其它“元”字地名也一一改成“沅”。

一个“元”，一个“中央”，好大的口气！一种莫名的场气，似觉弥漫在熊罴岩——中央仙山百里绝壁，捧出一位创世巨人——轩辕黄帝！

且读何光岳先生为《盘古文化研究》所作序言：“沅陵……其故城遗址曾发掘出‘元陵’官印一枚，以此证之，沅陵古尚为‘元陵’。元者始也，沅陵为中华古人类发祥地之一无疑。而沅陵之名亦含寓沅水之滨古帝王首领陵墓之意，不可不察。惜乎《三坟》《五典》《八索》《九丘》之不存。”（刘冰清、周光烈主编《盘古文化研究》，中国文史出版社2005年版）

王文明教授亦在《盘古文化研究》序中写道：“沅陵文化之谜：一是今沅陵、古元陵是山之称抑或陵墓之称之谜。若为陵墓，这陵之元当属谁？谁能够称为‘元’，号为‘元陵’？”黄泽春先生在《盘古新说》序中写道：“2003年在窑头黔中郡故城遗址曾发掘出春秋战国时期‘元陵’青铜官印一枚，从而佐证了沅陵古为‘元陵’。元者始也，‘元陵’——沅陵，沅水之滨，古帝王首领元始陵墓，从而也说明了沅陵是中华人类发祥地之一无疑。”（《盘古新说》，中国文联出版社2008年版，第1页）

《康熙字典》载：“元者，天地之大德，所以生生也。元字从二，从人。在天为元，在地为仁，在人身则为体之长。《尔雅·释诂》：元，始也。又《广韵》：长也，又大也。《前汉·哀帝纪》：又首也。《书·益稷》：元首明哉。师古曰：元，首也。又《谥法》：行义税民、始建国都、主义行德，并曰元。”

这些言论，是否叫“好汉所见略同”呢？

民间传说与文物史证吻合，还有何话可说？

“元陵”青铜官印，叫“开棺论定”。

何光岳说“元陵之名含寓沅水之滨古帝王首领陵墓之意”，与黄泽春所说一致。那么这个“古帝王首领”到底是谁？王文明问：“这陵之元当属谁？谁够称为‘元’，号为‘元陵’？”三人都问到要害上了。而《康熙字典》则介定“行义税民”为元，“始建国都”为元，“主义行德”为元。请问从盘古开天地到三皇五帝，谁最有资格担此有史可考的、开人类文明世纪之元的、够得上三元集于一身的“古帝王首领”之重名?

这个命题其实早有定论，不言而知。但谁也不敢贸然说出口。

有人疑是盘古。即屈原所问的“遂古之初”之“遂古”。因为人类从动物爬行站立为人的第一始祖盘古就是沅陵丑溪口盘古洞人。(此学术成果、文物实证已由专家群集体鉴定作结)

有人指出窑头那座有规模的“山包”可能就是“元陵”。

——我以为二说均难成立。100万年之前的人类，到底有何葬俗，无考。全世界迄今为止尚未发现有此超太古纪年的陵墓的遗址。况且盘古何曾称帝，何曾建国?更是“浑沌如鸡卵”。窑头那座山包，专家好像说是汉代墓，充其量是又一个“马王堆”。据刘纯意《沅陵有个“盘古乡”》说：“传说当地(指盘古生身地丑溪口)索山是盘古墓之一，境内还有祭典盘古的烧香坪和停丧滩、娘娘岩、泪水井等地名、遗址。”(《盘古新说》，第71页)

此说到底有无可能性，暂且不论，但至少证明“元陵”与盘古陵不能混为一谈。

古今考古证明：三皇五帝时代，乃至到夏商周三代，基本上没发现有特大陵墓，特大陵墓始自秦始皇，衰于晚清，止于当代。说来说去，还是何、黄二先生说到位了：“沅陵为中华人类(按：拟加上‘文明’二字)发祥地之一无疑。”这颇有挑战中原的意味。或说在挑战中原的那座“元陵”!

让我们还是按照《山海经》《淮南子》、皇甫谧、屈原等指点的黄帝出生、建国于“不死之国”“不死之野”“不死之旧乡”“寿丘”的方向，把目光上溯到“元水”得名的源头——中央仙山——熊壁岩山下的元溪、元陵垭、元陵峪、元陵溪吧!

照上述专家和文物自身的结论，这条穿山过峡的元溪应该就是湖南四大河流占二把交椅的沅水的源头!没有元溪，何有元江!这壮丽无比的元陵垭、元陵峪、元陵溪就是辰州沅陵县的“根巴”。无有元陵垭、元陵峪、元陵溪，何得称元陵县?而在桑植上峒、下峒的洞庭溪和洞庭山、洞庭水；在穿越慈利、永定王家坪、沅陵三县南北之境的洞庭溪和洞庭山(即太阳山)一样，没有澧水、沅水四处洞庭山、四条洞庭溪汇于一处，又何有洞庭湖大名之产生?!那么，这元溪、元陵垭、元陵峪、元陵溪之名又是以何根据命名的?毋须赘言，事实真相已在《穆传》中、在本文之前考证清楚，这个“元陵”，难道还不能判定就是安葬在天门山——天门桥山上的那座黄帝陵——中国远古的真正的第一帝王陵——“元陵”吗?!

至此，司马迁“黄帝崩，葬桥山”6个字的背景终于露出真容：

这座“桥山”，很有可能就是天下第一山——天门崧梁之桥山!

这个“元陵”，很有可能就是天下第一陵——天门昆仑之黄陵!

而这一惊天动地的大发现者，非是今人而是周穆王，是《山海经》和古代一批伟大的史家学者。非是记录失真，而是后人不识。

其实，司马迁已经用“葬桥山”三个字写明了黄陵的葬地就在桥山，就如一般人光知道有北京不知有“燕京”“北平”一样，不知桥山就是天门昆仑之桥山。在那时，崧梁山的通俗称呼就叫桥山。因为天门就是一座十分形似的飞架于万丈绝崖之上云雾缥缈

的大自然穿山石门之桥梁。这正是司马迁亲身考察、亲耳所听的古名！

公元前112年，汉元鼎五年十月，武帝西巡，想来个乾坤大挪移，指于田为昆仑，却遭司马迁严正质疑。

司马迁，一座不可动摇的史学大山！

那么，现在似乎可以为这一结论的过程作一简略回放：继《穆传》之后，以《山海经》为首的若干信史古籍，又载明轩辕之国在南方不死之乡的“寿丘”。恰有屈原向天问难大蛇吞象于仙人溪及元溪、元陵垭、元陵峪、元陵溪、中央仙山（熊罴岩）等轩辕踪迹，元水、元陵县、“元陵”青铜官印等一揽子证词证据又一齐簇拥而来，与《穆天子传》《山海经》《淮南子》等古史证言形成抱团态势。**窃问：这像不像一批被压抑几千年的历史事件的制造者、经历者、见证者、记录者、研究者，为了讨一个公道，义无反顾地手挽手地从历史的远古一路走来，走上历史的审判台而为曲解的历史冤案平反翻案做证呢?!**

如果你觉得上述证据力量犹嫌不够，那我不妨再取几证试试：熊罴岩山顶有个凤凰台村民小组，农夫们只传说是古人在这里奏乐，招惹凤凰共舞共鸣，恐怕不是神话。《幼学故事琼林》载：“数算作于隶首，律吕造自伶伦。”书中注释：“《汉律历志》，黄帝命隶首作算数，而律度量衡，由是成焉。”是说黄帝建国（轩辕国）后，做了一系列创世开先的文化发明工作，他命令一位管理粮食、财物的奴隶首领发明算术，因为此人每天都与账目打交道，逐步发明了记账、记数、称重量的一套办法，后来经过总结提炼，就形成了有规律的算术。证明算术是在南方崇山发明的。1987年，省、州、市文物考古专家因建邮政大厦，对大庸国旧都古人堤文化遗址进行发掘，出土了90片简牍（按：原有数千片，因保管不妥，被农民搬去当柴烤火，消灭一部分，工地坑里又埋葬大部分。所剩一百余片因某考古人员将几捆简牍扎在单车后架上，到达后发现丢了一捆，回头寻找却不见踪影——录以备考），简牍中就有汉律、医方、官府文书、书信、历日表和九九乘法表（可参湖南省文物考古研究所、中国文物研究所《湖南张家界古人堤简牍释文与简注》，张春龙、李均明、胡平生执笔，原载《中国历史文物》2003年第2期）。与当今使用的乘法口诀完全一致。另外，在一匹简牍上发现“充长之印”4字。充，即充县，建于汉高祖五年（前202），“充长”，当为充县最高长官。无独有偶，2002年6月3日，湖南省文物考古研究所工作人员在湘西龙山县里耶古城考古现场清理一口古井时，发现一块长22厘米、宽4.5厘米的秦简，整齐地排列着从“九九八十一”到“二半为一”的完整乘法口诀表。

湘西北两处出土文物实证为黄帝在南方昆仑之地发明算数提供了有力的支持，一证史传不虚，二证中国古代算数发明地在南方大庸古国中心地中国古文化中心在古庸国不可动摇！

又注：“黄帝命伶伦(1)取竹于昆仑之山谷(2)，以生而空窍厚薄均者，断而吹之，以为黄钟之宫，制十雄管，以听凤凰之鸟，其二为六律，以佳鸣为六吕。”

(1)伶伦：相传远古时期黄帝的乐官。“伦”为其名，“伶”则乐官之称。传说黄帝曾命其制律，见于《吕氏春秋》《汉书》等书，反映了中国南方古庸国很早就有了音乐律制。

⑵取竹于昆仑之山谷：是说伶伦在天门昆仑山下选竹取料。此之“昆仑之山谷”其实就在中央仙山熊罴岩山下的仙人溪，上下一趟不过8公里。可不少史典大多一口咬定这几根竹子硬是从西域大夏国昆仑砍来的，并以此作为西域昆仑存在的史料依据。比如汉·刘向《说苑》卷一九《修文》说：“黄帝诏伶伦作为音律。伶伦自大夏之西，乃之昆仑之阴，取竹于解谷。”持此论者还非一家。这就让我不得不要较一番真劲儿来说个明白：

民国《辞源》：[大夏]《淮南子》西北方曰大夏。国名，（甲）西域古国。希腊人所建，在阿母河南，即今阿富汗北部之地。（乙）晋时十六国之一，匈奴赫加勃勃背秦称大夏之王。（丙）宋时李元昊称帝，国号大夏，史称西夏。

按上解，可排除黄帝之后的西北方大夏和晋、宋大夏。那么就只能是希腊人建在阿富汗之西的大夏国之西，那就是现在的伊朗了。从众说的河南新郑（或涿鹿）或新发现的大庸崇山至伊朗，少说4万里。就是说，为了砍几根竹子制笛管，要跑4万里路，一路要穿越成千上万座大小山岭及成千上万条大小河流，经过成百上千个西域部落小国（当时皆不属黄帝版土），还要爬过数十座大雪山、上万里大沙漠。如此，至少要派3000–5000人乃1万人的精锐部队，一路抢粮，一路征战，以每天80里连日行走，整整500天，即1.3年，往返至少2年半，实际远超3年。等几根竹子砍回，估计只剩下几十个活人了，弱不禁风的伶伦早牺牲在沙漠雪山中了，还能为黄帝制乐律乐器？1962年江苏人民出版社《大众农业辞典》[竹笋]：“竹原产东南亚，我国长江流域和珠江流域盛产。”这是不可更改的科学禁地，大西域冰山大漠不产竹子。估计沙漠之国的伊朗、阿富汗也没多能耐种出竹子来。

2000多年来，我们的大多史家和教科书居然对宫廷艺人伶伦行4万里路去伊朗伐竹制乐管之事深信不疑。殊不知所有关于西域雪山大漠昆仑天堂般的瑶池、长流不涸的清泉、四季不败的花草、温暖如春的伊甸园、金光辉映的神殿、天国……全都是违反自然科学的胡扯！除非重新修改认定“昆仑”的资质标准。这个标准就是：**A.冰寒（雪山）；B.酷热；C.绝水（沙漠）；D.无粮；E.无炊；F.无人烟；G.无动物；H.无植物；I.无空气（极度缺氧）。否则，你就没有可能获取“昆仑”资格。**

话说回来，就是这么个小小的“虚构”，让我们突然彻悟：汉武帝信口指定的昆仑山脉只是一个象征性的地理名词，并不代表远古昆仑文化本意。它告诉人们：至少在黄帝时期，“昆仑”概念还只限于南方天门昆仑，根本没有形成“地球昆仑文化圈”。如果不固执偏见的话，天门昆仑其实就是“昆仑之元”。它大约萌生于太古时期的盘古及西王母时代，成熟于三皇祝融时代，完善于黄帝五帝时代，夏、商、周三朝时期昆仑专利仍属南方天门。到了汉代，因武帝指于田为昆仑，“昆仑”之名由此泛滥成灾，乃至传播整个世界。其实，按史书所载“禹夏之兴，祝融降于崇山”的史实，大禹祝融所奠基的夏朝诞生在大庸崇山，亦称大夏、祝

融、大庸、夏庸。故从大夏伐竹实际就是从大庸国之长寿国仙人溪御花苑伐竹！一个日工就可以轻轻松松把竹子砍回来！

再说伶伦砍竹回来制了十根雄管，与黄帝在中央仙山熊罴岩山顶一面朝东南方的平台上演奏，此台古今皆谓“法老”。法老者，黄帝至远古法师长老之称也。黄帝、伶伦及众臣民共吹共舞，招来了一群凤凰起舞鸣唱，故法老又得名“凤凰台”。法老之西数里有“牵牛垴”，又名“凤凰翅”，即凤凰落脚歇翅之地。再说黄帝从凤凰鸟音中感悟出有雌鸟之音，或者说音乐中也有雄性、雌性，亦即阳刚与阴柔、高亢与委婉之内蕴。这不仅是一个音乐原理，更是一个音乐哲学道理，是太极之气在天地之间发出的天籁之音。黄帝得到启示，又进一步完善发明了六律和六吕。由是证明黄帝之乐是在南方中央仙山大自然中创作完成的。这使我想到被列入国家级非物质文化遗产名录的“大庸阳戏”。据考，该戏就起源于古庸国天门梁山（亦即桥山）——崧梁山。民国《辞源》第 377 页载：[天门]：“梁山，亦名天门山。”阳戏者，对应于阴戏（辰州傩戏）而言也。角色有小生小旦，乐器有大筒小筒，唱腔有阳调阴调，等等，与黄帝发明雄雌二管盖同一理。由此推测，我怀疑大庸阳戏与黄帝有关，因为沅陵也有古阳戏，叫“下河调”，恰恰大庸阳戏叫“上河调”。“上河”指源于元溪，而元溪之下游则称“下河”。上河调出自天门山，主旋律为翻高八度之高腔，故叫“高阳戏”，意出天门嵩梁山，故又叫“梁山调”。又因天门山古有伏羲、女娲兄妹俩躲在葫芦里得以逃命繁衍人类，故天门山又得名葫芦山，后谐音传为“壶头山”，民间因此称“阳戏调”为“金线吊葫芦”。与下河调阴柔形成阴阳配对，正是雄管与雌管之谓也！

本节刚落笔，偶尔翻出清初张岱著《夜航船》（汕头大学出版社 2009 年版，第 314 页）记：

“伶伦伐昆溪之竹作笛。”

这就对了！昆溪，不就是天门昆仑脚下的仙人溪嘛！一溪的美竹，何劳一口“娘娘腔”的伶伦冒死瞎跑 4 万里大西域去伐竹哉！

第三节　在屈原家乡发现“中央仙山·云中朝廷”

一、黄帝在中央仙山顶上创建中华第一个“云中朝廷”

在著写本书前期，我痛下决心以 3 个月时间通读民国《辞源》，在第 42 页中，发现“中央”条目，从而破解了一个千古未解学术秘密：

“[中央] ⑴四方之中。《诗》：宛在水中央。⑵政府所在之处。对于地方而言，犹古之云中朝也。”

当我偶尔获得“古之云中朝”这一重大信息时，震撼得心跳失常。关于这个信息，孤陋寡闻的我还是第一次看到、听到，下意识告诉我：黄帝创建轩辕国的千古之谜将有望告破了！

此“云中朝廷”是虚无概念还是真有建立在高山顶上的国家朝廷？按上述记载：“云中朝廷”恰与“中央”搭配，说明此“中央”之地必是“云中朝廷”所在地。瞬间，我大脑忽地洞开，立即翻出1982年《湖南省大庸县地名录》第171页载：“中央仙山（zhōng yāng xiān shān）位于沅溪公社西北方向7公里处，海拔1405米（主峰），面积0.1平方公里（《市典》载：熊壁岩村总面积18945亩）。此山挺拔于群峰中央，山顶修有一庙宇，庙门上刻有‘中央仙山’四字，故名。”

条目解释显然不明背景。但恰与南方“中央仙山”的“云中朝廷”配对，简直就是“神来之笔”！该山古名熊罴岩（民间讹写成“熊壁岩”），现划为永定区官黎坪街道办事处熊壁岩村，主峰位于该村中心。环绕中央仙山山下，还有与“中央”相匹配的地片名“中山界”“中心垭”“中岗”“中村”“中柱垭”“中柱峪”“中堰垭”等（见张家界地名录之第169、170页）。中柱垭上“天南关”石头古堡关卡犹存。

现场考察的状态是：中央仙山位于熊罴岩村的中心，主峰山顶呈半弧形，顶上现存一座四方古庙石墙，皆用打凿精细的长青石条垒成，无灰砂混凝结构表现。庙四方边长15丈6尺。开东南二门。东门为正门，已毁，门框处有功德碑一块，字迹风化漫漶不清，募捐者238人。残门外，堆满了被推倒的条石。有断碑一块，竖刻“**中央仙山**”四字，碑上部于“中”字左右刻“宝殿”二小字，合称“**中央仙山宝殿**”。汉明帝永平年间（68-75），始修中央仙山庙，与修北昆仑朝天山之朝天观同时，庙供轩辕大帝木雕像，叫“黄帝坐中央”。中途数度废兴。最末一次是1931年，乡绅林辉跃首倡翻修。至解放后的20世纪50年代，该庙香火鼎盛，大庸、沅陵、慈利、永顺、桑植等地四方香客云集，车垭小镇（古轩辕国遗址）每天杀肥猪两头，伙铺人满为患，几疑云中集市。

《辞源》言“**犹古之云中朝也**”七字的出典，不正是黄帝创立的“**云中朝廷**”——即在海拔1405米的熊罴岩——中央仙山所建的云中之国——轩辕国之朝廷吗？《荀子·大略》说：“欲近四方，莫如中央；故王者必居天下之中，礼也。”

这恐怕不是历史的巧合吧？

我敢说，2000多年来被后人所指定的泰山、于阗、祁连山、弇山、陕西横山等所谓“昆仑中心”，好像还没发现有“中央仙山”“云中朝廷”的地名符号。我敢说，在那些山头还没有发现建国设都的任何信息。这个“云中朝廷”，普天下只有一个：那就是天门昆仑体系中的熊罴岩——中央仙山！

现在看来，倘若不是《山海经》等古籍指明“**轩辕之国在穷山（崇山）之际**”，由此而找到崇山，这个争论几千年至今仍下落不明的黄帝出生地、不死之丘、轩辕之国、熊罴之国、云中朝廷——这上古历史第一大案，还不知要再等几百年、几千年才有可能破解呢！

这里，我要感谢民国《辞源》的编纂者记下了“古之云中朝廷”这一天大秘密！这一特定概念，任你走遍世界，只有黄帝在崇山之一峡之隔海拔1405米的熊罴岩“孤岛”台原——中央仙山所建的“轩辕之国”才能

匹配，普天之下能找得出第二个“云中朝廷”吗?!

《山海经·海外西经》载：“穷山在其北，不敢西射，畏轩辕之丘。（丘）在轩辕国北。其丘方，四蛇相绕。”又载：“有轩辕之台，射者不敢西向射，畏轩辕之台。”

意思是：崇山在熊罴岩（中央仙山）的北边，不敢向西部射箭，因为敬畏那里的轩辕之台（按：此“台”又作“丘”）。轩辕之丘（台）在轩辕国（指熊罴岩）的北部——崇山。此丘（台）呈方形，有四条蛇环绕着（按：指雕刻的伏羲女娲蛇图腾纹饰）。

这一信息与前面所述有关黄帝生于寿丘、兴于穷山、建轩辕国于中央仙山等形成符号链，特别是与黄帝宫、黄帝陵、黄帝册府三大符号，均在天门桥山形成对接。如果黄帝不葬在昆仑桥山，他的裔孙禹王又凭什么在崇山为他筑台呢？

反证：既然在崇山为黄帝筑台，那么黄帝葬昆仑天门桥山便在情理之中了。

到到此时，笔者才弄明白：《山海经》为何记载禹王筑轩辕台、帝喾台、帝尧台、帝舜台、帝共工台、帝丹朱台等六台于崇山，又记帝舜、文王以及周穆王、周赧王等四位古代帝王墓均葬在崇山及周边，原来都是追随先祖黄帝而来的！或者说，这本身就是**黄帝家族历代祖墓区！**

由林友成等村民指认，考察组找到了轩辕国——云中朝廷都城所在地遗址。此地土名**车台垭**，相传是黄帝发明“车”而得“轩辕氏”的原生地。台地由三个山岔台地组成，大体平展，有500余亩。背依中央山，远朝天门山。左右二山岗，与中央山呈“品”字形，极如巨人坐龙椅，二山岗则为左右二膝，一派大人大象。平台前沿，是一条长达8里的斜坡，呈梯台逐层下降，一直连接绝崖天朝古道垭口。立此回望车台，那8里长坡，一如逐层而上朝觐云中朝廷的阶级，大气而庄严。这不正是“万国来朝”的实地大风水形态吗？

唐·杜佑撰《通典》卷三十一载：“昔黄帝旁行天下，分建万国。至于唐虞，别为五等，曰公、侯、伯、子、男。”此之“云中朝廷”，没有城墙——环山约60公里万丈绝崖即是天然城墙。事实上，整个山顶台原——县圃、玄圃，就是轩辕国都城地块，车台垭是王宫中心。这个中心，一直延续到当今，仍是村部、学校（曾设初中）、商店、民居、客栈等集聚地。古时因天下百国云集此山祭祖、祭天，或香客求神求仙，香火百里可闻，鼓乐远播数县。商铺、客栈、伙铺、肉铺、香烛铺等，鳞次栉比，盛极一时，此地俗言“日屠三猪，白米五担”，已是常事，故称“天上街市，云中朝廷”。堪称古今中外罕见天上云间国都之奇观。如今沧海桑田，旧貌不再，但其王宫广场中心之古“龙池”今存，千古百代，不溢不涸，谓之“灵泉”。

那么，当年黄帝在此立国建都，其宫室、民居由何材料构建？是土屋，石屋，木屋？《越绝书》卷一一《越绝外传·记宝剑》第十三载：“轩辕、神农、赫胥之时，以石为兵（按：指砍削石器，即石斧），断树木为宫室，死而龙藏。夫神圣主使然。至黄帝之时，以玉为兵，伐树木为宫室、凿池。夫玉，亦神物也，又遇圣主使然，死而龙藏。禹穴之时，以铜为兵，以凿伊阙，通龙门，决江导

河……当此之时，作铁兵，威服三军。”（《广博物志》卷二引）

原来黄帝时，发明以玉为兵——即以玉石造斧，伐树木以建宫殿。

那么，那个灵泉之池，怕就是用玉石之斧开凿出来的。

所谓“死而龙藏”，即无棺而葬。此之“龙”指“地龙”即“蚯蚓”。人死后像蚯蚓一样赤条条埋在土里。《汉书》卷三十六《楚元王传》第六：“《易》曰：‘古之葬者，厚衣之以薪，藏中之野，不封不树，后世圣人易之以棺椁。’棺椁之作，自黄帝始。黄帝葬于桥山，尧葬济阴，丘陇皆小，葬具甚微。……此圣明王贤君智士远览独虑无穷之计也。”上述信息告诉后人：从黄帝开始，才发明以棺椁下葬，彻底否定了沅陵之陵为盘古陵之说。

伫立于夕阳笼罩的中央仙山绝顶，但见云蒸霞蔚，气象万千。与中央仙山为邻的崇山县圃，禹筑轩辕等六大帝台及帝喾、帝尧、帝舜、文王四大帝王墓于此（《山海经》）。其东北为天门仙山，昆仑之首山也，黄帝宫、黄帝陵、黄帝册府三大构筑物均隐藏于此，其东南乃七星山，所谓“大电光绕北斗枢星，照郊野，感附宝而生黄帝”即此（《纬书集成·诗含神雾》）。所谓北斗七星之天枢、天璇、天玑、天权、玉衡、开阳、瑶光七座山峰历历呈七星状分布。黄帝孙颛顼亦在此观天象、制历书，今存“观台上”古观天遗址。此四大昆仑县圃皆一峡之隔，构成世界东方人间昆仑天堂之大观，唯黄帝踞坐中央仙山，此即黄帝称“中央大帝”之由来也。

有人考证来考证去，认为屈原是“汉族”，浑不知“汉族”之称起于何时。由此上溯到黄帝，也就是汉族了，根本不相信伟大苗族能出那么一大批伟人、巨人、圣人。历史的真相是：从黄帝或更远时代，苗族才是中华主体民族，是世界上第一个以种植农作物——进入粮食文明的农耕大族，故得“苗族”。所谓“汉族”，是因为刘氏汉朝初立于汉水口，并以大杀灭族、灭种之暴力行为降服了天下各小国、小族、弱族、少数民族归顺到汉水汉都，因得名“大汉族”——实为“大群族”“大杂族”（杂凑）。时在前 206–公元 25 年，至今不过两千多年族史，比起黄帝一族至少万年以上族史，简值就是一树之叶和一片叶子的差距了，且问有什么值得妄自充大蔑视众族的本钱和理由？查中国古史上从黄帝庸国至颛顼庸国至大楚、至屈原以后的代代帝王，又哪一代不是世袭苗裔之后？至于未来苗族为何成了被历代帝王敌视、欺负、镇压乃至灭族的内幕，就与本书无关了。

——我再重申一句：屈原是大庸籍苗族。这是他自己一点不脸红地写在书上的首八句：“帝高阳之苗裔兮，朕皇考曰伯庸。”一个“朕”字，才知他还是一代庸帝（庸王）。就是说，他就是最后一个苗族人当帝王的实例。

二、中央仙山·云中朝廷古国、古地名调查

现在，读者可以跟随熊罴（壁）岩村村支书林友成等人登上“云中朝廷”——中央仙山，去寻找屈原笔下与黄帝往事有关的一些古地名信息：

⑴中央仙山（一名中央山、俗名熊罴岩，此山之主峰顶）。⑵中央仙山庙（又称轩辕庙残墙犹存）。⑶“中央仙山宝殿”石碑（仍存）。⑷大岩屋（远古人类穴居地）。⑸共工湾（舜放“四凶”之一的共工。共工湾在熊壁岩发现，说明他流放期间曾在崇山与同朝为伯的驩兜已会合一起）。⑹熊公洞（洞口浑圆，洞内空阔，相传为熊氏先人穴居处，史称“穴熊”，一传为轩辕旧居）。⑺车垭堡上、车台上、车垭（均与轩辕之名有关。轩：古代一种有帷幕而前顶较高的车。辕：车前驾牲畜的两根直木。相传，“轩辕”为远古大帝黄帝发明的“轿”。轿，“车”旁之“乔”，即乔迁居室，亦指高升，乔木也。“轿”可解为“可以移动的房子”。轩，即轿的窗；辕，最早为抬房子的两根木杠。这是山地抬着行走的轿。到了坪地，则用轮子替代抬杠，故“轿”字带“车”。轿子下河，则变成“艄”。今人发明轿车、太空飞船，皆为“移动的房子”。熊罴岩高耸入云，何有车可行？这正是黄帝发明轩辕而以轩辕得名的原生地。据中国社科院历史部学部委员宋镇豪先生透露：在慈利发现3000年前（周朝）的车马器（车子部件）。这是目前发现的中国最早的车子发明信息，说明古代车子起源于大庸国中心地，与在中央仙山发现黄帝发明车留下一组“车”字符号形成信息对接）。⑻王陵地、正穴岗（与古代云中朝廷历代君王墓葬有关）。⑼王老地、王上头、王台上、王塥（均与古代云中朝廷君王有关。由此可知远古国君多以老虎额上“王”字称之）。⑽老屋、老屋里、老屋场（均为远古人类居住信息）。⑾凤凰台、凤凰翅（黄帝与伶伦演奏古乐处。凤凰台又名“法老”，此指黄帝为中央崇山巫傩大法师。凤凰翅又名“牵牛老”，苗族中神话织女牛郎“牛郎”的出生地。亦因凤凰歇翅落宿得名“凤凰翅”）。⑿乌龟台（又名团鱼包。古名鼋鱼、元鱼、大鼋，此与黄帝乘大鼋登昆仑传说有关）。⒀望相台（古籍载黄帝得六相。相传黄帝求贤若渴，四方寻访治国人才，后得六位高人，黄帝在此等候上山。六相中，至少有三位是出自崇山的蚩尤、祝融、太常）。⒁蛇神岗（三苗、濮人均为蛇神崇拜古族。《山海经》载：“轩辕之丘，在轩辕国北，其丘方，四蛇相绕。”此之蛇神与“四蛇绕丘［台］”有关）。⒂碓马岗（碓马，即“舂”粮食之器。古人初以杵臼、杵捣五谷破壳为食。后发明“碓马”，相传为黄帝之子雍父发明于崇山，故后人称崇山为“舂山”）。⒃官家湾（轩辕国王族官家信息）。⒄七马岭、四马台（与车垭、车台形成车、马符号链）。⒅天南关、天南亭［轩辕国登山两座雄关之一，位于仙人溪中柱垭，古关犹存。天南亭系民国二十年（1931）乡绅林辉跃倡首复修］。⒆堡子、碉堡、堡子里、肖麻子堡（古代云中朝廷军事防御设施）。⒇城墙岩（云中朝廷古城墙遗迹）。（21）黄翻都（本为“放驩兜”，此系“舜放驩兜于崇山”的民间同音白字之讹称）。（22）熊罴岩、熊罴嘴（前为中央山大域名，后为山嘴。两个地名留住了黄帝出于有熊氏的信息）。（23）红岩屋、万三岩屋（前指红色岩屋、后指万姓穴居）。（24）尧门前、尧家塥（相传尧帝曾在此居住，实为他的祖屋）。（25）独寨（古寨）。（26）学堂岗（古人曾在此地建过学堂。解放后在此办小学、初中）。（27）岩槽门（古时官家豪宅）。（28）相塔（本为土平台，小坪为塥。相塔，与黄帝得六相拜相有关）。（29）排（牌）楼边（古代轩辕国帝国之大牌楼）。（30）洞塥里、滴水洞、天花洞、银平洞、硝洞湾、桂花洞、金平洞、船棚洞、拐子洞、煤炭洞（洞穴无处不在，既是古人穴居之所，亦是出水、出硝、出煤之处）。（31）桃花洞（相传一代昆仑西王母曾在此给黄帝传授辰州符）。（32）傩台（远古黄帝发明巫傩祭祖、祭神之台）。（33）仓湾、苍家湾（相传为造字之神祝融氏沮诵仓颉老屋场）。（34）瓦场岗、瓦塥地（古代瓦窑。山顶进入瓦屋时代）。（35）铺垭（古代递铺、商铺、伙铺遗址）。（36）观音堂、飞山庙、纱帽山庙、庙湾里、庙庙包（历代庙宇）。（37）官司地里（古代衙门旧址）。（38）万人坑（远古战争信息，一个小小的山顶村落，居然有万具尸骨弃于一坑，这难道不值得深思吗）。（39）九房地里（此地曾有同族九房老屋）。（40）中柱垭（为一高达百米之摩天石柱，相传为女娲补天顶天石柱之中柱，即“顶梁柱”）。（41）戏台岗上、擂台（村言“西边有人搭戏台，北边又在摆擂台”，此为远古时

轩辕国民间演唱大庸阳戏及尚武练武之信息）。（42）姬氏岩（有石如人像，相传为姬姓神祖所化。此之“姬氏”，与天门西吴姬氏对接，是轩辕得姓出自天门昆仑本土的原生点之实证）。（43）金都包、金洞里（古代两大金矿基地）。（44）花鼓坪（花鼓，苗族鼓舞，如《花鼓》《团圆鼓舞》《跳年鼓舞》《猴儿鼓舞》等，统称“花鼓”。熊壁岩花鼓坪见证了该地古为三苗圣地，与黄帝出身吻合）。（45）朱家梅、王家垭、张家冲、许家冲、尹家冲、尹家包、周家地、张大窝凹、中村胡家、胡家老屋场、中村李家、陈沟里、钟家包、叶家湾、钟家堰、罗家村、李坡上、李家坡、周地岗、张家塌、谢家塌、管家湾、叶家、宋窝溃、杨家屋场、何家岗、陈家湾、李垭上、朱家湾、张大窝、贾窝坳、卢窝坳、三家窝等（熊壁岩自古是众姓会集或避难杂处的国之天都、世外桃源）。（46）单豆水井（这是一个十分难得的“豆”文化符号）。（47）同水井、凉水井、唐家水井、施辽溪、杨大沟（熊壁岩多溪沟山泉、溶洞古井，因而五谷皆收，适宜人居建国居住）。（48）英才屋场（轩辕黄帝在此山巅建轩辕国，广罗天下英才，开展一系列初始文明的创造，奠定了由第一轮文明向黄河流域转移的基础。“英才屋场”正是远古时代各路英才会集中央仙山的纪念符号）。（49）千仗溪（不知何年何代，何方势力，在中央仙山发生了多次旷时数年的战争）。（50）恩同塔（与黄帝“皇恩浩荡”“普天同沾”有关）。（51）简造湾（简造，土著“左言”现象，即“造简”。远古专造竹简的作坊遗址，是继沮诵仓颉造字之后文字进入竹书的信息）。（52）壁上挂金窝（关于中央仙山风水地望的传说）。（53）洪木坤（洪：与龚姓同为共工后人之一支，与该地共工湾、工道湾等地名构成共工信息链）。（54）铜龙岗、青龙岗（均与轩辕骑龙升天传说有关）。（55）官塌空中花园（即登上熊罢岩之后的一处平地高台，其地多莲花石，相传是云中朝廷的官家空中花园，与昆仑花园信息对接）。（56）黑湾、黑风岩、黑岩湾、黑老爷（均指颛顼，民间传说黄帝孙颛顼脸黑如包公，故称黑神、黑老爷、黑保大神，是颛顼出生古大庸国的远古信息）。（57）药葫芦（其石如葫芦。当地传说黄帝时常采药行医从不离身的药葫芦，虽为民间附会的传说，但确与黄帝从师岐伯学习中草药、经络、按摩、妇科等医疗有关，是古代一代伟大医宗的见证）。（58）天桥（此为自然生成石拱，下洞上桥，谓之天桥。与黄帝过天桥升天传说有关）。（59）熊家坪（相传为远古有熊氏初民居住地。见《大庸县地名录》，第170页）。（60）方石岩（海拔1272米，如一巨大方柱，四壁大体方正，一如人切。其顶平展，面积0.1平方公里。上有庙，如此方平石峰，乃天下一奇，民间传为天下第一“国印”，亦传为远古黄帝祭天傩坛）。（61）熊公岩（位于自仙人溪登熊罴岩古道中途。有一巨大石柱，高百十丈，石座粗壮肥硕，由粗而细，呈蹲伏状自山林中伸出，石柱之顶，状似熊头，咧嘴竖耳，恰如巨熊号天，威武雄壮，栩栩如生，堪称天下第一“熊”。相传此天生石熊，自古称作熊氏祖先神，中央仙山之“熊罴岩”，名出于此。抑或黄帝有熊氏之号根出于此，故名“熊公岩”）。（62）天朝古道（起自仙人溪之尾，登绝崖，经天南关，直达中央仙山台原，长约7公里。清一色青石板路，相传为远古先人所修。此为云中朝廷唯一登山石级古道，创自有熊氏先祖时代，距今7000年至1万年）。（63）轩辕国·云中朝廷故址（据当地村民指认并经考证，故址位于车台垭，背依中央仙山，面朝天门仙山。熊罴岩天朝古道以朝拜之势，步步而上，抵达车台垭，见一大平台，有300余亩。左右二山包与中央仙山呈“品”字形，极如巨人座龙椅，二山包则为左右二膝，一派大人大气大象。此地自古为中央仙山之中心。旧时因香火、祭祖而兴起商铺、客栈、伙铺、肉铺，学堂，盛极一时，几疑空中街市。当代村部、初中、小学学校亦设于此。故都不存，古风犹在）。

（中央仙山地名提供者：林友成、汤敬荣、汤敬波）

当笔者从《穆传》中偶尔发现屈原笔下的轩辕黄帝，在天门昆仑留下黄帝陵、黄帝宫、黄帝册府三大信息，继而又破译黄帝生于不死国仙人溪、熊罴岩，乃至从“中央仙

山”发现云中朝廷轩辕之国的天大秘密后，就不能不对熊罴岩作刮目观。经初步考察座谈指证，居然搜罗到上百个远古地名信息。这些远古地名，多用当地口音记录，但音义明晰，且与历史事件及民间传说吻合。有的因不明原委，不懂历史，只能用“白字”代替，但白字不白音，如“黄翻都”（放驩兜）之类。从上述所收集的地名中，有若干名称让笔者心跳不已，比如中央仙山、云中朝廷、中央仙山庙、中央仙山碑、熊罴洞、熊公山、车埡、车台、王陵、王台、王老、王上头、王塪、凤凰台、望相塔、城墙岩、姬氏岩、花鼓坪、苍家湾、方石岩大祭坛、简造湾、碓马岗、空中花园、万人坑等，几乎每一个地名都捆绑着一个与黄帝相关的历史信息。

在不足2万亩的高山野村，能有如此众多而重大的神秘地名的发现，本身就是罕见的人间奇迹。然而，令人遗憾的是：由于年代亘古，这个“云中朝廷”因黄帝北上争霸中原而逐渐被淡化遗忘，乃至被后起的“中原文明”所覆压，进而彻底退出中华文明史。历史的过程就是如此残酷。

设若当年黄帝立国以砖石为宫室，而不是木屋，历史必将在这里留下如马丘比丘一样的空中城堡。不过，也许黄帝已有所察，便在晚年将大半生收藏、著写的书籍藏在东部一峡之隔的天门山册府和南部的二酉洞。也许，倘能碰上运气，说不定在哪一年、哪一天的早上或黄昏，人们偶尔找到了黄帝藏书的天门册府，那个淡远如轻风的“云中朝廷”的神秘面纱，就会徐徐揭开。

本章写到这里，本已收笔，突然觉得还有些不踏实，对！应该查查《竹书纪年》，听听从坟墓里重见天日的古简是如何记载黄帝生身故里的：“黄帝轩辕氏元年，帝即位，居有熊。……七十七年，昌意降居若水，产帝乾荒。”

不必再引经找典，此之“有熊”，正是古庸四大悬圃之一的中央仙山——熊壁（罴）岩，这里的熊公洞就是有熊氏家族的发祥地原生点。黄帝住在这里生长子昌意“降居若水”，此四字最为关键：“若水”即“弱水”，又名茹水、澧水（有专解），熊壁岩中央山下仙人溪，就是若水的著名发源支流，长达30余里，注澧水与古庸都古人堤相对，此及若水（弱水、茹水）的起点，下流至潭口，再下流至慈利阳和茹溪止。既然儿子降生有熊，后又居住于若水——澧水，证明二地相距不远。《纪年》同时又记昌意产帝乾荒，乾荒即颛顼高阳，出生于潭口崇阳坪老庸湾，后迁居桑濮，晚年迁回潭口崇阳坪出生地。高阳又产伯鲧，鲧居崇山，故称“崇伯鲧”。伯鲧生大禹，大禹在崇山建夏朝，后举国北上中原黄河……这不正是黄帝家族居住地、发迹地的地名连环之证吗？与天门仙山国、中央轩辕国同属仙人溪“不死国”“长寿国”“寿丘”范畴，与黄帝居“有熊”——熊壁岩，归葬天门山、建行宫于天门山、辟策府于天门山形成一组庞大的黄帝家族故乡地名符号证据链。

[考察者] 金克剑　李书泰　宋泓锡　田奇富　江云龙（无锡学者、画家）　林友成　丁治宏

[考察时间] 2015年5月21日

第四节 在屈原故乡发现“沮诵仓颉”在崇山发明创造文字

古传仓颉为轩辕氏史官，视鸟迹虫纹始制文字，以代结绳之政。其字成，天雨粟，鬼夜哭。

创造文字是黄帝生平业绩中最为辉煌的一笔。但千百年来，虽说典籍对仓颉其人有过不少的笔墨，但总使人有些不踏实，因为牵涉了两个人，却只颂扬一个，是欠公允，还是别有隐情？

其实，创制文字是一个复杂、漫长的过程，所以《年表》把造字记于某一年，显然有悖科学，不足信的。《晋书》卷三六载：“昔在黄帝，创制造物。有沮诵、仓颉者，始作书契，以代结绳。”又：“黄帝之史，沮诵、仓颉，眺彼鸟迹，始作书契。”《世本注》说：“黄帝之世，始立史官，仓颉、沮诵居其职。”《世本·卷九·作篇》又载：“沮诵、仓颉作书。”翦伯赞主编的《中外历史年表》（中华书局1981年版，第3页）载：“前2550年。黄帝。沮诵、仓颉造文字（并黄帝史官，尚书正义序引世本）。”

上述文献一口同声指出系“沮诵、仓颉”二人共同创造文字，纠正了“仓颉造字”似为一个人所为的说法。

那么，此“沮诵”者到底为何人？为何历史遗忘了排名在前的“第一发明人”而独记住了“第二发明人”？此之古谜，后人一直没有识破。张良皋教授洞察秋毫，居然破解了这一千古之谜，他说：

“苍颉正名是‘仓颉’，是管仓的头目。当时的仓，不是盐仓，就是粮仓。管仓的头目必须记账，所以要发明商品和数量符号，这就是‘造文字’。感谢老史家胡克家，他在注刘恕《通鉴外纪》时引用了《广韵·九鱼》，说作书的黄帝之史官名‘沮诵·仓颉’，似乎是两个人。这‘沮诵’叫我们看来好生面熟，他该是‘祝诵’，即祝融。‘沮诵仓颉’说的是一个专有名，即‘祝融氏仓颉’。我在前文已经论到，**中国甲骨文的首创权，应该归于以庸国为中心的人群，即祝融氏的后裔。**”（张良皋《巴史别观》，第167页）

乍一读到这段文字，即令我击案叫绝！细细思量，确实在乎情理之中。中国文字是“北方制造”还是“南方制造”，历来争执不休。张先生发微于早已消失了的古庸国秘史，居然从“沮诵·仓颉”四字中捕捉到一个重大信息，原来那个制造文字的仓颉先生，不是二人而是一人，此人即“祝融氏仓颉”！

不消说，这是史界修正讹史的重大突破。这势必让人们重新关注一支为中国远古创世文明作出伟大贡献的祝融氏家族。

关于祝融的身世及历史上的地位，本著前面已有推介，不再赘述，但对祝融其人的真实名称一直众说纷纭，其原因是对祝融出身崇山，恍兮忽兮，几乎没几个人识透。是真没识破，还是心有不甘？怎么崇山能出如

此伟大的人物？不信！

张良皋一眼识破：三皇时期的第一代祝融原来就是走下神坛的燧人氏，是谱写世界人类历史第一笔、第一画、第一言、第一声的伟人、圣人、巨人！“燧人氏祝融”，成了东方亚洲——或说世界东方的播火者！

不必怀疑，您只要登上崇山，就可以轻松地找到祝融氏家族在崇山的诸多遗迹。

现在回想起来，当年黄帝北上争霸，不忘家乡，站在北方的槐江山顶，“南望昆仑，其光熊熊，其气魄魄”（《山海经》）。原来是怀念故土。他的家乡是火的发源地，他分明看到了家乡崇山顶上火光熊熊，光照苍穹的雍容之大气。

关于伟大的“祝融氏家族”，显然不是本书所能一下研究得了的。张良皋先生仅从其名称上便总结出祝融创立的古庸国文化中所包含的诸多创世、创始的内容，比如：制陶大国（“鬲”）、铸钟冶金大国（镛）、筑城大国（墉）、歌诗大国（祝诵）、巫傩大国（祝巫、祝由科）、祭祀大国（祝颂）、农业大国（祝禾）等。（参见张良皋《巴史别观》）

张先生这种慧眼，是建立在十分严谨的研究之上的。祝融氏家族的发明创造实质上代表了古代中华民族的集体智慧。如果否认了这一基本事实，“中华民族集体智慧”就将变成虚无。或者说，也只有这么一支伟大的家族，才有可能创制出文字来。因为上述中的歌诗、巫祝、祭祀等都必须通过文字文化创作、推广。所以“沮（祝）诵氏仓颉”创制文字应该是合理的结论。我们很难相信一个普普通通的奴隶小吏（隶首）、下人、苦力、文盲能与创制文字画等号。这使人突然想到掌管三族教育、包揽宫廷祭祀和国家图书档案的莫敖、三闾大夫、大巫祝、大诗祖屈原。他正是末代祝融氏家族的杰出代表人物，或说他自身就是祝融家族的末代祝融。在他的诗作中，实质上已经记下了一大批祝融氏家族的成员。

“高阳邈以远兮，余将焉所程？”（《远游》）

高阳即颛顼，既是一代祝融，又是一代庸帝，远古史上开疆拓土地域最大的庸朝古帝。明·嘉靖陈士元撰《荒史·禅通本纪》载：“由黄帝之道，守高阳之庸。”（引自林辰《开天辟地·上》春风文艺出版社 2005 年版，第 337 页）显然，这个“庸”应指“庸国”“庸帝”“庸城”或“庸人”，该不是一些人见“庸”就是“庸俗”“愚蠢”吧？此“守高阳之庸”，可解为以黄帝的治国理政之道、之法去坚守、捍卫高阳帝所统治的大庸帝国。

“祝融戒而还衡兮，腾告鸾鸟迎宓妃。”（《远游》）

“日安不到，烛龙何照？”（《天问》）

尹祥智说：“在炎黄二帝的谱系中，都有祝融。”又说：“三星堆的纵目人面具就是烛龙。……近代研究者还认为祝融音读与烛龙近，烛龙又可视为古史记载的赤帝祝融。”“这些表明：‘祝融’起到了‘光融天下’的作用，融炎黄为一族，为两族共奉的祖先——蚕丛氏。”是说三皇祝融是炎、黄共同的祖先。尹先生将颛顼列入祝融家族谱系：“颛顼在位 78 年，崩年 98 岁，颛项传九世，548 年。”该文的结论是：“蚕丛（祝融）一代‘纵目人’，就是大约在 5000-10000 年前，黄帝——颛项时代的华夏上一次文明所培养的‘太空人’。”**就是说：出土**

于四川三星堆金器文化的创造者就是一代祝融！（参见尹智祥编著《北纬30°线》第七章《三星堆遗址》，天津社会科学院出版社2003年出版，第101页）请注意“上一次文明”这个观点，恰好与本书著者偶尔总结发现的“第一轮文明”学术观点不谋而合。

因而说，由如此伟大家族的杰出代表人物祝融仓颉创制文字，应该是无可非议的。而且，创制文字还可能是这支家族梯队世传的一项长效机制的发明工程。要锁定创制文字的“某一个”具体的“祝融氏仓颉”是很难的，也是有悖科学的。“祝融”是火神之职称，且是家族世袭。区别在于：三皇祝融、五帝祝融、三代祝融（夏商周）、春秋战国祝融，从文字发明到实际应用，必定有一个漫长的磨合期。中国的甲骨文发现应在殷商初立之前，但文字的出现应在此前的几百年乃至几千年。史载黄帝本身就是一个伟大的发明家，还是一个有诸多书目传世的著作家。如果说黄帝命祝融仓颉制造文字，说明那时还没有成形、固定的文字。待祝融把文字造出来，少则几十年，多则上百年，几代人。文字造出后，还有一个识字、书写、拼装成文、抄写刻写、发明载体和书写工具的过程。黄帝即使是天才，也不可能娴熟到文字一出现就能著书立说的地步！

因此我推断“黄帝命谁谁制字”的说法有悖常理，甚至说：绝对地不可能！只能说黄帝时代，他指使他的儿子（或孙子）祝融仓颉对早已流传、实用的古传文字进行收集、整理、加工、提升、规范、推广、普及、运用、扩充。反过来证明：古代文字绝非是由仓颉一代一人一时一地凭几处“鸟迹”就能创制出来的，也非由一个“沮诵”（祝融）去完成的。

这是一支拥有数千年、上万年历史的祝融家族持久不懈地集体完成的一项人类最伟大的文化工程！

我提出这个观点，或说还原了历史的本来面目。作为黄帝的子孙，祝融氏仓颉居住崇山，与黄帝一溪之隔，黄帝命他改造加工推广文字，轻车熟路。

由此推知：黄帝命其儿孙祝融氏仓颉改造推广文字，时在中央仙山熊罴岩轩辕国草创期间，也就是说，黄帝改造推广文字时，还住在南方崇山熊罴岩中央仙山！改造文字的知识专利拥有者叫祝融氏仓颉，也就是“沅绕祝融”的那个在屈原笔下多次出现的古庸国创世伟人祝融氏家族！

在湖南江永瑶族女书起源地，甚至有七姑（七仙女。慈利有七姑山）、九斤姑娘和盘巧姑娘造字的传说。“盘巧”，显然就是祝融氏家族的盘瓠后裔，溯到源头就是盘古！这种女书很可能是甲骨文之前的文字。2013年11月21日《湖南日报》第3版记者李国斌、通讯员李光平、唐世日报道：“专家证实：瑶族有文字，江华收集到120多个瑶文字片段……据《保庆府志》等地方志记载，清朝乾隆年间实行文字狱，严禁使用瑶族文字，导致瑶文难以推广使用。”崇山南北，还保留着若干仓颉造字的信息，如崇山的錾字岩和山下的仓溪、惜字塔等。特别是在崇山下大庸卫（所）古城发现的庸文铜镜，其上有36个“怪”字，经专家破译，已认出19个字。从字体笔画比较，似比女书晚，但比甲骨文早。另外，沅澧流域民间流传的木码字（木簰头上的“火号”铁印字符）、草码字、

灰码字、岩码字、牛肉码字等，也具备了文字的雏形。乃至起源于崇山辰州沅陵的“辰州符”符箓，则是与神灵厉鬼沟通的“天书文字”。我们不能忽视这些远古文字孑遗的价值。耐人寻味的是：长沙市开福区中山西路，清代建了座仓颉庙，又叫仓圣祠，毁于1938年“文夕”大火。原庙中悬有谭嗣同岳父李篁仙所撰对联云：

上古结绳，惟轩辕史官，
察见蹄迹，克继庖牺而圣；
新祠释奠，愿湖湘群彦，
搜罗钟鼎，勤研洨长之书。

“克继庖牺”是说早在伏羲时代即有文字出现，否定文字始于黄帝。“洨（音淆）长”指东汉文字学家许慎，许尝官洨长，著有《说文解字》14篇。

另外，**清代大庸人陈桐阶亦作《题仓颉庙联》**：

古文仰作家，论周孔神灵，
也当瞻拜门墙，于此同来问字；
大笔惊雄鬼，除梵卢伯仲，
可以别研经术，其他未敢抗衡。

梵、卢与仓颉都是佛教传说中创造文字的人。《法苑珠林》曰：“昔造书字，凡有三人，长名曰梵，其书右行；次曰佉（音屈，驱逐）卢，其书左行；少者仓颉，其书下行。”只有梵、卢与仓颉上下在伯仲之间，其他的人怎能与仓颉相比？（陈先枢、金豫北编著《长沙地名古迹揽胜》，中国文联出版社2002年版，第360页）

不过，对仓颉的身份多有质疑。《荒史·帝臣列传》（四三七）引录如下言论：

“传曰：黄帝立四面岂不然哉！或谓仓颉为黄帝史官，其谬盖始於朱衷尔。《世本》云沮诵仓颉作书，未尝言为史官也。衷乃注云：‘仓颉沮诵黄帝史官，而韦诞传云，皇甫谧辈皆从其说，不及考辩。’然河图说徵称仓帝，鸿烈解称史皇，说文称颉皇。曰：帝曰皇，岂人臣哉！故崔瑗、曹植、蔡邕、索靖、张楫、顾野王皆以仓颉为古帝，不得称为黄帝史官云。”

众所周知，上古史中只有“三皇”“五帝”，五帝时期除了黄帝、颛顼、帝喾、帝尧、帝舜外，似乎没有仓颉沮涌为皇、为帝的席位，难道是汉后文人们的追捧瞎封？

我突有所悟：此之“仓帝、史皇、颉皇”，极有可能就是三皇时期的祝融（沮涌）氏仓颉！黄帝之前，祝融被列入三皇尊位（见《白虎通》），孤立的仓颉没有这个资格。由此可证：中国的文字，应该起自三皇祝融（沮诵），到黄帝时的祝融仓颉受命对文字进行统一、改造、增补、提升、定型、推广、应用、传播。这正是祝融氏造字家族薪火相传的佐证，也才能够为黄帝在北上中原之前就已在二酉洞、天门册府收藏他所著（或收集他人所著）的数千卷书籍的可能性、逻辑性找到合理的解释。

对黄帝命仓颉（苍颉）造字之说持怀疑者，早见诸文献书籍。如民国尚秉和著《历代社会风俗事物考》写道：“书契断非一时所能造成，诸书多言始于轩辕。余以为伏羲能画八卦，必能造书契；神农若无字，百草之名，胡从而记？……苍颉不一定为黄帝时人。《马氏逸史》引《外纪》曰：‘仓帝名颉，始创文字，在伏羲前’。”“是则仓颉为古之皇帝，史皇乃为其号，而在伏羲前。是说也颇可信。仓颉惟在伏羲前，所以能开伏羲易学；又自伏羲至神农事渐详，足征有纪录。其称曰史皇者，以能造字为史所自起耳，犹燧人造燧，即曰燧皇也。”（岳麓书社1991年版，第12页）

把仓颉界定在伏羲之前，理由充分，符合规律，笔者十分认同。

那么祝融氏仓颉所造之文字到底属于哪个时代、哪个古国人民的创造？

月明日先生在《揭秘消逝古国》透露：“据三峡地区和陕西安康市考古发现，早在6000年前，庸国人便已发明了文字。”（《揭秘消逝古国》《庸国——云遮雾罩的千古之谜》，第36页）

出土文物告诉我们两个重大信息：1. 早在6500–7000年前就创造了文字。2. 创造文字的是古庸国人！这一结论印证了大庸帝国正是祝融所创，与祝融氏沮诵创造文字对接，其时间比黄帝至少早2500余年。同时又告诉我们：早在6500–7000年前，就已建立了庸国，与笔者考证大庸帝国创立时间吻合，证明此之祝融只能是“三皇祝融”，即赤帝祝融，亦称“史皇祝融仓颉”。

由此看来，前节所录中央仙山尚留苍家湾古地名，相传就是创造文字的仓颉氏留下的老屋场，恰与黄帝故里同处一地，应该不值得大惊小怪。本人一再强调说如果是真史，就必有其记录发生过程的“原生点”，否则就是虚无。虚无主义的结果，就是怀疑、否定，等于不存在。

那么，我们现在可否正式归纳如下结论：

1. 中华文字始创于第一轮文明发祥地——南方澧水崇山。

2. 创造文字的版权应归属于崇山古庸国的创始者——祝融氏沮诵仓颉家族。

3. 创造文字的时间在6500–7000年以远。

第五节　在屈原故乡寻找黄帝三处藏书洞遗址

张良皋先生破译了6000年以远的一桩知识发明权大案，说起来简直难以置信。一是张先生一口咬定“中国甲骨文的首创权，应该归于以庸国为中心的人群，即祝融氏的后裔”，可说是石破天惊的重大发现！怎么上古史中还有这样一个能够创造文字的古庸国人群，这个古庸国我们却那样陌生？二是既然祝融氏仓颉是古庸国“崇庸人”，那么创造中国文字的源头必定在崇山，一个无源无根的关于文字的传说终可铿锵落地。这又势必让一些人难以接受，按约定俗成的观点，中国的文化始创地只能在北方、在中原，你南蛮荒服之地有什么资格？

我想要说的是：人们的思路总是从已知的知识去臆测未知的世界。

笔者明知即便浑身都长满了嘴巴都不敢对此乱发高论于万一，我只不过是照搬一些专家学者的成果去向人们“告诉”一个近乎悖论的真理。

那我又再告诉诸君两个与创造文字相关的“未知世界”的东西：一是笔者从穆天子日记中**发现天门册府——黄帝藏书数千卷于**

天门山某个神秘洞府的天大信息，时隔不久，又发现人所共知的沅陵二酉藏书并非秦博士伏胜所为，而是黄帝藏书的信息！

天门内外，屈原故乡居然发现三处黄帝藏书洞，为何有这等惊心动魄的奇事？

天门册府前文已表，此处专写二酉藏书之奇事。

那个倪民先生自称费时10年，写了本《三皇五帝追踪》（旅游教育出版社1998年版），书中透露出沅陵县的二酉洞与黄帝藏书有关。按传统说法，沅陵二酉洞是秦朝焚书坑儒，儒生伏胜冒死抢救一批古籍收藏于此。《舆地胜览》即持此说："小酉山石穴有书千卷，相传避秦人所藏。"《元和郡县志》亦有如是记载："小酉山在酉溪口，山下有石穴，中有书千卷，旧云秦人避地隐学于此。"该说法与黄帝藏书二酉之说相距2300余年。以下照录倪民文字摘要：

在沅陵县境内，县西北有大酉山、小酉山，相传黄帝曾经藏书于两座山的岩洞中。善卷回归武陵后，又云游到小酉山居住下来，阅读洞中的藏书。帝尧南巡到荆州，路经小酉山，同善卷相遇，提出让天下的事。《上古神话演义》说："帝舜闻知此处有两座山，是黄帝藏书之所，不知洪水之后，有无损坏，打算便道前去探访，于是顺着沅水而下。"［按：始知舜帝也闻知黄帝藏书之事，并专程去视察］帝舜道："老先生从前遇见先帝的时候，所居似不在此处。"善卷道："是呀，从前老夫住在这条沅水下流的崇山，在大庸（倪氏按：今张家界市）西南相近。"［按：此信息告诉人们：善卷家住崇山，生于崇山，崇山距大庸城（今张家界市）西南10公里］后来受三苗氏之压迫，携家远遁海滨，居住多年。洪水平后，三苗远窜，老夫仍归故里。［按：从善卷后来"仍归故里"的逻辑性分析，铁证善卷本是崇山人］数年以来，无可消遣，忽然想起黄帝轩辕氏曾有书籍数千册藏在此山，老夫耄（八九十岁年纪）矣，还想藉秉烛之光，稍稍增进点学问，因此又住到这里来。帝舜道："某此来亦想访求黄帝遗书，不想就在此地。"善卷道："此地叫小酉山，藏书不多，大酉山在此地东南十里，所藏非常之富，可惜现在已是零落无几了。"

上述文字详细记述了黄帝在沅陵二酉洞藏书的史实，并引出帝尧、帝舜与善卷三位巨人先后在二酉藏书洞的历史性会晤。这一信息提出几个值得探讨的问题：

1.黄帝什么时候藏书于此的？与祝融氏仓颉创造文字有何关系？

2.黄帝既已藏书数千卷于天门册府，为何又把另一批数千卷书藏在沅陵二酉洞？如果他是北方人，或是一些史家考定的西羌放羊牧马人，为何不把上万卷书运回万里外的西方大草原或大雪山、大沙漠家乡去收藏，而要运到与朝廷与故乡毫不相干的南方天门、二酉，有这个必要和可能吗？

3.帝尧、帝舜、善卷，与黄帝、崇山有什么关系？

笔者分析：黄帝沅陵二酉藏书处与他的故里熊罴岩相距约180里。上节说过，创造文字的时间断不在黄帝时代，而应该上溯数千年，即"三皇祝融时代"较为准确，到黄帝时期对文字进行扩容提升完善。黄帝本身就是伟大的著作家，在他北伐中原之前，就已经留下了十分丰富的著作（或收集了不少他人的著作）。当决定北进中原，与轩辕国和大庸帝国告别向北拓疆之前，极有可能把所有的书籍都秘密收藏在家乡附近的山洞里。或者，黄帝离乡北征，打下北方半个天下后，晚年回归天门昆仑故里，把一辈子的著作和积累他人的书籍运回收藏于故乡。然，无论怎么解释，天门册府与二酉藏书绝对与黄帝故里在南方昆仑有密切关系。远古时代，只有发明造字的地方才有如此藏书奇观！

由是看来，古成语“书通二酉，学富五车”的出典，可同时从二人身上作注，一是黄帝本人，二是善卷。《庄子·天下》：“惠施多方，其书五车。”清代李汝珍《镜花缘》第十六回写道：“大贤也居大邦，见多识广，而且荣列胶庠，自然才贯二酉，学富五车了。”帝尧、帝舜为何在崇山一带流连不舍，包括善卷，他们都与崇山县圃、天门昆仑有密切关系。其实他们三人都是黄帝的子孙，五帝时代的5位巨人差不多又处在同一个时间段。《太白阴经》：“黄帝独立于中央而胜四帝。”说明四帝同代。这些儿孙不出生于崇山一带又跑到哪里去找生身之父之娘呢？故无论怎样，也都是崇山的子孙呀！这一判断恰好又与《山海经》所载黄帝家族7位巨人归葬崇山和在崇山筑台的重大事件对接！

现在看来，如果算上本书破解天门群玉山黄帝之“册府”（又作“策府”），始知黄帝还在二酉洞藏了“数千卷”书，其数量足可与天门册府等量齐观！它告诉世界：中国远古时代黄帝三大藏书洞全都在南方！且都在大庸古国——天门崇山，亦即祝融沮诵氏仓颉造字的故乡！

这是界定中华文字发生学原生点最为有力的证据！

明代高尚志撰《澧纪·叙目》载：“金简所临，是为策府。”金简，古代金黄色的竹简。说明天门册府（即天门藏书洞）的史实早已在本境流传，并载之地方志。

我们是否还可以这样表述：远古三大藏书洞俱与黄帝对接，中华古文字的产生不再只是一个虚拟的神话传说。它让这一影响世界文明进程的伟大创造发明安然落地。这三大藏书洞，雄辩地印证了张良皋先生关于“中国甲骨文的首创权，应该归功于以庸国为中心的人群，即祝融氏的后裔”的论断绝非信口开河！

关于善卷其人，一直在他的出生地崇山大庸广泛流传，庸人土家《告祖词》有“八兄崇师尊善卷”之句。是说善卷在崇山北麓创办熊馆大学，祝融八个儿子都拜善卷为师，并向广大百姓传道授业解惑，实施教化，开启民智，留下不少故事。

《一统志·辰州》载：“善卷先生墓，在大酉山巅。”可证他生在崇山，晚年在二酉洞读书逝世并就地安葬的。

善卷为黄帝注书、守书终生，死后未能践行“某得归返故乡，死正首丘”的诺言，生于崇山，而归于大酉，可谓崇山苍苍，酉水汤汤。大善大德，山高水长！

此刻，我推开窗户，仰望天门崇山，扶桑日暾，东方既白，迷雾淡去，显出天门轮廓。我忽有所悟，怪不得屈原回归故里后，长时间徘徊复徘徊，流连眷念在天门崇山，放歌昆仑县圃，这固然与他的祖宗黄帝建帝宫于斯、归葬天门桥山于斯有关，亦与黄帝置“册府”藏书册于斯不无关系。

我断定：屈原贬回故乡后，先是在兰岗辟谷种兰，随后上天门山辟谷修炼，其主要时间一定是在黄帝册府度过的——在那里一边读书一边写作！

云烟缥缈，“册府”何在？不禁心向往之。

第六节　黄帝在大庸故乡传教辰州符

一、黄帝传播西王母发明的“祝由科”

为了确认黄帝的生身故里，除了上述诸家典籍的文字证据，我还可为其再举一证：黄帝在他家乡大庸传播的“辰州符”，是任何人都无法篡改的知识产权，因为这个文化符号具有不可取代的地域印鉴——“辰州”。“辰州符”的前身叫“祝由科”，是由赤帝祝融创造，后被黄帝学得并传播。民国《辞源》（第1092页）记述了辰州符传播之由来：

[祝由科] 以符咒治病者。《素问》：“往古恬淡，邪不能深入，故可移精祝由而已。今之世，祝由不能已也。[王永注]‘祝说病由，不劳□石，故曰祝由。’今所传祝由科书，序称宋淳熙中，节度使雒（洛）奇修黄河，掘出一石碑，上勒符章，莫能辨，道人张一槎独识之，此轩辕氏之制作也。雒得其传以疗人疾，颇验。明景泰中徐景辉复传其术云云。今传其术者，湖南旧辰州府人，故亦称辰州符。”

在黄河岸发现祝由科符录碑，自是大事一桩，遂于此立碑以纪：

□□□□甲戌冬十月，□□□节度使雒（洛）奇，厉命修黄河堰，掘出一石碑，上勒符章，莫能辨，宣谕民间，能识之者，以辨其故。故因一道张槎独识此符，辨之曰：轩辕氏制作□□□□□，凡疗人疾病，其应如神，治之即愈，百发百中，广行济世，辑神难验，诸符於内□□□□□□□真本天下奇书也。（参见兰草《黄帝·黄帝陵》，陕西人民教育出版社1997年版，第58页）

民国初期发行的《绘图重增幼学琼林故事》亦有记载：“祝由科传自黄帝，辰州最验。”

[幼学琼林注释] 祝由科本黄帝《素问》移精变气论，谓人病不用针石药饵，焚化符箓说说病由，即可治疗，故称祝由科。辰州本湖南属郡，今裁府留县。辰州有善祝由科者，尝挟其技，游江湖，颇有验。（《绘图重增幼学故事琼林》上海锦章图书局发行，卷四）

再读一个叫Atorm著《辰州符咒大全》的一段文字：

“符咒之术由来久矣！黄帝受之于西王母，而传之少昊，少昊传颛顼，代广其意，而绵传不绝。李耳尽发其秘，凭符咒而开道教，从者众矣。后当春秋战国时，术者见世终不为也，乃退隐森壑，以修养为事。符咒几于绝也。至汉顺帝时，有张真人名陵者出，得异书于石室，入蜀之鹤鸣山，息居修炼。以符箓而为人治病，役狐，无不立应。”（引自《辰州傩符》中国文史出版社2007年版，第3页）

上述文字都表述了一个基本观点：辰州符就是祝由科，祝由科又出自黄帝《素问》的“移精变气论”。但有几个观点需要商榷。比如《辞源》说祝由科是从黄河发现石碑上的符箓图形后再传播到辰州，才得“辰州符”之名号的。此事发生在宋代淳熙年（1174–1189），到明景泰（1450–1457）中又经徐景辉传播，估计传到辰州时，差不多到了明代中末期。由于辰州人“善祝由科”，于是就以“辰州”冠名。这等于说，中原的祝由科输出到南蛮辰州后，被辰州人窃取了版权。

“中原论”这个玩艺儿，似乎包揽了中华5000–10000年文化的全部，凡中华各民族（主要指长江以南的“蛮夷”）创造的文化成果，最后都必打上“中原”的烙印；凡蛮夷产生了一些“人物”，亦必将其名姓籍贯强行搬迁（或封神）到中原某地，像模像样地编造出一套“履历表”，然后又建坟、立庙、续谱、作传、入史，做得有眉毛有鼻子有眼睛的。比如祝融，众多古籍明白无误记载着他降生于崇山，且被南方各民族共同推举为“南方火神”、宗神、宗祖，那些中原论者还敢麻起胆子把祝融往北方争。如《左传·昭公十七年》载：“郑，祝融之虚也（今河南新郑）。”搬走了一个南方黄帝，犹嫌不够，又要搬走南方祝融。如果你不信的话，那里还有黄帝老屋、祝融墓云云。祝由科明明是黄帝之先祖祝融氏族在其家乡崇山古庸国的辰州不死之野经过几百代人的漫长摸索创造发明的，由于黄帝北上中原完成华夏一统之大业，顺便把祝由科传播到中原（岂止是这一门学问！），这是南方文化汇聚中原的典型个案，亦证黄帝“从哪里来，到哪里去”的人生轨迹，却不幸被后人误读。

好在“辰州有善祝由科者”8个字妙极：一证中原人不善使用祝由科；二证辰州人一用就“颇有验”，灵！

这个“辰州佬”何等了得！

笔者认为，总结发明一门高深的学问，是需要时间和土壤的。如果黄帝出生地在河南新郑，或黄土高坡，或陕西横山，抑或西域氐羌、蒙古草原，在那里发明了祝由科，而且一传几千年，竟无一人接受，是何道理？既然家乡出了如此之伟人，又为何不以家乡之名冠以“新郑符”“西羌符”“横山符”“蒙古符”“草原符”，却让一个土头土脑的“辰州佬”学了去还冠了“辰州符”之号？如果我是新郑人、西羌人、陕西人、蒙古人，必奋起捍卫，哪怕把官司打到联合国、打到玉皇大帝那里也要夺回自己家乡祖宗的知识产权！

——假的就是假的。一句老话。

二、古大庸帝国的核心文化——辰州符·辰州傩的发明及传播

远古时代，北方、大西北缺乏创造发明“辰州符”的基本条件和土壤。**一是巫傩文化必不可少的朱砂和苴**（大麻）。**二是需要一个形成了数千年上万年的傩文化的人气与场气。三是要产生一批数量可观的占卜专业人口。**

轩辕氏的故乡古大庸帝国的辰州天门崇山恰恰具备了所要求的三大优势：

1. 天门山之南的辰州沅陵是出产“辰砂”的核心地。辰砂，朱砂之一种。葛洪

《抱朴子·仙药》中说："仙药之上者丹砂。"朱砂不仅治五脏百病，还可以养神益气和驱邪，又可制长生不老之圣药，更是产生"天门昆仑""不死之国""不死之丘""不死之野""寿丘"医药养生的理论实物之一。[宋]寇宗奭（音"世"）《本草衍义》说："丹砂，今人之谓朱砂。辰州砂多出蛮峒。"[宋]朱辅《溪蛮丛笑》说："辰、锦砂最良……砂出尤山之崖为最，仡佬以火攻取。"祝穆《方舆揽胜》说："辰砂本出麻阳县及开山洞，今属沅州，其地丹砂，而砂井之名有九，皆在傜僚洞穴之中，遇水寒，燎以薪火爆而取之，时出与王人贸易。"

朱砂是巫道法事中不可缺之圣物、灵物。古代巫师上通天神，下镇鬼魅，都离不开朱砂。所谓"辰州符"，就是古今巫师用朱砂在桃木、竹简或黄裱纸上书写"符箓"，用以启奏神灵，召唤天兵天将，驱鬼镇邪。沅水流域盛产朱砂，尤以辰州砂为上品，辰州砂又以光明山朱砂为最佳。《史记·殷本纪》记濮国（沅陵）朝贡朱砂始于商朝。《沅陵县志》载："唐开元二十九年（741），辰州贡光明砂，年四斤。"马明文说："（沅陵）沙金滩（乡）'光明山'（在7400年前）的辰砂是辰州画符必不可少的原料，神农给诸侯山国下达指令时必用辰砂，以识真伪。同时又是古人炼长生不老仙丹的仙药。"（《神农故里在沅陵》，载《盘古新说》，中国文联出版社2008年版，第267页）

可以这样说：没有辰州砂，就形成不了辰州的巫傩文化，也就没有"辰州符"的创造发明。

值得注意的是，在由法国著名学者让·谢瓦利埃、阿兰·海而布兰特合编的《世界文化象征辞典》中，专门写了450字的中国"辰砂"辞条：

"辰砂即朱砂，是炼丹所需的两种基本元素硫和汞的化合物。古代汉语中的'丹'字，其形状就表示炼丹炉里的一粒砂；另一个古体字表现人在服用了丹砂后的变化。这是最好的长生不老药。因为它本身是红色的（吉祥的颜色，鲜血的颜色），而且能使身体发红，就是说既使人显得年轻，又使人容光焕发。

我们还注意到，不仅在中国有服用辰砂的事，在印度，甚至在欧洲也有所闻，帕拉塞尔斯就曾提倡过。……

——炼丹术，它象征性地实现新生；

——服含金丹，据说可以延年益寿。……"（《世界文化象征辞典》，湖南文艺出版社1994年版，第93页）

这一信息告诉我们：早在6500–7400年前，辰砂已经由辰州沅陵远销到印度、欧洲各地。诸君是否已经意识到：辰州实质上已经成了古代世界巫傩文化的发祥地、中心地、传播地？

关于黄帝铸鼎并以辰砂祭上帝鬼神，沅陵古有传闻。沅陵有金华山，相传黄帝常游于此。《鼎录》载："金华山，黄帝作一鼎，高一丈三尺，大如十石（读担），雍象龙腾云，百神禽兽满其中。""一鼎"何解？《史记·封禅》云："闻昔泰帝兴神鼎一，一者壹统，天地万物所至终也。"如此说来，"辰州符"始创于辰州，应该是不成其为问题的。《山海经》载："又东三十里，曰雅山，澧水出焉，东流又注入视水，其中多大鱼（鲵），其上多美桑，其下多苴。”这里明白写澧水源头桑濮（今桑植县）之地盛产“鲵”，即大鲵（娃娃鱼）是伏羲演八卦于崇山，创立太极文化的灵感之源。太极图中的“阴阳鱼”其实就是两条大鲵自然组合成的神秘图案。“苴”（音“居”），苴麻，大麻的雌株，所生之花皆为雌花，开花后结实。巫师作法、画“符”（辰州符），必以苴麻醉，产生幻觉，使其进入太虚幻境，飘然欲仙。苴与辰砂，皆是辰州巫傩中的不二法宝。

2. 沅澧流域遍地巫风。关于这方面的论述，从《诗经》到屈原《楚辞》，从诸子百家到王逸、朱熹者流，无论国史典籍，抑或私家著述，足可堆积成丘。须知此地是人祖盘古的故乡，是燧人氏祝融在崇山钻木取火、击石取火的火文化发祥地，是伏羲在崇山演八卦、确立八卦“重艮（崇山）以为首”及“文开五易，甲象崇山”的始创地，是祝融氏仓颉创制文字的原生地，是《黄帝历》《颛顼历》、九九乘法表等创世文化的诞生地，是古庸帝国、是夏朝、是千国万邦诞生的地方。这里产生了伟大的三皇时期的祝融氏家族（**延续为五帝时期的黄帝轩辕氏家族**）。这一批伟大的创世人物（**包括末代的鬼谷子白公胜和屈原**），无一不是伟大的巫傩文化的代表人物。由于这些代表人物的会聚，以崇山为国家、政治、民族中心的沅澧流域，必然形成中国古代巫傩文化的策源地。这一点，让当代巫傩文化大师林河（李鸣高）先生敏锐地觉察到了，并作出了一个惊世骇俗的结论：

“在中国巫教‘辰州符’的发源地——湖南辰州（今沅陵，古为湘西、黔东、鄂西南重镇），自古是一个苗蛮夹杂‘巫文化’盛行的‘神秘王国’。经过我的深入研究，又进一步发现，中国的傩文化就发源于沅水流域。……可以这样说：这里，就是中国傩文化的发源地。……而在中国的‘傩文化’中，首先要抢救的就应该是已经有了8000年历史的‘辰州傩’。”（林河《一部得来不易的“非物质文化遗产”经典之作》，载《辰州傩歌》，中国文史出版社2006年版）

把中国巫傩文化的发源地确定在出产“辰州符”和出生祝融氏（包括黄帝）家族的辰州——沅澧流域，可以说是林河先生晚年学术生涯中最重大的贡献，也是为大巫祖轩辕黄帝故里和屈原家乡留下的堪称重量级的一笔！

3. 古庸国之辰州是土家占卜家族——“乩（吉）卜（普）赛人”的出产地：《竹书纪年·卷上》载：“帝颛顼高阳氏，元年，帝即位，居濮。”

是说颛顼高阳氏于元年接黄帝帝位，其家住在濮地。此之“帝位”，即指大庸帝国之王位——史称“颛庸”。此之“濮地”，即今桑植县芙蓉桥乡高阳村。此地属“桑濮”土家族世居之地，说明颛顼与濮人有密切的关系。

何光岳说：“沅陵，商周时为濮国都城。”（刘冰清、周光烈主编《盘古文化研究·序》，中国文史出版社2005年版）吕思勉说：“后来所谓黔中郡，疑亦濮族之地。”（《中国民族史》）柴焕波认为：“桑植朱家台文化的族属是濮人。”又说：“土家族源于古代的濮人。”

（柴焕波：《湘西古文化钩沉》，岳麓书社 2007 年版）王鸣盛《尚书后案》说："湖南辰州实古濮地。"

众说可证，古大庸帝国的主体族种除了三苗，就是濮人——今天的土家族先民。故自古传"土苗同宗，土苗一家。"是万年前大庸帝国的两支主体族群。这支濮人就是最先发现或使用朱砂的民族。《逸周书·王会解》："成周之会……卜人以丹砂。"晋孔晁注："卜人，西南之蛮；丹砂所出。"宋王应麟补注："卜，即濮也，沙今作砂。"卜者何意？《周礼·春官·大卜》注："问龟曰卜。"《礼·曲礼》："龟为卜，筴为筮。"《说文》："一曰象龟兆之纵横也。"又作占卜。《易·系辞》："以卜筮者尚其占。"《尔雅·释言》："隐占也。疏：占者，视兆以知吉凶也。必先隐度，故曰隐占也。"卜人，即以占卜为业的人群，或曰卜人中多占卜之人。商末熊绎北伐殷商所统率的庸师八国中，最末一支力量就是濮（卜）人。这支庞大的占卜家族，正是崇山众多古国范围内巫傩文化的主要传承者。因了一支庞大的占卜族而形成一支族种——卜人——濮人土家。《山海经》记载了两种职业十分特殊的人，一种叫"**饮气之民**"，就是靠四方游走表演"饮气功"武术的人；另一种人居"载民之国"，以占卜行巫为业，叫"巫载民"。这种人"不绩不经，服也；不稼不穑，食也。爰有歌舞之鸟……"（《大荒南经》）他们以五谷为食，不纺纱不织布，却有衣穿；不种植不收藏，却有饭吃。这些人群中，还携带着能歌善舞的鸟。这支"巫载民"其实就是土家苗人鸟族的表证。驩兜即鸟族之祖，所谓鸟喙，羽翼者也，故称"羽人"。

屈原从郢都逐回故里后，曾拜会庸国宫廷太卜郑詹尹，请他为潭口老屋占卜风水。实际上是以此向太卜讨教解脱内心痛苦的处世之道。这个郑詹尹就是古濮人中的占卜一族，"詹"即"占"。

从全篇文字分析，此巫载国位处"大荒之中"（"大荒"即指南夷崇山），有黑水，又有蒲山，澧水出焉，有"不死之国"；又有山名曰融天。融天山应为天门之山，即庸天山，或"沅绕祝融"的天崇山。那么，可知这个载民国就处在天门崇山沅澧南北的大庸、永顺、保靖、桑植、沅陵、慈利等地，是当地庸人《告祖词》所唱祝融"繁衍百国围嵩梁"的众多附庸国之一，是一支以巫傩法事为业的人，或曰身怀辰州符绝技，行走五湖四海，靠扶乩、占卜、跳仙、赛神为业的卜人，这是典型的轩辕国中的"乩卜赛人"。

《山海经》载舜帝在澧水岸边（实指今永定区枫香岗乡古陶窑遗址处）生子无淫，是为一代巫载民，即一代职业占卜家庭，他们从"南方丝绸之路"——自沅陵逆沅江至洪江，走舞水至贵州镇远，再入云南、缅甸，进入印度。这支卜人，流落他国异乡，没有家，没有国，没有户籍，没有田产，故叫"不绩不经，不稼不穑"，马车载着他们四方游走，扶乩（又作箕）占卜、赛神（跳巫舞），治病驱疫，因被印度人称作"**乩卜赛人**"，中文译作"吉普赛人"。辰州巫傩文化、辰砂、辰州符，都是由这支"乩卜赛人"传播到非洲、西亚、欧洲、美洲的。

他们是中国古代古庸国最早进入异国他乡的文化使者。

上述三大独有文化现象，锁定了“辰州符”出自古庸国南都——辰州沅陵。

何谓“祝由科”？祝由者，祝融之音转也。“由”“融”音近，实则为“祝融符”。祝融才是辰州符的原创者，时间在三皇之前，或说在更早的盘古女儿西王母时期，后由祝融氏发扬光大，因得其名号。以后又由与黄帝同时期的一代西王母（西王母乃天门神界至高无尚的世袭神职）传授给黄帝，平定蚩尤，才有了辰州符出自北方之说。《民俗博览》载：“庸人好巫，端公疗疾，其效神验，乃上古遗风也。”（引自《乡土湖南》，旅游教育出版社）这段文字正好与“祝由符”对接。该书又说：“《山海经·大荒西经》载灵山有‘巫咸、巫即、巫盼、巫彭、巫姑、巫真、巫礼(醴)、巫抵、巫谢、巫罗十巫’，均为早期的庸人。”屈原在诗中多次写巫咸、彭咸，如《离骚》：“虽不周于今之人兮,愿依彭咸（指巫彭、巫咸）之遗则。”又：“巫咸将夕除兮，怀椒糈而要之。”《抽思》：“望三五以为像兮，指彭咸以为仪。”《思美人》：“独茕茕而南行兮，思彭咸之故也。”《悲回风》：“夫何彭咸之造思兮，暨志方而不忘。”屈原这种巫咸、巫彭情结，注家多有说法，一致的观点是：屈原本是个大巫师。而莫敖、三闾大夫的主要职权，一是代表庸国监管楚朝廷（史称“庸楚共监制”），二是主国祀，三是掌三族。但大多注家却不知屈原习巫傩之术是在宗庸国之屈家坊（古屈邑）。大庸古国乃辰州符的故乡，是巫傩之发祥地。

前面说了辰州符法力无边，辰州乩卜赛人远征西亚，播撒世界各地。为了证实这一奇术的可靠性，这里特引用国学大师钱穆的一段文字：

余少时在乡间，曾见一画辰州符者，肩挑一担。来一农，病腿肿，求治。彼在檐下壁上画一形，持刀割划，鲜血从壁上淋漓直流。后乃知此血从肿腿者身上来，污血流尽，腿肿亦消，所病霍然而愈。腿上血如何可从壁上流出？此诚一奇，然实有其事，则必有其理。惟其理为人所不知，却不得谓之是邪术。又幼时闻先父言，在苏州城里，一人被毒蛇咬，倒毙路上。来一画辰州符者，环尸划一圈，遍插剪刀数十枝，刀锋向地，开口而插。彼念符咒后，蛇从各处来，皆从剪刀缝下钻入，以其口按毙者伤口，大小不符，乃退，从原刀缝下离场而去，如是来者十许蛇，后一蛇，始系咬死此人者。以口接死者伤口，吸其血中毒既尽，仍从其原刀缝下离去，刀缝忽合，蛇身两断，即死。而路毙者已渐苏，能坐起立矣。此实神乎其技矣。……辰州符能令离乡死尸步行回家，始再倒毙（按：此即“赶尸”）。此事流布极广，几乎国人皆知。据闻对日抗战时，有两美国人，在湘西亲睹其事，曾邀两术者同赴美国实验，俾科学家探讨，许以巨金为酬。两术者拒之，谓：拜师受术时，曾立誓不为牟利。如获巨金，恐所受术即不灵。[钱穆，江苏无锡人（1895–1990），引自《略论中国心理学（二）》]

我想要说的是：读了钱大师的这段亲历亲见文字，就不会害怕因传播辰州符涉

嫌“迷信”而被戴帽子、抓辫子、打棍子了，乃至危及本著。其实，黄帝本属于“三皇之苗裔”（**绝对不是汉人**），《越绝书》卷七《越绝外传记范伯》第八载：“昔者，范蠡其始居楚，曰范伯。……谓大夫种曰：‘三王则三皇之苗裔也，五伯乃五帝之末世也。天运历纪，千岁一至。黄帝之元，执辰破巳。霸王之气，见于地户’。”所谓“黄帝之元”，正是元国（轩辕之国）、元山（中央仙山）、元溪、元水、元陵、元陵县、元陵峪、元陵垭、元古坪等之“元”无疑。辰州符由黄帝传承远播，就如携带着自己的几件行李出门远行一样，简单而又合符情理，犯不着说三道四的。

前面引文有“符咒之术，黄帝受之于西王母”之说，见之《纬书》《太平广记》等典籍。而以《太平广记》为最详尽：“黄帝讨蚩尤之暴，……昏然忧寝。王母遣使者被（披）玄狐之裘，以符授帝曰：‘太一在前，天一在后，得之者胜，战则克矣。’符广三寸，长一尺，春莹如玉，丹血为文……王母乃命一妇人……谓帝曰：‘我九天玄女也。’授帝以三宫、五意、阴阳之略、太乙遁甲、六壬步斗之术、阴符之机、灵宝五符、五胜之文，遂克蚩尤于中冀。……”（《太平广记》卷五十六《女仙一·西王母传》）

上述记载，可知西王母派九天玄女为黄帝授符，并同时授若干神奇秘术。这些符可归为“道符”“天符”“巫傩符”。辰州符系“道符”一支。故虽未点明“辰州符”，但都离不开众符之“核”辰州符。奇怪的是这段文字共点了5次“王母”，而且先后遣使向黄帝授地图，又向帝舜授白玉环、地图和白玉琯等物，但“王母”之前都未加“西”字，可知“王母”与“西王母”之说当属同一个人物。

《尚书帝验期》说：“王母之国在四荒之野。”既未提到昆仑，也未加“西”。“四荒”等多说，但是历史上最有影响的“南蛮荒服”之地的“大荒”“大穷”是崇山的专利。这个“王母之国”究竟是人间之国，还是神界之国？而事实是人间本有王母之国，此即辰州扶桑国（今沅陵县七甲坪镇之扶桑村），又亦有天门昆仑神界的王母之国。但一说到昆仑之丘，必扯到西域王母，“谈昆仑必王母”，这就是昆学界的“昆仑王母舆论一律”。因而，汉后，由于西王母成了西域的标示符号，舆论更是陡坡上砍树——一边倒了。故王母授符于黄帝，还成了黄帝籍贯是西域、西羌、西国乃至西欧的理论支柱之一。

看来，**只要找到西王母的出生地、工作地在哪里，哪里就是昆仑及昆仑文化的源头**。也就是说，不彻底揭露“西王母”之真面目，我这本为屈原翻案的拙著中关于天门昆仑的破译，断当瞬间被数千年累积起来的“中原之论”“西域之论”的唾沫淹没而化为一团纸浆。那就请诸位接着读下一节——

第七节　屈原诗中西王母修仙于天门昆仑

——追寻黄帝传承辰州符之师祖—西王母

一、屈原诗中西王母乃天门昆仑众神之母祖

玉笛音断秦娥去，青鸟传来王母归。

王母归思环佩去，秦娥去后镜奁空。

这是我在大庸乡村采风偶尔发现的两副挽女对联。女儿逝世为何扯上王母？鲁迅先生说过：“其最为世间所知，常引为故实者，**有昆仑山与西王母**。”（《中国小说史略》上海古籍出版社2004年版，第11页）既然屈原以大量篇幅描述昆仑，其实差不多整部诗作的核心内容就是昆仑，那就绕不开昆仑神话体系中的一个主宰人物——西王母。那么，屈原笔下有西王母吗？有的。且读：

“麾蛟龙使梁津兮，诏西皇使涉予。”（《离骚》）

“凤凰翼其承旂兮，遇蓐收乎西皇。”（《远游》）

西皇，王逸说：“西皇，帝少昊也。”后人多从此说。理由是：少昊以金德王，白精之君，故曰“西皇”。又《远游》注云：“西皇所居，在西海之津。”（见金开诚等《屈原集校注·离骚》）但苏雪林却有完全不同的解法。她在《〈远游〉与〈大人赋〉》中写道：

“司马相如不知尊敬西王母。屈原对西王母非常尊重，在《九歌·湘夫人》即《西王母篇》，口气虽稍嫌轻亵，是因为歌主湘夫人系以水神身份出现，风流荡冶，乃其天性，屈原那样说话是无妨的。在《离骚》里便尊之为‘西皇’，说道‘麾蛟龙使梁津兮，诏西皇使涉予’；在《远游》里也说‘凤凰翼其承旂（pèi，旗帜）兮，遇蓐（rù）收乎西皇’。屈原《九歌》里仅尊木星之神为‘东皇泰一’，因木星神原是神庭领袖，地位尊崇，其次便是金星之神即西王母，《九歌》中虽未予以尊称，《离骚》《远游》则皆以‘皇’的徽号了。他对水、火、土三星之神称过皇吗？没有。盖木星神称东王父（金氏子按：即西王母之兄长东王公），他与西王母为阴阳之主，亦即是宇宙万汇的创化之源。”（文见苏雪林《屈赋论丛》，武汉大学出版社2007年版，第386页）

笔者以为苏先生的说法接近真实，因为她已经发现“西王母”与“东王公”的深层关系了，此之“西皇”解作“西王母”是对的，与汉代才封神于西天的少昊七不沾八不连。本著则提出与“东王父”（公）密切相关的神州——扶桑西王母说。

西王母，又作王母、西母、西皇、王母娘娘、瑶池金母等。《辞源》：王母，祖母也。《尔雅》：父之妣为王母。《穆传》中称“西王母”，是昆仑神话中上书率最高、影响最大的神仙。就因了一个“西”字，千百年来，被昆学界、史学界、屈学界、神仙家所误解、误导，还以为天下就一个西王

母，还都是西域人氏，故言昆仑必西域，言昆仑必西王母，哪里有西王母，哪里就有昆仑。《穆传》全书中未见“西域昆仑”四字，只有“群玉之山”“昆仑之丘”，就因为出访了敦煌一带的西戎国或西夏国，并与那里的某一个西王母大宴于瑶池之上，就让后人对《穆传》所有牵涉到昆仑的地方都打上“西”字印记。天门昆仑从此被人篡改，并肆意搬迁，最后成了中西捏合的混血儿。天门昆仑的原生点从此销声匿迹，退出历史舞台。比如前章已经破解了的“群玉山策府”，《穆传》中并没有界定“西”字，民国《辞源》的解释就冠上了“西方昆仑群玉之府”，把天门昆仑一下推向了万里外的西域。而事实是：敦煌之西哪有群玉之山！哪有关于黄帝藏书处的记载！把“数千卷”竹板书花几千辆马车雇数万军人押运，万里迢迢越雪山过沙漠，一路与西域部落征战，还有狂风暴雨、沙尘冰雪、吃喝拉撒，还要寻找山洞，还要雇请人员终年把守、世代把守——请问有这个可能和必要吗?！把书藏到万里边界，是打算留给谁去读去学习？这种因“西域昆仑”的谬论而连锁犯下无知而可笑的常识错误，居然让几千年的昆学界深信不疑！这个错误与魏源将天门葱岭误指西藏、新疆一样，纯粹是前辈代代误导的结果！

因此，本著欲确证屈原笔下的昆仑到底是天门还是西域，就必须正视现实，对西王母“验明正身”。如果找不到西王母的出生地在黄帝故乡天门昆仑，那么屈原笔下的天门昆仑的存在必将受到辨真甄伪的拷问。笔者甚至给自己下达了最严苛的指令：如果破不了“西王母”，就闭嘴不说昆仑！这是考验我对这个选题的把握与底气之所在。

我十分明白：当我正式决定接过为屈原故里翻案这一选题的那一刹那，我知道就已经被绑上了一部伤痕累累的战车，并将在处处布满蒺藜、陷阱的险道上跋涉。这条路上没有好的运气等着你，只能凭对历史本真的忠诚与信念。我坚信5000年以远的历史必有其十分复杂的纠结，但一定有存在、流传的规律可循。是真史就不会捉弄人的。失败者只能是那些对历史判断有偏见且又固执的人。

就让我们一起关注西王母的命运吧。民国《辞源》［西王母］：⑴古国名，西戎也。《尔雅注》：昏荒之国。《淮南子》：西王母在流沙之濒。⑵古之仙人也。《穆天子传》：周穆王好神仙，临西王母于瑶池之上。《搜神记》：羿请不死之药于西王母。嫦娥窃以奔月。《集仙录》：西王母姓侯。《酉阳杂俎》：“西王母姓杨，名回。一名婉衿。”（第1357页）又［西母］：西王母之略称也。《傅玄赋》：“东父翳青盖而遐望，西母使三足之灵禽。”（第1355页）又［西华］：道家语，对于东华而言。东华为男仙所居，领以东王公；西华为女仙所居，领以西王母。故女仙名籍谓之西华山箓（第1357页）。今人译《尔雅》：“西王母，‘人祖’的意思。西王母其实就是女娲娘娘。”（参见尹祥智《北纬30°线》，第111页）

以上关于“西王母”的解释及引述错漏较多，总括起来，西王母一是古国名，说在西域；二是古仙人，既在西域，又在东方；三是羿向西王母请不死之药，扯出嫦娥偷药奔月故事，发生地并非西域，嫦娥的家在天门山顶西南、即今大坪镇赤松桥之后山——

天门山西南之顶**嫦娥里**；四是西王母与东王公的家在今辰州——沅陵县七甲坪镇的扶桑村（后有解），扯不上西域；五是人祖，即女娲，肯定不在西域。本著已发现并破译华胥氏在大庸溪雷泽坪之后山脚印岩踩了一双脚印“感孕生伏羲女娲”的真实经历，铁板钉钉地告诉世界：伟大的人文之祖伏羲、女娲兄妹俩就出生在崇山北麓的华胥国——今市西区之枫香岗乡！六是侯氏、杨氏之女，一听就是时代很晚的汉姓，更与西域无关。上述众说，证明历史上对西王母的解释中至少拥有多个“西王母”，但绝对多数不在西域。《山海经·西山经》载：“又西三百五十里，曰玉山，是西王母所居也。西王母其状如人，豹尾虎齿而善啸，蓬发戴胜，是司天之厉及五残。”《山海经·海内北经》又说：“西王母梯几戴胜杖。其南有三青鸟，为西王母取食。在昆仑虚北。”《山海经·大荒西经》又载：“西海之南[1]，流沙之滨[2]，赤水之后[3]，黑水之前[4]，有大山，名曰昆仑之丘。有神，人面虎身，有文有尾，皆白，处之。其下有弱水之渊环之[5]，其外有炎火之山[6]，投物辄然。有人戴胜，虎齿，有豹尾[7]，穴处，名曰西王母。此山万物尽有。”

[按] 《山海经·西山经》：我以为所记“玉山”，就是前章已解的“群玉之山”，不在西域而在天门山。所谓“豹尾虎齿”“蓬发戴胜”之句，是神界西王母的图腾面具及衣服装饰。辰州、大庸古傩戏中就有这种形象，至今依然。关于“五残”，《史记天官书》：“五残星出正东方之野。”指出王母就是管理东方之野天上厉鬼众神及五残星的天神。一个“东方”，界定此西王母，不是西域之神。

《山海经·海内北经》：西王母头戴特别装饰，持杖而行。杖，或曰拐杖，或曰权杖。此说与前述类同，此之西王母似也不在西域。此之“昆仑之虚”其实就是天门昆仑。

《山海经·大荒西经》：可以肯定是写天门昆仑之西王母。因为所述昆仑神山神水，西域都不具备，前章已引苏雪林论述对西域昆仑予以全面否定。这里，我可以依据《山海经》所说若干符号给诸君绘制一张天门昆仑山水地图：

⑴西海之南：一说西海在今龙山境之“西海”，此古天门云梦大泽之遗泽，前解。二说为古四川盆地之大泽，与洞庭湖各为东海、西海。可参。三说太古时代的天门云梦之遗泽，因与洞庭之“东海”相区别而谓“西海”，古名今存。天门昆仑正处其南。笔者以为此三说较为靠谱，实为天门山之南麓的赤松坪（今之大坪镇）云梦遗泽，水面积50余平方公里，相传大禹导澧决云梦泽而成大坪。今决口处称“龙门村民小组”。

⑵流沙之滨：流沙在今张家界市西北之沙堤乡，源出古王溪，长约20公里，界于北昆仑峰和天门昆仑之间，故北武陵源昆仑与天门昆仑均濒临流沙（沙堤溪）之滨。

⑶赤水之后：桑植赤水发源西部130里神州界及大米界而西北向入澧，赤水的“尾巴”正好对着天门昆仑，屁股表示“之后”。屈原“忽吾行此流沙兮，遵赤水而容与”。两处地名，相距仅40公里。这些地方，正是屈原常来常往的游览胜境，他哪有可能跋涉几万里去西域寻找赤水和流沙啊！

(4)**黑水之前**：温塘黑水发源于天泉山而东南注澧水，其前方正好与东南方之天门昆仑形成面对之势。

(5)**弱水之渊环之**：弱水又叫作若水、茹水、澧水。源头乃是澧水上段一条小支流，发源于张家界市西北天泉山与龙茹山之间注澧，史称“九澧”（又作“九河”“九江”）之一的“茹澧”。茹澧（包括温澧）上自茹水口，下经澧口至慈利阳和乡古茹国，全长约80公里，故叫“百里茹澧”。这段茹澧正好环绕天门昆仑北麓而流。明代李自成部将野拂有“天门北望关山远，茹水东流悔恨深”的诗句。其天门山寺“天外有天天不夜，山上无山山独尊”山门对联，则出李自成之手，今石柱犹存。本土文人多以“弱水”入诗，如清代朱衡《上滩行》：“从来涉险仗忠信，弱水蓬莱任我游。”（载道光《永定县志·艺文》）此“弱水”指茹水；“蓬莱”则指天门昆仑。又，清代许绍宗《山行有感》：“未知弱水三千外，更辟青山几洞天。”（载道光《永定县志》）是说大庸人不知道三千里外有弱水，只知道弱水就在门前的澧水。因而说，真正有弱水能绕昆仑者，天下只有天门昆仑。内蒙古那条伏沙而流的“弱水”，是汉后根据汉武帝指于田为昆仑而霸蛮配置瞎编“指认”的，又哪能跨越万里去于田绕昆仑！

(6)**炎火之山**：天门南屏有孤峰二：一曰“火焰山”（又称“炎火山”）；二曰“豆渣山”，豆渣山即为“糟丘”（前述）。

上述被神化了的山山水水，千秋百代就围着天门昆仑惬意地流淌着，到现在还白纸黑字载之于地图，印之于地名录，市、区、县、村（居委会）和村民小组的建置之名仍在沿用，根本用不着瞎猜两千年，扯皮两千年。占了半个中国版土的三千冰山雪岭，哪里找得到实实在在可上、可登、可观、可住、可生存、可休闲的“昆仑”天堂？哪里有可以环绕万里的神山、神水?!

(7)**有人戴胜，虎齿有豹尾**：这段文字与《海内西经》所载昆仑之虚“面有九门，门有开明兽守之，百神之所在。……开明兽身大类虎而九首，皆人面，东向立昆仑之上”，均指天门昆仑之上的虎图腾之神像。所谓“九首”，实际上是苗老司、土老司（梯玛、巫师）头上戴的法帽，其帽正面排列九块剑刃形画版，每块均绘一个神界人物头像，望之如生“九首”，加上梯玛（土老司）本人，则为“十首”。十首者，即天门昆仑灵山“十巫”也。

崇山庸人以三苗、濮人为主体。濮人乃土家之先民，多为崇虎族。最早见诸文献的是崇庸人鬻熊著《龙虎经》。据统计，天门昆仑之下的永定、桑植、慈利、石门四地，共出土27件**虎钮錞于，占全国总出土的一半以上，哪里虎錞占绝对多数，哪里就是古庸国土家族的中心。虎錞正是古崇庸人的图腾物，天门山则是收藏虎錞的圣地，史有天门錞于洞之记载，故又称錞于山**。《穆传》则称“群玉之山”，与天门山古代多玉而得其名，与錞于山谐音，或云二山之义兼而有之。近些年，又先后出土东汉龙虎纹铜镜、凤头虎身纹战国青铜鼎、东汉龙虎铭文铜镜、东汉“马头虎身”铭文铜镜，以及战国“肖形虎印”等一大批关于虎图腾珍贵文物。由此可证这个

“戴胜”虎形盛妆的西王母，是典型的崇虎族，应该是出生于天门昆仑一带的古濮人之母祖。而且，西王母戴胜之状一直在民间流传，土家儿童无一不戴虎头帽、披虎形小披风，帽后拖虎尾，脚穿虎头鞋（按：这些“虎”装，乃鄙人儿时普通之装束，不值得大惊小怪的）。连老人的火礤石烟袋，都用虎掌制作。

值得注意的是，《辞源》还点出西王母的姓名，又推出东王公与西王母二仙的派对。似乎已经发现了西王母的隐秘背景。东王公，又称“木公”“东华帝君”“青童君”“东方诸”“青提帝君”“东华紫府少阳帝君”等。《尘外记》说：东王公曾住在东海的方诸山上，山上有东华台，东王公常在丁卯日登台四望学道之人。学道之人得道时，要先后拜见东王公与西王母，然后才能升入九天。汉初天门山一带有童谣唱：“著青裙，入天门，揖金母，拜木公。”（见乌丙安主编，江帆执行主编《民间神谱》，辽宁人民出版社2007年版）从所唱内容分析，这支儿歌其实就产生在大庸天门山下。昆仑神话中的“天门”，就是从现实中的天门借用而去的。这样的古童谣还有不少，比如：“金梭、银梭，开天门，结百果。”“大庸有座天门山，离天只有三尺三，谁人成仙得道去，坐轿要取顶，骑马要下鞍。”说明天门是为天界培养神仙的基地，是人神相通的中转站，因为这里有两个登天的“天门”。故有“神仙之地，发于天门”之说（《狐首经》）。也有人认为，东王公信仰来自楚地“东皇太一”神之信仰，“东皇太一”就是太阳星君，又名“东君”。《云笈七签》说“东皇太一”就是黄帝。黄帝由人变成了神。西王母在神界执掌瘟疫、刑罚。郭璞说西王母“主知灾厉、五刑残杀之气也”，又掌管不死之药，成为长寿的象征，这正是天门昆仑“不死之野”“不死之丘”“不死国”“不死民”“寿丘”的产生源头，因此道教视西王母为延年益寿的象征，同时也是引导长生升仙的一位尊神。

关于木公金母之说，本境清末著名诗人杨良翘有诗云：“名山福德寿人诗（按：即市北子午台，又名凤羽山、崆峒山）木公金母同锡献。”（杨良翘《梅溪诗草》）“寿人”，此指生活在长寿国——天门昆仑、仙人溪境内的人——即诗人自己。

在神话《西游记》中，玉皇大帝上升为万神之主，西王母成为玉皇大帝的妻子，称为“王母娘娘”。《焦氏易林》总结了民间向西王母祈愿的种类：赐子、家族兴旺、远游平安、长寿、福禄、趋吉避凶、儿女婚嫁美满等。而最早的神话中，西王母是东王公的妻子，是地球上第一个洪水时代兄妹成婚拯救人类的传说人物。成为统领众仙界女神的领袖、女神的祖神，并掌管女仙的名籍。

那么，这个神秘而法力通天的“西王母”到底是何方人氏，出身何方，何族、何人？能找得到她出生、出嫁、修仙得道的具体地址吗?也就是说，神话与现实能对接吗？

二、屈原诗中西王母

约在晋咸康年间（340），著名道学家葛洪在其《枕中书》写道：

“在二仪未分，天地日月未俱时，已有盘古真人，自号原始天王，游乎其中。后与太元圣母（太元玉女）通气结婚，生扶桑大

帝（东王公）、西王母。后又生地皇，地皇又生人皇，伏羲，神农、祝融、五龙氏等，乃其后裔。”（引自《盘古新说》，中国文联出版社2008年版，第90页）

这是我苦苦寻找西王母史料偶尔发现的正史文字，于孤陋寡闻的我，这简直是石破天惊！

原来西王母就是人祖盘古氏的女儿！

不知这位葛洪是如何先知先觉识破万古谜踪的？

盘古在哪里呀？

盘古在湖南的辰州沅陵县，住在与今张家界市一山之隔的沅陵县丑溪口盘古乡盘古溪畔盘古山上盘古洞！2002年夏天，几个狩猎者在盘古洞外山脚偶然发现一把石头钥匙，并用其打开了百万年前的盘古洞门，从此揭开了盘古洞的万古之谜。（参读莫厚材、张家贵《盘古新说》，中国文联出版社2008年版）

盘古距今100万年。

确定了盘古氏出生地在崇山之南的盘古洞，中华人类的始祖就不再是一个虚无的传说。他的出现，为天门昆仑、县圃崇山成为中华远古第一轮文明的中心地奠定了厚重的基石！楚族史诗《黑暗传》说：盘古活动的中心地区就在昆仑山：

“说的是远古那根痕，无天无地又无日月星。一片黑暗与混沌，天地茫茫无一人。乾坤暗暗如鸡蛋，迷迷昏昏几千层。盘古生在混沌里，无父无母自长成。那时有座昆仑山，天心地胆在中心……”

请注意：末二句“昆仑山，天心地胆”与《狐首经·天原篇》所说“**昆仑之山，名曰地心**”如出一辙，可证两个昆仑同是一个天门山。既然盘古出生地就在沅陵，那这座昆仑山必定就在他的故乡天门昆仑（1953年以前，天门山南部的沅溪、四斗、熊壁岩——中央仙山及元古坪区等地归属沅陵，1953年划归大庸），估计不会跑到三万里路爬上西域喜马拉雅大雪山去送死，否则人类就不可能繁衍生息存在于地球了。

“盘古之宗不可动也！”（《六韬·大明篇》）

崇山不可动！

昆仑不可动！

天门山不可动！

100万年前就诞生了伟大的盘古、太元玉女及一双儿女“东王公”“西王母”！

而且，100万年前，盘古一家子就发现了人间仙境天门昆仑。这一信息告诉我们：天门昆仑文化的起步应该在100万年以远。故历史上称天门昆仑为“天心地胆”，为人类文明的起源中心，乃至世界的中心，岂敢信口开河。看来，此之“西王母”的来头就不是小小西戎国王母可以相提并论的。100万年和3000年（穆天子在西域会见西王母，距今2970年左右）相比，一个叫巍然大山，一个就像一颗小小的石头。从周穆王在瑶池与西域王母对酒赋诗分析，这个“西王母”还精通中华的诗词和文字文化，这使人想到文成公主，想到王昭君。由此判断，那个西域“西王母”百分之百是从东方嫁过去的某西国国王的妃子或太子媳，以后承袭异国国母。抑或是东方天门昆仑西王母的远程后裔。但无论如何，西戎王母还够不上中华人祖、中华国母的资格，充其量是一个西戎小国的女王。

我说昆仑学界那么多的饱学之士，咋就没一个人注意葛洪的这一伟大的发现呢？因误会而争吵，一吵两千年，吵到最后大家都觉得无聊，就干脆把这个人精连带那座昆仑统统逐出华夏版土之外，把它们贡献给全世界算了！

好个葛洪！竟有如此之慧眼，只轻轻一笔，将乾坤镇住，把昆仑留下，让王母归位，还历史本真。

葛洪何许人也？

葛洪，江苏句容县人，生于公元284年，殁于公元364年。为东晋著名道教领袖、道教学者，著名炼丹家、医药学家，自号抱朴子，留著《抱朴子》。

这个迟觉的发现无疑是我对西域王母学术的挑战，亦是对西域昆仑的挑战！

至此，读者诸君的疑团自是已然而释。

《太平御览》引《武陵记》说："武陵山上有神母祠（卷四十九）。……山边有石窟即马援所穿石也。此山头与东海方壶山相似，因名壶头（卷一百七十四）。"这就是中国远古神话中的海上蓬莱、瀛洲、方壶的出典之所在。事实上，在海洋观测、航海航空技术等科技都已百分千分发达的当代，至今仍没发现所谓东海之中有此三处岛屿。没有。

这个"武陵山"，就是壶头山，亦作天门山。《后汉书·郡国志》记录了曾发生在古充县相单程起义决战天门壶头的历史状态："马援军度处，有嵩梁山，山有开处数十丈，其上名曰天门。"这个硕大无朋的地球天门，就是马援避瘟疗病的"穿石"。

由此可以确认，这个建在武陵山的"神母祠"就在天门山顶。神母祠就是王母祠。她是天门昆仑仙界的众神之祖、众神之母。

远古的过程是这样的：盘古出生于沅陵丑溪口盘古溪盘古洞，后北上迁居150里外的扶桑神洲半岛，与太元玉女通婚，生下一双儿女，儿子叫"东王公"，女儿叫"西王母"。兄妹俩在此创建人类史上最早的"混沌国""君子国"、部落国——即扶桑国。东王公封为"扶桑大帝"。西王母后来追随父亲盘古和母亲太元圣母登上他们开天辟地的天门昆仑，后来就成了仙界众神之母，因称"神母"。东王公与西王母后来结为夫妻，则是地球太古洪水时代留下的最原始的"兄妹成亲"拯救人类的"化石信息"，比万年前伏羲女娲兄妹成亲故事早90多万年！

唐·李冗《独异志》卷下载："昔宇宙初开之时，只有女娲兄妹二人在昆仑山，而天下未有人民。议以为夫妇，又自羞耻。兄即与妹上昆仑山，咒曰：'天若遣我兄妹二人为夫妇，而烟悉合；若不，使烟散。'于烟即合，二人结为夫妇。"这个信息是中国民间各族广泛流传的关于人类起源的传说，即以伏羲、女娲兄妹俩为人祖，而他俩就住在昆仑山上。前章已涉及伏羲演八卦于崇山及华胥氏诸英履大历山太古人类足印而生伏羲、女娲，那么，伏羲、女娲在昆仑发咒语绝不会跑到两万里外的尚无名份的喜马拉雅山去。此昆仑不在天门昆仑又在哪里！

三、屈原笔下之"扶桑"

"饮余马于咸池兮，总余辔乎扶桑。"（《离骚》）

"暾将出兮东方，照吾槛兮扶桑。"（《东君》）

屈原诗中两次写扶桑，绝非无因，不可不察。"扶桑"不破，屈原难立。

葛洪说盘古生子东王公，称扶桑大帝。扶桑是天门昆仑文化体系中的一个举足轻重的

符号，也是解秘屈原诗中故乡的一把金钥匙。

关于“扶桑”，民国《辞源》的解释有四：⑴神木。古谓为日出处。《淮南子》：“朝发扶桑，日入落棠。”《后汉书·张衡传注》：“其桑相扶而生。”丹铅总录谓海上之桑，两两相比，故称扶桑。⑵木名。叶似桐，初生如笋，实如梨而赤。绩其皮可为布。扶桑国人以之制衣。亦以为锦。见《南史》。⑶古国名。《南史》“扶桑在大汉国东二万余里，其上多扶桑木，故以为名”。此所谓日本扶桑。⑷花名。《康熙字典》：“榑，并音扶。《说文》：榑桑，神木，日所出也。《山海经》：东望榑木。《淮南子·览冥训》：朝发扶桑。”（第488页）

可以这样说：上述两大国家重典的解释除了对扶桑植物本身的特征价值介绍和提出“扶桑国”国名概念有一定价值外，其余全错！特别是极其廉价地把扶桑国国名瞎指向东洋二万余里的小日本，让他们以“扶桑——日出之国”自诩了两千多年，并以此制造了代表国家形象的太阳旗。连中国人去日本也被固定成一个四字俗语：“东渡扶桑”。这是中国历史上因史家无知瞎指给小日本所留下的国史之耻。

那么，这个被逐出国土的“扶桑”到底有没有？原根到底在哪里？

金某人就告诉你：就在今中国湖南省张家界市永定区东南边境沅陵县七甲坪镇的扶桑村！因为金某人祖籍在两河口，从小就常去扶桑溪走亲戚——我的张氏之舅。

且看1993年版《沅陵县志·建置》载：

沅陵县1953年民主建政简表（二）

第十六区　七甲坪 [建置乡（街）名称]　扶桑乡

沅陵县1958年人民公社设置表（二）

光辉 [公社]　七甲坪 [驻地]　扶桑溪 [所辖大队名称]

沅陵县1987年行政区划表（四）

麻伊洑 [区名]　七甲坪 [乡镇名称]　扶桑溪 [村委会名称]

另外，在同一版本《沅陵县志》载《沅陵县行政图》的右上角赫然标名“扶桑溪”（村名），属七甲坪镇，相距4公里。

这就是昆仑学家们寻找三、四千年而不知为何物的“扶桑”的原生点！

东王公和其妹西王母一起被父亲盘古真人所封的扶桑就在这里。他们在这里建“扶桑国”，东王公被封为“扶桑大帝”。扶桑距盘古出生地丑溪口盘古乡盘古洞约60公里，与天门山东西平行约50公里。

扶桑因西王母封神于天门昆仑而进入昆仑神话体系。尽管被一批昆学家把扶桑“出卖”给小日本，但天门山下的文人墨客却一直在屈原诗指引下坚守不弃，他们将“扶桑”入诗入文，代代不息，此“扶桑情结”，天下无有二者。

元·杨翀《鸡笼峰》：“隔巘（音‘烟’）闻咿轧，扶桑日色东。”

明·朱蕴《天门曙色》：“仙鸡唱丑桃都黑，羲驭扶桑海峤红。”

明·胡公辅《前题》：“去年省墓登天门，破晓来观扶桑暾（暾，音‘吞’，刚出的太阳）。”

清·刘启鳌《晓望天门》：“一声鸡唱

晓，翘首望天门。……对此抒幽兴，扶桑月正瞰。”

清·俞良模《高远鸣钟》：“凭风遥望过江皋，催起扶桑月渐高。”

民国·庹悲亚《咏景感赋篇》：“赤霞炯炯射，浮云扶桑扫。”

提起扶桑，这里再出一证：七甲坪翦家溪退休老干部金述明介绍说，在大溪香约坪有个百老界，古时有个“百老仙人”，出生于沅陵县七甲坪乡扶桑村，7岁时不知何因离家失踪。95岁时归隐与扶桑约30里的王家坪乡大溪马头山上，伐木筑居，垦荒种地，安度余年。老人满百岁那天，忽觉大限将临，急散尽钱财，并以余力在石桌上刻诗一首：

日出扶桑是我家，七岁出门走天下。
世上狗叫都一样，声音不同字不差。

诗中“日出扶桑是我家”，明白无误地道出身份：这位神秘的“百老仙人”就出生于扶桑，那里是太阳升起的地方。刻毕即殁。为纪念这位大行善举的百岁老人，将此山命名为“百老界”。

这是一首俗诗，却把一个社会世态炎凉看得通透。也由此证明这个屈原笔下的“扶桑”不在山东，不在日本，不在欧洲，更不在墨西哥！它，就在这位百岁老人的老家——扶桑！

四、屈原诗中之扶桑——七甲坪扶桑村乃辰州傩西王母之故乡

或许有人问：你认定西王母就是沅陵的女儿，后到天门修炼，成了昆仑神国天国女王，有实证吗？我说有的。第一，前面已援引《黑暗传》所载“盘古出生于昆仑天心地胆”，又用斧头开天门的文字，与考古结论证明盘古一家就住在天门昆仑之南的盘古乡盘古溪盘古山盘古洞。以后，盘古迁居北部约60公里的扶桑溪岸边半鸟——神州岛，与太元玉女通婚，生子扶桑大帝——东王公；生女西王母。第二，作者金某祖籍沅陵七甲坪乡五甲湾村金氏宗祠，与东王公、西王母老家扶桑溪村不过4公里，说起来还是真老乡！本人自幼看“金宅雷坛”和“胡宅雷坛”傩戏表演，在傩音傩舞中浸泡长大，亲身目睹“辰州符”无边的法力。诸君如若带疑，没关系，我就随手抽出扶桑巫师传下来的几本关于西王母的巫傩唱本来，绝对让你大开眼界。以下证词，选自“金宅雷坛”与“胡宅雷坛”（雷坛，即“傩坛”）传唱千古的傩戏、傩歌。

《上熟歌》（上岗教）：上凭青天作证主，下凭赤地作证盟。东王公作证主，西王母作证盟。……

东山圣公作证主，南山国母作证盟。（道光三年十月三日）

[按] 这个“东王公”“西王母”，与葛洪所说完全吻合。后句“东山圣公、南山国母”正是民间传说盘古一双兄妹成婚的“东山圣公”和“南山圣母”。与“东王公”“西王母”同一个概念，“南山国母”，此指扶桑国之国母，即后来成为天门昆仑神国之国母的西王母。“上岗教”又称“上河教”，是保存数千年的古辰州傩中的两大流派之一，另一派叫“河边教”，又称“沿河教”“下河教”，都产生于西王母出生故乡扶桑七甲坪乡。弹丸之地同存二派，且一传数千年，敢说全世界傩坛没有二例！这恰又是湖南巫傩研究大师林河先生确认扶桑七甲坪为辰州傩原生点的活证。

上熟歌（河边教）：东王公来作证主，西

王母来作证盟。（民国十九年五月抄本）

进标歌（河边教）：上桥王母借钥匙，开开老君二重门……中桥王母借钥匙，开开老君四重门……（同治元年秋抄本）

和会歌·和上座（上岗教）：拜请三元盘古仙人，衙前相和会，两相和会好郎君。拜请三桥王母仙人，衙前相和会，两相和会好郎君。（咸丰九年九月抄本）

潮水歌（河边教）：上桥王母飞桥到，中桥王母上花轿。下桥王母飞桥到，后宫仙女听和神。……敕赐王母亲命职，圣主后宫仙娘身。（民国十年三月抄本）

下马歌（上岗教）：东山圣公请下马，南山国母领良因。……三元盘古请下马，三桥王母领良因。（乾隆十七年冬月初三抄本）

开桃源洞歌（河边教）：上洞原是花王洞，王母仙人把洞门。（民国二十五年四月）

造桥歌（上岗教）：搭起三洞王母桥一座，迎接三洞娘娘到来临。（宣统元年三月初三）

度关歌（上岗教）：奉请中央黄帝造桥师，造桥郎，……造起王母三仙桥高万丈，三仙王母降吉祥。……三仙王母手抬出，哭夜关煞尽消除。……三仙王母亲手抬，四季关煞尽消除。……三仙王母亲手抬，父母不久主分宜。……三仙王母过此关，四柱关煞自消除。……王母渡过此一关，铁蛇关煞尽消除。……今请王母来禳度，孩男孩女从此永无忧。……王母渡过当知得，鸡飞关煞尽消除。……全凭王母来禳度，渡转关煞保平安。……王母娘娘亲手携，白虎关煞无奈何。……拜请王母亲降临，大作证盟领良因。……天之覆来地之载，天覆地载两分明。……三仙王母、恩承王母，恩谢王母恩，孩男名下保长生，礼谢。（嘉庆二十一年八月十二日抄本）

请注意两教傩歌中反复提到天门昆仑王母三桥或三桥王母、三洞王母桥。又唱“奉请中央黄帝造桥师”“造起王母三仙桥高万丈”，此之“桥”，既指神界仙桥，又指天门桥梁山——天门桥山之“桥”！而且不可思议地请黄帝造桥师造出万丈天门仙桥。笔者此时茅塞顿开：这不正是黄帝葬桥山的重大信息吗？或者说：千古傩歌已经注意到黄帝葬地就在昆仑天门桥山，解开这千古之谜的钥匙就是由王母娘娘在扶桑神州半岛发明出来的辰州傩歌！

在辰州傩唱本中，“西王母”出现频率最高。同时，西王母又多以“王母”“王母娘娘”“国母”“帝母”“帝娘”的称呼反复出现，这是因为西王母是扶桑大帝的夫人，有帝必有国，扶桑大帝即为扶桑国之帝，西王母就是扶桑国的国母、帝母、帝娘。葛洪发现天门昆仑的西王母就是盘古的女儿，说明他曾到过天门山，并亲见亲闻辰州傩唱本中有关“西王母”“国母”的线索。值得注意的是，唱本中常常出现“盘古仙人”“中央黄帝”的唱词可能不是偶然。

也许有人还有些不放心。辰州傩未必唱的就是辰州“西王母”，那我就再抄录几段唱词。如河边教《发猖歌》：“第二哥来五猖神，家住沿河两岸村。”

“家住沿河两岸村”，正是辰州傩“沿河教”名称之由来。位处今七甲坪镇一带两岸，至今仍叫河边农户为“沿河人”“河边人”。

“昆仑山上生鸡蛋，紫竹林内抱鸡儿。”

七甲坪傩神能在长着紫竹林的昆仑山上养鸡生蛋，此之“昆仑”谅必不是祁连山、喜马拉雅山吧？这里唱的“昆仑”，其实就

“天门高上插一标，斩断为殃作祸苗。”“高上”，即顶上、上面。此之“天门高上”是真实的天门山之顶，而不是神界虚无的“天门”。又如，《要标歌》：“天门开，地门开，殿前忙把旨传来。”此句也是实指天门山之天门。地门位于天门山正对面屈原老家上社溪大洞之地门（一作“阴门”，洞高与天门洞相等）。又上岗教《上马歌》：“凶吉吾指符筶定，天门开闭角声献。上献五岳朝王去，忧恐娘娘赴蟠桃。”（民国九年三月抄本）这段歌词中的“天门开闭”与“娘娘赴蟠桃”，连成一个完整的表达句式，可证西王母所居的“天国”就是天门山无疑。上述傩歌所唱西王母神话发生地，均在辰州傩原生点七甲坪—扶桑—天门昆仑之间。证明西王母生地在沅陵盘古洞，成家在扶桑混沌天国，神位在大庸天门昆仑。

既然西王母居住在天门昆仑，就必须有关于天门昆仑“十二楼”——瑶池——即天宫御花园等内容的传唱，且读上岗教《接驾歌》：

上帝忘返谓之连，下而忘返谓之留。
留得五湖明月在，天缘有份再来游。
一重花开一重景，景（锦）上添花色色新。
红日纷纷过墙去，上有黄莺深树鸣。
二重花园三重天，百花开放一满园。
落花疏星因伴酒，添得浮生半日闲。
二重已过到三重，好个尽在不言中。
一时美景关不住，人到何处不相逢。
三重已过四重内，四季花开色色齐。
此处就是神仙地，无人不道看花回。
五重花园五个样，五色花开在中央。
淡月稀星常旋绕，仙风吹下玉炉香。
六重花园闹沉沉，无边光景一时新。
歌馆楼台声嘻嘻，花有清香月有荫。
七重花园百草齐，金童玉女忙传杯。
风日清和人意好，夕阳歌闹几时回。
八重花园上玉楼，游遍天涯海角洲。
远看湖北三千界，近看江南十二楼。
九重花园九重来，花在园中四季开。
玄都关内桃千树，尽是刘郎后去栽。
十重花园闹喧天，花枝掩月月影斜。
且过十五光明少，春来无处不飞花。
游到十一十二重，风光不与四时同。
天上众星拱北斗，世间无水不朝东。
十二重花园游不尽，弟郎提起下马巡。
猛然平地一声雷，奉劝神王酒三杯。
猛然平地一声风，奉劝神王酒三盅。
华堂金龙闹喧天，君王打马游花园。……
君王爷爷领上一杯下马酒，依然迎归入皇坛。
辕门战鼓响咚咚，王母娘娘车上显神通。
户户金童前面引，双双玉女紧相从。
户主此时迎圣驾，娘娘传过喜融融。
王（国）母娘娘领了二杯下马酒，
赐福光天化日中。……

（乾隆五年　仲秋抄本　引文同上书）

《接驾歌》表现地界傩师奉命上昆仑天国接驾请神，并一路观赏昆仑天国十二楼花园美景，受到天国君王和天国国母王母娘娘的盛情款待。所谓“三千界、十二楼”，是道教、傩坛专指昆仑仙界——天国的太虚幻境和无边的法力。与本书关于对黄帝在天门昆仑为庸成子建五城十二楼的史实形成对接，这就从根本上彻底否定了汉武帝指于田为昆仑而产生的所谓“西域昆仑”概念。

再出一证：元代至正辛酉科进士、待制翰林杨翀作《天门山十六峰·道士峰》诗云：

似厌人间世，清都汗漫游。
岩关栖白鹤，云气接丹丘。

下晩三千界，中连十二楼。

步虚声嫋嫋（niǎo），风转不曾休。

一个是民间巫傩唱本，一个是儒家文豪进士，都是天门南北山下人，共唱天门昆仑“三千界，十二楼”，这说明了什么？

1. 说明黄帝因庸成子而建五城十二楼的昆仑即天门昆仑，与西域无关，西域自古无昆仑，是汉武帝信口胡说、信手所指、无实地实名的“梦中昆仑”！

2. 说明西王母所居住的昆仑瑶池花园就在天门昆仑，并进入当地巫傩唱本，西域没有。

锁定天门昆仑神国“三千界，十二楼”，《狐首经》“神仙之地，发于天门”的远古之论就坐实了原生点。所谓西域昆仑王母及遍地开花的“昆仑”，是永远也编造不出如此庞大、如此厚重、如此严谨的神国、神都、神州发祥地的证据库、证据链的。

必须注意的是，辰州傩多有对黄帝的尊崇唱词。河边教《发猖歌》：“五点中央黄帝猖，黄旗黄号黄刀枪。”河边教《判官点兵歌》：“五点中央黄帝兵，黄旗黄号领三军。”上岗教《度关歌》：“奉请中央黄帝造桥师，造桥郎。”河边教《送神歌》：“来时立起五营并四寨，去时要拆五色营（按：所扎东南西北营寨皆拆皆烧）。只有中央我不拆，留与户主镇乾坤。金炉不断千年火，玉盏长明万岁灯。”（民国三年七月初二抄本）永定区罗水乡傩坛古本《出猖》也有关于黄帝的唱词：“出了北方转中央，五出中央黄帝猖。”（民国三十二年甲申抄本）

由此看来，黄帝早已进入天门昆仑神界，其地位与玉皇大帝比肩，众学者则认定黄帝很可能就是玉皇大帝的原型。本境山乡建轩辕庙，城内也有轩辕庙。黄帝、西王母与天门昆仑息息相关，可说是一种“**大庸天门昆仑文化现象**”，值得深度探讨。笔者认为，春秋战国后把黄帝纳入天门昆仑神话体系，一定与黄帝对昆仑天堂的建设之功及死后葬在天门桥山有密切关系。

如果诸君对西王母出生地在辰州沅陵仍觉不放心的话，就再听听七甲坪河边教《判官点兵歌》：“双手推开门来看，四值功曹传表文。用手拆开表文看，字字行行写得清：**上写湖南辰州府，又写东君一满门**。相请判官无别事，岳都台前勾愿心。”

表文直呼“湖南辰州府”，又点“东君一满门”。东君，即扶桑大帝东王公。“一满门”，指盘古氏一家子。一纸锁定一个“辰州府”，锁定东王公、西王母数口之家，锁定两位仙人工作的扶桑、天门。你们说：这个西王母是不是辰州府人？是不是大庸天门山神仙之祖之宗？这不正是古籍《狐首经》所载“神仙之地，发于天门”的百代证言么？且问与万里西域何干?!

“岳都台前”：《山海经》称天门崇山为“岳山”，又称“国山”“祖山”“宗山”。北周帝宇文邕禅封天门为“南岳庸山”。华胥氏在此建华胥国，黄帝在此建轩辕国，祝融在此建大庸国，驩兜在此建驩头国（三苗国），烛龙（祝融）蚕丛氏在仙人溪建“长寿国”（后西迁四川建蜀【寿】国），大禹在此建夏朝夏国。还有茹国、索国、濮国、白民国、凿齿国、龙伯国、舒庸国、道国、施庸国……正所谓祝融“繁衍百国围嵩梁”。这里正是万国之宗都，更是神界天国之神都，当然也是众岳之都了。何谓“台”？先王（周文王）说崇山是为县圃，县圃即昆仑天国高山之台原。《山海经》载大禹在崇山筑轩辕台、帝喾台、帝尧台、帝舜台、帝丹朱台、帝共工台，各二台，台四方，共12台，此

即“岳都之台”。岳都，山岳之都也，山国之都也，故又称天门崇山为万山之宗，宗祖之山也！

唱词看似俚俗，但从字句深处所产生出的历史回音，让人不能不为之震撼！

一段关于天门昆仑与西王母的太古谜案，居然深藏在天门山下的傩歌巫舞之中！

它不是史家的文字典籍，却是百代传唱，一直传到当今时代仍鲜活不灭的“非遗”证词化石！

倘若有人还有些怀疑的话，就再抄几句七甲坪河边教《判官勾愿歌》：

判：湖广汉阳府？

内：不是我方之府。

判：河南开封府？

内：不是我方之府。

判：湖南辰州府！？

内：正是我方之府！！

坛主明白无误地回禀判官：“湖南辰州府，正是我傩坛发源的故土家乡！”前之“府”，指行政官府；后之“府”，指家乡，俗言：“府上何方人氏？”

河边教《郎君部歌》有指事郎君对白，也牵涉到坛主的籍贯、行程地名等：

郎：正是报事郎君。

答：报到何州何县？

郎：报到鬼州鬼县。

答：辰州辰县。

郎：正是辰州，一路来到八排楼。

(民国二十七年五月)

“鬼州鬼县”，即辰州辰县。辰州府沅陵县，是中国太古时代东王公、西王母发明巫傩教、发明辰州符以镇妖打鬼的地方，故自古称辰州沅陵为“鬼州鬼县”。这是全中国、全世界的唯一，证明中国（乃至世界）巫傩文化起源地的中心点就在辰州沅陵县东王公、西王母的老家——扶桑！

紧接着坛主向帝王帝母（玉帝、王母，亦即东王公、西王母）发愿（赌咒）：“若要讨，若要还，老判与你发誓愿：发个誓愿大如天，要待西边日头落东边。洪水淹齐阳明山，磨子流上清浪滩。那时那年你来讨，那时那年我来还。……”（民国二十一年八月初三抄本）

咒语中的阳明山，位于七甲坪乡扶桑村之东，恰在我嘎婆（外婆）家山溪峪正对面。七甲坪俗言“北有云头山，南有阳明山”，皆为扶桑仙国之名山。自七甲坪或扶桑溪顺水放排到洞庭溪清浪滩，约1个小时就到。扶桑属洞庭溪区治辖。连赌咒讲的地名都是西王母、东王公家乡的神山、神水，你说这个昆仑王母不是本地女儿，又是哪方人氏？！

特别提示：咒语中“洪水淹齐阳明山”“磨子流上清浪滩”，用的是洪水齐天时代，东王公、西王母（一传为伏羲、女娲）发神力的葫芦瓜拯救人类和万物万类，及兄妹俩的滚磨子相合成婚的神话传说作咒语，简直是中华人类创始文化世代传颂的“活化石”！如果你还不放心，下面又抄一段河边教《郎君部歌》供诸君思量：

路：描路郎君又到。

答：手里擎的什么东西？

路：擎一把描子。

答：描到何州何县？

路：鬼州鬼县。

答：描到神（辰）州。

路：神也是鬼变的。

答：神是神！

路：描到常德、沙市、永定、陬市、辰州、浦市、描到十里青山、九澧茅冈，描得一个好姑娘。

（民国二十七年五月抄本）

上述所描到辰州、永定、九澧茅冈，均在天门山周边；常德、沙市、陬（音“租”）市、浦市，则是古庸国、古辰州辖地。证明古庸国与辰州傩辰州符原生于古庸国辰州本土，系天门昆仑之西王母一脉传承。就是说，天门昆仑并不止于一种空洞的概念与传说，它不仅拥有自己的神界体系，也拥有与天帝沟通交流的巫傩文化体系，还拥有养生长寿的生命科学体系，这是全世界昆仑学中不可能具备的文化现象！

注意，上述两段唱词中都不约而同唱到“鬼州鬼县即沅陵辰州”的内容。一山之邻的大庸民间有个古谜语：“辰州来了一路鬼，过的过山，走的走水。”

此谜面是土苗山民抗旱车水的龙骨水车。

所谓“过山走水”是龙骨百叶转动车水的过程。车叶从水槽里往前游动叫“走水”，龙骨转到车头摇滚时叫“过山”。形象而生动。此谜的不凡意义是，以民间农事活动流传的方式告诉人们：辰州沅陵就是“鬼州鬼县”，是神鬼的故乡，亦即巫傩的故乡，是发明辰州符的地方，是以神州符的法力“赶尸”、上刀梯、下油锅、蹚火海的地方。“辰州”就是“神州”、神州也是“鬼州”！

如此这般，且问：屈原笔下的崇山天门内外的神仙巫傩文化的源头不在古庸国核心地一带又能在哪里?!

由此可以判断，天门“昆仑”概念大约起源于盘古时代，具体由东王公扶桑大帝与西王母共同创始创业。嗣后，由其后裔上元盘古、中元盘古、下元盘古沿袭“西王母”“东王公”之神职，代代传承，代代发展。传至地皇、人皇、伏羲、神农、祝融三皇时代的西王母，终于完成了神州巫傩文化的全部教义唱词，特别是完成了辰州傩的核心“辰州符”的创造。

到了黄帝时代，同时期的西王母将“辰州符”及一系列巫傩秘术传给黄帝，并助黄帝北伐，打败神农，继又联手打败蚩尤，平定天下，同时将熊罴岩中央仙山的“云中朝廷”迁都涿鹿，完成了中华第一轮统一霸业。黄帝因此与同时代老乡西王母结下深厚友谊。实质上，西王母、东王宫、玉皇大帝等一大批天门昆仑神界各路神仙，都是代代庸帝世袭的神职，即所谓人神杂糅，不断烟火。黄帝在天门山建行宫、辟册府、死后归葬天门桥山，必定受西王母指点和影响。其间，以仰慕庸成子名义，动用国力财力，环天门昆仑澧水建“五城十二楼”，完善了昆仑神话体系（包括所谓昆仑8条神水），让神界昆仑仙界天堂花园更名副其实，亦让神界昆仑与人间社会共享天堂美景。与此同时，黄帝出于领土扩张目的，支持西王母与西域接触，将昆仑文化成体系传播西域，“西王母”神职大约在此时已被西域接受并沿用。从《穆传》周穆王与西戎西王母即席对歌对诗的文字水平分析，这位“西王母”肯定接受了崇山祝融氏仓颉所创制的崇山文字文化。这是不能回避的事实。在远古时期，与东方语言、文化不在一个体系和层面的西域文化不可能达到精通西周语言和韵律的高度，也不可能如此老到地领悟崇山文字的高深内涵。甚至肯定，连翻译的人员都凤毛麟角，还能信口吟得出如此深奥的古体诗来?!

另外，天门西王母充分利用独产的“辰砂”，及天门昆仑众山的中草药资源，与巫傩道术进行结合，创造发明了延年益寿、长生不老的仙丹秘方，使天门昆仑变成了南方“不死之野”“不死之丘”“不死之乡”“南

方寿丘"，提升了"昆仑长寿"的养生文化的核心内容。在黄帝的著作目录中，除了兵法、历法、道经，就是养生医学，如《黄帝素问》《黄帝养胎经》《黄帝八十一难》《黄帝内经》《黄帝针经》等，其中许多内容都与一代西王母的发明有关。如《素女真经》就是西王母亲自传授给黄帝的。

现在可以作出定论：天门昆仑之西王母，是真有其人，确有其事，是人神杂糅的女中先贤、女中帝王、女中豪杰、女中奇才、女中伟人、女中圣哲。而从她酝酿醴泉酒、养鸡、种茶等农活，发现她又是一位精明能干、贤慧勤劳的农村平民妇女的形象，是茶文化的始祖，是张良皋先生所说的发明酿酒的澧水第一酒神大巫——巫醴！天门山顶上的瑶池"醴泉"，不就是"醴酒"的远古信息吗？但，这个"西王母"之职决非一人担当，而是几百代、几千代世袭累积起来的一个特殊神界特殊职称——"西王母"女王，颇有"母系"社会的遗风。此与"祝融"之火神赤帝一样，属代代世袭的神职，一如西方教坛的牧士、神甫。

有必要指出的是：天门昆仑一整套远古地名符号如昆仑、西王母、天宫、南天门、火焰山、流沙、弱水（茹水、澧水）、天鼋、蟠桃园、瑶池、丹池等，与后来的神话小说《西游记》发生对撞，很值得专家拓展研究。至少为《西游记》的传说起源新增了一个题材领域。

五、"上刀梯·王母教"

《广阳杂记》载："予在郴州时，有巫登刀梯，作法为人禳解者。见竖二竿于地，相去二尺许，以刀十二把，横缚于二竿之间，刃皆上向，层叠向上，约高二丈许。以红布为帕，而勒其首束其腰者，亦用红布。更为红布膝裤著足胫间，如妇人装而赤其足，蹬锯梯上。梯之左，悬一青幡，并一篮，贮一鸭于中。下又一巫，鸣金鼓向之而祷久之梯上之巫，探怀中出三卦，连掷于地，众合声报其兆，乃历梯而下，置赤足于霜刃之上而莫之伤。乃与下巫舞蹈番掷，更倡迭和。行则屈其膝如妇人之拜，行绕于梯之下，久之而归。旁人曰：此王母教也。吾闻南方蛮夷皆奉王母教。事皆决焉。"（见民国《辞源》，第989页）

此载即广泛流行于沅、澧民间的巫难神技"上刀梯"，又有"摸油锅""蹚火槽""走犁铧"（即烧红的生铁贯头）、"滚刺床""赶尸"等惊险节目，俗称辰州傩技。千百年来，濮人土家苗民之傩坛，四方传播，誉满天下。从《广阳杂记》所载得知，此"南方蛮夷"之绝技，原来都是出于沅陵扶桑的王母所教。这与天门昆仑王母发明辰州符、创立巫傩教形成对接，也难怪扶桑——七甲坪傩坛上下二教对母祖西王母尊崇有加。反过来证明王母就在天门仙山住。

现在可以这样说："西域王母"曾给人类留下了虚空的梦中遐想，为通俗演义作家提供了广阔的虚构空间，为"昆仑学"提供了永远落不下地的空洞素材。同时，也为中国昆仑学的最后崩溃，从而导致昆仑因"泛全球化"而彻底失去正能量价值并走向消亡埋下了伏笔。

按"论王母必昆仑"的观点，笔者已用一组庞大的证词阵容，为"西王母"出生地、居住地、工作地、创造发明地就在扶桑、天门昆仑作证，这不仅还原了历史的真相，找到了昆仑的源头，找到了中国傩文化发祥地的原生点，更重要的是：一个被扭曲、被神化、被驱逐、被遗弃的中国昆仑必将因之而重返历史大舞台，重新唤起国民早已杳杳而去的昆仑之梦！

同时，我们也可以为屈原诗中的“西皇”作出最后的结论：⑴屈原时代，天门昆仑还没有被人指向西域。⑵关于中国古代道家究竟出于什么目的，把黄帝、青阳、祝融、少昊、颛顼五个第一轮文明的创世先祖强行拆伙，按地理方位将其“口封”到中华大地的东、南、西、北、中五个方位，所谓“五方之神”，究竟起自何时，笔者孤陋寡闻，尚不见具体界定文字。但我十分肯定，**“五方神”的五个伟大历史人物的出生之地、创世开基之地绝不在东、南、西、北、中这五个虚无的地方！**可三千年来史界那么多明白人却偏把这明明是伪史的五方之神当“正史”说事，这样的史著史论到底还有几分公信度？笔者由此断定，屈原笔下的“西皇”与少昊无关，她应该就是属于天门昆仑神界的西王母！⑶既然屈原笔下西王母就是故乡天门昆仑第一大宗神，那么与黄帝有关的《狐首经》断言“神仙之地，发于天门”的第一“仙”就是西王母。或者说，屈原之所以能创作出中国千古第一“神曲”，盖因出生地实乃神仙天国之故也！西人黑格尔说“中国人没有自己的（神话）史诗”（黑格尔《美学》第三卷［下］，商务印书馆1981年版，第170页），如果他亲身到过屈原故乡，读到了屈原之诗，就不会写出这样偏颇无知之词了。

西王母既出自扶桑—神州—辰州—沅陵盘古氏，当是中华民族共同的人祖之母，不知比伏羲、女娲早多少个世纪。西王母身份正式确立，校正了“西域昆仑西王母”的一言之误，天门昆仑既是中国昆仑之源头，也是世界昆仑的发祥地。“昆仑”概念，极有可能起源于盘古西王母时代，所谓“混沌”——“昆仑”。至迟到燧人氏祝融及伏羲时代大约已经形成。而完善昆仑神界文化体系，应始自黄帝动用国力修建天门昆仑五城十二楼。发现这一史实，等于找到了这一文化的肇始者、发明者、建设者、推介者，从而挽救了中国远古文化版权的丧失。

关于“五方神”，沅陵扶桑——七甲坪傩坛河边教《发猖歌》是这样唱的：

“一点东方青帝猖（青阳），青旗青号青刀枪。青旗闪闪刀枪张，统兵十万降坛场。户主虔心一点酒，发出东方五猖郎。二点南方赤帝猖（祝融），赤旗赤号赤刀枪。赤旗闪闪刀枪张，统兵十万降坛场。户主虔心二点酒，发出南方五猖郎。三点西方白帝猖（少昊），白旗白号白刀枪。白旗闪闪刀枪张，统兵十万降坛场。户主虔心三点酒，发出西岳五猖郎。四点北方黑帝猖（颛顼），黑旗黑号黑刀枪。黑旗闪闪刀枪张，统兵十万降坛场。户主虔心四点酒，发出北岳五猖郎。五点中央黄帝猖（轩辕），黄旗黄号黄刀枪。黄旗闪闪刀枪张，统兵十万降坛场。户主虔心五点酒，发出中央五猖郎。”（载刘冰清、王文明、金承乾编著，《辰州傩歌》中国文史出版社2006年版，第88页）

以上就是所谓五帝“五方神”的原生出典。这种“封神”之法与五个历史人物的真实出生地有何关系？此之“五方”，每方地阔数省数千里，你能找出他们的准确出生地吗？就是这么一个神话小常识，居然让几千年的史界深信不疑，还要拿它们当理论证据去阐发去诡辩去制造五方先祖的出身居住故乡！

第八节　屈原故乡原为“赤县神州”“中国”“县”的出典母地

一、古庸国中心版土——“中国”“赤县”“神州”出典之地

由于“辰州符”的广泛传播，很多人往往将“辰”“神”混淆。湖南人几乎大多将“辰”读作“神”，不读北方语“陈”。战国时，有个叫邹衍的智者称“中国名曰赤县神州”（《史记·孟子荀卿列传》卷七十四）。后来引用为“中国”的别称。这一解释一直以来让人茫然。以一个“赤县”（直译为“红色的县”）和一个神州（直译为神仙居住的水上之洲）去涵盖一个大中华之国，显然难负其重，于情不合，于理不顺。无论将四字怎样加注水分扩大内容，讲上天也涵盖不了整个中华，充其量就是一个红色小县和一个多神的小州而已。那么，邹衍的这种说法是否有误呢？不见得，我倒认为此解并非杜撰，只是对其本源解释一直找不到准确的出典，故引起歧义。

民国《辞源》第142页载：“赤。南方曰赤。赤帝。神名，南方之神曰赤帝（祝融）。”

此之“赤帝”，必是南方第一神——火神，亦即创建大庸帝国于崇山的第一代祝融。崇山，因之又号赤帝之山，即赤山，又作充山、重山、舂山等。“充”“赤”“舂”“崇”为一声之转。

《书·禹贡》：“疏：天子社广五丈，东方青，南方赤。”赤从“土”，火土之色曰赤。此之“南方赤”，亦实指崇山之祝融。《庄子·天地篇》：“黄帝游乎赤水之北。”赤水在崇山之西桑植县之南，源出永顺县境。当年贺龙在此作战，称“赤溪河大捷”。赤水是天门昆仑八条神河之一，与赤山（崇山）为阴阳绝配。赤山古称赤松山，赤松子因在此炼丹尚红修行而得名“赤帝”——一代伟大庸帝，其天门山亦得其山名——赤松山。“黄帝游乎赤水之北”，其范围指今桑植境内的神州、洞庭、昆仑峰（今天子山之主峰）、青乌山（在官地坪乡，此为大风水师青乌子出生地，著《青乌子》，《狐首经》发生地。黄帝向青乌子讨教风水学理论在此）、青阳（今官地坪，此为黄帝长子玄嚣即青阳的封地）、高阳（今桑植县芙蓉桥乡之高阳村。高阳即黄帝之次子昌意之子亦即黄帝之孙高阳颛顼之封地）、大咸池、小咸池（即今汩湖乡之大咸池峪村、小咸池峪村。黄帝在此地学习盐神——巫咸的“咸池之乐舞”，故有“大咸池”“小咸池”之分）、珠泽（今汩湖。黄帝在此钓珠鳖之鱼。《穆天子传》有载）等地。民国《辞源》（第956页）：“火祖。祝融。民赖其德，以为火祖。配祭火星。”祝融被尊为火祖，故崇山又称“祖山”。又因最早建国于此，故又叫“国山”，亦叫“赤国”。何光岳说：“崇山自然被驩兜奉为祖山或国山了。”（参见何光岳《南蛮源流史》）

民国《辞源》（第1177页）载：“县。⑴与悬同。⑵地方区域之名。周时已有县邑。

唐时，县隶于州，宋元明清，以府州统县。”“县圃。古称神仙所居之地。《穆天子传》：春山之泽，清水出泉，温和无风，飞鸟百兽之所饮食，先王所谓县圃。”

此之“县圃”，即昆仑崇山，出自太古西王母在天门山顶依悬崖、悬空所造原始天宫花园，谓之悬圃。此名称最早见诸周朝先王（指文王）对春山（崇山）昆仑别名的美丽界定，及对其优美生态环境的评价，以后泛指神仙所居。此时周朝已有“县邑”出现，此之“县”，其源头出自崇山县圃之“县”——与“赤帝之山”有关。“赤帝之山”即为“赤县”之本源，直译为：赤帝居住的县圃——赤县。

《晋书·成公绥传》：“赤县据于辰已。”

此说很不简单，点出赤县位于“辰巳”方位。关键是这个“辰”字，即“辰州”之“辰”。今天门昆仑之南的辰州沅陵尚存辰河、辰砂、辰杉、辰山、辰溪、辰州符、辰州佬、辰龙关、辰河戏等成规模“辰”字古地名、物名。

《公羊传》：“大辰者何？大火也。大火为大辰。”今沅陵有火场乡、火峰岩（祝融开采火礁石之处）、大火坪等火字符号群，印证“大辰”。辰，在十二生肖中为龙。《山海经》：“南方祝融，兽身人面，乘两龙。”大辰—大火—火神—烛龙—龙神—祝融。

《山海经》：黄帝站在槐江山“南望昆仑，其光熊熊，其气魄魄”，不正是天门昆仑崇山县圃的一种“赤县”之火、赤国之气吗？沅陵有辰龙关，又有九龙山，均与祝融有关。方志有记载，民间有传说。“辰州”之“辰”，源于祝融无疑。

民国《辞源》载：神：天神也。人鬼之对称。《周礼》大司乐以祀天神。《易》：阴阳不测之为神。

神仙：道家称得道之士能变化不测者，曰神仙。《天隐子》：在人曰人仙，在天曰天仙，在地曰地仙，在水曰水仙。能通变之曰神仙。

神宇：谓神州。《郭璞南郊赋》：“廓清紫衢，电埽神宇。”又供神之处。

神州：谓中国也。

神都：犹言神州。

神县：即神州。《江淹诗》：“太微疑帝宇，瑶光正神县。”《唐祭神州乐章》：“大矣坤仪，至哉神县。”

由上述文字可知，神州又作中国、神县、神宇、神都、供神之处，皆与“神”有关。而上述众“神”之言，又指出“神仙之地，发于天门”（《狐首经》）之论，那么此之神州、神都、神县、神宇，也只能是天门昆仑、崇山县圃了。

《韵会》：“辰，州名，古沅陵郡，隋置辰州，以辰溪名。”今官庄乡有辰州坪村，辰龙关亦在此。《说文解字注》：“州，水中可居者曰州。”《周南》“在河之州。”《释水》《毛传》皆曰：“水周绕其旁，从重川。昔尧遭洪水，民居水中高土，故曰九州。州，本州渚字，引申之乃为九州。”

上述之“州”，亦作“洲”“渚”，即水上之丘、水上之岛，并无“州国”之意，即便引申为九州，也只能说有九个洲岛。那么，“神州”二字的直译就是“众神所居之岛”。直译中根本没有行政区划“九州”之意，更不能上升到“大中华版土”的层面。

笔者以为，“神州”二字的出典正好局限在“辰州”境内。理由是：以古大庸为中心的大武陵地区，是南方天门昆仑地域体系的中心版土之所在，是众神汇聚的地方，是昆仑神话的渊薮，是扶桑国、华胥国、大庸帝国、轩辕之国、不死之国（仙人溪）、驩兜之国、夏朝等**“千邦万国”的生发地**。是崇山火神的故乡，是中国巫傩文化的发祥地，是西王母向大巫祖黄帝传授“辰州符”的地方，亦即西王母的故乡，更是人类肇始之祖盘古的故乡！

支持神州南方说的还有《淮南子·地形记》：“何谓九州？东南神州曰农土。”亦即**古庸国中心地叫神州**。［原注］“东南，辰，为农神后稷之所经纬也，故曰农土。”

请注意“东南神州”四字，说明古时“神州”并非涵盖整个大中华域，而仅限东南一隅。然“东南”之大，笼而统之。好在作者自注，谓东南在“辰”。此之“辰”普天下唯有沅陵之辰州。那么，**辰州即“神州”**的推断就可坐实了。农神后稷，黄帝之子。笔者前文破译后稷死于崇山大泽、葬于崇山大泽（今崇山水库）的秘密，与《淮南子》“神州东南说”发生对撞。

可以肯定地说，中国的各路神仙可以周游四方，飘飞八极，各占山头，作号称王，但万法归宗，众神归都，这是天界不二之法门，亦是天条不变之铁律！因为**“神仙之地，发于天门”**。只要西王母神杖往南天门一扽（dèn）：“老娘在此，谁敢抗命？!”这，不正是辰州傩《判官点兵》所唱“岳都台前勾愿心”的“天门岳山昆仑之都——众神之都”吗？

神都，就是神州！

州者，洲也；渚也，岛也。何解？

这个“神州”，就在辰州沅陵，这是太古时东王公、西王母居住并建扶桑国的地方——**扶桑半岛，是中华神仙的发祥地，也是兄妹二人由此走向天门昆仑、走向崇山，创立地球神仙世界的策源地**。唯其如此，“神州”成了至高无尚的圣土、圣坛，乃至大中华的代名词。这完全是因了西王母的伟大名声和无比崇高的母祖之威仪——这便是后人为何**把国家称作“母亲”之出典**。后来，经过若干代世袭“西王母”的努力，她们的后人中，出了个伟大火祖祝融，降生于崇山，将扶桑神州发扬光大，于是就有了众多文献记载的“辰州”“龙州”“赤地”“赤州”“赤县”“赤圃”“神州”“神都”“神宗”等称呼。因而，“神州”的出典只能源于扶桑西王母，进而由其后人祝融赤帝在崇山开创全新时代的人类社会之帝国。

昔日扶桑神州、神洲之岛，已经由伟大的天门昆仑的四大县圃所取代，即：天门山、崇山、中央仙山（熊罴岩）、七星山，另加北昆仑峰——今武陵源，这5座县圃神州均拥有“天门窟窿”奇观的孤山奇峰拔地而起，以万丈绝崖峭壁独浮于古云梦大泽之中，飘浮于茫茫云海之中，挺拔于万山簇拥之中，**是世界上不可复制、不可再生的自然洲岛仙境之大观。方寸之扶桑，已成大世界。这飘浮于云梦大泽的五座巨岛，又被后期神仙家赋予“蓬莱”“方壶”“壶头”“瀛洲”。崇山称“天国”、县圃。昆仑峰称武陵仙山之源。笔者首破“昆仑”就是“窟窿”，其源头就是天门山、七星山两个巨大**

的“通天之门”及崇山两座天门。北昆仑峰更是三千八百座石柱和众多“天门”窟窿排成神出鬼没的“洞天福地”。故《直隶澧州志》载文：“澧居洞庭西澨（音“世”，水边），志称‘神仙窟宅’。”土家民间传说在第一轮与第二轮文明之交，暴洪毁灭世界，灭绝人类。东王公、西王母兄妹俩（一传为出生今永定区枫香岗乡之雷泽坪的伏羲女娲）躲进葫芦瓜中，随水漂到距扶桑不远的一座山顶，得以逃命。为了拯救人类，天神撮合兄妹俩成亲，敷衍生息。以后，西王母把这座搁置瓜葫芦的云梦泽中的一个巨岛叫“葫芦山”。葫芦与“壶头”谐音，就是后来的天门壶头山。

这个传说后来又被嫁接到晚数十万年之后的伏羲、女娲兄妹俩身上。

大庸阳戏专家周志家发现，“大庸阳戏唱腔的尾部拖腔，喻为‘金线吊葫芦’，这对于开门见山的大庸人来说，形容得太绝妙了，高高天门洞，看上去更像一个装酒的白色玉壶，‘望之茗亭，有似香炉’，相传是仙女麻姑给西王母祝寿敬酒留在这里高洁亮白的玉壶，周围时常云缠雾绕，吐翠吞青，犹如天宫用金线吊着的葫芦。壶头、葫芦同音相像。大庸人就把好听的阳戏唱腔赞美为‘金线吊葫芦’”（周志家：《大庸阳戏研究》，中国文史出版社 2011 年版）。

胡崇峻搜集《黑暗传》有关昆仑天门葫芦的长篇记述：“昆仑山上一根藤，结一葫芦重千斤。葫芦见了童男女，张口说话叫连声，快叫两人躲进去，洪水泡天天地倾。……兄妹两个昏沉沉，随着洪波乱翻滚。唱起葫芦根基深，葫芦生长在昆仑。洪水淹了昆仑山，葫芦里面救苍生。……”又记：“洪钧昆仑自修炼，蓬莱山上开天门。……蓬莱原是一条船，原是上古沉香木。盘古老祖把树砍，为救神仙造大船。洪水滔天船被翻，淹死神仙无计算。此船沉在洪水底，洪水浸泡万万年。大船化为沉香木，后来长成蓬莱山（天门山）。”（长江文艺出版社 2002 年版）

大庸人永远解不开的“葫芦情结”，与这几座“蓬莱仙岛”有血肉相连之疼。据说西方“洪水故事”中，那只“诺亚方舟”曾在亚拉拉山上被发现。而大庸土家的洪水故事则留下了一座“葫芦山”——东方的“诺亚方舟”——天门山！

这几座云梦大泽之岛，就是神仙救人类于洪水的**蓬莱**、**瀛洲**、**方壶**、**神州**。

这很可能就是中华人类第一轮文明的起始地：天门昆仑崇山之神州。

《世界文化象征辞典·岛》说：“人间天堂是建立在岛上的，仙岛也是这样。”又说：“它是一个岛，世界中心的岛，或世界的一个极。二是灵的核心的最好象征。它代表了原始的神圣中心，据说尧帝曾到过一个和图拉岛相仿的地方。”又说：“岛屿是世界的缩影，是宇宙的完整和完美的图像，因为它表现了集中在一起的神圣价值。这与庙宇和圣殿的概念相吻合。从象征的角度说，岛屿是在非宗教世界的无知动乱的包围中，上帝选中的知识和和平的净土，它代表了原始的神圣中心。”（湖南文艺出版 1994 年版，第 141–142 页）

此文所言之“岛”，其实就是太古、元古时期，西王母开创人类初始社会的扶桑洲，继而转移到更适合人类发展繁衍的天门云梦大泽中的天门山、崇山、七星山、中央仙山和武陵源昆仑峰！

那么，以天门昆仑神之州——神之岛为核心的五座内湖之岛，就有可能是代表大中华的国之州、国之岛。

这个故事的延伸版是伏羲与女娲。那是 7000-8000 年前的洪水时代，比西王母晚几十万年。

二、玄机：刻在古庸国中心土地一组不可思议的太古地名

不可思议的是，从七甲坪上岗教《上马歌》发现这样一句唱词：

金炉不断千年火，有益好意事太平。

君王帝母圣二位，今处原是大中华。

（民国九年三月抄本）

（载《辰州傩歌》中国文史出版社，2006 年版第 187 页）

“大中华”——这可是从沅陵七甲坪扶桑巫傩仙鬼口中世代传唱下来的！

好大的口气！

原来代表中国版土概念的“大中华”之论出自古庸国代代传唱的巫傩唱本中！

此“君王”显然是唱本中不断出现的黄帝（又作“玉帝”）。帝母，即天门昆仑的神界主宰西王母。

这一信息告诉我们：黄帝与西王母两位大宗神居住的天门昆仑、崇山、中央仙山、七星山及武陵源昆仑峰，就是远古时代的大中华核心地！亦即《世界文化象征辞典》所说的**“昆仑山是世界的中心和天的大门。……它在帝国的中央”**（《花园》，第 355 页）。

至此，熊罴岩为何古称“中央仙山”，答案竟在辰州傩的唱词中！

轩辕黄帝出生、建轩辕国（熊罴国）、建国都的熊罴岩—中央仙山—国之中央—云中朝廷—世界的中心！

还要告诉诸君读者的，古大庸帝国的中央山不是孤立的，就在它的四周，还环绕着一组流传数十万年、与“中央”“大中华”等相关的太古地名符号：

——**中央山**：一名中央仙山，位于熊壁岩山顶。

——**中央仙山庙**：位于熊壁岩主峰—中央仙山峰，其上有庙，为纪念黄帝而建。

——**中华山**：位于永定区沙堤乡。民国时乡绅吴某在此创办中华山小学。（见《永定文史》）

——**中华山**：位于永定区王家坪镇木山村欧公洞。

——**中华山**：位于慈利县阳和乡。

——**中华仙山**：位于永定区红土坪公社丘家湾，有中华仙山庙。（《湖南省大庸县地名录》）

——**中华庵**：位于大坪镇天门山麓，建于清初。（1983 年《大庸县文物志》初印本《寺庙古迹表》）

——**大中华**：沅陵七甲坪傩坛巫词：“今处原是大中华”。这又是千古辰州傩神代代传唱下来的。此“大中华”概念的原生地，就是王母在七甲坪扶桑故里唱出来的巫词。

——**新华山**：位于崇山西北麓后坪镇穿岩村。（《市典》，第 549 页）

——**新华山**：位于今武陵源区军邸坪之宝峰路。

——**新华山**（组）：在永定区新桥镇南山村。（《市典》，第 593 页）

——**新华村**：在桑植县白石乡。（《市典》，第 878 页）

——**神州**：[千民村] 位于桑植河口乡中部、北与新南、以咱村交界，东邻河口，南邻神州。[下坪村] 位于河口乡西南部，东邻科溪、懂市，北抵插旗，南邻上坪，西与神州交界。（《市典》，第 914 页）

——**神州界**：在永定区温汤镇槟榔坪村与永顺三家田乡交界处，距河口神州约 70 公里。（《湖南省地图册》，湖南地图出版社 2000 年版，第 127 页）

——**神州界**（组）：桑植河口乡。（《市典》，第 916 页）

——**神州界林场**：在永顺三家田乡。（引文同上）

——**神州村**：位于桑植河口乡西南部，由石家湾、石家田、**神州界**、团结、四川溪……9 个村民小组组成。（《市典》，第 916、917 页）

——**中国**：古称**神州**、**辰州**。又作**神宇**（即神州）。

神都：众神之都，出自天门崇山。

神县：出自崇山县圃，即昆仑花园。

出典源头就在今张家界市的古庸国之崇山，亦证“中国”，名称之由来源远流长。**这个源头“中国”，就是建于远古中华版图之中央的大庸帝国！**

正如张良皋先生所断言的：“当时中国之中如果还有一个核心的‘中国’，那就是庸国。”（《巴史别观》）我敢说，张良皋先生这一论断，是万年中华国史核心中的核心，几乎天下无一人悟透，无一人发现，却被张先生一眼洞穿、一语捅破、一言九鼎、一搥定音，真是高，高家庄的高！有趣的是，“神州”古名居然与辰州傩所唱的“大中华”对接！千古傩神告诉人们：今天这个地方就是远古时代的大中华——神州——“中国”的原生点！这个“中国”，正是东王公、西王母首创的扶桑国。百万年后的末代数十万年，则由祝融在崇山创建大庸帝国，继而轩辕黄帝在熊罴岩创建“轩辕国”（一作“熊罴国”）——“云中朝廷”，此山因之得名“中央仙山”——国之中央——数千年后中华几个精英人物所创立的党之中央，皆由此起也！

唐代杜甫流寓大庸期间，偶尔发现“赤县神州”原来根出天门崇山的深层秘密后，留下不少关于“赤县”的诗：“居然赤县立，台榭争岧亭。”（《桥陵诗三十韵，因呈县内诸官》）

岧亭，特指天门山之那个硕大无朋的状如一把巨壶的“登天之门”！清同治《直隶澧州志》载：“天门山……即古嵩梁山，又名壶头山。《水经注》云：‘孤峰高耸，素壁千寻，望之岧亭，有似香炉’。”此之“岧亭”，是专为天门山量身定做的专用名词，是古人为天门山留下的特殊辨识符号。“岧”（tiáo），高。杜甫将其入诗，必亲眼见过、游过“岧亭”——高大壮丽之天门洞！

“闻君扫却赤县图，乘兴遣画沧州趣。”（见本章《杜甫诗画昆仑图》）

“赤县官曹拥材杰，软裘快马当冰雪。”（《投简成、华两县诸子》）

不用说，杜甫笔下的“赤县”正是天门崇山“赤县神州”。

杜甫写天门崇山是对写“赤县”的自证，是对这一重要名称原生点的无意识入诗。

其实对昆仑赤县的真容，本境文人早有觉察并载入方志。清代慈利贡生、南社社员、光绪二十三年版《慈利县志》及民国十年版《慈利县志》纂修者吴恭亨（1857–1938）在

《慈利县志·卷三·地理》对青崖山（今武陵源）壮丽风光进行描述："溇水，亦县内大川也。出大庸张家界，东流十五里，届止马塌入县二十都。西境是径青崖山（昆仑峰）……崇峦大谷，接连数县……峰截溪盘，随分异号，盖亦所谓赤县之奥区焉。"是说昆仑峰——青崖山（今武陵源世界自然遗产）乃昆仑赤县神州的"奥区"。一句"奥区"，浓缩了三千八百座昆仑石柱大峰林的神秘与壮丽！

此之"赤县"，既可泛指大中华版土，亦可确指扶桑崇山天门昆仑之古"赤县"。

诸君如果还不放心的话，不妨再举一证：《太平御览》卷三八引《尸子》云："赤县神洲者，实为昆仑赤县之墟。"此之"昆仑赤县之墟"，不正是天门昆仑崇山县圃赤帝赤县之墟吗?！这是几千年来，真正以国史名义记载"赤县神州"根出"昆仑赤县"第一书、第一人、第一声！

当代伟人、诗人毛泽东，在诗中多涉及"神州"："六亿神州尽舜尧""狂飙风动，神州落荒流""梦绕神州路""神州岂止千重恶"，"赤县原藏万种邪""长夜难眠赤县天"等（《毛泽东诗词全集赏析》，麓山子编著。太白文艺出版社，2015 年版）。

那么，是否可以这样说：中国的创世文明难道就是在盘古之儿女东王公、西王母故乡之扶桑神洲（州）—扶桑溪—扶桑国—天门昆仑—县圃崇山—赤县神州—古大庸帝国肇始的?！

张良皋说："在庸国时代，是没有'疆域'概念的，但在这个势力范围内，百濮族群无疑都奉庸国为'龙头'——后世春秋定名曰'霸主'。庸国在产盐、制陶、铸金、筑城、崇巫域、创文字、赋诗骚……都领先于周边。""当时中国之中如果还有一个核心的'中国'，那就是庸国。"又说："庸国就在金州锡穴，完全有可能在中国第一个拥有青铜，率先跨入文明的门槛，早于五帝立国。"（《巴史别观》，第 199 页）

这一论断，等于锁定了 7000-10000 年中国古史的发祥地就在天门昆仑中心大庸帝国。笔者在张先生启示下，不经意发现、破解了中华第一轮文明或肇始文明——即"澧豆文明""澧稻文明"两大农业粮食文明发祥地均发生在澧水流域的重大秘密，本节又破译了"赤县神州"—"中国"两大国体、政体名称概念的创始地亦在扶桑神州—天门昆仑—崇山中心和中央仙山。那么，张先生所言"中国之中"的那个"核心的中国"—大庸帝国，不在崇山又在哪里？

宋《路史》卷二十四《国名记》说："春秋用夏变夷者，夷之；夷而进入中国，则中国之。"此之"中国"，正是由夏—夏庸（一代祝融大禹——崇伯鲧之子）继位于崇山—中央仙山的大庸帝国—大钟国—大夏国—大中国—中国—亦称"华夏"！

中国，一个光耀千秋、凝聚数十、百万年中华人心的祖之国、宗之国，原来就诞生于天门昆仑崇山县圃—中央仙山—赤县神州—大庸帝国（今张家界市）之中心！

毛泽东"六亿神州尽舜尧"，源于战国邹衍的"中国名曰赤县神州"，学界稀里糊涂"注"了几千年不知究里，没想到原生点就在西王母、黄帝传播祝由科—"辰州符"—中国巫傩文化起源地的"扶桑——崇山赤帝之国（县圃之县——之国）和"神仙之地，发于天门”的万神之州（即神都神州）—天门昆仑！就是说：崇山—中央仙山之上的“云中朝廷”（即大庸帝国、轩辕之国），是三皇五帝时代初元之时的“国之中心”；赤县神州是西王母、祝融、黄帝初元之时的“大中华”之肇始。后来，一代西王母支持协助黄帝北伐，入主黄河中原，特别是大禹执掌夏庸王朝之后，举国北上黄河中原，导致“崇山中心”大转移，“大中华”“赤县神州”亦随之北移。这便是“用夏（庸）变夷者（夷者，南夷崇山也），夷之；夷而进入中国（此中国指黄河中原）则中国之”的深层秘密之所在。

［**本章结论**］既然历史的最隐秘处已经留下了关于轩辕黄帝出生并在天门昆仑建国发展的诸多信息，反过来说明数千年来对黄帝存在的怀疑还真不是空穴来风。倪民引作家骆宾基《黄帝“骑龙登天”非神话而为“妄言”议》一文指出：“因为旧有‘黄帝骑龙登天’的说法，黄帝陵就相应成了‘衣冠墓’；反过来黄帝陵古为‘衣冠冢’的伪说，又加重了‘黄帝骑龙登天’之妄。世代相传妄言竟然成了‘神话’，因而古史否定论者也借此否定‘黄帝’这个在中国历史上有记载的历史人物，这就不能不考评妄言之源，以辨真伪。”（文见倪民《三皇五帝追踪》，第100页）

我以为倪先生与骆公二人都看破了黄帝陵的“伪说”之弊与害。一如伪劣产品，包装得再炫目华丽，终究会被人唾弃而变得一文不值。汉武帝制造昆仑伪说和黄帝陵伪说，袁山松、郦道元合伙制造屈原故里伪说，这三大伪说几乎毁了伟大的昆仑、伟大的黄帝和伟大的屈原——并由此必然毁了伟大的中华三大核心文化支柱！

而我想要说的是：骆先生还只看到“冰山一角”，岂止“骑龙登天”之妄！汉后以来，太史公“黄帝崩，葬桥山”原本所指天门昆仑之桥山，但因不知桥山就是天门，让一些不怀好意者钻了空子，这些人除了伪造“骑龙登天”，还伪造出黄陵县、黄帝陵、桥山、寿丘、沮水（沮水变“姬水”了）等一揽子关于黄帝的虚假信息来。《竹书纪年》卷上（重庆出版社2000年版）实记全文为：

“一百年，地裂。帝陟（zhì，登高）。帝王之崩皆曰陟。《书》称‘新陟王’。谓新崩也。帝以土德王，应地裂而陟。葬。群臣有左彻者，感恩帝德，取衣冠几杖而庙飨之，诸侯大夫岁时朝焉。”

从61字分析，黄帝死后，死地未详，葬地未载。相传黄帝北方朝廷有大臣左彻在黄帝殁后，取黄帝的“衣冠几杖”（几杖：黄帝权杖）为其修墓建庙供奉祭祀，但没有指明墓修何处庙建何地，更没发现有“骑龙上天”的神话！从目前史界所获关于黄帝死后安葬的出土文物史料只有唯一的《竹书纪年》，我之所以敢冒天下之大不韪敢向陕西假黄陵发难，就是仰仗晋武帝太康二年（281）汲郡出土的《竹书纪年》所载文字。

好在司马迁秉笔直书，没有被皇权左右（虽然不能全部）而讹传笔误。而笔者从所能搜罗到的有关亲眼看见黄帝的出生地、归葬地并为其举行盛大封谥（音“世”）祭典的最早原始文献，目前只有《穆天子传》，它比汲冢竹书［按：该书系魏国史官记录撰写，上从夏始，止于魏襄王二十年（前299）］成书早660余年。还有比魏人成书更早的大约就是《山海经》了。因而，关于黄帝陵记载目前最权威的出

土典籍主要就是这三部，一是《穆天子传》，二是《山海经》，三是《竹书纪年》。汉后所有关于黄陵在陕西横山（桥山）及其他某地（全国不下数处）之说，基本上都是后人依汉武帝伪造黄陵而衍生的伪作，岂可为史之据！周穆王说他亲自在“昆仑天门”参观、守护黄帝之宫，并举行封谥黄陵盛典，又发现黄帝册府，同时大祭昆仑，本来已形成昆仑黄陵四大史证链，但一些学者被“西域王母昆仑”之论所蛊惑，居然对此完全忽略。而《山海经》却以“另类”笔法记述穷山、轩辕之丘、轩辕之国、寿丘等一组不可复制的地名符号所隐含的黄帝史事，恰与《穆传》形成对接，笔者至此恍然大悟：注家多以《山海经》“说神道怪”而不屑。其实不然。说神者未必真写神，倒是批判神者却编造神话。但有些东西实在是编造不出来的。比如“有熊氏”的原生之地“熊黑岩”，黄帝建轩辕国的“云中朝廷”，黄帝在南方建国称帝的“中央仙山”，天下第一陵的天门山“元陵”，传遍世界的“辰州符”（编造者胆子再大也不敢说成是“翟道符”“横山符”“新郑符”吧），黄帝在天门山的“册府”和沅陵的黄帝二酉藏书洞，天门昆仑与西王母，还有原根原生、原汁原味、千古不灭的“扶桑神州”—“古大中华”—“中国”之名等成方阵态势走来的文化符号，你可以霸蛮往北方西方解释，甚至把一些地名往北往西迁徙，但，想要篡改上述一个个钢铁般的证据，就是神仙出马也很困难。而遍查陕西桥山黄陵，除了后期的《汉书》留下的唯一一条关于汉武帝在那里建黄帝陵、修黄帝庙、祭黄帝的信息外，凡《穆传》《山海经》等古籍所载能证明黄帝出生、归葬于陕西的证据文字都没发现。说到底陕西桥陵只有唯一一条出自汉武帝一人之口、之手的伪造孤证！

笔者认为：陕西桥陵的话语权源于汉武帝一人，这就和西域昆仑的话语权也源于汉武帝一人一样。皇权政治可以篡改历史，但不能取代历史，更不能反过来否定历史发生学的基本法则——将谬误与虚假的结论变脸成为历史的原生点。值得敬佩的是，司马迁所记“葬桥山”亦非妄言，天门山之“上桥下门”，正是崧梁山、崧高、崧岳、梁山、桥山的特定形态！普天之下，还有比这更伟大的大自然“通天之桥梁”吗？

黄帝所葬桥山就是天门昆仑之桥山！

陕西横山桥陵是欺世盗名、根本没有“桥梁山”概念的假冒黄陵！

骆宾基提出要考证黄陵“神话”之源，既然是“神话”又怎考得出信史来？非是“古史”否定论者作祟，而是神话编得太低级了。不彻底否定关于黄陵的“神话”，中华人类的第一祖、第一国、第一帝、第一陵，就只能永远享祀那虚无的、虚假的“神氛”香火而让祖魂漂泊无定。

黄帝既然是天门昆仑人氏，他的子孙（直到三朝时期的祝融重、黎及吴回以后的鬻熊、熊绎等）均在崇山一带出生繁衍。祝融为楚祖，其裔孙熊绎率八国联军北伐殷商后留驻荆楚建立楚国，是古庸国的“子国”，是约两百多个“子国”之一个，古庸国才是万国之宗、万国之祖——这段辉煌历史，恰是中国史界、史学的盲区。公元前704年，楚武王熊通封长子熊瑕于大庸宗国屈邑屈氏宗坊——今大庸永定屈家坊村。屈原与黄帝一脉相承。屈原乃庸王屈伯庸之子，亦是末代庸王（7次自称“朕”，却因出使楚国约20年而未登基），出生于屈家坊、居住于潭口丹丘之地。因而说，屈原仰慕先贤宗祖，追随黄帝到天门昆仑，追随西皇（西王母）到扶桑神州，不过是在家乡周边放浪旅游寻根猎奇而已，自然就平平常常，不值得大惊小怪的。

屈原在其诗中所写远古史中的诸多创始、创世人物故事，大都发生在南方“赤县神州”。原来天门昆仑才是他真正的故乡——“不死之旧乡！”

本节笔墨至此，本已收官，数年后却偶尔又从1988年12月刊印之《中国民间歌谣集成湖南卷大庸市资料本》中发现一首流传千古的土家民歌：

“生要恋来死要恋，不怕雷打火烧山。雷公要打一起打，踏破天门见玉仙！”

请注意末句“踏破天门”，此之“天门”不消说正是名闻天下的大庸天门山；“见玉仙”，玉仙是谁？只能是民间相传的天门仙山神都玉皇大帝（原型为东王公、黄帝）的神配——天国国母管理神界婚姻大事的大宗神西王母娘娘！

为何称“西王母”？就一个“西”字，误导多少史家和民众，这恰恰让一些“言昆仑必西域”的学者们找到“王母西方论”的理由。其实，这个“西王母”之“西”，出自王母出生于天门山东部的辰州——扶桑半岛。后来随父盘古去西部百里的天门昆仑山修炼定居，故被后人称之为“西王母”，恰又被汉后昆仑学界、巫傩神界误解成“西域王母”。且问：100万年前，大西域沙漠雪山有昆仑之名和人类存在吗？就凭这一条理由，就可封杀东汉武帝编造的关于“西域界昆仑”及西王母的谣言！

第九节　黄帝晚年回故乡崇山祭祖无疾而终——归葬天门桥山

《云笈七签》卷一百载：“[黄]帝欲弃天下曰：吾闻有宥（音右，原谅）天下，不闻理天下。我劳天下久矣，将息驾于玄圃，以返吾真矣。”

是说黄帝自感劳累国事日久，产生了放下权力，淡出政坛，回老家玄圃安度晚年的思想，以求返朴归真。这无疑是研究黄帝身世最为重要的文献证词之一，因为它告诉了一个至为关键的信息：他晚年回归赋闲的老家在“玄圃”。

——“玄圃”在何方？

此前，笔者已全面破解了屈原笔下的玄圃（又作县圃、悬圃、玉圃、平圃、昆仑等）在春山——崇山。这个秘密是穆天子亲临县圃后载入旅行日记中的：“春山之泽，清水出泉，温和无风，飞鸟百兽之所饮食，先王所谓县圃。”

这个先王当指周文王、周武王。这是目前所发现的最古老、最权威的文献所留下的关于县圃的出典证据。它不在黄土高坡，不是葬黄帝于桥山的大庸张家界天门昆仑：

“抱的鸡儿多世界，鸡公鸡母叫唏唏。头戴凤凰冠一朵，身穿五色绿毛衣。

日在西眉山前过，夜在户主笼中啼。天门土地不敢飞，取名叫作雁鹅鸡。”

这里连用几个天门昆仑相关的地名，一是“西眉山”，二是“鸡笼”，三是“天门土地”。“西眉山”，典籍又称“须眉山”“须弥山”，即天门昆仑山之别称。扶桑原是昆仑人神与天神沟通的神树。按神界规矩，扶桑东古山为男仙东王公所居，叫“东华”；西眉山为女仙西王母所居，叫“西华”。东为阳，主男；西为阴，主女。唱词中说的是西王母离开扶桑老家，上了正西边50公里的天门昆仑主持神界天国，临走，把家里的鸡娃儿连同鸡笼也顺带上山。所谓“抱鸡儿”，不是抱在怀里，这是大庸、沅陵等地的土话，书面用语叫“孵鸡娃儿”。“多世界”，土话，言其鸡多。这些鸡娃儿白天住在天门昆仑山上玩要啄野食，黑前飞回扶桑“户主”（指东王公）鸡笼中啼叫。天门土地神管不了这些调皮的鸡娃儿，把它们叫作能高飞远走的“雁鹅鸡”。辰州傩把兄妹俩的仙家生活化、凡人化了，还原了凡人真身。简值匪夷所思。

说到天门土地，桑植县低傩戏本之第十四场《上锁断煞》唱道：“大哥名叫吴先聪，玉帝面前讨敕封；玉帝见他多聪容，封他天门土地公。你在天门为神通，要知所管为哪宗；风要调来雨要顺，才算天门土地公。”

此“天门土地公”与“玉帝”二神连锁，可断定均是天门山之神。

关于王母娘娘天门山养鸡的故事，古来广为流传。元代翰林待制、进士杨翀作《鸡笼峰》：“隔巘（音“烟”）闻咿轧，扶桑日色东。”

是说隔着高山都可听到鸡娃儿们往返于天门、扶桑奋飞扑翅叫唤的声音。

明代弘治年间岳州府提学副使沈钟也写了首《鸡笼峰》：“驱鸡天上去，仙路渺西东。”是借祝鸡翁养鸡的典故，喻写西王母在天门山养鸡，日住西部天门鸡笼峰，夜回东部扶桑家，故叫“仙路渺西东”。这一特指的方位，证明元明时代许多文化学者及官僚政客都知道扶桑、天门与西王母、东王公所处位置及其依存关系。也因了王母养鸡于天门山，后人就把那座山头列入天门十六峰之“鸡笼峰”。

诸君如果还觉得不过瘾的话，下面再引崇山古苗人起屋上梁掌墨师以雄鸡祭鲁班平煞的仪式与唱词。东家（屋主）拿一挂鞭炮，掌墨师左手提公鸡，右手拿开山子（斧头），指着公鸡念咒语：

“说此鸡道此鸡，此鸡不是凡间鸡，是王母娘娘的报晓鸡。头戴尖尖红色帽，身穿八卦五色衣，鲁班今朝用来防煞鸡。要知天煞、地煞、年煞、日煞，天煞归天，地煞归地……”

此时掌墨师边念边用斧头划破雄鸡冠子放血洒在东扇前金柱上，以保立屋平安吉利。继又念：“鸡腿一斧，鸡血入地，凶神退位，要收撬脚弄手，要收撬手弄脚，奉请朋友兄弟，要帮主东立柱升起——起——！”众帮工应声大喝：“起——！起呀起——”随着一阵阵惊天动地的吆喝声，新屋排扇就树起来了。

崇拜王母娘娘，是大湘西沅澧流域土家、苗人共同的民间信仰。且读《进标歌》：

在陕西横山，不在西夏氐羌，不在于田雪山，更不在沙漠草原！

它就是南方昆仑——天门崇山玄圃！

这是一个无法撼动的历史定论！

路夫在《康定繁华的幽僻山谷》写道："中华文明的始祖，传说中的西王母就居住在青藏高原的昆仑山地区。以后，游牧民族东进，势必和中原的农耕文化发生冲突……"又说："羌人首领炎帝神农氏，从洮（音逃。洮河在甘肃）河流域经渭河进入中原，与先期进入中原的'低地之羌'黄帝部落结成联盟，击败了从南方侵入中原的黎苗种族。以后的秦人又是来自西方的羌人……"（见《中国国家地理》2006年第10期，第286页）引文主要观点是说居住在大雪山的炎帝和居住在大草原的黄帝赶着羊群东进中原，成了黄河中原文明的霸主。

这些观点并非该作者之杜撰，而是"西羌论""中原论"者自我陶醉却稀里糊涂千百年至今还没找到历史发生点的"影子理论"。

这使我想起林语堂的一句名言："有学者说中国的历史是一部瞒和骗的历史，瞒骗了两千年。"（《吾国与吾民》）

敢把炎帝推向青藏高原的西羌，且问5000年以远青藏高原的农业主打粮食为何物？它能成就一个伟大的农神吗？如果说黄帝是骑在马背上赶着羊群进入中原的"氐羌"人，能成为中华一代伟大的文明代表巨人、成为天下第一大帝吗？这些大师的"理论"依据和信心大约出自"西王母居住在青藏高原大雪山"的说法。这可能是误读《穆传》和《山海经》的结果。

这里再引东晋苻朗的一段话："黄帝谓其友无为子曰：'我劳天下矣，疲于形役，请息驾于玄圃，子直代之。'无为子曰：'焉能弃我之逸而为君之劳哉？'乃攀龙而俱去。"（苻朗《苻子》）苻朗所言与《云笈七签》互为印证，界定黄帝晚年思乡回归故里就在崇山玄圃或云中朝廷——中央仙山的史实。如果硬要咬定这个"玄圃"在西羌，或在于田，或在喜玛拉雅山（那里有个昆仑口）的冰雪世界，或在蒙疆大草原，都不要紧，就请这些制造"西域""西羌"论的大师到那些"天堂"居住安家落业或旅游考察试试？！（当今已无交通障碍）

黄帝老来思故乡，还有一个原因，就是他还有一批子孙留在玄圃崇山南北。比如沅陵落坪乡的姬昌坪、桑植西莲乡的姬家界、永定王家坪乡的姬公界、红土坪乡的姬家峪、崇山下的姬公垭、伯阳坡的姬旦口等地都有黄帝的直系后人。其中一支还迁徙到资水。陈留《风俗传》载："资姓黄帝后姓，……谭云益阳有资水，或其派裔。"盖因黄帝后裔资姓而得资水之名。

俗言人老思故乡。老来回乡，一如叶落归根，乃至把尸骨盘回故土，并安葬在天门昆仑之巅，因为这里是他曾为之倾心、为之深爱、为之苦苦思念的生身故土啊！最重要的，他曾在这里拜一代西王母为师，传习"辰州符"。在与蚩尤争霸战争中，西王母派玄女"传阴符经三百言，帝观之十旬，讨伏蚩尤"。他曾在这里拜一代庸帝庸成子为师，学习性学养生之术，收获了御女长寿之道。他曾到这里拜岐伯为师，学习医药知识，终成一代大医，史称"岐黄之术"。他曾到这里追随赤松子大仙，学习辟谷吐纳养生之术，成为一代大道宗师。他曾到这里广交天下各路仙家大巫，并不惜动用国家财力，环绕天门昆仑为宗师庸成子建“五城十二楼”。而且，他曾在这里不慎丢失了一颗玄珠（黑色珍珠），出动多少人为他寻找，居然失而复得，这个地方就在天门昆仑山下的“珍珠峪”。他曾在这里指示沮诵苍颉整理规范文字；他曾在这里采铜采铁，铸造兵器，为北伐秣马厉兵。他曾在这里指示伶伦到昆溪（天门昆仑山下仙人溪）伐竹制管，在中央仙山凤凰台演奏，引来千百只凤鸟来仪，与黄帝共舞。他曾在这里著述立说，并在天门山顶辟册府藏书数千卷。他曾在武陵源昆仑峰下的咸池、珠泽（今汨湖），向盐巫（即巫咸）学习盐神舞乐，因此而创作了“咸池之乐”。他曾携夫人嫘祖到“帝女之桑”的故乡桑植，学习养蚕缫丝，发明了丝绸制衣。他曾在这里与“疯子”高人狂屈坚（一本作竖）讨论国是，不曾料1800年后（约前2550–700年），以狂屈为姓的屈氏家族诞生了一代伟大诗祖屈原。最令他不能忘怀的是，他在这里与一代西王母结下深情厚谓，常与之对饮高歌，喝的是她亲手以天门瑶池澧泉酿制的糯米甜酒（俗称“醪糟”）。这桩美谈，以后载入《事物纪原·酒》：“而《黄帝内传》：王母会帝于嵩梁山（天门山），饮帝以护神养气金液流晖之酒，又有延洪寿光之酒。然黄帝时已有其物。《内传》：有王母之酒，而神农为醴酪，其来尚矣。”是说黄帝和其兄长神农曾都以天门昆仑王母之酒当茶饮。4000多年后，他的故乡傩戏唱本中还记下了老母祖西王母种茶酿酒的往事：

“永定元年生王佬，永定二年生吾身（按：这位傩神原来就是黄帝、王母故乡大庸永定人）。再问哪里好种茶？王母娘娘后花园好种茶。王母娘娘沽美酒，醉倒神仙吕纯阳。三月十五蟠桃会，王母也在斟琼浆。”（引自周保林、向子林《慈利土家族》，国际展望出版社1992年版）

屈原《大招》有“吴醴白糱（bò），和楚沥只”诗句。《列子·汤问》也说：“甘露降，醴泉涌。”是说天门昆仑瑶池涌出来的都是甜醴佳酿。故传黄帝到了北方为帝后，他的酒水都是由王母专酿并万里迢迢运到北方的…… 这桩桩往事，怎能让黄帝轻忘？而今到了人生暮年，孙子颛顼已接班掌权，所谓国泰民安，天下太平，故回乡之心尤为迫切。而死后嘱其将尸首安葬在天门昆仑，也算是魂归故土，谨遵“狐死必首丘”之法则。

自从黄帝归葬家乡昆仑天门桥山后，他的后人颛顼、重、黎（一代祝融）、帝喾、帝尧、善卷、帝舜、后稷以及驩兜、共工、丹朱、大禹乃至周文王、周武王等一大批历史巨人，或出生于斯，或建国于斯，或归隐于斯，或归葬于斯，或筑台于斯，故《山海经》就有崇山四墓六台之载。天门昆仑则成了仙家志士隐逸辟谷仙境。诸如赤松子、庸成子、浮丘子、王子乔、鬼谷子、老子，乃至屈原，或更后的张良等，都在天门昆仑隐逸修行，使天门山成了南国第一隐士仙山，并因此而得“神仙之地，发于天门”的美名，影响中国，影响世界。

2021年10月21日重修定稿

第九章　屈原诗自证

平平殉国：屈原长子屈平平，昭氏所生。屈平平少时在熊馆读书，从师一代鬼谷子，文武兼修，被封为庸国大将军。生子开、元、天、贞。公元前280年，司马错爷孙率兵10万分兵灭庸灭屈灭黔中(沅陵)。其时，爷爷伯庸在北溶与司马靳血战身亡，平平战死庸宫。庸国亡。

屈原诗自证序

两千多年来,且不说普通读者,就是屈学界的宿儒大师们,都不断提出质疑:屈原诗辞中怎么不写他的出身、他的故乡、他的家庭、他的生平呢?如果能像司马迁一样留下一篇《屈原自述》该多好!

笔者初涉屈辞时,也是一头雾水,浑然不解。但忽然有一天,我发现了诗中一些人名、地名、历史事件及所描述的环境、场景、背景等,怎么有似曾相识的感觉,好像这些符号就是我的"老乡"那样熟悉、亲切。于是试着一一罗列出来,居然站成了一排令人吃惊的阵容!比如:澧水、澧浦、澧兰、天门、茹蕙、弱水、赤水、黑水、流沙、昆仑、县圃(崇山)、石林(今张家界、武陵源)、仙人溪食人巨蛇、山鬼、赤松子、鬼谷子、祝融、驩兜、羽人、丹丘、兰皋(岗)……这些耳熟能详的地名人物几乎以成方阵之势一一向我走来,而这些耳熟能详的地名人名明显就在这方大庸嘛!当我读到"一蛇吞象,厥大何如"时,就忍不住击案三掌:这不正是发生在仙人溪(不死之国、不死之民)犀牛潭巨蟒吸人的古史故事吗?!还有那句"焉有石林,何兽能言",查来查去,全地球真正敢上书的"石头森林",只有列入"世界'张家界地貌'"名录、与"丹霞地貌""喀斯特地貌"齐名的"三千石柱、八百溪水"的张家界武陵源石英砂岩峰林!如果屈原不是本地人氏,怎知道远古时代发生在仙人溪和武陵源里的故事!

同时,我更坚定地认为,屈原写了如此之多的涉及大庸土地上的冷癖典故,决不只在"远游间"的道听途说,他一定与这片土地有着不同寻常的出生居住地域关系。抑或说,他所透露的这些信息,必定与他的家乡有关!

就如雷鸣前的一线闪电,刹时划破了我脑中那层久久不散的阴霾。我禁不住有些失态,竟然情不自禁手之舞之足之蹈之双手举天笑之吼之呼之叫之起来!我想,我可能发现了破解屈原故乡的钥匙。而为了从文化发生学的源头破译屈词,笔者不惜攀登屈学界最为艰险的四座"大山":

1.破解屈原笔下的天门昆仑——而首破《穆天子传》,勘正注家千古之错之谬误。昆仑破,屈原立。

2.破解屈原笔下的轩辕黄帝,彻底揭露陕西黄陵之假,并由此破解一万年乃至更久远的一系列历史探源工程中的谜案。黄帝破,屈原立。

3.破解屈原笔下的扶桑、西王母,从文化发生学源头锁定扶桑西王母乃与屈原互为近邻故乡之关系。王母破,屈原立。

4.破解历代典籍、文人作品、民间非遗、文物考古等诸多方面所留下的屈原故乡信息,让屈原后裔及外围证人、证言、证词一排排站出来说话作证。故乡破,屈原立。

5.第五道难题就是问屈原自己了,在他27首诗中到底有没有关于他故乡的蛛丝马迹?这叫解铃要找系铃人,打酒只问提壶人。如果诗中果真找不到故乡的半点信息,哪怕是皇帝御览朱批,任凭歇斯底里叫嚣,都是算不得数的。屈赋不破,屈原难立。

现在,又一座"大山"就横亘在我的眼前,考量着我的运气和耐心——即能否破解屈原诗中自己留下的故乡信息。本章决不是跟风两千年来屈学前辈大师终其一生停留在注解屈原诗之本旨层面,而是想通过一道初级程序从屈原诗中捕捉、寻觅相关屈原故里在大庸张家界的深层秘密、片言只语、点滴信息与天籁遗响的线索,从而检验所获得的若干份核心证词能否与屈原诗成功对接!

——拜请九泉下的屈原:佑我成功!

第一节 楚宫生变：顷襄王驱逐屈原回大庸

—— 开篇：一代诗魂未来人生的开笔之作——《哀郢》

关于屈原被“流放”或“放流”的历史真相，历代注家争论不休，久悬难决，成了屈原学中除了寻找屈原故里之外的第二大公案。因为屈原最光彩的后续生命中，几乎全部是以“罪臣”面目出现的，被公认为他的绝大多数诗作也都是在漂泊澧、沅、湘间的“放流”中有感创作完成的。此公案不结案，屈诗、屈原研究中的许多问题就永远无法达成共识。**而其争论的焦点是楚怀王到底“放流”屈原了没有**，因为作为唯一依据的《史记·屈原列传》中只有“王怒而疏屈平”的记载，疏，疏远，君臣之间隔膜生疏了。但从“屈平嫉之，虽放流眷顾楚国，系心怀王，不忘欲反，冀幸君之一悟”分析，怀王似又曾经是放流过屈原的。至“令尹子兰大怒，卒使上官大夫短屈原于顷襄王，顷襄王怒而迁之”，好像顷襄王是在怀王的基础上，给屈原“罪”加一等，将他逐出郢都，回到他的大庸国去。这便是“二次放流说”的起因。笔者啃读再三，总觉得太史公的议论可能把史证表述流程给打乱了。或说没读懂屈原诗，掺杂了个人主观臆断成份。郭沫若先生似有同感：“但不幸的是《屈原传》在见‘疏’之后，被‘迁’之前，又用了‘放流’两个字，被人误解了，便生出了屈原两次被放逐的揣测，于是乎司马迁的第二个见解也就被湮没了。自刘向的《新序》以来大率都以《离骚》为屈原在怀王时第一次被放逐的作品，那是错误了的。又有人说《屈原传》‘王怒而疏屈平’的‘疏’字是‘流’字的错误，那也是拘泥着‘放流’两个字的误解而生出的臆说。其实上官大夫在怀王面前所诋毁屈原的罪状，仅仅是夸功，并不就是该受流刑的大罪。而且如果是受了流刑，后来又使齐，又谏王，那倒是讲不通的。一笔糊涂账就是从错解了两个字来，说穿了我相信是可以清算的。我要再说一遍，‘放流’就是‘放浪’，并不是‘放逐’！”

郭老的见解已触及本质，以为屈原无论如何也够不上流刑之罪，恐是“放流”之“流”的一字之误，应该是“放浪”。果真如此的话，那屈原以后人生的悲剧遭际、诗中的怨恨不平又怎去自圆其说呢？

我以为太史公提出“放流”与“流放”是同一个道理，但混淆了怀王与襄王究竟谁是第一个放流屈原的主谋，更忽略了探究二王定“罪”的真实背景。仅仅抓住屈原刚直不阿的倔犟脾气与不随波逐流的孤傲个性，与上官子兰几个小人之间的矛盾说事，即便上纲上线的挑拨、诬告、诽谤，但无有一条构成“颠覆朝廷罪”“谋反楚王罪”。二王再昏愦，也不至于判以重刑——流刑呀！法律上注重犯人作案动机，二王重判屈原，也应有其“动机”和借口呀！何况，古有“刑不上大夫”之规矩。二王再霸道，也不至于重判老庸王伯庸之子——出使楚国的**“两国共监特派使臣”**——一代庸王、一代大莫敖呀！

笔者认为：这里面一定有个不被太史公察觉的重大阴谋！我甚至说：所谓二王流放（或放流）屈原是司马迁史记之误判，根本不

存在这一“说”！连郭老都乱了方寸。不必争了，还是查查屈原自己对被逐出楚宫的真实原因所作的**性质定论吧**：

“去故乡而就远兮，遵江夏以流亡。”（《哀郢》）

《现代汉语小辞典》的正解是：“【流亡】因灾害或政治上的原因而逼迫离开家乡或祖国。”（346页）【放逐】古时把罪人驱逐到边远地方。（144页）

由此可证：前人所解流放、放流、放逐等，全都是一个意思，全都是误判错判！我们还是要尊重作者的自判——是“流亡”！

这是两种截然不同的性质，前者是敌我矛盾，后者是内部矛盾。而两千多年的屈诗解释，几乎大都采用“流放”！就凭这一点，我断定两千年屈学研究所得出的结论基本全错！

为了彻查此案，这里不妨以翦伯赞主编《中外历史年表》（1985年版）所载史实逐一排查，或能找到一些蛛丝马迹。

1. 事因：屈原受怀王之托起草宪令，与上官大夫发生争执，上官进馋告其夸功，于是“王怒而疏屈平”。疏，字典解释叫“关系远，不亲近，不熟悉”。此年或之前的楚怀王时期，无“放流”之说。

2. 公元前313年，张仪去秦相楚，假以重金投靠侍奉楚国，并以秦献商於之地六百里为诱饵，离间楚齐合纵关系。怀王贪而信张仪，结果被张仪所“涮”。怀王怒，命屈匄（屈原叔父）攻秦。

3. 公元前312年，屈匄败，八万将士战死于丹阳。屈匄自杀。秦取汉中六百里，置汉中郡。时年，屈原为叔父及八万将士举行超度大祭而作《国殇》。此事发生在“屈原即绌”（罢左徒）之年，未闻屈原放流、放逐。

4. 公元前311年，秦割汉中地与楚以和。楚王怒说不要土地，只要张仪。张仪却故技重演，返楚，以“厚币用事者靳尚”，买通郑袖。怀王再次被“涮”，又释放了张仪。其时，“屈平既疏，不复在位，使于齐”。去齐干吗？代楚王去齐赔礼，重修旧好。却听说张仪又去了楚国，急匆匆赶回，谏怀王说：“为什么不杀张仪？”怀王悔，追捕不及。说明怀王虽疏远屈原，但对屈原的基本信任尚还存在。不见放流迹象。

5. 公元前309年，张仪死于魏。时年不见屈原放流记载。

6. 公元前304年，秦与楚盟于黄棘，归楚上庸。仇敌成了“友邦”。不见屈原被放。

7. 公元前301年，秦、韩、齐、魏攻楚，楚败，斩首三万，杀其将唐昧。是说怀王疏远屈原，听信奸佞馋言，破坏了屈原一手游说建立起的合纵统一战线，盟国倒戈向秦，反被秦利用组成连横联军伐楚。时年不见屈原放流。

8. 公元前299年，秦昭王与楚联姻，邀楚怀王会晤。怀王欲往，屈原力阻：“秦，虎狼之国，不可信，不如无行。”子兰却挑拨说：“为什么要断绝秦王的友好？”屈原廷争失败。怀王去秦。刚进武关，即被秦国伏兵扣留。由此可证怀王赴秦之时，屈原仍留任楚宫，且还有一定的话语权，不存在放流。

现在真相大白：楚怀王时期根本没有放逐过屈原！故屈学界二次放逐之说是后人从屈原诗中捕捉信息之瞎编！

9. 同年即公元前299年，楚怀王被“涮”入秦，秦将其扣留；这边即抢班夺权，楚大夫立太子横，是为顷襄王。

请注意这一细节：怀王前脚走，熊横后脚跟。怀王被秦扣留的消息还在使者狂奔回程的马上，楚宫这边一帮无耻小人和阴谋家就迫不及待地上蹿下跳，以“国中不可一日无主”为由匆匆立太子熊横登基楚王。

本来，从一开始屈原就强烈反对怀王入秦，并与子兰进行针锋相对的争执，不仅未能改变怀王的主意，反而被子兰扣了顶“破坏与秦友好”的帽子。待怀王刚走，这边就上演了宫廷政变的闹剧，那个小丑子兰渴盼已久的令尹之职便当然落在他头上了。屈原洞若观火，此顷襄王熊横正是被和秦派上官、靳尚、子兰、子椒、郑袖等推上台的代表人物，未即位就是屈原的政敌。我甚至断定，屈原早已发现这一切都是一帮内奸群小事先谋划好的夺权阴谋！

如此明目张胆的僭越篡权的不义行径，不说屈原，就是楚国广大民众也为之震惊愤慨！按屈原作为“庸楚两国共监制”的宗庸国高级使臣，代表宗庸国一方监管楚朝廷，有责任、有权力对熊横、上官、郑袖、子兰等人的越权违规行为表示强烈反对和严正抗议，因为他们违背了不可逾越的前世老庸帝创制的“登庸纳揆”（帝王登基、任命宰相）的宗法传统。依屈原的个性与脾气，他必定在顷襄王粉墨登基那天在宫中发难，与熊横、上官一伙面对面争吵理论，几乎到了鱼死网破的地步！作为蓄谋已久的熊横（按：名如其人，一个“横”字），怎容得下屈原的干涉，坏了他登基王位的黄粱美梦？几番较量，心虚的熊横不是对手，于是，恨从心头起，恶从胆边生，一不做，二不休，罗织罪名——极有可能是“破坏反对楚王登基”之罪，将屈原赶出宫廷，逐回大庸，永不回楚！根本不存在、也没有那个权力单边重判庸国特使的流刑！

10. 还是公元前 299 年。《史记》载：“长子顷襄王立，以其弟子兰为令尹。楚人咎子兰以劝怀王入秦而不反也。”可谓民怨沸腾，朝臣震怒！又载：“屈平既嫉之，虽放流，眷顾楚国，系心怀王，不忘欲反，冀幸君之一悟，俗之一改也。”至到怀王入秦，襄王登基，才出现“放流”二字，说明怀王之前根本不存在“放流”屈原之事！司马迁提出此说，历史本无载，是司马迁表述有误或很可能将襄王驱逐屈原之事前置了。这正是郭老所指出的“司马迁的第二个见解也就被湮没了”的误笔。

——也罢！我之所以不敢跟风两千年来先辈对屈原“放流”的诸多观点，是因为多数解释都没抓到襄王制造“驱逐庸楚两国共监使臣”事件的核心问题——即古今法官审案所必深究的“作案动机”——难道仅仅是奸佞群小嫉妒诽谤诋毁挑唆屈原而激怒襄王“以清君侧”吗？那也未免太小看熊横了。他知道这个来头不小的屈原，是以尚未登基的“庸王”身份代表宗庸国从屈瑕封地——大庸国朝廷遣入楚宫监管楚国朝政的“钦差大臣”，且位居莫敖、左徒、三闾大夫三宗高职，岂是几个小人可以动摇得了的？法庭上的断案，讲的就是案犯的作案动机。笔者发现：驱逐屈原出境的主谋和执行者根本不是怀王而是顷襄王熊横。怀王既无作案的动机（屈原有必要颠覆熊横的王位吗!?），又无作案的机会（已被扣留于秦），此人只能是熊横！诽谤、诬陷、排挤、打击并逐出屈原的实质本意，就是惧怕他坏自己的好事，威胁到自己的王位。否则，仅因臣子同僚之间政见相左而争吵乃至下三滥的阴害，是断不会出此下策驱逐屈原离楚的，因为这势必得罪宗庸国老庸王伯庸。

——试问：人世间千仇万恨，难道还有比这危及个人王位更深重、更可怕的矛盾和仇恨吗?!

——这便是笔者对困扰屈原被逐——所

谓“放流”罪名一案的发现与理解。

不过，我又突然注意到那句“顷襄王怒而迁之”的“迁”字：“迁”，即迁移、迁居、迁徙、迁怒等。“迁”决不含流刑因素！“逐”：只能是“驱逐”，不含放逐之意。

此之“迁”，含意至深，只可惜前人少有识者。

其实，玄机就在此“迁”字中。熊横、屈原说到底还都是熊通的同族共根后裔，只不过屈原因祖先熊瑕因接任“庸楚两国共监”使臣之职被熊通封回宗庸国朝廷，并定居祖地屈家坊改熊姓为屈姓了。襄王心里明白，他和弟弟子兰及上官等人，暗中结帮，谋权已久。此次秦邀父王出访会晤，天赐良机，弟弟子兰乘机发难，一言击败屈原成就父王之行。于是那边待父王刚出国门，这边立马闪电登基。然成则成矣，却实属大逆不道、犯下欺宗僭越之死罪。这些年，群臣表面与屈原争宠，不断挑起与他的矛盾，视如眼中钉、肉中刺，必欲除之而后快，无非是为深远之谋扫清障碍。但无论怎样，屈原不过是宗庸国之使臣，与他们实无权力冲突之利害，又何必下狠手置胞族同僚于死地呢？于是心生恻隐，计上心来，猛一声怒喝：“给我迁回老家去！”

——我揣测此即“顷襄王怒而迁之”的秘密之所在：好一个“迁”字了得！“迁”，迁徙、迁居也！而屈原对此次襄王驱逐宗庸国使臣“大逆”之举，仅以“流亡”定性，既恰到好处，也是历史的本相。

就在这一天，楚国一桩改元换代的宫廷政变大案就这样在全楚人民的谴责声中以屈原的失败被驱逐而落幕了。

就在这天，一个志得意满狂笑登基，一个满腔悲愤洒泪出宫。

这一年，这一天，是屈原人生中最为黑暗的劫日，也是延续千百年“庸楚共监”体制终结、庸楚分裂，进而大庸帝国——包括楚国，国运衰微，江河日下，乃至走向灭亡的发端。

11. 公元前 298 年，楚顷襄王元年。屈原正式踏上回归庸国故乡之路。就是说，这年才是屈原遭贬驱逐回庸国的准确年份。时年，秦伐楚，大破楚军，斩首五万，取十六城。屈原此时正矗立船头，顺江而下，心情极度沉重，忍不住挥泪长吟道：

去故乡而就远兮，遵江夏以流亡。
出国门而轸怀兮，甲之朝吾以行。
发郢都而去闾兮，荒忽其焉极。
楫齐扬以容与兮，哀见君而不再得。……
将运舟而下浮兮，上洞庭而下江。
去终古之所居兮，今逍遥而来东。……

——（《哀郢》）

此之“哀见君而不再得”，是指等待怀王从秦回来见上一面，却再也没有机会了。

行文至此，偶尔发现刘永济先生考定的屈原回迁时间也是公元前 298 年，即顷襄王登基元年。与我考证年代发生对撞，可说是我在有限的阅读范围内所碰上的第一个知音。幸甚！

不数日，拜读考古专家柴焕波先生大作《湘西古文化钩沉》，发现这样一段文字：“胡念贻《屈原生年新考》也认为：**屈原生于公元前 353 年。这样一来，屈原的行踪应是：楚顷襄王元年**（前 298）**乙丑，屈原 56 岁，遭谗而被放江南。**”（岳麓书社 2007 年版，第 31 页）

胡念贻、柴焕波之论与鄙人所考时间再次发生对撞！知音难觅呀！

12. 公元前 297 年。楚怀王自秦逃之赵，赵弗纳，秦追及之，执之以归。

13. 公元前296年。楚怀王被杀害于秦，秦人怜之。楚南公曰："楚虽三户，亡秦必楚！"楚与秦绝。（以上史料引自翦伯赞《中外历史年表》1985年2月第四次印刷）

——这，就是屈原从被楚怀王疏远、又被顷襄王罢官，终至与楚襄王决裂而被驱逐回归大庸宗国老家的全过程。

斯时，屈原的大船已进入澧水潭口里，缓缓地在久别的老屋场簸箕塌归乡岸边的古码头上靠岸。他跳下船，一膝跪在码头岸边，捧了一口家乡水，泪水长流，又随手扯了岸边一把兰花，一边揩拭泪水，一边吟道：

"揽茹蕙以掩涕兮，沾余襟之浪浪。……"

一部震古烁今的旷世奇作《离骚》，或许就在这一刻迸发出灵感了……

第二节　《离骚》：庸风澧骚之论

苏联著名屈学家H.T.费德林说："屈原是一个历史的具体的人，……对于他的家属，所幸我们没有必要从别人的考察中寻求解答，诗人在自己的诗篇中已有所记述。……《离骚》这首记述屈原生活道路和他的祖国命运的长诗，就其内容来说，基本上可以算是一首自传性的长诗，它包括了诗人自诞生之日至悲剧性结局之时的整个生活旅程。长诗开篇的诗行就是诗人的家谱：'帝高阳之苗裔兮，朕皇考曰伯庸'……"（引自戴锡琦、钟兴永主编《屈原学集成》，中央编译出版社2007年版，第64页）

一、《离骚》诗题之本义

闻一多说："我不相信《离骚》是什么绝命书……总仿佛看见一个粉墨登场的神采奕奕、潇洒出尘的美男子，扮演着一个什么名正则，字灵均的'神仙中人'说话（毋宁是唱歌），但说着说着……"（《神话与诗·屈原问天》）

我说，屈原是古代第一浪漫诗人。而李白的佯狂、李贺的瑰诡、蒲松龄谈狐说鬼，都达不到屈原的浪漫水准。他，拥有两个世界，一阴一阳，活动范围无法估量。他是一个宇宙人，不受时空的限制，又是一位阴阳先生，通乎阴阳两界。《汉书·蒯（kuǎi）通传》说蒯通劝韩信背汉，韩信不听，通"惶恐，乃佯狂为巫"。

《离骚》，分明就是屈原被襄王怒而迁回大庸故乡后，在佯狂状态下创作的一首抒愤之诗。

《离骚》无疑是屈原的代表作，也是楚辞中最杰出的一首。或说是中国有文字史以来，亘古未见的第一首风华绝代的伟大诗篇。全诗共376句2490字（或因版本不同，字数或有差异），是中国古代文学作品中发现的唯一一首长篇政治抒情诗。它不仅彻底颠覆了《诗经》中定型不变的"短章复沓"形式，而且对抒情主题做了大胆且富于变化而层层深入的表达。全诗气势恢宏，大气磅礴，波澜叠起，气象万千。诗篇中所表现的积极浪漫主义、比兴手法和华实并茂的语言风格及

不时出现的“庸风楚语”，让人进入一个充满奇幻色彩、语言琳琅满目、音韵铿锵震耳、节奏舒缓明快的文字艺术殿堂。这是中国——乃至世界古代独一无二的自由体诗歌模式——骚体，它开创了中国古代文学史上诗歌创作的新时代，传颂千古，辉煌千古。

然而，对《离骚》诗题的解释，一直存在很多歧义。旧说大约可归纳为两类：一是司马迁《史记·屈原列传》说：“离骚者，犹离忧也。”班固《离骚赞序》训释说：“离，犹遭也。骚，忧也。明已遭忧作辞也。”二说略同，多为后人所宗。二是王逸《楚辞章句离骚经序》说：“离，别也。骚，愁也。经，径也。言已放逐离别，中心愁思。犹依道径以风（风：讽）谏君也。”此说释“离骚”为“别愁”，在后世亦很有影响。

在近人的解释中，影响较大的亦有两家。一是游国恩认为《离骚》与《大招》中的“劳商”双声通转，“劳商”王逸注为古曲名，则《离骚》亦应古曲名，用于篇名与《九歌》《九辩》相若。而“离骚”之本义，即“牢骚”，二字当释为一词，不宜分释（《楚辞概论》）。二是钱锺书说：《离骚》是“欲摆脱忧愁而遁避之”之意，与用作人名的“弃疾”“去病”，或用作诗题的“遣愁”“送穷”相类（《管锥篇》）。郭沫若对游说极表赞同，认为“的确是一大发明”，还提出“离骚”是楚国的口语。湘西苗史专家隆名骥肯定游氏、郭氏之说“找到了门”：“我自幼讲苗语，于今不忘，按湘西、黔东、鄂西等区苗语考究，‘离骚’即‘要诉’。是‘我要诉说……’的省略语。以同类的语言佐证，如‘离卜’，即‘要说’，一般指平时要说的话。‘离骚’‘要诉’，含义较深。……纵观全诗的基本内容，正是诉说屈原的生平，表达屈原对崇高政治理想的追求和对邪恶势力的斗争。”（《苗学探微》，民族出版社2005年版，第199页）

综上所述，各家之说各有其理，比较而言，隆先生一说似犹胜一筹。但我认为都尚未找到本真的东西。倒是隆先生的另一句话值得注意：“吉首大学罗其精老师认为‘离骚’是苗族的口语，其含义是‘诗句’‘歌词’，可以说是入门了。”（引文同上书）

照罗其精老师的解释，《离骚》就是一首“歌词”的“词牌”。

经我长达数年的揣摩、思考，一直到我近两年彻底破译了屈原故里在古大庸国的澧水岸边——充县澧口——三闾宗坊（屈家坊）之后，终于稍稍悟出了《离骚》的题意：

《离骚》即“**澧骚**”“**澧水骚歌**”。亦即“**庸风澧骚**”。

“离”（lí）、“澧”（lǐ）同音，暗指屈原家门口那条养育他的澧水。或说古庸国的伟大母亲河。“骚”者，锦绣文章也，言人文之极盛，“不骚国，则诗乡”（《方岳文》）；又骚动也，指人之性情躁动于心，热血贲张，不安分也。或云人心充满积极向上，不安于守旧封闭；风骚也，指一代风流，敢爱敢恨，敢在人前展示激情。毛主席：“唐宗宋祖，稍逊风骚。”此“骚”即出自《离骚》。又骚荡也，性情开放，不拒男欢女爱，是真男人，亦真女人；又骚歌也，指屈原家乡之民间歌谣，尤以情歌中的“荤歌”——即“骚歌”——风骚之歌最是精彩；又“冒骚”也，此为大庸古语土话，意即此人冒尖过头，有几份邪气、几分张狂，玩世不恭，一切皆无所谓，或许做点出格的事儿来，遭人友善斥责："你冒骚!"2007年我受命撰写《张家界市城市文化战略规划研究》文本之七《城市人文气质与精神修炼》中，提出"关于将'庸城''骚城''兰城'作为张家界城市之雅号别称"，方案之二即"骚城"：骚城者，屈原故乡诗韵巫风之城也："雅"；性情浪漫之城也："骚"。

所谓澧骚，亦即巫骚、巫澧，即《山海经》所载灵山十巫之一的澧水酒神大巫。据张良皋先生考证："'灵山十巫'中有一位'巫禮''开明东六巫'中有一位'巫履'，清代学人郝懿行本'禮之义履也'为言，认为巫禮即巫履。这应该引起张家界学人的重视。张家界位于澧水流域，是产粮区，粮食一旦丰收，就有余粮酿酒，澧水古代应以酿酒得名'醴水'，精于酿酒的大巫一可以升格为酒神：无酒不足以成禮。在巫文化时代，巫禮的地位恐仅次于盐神'巫咸'。张家界的学人要搜集巫禮传闻，具有地缘优势，也有义不容辞的责任，以酿酒为重点的巫禮之学来充实这一带乃至全国的'先五帝巫禮学'。"（李书泰《庸国荒史研究》，中国文史出版社2015年版）

灵山，又名万灵山，是天门昆仑神界的重要神山之一。清光绪《永定县乡土志》载："天门十六洞天：山旧名灵岩寺，玲珑透脱，四方皆洞，洞以百类，莫得指名，……皆仙天福地也。"故天门山又叫灵岩山，是万灵汇聚的地方。此乃天门昆仑神界之宗。其山有灵泉，唐建灵泉院。邻县保靖则有灵观山（海拔1054米）；桑植、永顺交界处有万灵山（海拔1005米）；永定三坪乡亦有灵岩山，上有灵岩寺，庙门有"灵岩先师"匾额。

古大庸国巫风盛行，是"辰州符"的发祥地。"澧骚"说到底是澧水酒神大巫或澧水河神河伯的祭词，这些唱词巫歌，充满奇幻色彩，满耳骚荡且又奢华的靡靡之音，叫娱人悦神，远古时代古庸人的巫风之盛可见一斑。

谁都不会忌讳屈原作为末代庸君、莫敖、三闾大夫、放浪诗人，除掌楚贵族三大公族的教育与修编族谱外，就是掌国祀：祭天、祭地、祭神、祭祖、祭亡人，是注家们共认的第一等大巫师。鼓钟铎有专著《屈子为巫考》；张正明《屈原二论》："屈原之所学，广涉诸家，深悉国史，而尤精于巫学。"日本著名的汉学家白静川《中国神话》："楚辞是古代南方长江流域楚地的祭祀歌谣，在形式上是巫祝者的文学。……作者屈原是庸楚王族之一，应该也就是率领巫祝的人，其作品即产生于这些巫祝之间。"我认为，其"楚辞即庸楚祭祀歌谣"的结论算是抓到楚辞的本质与灵魂了。

范文澜在其《中国通史》（第262页）说："楚国的传统文化是巫傩文化，民间盛行巫风，祭祀鬼神必用巫歌。"又说："舜以天下让善卷，善卷不从，离京回武陵（按：武陵山核心即崇山），隐居二酉洞。善卷是舜的老师，是中国圣师之祖，原始宗教——巫教的创始人。而巫文化之源是盘古文化。"

关于善卷，前文已破善卷故乡在崇山，并在崇山北麓熊溪峪创办熊馆大学之古史秘密，由此可证天门昆仑、崇山县圃正是中国远古巫傩道鬼诸教的发祥地。

范文澜指出："炎黄族掌文化人叫作巫。"我认为范文澜大师把屈原《离骚》的文化背景本质讲到家了。巫傩创始祖盘古出生于沅陵盘古洞，修炼于扶桑神洲岛，大半

生改天换地于天门昆仑，崇山县圃，古代伟大教育家兼大巫祖的善卷就出生于崇山。屈原和他们都是老乡。屈原无疑是继承先人衣钵的最杰出的“掌文化人”的大巫。通读他的诗辞，大半题材都与巫事有关。

值得一提的是，大庸本土巫傩唱本体系中，屈原已被纳入地方神灵体系，比如大庸罗水乡傩坛的《神路正》唱道：“五帝天阳父母。东方青帝，天阳父母；南方赤帝（祝融），天阳父母；……中央黄帝，天阳父母。……朝天观（昆仑峰武陵源），祖师玄天、人威上帝；天门山、天泉山（今永定区温塘镇天泉山国家森林公园），观音祖师；云朝山、云岩山（均在傩【罗】水乡），万法教主；……马岭仙山（在大坪，天门山支系，一名马鬃岭），三闾大夫（屈原）、黑神云露都督大夫（颛项，被称为黑神）；……桑（植）、永（定）二县，各庙安堂。二十四位，诸天上帝，再运真香，虔诚奉请。”（民国三十二年甲申手抄本）

上述进入本土巫傩神坛的历史人物还有青帝、祝融、黄帝、三闾大夫屈原、颛项等。屈原进入大庸傩坛神谱，决不是偶然的事，这是大庸人民与屈原的那份同乡“骨血”之亲在“集体无意识”中的自然表现。大庸人自古莫名其妙地把祝融、黄帝、颛项、善卷、屈原等一批古伟人、巨人看作“本地人”，死后进入地方神谱是很自然的事。大庸佛教《堂祭词·开方朝·大圣叹无常菩萨》也不忘把屈原唱上一句：“周秦汉魏鲁明王，晋宋齐梁在哪邦？荆棘丛中藏五帝，蓬蒿茑下隐三皇。屈原因甚投江死，介子（介子推）为何抱树亡。堪叹古今贤达士，人人终不免无常。”（大庸道教法士李太盛、体道真靖神妙雷坛、沅古坪当代法师传人龚慧海提供）

上述两证，可证屈原原本就属于古代大庸傩坛大巫祖，当今大庸傩坛与颛项、屈原大巫乃一脉相传。

且看罗水乡傩坛《请神科》唱词中到底请了哪些神灵：“一望灵台，双双水木三神，四界功曹，五通五显，六位朝王，天上七姊妹娘娘，八洞鬼王，梅山九洞，十坛子弟，十一灵官，十二月王。傩家哥哥，傩家嫂嫂，三千美女，八百姣娥。……澧州姜女，华州范郎……”（民国三十二年甲申手抄本）

这“三千美女，八百姣娥”是干什么用的？

不用问，都是献给各路神灵享用的。故人们戏谑地说，神仙也好色，且决不逊于凡间。屈原在诸多祭词中涉及情色，本来与巫事有关，却被一些注家误解，还以为诗人思想意识不太纯粹。湖南著名傩文化学者林河先生说过：“我必须指出的是：‘傩文化’是一种‘原生文化’和‘野性文化’。我们研究它的时候，必须保持它的原生状态，切忌用封建文化的眼光去定取舍。‘原生文化’往往是与‘性文化’‘生殖崇拜’‘裸体祭祀’等紧密结合在一起的。在汉唐以前，中国人的观念还比较开放，在出土文物中，我们往往可以发现有汉代的‘石祖’（石头做的男性生殖器），‘陶祖’‘铜祖’‘男女裸体舞俑’‘铅制女巫在神殿中裸体演奏模型’‘男女在神树下性交图’等文物。”（载刘冰清、王文明、金承乾编著《辰州傩歌》序，中国文史出版社2006年版，第5页）

在屈原故乡的西部，即今张家界市西城区，有个叫“且柱岗”的古地名，这个“且柱”（今人讹写成“住”），就是古庸人的“祖柱”，《礼·檀弓》：“曾子曰：祖者，且也。”相传古代此处有一天然石柱，高数丈，酷似男根，故被远古人类尊为“石祖”，代代奉祀。相传明初杨璟征覃垕起义，为“灭南蛮族种”，竟下令将此石柱炸毁，柱下小溪流了三年血水。但地名符号却顽强地流传下来了。类似这样的性图腾，至今还有溇江的阴门山和男肚石，三岔乡的男根柱和阴门水，沙堤乡（流沙）的“美女晒羞”和岩榨坊（为了配对溪对岸的“美女晒羞”，前人即在“晒羞”的正前方造了一副石头油榨坊，用“撞杆”打油，象征生殖器与“羞女”作爱，天下一奇）等。故大庸澧水流域的傩戏傩歌被戏称为“巫骚”。并将一种蛇谑称为“巫骚公”（即乌梢蛇）。“蛇”，暗喻粗壮阳刚的男根，至今亦然，久之，成了那种蛇的土名。亦暗喻祖宗伏羲、女娲人首蛇尾交合之意。

《天下郡国利病书·湖广》说：“按湘楚之俗尚鬼，自古为然。《书·吕刑》：昔三苗昏（婚）礼，相当听于神。”《尚书·伊训》提出“三风（巫风、淫风、乱风）”之说：“敢有恒舞于宫，酣歌于室，时谓巫风。”《传》曰：“常舞则荒淫，酣歌则废德，事鬼神曰巫，言无政。”《疏》曰：“巫以歌舞事神，故歌舞为巫觋之风俗也。”《列子》说：这种巫风，早在黄帝时就已十分盛行，“有神巫自齐来，处于郑，命巫咸”。《归藏》亦载：“昔黄帝将战，筮（shì，古时用蓍草占卜）于巫咸。”本境清乾隆五十九年（1749）《甄氏族谱》记今武陵源一带古俗：“其俗信巫尚鬼，事向王公安等神，以宿辰傩愿为要务，敬巫师赛神愿，吹牛角跳丈鼓，语笑喧哗者多矣，识字知文者鲜焉。是故《慈志》有云：茅花界外不知甲子。”（《山羊隘沿革纪略》岁贡生裔孙学贤序）民国二十八年（1939）张国威、周一钧《沅陵县乡土调查·风俗》载：“重迷信，偶患疾病，不信医药，惟祈祷神庙，掣签取药，或延巫扛神，占鬼卦以禳解。丧事必延僧道诵经超度。……最奇异者，莫若‘土家’（即今土家族）祭祀，用肉一方，上插小刀一把，令人莫解。”《慈利县志》亦载：“大庸所崇山外屏，少见天日，又性忍，刺肤血以事神，千百成群，甚可笑也。”这是崇山古三苗族残留的巫风陋习。《中外历史年表》第386年页载：“公元990年，庚寅，宋淳化元年八月，湖南杀人祀鬼。”

上述典籍，为《离骚》乃至整部楚辞的文化大背景提供了深刻的理论和实践依据。不承认“巫史”在五千年，甚至一万年史中的核心地位——即“祖源文化”地位是说不通的。而且，前面有关章节，已经破译了“九澧蛮豆”始创人类第一轮文明的重大秘密，就有“巫醴”——“巫履”——“巫禮”的出现，进而发明“辰州符”的深度解密，“楚辞”的本真面貌也就渐渐浮出水面了。

在研究屈原出身、生平的漫长岁月中，注家们一直没有从诗作本身发现他的故乡的蛛丝马迹。唯一的线索就是《离骚》的开篇8句诗，8句诗告诉人们四个信息：一、关于他的先祖、他的父亲——乃至他的国度。二、关于他降生的年月日时。三、关于父亲给他取名的思想寄托。四、关于他的名和他的字。

从古到今，在某首诗作中交代诗人自己的先祖父亲和生庚八字的先例，全中国可能只此一例，也是最后一例。读者们对此估摸不透：又不是写自传，干吗在诗篇前面要“自报家门、生庚八字”呢？

关于这个疑点，我悟了近六年，直到本

书冲刺本章时，一个“澧骚”的概念让我豁然开启思想之门：“澧骚”其实就是一部经过升华提炼的巫傩唱本。——亦即日本著名的汉学家白静川所说“楚辞即祭祀歌谣”，是屈原作为人神使者——大巫师向各路神灵“自报家门”，以便能顺利通关与上天沟通。

此念头一出，便立即查找相关资料，在一册标题为“湖南地方文史丛书”的《辰州傩戏》中，一出叫《搬开山》的傩戏（按：“开山”，指斧头，本土称“开山子”，源自盘古用斧头开天辟地之传说）上场便是自报家门：“开山（上）［念白］自从盘古天地分，三皇五帝正乾坤。七岁入了桃源洞，洞府修炼已成真。吾乃开山大将是也，祖住澧州卧龙岗，父名开国泰，所生兄弟三人。大哥名魁星，二哥名夜叉，只有我老三来在仙洞修炼。生得好，生得好，板斧怀中抱，劈开金银山，尽是财和宝。适才坐在洞中，心血潮涌，必有喜事临门”（沅陵清代张松龄手抄本，中国文史出版社 2007 年版，第 175 页）。

这与屈原《离骚》的“自报家门”如出一辙，使我坚定了对“澧骚”的判断。在那个时代，作为傩歌巫音，哪有可能拒绝“骚”的？《吕氏春秋·侈乐篇》对此现象有十分精辟的品评：“宋之衰也，作为千钟（按：千钟：喻比宋代宫廷钟鼓舞乐之奢靡）；齐之衰也，作为大吕（大吕：洪钟大吕与千钟对）；楚之衰也，作为巫音。”

所谓巫音，即巫傩乐舞，即刘禹锡所说的“南音”亦即“澧骚”。是说“巫音”登上大雅之堂意味着楚国的衰败。这也许是偏见，但可证澧水流域巫风之盛是不可否认的，这便是“澧骚”产生的深厚的社会基础。

从“澧骚”到“招魂”“大招”，27 篇诗辞无处不感受到一种古老的巫音在撞击这个世界。诗中的灵山十巫不断交替出现。比如《招魂》，就有巫阳（张良皋考为阳山大巫颛顼）。一方面，极力描述天地四方的险恶恐怖，警告亡魂不要上天，不要入地，不要淹留四方，而要尽快返回故居；另一方面，却百般地铺叙宫室苑囿之富丽堂皇，饮食乐舞之美盛炫目，美人服饰之华奢，巫女姿色之艳丽，几乎是用色用性来诱惑劝告亡魂归来安享人间洪福。诗人写道：

“兰膏明烛，华容备些。二八侍宿，射递代些。九侯淑女，多迅众些。盛鬋不同制，实满宫些。”

大意是：用兰花炼成的香烛格外奢华堂皇，陪侍的美女早在那里等候君王。十六位侍寝的美女分列两旁，她们轮换侍宿过夜直到天亮。九方诸侯送来的都是窈窕淑女，一个个娇艳妩媚活色生香。但见绿鬟垂地云髻高绾发型多样，这些佳丽已住满了你们的深宫高墙。

单从这几段祭词，就发现澧水巫风中所充溢着的情色淫祀内容已到了令人吃惊的程度。这与本境傩歌《请神科》所请“三千美女，八百姣娥”形成古今信息对接，可证屈诗所言是澧水巫骚中的实情而非神话。由此可见，澧水巫风即骚风绝对是有其深远背景的。屈原诗中，描述“澧水”“澧浦”的诗句远远超过“沅湘”，而汉后注家又往往以“沅湘间”三字掩盖了“澧”，故“澧”几乎不入注家眼球，这实在是一大误区。笔者发现《离骚》即“澧骚”的同时，几乎是毫不犹豫地冠上“庸风澧骚”的概念，而“骚”的本质是“性骚”，是“淫祀”。《山海经·中次山经》：“姑繇之山，帝女死焉。其名曰女尸，化为䔄草，……服之媚于人。”此“女尸”不就是立“女尸”祭祀于神坛、灵堂吗？郭沫若《释祖妣》引《说文》云：“尸，陈也，象卧之形。”此“是尸的本意，故女尸当通淫之意”。对此，马林诺夫斯基说：“人类极其关心的是传种与营养。传种与营养对于宗教的关系时常被承认，有时更过于加重。特别是性，常被看作宗教的主要根源……我们更不要忘记，在仪式上的放任性，并不只是纵欲，乃是表现对于人与自然界底繁殖力量的虔敬态度。这种繁殖力量，是社会与文化底生存所系，所以要被宗教所注意。”由此可见，宗教祭祀中的“淫祀”不属于道学家所说的“邪巫”，而是庄严、肃穆宗教殿堂的“圣洁”。那么，屈原笔下放肆铺陈“淫祀”之场面也就不足为奇了，相反，是对战国时代巫风澧骚现状的真实写照。

长期以来，读者多为《诗经》有“庸风”而无“楚风”感到不可理喻。一些注家对此亦两眼茫然。其根源是弄不清庸为楚之母国、宗国，楚为庸之子国、封国的庸楚两国体制大背景。感谢孔夫子在大块删书删诗的危机关头，还很负责任地为历史保留了一组极其重要的符号——“庸风”“庸帝”“天庸”“庸德”等，并不以大楚之兴而篡改、掩盖进而抛弃他们的宗国——大庸。孔夫子曾深入大庸国采风，上过天门，登过崇山，几乎走遍古庸国中心地、发祥地的奇山异水文物古迹。尤与慈利白县长官鬼谷子(白公胜)过从甚密，结为至交。

孔子以“庸风”入经而不列“楚风”，是孔子发现了南方半个中国的空白的天大秘密：楚出大庸，庸楚一家，“庸风”即“楚风”，楚风是庸风的分支、延续与发展。《桑中》就有“庸”的信息：“云谁之思？美孟庸矣。期我乎桑中，要我乎上宫，送我乎淇之上矣。”

“桑中”在何处？在今张家界市的桑植县（古作桑植坪），那里正是万灵山的故乡，是《山海经》所载澧水源头“帝女之桑”的故乡，是《竹书纪年》记载帝颛顼高阳氏晚年所居的“桑濮”之地。孟庸，楚人称“优孟”，美男子。民间或庸宫戏子、舞者。“优孟八尺，多辩，尝以谈笑讽谏。”（《诸宫旧事译注》）据传，孟庸出生于今张家界市西城区孟坪（今且柱岗新城区），是古庸国“大庸阳戏”的一代传人、大戏剧家，故称“优孟”。而《定之方中》则留下“楚”的信息：“定之方中，作于楚宫。揆之以日，作于楚室。……升彼虚矣，以望楚矣。望楚与堂，景山与京，降观于桑。”为何在“庸风”中写楚宫、楚室、望楚？这个秘密几乎少有人识破。原来“楚”与“庸”有割不断的宗子联系，恰是庸楚同源的佐证。庸风，应该是大庸古国各族民间创作的歌谣，而这些歌谣，除少量的政治、叙事史诗、生产劳动、民俗生活歌之外，其主体部分仍然是“骚风”——即情歌，情歌即骚歌，与巫骚本质上是一致的，是“澧骚”的另一种版本，只是表达方式不一样。不可否认，屈原的“澧骚”也不只止于“巫骚”，它同样融入了庸风中的民间骚歌情歌样式和内容。故“庸风”与“澧骚”同源同根，一脉相承，不可分割。唐代释皎然载《澧州志》的《五言答苏州韦应物郎中》诗云：

诗教殆论缺，庸音互相倾。

忽观风骚韵，会我夙夕情。

诗中“庸音”，即“庸俗之音”，亦即古

大庸国民俗歌谣，决不是“低俗”“恶欲”之音，当指屈原独创的“庸风澧骚”。光绪大庸《屈氏族谱》（序十六）载：“始叹楚无风而《离骚》可以补；楚之风骚，非谱可以补充楚风之缺。”是说这《离骚》就是补楚风之缺的“庸风之骚”。此“楚之风骚”与释皎然说的“庸音风骚韵”是同一个概念，简言之，《离骚》——即“巫澧之骚”——“澧骚”。我想到梁启超先生对屈原所作的一句评语：“屈子盖天下古今惟一之‘情死者’也。”（《屈原研究》）

二、《离骚》首八句乃打开屈原故里身世之谜的三把钥匙

“帝高阳之苗裔兮，朕皇考曰伯庸。摄提贞于孟陬兮，惟庚寅吾以降。皇揽揆余初度兮，肇锡余以嘉名：名余曰正则兮，字余曰灵均。”

这4句8行开篇诗中的“高阳”“朕”“伯庸”，就如傩戏开场白的“自报家门”，是诗人留给未来历史解谜的三把金钥匙。所谓谁能识得个中味，千古谜宫自然开。

帝高阳：《竹书纪年·卷上》载：“帝颛顼高阳氏　元年，帝即位，居濮。……三十年，帝产伯鲧，居天穆之阳。”

颛顼，号高阳氏，约生于公元前2450年，黄帝之孙，昌意之子。高阳娶于腾隍氏女而生老童，是为楚之先祖（见翦伯赞《中外历史年表》，第3页。）《山海经·大荒西经》载：“大荒之中，有山名曰日月山，天枢也。吴姬天门，日月所入……颛顼生老童，老童生重及黎……”此日月山，即前些年轰动世界的四架表演飞机穿洞而过的张家界之天门山，而与南侧相邻的七星山也天生一门（略小于北天门），古称南天门。二山两天门，举世无二例，这就是全世界无法克隆编造的“日月山”。相传颛顼夫人吴姬，与颛顼在天门山、七星山两地设天象观测台，总结发明《颛顼历》，并在这里生儿育女。可证颛顼居住地就在天门山一带。“元年”，指颛顼接替黄帝之位那年。所谓居濮之“濮”，当代文物考古成果已经提出沅、澧中心地石门、慈利、桃源、大庸、桑植、沅陵、永顺、保靖、龙山等地正是濮人（即今土家族）居住繁衍中心地的观点。而沅陵城则是濮国国都所在地（今窑头遗址）。而桑植又称桑濮，是远古最早发现蚕桑的地方，《山海经》称“帝女之桑”，帝女之父即祝融。今桑植县芙蓉桥镇有“高阳村”，是颛顼在此观测天象时的短期居地。而屈原故里澧口崇阳坪，则是颛顼出生地及晚年居所。今阳湖坪有高阳庙（原四中校舍）。“三十年，帝产伯鲧”，伯鲧，即大禹之父崇伯鲧，亦即崇山之伯。同书亦载：“帝尧陶唐氏　六十一年，命崇伯鲧治河（按：指黄河）。六十九年，黜崇伯鲧。”颛顼儿子崇山王崇伯鲧居崇山，后因治水失败被庸帝祝融诛杀于凤羽山（今张家界市北之北子午台，古今均称凤羽山、羽山、金鼎、庸成山、福德山等）。伯鲧又生子大禹，大禹在崇山建立夏朝，都城在崇山西南之大砂台。这里是颛顼家族出身地、发迹地的连环史证。这是任何人无法搬动的地名之证。

从上述古籍所载颛顼生子伯鲧，伯鲧生大禹，大禹在崇山建夏朝；又生老童，老童又生重及黎，重、黎二子均授予“祝融”火神之职，天下祝融的原生地在南方崇山不可撼动，史载“祝融降于崇山”。既然二子数孙

都出生于古庸国中心崇山天门，颛顼不是古大庸国人，又能在哪里呢？此之“帝国”，不是天下唯一的大庸帝国，又是哪方之帝国呢？中国词库中有“颛庸”二字，应是前人为颛顼即位庸帝留下的重要信息，却被一些腐儒瞎解为“愚钝平庸”，不知典出何来。

确认颛庸大帝颛顼的出生地、繁衍地在大庸中心地（今张家界市），由此上溯黄帝以远，直至伏羲、女娲、祝融氏、华胥氏，下至大禹夏朝之末，一支黄帝世系家族的诞生地、文明创世地的脉络便渐渐变得清晰起来。

现在总算豁然开朗：屈原自报家门首八句之首句所称帝高阳颛顼，原来就是古代伟大熊屈氏家族的根脉之所在！而且是**中华第一古族——苗族之祖！**从颛顼（前2450）到屈原（前278），相距2172年，中国古代真正具有国家体制意义的创世之国——古大庸帝国——《尚书》又称“天庸”“天庸帝国”的根系一直不断代地延伸存在，不曾料最终被秦国灭于末代庸王伯庸及屈原父子任期，屈原虽未登基却以生命殉国——**绝非殉楚而是殉庸！这是千百年屈原学中的第一大误判！**须知，庸国被秦将司马错所灭50余年后，秦灭楚。

关于伯庸，屈原已在开篇首八句讲得明明白白，就是他的父亲，却有解为屈原先祖或其他称谓的。汉代刘向《五叹·逢纷》云：“伊伯庸之末胄[1]兮，谅皇[2]直之屈原。”把屈原当成伯庸王族的末代子孙了。吴广平认为皇考即太祖、远祖，出自王闿运之说；伯庸，解为句亶王即熊渠的长子熊伯庸。甚至认为是屈氏受姓之祖，“屈氏”之“屈”即由“句亶王”之“句”音转而来，则出自赵逵夫之说，就离题万里了（见吴广平《楚辞图文本》岳麓书社2007年11月版）。多少年、多少代以来，屈学界对屈原《离骚》首八句的注释五花八门，几乎多数没有悟透“伯庸”二字所蕴含的关于屈原身世的重大信息。更不知伯庸之“庸”乃南方第一大宗庸国之背景。真正悟透其真谛者普天下唯有当代的张良皋先生，在他的《巴史别观》大作中写道：“屈原《离骚》首八句，为我们提供了十分可靠的历史信息，为我们下决心整合庸国古史的破碎冰山加强了信心，屈原这位世界文化名人的贡献不止于文学。按照屈原的启示，我们初步整合起来的一座庸国古史冰山已经十分巍峨，十分辉煌，当然会诱使我们深入海底，去探寻庸国的潜德幽光。”

可以说，张先生从“伯庸”二字中窥视到了那个已成天籁遗响的大庸帝国的伟岸身影，从而一扫两千年来因曲解、错解而笼罩在屈原身上的那层铁幕。抑或说，只有破解了屈原之父乃庸国之“伯”——末代庸帝的身份和这个国家的准确建都地，屈原的生身之地便不言自明。本著已收集到大庸《屈氏族谱》《告祖词》等若干基础性核心证词，彻底破解了关于伯庸与大庸帝国及屈氏后庸国的史实，无可辩驳地证明《太平御览》所载屈原故里在大庸绝非空穴来风。

张先生甚至发现屈原出生于庚寅日恰与先祖祝融重黎被诛于庚寅日吻合，故他的父亲伯庸才发现儿子“生有异禀”，非同小可，大有“转世灵童”意味。而对其名字的解读，更是独具慧眼，非是一般人可企及的。他说：

“若依鄙见，‘正则’可从古人解释，‘灵均’则古人犹未尽其义蕴。‘灵’是盐神，‘均’是陶轮，字以表德，这里表的是

屈原先世之德。屈氏家族，应是制盐、制陶大户，而且拥有技术，甚至上格神性。**以‘鬲’为标志，或曰‘族徽’，**因而‘受氏’的祝融氏族，其为制陶大户已毋庸再次证明。说屈原之字‘灵’表示其家族是制盐大户，是一个极其引人入胜、无比重要的论题。”（《巴史别观》，第30页）

张良皋先生上述之论，自辟一径，奇峰突起，超越前众，无有及者。

以上四句意思是：

我是三苗氏古帝高阳的后代，我那过世的父亲叫伯庸。岁星在寅那年的孟春月，正当庚寅日那天我降生。父亲在我初生之时仔细观察，于是赐给我寓意不凡的美名。他为我起的名叫正则，同时把我的字叫灵均。

【附录】　关于屈原之父伯庸身份诸说一览

(1) 王逸“伯庸”乃屈原之父说

(2) 刘向“伯庸”乃屈原为其后代说

(3) 叶梦得“伯庸”乃屈原曾祖说

(4) 王泗源“伯庸”乃屈原祖父说

(5) 陈直“伯庸”乃屈原远祖说

(6) 彭泽陶“伯庸”乃屈原先祖熊通说

(7) 陈思苓“伯庸”乃屈原先祖屈固说

(8) 卫瑜章“伯庸”乃屈原先祖熊绎说

(9) 段熙仲“伯庸”乃屈原先祖熊康或句亶王说

(10) 闻一多“伯庸”乃屈原之远祖说：“伯庸即祝融，楚之嫡祖，远古时的火正”

(11) 傅斯年、童书业“伯庸”乃“祝融”即火神、日神说

(12) 蒋南华“伯庸”乃“祝融”即南楚火神说

(13) 董楚平“伯庸”乃“祝融”即南方天帝炎帝之辅佐神说

(14) 饶宗颐“伯庸”乃楚远祖祝融说

(15) 赵逵夫“伯庸”乃楚君熊渠长子句亶王无康即熊伯庸说和屈原之父屈易说

(16) 秦文兮“伯庸”乃吴相国屈狐庸说

(17) 郑在瀛“伯庸”即“屈庸”说（一如伯鲧、伯昌、伯禹）

(18) 刘城淮“伯庸”乃“祝融”说

(19) 龚维英“伯庸”即“祝融”说；又，屈氏的始祖熊伯庸说

(20) 张良皋“伯庸”乃屈原父及庸王说

(21) 张中一“伯庸”乃孟庸即句亶王说

(22) 郑文“伯庸”乃屈原始祖说

(23) 游国恩“伯庸”乃屈原之父说

(24) 清代重庆潼南《屈氏家谱》“伯庸”乃屈原之父屈到说

(25) 郭沫若“伯庸”即屈原父亲说

(26) 王闿运“伯庸”乃屈原太祖即屈氏受姓之祖说

(27) 汤炳正“伯庸”即句亶王熊无康说

(28) 吴广平“伯庸”为屈原远祖句亶王熊伯庸说

(29) 易立军“伯庸”为屈原亡父说

三、屈原“庸王”“莫敖”政治身份甄别

在屈原学研究领域中，有关屈原政治身份的确认，基本上只停留在《史记》所载左徒、三闾大夫二职上，实则不然。笔者从“朕”“伯庸”“屈侯氏”“屈原相公”四个核心文化符号中捕捉到屈原居然是一代“庸王”及“莫敖”政治身份的重大秘密！

（一）伯庸乃大庸国末代庸王

屈原《离骚》自述道：“帝高阳之苗裔兮，朕皇考曰伯庸。”

意思是：我是三苗氏古帝高阳的后代，我那过世的父亲叫伯庸。

高阳即颛顼，黄帝之孙，五帝之一。本著已从“颛庸”背后破译颛顼实为大庸帝国一代空前绝后的庸帝，被公认是中国苗族四大宗祖之一（祝融、蚩尤、颛顼、驩兜）。屈原自称是帝高阳之苗裔，一些学者心里不服，这个伟大诗人怎么是苗族而不是汉族呢？似乎苗族比汉族贱，比汉族蠢，却不知汉朝前中国古族中根本没有“汉人”“汉族”的概念，连名分都没有，却“考”定屈原是“汉族人”（见《中国文化史500疑案千古之谜》，中州古籍出版社1997年版，第234页）。岂止颛顼，连屈原说伯庸是自己的生身父亲也被人怀疑否定，其“众说”之多竟达二三十种。民国版《辞源》载：［皇考］⑴谓亡父也。《礼》：父曰皇考，母曰皇妣。《楚辞》朕皇考曰伯庸。宋以前皆称父曰皇考。至徽宗始禁止之。南宋以后，无有称皇考者。见《养新录》。⑵为曾祖也。《礼》：曾祖之庙曰皇考庙。⑶谓亡祖也。假哉皇考。《笺》：皇考，斥文王也。按此诗为成王之诗，是以皇考称祖也。

上述三说，皇考可作父、曾祖、亡祖。但《辞源》以屈原《离骚》作父解之例句，肯定伯庸为屈原之父。如果作“曾祖”“远祖”解，那“帝高阳”又作何“祖”称呼？如果两句诗重复两个同义同级别的“先祖”，那大诗祖屈原岂不是犯了最低级的语法排列错误？“伯庸”之伯何解？《礼纪·王制》曰：“王者之制禄爵：公、侯、伯、子、男凡五等。”又“领袖之称”。又作长、作大。如鲧封崇山伯称崇伯鲧或鲧伯，又禹称伯禹、大禹。庸，即庸国，伯庸即庸国之“伯”，亦即庸王，一作“大庸”。此之“伯庸”是屈原以父亲庸王职位作“父”之代称，一如当代毛泽东以“主席”代其名，周恩来以“总理”代其名。

光绪大庸《永定屈氏族谱》载《祖祠碑》云：“及颛顼与楚同姓。为楚世官，则有伯庸之子屈原，名曰正则，字曰灵均，……”《派序》云：“先有伯庸之子正则公，楚之公族也，仕楚为三闾大夫，……”由大庸屈原后裔代代传称伯庸为屈原之父，与屈原自称父伯庸对接，所有伯庸“众说”不攻自破。前章所解流传于沅陵、大庸的清康熙六十一年壬寅（1722）手抄本庸人《告祖词》有“十二屈末终伯庸”“伯庸八祖铸钟鼎”“以铸钟鼎贡庸王”“庸王以鼎号子国”“伯君耗尽回天力”“庸王长叹天诛我”等唱词，明白记下了“伯庸”即“庸王”的秘史，证实《永定屈氏族谱》所言屈原父伯庸即一代庸王不讹。1973年5月，在湖北当阳季家湖古城内（春秋楚国郢都之所在）一处宫殿遗址中，发现一尊“庸王钟”，高38厘米，重22斤。上有铭文，其中央钲部四字“秦王卑命”。左下鼓部八字“竸墉王之定救秦戎”（参见张良皋《巴史别观》）。大约是秦王战事受挫，向庸王求援。从“秦王卑命”之“卑”分析，正是秦国与庸国宗子关系的表证。庸国历史上一直是众国之宗之祖。《尚书》记载了庸帝先后两朝两代两次受“天命”灭夏、灭殷的史实即是明证（后有专论）。此之“庸王钟”是“庸王”之称的文物证据。

既然伯庸已被确认为庸王（乃至末代庸帝），就必有一个国家实体存在。这个国家，只能是存在于长江之南“伯”所统治的古“庸”大地的古大庸帝国——是中国古代第一个称“帝”的“宗国”“祖国”（参读《尚书》）。

——这个被历史遗忘、被楚国覆压的大

庸帝国，正是屈原的生身之国、宗祖之国。

这个秘密本已由屈原“自报家门”告诉大家了，却因一些人死不相信而成了破解屈原身世最大的障碍。因为连屈原究竟是庸国人还是楚国人都浑然不知，又怎能准确判断屈原的国家背景、文化背景、社会民族风俗背景及身世背景呢？我以为两千多年来的屈学研究最大的硬伤莫过于此。

月明日先生说：“有人推测屈原的祖先就是庸国人。”还说：“其实大庸的‘庸’绝非平庸的‘庸’。大庸原是古国名。”并说：“古庸国是中国古代文明的一个发祥地，与黄河流域的古殷商之地一样，同是中华文化的摇篮。在辉煌文明的推动下，古庸国曾盛极一时。”（《揭秘消逝古国》，第38页）

张良皋亦说：“屈原并不回避他是庸国的后裔，连楚王也乐于自称庸王。”（《巴史别观》）

二位先生不约而同发现了屈原与大庸古国的宗亲关系，他让我们看到了两千年屈原生身地研究的曙光。

那么，伯庸到底是谁？屈原讳直呼父名，以王爵称之，故留下千古疑案。目前笔者所搜集到各个学者所认定的关于“伯庸”实名之说有：熊通、屈固、熊绎、熊康、句亶（dàn）王、祝融、屈易、屈狐庸等。重庆潼南《屈氏宗谱》则载：“又有屈到即《离骚》所云朕皇考伯庸，性洁俭，嗜芰（jì），临卒曰：‘祭我必用芰。’（屈）到生屈原，名正则，字灵均，怀王任为左徒，掌屈景昭三姓之官，所以名三闾大夫。后上官大夫靳尚馋之，遂放逐。”但春秋《国语·楚语（上）》却载：“屈到嗜芰。有疾，召宗老而属（嘱）之，曰：‘祭我必有芰’。及祥(死)，宗老将荐芰，屈建命去之。”意思是屈建反对以芰作死者贡品。查伯庸之子中，似无屈建，故此之屈到未必就是伯庸之真身。屈原称父亲是以其“伯庸”——即庸帝之“伯”——爵号而称之，避讳直呼实名，与当今称毛泽东为“毛主席”同理。

（二）从屈原7次自称“朕”发现屈原本是一代庸王庸帝?!

关于屈原身世地位，古今屈学家几乎无一人说中。

其实有不少人已经从屈原“自报家门”中发现了那个“朕”字，但都不敢触碰此字，因为没有一个人相信屈原胆敢自称“朕”，但诗中7次称“朕”却是白纸黑字载之书中的。有人说是诗句中所写的某人物、某神仙的自称，与屈原自称无关，这不过是换一种搪塞的方法罢了。不必忸怩，就让我来说说吧。

且读：

1.“朕皇考曰伯庸。”（《离骚》首八句）

2.“回朕车以复路兮，及行迷之未远。”（《离骚》）

3.“曾歔（xū）欷余郁邑兮，哀朕时之不当。”（《离骚》）

4.“怀朕情而不发兮，余焉能忍与此终古！”（《离骚》）

5.“憍（jiāo）吾以其美好兮，敖朕辞而不听。”（《抽思》）（敖朕：敖，莫敖。证明屈原还身兼莫敖之职）

6.“固朕形之不服兮，然容与而狐疑。”（《思美人》）

7.“朕幼清以廉洁兮，身服义而未沬。”（《招魂》）

这7个“朕”字，让多少注家不可理喻，要么避之不究，要么一个“我也”了事。《康典》：“朕，《说文》：‘我也。’

《尔雅·释诂》：‘朕，我也。注，古者贵贱皆自称朕。’疏：《大禹谟》云：帝曰：‘朕宅帝位。’禹曰：‘朕德罔克。’屈原亦云：‘朕皇考曰伯庸。’**秦始皇二十六年**（前221）**定为至尊之称，汉因不改，以迄於今。**”

朕，作“我也”“吾”解，不错。不过，我倒要质问《康典》编者们：你们从秦朝以远的古籍中找到了**“古者贵贱贫民百姓皆自称朕”**的文字范例了吗？我不知《康典》引《尔雅·释诂》依据何来。因了这句错话，误导多少屈学注家肆意曲解屈原首八句自称“朕”的本义。其实，此“朕”以“我也”解，其本义只限于帝王“我也”自称，绝不包括平民百姓！金某不才，孤陋寡闻，但自从7岁发蒙，初识一批文字后，就开始阅读古今以来如三侠五义、几言几拍、四大名著、志怪传奇、古史典籍、民间古籍等，一读50余年，却怎么也没发现**“平民也可自称朕”**的只言片语，怎么就没发现**“古者贵贱皆自称‘朕’”**的范本呢？查当代刘兴隆著《新编甲骨文字典》，以1899年发现的殷墟甲骨文字本义作如下解释：**“朕，卜辞作代词，多作商王自称之词：‘朕耳鸣，……朕出今昔，即今昔朕出。”**（国际文化出版社2005年版，第529页）甲骨文是中国古代的初始文字，根据字意及卜辞内容，界定“朕”系商王自称之词，说明至迟在商汤初期这个“朕”字就已成帝王专利，距公元前221年秦始皇“定为至尊之称”早1500年以远！其时，殷墟甲骨文还躺在古墓中，因而后起的《说文》《尔雅》，及更晚的《康熙字典》和当代的汉语词典等，就只能凭秦汉以后书籍中的说法去解释了。既然迟到的甲骨文从坟墓里站出来讲话了，我们也只能义无反顾地纠错以捍卫古文字的尊严不容篡改！其实，早已流行于先秦时代的《四书五经》《尸子》及《墨子》等一大批古籍早就对“朕”做了大量引用：

《尸子》：“尧曰：朕之比神农，犹旦与昏也。”

《墨子·兼爱下》载禹出征时的誓词：“济济有众，咸听朕言。”可知比商更早的尧、禹二帝也称朕，比秦始皇早2000多年！

《尚书》中上自尧舜，下至夏商周，连用了不下数十个“朕”字，凡以“朕”自称者，无一不是国君帝王。如果凡夫俗子都能称朕，作为骄横霸道、不可一世的封建王朝第一大帝的秦始皇，怎不独创一个属于自己一人专利版权的伟大称号而自甘以广大平民百姓五马六猴的强盗坏蛋娼妇杀人犯等都可随意通用的称号以自称呢？由此可证，“朕”决不是“贵贱皆可称呼”的代词！也决不是秦始皇独尊的专用称号！更何况，屈原称“朕”远在秦始皇之先——至少早200年以上。秦始皇再牛气霸气也不过是沿袭先人旧制，如果真要“独尊”，也只能从公元前221年登基那天起有效，怎能因此抹杀否定先人早称两三千年的帝王专用词?!

今日，笔者向人们出示这份迟到的证词——出土于清光绪二十五年（1899），比成书于康熙五十五年（1716）的《康熙字典》迟183年的殷墟甲骨文，现在可以理直气壮地站出来做证，**坚决彻底修正秦汉以降所有关于“朕”的误解误读！**

笔者有些想不通，屈学界那么多大家大师，想必都读过孔夫子的《尚书》一类的古籍。应该一看就明白：孔子卒年为公元前473年，编《尚书》在40岁左右，即公元前503年前后，比秦始皇称帝早288年。屈原诗中7次称“朕”约在公元前296–293年继承庸王帝位之后，比秦始皇称帝早75–80年，又为何异口同声以秦始皇独专“至尊”而不承认屈原自称“朕”的现实呢?!

正因为是世代帝王自称之专用字，**如果屈原是普通官僚，他有狗胆敢——或无知地冒天下之大不韪而自称“朕”吗?!**

那么现在，我们可以用平和的心态判断屈原自称“朕”的深层秘密：难道他还是一位国王、庸帝?

没错。如果不是国王、国帝，他胆敢触碰皇纲铁律僭称帝“朕”吗?!

且看张良皋先生的一段高论：“毫无可疑，屈原一族，是中原五帝高阳氏颛顼一族的后代，也是某一位‘庸伯’之嫡嗣。屈原此话，是真是假?历来注家大多漠然置之，仿佛无须较真；还有一些免不了认为屈原无非称述门户，自高身价，看在屈原分上，不忍戳穿，姑且存而不论。以这种态度对待屈原，很不严肃。人们满口尊敬屈原，对他的代表作的开头两句就不那么当一回事，未免有失公道。”（《巴史别观》，张良皋著。中国建筑工业出版社2006年5月第一版，第21页）

张氏之论，不仅是对两千年来屈学界所积下的诟病的辛辣批判，也隐隐捕捉到了屈原作为“庸伯”——即一代庸王、庸帝的“嫡嗣”——实为“亲子”的秘密。既然是庸王之长子，屈原就必有继承王位的资格和可能。上自夏商周，下至元明清，有几个帝王不是以长子作继承人的（个别除外）?笔者经12年半的研究求证，已发现屈瑕受封于大庸国本土屈家坊，其曾孙屈荡（莫敖）至公元前611年楚、秦、巴三子国共灭上庸之机正式入主大庸帝国朝廷，取代了历经42世1500余年的熊氏庸王政权（暂且以上自穴熊，下至屈瑕熊氏庸王为界），开启了未来420余年的“屈氏庸国时代”（前704–前280）。屈瑕后裔十二代长子长孙皆为大庸国帝王，屈原之父伯庸就是末代庸王。有学者甚至认定伯庸就是末代祝融。笔者深表赞同。伯庸死后的第三年（前278），屈原因国破家亡投江死，屈氏家族树倒鸟散，祝融神职无人继任，即宣告自动终止，其后裔只能以建火神庙、祝融宫、火宫殿等庙宇延续香火。公元前299年，屈原因政界受挫被顷襄王“怒迁”而回故里时，伯庸约80多岁，按理，如此高龄，应该乘儿子回国将王权移交。从屈原自称“朕”，说明他早已继承了王位。可能是奉父王之命以“庸楚两国共监”使臣身份北上楚国朝廷，辅佐、监管怀王初立政权，一干就是20年！岂料遇上多事之秋，秦楚争霸进入危机时刻，一时无适合人选接替，故未能登基履庸王之权、庸帝之职。不料楚宫监管失败，乃至被逐出宫廷，已是心灰意冷，淡漠政界，不愿临危受命，登基履职庸王而浸淫沉沦于诗辞，乃至不理朝政，追随赤松子辟谷植兰，悟道天门，浪游沅澧，徒有其名，以至于司马错乘机声北击南，灭庸灭屈，国破家亡，屈原竟然未率一兵一卒与之决一死战，以报祖宗社稷国民，最后只能赤条条一人赴死汨罗。

也许这是笔者揣度之词，但从屈原诗中也可捕捉到蛛丝马迹：“老冉冉兮暨极，不浸近兮愈疏”“老冉冉其将至兮，恐修名之不立”。似有以“老”拒“名”的苦衷。可仍不是主要理由，上有老父在，岂能言老?归根结底还是知识分子的孤傲或兼而有之的脆弱性，引发的精神崩溃，进而仿效赤松子遁避山野、辟谷修行、淡泊无为所致。唯其如此，中华千古文坛才诞生出一个空前绝后的独创“骚体”的伟大诗祖、诗宗。从这个高度评价以一个老态龙钟、行将就木的衰国之君换一个千古诗魂也是值得的。

屈原后裔《告祖词》唱：“十二屈末终伯庸”“庸亡国碎血染堂”。经破译，“十二屈”指十二位屈氏庸王。大庸国灭于末代庸王即伯庸任期。因屈原未履任庸王，故灭国之过之耻只能算在父亲伯庸头上。本来是“十三屈”——即十三代庸王，因屈原空缺，就只能称“十二屈”了。

清人林云铭在《楚辞灯》中有段很值得玩味的话：“篇首自叙，篇末乱辞，皆不用‘君’而用‘朕’字，断非出于他人之口。”

言外之音是：屈原用“朕”，全是自称，而非借诗中所写他人之口而称之。等于是公开直白地向广大读者透露自己的帝王身份。林云铭似乎悟出了“朕”的弦外之音，但又不便也不敢说破。他当然明白，能识破个中玄机的绝非他一人，那人家为什么都不贸然挑明呢？就是挑明了，又怎能自圆其说呢？此时此刻，林先生一脸茫然狐疑。何新先生的解释就更大胆了，他在《宇宙之问·〈天问〉新考》中未经屈原许可，竟然自作主张，把屈原诗中7处“朕”字篡改成“神”字，如“《离骚》说：‘帝高阳之苗裔兮，神（朕）皇考曰伯庸（祝融）’。”若照“神”改，那其他六处相关“朕”的句子就都得向北看齐了：“回神（朕）车以复路兮”“哀神（朕）时之不当”“怀神（朕）情而不发兮”“敖神（朕）辞而不听”“固神（朕）形之不服兮”“神（朕）幼清以廉洁兮”。若此，且问何先生何解？!

其实，众方家都没犯傻，谁不知道“朕”自古是帝王的专用自称呢？只是十分的纠结为难。如果承认屈原称朕无错，那你就得给出称朕的说法：屈原是哪个国家的“皇”？哪个国家的“帝”？哪个国家的“君”？哪个国家的“王”?！而除了楚国，又是谁谁谁之国呢？即便他之祖熊瑕本是楚国熊氏之族人，且又有资格继承楚王，可怎能以屈姓取代熊氏世袭庸国千古王制呢？

——这，恐怕就是两千多年来屈学界一直纠结不解的千古之谜第一公案。此之核心就是屈原根本不是熊氏楚国人，而是屈氏宗国大庸人。屈原称朕的“帝”，与楚王无关，楚王无权利、没资格自称“朕”，因为楚国是庸国一代大帝鬻熊特派重孙熊绎统帅八国联军助武王伐纣之后留驻荆楚之地所创建的**“子国”**——“楚”，古称**“楚子”**，庸国永远是其太上皇——**“老子”**，**“孙子”**敢篡**“老子”**的“帝”位？这内幕也只有楚王明白：屈原就是继伯庸之后尚未正式登基的末代“庸帝”!!

所以说，中国屈学界若不从屈学研究两千年一贯制的“楚”圈子里突围出来，去放眼南方澧水岸边、崇山脚下的千古第一帝国——大庸，就不可能科学而准确地解释屈原称朕的历史背景。这恐怕就不是你服不服气或承不承认的问题了。

（三）屈原：未登基的末代庸帝

从一个“朕”字的识破，让我发现了一座被历史遗忘、被楚国覆压、被史界误判的南方帝国辉煌的身影——坐落在天门昆仑山下的庸朝古都。约公元前299年，在屈原被襄王怒而逐回庸国后的五年或十年之间，年

过80岁的老庸王伯庸，亲自为儿子主持延续数千年的“**登庸纳揆**”仪典。所谓“登庸”，指庸帝登基。“纳揆”，即任命宰相。这是7000–8000年以远大庸帝国独创的皇权授受仪式。它是庸国万世不变的皇权宗法象征，是认定政体合法性不可逾越的法定依据和宗法传统。这种“登庸”（战国后称登基）仪典一直延续清宣统三年（1911）最末一位皇帝退位、中华民国建立之后才告废弃。恢宏庄严的庸王钟响过，一代权柄交接仪式即告完毕。然而，这个才华横溢、卓然超群、饱经磨难、神采奕奕、潇洒出尘的美男子，此时却显得身心疲惫、忧心忡忡。面对风雨飘摇的庸楚两国的命运，万念俱灰，精神崩溃。从那一天起，屈学史上留下了一桩扑朔迷离的千古疑案：从屈原在《离骚》首八句自报家门而称“朕”分析，他应该是一代堂堂正正、符合宗法礼制的庸帝，但种种迹象表明，他又可能是不理朝政，没正式登基履职的空衔庸帝，有名无实。

历史就是这般奇妙。或说他不照这么做就不是传颂百代的诗魂，而是又一个普普通通的国王屈原。

如果说，笔者在最初几年的研究中，发现了屈原故里的5份核心证词，为全面推翻遗害千古的“秭归说”奠定了坚实的基石，那么，中间两年则填充了庸楚一家、楚国乃一代庸国大将军熊绎率庸师八国军队北伐殷商之后，才被周成王封于荆楚创建楚国的史论真空，在后两年则进而发现公元前611年楚、秦、巴瓜分上庸后，屈瑕家族才正式入主大庸帝国朝廷，但仍然也必须袭用宗庸国与楚国的“两国共监制”和“二权监任制”的重大秘密，即：在楚，楚王兼庸王；在庸，庸帝或其子兼莫敖（或其他高职），并进入楚宫三人核心集团班子（令尹、司马、莫敖）这一被屈学、楚学界所困惑所忽略的特殊政体制度。这个制度，有似于周初的“三监”制，亦类似于古时流行的“二首正长制”，而最先察觉这个特殊体制的是**郭沫若**，而发现庸楚两国权利共监秘密端睨者则是张良皋。但还没形成系统的理论观念。请关注下列文字：

“庸在巴师（金氏子按：此误，**实为庸，北伐殷商八国联军中庸为首，既无巴又无楚**）八国乃至众多有名可指的古国中是难得的美称，难怪某位甚至某些楚王乐于接受‘庸王’之号。”又说：“竟有楚王，或许还不止一位，甘心因袭‘庸王’之号，可见庸国在楚国构成诸‘元素’中何等重要，值得矜夸！……相比之下，‘庸王’显得高贵，令楚君感到自豪。千载之后，‘庸王’称号毕竟还有机会在楚器中熠熠生辉，真令我们耳目一新，值得作为一则‘轰动新闻’来传播。”“我们的兴趣当然在于：居然至少有一位楚王自称‘庸王’。看来还不止一位，从楚庄王灭上庸以来，列位楚王自称或被称庸王，也许早成风气。……历代楚王不辞‘庸王’之号，他们当然也会大量接受庸国文化遗产……历代‘庸王’的丰功伟绩，……‘庸王钟’所隐含的历史信息十分重要，能生发的想像空间意外广阔。”（张良皋《巴史别观》中国建筑工业出版社2006年5月第1版）

我以为这是两千年来楚学、屈学研究中唯一发出的先知先觉之论！他所发现的“历代楚王不辞‘庸王’之号”“自称或被称庸王”，并以此为“光荣自豪”，不正是楚王兼庸王的“两国共监”的政治体制信息之表现吗？《左传》载：“庸以元女太姬配胡公而封之陈。”[注]“元女，武王之长女。”按太姬，犹后代之称长公主也。（见民国《辞源》，第 385 页）显然是说庸王——武王把长女太姬许配给胡公，并将其封于陈地。由是可证，至迟在熊通时代，楚王以“庸”为尊号已成常态。虽说此类信息凤毛麟角，却与楚王铸庸王钟形成证据连锁。到了楚庄王灭上庸以后［**按：张先生所说“灭庸”实为江北之“上庸”。浑不知宗国大庸仍安然无恙，还在宗法及精神上掌控着楚国。只不过此一时非彼一时，野心勃勃的楚王已对宗庸觊觎（jì yù）很久了！**］屈原家族《告祖词》中所载“十二屈”“伯庸八祖”，即屈瑕家族受封 90 多年之后，终于正式入主庸朝宫廷。这一历史事件的发生时间正是公元前 611 年。是年，楚庄王露出淫隐三年，“不飞不鸣、飞则冲天、一鸣惊人”的野心本相，于斯年乘“楚大饥”，上庸出兵制裁已生异心的楚庄王之机，联合秦巴瓜分上庸。被楚武王熊通封于庸地屈邑（今张家界市永定区之屈家坊）雌伏三代 93 年（前 704–前 611）的**屈瑕之重孙屈荡，才胆敢乘机发动政变，一举篡夺熊氏庸帝政权。但庸国的帝位及庸楚两国共监体制仍然依宗法传统沿袭不变。**

张良皋先生的“想像空间”确实“意外广阔”，与笔者苦求多年的结论竟然无缝对接！不管屈学、楚学界服不服气，我认定这是两千年来屈学、楚学研究的根本性大突破，是“质”的飞跃。不识透“楚出于庸，楚为庸建，庸楚同宗，庸为楚祖，庸楚一家，庸楚共监”的基本政治纲领观点，湖南、湖北两省屈学、楚学将永远走不出混沌迷茫！更不可能从本质上识透屈原故里及屈原系继任庸帝、兼任莫敖的特殊政治背景！

——这正是本著作作者自认为是关于屈原及庸楚古史研究最重大的发现与突破！

下面，让我们继续寻找屈原身系庸帝、莫敖两职的证据线索。

（四）“屈侯氏”——屈原继任庸帝之一证

清·张洁《姓氏寻源》卷四十一载：“楚武王子瑕食邑于屈，号屈侯，后氏焉。”

清·陈廷炜《姓氏考略》：“楚武王子瑕食邑于屈，号屈侯，后氏焉。望出魏郡。”

何光岳《中华姓氏源流史》：“屈侯氏：宜云楚武王子瑕食邑于屈，号屈侯，后氏焉。”

上述三段文字看似雷同，但都共同界定受封于大庸屈邑（屈家坊）的屈瑕一族的不凡身份：屈氏以邑为氏，被称作“屈侯”。“侯”，五等爵位“公侯伯子兰”“公”之后为“侯”。联系到“伯庸”，则应称作“庸帝”。

这“屈侯”二字，隐藏着一个重大秘密：屈瑕家族何时升爵为侯，甚至比楚王职位还高一级，成了世代世袭的庸帝一族？

张、陈、何三公不约而同发现“屈侯”，但未必明白这个“屈侯”与其家族入主熊氏大庸国朝廷的深层玄机。请注意“望（地望）出魏郡”。北京图书馆分馆藏有道光十三年（1834）《临海屈氏世谱》载：“屈氏谱系之祖，又断自三闾大夫始。平生署、跗（一作鲋），顷襄王时，长沙之难，令署以东国为和。屈氏自瑕至署，凡十数传世为楚人。跗客于魏，所谓魏贤屈跗是也。”此说背景是：屈原生屈署、屈跗二子，屈署于顷襄王时曾受命出使东国，将东地归还齐国而与齐和。史载：楚顷襄王二十三年（前 276），顷襄王收集东部地区的军队，得兵十余万，重新夺取秦国从楚国长江流域占领的十五座城邑。其中就有庸国版土核心地澧水流域的安乡、

澧县、临澧、石门、慈利、大庸、桑植等七城，时在屈原死后第三年（前276）。后来屈跗因父屈原被馋遭贬案，被迫离楚客居于魏国为官。汉代应劭《风俗通义·姓氏篇》记下了屈侯鲋（“跗”）其人：“屈侯氏。魏贤人屈侯鲋。”此之“屈侯鲋”，已非帝王之称，而是以“屈侯”爵位作复姓了。所谓“后氏焉”即此。《史记·魏世家》记下了李克（即李悝，音“亏”）与翟璜的一段对话，李克曰：“君之子无傅，臣进屈侯鲋。”

从屈原之子屈鲋、屈署均以“屈侯”为氏，便可断其父屈原必是一代王侯帝王无疑。因为儿子取名，非特殊状况，都必须跟随父姓。而此之“屈侯”，只能是一代庸王。从屈鲋出使东国而解襄王长沙之难，足见外交手段了得，这恰恰是屈原外交家族的骨血之传。从“解襄王长沙之难”分析，其时屈原已不在人世。屈鲋本来立了大功，却为何最后离襄王而奔魏郡做了他国的客卿，且改屈姓为“屈侯”复姓，从“屈侯”姓氏中，可品出此之姓氏的非凡背景。由此，我们不排除迫害屈原的襄王对其子的排斥或暗算。

关于屈原死后被历代朝廷封侯信息，还见之广大民间，举例：

重庆《潼南屈氏宗谱》载：“唐元和十五年（802）封公（屈原）忠洁侯，入庙配享。”此为屈原赴死（前278）1098年之后，得到唐宪宗的封谥，是正式将屈原纳入朝廷国祀的最早记载，可证屈原封侯的事实已由国家以神庙方式予以肯定。所谓“忠洁侯”，其依据即屈原“屈侯”爵位。《宋史》卷十六神宗本纪三载：元丰六年（1083）正月丙午，“封楚三闾大夫屈平为忠洁侯”。又，《四部备要》之《朱子大全》卷八十六有《修三间忠洁侯庙奉安祝文》一篇。安徽《望江县华阳镇庙碑》载：“忠洁侯庙，在望江县治华阳镇，万历十二年邑令龚世仰建，以祀楚屈原。”《屈原后裔寻访记》载：“江西景德镇三间老街有‘忠洁侯庙’，又作三间庙，祀三间大夫屈原。”同治《平江县志》载：“平江县西有‘忠孝双庙’，东祀楚忠洁侯屈原，西祀秦孝女罗氏。”（金氏子按：此“秦孝女罗氏”为何与屈原同庙享祀，待查）《池州志》载：“忠洁侯祠，在东流县南街，祀楚三间大夫屈原。江村民投角黍卜水之大小。”所谓“忠洁”之“忠”，取屈原《惜诵》“竭忠诚以事君兮”句；“洁”，见《卜居》“宁廉洁正直以自清平”句。

笔者从史海中偶尔淘出个“屈侯”，是想证实屈原称“朕”究竟有没有关于“侯王”的证据支持，却不料真还爆出了个冷门！

（五）“屈原相公”——屈原继任庸帝之二证

笔者由此获得信心，但仍不知足，选择继续拓展视野，居然真还有所斩获——破解了“屈原相公”的重大秘密！其实，这个“相公”，还是偶尔从破译崇山祝融、驩兜“相公洞”“相公系马柱”“相公潭”“相公山”“相公溪”之“相公”得其灵感的。《康典》[相]《左传昭九年》：陈水属也，火水妃也。而楚所相也。[注]楚之先祝融，主治火事……又官名。[吕览]：相者百官之长也。《古三坟》：伏羲氏上相，共工下相。皇桓《前汉百官宫卿表》：相国、丞相皆秦官。古之黄帝得六相，祝融其一也。《日知录》说：“前代拜相者必封公，故称之曰‘相公’。”“祝融相公”即由此而来。

无独有偶，在永定区官门岩村兰岗组就

有“相公溪”“相公泉”“相公洞”“相公潭”“相公岩”“相公庙”“相公桥”之古名。经考，这里正是屈原回乡种兰辟谷的“兰岗”，屈诗称“兰皐”“兰皋。经查考访问，居然又获得一连串“屈原相公”证据：就在我的出生祖籍——与大庸永定一溪相邻的沅陵县七甲坪镇两河村“上河教”金氏傩坛当今掌坛大师金先勇向我出示一部清代巫傩唱本，中有《遣船一宗》：

“再运真香，一心奉请：下元三品水官大帝、桥梁渡子、河伯水官、屈原相公……”又出示清代手抄本傩书《造盘科》：“屈原相公家里一千二百石，八口二人倒床帘。周易文王占一卦，铜钱落地说根源：大水打了洪江庙，五瘟时气要神盘。寅时许下神盘愿，卯时龙女得安然。”

两段唱词都特意点出“屈原相公”之名，俨然就是巫傩乡里人，并不经意说出两个数字：一是屈原相公家里年有1200石谷的俸禄或收成，古代以每亩200斤收成计，应为600亩农田，总计产谷2万斤！经屈氏村民现场指认，屈原田产分布在兰岗400亩，花旯里250亩，共650亩；另有潭口南侧的“三古塌”300亩，加上老屋周边零星地40余亩，总1000余亩。这可是当时的帝王贵族官僚豪富之家，与屈原帝王侯爵相公身份相符。二是家里共八口人，其中两个生病倒床。笔者初读两个数据，只当是巫师唱本的传言，当不得真的，不料冷静一查，不对！有名堂！这一家八口有名有姓，不就是屈原加上元配昭碧霞、女儿小嬃、儿子平平，再加上孙子承开、承元、承天、承祯，正好8口!! 这不正是屈原在老家潭口居住时的全家福吗！所谓“二人倒床帘”，也非信口瞎说，一是昭氏夫人被郑袖阴害，久病不治而亡；二是屈原，因辞王不做，追随赤松子辟谷兰岗、天门，远游沅澧湘，身心煎熬，积郁成疾。医家出身的郭沫若从解屈诗中发现屈原患失眠症、神经痛肋膜炎，有心悸亢进病症候。刘毓庆发现屈原长期失眠、患极严重的神经衰弱和心绞痛、精神抑郁症以及轻度狂躁症等。

屈原外婆家乡七甲坪傩戏唱到这个份上，笔者只能目瞪口呆！但稍一沉思，又觉释然。其一，屈氏家族十二代庸帝庸王，代代掌控沅陵北溶钟鼎铸造基地，屈原父伯庸就战死在北溶，故沅陵自古是屈氏庸王的第二故乡。其二，今永定区沅古坪地区，1953年属沅陵县治平乡（一作“九都”“八区”），其龙阳殿、石良坝、青湾三村就是屈原后裔的世居地，1953年才整体划归大庸。有关屈原家庭、家族逸事，在这一带多有流传，自然也影响到傩坛。前面破译的屈原家族《告祖词》就是从这些屈家村寨流传出来的。永定区罗水乡的傩坛、沅古坪镇的佛坛，都有关于三闾大夫、屈原相公的唱段。

光绪《湘潭县志》载：“株洲旧有三闾祠，中奉灵均像，土人呼为‘屈相公祠’，久圮（pǐ），移像祀于水府庙。”《岳阳风土记》载：“新墙相公岭，系岳阳十三都地，有三闾大夫庙，俗称‘相公庙’，庙地即太平寺故址。”就在我试图扩大战果，拓展查找“屈原相公”线索时，偶尔从舒新宇《破解屈原溆浦之谜》（东方出版社2007年版，第75页）发现了一段文字：“随后，溆浦人民在溪口村……修建了规模宏大的三间大夫庙，……同时，又在溆水河边的桔花园村修建了屈原相公庙。”无独有偶，清嘉庆《重修一统志》

卷三百五十《宜昌古迹祠庙》云："三闾大夫祠有三，一在归州东二里相公岭，……"与此同时，在汉寿县也发现"相公岭"(一作山)。按"前代拜相者必封公"——"相公"解释，屈原一定曾"拜过相"——我以为此之"相"就是进入楚宫的"莫敖"。

（六）"莫敖"："庸楚两国共监制"之使臣

笔者从《离骚》首二句"朕""伯庸"两线索入手，以刘兴隆正解殷墟甲骨文"朕"字之本义，以及"伯庸"乃以爵位代父名之特殊背景，捕捉到了屈原极有可能是一代庸帝的重大信息。继而又乘胜追击，先后发现了屈原之子屈鲋(附)以其父"屈侯"爵位作姓氏——"屈侯氏"及"忠洁侯"两大证据，足使"庸帝"之说成为定论。此后，又进一步拓展视界，发现"屈原相公"——屈原拜相称公的史实，终于找到了屈原极有可能是末代庸帝或庸王兼任楚莫敖职位的连环证据！

——于是，一个困扰、障碍、影响屈学、楚学界两千年的核心内容——庸楚两国深层关系的最后一道屏障轰然打开——

这就是在张良皋先生大脑中划过一丝弧光的惊世骇俗之论：

"楚王乐于接受'庸王'之号""楚王甘心因袭'庸王'之号""历代楚王不辞'庸王'之号""楚王因'庸王'显得高贵；因得'庸王'之号令楚君感到自豪……"

至此，在笔者胸中撞击了数年的一个大胆设想——我甚至认为极有可能是历史的正版——即前面我已多次提及并力推的"**庸楚两国共监制**"和"**庸楚二权监任制**"，这是两千年"庸楚学说"中始终没有解开的第一等难题。张先生讲到这个份上，只差捅破一层纸。而本人只是站在他们的肩膀上突然迸出了这一灵感！**敢说这是庸楚学最为重大的发现与突破！**而确认这个体制的关键人物就是大庸宗国一方具有"帝""王"身份的"钦差大臣"——莫敖。由此上溯，先后发现屈原极有可能还身兼莫敖之职者，就有左言东、姜亮夫、何光岳、谷口·满(日)、黄露生、韩隆福等。姜亮夫说："屈原本楚之宗臣，以其世为左徒莫敖而观，盖楚世传之神巫欤？"(引自郑在瀛《屈原为神秘人物》)而更早的启示者还是《左传》："屈到为莫敖。"若按重庆《潼南屈氏宗谱》所说屈原之父伯庸的真名叫屈到，那屈原袭父职"莫敖"便是顺理。《左传》又说屈宜恤为莫敖。而宜恤又是屈到之父、屈原之祖父。由此一直上溯到屈瑕，《左传·十一年传》又载："楚十一年春，楚屈瑕将盟贰、轸……莫敖患之。"又载："十三年春，楚屈瑕伐罗，斗伯比送之，还，谓其御曰：'莫敖必败。'"由此可证从屈瑕起以降至伯庸，历代庸王又兼职(或谥号)莫敖之体制代代世袭。因此，屈原作为伯庸之长子，不仅有继承王位的资格，还有袭任莫敖的资质。莫敖一般由庸王兼任，或由儿、孙赴任。现已从部分文献中查到的屈氏莫敖大约有屈瑕(屈氏世袭莫敖之始祖)、屈重、屈荡(公元前611年正式入主大庸朝廷第一任屈氏庸王)、屈完、屈申、屈建(继任庸王前曾任楚宫令尹、莫敖)、屈生、屈宜恤(屈原之祖父)、屈宜若、屈到(继任庸王前曾任楚宫令尹、莫敖)，以及连敖屈匄(gài，盖。屈原叔父)、屈走等，至少有12人之多！

这是一支庞大的屈氏世系莫敖家族！

公元前704年，武王熊通立，时年即应庸帝之请，彼此互派使臣，将长太子熊瑕派往大庸宗国朝廷，被庸帝授"莫敖"封号。

熊瑕为了区别于大庸宗国熊氏朝廷，即以居地屈家坊之古“屈”为姓——此即黄帝武臣狂屈坚之“屈”姓，得名屈瑕，是为屈姓庸国之祖。

——严格说，关于这一特殊体制的发现，是屈原研究的重大突破。探讨并发现屈氏一族代代世袭莫敖之职者并不乏其人，但能透过表象，撕开幕纱探究其本质内容的，我所领教的大约只有日本仙台市东北学院教授谷口·满，他说：

“春秋若（即若敖、莫敖）、屈时代，屈姓世世代代在莫敖的位置上做官，是‘若敖氏——王族互相共存体制’的组成部分。”（《国语·楚语·下》中把屈到说成若敖一事，应被重视）在若敖氏和楚王抗争的过程中，若敖氏（斗氏、成氏）被灭一事……只有屈氏一直延续到战国。换言之，屈氏是若敖氏—王族—互相共存体制中唯一生还的。由此可知，战国的屈氏中，当有过作为楚王的官吏而积极迎合君主权力体制的，也有过固守春秋以来楚国古老传统的。屈原无疑是属于后者。他想遵守的是，以若敖氏——王族互相共存体制作为典型……楚国几百年的历史，是一个从若敖氏——王族互相共存体制脱胎而走向新君主权力体制的过程。”（《虎座、虎钮、虎乳》，载《沅湘傩文化之旅》，时代文艺出版社2000年版，第317页）

从上述文字中，我发现谷口先生已经不止于对屈氏家族世袭莫敖的表层事相的求证，而是通过屈氏“若敖氏”与“楚王族”的特殊并存关系，发现原来这是一种既平等又“抗争”的“互相共存体制”。说直白一些，屈氏若敖氏是一个独立的法人资格政体，与楚王族政体是平起平坐的国家关系。

——这正是两千年来屈楚学界一直没有悟透、深究的盲区，却为何让日本学者谷口·满给“悟”出来了，这简直是“神来之笔”，是两千年屈原学研究最为重大的发现！

显然，如果仅仅以“若敖氏——莫敖”一个官职的资质与另一个国家谈联合执政是不对等的，他必须代表某一个国家。屈原就是代表“某一个”国家被派往楚国参与朝政——即行使监管楚王族的使臣。他的级别也必定是莫敖或若敖。

谷口先生的贡献在于发现了屈原以莫敖身份参与楚王族“互相共监共存体制”监管楚朝政的特大信息，但不知屈原所代表的那个“国家”到底是哪个？照他的意思，屈原若敖一定是代表一个国家的，但不知此国是谁。

其实，要找到屈原代表的那个“国”并不难，只要找到他在首二句提示的“伯庸”的先人屈瑕封地——屈邑、屈地，再查此处到底有无一个“国”。有，此“屈邑”是真。无，此“屈邑”是假，或就是广告打得最凶的“冒牌货”。那我们就一起为屈原找“国”吧！

先到秭归乐平里看看去，经现场考察，那条不足2平方公里的山沟沟，既无一个屈姓男女，又无一户屈氏家庭，也无一座屈氏祖坟，更无一处春秋战国时期的地下文物，更更无一个国家的名称和建国的都城遗址——在这个**“凡屈皆无”**之地找“国”，估计全中国的屈学家和读者都缺乏热度和信心。

再到郢都去看看。当年的郢都（纪南城）遗址已成一片农田。其实不必劳驾各位跋涉远行，还是请各位重温前章已述的清华简《楚居》证言：

“至武王熊通自宵徙居免，焉始□□□□□福。衆（众）不容於免，乃渭（溃）疆涅（yǐng）之波（陂）而宇人焉。氐（抵）今曰郢。

至文王自疆郢徙居湫郢，湫郢徙居樊郢，樊郢徙居爲（为）郢，爲（为）郢復徙居免郢，焉改名之曰福丘。”

这段文字提供两条信息：一是楚国从武王正式称王，与历史文献记载相符。二是楚武王是第一位设都于“免郢”的楚君。就是说，武王封长子瑕于大庸屈邑之前，郢早就是武王所建的楚都了。既然这里是楚国之都，当年楚武王怎么会愚蠢地把儿子熊瑕封地选在他正在坐庄的都城呢？

仅这一条铁证，就已轻松地将从西汉东方朔起至当今的所有屈原流放“郢都说”者全盘否定。如果按“力挺郢都说”者们的观点，屈瑕早在15年前（前704–前689）就已在郢都创建屈邑，并建立了一个可与楚国共监、互相共存的“国”。这不是与父亲同居一都，共而治之，岂不成了“一地二国”“二国二主”了吗？而铁的事实是：自东方朔炮制屈原“生于国长于原野”的“天话”后，屈学界查了两千多年，“考”了两千多年，可至今根本查不出郢都除了楚国还有另一个“国”在同一城存在的半点线索，亦无“屈邑”“屈地”的史料证据。可就是这两个根本不可能产生“屈邑”“屈地”“屈国”影子的地方，却一直让一些人慷慨激昂，前赴后继而为之呐喊、为之鼓呼、为之“力挺”、为之抗争！

我说：一些人的“悲情”往往是在盲目自信自慰自我陶醉中产生的。

——但，所有的这一切，都抵挡不住真理的审判：屈瑕封地必有“屈邑”、必有“屈地”、必有“屈人”、必有“屈国”才是硬道理！

其实这种“两国同存共监体制”始自楚国开山祖、一代庸帝鬻熊和北伐殷商八国联军总指挥熊绎。战后熊绎封于荆楚，创建楚国。为了理顺庸楚两国“宗子”关系，由熊氏二祖共同制定“**两国共监制**”或“**二权监任制**”。谷口·满所说“屈氏·若敖氏——王族互相共存体制”则是公元前611年楚庄王与秦、巴三国瓜分上庸之后的屈氏后庸时期。谷口·满已经注意到这一体制乃“春秋以来楚国古老传统”。他对这一体制的入微剖析，接近真相只差一张纸——是说谷口·满虽然发现了两个“法人国”对等执行的“互相共存体制”的天大秘密，但却不知屈氏·若敖氏所代表的那个“国”究竟在何方。真是千古一功，篑于一步，一“纸”未破，抱憾终生哪！

谷口先生为何没有识破莫敖屈原所在的“国”，我以为是他的学术视野和观点的走偏使然。比如，他在《虎坐、虎钮、虎乳》中，以“虎”解释屈原的出生日，认为“寅年寅月寅日，不言而喻，是虎崇拜巴族的圣年圣月圣日”，从而认定屈原的《离骚》就出自“巴系巫歌”，甚至由“巴系巫歌”与南方沅湘文化的差异而怀疑屈原是否是《离骚》《九歌》《九章》的作者。

其实，谷口先生是被中国南方学界近几十年热炒的“巴人崇虎”之说蒙住了，不知道庸楚共同先祖鬻熊早巴廪君千年前就著最古的文字书之一《龙虎经》，说明澧水庸人崇龙、崇虎之俗远比巴人早。张家界近年出土的战国“凤头虎身纹”青铜鼎（一级）、“鸟头虎身”铜镜（一级）、龙虎铭文铜镜（三级）等文物，就是古庸人凤虎崇拜、龙虎崇拜的证据。而全国出土71件虎钮錞于，沅澧流域占了40件，超过一半还多。张家界庸国中心地（含石门），出土27件，占全国总数的五分之三，而巴地清江流域仅 13 件。不可否认，哪里出土虎錞最多，哪里就是崇虎族的发祥地。某专家以巴地涪陵小田溪出土 1 件虎錞就下结论其物是巴人遗物，未免片面武断。而且历史上最早将虎錞载入典籍的是宋代淳熙十四年（1187）洪迈《容斋续笔》所载的大庸周赧王墓出土的虎钮錞于。连闻名世界的天门山古称“淳于之山”。因而说，屈原故乡大庸才是虎錞的始创地、制造地，印证了庸国铸造大国的辉煌历史。谷口·满以屈原生于虎年虎月虎日就断定与巴虎有关，浑不知屈原正是大庸古国的一只“王虎”——与清江廪君“白虎”崇拜是两个完全相对相抵的概念。清江巴人崇白虎，而沅澧土、苗庸人则赶白虎、杀白虎。并作为民间戏剧主角上台长声悠悠地表演开场白：“白虎当堂坐，无灾必有祸。”谷口·满是说东道西，南辕北辙。即便如此，谷先生仍然是两千年屈学、楚学研究从本质上突破第一人。而张良皋则是从“伯庸”二字发微，窥见“庸国巍峨身影”、庸楚二国非同一般的共存关系，断定“屈原实为庸国贵族”的观点，都是振聋发聩、前无古人的。谷口·满置“伯庸”之“庸”于不顾，却以“三虎”诞辰推论屈原诗属“巴系巫歌”，叫南辕北辙，思维怎能不混乱失控！我之所以能幸运地发现“庸楚两国共监制”及“庸楚二权监任制”的重大秘密，说白了是沾了“我是屈原故乡大庸国人”的光，却万万没想到与谷口氏之“屈氏莫敖氏——楚王族互相共存体制”、张氏之“历代楚王不辞庸王之号”两国特殊体制秘密发生对撞！

——这是两千多年后的 21 世纪初的一次对撞——三位陌路人不约而同、不谋而合！我十分庆幸找到了知音、找到了同道、找到了盟友、找到了“芝麻开门”——打开破解屈原身份之门的“秘诀”！

高山仰止，后学晚辈谨向谷、张二公叩首！

其实，探究屈原可能为莫敖身份的不乏其人。如黄露生通过研究《橘颂》，从“行比伯夷”诗句入手考证出一个惊人的结论：“说明屈原确实担任过‘莫敖’，更说明楚国的‘莫敖’是屈氏家族的世袭封职。”（《〈橘颂〉与屈原身世》）

但黄先生也有困惑。即便屈原确有莫敖的身份，但这“莫敖”对破解他的生身故里或入楚郢为官的身份地位背景又有何关系、有何作用、有何价值呢？他似乎一脸茫然。因而说，孤立地研究“莫敖”而不与其国家背景对接，就不可能从本质上改变屈原研究左冲右突却总是冲不出牢笼天地的现状。

——我断定：打开这囚禁屈学大军思路的两把金钥匙，就是《离骚》首二句中的“朕”与“伯庸”！

（七）楚熊氏“莫敖”与屈氏“莫敖”

“莫敖”作何解？姜亮夫说：“又莫敖一名，义不可解，然楚自熊咢以后，以敖为号。……敖字疑为含某种意义之楚语。”（《屈原赋校注》）清华简《楚居》载有若嚣熊义（仪）、焚（蚡）冒（莫敖）熊帅、宵嚣熊鹿。《史记·楚世家》亦有若敖熊仪、霄敖熊坎，蚡冒熊眴的记载。上述二说可证熊氏若敖之称至迟起于熊仪，止于熊通称武王。若敖又作莫敖、大莫敖、若嚣、宵敖、霄敖、宵嚣、连敖、蚡冒等。“敖”字在楚文字中写作“嚣”。罗运环先生说：“显然，‘敖’是这六位国君的一种通称。可见楚国国君称

‘敖’，相当于楚国君称‘王’之称。”顾颉刚先生认为：“楚称某敖盖犹后世称某帝为某陵也。”（《史林杂识·楚吴越之名号谥》，中华书局1977年版）罗运环又说：“宵敖时已有‘敖谥’制度是没有疑问的，这种‘敖谥’还有可能在熊渠时代已经存在。……楚君之所以称敖，主要与熊渠‘不与中国（中原）之号谥’有关。楚君熊仪正式称敖，至熊通改称王，正是楚国‘不与中国之号谥’的体现，它是楚国实力逐渐强大的重要标记。”（《两周之际楚国谥法新探》，载《楚文化研究论文集》第十集，湖北美术出版社2011年）

不过，“敖谥”制在武王后却出现两种特例。一是《左传》透出“葬王于郏，谓之郏敖”，“葬子干于訾（音姿），实訾敖”的信息。按常规，楚君生称王，死亦称王。而杜敖、郏敖、訾敖三位国君，生称“王”，死后却称“敖”。罗运环对此解释说：“很显然，这是对王者的一种贬称。究其原因，杜（堵）敖、郏敖麇（《史记》作员）、訾敖分别见弑于楚成王、楚灵王、楚平王。此三王都是弑前君而取而代之者，对前君不用楚武王以后的谥法，而用楚武王以前的谥法，显然具有贬抑被弑前王之意。”（引文同前）可参。二是自楚武王称王之后，原熊氏楚君莫敖之谥，已由武王连封地一起转赐给屈瑕家族，并世代相袭。前述三位楚王死后以葬地称“某敖”也仅此而已。既然众口一词，说若敖、莫敖乃王者之称，那屈氏家族又代表哪个国家而称“王”呢？总不能以家族名义称王吧？

——无论是顾颉刚还是罗运环，研究敖谥制，却有意无意归避屈氏家族庞大而成宗法意义的世袭莫敖体制，却没有一个有名号的国家作为承受的载体，无论如何是说不过去的。

韩隆福说：“‘敖’是部落的首领酋豪的通称，楚武王未称王前也称‘敖’。‘莫者，大也’。‘敖’‘豪’音通。‘敖’为部族的首领未称王前最尊之官的称号。楚武王把莫敖尊号封给儿子屈瑕，世代相袭。当时最重要的官职是令尹和莫敖。楚成王时（前671－前626）增设主管军政的司马，说明文、武开始分职。令尹是百官之长，是最高的执政官，莫敖管理王族及其支族的事务，既可升为令尹，又相当于左徒（按：屈原即任此职），在春秋战国一直是楚国重臣。故令尹、司马、莫敖实为‘楚廷三公’。”（《论前述楚国的屈氏家族楚君号称和屈原的故乡》，载《屈原与汉寿》，2008年12月内刊本）

韩先生的说法至少有两层意思：一是屈瑕的封地屈邑一定和楚朝廷在同一个地方——即郢都，亦即父子同朝为王。二是将莫敖王号降级为官号。这一下就惹出两个麻烦来：前引《楚居》，武王乃为第一个定都郢的君王，封子瑕于都城，等于一都二主。莫敖之王号，既已成“敖谥”制度，又怎能当作儿戏由人随意升降？故屈瑕一族“莫敖”之职决不止于“王”级以下的一级官员，他必须还是“王”！

笔者以为，这个“王”就是屈瑕家族入主大庸国之后，以“莫敖”身份出现的“两国共监”的楚方代表。是代表一个国家的具有“法人”资格的“王”。实质上，自武王封瑕于宗庸国之屈邑那日始，“莫敖”之王称就以一种特殊意义赋予了屈瑕家族，楚熊氏王族则从此以“庸王”兼而参与“共监”之事。前面所引张良皋、谷口·满二公的重大发现文字，印证了我的观点。“以庸国贵族”（张良皋语）身份进入楚朝廷的屈原，既身负“莫敖”之王参与“楚廷三公”“三驾马车”的内阁人选，那他称“朕”背后的“庸王”之说也就顺理成章了。

（八）“莫敖”出典探秘

顾颉刚认为“楚王之无谥而称敖者，盖即酋豪之义。”（引文同前）《尚书·旅獒》：“征旅贡厥獒”，马融注云“獒”作“豪”，曰“酋豪也”。郑玄曰“獒读曰豪。西戎无君，名强大有政者为酋豪。国人遣其酋豪，来献见于周。”照此之说，“敖”出自西戎之“獒”，即今时尚宠物之“藏獒”——一种恶狗。《公羊传·宣六年》：“灵公有周狗谓之獒。”《左传·宣二年》：“公嗾夫獒焉。注：猛犬也。”似无“獒”“豪”“敖”可通之说，怕是臆解。而以西藏之恶狗作楚王王号之谥名，岂不是有意让人家臭骂为“狗王”？而且还是从西藏贡献来给周王的“杂种狗”，然后，周王朝又将此恶狗作谥号赐给楚君!?

——不过，我倒要问：三千年前，又是哪位不怕死的楚人跑到万里外的西藏牵了几条藏獒到楚国的？

这种推断，不觉得有悖常理吗？“莫敖”二字本义究竟何解？笔者认为，应该把二字本义与楚熊氏始祖生发地的掌故、地名结合考量，或能通关解结。查《康典》莫：《博雅》：强也。又《庄子·逍遥游》：广莫之野。注：莫，大也。民国《辞源》莫：⑹大也。《庄子》广莫之野。⑼姓。《三郡记》云：颛顼造鄚（mào,旧读 mò）城（鄚州，在河北）。（唐）景云二年（710），莫始去邑，盖以地为氏。又河南莫姓出代北。《广韵》云：楚莫敖之后。

[分析] 1.莫作强、作大。符合“莫敖”本义，即“大敖”。可参。2.莫作姓。出自颛顼造鄚城，唐景云二年，莫州裁撤，颛顼后人即以莫为姓氏。3.莫氏为楚莫敖的后裔。溯其源，原来莫敖出自颛顼。《路史后纪卷第八·疏仡纪·一〇六一》云：“高阳：《风俗通》云：‘颛顼，大敖之后是也’。”

“颛顼大敖之后”，此言大有发聋振聩之慨，古史考究数千年的“莫敖”之谜或有望破解。此“大敖”当是颛顼之父伯陵。本境康熙手抄本屈氏庸人《告祖词》：“炎黄禅位万古传，帝宜伯陵木罍贤。最是颛顼高阳祖，世代叩拜壶头蛮。”是说伯陵（即瑞项之父昌意）、颛顼及子孙世代皆出于“壶头蛮”。壶头即天门山，自古以壶头、天门代指大庸宗国。从民间告祖词发现当地人民把伯陵、颛顼作为“本地贤人”传颂，决不是天下一大抄的“尊祖情结”。一句“世代叩拜壶头蛮”，锁定了一部关于高阳家族及大庸帝国发生地的千古秘史。1993年版《沅陵县志·大事记》载：“民国27年（1938）11月3日，湖南省政府迁来沅陵伯陵路（今太常乡），于次年5月20日迁往耒阳。”就是说，早在汉高祖五年（前202）置沅陵县就以“伯陵”作街名。足证伯陵必与他的出身地有关。本著此前以崇阳坪、大鳌鱼、大水泉、鱼形地、蛇形地、太阳神大祭坛等十余个历史文化地名符号组成庞大证据链，破解屈原先祖帝高阳准确出生地原点就在大庸澶口崇阳坪的“老庸湾”。此之“老庸”即指一代庸国大帝——“颛庸”。史界往往以“五帝五方封神”说事，把颛顼自大庸北上中原拓疆创业之史实混同道家封五方神将颛顼指往北方的神话传说。就莫姓而言，以莫敖之“莫”为

姓氏的后人未有泯灭，据桑植《莫氏族谱》载，莫姓郡望巨鹿郡（今河北平乡），另有江陵、河涧等郡望。堂号有巨鹿、敦木、德荫、威远、思济、河涧等。桑植莫姓出于江西婺源，回迁始祖莫满盈，其后裔分布在巴茅溪、凉水口、谷罗山、河口等地。廖家村镇有莫家塌村，成为土司宗民。溯其源，均从芈姓、屈氏莫敖演变过来。公元前280年，司马错灭庸灭屈，一批莫敖之后即以莫为姓，是为屈姓另一支系。大庸永定官坪乡有莫家岗，宋代出了个状元莫俦，其“状元及第，一品当朝”铜牌今存永定区文物局。沅古坪镇桑木村至今还有一支莫敖后人。

所谓“敖”，实物实名出典在帝高阳颛顼老屋场——潭口崇阳坪老庸湾，亦即屈原老屋潭口，俗称“潭口双鳌”。其一在潭口入口处，为一约400亩大沙洲，形如巨龟伏于潭口，此即天下第一大“龟鳌”，故称“大鳌洲”。其龟背曾建太阳神大祭坛（专祭祝融、高阳），为大庸帝国四大祭坛之一。其二在入潭口50米处左岸石壁，天生一巨大“鳌尾”，依势跨江与之相对的右岸约150米高处，有巨石如鱼头，天生一巨型半月穿洞（此即潭口丹丘日月山之“月山”），民间传说此即“鳌腮”。此之“鳌”则非龟非鳖之“鳌”，而是民间顶礼膜拜的文曲功名之神敖——“鳢鳌”。相传古成语“鳢鱼跃龙门”“独占鳌头”原生点即此，根出屈原相公沾此脉气而成天下诗祖文宗。而屈原在崇山熊馆读书的“鬼谷学宫”所供的师祖鬼谷子白公胜（鬼谷学宫第一代掌门人），乃楚平王之孙，楚宫政变失败，退回祖地大庸，破相毁容（鬼谷子《分定经》卦辞隐语：“命中若带暗疾，雕青破肉，可免伤妻害子。”），隐居潭口鬼谷洞，著《分定经》，其240卦中之第107卦即以潭口鳌鱼、沧浪两大古地古名作卦格：

“庚辛　央卦　鳌鱼沧浪格

日到天心影渐高，庚辛金印自风骚；巨舟翻浪多翻覆，浅水回波隐巨鳌。”

请注意鬼谷子对这条自然造化之“天下第一鳌”的定论为“巨鳌”。巨鳌即大鳌，大鳌即“莫鳌”，莫，大也，莫大。后避讳去动物“鱼”作“莫敖”。鬼谷子白公胜又在“恒卦”卦辞中写道：“鳌鱼游水远，平步上云梯。”

李书泰先生的解释是：“此指贞姬自慈利白公城故居乘船经潭口鳌鱼桥来天门山，登云梯岩会鬼谷子的真实生活。”（《鬼谷子身世研究》，中国文史出版社2011年11月，第50页）屈原的老屋场就处在潭口归乡岸（南岸）“一口印”（簸箕塌）台地上，其后山是“鳌头”，其对岸山脚是“鳌尾”，其左潭口为雄镇龙口的“大龟鳌”。李书泰对“鳌鱼沧浪”的解释是：“指天然石形巨鳌在沧浪桥附近。今永慈交界之地潭口恰有鳌鱼、沧浪桥、兰香桥等地名。《山海经》所记日月山就在此地。……白公胜在自己著作中触及上述地名，足证其隐居地就在附近不远的天门山。”（同上书，第100页）

综上所述，笔者认为：在远古蒙昧刚开的自然神灵崇拜时代，由如此之巨大之壮观之灵异的“双鳌”所构成的“双鳌护城”风水大象，必吸引古人类对其敬畏崇拜，奉为神灵。而由潭口金藏关——风水上的“铁板城门”构成聚纳国家财富的“大廒仓”，更是古庸国得以延续数千年的风水之保障。远古时代，还专门建设国仓——“大庸仓”。传至明代仍在启用。明万历《慈利县志》卷之九《上供》第42页载："大庸仓，米一千二百石（担）。每石加耗米五升、席米一升，船脚米三斗三升五合，禾火粮内派。"因了风水原因，古庸人在天门崇山立国，称潭口为"国家风水"。最先选址的"大庸城"即在潭口西约12华里的老庸湾老庸城。正是黄帝为庸成子所建"五城十二楼"之东方第一城。

清代当地龚家垴村秀才龚炳然作潭口风水诗云：

祖山祖水会城门，领队雄鳌显至尊。
守户天生三把锁，莫敖以势护庸魂。

"三把锁"指潭口三条巨鳌，崇阳坪鱼形地、大鳌洲、大鳢鳌。相传颛顼出生于大庸潭口大鳌地崇阳坪的老庸湾，曾登基出任一代庸帝，史称"颛庸"。后北征中原，四方挞伐，使当时庸国版土北抵幽陵（今存居庸关），南至交趾（中越边界，今存哈不庸村），西至流沙［川藏边境，古有庸部、庸州（成都）］，东达蟠木［山东胶州，今存上、中、下三庸村。西汉出了一代大儒庸谭（庸生）］。颛顼北征到中原后，首建"鄚城"，暗含不忘祖地大莫鳌之意。平时有人问其籍贯，总以"莫敖之人"答之，故后人将颛顼大帝又称为"大鳌"，后去动物"鱼"演变为"莫敖"。颛顼为什么以"鳌鱼"自称呢？这与他的出身及出生地有关，即《山海经》所载关于"**蛇化鱼妇，颛顼死而复苏**"的传说。前文说过，崇阳坪地形本身就像一条天下第一大"鱼"（八百亩鱼形地），又有大龟鳌、大鳢鳌，以及与之相配的大水泉、蛇形地等地名信息做证。

就在颛顼出生地崇阳坪（鱼形地）上游约4华里处，有一约300亩洲岛，古称"大莫洲"。20世纪50年代此岛还古木参天，自古是文人郊游、官家避暑胜地。60年代农业学大寨时，"向洲岛要粮"，伐光树木种田，后毁于洪水。90年代中期，永定区政协主席袁兆平引资在此辟"大莫洲城市休闲公园"，繁盛一时，不数年亦被接连两次同一天百年不遇的"7·23"洪水吞没。此之"大莫洲"相传即是"大莫敖"颛顼得名之原生点，与大鳌洲、大鳢鳌、鱼形地、蛇形地等一组"鳌"字符号形成庞大"莫敖"颛顼文化发生学信息链。

我想关于颛顼历史的真相就是如此。

颛顼后裔楚王族中，除了前述熊仪等几位楚君称若敖、莫敖外，还有楚王族中的斗氏、成氏曾一度分享"莫敖""若敖"封号，但很快被熊氏挤对出局。再后，便独赐屈氏庸王一族所专有，直至庸国灭、屈原死后55年楚亡，从此再无"莫敖"之职出现。

公元前704年，熊瑕宗庸国祖地——回到先祖帝高阳的出生地——即"莫敖"的原生地。当年庸帝特把"莫敖"作为封号正式赐予熊瑕，并令其世代相袭，勿许罔替。同时，将"莫敖"作为代表宗庸的"钦差大臣"派入楚宫，与令尹、司马共同监管楚朝廷。这就是"庸楚两国共监制"特殊体制，亦即谷口·满发现的"庸楚两国互相共存体制"的由来。

【特载】屈原"莫敖"之封号

黄露生

《橘颂》以"行比伯夷，置以为像兮"，作为画龙点睛之笔。此"伯夷"指谁？我们在《〈橘颂〉中"行比伯夷"考释》一文，进行详尽考证，发现此之"伯夷"，不是王逸所说的殷代"孤竹国君"之子的"伯夷"，而是《尚书尧典》中，为舜帝典"三礼"，

即天、地、人福鼎的礼官“伯夷”。《周礼春官大宗伯》载：“大宗伯之职：掌建邦之天神、人鬼、地狱之礼，以佐王建保邦国。”这说明，周王朝的“大宗伯”，相当于舜帝时代典“三礼”的伯夷所任之职。楚国是否也有这类官职？《国语·楚语下》载：“使各姓之后，能知四时之生，牲牲之物，玉帛之类，采服之仪，彝器之量，次主之度，屏摄之位，坛场之所，上下之神，氏姓之出，而心率旧典者，为之宗。”韦昭注：“宗，宗伯，掌祭祀之礼。”这说明，楚国也有类似《尚书》所载为舜帝典“三礼”的“伯夷”那样的礼官，即《周礼》所载的“宗伯”。但是，历史文献中却很少提到，楚史学者发现楚国的“宗伯”，就是楚国的“莫敖”，又叫“莫嚣”（“敖”与“嚣”通。一作“若敖”）。

“莫敖”，是楚国特有的重要官职，在历史文献和文物中屡见不鲜。但是，有关“莫敖”之职，过去有多种说法。如董说《七国考·楚职官》说：“楚改司空为莫敖。”姜亮夫《楚辞学论文集》说：“楚国自春秋战国以来，莫敖皆宗亲为之。而往往升为令尹，与春申君以左徒为令尹之事合，则莫敖当即左徒。……语言之含义可解为祭司长之类。”左言东《楚国官制考》说：“为了更有利于君权的集中和行使，楚武王最后几年建了可随时任命与撤换的令尹制，令尹的权力在莫敖之上……后来成为只管王族事务。其后裔屈原曾继任为三闾大夫，管理王族屈、景、昭三大姓的门闾，‘三闾大夫’当是莫敖的俗称，与周族的宗伯相近。”何光岳《楚源流史》云：“《古玺汇编》有‘相陵莫敖’之印章，曾侯乙墓竹简有‘大莫嚣’，可证大莫嚣即大宗伯。”［金氏子按：赵逵夫说：他（屈原）父亲屈易在怀王年间任大莫敖之职（大莫嚣屈易见《包山楚简》第7简）。莫敖，出土楚简中作“莫嚣”。所言屈易为屈原之父，是否即伯庸？待考］上述有关“莫敖”诸说中，董说之说被学术界已否定，姜亮夫认为“祭司长”，左言东认为“与周族的宗伯相近”，何光岳认为“大莫嚣即大宗伯”，基本符合“莫敖”的官职。更值得注意的是，楚国的莫敖还具有世袭特征。如《左传》中先后记载春秋时期七个莫敖：屈瑕、屈重、屈到、屈建、屈荡、屈申、屈生，全部出于屈氏，而且“子承父业”，其中屈重是屈瑕之子，屈建是屈到之子，屈生是屈申之子（一说屈建之子）。《战国策·楚一》载：“威王问于莫敖子华。”其中“子华”就是屈宜恤，也就是屈原的祖父。该文提出“若敖大心”，也就是成大心。《古今姓氏书辨证》云：“成氏，楚若敖之孙令尹得臣，字子玉，以王父字为氏，得臣生大心，字孙伯；及子西、子孔。子孔名嘉，与孙伯皆为令尹。”因此，“若敖大心”中“若敖”，应是“莫敖”之误。这种现象，史书上也屡见不鲜。如《国语·楚语上》中“子木能违若敖之欲”。其中“子木”就是屈建，这里的“若敖”应是指屈到。《左传·襄公十五年》明确记载：“屈到为莫敖。”所以此处“若敖”应是“莫敖”之误。这就是说，先秦文献中，很难找到非屈氏的人任莫敖，也证实“莫敖”的世袭特征。再有，屈原创作的《九歌》，其中《东皇太一》《云中君》《东君》《大司命》《少司命》都是祭天神；《湘君》《湘夫人》《河伯》《山鬼》均为祭地祇；《国殇》应是祭“人鬼”等。这与《尚书》中“伯夷”典“三礼”，与《周礼》大宗伯“掌建邦之天神、人鬼、地之礼”的官职也是一致的，说明屈原确实担任过“莫敖”，更说明楚国的“莫敖”是屈氏家族的世袭封职，也与《庄子》所说的“著封”相符。所以，《橘颂》最后说的“行比伯夷”中“伯夷”，为舜帝典“三礼”的任职，与屈氏家族世袭封职的“莫敖”任职之间，存在着同一性和可比性。

因此，屈原《橘颂》结尾说：“行比伯夷，置以为像兮。”说明“置（橘）以为像”目的，是表示决心继承发扬“伯夷”为舜帝典“三礼”的事业和精神。这更证明，《橘颂》是屈原受“大封”为屈氏家族“世子”，又是受“大封”为“莫敖”的合法继承人，“先告后土”所创作的“颂”辞。

综上所述：我们将屈原《橘颂》，置于产生她的先秦特定历史环境、人文背景中研究，从而发现，该诗不仅是屈原早期作品，还是他受“大封”为屈氏家族“世子”，楚国“莫敖”的合法继承人，按当时受“大封”的社会制度和风习置“宜木”，“先告后土”时所创作的“颂”辞。这说明《橘颂》与屈原身世有着密切的关系。

（黄露生，湖南第一师范学院教授。原题为《〈橘颂〉与屈原身世·四、“行比伯夷”，与屈氏家族“莫敖”封号》，载湖南汉寿县政协编《屈原与汉寿》2008年12月内刊版）

四、兰岗：屈原植兰辟谷的第三故居

1. 滋兰九畹于兰岗

“余既滋兰之九畹兮，又树蕙之百亩。[1]
畦留夷与揭车兮，杂杜衡与芳芷。[2]”

[注释] ⑴滋：滋生，培植。畹（wān）：古代地面积单位：一畹等于三十亩。九畹实为二百七十亩。树：栽种。蕙：即蕙兰，香草。古称“零陵香”。零陵，即《水经注》所载“充县尉与零陵尉”在二尉岩分疆划界之县名，后改作零阳县，即今慈利县。由此可证蕙兰的出产版权属张家界市之慈利县。潭口乃大、慈分界处。屈原选择家乡的蕙兰，不经意告诉人们：他的家就在生长慈利零陵香的地方。⑵畦（qí）：《说文》：“四五十亩曰畦。”又指有土埂围着的一块块排列整齐的田地。留夷、揭车、杜衡（又称马蹄香）、芳芷均为芳草名。

以上二句意思是：我已栽培了两三百亩春兰，又种植了百亩零陵香。且分垄培植了留夷和揭车，还把杜衡芳芷套种其间。

那么，屈原种兰植花究竟是“诗说”还是确有其事呢？我说：是真史就必有发生的原生点。据屈楚子、屈楚福等人介绍，祖传屈原嗜花如命，少儿时就以藤藤花装饰大槽门，俗称“花门口”，古名与遗迹均存，今属“屈家坊村花门口组”。关于屈原种兰花数百亩的传说，还是在他回到故乡后的事。他种花的地方一叫“兰岗”，二叫“花旯里”，名字都是屈原自己取的。兰岗位于潭口西约5公里的关门岩乡。《市典》第524页［关门岩村］：“辖岗上、河边、半山、泉边、大屋、堰边、兰岗、天桥、马栏口、陈家、雷家、柑子园（此即屈原诗中的**橘颂园**）、祠堂咀、关门街、水泉湾、垴上、溪边17个村民小组。”关门岩是古代大庸屈邑著名关隘之一，倒读“岩门关”（此指古庸中心地十八关隘，如：潭口金藏关、大庸所青鱼潭关、黑松关、新攻关、茅头关、温塘关，索溪闸口关、百丈关、索口关等），兰岗一溪中分，发源于南屏之摩天岭（海拔715.5米），名“兰溪”“香溪”“仙风溪”“相公溪”“九畹溪”。全长约18里。兰溪，以兰岗、兰园得名。“仙风”者，谓屈原辟谷种花，被后人评选为十二月花神之首——兰花神，又被祀为长江水渎神。既已成神成仙，自是仙风道骨，故称“仙风溪”；所谓“相公溪”，是以屈原相公身份得名，溪水注

澧水。

相公溪口，昔日有繁华码头，名关门岩渡，逆溪而上，见右岸有人工开凿的孔洞，出生于1938年的老村支书雷祖德指证说，这就是传说屈原自己动手开凿的泉水井，古名“相公泉”。泉侧古木参天，是西阳二坪五大名泉之首，冬暖夏凉，不涨不涸，是屈原每日嚼花饮泉之地。当年公社、乡政机关、村民，到相公泉挑水者，络绎不绝。可惜那年筑了一道水坝，沙压水没井毁，但泉流不断。再前行数十米，见溪岸陡生一座小石山，高约12米。雷支书说，这叫“相公岩”。山脚临溪，内有天然洞穴，高约3.5米，长约6米，进深约4米，可容30余人。洞内又生两个穿洞，一为明洞，一为暗洞，俗称“阴阳洞”，均可由此出洞至相公岩山顶，一奇。此洞因白鹤群栖于此，俗名“白鹤洞”。又因当年屈原种兰辟谷隐居于此，又叫“相公洞”“屈子洞”。《天问》：“伏匿穴处，爰（音元）何云？”即此。雷支书说，这个洞又称“叫花子洞”，是叫花子定期打会的地方。相传当年屈原在这里种兰隐居，经常碰上叫花子到此聚会，他不但不驱赶他们，还兴致勃勃与他们一起聊天，了解民间疾苦、官场世态。还以特制的兰花酒与他们讨来的吃伙一起“打平伙”，开怀畅饮，借酒浇愁，往往洞内洞外数十个破衣烂衫的“酒醉佬”横七竖八躺在一起，这里面其中的一个就是屈原。

还有这样的传说：这些叫花子听说这个屈家“花癫”原来就是从楚国受排斥罢官驱赶回老家的庸王三闾大夫屈原，都为之抱不平，于是主动停留几天帮屈原打理兰园，以后还成了不成文的规矩。屈原往往被这种情景所感动，《离骚》中那句有名的“长太息以掩涕兮，哀民生之多艰”，就是在这里哭出来的。

相公洞外右侧，有一挂小瀑布，经年常流不断。瀑下有石潭，石潭延至相公洞外沿，深约丈余。是当年屈原与村民夏天跳水洗澡避暑佳地，故得名“相公潭”。从相公洞之穿洞出洞，往左上行20余米，即至相公岩之顶，面积约1亩。山顶昔有相公庙，建于汉代中期。岁月中途屡毁屡修。最后一次坍塌是解放初。神龛上供“屈原相公菩萨”，故称“相公庙”。雷支书站在相公庙遗址上，指东说：对面那里就是屈原在兰岗修的老屋场，叫“屈家里”。环绕老屋场是屈原特造的颇有皇家气派的“大花园”“小花园”。相传大小二花园簇拥在吊脚楼四周，连瓦背、门窗、楼台、亭阁都被花藤缠绕，故又叫“花楼”“花阁”“花亭”“花门”。说屈原是古代最伟大的“花痴”“花癫”“花王”“花儿匠”“花艺师”，算是实至名归。

一处小山湾密集如此之多关于“屈原相公”与兰花的地名，令我大感意外，也让我极度兴奋。这恐怕不是偶然现象。如果各种信息堆集一处形成巨大链条后，我们有理由相信淹埋在历史尘埃中的某些无可求证事件的真相。屈原为何选距潭口八里外的兰岗作种花基地？原因有三：一是这片土地是屈原之父伯庸分配给屈原的基本田产，共有3处，其一即此兰岗，400余亩；其二在花旯里，200亩；其三在潭口老屋场之后山“三古塌”（土语小平地）300余亩，共1000亩。据现场考察，兰岗台地层层叠叠，土深地肥，宜耕宜种。相公溪源出摩天岭，自高而下，灌溉方便。相公溪出口处，自古为屈邑关隘河埠，今为关门街组。兰岗对河西岸是屈原的生身祖屋屈家坊。三是屈原老屋场潭口周边皆山，无地可种，只能舍近求远。《市典》载："关门岩村总面积870亩，旱涝保收田地400亩。"这400亩土地，正是兰岗花园的全部用地，与"滋兰九畹"——270亩、"树蕙百亩"——100亩，加上"留夷""揭车""杜衡"及"芳芷"等花约30亩，总计400亩吻合。这种巧合简直令人吃惊！屈原在兰岗辟兰园，是他从郢都驱逐回老家后办的一桩大事，这里才是他灵魂的憩息地，或许在他晚年的很多时日都是在这里度过的。他这样写道：

"朝搴（qiān）阰（pí）[1]之木兰兮，夕揽洲[2]之宿莽[3]。"

[注释]（1)搴：拔取，采摘。阰：大阜曰阰，大山岗，此指兰岗。(2)揽：采。洲：此洲即屈原门口的丹丘洲，又作大鳌洲、金沙洲、天子洲、橘子洲等约500亩（现约300亩，已挖沙毁灭），为潭口一孤岛。(3)宿莽：苜蓿，一作紫苏。当地炖鱼的重要佐料。

以上二句意思是：早晨我在兰岗采集木兰，傍晚在潭口大鳌洲采摘宿莽。

这一关联句，把发生环境锁定在兰岗和潭口家门口大鳌洲（即丹丘），外乡人根本无法破译。

屈原又写道："步余马于兰皋[1]兮，驰椒丘[2]且焉止息。"

[注释]（1)皋：水边的高地、山岗。兰皋：书名，俗称兰岗。此为屈原为第三故里留下的历史地名信息。(2)椒丘：栽培花椒树的山岗。焉：于此。

以上二句意思是：我牵着马在兰岗漫步，又驰马跑上椒树小山作短暂休息。

从现场踏察，屈原骑马游兰园十分可信，一是兰园还包括了相公溪两岸的旱地，共达800亩，颇成规模；二是台地适宜走马。雷祖德书记又向南指证说：相公溪自摩天岭入注兰岗的山口叫"马栏口"，相传就是仆役为屈原圈马、养马的地方，今属马栏口小组。村民觉得"马栏"名字不雅，就改"栏"为"郎"。紧接着又写道：

"进不入以离尤兮，退将复修吾初服。"

说的是：既然进取不成反而获罪，那就回来把我旧服重修。

由此可见，屈原骑马在兰岗徜徉悠游，看似轻松惬意，实际上是满腹心事，一腔忧患。这个细节不能小看。所谓"兰皋"，与屈家坊的"花门口"、潭口上下的"兰香桥""兰花桥""花神桥""花旯里"等兰花地名符号组合形成屈原故乡庞大证据链。

屈原为"兰岗""兰园"留下的诗句还有：

"时暧暧其将罢兮，结幽兰而延伫。"

意思是：日色渐暗时间已晚了，我仍纽结着幽兰久久徜徉。

还有评论兰草的句子，如："户服艾以盈要兮，谓幽兰其不可佩"，"兰芷变而不芳兮，蕙化而为茅"，"余以兰为可恃兮，羌无实而容长"，"览椒兰其若兹兮，又况揭车与江离"。此后的"沅有芷兮澧有兰"，更是把兰花界定为澧水流域的代名词，古大庸国兰江、兰城、兰国之美称由此而生。

唐元和进士沈亚之在《屈原外传》中说屈原"放而耕，吟《离骚》"。司马迁说"屈原放逐，乃赋《离骚》"。所谓"放而耕"，不少注家都注意到了，以为屈原是为了种粮度命逼迫"秉耒而作"，秭归那边还说种出了"白玉之米"云云，全是误解！真实的"放而耕"其实就是迁回故乡后，自己动手耕

种兰岗、花旯里，但不是种粮，而是改种兰蕙香芷。从《离骚》诸多内容与兰岗反复纠结迹象分析，我以为《离骚》正是在第三故里兰岗完成构思并创作的。甚至说，无兰便无情，无兰便无诗。

兰岗，寄托着屈原揪心挠肺的前世今生。

兰岗，是伟大史诗《离骚》创作的发生地！

2. 屈原辟谷兰岗著《离骚》

“朝饮木兰之坠露兮，夕餐秋菊之落英[1]。

苟余情其信姱以练要兮，长颇颔亦何伤。[2]

[注释]（1）落英：初开的花。《尔雅·释草》：“荣而不实者谓之英。”（2）苟：假使、如果。信：实在、确实。姱：美好。练要：宋·朱熹说：“言所修精练，所守要约也。”即精练要约。颇颔（kǎnhàn，坎旱）：因饥饿而面黄肌瘦的样子。

以上四句意思是：早晨我饮木兰上的露珠，晚上我用菊花残瓣充饥。只要我的思想情感美好而精专，形销骨立又有什么关系。

从上二句诗中，可以看到屈原回故乡后，即沉湎于种兰植花，朝日居于兰岗兰园，且以花卉为食，实质上已进入“辟谷”最高境界，俨然一介“隐仙”。与同诗后句“折琼枝以为羞兮，精琼靡（mí，米）以为粻（zhàng）”构成证据链。意思是：折下玉树枝叶作为肉脯，我舂碎琼靡把干粮备下。此类信息在《惜颂》中有“梼（tāo）木兰以矫蕙兮，糳（zuò，作，即舂）申椒以为粮。播江离与滋菊兮，愿春日以为糗（qiǔ，干粮）芳。”意思是：把木兰捣碎，把蕙草剁细，舂好申椒作为我的口粮。我栽种江离又培养菊花，希望到了春天成为我的干粮。《悲回风》中有“吸湛露之浮源兮，漱（shù）凝霜之雰雰”。《远游》中有“餐六气而饮沆瀣（háng xiè）兮，漱正阳而含朝霞”“吸飞泉之微液兮，怀琬琰之华英”等，可见屈原所有相关植兰辟谷的过程，基本发生在兰岗、天门两地。这是屈原离郢回家乡长住潭口老家的自证。所谓“辟谷”，即断粮绝食而以花果为食。道教认为，人的精神受肉体支配，而肉体的存在则由食物保证。要想长生不老，须保持精神纯洁，因此应当少食，免烟火之食。另外，肠里必须清洁，肠内若积存糟粕则免不了死亡（《云笈七签》卷五十九）。于是便有了辟谷之养生法，故世人以为仙人不食人间烟火，靠餐霞饮露为生，其实不然。只是不食五谷而已，而食以花、草、木、果及其他原料酿成的药物。屈诗“怀琬琰之华英”即指一种矿石。《抱朴子》卷十五中举了几个实例：**苍术、黄精、禹馀各日服二次，即使不进食物也“令人多气力，堪负担远行，身轻不极”。又如，将甘草、防风、苋实等十余种草药捣为粮末做成雀蛋大的药丸，服用十二粒可管百日不饿。**

除了辟谷，还有服饵、调息、导引和房中术等养生之法。

说到屈原诗中多处写他以花为食，读者们总认为不可理喻，或怀疑是否合符饮食科学。其实，鲜花入馔，古已有之。从古代象形文字中，可以读到散见于古籍中的关于鲜花入馔的有关记载。《隋唐佳话录》载：武则天于花朝日（农历二月十三日）游园，下令御膳房烹制“百花糕”赏赐臣下。宋代林洪收录了约15种花馔并著《山家清供》。元代倪瓒《云林堂饮食制度集》中记载“莲花茶”“茉莉茶”的制作方法。乾隆帝喜吃玫瑰花饼。西太后慈禧嗜花成癖，命御膳房采花入馔。等等。由此可见，鲜花入馔，古往今来都是一个何等原始原生的香艳养生，又何其时尚的生活方式。屈原辟谷食花，其实得灵感于家乡的食花习俗。大庸澧水一带，山花烂漫，一年四季都可大快朵颐。花卉中，又分为乔木、灌木、草本和水生植物。孩提时代以上山吃油茶花、嚼鼻孔花（杜鹃）为乐事。南瓜花、野黄花是家常菜。诸如茉莉花、荷花、菊花、金银花、幽兰、槐花、桂花等，都是泡茶或做配菜的重要原料。韭菜花带根可治肺痨，菊花清肝明目、延年益寿，玫瑰花调节气血、美容养颜……据统计，乡间世代食用的野生鲜花不下百种之多，鲜花做成的菜肴不仅以其色、香、味、形养眼养心，且有益于身心健康，常食鲜花，可调节神经，提高机体免疫力，并起到滋阴壮阳、护肤美容之作用。

不过，这些旧俗不过是饮食中的佐餐，若以此为主食，只怕不合时宜。

2015年4月25日，在“张家界屈原故里恢复重建项目考察座谈会”上，家住何家村老庸湾的老书记张友生讲了一件与屈原种兰花有关的事：前不久，南京军区一位军医得悉屈原故里在张家界并在兰岗、花旯里两处田园广植兰花的信息，特专程到老庸湾寻访“澧兰”，有缘在张友生家住了7天。张友生陪他沿澧岸考察时，在屋边发现“大兰花”和“小兰花”。此军医的文字是这样写的：“大兰花，草本，高约40公分，水红花色。治白血球过高的主药。小兰花，草本，高约20公分，天兰花色。是治肝硬化、肝腹水的主药。”这恐怕是屈原始料不及的。但他一定懂得兰花可入药是不必怀疑的。而且，他自己就是一个大医家，而且递代相传，大课题组成员、80多岁的著名中医师屈楚子于是说。

屈原最后弃兰岗上天门，追随赤松子居天门洞，辟谷修炼，茹霜漱泉，吸露餐霞，他要“与天地兮比寿，与日月兮齐光”，那就是另一境界了。又一年后，屈原离天门而下山，辞别屈家坊、潭口里、兰岗三处故里，又辞朝辞官辞父老，于是，一匹白马，伴随他离家远游，俨然成了一位飘然而行的诗仙。

屈原辟谷入道，素为一些注家所诟，认为与他的思想精神相悖，有颓废、避世、绝尘的消极因素，我以为所言并不为过，但对屈原内心深处的悲情与哀伤，以及背负庸楚两国命运的沉重与忧虑，谁又能窥其一二呢？屈原毕竟不是彻底的马克思主义者，后人何须以当世观点去苛求于他！其实，虽说屈原辟谷与遁世（连封侯为王都毫无兴趣），但并没有从心灵深处得到解脱，反而有过之而无不及，且身体也因此受损，落得病魔缠身，苦不堪言。屈原的诗句中有不少关于病痛的句子，乃至“神倏忽而不反兮，形枯槁而独留”（《远游》）。意思是：魂魄很快飘忽离身而不返，躯体形销骨立独自留下。

虽说辟谷有损于屈原的身体，但思想得到解脱，精神得到修炼，于是点燃了如火的激情，当愤懑与激情一旦发生对撞，创作的灵感便如澧水奔流、天门洞开，一部空前绝后的伟大史诗——《离骚》便在兰岗诞生了！

屈原远游后，兰岗花园仍由屈姓农户经营管理。公元前280年司马错灭庸、灭屈之后，兰园荒废。后来，远逃他方的屈原后裔陆续迁回屈家坊，其中一支便在兰岗屈原老屋场垒屋定居，仍依古名“**屈家里**”，今属兰岗组。**兰岗、兰溪、九畹溪、仙风溪、相公桥、相公溪、相公泉、相公洞、相公潭、相公岩、相公庙、马栏口、大花园、小花园**

等由屈原留下的古名原汁原味，代代相传，至今不改。我则认为，这是我屈原研究中所发现的又一奇迹！

笔者为了品悟屈原在兰岗辟谷作《离骚》的细微末节，曾数访兰岗，令我大出意外的是，居然听说相公岩曾经是屈原弹奏《离骚》的地方，每每琴声一响，澧水对岸**白鹤洲**的千百只白鹤便成群结队飞过来，在相公岩起舞。我以为这是山寨版的神话萌芽。但有一桩事却是有据可依的：我有幸得到了朱元璋第十七子朱权在大庸屈原故里收集到的屈原秘谱——即屈原自己作曲的《离骚》十八段古谱。那么，屈原在兰岗创作并演奏《离骚》之说就不是空穴来风了。而且，这个出典与对岸白鹤洲形成两岸对应，必有其缘由。而屈原所居这个硕大的相公洞还有一个古名叫“曰鹤洞”！你说怪不?!

——这个相公岩因屈子演《离骚》又叫“屈子琴台”，一作“骚台”。屈原远游后，乡人特在琴台——小山头建了一座小庙，名“**相公庙**”。

民国乱世之末，相公庙自然朽毁。骚台成了荒丘。

五、 屈原女儿——女媭之证

1. 女媭：屈原的女儿

“女媭(1)之婵媛(2)兮，申申(3)其詈予。”

[注释] **(1)女媭**：对女媭的解释，一直争论不休。有人解为“楚之女巫名”（《楚辞》，时代文艺出版社）。汉代王逸说：“女媭，屈原姊也。”（《楚辞章句》）《说文》[女部]：“媭，女字也，从女须声。《楚辞》曰：女媭之婵媛。贾侍中说，楚人谓姊为媭。”此说影响很大，女媭从此成了屈原之姊（姐）。明代李陈玉对此论深表反感，说：“从来诠者引女媭为屈原姊，不知何所根据，盖起于袁山松之误。袁山松因夔州秭归县有屈原旧田宅在，遂谓秭归以屈原姊得名，不知秭归之地，志称归乡，原归子国。舜典乐官夔封於此，故郡名曰夔州。《乐》纬曰，昔归典叶声律。然则归即夔，后人乃读为归来之归。宋忠曰，归即夔，归乡盖夔乡矣。郦道元好奇而不能辨，遂两志之《水经注》，故世互相沿习。”李陈玉以不可动摇的论据，彻底否定了屈原故里在秭归之谬。但对女媭的解释却失之偏颇，他说：“按天上有媭女星，主管布帛嫁娶。人间使女谓之媭，须者，有急则须之谓。故《易》曰‘归妹以须，反归以娣。’言须乃贱女。……屈原所云女媭，明是从上美人生端，女媭乃美人使唤下辈，见美人迟暮，辄亦无端诟厉。”（《楚辞笺注》）《史记·天官书》张守节《正义》云：“须女，贱妾之称，妇职之卑者。”把女媭说成“贱妾”“应召女郎”“贱女”“迟暮美人”在情人跟前“无端诟厉”，就是看走眼的瞎猜胡说了。此说之蔓延，难免不造成负面影响。明代汪瑗也认为“媭者，贱妾之称，以比党人也”。女媭成了奸党一类的坏女人了。《尔雅》《晋书·天文志》等亦认为女媭为贱女、贱妾。对此，明代张凤翼提出异议，他说：“恐媭者女人通称，未必原姊，不过如室人交遍责我之谓耳。”清代张云璈也说：“是妹也可称媭。则知媭乃女之通称，不必专属姊妹。”二张说“媭”是“女之通称”，比较近是。如果是“女巫”“贱女”“荡妇”“应召女郎（妓女）”——汪瑗认为“婵媛……亦可以为妖娆邪淫之称”。

李陈玉说“婵媛，卖弄之态也”。陈远新则说：“婵媛，侍女态。”郭沫若说：“女媭可以释为屈原的侍女，‘婵媛’为其名。”游国恩认为“类似师傅保姆之类”。龚维英认为“媭”即“姊”，“姊”即“姐”，“蜀俗谓母曰姐”，女媭应该是屈原之母，等等。那么，这位教训、批评屈原的女媭就是屈原长辈或一位不三不四的坏女人或他的母亲了。上述众说不仅不合屈诗之本意，还有丑化嘲弄屈原之嫌。我相信任何人读了这些文字，都很难接受。这不仅伤害了屈原本人，也伤了广大读者的心。

笔者得到几份证词，发现了三种“女媭”之说，提请注意：

一为屈原姊屈媭说。出自安徽东至县龙泉镇黄荆村屈家组的光绪二十七年（1901）《荆桥临海屈氏族谱》。所载屈原有姊名媭，屈原沉汨罗，“媭闻亟归，视之，后人名其地曰姊归”。并载明屈原有三子：“长孟师谥文化，次仲虞谥武安，三季敏谥孝师。”（引自《屈原后裔寻访记》，第87页）

照此说，此之“媭”，当是屈原姐了。不过，这段文字明显有疏漏之处：屈原姐听到弟弟告知屈原沉汨罗消息之后“亟（急迫地）归”。照字解是回归汨罗，“视之”，即探望。后人将此地叫“姊归”。请注意：原文叫“姊归”，而非“秭归”。此族谱执笔人似乎很为难，既不想承认袁山松说的那个“秭归”，但又不知道天底下还有个真“姊归”在大庸潭口，故只能用模糊概念。《太平御览》所载是“原有姊，闻原还，亦来归，贵其矫世，乡人又名其北岸曰‘姊归岸’”，其前提是“闻原还”而不是“闻原死”。照荆桥族谱之说，屈原沉汨罗，姊女媭匆匆赶去“视之”，后此地即叫“姊归”。说明“姊归”在汨罗，屈原故里也在汨罗了，显然不合实情。屈原故里断定不在投江的汨罗，与秭归乐平里也攀扯不上呀！可见屈原回潭口故里的那个“姊”，与众人所说的“姊”女媭无关。

二为屈原女儿小媭说。此前，大庸永定屈家坊（三闾宗坊）两位修谱发起人屈楚福（时年65岁）和屈楚子（一名屈祖生，时年80岁），给本书著者送了两本清光绪版《屈氏族谱》手抄本和一份关于三闾宗坊的证言，内有这一信息：屈原约在17岁时，与当地名门望族即庸国朝廷重臣昭明晖之孙女大美女昭碧霞结婚，是为元配，**并生一女小媭（又叫女媭），一子平平**。由此得知小媭为屈原之长女，屈原诗“女媭之婵媛兮”，应该就是“女儿小媭”之谓。民国时屈髯公曾为此做过考证，认为与天门山大鼋化石有关，而大鼋在天上二十八宿中位于女宿媭女星与危十六星之间，被视为天界女神。屈原将爱女取名“小媭”，暗含不忘宗祖和喻比美神，这正是屈原一生追求唯美个性使然。我以为这种说法合情合理。因为出典就在故乡天门山的大鼋石，与黄帝跟天门山的史证自然对接。前面李陈玉也注意到“天上有媭女星”，但又把媭女解为人间使女、“应召女郎”“贱女”，不知根据何来。

“小媭”，借用了天上的媭女星，应该是可以肯定的。李嘉言说：“女媭为星宿。”萧兵说：“很可能是一位美神兼星神，是‘天女’或‘媭女星’的化身。是太阳崇拜系统里的一位太阳处女神。”我以为找到了感觉。可参。而在她的家乡，其实就是一个小女孩的普通称号。或说是对女孩的昵称，一如“儿子平平”，就是屈原对其昵称的典

型表达。说明屈原对一双儿女的疼爱。从一双儿女两个很平常的名字分析，可以窥见屈原心中极隐秘的一面：他可能发现了宫廷中的阴谋与斗争，对官场的险恶已有领教。他并不希望儿女将来能有多大作为，做一个普普通通的人，过平平安安、平平常常的日子，或许比什么都珍贵。

三是女媭为巫说。在屈原死后330多年的《汉书·高祖纪》中出现吕媭，是吕后之妹，樊哙之妻。《汉书·武五子传》中有位女巫名女媭。《传》曰："……而楚地巫鬼，胥迎女巫李女媭，使下神诅咒。女媭泣曰'孝武帝下我。'左右皆伏。"颜师古在"女媭"下注曰："女媭者，巫之名也。"后学理解为女巫的专名，并由此上溯，扯上屈原之女小媭（女媭），那屈原之女也就秉承父业，成了一代女巫了。此说也不算是个问题，贾生有言曰："古之圣人，不居朝廷，必在卜医之中。"把屈原女儿小媭列入"古之圣人"之列，也是幸事。但笔者不敢附合。500年后偶尔出了个同名巫师，就考出师承屈原之女小媭，你不觉得有些勉强吗？

⑵婵媛：由于对女媭的认知各有不同，故对关联句"婵媛"的解释也就很难精准。有人从字面解为"女人"，即屈原姐或为"女媭"。郭沫若在其戏剧大作《屈原》中塑造了个暗恋屈原并为屈原献身的女性"蝉娟"，明显借用了屈诗中的"蝉媛"。把蝉媛解成人物的还不乏其人。唯有闻一多的解释别开生面："案说文口部曰：'啴，喘息也。'欠部曰：'歂，口气引也。'啴喘歂并字异而义同。口气引之义，与王（逸）训婵媛为牵引者尤合，是婵媛即喘也。盖疾言之曰喘，缓言之则曰婵媛。喘者气出入频数，有以牵引，故王逸以牵引训之。"查《湘君》"女婵媛兮为余太息"，《哀郢》"心婵媛而伤怀兮"，此哀而婵媛也。《悲回风》"忽倾寤以婵媛"，即惊醒而婵媛也。此之"婵媛"，应是愤急而喘息的样子，哪有"卖弄妖娆邪淫之态"！

⑶申申：重复地，再三再四地说。詈（音利）：《说文》："詈，骂也。"《韵会》："正斥曰骂，旁及曰詈。"骂与詈有本质上的区别。前人对"詈"一字的解释多有偏颇，实则曲解屈原本意。予：我。王逸说："言女媭见己施行不与众合，以见放流，故来牵引数怒，重詈骂我也。"宋代洪兴祖说："观女媭之意，盖欲原为宁武子之愚，不欲为史鱼之直耳，非责其不能为上官、椒、兰也。而王逸谓女媭骂（屈）原以不与众合，不承君意，误矣。"（《楚辞解注》）明代周圣楷说："女媭戒之以玄，欲其怨身事君，自是骨肉至情，岂有他意？且原满肚不平，乍歌乍泣，入耳皆成拂乱，亦非真怨其姊不察而詈予也。"（《楚宝》）金开诚等认为各种解释，实际上大都发生于诸家对"女媭"的不同理解，**皆以为"女媭"真是屈原之姊，并不确切。**但都在不同程度上说明，"女媭"的责劝是出于对屈原遭遇的真诚关心，只是她对屈原并不了解。此评价中肯。

但据屈家坊80多岁老中医屈楚子说，**此之"女媭"其实就是屈家坊代代相传的屈原的"女儿小媭"。**小媭此时或已长大成人，或说已经出嫁。作为爱女，敢在父亲跟前撒娇或因某件事情与父产生分岐而以急愤之语批评指责，是十分平常的现象。以笔者自身经历而言，就曾因办了几桩"蠢事"而几次遭女儿"责詈"。面对爱女的"责备"，为父的只有因惭愧而无地自容的份儿，并不觉得晚辈之举有什么不合长幼辈分伦理人情的。这种经历，多数长辈恐都经历过。以为敢在屈原面前“责备”的女人，必是长辈或年长一些的老娘、姐姐，甚至说成是另一类与屈原有染的放荡女人在打情骂俏，这些臆测怕就是“以个人之心，度君子之腹”了。

值得注意的是：《太平御览》所载“原有姊，闻原还，亦来归”，并没有说其姊就是“女媭”，而潭口故乡屈原后裔所传“小媭”乃为屈原的长女，昭氏所生。我以为决非巧合，这很可能就是两千年未破的真相。

以上二句意思是：女儿对我的遭遇十分关切啊，曾一再地向我规劝告诫。

【延伸阅读】女媭是屈原的什么人

（岳阳） 刘石林

我认为女媭是屈原的女儿。因为：

一、“媭”是古时少女的泛称。楚文化专家萧兵先生讲得好：“媭”字古无偏旁，“媭”即“须”，面毛也。在男人面上就是胡须，在女人脸上只是汗毛。我国民俗，姑娘出嫁前必须用线把脸上的汗毛（用麻线）绞去，称为“绞脸”或“开脸”，未开脸者就是处女，女媭就是“女”而有须者，未出阁的黄毛丫头也。

二、“媭”在南楚方言中，是女儿的代称。因为汨罗江一带方言称自己爱女为“妹lǐ”，这里的“女”“妹”同义，“妹”即女儿（金氏子按：湘西土苗称女儿叫“妹妹”“妹丫头”“妹娃儿”）。《周易》即有“归妹”一卦，“归妹”意为嫁女，这里的“妹”即指未婚少女。方言读须为“lǐ”，不读“xū”，一声之转，所以，“女媭”即“妹媭”，“妹媭”即“妹lǐ”，“妹lǐ”即女儿。《诗》孔疏引郑注云：“屈原之妹名女媭”，把“妹”理解为妹妹，实在大错特错。应从方言的角度去理解，“妹”即女儿才对。我还举一个类似的有趣的例子：“爹”一般是指父亲，但在汨罗江一带不读diē而读diā，是指爷爷，父亲变成了父亲的父亲。而称父亲为“爷”，却又不读yé而读yá，“我的yá老子”，即我的父亲，爷爷又变成了父亲（金氏子按：今大庸沅古坪地区、沅陵县一带称父亲叫yá，爷爷叫diādiā）。又如“媳妇”一词，北方是青年人指自己的妻子，而汨罗江一带却是父亲指儿子的妻子，“你收媳妇了吗”即“你娶儿媳妇没有”［金氏子按：大庸沅古坪、沅陵一带亦称儿媳为“媳妇”，而称妻叫“媳妇儿”（儿音快读）］。这样的例子不胜枚举，由此及彼，“妹”变成“女儿”也就不足为怪了。

三、《离骚》中写道：“女媭之婵媛兮，申申其詈予。”我认为应译为“我那未出嫁的爱女啊，一边撒娇，一边安慰和责备我”（金氏子按：笔者以为此译合符情理）。“詈”字如何解释，是考证女媭身份的又一个重要环节。《说文》：“詈，骂也，从网从言，网罪人。”“骂，詈也。”许慎把这两个字互为注释，说明“詈”即“骂”“骂”即“詈”。其实，“骂”和“詈”的意义是有区别的。《韵会》：“正斥曰骂，旁及曰詈。”“骂”是严厉直接的斥责，“詈”是亲慰婉转的劝告。女媭这段话，是以历史的教训为鉴，用比喻的手法，反复劝导父亲放弃自己的理想和追求，同轨于世俗，以求安

身立命，都是旁及之词，非爱己者焉能出此劝慰之语，哪里有半点“正斥”——即骂的痕迹呢？女儿对父亲是不能（“正”）骂的，但婉转劝告，甚至亲昵地责备几句，却是顺其自然，合情合理的（金氏子按：刘先生以“正斥”“旁及”解“申申其詈予”，最是精到）。

四、汨罗江畔民间传说和遗迹也说明是屈原的女儿。传说有“女嬃磨剪自刎殉父”“女嬃兜土葬爷（yá）坟”等。遗迹有“望爷（yá）墩”“绣花墩”“剪刀池”“烈女桥”等。后人将女嬃尊为神，还在屈子祠的西边建了女嬃祠来祭祀她。当然，民间传说不能作为史料，但是剔除其中人们因自身的好恶而加入的褒贬描述和因之而附会进去的神话部分，还是可以窥其历史面貌之一斑的。所以，有人说民间传说是历史的“活化石”。

但是，湖北秭归有这样一个传说，说屈原流放回到家乡，他姐姐女嬃也跟着回到了家乡，故曰“秭归”，因以县名。我对这个传说是很怀疑的，它的产生，不像汨罗有关传说基本上是源于生活的原始传说。我觉得这个传说源自王逸的《楚辞章句》“女嬃，屈原姊也”的说法，所以，就认为女嬃是屈原的姐姐，附会出这么一个故事。从现有的史料分析，或是从屈原本人的作品分析，屈原晚年流放，或包括流放以前，屈原根本就没有到过秭归。秭归名字的来历，实际上也与屈原无关。“秭”是古代数位名，“万亿为秭”。“归”是古夔子国，“夔”“归”通，故《汉书·地理志》载：“秭归，归乡，故归国。”“秭”“姊”同音，于是便由地名衍化出故事，而不是由故事产生地名。所以，不能根据秭归这个传说，判断女嬃是屈原的姐姐（金氏子按：班固《汉书》地理志第八下载：“始楚贤臣屈原被谗放流，作《离骚》诸赋以自伤悼。后有宋玉、唐勒之属慕而述之，皆以显名。”无记秭归屈原故里文字，证明西汉前秭归无屈原故里一说）。（刘石林：《汨罗江畔屈子祠》，湖南人民出版社 2003 年版，第 56–58 页）

[金氏子按] 关于女嬃为屈原的女儿，可参读与汨罗有关的下列书籍：1.《屈原的故事》（中国文化出版社 2008 年版之《送寒衣》《夜读离骚》《五月端阳》《濯缨桥》《独醒亭》《桃花洞》《望爷墩》《十二疑冢》《剪刀池》）。2.《岳阳纪略》（《屈原投江与玉笥山》，湖南大学出版社 1988 年版）。3.《中国民间故事集成故事集湖南卷·岳阳市分卷》（1990 年内刊版之《仙匠铸金头》。同书《楚塘和十二疑冢》则有“屈原的女儿秀英”的说法。此“秀英”与女嬃不是一人，或曰为桃江洎氏所生的绣英？）

岳阳、汨罗“女嬃为屈原女儿说”，与大庸屈原故里“屈原女儿女嬃（一昵称小嬃）说”对接、吻合，一个在出生地，一个在归葬地，说明此说具有十分严密的逻辑性，彼此连成不可拆解的证据链。大庸、慈利、沅陵一带的一些方言，如前所提的伢老子（父亲）又叫“伢”，爷爷叫 diā diā 等，与汨罗方言一模一样。

2. 重华（舜）崇山留足迹

“济沅湘以南征⑴兮，就重华而陈词⑵。”

[注释] ⑴济：渡。沅湘：沅水、湘水。均在湖南。决非如钱穆所考湘、资、沅、澧四大河流均出自汉水（《古史地理论丛》）。征：行。⑵就：趋，投向。重华：《史记·五帝本纪》：“虞舜者，名曰重华。”但从五代邱光庭提出异议后，便引起争论。洪兴祖认为重华非名，号也。但到底是名是号，仍

难确考，不过司马迁舜即重华的观点已被众多人接受。关于屈原为何要向重华“陈词”(陈述申诉之词)，明·李陈玉认为此举是对“女嬃”的回答：“尔以予为鲧，即质之於舜！”(《楚辞笺注》)钱澄之也说：“姊所言殛鲧，舜也，试济沅湘，就重华而叩之，鲧以婞(读“幸”。倔强固执)直见诛，岂‘优清白而死直’者，亦在所诛乎？”蒋骥说：“因女嬃之言而自疑，故就前圣以正之。又以鲧为舜所殛，而九疑於楚为近，故正之於舜也。”金开诚等认为“屈原此时尚未被放逐，且‘济沅湘’‘就重华’云云，都是诗人的想象，未可指为实事”云云。

笔者对上述所言盖因出于对女嬃回答，表示认同。不过，对金开诚之论不敢苟同，《离骚》绝对是逐出楚宫回大庸后的作品。司马迁说：“屈原放逐，乃赋《离骚》。”非轻率之言。

以上二句意思是：渡过沅水湘江再向南行啊，我有许多话要向重华申诉。

那么，屈原为何要向葬于苍梧九疑的重华舜陈词呢？我以为问题并不那么简单。据我初步考证，发现舜与崇山关系极密。历史上关于舜的核心证词载于《史记》：“舜，冀州人也。舜耕历山，渔雷泽，陶河滨，作什器于寿丘。”是说舜出身于今河北冀州，曾耕种于历山、捕渔于雷泽、制陶器于河岸和制作竹器于寿丘。后四个地名符号是判别舜真正出生故里的四大核心地名。此说一直被历代史界沿用。但让多少史家上当受骗，因为在河北冀州根本找不到真正的历山、雷泽和寿丘——不死国所在地。我要告诉诸位读者的是：就在湖南张家界崇山北麓枫香岗乡，也有历山、雷泽，澧水之滨还有个古陶窑，距此十余里又有寿丘——不死国仙人溪。《大庸县志》(生活·读书·新知三联书店1995年版，第55页行政区划)载：“安福县之附近永定卫城及大庸所(附都区分拨)：‘前社坪(即前社溪，十都二区)……雷泽坪(十二都)’……”证明此地雷泽在明代以远就已列入地方行政区划。既然冀州还有“雷泽”，那必然扯上华胥氏在雷泽之后山“脚印岩”踩石上脚印“感孕生伏羲、女娲”的重大历史事件。且问：冀州有“雷泽”、有那双古人类脚印吗？若有，舜帝故里在冀州就是真的，没有，就是 假的。就凭这一条，证明司马迁笔下对舜的身世定论所占有证据背景表述差距太大，等于是瞎说。此《史记》第一假。

枫香岗澧水岸四坪村有座8000年以远的古陶窑遗址，其侧有文物保护碑云：

> 永定区文物保护单位
>
> **龙王庙窑址**
>
> 永定区人民政府
>
> 一九八九年十一月九日公布
>
> 大庸市永定区人民政府
>
> 一九九九年十月二十二日立
>
> 保护范围（背面）
>
> 窑址区长7米，宽3米

古陶窑的南侧濒临澧水，可蹲在陶窑边钓鱼，正合“渔雷泽、陶河滨”之说。考古工作者近些年在古陶窑周边地区发掘古陶器遗址达42处之多。帝舜南方的老屋场就在古陶窑澧水北岸。这些遗址名录均被载入《中国文物地图集》，并载：“距今2000—8000年前，出现了圈足器，图案富于变化的刻划纹饰和最早的彩陶；距今6500—7000年将白陶工艺推向了高峰；距今4500年之后的数百年，方格纹出现；距今7000年以后，第

一次出现了鼎。”

由此可证：4300 年前舜“陶河滨”之古陶窑，早于他 4000 余年前就已存在了，故龙王庙古陶窑一直被史家称作“古庸国的祖窑、国窑”，相传由三皇祝融所建。因“祝融乘两龙”，作为龙的嫡系传人，古庸人后裔在陶窑边建龙王庙，时在汉初。

关于历山，《一统志》载：“历山在大庸所东北。石峰高耸，下临河流，旁阜有石室，下有花石（按：此‘花石’即《穆天子传》所记‘彩石’），沿河数里，茎叶如莲。旁有桃花洞，洞口多桃花。”此历山（乡人又叫“大历山”）古代是这一带的大域名，山上平旷，山下平原，宜居宜耕，渔米之乡。其山脉西南濒临澧水，汉代在此建历山寺。远古时代，这里不仅是古庸人初始定居之所，还是祝融初建古大庸帝国之地。古庸国初都四方城，又名“天门都”，今名四坪村。《永定县乡土志》云：“西乡十三都区地：大庸坪三区、……四坪二区，所前坪二区……”此方城正在历山南麓与古陶窑之间的四坪（四坪系古代最早四方城遗址之简称）。一代古庸帝崇伯鲧建四方城的原创地就在这里！清顺治十六年贡生、《慈利县志》总纂朱国挺作《天门山》（选句）：

忽见方城云外关，客星度处自天还。
祝融涌日穷幽胜，徒久诗易夺此间。

诗人站在天门山顶远观山下景致，西观大庸坪上的方城。清代中期辟为耕田，四方城变成四方田、四坪村。向东南看到潭口，那里是屈原故里的丹丘，是太阳升起的地方，故叫“祝融涌日”。“诗易”则指诗祖屈原和伏羲氏“文开五易，甲象崇山”——在四方城东部“太极图”演八卦之史实。

而《史记》所说“寿丘”就在崇山东与天门山西交界处的四十里仙人溪古寿国。笔者在前数章中以大量典籍文字破译了南方“不死之国”“不死之野”寿丘、长寿国就在仙人溪。此寿丘距枫香岗雷泽坪、大历山、古陶窑直线距离不过 8 公里。而且，四坪村一组有一丘人类创世古稻田——“长谷庸”，被称作古庸人的“祖田”。光绪年以远，历届县令都在这丘田举行“开秧门祭农神”仪式——祭祀农神后稷。就在四坪北侧大历山，从西往东，分布 4 座远古人类聚落祖地——**巫山古人寨、寨子垴、苗寨子、古人寨。这里才是中华古三苗族的发祥地，如古庸国始创国祖祝融氏，其妻华胥氏，其一双儿女伏羲、女娲及神农氏、轩辕氏等中华古族伟大开天辟地、拓荒人类社会国家的先祖，全部诞生于那双古人类脚印山下。这是世界东方人类的祖源之地。**而且，前述“法雨来玉泉、宗风仰高庸”的玉泉寺，就在四方城遗址的正北门外。这些远古文化信息，与舜居住过、劳动过的四大地名符号对接，证明舜在崇山历山之下居住、耕耘、制陶、捕鱼、制竹器不是孤立存在。联想到司马相如“余欲往乎南矣，历唐尧于崇山兮，经虞舜于九嶷”，苏轼“尧在崇山舜九嶷”。这个“舜”为何与崇山有解不开的“结”？

笔者认为：舜为南方崇山人之真相已呼之欲出！舜出“冀州”是汉初中原主流文化的错解。4300 年前，河北、山西、辽宁等黄河以北广大冀州地区似无种植水稻的证据，不可能产生在北方耕历山、陶河滨、渔雷泽的故事。而澧水城头山（古庸中心之地）已有 9100–10000 年以远栽培稻谷的发现！

或说《史记》所言可否理解为两层意思：舜先是在大庸诞生并成长发迹，后北上经营于冀州。晚年让贤将王位传给政敌之子鲧的儿子大禹于崇山。（按：直到当代，史界似还未发现河北、山西、辽宁境内有“历山”“雷泽”“大人足印”的信息证据，估计再一万年、两万年后也产生不了这三个地名的原生地址）

或问：舜如果出生在河北“冀州”大地，又为何万里迢迢跑到崇山之下捕鱼、制陶、种水稻，还到仙人溪寿丘制作“什器”（泛指家庭日常应用的竹制用品）？只有几种解释：要么出生于斯；要么长大于斯；要么晚年思乡回归祖地生地于斯，过几年田园日子。

由此，我突然悟出屈原在诗中多处述写重华（舜），原来这个舜本来就是古庸国崇山故乡的伟人巨人！

屈原为何要乘船回到南方问重华（舜）而不“北上”河北问重华？

“吾与重华游兮瑶之圃。”（《涉江》）

我与舜帝啊同游昆仑天门崇山县圃。瑶之圃即县圃，亦即天门崇山。此句与穆天子、鬼谷子白公胜、司马相如、陈琳、苏轼、杜甫等游崇山县圃形成强大证据链。请问：屈原到过河北“冀州之地”与舜一起神游过昆仑县圃吗?!

《续博物志》卷六载：“黄帝产昌意，昌意产高阳，是为颛顼。昌意，元嚣弟，黄帝次子也。颛顼产穷蝉，穷蝉产敬康，敬康产勾芒，勾芒产蟜牛，蟜牛产瞽叟，鼓叟产重华。”

由此看来，**舜还是颛顼的第六代孙！**这无疑是个好消息，颛顼是南方崇山人，出生于潭口崇阳坪大水泉，半生戎马拓疆征战，古庸国版土曾抵达中华四方边境。中年后致力宇宙天象研究，并因观测天象四处为家，著《颛项历》今桑植县芙蓉桥乡高阳村就是百家之一。其六代孙重华（舜）居于祖地雷泽（今枫香岗乡），就顺理成章了。《山海经·大荒南经》说：“大荒之中，……澧水出焉。……有不死之国（按：指寿丘仙人溪），……有载民之国，帝舜生无淫。降载处，是谓巫载民。巫载民……不绩不经，服也；不稼不穑，食也。”照此说，舜在澧水边的雷泽坪还生了一个儿子叫“无淫”。据考“巫载民”就是沅陵大庸一带以扶乩（音击）、占卜、赛神为业的卜（濮）人，传到印度译成“**吉普赛人**”（**乩卜赛人**）。

是说舜的儿子无淫乃是庸国一位卜人大巫。

上述连环证词，锁定舜极有可能就是崇山籍人，老屋就在枫香岗四方城天门都。且有后人遗传于沅澧流域，是土家族（濮人或苗人）一支。屈原有疑难向舜陈词，说明他不忘自己的先祖，正是一些注家不可理喻的秘密之所在，也正是舜死后归葬崇山，并由大禹筑六台于崇山的重要理由之一。如果不是崇山人，凭什么后人大禹为他筑祭台于崇山？

清末土家诗人秦凌昆作《天门山歌》（选句）：

气压崇山亘万里，驱逐元凶古驩兜。

重华政治英明现，四海群黎得优游。

别小看这首地方文人诗。从内容看，写的正是重华（舜）率大军征剿驩兜于崇山的史实，说明本土民众对远古史上这一让诸多史家颇为生疏的重大历史事件的深度了解。这是历史在发生原点留下的印痕，不是庸国人，谁能解其谜？

六、在屈原故乡发现“澧水茹芦文明”

1. 从破解屈原“茹蕙”发现澧水“茹芦文明”之谜

“揽茹蕙以掩涕兮，沾余襟之浪浪。”（《离骚》）

郭沫若解：“我提起柔软的花环揩雪眼泪，我的眼泪滚滚地沾湿了衣裳。”（郭沫若：《屈原赋今译》，人民文学出版社 1953 年版，第 105 页）时代文艺出版社《楚辞》的译文是：“拿着柔软蕙草揩抹眼泪。”吴广平校注《楚辞》图文本：“茹蕙：柔软的蕙草。”周殿富《楚辞魂》：“举起柔软清香的蕙草。”金开诚等《屈原集校注》：“茹蕙：柔软的蕙草。”

上述之说全错，茹蕙不含“柔软”之意。**我的发现或许将因此而改写中华人类一段文明史**，怕不是危言耸听。民国《辞源》载［茹］⑵食也。《孟子》舜之饭糗粮茹草也。［金氏子按］**是说舜帝当年出门所带干粮就是这种茹草之根。此信息至为重要，可证帝舜北上拓疆之前，居住茹澧岸边之载不谬，同时可证茹芦在当时还是主食。**⑶菜之总称。［茹芦］草名，《诗》茹芦在反（“反”与古“饭”字通。**可证古代茹芦已上升为主食**）。即茜草（茜，音“欠”。第 1264 页）。是说茹可当饭食，而且还是当年的主粮。足见此茹了得！所谓芦，即芦苇之一种。说明茹芦必与芦苇类似。《易·泰卦》：“拔茅连茹。”是说连茅带茹都拔出来了。靠谱！

考澧水、沅水一带多称“冬笋”者即此。笔者从小与此物有缘。它丛生于溪岸、农田之浸水角落。其叶如芦苇，高过人头，叶边有密集锯齿，常致伤手脸。大庸张家界广大农村，家家不可或缺。拔出根部，有粗壮块根，剥叶青白如笋，俗名芦笋、冬笋、高笋，脆而甜，开剥即食，亦可炒食，多食不厌。古人因之当主食。19 世纪三年“苦日子”时期，乡里芦笋全被我辈孩童拔光吃光，却不至绝种，过一二月，又有新叶长出。笔者因著本书无意间先后发现**“澧豆文明”**和**“澧稻两轮文明”**之论，以为是人类次于渔猎文明、早于稻作文明之间的豆作文明阶段，**却不经意又发现了比澧豆文明更早的“澧水茹芦文明”！且时间极其漫长**。而有力证人就是出生于天门山下、枫香岗乡龙王庙古窑址边的舜帝！这是孟子载之《孟子》古籍中的。由此证明中国古代三大粮食文明都出于庸国澧水，而茹澧文明，却聚焦于澧水上游，即古庸帝国的版土中心地。并因之将八百里澧水中上一段又赋予“茹水”“茹澧”之名，足可与“澧豆文明”“澧稻文明”三驾齐驱或更古老的**“草根”文明——“茹澧文明”**！该文明的代言人就是出生于枫香岗的舜帝！山里老鼠打洞啃食芭茅根，得名“芭茅鼠”，而人类则剥食茹笋之根以度日，故古称“茹”作“吃”，有成语“含辛茹苦”“茹毛饮血”者是也。因为澧水岸边乡村盛产茹笋，便得名“茹水”“九澧”之一的“茹澧”。而茹水恰又在今张家界市永定区境内澧水段——上自温塘下至慈利阳和乡之茹溪。所谓“拔茅连茹”无错，但万万不可用茹叶以“拭涕”，否则，只怕要拭出一脸的血水来。

屈子所说“茹蕙”，实际上是两种植物名的组合，即茹水岸边的茹笋与蕙草（兰草）。

这种组合还有茹澧、茹山、茹水、茹溪。《水经注》载："澧水又东，茹水注之，水出龙茹山，水色清澈，漏石分沙，庄辛说楚襄王，所谓饮茹溪之流者也。茹水东注澧。"此之茹水、茹溪之"茹"，盖因"茹芦"而来。茹而芦，芦而茅，便有茅溪、茅岗、茅坪、茅山、茅岩河、茅土关、苞茅山等古地名之演绎。又因澧水多茹芦而得"茹澧"之别称，因茹水而得茹国。请问：普天下有哪一种普通草科植物块根能以其作为国名——茹国而获如此之大的殊荣和社会政治地位的?!

——笔者万没料到由屈原以"茹蕙"揩脸引出茹芦——古庸帝国先祖早于豆作粮食文明数十万年的"**茹芦文明**"！而"蕙"，则是盛开澧岸溪谷的蕙草，即佩兰、蕙兰，亦名薰草、零陵香（按零陵指慈利。慈利乃蕙兰零陵香之主要产地。）为澧水流域著名香草，屈子"沅有芷兮澧有兰"，此其一也。《直隶澧州志·风俗》云："三月。三日，携酒榼（kē，音克，酒具）游水滨，偕伴侣采兰蕙为佩，谓之踏青令后。"一听就是因屈原遗风而成俗。

关于茹水之茹，《毛传》曰："茹，顺也。"于双声假借也。又假借为如也，然也，乃也，汝也，又兼及之词（汉·许慎《说文解字注》）。即汝又假借茹洳。又茹水又作弱水、若水。关于大庸茹水，旧有两说。《永定县乡土志》载："又西北有龙茹山，茹水出焉。东流过苦竹河入于澧，是名茹澧。"又载："西滨茹澧，凡一百里。"《桑植县志》（2000年版）载："苦竹河，是澧水上游流入永定的一界境滩，'乃桑邑之咽喉'（清同治《桑植县志》）。上接赤溪河古渡，下连茅岩河。"照此说，苦竹河便是茹水的源头了。然清同治《永定县志》另有一说："澧水，……江源出历山，极西龙茹山，有茹水入于澧，东流至武水口，左得温塘水，右得大庸水，……《一统志》：历山（按：又名大巫山）在大庸所东北，石峰高耸，下临河流，旁阜有石室（按：即玉皇洞、巫山峰泉洞石窟），下有花石（按：指武溪花岩）。"由此查寻，此茹水当为出于三家馆乡漩水林区的漩水，自周家河注澧。《永定县乡土志》载："按《战国策·庄辛说庄襄王》中云：'南游乎高陂，北陵乎巫山，饮茹溪流。《注》茹饮马也。……'《正义》曰：后饭茹溪之蔬。《注》云：茹溪，巫山之溪。"此巫山即指枫香岗玉皇洞之大巫山，又作大历山，东起大历山，西北至茅岗，此南国之大巫山也。自茅岩以下至龙盘岗，则为古巫峡，长约50公里。龙盘岗即所谓龙茹山。清道光三年修刊《永定县志》艺文志载《南门义渡落成碑记》："县之朝天门外，茹水环焉。昔人所谓饮茹溪之流者是也。"

据何光岳考证，茹水一带有古茹国，当系大庸国之附庸国，依"茹芦""茹水"而得国名，说明此之茹芦、茹水与人类之密切关系。茹水上自漩水，下至澧口东部的慈利阳和乡之茹溪，为九澧之一的"茹澧"，全长约60公里，故号称"百里茹澧"。《永定县乡土志》云："茹水出龙茹山，《水经注》叙：'**在二尉岩下**，属慈利境。'考慈利无以茹名山者，诸书言茹水，但云慈利县西，其时未设桑永，统归慈利，则茹水仍出慈利西境（之大庸、桑植）。"

上述文字把"二尉岩下"一段澧水确定为茹水，这一信息十分重要。原来屈原诗

"茹蕙"有两个概念："茹水"与"蕙兰"——一下锁定两个符号均产生在"二尉岩—潭口"—即屈原老家。由此证明，屈原《离骚》发端于回老家潭口。也只有久别游子重回老家，才能涌动如此无限感慨，于是一膝跪在家门外的茹水岸老码头，痛哭流涕，并以蕙兰和着茹水揩拭泪水。

屈原家居潭口金藏关簸箕塔，正是茹澧过峡之处，自呱呱坠地，饮茹澧而孕，饮茹澧而生，饮茹澧而长，尔后又漂茹澧而入楚辅佐怀王，又逆茹澧而归庸国故乡。数十年政坛博弈，赴汤蹈火，忧国忧民，终落得为奸人所害逐出楚廷，落魄回家的下场。

以上二句诗的本意是：我双手捧着茹水蕙兰掩面痛哭啊，泪水如浪浪之江波打湿了衣襟。

《战国策·楚策四》载：蔡圣侯"南游乎高陂，北陵乎巫山，饮茹溪之流，食湘波之鱼，左抱幼妾，右拥嬖女，与之驰骋乎高蔡之中"。《庄辛说楚王》引用了上段文字："蔡灵侯南游高陂，北登巫山，喝茹溪之水，吃湘水之鱼。"说的是庄辛与楚王对话，借蔡圣侯"左抱幼妾，右拥嬖女"规劝他不要荒淫误国。此说"北登巫山，喝茹溪之水"，是"登山喝水食鱼"的粘连句式，此之"巫山"有二，一为大庸溪的大历山——玉皇洞大巫山，二为潭口北岸的天竺山——即南国大巫山。"吃湘水鱼"，是说蔡圣侯从茹水泛舟而下，进入洞庭湖。长期以来，注家只知长江巫山而不知大庸澧水之大巫山，长江巫山有茹水且能通湘江吗？故锁定此之"巫山"决不是长江巫山！所谓庄辛与楚王对话，引蔡氏两句名言，是说楚王听得很开心，谈兴浓时，发出"如饮茹溪水，食湘江鱼"的感慨。而屈子也断不会捧他乡之水而自作多情。这叫美不美，家乡水；亲不亲，故乡人。

茹水，因其"茹芦"（芦笋）是拯救古人类初始阶段的生命之主食，故列入天门昆仑澧水八大神水之一。

本境诗人更是以茹水、弱水、茹澧、温茹入诗：

"崇山木落报新秋，茹水潺缓日夜流。
入洞已难寻鬼谷，滔天谁复放驩兜。"

（民国初覃惠风《大庸感怀》）

"翠满天门开望眼，碧流茹水说源头。"

（清·徐奏钧《春日游城西白龙庵》）

"一帆烟雨一帆水，文曲光腾茹水中。"

（清·彭谙务《彭氏族谱》民国十六年版）

"万家生佛天门外，一曲弦歌茹水中。"

（同上）

"澧江波接茹江波，雨后新添水一涡。"

（清·魏湘《竹枝词》）

"接崇山之屹屹，环茹水之清湍。"

（清·熊国夏《天门山赋》）

"茹江昨夜雪横空，三尺红鳞挂钓筒。"

（清·汤立贤《永定竹枝词》）

"温茹经川渎，辰沅藉保障。"（清·金德荣《大庸风土四十韵》

"汩社之溪河似带，茹温之川泽若环。"

（清·刘启鳌《福德山赋》。"汩社之溪"：有水自新桥镇洞湾之小社溪汩洞十里伏流出大社溪，溪外即屈原出生地屈家坊）

"道拟天门山自在，文同茹水派归真。"

（清·道光《永定县志》艺文）

"清操业已天山峻，教泽还同茹水长。"

（清·戴联科《前题》）

"未知弱水三千外，更辟青山几洞天。"

（清·许绍宗《山行有感》）

"从来涉险仗忠信，弱水蓬莱任我过。"

（清·长沙举人朱衡《上滩行》。按：可证长沙文人都知道茹水即弱水，弱水即澧水，弱水在大庸）

“大陆龙蛇莽战云，萧萧茹水自澄清。”（清末民初杨良翘《五十九生日感怀》）

“永邑，湘楚一隅耳，温茹之灵，天门之秀，诞生其间者，或文章可以华国，或经济可以匡时。”（清道光《永定县志·人物志》）

“周览山川形势，川则茹江如带，源发历山（按：历山即大庸巫山、崆峒山。此论与史载吻合），汇众流而东达澧阳，水光秀媚，甲於他邑。山则天门南踞，福德（按：城北子午台）北盘。西有崇山，皆上出重霄。”（清·乾隆十八年马燧《新建崇文塔东岳庙观音阁碑记》）

清·同治《永定县志·山川志·序》云：“尝考北周建德中，祀南岳於天门山，温茹为九澧之二。”

“心珠澄茹水，眼底小天门。”（民国王育寅为崇实小学撰写对联）

“天门北望关山远，茹水东流悔恨深。”（明末李自成部将野拂题壁于天门山寺）

“天门有眼观今古，茹水长鸣诉否臧。”（天门山古联，佚名。否臧：否音“匹”，坏；恶。贬斥臧否人物，评论人的优劣）

清咸丰七年大庸《芙蓉渡铭文》：“天山苍苍，茹水汤汤。”

茹水，是屈原家门口的生命之水。

茹澧，是因屈原吟诵而得名的诗河。

茹澧，是大庸千邦万国的母亲河。

茹蕙，是屈原故里的生命之密码。

2. 县圃——崇山

“朝发轫于苍梧[1]兮，夕余至乎县圃[2]。”

[注释]（1)轫：停车时抵住车轮的木块。民间叫“木刹”。洪兴祖说：“轫，止车之木，将行则发之。”发轫：起动车辆，启程。苍梧：山名，即九嶷山，在湖南宁远县境。传说舜死于苍梧之野，葬在九嶷之山。(2)县圃：亦作“悬圃”“玄圃”“平圃”等，古代文人史家不明内窍，多解为神话中昆仑地名，传说在昆仑山的中层。县圃最早见于《穆天子传》：“春山之泽，清水出泉，温和无风，飞鸟百兽之所饮食，先王（指周文王）所谓县圃。”“春山”即充山（汉初以此名置充县）、重山、穷山，亦即崇山，属天门昆仑体系，与《天问》中“昆仑县圃，其居安在？”同属一地。这说明县圃真有其名，实有其地，并非神话，说到底就在屈原的故乡。三国陈琳有“仰阆风之城楼兮，县圃貌以隆崇”（《大荒赋》）句。写的正是崇山县圃、天门阆风。柳宗元《五排》诗曰：“弱岁游玄圃。”是说他曾在青少年时期访问过崇山县圃。这与他后来评价澧水风光“南州之美，十七八莫如澧”形成信息对接。亦与安佩莲《续修澧州志原序》“忆未履任时，即念澧自《禹贡》得名，而后香吟兰草，美冠南州，三闾、柳州（柳宗元）早推为湖天胜地”对接。（柳州：此指柳宗元，曾在柳州为官，政声颇著，因得此名）

上二句的意思是：早晨从苍梧出发，黄昏时到达崇山县圃。

3. 咸池·扶桑

“饮余马于咸池[1]兮，总余辔乎扶桑[2]。”

[注释]（1)咸池：王逸说：“咸池，日浴处也。”《淮南子》：“日出汤谷，浴乎咸池。”《九歌》云：“与女沐乎咸池。”又解为星名、天神。《文选集粹》则云：“咸池在古神话中是天池，且为日浴之处。”《庄子》卷五·下载：“帝（按：黄帝）张《咸池》之乐于洞庭之野。”所谓“洞庭之野”，注家

多以为在洞庭湖周边一带，非也，非也！注意：洞庭之“野”，说明远在洞庭湖的野外还有洞庭符号存在。遍查与洞庭湖有关联的各市州县，只有大庸张家界市境内及相邻的沅陵，共有4条洞庭水：一在永顺杉木村至桑植县的上洞街、下洞街之间一段澧水，为澧水的南源，《五藏山经》卷五注：“(洞庭）山在永顺、桑植县西七十余里，曰上峒，与其东北四十里之下峒并临澧水之上，水像却车就位之形，其北之零水、辰水东西分流像屋宇形，故曰洞庭，庭之义谓左右有位也。”所载上峒、下峒，即今桑植上洞街乡。二在桑植县蹇家坡乡，《市典》第941页载：“有汨水河、洞天（庭）河……南与洞天（庭）河药厂相抵。……土地垭，海拔1273.2米，……发源于该村的洞天（庭）河，水源主要来自高山上的雪山水。”洞天河，即洞庭河，乡民口讹为“洞天”。三在永定区合作桥乡。1995年版《大庸县志》第252页载：“小（Ⅱ）型水库工程统计表：工程名称：洞庭（水库）。所在乡：合作桥。建设年月：1958.9。总库容量：67.5万立米。”洞庭水库所截洞庭溪，发源于宝峰山，经许家坊乡入澧，全长约35公里。四在永定区王家坪镇，发源于慈利洞溪乡洪子峪洞庭溪。继而，此洞庭溪水经德修溪、八家河注七甲坪，全长约35里，与七甲坪洞庭溪。此为洞庭溪之主源头（《王家坪乡志》，1987年版，第14页）。沅陵、桑植、大庸沅古坪人又称洞庭溪为“洞天溪”。五在沅陵县七甲坪镇，即上接王家坪洪子峪洞庭溪，由此经清浪滩注沅江，全长60公里，是洞庭溪之主流。大庸、沅陵、桑植以五条洞庭水北入澧水、南注沅江，再汇聚成湖，洞庭湖由是产生并得名。且问：此众多且巨大“洞庭之野”不在拥有5条洞庭水的古大庸国境内又在哪里？由是可证黄帝张咸池之乐于“洞庭之野”原生地就在古大庸帝国中心地无疑！

“咸池”的另一解即周代“六舞”之一，相传为唐尧时代的乐舞，一说为黄帝所作，帝尧增修而用之。周代用以祭祀地祇。六舞为：《云门》《咸池》《大韶》《大夏》《大濩（音“药”或“护”）》《大武》。其实，《咸池》之舞的创作背景是来源于黄帝故乡之北洞庭水间的两个咸池，一个叫大咸池，一个叫小咸池。今属桑植县汩湖乡大咸池峪村和小咸池峪村，二池相距约8公里。1983年版《湖南省桑植县地名录》（第242页）载：“汩湖公社。高溪峪。咸池峪大队。土地垭。小咸池峪大队。……黑儿垭（**民间相传‘黑儿’即以颛顼少儿时皮肤黝黑得名，桑植数县又尊颛顼为黑神、黑老爷。距此之西约20公里有高阳村**）。……昆仑……黄河大队。”小咸池峪之北10公里处有护国村，相传与远古当地濮人一场护国战争有关，待考。

桑植地名录［瑞塔铺区地名图］又载：“黄河村、黄河庵、黄河垭、天台山、古荒溪、司南峪……”这一组地名的大背景就是当今名贯世界的武陵源天子山之昆仑峰，相传司南峪为黄帝发明司南车（司南针，后称指南针）的地方。此之“黄河”，是因为黄帝在这条溪水一带观测天象居住、洗浴咸池而得名。比北国（黄）河之名早几千年！几千年之后才由无名之“河”——黄水滔滔之河而正式定名“黄河”，黄河者，因出黄土高原水混亿万年不清而得名也！

上列地名是一组完整严密的昆仑黄帝咸池文化符号链。这一带是黄帝早期创世发明、观测天象的重点地区之一。大咸池、小咸池其实是远古大庸国（轩辕国）**两大盐业基地，是远古盐神巫咸、巫醴**（礼、履）**的故乡**。相传又是神话传说太阳洗澡的地方，与之相配套的地名还有太阳湾、火盆峪（位于与咸池相邻的瑞塔铺镇）。黄帝在这里掌控盐源，发现土著盐工祭祀盐神巫咸的舞蹈十分特别，于是学了去。可证黄帝张咸池之乐于洞庭之野，就在古庸国西部洞庭的核心地带。《舆地纪胜》载《直隶澧州志》彭山庙碑记："**崇山**连天，外界越嶲（xī。越嶲，县名，在四川，即与四川交界）。冈阜靡迤，如舞如驰。遏千里之势**于洞庭之野**，屹瞰郡池［按：指古庸都，唐·裴夷直作《崇山郡》，吴永安六年设天门郡于此］，并为彭山。"［按：彭山庙在今张家界市区之南彭山庙山头，明成化二年（1466）土家族总兵彭伦重建］

碑文将"崇山"冠在"于洞庭之野"之首，可证黄帝"张咸池之乐于洞庭之野"就在崇山中心无疑。崇山距洞庭湖正好一千里之外，不正是千里"洞庭之野"的真实写照吗?！实质上，碑文是照录庄子之言，说明古代早有识者。原来，屈原饮马于咸池，其实就在自己的故乡。咸池又称天池，属武陵源北昆仑体系。

该句意思是：我在咸池饮马洗浴。

⑵总：王逸训为"结"，释全句为"结我车辔于扶桑"。汪瑗说："总揽六辔於手以控乎马，自扶桑而启行耳。"王夫之也说："总握六辔，驱车行也。"辔（音配）：缰绳。扶桑：神话中长在东方日出处的大树。《淮南子·天文》云："日出于旸谷，浴于咸池，拂于扶桑，是谓晨明；登于扶桑，爰始将行，是谓朏明。"高诱注："朏明，将明也。"又《说文·叒部》："叒，日初出东方汤谷所登，榑桑，叒木也。"

笔者认为王、汪、王等解释都错！"总余辔"三字根本不含有六根缰绳，更没有乘车的表示，古代沅澧区域哪有公路或专职马车道？而且，把二句行为的顺序也颠倒了。咸池、扶桑的方位也弄不清楚，还以为在日本！

其实**扶桑**实有其名，位于天门山东南约40公里处的**扶桑村**，此村还有**扶桑溪**、**扶桑坪**、**扶桑山**、**扶桑垭**，还有天下最古老最原始的古**扶桑国**，属辰州沅陵县七甲坪镇**扶桑村**。

以上二句意思是：（我刚才）还在咸池饮马洗浴，（现在又）挽着缰绳驰马来到扶桑。

［按］从桑植汨湖大、小二咸池到扶桑，约110公里，骑马而行，差不多一天时光，说明屈原对二地十分熟悉，无有虚言，彻底纠正了汉后一些注家对咸池、扶桑的假想瞎解。那么，屈原到辰州扶桑去干什么？**因为那里是古扶桑国——世界百万年混沌之国的创始地和"帝都"。荒古时西王母与东王公兄妹成婚立国于此，标志地球人类文明曙光由此升起。扶桑者，太阳也！**

4. 白水·阆风·高丘：发生在天门昆仑山上的故事

"朝吾将济于白水⑴兮，登阆风⑵而緤马⑶。忽反顾以流涕⑷兮，哀高丘之无女⑸。"

［注释］⑴白水：《淮南子》："白水出昆仑之山，饮之不死。"洪兴祖引《河图》："昆仑出五色流水，其白水入中国，

名为河也。”（《楚辞补注》）清代戴震说：“白水，谓河源。《尔雅》：河出昆仑虚，色白是也。”（《屈原赋注》）

严格说，这几位不同时代的大师都一口同声认定白水出“昆仑”、出“中国”、出“河源”，名称都对，但指向全错！张冠李戴了，把这几顶“昆仑帽”都戴到两万里外大西域雪山和大沙漠“死亡之地”了！天门昆仑的白水是实地实名实水，且有5条：一为桑植白水，亦名酉水，注澧水，系澧水一级干流。二为慈利江垭镇白水，源于白堰村，注溇江。三为桑植桥自湾白水源。四为永定区沅古坪白水，又称“白岩溪”，注沅水。五为永顺——沅陵之白河，一称酉水，流量为诸白水之冠。

从诗意分析，屈原所写白水，应为桑植白水，源于北昆仑山系之门山界（海拔1257米）。(2)阆风：天门昆仑之别名，又作凉风。《淮南子》说：“倾宫、旋室、县圃、凉风、樊桐，在昆仑阊阖之中。”又曰：“昆仑之丘，或上倍之，是谓凉风之山，登之乃灵，能使风雨。或上倍之，乃维上天，登之乃神，是谓太帝之居。”照《淮南子》所说，阆风既在阊阖（指天门窟窿）之中，本义当是穿洞之风，屈原《悲回风》《远游》所谓“暮宿风穴”之处——天门洞。而崇山悬圃之南沿，有“凉风垭”；北昆仑（武陵源）则有“凉风界”（见《湖南省桑植县地名录》，第40页）。皆实名实地。凡大庸张家界地区相关天门昆仑的所有神话地理符号一个不缺。(3)緤（音“些”）马：系马。(4)忽反顾以流涕：忽然回过头来（看见他的故乡），不禁涕泪横流。(5)哀高丘之无女：高丘，王逸说：“楚有高丘之山。……或云高丘，阆风山上也。无女，喻无与己同心也。旧说高丘楚地名也。”唐代吕向说：“女，神女，喻忠臣也。”（《文选五臣注》）朱熹说：“女，神女，盖以比贤臣也。於此又无所遇，故下章欲游春宫，求宓妃，见佚女，留二姚，皆求贤臣之意也。”洪兴祖说：“离骚多以女喻臣，不必指神女。”汪瑗说：“丘，土之高者，故曰高丘。或曰，高丘在阆风山上。或曰，高丘即高唐，楚之地名。刘向《九叹·逢纷》篇曰：‘声哀哀而怀高丘兮，心愁愁而思旧邦’是也。言使楚有女，则已不至此也。”今人黄灵庚说：“高丘者，高阳之丘也，实际帝丘。与‘空桑’一样，都是楚人始祖帝颛顼高阳氏的发祥地，本在卫。在帝高阳的神话传说里，发祥地的高丘迁移到昆仑之域了。”又说：“楚国的昆仑、空桑、汤谷设立何处，并不重要，只要有合适的名山大川均可以充当。它是楚人所共同认可的灵魂依归的‘故居’。”（《离骚：生与死的交响曲》，载《楚辞二十讲》，华夏出版社，第126页）

恕我不恭，上面所引历朝历代注家的观点说辞，可一言以蔽之：错！全错！因为诸位先生所写昆仑地名符号全部在汉武帝所指的万里以外的大西域雪山沙漠，与屈原故里家乡所处位置离题万里！尤黄灵庚先生所说“高丘”与“空桑”在“卫国”，又说“楚国的昆仑、空桑、汤谷设立何处，并不重要。要有合适的名山大川均可以充当。”请问屈学前辈：既然可以随心所欲瞎指胡编，又何苦装模作样“考将过来，又考将过去”呢？无独有偶，秭归周凌云先生也有发聋振聩之说：“屈原故里在哪里并不重要，传承光大屈原的爱国主义精神才是最重要的。”（周凌云《屈原故里之争当休矣》，原发2015年6月23日人民网）与黄先生的腔调几乎是共用一个喉咙。金某人实在不敢苟同二位先生的高论。这正是两千年屈学界的乱象之伤。因为找不到这些事关历史真相的地名、人物的准确地址，于是指鹿为马，凭空臆断，瞎编乱造，结果是错上加错，离题万里，反而对屈原诗和其人丧失信心，因为他二人及多数屈学家所论屈原故里观点全是捏造的！

说高丘即阆风，正确。由此可证屈原所写阆风、高丘即家乡天门昆仑。黄灵庚说高丘是楚国的昆仑、空桑、汤谷，又说是高阳之丘，我认为是一种突破，但他没有找到昆仑、空桑、汤谷到底在何方。高阳氏发祥地，根本不在卫，是道家封五方神把他拉扯到北方去了，神话中的高丘也不是“迁移到昆仑之域了”。事实的真相是：昆仑、空桑、汤谷自古都属于天门昆仑体系，此之高丘，就是穆天子所记的“昆仑之丘”。高丘，又作“崇丘”，即县圃崇山。《崇丘》：“亡《诗》篇名，言万物极其高大也。又大也。”《连山》：八卦“重艮以为首”，重艮即崇山，崇山为首山，故又作崇丘。诗中高丘与阆风均指天门昆仑之丘。今张家界市邹氏世传崇山古乐团演奏的古乐就叫《崇丘大鼓吹》，共有110余支古曲。

关于“无女”之“女”，注家多解为“楚怀王”“贤臣”“忠臣”。恕我直言，笔者每一读到这种公母不分的言论，就浑身肉麻，起鸡皮疙瘩，屈原诗中多有“女”字，女就是女人，与楚王、忠臣、贤臣、美政七不粘八不连，男人再贤、再忠也成不了女人。女人若能变成为男人，这个女人恐怕就是“阴阳人”“变性女人”（古今不乏其例），或“女妖”了，亏这些大儒大师想象得出来。我以为都是“拔高”之论，或说“变态”之论，也怪不得有人因此引起误解，把屈原当成“性变态者”或“同性恋者”或“彻底的布尔什维克”了，每日每时，一言一行，思想的、牵挂的都是朝中大事，感念的都是抛弃他的那个楚怀王或顷襄王。我看不见得。我以为此之“女”理解为天门昆仑山上的各色神女倒无可厚非，因为天门山本来就是“发于天门”的“神仙之地”，是中国的神话之源、神仙之国，是仙女扎堆的天堂，本身就是诗思之源。你看《招魂》《大招》所写的场面，就可见天门昆仑神界当年的鼎盛豪华与铺张。一些注家总把此之“女”喻比忠臣，或怀王、襄王，或以此喻比“美政”。这可称是中国古今屈学理论之“奇葩”。其实是诗人登上天门昆仑之顶，触景生情，由“神女”想到他的元配——结发妻昭碧霞。昭碧霞随屈原进入楚朝廷，不幸被妖姬郑袖阴害致死，屈原心中留下永远拂不去的伤痛。此时此刻，他想到当年携恋人登昆仑高丘，极乐于仙山琼阁，那是人生最不能忘却的初恋啊！

以上四句意思是：清晨我将渡过白水河，登上阆风把马儿系着。忽然回头眺望（看见远处的故乡潭口），不禁涕泪横流，哀叹高丘上的那位美女已然不在。

此“反顾以流涕”句式，在屈诗中多次出现，无一不是站在天门山顶回首遥看到他的家乡潭口后而大放悲声的。如：

“陟升皇之赫戏兮，忽临睨夫旧乡。凡

夫悲余马怀兮，蜷局顾而不行。”（《离骚》）

“涉青云以泛滥游兮，忽临睨夫旧乡。凡夫怀余心悲兮，边马顾而不行。思旧故以想象兮，长太息而掩涕。”（《远游》）

等等。多数注家又以为是为郢都而哭，或为楚怀王或为顷襄王而哭。每读到这些高论，我就刹那间产生出恶心、肉麻的感觉。我说非也！非也！如果说为楚怀王表示痛惜倒有可能，但刚被顷襄王驱逐回家不久，愤怒仇恨都无处宣泄，又有何为之思念为之悲泪的?！屈原站在天门昆仑，哪里去看千里之外的郢都和昏君怀王或顷襄王哟！何况明明字字句句说的都是他的“旧乡”“旧故”！对屈原见家乡就哭，古来注家领悟各有不同，即使有为楚国、为庸国的衰败没落而揪心、流泪的因素，但以凡人之见，真正让他不能释怀的还是为他久别20余年的故乡。此其一；其二，他还有一个更让人不可理喻、不可接受的计划：他将再次离乡远行。此刻，在他们的心底深处，他是为三个人而哭，一是他年迈的母亲修淑贤，二是他的元配、客死郢都的爱妻昭碧霞，三是他高龄的老父伯庸。因为此行一别，如当永诀，怎不为之肝肠寸断，大放悲声！此时此刻，正露宿天门洞辟谷修心的他哪里是想到已客死秦国的楚怀王哟！哪里想到赶他回国的顷襄王哟！又哪里想到所谓“忠臣贤臣”哟！哪里想到那虚无的神女哟！这种体验只有登上天门昆仑，站在“云梦极顶”，顺足下澧水往东远眺，那潭口那棵千年古柏树对岸，就是屈原的老屋场啊！

此刻，我再一次建议读者诸君倘能有机会去张家界旅游，千万别忘了登天门昆仑之云梦绝顶，远眺东方潭口那棵千古松柏树正对岸的屈原老屋场，亲自感受一下屈原对故乡父老的那份刻骨铭心的眷恋！

5. 昆仑：天门

“邅吾道夫昆仑(1)，路修远以周流(2)。”

[注释] (1)邅（音沾）：庸人方言，转弯，转道。昆仑：已在前章中全方位破译屈原诗中昆仑即家乡天门昆仑。(2)周流：周游。

以上二句说：我把行程转向昆仑山下，路途遥远继续周游。

6. 流沙·赤水·西皇：楚之西极——大庸

“忽吾行此流沙(1)兮，遵赤水(2)而容与”。“麾蛟龙使梁津(3)兮，诏西皇使涉予(4)。”

[注释] (1)(2)流沙、赤水：均属天门昆仑体系河流名称。(3)麾：指挥。梁津：桥梁水渡。(4)诏西皇使涉予：诏：诏书，皇帝颁布的命令。可解为：帝王向西王母颁布命令，让她将屈原渡过赤水。那么，此之“诏书”又为哪个皇帝（或国王）所颁发呢？这里暴露了一个重大秘密：这个“王”就是屈原自己——与他自称“朕”形成信息对接。西皇，即天门昆仑之西王母。有解作少皞者，均与上句“朝发轫于天津兮（天津：星名。《晋书》天津九星，横河中。一曰天汉、天江，主四渎津梁。非今之天津市也），夕余至乎西极”的“西极”有关。西极，多指西方的尽头，宋代钱杲之说：“西极，天之西也。”（《离骚集传》）《淮南子》：“西方之极，自昆仑绝流沙。”此言本来无错，天门昆仑与流沙相距不足20华里，但汉后注家“言昆仑必西域”，将其指向根本不存在的伪命题——西域昆仑大雪山，曲解其意，故不可取。既然穆天子、张骞、司马迁等先辈同声否认西域有昆仑，而

笔者前章破译昆仑之源头，又破译西王母，均在天门昆仑！更何况所谓少皞根本就不是西域大雪山大沙漠之人，所谓“少皞西皇”是汉代道家“封神”无端所指，是人造“五方之神”。战国时的屈原断不会通灵提前百年的汉代写汉后无中生有的“西域西极西皇”吧！而这个常识错误，恰恰又被汉后许多注家重复。我敢这么作结论，是建立在我破译天门昆仑不可动摇的自信基础上的。

那么，此之“西极”在哪方？金开诚引朱冀释“西极”为“楚西境之极”，我击掌叫好！朱、金二先生算是找到较靠谱的“西极”了。

且读马世骧一段文字：“披阅舆图，知慈（利）为楚西极边，蛮峒肆邻，跬步皆崇山峻岭……考慈（利）自楚平时，已入版图（按：指白公胜建白县于此），历代不废。天门鬼谷之奇，溇澧滩隘之险，以及五雷、燕峒、仙侣山水之盛，天下称绝。”（《澧州志校注》，第1664页）

是说慈利县为“楚西极边”，正与朱冀“楚西境之极”形成观点对接！

且再读“按《舆图验方志》：慈利形胜地也。……大抵天地发育于东，万物秋成于西，故西隅名山大川居多，稽瑶池、昆仑，咸池、流沙、弱水之外，其扶舆英淑之气，浼而地之。……慈为楚西极边，亦足以当之矣，胜国前故名郡（按：指天门郡）也，距我明始县而隶置。”（文载《中国张家界历史文化博览》，民族出版社2007年版，第323页） 这段文字十分明白地告诉人们：天门昆仑、瑶池、流沙、弱水四大主体符号均在慈利的“楚西极边”——天门崇山。而且，那里曾建天门郡。

对《舆图志》所言“秋成于西”的观点，唐代杜甫曾到古庸国地客居数月，留下不少写大庸之诗，此其一：

暗谷非关雨，丹枫不为霜。
秋成玄圃外，景物洞庭芳。

（《奉观严郑公厅事岷山沱江画图十韵》）

不必赘言，此玄圃即周文王所言之大庸崇山县圃，与洞庭湖构成不可动摇的东西地名方位关系。

清道光八年（1828）永定知县杨启芬（四川崇庆举人）作《留别大庸》诗：

楚塞西风动客愁，新添白发半盈头。
故园未遂归未忘，辜负黄花又一秋。

上述诸论与朱冀之论再次对接！无可辩驳地证明屈原笔下的“西极”，就在他的故乡昆仑。那么，这位“西皇”也决不是汉后所指的西域大雪山、大沙漠中一个小小的冰山之国的“西王母”，而是天门昆仑山上的人类母祖—西王母—王母娘娘—西皇！“西皇”者，“楚之西极”—天门昆仑女皇之谓也！

以上四句说：忽然我来到这流沙地段，只得沿着赤水徘徊不前。我指挥蛟龙在渡口上架桥，又命令西王母将我渡过赤水对岸。

7.“旧乡”：为故乡而哭

“陟陞皇之赫戏[(1)]兮，忽临睨夫旧乡[(2)]。
仆夫悲余马怀[(3)]兮，蜷局顾而不行[(4)]。”

[注释] (1)陟（至）：上升。陞（升）：同“升”。陞皇：初升的太阳。赫戏：光明的样子。(2)临：居高视下。睨：斜着眼睛看。旧乡：故乡。有解为楚国者，错。这是屈原在旭日升起之时站在天门昆仑极顶，居高临下看见澧口故乡。此句与末句“又何怀乎故都”有递进关联作用，由看到故乡而想到

“故都”——郢都。“临睨夫旧乡”是写实，“又何怀乎故都”是写虚。(3)仆夫：仆人。此指为屈原驾驭车马的车夫。怀：思念。(4)蜷（拳）局：曲身，表示不肯前进。顾：回头，有“流连”之义。

徐焕龙说：“人是旧乡之人，马亦旧乡之马，临睨其处，马尚怀思，而况人乎？”汪瑗说：“屈子自谓而托言於仆马也。”清代王远说：“仆悲马怀，亦深于言悲矣。”（《楚辞评注》）三家所言近是。

以上四句意思是：太阳东升照得一片辉煌，居高临下忽然瞥见了山下的故乡。我的仆从为之悲伤啊，连马也怀恋故土旧栈，回首顾盼着曲身蜷足而不肯向前。

七、《离骚》写作时间、地点考证

作为屈原诗开卷之作，《离骚》的写作时间和地点的界定，历代注家都格外上心。司马迁说：“王怒而疏屈平。屈平疾王听之不聪也，谗谄之蔽明也，邪曲之害公也，方正之不容也，故忧愁幽思而作《离骚》。”是说《离骚》是在怀王疏远屈原之后因“怨”而作。但在《太史公自序》中却认为“屈原放逐，乃赋《离骚》”，前后牴牾。此“放逐”，只能是襄王而非怀王。班固的《离骚赞序》与王逸的《离骚序》差不多都是照引《史记》的说法。

刘向说：“屈原逐放于外，乃作‘离骚’。”（《新序·节士》）

《汉书·贾谊传》：“屈原，屈贤臣也，被馋放逐，作《离骚赋》。”

邓国基说：“《离骚》作于顷襄王时，是现代一般研究‘楚辞’的学者共同的见解。”（转引自舒新宇《破解屈原溆浦之谜》）

郭沫若说：《离骚》“是屈原在顷襄王时真正被放逐后的东西，是屈原的最晚期的作品，也是最成熟的作品”。并认为该诗创作于“自沉之年”，即顷襄王二十一年即公元前277年（《屈原研究》）。黄露生认为是屈原之父屈匄（金氏子按：误。屈原之父伯庸。匄为屈原叔父）率八万将士攻汉中商於之地战死，屈原为此作《离骚》，时公元前312年。任国瑞界定《离骚》作于怀王二十七年（前302，见《屈原年谱》）。金开诚等认为是楚怀王二十五年、二十六年、二十七年这三年之中，时为公元前305–前303年，屈原48岁至50岁（《屈原集校注》）。

我认为上述所定时间可能都是缺乏背景依据的瞎猜。那么，写作的准确地点又在哪里呢？

刘石林擽着郭老的话说：“既然（《离骚》）是最晚期的作品，自然应该是在汨罗所作。”（《汨罗江畔屈子祠》）任国瑞说在汉北（《屈原年谱》）。舒新宇说在溆浦（《屈原溆浦之谜》）。程嘉哲、刘深说在神农架（《屈原吟踪漫记》）。钱穆认为《楚辞》湘澧沅诸水均在江北（汉北，在湖北），故所有作品均创作于江北（《楚辞地名考》）。

上述众说，全都是永远也找不到生发点的“哥德巴赫猜想”！笔者已破译屈原名为“放逐”实为顷襄王在登基之年——即公元前299年“怒迁”而回归故国故里的深层秘密。写作时间应该在回家后的第四年至第六年之间，即公元前299年–前295年较为合理。创作的具体地点在距潭口老屋场约5公里的兰岗相公洞。这是他回家后辞朝隐居兰岗植兰辟谷的初始阶段，正是心情糟糕至极，最易生发愤情、怨情、激情、诗情的时期。

我判定在兰岗（兰皋、兰皐）写作的理由，除了“怒迁”回家的时间已对接事实真相，关键是诗中留下的若干与故乡相关的地名信息。先是“自报家门”（首八句），又记下他回到久别的故里澧口，一场泣泪横流的悲情倾诉：“揽茹惠以掩涕兮，沾余襟之浪浪。”继而十分具体细微地描写他在兰岗辟谷种兰、骑马兰岗以驰怀的若干细节。而这一段不可复制的岁月，后来在这里刻下了前面所展示的一组庞大严密的“相公”符号链，及“骚台（骚坛）”“大花园”“小花园”“屈家里”“马栏口”等一批相关地名。这恐怕是全天下号称“屈原故里”之地绝对不可能拥有的实地实名实证。

关于屈原作《离骚》，唐元和十年（815）进士沈亚之在《屈原外传》中有段十分诡奇的文字：“屈原瘦细美髯，丰神朗秀，长九尺，好奇服，冠切云之冠。性洁，一日三濯缨，事怀、襄间，蒙谗负讥，遂放而耕，吟《离骚》，倚耒号泣于天。”

请注意“遂放而耕，吟《离骚》，倚耒号泣于天”13字，这就是古之相传屈原放逐后“秉耒耕种吟《离骚》”的由来。秭归等地即由此各自编造了一整套所谓屈原亲自种田的故事。明清间，文学家冯梦龙亦曾写道：“顷襄王大怒，削屈原之职，放归田里。”他们以为屈原归田，是放逐时的“劳动改造”，却不知恰成了屈原弃粮植兰的重要证据。这一秘密就出自屈原故里大庸兰岗。而创作《离骚》的原生点就是兰岗相公溪之中段相公潭畔的相公岩，其下有天然巨穴，名曰相公洞，可容数十人，即此“伏匿穴处，爰何云”的那个神秘洞穴。洞穴之顶，古有骚台（一作骚坛），相传是屈原作谱奏《离骚》之处，与屈原自创《离骚》十八段古谱对接。后人立庙祀之，名“相公庙”。

除了上述证言，这里还要向广大读者提供一份出现在《离骚》中的一组与家乡相关的历史人物、历史地名和盛产于大庸山水间的花卉草木清单，兹依在诗中出现的顺序罗列如下：

帝高阳、伯庸、帝尧、帝舜、彭咸、兰皋、女媭、鲧、羽之野（此羽山即今张家界市之凤羽山，又名子午台、太阳山、金鼎）、沅湘、重华、羿、夏禹、周文王、茹蕙、县圃、羲和、咸池、扶桑、若木、帝阍、阊阖、白水、阆风、高丘、宓妃、瑶台、高辛（帝喾）、故宇、巫咸、繇（yáo,皋陶）、吕望、昆仑、流沙、赤水、西皇、旧乡……江离、香芷、秋兰、木兰、宿莽、申椒、菌桂、蕙、茝（chái）、留夷、揭车、杜衡、秋菊、薜荔、芰荷、芙蓉、幽兰、茅、艾、申椒、兰芷、荃蕙、萧艾、芳草、椒兰……

这一纸人物名单的文化发生地几乎全都在屈原故乡大庸。而那些花卉植物，还只是当今号称张家界为世界自然遗产、世界张家界地貌地质遗产、植物宝库中的一点零头。这是一个个壁立在澧口故里四周的人证、事证、史证、山证、水证、物证、花证。证明《离骚》写作地点就在他的故里——澧口——兰岗相公洞！

第三节　《九歌》——东方伟大之神曲

梁启超说："在世界文学作品中，除了但丁《神曲》外，恐怕还没有几家够得上比较哩!?"

但丁·阿里盖利（1265-1321），意大利文艺复兴的伟大先驱。因他所加入的"白"党在斗争中失败，被判终身放逐达20年。在放逐生涯中，著大量作品。其中影响世界的《神曲》，写了14年。和屈原比较，屈原生年早但丁1618年，死年早1599年，年龄大19岁。但放逐、浪游时间都是20年。这是世界东方、西方不同时期诞生的两个最伟大的"放逐诗人"。何谓《九歌》？屈原自己的解释是："启《九辩》与《九歌》兮，夏康娱以自纵。"（《离骚》）又说："启棘宾商，《九辩》《九歌》。"（《天问》）《山海经·大荒西经》："夏后开上三嫔于天，得《九辩》《九歌》以下。"《九歌》到底何解？《左传》文公七年："《夏书》曰：'戒之用休，董（懂）之用威，劝之以《九歌》，勿使坏'。"

意思是："《夏书》说，把喜事告诉他，用威严督察他，用《九歌》劝勉他，不要让他学坏。"

何谓《九歌》？《左传》又云："九功之德皆可歌也，谓之九歌。六府、三事，谓之九功。水、火、金、木、土、谷，谓之六府。正德、利用、厚生，谓之三事。义而行之，谓之德、礼。无礼不乐，所由叛也。"意思是，有关九功的德行都可以歌唱，叫作《九歌》。六府、三事，叫作九功。水、火、金、木、土、谷，叫作六府。端正德行、利于使用、富裕民生，叫作三事。合于道义而推行这些，叫作德、礼。没有礼就不快乐，这是叛变之所由来。由此可知《九歌》原来是颂扬"九功之德"的乐歌，即"歌功颂德"成语本旨之所在，好像不存在由巫觋歌舞以祀神的内容表达，也不存在"九歌"与九篇歌词或九段巫舞的数目关系。学界曾为《九歌》何有十一篇歌词与"九"不相一致而争论不休，于是有人别出心裁，将篇目打乱，合并重排，以求符合九之数；或将众神重新配对，颇有乱点"鸳鸯谱""拉郎配"的味道。

对《九歌》的解释，数王逸影影响最大，他说："《九歌》者，屈原之所作也。昔楚国南郢之邑，沅湘之间，其俗信鬼而好祠，其祠必作歌乐鼓舞以乐诸神。屈原放逐，窜伏其域，忧怀苦毒，愁思沸郁，出见俗人祭祀之礼，歌舞之乐，其祠鄙陋，因为作《九歌》之曲。"（《楚辞章句》）朱熹认为《九歌》是屈原在民间祭歌的基础上作了"更定其词，去其泰甚"的修改润色工作（《楚辞集注》）。甚至有认为《九歌》是楚国的民间祭歌，与屈原毫无关系者。言外之意是屈原照抄入诗等。此三论一直是《九歌》题解的主流声音。笔者对上述三论，均不敢苟同。细品十一首诗的基调，看不出"忧怀苦毒，愁思沸郁"、悲愤万状的状态，也看不出这些诗出自民间原版的巫傩祭词，或仅作润色修饰。我以为全部是屈原原创之作！极有可能是诗人在郢为官期间，常回大庸故乡，观赏或主持民间祭神法事时，从《九歌》唱腔中得其灵感，并借这种巫傩乐歌——能咏能唱能舞（巫舞）的《九歌》的艺术形式及其美丽的神话素材而创作的抒情神话组诗。1968年，苏联汉学家E.A.谢列勃里雅可夫在《屈原和楚辞》文中指出："不能把经典中时常提到的'九歌'与屈原加工（创作）的《九歌》混为一谈，但它们的篇目名相同，毕竟不通论，或为偶然的巧合。"（载《中国古典》1968年版）照谢氏之说，屈原之《九歌》与经典中的"九歌"之名相同纯粹是"偶然的巧合"。可见谢氏不同意屈原《九歌》是从民间收集来的原版"九歌"或仅"更定其词"，加工修饰的作品。那谢氏所言背后一定还有另一种版本的"九歌"存在。而恰恰就在屈原故乡大庸一带，广泛流传着土家族的民间神话长诗——《梯玛神歌》（参见龙泽瑞、龙利农《牛角里吹出的古歌——梯玛神歌》，中国文联出版社2003年版；彭秀盘《梯码神歌》，人民日报出版社2006年版）。除了《九歌》中的神话，《离骚》《天问》《悲回风》《远游》《招魂》《大招》诸诗篇中几乎无处不在地附丽着形形色色的神话故事。即便所写可与《尚书》《逸周书》《诗经》《左传》《国语》《史记》《山海经》等典籍以及诸子百家书中历史可相印证的史话，也无不赋予神话的浪漫色彩，故笔者称屈原之辞为"东方神曲"——更为确切些，应该是中国古代第一部原创的伟大浪漫史诗。

金开诚等指出："旧注不明《九歌》的作用与体制，纷纷以屈原与楚王的关系、屈原与神鬼的关系，或人神相恋、神巫相恋等观点立说，皆属误解或竟流於荒谬。"（《屈原集校注》）

对金氏这一观点，本人感同身受。历史上，庸楚两国共尊的"国之大事在祀与戎"。我提出屈原创作《九歌》，很可能与他亲自主持祭神有关，因为他本人身肩莫敖、三闾大夫之职，这二职都赋有主持神祀、国祀的职权。黄尚明在研究包山、望山、天星观、葛陵、江陵等多座楚墓楚简中，发现一些关于祭祀用玉的重要信息，甚至直接涉及屈原《九歌》中的太一、大司命、二天子（湘君、湘夫人）、大水神（河伯）等天神、地祇、人鬼诸神。诗歌与文物对接。说明屈原《九歌》中所写众神，均与庸楚民间信仰神祀吻合。出生于大湘西的乡土文学大师沈从文写道：

"我现在才明白两千年前中国会产生一个屈原，写出那么一些美丽的神奇的诗歌，原来他不过是一个来到这地方的风景记录人罢了。屈原虽死了两千年，《九歌》的本事还依然如故。"（《凤子·神之再现》）

本节拟选其中与屈原故乡相关的部分诗句进行解析。

一、东皇太一

关于东皇太一，众说不一。或为天神（如金开诚《屈原集校注》），或为元气水神（如郭店楚简），或为祝融（如吴广平校注楚辞），或为伏羲（如周殿富《楚辞魂》）等。

湖南长沙马王堆汉墓出土的帛画《太一出行图》，反映了庸楚文化中以东皇太一为主要崇拜对象的巫祭风俗。出土于包山、望山、葛陵、天星观等楚简记载了楚人祭祀用玉的

文字，其中有关于祀天神“太”的：“太。赛祷太备（佩）玉一环。”（包山楚简：213）

此之“太”，就是太一神。其说有二，一说为宋·张君房《云笈七签》云：“黄帝总代总为一十一年，在位一百年。自上仙后升天为太一君，其神为轩辕之宿，在南宫，黄龙之体象，后来享之，列为五帝之中，中方君也，以配天。”笔者以庞大篇幅和证据破译黄帝出生于昆仑长寿不死之国——仙人溪，青年在中央仙山——熊罴岩山创建轩辕国——云中朝廷。屈原是黄帝有熊氏之后裔，与黄帝又是近邻同乡，故为其“九歌”之东而祭之，实为大庸民间“告祖”之祀仪。二说为《吕氏春秋·大乐》：“太一出两仪，两仪出阴阳。”与伏羲“无极生太极，太极生两仪，两仪生四象”观点一脉相承，故此之“太一”，被认为是东方天帝太昊伏羲神。《帝王世纪》：“太昊帝庖牺氏……帝出乎震，未有所因，故位在东方主春，象日之明，是称太昊。”

笔者已经从“文开五易，甲象崇山”、八卦“重艮（崇山）以为首”（见《三坟·山坟》《太古河图代姓纪》）以及女娲在崇山发明笙簧、创作“充乐”——即“崇丘”古乐、在天门昆仑山补天（见《黑暗传》）等诸多神话及古文献、古遗迹等，证明伏羲、女娲出生地就在崇山。就是说，屈原写东皇太一，写的就是故乡创世文化巨人伏羲。今张家界市东部宝塔岗有东岳宫，供奉的就是“东皇太一”天神伏羲和女娲，是庸楚人民对最高天帝的称呼。

二、湘　君

包山楚简（213、214）载祭祀用玉：“二天子各一少（小）杯。”天星观楚简：“解于二天子与云君以（佩）珥。”葛陵楚简甲一：“归备（佩）玉于二天子，各二璧。”

黄尚明、刘信芳等认为二天子即屈原《九歌》之湘君、湘夫人，为湘江之神。陈伟认为是湘山之神，且都认为“二天子”为尧之二女即娥皇、女英。可参。《山海经·中山经》：“洞庭之山……帝之二女居之，是常游于江渊。澧、沅之风，交潇湘之渊，是在九江之间，出入必以飘风暴雨。”屈原《天问》：“尧不姚告，二女何亲？”《远游》：“二女御《九韶》歌。”说明庸楚之地存在娥皇、女英的信仰。

1.飞龙·涔阳

“驾飞龙(1)兮北征，邅(2)吾道兮洞庭。
薜荔柏兮蕙绸(3)，荪桡兮兰旌(4)。
望涔阳(5)兮极浦，横大江兮扬灵(6)。
扬灵(7)兮未极，女婵媛兮为余太息(8)。
横流涕兮潺湲(9)，隐思君兮陫侧(10)。”

[注释]（1)飞龙：龙舟。（关于龙舟及五月端午，详见《河伯》）(2)邅（zhān，沾）：转弯。(3)薜荔：常绿藤本植物，一称木莲。柏：前人解为“搏壁”，作动词，即用薜荔装饰船舱四壁，似很勉强。“柏”无此解。柏即柏树，俗称松柏。《拾遗记》“采柏实以为桂膏”。松柏自古为吉祥之物，凡隆重庆典、祀典，必以松柏枝扎彩门及花圈之类。《春秋纬》：“诸侯墓树柏。”与“棂船”本义合。然薜荔与柏并列，似有损句式，故权以

"搏壁"注之。蕙：蕙兰，即零陵香（慈利特产之兰花，慈利古为零陵）。绸：《说文》：缪也。《诗·唐风》：绸缪束薪。传：绸缪，犹缠帛也。又缚束也。蕙绸：以蕙草缠绕船仓。⑷荪：溪荪，即石菖蒲。桡：大船之桨曰桡，澧、沅二水俗称"桡片"。荪桡，即用昌蒲装饰船桨。兰旌：用兰草装饰旗帜。⑸涔（cén）：涔水，源出澧县太青山，"九澧""九江"之一有"涔澧"。涔阳：旧址在今安乡县焦圻镇内，为"涔阳古道"之重镇。《澧州志》："发咸阳，出蓝关，经陨（县）襄（阳）而至澧土，由此往南经武陵、沅辰至牂牁（zāng kē）夜郎也，此乃必由之路。"唐·卢照邻《江中望月》："江水向涔阳，澄澄写月光。"戎昱《采莲曲》："涔阳儿女花满头，毵毵（sān，三）同泛木兰舟。"孟浩然《夜渡湘水》："行侣时相向，涔阳何处边。"请注意：用一个"涔阳"实地实名就锁定此诗之故事发生地就在澧水。说明屈原亲自参加了民间进行的祭水神湘君的活动。⑹灵：指祭水神湘君的棂船。⑺扬灵：棂船（龙舟）扬帆远行。⑻女：此实指屈原女儿小嬃（女嬃）。据大庸屈家坊屈氏家族口口相传：屈原长女小嬃（女嬃）远嫁汨罗，盖因其屈氏启祖屈瑕征罗子国失败，自缢谢罪于此。屈原将女儿嫁汨罗，有不忘屈姓启祖之深意。屈原远游至桃江后，留住数年，与洎氏结婚，生女绣英、生子屈黑。又数年，携绣英远游至汨罗，与长女儿小嬃团聚。屈原投江后，女嬃、绣英为其安葬。婵媛（chán yuán）：楚方言，喘息之态。心内牵挂，十分关心的样子。余：多解为"湘夫人自指"，实指屈原自己。是借他人（湘君、湘夫人）而言已。⑼潺湲（chán yuán）：水徐徐流动的样子。此形容诗人流泪之貌。⑽隐：《礼·少仪》：意也，思也。《玉篇》：又痛也。《诗·邶风》：隐忧。《传》：痛也。陫侧：同悱恻，忧思伤心的样子。

上四句意思是：

乘着那飞快的龙舟啊沿江北行，又掉过船头啊驶向洞庭。用薜荔饰船啊蕙兰饰舱，香荪缠桨啊兰草旗挂在船上。眺望涔阳浦口啊那遥远的地方，横渡大江啊扬帆远航。可飞速的船啊为何总达不到边际？连身边的女儿啊也为我叹息神伤。止不住的泪水啊如水流淌，暗暗地思念你啊悱恻断肠。

2. 澧浦

"捐余玦兮江中[1]，遗余佩兮澧浦[2]。采芳洲兮杜若，将以遗兮下女[3]。"

［注释］⑴捐：抛弃。玦（决）：圆形而有缺口的佩玉。古人赠人以玦，是用以表示互相诀别或断绝关系。这里把玦丢弃江中，表示永不诀别，永不相离。⑵遗：丢下。醴：同澧，即澧水。此指湖南澧水。浦：水边。⑶芳洲：长着芳草的水上洲岛。实指屈原家门口的400亩丹丘洲，又作金藏洲、百花洲、金沙洲、天子洲、大鳌洲。古为屈庸国的太阳神大祭坛（前解）。屈原儿时常与儿伴在洲上采花。成人担任莫敖后，每年必在此主持祭祀太阳神巫事。自郢都回故里后，这里成了他"朝搴阰之木兰兮，夕揽洲之宿莽"的"乡愁"之所。杜若：香草。又名山姜，《名医别录》说它"令人不忘"。其民俗性质颇像西方的"勿忘我草"。宋·罗愿《尔雅翼》说："二《湘》同用杜若，杜若之为物，令人不忘，搴采而赠之，以明其不

相忘也。”可参。遗（wèi，畏）：赠送。下女：非指“湘君的侍女”，应为实景中看热闹的农家女子。

上四句意思是：我把玉佩抛到江中，我把琼琚丢在澧水边上。我在香岛上采摘香花香草，送给那些贫苦的农家姑娘。

从诗中的“涔阳”到“澧浦”，可证本篇创作于澧水故乡。诗中的调子是明快而欢乐的，似看不到放逐后的沮丧和落魄，却掩饰不住回到家乡的那种快乐——乃至于几分童稚与浪漫：抛衣丢玉、采集花草，送给岸边的农家姑娘。由此推测《九歌》的一些篇章很可能是出使郢都20年间曾多次探望家乡时创作的作品。

三、湘夫人

［题解］ 湘夫人，即上述“二天子”之女英。

1.沅有茝兮澧有兰

“沅有茝兮澧有兰(1)，思公子(2)兮未敢言。荒忽(3)兮远望，观流水兮潺湲(4)。”

［注释］ (1)茝（chǎi，柴）：一本作“芷”，即白芷，香草名。以后通用作“芷”。“沅有芷兮澧有兰”，合称“澧兰”，是屈原吟诵沅澧的千古名句，亦证《九歌》创作于澧水故乡。(2)公子：即前所解为“二天子”之湘夫人。既有“二天子”之祭，此“公子”似即“天子”之别称。按古代君主、诸侯之女也可称公子。《左传·桓公三年》：“凡公女嫁於敌国，姊妹则上卿送之，以礼於先君；公子则下卿送之。”杜预注：“公子，公女。”又明·李陈玉说：“古者呼君女为女公子。称帝子，尊之也；称公子，亲之也。”（《楚辞笺注》）毛主席：“帝子乘风下翠微”。(3)荒忽：通“恍惚”，渺茫隐约，不能看清的样子。(4)潺湲（蝉元）：水流不断的样子。

以上四句是说：沅江有芷草啊澧水有兰花。我思念你啊，却无法对你讲。我神思迷惘望着远方，只看到潺潺澧水慢慢流淌。

2.澧浦

“捐余袂(1)兮江中，遗余褋兮澧浦(2)。”“搴汀洲兮杜若(3)，将以遗兮远者(4)。”

［注释］ (1)袂（音妹）：袖子。(2)褋（音蝶）：贴身穿的汗衫。澧浦：澧水岸边。此句与《湘君》“捐余玦兮江中，遗余佩兮澧浦”，既是同一种类型的内容，又是同一样的表达方式，有一咏三叹之韵味。说明“二湘”诗意产生的地点、环境都在澧水的同一个地方，即屈原故乡门口的澧水。因了屈原对故乡澧水澧兰的特有情结，也引来了后辈一批大家名流为之游历为之吟咏：

“悠然澹澧，郁彼唐林。”（东汉·王粲《赠士孙文治》）

“潇湘风已息，沅澧复安流。”（南北朝·沈约《湘夫人》）

“思云车兮沅水，望霓裳兮澧东。”（南北朝·江淹《哀千里赋》）

“顺流下沅江，溯流上澧浦。水深兰芷寒，漂摇惮风雨。”（宋·范成大《澧阳江》）

“欲就苍梧诉，愁迷澧浦遥。”（宋·欧阳修《楚泽》）

“兰浦香涛接澧湘，渔舟数叶泛沧浪。”（元·塔不寻《兰浦渔舟》）

“澧兰沅芷湘江竹，楚国芬芳万古情。”（清·何绍基《木瓜山》）

“沅芷澧兰香未歇，遥思公子带云归。”（清·艾作模《洞庭波兮木叶下》）

“沅澧有芷兰，采之隔秋水。”（清·陈岱霖《古意》）

“愁绝涔阳浦，年年杜若春。”（清·王士祯《题三闾大夫庙》）

请特别留意这首诗：

“骚坛禘（帝，古代祭祀名）屈宋，学苑宾张朱（张栻、朱熹，二人都曾到澧水一带讲学）。道脉演流濂溪水，拂拂香风吹兰澧。”（张士宧《澧阳书院》载同治《澧州志校注》）⑶搴（qiān）：拔。摘取。汀（tīng）洲：水中沙土积成的小平地。实指屈原门口的四百亩大鳌洲（百花洲、金砂洲）。杜若：香草，一名山姜。⑷遗（wèi，位）：赠予、馈赠、致送。远者：远方之人，或远去之人。或指屈原暗中思念的那位“佳人”。

以上四句意思是：我把那外衣啊抛到江中去，我把那汗衫啊丢在澧水岸边。我在沙洲上啊采摘山姜，将它送给啊那远去的姑娘。

【延伸阅读】屈原“兰花神”之说

“沅芷澧兰”，是屈原为生身家乡主体识别名称留下的千古名句。

屈原可称为“兰痴”，或说“兰狂”。在他的诗作中，所写花花草草不下数十种之多，而独以“兰”入诗率最高。如《离骚》中有“纫秋兰以为佩”“余既滋兰之九畹兮”“朝饮木兰之坠露兮”“结幽兰而延伫”“谓幽兰其不可佩”“兰芷变而不芳兮”“余以兰为可恃兮”“览椒兰其若兹兮”等。《云中君》有“浴兰汤兮沐芳”，《湘君》有“荪桡兮兰旌”“桂棹兮兰枻（yì，浆）”。《湘夫人》有“沅有茝兮澧有兰”“桂栋兮兰橑”“疏石兰兮为芳”。《少司命》有“秋兰兮麋芜”“秋兰兮青青”。《山鬼》有“被石兰兮带杜衡”。《礼魂》有“春兰兮秋菊”。《惜诵》有“梼（táo）木兰以矫蕙兮”。《悲回风》有“兰茝（音“柴”，香草）幽而独芳”。《招魂》有“兰膏明烛”“兰芳假些”“皋兰被径兮”。《大招》有“芷兰桂树”等。唯其如此，“兰花”几乎成了屈原诗中的主体标示物。单一个“兰”字，就可鉴别被众多注家枪毙了的《招魂》《大招》乃至《远游》等作品的版权归属问题。

屈原对兰如此之情深意切，其深层背景不敢臆测，但其家乡大庸兰花门类之多、花蕊之香、品相之美、色相之媚，却是为众多文化人所认同的。

大庸张家界市辖区素有“兰花之乡”的誉称。比如佩兰、木兰、脊兰、零陵香、钩距虾脊兰、镰萼虾脊兰、瓜瓣虾兰、白芨、黄花白芨、剑吓虾、假虾脊兰、高脚虾脊兰、金兰、独花兰、杜鹃兰、建兰、蕙兰、多花兰、春兰、寒兰、墨兰、扇脉勺兰、大花勺兰、石斛（吊兰）、大花斑叶兰、斑叶兰、长距玉凤兰、大唇羊耳蒜兰、见血青兰、石仙桃兰、独蒜兰、泽兰（一名虎兰、龙枣）、马兰（一名紫菊）等达30余种，故有“兰国”“兰澧”“兰江”之称。

清《直隶澧州志·植类》载：“[木兰]枝叶俱疏，花内白外紫。亦有四季花者，名杜兰，其木肌细心黄。生深山者大，可为舟，去皮不死。《离骚》所云‘朝搴阰（pí）之木兰’也。”

屈原对故乡澧兰的那份痴情，影响了湖湘故乡两千多年。左宗棠同治丁卯（1867）春，书赠许羹梅《兰蕙同心录》云：“质秀

气清，王者之草；翰墨留香，我赏而宝。”明写兰草，实赞屈公也。“王者”，一代庸王也。怀化因“沅芷”而得“芷江”，那个县城便叫“芷城”。澧水则因“澧兰”艳称“兰江”。如清代有“《志》称兰江悠悠”句，大庸这座古老的“禹王夏都”古城因之又有“兰城”之说。江之南岸关门岩村有山湾叫“兰岗”（《大庸县地名录》，第51页），相传屈原“滋兰九畹”“树蕙百亩”即此。此地又因屈原居住辟谷修炼、植兰多年而留下相公溪、相公桥、相公泉、相公洞、相公潭、相公瀑、相公岩、相公庙、大花园、小花园、屈家里等古地名。长年不吃五谷，以兰花为食，极林泉之乐，所谓潇洒出尘，诗仙本相，掬故乡一捧泪，泣胸中满腔血，因著《离骚》，堪称千古绝唱。且自谱自奏，且歌且舞，此地因之留下“骚坛”。潭口对岸有“兰香桥”，桥下即兰溪，一作香溪，源自金藏山之崖泉。清·同治《永定县志》、光绪《永定县乡土志》先后入志：“兰香桥，在县东潭口，其地多兰，因之名。”石桥上刻“沅有茝兮澧有兰”七字，是先人给澧岸留下的屈原故乡信息。无独有偶，距潭口西不远有“花晃里”，溪沟上又架了座“兰花桥”，亦因屈原在此植兰而得其名。此处有良田200亩，亦被屈原改作兰园。

据屈家坊村民口传，屈原成家后，父亲伯庸给他分了三处田产，一在兰岗，400亩；二在花晃里，200亩；三在三古塌（塌，土语，小坪台）300亩。共约1000亩，恰是庸国贵族的基本农田。人家田里种粮，屈原田里种兰；人家种粮吃饭，屈原种兰吃花。少年时，他在屈家坊出生祖屋的一条巷子口栽藤藤花，长成一座美仑美奂的“花门”，俗呼“花门口”，名称至今未改，还特设了“花门口村民小组”，古门犹存。《张家界市情大辞典》（第556页）载［阳湖坪镇·集中村］：“位于阳湖坪镇南部，东邻沙湾村，西抵屈家坊村……由张家头、郭家喇、岩板塌、花门口、河边、白鹤井6个村民小组组成。”

由于屈子遗风长久的熏陶，兰花之精神在澧水流域还逐渐形成了一种民俗。清《直隶澧州志·风俗》载：“三月三日，携酒榼（音柯。古时盛酒的器具）游水滨，偕伴侣采兰蕙为佩，谓之踏青令后。”又载：“五月，采菖莆屑之，捶雄黄以泛酒饮，或涂小儿两耳，曰‘开聋’。又采兰为沐浴。”连大庸阳戏旦角的手指招式表演叫“兰花指”。那年，在为张家界城市赋予别名雅号的大讨论中，最后三个名号入围：庸城、骚城、兰城。在城市街道命名征求社会各界意见时，一条沿江十里的大道冠上了“澧兰东路”“澧兰中路”“澧兰西路”名号。那座横跨仙人溪口的新桥，亦以“澧兰大桥”命名。原来，屈原故里的七千年庸都，爱兰早已蔚然成风。

民国时刘大建老儒著《大庸史实精华》：“澧水两岸山势倒悬，风景绝佳，相传古诗人屈原，常履足其间，赞叹‘沅有芷兮澧有兰’。”

更令人惊奇的是：在造访屈原故里潭口里的中途，居然还发现一座“花神桥”！

花神，指司花之神。《月令广义》：“女夷为花神。”犹言花之精神。《画品》：“徐熙画花传花神。”又作花魂。郑元祐《花蝶谣》：“花魂迷春招不归，梦随蝴蝶江南飞。”《左传》：“兰有国香。”盖出屈原为古庸国兰花之神。《家语》：“入芝兰之室，久而不闻其香。”古云牡丹之美兰花之香为

"国色天香"。《毛诗》："其香始升，上帝居歆。"《国语》：兰者，"其德足以昭其馨香。"成语有"桂馥兰香"。又有松、竹、梅、兰、菊"五君子"之说。

古有好事者以古之才子佳人中嗜花如命者发起评选国家"十二月花神"，兰花列为花神之魁首，屈原稳拔头筹，当选为花中第一神——兰花之神：一月兰花神——屈原。二月梅花神——林逋。三月桃花神——皮日休。四月牡丹花神——欧阳修。五月芍药花神——苏东坡。六月石榴花神——江淹。七月荷花神——周敦颐（濂溪）。八月桂花神——洪适。九月紫微花神——杨万里。十月芙蓉花神——范成大。十一月菊花神——陶渊明。十二月水仙花神——高似孙。

十二月花神，兰花为冠，屈原得入花神谱，妙极。要论屈原对花的痴狂，举世无有二者。百花不仅入诗入口，还要佩在身上，插在头上，围在脚上，盖在身上，饰在船上，牵在屋上，系在车上，盘在门上，连座骑也要披上五彩花环，谓之"花郎宝马"，端的个"花花公子"、香国情种。到了晚年，大夫彻底告别庸廷政坛，离开潭口老家，告别屈家坊祖屋，告别兰岗花园第三故居，追随赤松大仙，登上天门昆仑，以天门古洞为屋（按：天门洞形成亿万年之前，所谓永安六年崩出天门之说者，大谬），凭石板茅草为床，渴饮"梅花甘露"（泉出天门洞穹之南），饥餐野果山花。所谓"披蓁茹草，混同鸟兽，不交世务，采柏实以合桂膏，用养心神"（晋·王嘉《拾遗记》）。一如《悲回风》所记："吸湛露之浮浮兮，漱（shù）凝霜之雰雰（fēn，芬）。依风穴以自息兮，忽倾寤以婵媛。"意思是："我仰吸天门梅花甘露多么凉爽啊，又用梅花泉漱着如霜花点点。我依着天门洞闭目休息啊，陡然间翻身醒来又愁思绵绵。"这与《离骚》中所写"朝饮木兰之坠露兮，夕餐秋菊之落英"形成山上山下辟谷场景对接。意思是："早晨我饮木兰上的露滴，晚上我用菊花残瓣充饥。"注家多以所谓"洁癖""嗜花""美政"三论屈原之人格、之性格、之诗格，不算是调侃之见。而在众香国里，又独钟兰花，后辈称他是"兰痴""兰迷""兰癫""兰种""兰魁"。所谓"君为兰狂""士为兰死"。又谓"兰花君子""兰花瘾士"者，而尤以"滋兰九畹，树蕙百亩"，足令天下叹为观止。故共推屈原为十二月花神之魁首——兰花神，算是实至名归，非其莫属。

而令人意想不到的是，在屈家坊潭口里老家，居然还专门为屈原建了三座"兰桥"，一曰"兰香桥"，一曰"兰花桥"，一曰"花神桥"。兰香桥在潭口屈子老屋对门的姊归岸。兰花桥在花晃里。花神桥在龚家峪大庸古道上，小地名叫"锅儿溃"，与兰花桥一溪相望。有地名连句："龚家峪界王家垴，白鹤洲头花神桥。"桥头旧有"花神桥"三字石碑，字碗大。在屈原故乡原已建了一座"兰香桥"，又建一座"兰花桥"。弹丸之地，本已称奇，不曾料再建了一座"花神桥"，不经意就创造了个天下之不二。这不正是屈原故里在潭口里的实物证言吗？据当地姚昌荣、陈丰富等老人介绍，此桥于20世纪70年代初修抽水机泵站时，以北侧已修公路桥、古道废弃为由将其拆毁，砌入堤内。听之怎不令人扼腕！然屈子故乡同建三座兰花桥，敢说是人世间一大奇迹，它表达了屈原家乡后裔及广大民众对最优秀、最杰出儿

子——屈原诗祖诗魂的一份思念与崇拜，也是以此行动向世界证明：兰花神故乡在此！

正可谓：一地三兰桥，百代佳话长。兰花兰桥竞风流，香了一条江。

四、大司命

“广开兮天门！纷吾乘兮玄云(1)！令飘风兮先驱，使涷雨兮洒尘(2)！”

[注释] (1)天门：注家多解为“神话天门”，其实是存在了亿万年的大自然之天门——即今张家界市正南方举世闻名的天门山之天门。清《天门名峰记》：**“赫赫我祖，脉发天门。”**此之“我祖”有二：一为出生于沅陵盘古洞的盘古，迁居到昆仑天门开天辟地（见《黑暗传》）；二为黄帝，曾在此建黄帝宫、黄帝册府，死后葬天门桥山（见《穆天子传》）。屈原面对天门仰首呼唤，即有念祖情结。此之“天门”正是昆仑的源头，亦是昆仑神话中“天门”“阊阖”“天阍”“风穴”“阆风”“凉风”的原生点。存在决定意识。神界天门的创意必定来源于人间现实中的实景实物。纷：多貌。玄云：黑云。(2)**飘风**：旋风。先驱：在前开路。涷（音东）：《尔雅·释天》：暴雨谓之涷。

以上四句意思是：天门大打开哟！我要乘着乌云登上天界！我命令狂风为我引导啊，让暴雨为我洒扫尘埃！

看似这是一段祭大司命的巫歌，但一定是诗人眼中所见到的真实景物，绝对是触景生情有感而发之作。何光岳先生认为：“‘广开兮天门’，是屈原亲眼见到大庸天门之后而发出的狂呼大叫。”（与张家界市历史文化基础性研究课题组的对话）我以为此论正确。屈诗中许多千古名句都直接出自故乡的实景实名，比如《天问》中的“焉有石林？何兽能言”“一蛇吞象，厥大何如”“沅芷澧兰”“揽茹蕙以掩涕兮”等即是。

俞平白先生说过：“写景阴森逼人，完全相似，若无真实的生活，恐不容易写到这样。所以我相信‘九歌’也是屈原晚年被放沅澧间所作。”

包山楚简213载：祭祀用玉：“后土、司命、司祸各一少（小）环。”望山楚简54：“后土、司命各一少（小）杯。”天星观楚简：“司命、司祸、地主各一吉环。”司命即屈原诗之大司命、少司命，分别掌成人和少儿生死寿夭之神。民间则奉为灶神，称灶王爷，又称司命爷爷、灶君司命、东厨司命，是“上天言好事，下界保平安”的吉神。本境光绪丙戌科进士李尧进京应试前，曾作“司命爷爷上九天”“但将好事向君奏”诗。大庸民间有祭灶神古联：“妇孺赤浴勿近灶，有辱祝庸火焚罪。”原来大司命就是火神赤帝祝融。祝融是三苗后裔屈原家族宗祖、七千年大庸古国创始祖，出生于崇山，与澧口近邻。

[附录] 广开兮天门！

（北京）高洪波

天门山，张家界第一名山。

天门洞，天门山命脉之所在，精华之集萃。

“天门洞开云气通，江东蛾眉皆下风。”它洞穿于万仞绝壁之上，终年吐纳风云雷电，如穿山明镜，似登天之门，成为张家界一处绝妙的景致。

亘古以来登天门者，不计其数，首推古庸人屈原，凝眸一望，得名句曰："广开兮天门！纷吾乘兮玄云；令飘风兮先驱，使涷（东）雨兮洒尘！"（《大司令》）好一个"广开兮天门"！天门洞开日，英雄聚会时。时值公元一九九九年十二月十一日，将有石破天惊的一幕出现在全世界人们面前：在张家界举行的'99世界特技飞行大奖赛上，国际航空联合会将选派世界一流的特技飞行大师，尝试驾机穿越天门洞。这是人类飞行史上的一次壮举，沉睡了亿万年的天门洞，将被飞机的马达声所唤醒，敞开胸襟接纳天之骄子挑战者的问讯，听凭飞机的羽翼，掠过亘古的寂静，擦出一片又一片响亮无比的喝彩！

穿越天门，飞越极限，穿越奇峻和险阻。雄奇无比的天门山，幽深寂静的天门洞，从此将为人类的飞行史、探险史留下一段传奇。在二十一世纪的钟声已远远传来之际，在澳门即将回归祖国怀抱之时，有一群富于幻想并勇于挑战自我的人，以高山蓝天为背景，以神奇的天门洞为舞台，上演一幕激励人心的活剧！

飞翔是人类的愿望；挑战是强者的命运。

探险是勇士的天性；胜利是必然的结局。

让我们应和着云海松涛，面对美丽的蓝天，说一声："快！到东方来，到中国张家界来，穿越天门，飞向二十一世纪！"

愿屈原夫子在天之灵，佑护我们成功！

（高洪波，中国作家协会副主席，原载《张家界日报》）

五、"东君"乃屈原祭太阳神之高阳

东君，日神，太阳神，又作火神。萧兵说："帝高阳：大太阳神。"并引宿白先生语："颛顼即是高阳，高阳就是太阳。"丁山先生说："颛顼即是日神。"屈原《大招》"名声若日，照四海只"，即为祭先祖高阳的自证。而傅斯年、姜亮夫、何锜章等认为高阳并非颛顼而是祝融董楚平先生亦持此说。金某认为：没有必要推翻屈原的定论，人家对自己宗祖的身份比几千年后的现代人不清楚些？萧兵认为"祝融也以火神、火山神兼着太阳神"。《国语·郑语》说："夫黎，为高辛氏火正，以淳耀光大，天明地德，光照四海，故命之曰'祝融'，其功大矣！"御手洗胜（日）说："重黎是太阳神祝融的转音；祝融直系祖孙并具太阳神格。"综上所述，祝融、高阳均是太阳神，祝融又名"庸光"。笔者已破译此二位实乃庸楚大宗神。祝融降生于崇山，颛顼出生于澧口崇阳坪老庸湾大水泉。本境武溪大庸古城（今大庸所）有太阳神庙，供祝融、高阳雕像。屈家坊屈原祖屋有颛顼庙，供黑神菩萨（黑神即颛顼，当地俗称"黑保大神"），故又叫"黑神庙"，庙外曾立有"太阳柱"，与在张家界市内屈原祖祠发现的"太阳柱"相同，乃以方形石柱，高5尺，柱面宽1尺，上部中心阴刻一圆圈，圆周有飞鸟图案。经考，此石柱即太阳柱。屈家坊太阳柱常年供人绹马，故称"系马桩"。又在澧口二尉岩之南的金岩乡落凤村龚氏祖坟墓碑发现"双凤捧日"图饰。此墓碑头似一牛头，檐角弯翘如牛角。墓厢左右各支一石

柱，上雕缠龙。喻意为“祝融乘两龙”出典。匾额左右各刻了一只凤鸟图形，嘴对嘴之间，有一阴刻圆圈，圈内刻一“日”字，圆圈下方刻了一根柱子，柱子托着圆圈。此图主题十分通俗，可随口叫出“双凤朝阳”或“双凤捧日”。凤鸟，乃为祝融火神标志，即“火凤凰”。“日”字点明为太阳，关键是太阳圆圈下面托了一根柱子，较屈家坊太阳柱造型精致直观。由此可证祝融亦是大太阳神之说不谬。

两根“太阳柱”和一幅“双凤捧日”墓刻饰纹，集中在澧水上游的祝融故里和屈原故乡，说明该地民族太阳崇拜、太阳图腾非是一个纯理论概念，而有实物可指。屈家坊之北吴家咀又有高阳庙，宏大壮观，明末吴三桂曾囤兵大庸，特地慕名观光，并书“万民瞻仰”匾额。此《东君》，写的是屈原祭东君太阳神的过程。此太阳神，正是先祖祝融高阳。永定王家坪镇与沅陵蚕芒乡交界处有**高庙界**，因古高庙得名，高庙即高阳庙。环绕大庸中心的太阳神地名颇多，如桑植有**高阳村**，永定王家坪有**太阳山**，子午台又名**太阳山**，七星山有**观日台**，双溪乡有**看日山**，官坪有**日岗岭**、**明阳岗**，沙堤有**朝阳山**，沅陵有**太阳池**，花垣有**太阳山**等。这是一个庞大的太阳族符号群。

1. 太阳神大祭坛就在屈原的家门口

“暾将出兮东方(1)，照吾槛兮扶桑(2)。”

[注释]　(1)暾（吞）：刚出的太阳，朝暾。(2)槛（kǎn）：门槛。“照吾槛兮扶桑”：太阳照在我家的门槛上。这个细节十分重要，他告诉人们：这个祭太阳神的地方就在屈原的家门口——门口有一条长达七里的澧水江潭，那里就是太阳神大祭坛潭口丹丘洲。屋后石壁天生两个穿洞，一个圆似太阳，一个呈半边月亮，这就是屈原故里**“昼夜光明”**的**“日月岩”**。这是屈原第二次写老家扶桑。

以上二句意思是：太阳刚从东方升起，照耀在我家的门槛上。

2.为眷恋故居而长太息

“驾龙辀兮乘雷，载云旗兮委蛇（读逶迤）。长太息兮将上，心低廻兮顾怀。”

金开诚等解为“眷恋故居”，与王逸合：“言日将去扶桑，上而升天，则徘徊太息，顾恋其居也。”清·王夫之《楚辞通释》亦认为：“日出委蛇之容，乍升乍降，摇曳再三，若有太息低廻顾恋之状。”我以为二王之见已接近真实。但都只解其一而未解其二，或说还未识破诗中天机。笔者仍然坚持这一观点：《九歌》并不是纯粹的祭词，是屈原借用了这一祭神乐歌的艺术形式而创作的一组表达自己思想情怀的长诗。一如古代一个词牌、曲牌产生了，后人即代代追随照此填词作曲。上二句表面上是写太阳神升天眷顾家乡故居的不舍之情，实则是屈原托太阳神之口告诉人们：祭太阳神的祭坛就在我家门槛下的潭口！

以上四句意思是：我乘驾的龙舟发出雷鸣般的巨响，云霞做成的旌旗舒卷飘荡。在长长的叹息声中向着天空冉冉上升，但因眷恋故居而且行且止迟疑彷徨。

六、“河伯”乃屈原祭澧水之河神——巫澧

包山、望山、天星观、葛陵等楚简中有“大水佩玉一环”“享荐大水一佩玉环”

“赛祷大水”等记载。此之“大水”即大水神。前辈注家多解河伯为黄河之神。河伯之名出自《山海经·大荒东经》。《天问》有“胡射夫河伯”句。但从诗中所祀众神组合分析，此之河伯似与祭黄河水神无关，因为当时黄河不在庸楚两国的疆域之内。《左传·六年传》有楚昭王拒祭北国河神之说：“初，昭有疾，卜曰：‘河为祟。’王弗祭。大夫请祭诸郊，王曰：‘三代命祀，祭不越望。江汉睢漳，楚之望也。祸福之至，不是过也。不谷虽不德，河非所获罪也。’遂弗祭。”拒祭主因是黄河不在庸楚地望之内。此举曾得孔子大加赞赏。既然楚宫不该祭祀河伯，相距万里的澧水屈氏庸人更无必要。何况澧、（黄）河之间还有条长江，更不可越长江而去祭（黄）河吧！故林河认为《九歌》中所祀河伯是湘澧间之河神。此之河伯“是楚邦河神。河伯的神职，低于太一、东君与司命，仅高于山鬼，可见得是小河之神”（《九歌与沅湘民俗》）。周勋初也力持此说：“根据信史记载和地下发掘的资料，楚国南边的沅、湘之间或本土的其他地方，古时从未移入过北方黄河流域的什么部族……更不要说是什么很难移殖的黄河之神了。”而关键是楚人信守“祭不越望”的基本原则，屈原岂敢逾规！

此澧水“河伯”究竟是谁？笔者以为极有可能是《山海经》中所载澧水大巫——即灵山十巫之一的巫禮（澧）。张良皋考证：灵山十巫中之巫禮，开明东六巫作巫履，亦即巫醴、巫澧，既是澧水酒神大巫，又是澧水河神——河伯。楚简所祭“大水”之神或可即此。“灵山”在何处？天门山是天下最大的灵山，其山顶有灵泉，唐代建灵泉院。五代·后晋处士周朴作《天门灵泉院》诗：“华亭参后最幽元，一句能作万古传。猿抱子归青障外，鸟衔晨落碧崖前。虽知物理无穷际，却恐沧溟有限年。为报五湖云外客，何妨来此老灵泉。”桑植县澧水南源主流与昆仑赤水交界处亦有**万灵山**（海拔1005米）。

1.九河：九澧

“与女游兮九河[1]，冲风起兮水横波[2]。
乘水车兮荷盖[3]，驾两龙兮骖[4]螭。”

[注释] (1)女：有以通汝而指河伯所恋女子者，恐非是。笔者发现此之“女”，就是屈原女儿小婴（女婴）。与《湘君》“女婵媛兮为余太息”之“女”应同为一人。九河：注家多以为是黄河的九条支流，相传是夏禹治河时所开。《尚书·禹贡》：“九河既道”注：“河水分为九道。”九河之名见《尔雅》，即徒骇、太史、马颊、覆鬴、胡苏、简、絜、钩磐、鬲津。但从后句“登昆仑兮四望”分析，亦即庸楚“三代命祀，祭不越望”的基本规则，我断定屈原祭河伯就在家门口的澧水七里江潭。潭北为昆仑天竺山，有自然穿洞名“天竺门”。南为金藏山，有自然穿洞日月岩，此即潭口昆仑山之地标，系天门昆仑体系之天竺昆仑。所谓黄河“九河”，只见诸古典的文字，在黄河流域数省地图中根本查不出《尔雅》所载的九条河流的古怪名字。屈原回到澧水故乡，按先人“祭不越望”之旧制，没有理由要祭遥遥万里的北方黄河水神。

其实，屈原所写“九河”，又作“九江”“九水”，发生地不在万里外之黄河，其实就在家门口之澧水，俗称“**九澧**”，乃澧水九条著名支流之总称。从澧水源头开始，为**西澧**（桑植西水）、**茹澧**（大庸与慈利相邻段为百里茹水）、

温澧（大庸温汤水，位于今永定区温塘乡）、**溇澧**（慈利溇水）、**渫澧**（石门渫水）、**黄澧**（石门黄水）、**道澧**（临澧道水）、**涔澧**（澧县涔水）、**澹澧**（津市澹水）。

1926年元旦，澧州镇守使贺龙由川黔率部返湘，他的师爷（秘书）龚睡庵先生撰联以赠：

率八千子弟归来，岁月更新河山依旧；
为九澧人民保障，扶持正义铲除邪魔。

（载编《大庸市苏区革命文化史料汇编》1991年版）

民国大庸著名土家诗人、南社社员、湖南省志编辑庹悲亚先生作《茹水》诗云：

澧水发源桑，共有支流九。
茹水居其一，九支分汊流。
因有九澧称，时人少知因。
乃专写此诗，加注告来人。

（载《淡墨轩选集》2011年内刊版）

上述联诗，可证"九澧"之说不虚。茹水别称弱水、若水，源自今永定大庸所之龙茹山，止于潭口下游至阳和乡之茹溪，即古茹国境，约60公里，是为九江之一的"茹澧"。清光绪十八年（1892）桑植县知事龙启涛撰《疏凿茅岩记》碑文曰："《禹贡》'导江东至于澧'。澧居九江之一，源于桑植而汇入茅岩，以下达津市，实桑植咽喉也。"（载清《桑植县志》）是说当年大禹疏导九条江河时，到达澧水，澧水为九江之一，故九澧又称九江，屈原之"九河"，与遥遥数千里的黄河九江或江西九江何干!?

⑵冲风：急风、暴风。横波：波涛汹涌。⑶水车：在水上行走的车。或为有简单划水机械的木船，形如水上舟车。"艻"字本义即此。荷盖：以荷叶为车盖。⑷骖（餐）：边马。古时用四匹马驾车，中间的两匹马叫服，两边的两匹马叫骖。

以上四句意思是：我与女儿一起畅游九澧啊，狂风掀起滔天巨浪。我们乘的水车荷叶为盖，两龙御在车中、两螭驾在两旁。

2.昆仑：在澧水故乡

"登昆仑兮四望⑴，心飞扬兮浩荡⑵。
日将暮兮怅⑶忘归，惟极浦兮寤怀⑷。"

［注释］⑴此之昆仑，其实就在屈原的澧水故乡—天竺昆仑及天门昆仑，与九河—九澧—九江形成证词连锁。从诗句分析，其笔下昆仑应该是天门昆仑。⑵浩荡：心情开朗情绪高亢。⑶怅：怅惘、失意、怅然若失。⑷惟：一作思想，思惟，今作思维。极浦：此指澧水远处的水滨。这个名词几乎是屈原写澧水的专用词，如"望涔阳兮极浦""遗余佩兮澧浦"等。寤怀：感怀，触动心中的思念之情。

以上四句意思是：我登上昆仑之巅眺望四方，顿觉心胸开阔神采飞扬。暮色苍茫怅然忘了归去，回想在水滨的时光深深为之感伤。

［按］对《河伯》的本意解，近年有人提出新的观点，认为祭河伯仪式实质上是一次民间龙舟娱乐活动。马明文说："沅陵早在屈原投江之前就已有龙舟。并且屈原在流放入沅陵时还看过龙舟（当时的龙舟赛场在古元陵城的验匠湾），《楚辞·河伯》中留下了美妙的歌词：'乘水车兮荷盖，驾两龙兮骖螭……'屈原看龙舟时将龙舟比为水上的行车。驾龙舟的人，头上戴着荷叶遮日，两只龙舟竞赛，就像两条蛟龙，四排划龙舟的人员，就像四马驾车一样……登上昆仑山眺望四方，真是心情飞扬神思浩荡。太阳快要下山时，仍然贪恋着龙舟赛，忘记了归宿。"（《沅陵龙舟寻根》，载《盘古新说》，中国文联出版社2008年版，第212页）

笔者对此说表示认同。但从划龙舟祭河伯所处的“九河”“昆仑”看，具体位置应该在天门昆仑——澶口天竺昆仑山下的一段澧水，加上屈诗中所出现的“涔阳”“澧水”“天门”“澧浦”“澧兰”等特定地名，**可证《九歌》发生地在澧水，而不在“沅湘”，更不在汉水**。而祭《河伯》与《东君》都发生在诗人故里澶口屋门前的太阳神大祭坛——丹丘。祭坛之东就是七里峡七里江潭——即屈原行吟泽畔的“江潭”。“登昆仑兮四望”的昆仑，必定就是家乡的昆仑，这正是破解屈原诗中故乡之谜的钥匙。实质上，远古时代，人们对这片大域名统称“昆仑”“崇山”“县圃”“玄圃”。另外，《东君》中的“龙輈”与《河伯》中的“龙车”均指龙舟。这可能是古籍中最早发现的“龙舟”符号。

据余石、张祖善考证，龙舟起源于沅陵盘古乡，俗言“人家划船祭屈原，我划龙船祭盘古”。而马明文认为沅陵龙舟，起源于荼人舒民，双方的标志即瑶民火族的红船和苗民水族的黄船（白船），意即两支古族部落男人女人权力的争夺。后来，火族酋长祝融与水族酋长孟䝉发动了战争，祝融打败孟䝉，男人战胜了女人。祝融统一了南方后，将南方划分为若干个诸侯小国，号称**万国**。与庸人婚俗《告祖词》祝融**“繁衍百国围嵩梁”**对接。《东国岁时记》载：“端午节，五月五日，天中之节，上得天禄，下得地福，蚩尤之神，铜头铁额，赤口赤吞，四白四病，一时消灭，急急如令。”是说端午节是苗族地区为祭祀蚩尤神，消病免灾的祭祀活动。其他地方则有为凭吊介子推、伍子胥、曹娥女的龙舟祭。屈原投江后，汨罗划船打捞尸体，以后演变成龙舟竞渡祭屈原节日。这一天，恰好是五月初五“端午”。《太平御览》卷三十一引《风土记》：“仲夏端五，端，初也。”唐以前，夏历每月初五皆可称端五，又作“重五”。关于“重五”的数字意义，古人在以十为数的系统中，五是半数。在天罡（gāng）地支中，“午”“戊”也都居中。金木水火土，是谓自然界之五行。《鬼谷子阴符篇》：“盛德法五龙。”陶弘景注：“五龙，五行之龙。”是谓龙图腾崇拜，故初五日就成了敬畏龙的日子。而“重五”日则更是祭龙的盛大节日，亦称“龙节”。闻一多先生认为，作为民间节日的端午，其起源应为春秋越吴之地，后溯江而上延至荆楚流域，再北上至中原。笔者认为闻先生之说可能是本末倒置了。**龙舟起源于盘古、盘瓠乡——沅陵濮人**（今土家族之先民）**及苗人祭人类创世祖神盘古的“棂船”之说，比春秋吴越之地祭伍子胥、介子推、曹娥的龙舟之俗不知要早几万年、几十万年！**它起步于盘古时期的“独木舟”，即古代的“鸟舟”。《穆天子传》说：“天子乘鸟舟，龙桴于大沼。”独木称“鸟舟”，大船称“龙桴”。洪江（黔阳县）岔头乡高庙遗址出土陶器，其上刻有祭神的棂船，距今7400年。1981年10月11日在大庸县兴隆公社出土汉代虎钮錞于，上有棂船、鱼、庸人头像、蚕丛、凤鸟、手掌等纹饰，可证大庸棂船之俗与沅陵、洪江（乃至整个沅澧流域）是同源共脉共祖的，它至迟起源于7400年以远，**是祝融创建的“万国”——古大庸帝国大同盟龙图腾崇拜**的两大文物实证的南北对接。

由此看来，屈原《湘君》《东君》中的龙舟与《河伯》中的龙舟极有可能就是古庸国

流传下来的“棂船”。这是屈原在澧水涔阳(今津市市境)而非长江黄河所经历到的一幕。

屈原先后做了《招魂》《大招》两堂祭祀法事后，为何选择五月端五日投江，曾让许多注家难以理解。笔者细细揣摩，觉得很可能与庸楚龙图腾崇拜有关。庸楚共同的先祖鬻熊之所以著《龙虎经》，正是土、苗龙虎崇拜的文字实证。五月重五日，便是庸楚土苗百代共祀的龙节。作为鬻熊之后，屈原诗中反复出现“龙”的句字就不足为奇了：

“麾蛟龙使梁津兮。”(《离骚》)

“驾八龙之蜿蜿兮。”(《离骚》)

“龙驾兮帝服。”(《云中君》)

“驾飞龙兮兆征。”(《湘君》)

“石濑兮浅浅，飞龙兮翩翩。”(《湘君》)

“蛟何为兮水裔？”(《湘夫人》)

“乘龙兮辚辚。”(《大司命》)

“乘水车兮荷盖，驾两龙兮骖螭。”(《河伯》)

“河海应龙，何尽何历？”(《天问》)

“日安不到，烛龙何照？”(《天问》)

“焉有虬龙，负熊以游？”(《天问》)

“驾青虬兮骖白螭。”(《涉江》)

“驾八龙之婉婉兮。”(《远游》)

“玄螭虫象并出进兮。”(《远游》)

“仰观刻桷，画龙蛇些。”(《招魂》)

“螭龙并流，上下悠悠只。”(《大招》)

七、“山鬼”原型很可能就是屈原之妻昭碧霞

王逸、洪兴祖、朱熹、王夫之、林云铭、胡文英等说：山鬼即夔、枭阳(狒狒)、魍魉、山魈、山神、木石之怪、人鬼……(《楚辞章句》《楚辞补注》《楚辞集注》等)。周殿富说：山鬼，山中之魅(《楚辞魂》)。杨选民、杨昌鑫说：山鬼，是管理山林禽兽、地脉龙穴的地母神(《文化人类学的湘西文本》)。顾天成、郭沫若、马茂元等：山鬼，巫山神女(《楚辞九歌解》《屈原赋今译》《楚辞选》等)。刘毓庆：山鬼，高山男神(《山鬼考》)。张伟权：“山鬼，就是土家族十分崇敬的梅嫦神。”又说：“山鬼，就是湘西土家族的茅谷斯。”(《茅古斯研究》)周勋初从山鬼和巫山神女服饰及用具上进行对比，发现二者的神话背景有明显差异，从而彻底否定“巫山神女”说。

屈原《山鬼》：“若有人兮山之阿，被薜荔兮带女罗。既含睇兮又宜笑，子慕予兮善窈窕。乘赤豹兮从文狸，辛夷车兮结桂旗。被石兰兮带杜衡，折芳馨兮遗所思。”

宋玉《神女赋》：“其盛饰也，则罗纨绮缋盛文章，极服妙采万方。振绣衣，被袿(guī)裳，襛(nóng)不短，纤不长。步裔裔兮曜殿堂。忽兮改容，婉若游龙乘云翔。嬛(suí)被服，侻(tuì)薄装。沐兰泽，含若芳。”

屈原笔下的山鬼形象带有原始神话的野味，从中透露出来的是远古庸国地崇山竣岭中山民对山中精灵的观念。巫山神女的形象则已加入了很多后代人的意识，依其描写而言，已是后世贵妇人的打扮和仪态，或说已成了庙堂供奉的女神形象。一“俗”一“雅”，二者根本不在一个层面上。

笔者以为这种比较法最有说服力，否则，“巫山神女”说，将会长久占据“主流说”的位置上。退一万步，即便真是“巫山神女”，这座“巫山”也必定在屈原故乡的澧水边上，而屈原故乡还真有一座**大巫山！**

与长江三峡相距2500里。这座“大巫山”起自大庸永定区茅岗天泉山，止于屈原老家潭口之对山——即慈利县的天竺山，全长85公里，古今皆称“大巫山”，中心地就位于今永定区的枫香岗乡，这里正是**世界第一双荒古人类脚印所在地**。山下峰泉洞石窟古联云：“南海巫山火焰高，西天白水金锁下。”又何须为祭山鬼而舍近求远数千里！

对张伟权所认定的就是湘西土家族的“茅谷斯”，而这个穿着如毛古斯的“山鬼”就是猎神梅嫦。因为梅嫦一年四季在深山老林与野兽交往，衣服被野刺剐得破破烂烂，于是干脆以藤蔓为衣，遍身饰花，是典型的毛古斯形象。这种反映古庸族远古渔猎时代的猎神，至今仍流传民间。民国中期，本境土家诗人，教育家覃鲤庭作《山鬼·七绝》二首赠大庸一代文宗庹悲亚《淡墨轩丛稿》刊印出版（选一）：

“山鬼憧憧带女萝，驩兜故国血痕多。

怜君扫秃生花笔，一豆青灯续《九歌》。”

诗中将庹悲亚先生诗集比作为屈原续写的《九歌》。“驩兜故国”，指驩兜创立于大庸崇山的“驩头国”（见《山海经》），亦即一代**大庸帝国**，或云古“**三苗国**”。由此点明屈原笔下的“山鬼”就出于崇山中心一带，庹先生为屈原续写的《九歌》原生地亦必在崇山一带。清同治年间，本土文人丁启性写了一首乡里人进城玩木偶的《永定竹枝词》：

“薜衣萝带舞婆娑，嘈杂神弦唱《九歌》。

木偶何曾能祸福，奈他说鬼爱东坡。”

是说古代大庸民间表演的木偶戏，穿的是藤蔓衣。薜（音闭），即薜荔，藤本植物。唱的词和演奏的音乐是古老的《九歌》。从词中分析，此木偶戏的妆束正是土家毛古斯。毛古斯表演的是远古庸人渔猎时代结草为服、藤蔓为衣的生存生活场景，是古庸国最古老的原始戏剧，被当代专家称为中国戏剧的源头、中国土家族戏剧的活化石，已申报列为国家级非物质文化遗产。究其实，丁氏之词所描绘“木偶”之形象，其实应追溯到屈原时代的“**山鬼**”：“若有人兮山之阿，被薜荔兮带女萝……既含睇兮又宜笑，子慕予兮善窈窕。乘赤豹兮从文狸，辛夷车兮结桂旗。被石兰兮带杜衡，折芳馨兮遗所思。……”

屈原笔下的“山鬼”服饰装束，听起来好像就是大湘西地道的濮人土家毛古斯！由此可证，屈原一定是亲眼见到古濮人的表演之后才描述得如此逼真的，并且亲耳听到毛古斯唱的“九歌”。“九歌”，相传是大庸大禹时代传唱的祭神之歌。由此可证“九歌”实产自大庸国中心地，亦即毛古斯的发祥地。永定罗水乡的毛古斯世代流传，被称为“土家毛古斯之乡”。大武陵地区的永顺、保靖、龙山、来凤等土家族分布地也广泛流传。那么，这个以土家地区“毛古斯”（一作“茅谷斯”）形象出现的“山鬼”，是否就是张伟权所说的猎神梅嫦女呢？我以为与前面所列举的各种说法比较，梅嫦神女之说显然更靠谱。因为“茅谷斯”古典戏剧的核心内容就是表演远古先人从渔猎文明走向粮食文明的打猎、栽种、收割农事活动的过程场面，而毛古斯打猎过程表演中，必有缠藤插花的女毛谷斯的参与。这个野性、原始的猎神女，说她可能就是梅嫦女的化身也不无道

理。不过，笔者仍存疑虑：细读《山鬼》，其主旨就是诗人与一个“女鬼”山神在深山进行一次久违的约会，如果揭去“鬼”的外衣，说是“情人幽会”也不损诗人的面子。屈原本是一个放荡不羁的“诗狂”，他的诗体，一反诗经陈规，天马行空，独举一帜，成了万世不可超越的丰碑。不少注家总认为《九歌》是屈原在收集的民间巫歌基础上的“更订其词”(修改而已)，然后变成自己的作品，怕是看错了局面。至于“山鬼”，巫傩唱本中至今还没发现可资对比的“范本”就是一例。因此我敢断定：一个不按规矩出牌的“诗狂”“诗癫”，决不会为一个普通的“山鬼”花那么大的心思和气力去倾情泼墨，去雕琢营造，他一定有一个众人不可解的“心结”!

为了打通这个“心结”，笔者绕开这段文字达4年之久不敢落笔。后到屈原乡里与几个屈氏老人进行座谈访问，思路慢慢变得清晰起来：

这个“山鬼”的原型，极有可能是屈原的元配妻昭碧霞。昭氏祖婆是今阳湖坪镇社溪昭家岗人，出身于庸国屈、昭、斗、叶四大公族之昭氏。其父(佚名)、祖父昭明晖都是庸国朝廷大臣。屈原自少儿时起，就与昭碧霞青梅竹马，双双在庸都朝廷长大，后又一起到崇山熊馆师从鬼谷子掌门人。二人都是品学兼优的学子。昭碧霞天生丽质，及长，出落成庸城第一大美人，与风流倜傥、潇洒出尘的屈原绝配成一对美满姻缘，并为屈氏王族生下了**一双儿女小婴和平平**。后来，屈原以庸王、莫敖之职奉父王之命出使楚国，因才华出众，个性耿直，坚持原则，受到一帮奸臣小人的嫉妒排斥暗算，昭碧霞成了政治牺牲品，被楚怀王妖姬南后郑袖阴害致死于郢都。继而，屈原又因楚顷襄王抢班夺权与一帮群小闹翻，被逐出楚宫，满腔悲愤携着亡妻遗骨和一双儿女及四个孙子回到潭口故里，但见老屋如昨，佳人不在，人去楼空，满眼凄凉。这一严酷现实彻底改变了屈原的个性与志向，从此不问国事，拒不就任庸王之位，将兰岗、花旯里两处田产改农田辟兰园，且以兰花为食，辟谷修行。日常或吟诗作赋，或游山玩水，或行吟泽畔，或演奏《离骚》。当时，他的掌上明珠女儿女婴，早已远嫁于汨罗。而随他定居郢都的元配昭碧霞死前嘱其一定要把尸骨携回老家，屈原将其安葬在簸箕塌老屋场对岸的细岩头山脚下。此后，屈原时常到坟前悲哭，甚至产生幻觉，好像与昭碧霞幽会，于是诞生了凄美绝伦、感天动地的千古绝唱《山鬼》之赋，并由当地数十个“毛古斯”以《九歌》之曲演唱。对这一盛况，沈亚之《屈原外传》作了惊天动地的描写：

“至《山鬼》篇成，四山忽啾啾若啼啸，声闻十里外，草木莫不萎死。”

【延伸阅读】“山鬼故家”诗与画

[著者按] 著名国画大师张仃(1917年生)于1987年携夫人、著名老诗人灰娃访问张家界，夫妇俩一下汽车就被眼前昆仑峰武陵源三千八百石柱惊得目瞪口呆！张仃亦当场

豪兴大发！他说："这里就是山鬼的故乡！屈原的《山鬼》必定是在这里受到启示后才写得出的！"于是一住5天，写生作《山鬼故家》，题跋曰：

"丁卯年初夏，与诗人灰娃访湘西武陵源，同登天子山，宿崖畔小屋，千峰尽收眼底，夜拥炉火听谈鬼，朝随云雾搜奇峰。神游五日，怏怏下山。盛夏以来，梦寐难忘，真力弥满，万象在旁。兹以自家法为之，不知果能表其一二耶？辽西它山于京华西郊元塔园中。" [印章] 超以象外 张它洞 既寿永昌 它 张仃 求索

老诗人灰娃，先生之夫人，则作《题〈山鬼故家〉》诗一首，其诗思之诡奇，语言之独特，与其夫画作搭配，可称珠联璧合，相得益彰。

题《山鬼故家》

灰 娃

湘西武陵源自然保护区，囊张家界、索溪峪、天子山三处幽境。以前，人迹稀罕，一片蛮荒，几为世人遗忘，只有生逢绝路者逃亡走险……直至近年，方为人知。1987年清明前后，画家张仃到天子山写生，我与同往，临其绝顶，一览群峰，云雨雾霭，冰雹雷电，阴晴明暗，神秘诡谲，聚散幻化，瞬息莫测，果真楚国游魂故地山鬼故家？

放胆繁衍蔓延
龙蛇虎豹自由出入
酒神迷醉野性燃烧
总孕育风雷冰雹
孕育神的故事鬼的爱情
淡青浓白涌动飘摇在幽谷野岭
天风追逐万物和我，我追踪山林气息
山泉鸣响，跟精灵的念头徜徉游荡
惊动了枝叶林鸟聒噪
仿佛大气光缕里以太抖晃
听，你听这神异的废墟
挽歌调子一时隐约一时银亮
往昔的篝火还在摇曳硝烟还没沉落
火膛爆裂的火星
还在空气中飘忽闪烁
还在雄辩还在分说
梦想、国殇和复仇雪恨的亡灵
土家领袖向天子率先，
骤然一阵星雨光瀑
——不屈的种族纷纷纵身深沟
激烈高傲彻底拒绝了凌辱
我徘徊在神堂湾神思恍惚
英魂明丽的光柱升上云霄
空谷回声激荡着岁月的狂潮微波
这时，云影飞移风飘雾流
比意念闪现更莫测更神速
忽而薄雾白云又神秘稳妥泊在山腰
身立岩畔我心潮难平梦落云中
抬眼间群峰阴翳气象半冥
鬼神幽灵从隐秘居所把他们
灵魂的激情忘我倾注
闪电一路狂笑
无底的深壑争相亮相
生死鏖战狂欢祀典
热恋幽会思慕礼赞的渊薮丰满过剩
辉煌苍凉天地鬼神的遗址
石堆永恒铿锵幽灵自在飞翔
藤条纠缠荆棘怒生

这儿住着潮湿的山气
白云流浪
蓝雾出没升起
谁的领地谁的故家
赤豹 山鬼
诡谲多情不为人知
明天
朝阳依旧照红
成千万座宫墙廊柱
黎明前冻雨飘风依旧
吹落明星
引爆电火
唯有土家人舍身坠崖
轰然穿透宇宙和成最
昂扬最沉哀最凄厉的变奏
那是神界鬼域迷宫的残骸
谁竟毁了这非人间的杰作
留下一片遗迹一片神奇
轩昂的方柱石笋执拗兀立
任大风播扬任雷电震荡
巨石呼着吼着狂滚乱溅
风雨浸洗石墙横横斜斜
魁伟，玛雅人的幻想
苍茫，天堂气象
一曲石头的交响浩茫跌宕
幻影笼罩幽灵飞翔
荆棘的摇篮鸟兽的王国
峰峦叠嶂势不可当
层层波涛起伏咆哮
骑兵军团奋进回旋
造化脱了缰主神大发雷霆
地下埋藏仇恨愤怒苦痛
从幽深的阴影从坚硬的石缝
倒悬着纠葛着疯长
杂树野藤人类陌生，在它们体内
苦汁秘密酝酿秘密流淌……

（诗歌原载金克剑主编《中国张家界旅游纪念册》，湖南美术出版社1996年版，第92–93页）

诗跋谓“果真是楚国游魂故地山鬼故家”？此“楚国游魂”即指屈原。意思是：难道这里果真是屈原的故乡和山鬼的老家？诗人的感悟决不是信口开河，而是一种潜意识中的“通灵”。她和画家丈夫算是说对了。从屈原诗中，我们发现了许多与大庸故乡相关的地名和自然奇观，比如“焉有石林？何兽能言？”（《天问》）经检索国内外若干处称为“石林”的，都算不上“石头森林”，普天之下，地球世界，真正意义上的“石林”，只有已被列入世界“张家界地貌”和世界自然遗产的**中国张家界昆仑峰武陵源！**经考，武陵源古索国的主体民族是古索人，因从猴群万丈绝崖荡藤采食中得到启示而发明绳索，得名“索人”“索族”“索家”，故有索山、索水、索溪。屈原驱逐回故乡期间，曾多次登上昆仑峰（武陵源），访问先祖后裔索人，并对三千八百根摩天石柱组成的“石林”向天问难：“请问世界上哪里有石头森林啊？哪里的野兽能通人性，与人对话？”在同一地提出两问，只有山鬼故家张家界武陵源昆仑峰！

20世纪80年代初，一位叫赖少其的将军画家、诗人登上张家界林场大石林，竟莫名其妙感悟发现屈原与张家界昆仑山的某种亲情联系，并作诗一首：

屈原有国留不得，
行吟泽畔心欲裂，
楚山楚水皆饮泣。

若上张家界，
山深林又密，
石笋参天，
好似玉树，
珊瑚与宝石，
胜过龙王聚宝盆。
上天下地难寻觅，
空悲切，
有何益？
千古风流数今日！

八、《国殇》：乃屈原为叔父屈匄之死而祭

“国殇”，洪兴祖说：“谓死于国事者。《小尔雅》曰：无主之鬼谓之殇。”清·戴震说：“殇之义二：男女未冠笄（音儿）而死者，谓之殇；在外而死者，谓之殇，殇之言伤也。国殇，死国事，所以别于二者之殇也。”（《屈原赋注》）关于本篇的具体祭祀对象，一般都认为是战士，唯清·蒋骥说：“国殇所祀，盖指上将言，观援枹击鼓之语。知非泛言兵死者矣。”（《山带阁注楚辞》）金开诚等认为：从本篇内容看，所祭的应是一位主将。如“凌余陈兮躐（音“猎”。超越）余行，左骖殪兮右刃伤。霾两轮兮絷四马，援玉枹兮击鸣鼓”四句，显然是歌颂一位主将在危急关头，仍然指挥若定顽强奋战的英雄形象。但本篇是以主将为中心描写了整个战场激战的情况，其中也包括了对广大战士不怕牺牲的英勇精神的歌颂（《屈原集校注》）。笔者亦表示认同。那么，这位“主将”到底是虚构的文学人物？还是真有其人？笔者经认真查考，最后认定此主将极有可能是屈原叔父、伯庸之弟、一代莫敖（一说为连敖）屈匄（一作丐）。楚怀王十一年（前318），楚怀王被推举为纵约长。16年绝齐以和秦，被张仪耍弄欺侮。公元前312年，楚怀王怒而攻秦。他拜屈匄为大将军，逄（音庞）侯丑为副将，率八万屈氏家族部队攻秦，以夺回被秦侵占的商、於之地。秦惠王拜魏章为大将，甘茂为副将，以十万秦兵迎击。齐宣王得知楚军攻秦，恼恨楚怀王听信奸臣谗言，破坏齐、楚两国世世代代的友好同盟关系，也派大将匡章率数万齐军从东线开赴前线击楚。秦军利用楚军的复仇心理，采取诱敌深入的战术，将楚军引入秦国境内伏击圈，形成“关门打狗”之势。屈匄八万大军与秦军进行空前绝后的血战，八万人马战死多半，屈匄、逄侯丑等七十余名将士重伤被俘，约一万余残军突出重围，又惨遭齐军掩杀，全部壮烈牺牲，无一生还。战后，魏章亲为屈匄、逄侯丑释缚，诚意劝降，遭到严词拒绝。魏章为之震怒，赐剑二人，各自刎颈自杀。其余七十余将士亦全部自杀或被斩首。

《中外历史年表》载：“前312年。秦破楚师于丹阳，虏其将屈匄及裨将逄侯丑等七十余人，斩首八万，取汉中地六百里，置汉中郡。”屈匄战死，屈氏八万军队全部阵亡，屈邑庸都，举国上下民众悲痛欲绝，号哭声感天动地。相传天门、崇山七天七夜阴霾不开、霏雨绵绵。噩耗传来，庸王伯庸在庸都设坛为阵亡将士举行隆重而盛大的追魂哀悼祭礼，为阵亡者超度。自此一战，屈邑及后庸国惨遭重创，元气大伤，一厥不振。

据推算，屈匄生于公元前370年左右，战败自刎时年约58岁。他是伯庸的堂弟，伯庸长屈匄3岁。时年屈原41岁。这场战争，让出使于楚宫的屈原痛不欲生。楚怀王虽对屈匄指挥不力表示恼恨，但毕竟有八万条生命战死沙场。况且屈匄、逄侯丑二将军在强敌跟前大义凛然，英勇就义，实为庸楚一代壮士，忠贞可嘉。楚怀王指令屈原主持隆重盛大的国祭，屈原的《九歌·国殇》就是为叔父，也为八万屈氏将士英烈作的祭辞：

国　殇

操吴戈兮被犀甲，车错毂兮短兵接。旌蔽日兮敌若云，矢交坠兮士争先。凌余阵兮躐（音猎。超越、践踏）余行，左骖殪（音衣。杀死）兮右刃伤。霾两轮兮絷（zhí，绊住）四马，援玉枹兮击鸣鼓。天时怼（duì，怨恨）兮威灵怒，严杀尽兮弃原野。出不入兮往不返，平原忽兮路超远。带长剑兮挟秦弓，首身离兮心不惩（悔恨）。诚既勇兮又以武，终刚强兮不可凌。身既死兮神以灵，魂魄毅兮为鬼雄。

[译文] 勇士们手持坚固的盾牌啊，身披犀牛甲胄迎战/两军的战车很快地交错在一起啊，转眼间已是短兵相接一片白刃混战/摇曳飞卷的战旗遮天蔽日啊，人多势众的敌军如无边的乌云滚滚不断/战场上如雨的飞箭相撞着纷纷坠落啊，两军将士在箭雨下舍命争先/敌人狂呼着向我们的阵地发起进犯啊，大军的车阵行列终于被敌人踏破打乱/左边的战马已经被敌兵杀死啊，右边的战马也被创于敌兵的刀剑/战车的双轮都已深陷于沙场的尸堆啊，车前的四匹战马嘶鸣着也挣不脱羁绊/愤怒的将军操起了鼓槌啊，擂响了战鼓激励着士兵们的最后死战/只杀得阴风四起苍天变色啊，仿佛有愤怒的天神也来参战/楚军的将士们悲壮地全军覆没啊，一具具尸体暴弃在异乡的草野荒原/离开家乡时就没想过再回来啊，战死疆场啊一去不返/魂归故里原野渺茫啊，回首望乡啊山长水远/身佩长剑英魂永在啊，手挽强弓啊威风不减/保家卫国不惜身首离异啊，宁死不屈心无悔憾/庸国的男儿堪称是真正的勇士啊，纠纠武夫啊英勇善战/直到临死也无人屈膝啊，威武刚强啊不可干犯。/勇士的身躯已为楚国而死啊，不泯的英灵神光灿灿/魂魄刚毅虽死犹勇啊，在地府也是鬼中的英雄好汉！（参见周殿富《楚辞魂》，吉林人民出版社2003年版，第53页）

[按] ⑴《汉书·郊祀志》载谷永对成帝说："楚怀王隆祭祀，事鬼神，欲以获福助，却秦军，而兵挫地削，身辱国危。"所谓"兹祀国殇，且祝其魂魄为鬼雄，亦欲其助却秦军也"。⑵关于"吴戈"：注家多解为"吴国之戈"或"吴越之戈"，因而往往对这首诗的时代背景产生错觉。郭沫若先生自有说法："游（国恩）先生又说'吴戈'的'吴'字，以为吴、越之吴，那也不大正确。'吴戈'其实就是'吴科'，刘熙《释名》又作'吴魁'，乃盾之别名。吴国在战国开首的三四年间早已是灭亡了的。"笔者以为此之"吴戈"，实指古庸国西吴氏之人发明的利器"戈"。古庸国除了熊、屈、昭、斗、叶等姓，还有一支吴姓，擅制兵器。后另一支东迁吴越，于是有"东吴氏""西吴氏"之分。两吴氏后裔分布于今大庸张家界全市各地。如永定区教字垭镇25个村12个村有吴姓。⑶公元前280年，即屈匄战败自杀32年之后，93岁高龄的伯庸在黔中与偷袭黔中的秦将司马靳部血战，兵败身殁于今沅陵县北溶镇，大庸国亡，后庸时代结束，屈氏庸国历时321年。关于此次战争，后文自有分解。

第四节　千古绝唱数《天问》

一、 对《天问》释题的误区

何谓天问？苍天向谁发问？天神无所不能，无所不通，又何事要问凡间之人、凡间之事？其实不然。此乃大庸（大武陵地区）土苗俗语的“左言”现象，叫宾述倒置。朱熹说：“《九歌》诸篇，宾、主、彼、我之辞，最为难辨。旧说往往乱之。”（《楚辞辩正》）土家苗语的语序与汉语是不相同的，其语序一般都是宾述倒置，比如把“植桑养蚕”喊成“桑植”，今“桑植县”即是；又“藏金”叫“金藏”，屈原老家澧口就是古“金藏关”，桑植则有“金藏乡”。又把“公羊”叫“羊公”“母鸡”叫“鸡母”——雌鸡变鸡之母亲了。如此等等。

屈原是大庸人，又住在澧口的金藏山下金藏关簸箕塔，自幼在家乡的俗言俚语中泡大。不必怀疑，“天问”就是“问天”。

唐代诗人李贺（790–826）说：“《天问》语甚奇崛，于楚辞中可推第一，即开辟以来，亦可推第一。”（见蔡靖泉《楚文学史》）郭沫若亦有类似评价：“《天问》这篇要算空前绝后的第一等奇文字。”（《屈原研究》684 页）鲁迅说：《天问》“放言无惮，为前人所不敢言。”（见蔡靖泉《楚文学史》）南宋洪兴祖说：“《天问》之作，其旨远矣。盖曰遂古以来，天地事物之忧，不可胜穷。欲付之无言乎？而耳目所接，有感于吾心者，不可以不发也。……而天地变化，岂思虑智识之能究哉？天高不可问，聊以寄吾之意耳。……楚之兴衰，天邪人邪？吾之用舍，天邪人邪？国无人，莫我知也。知我者其天乎？此《天问》之所作为也。”（《天问补注》）清代戴震《屈原赋注》说：“问，难也。天地之大，有非恒情所可测者，设难疑之。”认为《天问》是对天地间变幻莫测之事的问难。

上述各家之论，都恰到好处。但宋·罗苹忽然向《天问》发难，他说：“《天问》云：‘阻穷西征，岩何越焉？’此谓羿也。盖亦因误。予有以知《天问》非屈原作。”（见《四部备要》引《路史·后纪·夷羿传注》）首开怀疑乃至否定《天问》为屈原作之风。张希之说《天问》“是一篇毫无情绪，文义晦涩，文理错乱的作品，全篇所问的都是关于自然的历史的神话的问题，并没有涉及屈原的本身的事实”（《中国文学流变史论》，文化书社 1935 年版，北平）。胡适（1891–1962）说：“《天问》文理不通，见解卑陋，全无文学价值。”（《读楚辞》）将《天问》贬得一文不值，也算是“大师”之论吧。此人还不止于臭《天问》，连对屈原其人其全部诗赋都予否定，自以为标新立异，必赢得喝采，但国人对此嗤之以鼻，不屑一辩，当是放了一个臭屁。郑振铎（1898–1958）认为“《天问》是一篇无条理的问语”（《插图中国文学史》）。谭介甫认为《天问》是屈原出使齐国时，收集稷下学士所提出的复杂问题，“非屈作”（《屈赋新编》，中华书局 1978 年版）。凌纯声说：“至少《天问》与《大招》似与屈原无关。”（转引自萧兵《楚辞的文化破译》，第 770 页）文崇一认为“《天问》

是一种神话学，我们真宁愿相信它不是屈原作的”（《楚文化研究》，台湾省民族学研究所1967年版，第105页）。还有一批日本屈学者，如家井真、桥川时雄、白川静等也从不同角度贬低或否定《天问》为屈原所作。其实，早在汉代，王逸就对《天问》发出慨叹，但并不否定屈原所作：“其文义不次……世相教传，而莫能说《天问》了。”洪兴祖反驳说：“太史公读《天问》，悲其志者以此。柳宗元作《天对》，失其旨矣。王逸以为不次序。夫天地之间，千变万化，岂可以次序陈哉？”笔者对此观点深表赞赏。他是窥视到本质的最深处了。试想，在那个时代，那个处境，那个心境，那个环境，那个语境，那是灵感骤裂激情四射豪情所至浩浩荡荡一泻千里不可遏制的奔涌宣泄，在那种癫疯状态下，唯有痛快淋漓，唯有一吐为快，哪还能顾得上字斟句酌、精推细敲？！如果留下的是四平八稳、滴水不漏、次序谨严、不逾规矩半步的“作品”，那又怎叫屈原呢！

——除非屈原在做秀。

——除非这首诗不是屈原所作。

我以为唯其如此——杂乱无序地、连珠炮似的向天发问，那才叫真实，那才叫过瘾，那才叫屈原！也有人疑为错简所致。郭沫若先生在《天问》解题中说：“脱简窜乱的情形，在这篇诗中，更特别严重。……因此，这篇诗的次序很零乱，必须加以整理。”（《屈原赋今译》，人民出版社1953年版，第84页）当代有何新先生亦有同论：“《天问》原文，错简殊多，加以史事失传，极难卒读。**盖因《天问》原文当时或以一事一问书于一简。后迭经丧乱而失编次。**”（《宇宙之问·〈天问〉新考》）于是将《天问》次序全部打乱，采取史事归类及以时为序的方法，对《天问》进行重新整理，结果，**“惊讶地发现：《天问》实际是有序的。不仅有序，而且可以认为，《天问》不仅是中国历史上的一部惊世奇书，而且是一部伟大的史诗，伟大的神话诗，伟大的哲学史”。**

今读何新先生重新归类整理的《天问》，确有通关解结、条理分明的优点，或说为此做出了尝试。**但我总觉得少了点那种“癫疯呓语”状态中所迸发出的快感，这叫心灵的“错位冲击”，又与屈原个性不符。如果屈原是个四平八稳、循规蹈矩的人，他就不会颠覆《诗经》，置前贤于不顾，而独创出不符“范本”的“骚体”了。抑或说，他就不会与楚宫肖小奸佞针锋相对，乃至为坚持正义不惜得罪楚君而断送前程了。所以说，屈原做人与做诗的个性是完全一致的，亦即人格与诗格是统一的。以腐儒之心、“正统”之论去揣度屈原和他的诗辞，只能得出与屈原本意完全相反的奇谈怪论了。**

那么，到底是错简还是后人不明本真而误读？抑或是多此一举而进行重新整合？

前年，本课题组得到一部明洪武年间朱权收集记录的《神奇秘谱》，中有屈原自创的十八段“离骚”古谱，十八段标题依诗的内容一一记去，竟无一有错！这又说明了什么？屈原诗长短大小共约27首（各家选编篇目因个人取舍观点不一而有删增），除何新指责《天问》之外，全都不存在错简的争论，单错一首《天问》，岂不怪哉？！故笔者坚持认为：《天问》没有错简，只有后人的错读错解！

——打个比方，这首《天问》的句式，就像流行于西方文学界的“**意识流**”，或者就是一个诗狂的癫狂之作！这使我想到西人柏拉图的一句名言："不得到灵感，不失去平常理智而陷入迷狂，就没有能力创造，就不能做诗或代神说话。……在现实中最大的天赋就是靠迷狂状态得来的，也就是说，迷狂状态就是精神的一种赏赐。"

柏拉图就是柏拉图，高！

——也许只有这种解释才能达到屈原境界之万一。

笔者数十余年前曾读《天问》，感觉是深奥高古，不知所云。及至到前几年由文学改行屈原学专事研究，全面彻底破译了天门昆仑、破译了屈原故里后，才稍有所悟。我一直坚持对王逸的一纸论断表示怀疑，他说："屈原放逐，忧心愁悴。彷徨山泽，经历陵陆。嗟号旻旻，仰天太息。见楚有先王之庙及公卿祠堂，图画天地山川神灵，琦玮谲诡，及古圣贤怪物行事。周流罢倦，休息其下，仰见图书，因书其壁，呵而问之。"是说屈原偶尔在一座祖庙中发现了墙上的一组巨型壁画得到启示，乃作《天问》，并书写在墙上。王逸此论几乎影响了一千数百年，乃至成了解析《天问》由来的主流论断。**但我以为此论是极其荒谬的幼稚伪说**，既无实证可考，亦无触动创作灵感的环境与条件。况且，远古民间庙宇一般只有一二间小屋，哪有那么宽广的墙面去容纳170多幅画作！还要把一千五百余字的诗题在墙壁上！既然画面如此之多、内容如此之广，那作画之人又何等了得！却为何名不见经传？郭沫若先生对此论早提出批评，他说：**"这完全是揣测之辞。任何伟大的神庙，我不相信会有这么多的壁画，而且画出了天地开辟以前的无形无像。"**（《屈原赋今译》）

那么，《天问》到底是在哪个时期，在何处构思创作完成的呢？笔者沉默思考数年不敢胡说。直到2016年元月21日，才偶然从新近发现的慈利县甘堰红岗岭颛顼天文台遗址碰撞出灵感的火花，并补写如下一段文字——

二、慈利甘堰红岗岭颛顼天文台遗址之发现

——*兼解《天问》创作时间及产生地点之谜*

2015年元月17日，笔者与一行10余名相关学者、专家赴慈利县甘堰乡勤忠村考察颛顼天文台遗址。该遗址总面积约5平方公里，所有天文符号遗迹皆完整地分布在红岗岭大小10余座丹霞地貌山岗坡面断面。据粗略查找，所发现的天文遗迹不下1000余处。最壮观的是一堵绝崖上所凿的一排10余个巨型远古石刻文字，清晰可见，民间俗称"天书"。观其高度、规模，必定是搭脚手架完成的，这些字符，应该远比甲骨文早。在一些坡面，我们看到若干状如月亮、星星或方形、棱形等不同形状的小图案，中有一条呈倾斜飘逸状密麻排列的圆点图形，圆点小如纽扣，其形极似于天上"银河"图案。还有一处刻着十分标准的北斗七星图，所谓斗魁（璇玑）、斗柄，与天上的"七星"有同工异曲之妙！登上64步人工开凿的标准石级，到达40米高的小山顶，先是发现路边刻有一个状如土家"打三棋"的图形，其实这是古代金字塔平面视觉效果图，若以活动模型从中心将其提起，与提绳正好成了一座金字塔图形，暗示这里就是一座古天文台。"打三棋"下侧，刻有一个极

简略的小房子图形，上为屋背，屋中心开有半弧形拱门，门口有一条状如小路的两条平行线，似乎暗示创造这些神秘符号的人就居住在这里。登上山顶平台，一座“旱碾盘”赫然入目！此“旱碾盘”整个的开凿在红色人工开凿石台上，其外圆直径 3.2 米，“碾槽”中水满溢出，水面宽 10 公分，水深 16 公分，出水处凿有缺口，宽 5 公分。圆盘正中，有长 17 公分、宽 16 公分方口，深 17 公分。应该是固定立柱之孔穴。立柱孔一侧，刻有一条长 90 公分、宽 0.6 公分的石槽线条，呈正东西向。经分析，此之“碾盘”，其实只是象形而已，碾不得米的。一是固定碾架立柱的中心方空仅 17 厘米×15 厘米，禁不住牛拉人拖；二是牛上不了 40 米高的陡坡山顶；三是此红岩性软，一碾成粉。经考，此之“碾盘”，应当是**古代观测天象的超级罗盘**。

在另一石坡，我们又发现了一个“打三棋”图形。棋盘四周，分布数口所凿水井，其中较大的一口呈椭圆形，长 1.1 米，宽 1.04 米，水深 55 厘米。还有一口水井，井旁石面有一凹陷蝌蚪形刻痕。经分析，这很可能是观测流星雨（慧星）陨落时的现场纪录。古史载有史前世纪古天文官就已发现日食、流星雨乃至太阳黑子现象。毫无疑问，中国古代天文学在世界上处于领先水平。据当地人介绍，散布在红岩山中的大小水井，不下 100 余口。多数隐没在野草中。此红岩的奇特之处是：凡所凿之井，皆由雨积和自涵之水溢满，不需人挑或积雨水。凿井干什么？凿井观天。成语中有“坐井观天”或“窥天”，今日终于在此处找到了答案。盖因远古世袭羲和（天文官）凿井观天演变而来。又因这些井相传是颛顼亲手所凿，故史称“颛顼之池”。此之水池，是远古天文学家发明的一种简单实用的“观天仪器”，以井水观天可防止太阳辐射伤眼。后来，以此原理发明仰仪，一作仰釜，铜质，形似仰放的大锅。又有数个圭表插孔，则是以木竿或金属竿作表观测太阳，得成语“立竿见影”。在红岩岭一石台上，就连凿三个标准圆洞，酒杯大小，正是古代树立“圭表木桿”之石坑。又有“日晷”，起源于圭表。又有影表尺，一作量天尺。鬼谷子白公胜曾著《天门鬼谷三十六穴量天尺》即此。说明鬼谷子也是一代天文学家。与之相类的成语还有“夸父追（逐）日”。《山海经·海外北经》云：“夸父与日逐走，入日，渴欲得饮，饮于河、渭；河、渭不足，北饮大泽。未至，道渴而死。弃其杖，化为邓林。”笔者此刻恍然大悟，原来这流传千古的神话背后，却是一个伟大的天文壮举：是夸父作为职业天文观测科学工作者，以最原始的办法迎接日出，又依太阳西行轨迹追至日落，以计算太阳一白天的行程时间。其间先后在南方沅澧流域、长江以及陕西、河南、山东渤海一带追日测时，最后累死道途。今沅陵县柳林汊有夸父峰遗址，相传夸父曾在山下垒灶作炊，遗迹尚存。而更神奇的苗族“后羿射九日”神话，原生地就在古庸中心天门山之北，其九日山、九日寨、九日庙、嫦娥里、吴刚山、月斧山（今玉皇洞石窟）等古地名形成古天文学遗址名称链条，至今尚存（见《中国苗族古歌》，天津古籍出版社。后有专文），这个射日神话其实就是远古时代的一种天文活动。

环绕水井，散布若干星星及各类字符，其中一个图形，上刻弯眉，眉下有横置棱形图，一看就是一只大写意的眼睛，此眼是否是对人用独眼观测天象的暗示？这使我想到《山海经》所记的“直目正乘”，与四川三星堆的“天文眼”何其相似！

与“天文眼”相挨处，有一个十分奇特的字符：一看就像是一个“而”字，只是“而”字中间多了一支十分相形的三角形“箭头”，若将其三角形箭头两线拆开，与“箭杆”成了“山”字，“山”加“而”为“耑”（音“专”），加“页”则成“颛”（专），与耑颛同音，这不正是古“颛”字的原始初文吗?！查《周礼》“耑”字训诂字义：“‘耑’（dān、zhuān，旦、专），物初生之题也，上象生形，下象其根也。”即上为“山”，生长万物；下为“而”，寓意万物之根须，故颛顼被称作远古人文始祖。这不就是关于颛顼天文台的文字实证吗！甚至说：这可能是颛顼有意为后人留下的破解红岩岭天问台遗址之谜的钥匙！这支“箭”，《山海经》作“建木”，又称“箭”木，表示远古帝王及神仙升天，必用“箭”助推之，暗含人类登天之梦想，今人之卫星上天，不也称“火箭”吗？究其本意，还是一种天文活动之字符。由此可初步确定：勤忠村红岗岭天文台遗迹，十有八九是颛顼所为。时在公元前2514–前2437年之间。一字之谜，今始为破，为屈原先祖帝高阳颛顼出生地在家乡澧水（若水、弱水、茹水）之崇阳坪，提供了十分难得的古文字证据。亦为《颛顼历》产生地找到了原生点。

其实，颛项的天文观测点远不止这一处。据不完全统计，仅澧水沿线天文观测点古地名就达100多处。如慈利刻木山村、天台村、星子山、星岩村、月台村、月亮台村、望月村、望月坪、明月村、九星村、双星村、九星垭、星斗村、月亮岩村、旭日塌村、大星村、小星子山、天星桥、望日台、观日台、五雷山金鼎、云朝山金鼎、太阳湾、太阳坪、天星山、天山村、月台村、天竺山、金台村、星朗岗遗址等；永定区境内有天门山、天台、七星山（此山今存北斗之天枢、天璇、天玑、天权、玉衡、开阳、摇光七星之山名）又有天师洞、天师庸，此之“天师”，一曰七星山观测天象之祖师——颛顼，此地恰有颛顼洞，相传颛顼葬此。又有观台上、子午台、金鼎（位于市北之子午台）、太阳山、观日台、天权山（今猪石头林场）、日月山（天门山、七星山之合称）、浏月台、南正（街）、北正（街）、三星桥、三星渡、看日山、日岗岭、竿子坪（古代测日点信息）、朝阳村、云朝山、天罗山、三台山、月亮垭等；桑植县有青阳村、高阳村、天台山、金星村、银星村、月亮桥、南斗溪、天星山、天平盖、天平山、七夕庄、朝阳湾等；石门县有阳高村、月亮山、三星寺、切璧村、礼阳村（古代天文学中的“切璧礼天”出典处）、接日村、重阳树村、月光坪、天星寨等；沅陵县有扶桑村、太阳池（颛项池）、北斗口等；还有龙山县的柜格山（测日仪器）、报格村（测日仪器）、银河村、切璧村、黎明村等。临澧县有刻木山（史前原始圭表）、礼阳村、斋阳村、星日村、月星村等。上述庸国核心地天文地名其分布区域东西长达200公里，相传是颛项领导下设置的国家天文观测点。其《颛项历》就是在潭口老庸湾老庸城写作完成的。此前，《黄帝历》也是在此地成书的。相传黄帝天文家族可上溯至雷泽祝融氏、华胥氏在脚印岩“履大迹感孕生伏羲、女娲”时代，早在7000–7500年前就有了古老的历法，比埃及早数百上千年。

需特别注意的是，慈利、大庸二地留下三个“金鼎”地名，实为颛顼发明的仰仪观测仪器。仰仪用金、铜做成，形似釜鼎，故名金鼎仰仪，后讹传为金顶。古庸城后山之子午台，一名太阳山，又名金鼎，相传为颛顼天文台。而慈利云朝山之金鼎，今存颛顼以石所垒之天坛，一个头上刻有“王”字的颛顼浮雕像完美保存。怪不得红岗岭上的神秘字符中，至少发现了3个以上的“王”字！这不正是颛顼为一代“颛庸大帝”王者至尊吗？又有慈利五雷山金鼎，亦系颛顼所留天文观测点之信息。由此可知，古庸国中心地其实就是远古时期的最大天文中心！而始作甬者，又是黄帝，中国古代第一本历书就是《黄帝历》。

关于祝融颛顼家族观测天象的信息，《山海经》有载：“大荒之中，有山曰日月山，天枢也。吴姖天门，日月所入。……颛顼生老童，老童生重及黎，帝令重献上天，令黎邛下地，……以行日月星辰之行次。”

此之日月山，即天门山和与之比邻的七星山。二山各生一巨大“天门”，合称“日月山”。天枢，指天上的门户。吴姖，一本作姬。“日月所入”，指大庸西吴姬氏坐守天门，观测太阳月亮的起落。颛顼指令孙子重负责管理观测天象，又令孙子黎负责管理地方行政事务。“以行日月星辰之行次”，即观测日月星辰的运行规律。颛顼一双孙子重、黎均被加封一代祝融神职。

这是古史上第一次记载颛顼家族在天门山、七星山两座“天门”观测天象的史实，而且，他的儿子老童、一双孙子重、黎递代继承了颛顼天文家族的衣钵，开创了人类史上最古老、最科学、最完善的历法，推动了古人类历史进入自然科学服务人类的初盛时代。

《尚书·尧典》载：“乃命羲、和：钦若昊天，历象日月星辰，敬授民时。分命羲仲：宅嵎（yú）夷曰旸（yáng）谷，寅宾出日，平秩东作。日中，星鸟，以殷仲春。……帝曰：‘咨！汝羲、暨和，朞（qī,期）三百有六旬有六日，以闰月定四时，成岁。允厘百工，庶绩咸熙’。”

大意是到了帝尧时代，帝尧指令羲、和二人负责观测天象，创制历书，以利开发农耕。此之羲、和、羲仲，均为颛顼天文家族世袭天文官。亦由此得知至迟在尧帝时，农历中已测一年为三百六十六日，且有闰月之分。所谓“命羲仲宅嵎夷曰旸谷”，是说叫羲仲居往南夷旸谷。此即“南夷崇山”的阳和之谷。阳者，高阳也；和者，羲、和也。本境“阳和”有二：一在慈利县阳和乡，一名酿河，1956年恢复古名阳和。二即今永定区阳湖坪镇。明《屈氏族谱》序（四）载：屈原昭氏长子屈平平一脉后裔“正四郎实余族始祖，居江南苏州府常熟县十字街印花硚。长子（屈）开，职受游击，出仕星沙，徙居永定阳和坪，后编十都屈家坊”。又清代《屈氏族谱》某公派下分注实录载：“登尌，字龙门，拳勇，雄称于世，任侠好义，阳和坪苦旱，公凿险开塘，灌放田数千担，悉成膏腴，至今人念。其利户而祝之，塑像飞廉寺以报其德。”1950年前为东坪乡，1988年5月，因阳和与慈利阳和同名，改为阳湖坪乡（见《大庸县志》1995年版）。由此分析，大庸阳和与慈利阳和同为颛顼天文家族所设天文台之地，而永定阳和与颛顼出生地崇阳坪仅一水之隔，故帝尧命羲仲分居大庸阳和是回到祖地。而此之阳和，恰又是屈原生身故乡屈家坊之所在！

《山海经·大荒东经》又载："东海之外大壑，少昊之国。少昊孺帝颛顼如此，弃其琴瑟。有甘山者，甘水出焉，生甘渊。"大壑，今武陵源索溪之南有"大壑溪"，这一带本是颛顼之国（即颛庸之国）的领地。甘山，即甘堰之山，实指勤忠村之红岗岭。甘水有二：东甘水源于矿洞山（海拔1122米）；西甘水源于于家山（海拔1176米）。甘渊，民间讹渊为堰。其实，堰，拦截或开挖洼地聚水之地，与"渊"同义。颛顼后人一支天文家族，在此建**"甘渊国"**，都城遗址犹存。

1972年，河南郑州大河村发掘出距今5000多年的仰韶时期文化遗址，所出土的有关天象的纹饰和图案，构成一幅令人赞叹的天象景观，被称为"华夏观象第一村"。但真正完好无损地保存到当今的天文台观象实人实地实图和庞大犹存的观测群点，普天下可能只有一处：那就是古庸国中心地——**今张家界市慈利县的甘渊（堰）勤忠村红岗岭颛顼天文台遗址！**

在中国古史上，最早产生的《黄帝历》《颛顼历》都是在南方古庸国大地诞生的。而稍晚于《黄帝历》的《颛顼历》被公认是世界最科学、最完善的历法历书。据传，比黄帝更早的历书与王母有关，惜不见书册。中国古历法的问世，宣告人类对大自然的认识进入了一个伟大科学时代。这是古庸国为中华人类创造的最伟大的文化遗产与财富。屈原之"天问"，首问"天文"，就因为他就是中国古代伟大天文家族的传人！或说，他本人就是一代天文学家。

此刻，我站在红岗岭极顶，但见四野开阔，只觉一种超然大气扑面而来。忽然间，我感觉出一种不可遏制的冲动，我想到了屈原，想到屈原在《天问》中起句一气问出40多句关于天体宇宙、天文地理的奇瑰诗句。既然是从天文开篇，那点燃激情之火的场景必与天文台奇观有关，故我判断：他极有可能也就是站在这个至高点上，向自己——亦为先祖黄帝颛顼的故乡—崇阳坪—澧口里—天门昆仑，一声长啸，向天问难！时间应在屈原著《离骚》2-4年之后，即公元前293-前291年之间。时年屈原极有可能从澧口归乡岸、姊归岸古道沿澧水而下，一路行吟抵达古茹国之"酿河—茹溪"对岸渡口，询问进入古茹国，古茹国东侧就是古甘渊国红岩岭颛顼天文台之路径，于是便有了与渔父一次历史性的对话。屈原极有可能是从渔父渡登岸进入茹国、甘渊国天文台秘境的。因为从澧口至茹溪口一段澧水，属古沧浪之水，屈原的师爷鬼谷子白公胜当年兵败破相毁容，避难隐澧口鬼谷洞，著《分定经》，就以"鳌鱼沧浪"作卦名卦格。屈原被楚襄王逐出宫廷回到澧口"揽茹蕙以掩涕兮"之"茹"，即指此段沧浪茹水。屈原由渔父引渡进入茹国都城（今渔浦村），再由此进入甘渊红岗岭颛顼天文台遗址，这是屈原与颛顼高阳祖孙两代在两千一百多年后的一次邂逅。面对足下规模如此之大、如此神秘莫测的古文字、古天文图形及一口口颛顼观天池，就那一刻，天上人间、宇宙银河、古今往事、人生遭际、庙堂江湖等大千世界，似乎都化作滔天巨浪，咆哮着从天际滚滚而来，映照在深邃莫测的天文井中之云端。于是，一首风华绝代、千古绝唱的《天问》在瞬息间诞生了——

《天问》必与"天文"有关！

——于是，人类历史上第一部关于宇

宙，关于苍天，关于天象，关于大地，关于人类，关于昆仑，关于神话，关于万物万类，关于三皇五帝，关于夏商周三代，关于庸楚混沌历史……的伟大史诗——《天问》诞生了！

三、燧人氏盘古开天辟地于天门昆仑

《天问》首段曰：“遂古之初，谁传道之？上下未形，何由考之？冥昭瞢暗，谁能极之？冯翼惟像，何以识之？明明暗暗，惟时何为？阴阳三合，何本何化？环则九重，孰营度之？……”

诸家对上述句子的解释，大同小异，我不必再凑热闹。我的兴趣是：后来的人们对首句“遂古之初”的解释觉得有值得商榷的必要。郭沫若译作“请问：关於远古的开头”（《屈原赋今译》，1953年版）。显然，把“遂古”当“远古”了。金开诚等《屈原集校注》解：“遂：《后汉书·班固传》注、《御览》一并引作‘邃’。”又解：“遂：与‘邃’通，远。遂古，即远古。又王逸说：‘遂，往也。’亦通。”吴广平《楚辞》校注：“遂：通‘邃（suì，岁）’，远。”周殿富《楚辞魂》解：“远古时代。”吴兆基等主编《楚辞》解：“遂古：往古，远古。遂，通‘邃’，辽远的意思。”何新《天问》新考亦按《后汉书》解：远也。遂古，即最古。

上述各家众口一词，大约皆出“遂”通“邃”而为“远古”之说，几乎成了“古今一律”之论。如果照上述众家之说，“遂古”二字意思就是：(1)遂——远；(2)古——很久远很久远的年代。二字相配便是：**“远+久远的年代。”**人们有理由怀疑屈原语言结构出了毛病。关键是这个“遂”字，到底何解？民国《辞源》：“阳遂，与阳燧同。”燧，火镜也，古人用以取火于日中者。《古今注》：“阳燧火铜为之，形如镜，向日则火生。”《淮南子注》：“取金杯无缘者，熟摩令热日中时以当日下，以艾承之，则燃得火也。”（第1579页）《康典》：“《史记·三皇记》：自人皇己（以）后有五龙氏、燧人氏。又作遂。《周礼·秋官·司烜（有作“炬”者）氏》：掌以夫遂取明火于日。注：夫遂，阳遂也。疏：取火于日故名阳遂，犹取火于木为木遂也。”（汉语大词典出版社，2003年5月第2次印刷第635页）《康典》：“邃：《说文》：深远也。”（第1250页）

由此可知，“**邃**”只有唯一解法，即“**深远**”。而此之“遂”可作“燧”解，而无“邃”的解释，一个是“火”，一个是“远”，二者无有相通的半点基因，是两个完全不同路的字意。《班固传》注一错，后学皆从之。俗言“前头乌龟爬坏路，后头乌龟跟路爬”，一错千错而浑然不觉，原来古今那么多名家也有误读错解的遗憾。“遂”既为“火”而不表达“深远”，那么“遂”就不能与“古”字粘连成句，否则“遂古”就只能读作“火很古老”或“古老的火”。

——这个风马牛不相及的概念居然被众多大师误读两千年！

此之“遂”，本义为“对着阳光取火”的“阳遂”——即对着太阳取火的工具——即铜杯、铜镜；亦作取火者。《康典》：“又遂人：官名。”后期加“火”字旁成了“燧人氏”，此即世代相传的人类发明用火的初始之祖！《淮南子·览冥训》说：“夫阳燧取火于日。”又说：“夫燧之取火于日。”

界定对着太阳取火的人就是叫“阳燧”，或“遂人”。《周礼·秋官》：“司炬氏掌以夫燧取明火于日。”[疏]曰：“以其日者火太阳之精，取火于日，故名阳燧；取火于木，为木燧者也。”《淮南子·天文训》说：“阳燧见日，则燃为火。”高诱注曰：“阳燧，金也。取金杯无缘（沿）者，熟摩令热，日中时以当日下，经艾（草）承之则燃，得火也。”王充《论衡》说：“验日阳燧，火从天来。”此之金杯即铜杯——铜镜。后人以老花镜取火亦可称“阳燧”。

那么“遂古”之“古”字何解？如作“古老”解，即“遂人氏古老”，或“古老的遂人”，显然也不般配。不必作忸怩状，这个“古”只能与“遂”同类型的人物搭伙，而这个以“古”命名的太古人物普天下只有一个：那就是毛泽东曾公开讲过的“自从盘古开天地，三皇五帝到如今”的那个人类起始之祖——盘古！“遂古”即“燧人氏——盘古”。从字意分析，显然只表达一个人物，其称呼便是“燧人氏盘古”。

原来两千三百多年前屈原就已经发现并首推人类发明用火的起始宗祖“燧人氏盘古”的概念！

就是说：被列为“三皇之首”的“燧人氏”——发明用火的那位始祖的产生年代，已远不止伏羲之前即约8000年至1万年时代的那个“燧人氏”，而实际年代至迟在100万年之前！而这个盘古就是他的邻居——沅陵丑溪口盘古乡人，古传“盘古始居沅陵”。晋代《荆州记》说：“沅陵县居西口，有‘上就’‘武阳’二乡，唯此盘古子孙，二乡在沅陵之北（即今盘古乡）。”宋代《溪蛮丛笑》亦记：“五溪之蛮皆盘古种也，聚落区分，名亦随异，沅其故壤。”

支持这一论断的根据就是盘古出生地——沅陵县丑溪口乡（现由国家民政部批示改名为“盘古乡”）100万年前留存于盘古洞内“盘古居室”的灰烬和火柴头至今仍存。地质学专家周中民的结论是：“盘古洞发育于白垩系紫红色钙质砂岩与钙质砾岩之中。这一套地层形成于6500万年之前。此后开始了洞穴的侵蚀与重力崩塌过程。这一过程与张家界黄龙洞的形成过程完全相同。自湘西一带有古人类至现代人类活动以来，盘古洞就作为这些人类群住的场所。表现为遗留的石床、灰烬层、饮用水源（地下洞）等。”（引自刘冰清、周光烈主编《盘古文化研究》，中国文史出版社2005年版，第169页）

这是东方中华人类早在一百万年前发明用火的见证、实证、物证、火证、考古科学之证！

由此看来，东方人类的第一个有名可稽的“祝融”——火祖、火神，原来就是古庸国里的“燧人氏盘古”！后来这个太古信息在传播中途后期由祝融氏子孙中的“盘瓠”得到链接。一些学者还误以为“盘瓠”就是“盘古”，甚至以盘瓠覆压盘古，这恐怕是看错了局面，不值得扯皮的。我以为下列三个结论是不可随意否定的——

西汉《六韬·大明篇》说：“盘古之宗不可动也。”梁朝任昉的《述异记》说：“盘古氏天地万物之祖也。然则生物始于盘古。”晋代葛洪《枕中书》说：“在二仪未分，天地日月未俱之时，已有盘古真人，自号原始天王，游乎其中。后与太元圣母（太元玉女）通气结婚，生扶桑大帝（东王公）、西王母。后又生地皇，地皇又生人皇，伏羲、神农、祝融、五龙氏等乃其后裔。”

这些观点，不料早被屈原识破，并率先

发起对百万年人类历史进程的质询论道——《天问》，第一个推出“遂古”人祖名称概念，将传说固化成一个可触、可摸、可落地的文化实名——盘古。

——这是迄今为止，在先秦史海中极其罕见的关于开山人祖符号界定第一人。捧读《天问》，起首直奔一百万年前的遂人氏盘古，总揽宇宙、扼控八极，在天界、神界、人界、地界的浩渺无垠的天文学领域、人类学领域、哲学领域、史学领域、神学领域、自然科学领域、社会科学领域等，恣肆汪洋，纵情挥洒，仰天长啸，放胆狂叫，呼风唤雨，纵横捭阖，将鸿蒙宇宙与人间的气场信息一揽入怀，用浩浩长歌浑染人类从百万年混沌到他所处的近二千五百年波澜壮阔的文明推进过程的史诗画卷，有如惊涛拍岸，银河泻瀑，满耳的天籁轰鸣，满眼的珠光宝气。所谓荡气回肠、感心动耳者也！

现在，让我们回头研读屈原，提出“遂古之初”后对宇宙天地所发出的一系列问题，何新先生标新立异重新调整“错简”，归纳为60个问题，而通用版本则约有97个问题。

关于盘古开天辟地的神话，见之《三五历记》载葛洪《元始上真众仙记》《五运历年记》等多种版本古籍，尤近年发现的《黑暗传》（胡崇峻收集整理，长江文艺出版社2002年版）是第一部全方位述说盘古在南方天门昆仑开天辟地的神话史诗，中有盘古出生天门昆仑的句字：

“……（大鹏）展开双翅腾空起，一翅飞起到昆仑。昆仑山中一洞府（按：此即屈原问天的‘天门’洞），洞府中有老仙神。……葫芦（即“天门壶头”）一个传于你，后收洪水葫芦存。藏在昆仑石洞（天门）内，要躲洪水一难星。洪水一万八千载，葫芦存在昆仑顶。等到盘古开天地，天干地支得重生。玄黄留下诗一首，说泥隐子你且听：先天一世要灭尽，后天盘古才出生。盘古举起开天斧，一斧劈开太阳洞（天门），天上才有太阳神。二斧劈开太阴府，天上才有太阴星。三斧劈开葫芦壳，天干地支满天星。……盘古出世神又神，站在九霄云里层。手拿一把开天斧，斧头用来开天门……”

秘藏于湖北神农架的《黑暗传》所载盘古出生于湖南大庸张家界的天门昆仑，与史界确认盘古出生于天门之南沅陵盘古乡盘古洞“盘古居室”形成地域对接。盘古神话找到了发生原点。神话人物的真实背景终于显山露水。从屈原所问宇宙内容分析，几乎囊括了盘古传说的全部内容。亦由此得知：屈原诗中之“遂古”，原本就是家乡人。在他少年随父小住庸国南都伯庸花园（今沅陵县北溶镇花园村），或被楚顷襄王逐出楚宫，回归故乡远游沅湘，还曾亲眼见过或亲身体验过辰州龙船祭盘古的壮丽场面。

【延伸阅读】盘古出生地在沅陵

——寻找屈原笔下的盘古

屈原问天：“遂古之初，谁传道之？……”

这个“遂古”，就是燧人氏盘古。

亘古以来，中华民族代代流传，代代寻找：盘古是真人真事吗？中华人类还真有可能追寻到这个人类最伟大的创世之祖吗？……

[《湖南日报》编辑的话] 盘古开天辟地的神话传说在中华大地可谓老少皆知。然

而，有关盘古“开天辟地”的发源却众说不一。这些年随着文化遗产的不断重视，中华大地对盘古文化遗产有着许多新的发现，随之也就产生了众多的“说法”。在我省沅陵，随着“盘古洞”的面世，也产生了“盘古始住沅陵”的观点。这个观点是已接近历史的真实，还是盘古文化中的“一家之言”，还是……也只有留给未来去作结论。

近来，沅陵县盘古乡境内的“盘古洞”成了热点，历史、民俗、考古专家纷纷前来考查。许多人考察后还从史籍中“溯源”，于是，一个新说石破天惊：盘古不是神话传说中的人物，盘古始住沅陵。

一、探盘古山洞：端阳前夕，记者探寻了“盘古洞”。

记者乘小舟从县城溯沅水支流荔溪而上，约两小时许，来到盘溪山脚下。顺着导游的手势仰望，“盘古洞”就在距水面大约40米的半山腰上，雾气缭绕，洞口若隐若现，五年前的一个夏天，盘古乡盘溪村几个村民在盘溪山腰乱石丛中一石洞中躲雨时，无意间发现了一把罕见的石锁，盘古洞也就“显山露水”了。

这洞分为3层，上层洞长约30米，宽约15米。洞中有900平方厘米大小的方形洞孔，被石锁封住。这把石锁呈金字塔状，重约200公斤，如一巨型秤砣。在石锁的顶部，有一个拳头大小的圆孔，是用来插锁栓的。是木头栓，还是石头栓？世人不得而知。石锁旁的岩壁上有几处神秘石刻，是某种符号，还是古老的文字？有待专家破解。将石锁搬开时，我们惊奇地发现它原来是紧锁在一个半米见方的小洞穴上，这个小洞的里面，是一个更加神奇莫测的大洞穴。

这个“洞中洞”长约80米，宽约25米，高约10米。洞内有烟熏火燎的石灶，保存完好的石斧，是古人类生活的遗迹。50多张石床规则地排在一起，石床上铺设着厚薄相近的石块，专家认为这些石片大多数可能来自洞外的溪中。更为奇特的是，有一张石床上长着一根如柱擎天的巨大钟乳石，足有两米高，色彩斑斓，像是一个身披彩衣的仙翁。到此考察的地质专家说，这根钟乳石至少有上万年的形成期，它下面的那张石床，距今又有多少年？

二、听盘古新说：“盘古洞”的发现引起了国内学术界专家极大兴趣，他们实地考察后亮出了自己的观点。

随行的沅陵文化部门专家告诉记者，“盘古始住沅陵”的观点可在史籍中找到依据，早在1600多年前的《水经注》等诸多典籍中就有过这种记载。晋代《荆州记》则说：“沅陵县居酉口，有‘上就’‘武阳’二乡，唯此盘古子孙。二乡在武陵之北。”二乡为今天的沅陵县盘古乡。宋代的《溪蛮丛笑》载：“五溪之蛮皆盘古种也，聚落区分，名亦随异，沅其故壤。”因为这些典籍有“结论”而无佐证，所以尘封了这个“盘古故乡”。

湖南省文物考古研究所经过对古洞实地考证，认为这是一处奇特罕见的远古洞穴居住遗址，洞内遗物对研究古代人类衣食住等生活习惯具有很高的考古价值。也有专家认为，古洞穴岩壁上的石刻，极有可能填补中华史前没有文字记载的历史断层。

专家们把视野放到更宽的范围内考证，了解到在盘古乡境内有新石器时代文化遗址5处，传说当地秤坨山是盘古墓之一，境内还有祭奠盘古的烧香坪和停丧滩、娘娘滩、泪水井等地名遗址。考古人员在沅陵境内的古黔中郡遗城护城壕沟夯筑层发现，这里有

多个时期的文化堆积，在深处文化层中，有着大量的石斧、石刀，还有鱼骨针等，这证明早在旧石器时代，远古人类就在这里生活、生存、繁衍。

三、看盘古文化：虽然“盘古始住沅陵”是一些专家、学者的推断，但是记者在采访中，真切感受到这块土地上延绵不断的盘古文化。图腾：沅陵乡村家家户户都在中堂神龛上立祀盘古天地人神之位；寺庙殿内均设置盘古图腾；祷告祭祀开头便是“自从盘古开天地，三皇五帝到如今”（按：沅陵七甲坪乡傩坛两教保留大量、完整的傩歌、傩戏手抄本，其中有大量关于上元盘古、中元盘古、下元盘古的唱词，国内罕见）。地名：沅陵的许多地方都以盘字取名，如盘山、盘山界、盘龙湾、盘溪等。民俗：出门带钱叫盘缠，运小百货叫盘脚，生儿育女叫盘儿盘女，妇女卷头发叫盘发，运木材叫盘木，安葬老人叫盘老人家，红白喜事端茶叫端盘子，数数叫盘点，小孩调皮叫盘淘，收谷子进仓叫盘粮食。他如盘查、盘问、盘算、根盘（寻根问祖）、盘活经济等。艺术：辰河高腔的盘腔、阳戏的盘乐、傩戏的盘律、狮子舞的盘桌、龙灯舞的盘沙、鱼鼓的盘词，以及盘土号子、盘木号子、盘水号子，还有拦路盘歌、盘山歌、盘情歌等。节日：据史书记载，早在屈原之前，沅陵就有划龙舟的习俗，当屈原放逐沅湘看沅陵龙舟魂的博大精深时，写下了“驾龙舟兮乘雷，载云旗兮委蛇”的《九歌》不朽诗句，也就印证了划龙舟的起源是祀盘古而非屈原。故沅陵自古有“人划龙船祭屈原，我划龙船祭盘古”的俗言。每到农历五月，该县祭祀盘古划龙舟活动气势恢宏，撼心震岳。

盘溪悠悠，“盘古新说”让这块土地更加美丽。

记者肖军（原载《湖南日报》2007年7月10日）

【附录】沅陵成立“盘古乡”

湖南省民政厅2005年4月7日颁发“关于沅陵县部分乡镇行政区划调整的批复”的〔2005〕11号文件：“怀化市人民政府：你市《关于调整沅陵县部分乡镇行政区的请示》（怀政〔2005〕33）号收悉。经研究，并经湖南省人民政府批准，现批复如下：同意……（略）撤消舒溪口乡，将野柘、陡滩坪、梅子山3个建置村划归筲箕湾镇管辖，其余的黄家坪、三洲、丑溪坡……（略）等14个建制村并入丑溪口乡，并将丑溪口乡更名为盘古乡。乡人民政府驻丑溪口。”这是中华人民共和国行政区划上的唯一“盘古乡”。

（载《盘古新说》中国文联出版社2008年版，第68页）

四、《天问》问出中华万年史

在1997年8月召开的“海峡两岸史学家合撰中华民族史第四次学术研讨会”上，发出重写“中华一万年”历史的呼吁，并由**台湾黄大受教授和史学家史式先生联手起草《重写中华古史建议书》**。史式先生说：“大约一万年前，我们的祖先逐渐从渔猎、采集生活转入农耕生活，开始定居，进入母系社会。因为食物有了保障，农闲之时可以发明创造，改进工具，发展生产，从此跨入了文明的门槛。考古元老**夏鼐**早就说过：‘把文明的起源放在新石器时代是理所当然的’，因为不管怎样，文明确实是由‘野蛮’的新石器时代的人创造出来的。”中国考古学会理事长**苏秉琦**先生，早在20世纪90年代初就把中国古史的框架、脉络概括为：“超百万年的文化根系，上万年的文明起步，五千年的古国，两千年的中华一统实体，这就是我国的基本国情。”

我引出上述关于“万年史”的信息，是从屈原《天问》中得到启示的。我以为屈原所问及的范围，正是当代史家雄心勃勃准备践行的一场伟大的文明探源工程中的核心内容之主体。在苏秉琦先生所勾画出的万年史框架脉络中，其“百万年的文化根系”正是“遂古之初”所问的内容。这个时代，正是出生于天门昆仑崇山南部沅陵县的盘古乡的盘古氏时代。而“上万年的文明起步”，我分析在距今 2.5 万年左右，即屈原所问的昆仑文明时代。而昆仑文明的核心又是发祥于澧水流域的“**茹芦文明**”，继而进入“澧豆文明”——那是人类从旧石器时代进入新石器时代的分界线：人类已经从渔猎—食鱼食肉—采集野果的“野蛮”时代进入茹芦、继而进入豆类采集及种植农耕时代。澧水“澧豆文明”正是远超百万年文明的起步线，它标志着人类属性的彻底改变，跨入了熟食人类时代，或说已从茹芦——豆作文明渐而进入稻作农耕文明时代。湖南道县玉蟾岩发现距今约 1.25 万年的水稻种遗物因子和澧县彭头山遗址发现的 9000 年至 1 万年的水稻种，以及城头山遗址发现 6500 年的水稻田就是明证。昆仑文明的中期，应该是燧人氏祝融—伏羲—女娲时代。末期则到了神农—黄帝时代。黄帝时代，昆仑文明达到鼎盛期。此二人是链接“三皇五帝”——即“五千年古国”时代的始祖人物。而最早创立的国家，只能是茹芦文明——澧豆文明——即昆仑文明的中心地：大庸帝国。张良皋教授说：“庸国早于五帝立国。”“庸国是中华文化的老区。”“庸国是率先跨入文明门槛的第一古国。”（《巴史别观》，中国建筑工业出版社 2006 年 5 月第一版第 52、120、200 页）此后所问尧舜禹三代，至问夏、问商、问周三朝，及至问楚，此后就是未来“两千年的中华一统实体”时代了。**屈原正是站到庸楚时代与秦朝大一统时代前夜的结合部**。就是说，只有他去世后的时代，才未能进入他问天的范围。此前一百万年的所有问题，他几乎都问到了。

我们不能不为屈原的先知先觉和渊博的学识、绝代的才华、超人的想象、诡奇的语言所折服。1565 个字，涉猎了一部百万年史。请问，普天之下还有此先例吗?!

我们只能用两个字概括之：“伟大!”

笔者已经注意到，《天问》众多问题，大多以天门昆仑作为附着物——载体，它包括问天问地中的一系列神话故事、神话人物、神话发生地。如：

“斡维焉系？天极焉加？”——问的是天门昆仑山上的“四维岩山”——即“四彻中绳”。

“昆仑县圃”“增城九重”“西北辟启，何气通焉”——均指天门昆仑、崇山县圃。

“焉有石林，何兽能言？”——此“石林”即当今影响世界旅游大格局的张家界武陵源砂岩大峰林。即称为北昆仑峰三千八百座摩天耸立的砂岩大峰林，亦即当今世界之“张家界地貌”。

“一蛇吞象，厥大何如？”——故事真实地发生在天门昆仑西麓之不死国仙人溪犀牛潭之西麻纸坪蟒蛇溪。

“黑水玄趾，三危安在?”——黑水在今天门昆仑之西的温塘镇黑潭之黑水，注温水、澧水。“三危”即先人登崇山悬圃的三条绝崖危路：北部偏子岩、西部后坪关，南部九家铺（上下崇山及不死之国仙人溪的天险天街关隘）。

“穆王巧梅，夫何周流?”——（本书特辟穆天子专章）。

“伏匿穴处”——此之“穴”共有三处，一在屈原潭口老屋场一口印台地之北侧临崖处，此即屈子读书洞；二在辟谷种兰的兰岗相公溪之相公洞；三在天门昆仑之“天门洞”，他在这里辟谷野居不会少于2年，并在此完成《悲回风》《远游》两篇不朽名作。而引发《天问》之灵感，则在古甘渊国红岩岭之颛顼天文台，著写成书，就在他的潭口老屋。如此大匠大块大气大风之巨献，岂是在阴冷压抑狭小的无名庙堂之室所能创作完成的?!

五、从《天问》中发现屈原故乡——古大庸帝国一批创世伟人

1. 屈原诗中关于崇伯鲧、崇伯禹父子与共工的那些事

“不任汩鸿，师何以尚之？佥曰何忧，何不课而行之？鸱龟曳衔，鲧何听焉？顺欲成功，帝何刑焉？永遏在羽山，夫何三年不施？伯禹愎鲧，夫何以变化？纂就前绪，遂成考功。何续初继业，厥谋不同？洪泉极深，何以填之？地方九则，何以坟之？河海应龙，何尽何历？鲧何所营？禹何所成？康回冯怒，墬何故以东南倾？九州安错？川谷何洿？东流不溢，孰知其故？……”

以上意思是：

说鲧不能胜任治理洪水，大家为什么还要推举他？人人都说洪水不必担忧，为什么对他不试了再用？鸱龟在地相互连接拖拉，鲧为什么听从有何启发？他想顺应众望把水治好，帝尧为何还要把他诛罚？长期把他拘禁在羽山啊，过了很多年为什么还不释放他？崇伯禹对父亲伯鲧不满而心生怨恨，他怎么会产生这样大的变化？大禹继承了前人的事业，终于把父亲功业完成了。大禹为何继承鲧最初的事业，又为何采取不同的方法？洪水的源泉非常的深啊，大禹为什么能够塞住它？他把全国土地分为九等，这是根据什么进行分划？应龙怎样帮着用尾划地，江河经过哪些地方流下？治理洪水鲧做了些什么？禹又把哪些工作完成了？共工大怒啊头触不周之山，大地东南方为什么倾斜？全国九州是如何设置的？河流水道为何这样深洼？百川东流入海总装不满，谁能知道它的原因在哪？……

（按：译文采用时代文艺出版社2002年版本，有改动）

上述14个问题基本上是为鲧禹父子俩治水成败与命运而问。《山海经》第十八·海内经载：“洪水滔天。鲧窃帝之息壤以堙洪水，不待帝命。帝令祝融杀鲧于羽郊。鲧复生禹。帝乃命禹卒布土以定九州。”意思是：当洪水滔天之时，鲧因为来不及等待天帝下令，窃取了天帝的能自生自长的土壤来堵塞洪水，被天庸大帝祝融问斩于庸城之北的凤羽山。鲧死后，大禹因此而受牵连，并为此对父亲心生怨怼。祝融天帝便命令禹挖土治水成功，终于平定天下九州。

——这，大概就是鲧被处死刑的主要原因。

《淮南子·原道训》说：“昔者，夏鲧作三仞之城，诸侯背之，海外有狡心。”是说自从夏崇伯鲧造起了九仞高的城，诸侯就开始有了叛离之心，海外各国也对他有了违逆之心。三仞：王念孙认为是九仞，按古代礼制，天子的城高九仞，公侯城为七仞，伯为五仞，子为三仞。鲧造的应该是天子之城，所以诸侯都背叛他。说明鲧封崇山伯，或已称“天子”——庸帝，这极有可能是遭祝融大帝诛杀的另一原因。民国《辞源》载：“[崇] 姓唐虞时封鲧於崇（山）。舜殛鲧以崇更封诸侯。”即前章所解鲧封崇山伯，升至三等爵位。又同时在尧帝政权机构中出任高职。关于他的死罪，另一说与三苗、驩兜、共工结“帮”有关，因反对尧帝传位给舜，遭到舜的清洗，并处流刑。其时天下大水，鲧戴“罪”赴任。《竹书纪年》：“**帝尧六十一年，命崇伯鲧治河**。”《史记·夏纪注》索隐曰：“连山易云：鲧封于崇。故《国语》谓之崇伯。”《汉书刘向传注》师古曰：“鲧崇伯之名，即梼杌（音桃务）也。”相传鲧治水方法不对而失败，偷窃了天帝祝融的“息壤”——一种可以堵水的“神土”，惹怒了天帝——这种说法显然是欲加之罪，成了被诛杀的理由和“罪证”。这深层的政治背景，或许就是触发屈原为之鸣不平而问天的动因。

鲧被杀，子禹继位，《书舜典伯禹作司空传》云：“禹代鲧为崇伯，入为天子司空，治洪水有成功。”

这一信息十分重要！说明鲧死后，禹取代父亲崇山伯—— 一代崇伯之职，同时接替父亲未竟治水大业，在取得成功之后，舜帝将王位禅让给大禹，大禹即在崇山创建中国古史上第一个奴隶制王朝——夏庸帝国，史称“夏朝”，古“夏”即“大”，夏庸即“大庸”，数年后，因不堪舜帝之子无淫的干扰，举国北上黄河，开始了中华第一轮文明向第二轮文明的伟大转移，从而引发一场旷时数千年的“逐鹿中原”争霸之战，从此长江北部群雄逐鹿，纷争天下，割据称雄，动乱不宁，从此进入春秋战国时代。

【延伸阅读】 辨“愎”

——古今解“愎”之错

屈诗：“伯禹愎鲧。”愎，音“闭”。洪兴祖解作“腹”。朱熹注作“腹”，又作“愎”（音“闭”）。《柳宗元集》附《天问》亦作“腹”。金开诚等认为“伯禹愎鲧”，此不可通，当作“腹”，形近而误作“愎”。“伯禹腹鲧”指伯禹腹孕于鲧。又闻一多《楚辞校补》说：“禹、鲧二字当互易，愎当从一本作腹。”则“伯禹腹鲧”作“伯鲧腹禹”。清刘梦鹏认为“愎”是“复”的形误，“伯禹复鲧”，是说伯禹恢复重启父亲鲧治水之业。今人刘永济、姜亮夫认为“愎”“腹”皆是“後”（hoù）字之形误，“伯禹後鲧”二句是说禹后于鲧，何以变化治水之法。《海内经》引《归藏启筮篇》说：“鲧死三岁不腐，剖之以吴刀，化为黄龙。”此即广为流传的伯禹是鲧死后，用刀剖腹从鲧的腹中取出来的。故钱澄之说：“禹为鲧子,是鲧腹中出也。”上述众说大禹是从父亲肚子生出来的。《路史后纪》注引曰：“鲧殛死，三岁不腐，副（剖）之以吴刀，是用出禹。”把神话份量加码。亦有解为爬虫类，卵化而

成禹者。后学多从上解。

按上诸说，堂堂一代大男人崇伯鲧，原来是一个可孕育孩子的双性妖怪？或说是个不男不女的阴阳人？

——原本一段极乎平常的正史，被酸腐文人后学一派瞎解，就把“人”妖魔化了。

笔者实在不敢苟同古今众多前辈大师的荒唐之论。民间犹可“扯蛋”，做史岂能胡说?!

屈原所写鲧、禹父子治水，本是发生在古大庸历史上广泛流传的关于洪水时代的真人真事，是后人将其演绎成为神话。更多人怀疑屈原是“愎”“腹”之笔误。我以为两千年所解全错！当然可以把这口大“锅”甩给《山海经》。《说文》：“腹，厚也，从肉，复声。”刘兴隆《新编甲骨文字典》：“腹，从身，复声，或从人，义同。”又“复，表吃罢归来，故有返、还之义。”《汉语词典》：“愎：乖戾；执拗：刚~自用。”说明“愎”“腹”二字既不同音，又不同义，各司其职，岂可变通！就是三斗二升糯米也粘连不上呀！难道是屈原用字之误？我以为屈原用字无错，纯是后人的误解！屈原明写“伯禹愎鲧”，伯禹是当然的主语。其本意是说伯禹对父亲鲧心生不满乃至于**怨怼**。此之“愎”，是说伯禹因对父亲治洪水失败获罪致死生出的不满，与对父亲盗“息壤”堵水遏洪的错误做法**表示反对**的复杂心情交织一起，并由此对父亲产生近乎**“乖戾”“执拗”**的**怨怼之态**。这就是后句“夫何以变化”——即“伯禹对父亲的态度如何发生了如此之大的变化”的原因。

【特稿】

在屈原故乡发现“神禹碑”

——发现大禹建夏朝于崇山的重大秘密

王章贵

［著者按］屈原为何对鲧、禹的故事如此熟悉？笔者认定必与鲧、禹乃崇山故乡人有关。下面照录本市年已八十的老文史研究者王章贵老师撰写的《白马寺与神禹碑》，首次披露张家界“神禹碑”的重大新闻，由此断定，必与大禹在故乡大庸创建夏庸王朝有着十分神秘的联系。特全文转载。

白马寺建于汉明帝时代，坐落在今张家界国际大酒店西边。在我的记忆中，寺庙三间两进，全用巨石砌成。白马，即大禹父亲鲧的别称。《山海经·海内经》载：“黄帝生骆明，骆明生白马，白马是为鲧。”《史记·夏本纪》载：“禹之父鲧，鲧之父曰颛顼，颛顼之父曰昌意，昌意之父曰黄帝。禹者，黄帝之玄孙也。禹之曾祖昌意及父鲧不在帝位，为人臣。”可知大禹是黄帝的玄孙。

《永定县志》载：“金石志……周宣王之鼓，神禹之碑，历久常新者也。然其质古，并有镌刻，皆博物所必及也，宜与邑乘并传不朽。”

这是一条了不得的信息。此“邑”即今张家界市永定区也。“神禹”，即大禹，又作夏禹，禹王，名曰文帝。“神禹之碑”，即白马寺内曾有一面巨大的的石碑，上刻文字。“邑乘”，即邑志史册，意与永定史册永传。可见白马寺碑何等神圣！

史载：“当帝尧时，鸿水滔天，浩浩怀山襄陵，下民其忧，尧求能治水者，群臣四岳皆曰鲧可。”屈原《天问》：“不任汩鸿，师何以尚之？佥（同‘签’）曰何忧，何不课而行之？”尧曰：“鲧为人负命毁族，不可。”四岳曰：“等未有贤于鲧，愿帝试。”于是尧听四岳，用鲧治水。果无效，鲧被祝融斩杀于羽山（按：此之羽山即今张家界市北山子午台，一名凤羽山。山下古庸都北门一带古称“凤湾”，又有凤湾大桥）。后禹继承父业，“导九州，陂洪译，十三年于外，三过家门而不入，使众河宗于大海”。一个“导”字，即疏浚开决河口以泄洪，而非像父鲧以“息壤”堵塞洪水。史载大禹曾回到家乡治澧水。《尚书·禹贡》载：“岷山导江，东别至沱，又东至于澧，过九江至于东陵……”《史记》中也有大禹治澧水的记载。澧水中上游一带，两岸高山绝壁，峡谷深切，洪水期间，几乎所有河道被巨石泥沙阻塞，洪水滔天，所有平原盆地被淹没，人民多被淹死或逃难。这种洪灾毁灭人类之事，早在三皇时代，也发生过一次。其时，民间传说伏羲和女娲俩兄妹乘坐葫芦逃上天门昆仑得以逃生，造成了“天下无人，兄妹成婚”的惨局。如今大禹不负使命，率领治水大军，艰苦奋战，疏通了澧水，古庸大地无处不留下大禹的足迹。大禹的丰功伟绩至今还有许多遗迹可寻，比如天门南麓的赤松坪（今大坪），古为高山湖泽，水面达50余平方公里，此即史称之“南海”，后大禹乘两条龙舟指挥在东南部开山决口，使泽国变成大坪，今决口处仍然叫“龙门口”，即典出“大禹乘两龙”的决水口。后人以赤松子家族曾居住古泽西北湖岸得名赤松坪。50年代改“大坪区”。汉族神话史诗《黑暗传》谓大禹即一代祝融。而在茅溪（因长茅山后羿故乡又称“茅溪”）上游有个千亩盆地，此地古为内湖，后大禹决之成溪，得名“禹溪”，汉代在此建“禹王庙”，供大禹像。解放后在此设禹溪乡。又有武陵源区之中湖乡，亦为大禹所决，中湖成了平畴沃野，今武陵源插旗峪村禹王庙旧址犹存。天门山之南沅陵县渭溪乡有圣人山（海拔1355.3米），据乾隆四十九年（1784）碑文记：昔日大禹治水路经此山，故山以“圣人”名之。

关于大禹回大庸昆仑故乡疏导澧水事，《淮南子·地形训》有载：“禹乃以息土填洪水，以为名山（按：大山）。掘昆仑虚以下地，中有增城九重。”此之“昆仑虚”，即天门昆仑无疑。“增城”，传说黄帝仰慕庸成子道行而专为昆仑建五城十二楼，又称“增城”。建于古庸都（今之古人堤）西北白龙泉之侧的白马寺，则专为鲧、禹父子而建。庸都之北山，即古崆峒山，因祝融建庸都于山下，有凤凰群集山上、山下，祝融以为祥，得名“凤湾”，并将子午台尊为“凤羽山”，上有羽山洞，相传祝融所栖之处，盖因祝融乃火神鸟而得名。相传鲧被捕后，被遣回家，囚禁于古庸都城北之子午台——羽山洞，竟达数年，后帝尧清除不同政见者共工、驩兜、三苗、伯鲧，将驩兜、伯鲧四人驱逐回崇山老家，并命令祝融将鲧杀之，所谓“殛鲧于羽山”即此，叫“狐死必首丘”，首丘即崇山，伯鲧在大庸国任“崇伯”，崇伯即崇山王，亦即一代庸王，却被业界误传杀在山东，却至今还没找到杀鲧的发生原点。

白马寺之名，出自鲧，白马即白龙，寺外古泉得名白龙泉。到清代，白马寺改名白龙庵，后建白龙泉公社即此。白龙泉泉丰水盈，为古庸都八大神泉之一。寺内供鲧、禹父子像。崇伯禹为了纪念父亲和自己两代人治水的艰难历程，亲笔书写镌刻了一块石碑，此即《神禹碑》。“神禹碑”高六尺，宽六

尺，正面刻有77字，皆蝌蚪形，难以辨认。相传明代著名古文字大学者杨慎充军云南永昌，路经澧州，慕名来此，对其碑文进行考证研究，终得破译，释文曰：

“承帝曰咨，翼辅佐卿。洲渚与登，鸟兽之门。参身洪流，而明发尔兴。久旅忘家，宿岳麓庭。智营形折，心罔弗辰。往求平定，华岳泰衡。宗疏事裒（poǔ，聚），劳余神禋。郁塞昏徙，南渎衍亨。衣制食备，万国其宁。窜舞永奔！”

细品释文内容，可大体看出是记录鲧及大禹治水的过程功绩，如“洲渚与登”“参身洪流”“久旅忘家”“宿岳麓庭”“智营形折”“劳余神禋”等。

《神禹碑》原立今“张国际”大酒店西头，面朝澧水崇山，后经数千年风雨犹存。汉明帝（刘庄）尊道教为国教，天下大兴寺观建设之风，永平年间（59–75），大庸一带建朝天观、高远寺、太阳神庙、三闾大夫祠、火神庙、女娲庙、禹王庙等数十座庙宇，白马寺即建于此时。故老相传，原《神禹碑》侧有小庙一座，至永平年时，尚存石基，白马寺即在旧址重建，并将石碑供入寺中，成为镇寺之宝，亦为后来本境镇国、镇郡、镇州、镇县、镇卫之宝。

白马寺曾几次遭洪水摧毁，但屡毁屡建，原址不移。

《永定县志》又载：“钟一口，先年河水冲激，随水流入白马寺河下。水退，寺僧扛入庙中，钟钮残缺，以木更之，其声镗。”与前说“周宣王之鼓”并称白马寺三宝。可惜1954年寺被拆毁，钟、鼓失，石碑失踪。一说开田时被掩埋。四千年古迹付之东流。据推算，白马寺存在1870余年。

为了寻找《神禹碑》，笔者先后采访了78岁的罗启木和71岁的罗启武兄弟及76岁的田贵尊老人，皆祖居寺庙之侧，对寺内之事如数家珍。老尼姑刘代谷（姑）87岁，曾住寺十余年。经他们回忆，神禹碑立在庙内，家喻户晓，尽人皆知。儿时我们几乎天天在寺内玩耍，神禹碑都摸发亮了。碑上有七十七个古怪字形，不可识。

为了确认碑文真伪，笔者遍查典籍，无法找到《神禹碑》线索，惜乎县志有载无文。出人意料的是：这位垂暮之年的老尼姑居然能一字一句背诵出77字释文！时过境迁58年，能采录到口述碑文，真乃万幸之至也！

鲧、禹同祭，神碑作证。鲧乃崇山之君，大禹系鲧所生。鲧死，大禹袭任崇伯，治水成功后，在崇山建夏，成为古代第一个奴隶制国家。时为夏朝，后举国北迁到了河南。故说大禹是古庸张家界崇山人也不至于谬妄。屈原《天问》为鲧、禹父子大鸣不平，因为他也是古庸人，对鲧、禹的故事当然比我们了解得多。这块碑文，谅屈原一定看过，所谓千古之谜，一碑界定。你能说这不是鲧、禹父子俩在显灵做证？

（王章贵写于2012年7月。原载《武陵古庸国》，张新出准字〔59〕号第205页。该文入选前由作者作进一步核实修改。）

六、惊天大发现：大禹在崇山创建夏朝?!

（一）讲述：大庸发现《神禹碑》

从王章贵老师口中得到白马寺《神禹碑》信息后，笔者立即查阅清同治《永定县志》，确有“周宣王之鼓”和“神禹之碑”的记载（按：周宣王，周朝第十代国君，名靖）。屈原《天问》：“妖夫曳衒，何号于市？”即写周宣王之事。关于“周宣王之鼓”之来由，湘西苗史学者龙炳文有所研究，他说，熊叔堪楚宫斗争失败，逃回祖地崇山故土，相传他临走时，将周宣王鼓携回以作纪念。以后政局好转，熊叔堪被楚王委任为楚国监管庸国朝廷的使臣进入庸宫任职（著者按：这正是“庸楚两国共监制”的又一例证），熊叔堪将周宣鼓进贡给庸王，成了庸国镇国之宝物。每年社祀日，庸王必率群僚击“周宣王之鼓”以祈国泰民安。一直到20世纪50年代初，还存放到白马寺。笔者从王老师《武陵古庸国》书中细读了《白马寺与神禹碑》文中所载77字《神禹碑》释文后，心灵之震撼，简直无言可表。想不到在庸国故都发现了“岣嵝碑”！

其实，关于大庸《神禹碑》，不仅载之方志，还传之民间。且吟清诗人王允桂作《和邑侯玉屏山原韵》末四句：

碧岩有句花常落，丹灶无烟草自薰。

图画天开峰十六，探奇胜读禹碑文。

此之“禹碑文”即大庸《神禹碑》，与天门山十六峰形成诗境对应，锁定此碑就在天门山下。亦证此事之不虚。

那么，大庸《神禹碑》与衡山岣嵝碑到底有什么关系？

民国《辞源》第491页载[岣嵝碑]：“夏禹治水时所书，石刻之最早者，亦称禹碑。在衡山县云密峰，凡存七十七字。近人疑为明杨慎伪造。”清·王万澍、王国牧撰《湖南阳秋》云：“衡山上有禹碑。晋·徐灵期《南岳记》曰：禹碑在岣嵝峰（在祝融之东南）。又传在衡山县云密峰（在祝融西北）。下有石坛，流水萦之，昔樵人曾见之，后无有见者。其说以岣嵝为信，云密疑也。梁刘道彦《世说补》曰：萧齐时，山人成翳游衡岳得见禹王碑真迹，摹冒献于桂阳王铄，王宝之，为翻石刻，世得传焉。七宗禅林曰：唐永昙住衡岳岣嵝峰，一夕晦明，夜半起旋，忽见光出自峰椒，林草石皆赤，翌日率徒众觅其处，得峰椒石洞，披棘而入，见洞中石壁蝌蚪书大如碗，不可识，因忆峰有禹碑，非立石乃镌岩耳。崔融之赞曰：于（王）铄大禹，显允天得。龙画傍兮，螺书匾刻。皆似实见之矣。刘禹锡《与吕衡州温诗》曰：‘吾闻祝融峰，上有禹王铭。古石琅玕姿，秘文螭虎形。’韩愈诗曰：‘岣嵝山尖神禹碑，字青石赤形模奇。科斗拳身薤倒披，鸾漂凤泊拏龙螭。事严迹秘鬼莫窥，道士偶上独见之。’《丹铅录》曰：宋嘉定有蜀士，因樵者引至岣嵝，以纸摹其碑，得七十二字，刻于夔门之峡，后亡之。是皆言见之于岣嵝也。宋刘原父、郑樵，博古，好金石文字，悉以不得禹碑为恨……于祖王讳名成日记曰：明嘉靖时，修岳麓书院，祭碑于地下，蝌蚪七十七字，碑末有小楷书，内阙三字云。古帝禹刻南岳云密峰山顶之间，水绕石坛之上，何致子一。以禹亡家阙国，阙阙幽得之，象夏之书，刻之于此，详见在山下。此与徐灵期第二说合，致不知为宋元何时人也，碑随剥毁，其文摹出，遂传于世。有增篆禹碑二字者。淇若水跋之，沈镒、杨慎、杨时乔、王仕儒诸家释之，咸钦为古物，未敢疑焉。时翻刻于石鼓书院，今失祖传，有禹碑亭。祝融，邓以诰刻。岣嵝雷祖峰，管大勋刻。及金陵，新泉精舍。扬州，甘泉书舍。滇南，安宁州法华山。本朝彭而述刻于岳麓岩石，七十七文，与夔门之数不合，则不可得而详也。神鬼阿护，既不令人易见，亦不致久而朽也，斯诚异矣。”（岳麓

书社2012年版第443页）

这可能是关于岣嵝碑历史信息较为集中的文字。独缺大庸《神禹碑》。

从上述文字分析，岣嵝碑在衡山发现，蝌蚪文，七十七字。一曰七十二字。据查，碑文拓片曾流传全国，摹刻品遍及名山胜地。诸如长沙、岳麓、夔门、石鼓书院、昆明、成都、西安碑林、绍兴会稽山、南京栖霞山、开封古吹台、云南安宁县罗汉山、河南汲县、汤阴县羑里城等地。

在今张家界发现的《神禹碑》释文，亦称原碑为蝌蚪文，77字，似与衡山禹碑同，但大庸历史上从无翻刻于衡山碑的记载，我断定大庸白马寺神禹碑极有可能是大禹故乡的正版型岣嵝碑。据口传者说，大庸白马寺《神禹碑》流传千古，代代口传，能背诵释文者代不乏人。那么，只有三种可能：一是大禹原本出生于大庸，因为鲧封为崇山伯你没办法否定，何况鲧因治水被杀于故乡凤羽山后，儿子大禹又袭封崇山伯，并接替治水重担。故笔者认为此碑可能是大禹留在故乡的纪念物，碑文中已暗含对父亲冤死的伤感。《越春秋》对此有所觉察："禹伤父功不成，劳身焦思，七年，……禹乃登衡山，血白马以祭。"《衡山记》："白马峰为禹血马之所。不縢（téng，封闭，约束）所求，仰天而啸，……"是说大禹在衡山杀白马祭父。二是衡山碑有可能从大庸翻刻。三是大禹一碑书写两处。

杨慎，明新都人，字用修，号升庵。状元，赐进士及第。武宗授翰林修撰。世宗时（嘉靖1522–1567），充经筵讲官，以执议大礼戍云南永昌（今保山）。史传杨慎"记诵之博，著作之富，推为明代第一"，有《升庵集》传世。杨慎戍永昌之前，因直言犯上，被处杖刑，并充军永昌，永不召回。杨慎戍云南之行，路经澧州，因杖刑未愈，只好滞留州府疗伤，恰逢九永兵备指挥使高嵩在州府议会，遂盛邀到永定卫一游，其目的就是请他破解《神禹碑》之谜。杨慎本不便延误赴边日期，但一听到禹王亲书古碑，即欣然乘船前往。经他数日悉心揣摩，终于释出77字之本义。再说杨慎在大庸释碑养伤痊愈后，由高崇亲自率人护送至伯庸（沅陵北溶），继逆行至辰州府（沅陵），再由辰州府派人护送至贵州镇远。此后众多考据家如沈镒、杨时乔、王仕儒、安如山、朗英、杜壹、王朝辅等都慕名到大庸观摩品尝译注神禹碑，都以杨慎释文为范本。由此得知，史书所诟杨慎伪造《禹王碑》其实是信口之言，因为大庸《神禹碑》之存在早杨慎3670年左右。至于释文是否准确无误，如果连"明代第一"的大学者、考据家说了还不算，那就只有去喊天了。况且，国内真正保存到1954年仍完整尚存的《神禹碑》，可能此其唯一。事实上，目下中国史界并没有几个人能知道《神禹碑》（大庸不叫岣嵝碑）释文的，却不料大庸民间就有能轻松背诵出来的人物。

——这是为什么？

不为什么，只有一种可能：一如屈子遗风为何只钟情于大庸一样，从神秘的"白马寺"和"神禹碑"背后，人们早已发现这位继承崇伯鲧之职的大禹崇伯，本身就是出生于大庸故土！

这块《神禹碑》，就是大禹留在故乡的密码——虽说因"参身洪流"而"久旅忘家"，但并没有忘记生养长大的故乡崇山。他相信千百年后，崇山后人总有一天会从这块石碑中破译那尘封久远的密码的。值得史家们注意的是，中原史把鲧禹故乡指在山东黄河出口一带，或浙江一带，那禹怎么不把治水碑留在山东、浙江而留在湖南大庸？

2013年8月19日，笔者与本市一行5位文史专家，在市民田贵尊引领下，对白马寺（白龙庵）、娘娘殿（女娲庙）、神禹碑、雷公坪、雷神庙、白马泉（白龙泉、雷公泉）、天子街等历史遗迹进行考察、走访。原来这一揽子符号全部集中在雷公坪一片街区。遗憾的是：88岁的刘代谷老人已于今年元月4日仙逝。她的儿子徐贻万告诉我们：母亲自1954年拆白马寺后逼迫还俗，与南下干部徐雨洲结婚，生两儿两女。他说：据母亲生前提起，1954年，农会主席吴安清以建小学为名，下令拆除白马寺、女娲庙、亡人堂等古建筑，余下一些石头、砖块被乡民瓜分。母亲离开白马寺时，担心千古《神禹碑》被毁，半夜里与姐刘玉姑用稀泥巴糊在碑上。准备离开时，还是担心被人砸，便悄悄将此碑埋在一丘田地下了，位于今张家界国际大酒店之西头花园。徐贻万说：母亲14岁时吃斋入寺，住寺15年，对鲧禹父子神灵十分崇拜。为了弄懂神禹碑77字释文，她勤奋读书，一手毛笔字远近闻名。她从师傅口中传下77字释文，并能背诵如流。她还说：白马寺是为纪念鲧禹父子治水之功而建的。临死前，还叨念着那块《神禹碑》。她说：“在生没能亲眼看到《神禹碑》翻身出世，死不瞑目！”母亲是流着泪水离开人世的。她说，那年，她哭着走出白马寺时，给鲧禹像、《神禹碑》磕了三个响头。让她痛心不已的是**寺中“三宝”中的禹王钟、周帝鼓也不知去向，鲧伯、大禹菩萨被砸。相邻的娘娘殿供的伏羲女娲菩萨也被砸了。**雷神庙毁于1958年，雷公菩萨（苗族称祝融为雷神）也没幸免。一行人注意到，雷公坪巷入口首个门牌号码为：“古庸路雷公坪巷1号”。所谓“雷公”，苗语称祝融与华胥氏诸英在雷泽之北山踩大脚印“感孕生伏羲、女娲”龙凤胎，其真实的“丈夫”就是祝融——雷公。后人建女娲庙、禹王庙于一处，又毗邻雷公坪，是因**这里就是祝融、诸英——亦即伏羲、女娲的出生故里老屋场。**其北为天子巷街区，此之“天子”一说是庸帝祝融，一说为夏朝第一任禹王，可参。巷子入口首个门牌号码为：“古庸路天子巷1号”。

直到此时，我才明白屈原为何倾注那么多情感，为鲧禹父子连问十来个问题，除了极相同的政治命运，大概就是故乡情结了。抑或说，屈原就是掌握那把打开神禹碑密码钥匙的人物。

本书试印本中，对《天问》为鲧禹父子连发十余问，总认为虽字面可解，但与屈原故里关系不紧而放弃译注，谁料全书写到接近尾声之际，居然冒出个《神禹碑》来！

这是四千年前的天籁之音再度在古庸大地发出的轰鸣！

（二）大禹在崇山创建夏朝

翦伯赞主编《中外历史年表》有如下记载：“禹，夏禹父曰鲧，黄帝之玄孙，帝颛顼之孙。鲧治水，功不成，舜杀之，举禹使续之业，禹治水成功，受舜禅，遂即天子位，国号曰夏后氏，姓姒氏（史记夏本纪）。禹命诸侯于涂山（左传哀公七年）。禹在位四十五年（太平御览卷八十二引古本竹书纪

年。今本竹书纪年作八年。汉书律历志引刘歆世经曰：禹即位五十载）。”

是说公元前2140年，大禹治水功成之后，舜帝禅让，把权力交回黄帝世系玄孙崇伯禹，禹称王建立夏国。后称“夏朝”。夏朝之初到底建在何处？又为何以“夏”为国之名号？《前汉·魏相传》：夏，“南方之神炎帝，秉礼执衡司夏。”此“南方之神炎帝”，即祝融。《集韵》《韵会》《正韵》：“中国曰华夏。”《黑暗传》：共工怒触不周之山，引发洪水：“共工本是一帝君，作恶无道失民心。祝融一见怒生嗔，领兵与他来相争。提起祝融一段文，他是天上火德星，治理洪水有功勋。”原来这个治理洪水有功勋的祝融就是崇山王鲧伯之子大禹！与大禹乘两龙治澧水决龙门（位于天门山之南大坪镇——古赤松坪之东南天门溪今龙门组）吻合。可证禹也是一代“祝融”。此说《国语·周语上》有载：“禹夏之兴也，祝融降于崇山。”这年“舜禅夏禹於洞庭之野”（《符子》）。洞庭之野指在大庸境内的四处洞庭水、洞庭山（前文已解）。是说这年，舜帝在古庸之地（崇山）将帝位禅让给一代祝融禹。《路史》亦载：“当尧之时，舜举之禹，祝融之神降于崇山，乃受舜禅，即天子之位。”明白无误地记载了禹以祝融之身份在崇山“即天子之位”，故《康典》云：“禹受舜禅，易虞为夏。”虞者，舜也。

这就是大禹在崇山创建夏朝的古史文字证据——恰是两千年来史家研究大禹出自北方的盲区。

综合诸“夏”之论，可知核心出典有二：一曰祝融“执衡司夏”，锁定禹为崇山一代司夏之神祝融；二曰“中国曰华夏”。本著已全面破译崇山与中央仙山（今熊壁岩之“云中朝廷”），实为大中华之中国、赤县、神州、华夏之名称的原生地，是被历史误解误判误指了的中华昆仑之中心、大地之中心、国家之中心！

由此发现：“中国”之名原产地在古大庸！

《杜夷幽求》说：“舜受禹之登庸。”

此之“登庸”一可解为“登基任用”——登基即是任用，又何重复“任用”？二解即“登上庸帝之宝座”。应作此解。那么，此之夏朝即为夏庸！禹为庆祝登庸，作《大夏》之舞乐，焉知大夏即大庸哉！

《白虎通义》卷第三·五行：“时为夏，夏之为言大也。”

民国《辞源》[夏]大也。《左传》：夫能夏必大。

伯禹祝融在崇山继庸帝之位数年后因避舜之子的干扰逼迫离开古庸都（今张家界市中心之古人堤遗址），北进中原，国号“大夏”，含“大庸”之“大”，意不忘宗祖之国也。

这是至今史界只知史有夏朝之国而不知夏朝初创之前初都崇山大庸的深层秘密之所在。从此，中原文化圈的广阔黄河（古称“河”）大平原终于创建了第一个有名有号的王权帝国。它打破了三代前唯一以“庸帝”而称的大庸帝国一统天下的政治格局，我称其为开启了中国古代第二轮文明——“中原文明”时代之萌芽。但从宗法上，夏（朝）仍受崇山大庸帝国节制。大约过了450年后，末代夏王桀（jié）因腐败暴戾，天怒人怨。一代庸帝祝融，奉“天帝”之命，协助成汤一举灭夏。这便是“非天庸释有夏；非天庸释有殷”“夏弗克庸帝”（见《尚书》）的历史背景之所在。时在公元前1763年。

众家皆说：在三皇五帝时代之末，真正

称得上大有作为的君王唯有大禹。千百年来，就如三皇五帝一样，这些巨人寡头，几乎全部没有找到他们的真正生身故里和归葬之地。此前史界所作的结论，大多只是一个大概的、错误的方位指向，并无落地实名。大禹就是其中一位。

现在终于明白："古庸路天子巷"之"天子"，不正是在此地出生、在此地登基的夏庸王朝的第一任天子——即袭承父崇伯鲧之职的崇伯禹——大禹夏朝之庸王吗！

何谓"天子"？"因所封国为有天下之号。"（民国《辞源》，第357页）

我只能说：民间不灭的传说伟大！

因为"天子巷"之名正是由大禹出生地的居民祖传下来的历史符号！

怪不得屈原为何对大禹父子那样熟悉并为之倾注那么多笔墨！

2. "应龙"的故事发生地在沅陵

"河海应龙，何尽何历？"

意思是：应龙怎样以尾划地？疏通的江河经过哪些地方而流入大海？

应龙，神话中一种有翅膀的龙。洪兴祖说："《山海经》云：应龙处南极，杀蚩尤与夸父，不得复上，故下数旱，旱而为应龙之状，乃得大雨。《山海经图》云，犁丘山有应龙者，龙之有翼也。昔蚩尤御黄帝，令应龙攻於冀州之野。女娲之时，乘雷车，服驾应龙。夏禹治水，有应龙以尾划地，即水泉流通。"（洪兴祖《楚辞补注》）关于应龙，天门山之南的沅陵有很多传说。史载远古舒民在舒溪口一带建了四个舒国，留下了一座南方小长城——"龙舒城"。舒民在发展水稻生产时，常遇天旱。传说天宫主管司雨之神是应龙，因误杀了人类始祖龙王夸父（今沅陵有夸父山），被贬落到今泸溪与舒溪交界的应龙潭为夸父守灵以赎罪。《述异记》说："龙千年化为应龙。"《史记》说："龙有翼曰应龙，其最神妙者也。"应龙贬落沅陵应龙潭后，天上无龙管雨，导致天旱连年。于是舒民每年栽秧上岸后，必到应龙潭举行求雨祭祀活动，并将古人祭祀水神的灵船（鹢首）改为祭祀龙神的龙舟。祈望龙神归天行使兴云布雨司水之职责，以保风调雨顺，稻谷丰收。甲骨文对这种求雨之祭称为"雩"（音"于"）。《说文》"'雩'是夏祭乐于赤帝老龙以祈甘雨也"。故应龙潭自古被认定为划龙舟的发源地，证明龙舟竞渡并非始自祭屈原。屈原向天问难，发出"河海应龙，何尽何历"的呼唤，说明屈原对发生在天门山之南外婆家的这个传说十分了解。

3. 昆仑县圃写的就是家乡的天门崇山

"昆仑县圃，其凥（古'居'字）安在？""西北辟启，何气通焉？"

昆仑县圃已解。"西北辟启"指天门昆仑两个洞开的天门，天风从门洞西北或南北穿流。屈原自兰岗登天门山，即以天门洞作辟谷安家天然之居，所谓枕石而醉而眠，任天风穿进穿出。

4. "焉有石林？何兽能言"发生地在今张家界国家森林公园

"焉有石林？何兽能言？"

石林，即今张家界武陵源张家界世界自然遗产昆仑峰之三千八百余座砂岩大峰林，是全世界唯一一座真正意义的**石头森林**。如果屈原没有身历其境、亲眼所见，是断不会创造"石林"概念的。数年前，笔者突发奇想：怎不将这三千石头森林申报为"**世界·**

张家界地貌”，以与丹霞地貌、喀斯特地貌成为地球又一地质地貌家族成员。想不到我的政协大会发言及一纸提案，还真成了“圣旨”，让世界40多个地质学家全票认定！“何兽能言？”此句与石林配对，说明屈原发现能通人性的野兽必在同一片土地。而实则是昆仑仙境人兽和谐共存的生态环境的特有表现。康熙四十二年（1703），戏剧家顾彩曾受容美土司（即今鹤峰县。张良皋发现即庸芈、庸州，系古庸国疆土）盛邀，对与武陵源相邻的昆仑北疆的土司王国进行为期半年的考察。他在《容美纪游》中详细生动地记述了在这片秘境之旅中，目睹野兔引路、锦鸡伴舞、猿猱嬉戏、虎牛相斗，看到了“狎不避人”的獐鹿，“颇通人性”的猕猴，“马驯如家犬”的豺狼，“虽在山，不伤人”的猛虎。他在纪游日记中，记下了若干人兽和睦相处的诗文：“山中虽有虎，不致伤鸡狗。岁稔俗既淳，盗贼亦稀有。田家乐此意，耕凿到白首。美彼陶潜诗，长吟过山口。”（《山家乐》）“虎不伤人堪作友，猿能解语代呼童。”（《峡内人家》）“三月初二日，……过江上李虎坡。相传昔有虎化为人，自称姓李，居此，故名……”（上引顾彩《容美纪游》，湖北人民出版社1999年版）

这就是古代武陵源昆天堂的生态环境之真实写照。三皇五帝时期，这里属祝融氏［苗语仡索、大索（大庸）］索人一支封地，建索国于此，都城设今武陵源军邸坪。古索人从大峰林中的猿猴在万丈绝壁荡藤觅食得到启示而发明“索”，今索溪、索水、索口寨、索口市即由此得名。**殷商末年，索国国王朱蒙率索人跟随大庸国统帅熊绎北伐纣王。战后，朱蒙联合北方索人进入朝鲜半岛，与高丽国合作，共建建索丽国**（即索国与高丽国合并）。秦灭大庸，武陵源昆仑索人一支迁徙武陵郡汉寿地，置索县。一部迁徙沅陵，今存索山古名。昆仑索人与山中野兽友好相处，人兽共享昆仑天堂福祉，由此发生了许多动人的故事，其中影响大湘西的就是“虎乳八部”的故事。今昆仑峰张家界天子山猿家寨子尚有一块碑文，记述了大庸土家族一个古老的传说，或许有些启示：

虎猿记

远古时期，土家（索人）部落酋长之妻在战乱之中产下一子后被杀。婴儿被虎搭救，并用虎奶将其养大。与此同时，又得一只猿猴的照料。后来，酋长为夺回儿子，误杀了虎猿。为纪念虎猿搭救养育之恩，酋长折箭起誓：土家世代尊虎为神。并将山界命名猿家界（按：即今袁家界）。

这个不凡的虎子长大后，被推举为八峒首领，史称“八部大王”。八部，土语叫“拔普”，即“祖先神”之意。土家族因八部大王奇特出身而成中华虎族。而猿家寨子，从此成了土家人的乐园。

袁家寨子全体寨民　　同立

作为大庸帝国附庸国的索国索人，原本就是祝融芈姓一支，与屈原有血统关系，故屈原少年时代及至被襄王驱逐回大庸故乡后，经常上昆仑武陵源访亲问祖，自是常来常往的事，对昆仑万石笋立的自然奇观不可理喻，特别是虎不伤人兽解人语的现象，世所罕见，便列入“天问”的两个问题。倘若屈原没有身临其境，亲身目睹砂岩大峰林的鬼斧神工和闻听兽能解语的真实故事，他是不可能瞎编这两个“天书”一般的问题。

关于屈原所问“石林”，唐宪宗时诗人

元稹也有诗传世。元稹，字微之，河内人，举明经，元和元年（806）拜右拾遗，太和初（827）拜武昌节度使。有《元氏长庆集》。后奉命出使四川通州。他从武昌溯长江、入洞庭，逆澧而西，沿着屈原回家之路进入澧水。抵达慈利时，正值冬雪，他由当地官员民佚引领，骑马沿溇水进入古索国境，一路被扑面而来的千百根摩天排立的石笋峰林所震撼！这不正是让多少注家迷茫不解的屈原所问“焉有石林，何兽能言”的石破天惊的人间奇观吗？！当夜投宿军邸坪索国故都。次日逆溪而上，走过十里索溪、穿过十五里金鞭溪，当夜宿锣鼓塔索人部落，感而作《使东川南秦雪》诗：

帝城寒尽临寒食，骆谷春深未有情。
才见岭头云似盖，已惊岩下雪如尘。
千峰笋石千株玉，万柱松罗万朵银。
飞鸟不飞猿不动，青骢御史上南秦。

诗中“千峰笋石千株玉，万柱松萝万朵银”，正是全世界无有二处的张家界昆仑大峰林三千八百石柱雪景的逼真写照，没有此行经历，诗人断不可蹦出如此不可思议的佳句绝诗来：即天下独一无二的壮观绝美的雪中大峰林——今被列入世界地质学称谓——“张家界地貌”与喀斯特地貌和丹霞地貌各领世界地貌奇观风骚的武陵源张家界！

5.“负熊以游”与轩辕黄帝在中央仙山建“云中朝廷”有关

“焉有虬龙，负熊以游？”

意思是：哪里有一种蛟龙，背负大熊而云游？

“负熊”与黄帝有关。《五帝本纪》：“黄帝者，少典之子。”徐广曰：“黄帝号有熊。”索隐曰：“黄帝号有熊，以其本是有熊国之子故也。”《帝王世纪》：“黄帝受国于有熊，居轩辕之丘。”经笔者破译，发现黄帝出生地就在天门昆仑之山下之不死国（寿丘）仙人溪—熊罴岩—中央山，并在此创建“云中朝廷—轩辕之国”，葬天门桥山。

6.“雄虺九首、何所不死”发生地在仙人溪

“雄虺九首，倏忽焉在？何所不死？长人何守？”

关于不死之国有九头蛇出入的传说，发生地就在仙人溪（不死之国）。此地有九头鸟（鬼车）的故事，九头蛇则是另一个版本。（可回头参阅《天门山奇闻·鬼车》。此故事与后句“一蛇吞象”均发生在仙人溪，故屈原将两个故事并写一起）

7.“一蛇吞象”故事发生地在大庸仙人溪

“一蛇吞象，厥大何如？”真实故事就发生在大庸仙人溪，史载民传千百年。

那么，屈原诗中这个巨蟒吞象的故事到底是神话还是人间的真传？

1986年，笔者主持《中国民间故事集成湖南卷·大庸市资料本》搜集整理工程，收集到《续修永定县志》卷之十二《纪闻》载大庸仙人溪蟒蛇吸人故事：

“天门郡有幽山峻谷，而其土人有从下经过者，忽然踊出林表，状如飞仙·遂绝迹。年中如此甚数，遂名此处为仙谷（按：即今天门山西北之仙人溪）。有乐道好事者，入此谷中洗沐，以求飞仙，往往得去。有长意思人，疑必以妖怪，乃以大白石自坠，牵一犬入谷中，犬复飞去。其人还，告乡里，募数十人，执杖揭山草伐木，至山顶观之，遥见一物，长数十丈，其高隐人，耳如簸箕，格射刺杀之。所吞人骨，积此左右有成封。蟒开口，广丈余，前后失人皆此蟒气所吸，

于是，此地遂安稳无患。”

该文作者张华，西晋军事家，著有《博物志》等书，该文即从《博物志》中选录入志。关于仙人溪蟒蛇吸人，流传千古，至今未灭。其准确原发地位于今仙人溪村犀牛潭西侧一峡谷中，即崇山南麓之蟒蛇溪，又因盛产优质造纸野麻，故又作“麻纸坪”。《山海经》亦将此奇闻收录：“巴蛇食象，三岁而出其骨，君子服之，无心腹之疾。其为蛇，青黄赤黑。一曰黑蛇青首，**在犀牛西**。”难能可贵的是《山海经》作者无意或有意在文后记下故事发生地：“在犀牛西”。

——此之犀牛，正是长寿国仙人溪最著名的地名——犀牛潭。

屈原将此故事入诗，向天问难，注家多以“神话”一笑置之，怎知屈原是信手拈来，如数家珍，因为屈原就是故事发生地的家乡人！

8.“黑水、玄趾、三危、不死国”均在天门昆仑家乡

“黑水玄趾，三危安在？延年不死，寿何所止？”（前章已解）

9.“后羿射日·嫦娥奔月”传说发生地在天门昆仑

“羿焉彃（射）日？乌焉解羽？”“帝降夷羿，革孽夏民。胡射夫河伯，而妻彼雒宾？冯珧利决，封狶是射。何献蒸肉之膏，而后帝不若？浞（音“着”即寒浞）娶纯狐，眩妻爰谋。何羿之射革，而交吞揆（揣度也）之？”

大意是：

后羿为什么要射落（九个）太阳？乌鸦的羽毛又散失何方？为了灭夏天庸大帝派下夷羿，以解除夏朝百姓的苦难。羿为什么又要射瞎河伯，霸占那洛水的女神为妻？夷羿凭借着良弓和射技，射杀了一头头大野猪。为何后羿用肥美的肉献祭，而上帝总还是不很乐意？寒浞想娶羿的妻子纯狐，迷人的纯狐与他设下毒计。后羿本有着射穿皮甲的力量，却为何反遭吞灭被人算计？

【特别阅读】　屈原笔下后羿射日、嫦娥奔月的神话原生点在天门仙山

屈原一气为后羿问了四个问题，足见羿的影响之非凡。那么，后羿何人？何方人氏？

民国《辞源》[后羿]：“夏时有穷之君，夺夏相位。恃其善射，不修民事，为寒浞所杀。《论语》：‘羿善射’。”夷羿：是屈原对其族属及出身地望的界定。“夷”“蛮”皆指南方各族。**熊渠说：“（我）蛮夷也，不与中国之号谥。”史称“崇山南夷（裔）山”“放驩兜于崇山以变南蛮”**。可知神话中的射手后羿属崇山蛮夷。“夷”字从弓、从人、从大。屈诗中“羿”“夷羿”与“后羿”皆为一人。但从羿和后羿在不同时期所发生的历史事件分析，“羿”可能有两个人，如唐尧时射官“羿”是第一代；而协助“天庸”灭夏、夺取太康王位的那个射手叫“后羿”。此事有载：“帝降夷羿，灭夏。”与《墨子·非攻·下》“火神祝融亦曾助殷灭夏”是同一个时代。与《尚书》所载“非天庸释有夏，非天庸释有殷”（释：清除）“夏弗克庸帝”（弗：不，此指战胜不了）史实均应为同一个历史事件。由此判断，屈诗“夷羿”即后羿，极有可能是助殷灭夏的庸帝祝融所率庸军中的一个重要将领，即受“天庸

大帝”之命“降”下凡尘辅佐祝融灭夏的“天将”。又数百年后，殷商气数将尽，鬻熊亦借天庸大帝之名号助武王伐纣灭殷建楚，**可证天朝庸帝乃是远古时代第一宗国大帝。原来夏、商、周三代均未称“帝”而称“王”。这就是历史的本源核心之所在，应该引起先秦史界的高度注意与认同。**

关于夷羿，还有一说，宋代洪兴祖补注《离骚》时引贾逵语：“羿之先祖也，为先王射官。帝喾时有羿，尧时亦有羿，羿是善射者之号。此羿商时诸侯有穷后羿也。”

那么，这个“夷羿”到底是真有其人，还是一如火神祝融，实为世代善射家族的名号？

（一）苗族铸日造月和佹箭射日射月的传说

《苗族古歌》唱道：“白天没太阳，夜里没月亮。天是灰蒙蒙，地是黑漆漆。田水不温暖，庄稼不生长。饿了没饭吃，冷了没衣裳。想好了主张，来铸金太阳，太阳照四方；来造银月亮，月亮照四方。”“造了十二天，造了十二宵。日月十二对，一下造成了。……冷王把日月，挑在蓝天上。冷王是好汉，头上顶太阳，肩上扛月亮，……日月放好了，冷王回地上。”（田兵编选《苗族古歌》，引自《苗族通史》五，民族出版社2007年11月第1版第333页）

可是，十二个太阳和月亮早晚同照，不分昼夜，造成了严重的灾荒和威胁。《苗族古老话》唱道：“古时十二个太阳当空，十二个月亮照地。白天黑夜一个样，白天黑夜不分。十二个月亮放亮，十二个太阳逞威。花草树木化灰烬，高山烧空，悬岩烧溶。……生机灭绝，人活不成。”正当人类灭尽之时，苗祖“南火发令：佹箭射日，佹箭射月。天上只留一日一月，白天黑夜轮换出行；月亮轮满三十算一月，十个月叫一年。这样地上才有生机，人间才可生存。枯树长了芽，花草生了根。”（龙炳文、龙秀祥等整理译注。引自《苗族通史》五，第334页）

湘西自治州几位著名苗史专家收集整理了一批苗族史诗，其中大多数根出崇山。如石宗仁收集的《中国苗族古歌》核心内容盘古、驩兜、辰州、崇山祭祀均出于天门崇山。龙炳文等人收集的苗族古歌主要内容也在天门崇山。故龙先生是第一个发现崇山、考察崇山、推崇崇山的苗史大师。这是判断上述传说原生地最为关键的证据。

这个射日月的苗人“佹箭”，似乎就是那个射九颗太阳的后羿的初始原型。或者说，苗族古歌中的“佹箭”正是出生于大庸官坪长茅山（长苗山）的一位英雄射手。与苗族古歌《崇山祭祀》所载牛郎织女故事发生于崇山天门具有某种地缘关系，都是根出天门昆仑神话的产物。

《国语》：“羿之祖世为射官，天子赐之弓矢，使司射。”

《淮南子·本经篇》载：“帝俊赐羿彤弓素矰（古代射鸟用的绚着丝绸的箭），以扶下国，羿是始去恤下地之百艰（《山海经·海内经》）。尧之时，十日并出，焦禾稼，杀草木，而民无所食。凿齿、九婴、大风、封豨（猪）、修蛇，皆为民害。尧乃使羿诛凿齿于畴华之野，杀九婴于凶水之上，缴大风于青丘之泽，上射十日而下契俞，断修蛇于洞庭，禽封豨于桑林。万民皆喜，置尧以为天子。于是天下广狭、险易、远近，始有道里。”（道

里：道路之里程）

由此得知，此之羿是尧帝时人，并且是一个上射太阳、下除祸殃的英雄射手。

《山海经·海外南经》载："羿与凿齿战于畴（寿）华之野，羿射杀之。在昆仑虚东。羿持弓矢，凿齿持盾。一曰戈。"凿齿，辰州（沅陵）人，其后裔习凿齿封于辰州。畴华之野，在长寿国仙人溪东南部的云梦古遗泽，总水面积约40平方公里，昔年大禹在天门云梦泽之南的诸鱼山开决山口，导泽为坪，即今大坪镇，所决山口，即为龙门组。昆仑虚，即天门昆仑，泽在东南之麓。可证羿与凿齿作战在古庸国境内。

《吴越春秋·勾践外传》谓："楚有夸父，幼无父母，小而习箭，箭无虚发，后遗道于羿。"始知后羿的箭术师传于夸父。夸父何方人氏？民国《沅陵县志·舒溪记》载："（舒溪）龙山上居住着无怀氏之民。"其部族后出了一位猎神，曰夸父，以犬为图腾。夸父发明了弓箭。后传道于羿。今沅陵麻伊洑有夸父山，峰如男根，颇有"天下第一伟男"之气。

《山海经·海内经》说："少昊生般，般是始为弓。"由此可知般是制作弓箭的创始人。

（二） 嫦娥故里及九日寨、月斧山

嫦娥是天门仙界神话人物之一，与西王母、玉皇大帝为同一个神话体系，实则根出扶桑的西王母、东王公一双儿女。嫦娥住天门山顶西南，古称"**嫦娥里**"。无独有偶，湖南测绘局于1983年9月测绘、1986年出版的大庸地形图之《大坪区大坪公社天门山林场（H-49-101-64）》分区图中，标示着"长蛾里"地名（海拔1402.0米），据分析，可能是测绘者不明当地地名本意，误将"嫦娥里"之"嫦"误写成"长"，"娥"写成"蛾"了。查同一张地图，竟连连见错，如将"脚印山"标成"脚岭山"，"渡船坡"写成"豆川坡"；还把"曹家湾"写作"槽家湾"，"虾米溪"标成"峡米溪"；等等。叫白字不白音。何况"蛾"哪有长短之分？更勿说"蛾"还有"故里"了。故可断定"长蛾里"。系"嫦娥里"之误。里即故里，原来屈原老家神话中的嫦娥就居住在天门山顶上。

经与当年在大坪区担任秘书、现任市电视台总编辑的作家李文锋核实，回答说：他曾听村民说过，嫦娥里就在赤松坪（今唐家村）之西北、沅陵垭之东的山顶上（海拔1500米），上有台地，古有庙宇，四季泉水长流，解放初还有人居住。

嫦娥，古又作桓娥、姮娥，或素娥。最早的文字记载大约是战国初期的《归藏》。《搜神记》开始把姮娥写成嫦娥。《康典》："嫦娥，羿妾。《后汉·天文志》：嫦娥窃羿不死药奔月，乃之为蟾蜍。"《淮南子·览冥篇》载："羿请不死之药于西王母，姮（音'衡'）娥窃以奔月，怅然有丧，无以续之。嫦娥，羿妻也，窃西王母不死药服之，奔月。将往，枚占于有黄，有黄占之，曰：'吉，翩翩归妹，独将西行，逢天晦芒，毋惊毋恐，后且大昌。'嫦娥遂托身于月，是为蟾蜍（癞蛤蟆）（《全上古三代秦汉三国六朝文》辑《灵宪》）。归言月中有桂，有蟾蜍。故异书言：月桂高五百丈，下有一人，常斫之，树创随合。人姓吴名刚，学仙有过，谪令伐树。"（《酉阳杂俎·天咫》）

“翩翩归妹”的嫦娥，因偷吃了丈夫后羿的不死药逃到月亮，竟变成形体丑陋的癞蛤蟆，明显含有谴责和对不守妇道的妇女的歧视与惩罚。在有些汉画像里，嫦娥不仅变作蟾蜍，还被罚作苦工捣药。六朝以后的谢庄《月赋》说：“引玄兔于帝台，集素娥于后庭。”说明此时嫦娥已改变了形象，进了天帝的后庭。嫦娥的故事是代代加工完善的。乃至有嫦娥系由常仪、常宜、常羲、尚仪演变而来。《山海经·大荒西经》说：“有女子方浴月。帝俊妻常羲，生月十有二，此始浴之。”帝俊即帝喾。常羲生12个月亮的说法，是我国最早的天文学雏型。

关于后羿射日、嫦娥奔月、吴刚伐桂的神话故事广为流传，诗匠毛泽东曾以“寂寞嫦娥舒广袖，万里长空且为忠魂舞”大气而名艳诗坛。李白“白兔捣药秋复春，姮娥孤栖有谁怜”；李商隐“嫦娥应悔偷灵药，碧海青天夜夜心”；边贡“月宫清冷桂团团，岁岁花开只自攀。共在人间说天上，不知天上忆人间”等珠玑文字，让嫦娥奔月的故事更为悱恻动人。却谁也无法求证这几个仙人的出生地和人物原型，但必须归属于天门昆仑仙界却是无法撼动的。

说来也巧，就在距天门山约30华里的尹家溪镇官坪居委会，其东部横亘着一座十分壮观的山脉，名“长茅山”（即古“长苗山”），其上有长茅山村。全村有6个村民小组，总面积5142亩，耕地面积772亩。位于海拔400米高山上（见《市典》，第543页）。长茅山又名“九日山”“古王界”，界东有“古王溪”。土苗传说洪水时期，兄妹俩躲在葫芦里逃生。此天下第一超级葫芦瓜，“**一头搁在古王界，一头搁在天门山**”，后因此又叫“葫芦山”“壶头山”。故此古王界以后升为天门昆仑十大灵山之一。其上有古苗聚落曰“九日寨”，又有“九日庙”（一名茅山观），遗址均存。世代相传：这长茅九日山就是后羿（苗语“仡箭”）射九颗太阳的神话原生地。九日寨是后羿的出生老家，九日庙即为后羿而建。因得夸父箭术真传，赋予后羿无边法力，**曾为天庸大帝灭夏扶商立下赫赫战功，这座山就成了南方各路巫道神仙家祭拜学“法”的圣地**。古代“茅山学法”之典故，本源即此。并由此派生出茅溪、茅岭、茅黎村、茅寨子、茅岗、茅头关、黄茅岭、茅岭岗、茅岩河、茅坪、茅塌等“茅”字文化系列地名符号（参读《市典》）。故老相传，此之“茅”，实为“苗”，即古三苗国信息之遗存。又是**古庸国“苞茅受封”法典之圣地**。一山相邻的桑植县仫傩戏本第十六场《祭猖护坛》唱：“家鸡变做雁鹅飞，四到八处打食吃；二哥飞往茅山去，茅山祖师放了飞。”此之“茅山”，即指后羿故乡长茅山（今永定区官坪镇）。

更巧的是，距长茅山西南约15华里的大庸溪枫香岗乡，其北有座月斧山（又名大巫山、大历山、崆峒山、宋山、麻公山、麻婆山等），是三苗种宗祖发祥地的原生点，是黄帝行刑杀蚩尤于宋山的原发地，亦是吴刚伐桂树的原生地，山壁有南方著名的“国保”单位玉皇洞石窟，共九个洞窟。其墨池洞有《月斧山八景俚句》摩崖石刻。所谓“月斧”，相传即吴刚伐桂之神斧。

“墨池洞”中还有副对联，记录了吴刚在月斧山砍桂花树的传说：

天门锁断修仙路，
月斧裁成折桂梯。

提请注意的是：对联中把吴刚用“月斧”砍桂花树的故事与“天门修仙”捆绑一起，说明嫦娥、后羿、吴刚的神话起源于天门仙山无可置疑，又恰与天门山山上、山下之嫦娥里、九日寨、月斧山三大地名符号对接。

《山海经·海内经》载：“炎帝之孙伯陵，伯陵同（私通）吴权之妻阿女缘妇，缘妇孕三年，是生鼓、延、殳（音“书”，古兵器）。始为侯，鼓、延是始为钟，为乐风。”是说炎帝的孙子叫伯陵，伯陵跟吴权的妻子阿女缘妇私通，阿女缘妇怀孕三年，生下了鼓、延、殳三个儿子。殳最初发明了箭靶，鼓和延发明了乐器钟，并制作了乐曲和音律。据考，伯陵，沅陵人。《沅陵县志》载1938年11月3日，民国“湖南省政府迁来沅陵伯陵路”。何以“伯陵”作县城街名？答曰：因为伯陵是沅陵人，家住太常乡。

《山海经》又载：“吴刚又曰吴权，西河人。”

相传炎帝之孙伯陵，趁吴刚离家三年学仙道，和吴刚的妻子私通，还生了三个儿子，吴刚一怒之下杀了伯陵，因此惹怒太阳神炎帝（此指祝融），把吴刚发配到月亮，命令他砍伐不死之树——月桂。月桂高达五百丈，随砍即合，炎帝就是利用这种永无休止的劳动作为对吴刚的惩罚。而吴刚妻缘妇对丈夫的遭遇亦感内疚，命他的三个儿子飞上月亮，陪伴吴刚，一个变成蟾蜍，一个变成玉兔（一个不详）。

而另一个版本是这样述说的：相传南天门的吴刚和月亮里的嫦娥很要好，二人常常幽会，却因此疏于职守。玉皇大帝知道后，怒罚吴刚到月亮里去砍一棵叫月亮树（或曰桫罗树）的大树，如果吴刚不砍倒这棵桫罗树，便不能重返南天门，亦不能与嫦娥相会。

这个故事的本根其实就发生在天门崇山。太阳神炎帝祝融居崇山，吴刚居月斧山，嫦娥居天门山，后羿居九日寨。吴刚所居“西河”，指的是天门北麓的澧水支流“西溪”，又叫“西河”。盖因此水源于天门北麓，先自陈家溪北流出谷，又突然折成90°向西溪注澧水鸬鹚湾，全长约10公里，西流段仅2公里。于是产生了今市区最大的“西溪坪”——莫名其妙的大地名。明天启七年，暴洪冲决西河源头的王母天池（水面百亩），大水冲决西河，改道直冲澧水，西河、西溪名存而实亡。其时天门内壁崩大，天下震动，以为是苍天对奸贼魏忠贤的报应，从此留下“**天启七年，崩天门，垮天池，改西溪**（西河）”的俗语。这就是今日“**但闻西溪之传说，不见西溪自何来**”之典故。

1983年9月《大庸县文物志》（打印稿）载：“1972年9月1日，省革委会重新公布全省重点文物保护单位名单，我县玉皇洞石窟列入省级保护单位。”《市典》（第604页）载：[玉皇洞居委会]：“位于枫香岗乡的东部偏北，……地处玉皇山洞脚下，山中有人工开凿的玉皇石窟，属省级文物保护单位。”

这座“玉皇山”，又叫“月斧山”。“玉皇”，昆仑神话中的玉皇大帝，其出身众说不一，但根出东王公、西王母是不可动摇的。后来成了张姓玉皇，那是晚期的说法。玉皇山与天门昆仑遥遥相对，自古以遍山窟窿（昆仑）又名崆峒山，被列为天门昆仑神山体系，是三苗古族始祖麻公、麻母的出生地，故又称麻公山、麻婆山。因此，后人把吴刚伐桂于玉皇山，又称月斧山，以此作为“嫦娥奔月”的神话原型，其中一个重要符号就是玉皇山。月斧山摩崖有《天梯跋涉》诗：

身清澧水望梯边，渡过莨醪美味泉。
土地睛瞧登北斗，魁星手指挽西天。
朱衣引路头连点，玉帝迎宾对一联。
数跻云程皆妙示，旋归等上谢群仙。

玉帝—玉皇山—月斧山，加上早已破译了的昆仑西王母，本身就构成了嫦娥神话天宫的四大要素。关于吴刚，就在月斧山的周边，至今仍有许多吴姓村，如长茅山、泉峪、红砂坡、龙潭岗、马儿山、马口、三坪、九家坪、官坪、小河坎、吴家咀、吴家边等（见《市典》）。《山海经》所言“吴姖（姬）天门”之吴姓，就是吴刚家族姓氏始祖之源头。

嫦娥故里——天门山，后羿故里——九日寨，吴刚故里——月斧山，这是一组十分完整而严密的历史神话人物地名符号链，孤名无用，缺一不行。倘若不在天门昆仑周围而远在西域雪山沙漠更不行！千百年来，关于嫦娥、后羿、吴刚的美丽神话，云里雾里，缥缥缈缈，东扯西拉，五花八门，谁知最初就发生在屈原故里的土地上。原来神话也是可以找到原生点的！何谓“月宫”？其实就出自天门昆仑举世闻名的两个天门——北天门和南天门，即《山海经》中所言“日月之山”。这个“嫦娥里”，可能就是王母娘娘惩罚幽禁触犯天条的嫦娥的“冷宫”。这是天门昆仑文化体系中最为精彩、最为著名、最令人神往、最令人艳羡的一章！

1982年6月1日月夜，笔者陪沈从文、黄永玉及恩师马龄下榻于大庸县委招待所，并陪同二老在庭院赏月，对面月光下的天门山居然清晰可观。我提议两位老友大师以天门山比“对”。马龄出“屈骚歌澧水”；黄永玉对“羿箭射天门”。我为之击掌叫绝。次日，请沈从文大师评点，沈老品味再三，稍作处理，变成“屈骚澧水，羿射天门”。堪称当代名流名联绝对佳话。数年后，我写了篇散文《黄永玉、沈从文两位大师屈子情》在报刊上发表。这个故事看似无意中信手拈来，却把屈原之“骚”与诗中的“夷羿”联系起来，这内中之玄机，妙不可言。如果屈原、沈从文、黄永玉、马龄四位尊师都不是王母、嫦娥、后羿、吴刚故乡人，能生出这个灵感吗？这里再补充一个地名证据，本土八十高龄的文史专家王章贵先生在他的文史著作《崆峒山》中提供了一个远古信息：“月亮山，在崆峒山的东麓，古名为‘天家湾’（按：‘天家’，指太古时期专以观测天象气候为业的颛顼祝融氏家族），与阳湖坪相连。相传古时后羿射日月，月亮就落在此处，形成一座呈月亮形的山峰。其峰的两边有两座月亮垭。其山高约600米，长约3公里。山的下方有一座山洞，名为月亮洞。洞的下方就是元阳洞，是道教三清之一灵宝天尊的圣殿。”（2011年12月内刊版，第14页）

原来屈原为夷羿之事四问天，问的就是产生于家乡的美丽传奇！

并由此得知：流传数千年的关于“**后羿射日**”“**嫦娥奔月**”和“**吴刚伐桂**”，乃至崇山“**牛郎织女**”四大中国古代经典神话的故事原生点，全都群集在屈原的故乡——大庸古国！这是由不得你信与不信的问题。屈

原之问，问的就是家乡的美丽传奇！

10. “女歧缝裳”：织女传说发生地在崇山

“女歧缝裳[1]，而馆同爰止[2]？”

[注释] (1)女歧：与前句“女歧无合，夫焉取九子”同为一人。王逸注为“浇嫂”；何新认为女歧即织女（参读何新《宇宙之间》，中国民主法制出版社2008年版，第7页）。何说近是。歧，古文“敧”字。《集韵》《韵会》并章移切，又常支切，音坻（zhí，音支）。《说文解字注》：岐，“山有两岐，当作‘山有两枝’，故名曰岐山。”因歧又可作支（zhī），与岐同。女歧语转音歧女，即织女，星名。出自《诗经·小雅·大东》：“跂彼织女”“睆彼牵牛”。说的就是织女牛郎七夕相会故事。《史记·天官书》：“婺女，其北织女。织女，天女孙也。”《夏小正》：“七月昏，织女正东方。十月织女北向则旦。”《晋书·天文志》：“织女之星在天纪东，天女也。”此星座位置隔银河与牛宿河鼓（牛郎）星座相望。每年七夕相会。(2)馆同：私通。止，作址，在也，所在。此言织女、牛郎于馆舍私通之事。《山海经》郭璞注：“同犹通，淫之也。”

以上二句意思是：织女在缝制衣裳，她（与牛郎）私通又在何方？

[按] 织女星，又称西王母、岐母、九子母、九尾孤（女娲、西王母）星，即鹑尾（湘夷、湘夫人）。牛郎、牛星，一称湘君，又称河鼓。织女为高禖神，永定区西溪坪街道办事处陈家溪村有古名“高禖湾”。仙人溪（古不死国、长寿国）亦有“高禖湾”。关于织女牛郎的故事，最早见诸《诗·小雅》：“维有天汉，监亦有光。跂彼织女，终日七襄。虽则七襄，不成报（一本作保）章。睆彼牵牛，不以服相。东有启明，西有长庚。有捄天毕，载施之行。”

大意是：天上有一条银河，星汉灿烂闪闪流光。岸边坐着一个织女，终日织布忙忙。虽然忙啊忙啊，却织不成美丽的华章。因为她一心遥望着牵牛，不断地思念浮想。只看那启明星从东转到西方，只能祈求一年过去，挨到团圆相会的那一时光。又《古诗十九首》：“迢迢牵牛星，皎皎河汉女。纤纤擢素手，札札弄机杼。终日不成章（即诗经‘不成报章’句），泣涕零如雨。河汉清且浅，相去复几许。盈盈一水间，脉脉不得语。”《月令广义》“七月令”：“天河之东有织女，天帝之女也。年年机杼劳役，织成云锦天章（报章），天帝怜其独处，许嫁河西牵牛郎。嫁后遂废织衽。天帝怒，责令归河东，许一年一度相会。”汉·崔寔（同‘实’）《四民月令》：“七月七，河鼓、织女二星相会。”

这是一个美丽而凄恻的故事，与嫦娥奔月一样感动千古。那么，这个进入《诗经》的神话经典，到底有没有人物原型和神话产生的原点？

笔者很认真地告诉读者诸君：牛郎织女故事的发生地就在今张家界市——大庸崇山！中国苗族古歌《都果都让》第六部《崇山祭祀》中，以40页900余行篇幅讲述了原始版本的织女牛郎故事，就是说：《狐首经》断言“神仙之地，发于天门”还真能找到原生原点！？

【延伸阅读】屈原笔下织女牛郎的神话原生点在崇山

中国苗族古歌《都果都让》之第六部《崇山祭祀》（节选。原900余行）——关于苗族椎牛吃牛的根巴

［主要人物］不郎达列（汉译“牛郎”）；卡卡戎（汉译“七仙女”）。

[歌头] 我们来述诵远古的史诗，/我们来传叙先祖的故事，/要述说奶归[1]神母吃牛，/只兴用一头水牯，/后来果笑不吉吃牛[2]，/为何用一头水牯？/还要加用一头黄牯？/这有一个久远的来历，/这有一个动人的古根！……（中略）/仡雄苗人的一支，/才从水乡之地迁来，/仡雄苗众的一支，/才从水乡边的陆地迁徙；/迁到崇山[3]的地方，/迁进峻岭的地域。/迁到崇山的地方，/仡濯[4]宗支生养了许多儿女；/迁到峻岭的地域，/濯莵濯柔[5]生养了很多的子孙。/那时候啊，/仡濯宗支的人，/有的又从崇山迁回旧居[6]；/那时候啊，/仡濯宗支的众，/有的又从峻岭迁回故里……/迁来的苗人啊，/有的留住仁大巴[7]的地域；/迁来的苗众，/有的留住仁大洛[8]的地方；/才生养仁大巴四周的人，/才生养仁大洛八方的众……/后来又生养了仡笑不吉……/又养育了那闻名的，/揹走雷鼓的不郎达列……/仡笑不吉是达列的叔父，/达列是仡笑不吉的侄子。/仡笑不吉和达列啊，/同是崇山仡濯氏族的先人；/不吉和达列啊，/是同祖的叔侄子孙；/仡笑不吉是富户门庭，/不郎达列是穷户的遗裔……（以下数百行略）

［按］以下说达列从小失去爹娘，只好给叔父不吉放牛，并生了一头黄牛崽，取名“盂补”。盂补长大了，牛郎达列就驾牛耕田犁地。后来，黄牛盂补又对达列道出天机——

黄牛对达列述说什么？/黄牛述说什么天机？/黄牛见达列孤身一人，/黄牛见达列辛劳独居，/才告诉达列一个良缘，/才告诉达列一个秘密；/说今天啊，/有七只卡卡戎[9]要飞来；/说今天啊，/有七只绿色的龙鸟已经飞来。/卡卡戎是幸福吉祥的龙鸟，/翡翠鸟是美满婚姻的化身。/这七只龙鸟啊，/浑身披着绿色的羽毛，/这七只翡翠鸟啊，/羽毛像碧玉一样晃亮着绿光；/那是来自天堂飞来的吉祥，/那七只龙鸟是七个姑娘[10]。/她们要来山中的**玉湖**[11]洗浴，/她们要来山中的**玉泊**[12]洗礼！/黄牛对达列述说，/你用不着犁地了啊；/黄牛对达列言明，/你去悄悄看着她们……/待她们脱衣洗浴的时辰，/待她们在水中戏闹的良机……/现在她们已脱下衣裙，/挂在玉湖边的竹丛里；/现在她们已经入水，/现在龙鸟姑娘多少欢喜！/谁的衣裙若被拿去，/谁就不能化成鸟儿飞回天堂；/谁的衣裙若被留住啊，/谁只能留在人间做一个民女。/这样你可同她结为伴侣，/这样你可同她结成夫妻……/达列来到黄牛指点的地域，/达列来到黄牛指点的地方；/那儿是山中的绿泊，/那儿是坡中的玉湖……/只见仙女们在水中嬉戏，/只听见仙女们在水中浴欢。/达列悄悄拿去一件绿色的褶裙，/他暗暗拿去一件玉色的衣衫。/他把衣裙拿到自己的家中，/他把衣衫拿到自己的住居；/又去问黄牛啊，/衣裙该藏在什么地方，/又去问黄牛，/来日该怎样来应付……/黄牛

对达列言明啊，/该把衣裙藏在屋柱的脚底，/让大屋的中柱压着衣裙；/这样压住衣裙啊，/谁也看不见，/这样压住衣裙啊，/谁也取不去。/说罢黄牛用头角啊，/使劲把屋架顶起，/这样说后，/达列就在中柱脚下压着玉衣！/黄牛又说，/过些时候啊，/让她寻找衣裙，/我再来为你俩言合；/到时候啊，/我再替你俩为媒作证。/山中那绿色的玉湖里，/有七只绿色的龙鸟；/七只龙鸟啊，/变成七个貌美的囡闺；/岭中那玉色的湖里，/有七只玉色的卡卡戎，/七只卡卡戎啊，/变成七个漂亮的仙女！/七只龙鸟啊，/就是七个貌美如花的仙女；/七只龙鸟啊，/就是七个貌似鲜花的姑娘；/仙女欢浴过后，/就要回往天庭；/仙女洗浴过后，/穿着玉衣就要起飞！/有一只龙鸟找不着玉衣，/有一个姑娘无法回上天去；/她的衣裳不知被谁拿去！/她知晓人间有人跟她作戏；/这样她只好留下到处寻衣，/这样她只好留下四处寻裙！/她走遍湖边的丛林，/她寻遍湖边的美景。/她走过许多肥美的田园，/她访了许多竹木掩映的村落。/仙女卡卡戎啊，/终于找上拿去衣裙的后生；/卡卡戎仙女啊，/终于找上拿去衣裙的男人。/她叫达列退还她的玉衣，/她叫达列退还她的绿裙；/好让她穿着飞上天去，/免受老父的责备。/达列笑着不肯退还她的玉衣，/达列不愿退还她的绿裙。/这时候啊，/黄牛又出来说情；/这时刻啊，/黄牛出面为达列说亲；/姑娘啊就与达列配成一对，/仙女啊就跟达列结为夫妻。/卡戎仙女忙把话言说，/卡卡戎姑娘忙着求情；/成配凡尘将挨爹王的斥骂，/留在凡间难受父君的指责。/黄牛说：/女大当嫁男大当婚，/这是古来的习俗，/这是凡间的俗规。/卡卡戎仙女啊，/也想与达列成亲；/卡卡戎姑娘啊，/也不想回上天去；/这样两人当着黄牛成婚，/这样两人结成了夫妻。/两人过着人间的蜜月，/两人度着恩爱的光景……（后略）/后来两人生下一个金童，/后来两人生下一个玉女。/两人对金童是那么疼爱，/两人对玉女是那么亲昵……（大部略）

[尾声] 阿婶吃过鲜果，/重病慢慢儿愈痊；/达列又请来仙娘啊，/给阿婶探出病的安危，/仙娘说要吃牛祭祖啊，/阿婶的重病才能除根！/达列又对阿婶劝说，/吃牛按古俗只吃一头水牯；/达列说阿婶的病重，/吃牛祭祖要另加一头黄牯；/这样吃牛祭祖病就会好，/这样吃牛求祖保佑病会除根！/阿婶听后满口答应，/阿叔听罢满口应承；/吃牛用的水牯要到东边去买，/吃牛用的黄牯我家自有现存。/阿婶说看请谁来啊，/担当吃牛祭祖的祭司；/达列回答说啊，/请外公果洛芈[13]来当祭司。/谁去东边帮买水牯（牛）？/让塔里欧让先[14]帮买牯牛；/塔里欧让先啊，/是不吉的堂兄弟；/塔里欧让先啊，/是个长有两排牙齿的奇人；/谁去帮请祭司果洛芈来，/达列说他去把祭司果洛芈请来！/水牯牛买来了，/祭司果洛芈请来了；/酒肉备齐了，/亲戚朋友来齐了。/这堂吃牛祭祖非常热闹，/踩鼓堂的歌舞欢跳通宵！/往前吃牛只用水牯啊，/这堂吃牛用水牯又用黄牯；/水牯按古俗啊，/由舅方用梭标来戳；/黄牯按新规啊，/由族胞兄弟来当刀手[15]；/用刀把皮轻轻剥脱，/用刀一刀一刀把皮剐剥……/这样啊黄牯经受了人间的磨难，/这样黄

牯经受了万剐千刀；/从此达列的恩友黄牛，/登仙成了神牛；/黄牯成仙要跟达列去了，/黄牯跟达列腾云飞去天上……（略）/此后仡雄苗人吃牛祭祖，/兴用水牯还要加用一只黄牯；/水牯照旧让舅方用梭标去杀，/黄牯让族胞兄弟当刀手去剐！/这就是后来苗人吃牛啊，/兴千刀万剐一头黄牯的古根；/这是仡雄苗人吃牛古俗的变化，/这是仡雄苗众吃牛古俗的演进！

（石宗仁收集整理，天津古籍出版社 1991 年版。《中国苗族古歌》苗语叫《都果都让》，意为苗族从古代至近代的诗篇，包括有神话诗、祭祀诗、俗典诗、伦理诗等。本史诗收集于 1960 年。石宗仁，湘西泸溪县人，苗史及民俗学者。）

[注释] ⑴奶归：远古人名，仡雄苗人始祖，意为神母即辛女。⑵吃牛：苗族古俗，一种大型苗族民间祭祖活动。⑶崇山：放驩兜于崇山，即此。即今大庸崇山。崇山、天门山、七星山、熊壁岩，是中华古熊氏苗族的四大祖山，亦即发祥地。⑷仡灌：译音，与驩兜同义异写，苗族一个宗支和石姓的称谓，该宗支有石、席、易、时、史等十六姓，石姓为该宗支的强宗大姓。苗族的另一宗支为熊姓，起源于熊罴岩，古称中央仙山，是黄帝一支帝王大族，衰败于战国末庸国灭。⑸灌茆灌柔：即驩茆驩柔，意即坚如磐石的驩兜氏族。⑹旧居：指长江中游水乡。⑺仁大巴：亦作仁大坝、仁大霸，指今张家界市之天门山。⑻仁大洛：山名，在今花垣县境。亦称崇山。这是庸国灭后，庸国苗、土难民四方迁徙，定居异乡，为了不忘宗祖，把祖山——崇山之名嫁接他乡异地。此即《穆天子传》所载今花垣县“赤乌氏春山”。⑼卡卡戎：译音鸟名，意为吉祥幸福的龙鸟，书名翡翠鸟。⑽⑾⑿玉湖、玉泊：在崇山与天门山、七星山、中央仙山之间的仙人溪（不死国、长寿国）之犀牛潭。其地有放牛岗、仙女岩，是牛郎达列、织女神话留下的遗迹和纪念地。今慈利县仍存七姑山。本著所涉及的“一蛇吞象”、古代不死国、不死民、长寿国、熊氏发祥地等均发生于此。⒀果洛芈：完善苗族巫教的教主。⒁塔里欧让先：苗族的一支迁上崇山定居后，其石姓的先祖即称果洛芈。⒂刀手：吃牛、吃猪、还愿为苗族三大祭祖活动，都要由族胞兄弟来充当刀手，苗语叫匠登。

读完上述故事大略（约七分之一），相信读者已有感觉。从崇山牛郎（不郎达列）织女（七仙女卡卡戎）故事之缘起、一直到结尾，其情节之曲折、想象之神奇、画面之绮丽，已决不在世界古代经典神话之下！而且，它还附丽着若干十分重要的历史信息：一是该神话的结局道出了苗族祭祖古俗“椎牛”“吃牛”的根巴（由来）源出于崇山，可证崇山乃为中国第一古族——苗族发祥地，并因此称为“祖山”出之有根。二是可证孔夫子深入古庸大地采风之行并非虚言，《诗经·小雅·大东》“跂彼织女”“睆彼牵牛”的出典完全可以锁定在大庸崇山。况且古歌名称即《崇山祭祀》，此之崇山，只能是古大庸帝国之特殊专用名崇山。今中央仙山“牵牛垴”古山名仍存。三是屈原《天问》中的“织女”神话，原来就发生在他的故乡县圃崇山！中国古代织女牛郎的神话虽有多说，但能以苗族长篇史诗传播于民间并与当地实地实名对接的此其唯一。

11. 关于女娲的传说

“登立为帝，孰道尚之？女娲有体，孰制匠之？”

意思是：上古时代的登位为帝，根据什么原则推举他？女娲有人面蛇身的形体，到底是谁把她身躯制成？

【重点解读】屈原笔下伏羲、女娲出生地在崇山

关于女娲，古来历史研究已经成为一个庞大的学派了。对女娲的基本评价已经达到了顶层，主要是：女娲是中华民族的共同人文始祖，是创造人类的伟大母亲；是东方中国的圣女、爱神、媒神、乐神、母亲神。她具有无穷的智慧和神奇的创造力，因“炼石补天”而称中华万古第一女英雄，并由此而列入“三皇”之列。女娲所创造的业绩不可胜数，主要可归纳为六大类：

1.创造万物：“娲，古之神圣女，化万物者也。”（许慎《说文解字》）“黄帝生阴阳，上骈（pián）生耳目，桑林生臂手，此女娲所以七十化也。”（《淮南子·说林训》）

2.造人：“俗说天地开辟，未有人民。女娲抟（tuán,同团）黄土作人，剧务（不可解）力不暇供，乃引绳于絙（读“耕”）泥中，举以为人。”（《太平御览》卷七八引《风俗通义》）“昔宇宙初开之时，只有女娲兄妹二人在昆仑山，而天下未有人民。议以为夫妻，又自羞耻。兄即与其妹上昆仑山，咒曰：‘天若遣我兄妹二人为夫妻，而烟悉合；若不，使烟散’。于是烟即合，其妹即来就兄。”（《独异志》卷下）

3.创神：“有神十人，名曰女娲之肠，化为神，处栗广之野，横道而处。”晋人郭璞注曰：“女娲，古神女而帝者。人面蛇身，一日中七十变。其腹化为此神。”（《山海经·大荒西经》）

4.创造婚姻制度：“女娲祷祠神，祈而为媒。因置昏（婚）因（姻），行媒始此明矣。”（《绎史》卷三引《风俗通义》）“以其（女娲）载媒，是以后世有国，是祀为皋媒之神。”（《路史·后纪二》罗苹注引《风俗通》）

5.创制乐器：“女娲作笙簧。”（《世本·作篇》）“女娲氏命娥陵氏制良管，以一天下音；命圣氏为斑管，合日月星辰，名曰‘充乐’。（按：充，充山、舂山，即崇山）既成，天下无不得理。”（《帝系篇》）

6.补天：“往古之时，四极废，九州裂，天不兼覆，地不周载；火爁焱而不灭，水浩洋而不息；猛兽食颛民，鸷鸟攫老弱。于是女娲炼五色石以补苍天，断鳌足以立四极，杀黑龙以济冀州，积芦灰以止淫水。”（《淮南子·览冥训》）

遍查史料显示，迄今为止，女娲遗迹在全国已发现1700余处，争夺女娲故里及葬地达13处之多。笔者以为，判断女娲出生地，**第一，不能置伏羲于不顾**。比如，把伏羲故里指定在甘肃天水，却把女娲指定在湖北竹山或其他地方。如果这两种说法成立，女娲与伏羲分处秦岭南北，相隔千里万里，那兄妹成婚之说就很难成立了。因此，要争夺二人归属地，只能将兄妹俩捆绑一起考量，要争，就要一齐争，千万不能做棒打鸳鸯的蠢事。**第二，必须找到孕育兄妹俩的老娘——华胥氏诸英怀孕生产的地方**，只要真

正找到了这个地方，归属权就归此地。否则，就是玉皇大帝题写哪里是“××故里”也作不得数。

笔者开出这两个条件，应当说是比较公平公正的，也是平息争论的唯一条件。

那么，笔者就用这两条铁律作番考究试试。

（一）华胥氏履大迹感孕生伏羲女娲

《太平御览》卷七八引《诗含神雾》说：“大迹出雷泽，华胥履之，生伏羲。伏羲盖雷神之子。”

意思是：在雷泽那个地方，有双神秘的大脚印，被华胥氏诸英偶尔发现了，便好奇地踩在脚印上，即刻感而怀孕，生下儿子伏羲。据说是居于雷泽的雷神投的胎，故传说伏羲是雷神的儿子。而其关键，一是“大迹”，二是“雷泽”，三是“雷神”。

《山海经·海内东经》载：“雷泽中有雷神，龙身而人头，鼓其腹，在吴西。”

意思是：雷泽中有个雷神，身形像龙但头部像人，鼓着肚子。雷泽在吴地的西边（按：关于“吴地”：大庸古代有西吴之称，《山海经》“吴姬天门”之吴氏可证。后来大庸西吴氏一支东迁至吴越，并在庸国辖地长江口之南以姓氏建吴国，便有“东吴”“西吴”之分。）这是古庸国以长江为界，划（江）疆而治的东部唯一一个越过长江在庸国东南方本土建吴国的典型个例。也是困扰史界的一大疑点。

这个故事显然说的就是雷泽雷神投胎生伏羲之事。请注意：这个“雷神龙身而人头”，已暗示是个“人”。说穿了这很可能就是伏羲、女娲的生身父亲。这也可能就是伏羲、女娲人首蛇身的出典。蛇、虫，都叫“龙”，连蚯蚓都叫“地龙”。我认为千百年来对民间画像兄妹拥抱缠尾交合的内容不可解，或认为是“丑化”老祖宗，怕是误解了。

《春秋世谱》说：“华胥生男子为伏羲，女子为女娲，故世言女娲伏羲之妹。”

《风俗通义》说：“女娲伏羲之妹。”

《汉书·人表考》亦说：“华胥生男子为伏羲，女子为娲。”

关于华胥氏履大人迹感生双胞胎伏羲、女娲，《黑暗传》写道：“……夫妇二人观山景，此名华胥山之名。华胥山中有一洞，太昊圣母在洞门。……连忙召来一山神，山上引路留脚印。脚印一尺有二寸。夫妇二人跟着行，不知不觉到山顶，见一虹霓五色新，打一冷噤动春心，不知不觉怀了孕。生下双胎男和女，取下伏羲女娲名。长大兄妹成婚配，又有五龙来托生。女娲出世一美女，身高一丈有余零……”（载《黑暗传》长江文艺出版社，2002年4月第1版，胡崇竣搜集整理，第146–147页）

是说华胥氏在华胥山踩了一双大脚印感孕产下一对双胞胎，名伏羲、女娲。

上述典籍与民间传说，一致界定：伏羲、女娲为双胞胎兄妹，且生身娘都是华胥氏诸英。生伏羲的具体地点在“雷泽”。雷泽之地，有一个神秘的“雷神”——兄妹之生父。而证实此“雷泽”真伪的唯一标志物就是雷泽山上有一双神秘的“大迹”——古人类足印。

雷泽与大迹，是两个至为关键的实地实名和实物。所谓“感孕”，是前人的讳言，是说给后人听的。郭沫若认为，这是“野合杂交时代”的原始共产社会，人们但知其母，不知其父。这是氏族社会母权制时代的普遍现象。黄帝轩辕氏之母附宝，不也是在昆仑七星山天枢峰发现“电闪弧光绕天枢峰”

而“感孕”生黄帝的吗？他们的后裔是不必为此而脸红的。

（二）揭秘“雷泽”与“大迹”

“雷泽”在哪儿？“大迹”在何处？说明这两个名称是判断这一历史传说是真是假的关键。而且二者必须同时同地共存，缺一不可，否则就是伪说。

那么，我们就先查一查前面提到的1700处女娲遗迹和13处“女娲故里”，或现已被“界定”的“羲皇故里”真有“雷泽”否？真有“大迹”否？抛开这两条关键证据而立论，只怕又要制造一桩冤假错案了。“雷泽”有无或不重要，胆子大的，可以立马伪造一个。这在过去已不新鲜。比如汉武帝就为黄帝伪造了一座影响世界的假陵墓就是一特例。这样的作派在中国还有N例可寻。但华胥氏所踩的那双“大迹”（脚印）恐怕不容易伪造出来。不是不想造，而是不敢。特别是当今高科技时代，不信你试试？

那我金某就不客气地告诉天下人民：今张家界市永定区还真有一双大脚印！大脚印之南不远处，还真有一处叫“雷泽坪”的洪荒远古地名！

且读1995年版湖南《大庸县志》第一篇第一章第三节行政区划载：

安福县永定卫城及大庸所（附都区分拨）

东门坪（十都一区）……大庸坪（十三都），……前社坪（即前社溪，十都二区），……**雷泽坪**（十二都），……禹溪（十四都，自禹溪上抵桑植，北至九溪，南抵茅岗未分区）……

上列区划名录是清雍正十三年（1723）撤大庸卫建永定县时官方划定的，说明十二都“雷泽坪”不是笔者捏造。今张家界枫香岗乡80岁以上老农民多能指出雷泽中心位置在今枫香岗乡（孟坪）——大庸溪一带。

那么，雷泽有“大迹”吗？——大迹就是真人大脚印！

——这恐怕是一个天大的麻烦！

我说是真史就一定有，反之则无。有无决定真伪成败。那我就很负责任地告诉全天下广大读者诸君：既然这个古雷泽传之太古，流传当今，且已列入地方行政区名，说明必有“大迹”存在，否则，此地就不会叫“雷泽”。这是一对必须捆绑一起才能成为历史证据链的地名，缺一不可，否则无用！

那么，中国960万平方公里大地，到底有没有一双或N双伟大真实的古人类脚印？**说来不信，今张家界市永定区还真有一处雷泽坪，雷泽坪北山还真有一座“脚印山”，脚印山上还真有一双“脚板印”，脚印岩上还真有一双真真实实的古人类脚板印！**说到这个份上，这个保守了千百万年的秘密今日个就豁出去了，干脆正式通过本著向全中国、全世界争吵几千年的关于伏羲、女娲其人其事是真是假及出生故里的历史公案及必然要连带的关于中华人类历史纪年的断代工程、中华百万年人类史、中华万年国史、乃至世界人类文明史等一揽子纠结数千年而未解的地球世界古史之谜进行公布并予了断！

那么，这双人类脚印，到底是真是假？那就告诉你们吧：它的准确位置就在今中国湖南省张家界市永定区枫香岗乡巫山村长湾组西南侧龙尾巴岗一块巨石之上。此石高4.5米，上为一平台，长1.7米，宽0.8米，呈长方形，三面绝壁，这双脚印就深深地踩在此石台上。其左脚在前，右脚在后，脚尖向南，脚根朝北，虽说历经不计年风浸雨蚀，但脚板轮廓及十根指头、后跟窝、前掌窝、脚趾窝、脚板的弯空凸起处和凹洼处等各部位细节，都清晰可辨。右脚尖用力较重，痕迹较深，脚趾前因冲击力而践挤出的岩浆堆积层有1厘米高；左脚尖用力较轻，故痕迹较浅。凡脚踩凹处，平滑而自然。访得并亲临现场认定并考察的第一人就是年过八十的地方文史专家王章贵老师，他不顾年老多病，先后多次考察，并进行仔细丈量：

左脚：从脚根到大拇趾尖，长35厘米；从脚跟到小脚趾尖，长32厘米。五趾尖呈斜长形，宽17厘米，脚趾内宽16厘米，脚跟内宽10厘米，外宽13.5厘米。脚根呈椭圆形。脚印的深度平均3厘米。

右脚：其长度和宽度均与左脚同。左脚根与右脚尖两脚相距17厘米。也就是说，大庸巫山远古人类的脚比现代人的脚要长11–13厘米。据此推测，这位远古人的高度在2米以上。（详见王章贵《庸史再考》张新准字〔2009〕第034号，第41页）［可对照本著彩版研究欣赏］

这双脚印的信息是巫山村老农民李发超告诉王老师的，时在2009年3月15日。他说这双“太古人类脚印”是中华人类共同的太祖，这个秘密也是祖祖辈辈传说下来的，过去一些老人逢年过节必去那里烧香祭拜。为了永保这双脚印，村民代代自发保护，守口如瓶，严禁外人参观。

——这不正是古文献记载却一直扑朔迷离恍兮忽兮的“大迹”之真容吗?!

那么，怎样才能判别这双脚印的真伪呢？

专家及相关资料告诉我们：太古时代，最早的野生动物是三叶虫（2.5亿–5.4亿年前的生物，现绝迹），其化石附在石灰岩的表层上，所以岩石表面上的三叶虫化石与脚印踩凹的三叶虫化石是否呈自然圆滑凸凹状态，就是唯一的判断方法。如果是人工錾的，三叶虫化石纹路必呈断裂之状，绝对瞒不过普通人的眼睛，何况还有高明人类学考古学专家。经用高倍放大镜反复观察验证，可以肯定这双脚印是远古人类偶尔留下且完好保存至今的真实脚印，决非人工伪造！

这简直是一个不可思议的“宇宙夜谭”！

据说美国科学家麦斯特在犹他州羚羊泉寒武纪沉积岩中发现一只成年人穿着便鞋踩上去的脚印和一个小孩的脚印，长约10.25英寸，宽约3.5英寸。脚印嵌在岩层中，表面上就有一只三叶虫的化石。经鉴定，这的确是人的脚印。据载，在中国云贵交界处的富源县（即介于云南曲靖与贵州盘县之间，属云南境）三叠纪岩石面上亦发现四双脚印（已残）。据考，这些岩石已有2.35亿年的历史。而在富源县西部的元谋人距今170万年。又查，在非洲坦桑尼亚北部的东非大裂谷一个叫利特里的地方也发现了一组和现代特征十分类似的太古人类脚印，这些脚印留在火山沉积岩上，通过现代手段检测，火山沉积岩有300万–380万年。这一发现的结果，促成了“世界人类起源于东非大裂谷”人类学观念的产生，连中国的学者也瞎起哄说中国人种都是从东非大裂谷东渐而来的。这就是中华一族“西来说”的理论依据。

那么，怎样测定古庸国地张家界这双大庸太古人类脚印的年限呢？1985年10月，中国旅游地学研究专家覃功炯先生，受大庸市政府的邀请，对天门洞形成的年代进行考

察检测，后在《大庸天门山考察开发报告》一文中写道："天门山一带，在长达5亿7000万年的地质历史时期内，经历了从海底沉积、上升为陆相沉积，形成高山，遭到剥蚀的巨大变迁……这种溶解了钙质成分的溶液由于水的流动而使溶解作用增强……"

这种"钙质"的东西应该就是碳酸钙，即喀斯特岩，俗称石灰岩，正好与巫山的岩石性质同类。此脚印山与天门山南北相对，中隔澧水，直线距离约15公里。如果按天门山形成的结论，完全可以套用大巫山脚印岩，那么，**这双古庸大地巫山人类脚印的年代就是5亿7000年的天文数字了**。而不过八九千年或一万年前的祝融华胥氏时代，对这双脚印更无法解释，只能当成"神"去朝拜，于是就有"雷神"的说法了。

然而无论怎样，这双脚印的存在是不可置疑的，它不独是张家界的宝物，更应该属于全中华民族乃至全地球人类！这是目前中国乃至世界所发现的真正称得上完美无缺的第一双荒古人类脚印！有了这双脚印，中国人也可挺起腰杆向世界宣告：在亚洲中国南方昆仑北纬30°、东经110°的古庸（张家界）大地——盘古氏家乡，很可能是中国人类与世界人类共尊的太祖的诞生地！

这是一个牵涉地球人与时空隧道（所谓"黑洞"）**理论如何从人类学源头彻底否定达尔文人类是从猿猴进化而成的反科学的"进化论"**。今天，我充满底气、充满自信正式通过这部著作，向全世界通告这一重大信息：**在地球东方古庸大地屈原故里发现了一双真真实实、明明白白载之本土古籍及国史的"古庸人脚印"**！这正是我研究本著的底气之所在。那双人祖的脚印可随时欢迎全国、乃至全世界人民光顾、拜谒、祭奠。伏羲、女娲兄妹俩的降生，颇有孙悟空横空出世的惊天动地。他们代表了成熟人类的最高智慧与伟大赋性。

说来也巧，该文写到此处，总觉得犹嫌不足，信手阅读发现于湖北神农架的神话史诗《黑暗传》，居然找到了华胥氏履大人迹感孕生伏羲女娲的民间口传长诗，且读：

"……夫妇二人观山景，此名华胥山之名。华胥山中有一洞，太昊圣母在洞口。见得一男一女多美貌，笑在眉头喜在心。连忙招来一仙神，山上引路留脚印。脚印一尺有二寸，夫妇二人跟着行。不知不觉到山顶，见一霓虹五色新，打一冷噤动春心，不知不觉怀了孕，生下双胎男与女，取下伏羲女娲名。长大兄妹成婚配，又有五龙来托生。女娲出世一美女，身高一丈有余零……（略）"（胡崇竣搜集整理《黑暗传》，长江文艺出版社2002年版，第147页）

该版本长诗虽说个别细节与史载有出入，但在华胥山踩大脚印感孕生伏羲女娲的故事主体还是一致的，所写发生地在天门昆仑也是一致的！想不到民间传说古本与古籍文字口传非遗发生隔世信息对接！据笔者多年考察调研，在众多以所谓"羲皇故里""女娲故里"自称的地方，绝对没有"雷泽"，绝对没有一双与之相匹配的古人类留下的脚印现场！

（三）发现伏羲、女娲兄妹成婚的原生地名信息

关于伏羲、女娲兄妹成亲的神话，几乎流布整个中华域。尤其江南、大西南的少数民族，几乎都用伏羲、女娲大体相近的传

说，演绎洪水时代各自民族兄妹成婚的神话。在伏羲、女娲出生的古大庸故乡，对于此类传说简直是递代相传，家喻户晓。与之相关的古遗址符号除了“雷泽”“巫山脚印岩”（大迹），还有与之相关的古地名：⑴凤湾。市区有凤湾居委会、凤湾大桥等。本有二名：一是“凤湾”，出自北部“凤羽山”，即殛鲧之“羽山”历史事件原发地，二是“风湾”，盖因雷公坪望城坡有山垭贯连东西古道，曰“风门垭”，实为伏羲“风”姓之本源。⑵伏羲洞。有二：一是雷公坪之北的崆峒山［非北方崆峒山］。又作女娲娘娘洞、圣女洞、神仙洞。二是枫香岗乡巫山之北、庸山之西。⑶人皇庙。位于圣女洞之东侧，一作天皇庙。⑷磨子垴（垭）—大地湾—蛇滚坡。分布在雷公坪之北的长湾村、代家湾村境内。相传洪水过后，伏羲、女娲从昆仑天门走下坪，人类消失，天帝命兄妹俩成亲，繁衍人类。兄妹成婚前，二人求天做证：将两扇磨子从相反山头推下，能合者即为天意，结果磨合［大众俗词“磨合”源出于此］。又在两座山头烧烟，若烟合，即为天意，结果烟合。兄妹仍有顾忌，于是二人拥抱着滚下大地坡，不散，即为天意，结果二人化蛇绞合不散，叫人合。即是磨合、烟合、人合（蛇合），天意怎能违？于是凭天凭地结婚，进入“圣女洞”——又作“伏羲洞”，“洞房”由此而来。于是兄妹共同造人，大地又重新有了人民。⑸烟柱垭。在长湾村，兄妹烧烟绞合成柱于此地。

这是一组十分完整严密的伏羲女娲兄妹成婚的地名信息链！

对于兄妹成婚，**马克思**在研究摩尔根著《古代社会》一书时指出：“在原始社会，妹妹曾经是妻子，这是合符道德的。”**恩格斯**在《家庭、私有制和国家的起源》书中指出：“血缘家庭——这是家庭的第一个阶段。……兄弟姊妹的关系，在家庭的这一阶段上，也包括相互的性交关系，并把这种关系看成是自然而然的事。这种家庭的典型形成，应该是一对配偶的子孙中，每一代都互为兄弟姊妹，正因为如此，也互为夫妻。”（《马克思恩格斯选集》第四卷）《礼记·月令》记载伏羲女娲结合诞育人类之后，又制定了“嫁娶之礼”，废除了血亲婚，倡导氏族婚——即是随着母系氏族社会向父系氏族社会过渡后开始发生的变化。关于伏羲、女娲兄妹成婚的遗风，直到今天仍在张家界、沅陵乃至整个大武陵地区流传。

有学者指出，西汉鲁恭王造灵光殿，始画伏羲、女娲人首蛇身、交尾而拥的图像于壁。王逸之子王延寿为此作《鲁灵光殿赋》云：“伏羲鳞身，女娲蛇躯。”

1928年在新疆吐鲁番出土的唐代绢画，彩绘人首蛇身伏羲女娲二人。伏羲在左，戴巾，张左手执矩和墨。女娲在右，面贴金，束高髻，张右手执炬。上身拥抱，下尾相交。二人头上有象征日月星辰的光环。（刘锡诚《中国象征辞典》）这是中国古代关于伏羲、女娲古史研究中最为重要的文物实证。伏羲女娲竟然成了新疆维吾尔民族的创世祖，这种血统关系值得民族专家深度挖掘。这恰是大中华涵盖众多民族同生共存于一个华夏大地的重大证据信息。说穿了华夏60多个民族共尊一个创始祖，根本不存在领土争端。国家及民族史家应该从寻根问祖层面面向国际上不断挑起的国家分裂、民族分裂事端进行正能量批判与反击！

（四）发现伏羲、女娲创立崇山太极八卦·创建崇山天国

伏羲、女娲出生长大后，做了一件开启人类智慧、推动人类文明进程的大事：即演绎八卦，创立太极，所谓一画天开，撬动地球！《太古河图代姓记》载：“伏羲氏，燧人子也，因风而生，故风姓。末甲八太城，三十二易草木，草生月，雨降日，河泛时，龙马负图，盖分五色，文开五易，甲象崇山。天皇始画八卦，皆连山，名《易》。君臣民物、阴阳兵象，始明于世，……天下之民号曰天皇太昊伏羲有庖升龙氏。”《连山易》曰：“重艮以为首。”重艮即崇山（前解），故连山易又作“崇山易”，崇山又名连山。

上述二说，乃为伏羲画八卦于故乡崇山的铁证。而《三坟·山坟》所载伏羲氏《连山易》六十四卦爻卦大象中首卦即“崇山君，君象首”，更是无可撼动！伏羲画八卦，六十四卦中卦象基本上采用本土地名。如：“君臣相”，《大庸县志》载《大庸县苏维埃区乡政权建置与1988年乡镇对照表》：“乡苏维埃政府：君臣乡；1988年乡名：三坪乡。”昔今人将君臣乡改作三坪乡，丢掉了一个伟大乡名！惜哉！“列山民”，列山即烈山，因远古先民开荒烧山种杂粮得名。又作“历山”，即前所说“大迹”所在地之巫山、大历山。史载：神农炎帝起于烈山，亦称历山氏。八代五百三十年后，轩辕黄帝起。又今桑植空壳树乡陈家坪村有列山（《市典》，第918页）。“伏山臣”，伏山在永定尹家溪镇泉峪村，名“伏山界”（《市典》，第546页）。“连山”，在永定区阳湖坪镇社溪村西，黄帝为天门昆仑建五城十二楼之连山城遗址犹存，今合村更名“联成村”。“藏山兵”，即屈原老屋场之金藏山、金藏关，都是不可复制的判定伏羲、女娲故乡的佐证。

相传：在伏羲演八卦于崇山北麓、巫山脚印岩南麓的大庸坪，由大庸水自然绕出一个巨大太极图形，但并不十分圆满。后由伏羲、女娲募集农夫挖通了一条半圆形水道，让未连之水连接起来，成为一个天人合一的太极图。此由人工开凿的一段太极水道长200余米，宽15米，深5米，堪称是中国唯一一个巨大的天人共造太极图工程。或者说，经过人为打造并赋予人类思想信息的大庸巫山太极图，才是中国远古史上第一个始创的真正意义上的太极图！因为这里就是伏羲和女娲的生身故乡。

天然酷似的太极图形，国内不下千百个，张家界就有10余处之多！仅《永定县乡土志》所载：“木洞、风泉均出崇山驩兜冢左右，西流七里过侯家湾傅河大桥入澧。其西有太极图水，自宝珠山下注入，凡行十一都区内计十余里。”又记：“太极桥，在傅河上，有小水螺旋如太极图，在澧水南。其西岸（大庸坪）亦有太极水如之。隔河对映，天然如画，真佳景也。”你看，弹丸之地就有3个美仑美奂的“太极图”！而大庸溪与茅溪交界的百家村、龙盘岗太极图，面积达数千亩，堪称中国自然太极图之冠！正是这些极其“酷似”的自然杰作，才为后来者以这些虚拟的天然“河图”来制造“羲皇故里”的“神话”提供了“依据”。而打假国内众多的“羲皇故里”的最简单的办法就是查一查此地有没有华胥氏踩的那双“人类脚印”。

上述“西岸大庸坪太极图”，便是远古

时天下唯一通过伏羲、女娲动用国力人工加工改造的“天人合一”的太极图，至今大体完好如旧。

太极图的那对“阴阳鱼”，到底是什么东西？笔者曾与几个专家溯太极水而上，直至巫山脚下的“高阳泉”（土语左言为“阳高泉”），这是一个神秘的地泉洞，出水成溪叫大庸水，古庸人母泉是也！据当地百姓说：此泉古称鲵泉、醴泉，相传神农一耜下地挖出醴泉而“神醴瀵”即此。是古代娃娃鱼的故乡。太极图中的两条大头鱼，一雌一雄，不正是大鲵相依的形态吗？或许，这正是作为“阴神”女娲，与“阳神”伏羲从兄妹相合感悟并构建了古人心目中的阴阳平衡。而大鲵，又正是大自然中唯一能模仿婴儿啼哭的长寿灵物。笔者甚至怀疑这一对阴阳鱼，就是伏羲、女娲的精神化身。此论不料与逸空先生《盘古证源》一段言论对接了：“盘古身上带着太极图，太极图负阴抱阳，伏羲、女娲化成阴阳鱼互相缠绕交合。”（载莫厚材、张家贵《盘古新说》，中国文联出版社2008年版，第40页）于是，人类起步文明时代的超人智慧与阴阳哲学——崇山易就在崇山之麓诞生了。它是伟大的崇山文明核心文化中最为耀眼的明珠，因为他启开了蒙昧的世界而光耀万代！这个神秘的太极图，历万年仍完整如旧，并在西侧逐渐形成一个八卦城——古太极庸城。《大庸县志》载：“洪武初年，慈利县治设十三都，今大庸溪。九年迁回慈利。”此慈利县治所即此太极庸城。古街遗址犹存。

关于大庸坪伏羲太极图，王章贵老师也不约而同写道：“伏羲山洞里的神水在大庸坪中间制作了一座巨大的太极图。此图就是伏羲和女娲俩兄妹结为夫妻的象征，男为阳，女为阴，阴阳相合，才会生儿育女，天下才有人类，才会生万物。其遗址犹存。俩兄妹在此发明了一种宗教文化，信仰鬼神，故此地得名‘巫山’，又得名‘巫教’。因此说大庸巫山才是中华巫教文化的发源地。后来，伏羲和女娲的子孙们逐渐开发了巫山，开发了崆峒山，开发了武陵山（即天门山）……之后，在崇山中心建立了大庸帝国，并成为长江之南最古老的强大国家。”（《武陵古庸国》第十八章《巫山寻祖》，第288页，张新准字2012［59］号）

此论恰与杜钢建教授吻合，他说：“湘西崇山地区自远古以来一直是南方极为重要的政治文化中心。伏羲最初立君建国就在现今张家界武陵源山区的崇山地区。伏羲在崇山立君建国有其历史渊源和历史背景……伏羲氏时期以后，从武陵崇山为核心的周边地区都属于崇山国的管辖范围。从伏羲朝到神农朝、黄帝朝、颛顼朝、帝喾朝、尧舜禹、夏商周时期，崇山国的管辖范围在不同时期有所变化。崇山国的管辖范围大致可以说西至今四川和重庆的崇州、崇县以西，东至洞庭湖以南湘江边，北至湖北鄂西南，南至广西贵州……”（杜氏《禹王在湘西崇山开启夏朝，崇山乃夏朝第一国都》。金氏子按：重庆北部的南充，西充也应属于崇山国范围。）

杜先生一席宏论，是两千年来挑战“中原文明论”的又一位先知先觉者。与张良皋发现中华域的肇始文明起源于古庸国之论殊途同归。笔者十分庆幸。看来我并不是孤军奋战的第一人，在众鸟噪林的孤独中，居然听见了两声划破晴空的长鸣——那不正是我的知音吗?!

大国有大气，伟人有大象。唯有昆仑崇

山的巨大气场，才孕育出千古第一国——大庸帝国；才塑造成人类第一祖——伏羲女娲！

《淮南子·览冥训》说：“女娲阴帝，佑宓戏（伏羲）治者也。”是说女娲辅佐伏羲治理天下。

屈原《惜诵》：“令五帝以折中兮，戒六神与向服。”此之“五帝”指东方太昊、南方炎帝（即祝融，又称赤帝）、西方少昊、北方颛顼、中央黄帝。太昊即伏羲。古云：“卦画光天道开前古，六经之原群圣之祖。”

（五）女娲崇山创制“充乐”

《黑暗传》唱：“女娲氏，她用葫芦造成笙，开教化，育子孙，百姓听了开智化愚都聪明。”

《世本·作篇》：“女娲创制良管，作笙簧，名曰‘充乐’。”

“充”何解？“充”即“崇”。崇山又名充山，天下充山就一座。女娲以充山（崇山）作乐名，等于把笙簧之乐起源地固化在崇山，也等于把古乐发明的知识产权者和自己一同固化在崇山。这是判定女娲出生之地又一重要证据。它告诉人们：女娲是凡间真人，神话是后人所编。此与伏羲“文开五易，甲象崇山”、八卦“重艮以为首”（即“崇山为首”）发生在同一地、同一时，说明二人一直没有离开过崇山。崇山北麓是澧水，澧水北岸是雷泽，雷泽北岸是脚印山，脚印山下是伏羲女娲的诞生故里。这是连环证据。

史载：伏羲、女娲在崇山演八卦，奏《崇丘》，唱《丰年》，代代相传，经过几千上万年的演变完善，形成《崇丘大鼓吹》——古充乐流派。约4300年前，驩兜被舜放回崇山后，创建崇山天国——驩头国，举行了前无古人、后无来者的崇山祭祖大典，所演奏的祭乐即女娲遗音《崇丘大鼓吹》。湘西苗族史诗《鸺巴鸺玛》记述了这一伟大史实。所载古乐器配置有“七个簸箕大的铜鼓、七面簸箕大的铜锣、九个牛皮大鼓、九面凸凸小锣、一十二把长管、一十二把长号、三百芦笙（即女娲发明之笙簧）、三百唢呐、三千大炮、三万小炮”。这种演奏乐器铺排阵容，即便当今世界著名国家交响乐团，也难望其项背。尤对其祭祀盛大场面的描述，更是惊心动魄：“炮声响出三天路远，鼓声响出三天路长；笙歌震荡三山五岳，呼声惊动四面八方。声音传去九天九夜，九天九夜欢乐无疆……”（引自《吉首大学学报》1982年第3期）

从女娲“充乐”演变发展形成的“崇丘大鼓吹”，共留下110多支古曲牌，虽经数千年上万年变易，但其荒古音乐基因仍遗风犹存。其秘密是有千古不辍的传承制度。据末代传承人邹启祥先生介绍，至迟从北宋大中祥符五年（1012）起至当今，他应是北宋武溪崇丘鼓乐堂先祖田元极的第三十三代嫡系传人，是大庸鼓乐堂著名古乐大师田羲明（田祚钦，1836–1901）的第五代嫡系传人和宋祥远大师的第四代嫡系传人，亦是本境濒危非遗文化“崇丘大鼓吹”的唯一传人。

2017年，永定区有关单位以《崇山古乐》或《大庸古乐》为名正式申报“非遗”。

（六）从“泥（黎）民百姓”成语发现女娲抟土造人神话发生地在天门山

在女娲神话中，影响最大的是事关人类重生的“女娲抟（团）土造人”。

相传大洪水过后，世界上人类灭绝，天

神摄合女娲、伏羲兄妹成婚。为了尽快繁衍人类，女娲在“泥古神”的指点下，用泥土造人，于是产生了人类学中最古老的成语——“泥民百姓”。为何又叫“黎民百姓”呢？这与崇山火神赤帝祝融有关。在祝融氏世袭家族中，有个祝融黎，苗裔尊称“黎公”。古庸人“黎”“雷”口音相混，将“黎公”喊作“雷公”，至今依然。今张家界市区之“官黎坪”即因祝融而得名，口音却叫“官雷坪”。故巫山下的“雷泽坪”、古人堤的“雷公坪”均指祝融，此人正是古籍中所称之“雷神”——华胥氏诸英的丈夫——伏羲、女娲的真正生身父亲！

那古籍中又为何发出“履大人迹感而受孕”的信息呢？笔者揣摩日久，偶得启示：那是荒古母系氏族时代，天下人类还没有建立人伦婚姻制度，说穿了还处在“只知其母，不知其父”的群婚杂交时代。但无论怎样，我们还是幸运地从“黎民百姓”古成语之“黎”找到了人类始祖的真实身份：崇山祝融。后来古史上曾出现的“九黎”“九黎之乱”，便是华胥——祝融氏后裔的血脉信息。这个祝融不仅是中华人类共尊的人祖——崇山因此而称“祖山”，又因“泥民百姓”——“百家姓”之出现，崇山故又称“姓山”。而祝融封子孙于千邦万国——故崇山又叫“国山”。

上述信息与“充乐”综合考量，我们发现女娲抟土造人神话原生点就在她的家乡天门——崇山！

（七）女娲补天于天门昆仑

胡崇竣先生搜集整理的楚人叙事长诗《黑暗传》，唱女娲补天：“彩石补天止天漏，止住天河往下淋，天柱折了来接住，昆仑山高作磉礅（柱础）。多亏女娲易变化，一双巧手补天庭。时化大鹏飞上下，时化巨龙绕昆仑。”这一信息告诉人们，被传颂万年的“女娲补天”的神话发生地原来就在天门昆仑。⑴以昆仑山作磉礅：即把顶天柱立在昆仑山上，与昆仑“四维”即大地的中心、世界的中心观念吻合。⑵女娲为了补天，一时化成大鹏鸟，一时化作巨龙（所谓一日七十变），都始终紧紧围绕天门昆仑，与昆仑磉礅形成昆仑原点的强大证据逻辑！⑶这个居住在天门昆仑的女娲与昆仑女神西王母极有可能就是同一个人！

也就是说，先人流传女娲补天，还有真实、准确的发生地点哩！

这个“昆仑”在哪里？不必多费口舌，它只能是女娲出生地古雷泽——雷公坪及她抟（同“团”）土造人、发明充乐与崇山共名的“天崇山”——天门昆仑！

关于女娲在天门昆仑补天的传说，有多种版本流布民间。令人惊奇的是：唐代开元一代名相、诗人张九龄（623-740），曲江人，因李林甫上台而失势，被贬荆州，曾追循屈原的足迹来到澧西慈利、大庸等，得知屈原笔下的女娲原来是古大庸人氏，共工怒触不周之山的神话就必然产生在天门昆仑，于是按民间传说找到了女娲开采“补天神石”的现场——九渡溪，今属慈利县溪口镇金岩乡，距屈原故里仅15公里。《水经注》卷三十七《澧水》载：“澧水又东，九渡水注之，水南出九渡山，山下有溪，又以九渡为名。山兽咸饮此水，而迳越他津，皆不饮之。九渡水北迳仙人楼下，傍有石，形极方峭，世名之为仙楼。……九渡水又北流注入

澧水。”

宰相张九龄一行溯九渡水而上，抵达郦道元所载的“九渡仙楼”，此楼相传就是当年女娲作法开采五色石补天的采石场和大祭坛，四围石山即为采石场。经张宰相现场查勘，确认楼下一大片“遗石”正是女娲所留，遂作《九渡仙楼》诗以传世，诗中直写女娲挥斧采石补天，又扯上“神禹”和率八国联军伐纣灭商的一代庸帝熊绎，把三位历史巨人放到同一个区域环境中述写，因为他发现这三个古史巨人，原来都出自崇山。历史，就这么的奇妙。

九渡仙楼

张九龄

谁断巨鳌足？连山分一股。(1)
谁跨海上鹏？压作参差羽。(2)
应是女娲辈，化工挥巧斧。(3)
掀翻煮石云，大块将天补。(4)
渣滓至今存，悬瓴分注乳。(5)
磊落掷遐荒，龃龉不合土。(6)
忙惊日月过，晃漾空中舞。(7)
裒益问巨灵，硌砑碍臂武。(8)
塞罅制逆流，努力迹骈拇。(9)
神禹四载仆，九年梗作雨。(10)
纡回杀拗区，澎湃乱飞鼓。(11)
漫下祖龙鞭，六丁护丹府。(12)
漫发熊绎矢，非石又非虎。(13)
数狭不能制，伊谁可再侮。(14)
曾把蓬莱输，谁将此物赌。(15)
罗浮亦可移，此物不可取。(16)
肋斗出盘山，粗能踞地主。(17)
芝田第九层，最上蕙生圃。(18)

（诗载赵辉廷、陈自文编《慈利古诗五百首》。张新出准字〔2007〕第08号）

[简注]

(1) 谁断巨鳌足？连山分一股：相传共工触断支撑九天的不周之山四维四柱，引发天漏洪水，造成毁灭万物的灾难。不周山，即天门昆仑。连山分一股：连山位于今永定区阳湖坪镇社溪西侧之古连城，为黄帝建昆仑五城之一（今与社溪合为“连城村”，讹写为“联成村”）。是说顶天柱触断后，女娲奋起补天以拯救人类万物，首先从连山分割两坨巨石以补天，但因石质不佳而丢弃澧水岸边——即今传说中的红壁岩和独子岩。二巨石今存，名曰独子岩、红壁岩。

(2) 谁跨海上鹏，压作参差羽：此之“海”，实指天门山南麓的古云梦遗泽，并因之而称天门山作云梦山。又称南海、天门大泽，总面积30余平方公里。后崇伯禹治水，开决龙门口，沧海成大坪。又因赤松子初居云梦之西北麓赤松村，故称该坪叫赤松坪，至1953年以东部“小坪”陪衬而改名为大坪。“海上鹏”，是说天柱折，天河决，洪水泛滥，女娲身穿羽毛蓑衣骑大鹏在云梦泽巡视，大鹏时上时下，女娲就像时高时低的“羽人”。屈原诗中有“仍羽人于丹丘兮”，其本意是指驩兜族苗民常穿着羽毛蓑衣在天门南海中捕鱼，故称女娲是苗族羽人的先祖。

关于女娲骑大鹏补天之事，湖北神农架楚族神话史诗《黑暗传》有精彩描述：“彩石补天止天漏，止住天河往下淋。天柱折了来接住，昆仑山高作磉墩。多亏女娲易变化，一双巧手补天庭。时化大鹏飞上下，时化巨龙绕昆仑。”（长江文艺出版社2002年版，第171页）

(3) 应是女娲辈，化工挥巧斧：直指补天的发起人女娲。她手持神斧，劈山炼石，补天缺之漏。

(4) **掀翻煮石云，大块将天补**：女娲采石补天，首先将石头炼成液状体。熬煮冶炼石头的浓烟如翻滚不息的雾云，然后拨开石云，用大块石液补天。

(5) **渣滓至今存，悬瓴分注乳**：是说女娲劈石熔炼补天液，留下的岩场石渣至今还残留在此地。这条信息极其重要！是界定女娲补天神话的实物之证！瓴，瓶子。是说女娲补天，是将炼成的乳状石液用瓶子装着悬空注进天缺以补之。

(6) **磊落掷遐荒，龃龉不合土**：是说这些石渣至今还亮亮索索散落在这洪荒峡谷中。奇怪的是这些万年渣石与周边土石一直不相融合。(龃龉【jǔ yǔ】：上下牙齿不齐，比喻意见不合，双方发生~)

(7) **忙惊日月过，晃漾空中舞**：是说天补住了，让从天上越过的太阳月亮为之震惊，于是在天空中如晃荡的水波为英雄女娲跳起舞来。

(8) **裒益问巨灵，谽谺碍臂武**：裒：音扑，取出。即取多益寡。巨灵神，神话中的开山大力神。

(9) **塞罅制逆流，努力迹骈拇**：用石液堵塞天缺缝隙以制太空逆流。然后努力用双脚大拇指和小拇指踩紧裂缝中的石液。

(10) **神禹四载仆，九年梗作雨**：是说天柱折，水为患，大禹前仆后继，接任父崇伯鲧治洪水之职，一干四年，三过家门而不入。九年后才将雨水阻住。梗，阻梗。

(11) **纡回杀拗区，澎湃乱飞鼓**：是说女娲反反复复与放荡不羁的漩流拼杀，激起波涛，发出战鼓一般的轰鸣。

(12) **漫下祖龙鞭，六丁护丹府**：女娲优雅浪漫地用神鞭赶走劈下的石头。祖龙，远古神仙赶山鞭谓之“祖龙鞭”，相传秦始皇用祖龙鞭赶山填海。又请六丁阴神玉女保护炼石圣药的丹砂洞府。

(13) **漫发熊绎矢，非石又非虎**：用熊绎之箭射那些运作迟缓的石头。熊绎，崇山人，庸国大帝鬻熊之孙，一代庸帝，曾受鬻熊大帝之命率领以庸为首的八国联军伐纣灭商，创建楚国。相传熊绎擅箭术，有一箭(矢)穿石、一箭毙虎之功。这些由女娲劈下来的补天石，已变成既不像石头又不像老虎的补天神石了。此写女娲动用各种神力汇集一起劈山赶石炼石补天。

(14) **数狭不能制，伊谁可再侮**：无数条狭小的山路难以制服那些顽石，又有谁可以去轻慢它、侮辱它？

(15) **曾把蓬莱输，谁将此物赌**：女娲曾想把东海蓬莱岛运送过来去补天，但她最终放弃以此岛作赌注。

(16) **罗浮亦可移，此物不可取**：罗浮山固然也可移动过来，但这座山不符合补天石的质量要求。

(17) **肋斗出盘山，粗能踞地主**：是说女娲日夜劈山采石，与天苦斗，虽劳累于形，瘦显胸骨，但工程终于告竣，洪水安流，人类得救，于是回到家乡盘古山祭祀祖神盘古。肋：胸部左右。盘山：位于今张家界市区南庄坪之盘山，相传远古盘古在天门山开天辟地，初居于此，故又称盘古山。明代成化二年(1466)，永定卫土家族总兵彭伦在此建盘山庙，供奉盘古。粗：粗放，勉强。踞：蹲或坐。是说女娲回家，祭盘古神时，因遍体鳞伤，只能勉强蹲着或坐在地

上，言其补天之艰辛。

(18) 芝田第九层，最上蕙生圃：是说女娲坐在盘古庙前，仰望正对面的昆仑天门山，仿佛看到了九重天界的蕙圃花事正盛。《拾遗记》："昆仑山第九层，上有芝田蕙圃。皆群仙所种。"

读罢此诗，让人身临其境。女娲劈山补天简直从神话变成了活生生的现实场景！由此可见张宰相对这一远古神话事件的出典地的描述似乎是真实的场景。特别是结尾，一下归到与天门昆仑九重天瑶池、芝圃遥遥相对的盘古山（今张家界市大成山水国际大酒店正南，一街之隔的古樟树下），形成神话发生原点的回归，与湖北神农架流传采录出版的《黑暗传》长诗所写女娲补天的情境差不多是一个模板。这等于为天下各地区争论不息的女娲补天神话发生地作了终极结论。

屈原问天："斡维焉系？天极焉加？八柱何当？东南何亏？"

意思是：枢纽上绳子绚在何处？天的顶端架在哪里？八根擎天巨柱竖在何方？地势为什么东南显得低弱不起？

那么，屈原所问"天极八柱"到底是虚数还是实有其柱？不必怀疑，古庸中心地就是专门制造顶天立地擎天石柱的大自然奇迹的工厂，且不说古索国——张家界武陵源昆仑峰拥有三千八百根摩天石柱，直呼其名的就有金鞭岩、乾坤柱、南天柱、定海神针（柱）等；庸城之南的熊罴岩（中央仙山）、中柱垭等；仙人溪不死之国有三天柱（三柱并列接云）；桑植有中柱山（佳于桑植西莲乡金竹村）等，顶天立地、刺破青天的柱形孤石，平均高约250米，最高300米（南天柱），每一根都是世界奇迹。屈原笔下昆仑柱，天下唯此独有，至今仍兀立于浩然天地间。而武陵源昆仑峰一片摩天石林多达三千八百余根，正是屈原向天问难的"焉有石林"之原点。

神话与现实景物对接，等于找到了该神话的原生地，亦即神话传说的纪念物。

《淮南子·原道训》说："昔共工之力，触不周之山，使地东南倾。"据分析，此不周之山，即天门山。《淮南子·地形训》又说："北门开以内（纳）不周之风。倾宫、旋室、县圃、凉风、樊桐在昆仑阊阖（天门）之中，是其疏圃。"此"北门"即今昆仑天门，南北通透，故可"纳不周之风"。南门即七星山之"南天门"。朱自清在追悼闻一多先生时说了一段话："神话不是空想，不是娱乐，而是人民的生命欲和生活力的表现，这是死活存亡的消息，是人与自然斗争的记录，非同小可。"

笔者认为：我们所面临的是一个"神性"急剧萎缩的世界，一个无神的世界，也就是一个无法圆满解释其存在意义的世界，世界丧失了神性，也就丧失了文明的基础和道德的基础。

如果有人不服，我再举一证。《独异志》卷下说：**"昔宇宙初开之时，只有女娲兄妹二人在昆仑山，而天下未有人民。以为夫妻，又自羞耻。兄即与其妹上昆仑山……"**是说洪水过后，世上只剩下女娲兄妹二人活在天门昆仑山。这又是一个振奋人心的信息！这与南方各少数民族洪水传说东王公、西王母或伏羲、女娲兄妹二人躲到葫芦里留下人种吻合。此之"葫芦"，即今天门山的古称——葫芦山！后人又以远观“天门”状如一把巨型酒壶崁在万丈绝壁而称“壶头山”。此后，兄妹二人受天帝召唤，在天门昆仑接受天帝兄妹成婚的旨令以繁衍人类，于是便有民间传说的滚磨子、烧烟子、种竹子、滚大地湾、反向奔跑的系列传说。一个天门昆仑，锁定女娲兄妹成婚，与炼石补天、抟土造人三大创世之功均同源同地！

笔者以为这三大传说无论传到何方，其原生点都只有一个。正如日本学者柳田国男所说：“**传说必有传说的核心，必有纪念物，……总有个灵光的圣址、信仰的靶的，也可谓之传说的花坛发源的故地，成为一个中心。**”这个代表大中华域神话起源的核心、圣址、靶的、花坛、故地、中心，不在天涯海角，不在黄土高坡，不在西域雪山，不在戈壁沙漠，也不在风吹草低见牛羊的蒙疆草原，它就在华胥氏踩大脚印感孕生伏羲女娲的脚印山，就在“神仙之地，发于天门”的女娲的故乡——大庸雷泽——雷公坪——天门昆仑崇山这个“原点”！如果从现实的逻辑分析，雷公坪距天门昆仑直线距离不过5公里，洪水袭来，逃命的首选地必定是天门昆仑崇山。所以说：迷茫了上万年的中国女娲年代的洪水神话传说之争，至此已昭然若揭。我们应该为这一伟大传说的“靶的”自然落地而感庆幸！

至此，我们终于找到了祝融大帝、雷泽大迹、华胥感孕、伏羲女娲、兄妹成婚、太极八卦、抟土造人、炼石补天等一组成体系开天辟地的传说的发生中心原点，统统在女娲兄妹的故乡——大庸！它决不是虚无的瞎编，也决不是古人的欺骗。西方人说东方中国缺少神话。但我说，中国的伟大神话版权内容岂是西方国家可以相比的！

现在，让我们把上述符号及前章相关信息召唤一起，来个集体亮相——

雷泽—大迹（脚印岩）—巫山—祝融（雷神）—华胥氏诸英—太古人类脚印—伏羲—女娲—雷公坪—伏羲洞—伏羲泉—圣女洞—人皇庙—风门垭—磨子塥—大地湾—蛇滚坡—烟柱垭—充乐（崇山古乐）—文开五易，甲象崇山—重艮（崇山）以为首—太极图—太极城—葫芦山（壶头山）—古王界、古王溪—中国苗族古歌《都果都让》—楚族神话史诗《黑暗传》—昆仑天门……

这是一个阵容庞大而不可复制的符号方阵。每一个符号都可触可摸，每一个细节都落地生根；无需挖空心思去“考证”，更无须嗓门失控去“横争”。

关于女娲在天门昆仑补天的故事，自古广为流传，其中有副古联，曾刻在女娲庙（一作娘娘殿）正殿门上：

补天娲神，行地母神，大哉乾，至哉坤，千古两般神女；

治水禹圣，济川后圣，河之清，海之晏，九州一样圣功。

此庙遗址位于今张家界国际大酒店主楼所在地。下联对禹王，因毗邻女娲庙20米处有白马寺，一作禹神庙，内有神禹岣嵝碑。一地并二庙，一联对二神，可谓奇对、绝对、巧对、神对。联语佳话也！

现在，我们该为这千古公案作一了断了——

屈原笔下的伏羲、女娲出生地具体位置就在今张家界市区的三角坪之南的雷公坪街区，即今市水文局、老木材公司所在地。此街区现存雷公坪巷、雷公山、雷公泉、雷神庙（遗址）、娘娘殿（亦名女娲庙，遗址位于今“张国际大酒店”中心处），天子街（祝融）等，这是一个十分完整而严密的关于祝融（黎公、雷公）、华胥氏、伏羲、女娲故里原生地名群。

至于女娲、伏羲的故事、传说已传遍中华大地（连新疆都发现了伏羲、女娲蛇尾交合三千年古画），本是极正常的事。不正常的是，一些好事者抓住某地有个“太极图”就编造出一个“羲皇故里”，或哪里有个女娲庙、有座女娲山，就咬定女娲“炼石补天”于此、“抟土造人”于此等，就属于随心所欲地把兄妹俩拆伙，好像二人都是“天下为公”的职业革命家，是“好男儿志在四方”的热血青年。只是不能对其产生的源头的五大核心符号——雷泽、大迹（古人类脚印）、雷神（雷公坪）、崇山、昆仑避而不谈，装聋作哑。无论怎样争吵，有两样证据是永远伪造不了的，就是导致伏羲、女娲母亲华胥氏诸英怀孕的那双“**大迹**”——荒古人类脚印和巍巍昆仑崇山！

找不到这双脚印，找不到昆仑崇山，一切免谈，一切皆假。张良皋说：“女娲在全国都受到崇奉是后世的演变，其本源之地应在庸国。”（《灵山十巫与女娲》）

这又是让人惊诧万分的先见之论！

其实张先生并不是朝天一口，而是缜密研究后所作的结论。问题是，他的结论居然与笔者研究的结论发生南北对撞：屈原问天中的女娲，原来就是他的故乡——大庸帝国中心天门昆仑山的始祖婆！

（八）华胥氏伏羲、女娲与华胥国

那么，记载于史册的“神仙君子之国”——“华胥国”又作何解释呢？其实，这个秘密早就被光绪举人、光绪内阁中书、崇山下侯家湾人侯昌铭发现。他在《退园诗草》中写道：“身既为农隐，世亦与我忘。高卧华胥国，何者是羲黄。”这里有个典故，见《列子》：“黄帝昼寝而梦游于华胥氏之国。其国无帅长，其民无嗜欲，不知亲己，不知疏物，故无爱憎；不知背逆，不知向顺，故无利害。”羲黄，指伏羲及黄帝。吴均诗：“至德掩羲黄。”

断定华胥国建于崇山，核心证据是华胥在崇山北麓的雷泽畔巫山之上履“大迹”感孕生伏羲、女娲，而伏羲又在崇山创立太极八卦，史称“文开五易，甲象崇山”，且以崇山为八卦之首，是为“崇山君”，从而确立了万山之首、万国之首的“首丘”地位。女儿女娲，则在崇山发明天籁之乐——笙簧“充乐”，充乐即崇乐，应是古音乐之首。证明伏羲、女娲兄妹二人与父母同居崇山。女娲又在天门昆仑抟土造人、炼石补天，似乎都未离开崇山故乡一步。

且读宋代张君房《云笈七签》（卷一百《轩辕本纪》）中的一段文字：“……谓昆仑之灵封，致丰大祭，以诏后代，斯封禅之礼也。于是昆仑山北玉山之神人也，西王母太阴之精，天帝之女也，人身虎首，……此神人西王母也，慕黄帝之德，乘白鹿来献白玉环。……帝立台于沃人国，西王母之山名轩辕台，帝乃休于冥伯之丘，昆仑之墟，帝游华胥国，此国神仙国也。伏羲生于此国，伏羲母此国人。……帝又复游逸于昆仑宫，赤水北，及南望还归，而遗其玄珠。”

上述昆仑山、西王母、轩辕台、昆仑之墟、昆仑宫、赤水等符号，均在南方天门昆仑，已解。笔者不惜以两章篇幅全方位破解屈原故乡及笔下的天门昆仑和轩辕黄帝，已为上述史实作了坚实的基础准备。

值得注意的是，“帝乃休于昆仑之墟”，指的是天门昆仑群玉之山。“帝游华胥国”，不等于此国仍存，该国距黄帝时2500–3000年，是黄帝在天门休眠梦游所见。“伏羲生于此国，伏羲母此国人”，点出了华胥氏、伏羲、女娲同为华胥国之人。这个“神仙之国”正是“神仙之地，发于天门”的天门昆仑和县圃崇山！

再举一例。慈利人于翼如，清举人，江苏南汇知县、知州，著有《杏花春雨舫集》。曾作《唐氏聚星桥记》：“……灵邀夸父之负山，五色缤纷，功侔（móu，相等）娲皇之炼石。……今者，传筑初停，周行在望。……坊隆通德，不妨以字为名；国是华胥，允宜因氏著藉，炊烟缥缈。”（载万历《慈利县志·艺文》，第685页）

文中所写“夸父逐日”传说，发生地在今庸南沅陵九龙山。相传夸父为古“无怀氏”之民的酋长，建“龙伯国”，又称“大人国”。今柳林汊有“夸父山”（参读《盘古新说》，中国文联出版社2008年版），夸父实为远古观测天象、追逐太阳晨起夜落规律的天文官。又将“娲皇之炼石”“国是华胥”置于同一个环境记述，说明华胥氏诸英与女儿女娲及夸父三大古史人物传说均发生在澧、沅流域的天门昆仑崇山中心地，与张九龄所写女娲、侯昌铭所言“高卧华胥国，何者是羲皇”不约而同形成证据连锁。

至此，寻找、吵闹了数千年的华胥国、女娲、伏羲故里之争，该偃旗息鼓了。

那么，现在，我们可否作这一结论：屈原诗中的西皇（西王母）、女歧（织女与牛郎）、嫦娥（夷羿与吴刚）、女娲（伏羲与其母华胥氏）四大神女神话皆出自天门昆仑崇山。这里是一个伟大的神话生产基地。它是“灵光的圣址、信仰的靶的，也可谓之传说的花坛发源故地——传说的中心”。

为了求证伏羲、女娲居住崇山的老屋场，特地请教连五间村戴老支书，他指着一处山垭说：“这里自古叫‘伏娲’，喊讹了叫‘伏垭’。那就是伏羲女娲在崇山的家。”

12. 周穆王

“穆王巧梅，夫何为周流？环理天下，夫何索求？”

笔者不惜以一章三节之篇幅，全面破译西周穆天子前后5次游历崇山、天门昆仑的重大秘史。不赘。

13. 伏匿穴处

“伏匿穴处，爰何云？”

意思是：如今我都隐居在洞穴中了，讲述这些又有什么用？

此之“穴”，在何处？经考，一在丹丘老屋场之屈子洞，少年时作《橘颂》于此。二在兰岗之相公洞。离郢回家，孤独一人，种兰辟谷于此，著《离骚》。三在昆仑天门洞，追随赤松子隐居于此，著《悲回风》

《远游》，并由此下山开始未来数年的远游旅程。不赘。

[本节结语] 屈原诗中，曾60多次提到历史人物或传说的祖先神灵有30多位，如盘古（遂古）、高阳、伯庸、祝融、伏羲、女娲、轩辕、赤松子、刑天、应龙、高辛（帝喾）、尧、鲧、舜、共工（庸回）、禹、彭祖、巫咸、周穆王，乃至一大批神仙及传说人物等，大多数都与天门昆仑、崇山县圃有关。屈原对这些创始、创世、推动历史进程的伟人、巨人及上升为“神格”的一批人物，乃至一些生僻的本土自然现象、地方传说等，信手写来，如数家珍，这不仅是博览古史的积累，更与他们同是故乡人有关。崇山文明的巨大场气所聚纳的伟人群，昆仑天堂所拥有的世界自然奇迹，以及由一大批创世伟人而形成的神话传说事象等，若非本乡本土的诗人，是不可能编造得出来的。早一代注家王逸以为屈原写《天问》得灵感于楚庙中的几堵石墙壁画，我说那是大人给孩子们讲的一个儿童神话。170多个问题，小小庙堂能画得下吗？即便有这种可能，那这座几千年前的庙堂又该有多大？那个作画者能纵横捭阖于天国人间万事万物，那必定是一个胜于屈原几个层次的第一等文化圣人——或必是具有通灵之功的“半仙”，因为连张家界昆仑峰的石林、仙人溪犀牛潭蟒蛇吸人的故事等都一清二楚，非神非仙者能做得到吗？而且，画壁画之人，更必是一位通晓屈诗的大学问家，必定还是一位超级大画家、超级大书法家，已远超屈原身份，可屈原为何没有为此“神圣”哪怕留只言片语或载之于国史、野史？

让笔者震惊不已的是：《天问》的问题远从“遂古之初”问起，问天问地，已涉及太空、宇宙、天体、元气、磁场、阴阳、星象、日月运行、地维天极、天门开阖、人类起源……然后依序问三代（尧、舜、禹）、问商、问周、问楚。这不亚于一部博大精深、壮丽恢宏的自然与人类的起源史、发展史、国家史。前文提到关于一帮史家提出“重写中华万年史”的呼吁，殊不料两千多年前屈原就已通灵试笔了！

笔者由此发现：“问天地”部分的核心内容，基本上就是上自宇宙天体、盘古开天辟地，下至黄帝、高阳的昆仑文化。就是说，高阳、黄帝以上的文化发生地基本上在天门昆仑及崇山县圃。本人所提出的中华第一轮文明中心地在南方澧水昆仑崇山的观点与屈原《天问》形成无缝对接。

然而，究其本质，屈原这样向天问难，到底是为了什么？是因了一个纯学术的“探源工程”？抑或是因了一种难以排解的“悲情”而向天倾诉以宣泄心中之块垒？

这里，我想引用斯大林先生的一段名句，或许对诸公的思索有所启示，他说：

“每一次都遭到失败，受到侮辱，不得不退却，不得不把委屈和耻辱、愤怒和绝望埋在心里，仰望茫茫的苍天，希望在那里找到救星。”（斯大林：《悼列宁》，载《斯大林全集》第6卷，人民出版社，第43页）

第五节　从“涉江”诗中发现屈原家乡南夷崇山

【按】笔者不按前人所排列篇目逐一写去，这与本著目标完全相悖。我的目的只是从屈原诸多诗作中寻找关于屈原故里的线索证据，故将篇目次序打乱。

1. 屈原佩剑

“余幼好此奇服兮，年既老而不衰。带长铗之陆离兮，冠切云之崔嵬。”

译文：我从小就爱好穿奇装异服啊，直到晚年这习惯依然不变。腰间挂着长长的宝剑啊，头上戴着高高的通天冠。

与此类同的诗句有“高余冠之岌岌兮，长余佩之陆离”“带长剑兮挟秦弓，首身离兮心不惩”等。

这是屈原为自己的穿着剑客特殊形象所留下的重要信息。

屈原不仅佩剑，还是一名潇洒风流的骑士。他的诗作中多次出现抒写他骑马奔走的形象：“乘骐骥以驰骋兮”“步余马于兰皋兮”“朝吾将济于白水夸，登阆风而緤马”“仆夫悲余马怀兮，蜷局顾而不行”“饮余马于咸池兮，总余辔（音“配”）乎扶桑”等。

或问：一介诗狂书生，却纵马驰骋，仗剑远行，俨然一位骑士剑客，且问是真功夫？还是花架子？

且往下读：“入溆浦余儃佪兮，迷不知吾所如。深林杳以冥冥兮，乃猨狖之所在。山峻高而蔽日兮，下幽幽晦以多雨。霰雪纷其无垠兮，云霏霏而承宇。哀吾生之无乐兮，幽独处乎山中。”

这是屈原远游迷路于涂浦深山老林，又逢野兽风雨浓雾冰霰（音“宪”，雪粒）的恐怖写照。若无佩剑良马仗胆，一介书生敢独处瘴气逼人、野兽横行的黑森林吗？

说到屈原佩剑之事，屈家坊83岁的屈祖生讲了个屈氏家传的故事：屈原出生那日，老庸王、父伯庸在河岸砍了根竹子，开片将竹青烤出油泡，然后在婴儿屈原脚板上烫烙，从此一直烙到13岁，成为一双可赤脚远行打仗的“铁脚板”。并按婴儿的体重称一砣等量毛铁，浸泡在药水里，叫“婴儿炮烙祭”。屈原七岁开始到屈家坊屈氏宗祠发蒙上学。十三岁那年，伯庸将浸泡了十三年的毛铁取出，打了一把宝剑，不给钱粮，不管死活，让屈原独自赤脚佩剑远行，半年回来（有不少死在外面而未归的），屈原已磨炼成闯荡世界、具有独立生存能力的少年，古庸人称“**成人祭**”（按：此俗后来由庸国濮人、苗人传承，约消失于明代）。屈原当年即升学至崇山熊馆大学（位于今永定二家河乡熊溪峪村），从师第二代鬼谷子，其前辈师兄有孙膑、庞涓、苏秦，同窗师兄有张仪等人，同习“纵横捭阖”谋略，共练由鬼谷子传承庸国濮人土著世代传下来的“饮（硬）气功”——鬼谷神功，叫文武双修，古云“惟庸人善战，秦楚不敌也”。十八岁那年，屈原学成，佩挂宝剑，以“庸楚两国共监制”莫敖使臣之身份，被父王伯庸派往楚国，辅佐（监管）刚登

基的楚怀王，从此，投入波澜壮阔的战国洪流，终于修成一代叱咤风云的鬼谷子“合纵派”精神领袖。后楚宫失败，回归庸国，无心政坛，遂佩剑远游，成了两千年前一代剑客侠魂。并苦吟独创出了中华千古第一新诗——楚辞——本应该称“**庸辞**”。楚辞之名是汉代注家只知有汉，不知有庸而总结发明的。

2. 重华·瑶之圃

“驾青虬兮骖白螭[1]，吾与重华游兮瑶之圃[2]。”

⑴青虬、白螭：即青龙、白龙。⑵瑶之圃：即县圃瑶池。县圃，指先王（周文王）所说的崇山。瑶池有二：一在天门洞顶；二指崇山大泽，在崇山顶北侧之崇山大泽，崇山瀑布源头，古称瑶池，又作天池，古时面积约200亩。其百丈瀑布之下有祝融相公洞（又作驩兜石室）。清代武溪诗人戴尧典作《崇山瀑布》诗：“横流犹认古尧封（**崇山古为尧帝故里。诗云“尧在崇山舜九嶷”**），势挟风雷落九重。想是滔天凶焰在（按：指舜放驩兜于崇山），戏翻洪水舞飞龙。”由此可见崇山县圃的“瑶池”水量有多大。

以上二句说：驾起青龙白龙车啊，我和重华一起漫游（崇山）昆仑花园。

3. 昆仑·南夷

“登昆仑兮食玉英，与天地兮同寿，与日月兮同光。哀南夷之莫吾知兮，旦余济乎江湘。”

此昆仑即天门昆仑。“食玉英”，指吃山上的玉树之花，“玉树”是饰美之辞，实则泛指山中可食之树花。这是屈原追随赤松子上天门辟谷修行的重大秘密。可证屈原此时已从相公溪兰岗兰园转移到天门山，居住在天门洞中，俨然成了他的**第三故居**。在这里辟谷修炼食百草花，在神仙福地追寻长寿之道。其终极目的就是专门到黄帝策（册）府博览群书，构思创作。所谓“南夷”，古代特指崇山。蔡传：“崇山南夷山。”马融：“崇山，南裔也。”（《史记集解》引）《书》《伪孔传》并云：“崇山，南裔。”《庄子·在宥》：“尧于是放驩兜于崇山。”释文：“崇山，南裔也。”《淮南子·修务训》：“放驩兜于崇山。”注：“崇山，南极之山。”清王夫之说：“南夷，武陵西南蛮夷，今后沅苗种也。”所谓“武陵西南”，指常德之西南，正是崇山无疑。屈原以“南夷”入诗，可证他已回到了故乡崇山。“哀南夷”——为故乡崇山——即庸国命运而哀伤。此句极为重要。暗示“涉江”（指沅江）去溆浦之前，已深切感受到屈氏大庸帝国岌岌可危。此诗可与《远游》《招魂》《大招》互证，远游之前，他曾登上崇山，祭拜过祖宗，向先祖舜帝倾诉过自己的衷肠。屈原为何远游溆浦？是因溆浦有古舒庸国，属祝融千邦万国之一。舒庸国曾追随熊绎北伐殷商，战后一支军队远徙至河南某地，建舒庸国，其都即舒城。公元前574年丁亥，楚灭舒庸。故老相传，溆浦舒庸国后被夜郎所灭，今有舒庸溪。另一舒庸国在沅陵县舒溪口。

以上二句说：我登上昆仑山之巅，服食山上的玉树之花。我的寿命和天地一样长久，我和日月同样光耀。没有哪个能知道我对南夷崇山的悲哀啊，明日早晨，我将渡过湘水沅江。

第六节　从“哀郢”诗中发现屈原离开郢都回归大庸故乡的行程走向

1. 去故乡……

“去故乡而就远兮[1]，遵江夏以流亡。出国门而轸怀兮，甲之鼂吾以行[2]。”

[注释] ⑴去故乡：去，从所在地到别的地方（跟“来”相对），“去故乡”不能作“离开故乡”解，只能解为（我）去故乡。此之“去”，具有明显的方向性、目的性，即去……哪里。王逸注：“言已东行，无还乡之期也。”这就误将郢都当“家乡”了。国史记载屈原的生身故乡只有一个，就是江南澧水充县澧口。秭归绝对不是。郢都更不是！既然屈瑕封地不在郢都，屈原出生地当然也不在郢都。所以诸多注家把“去故乡”解为“离开生身故乡”就惹大麻烦了，因为你必须得费九牛二虎之力论证屈原故里在郢都的理由。⑵出国门：国门，此指郢都城门。轸（zhěn）：痛。甲：甲日那天。鼂（cháo）：一作晁，朝，早晨的意思。

以上四句意思是：我要到很远很远的故乡去啊，沿着长江、夏水四处流亡。走出都城门不免生出无限的牵挂之情啊，从今日早晨我将开始远行。

2. 去闾

“发郢都而去闾兮[1]，荒忽其焉极[2]。”

[注释] ⑴发郢都：从郢都出发。闾：里巷的门。里巷：邻里。闾里。古代二十五家为一闾。这里指屈原在屈家坊、澧口里的故乡。⑵荒忽：通“恍惚”，神志不清的样子。“从郢都出发—而去—故乡”，是一个“出去”方向逻辑十分清晰的递进句式，并非多数注家所解的“我从郢都出发而离开故乡”，这叫多此一举。屈原何不直写“我离开郢都故乡，去……某某地方”？其实，屈原已经十分明白地告诉人们：**他是离开郢都回那遥远的故乡**。许多注家因把不准屈原的“故乡”究在何处，只好霸蛮作注，结果与诗人的本意完全相背。

以上二句意思是：从郢都出发我向着遥远的故乡而去啊，神志恍惚，不知哪里才是尽头？

3. 去终古之所居

“去终古之所居兮[1]，今逍遥而来东[2]。”

[注释] ⑴“终古”：远古以来。终古之所居：自先祖以来世代居住的地方。明·汪瑗说：“谓先人自古居於此土，而子孙百世不迁者也。”此句解释极为精到。此之“去”，多数注家解为“离开”，即离开远古以来未迁的故土——郢都。那就大错特错了！**这是误把郢都看成是屈原的生身故乡**了。且不说屈原封邑不在郢都，单从字面上分析，与前句“发郢都而去闾兮”是同一个性质的句式，即从哪里出发“去到……哪里”，而不是“离开……这儿”。由此可证郢都绝对不是屈瑕封地，故“终古之所居”也不可能在郢都。⑵“逍遥”：没有什么约束，自由自在。此有漂泊、飘摇的含义。“来东”：是大庸古族惯用的倒装句，即“东来”，即乘船自东方而来。洞庭在其东，澧水在其西，回故乡大庸必定从东至西溯澧而上。我以为解《哀郢》一定要与《湘君》

《湘夫人》作一体观，《哀郢》被襄王逐出郢都回归故乡的前半部过程；“二湘”则写“逍遥而来东”进入澧水后的诸多细节。这是屈原有意无意依顺序流程留下的一组严密的回故乡之路方位证据链。

以上二句说：我要去世世代代居住的故乡啊，今天终于飘飘荡荡从东方回来。

4. 狐死首丘

“鸟飞反故乡兮，狐死必首丘(1)。”

[注释] (1)首丘：《礼·檀弓·上》：“礼，不忘其本。古之人有言曰：狐死正丘首，仁也。[注] 丘是狐窟穴根本之处，虽狼狈而死，意欲饷此丘。”今人以反葬故乡为归正首丘，本此（民国《辞源》，第 1647 页）。罗泌《路史后纪卷第四禅通纪·炎帝纪·下》：“是故狐死首丘。”（第 82 页）《淮南子·说林训》：“鸟飞反乡，兔走归窟，狐死首丘，寒将翔水，各哀其所生。”人穷则返本，鸟倦飞而知返，狐死首丘，这是古代失落归隐的知识分子常在诗词中流露的乡愁情怀。所谓“首丘”，即头向山丘，怀念故乡，传说狐死时，头向着自己的窟穴。《广志》云：“狐死首丘，豹死首山，念旧居也，仁也。比如禽兽当不忘其所生之地，何况人乎？”屈诗之“首丘”，当指自己出生长大的故国、故乡——大庸崇山县圃。关于“首丘”一词，本境民间也多采用，如大庸三坪乡有座杨占先墓，即皇清列赠武英郎杨公占先老大人之墓。该墓志云：“卓哉先生，为英为灵。首丘之地，筑此佳城。塔峰左峙，蔚起大人。”（澧南孝廉郭郎符正道撰）

以上二句意思是：鸟儿无论飞到哪里，终归要返回它的故乡。狐类不管死在什么地方，头颅必定朝向养育过它的土丘。

【延伸阅读】北进中原，败退南归

——屈原故乡人失败者必回故国崇山的“首丘现象”

一个士兵，要不战死沙场，就是回到故乡。

——题记·黄永玉为沈从文墓题辞

所谓屈原故乡人，即“大庸人”，金文中称“庸人”，又称“崇庸人”，即崇山庸人，出自《穆天子传》（前解）。又作“天崇人”，出自《慈利县志》：“国宾，榜名湘，道光丙午（1864）亚元。闱墨出，远近传颂，咸以为有天崇人魄力。”“大庸人”，根出远古“大庸国”，“大庸”出自国祖祝庸（融）。祝：大也。故远祖为三皇时期祝融氏。含庸人、三苗、濮人、楚人，即今土家族、苗族等，是为中华第一轮文明的主创之族群。大约从蚩尤战败后，三苗古族进行了人类历史上规模最大、时间最久的向南回迁行动，从而改变了整个中华人口的分布结构、国家疆域、政治体制、经济格局、意识形态、文化交流等。对这一举措，当代《苗族通史》有段不同寻常的宏论：

“‘北来说’没被采纳的主要原因是，苗族不是由北而南，而是北进中原，败退南归的。苗族在中原生活了相当长的时间以后，因争夺华北平原失败后退回南方来的。从哪里来回哪里去，是人包括高级动物在内的本性意识。乾嘉苗民起义打了十多个府、厅、县，失败后苗王都是在家乡平陇就义或被捕的；咸同苗民起义攻占的范围更广，时间更长，最后张秀眉还是在故乡雷公山牛皮大箐被擒杀的。由此可以推测，蚩尤战败后，其族人是向着老家退回来的。所以后来苗族传说故事中，有不少是讲述由北到南的迁徙过程的，对于北进中原的事太久远了，慢慢失去了记忆，而南迁是后来发生的，当然讲得多一点。”（吴荣臻总主编《苗族通史》（一），民族出版社 2007 年版，第 17 页）

这一论断就是苗人用自己的骨血凝铸成的一把钥匙，远古历史中诸多难破之谜将可能由此得以打开。耐人寻味的是，蚩尤的一次战败，居然成了后来这支民族代代效法的“现象”：北进中原，败退南归。

归在何方？

归在崇山。

（一）蚩尤战败，行刑崇山

蚩尤，又称蚩庸，实为早期一代庸帝。《史记》载：“轩辕之时，神农氏衰，诸侯相侵伐，暴虐百姓，而神农氏莫能征，于是轩辕乃集用干戈，以征不享（按：不祭不祀）。诸侯咸来宾从，而蚩尤最为暴，莫能伐。”《逸周书·尝夏》载：“蚩尤乃逐帝（黄帝），战于涿鹿之阿，九隅无遗，赤帝慑，乃说于黄帝，执蚩尤杀于冀中。”在上古典籍中，多认为蚩尤战败后，被擒杀于冀州（古九州之一。冀，河北别称）。但《山海经·大荒南经》却提出相悖的信息：“有宋山者，有赤蛇，名育蛇。有木生山上，名曰枫木。枫木，蚩尤所弃其桎梏，是为枫木。”

言外之意是说蚩尤被擒之后，戴上桎梏（脚镣和手铐）押回南方（《大荒南经》即指南方），然后在一个生长赤蛇（即红蛇，或曰育蛇）又长枫木的宋山之上。而这棵巨粗枫木，就是斩杀蚩尤后，所丢弃的脚镣手铐所化。这似乎是一个神话，实则是告诉人们一个历史的真相：蚩尤与黄帝争霸失败被擒后，并没有在河北行刑，而是应蚩尤的请求，将他押回崇山老家行刑，叫“狐死必首丘”。蚩尤毕竟不是一般败将，黄帝从南方北伐中原时，曾带了 6 个“相”，至少有 3 个是崇山人：蚩尤、一代祝融、太常（家居沅陵县太常区太常村，见今版《沅陵县志》，第 61 页）。蚩尤是远古时代的一个伟大武器发明家、军事家、政治家。盛襄子《湖南苗史述略》说蚩尤有五大发明：发明农业，神道设教，观察星象，制作兵器，订定刑法。又说为三大发明：一刑法，二兵器，三鬼教。史称“蚩尤好兵作乱，作刀戟大弩”（《尚书·吕刑》）；“蚩尤受金作兵”（《管子·地数篇》）。近代学者认为，论蚩尤的伟大贡献，应该与神农、黄帝并列一起，成为“中华三祖”。或当年庸军北伐时，领导人就是炎帝、黄帝、蚩尤“三架马车”。后来北伐成功，三帝争权内斗，炎帝退群，蚩尤不服，与黄帝决裂，黄帝征伐，蚩黄开战，蚩尤败。宋·张君房撰《云笈七签》卷一百载：“既擒杀蚩尤，乃迁其庶类，善者于邹鲁之乡，其恶者以木械之。帝令画蚩尤之形于旗上，以厌邪魅，名蚩尤旗。杀蚩尤于黎山之丘，掷械于大荒之中，宋山之上，其械后化为枫木之林。《山海经》曰：融天山有枫木之林，蚩尤之桎梏所化也。”

所说“迁其庶类”，即三苗大规模败退南迁，迁回崇山。“黎山之丘”，实指今张家界市区的黎山，实为古雷泽的大历山，即今玉皇洞之玉皇山。大历山，又称大巫山、崆峒山、麻空山、脚印山（即前述太古人类脚印之山）、玉皇山（有南方唯一石窟——玉皇洞石窟）、

玉泉山（旧有王泉寺，驩兜鼎遗落此处，毁于“文革”）、宋山（其东有宋坪村，见《市典》），此即蚩尤被黄帝行刑斩杀后掷械枷之发生地。《云笈七签》所载蚩尤斩杀处的两个关键符号黎（历）山、宋山，均在大庸枫香岗。1983 年湖北辞书出版社《常用百科辞典》，第 726 页《蚩尤》：“蚩尤……向南败退，被杀于冀州之野，一说在凶黎之谷。”“凶黎”即《云》文所说“黎山之丘”。“大荒之中”，特指崇山大域名。宋山与崇山正一水（澧水）相对。《山海经》所说“融天山”，又作“庸天山”，即大庸天门山，天门山又简称天山，常见于地方诗中。“葬于寿张”，一说为“郓州”，我以为是北方论者找不到蚩尤准确葬地，牵强附会瞎指一处（与黄帝陵在七百里横山的某个地方一种作派），根本找不到与之相关的任何文脉符号。寿者，长寿国也。黎山、历山、黎坪之间恰恰就是著名的不死之国寿丘之仙人溪注澧一段，张家界市政府正踞其合口之西南岸。

蚩尤既被斩杀于宋山，葬地决不会太远。据《慈利县志》载，本土古有“三陵”。一指元陵（黄帝陵，在天门山顶，见《穆天子传》）。二指零陵。慈利古称零陵，后演变为零阳。屈原《哀郢》“当陵阳之焉至兮”，注家多将“陵阳”解为“波涛”之类，实际上就是慈利陵阳-零陵-零阳的变称。三指武陵。何谓“武陵”？武者，兵也，武器也，战争也。武陵必与一位伟大的战神有关，此人普天之下只有一人可配，他就是发明兵器而作兵的南方三苗始祖蚩尤！

因“武陵”而得其伟大武陵山之名者，唯有战神、武神之蚩尤！蚩尤实为今张家界市永定区大庸所古城人，因他发明武器，成为中华史上第一战神，故他出生的地方就叫“武溪”“武水”。此即黄帝建五城十二楼西方首城——就是武溪金镛城。

武陵山之中心地在三苗中心天门昆仑，武陵山之源在今武陵源。澧水因之又叫“武陵江”。武陵就是蚩尤归葬之陵，陵在今永定区枫香岗乡北之所斩之宋山，山下东即宋坪村。古来因黄帝地位已覆压败者蚩尤，一直被当作败寇——三苗首恶被历史覆压。但历史上仍被一些正宗史书推炎、黄、蚩为中华共尊的“三祖”。

蚩尤生前辉辉煌煌，死后轰轰烈烈。史载蚩尤死后，三苗不服，天下大乱，拥兵百万的黄帝亦无力平息，只好下令将蚩尤像画在旗帜上，“以避邪魅，名蚩尤旗”。这一做法，与后辈战神诸葛亮死于军营而秘不发丧，用车子推出假诸葛亮以吓退敌人一样，叫虎死威风在！黄帝心生恻隐，我和他一起从崇山打到北方，而今成了“叛臣罪魁”，也就准许他械系回家行刑。今人李书泰先生认为：“蚩尤是从崇山出发东征拓土，入主九黎部落的。他被黄帝打败后，族人被驱逐到西南（崇山），只不过是回到了老家而已。”（《庸国荒史研究》人民日报出版社，2019 年 4 月第 1 版）蚩尤，是崇山历史上第一个战败以囚徒身份南归故乡的代表人物——蚩尤万万没有想到，数十年以后，黄帝崩，葬桥山——一把老骨头也送回首丘——天门昆仑桥山了。

（二）驩兜政坛失败，放回崇山

蚩尤战败后，三苗岂能臣服，于是战乱纷起。《韩非子》载：“三苗之君不服者，……左洞庭之波，右彭蠡之水。”《史记》载：“三苗在江淮荆州数为乱，于是舜归言于帝（尧），请流共工于幽陵，以变北狄；放驩兜于崇山，以变南蛮；迁三苗于三危，以变西戎；殛鲧于羽山，以变东夷。四罪而天下服。”《大禹谟》载：“皋陶曰……能哲而惠，何忧乎驩兜？何迁乎有苗？何畏乎巧言令色孔壬？……”

这四大“恶人”，实际上都是出产于大庸崇山的一代指点江山之巨人伟人。尧伐驩兜，舜放驩兜。驩兜是三苗部落联盟盟主之一。《湘西苗族》载：“驩兜为苗民之祖。其未到崇山前，崇山为南蛮（芈）之地。驩兜到崇山后，融合于南蛮。……南蛮的祖先是九熊九夷，早已从丹水之浦迁到崇山。”崇山成了苗蛮集团的中心。我总认为史界一直捉摸不定的“三苗国”其实就是驩头国。那座“三危山”，其实就是崇山，一作三崇山（前章已解）。因为历史上真正记录三苗驩兜部族大迁徙的重要证据是流传于湘西的苗族史诗《鸺巴鸺玛》。史诗告诉我们，苗族迁徙的队伍，在七个头领的率领之下，分成七路，迁上了天国崇山。崇山究竟在哪里，传说就在辰州附近的沅、澧二水之间，即今大庸县所属地盘。（参读《湘西苗族》，载《吉首大学学报》1982年第3期）

关于苗族尊驩兜为祖，驩兜回崇山后如何得到大戎（庸）的帮助，创国立业，苗族《古老话》（祭词）作了如下记载：

“戴驩上来，从巴仁，住巴扒，养西家，养驩跑，养驩高务，驩高果，养驩高明高，驩扒氏。西家下坪地根扎，驩跑治山回归地……大戎（庸）帮助挖沟分界，大索帮助立碑划线。（按：古索人、索国，核心地在今武陵源之索溪。后人一支征战朝鲜，建索丽国）分了大田大坝，分了大田大坪，永不相争，各占一方……”（龙炳文译《苗族古老话》）

据清初《衡湘传闻》说：“驩兜之子，因其父见放于舜，不服舜以叛，兼并诸侯，刑虐百姓，衡湘受其苦矣。”杜钢建教授说：“驩兜被尧帝流放（驱逐）回崇山后，死在崇山。”（《禹王在湘西崇山开启夏朝，崇山乃夏朝第一国都》）

（三）崇伯鲧放回家乡，被杀于凤羽山

史载“殛鲧于羽山”。屈原问：“何由并投，而鲧疾修盈？”（《天问》）一个“并”字，说明帝尧为何将共工、驩兜、三苗、鲧四个人一起流放？说明并不是将四人流放“四方”。事件的本相正如屈原所问。除驩兜放回崇山，崇伯鲧亦被押回故乡，囚禁在古庸都（今市中心古人堤）之北山凤羽山（一作羽山）的羽山洞中，约两年后，一代庸帝祝融将其诛杀，让他死在故乡，满足了“首丘”之愿。今存凤羽山、羽山洞、殛鲧台等遗迹古名。

（四）夏朝亡，夏桀逃回崇山

屈原《天问》：“桀伐蒙山，何所得焉？妺嬉何肆？汤何殛焉？”

意思是：“夏桀兴兵攻伐蒙山国，他都得到些什么？妺嬉为何得宠而放肆，汤为什么要把她诛杀？”

夏桀，名履癸，大禹裔孙。夏王朝最后一个国王，是我国历史上臭名昭著的暴君。史称夏桀暴虐荒淫，谏臣被诛，伊洛水竭，鬼呼于国，五星错行，天怒人怨。他在倾宫里建酒池，池中置彩船，使众歌女在船中奏“靡靡之乐”（《新序》），又使青年男女奴隶围池在歌舞中饮池中之酒，有“一鼓而牛饮者三千人”之说（《韩诗外传》卷四）。商汤见桀无道，乃遣诤谏，桀反派人囚汤于夏台。汤被释放后，起而伐桀，两兵遇于鸣条（河南封丘），桀未战而败绩，汤追逐之，遂与妺嬉奔于南巢而死。（参读赵向标等主编，刘艺、王光军编写《图文中国通史》第一卷，新疆青少年出版社，第60页）

民国《辞源》亦载：“夏桀，夏末世之

君，名癸，有殊力，能生裂兕（音四，雌的犀牛）虎。负恃其勇，暴虐无道，汤率师伐之，走死鸣条。”与上载“奔于南巢而死”相抵。

关于妹嬉，史载：地处山东滕县的有施氏之国，拒不臣服于夏，桀上台后，即出兵东进灭有施国，以杀一儆百。有施氏得知桀残暴好色，就将绝色美女妹嬉进献请降。桀于是罢兵。妹嬉见都斟鄩（今山东淮坊西南）的宫殿陈旧，很不高兴。桀为了讨妹嬉的欢心，不惜横征暴敛，在洛阳“作倾宫、瑶台（按：皆以天门、崇山昆仑之古建筑命名，与其祖皆出崇山有关），殚百姓之财”（《文选·东京赋》注引《汲冢古文》）。

吴荣臻总主编《苗族通史》（民族出版社）载：“妹嬉，有施部落之苗家美女，被夏桀掳入宫中之后，受伊尹之托，专司作助桀荒淫而亡夏的间谍工作，在伊尹的帮助下，终将夏桀灭亡。”（卷十四《人物传》第88页）由此可知妹嬉还是苗族的巾帼英雄。而有施氏一支苗裔，后来在夏、商两国挤压下逼迫南回崇山，又发散在湘西大武陵地区。

关于夏桀之死，历史上一直是未解之谜。到底死于鸣条还是南巢？史书语焉不详。白乐天主编《中国通史》认为“南巢在今安徽寿县东南”。杜钢建先生在2016年元月16日张家界崇山文化研讨会上提出夏桀败退，确曾南逃崇山。因为崇山是先祖崇伯鲧、先王夏禹的出生地和夏朝始建国地，亦是夏朝创立第一都。笔者认为杜教授之论的理由是基于回归故土，与妹嬉渴望回到苗祖祝融、颛顼、驩兜、鬻熊故乡崇山是殊途同归的。屈原诗：“顺凯风以从游兮，至南巢而壹兮。”（《远游》）意思是：乘着南风随着它各处游历，游到了南巢我稍稍休息。

此之“南巢”，吴兆基、武春华主编中国古典文化精华《楚辞》（时代文艺出版社，2002年版）解为：“指南方荒远之国。”与本义合。荒远、大荒，自古为崇山之专称。如唐·王维“蛮烟荒雨自千秋”（《赧王墓》）；清·金德荣“欲问大庸俗，从古属要荒”（《大庸风土四十韵》），清·王儒庭“极目群山顶，高低接大荒”（《芦茅界》）。此之大荒，即指崇山。由此可证“南巢”即崇山，是古庸国游子世代共尊的“南方宗祖之家”。屈原宫廷失败，回归“南巢”，与夏桀国破家灭，亡命南巢，其本质都是“北进中原，败退南归”的“首丘法则”。

那么，夏桀逃回崇山后，住在何处？死于何方？

经查，夏桀、妹嬉隐居的地方叫夏坪，位于今张家界市永定区三坪乡之夏庄坪村（见1982年《大庸县地名录》）。今大庸夏姓，自称是夏桀后裔。又有夏溪、夏王庙、夏王府等古名至今仍传之民间。明《岳州府志》载澧州津渡名录中有“夏聚渡”，或与禹王、夏王桀摆渡有关。可参。

相传夏桀晚年与妹嬉广游武陵众苗寨，不知所终。而妹嬉的故事，至今在湘西苗寨传颂，并写进苗史，搬上戏台，树碑立传。

（五）鬻熊杀敌祭父回崇山

鬻熊，一代祝融，大庸帝国世系中最有作为、最有影响力的一代大帝之一，是大庸帝国奉“天帝”之命发动助武王伐纣战争的主要策划者，是北进中原、创建大楚的奠基人，是崇山熊馆的传承与发展者，一代伟大的教育家、谋略家、军事家、著作家。出生于崇山北麓的熊溪峪，故居遗迹尚存。但关于他青少年时闯荡天下，杀敌祭父回崇山的民间传说却鲜为人知。在千古苗族史诗《戴熊戴鬻》中有这段文字（苗语汉记）：“豆菜生奶夔/王姬生玛媾/奶夔生七个戴熊戴鬻/王姬生七个戴乍戴恺/七个戴熊七个戴鬻/住不同母的心肝/坐不同的父肺”（龙炳文《古老话·前朝篇·〈一〉奶夔玛媾》，岳麓书社1993年版）。

《戴熊戴鬻》全文，唱的是戴熊戴鬻们寻父、杀父而后“杀死仇敌祭父”的故事。在杀敌祭父的征战中，戴熊戴鬻们曾率部由“务却西务却洒”（按：苗语地名，指丹水，今汉水流域），下到“云湖云谓”（按：苗语地名，古时云梦泽，此指天门云梦大泽），与先到云梦泽的“戴乍戴恺”发生冲突，后率部落上到“略对现略对董”（按：苗语地名，古时“高彩”，今湖南大庸后坪一带，实指崇山，今崇山属后坪镇。鬻熊故里位于崇山北麓的熊溪，熊山、熊公洞、熊娘嘎婆洞遗迹犹存。创办于唐尧时期的熊馆亦在此），举行第一次椎牛大祭，结果被鬼魔“假嫁假谊”偷袭，险些丧宗灭族。最后，通过巫与祖、鬼相通，用巫术祭了二十堂客神客鬼，十六堂大戎（大庸）大夔（祖宗），第二次举行椎牛祭会，方才取得胜利。之后，才把告诉他们生父是“玛媾”（盘瓠）的“朗儒朗业”（水牛魔王）杀掉。

这曲唱词，证明苗族的确有“鬻熊”的传说，而且来龙去脉记述得生动清晰，大体符合《史记》等史书对鬻熊的记载［参读吴荣臻总主编《苗族通史》（一），民族出版社2007年版，第282页］。

（六）熊叔堪宫廷失败，逃回崇山

公元前822年（周宣王六年），楚熊霜在位四年之时死，熊氏三子仲雪、叔堪、季徇为争王位大打出手，仲雪被杀，叔堪不是对手，险遭杀害，连夜出走，销声匿迹，国人立少弟季徇为楚王。

许久以后，熊叔堪在崇山现形。他是这次宫廷之乱的失败者，在危机关头，他想到逃回老家崇山，史称“逃难于濮”（见翦伯赞主编《中外历史年表》）。时年距先祖熊绎北伐244年。《湘西苗族族源概说》第14页载：“周宣王时（前827）楚王族中争王，熊叔堪率一部分芈人回崇山，当时崇山仍是鬼都主住地，是阿濮仡龙芈的后裔继任鬼主，仍叫濮地。汉史记载此事为‘逃难于濮而蛮’。其实熊叔堪原祖籍就是濮地，逃离楚地，回到老家来了。”

相传熊叔堪逃回崇山时，带走了父王保存的周宣王的一面大鼓，以作纪念。以后熊叔堪进入庸国政权高层，反被楚王委以庸楚两国共监的特使，见面礼就是周宣王鼓。清同治《永定县志·金石志》载：“……周宣王之鼓，神禹之碑，历久常新者也，然其质古，并有镌刻，皆博物所必及也，宜与邑乘并传不朽。”

（七）鬼谷子白公胜政变失败，归隐天门崇山

史载：公元前522年，楚平王听信费无极谗言，欲诛太子建。三月，太子建奔宋，楚王杀其傅伍奢及奢子尚，伍奢少子员（即伍子胥）奔吴。

这就是臭名昭著的楚平王霸子妻乱伦杀子的丑闻。其孙熊胜被伍子胥所救，并改名王孙胜，二人相携奔吴，从此，这个王孙胜人生发生了巨变。公元前487年，王孙胜叔父令尹子西召王孙胜回楚，封为白县县公（白县即今慈利县），故称白公胜。清康熙《慈利县志》载：“周，楚平王之孙白胜为白县尹，僭称公，筑城于阳山之麓、零水之旁。”白公胜在坎坷复杂的青少年时代，种下了为父（太子建）报仇的种子，并梦想复位称王。公元前479年（楚惠王十年）七月，楚白公胜发动宫廷政变，杀令尹子西与子期于朝。叶公子高帅

国人攻白公胜，白公胜败，“自缢死”。

而历史的真实过程是：白公胜并没有“自缢”，而是乘舟逆澧而上，进入七里潭口，隐于北岸一石洞之中，此即初隐之潭口鬼谷洞。其间，曾到洞后山湾开荒种粮，此地后称鬼谷湾。汉代初，乡人在此建白公庙，供白大仙神像。白公者、白公胜；白大仙即其师白猿老祖。庙迹犹存。数年后移居天门山北部万丈绝壁一溶洞中——古传此为“天门第一鬼谷洞”。曾在洞中著《天门山鬼谷子三十六穴量天尺》——一部神秘的养生医书。随着时间推移，“风声”渐息，才从洞中下山，先后隐居山之下鬼谷峡洞、伯阳洞、老道湾雪花洞等地，韬光养晦，独创纵横捭阖军事谋略学说，著《鬼谷子》。从此，战国史上出现了一位叱咤风云，几乎主宰了整部战国史的神秘诡异的人物。清嘉庆澧州举人龚经济作《鬼谷洞》，居然发现这个鬼谷子的真实身份就是楚平王之孙白公胜，诗曰：“乞儿状貌本不凡，苦心为衍捭阖策。……忆昔苏秦秘师传，朝侯秦宫暮楚阙。六王各各斗龙兴，群羊都驱入虎穴。……”

首句“乞儿状貌”，正是王孙胜幼时随养父伍子胥一路乞讨奔吴的真实写照，如今却隐居鬼谷洞潜心研究纵横捭阖之术。三、四句点击苏秦、张仪从师鬼谷子的秘密。与此同时，孙膑、庞涓归于熊馆。稍晚时日，屈原等也入熊馆鬼谷门。就是这五个徒弟，将鬼谷子的合纵连横之军事谋略家说推广到战国乱世之中，于是推波助澜，搅动天下，朝秦暮楚，六国混战，终于天下一统。

这个千古之谜的深层内幕，后来被张家界著名文史学者李书泰从鬼谷子《分定经》中找到铁证，这个鬼谷子正是白公胜孙武子无疑！这是古今研究鬼谷子识破其真容真身第二人！（请参读李书泰、龙家雄《鬼谷子身世研究》，中国文史出版社 2011 年版）

白公胜流寓于慈利主政白县期间，与孔子过从甚密，成为挚友。遁隐天门鬼谷洞时，又得老子传道于伯阳洞（在今张家界市官黎坪之伯阳坡）。继有墨子与其在天门采药。公元前 449 年左右，受崇山熊馆山长之邀，正式下山出任熊馆山长。此即“鬼谷下山”之出典。未几，在熊馆创立“鬼谷学宫”，传授纵横捭阖学说。后著《野老》一书，记下熊馆的地形地貌、校址平面布局图，特别记下了熊馆“五老”的秘史。公元前 426 年，时年 100 岁高龄的白公胜将熊馆鬼谷学宫山长之职交给儿孙，由他们世袭“鬼谷子”之学说。为了让鬼谷学说长传不衰，嘱其儿孙，未来凡入鬼谷门而成大师者，可继承白氏鬼谷之职，作为世袭掌门人，说明后人中掌门人已不止白姓一族，但必以“鬼谷子”名号。此规一直传到清代中末期余道人余世万（本名金辉）一代才予中止，时在清末民国之初。但其功法仍由余道人徒子徒孙递代传教，至今未绝，并发扬光大。

关于鬼谷子隐居云梦天门之历史，本境桑植傩戏本第九场《迎圣接驾》唱道：

“云梦山前鬼谷老祖，左营右营前营后营，天兵地兵阴兵阳兵，神兵三千，鬼兵八百……福德山、观音山、四望山、扬旗山、天门山、五雷山、天星山……”这些神界仙山均环绕在天门云梦四周。故此唱词所说“云梦山前鬼谷老祖”绝对就是隐居天门云梦山之北的鬼谷洞的鬼谷子白公胜！

据鬼谷子白公胜著《分定经》透露：“借问百年成甚事，枝头花果一双双。”又云：“孤飞雁过潇湘远，百岁儿童去复来。”又：“重（崇）山过雁楚天高，百岁儿童晚景豪。”

所谓"百岁儿童"，是暗示白公胜百岁之年还能像儿童一样往返于大江南北。约150岁，回归大庸故里，终老天门。公元前346年卒，寿高180岁左右，是此地古长寿国、"不死国"继彭祖、鬻熊等超级寿星又一高寿代表！(按：此说由天门鬼谷子传人世代相传，待考)

公元前353年正月二十三日，屈原出生(本著作者推算于是年月日，莫名其妙与前辈大师胡念贻、雷庆翼二先生推算不期发生对撞——也算是屈学佳话罢!)，距第一代鬼谷子白公胜卒仅7年。

种种迹象表明，屈原少年时在熊馆读书，极有可能与孙膑、庞涓、苏秦为不同届的校友，恰与张仪是同届同窗。二人共同攻读鬼谷子白公胜传下来的《捭阖策》及五野老的著作。此之"鬼谷子"，未必是白公胜本人，应是他的第二代或第三代儿孙掌门人。这个"掌门人鬼谷子"，传到如今已达83–85代。屈原等人学成之后，各人分道扬镳。张仪事秦，成了连横派的代表人物；屈原事楚，成了合纵派的主战领袖。公元前343年，孙膑大败魏师于马陵，杀庞涓。李书泰认为孙武子、白公胜就是一个人。笔者颇为认同。公元前309年，张仪死于魏。公元前278年，屈原投江，晚死庞涓65年，晚死张仪31年。

作为同族后裔，又是同一个家乡人，屈原对宗师鬼谷子的身世不可不察。虽说出于"族丑"不便亮之于诗，却为他的养父伍子胥重写了一笔：

"吴信谗而弗味兮，子胥死而后忧。"(《惜往日》)

"伍子逢殃兮，比干菹醢。"(菹，音租，切碎。醢，音海，剁成肉酱)(《涉江》)

关于白公胜隐天门山鬼谷而自号"鬼谷子"之秘事，鬼谷子在其《大庸五野》之《野老》著作中留下信息："精灵不灭谓之鬼，两高之凹谓之谷。山似日月谓之圣，日山日照谓之阳。月山月临谓之阴，日月之生谓之地。此大庸之日月山谷兮，命之曰日月鬼谷圣地。"

《大庸五野》之《野道》进而核实曰："上日月，登天墀，幽幽鬼谷静相持。"文中"日月之山"即指天门山、七星山两大自然生成的"天门"，一南一北，一阴一阳，俗称日月山，此即白公胜隐身的鬼谷圣地。

(八) 庄蹻起义，败回崇山

约公元前301–前300年，楚国名将庄蹻挟持老庸王发动濮人(庸国巫卜之民)武装起义叛楚，是战国时期反响很大的"叛国"事件。借当时楚人所说"此无法之所生也"，说明庄蹻叛楚是因楚国宫廷的腐败和贵族反动势力所逼。龙炳文说苗语庄蹻之"蹻"字，古代作草鞋，庄蹻的身份就是打草鞋、穿草鞋的人。庄蹻起义，沉重地打击了以楚为代表的各国落后势力，客观上推进了往后秦国兼并六国统一华夏的战略步伐。起义当年，秦攻楚，取襄城，杀楚将景缺。越二年，秦继伐楚，大破楚军，取十六城。时逢楚顷襄王即位，外受强秦咄咄侵逼，内陷"庄蹻为盗于境内而不禁"的危机，于是采取媚秦击濮的投降政策，"嫁子娶妇"，求得秦国"二十年而不攻楚"。顷襄王则乘此机实施"攘外必先安内"的策略，集结国内全部军事力量向庄蹻义军发起进攻。庄蹻不敌，只好退回楚人故土崇山。楚军乘势追击，直捣崇山。庄蹻凭借有利地势和丰足的粮草与楚军激战，但在楚军、庸军的合击下，无法立足，只好撤离崇山，取道黔中(沅陵)，退入且兰。在且兰又抵挡不住，便遁入夜郎，乃至远走滇池。今版《辞海》

载："蹻，一作豪。战国时楚将，楚顷襄王二十年（前279）左右，率军通过黔中向西南进攻，越过且兰、夜郎，直至滇（今云南滇池附近）。后因黔中郡被秦国攻占，与楚交通断绝，就在滇称王。"《华阳国志》记庄蹻入滇"溯沅水，伐夜郎，军至且兰，椓（zhúo）船于岸而步战，且兰既灭，夜郎又降。"

经查，公元前280年司马错及次孙司马靳拔黔中，灭大庸。庄蹻离开崇山经黔中入黔远比此早，约公元前285年左右。有学者提出屈原远游至溆浦，可能有追随庄蹻去黔滇之意。可参。

庄蹻的退却，引起了苗蛮集团的又一次大迁徙、大分化，那是后话。

（九）屈原政界失败，回归故乡崇山

公元前299年，屈原为奸佞所害，宫廷失宠，出使楚宫以失败告终，被逐出楚朝廷，只能选择退回家乡。"顺凯风以从游兮，至南巢而壹兮。"（《远游》）此之"南巢"，位于南方神秘之国——古庸国崇山老家。巢，鸟窝、蜂窝。民间多以此比喻自己的老屋。他与上述人物同宗共祖，是众多"北进中原、败退南归"的伟人、巨人、要人之一。是又一个践行"鸟飞反故乡，狐死必首丘"的后继者！

其实，屈原作为一位出使楚国的庸国使臣，权高位重，拥有监察谏言教育楚民的话语权，但在一个野心家、阴谋家顷襄王熊横面前，他无力回天，成了末代庸国最后一位失败的使臣。照"庸人失败者必回故土"的祖训，屈原只能选择回归庸国，或继位庸王，或革职为民。而屈原放弃王位，归隐民间，辟谷种兰，最后远游湖湘，客死汨罗。

第七节　发现"橘颂"写在屈原的家乡

郭沫若说："《九章》中，《橘颂》一篇，体裁和情趣都不同，这可能是屈原早期的作品。这篇，前半颂橘，后半颂人，与屈原身世无直接关联。他所颂的人是很年轻的。所颂者何人？不得而知，是不是自颂？也不得而知。"（郭沫若《屈原赋今译》人民文学出版社，1953年版）笔者表示认同。不仅在《九章》，就是在屈原全部作品中，《橘颂》都应当列为首篇。据分析，《橘颂》应当是屈原少年儿郎时的托物咏怀励志诗。其时，他正在古庸国熊馆读书求学。在他的眼前，是一片蓝天晴空，是一片青山绿水。作为庸国王族的骄子，此刻是一脸的踌躇满志，春风得意，无忧无虑，浪漫风流，澧水岸边的花花草草多已囊入诗中，而多少高大古木却鲜见入诗者，独橘柚成了他咏物颂人的模特。这是为何？

笔者认为，《橘颂》大约作于屈原在崇山熊馆读书的青春岁月。一是该励志诗符合年轻人走上社会前的阳光心态。二是有产生灵感的自然环境。这就是能让他另眼相看的橘柚林，而大庸屈邑一带恰恰是南方著名的橘柚王国。

早在1964年，正在大庸一中念高中的

笔者初读《橘颂》后，竟被屈子少年精神所激动，遂邀约几个志同道合，有点“豪迈志向”的同窗学友，利用星期天到澧水两岸浪游采风，发现了上从大庸所古城（即蚩尤出生的武溪庸城），下至澶口老庸城，约40公里澧水两岸，尽如黑森林般的橘柚林带。从大庸所经枫香岗、二家河、且住岗、官黎坪、西溪坪、阳湖坪、屈家坊、关门岩、崇阳坪、黄家铺、花神桥，一直到澶口两岸，橘柚森林几呈原始次生林状态，柚子树粗者可二人围抱。其中有著名的“菊花芯”橘柚，因肚脐上有菊花纹饰而得名，清代被选为贡橘。光绪年间曾参加巴黎世界博览会。“文革”武斗期间，笔者和三位友人曾隐匿在一艘满载橘柚的货船上，受命进京“上访”，随船抵达津市，但见几百里沿岸橘林遮住二岸乡村房舍，其风景很像亚马孙河的热带雨林。20世纪80年代初，我和同人溯澧水到桑植考察北源、中源、南源，所到之处，依然是不见尽头的橘柚世界。我敢说，江南多橘柚，但普天之下无一处可与澧水相比者。荆州人有在房前屋后植橘柚百株的记载。《汉书》：“江陵千树橘。”有人便以为《橘颂》就写在荆州，但与澧水相比不过小儿科了。早几年石门县举办中国柑橘节，打的就是弘扬屈原橘子精神牌。张家界市街道命名就有“橘颂路”。这时我才突然悟出一个道理：屈原的《橘颂》必定与家乡的橘柚大世界有关！柳子厚曾言南州之美莫于澧，怎知美在南国（古庸国）橘林八百里！

清嘉庆二十一年（1816），江苏江宁上元（今南京市）举人金德荣逆澧而上赴任永定知县，发现沿岸遍地橘柚，忍不住诗兴大发：“深林垂橘柚，浅水浴鸳鸯。”（《大庸风土四十韵》）“野风何处吹香至？四月山深柚有花。”（《初夏山行》）“橘柚绿烟含，芙蓉红萼吐。”（《秋窗即事》）清同治三年安徽人王日修出任永定知县，作《小南京词》：“溪名澶口众峰还，估客帆樯日往还。满载枇杷夸大贯，秋来橘柚更通关。”同治九年（1870），桂林人龙恩湛上任永定知县，当看到天门、崇山之伟貌，遍地橘柚之芳香，忍不住挥笔疾书：“环邑峰峦尤多杰出者，《传》曰‘深山大泽，实生龙蛇。’韩愈氏所谓橘柚之色，竹箭之美，千寻之名材不能独当也，必将有大人焉出而鸣。”独以“橘柚之色”喻比大庸故国的基本色调，并断定橘柚国里必有“大人”（伟人、巨人）辈出而啸傲天下。这简直是神来之笔！

上述大庸境内橘柚之盛、橘柚之香、橘柚之色，伴随屈原出生、伴随屈原成长，及至开启屈原心智，激励屈原意志，终至放歌《橘颂》，修成辉煌人生。

不少注家判定《橘颂》或写于这里或写于那里，甚至还认为是写在流放途中的某县某地。我说，这些争论都不算数，较为合理的解释应该是：屈原少年的故乡在哪里，这首诗就写在哪里。因为少年时代的屈原，好像没有出远门旅游的文字证据。

《橘颂》通篇以比兴的手法写来，清新豪放，明快阳光，毫无未来从政后的沉重与压抑、悒忧与痛苦。这是屈辞中唯一一篇心境阳光、风格独具的作品。它的艺术价值，在于开创了后世托物咏志辞赋诗词散文的典范，影响了中国两千多年的散文诗坛。

第八节　从《悲回风》中发现打开屈原故里的神秘钥匙

——天门“梅花甘露”之破译

关于《悲回风》，因为语言风格与屈原其他诗似有差异，故宋代魏了翁最早怀疑《悲回风》及《惜往日》不是屈原的作品，其理由是两篇不似屈原口吻。从此就不断有人引申、发挥，形成一种态势。如此，《悲回风》的知识产权又面临被剥夺的危境。如清末的吴汝纶、现代的闻一多、钱穆为其代表。朱熹则提出《悲回风》《惜往日》是屈原临绝之音，后学即跟风说此作是屈原的绝命辞云云。笔者以为诸论皆有偏颇之处。

“回风”，多解作回旋之风，即指风向不定。《说文》回：“从口，中象回转之形。徐错曰：‘浑天之气，……回转其中也’。”又注为“旋风”者，即螺旋之风等。显然均与“回风”本义不符。

笔者以为，欲解“回风”，应从产生回风的特殊环境来考量，即诗中“依风穴以自息兮，冯（读“凭”）昆仑以瞰雾”的那个“风穴”。此之“风穴”，就是屈原曾昂首高呼“广开兮天门”的大庸昆仑天门，亦即“纳不周之风”的天门。此之天下独一无二的万丈绝壁之巨大天门——巨大风门，南北通透，因其气流南来北往，进进出出，而不时发出击壁碰撞之声，令人动心荡魄，天下一奇也！而此刻，正是屈原人生最低谷时期，精神状态糟糕至极，于是离开兰岗兰园，追随赤松子辟谷隐住于天门，以天门为屋，夜枕天门石，晨餐梅花泉，听穴风进出，观云海起落，怎不感极而生悲！**此《悲回风》诗题之缘起也！**

笔者发现，《悲回风》与《远游》似是一对“双胞胎”亦即秭妹篇，是产生于同一环境、同一心境、同一语境的悲情之作，是最后破解屈原故里的两把金钥匙！

本文将重点解析下列数句：

“凌大波而流风兮，托彭咸之所居”：

我乘着波涛随风漂泊啊，彭咸之所在就是我的寄托。

彭咸的居所在哪里呢？且读“上高崖”以下各句，此即“彭咸之所居”。

1. “上高岩之峭岸兮[1]，处雌蜺之标颠[2]。”

[注释]　(1)岩（古读“挨”不读“盐”）：岩岸。峭：峻峭、陡直。岸：水边高起之地。“上高岩之峭岸”，王逸说：“升彼山石之峻峭也。”（《楚辞章句》）查若干屈诗译著，基本全错。

笔者认为，此“高岩”与下句“冯（凭）昆仑”有密切联系。上高岩即上天门昆仑。此之昆仑并非神话，而是真实的存在，它就是濒临澧水南岸的万丈绝壁一窟窿——天门昆仑，远观犹如一堵万丈“峭岸”。西域大雪山本无昆仑、无江无河，汉武帝瞎指为昆仑，哪有万丈断崖之水岸？

关于“高岩”多见于本土文人天门山诗句中，如：“岩关栖白鹤”（元·杨钠《道士峰》）。“猿献岩前果”（杨钠《弥勒峰》）。“云岩展齿斑”（明·沈钟《仙人峰》）。“岩倚暮宿枝”（沈钟《猿点峰》）。“翠岩不识几千重”（清·王允孚《晓望天门》）。“岩窦半吞清夜月”（清·李瑾《和玉屏山原韵》）。“碧岩有句花常落”（清·王允桂《和邑侯玉屏山原韵》）。玉屏山即天门山。**鬼谷子白公胜（真姓实名）《分定经》诸多卦格亦多藏谜于天门“高岩”之中：**“花落岩前月满庭”“石崖岩下立根盘”“松柏茂于岩崖”“岩前风雨正依依”等。此之“高岩”不是四周万丈刀切垂直悬崖的天门昆仑山么？

(2)蜺（读泥）：《尔雅·释天》：“蜺为挈贰。”郝懿行《尔雅义疏》：“蜺，雌虹也。……挈贰，其别名。”又说：“蜺者，霓之假借……虹、霓通。故邢疏引郭氏《音义》云，‘虹双出，色鲜盛者为雄，雄曰虹，闇者为雌，雌曰霓’。”标：洪兴祖说：“标，杪（杪：秒。树梢）也。”（《楚辞补注》）颠：洪兴祖说：“顶也。”闻一多注：“《汉书·司马相如传》‘偃蹇杪颠’。标颠即杪颠。”此指天门山极顶。

以上二句说：我登上高峻的崖岸，来到那彩虹的最高处。

2. “据青冥而摅虹兮[1]，遂倏忽而扪天[2]。”

[注释] (1)据：凭借，依靠。青冥：青天。摅（音舒）：抒发，舒散，奔腾。王夫之说：“摅虹，发气成虹也。”(2)倏（音树）忽：疾速的样子。扪（音门）：抚摸。

此二句意思是：倚靠青天舒散了彩虹，一下子我就摸到了天穹。

3. “吸湛露之浮源兮[1]，漱凝霜之雰雰[2]。

[注释] (1)湛露：指露水浓重。浮源：闻一多说：“源犹泉也。《九怀通路》‘北饮兮飞泉。’注曰：‘吮嗽天液之浮源也。’王以浮源为飞泉，殆确。《尔雅·释天》‘甘露（今作雨，从《论衡是应篇》引改）时降，万物以嘉，谓之醴泉。’此古称露为泉之证。”又“源”，洪兴祖引一本作“凉”，朱注本“凉”。明·汪瑗说：“浮凉，谓露之清澈，其光若浮而味凉也。”（《楚辞集解》）(2)雰雰（音分）：意同纷纷。霜雪等很盛的样子。

以上二句直译为：我吸入清凉的甘露飞泉啊，再用那纷纷扬扬的凝霜漱一漱口。

几乎大多注家都按诗句直译，闻先生以“源”为“泉”“飞泉”，又引飞泉即甘露，甘露即“醴泉”，那么醴泉即澧泉，澧泉即澧水。就是说，飞泉出自澧水。全是字面解释！可惜都没有发现屈原所写“飞泉”乃是屈原亲身经历的真实存在于澧水岸边天门洞所表现的实地实物实景！

下面，容我对此作一解读，再回头论飞泉霜花。

4. “依风穴以自息兮[1]，忽倾寤以婵媛[2]。”

[注释] (1)风穴：古代传说中风所自此而出的窟穴。《淮南子·览冥训》：“羽翼弱水，暮宿风穴。”注曰：“风穴，北方寒风从地出也。”此八字即典出屈原“依风穴以自息”诗。洪兴祖引宋玉赋云：“空穴来风。”清·蒋骥说：“风穴，在昆仑之巅。淮南子云：昆仑山北门开以纳不周之风。即《天问》所云西北辟启者也。”（《山带阁注楚辞》）蒋氏之说对，所提“昆仑山北门开以纳不周之风”，指的正是今大庸天门山洞穿南北之天门。自息：独自休息。汪瑗说：“自息，独宿也。”(2)倾寤（音悟）：偏侧着身子醒来。《说文·口部》曰：“嘽（音产），喘息也。”“喘，疾息也。”婵媛即连续不断的喘气也。闻一多认为婵媛是指人由于情感紧张，脉搏加急而引起的喘息。此处“忽倾寤以婵媛”，是指刚入睡又忽然又想起了伤痛

之事，内心剧烈的感情活动又引起了喘息，或忽然惊醒而喘息。

二句直译为：我依靠天门洞侧着身子独自枕石而眠，睡梦中忽然惊醒不由得又喘息起来。

以上四句，其中有个最为关键的地名符号叫“风穴”，以《淮南子》所解最为精当，蒋骥指为“昆仑之巅”，汪瑗解为“巢窟”，庄子的“大块之窍”，都讲到要害上了。本章之前已破解昆仑之源——窟窿，就是众家所说的“风穴”——天门——“大块之窍”！

《淮南子》说“羽翼弱水，暮宿风穴”。羽翼，指崇山驩兜一族，即《山海经》所载驩兜“鸟喙羽人”。《湘西苗族》载：“驩兜到了崇山后，穿南蛮服——翠羽。”一说是驩兜一族羽毛为蓑衣，下河海捕鱼。屈原“仍羽人于丹丘兮”（《远游》），把自己当作“羽人”，实为崇山祝融、驩兜三苗后裔之特称。弱水，即茹水，亦即澧水，不赘。是说屈原自弱水——茹水——澧水之西放浪而流（“凌大波而流风兮”即此），登上天门昆仑，夜宿风穴——天门眼（一作洞）。对这一秘密，明代弘治年间岳州府提学副使沈钟曾慕名登天门昆仑，在天门眼亲临观察，发现了屈原夜宿风穴的秘密，作《将军峰》：“羽族穿眠石，兵威挫敌人。”此“羽族”即指屈原之“羽人一族”；“穿眠石”，是说屈原暮宿天门窟穴，枕石而眠，任南北之风穿进穿出。可证屈原“依风穴以自息”是写实情实景，与神话无关。

现在再回过头读“吸湛露之浮源兮，漱凝霜之雰雰”。闻一多发现湛露就是“飞泉”“天液”，或曰“澧泉”，幸而言中，但不知是诗意还是真实场景。天门窟穴，天下闻名，但举世少知天门洞穹上还有一股（或一眼）“飞泉”！何谓飞泉？即在天门眼之南侧高131.5米处的洞穹之顶，有一钟乳石，上有石隙，无论干涸还是暴雨，泉水终年涌流不息，既不增亦不减。泉水坠落时，遇天门永不止息的“不周之风”，便被吹散成蒙蒙雾雨，亿万点碎珠，随风摇曳，阳光之下，光斑闪闪，恍如从九霄云天撒落的点点白色梅花、雪花，故又称“梅花泉”“梅花雨雪”，可谓“天花乱坠”。故老相传，谁能张口接到四十八点梅花雨，想成仙的能羽化登仙，想得功名的能中状元，想长寿的能长命一百八十岁。千百年来，不知有多少人慕名而至，想碰碰运气，怎奈梅花雨飘忽不定，徒让大多数人怅惘而归。《直隶澧州志·方外》《续修永定县去·仙释》等典籍还正二八经记录了赤松子、高远先生、鬼谷子、浮丘子、王子乔、不醉禅师、易嘉德、超尘、阳谷成、屈弥高、周芳女等仙家，在天门山羽化登仙的事迹。而张良口接四十八滴梅花雨，雪梅雨变成红梅雨的故事，更在当地广为流传（参见陈自文《天门山古风韵》张新出准字〔2011〕49号，第176页）。此外，关于盘古氏、太元玉女、东王公、西王母、玉皇大帝、嫦娥、祝融氏、华胥氏、伏羲氏、女娲、神农、炎帝、黄帝、蚩尤、庸成氏、善卷、高远先生、赤松子、尧帝、帝舜、驩兜、三苗、共工、崇伯鲧、大禹、盘瓠、夸父、后羿、鬻熊、周穆王、老子、庄子、鬼谷子、司马季主、浮丘子等（排名不分先后）一大批半人半仙的历史伟人巨人圣人的神话也在这里流传。笔者无意掺杂神话以取悦读者，但天门昆仑之所以成为神话的策源地必事出有因。

——这就是让古代神仙家、创世伟人和千千万万昆仑梦想者们疯狂着迷的“天液”“天露”“天泉”“飞泉”“灵泉”

“醴泉”“玉液”“琼浆”“仙源”“寿泉”“甘露”……是天门昆仑神话体系中的最为重要的神泉之首。清代易州人赵元睦是千千万万个口接梅花雨的一个人物，虽说没接得四十八点，但毕竟中了举人，于是作《天门山歌》，留下了很大气的诗句：

“伟哉奇观天作雨!”

那就抄录部分相关湛露—飞泉—花雨的诗句，让广大无缘（或暂时）未能到现场口接梅花雨的读者从古诗中品鉴屈原所写他口接湛露的实景实情：

“古嵩梁山也，有十六峰相次，最高为天门，空明透澈，明贯山顶，其上有‘泉门之雨’。”（《寰宇记拾遗卷七》）

“磨墨且待飞泉来，千千珊瑚琢笔架。”（清·尹际昌《天门十六峰》）

“挂壁瀑飞千缕雨，悬崖冰坠一声雷。”（清·罗振鹏《登天门山》）

[注] 千缕雨：天门眼有一股流泉，直从穹顶落将下来，如烟似雾，人称“四十八点梅花雨”，又叫“梅花甘露”。（覃功炯《大庸天门山》，载《大庸诗》1982年内刊本）

“松风送音兼钟度，花雨飞香绕院迷。”（清·覃纯武《云梯登殿》）

“东风有力能关锁，吹散天花满径香。”[清·王维龄《石门（天门）锁翠》]

“入望霁烟朝佛脚，筛空花雨泻诗胸。”（民国·南社诗人庹悲亚《旅行天门山有感》）

“花雨洒灵鹫甘露，玉泉涌玉池功德。”（清·嘉庆十三年《天门名峰记》碑文）

“尽日丹书窥色相，四时花雨洗袈裟。”（民国·庹悲亚《赠天门山上人》）

“而泉流瀑布，花雨霏霏，云深林密，洞壑纷呈……”（清·同治八年胡其禄撰并书《千古不朽》）

“（天）门内多凤尾竹，门上约百丈许，有石乳下垂，悠扬倏忽，非雪非珠，罄（音穷）咳一声，如花雨乱坠。”（清·胡世安《游天门山记》）

当代本境诗人胡海滨作《念奴娇·重阳登天门》（选前半段）：“又逢重九，登天门，寻得秋山踪迹。云梦台边枫叶醉，峰岭松青凝碧。阵阵凉风，洞前梅雨，接下两三滴。呼声叠起，更添神话润笔。”（载《天门诗词》2010年第2期）

这就是屈原笔下的飞泉——梅花甘露，神奇诡秘，缥缥缈缈，亦幻亦真，曾让多少注家不可理喻，还以为是屈原在说“神话”。在天门昆仑的发祥地，天门山的神秘现象太多太多，为了从科学层面进行解读，1985年10月，应大庸市政府之邀，并受中国旅游地学研究会委派，著名地学家覃功炯专程赴大庸对天门山进行科学考察，其中就有对屈原所写“飞泉—湛露”的解释文字：

“天门洞顶之上的两个漏斗，直径在8米以上，漏斗容集着雨水和凝结水并向洞下渗漏。在洞下仰视，可见北漏斗所溶蚀的两层溶洞和南漏斗不断扩大的岩溶裂隙。考察时，虽时值金秋，天气晴朗，却仍有漏下的水滴，涓涓不断，有人冠以雅号为‘梅花甘露’，实为岩溶漏水，滴漏处有石钟乳倒挂。”（覃功炯《我对天门山有关问题的解释》）

1985年5月，大庸县政协主席李家志率一行34名专家考察天门山，时任政协常委兼办公室主任的杨秋云作了一篇文章，较详细地记述了数名官员口接天门“飞泉甘露”的全过程，可佐证屈原诗中所写“湛露—飞泉”之不虚：

“5月27日，我们从天门山北坡下山，经天门眼，很多同志曾实践过接**‘梅花雨’**，我们取之雅名**‘口接甘露’**。原来洞口顶上有很多肉眼看不清楚的细流从岩缝中渗透出

来，顺着一个方向汇集，慢慢形成小水珠向下坠落，形成小‘雨点’，因这小雨点像天花乱坠，古人就叫‘**梅花雨**’。这梅花雨清凉清凉，且含有微量矿物质，可以治病。甚至有人传说，如有人吸得四十八点‘梅花雨’，就可以起死回生，长生不老。我们口接此‘甘露’时，抬头仰望，眼睛盯住半空中的小水珠，把嘴张开，对住方位，让水珠掉落口中。当水珠往下掉落时，往往被风吹动改变了方位，所以总是难以准确地入‘接甘露’者的口中，或者落在眼睛上，或者落在耳朵上，或者落在额头上，或者落在颈项上……梅花雨此刻变成了飘忽不定的‘飞泉’。这水珠大约一分钟掉落一次，仰头张口者十余人，五分钟后竟无一人获得‘甘露’。大家开玩笑地说：‘看来我们都无缘，没有一个人能够长生不老’。”（杨秋云《全面考察天门山》，载《难忘十年》）

现在让我们一起追踪屈原的足迹，亲身体验夜宿天门风穴的情境。那天，屈原从兰岗——辟谷种兰的第三故里起程；和仆人骑马至西溪坪——鸬鹚湾——官黎坪——峡洞——峡洞溪——天门眼山脚，再弃马步行，从“吊索神溶”登绝崖石级，一直登上“登天之门”，在这里落脚“安家”，当晚，一行就在天门洞枕石而眠了。屈原以石为床，蜷屈（侧身）而睡，不时被虎啸猿啼和飒飒风啸声惊醒，本来受损的身体因着凉又让他不时地咳嗽。当黎明时，梦醒的屈原看到了另一番景象：从洞穹坠落又随风飘舞的湛露梅花雨，不时像点点霜花纷纷扬扬地落在脸上，就觉一种清凉，便张口用它漱口。

天门洞南北对穿，是两地风云对流的唯一通道，清代贡生罗振鹏在《登天门山》诗中写道：“云卷天门风。”这正是屈原“**西北辟启，何气通焉**”的天门风穴，故天门本身又称风穴、风门、凉风洞、风门垭、风门关、阊风。这便是“漱凝霜”的真实经历。倘若没有梅花雨，人们还以为“霜花”真能漱口呢！也难怪注家们由此展开想象，以为屈原是在做春夏秋冬四季精神浪漫之旅。

我真不明白：《淮南子》作者是如何知道屈原“羽翼弱水，暮宿风穴”之秘密的？

5.“冯昆仑以瞰雾兮⑴，隐岷山以清江⑵。”

[注释] ⑴冯（音平）：凭借，依靠。朱熹说：“冯，据也。”昆仑：本书已破译昆仑起源于天门窟窿，从而让屈原诗从众云“神仙道家之言”中摆脱出来。瞰：俯视。⑵隐：隐蔽，遮挡。岷山，位于四川松潘县北，绵延四川、甘肃两省边境。以：与。清江：清澈的江流。此即足下的澧水，非指两千里之外的湖北清江也！

二句意思是：我凭据昆仑天门俯视茫茫云雾，西部岷山与清澈的澧水都被雾气遮住了。

6.“观炎气之相仍兮⑴，窥烟液之所积⑵。悲霜雪之俱下兮⑶，听潮水之相击⑷。”

[注释] ⑴炎气：王逸说：“炎气，南方火也。”洪兴祖说：“《神异经》曰：‘南方有火山，昼夜火然’。”《抱朴子》说：“南海萧丘之中，有自生之火，常以春起而秋灭。”朱熹说：“炎气，火气也。”相仍：王逸说：“相仍者，相从也。”朱熹说：“相因而不已也。”笔者认为洪兴祖所言切题。《山海经》载“西海之南，流沙之滨，赤水之后，黑水之前，有大山名曰昆仑之丘，其下弱水（茹水，又作茹澧）之渊环之，其外有焰火之山，投物辄然（燃）”。这是一幅天门昆仑活地图，焰火之山位于天门山之南，介于天门眼与观音山（背部）之间，为一堵万丈绝崖孤山，海拔1400余米，山正面

东西宽达2公里，石壁呈赭赤色，每天日起日落，石壁遍体通红，一如巨大火山，故称火焰山。关于火焰山，《诗含神雾》载：“天不足西北，无有阴阳消息，故有火精以照天门中。”此之“火精照天门”，正是古人对天门炎火之山的神话解读。注家往往把《山海经》所载被弱水环绕的“焰火之山”指为西域之唐僧取经所过“火焰山”。笔者曾随“新疆之旅”团队专程亲临“火焰山”考察，发现唐僧所过火焰山位于新疆吐鲁番之东北，与高昌古城相近，这一带沙漠连天，哪见“弱水之渊环之”的景象呢？《搜神记·卷十三》亦载：“昆仑之墟，地首也。是维帝之下都，故其外绝以弱水之深，又环以炎火之山。”此段文字全部所写正是天门昆仑的弱水和炎火之山，可证屈原笔下的“炎气”就出自故乡天门火焰山。(2)烟液之所积：王逸说：“火气烟上天为云，云出凑液而为雨也……烟液所积者，所聚也。”朱熹说：“烟液者，火气郁而为烟，烟所著又凝而为液也。”王夫之说：“烟，云也。液，雨也。积者，云屯而雨沛也。此春夏之气也。”刘梦鹏说：“观炎气，夏也。炎气郁火烟云，云出凑为膏雨。”文字表述都到位，可不知此情此景发生地在何处，全是纸上谈兵。(3)悲霜雪之俱下：明·黄文焕说：“下霜之后，继之以雪，秋而冬也。”一般多持此说。我以为皆错！此之“霜雪”，正是天门风穴的梅花飞泉，梅花雨雾，纷纷扬扬，极似飞飘的霜花，否则怎称“梅花甘露”“梅花雪雨”呢？这哪里是在写四季变换哟！不过，也怪不得注家错断，皆不知屈原是写家乡的实情实景，外人又怎猜得出来？(4)潮：朱熹说：“海水以月加子午之时，一日而再至者也。朝曰潮，夕曰汐。”明·汪瑗说：“海水逆涌为潮。”相击：互相冲击。上述四句，汪瑗认为“盖谓四时之光景”；清·徐焕龙说：“秋冬雪霜俱下，木落水涸，潮信无差，其声相击，寒严凄切之情，堪悲堪听。”这些解释我以为都是隔山买羊，从字面一派想当然瞎解，与本意大相径庭。此之“潮”，实指天门自然奇观。天门耸乎南北，阻挡了南北风云，唯有对穿南北的天门洞眼，成了南北风云气流过往的唯一孔道。**毕竟洞小风大云挤，竟然在绝壁上发出风云拍岸的声音来，一如“潮水之相击”**——这正是屈原在天门洞居住日久才发现的自然现象。那些坐在书斋的“注家”们，又怎悟透屈原的诗情意境！清嘉庆拔贡、《永定县志》纂修熊国夏写道：“至于崇朝遍雷雨，洞嗔掩耳之威；大块回风云，窟拥盈胸之势。辟门叫阖，灵气于以往来；披闼扪天，云物为之启闭。”（《天门山赋》）

这才是亲身经历者的真实场景与心境！

清康熙云南推官大庸人胡世安作《游天门山记》曰：“仰见天门洞启，吐翠吞青，云开阊阖，门下万石峥嵘,莫辨径同……益觉山容变幻，幽趣横生。……俯断处深不可测，白云满壑，流于峭壁，窣窣如有声……”

云雾争赴一门，竟在洞壁上碰撞出“窣窣”之声，不正好与屈原在天门洞听出“潮水之相击”——江水拍岸的奇境奇声吗？！先人笔力至此，有何言哉！

清·李镜在《天门山集序》中写道：“夫天门之胜，……山有巨石，壁立万仞，中有一窍，洞开如门，……每逢春和景明，风晨月夕，雪晴雨霁，变态万状，真穹壤间一胜概处也。”

上引本土名家天门之论，皆是亲至亲临的真实场景。

屈原夜宿天门风穴，正是炎炎盛夏，云雾滚滚争赴一门，闷热气流遇洞中凉风，化作微露细雨，是常见的自然现象。而梅花飞泉，飘飘洒洒，犹见霜雪俱下，恍若夏秋转冬，自是一阵悲凉。待清晨惊起，坐观洞中风云穿越，则如大海潮水相击，气势壮观，荡胸震耳！这是屈原亲身经历的天门风穴四时变幻的壮丽一幕，诗中句子，全是纪实写真。这种四时换季的感觉，非身临其境，怎能想象得出啊！

以上四句意思是：（枕在石上）观望那炎热之气不断升腾，窥见那烟云化作丝丝雨水积而成流。悲叹飞泉霜雪纷然齐下，听山壑云潮相击相撞之声。

若从《远游》中“吸飞泉之微液兮”分析，与作《悲回风》似在同一时期，亦栖居在天门洞中，而且居住时间不短。故所谓“悲回风”，其实就是因天门穴风而生悲。“回风”者，特指天门山万丈绝壁穿山之洞门所对流南北之风也，你进我出，连风都碰撞出声音来，一如政界，上上下下，进进出出，反复无常，无有定数。那是他人生最低谷时期，精神状态糟糕至极，颓废至极，甚至一度下定了步伍子胥、申徒狄诸先贤之后而寻死的决心，但先贤的结局又使他明白，死于事无补，亦于君于国无益，因而“踌躇徘徊”“不忍遽（巨，匆忙；急）死”，放弃了走绝路的计划。

从“吸湛露”“依风穴”到“悲霜雪”，我发现这是屈原追随赤松子上天门昆仑，辟谷天门洞穴的重大信息，与《离骚》“朝饮木兰之坠露，夕餐秋菊之落英”及《远游》：“餐六气而饮沆瀣（xiè），漱正阳而含朝霞。”形成同一环境状态证据链，证明屈原辟谷初在兰岗第三故里，晚年上天门昆仑，住天门洞窟，那么，这里就是屈原辟谷第四故里了。

第九节　《远游》诗中屈原故里

一、关于《远游》著作权之争

在屈原流传下来的不太多的作品中，有若干篇都陷入了关于版权真伪争论的危机，往往因一两个人物的发难，这些作品就被一些注家扼杀，逐出篇外。太史公曾说：“余读《离骚》《天问》《招魂》《哀郢》，悲其志。”但在后来若干版本中，《招魂》不载，易主宋玉；《大招》也因王逸《大招序》“屈原之所作也，或曰景差，疑不能明也”一句话中“或曰”两个字，后人也干脆将其著作权送给景差。后人对《远游》最早提出质疑的，大约是清人胡浚源，其首倡《远游》为汉人之伪作说（见《楚辞新注求确》）。继有吴汝纶、刘永济、廖（季）平、胡适、陆侃如、何其芳、胡念贻、陈仲凡等人。闻一多等人认为自《怀沙》以后若干篇，都须删去。郭沫若、游国恩等则直接对《远游》

发难。郭沫若说："那篇相传是屈原作品而却可疑的《远游》，便更可断定不是屈原所作。因为如果是屈原所作，前人便会把它收辑在体裁相近的'九章'里而成为'十章'了。《远游》那一篇，我认为是司马相如《大人赋》的初稿。因此，要翻译屈原的作品，《远游》没有翻译的必要。"（《屈原赋今译》人民文学出版社，1953年版）以"前人未把它收辑在九章中"为由而拒绝翻译，理由似太简单。胡适说："《远游》是模仿《离骚》的。"（《读楚辞》，载《胡适文存》第二集）廖平认为《远游》"与司马相如《大人赋》大同小异"。好像是说《远游》抄袭了《大人赋》（六译馆丛书《楚辞讲义》）。萧兵说："《远游》一证颇为有力，但这适证《远游》并非屈作。"（《楚辞的文化破译》，第90页）故其洋洋90万言中没给《远游》一席版面。游国恩说："《远游》一篇不是屈原的作品，后人因为王逸一句话不敢怀疑他，于是《远游》作者一直误认到于今。"（《楚辞概论》）但游氏于数年后又撰了一篇《屈赋考源》，提出屈赋四大观念（宇宙、神仙、神怪、历史），却在论神仙观念时，又把《远游》作为例举范本，等于说他又出尔反尔将曾被他开除过的《远游》入选资格又交还给屈原了。

归纳起来，否定《远游》为屈原作品的理由大约有三：其一，认为《远游》"多具神仙道家之言"，与屈原的其他作品不类，不符合屈原的思想体系。其二，认为《远游》与司马相如《大人赋》相同的句子太多，因而推断《远游》出于司马相如之手，或是后人摹仿《大人赋》所作。其三，认为《远游》所举的一些人名系屈原身后之人，所以断定非屈原的作品（如韩众、王乔、赤松子等。见金开诚等《屈原集校注》）。对上述否定《远游》的种种议论，其实早就有人进行批驳了。

洪兴祖说："司马相如作《大人赋》，宏放高妙，读者有凌云之意，然其语多出於此（指《远游》），至其妙处，相如莫能识也。"（《楚辞补注》）朱熹说："司马相如作《大人赋》多袭其语（指《远游》），然屈子所到，非相如所能窥其万一也。"（《楚辞集注》）汪瑗说："《大人赋》非独不能窥屈子之所到，而文章之妙亦未能闯其门也，况升堂入室乎？其所述远游，杂乱靡统，而又剽袭太多，此相如所作之陋者也。读者有凌云之意，盖未尝读《楚辞》之故也，使武帝曾读《楚辞》则读相如之赋如嚼蜡耳。"（《楚辞集解》）虞集杂感："《四库全书》本《道园学古录》：'《离骚》出于幽愤之极，而《远游》一篇，欲超乎日月之上，与泰初以为邻'。"（《屈原学集成》，中央编译出版社，2007年6月第1版第43页）苏雪林则作《〈远游〉与〈大人赋〉——中国文史上一件大窃案的揭破》，罗列大量证据，口诛笔伐，痛揭司马相如抄袭《远游》的种种行径，结尾说："我将《大人赋》的贼赃一件件请出，司马相如偷窃的罪名成立，有如南山铁案，不可动摇。"（载苏雪林《屈赋论丛》武汉大学出版社，2007年12月第1版第378页）

上述古今大师对否定《远游》观点的痛批，简直有深痛恶绝之慨。笔者不仅深表赞赏，还将对其重点解剖，以还《远游》之本真。笔者以为《悲回风》与《远游》是在同一个地方连续创作而成的"姊妹篇"，先有暮宿风穴，悲情昆仑，尔后才寻求解脱，离

乡远游。我甚至忽尔眼前一亮：这《悲回风》《远游》不正是屈原给后人破解自己的生身故乡所留下的两把钥匙么？**两把钥匙相互印证，何愁故里大门不开！**

二、从《远游》诗句中发现屈原故里重要信息

1. 赤松子：本是天门山下人

"闻赤松之清尘兮，愿承风乎遗则。"

屈原追随赤松子，主要是赤松子"虚静恬愉、澹泊无为"的出世思想。长期忧国忧民的心灵煎熬，疾病缠身，已让他精神崩溃，思想观念难免发生变化。一些人以为这些行为不合符屈原的"思想体系"，其实，所谓的"神仙道家之言"，不过是屈原绝望时的一种解脱，他要向他的先祖—— 一代庸国大帝——赤松子倾诉。何况，屈原本身就是一代大巫、大道，我们当今人又何必硬要把屈原拔高到现代马列主义、毛泽东思想家的高度呢？

据《武陵源区志》载：**"张良，因循楚大夫屈原放逐地入湘而至青岩山立马驻足，故该此地古名止马塌。"**这是屈原投江数十年后的事，其目的就是效法屈原，步赤松子之后。《续修永定县志·仙释》载："赤松子隐赤松山（按：与天崇山相对），有丹灶列天门十六峰之一。张良从赤松子游，天门、青岩诸山，多存遗迹。"清代诗人罗復作《赤松山》："昔闻张子房，从此赤松游。"

以上二句意思是：我曾听说古仙人赤松子清尘无为的事迹，愿从他遗留的法则中秉承他的教化。

2. 高阳·故居·轩辕

"高阳邈以远兮，余将焉所程？重曰：春秋忽其不淹兮，奚久留此故居？轩辕不可攀援兮，吾将从王乔而娱戏。"

关键是第四句：一些注家见"故居"二字总是摸头不是脑。故居：此指故乡、旧居。按旧解，屈原明明已自郢回庸，且此时已身处昆仑，怎么又冒出个"故居""故乡"呢？照屈原笔下之意，这个昆仑就是他的故乡，而一些注家"言昆仑必在西域大雪山"，难道屈原的故乡即屈邑封地真在大西域大雪山或在郢都？为了自圆其说，有人就只好曲解故居，将其说成是"故地"（时代文艺出版社版《楚辞》即作此解）。这本应让一些注家反思，但长期以来，一个"言昆仑必西域"的观点至死不悟，所以屈原前面若干首诗中所抒写的"故乡"要么指到郢都，要么变起法子曲解。

我说：此之"故乡"就是天门昆仑山下的屈家坊潭口里。这是无法拆开的语言逻辑链条。

轩辕，黄帝。屈原为什么在天门山天门洞想到黄帝呢？这正与他追随黄帝上天门有关。恰好与穆天子上天门守黄帝宫、谥黄帝陵、观黄帝册府、祭天门昆仑形成信息链连锁。他在远游之前，要上天门山向黄帝倾诉，却又觉高不可攀，于是只好与王乔一起在天门山游戏。王乔，即周灵王太子晋王子乔，好吹笙，作凤凰鸣，游伊洛间，被浮丘子接上天门嵩梁山。浮丘子，居浮丘山，在临澧。而东汉王乔，河东人，明帝时为尚书郎。好学仙，追随古仙人王子乔，故二人相混，有人便疑《远游》是汉人所作，误也！

以上三句说：高阳离我已十分遥远，我将怎样去取法呢？岁月匆匆而去不停留啊，我为什么还久久地留在故乡？轩辕离我久而不可攀附啊，我只好跟随王乔一起游戏。

3. 餐六气·漱正阳

“餐六气而饮沆瀣兮，漱正阳而含朝霞。”

这两句诗是写屈原追随赤松子从兰岗迁居**“第四故居”天门洞**（风穴）的生活细节和精神状态。他仿效赤松子脱离尘世，隐居天门辟谷修炼，唉（吃）百草花，过着表面洒脱而内心悲苦的日子。正如张良仿效屈原，追随赤松子而隐张家界武陵源昆仑峰一样：“放我修行拂袖还，朝游峰顶卧苍田。渴饮葡萄香醪酒，饥餐松柏壮阳丹。闲时观山游野景，闷来潇洒抱琴弹。若问小臣归何处？身心只在白云间。”（宋代话本《张子房慕道记》）让屈原始料不及的，在他身后，居然也有效法自己追随赤松子的晚辈，除却张良，还有明朝的开国功臣刘基（按：即刘伯温，曾于洪武三年随杨璟征剿覃垕并置大庸卫之事，后在大庸留下“青田碑”：“久反蛮夷在此间，此间不是久长安。若要安福长安福，浩浩苍天还是天。”后果然在大庸设安福县，故传为刘伯温所留谶［称］言），刘伯温在大庸考察设卫并督查杨璟征剿茅冈覃垕之战期间，很可能对屈原在故里大庸的行踪有所觉察，并萌生效法屈原的念头：“功成身退，希赤松子辟谷，慕陶朱（指范蠡）之远游，可谓既明且哲矣，而卒困于胡惟庸之口，向非高皇帝之明，危矣。诗曰：谗人罔极。又曰：贪人败类。可畏也夫！”（谈迁《国榷》）刘基曾作《独漉篇》云：“独漉复独漉，月明江水浊。水浊迷龙鱼，月明复何如？楚国皆浊，屈原独清。行吟泽畔，哀哉不平。上山采茶，下山采蘖（音聂，酒曲）。心在腹中，何由可白？豺狼在后，虎豹在前。四顾无人，魂飞上天。珠玉委弃，不如泯沙。蹑冠戴履，万古悲嗟！”

所谓“餐六气饮沆瀣，漱正阳含朝霞”，与《悲回风》所写“吸湛露，漱凝霜”完全是同一个概念和同一个地点，可证屈原并没有借住昆仑帝宫和众多古刹而露宿于风穴天门眼！这恰恰符合屈原此时效法赤松子隐身天门之野的心境。

意思是：日餐天地四时的精气，夜饮冰凉透心的清露。清晨吸纳火红的太阳，含着灿烂的云霞去漱口。

4. 南巢：屈原的老家

“顺凯风以从游兮(1)，至南巢(2)而壹息。”

［注释］(1)凯风：《尔雅·释天》：“南风谓之凯风。”汪瑗说：“顺风从游，犹所谓御风而行。”所言极是。(2)南巢：有解为“南方凤鸟栖居之地”。蒋骥说南巢今庐州府巢县。或言为南方荒远之国，或说在九州之外。三国韦昭注《国语》，以“居巢”解“南巢”，后人却以为古人未有此说而加否定。汪瑗说：“南巢犹言南方也。巢指其所居耳。”可参，南巢即指屈原南方的老家潭口里，是一个极普通的粘连句，根本用不着查经找典。一些人骨子里认为屈原的家在郢都在秭归在西域或根本不知，怎么在南方拱出个“巢”来？只好搜肠刮肚炮制一些莫名其妙的概念。如果解为“南方凤鸟的窝”，那屈原就是张翅顺风飞到鸟窝里的真“羽人”了，也还说得过去。一个“南巢”，锁定了他的故里不在江北的秭归郢都。壹：《集韵》《韵会》《正韵》专一也。又合也。又诚也，醇也。此作专一解。壹息：万事皆休，专门休息，我太累了。

上二句意思是：随着南风而飘飞漫游，来到南方的老家专门休息。

5. 羽人·丹丘·旧乡：屈原故里秘码

“仍羽人于丹丘兮(1)，留不死之旧乡(2)。”

[注释] 这是《远游》中最为重要的故乡信息。(1)仍：跟随、投奔。朱熹说：“仍，因，就也。”汪瑗说：“仍，因，依也。”胡文英说：“仍，故也，以为主人也。”（《屈骚指掌》）羽人：此喻比崇山颛顼驩兜一族。《山海经·大荒北经》：“黑水之北，有人有翼，名曰苗民。颛顼生驩头，驩头生苗民。”又《大荒南经》：“有人焉，鸟喙，有翼，方捕鱼于海。大荒之中，有人名曰驩头。鲧妻士敬，士敬子曰炎融，生驩头。驩头人面鸟喙，食海中鱼，杖翼而行。……有驩头之国。”驩头，又作驩兜、驩朱，“舜放驩兜于崇山”即此。所谓鸟喙、羽翼，是指崇山三苗族人下河入海捕鱼，身披羽毛蓑衣，手上拿着有长杆的鱼叉和鱼网兜，这是典型的武陵土家、苗人的渔猎装束，至今依然。崇山驩兜一族，根出降于崇山的火鸟族祝融，故称崇山庸人为“羽人”。所谓“海”指遍布天门昆仑南北的云梦遗泽，稍查发现，天门南北县境内残留的“海”“湖”“泽”“洋”的远古地名多达100余个（地名见《市典》及2000年版《湖南省地图册》）。这100余个湖海洋孑遗地名，雄辩地证明《山海经》所载驩兜羽族捕鱼于“海”，决非万里迢迢去广东南海！而且，也不具备这种可能、这种必要、这种交通设施！何况以当时的捕鱼工具和技术条件，古人类到深海捕鱼作业的可能性几乎没有。既便去八千里外的热带南海捕到了鱼，再运回三千里大庸，那些烂臭鱼还能吃吗?!

这个“南海”，准确地址其实就是天门山之南麓的古云梦遗泽——天门湖。即今大坪镇所在地，古称南海，约30平方公里。赤松子出生地即此湖岸的黄家河村赤松桥头。鲧死，大禹继其志，导澧。曾乘两龙舟掘山口导湖为坪，是为赤松坪，1953年以其东有“小坪”改作大坪，决口处即今大坪镇之东龙门口小组，属天门溪村。丹丘：即自然而生的日、月两穿洞的澧口大鳌洲。（已解）

(2)旧乡：即故乡、故居。不死之旧乡：实指屈原故乡大地名就在天门昆仑不死之乡、长寿之国——今永定区仙人溪。

“仍羽人于丹丘”，本土清代土司后人覃纯武诗“孤筇待访羽人踪”，元代杨翊“云气接丹丘”；三国陈琳《大荒赋》写天门崇山原句引用屈原“仍羽人之丹丘”。可证羽人、丹丘同在一个地理单元。既然崇山驩兜苗裔羽人的身份不可动摇，那丹丘决不可能在广东南海、西域或海外西方。袁珂认为：“《远游》之所谓羽人、不死，乃人学道登仙之两阶段。初则不死而为地仙，久则身生毛羽，遐举而为天仙矣！”袁先生还真以为屈原是追求登仙，还长出了“毛羽”，想象得也太离谱了。不知羽人为何人，亦不知丹丘为何物，只能缘“仙道”而求证了。所以说：屈学界以《远游》“多具神仙道家之言”而剥夺屈原的知识版权，可称得上是“欲加之罪”，不亦冤乎！

关于鸟喙“羽人”，大庸本境曾出土（永定·一级4号）文物“东汉张氏七乳人物禽兽纹铜镜”，其铭文曰：“张氏作镜大无伤，长得二亲乐未央。八子九孙居高堂，左右龙虎主四旁。朱雀玄武仙人羊，为吏宜官至侯王。上有辟邪去不阳，从今世世昌。”铭文字数之多，纹饰图形数量之多之精，在全国出土同类铜镜中，此其唯一，价值非凡。而令人震惊的是，纹饰中居然有数个“鸟喙虎身羽人”图形！这是古庸国境内，崇山内外第一次发现的《山海经》所载崇山驩兜虎族羽人之论与出土文物对接的物证，亦与屈原笔下的“羽人”找到了不可撼动的文物证据。叫一面古镜照出了一部历史的真相。

以上二句意思是：我追随羽人来到丹丘圣地，永远留住在古长寿国的家乡。

6. 飞泉：天门洞的梅花甘露

“吸飞泉之微液兮(1)，怀琬琰之华英(2)。”

[注释] (1)“微液”：指天门飞泉梅花雨，飘洒入口，如甘露微液。与《悲回风》“吸湛露之浮源”是同一处环境、同一处语境、同一个意思，即在“风穴”天门眼中的那个飞泉梅花雨。《离骚》中“朝饮木兰之坠露兮，夕餐秋菊之落英”，《涉江》“登昆仑兮食玉英”等均与此类同。说明屈原追随赤松子登天门昆仑隐身天门洞辟谷，基本上就以天门风穴作栖身之所。我称它是屈原离开兰岗登天门辟谷修行而居的“**第四故居**”。此飞泉即前诗所解为天门眼穹顶上的“梅花甘露”“飞泉”，恰在飞泉之西南山下的昆仑大峡谷即名“飞泉谷”。司马相如《大人赋》有“横厉（历）飞泉以正东”句，原是真实的环境地形，可证司马氏追随屈原一定是亲历亲见的现场。(2)怀：有解为服食者，我以为作“捧”状，揽物入怀。琬琰（晚眼）：美玉。蒋骥说:“琬琰，玉名。”《山海经》：“稷泽多白玉，黄帝是食是餐。”此之“稷泽”，即崇山大泽，**因后稷潜藏**（水葬）**于此得名**。又周穆王荐琬琰之膏以为酒。晋·王嘉《拾遗记》：“穆王东巡大骑之谷，西王母来会，荐请澄琬琰之膏以为酒。”而赤松子在天门山炼丹，得水玉之丹，名“冰玉散”，乃以天门琬琰之玉配料为丹（膏），再以百草花酿酒，则民间所传之长寿酒也。华英：多解为美玉之花的精英，以为是在食服“美玉”。笔者再三琢磨，以为玉石可观不可食乃基本常识。华英：华，花。《尔雅·释木》：“瓜曰华之。又与花同。”《诗·郑风》注：“英，犹华也。”“华而不实者谓之英。”“又叶亦谓之英。”《宋书·符瑞志》沈约云：“英，叶也。”华英，即指花草之类。琬琰，本是两种不同质的美玉。此对两种矿石的美称，例如朱砂，道家炼药多用，称之为“丹”。赤松子辟谷，一是啖百草之花，二是采石炼丹，今天门山顶有赤松炼丹之金水池，又有丹灶峰。明·叶守礼（慈利知县）有《丹灶峰》诗：“悬崖峭壁隔尘寰，上有仙人学炼丹。炼得丹成鹤已去，独留丹灶在峰峦。”

屈原步赤松子之后，久住天门风穴，吸飞泉之液，食丹石花草。《拾遗记》说：“屈原以忠见斥，隐于沅湘，披蓁茹草，混同鸟兽，不交世务，采柏实以合桂膏，用养心神……其山又有灵洞……中有异香芳馥，泉石明朗。采药石之人入中，如行十里。”所谓“采药石”即指采炼药之石，屈原所写“琬琰”即此。

以上二句意思是：吸取飘飘洒洒的飞泉花雨，捧服美玉之精和百草花叶。

7. 旧乡：为故乡而哭

"涉青云以泛滥游兮，忽临睨夫旧乡。仆夫怀余心悲兮，边马顾而不行。

思旧故以想象兮，长太息而掩涕。泛容与而遐举兮，聊抑志而自弭。"

两千年来，注家对这四句诗一直讳莫如深，明明发现屈原站在天门山顶看见了东方澧口自己的故乡，从而引发出无限悲伤，却不敢往深处考究，一笔带过。笔者此前逼着自己啃读了若干古今一批关于解析屈诗的大作，发现几乎所有至少是"绝大多数"注家不敢理直气壮地解释屈原笔下的**"旧乡""旧故""故乡"**，因为太纠结，太矛盾了，因为骨子里"言昆仑必西域"，好像屈原魂灵飞到大西域去了，可那里又怎能有屈原的家乡呢?！即便屈原就是一位剑不离身的文武将军，可一个人哪能到得了万里外穷凶极恶的大西域沙漠雪原冰山！其实是他回到大庸故乡，又追随赤松子上了天门。而此时，他正在做远行前的反省思考。当他站在天门云梦极顶，偶尔看见澧水东流入峡的澧口故乡时，不禁悲从心起，涕泪横流，连他的随从和坐骑都为之伤感而眷顾不行。这是真真实实的一幕，不是神话，不是无病呻吟。从天门绝顶东至澧口，约25公里，澧口那两棵古柏历历在望（今剩一棵）。古柏正对岸，即是澧口故乡簸箕塔（一口印）老屋。读者若有机会到张家界旅游，不妨登天门云梦极顶，朝东方澧口一观，便知屈原所写不虚。类似于这种感觉的句子，屈诗中多有出现，甚至不惜雷同地、重复地使用，颇让一些注家不解，且多有微辞。殊不知这正是诗人浓浓的、深深的乡愁情结所致。前面，笔者已破解屈原为故乡而泣的另一层原因，是无限伤痛他未能尽孝的母亲和死于非命的发妻。或曰屈原是有意用这种句式暗示人们：他的故乡就在天门山下。两千年来，注家们老是抱怨屈原怎么就不为家乡留点文字信息呢？殊不知屈原早就在他的诗作中一而再、再而三地写他的故乡，甚至每提及故乡，必情感为之大起大落，往往不能自抑，痛哭流涕。可这些感天动地的句子总是被注家们忽悠、曲解，言不由衷，指东说西。说是秭归吧？说是郢都吧？说是西域昆仑吧？可都与笔下环境对不上号，故只好含糊其词，轻描淡写，一笔带过。所以说，中国两千年屈学，基本上是略去屈诗中的"故里"核心文字的瞎猜杜撰、错断谬说。

以上四句的意思是：我踏上云端不着边际地四处漫游，忽然居高临下地看见了我的故乡老家。连役夫也因之思念家乡，怎禁我心中的无限悲伤。拉车的骖马也顾盼故土，不愿继续前行。不由我思念亲戚朋友而想起种种往事，禁不住长长地叹息而涕泪纵横沾裳。我暂且按捺住对家乡和故旧的思念啊，又慢慢地飞起登天远行（按：又神思飞越在山下故里）。

下面，将屈诗中直接或间接述写家乡的诗句作一归纳，真相尽在其中：

"忽反顾（澧口）以流涕兮，哀高丘之无女。"

"陟升皇之赫戏兮，忽临睨夫旧乡。"

"仆夫悲余马怀兮，蜷局顾而不行。"

"去故乡而就远兮，遵江夏以流亡。"

"发郢都而去闾兮，荒忽其焉极。"

"去终古之所居兮，今逍遥而来东。"

"鸟飞反故乡兮，狐死必首丘。"

"重曰：春秋忽其不淹兮，奚久留此故居?"

“仍羽人于丹丘兮，留不死之旧乡。”

“涉青云以泛滥游兮，忽临睨夫旧乡。

“仆夫怀余心悲兮，边马顾而不行。”

“思旧故以想象兮，长太息而掩涕。”（《远游》）

另外，还有若干关于抒写故乡的特有地名个案的诗句：

“揽茹蕙以掩涕兮，沾余襟之浪浪。”（《离骚》）

[按] 茹水（茹澧、弱水）：流淌在屈原故乡门前的澧水河。

“饮余马于咸池兮，总余辔乎扶桑。”（《离骚》）

[按] 咸池、扶桑：是屈原故乡的两大特指地名。咸池在桑植咸池峪村，又有大咸池、小咸池。扶桑在天门山东南80里之扶桑村。

“朝吾将济于白水兮，登阆风而緤马。”（《离骚》）

[按] 白水、阆风（昆仑）均在屈原故乡。此白水，即桑植酉水，亦称白河。

“邅吾道夫昆仑兮,路修远以周流。”“忽吾行此流沙兮，遵赤水而容与。”（《离骚》）

[按] 昆仑、流沙、赤水：均在屈原故乡。

“望涔阳兮极浦，横大江兮扬灵。”（《湘君》）

[按] 涔阳（涔澧）：属于屈原故乡九澧水系，即今澧县、安乡交界的焦圻镇。

“捐余玦（音决，玉带）兮江中,遗余佩兮澧浦。”（《湘君》）

“捐余袂（音妹，袖子）兮江中，遗余褋兮澧浦。”（《湘夫人》）

[按] 澧浦：澧水之岸。屈原家乡在澧水岸。

“沅有芷兮澧有兰，思公子兮未敢言。”（《湘夫人》）

[按] 沅芷澧兰：是屈原故乡的两大香草、两大地理标示符号。

“广开兮天门！纷吾乘兮玄云！”（《大司命》）

[按] 普天之下真正的昆仑源头就是今张家界的天门昆仑山。天门山下，是屈原的故乡。

“暾将出兮东方，照吾槛兮扶桑。”（《东君》）

[按] 天门崇山，是扶桑（太阳）的故乡。“扶桑”原生点在天门山东南50公里扶桑村（今属沅陵县七甲坪乡），古今史家只有一个人找到真正的扶桑村，他就是屈原！屈原所说旭日 [暾] 初升于东方潭口，都照到我家门槛上了，是借用扶桑作太阳。

“与女游兮九河，冲风起兮水横波。”（《河伯》）

[按] 九河即九澧九江，都在屈原故乡。

“登昆仑兮四望，心飞扬兮浩荡。日将暮兮怅忘归，惟极浦兮寤怀。”（《河伯》）

[按] 这是屈原登上天门昆仑所俯看到的真实情景。请注意前面多次出现的“极浦”，指的是天门昆仑山下澧水之东潭口七里长潭之尽头——极浦。此之“极浦”指下游视觉尽头的渔浦村、渔浦渡。清末在此建渔浦学校，今属慈利县阳和乡。古茹国、颛顼天文台均在此。

“若有人兮山之阿，被薜荔兮带女萝。”（《山鬼》）

[按] 这个“山鬼”，本是屈原故乡流传千古的女神。我感觉就是屈原死于非命的娴淑多才的美妻昭碧霞。

“昆仑县圃，其居安在？增城九重，其高几里？”“四方之门，其谁从焉？西北辟

启，何气通焉？”（《天问》）

[按] 上述昆仑、县圃、增城和西北辟启的天门，都在屈原的故乡天门山。

“焉有石林？何兽能言？”“一蛇吞象，厥大何如？”（《天问》）

[按] 这三个独特的故事发生地全都在屈原的故乡。“石林”，普天之下真正称为“石头森林”的只有屈原家乡的张家界石英砂岩峰林，今已列为**世界“张家界地貌”**，与“喀斯特地貌”“丹霞地貌”齐名。“一蛇吞象”的真事发生地就在古长寿国——不死国的仙人溪犀牛潭之西侧蟒蛇溪麻纸坪。

“黑水玄趾，三危安在？延年不死，寿何所止？”（《天问》）

[按] 黑水、三危、不死之国、寿丘四大昆仑地名都在屈原故乡。

“驾青虬兮骖白螭，吾与重华游兮瑶之圃。”（《涉江》）

[按] 瑶台（池）、县圃即崇山，均系屈原故乡特有的昆仑体系名称。屈原登县圃崇山，是在故乡漫游。重华即舜帝，舜帝出生地在大庸，故居在今枫香岗乡。

“登昆仑兮食玉英。”（《涉江》）

[按] 与“与怀琬琰之华英”是一个意思。且都在天门昆仑。

“哀南夷之莫吾知兮，旦余济乎江湘。”（《涉江》）

[按] 南夷特指“南夷崇山”，何为崇山（故国）而悲哀，唯有屈原自知。是屈原以悲南夷崇山喻指屈氏后庸国濒临崩溃亡国的命运。

“依风穴以自思兮，忽倾寤以婵媛。”（《悲回风》）

[按] 屈原依靠着天风南北对流的天门苦苦思索，忽然翻身得悟而心跳加速喘气不匀。

“冯（凭）昆仑以瞰雾兮，隐岷山以清江。”（《悲回风》）

[按] 屈原站在天门昆仑俯瞰四方，与“登昆仑兮四望”处在同一个地方。山脚下就是他的故乡。

“命天阍其开关兮，排阊阖而望予。”“集重阳入帝宫兮，造旬始而观清都。”（《远游》）

[按] 天阍、阊阖：均指天门昆仑神界之天门。帝宫、清都：指天门昆仑神界上帝所居之地，实指穆天子登天门昆仑专门为其行守卫仪式的黄帝之宫。屈原与先祖黄帝同在一个家乡。

“左雨师使径侍兮，右雷公以为卫。”“祝融戒而还衡兮，腾告鸾鸟迎宓妃。”（《远游》）

[按] 雨师：赤松子。雷公：苗族称祝融为雷公。二人均是屈原故乡人，亦都是屈原先祖。张良皋说：“祝融位跻三皇，说明其功德甚至超过其先行者高阳氏颛顼，或者祝融本是五帝之前的一个最高尊号。”（《巴史别观》，第149页）祝融降生于崇山，屈原就出生在先祖的故乡。这是一脉相承的族源关系。

“轶迅风于清源兮，从颛顼乎增冰。”“上至列缺兮，降望大壑。”（《远游》）

[按] 颛顼即高阳，屈原所写先祖，一代颛庸大帝。本是崇山三皇祝融氏一脉，后被道家封为北方之神。工作易地调动，本很正常，后人却以为颛顼籍贯真在北方了，一如黄帝本是天门昆仑寿丘（仙人溪）、熊罴岩（中央仙山）人，后来北伐中原，创业中原，就被人“考证”出是从大西北沙漠草原骑着马赶着羊群带着他的游牧民族东迁黄河中原

称帝称霸成了中华五千年文明的创世祖那样简单。（这是古今史界研究黄帝出生地最“奇葩”之论）“列缺”：天闪也。此指闪电把天撕开一条裂缝。“大壑”是真实地名，位于今张家界市武陵源昆仑峰之东，名大壑溪，一字不差。此“列缺”，似有以“天缺”喻比昆仑大峡谷之意。一说《列子·汤问》有“世壑”“大壑”，此即沅陵舒庸国之舒庸溪。说明屈原“神游”天国太空，实际上根本没有超出故乡湖南的天门昆仑地界和神界范畴。

[本节结语]

如果说，鬼谷子留下一部《分定经》让后人李书泰破译出鬼谷子真身原来就是政变失败、破相毁容、隐名埋姓、遁隐故乡天门鬼谷洞的慈利白县县公白公胜，那么，让笔者灵感顿开的就是《远游》。我强烈地感觉到：《远游》是最后一把钥匙，而且，《悲回风》是不可分开的姊妹篇！屈原在离家远游最后的日子就是在天门洞“**第四故居**”度过的。枕天门而眠，悲穴风而泣，一缕缕梅花飞泉，伴他一腔孤独，长夜无眠。

毫无疑问，不识《远游》中留下的诸多地名细节，怎知屈原对故乡的一往情深！有人以为屈原轻举远游是受道家、仙家的影响，有颓废、没落的意味，故与他忧国忧民的思想相抵触。我实在不敢附合这些现代政治观念，一个出生、成长在“神仙起源之地”的天门昆仑山下的古庸人，在妈妈肚子里就在聆听、感受天界神仙的浸染暗示。或说就是这种文化乳汁，哺育了一代伟大诗祖，其价值、品位已远远超出了后世历代之人的见地与胸怀，却为何非要以今人之心度古人之腹耶？或认为其语言特色似有异于它篇，风格有所不同，因而怀疑是否屈原所作，甚而将其逐出篇目。

此时，我可以断定说：《远游》的著作者就是屈原。任何一位捉刀代笔者（模仿或伪作）都不可能作出如此熟悉屈原故乡、如此深谙屈原对故乡刻骨铭心的伟大悲情的作品的——

“春秋忽其不淹兮，奚久留此故居？”“仍羽人于丹丘兮，留不死之旧乡。”“涉青云以泛滥游兮（明清之际，大庸人专为屈原建了一座七层白塔，刻名“**青云塔**”。座落于澧口与兰岗两地之中。塔名即出自屈原“涉青云以泛滥游兮”诗句），忽临睨夫旧乡。仆夫怀余心悲兮，边马顾而不行。思旧故以想象兮，长太息而掩涕。”

这些诗句的产生，是诗人站在天门昆仑极顶，远眺澧口家乡的真实写照。这种独特的地理坐标，是两千年屈学界一直无法破译的难题。而确证屈原所处地理坐标的关键细节又是天门风穴和风穴之顶的“湛露”和“飞泉”：

“吸湛露之浮源兮，漱凝霜之雰雰。依风穴以自息兮，忽倾寤以婵媛。”“吸飞泉之微液兮，怀琬琰之华英。”“悲霜雪之俱下兮，听潮水之相击。”（《悲回风》）

“天门风穴”“飞泉湛露”和天门洞倒生的“天帚”——龙头竹，是上帝留给人类最后破解屈原故乡的三把金钥匙，这是大自然赐给屈原故乡的举世无双的昆仑奇观。汉武帝可以把昆仑瞎指到新疆于阗，后世文人亦可以把昆仑遣散到中国各地，叫“昆仑开花”，从而以“平均主义”理论

瓜而分之，让昆仑彻底变脸、变身、变质、变味、变籍贯、变祖宗，乃至将它驱赶到环球各地，并不惜将版权拱手相让。然而，这一切，只能带走一个虚无的符号概念，却带不走昆仑源头的这扇登天之窟穴——风穴——天门！

这正是笔者不惜以一章或多处之版面全方位破解屈原笔下昆仑县圃千古之谜的动因，昆仑不破，屈原难立，昆仑一破，一切皆通！

我说：读懂了《远游》，屈原故乡被歪曲千古的谜局就可破解了，屈原游魂千古的奇冤也就可昭雪了。

值得玩味的是：在屈学史上，除了司马相如模仿《远游》作《大人赋》（按：赋中开篇即写“悲世俗之迫隘兮，竭轻举而远游”。其实题目本应作《远游》），稍后的刘向也作《远游》。二人都不约而同地推出以“崇山”为代表的核心识别符号，这是两个先知先觉者，是对屈原《远游》的深度感悟，是对屈原故里具体地域地望的准确解读。两千年来的屈学界，真正从骨子里读懂屈原故里在天门昆仑崇山的，除却刘澄之外，大约还有司马相如、刘向、陈琳、侯昌铭和覃绳武等！唯此数人，其余皆错！就凭“崇山”这个顶天立地的符号，屈原故里在崇山大庸的终极结论将不可撼动！

《远游》创作完成之后，屈原告别儿孙，告别亲邻，告别朝廷，开始离乡远游，巡视他屈氏庸国的南部江山社稷，体察乱世乱国的人民疾苦。一路风尘，一路哀泣，一路访问调研，一路悲歌哀鸣。数年后，归宿女儿女媭出嫁的汨罗。

在破解司马相如《大人赋》过程中，不曾料与我十分尊敬的前辈苏雪林先生撞了个正着，实在是万不得已，叫箭在弦上。**苏先生是我现代神交的第一个揭露汉武帝指于阗为昆仑千古冤案第一人。笔者胆敢颠覆所谓“西域昆仑”而还天门昆仑之本源，信心即由此而生。**我为苏先生对《远游》《离骚》《天问》的精辟评价深表赞赏：“《离骚》《天问》《远游》是屈原的三大杰作。我们的大词人屈原在《离骚》里炫耀他绝代的才华，在《天问》里则显露他渊博的学识，在《远游》里又表现他精微深奥的哲学思想。好像他故意经营这三篇大文章来反映他自己整个人格。”（苏雪林《屈赋论丛》，武汉大学出版社2007年12版第7页）

经独处深思，我发现《远游》与《悲回风》是同一环境、同一心境所产生出的同一风格和主题的姊妹篇。与九章中其它作品似无关联。而下面的《卜居》《渔夫》则可提前。

屈原刚从郢都逐回家乡故里，心情极度痛苦憋屈，于是请郑太卜卜居，与渔夫作触及灵魂的对话，然后才有好心情走下一步，至到写《悲回风》之后，决心离家远游，再才有国破家亡的《招魂》《大招》，这就顺了。经我静思琢磨，发现《悲回风》与《远游》是发生在同一个地方——天门洞（风穴），是不可拆解的姊妹篇。而且一定是作于同一环境、同一心境、同一语境的世界独一无二的天门昆仑“风穴”，还有飞漱于风穴的梅花雨雪，世界不可复制。我之所以坚持对屈原诗排列次序予以重排，因为只有这样，才能较为准确地梳理屈诗产生的脉络与走向。

突然想到屈原就要告别天门洞“故居”远行，心里不禁生出一阵酸楚与不舍，于是，将我的文学弟子所写一首歌词，稍作修改，补入本节文章之末，以为屈原下山远游壮行，并道一声“一路好走!”

【附】天门山，等千年

——谨以此歌为屈原远游送行

● 石继丽　古剑

血色黄昏，
崇山落日残。
莫不是，
魂归故里的游子在呼唤?
且歌且哭，
行吟泽畔。
空留悲歌《远游》诗一卷，
化作寂寞的纸片。
想送您一把花折伞，
一路遮阳避雨，
演一出隔世浪漫。
极目诗魂远游而去，
遗恨千古叹人间。
我在此岸，
您在彼岸。
傲啸天门之巅，
长声悠悠呼唤：
魂兮归来哟——
琴声暗哑丝弦断。
天门山，
等千年。

一篑烟雨，
天门月不圆。
难道是，
告别家乡的孤魂在呜咽?
且行且止，
踟躇不前。
徒有满腔豪情叹人间，
化作泪浸的手绢。
想送您一把花折扇，
一路扇风驱汗，
结百代阴阳情缘。
无奈琴声依稀弦断，
灰飞烟灭弹指间。
您在彼岸，
我在此岸。

伫立潭口岸边，
守望诗祖家园：
魂兮归来哟——
兰花哽咽泪洗面。
天门山，
等千年。

2021年7月13日写

第十节　《卜居》《渔父》二诗背景发生于屈原故里潭口

一、《卜居》《渔父》之别论

自司马迁《史记·屈原列传》引录《渔父》（文字稍有差异），《渔父》《卜居》二篇便被列入屈原诗作之列。王逸认为二篇均是“屈原之所作”（《楚辞章句》）。后世注家如朱熹、洪兴祖、汪瑗、王夫之、蒋骥、陈子展、姜亮夫、汤炳正、蒋天枢、朱碧莲、周健忠等均持此说。郭沫若可以舍弃《远游》《大招》不录不译，但认为《卜居》“即使不是屈原所作，在研究屈原上仍然是很可宝贵的先秦史料”而予翻译（见《屈原赋今译》）。明代陈继儒认为“《渔父》一篇却显易不类屈氏”（见明·蒋之翘《七十二家评楚辞》）。明·张京元说：“既见放矣，复审所居，何见之晚也？通后《渔父》篇，语义太肤，疑是伪作，姑存之。”（《删注楚辞》）清·崔述也认为：“《卜居》《渔父》亦必非屈原之所自作。”定《卜居》是“假托成文”（《考续说观书余论》）。上述之论，影响了不少注家，以致一些文学史将《卜居》排除在屈赋之外。而金开诚等人则从二篇思想观念上予以剖析，认为“这两篇都有较浓厚的道家思想”“显而易见有黄老色彩”“宣扬与世浮沉，隐退自全的道家思想。这与屈原其他作品所抒发的忧国忧民，积极进取的情感很不一致”（中华书局 2008 年 7 月第 3 次印刷），乃至以文体风格与其他诗作不相统一云云而予否定。把屈原诗中的所谓“道家思想”“黄老色彩”“隐退自全”等视为“落后思想”嫁接到两千多年前的屈原身上，上纲上线，予以批评。我颇不以为然。若此，就高抬屈原了，因为两千年前就通灵到马克思、毛泽东时代了。这种“拔高之论”，已是屡见不鲜。不过，金先生最后还是将二篇收录。陈子展则对历代“伪作”之说予以严正批驳，大有誓死捍卫屈原著作权之慨，难能可贵。（见《楚辞直解》）

不过，笔者以为陈先生的驳论虽颇用力，但对二篇的真实背景仍有不明之处，主要是关于太卜郑詹尹的国籍问题似未脱俗，或说一脸茫然。卜居之“居”亦无确指，对渔父发生地也没有找到合理的位置，故难以服众。

窃以为：此二篇作品，只是写作手法上有所创新、有所变化而已，这恰恰是屈原的行事、行政、行思、行文风格使然。或说是一种“离经叛道”个性的表现。通览屈原 27 首诗作，全部背叛了孔夫子所编诗经行文模式，开创了古代自由体诗赋之先河。即便 27 首自由体诗中，也不拘一种格式。《天问》《橘颂》就是两种截然不同风格的典型而多受质疑。《招魂》通篇以苗语巫词之“些”作语尾助词。《大招》则以大湘西苗巫之“只”作语尾助词。本是两堂主旨大体相近的招魂法事，就因以“些”“只”两个助词区分了大祭的对象与性质而无重复之弊。《卜居》《渔父》却又奇峰突起，竟直呼己名，把作者作为诗中的对话者，一问一答，散文与韵诗混搭，直抒胸臆，痛快淋漓，令人耳目一新！金开诚等认为“问答体的辞赋是西汉初年才开始兴起的，屈原的辞作是没有这种形式的”（《屈原集校注》）。我的看法恰恰相反：问答体辞赋始创人原本就是屈原，是西汉时期一些人模仿了屈原这种诗体。岂止这一种，汉人如贾谊、司马相如、东方朔、王忌、王褒、刘向、王逸等诗家的辞赋又有哪一篇不是模仿、乃至因袭屈原的!?

而游国恩却又从称呼中些微变化找到否定的理由：“《史记屈原传》称屈原名平，则原为字可知。凡古人自称，多名而不字，例如孔子责子路说：‘由之瑟，奚为于丘之门?’又说：‘丘之祷久矣。’又说：‘丘也幸，苟有过，人必知之。’……孟子答北宫锜之问，而说‘轲也尝闻其略也。’诸如此类，并没有自称其字的。不但自称应该如是，即如上官大夫当在怀王面前谗他，也说：‘平伐其功’，而并不说‘原伐其功’，可见古人称呼名字是很有分寸的。《卜居》《渔父》通篇称‘屈原’，显系后人习见屈原的名字而随便乱用，他哪里注意到这个大破绽。”（《楚辞概论》）陆侃如也说：“这两篇开口就说‘屈原既放’，显然是旁人的记载。”（《屈原》）也以为诗人怎能自称其名的?

读游、陆二公之说，笔者怎么就觉得品出一股酸儒的味道来了。二公是错把屈原混同孔孟了。倘若屈原是一个循规蹈矩、本本分分、毕恭毕敬、不敢逾雷池一步的孔孟之徒，他能叫“屈原”吗?他胆敢标新立异，一撇先贤于不顾，一反孔子之诗经而独创“楚辞”吗?正因为他是“屈原”，才有勇气撕破那张羞羞答答的儒公之脸：我就是我，我就是屈原！我就是要以“我”的名义去诉说，去发声，去创造属于“我”的诗赋作品！哪里还有自称“字”或自称“名”的禁忌！

——这就是屈原！一个不按常规出牌，天马行空，独往独来，我行我素，旁顾无人，口无遮拦，笔无禁忌，信马由缰，用材无禁、用韵自由，用体不拘的诗狂、诗怪、诗鬼、诗魔、诗圣、诗祖！

至于以当代“××主义”“××思想”之论去评判两千多年前的屈原是否违“规”逾“矩”，这就不只是苛求古人，而是迂腐透顶了。又何况，一些人动辄就批判、就指责的“道家”“黄老”，也未必真的就是“反动”“邪恶”“腐朽”“落后”的东西。在那个百国争战的时代，真正比得上“百家争鸣”“百花齐放”的“文化战国”时代，这些“思想”——还包括孔子、孟子、老子、庄子及巫傩释道及神仙鬼怪天界人间阴槽地府亦即“道家”“黄老”等，不都是伟大中华民族所创造、所总结的人类大智大慧吗?!屈原正是包容了上述诸多思想文化之集大成者！并且，他还追随赤松子植兰辟谷，遁世归隐，放浪远游，浸淫山水。其间不乏情缘之艳闻，如在美人窝桃花江寓居数年，续弦大美女洎氏，生女绣英、生子屈黑，故有桃江为屈原“第二故乡”之说。

——这就是屈原！一面是孤傲苦忠，一面是悲天悯人；一面是柔情似水，一面是嫉恶如仇；一面是拥有高官厚禄、富贵荣华、锦衣玉食，一面是因漂泊远游导致“愁苦而终穷”“勿忘身之贱贫”。

笔者愚想：依吾辈之人的出身、社会、时代、际遇、经历、磨难、地位、思想、素质、个性、学识、见解、观念、修养、意识形态等层面的距离差异，又怎能彻悟两千多

年前的屈原其人之内心世界、之人生遭际、之创作背景、之写作笔法?!

二、《卜居》发生地在潭口老家

在我全面破解屈原部分诗作发生地，并试图从中发现屈原笔下的故乡信息的研究中，一篇《卜居》让我陷于困境，甚至试图绕开此篇，弃而不论。这种尴尬，也许不独于我，估计不少注家都曾领教过了。金开诚著作团队一语道破："屈原既已放逐，不可能在三年时间又回到郢都会见太卜，郑詹尹也不可能走出郢都见到屈原。如果《卜居》是屈原所作，在叙述自身经历时似乎不应出现这样的失误。有人看到了这个矛盾，于是就定下《卜居》是屈原斥居汉北时所作。"(《屈原集校注》)

此段文字已经捕捉到令众多注家纠结难解的焦点人物：太卜郑詹尹。所谓"失误""矛盾"皆由他起。2016年2月20日凌晨4时，笔者突然顿悟：破解《卜居》，必须从两个方面切入：一是从诗题上找"居"；二是从太卜身上找"国"!

"卜居"，即为某人之居地、住房占卜风水。从诗的内容分析，只能是为屈原自己的居所占卜。但究其实，占卜风水是由头，深层目的是向郑詹尹倾诉心中的纠结，卜居引入到卜问为官为政之道、治国处世哲学，以及因政治遭遇而如何化解心中之"结"——即自身之"风水"。说明郑詹尹绝非是凡俗之辈，乃庸国朝中高人。

由此肯定：这个"居"，必是屈原离楚回潭口故里簸箕埸（一口印）老屋。那么，《卜居》之"居"也只能产生于自己故乡——大庸潭口里而绝非已离开了的郢都之家。更断定屈原决不会闲得无聊为他人去占卜家居风水！

既然是回大庸故里为自家卜居，所请的太卜（朝廷卜筮之官）所居之国都也必在家乡一带，断不会冒险潜回数千里外的郢都去请郑詹尹（按：襄王有令："三年不得复见!"），由此判断屈原之"居"，与秭归乐平里毫无关联，他根本不可能回郢都朝廷专请太卜郑詹尹！因为全部诗作所透露的回归故地百分之百是在澧水庸国，反证"秭归之说"纯系子虚乌有！

又"退一万步"，如果屈原之家果真在秭归乐平里，那他请太卜郑氏卜居就得从澧沅湘一带回归两千里外的秭归县乐平里，因为卜居必须得亲察房屋内外所处地理环境及与风水相关的其它因素，就凭这一件"小事"的破绽，就可断定屈原故里千分之千不在秭归！因为如果是，那他就得带上风水师打马一、二月赶回乐平里，再又重返"沅湘"完成他亲临、亲历许多诗中所发生的现场！你说是与不是?

由此断定，此之太卜，只能是大庸国朝廷卜筮巫臣郑詹尹！郑的国籍也必定在庸不在楚！

两千多年来，注家们"只知有楚，不知有庸""只知北有郢都，不知南有庸都"，是把郑氏太卜南辕北辙了，还埋怨屈原言之"失误"、行文"矛盾"，进而误判该诗作于"汉北"，乃至怀疑是他人之伪作。云云。

——此刻，我为自己六年来一直没有摆脱众家"太卜郢都说"之俗套而汗颜而后怕！

经查，郑氏在古庸国时，是仅次于熊、屈、昭、斗、叶之后的又一大族。至元、明、清时期，郑姓上升为大庸四大强族之二。清光绪《永定县乡土志》载："'八使匡卫，四姓称强。’所谓四姓，其后则以龚(共工氏之后)、**郑**(郑詹尹之后)、漆(古时先祖因曾担任大庸七星山漆园吏得姓)、王四姓为大家，饶有田产，奢俭各异。”大庸郑姓，今被划为土家族，其先祖即为古庸国占卜大族。大约在颛庸帝时期，当地巫姓、郑姓中一支占卜族携带辰州丹砂和辰州符法器，经仙人溪过天门垭、下赤松坪(今大坪镇)、出沅陵之沅溪、深溪，再溯沅江入贵州镇远、经云南、入缅甸，经孟加抵达印度，成为以占卜赛神为职业的“**乩卜赛人**”。一架马车，游走印度大地。其巫姓祖地在今永定区且住岗、巫山(即枫香岗大巫山)；郑姓祖地在今永定区新桥镇郑家坪村，是为“上社溪”。古代禹王在崇山创建夏朝——夏庸国时，曾在屈家坊之社溪立“社”，此即“下社溪”，源出郑家坪，中有十里巨型溶洞阴河相连(中段瀑布以上可跑大卡车，一奇)，南称“前社”、北称“后社”。大庸国历代朝廷，至汉后立县、郡、州、卫、县等十六代衙门祭社，其巫师主祭就是巫氏、郑氏两大占卜家族。

——《卜居》，原来是屈原为潭口老家留下的一首诗证！

三、《渔父》发生地在阳和乡渔浦渡

自从两千多年来屈原学研究的兴起，与屈诗或屈原远游行踪相关的一些地名及纪念物便在长江南北(主要在南方)悄然被人发现。笔者稍作搜罗，就列出148处之多。例如，其中出自《渔父》的如“江潭”“渔浦”“沧浪”“沧水”“浪水”“濯缨桥”“濯缨台”“独醒亭”等达十余处。这种一名多地的现象，无疑给研究屈原及其诗作发生地扩大了信息空间，但也带来了不少麻烦，因为对真假悟空、真假李逵的辨别总是要花一番心思费一番口舌的。

笔者从《卜居》《渔父》两首诗开句共用“屈原既放”四字断定，二诗如《悲回风》之于《远游》，如《招魂》之于《大招》，是写作手法、文体风格、主体事件大体相同的姊妹篇，其写作地点、时间亦应相距很近，绝非是跨地域、跨年份的作品。诸多注家料已洞察到这一现象。

那么，《渔父》发生地在哪儿？

答曰：与《卜居》一样，就在他的老家潭口。

“江潭”：指屈原家门口长达七华里的茹澧之深潭——潭口，此即澧水入七里江潭之进口，故又称“七里潭”。“泽”：聚水的地方，俗名“潭”。其潭最深达30余米，是大武陵地区地缝式河流罕见的深谷之泽，深到令人恐怖。“渔父”住哪？民间传说有二：一是在潭口下游约3公里的北岸渔父古渡；二是在下游约9公里慈利县阳和乡渔浦(父)村。“沧浪之水”，指从潭口至甘堰乡的一段澧水。公元前479年，屈原崇山熊馆读书之师爷、楚宫政变失败假死脱逃的白公胜，破相毁容，初隐潭口鬼谷洞，即以鬼谷子自称，读《易》，著《分定经》，中有“鳌鱼沧浪”卦格。此之“鳌鱼”卦名即出自屈原屋场隔江而望的天生鳌鱼山。“沧浪”即鳌鱼山下的澧水一段，即七里潭至阳和乡一段澧水，古称沧浪水，有沧浪渡。这是两个不可拆解的卦名连锁。此之沧浪水域之名，与茹水水域之名，共占共用了同一条中的同一段澧水，双双一起东部延至慈利甘堰乡的公毋渡河口止。这是澧水一水多段多名的典型特征。

屈原被逐出楚宫后，携爱妻昭碧霞尸骨及小嬃、平平一双儿女回到久别的澧口故里。又闻怀王客死秦国，不禁悲戚失声，“心烦虑乱，不知所从”。先是去庸都（今张家界市中心古人堤）看望老庸王父亲伯庸并交差述职，同时拜访朝中群臣同僚等，然后私访前辈同僚太卜郑詹尹，求其卜居。继而独自一人，沿澧口泽畔古道而下，一路行吟，不觉来到北岸最熟悉的古渡，遇见那个正在打鱼的大隐者老渔翁。对此渡此船此渔翁，屈原并不陌生，早在儿时少年，就常常至此摆渡，去阳和、溪口古镇赶场玩耍。20年使楚归来，物是人老，一身沧桑，自是一番感慨唏嘘，于是，一首充满人生哲理的不朽诗篇《渔父》在二人一番触及灵魂的对话中自然而成了。

从渔父渡泛舟而下十八里之左岸，又有一处名垂青史的古渡村庄，名渔浦村，村中有渔浦溪，注澧处则有渔浦渡，今属慈利县阳和土家族乡。清光绪九年（1883），有乡绅、儒士李长卿、田金楠等首倡募建渔浦书院，先后出任该院山长或主讲的有阎缜珩（此读“衡”）、田金楠、吴恭享等著名学者。渔浦溪又名茹溪，与澧水上游百里龙茹山（今永定区枫香岗乡之龙盘岗村）之茹水东西相接，古称“百里茹澧”。屈原逐回澧口家，一下船便捧喝家乡水，吟“揽茹蕙以掩涕兮，沾余襟之浪浪”，所指茹水即此段澧水。渔浦书院保存尚好，其正门联横批为“兰芷芬芳”，大殿正厅联横批为“茹溪撷秀”，办公楼有门联曰“茹澧百派合，太华一峰高”。这些都不离屈原所写“兰芷茹澧”，所谓深藏屈原踪影之玄机。明代朱权《神奇秘谱》中，收录了他于洪武末至成祖年间，追寻父王朱元璋征剿大庸茅岗土司覃垕起义之足迹，在屈原故乡一带收集到了流传民间的若干支古谱，其中之最著者即《离骚》（屈原自谱十八段）、《泛沧浪》《泽畔吟》，以及大庸古谱《慨古吟》等。这是唯有屈原生身故乡才拥有的古乐古谱之证。其《泛沧浪》《泽畔吟》题材完全出自《渔父》。朱权因借住在父王（朱元璋）曾在澧口丹丘修行过的文华寺达三年之久（寺与簸箕塌老屋场隔岸相望），遂慕屈原之名自号“丹丘先生”。天下丹丘只有一个，这一个就是屈原“仍羽人于丹丘兮，留不死之旧乡”的澧口丹丘——即四百亩沙洲巨岛——因早晨太阳正从澧口升起照射洲岛而得名“丹丘”。另外，西麓堂藏有《屈原问渡》古琴谱，其出典亦出自屈原在澧口渔父古渡与渔父的际遇。而这个故事典故恰又被后人诗家嫁接到渔浦古渡，也是情理之中的善举。

渔浦茹溪又名“酿河”，古言“酿河酿河，酿酒成河”。此为远古时期“醴（澧）水”称“酒河”的文化原生地之信息。《山海经》载灵山（此之灵山指“神仙之地，发于天门”的天门灵山，因之山上有灵泉，唐代建灵泉院。五代周朴作《天门灵泉院》诗。又今桑植、永定、永顺三县交界处有“万灵山”）十巫中有“巫履”——即“巫醴”，亦即醴巫，张良皋认定就是澧水酒神大巫，其真名即在天门昆仑掌管众神的西王母。天门山顶之“醴泉”即西王母曾给黄帝酿醴泉酒的高山之泉，古井犹存。秦汉之际，渔埔村酿河士绅在酿河之北陈家峪修了一座宏大的酒神大庙，内供西王母酒神菩萨。相传产于汉代早期的“酿河大曲”，是澧水酒河千古不衰的名酒品牌。

而更令人震惊的是，著名史家何光岳研究发现：慈利渔浦中心，有远古大庸国的附庸国——茹国的都城遗址。渔浦东邻，则是甘渊乡（一作“堰”）勤忠村红岗岭颛顼天文台遗址！

从渔浦渡泛舟东下不远，见岸左绝崖刻有“公毋渡”（毋，音巫。禁止、劝阻。言此渡之险）三字，其上有古驿道。古有《公毋渡河》古老渡船歌，刻于绝崖，曰：

“公毋渡河，公竞渡河，渡河而死，其奈公何！”

据说是中国古代音乐史上最古老的一支有伴奏曲谱的古渡谣。其时应比屈原年代早两千年以远！“公毋渡河”的凄怆古谣，对屈原人生观影响深远，甚至又催发了他创作《离骚》琴谱的冲天激情！

由此回眸：屈原从澧口古道沿江而下，寻寻觅觅，凄凄恻恻，不觉来到渔浦渡，得渔父指点，就是这个常年搏浪于茹澧间的打鱼佬，给了他一犀通灵。此后，他逗留古茹国，访问茹人胞族。其间专程进入甘渊（堰），又有古甘渊国，也是小不点国，此古庸之“千邦万国”出典之实证。甘渊国有红岗岭，屈原至此，是专为考察先帝高阳颛顼天文台遗址而来……

——《渔父》，一首隐含屈原故里天机的寓言诗！

第十一节　司马错灭庸灭屈千古罪案之调查

——大庸帝国灭亡与屈子投江背景之发现，兼为屈原追讨《招魂》《大招》著作权

《招魂》与《大招》，《悲回风》与《远游》，《卜居》与《渔父》，是屈原诗中的三对姊妹篇，都同样遭到著作权被人无端剥夺的尴尬。司马迁说：“余读《离骚》《天问》《招魂》《哀郢》，悲其志。”毫不犹豫地界定《招魂》是屈原的作品。但是，王逸《楚辞章句》却说：“《招魂》者，宋玉之所作也。宋玉怜哀屈原，忠而斥弃，愁懑山泽，魂魄放佚，厥命将落，故作《招魂》，欲以复其精神，延其年寿，外陈四方之恶，内崇楚国之美，以讽谏怀王，冀其觉悟而还之也。”此言一出，后来的研究者便左顾右盼，不知所从。明末，黄文焕指出《招魂》实乃屈原所作，提出交还屈原的著作权。清人林云铭《楚辞灯》支持黄文焕说。自此以后，“屈原作《招魂》”之说在楚辞界逐渐占主导地位，但质疑的声浪甚嚣尘上，无有穷期。1955 年，胡念贻在《文学遗产增刊》第一辑（作家出版社）发表《宋玉作品的真伪问题》一文，力辩《招魂》的作者是宋玉而非屈原。嗣后，又在《屈原作品的真伪问题及其写作年代》一文中论证《招魂》是宋玉为招楚顷襄王的生魂而作，但并不为大多数人接受。继起有潘啸龙相继发表《招魂研究商榷》（《文学评论》1994 年第 4 期）和《关于〈招魂〉研究的几个问题》（《文学遗产》2003 年第 3 期），进一步论证《招魂》的作者是宋玉，《招魂》所招当为楚襄

王生魂。二人一唱一合，一些人便以为“笼罩在《招魂》上的迷雾可望郭清了”（吴广平《楚辞》图文本，岳麓书社 2007 年 11 月第二次印刷）。姜亮夫亦坚不承认《招魂》是屈原所作，在其《屈原赋校注》不收《招魂》，但后来还是改变了观点。金开诚等合著《屈原集校注》前言说：“又，二十五篇之外的《招魂》篇，王逸认为是宋玉为招屈原之魂而作，……这里也仍依王逸之说，不予作注。”连《大招》也从篇目中逐去。应国斌在《宋玉终于临澧考》中写道：“流传为宋玉所作的辞赋有 12 篇，《楚辞》中有《九辩》《招魂》两篇。”（载史新林主编《临澧风物大观》，中国戏剧出版社 2002 年版）还有一些版本也将《招魂》从屈辞篇目中逐出，冠戴宋玉大名。

笔者是当今楚辞研究的门外汉，没有那么多神出鬼没的学问学养，只是鉴于对《招魂》核心内容的感悟，认定是屈原的作品不可动摇，并且与《大招》是一对双胞胎，不能拆伙。本节试图从另一个鲜为人知的大背景中破解“二招”产生的过程，从而为屈原的“二招”追讨著作权！

一、《招魂》《大招》创作的大背景与大庸灭国有关

请读者把思路由此处回转到《千古奇文——屈原家族婚俗〈告祖词〉之证》。20 行 40 句 280 字《告祖词》，几乎浓缩了一部屈氏庸国史，我为流传两千多年的民间婚俗告祖词深深震撼（按：经查，传唱者屈常显、屈泽华、屈泽润一支屈姓是从屈家坊三间宗坊分支去今永定区谢家垭乡龙阳殿定居的，属屈原的正宗后裔屈五郎的子孙）。一部被遗忘、被扭曲、被篡改、被误读了千百年的古大庸国史终于浮出水面。如果不是屈原后裔将这部秘史通过这种特殊形式代代传唱，或许古大庸帝国的冤史将更难以说清。民间礼俗文化不仅仅是传播一支宗族婚俗的陈规旧习，它还是一部流动着的不灭的史诗！

告祖词把中心人物锁定在末代庸王伯庸身上，让他的身份告诉世界告诉史界：大庸帝国的真正灭亡在末代伯庸，而非公元前 611 年。就是说：世界古代建国最早、疆域最大、历史最久、影响最大、寿命最长的大庸帝国一直存活到公元前 280 年屈原之父伯庸和其长子屈平平战死的最后一天！

告祖词以清晰的思路，记述了一大批庸楚共尊的祖宗，特别是记述了“子雄辱尊乱朝纲”的历史教训。人们必定由此上溯到公**元前 611 年的那次楚、秦、巴三国欺宗灭祖、瓜分庸国之上庸的卖国之战。楚庄王三年淫乱假隐，“一鸣惊人”的“壮举”就是灭了监管江北楚国及其它诸子国的上庸**。在力量悬殊（有可能反被上庸所灭）的情况下，干脆一不做，二不休，**将上庸出卖给秦、巴，来个“三子分庸”**。楚庄王的这种卑鄙的卖国行为，实质上是打倒了盟友，也内杀了自己。搬掉了鬻熊时期设置的战略性过河卒子，等于扳倒了国门口的一块挡水岩，砍掉了一只胳膊。不明真相的史家们高度评价楚庄王此举，殊不料最后的结局是楚国政治一路腐败，国力一路走低，最后以被秦灭国退出历史舞台告终。

告祖词又告诉另一个信息：灭上庸，保大庸。大庸国本土（主体）由屈氏庸王继续延续八代（除去屈赤角至屈重三代和屈原一代）！**这一信息将重新校正史家们的眼球：一个神秘消失的文明古国安然无恙！**

这是一个在强楚覆压下的大庸古国。

这是一个在强楚卵翼下的大庸古国。

然而，楚国瓜分了上庸，犯下欺宗僭越之罪，但不敢颠覆江南庸国本土。宗国大庸半壁江山仍维持古制不变，都城未毁，国体仍存，机器健全，国鼎无恙。楚国在支撑未来 300 年的征战中，屈庸政权为其供应粮食、招募训练军队、主持崇山祭祖，可称全楚之冠！而因熊馆教育输送的军政文化人材，因崇山祭祀而凝聚的精神，更让大楚不断度难克艰，奋勇向前。刘向说："横则秦帝，纵则楚王。"（见《战国策叙录》）这是当时最有可能收获中华大一统江山的两个军事强国。而楚国，则全赖宗庸大后方的支撑。从这个角度说，当年熊通派遣长子熊瑕以"庸楚两国共监"体制出使宗国大庸，定居屈邑（屈家坊），还真是一着妙棋。对庸楚两国来说，楚国赖宗庸以稳定战局，庸国靠楚国以保北疆平安。这一点，郭沫若先生有所觉察，他说："而其南方更是无敌地带，足以供其尽量发展，只要刑政能够修明，也是很有一统中华资格的。"（郭沫若《屈原研究》1942 年作）这是迄今为止，中国屈学界（乃至整个史学界）第一个发现长江以南广阔大地是一片"无敌地带"的先知先觉者！但他的"发现"只是一种闪念的意象，却对半个中国版土一无所知。对如此之大的半壁江山，为什么就没有入中国古今那么多史家的法眼呢？江北之战打了几千年，直到楚怀、襄二王期间，长江之南仍刀兵未动，安然无恙。难道那么多虎狼之子国不想跨过长江去啃这半壁江山一块"超级肥肉"吗?！没有。不是不想，而是不敢。即便雄称历史的夏、商二朝，都不敢产生灭宗庸的念头。以当年赫赫有名的商朝为例，当时其国土**"是时舆地东不过江、黄，西不过氐、羌，南不过荆蛮，北不过朔方，而颂声作"**（《竹书纪年》）。难道长江以南华夏国土还处于洪荒沉睡状态？查中国古史对此一直延续到春秋战国，还停留在江北"齐、楚、燕、韩、赵、魏、秦"划江而治状态，那长江以南半壁江山怎么啦？

——这就是中国古史的最大盲区！

这个"盲区"，就是被中国古史遗忘了的大庸帝国时代！他们不知道战国末期长江以南仍然是大庸帝国的固有版土。早在颛庸大帝之前，古庸国江山基本上是大中华一统江山格局。屈原告诉人们：当年颛庸大帝所辖版土"北至幽陵（河北），南交址只（今中越交界处），西薄羊肠（甘肃、川西），东穷海只（山东江浙及东南部大片海域）。"即便是殷商、西周两大霸主，也只在黄河大拐弯中部一带建国而被其它封国包围着。看懂这个局面的，古代只有孔子、屈原二人。因为最精彩的群雄逐鹿，春秋战国数上千争霸的铁蹄搏杀，几乎全在江北、黄河一带展开——那长江以南半壁江山为何成了"无敌地带"？这个千古之谜，却被当今的建筑大师、半路出家玩历史的张良皋先生一眼识破：**这就是大中华千百年一个失落了的文明中心——古大庸帝国！**

可惜郭老不知道这"南方无敌地带"正是消失于公元前 611 年灭上庸之后的大庸帝国本土！上庸灭了，等于楚国自毁长城，又三国分庸，从此失去北部靠山，从而走向衰败之路，终于被秦所灭。但长江之南的宗庸本土仍安然无恙。屈原正出生于庸国贵族——末代庸王伯庸老祖屋之中。从屈原诗中 7 次自称"朕"分析，屈原事实上已经继承了伯庸之后的末代庸王之位，但因楚怀王

继位之时，强秦压境，急需宗庸国辅佐，屈原临时受命，以庸楚两国共监使臣身份北上出使楚宫，代表宗庸监管楚朝政，从此，双重国籍的情结如影随形，一直伴随屈原的后半生。特别是被逐出楚宫回宗庸故国后，对风雨飘摇、多灾多难的故国故乡更是痛不释怀。实质上，当他初被楚怀王冷落，后被楚顷襄王逐出楚宫，一别郢都二十年，对楚怀王的那份寄托、怜悯，早已随着楚怀王客死秦地而淡如轻风。那个生性残忍、心胸狭窄、刚愎自用、疑神疑鬼的楚顷襄王，是楚国众多昏庸无能的君王中之最末者。经笔者细析屈诗，怎么也找不到屈原回大庸期间，楚顷襄王曾经召屈原回郢都的蛛丝马迹。事实上，二者是一对永远也走不到一块儿的老冤家、死对头。屈学界总以为屈原在回故里远游期间，还“心系楚王”，乃至无事找事为他的政敌“招魂”。一些前辈便往往由此观点作注，于是又因诸多问题说不通节而引发“二招”的著作权之争。浑不知此一时彼一时，或说在屈原的晚年，他的世界观已经发生了刻骨的变化。

二、伯庸、屈平平爷孙两代领导的伟大卫国之战——《招魂》《大招》的前奏

关于伯庸其人，是判定后庸时代存在与否的关键人物。也是追溯古大庸帝国线索的最为重要的“解结”人物。此人的职位亦是关键，如果果真单指一个普通“人名”，那“后庸”就更无法判定。郭沫若说：“伯庸是不是化名却很难说。不过他的先世是有过功劳的人。”（郭沫若《屈原研究》）从这句话中，看出郭老也不知有屈氏庸国存在。游国恩说：“伯庸在楚国做过什么官职，现在不知道，要不是屈原自己说出来，恐怕连伯庸这个名字也是无从知道的。有些注《楚辞》的人还说‘皇考’是大夫祖庙的名称，就是始祖的意思，并不是指父亲。照这样解释的话，屈原的父亲究竟是谁，也不可考了。但照《离骚》的文义看来，这种说法恐怕是不正确的。”（游国恩《屈原》，中华书局1980年版，第16页）游先生所提注“皇考”为“始祖”，持此解的大有人在，说明都不明“伯庸”的含义。这恰恰是屈原研究确定屈原身世身份的关键中的关键，这也是两千年来中国屈学研究始终没有突破的核心问题——基本处于“瞎猜”“瞎说”层面。

关于“伯庸”，前几章早有涉猎，这里有必要再说几句：“伯”，在兄弟之间为长为“大”，可直解为“大庸”，本是个职位称呼，是“公侯伯子男”五等爵位中的“伯”，即一代庸王。鬻熊以远时期，庸王称“庸帝”，如《尚书·多士》“夏弗克庸帝”。又《多方》中称“天庸”，即“天庸大帝”，并代表“天”的意旨先后谋划领导灭夏灭殷。“庸帝”是古代百国的主宰最高的帝王称号。在古史上，除了后续历史的秦朝始皇称帝，春秋战国以上（包括夏、商、周）所有国家都未敢称“帝”，唯一称帝的国家就是大庸帝国，而“三皇五帝”离开了大庸帝国，一个个就变成了无国之皇，无国之帝，这是中国五千年历史长河中第一大疑史！故张良皋说：“庸国完全有可能在中国第一个拥有青铜，率先跨入文明的门槛，早于五帝立国。”（《巴史别观》，第52页）**提出“庸国早于五帝立国”的论断，是史学界的一声春雷！他让我们对大庸帝国的**

认识有了质的飞跃。或者说，他让我们找到了书写中华万年史的突破口。但到底从何时何代取消“庸帝”而称“庸王”，降了两级，排在“子”之前，如“楚子”“巴子”便是。还须众多同人能联手攻关，达成共识，拿下这一高地。

屈原不以姓名称父亲，而称王号，是尊长之俗的传统表现。即使当今，中国人儿孙辈仍很少有直呼父母爷爷奶奶姓名的。幸得屈原先后7次以“朕”帝王号自称，否则，关于佐证大庸帝国国王身份的唯一线索也就断了。称“帝高阳”亦如是，一个“帝”字，就锁定高阳为“颛庸大帝”的重大信息。“伯庸”与“帝高阳”都是屈原有意无意留下的两把破解自己身世的钥匙。一些注家对此二句话进行曲解或否定，连诗中唯一沾亲的“女媭”也被当作“想象”中人物予以丑化否定。“女媭之婵媛兮，申申其詈予”，说敢当面数落屈原的这个叫女媭的人要么是姊，要么是女巫、是妾、是妓、是情人，总之是不三不四的女人，这既是对屈原的曲解丑化，也彻底掐断了破解屈原身世的第三条亲情线索。但是，我们从张家界永定区屈家坊——三闾宗坊后人流传的关于屈原女儿小媭的家传并与汨罗传说吻合。这一信息从此让怀疑、否定女媭的学者们不再固执。叫“外说”不如“族说”。一如屈原自称“帝高阳之苗裔”，可屈学界偏有那么一些人向屈原发难，“考”将过来，“考”将过去，得出的结论是：**屈原不是苗族，是“大汉族”**。说此话者却不知“大汉族”起源于汉朝初立之时（前206–公元220），距今仅1800年历史。

我说，世界上没有比外人对自己的祖宗、父母、儿女及族属说三道四更伤人心的了。

从《告祖词》反复吟唱伯庸、伯君、庸王，就可断定伯庸就是末代庸王，这是屈氏八代掌管后庸国的核心证据，是寻找自公元前611年灭上庸之后，继续存在331年的后庸古国的唯一线索。这一证据的成立，“世界国家史上第一大国、第一古国在中国”也就可以理直气壮地写进教科书了。这是中华民族无上的荣耀与骄傲！

那么，伯庸到底是何年何月死的？笔者反复研究认为，伯庸之死定与秦灭大庸国之战有关。我们不妨以翦氏版中外历史年表先列一个与之相近的战史表，与读者们一起判断：

公元前312年，屈匄战败自杀。八万将士全部殉难。有人认为屈匄就是伯庸，不对。若是，《告祖词》必将用另一种语言表述。他本来就是伯庸之弟、屈原之叔，屈原作《国殇》中的那位勇猛无比的将军形象就是他的叔父屈匄。

公元前280年，秦白起攻赵，斩首二万。司马错发陇西卒攻楚，拔黔中，楚献汉北上庸于秦。

公元前278年，屈原投江卒。

公元前277年，白起定巫、黔中，置黔中郡。（按：此为继司马错拔黔中三年之后第二次由白起再“定黔中”置郡）

公元前223年，秦将王翦、蒙武攻破楚军。楚昌平君死，项燕自杀，楚亡（摘自翦伯赞《中外历史年表》）。时年，距屈原投江55年。

敬请注意：屈学界多以屈原殉楚国而赋以“爱国主义”光荣称号，却忽略了屈原投江55年后楚国才亡于秦将王、蒙二将军的事实。此之“殉国”与楚亡有关吗?!

那所殉之国又是哪个国家呢？暂按不表。

从上述战事分析，公元前223年，伯庸应满150岁。可否定。公元前277年，白起再征黔中，伯庸96岁。笔者以为也不可能。因为此前司马错已发动拔黔中之战，伯庸必定率军抵抗，生还已不可能。从白起二征黔中分析，说明司马错撤军后，庸国人再度复国占领黔中的史实。那么，我以为伯庸之死可以锁定在公元前280年司马错拔黔中之战，时年伯庸93岁。

公元前280年，秦国大将司马错、司马靳爷孙俩以“声北击南”战略自蜀入庸，分兵两路东征大庸帝国中央本土。一路由次孙司马靳部从南线进入酉水直逼黔中（今沅陵，大庸国南部本土中心地）。一路由司马错主力从北线灭施庸国，继取道长官、后坪杀奔武溪大庸城（按：今张家界市西30里大庸卫（所）古城，即黄帝为庸成子所建五城十二楼的西部第一庸城，即史载之“金镛城”），继而杀奔庸都（今市中心之古人堤遗址）。庸王伯庸则亲率庸军主力在黔中（今沅陵窑头）与秦将司马错展开拼杀，因不敌而退至北溶花园（按：今属沅陵县北溶镇花园村。花园，即古庸国在此特设的庸王亲自监管铸钟、铸鼎的王室行宫），与秦军对峙。北溶是古大庸国历代帝王、庸王铸钟鼎的军管基地，是国家权力圣物庸鼎庸钟的出产地，地位极为重要，伯庸以上八代庸王均以此地为第二都，必亲自坐镇，故《告祖词》有“伯庸八祖铸钟鼎”之说。相传为了不让一大批国家重器被秦掠走，伯庸下死令将其分散转移。然毕竟兵力受挫，势单力薄，不是司马错的对手，北溶很快被攻破。

而北部庸都（今张家界市），此刻已被司马错主力包围。屈原长子、庸国大将军、屈氏家族末代莫敖屈平平正率庸都全体军民与秦军血战。这是一场惊天地、泣鬼神的庸都保卫战。数万庸兵全部战死。秦兵破城后，大肆抢掠，大开杀戒，数万市民、难民无一生还。澧水塞尸断流，血水百里不清。屈平平与所剩几百名王室卫兵，奋力保卫庸王宫，结果全部战死。相传屈平平拚死拒敌，敌不能近，乱箭射之。屈平平为保名节，以剑刺胸而死，倒在庸王龙椅之前。《告祖词》“庸亡国碎血染堂”，唱的就是屈平平将军保卫庸王宫壮烈牺牲的全过程。

此时，孤军苦战在北溶的庸王伯庸已无力回天。这位伤痕累累的老庸王得知庸都失陷、孙子平平战死的消息，大吼一声，喷血溅壁，猝然倒地而死。《告祖词》唱：“伯君耗尽回天力，九子乘舟犯嵩梁”“庸王长叹天诛我”“寿终正寝沅水岸”，记的就是这悲壮的一幕。时年，伯庸93岁。

千古大庸帝国都城掘地三尺，化为一片废墟……

这个大约创立于三皇祝融时代（6500–7000年以远）的世界第一个泱泱大庸帝国，即中华“国祖”“祖国”，于公元前280年在庸都王宫的熊熊烈火中轰然坍塌、在屈平平将军战败猝逝的一声长啸，正式宣告终结了她称雄世界3700–4500余年的国史。

两千多年后，张家界旅游城市建设如火如荼，推土机在古庸都四周的“万人坑”“死人子湾”“乱坟岗”“鬼尸洞”等地掘出数以万计的人骨。经分析，很可能与秦军屠城之战有关。

伯庸死后，辰州沅陵人为了纪念这位老庸王，将他领导铸钟铸鼎的地方叫“**伯庸**”，土语“伯”读“北”，不读普通话“波”，至今如是。后讹传为“**北溶**”。以后为沅陵县北溶区北溶镇治所。《舆地纪胜·辰州府》载：“北溶溪，出沅陵县东北三阳垭，南流入沅。”与此同时被灭的还有沅陵舒庸国（在舒溪口），溆浦舒庸国，永顺施庸国（今施庸溪长官），武陵源古索国，慈利古茹国（中心地在今阳和乡、甘堰颛顼天文台遗址一带）、慈利古蔡国（五雷山一带），澧县、临澧的道国，桑植小茶国等，均为大庸帝国之附庸国。国虽破，却留下了舒庸（溶）溪、施庸（溶）溪、索溪、小茶国、茹水、道水、城头山等古国古地名。

苗史学者龙炳文说：“从舜开始，三苗中的驩兜部落融合南蛮部落，组成苗蛮集团，世代子孙，一直在崇山生息繁衍。现在大庸县的仡庸堤，又叫古人堤、古城堤，就是这一苗蛮集团的文化遗址。这个遗址有新石器文化层，陶器文化层，铜器文化层，铁器文化层。”（参读《湘西苗族》，载《吉首大学学报》民族问题增刊1982年第3期，第8页）

《大庸县文物志》（1983年9月初稿打印本）对古人堤（古城堤，苗语仡庸堤、鲧庸堤）亦有定论：“古人堤文化遗物，很早以来就已暴露地表。1962年，省、州文物工作队实地发掘考察，发现有古代文化遗层。文化遗物以陶系为主，主要是灰陶和红陶。器物从口沿和足判断，多为鼎、豆、鬲、盆、罐、壶和绳纹筒瓦、板瓦等。时代应为春秋战国以远。1980年6月。自治州文物工作队在此遗址的下层又发现长方形磨光石锛、打击石片、割削器、石器半成品，并采集一批泥质红陶、泥质灰陶、夹砂灰陶、印纹硬陶等。纹饰有绳纹、印纹（方格印纹、绳纹）、划纹、弦纹、兰纹、篦纹等。器形有折唇罐口器、折唇罐形器、圈足豆、鬲、鼎、碗、钵。由此内含可以断定：此层文化应属于原始社会晚期的文化遗存。”并分析：“而从原始社会晚期遗物及依山傍水的地理位置看，可能为原始部落群遗址。[按] 据考，大约距今七千或八千年，有祝融氏最先在澧水流域建立大庸国。《石达开日记》有载：‘大庸此地为古庸国地……’古人堤有可能为古庸国国都。祝融苗语名大戎，大戎即大庸，尊称名仡戎，故古人堤在苗族史诗中又称果庸堤……驩兜流放大庸崇山，发展了大庸文化，这就与大汶口、龙山、屈家岭、河姆渡、元媒等古文化发祥地有着同等的地位。”

这是本土文物部门30多年前关于古庸国和古庸都的一点粗浅认识。现在看来，许多新的研究成果已与其吻合。这说明大庸国、古庸都存在千古，考古界早有共识。

2011年上半年，区文物部门在古人堤西部雷公坪建筑工地出土数枚磨制石刀，呈浅绿色。其中两枚长约7厘米，宽4厘米，分别钻有圆孔均0.5厘米。其形状、工艺十分精细，刀刃锋利。据考，石刀约为2万年前的遗物，更进一步证实了古人堤曾经是原始社会晚期聚落的判断。

一个创造了中华第一轮文明的伟大的文明古国，最后的结局是以暴秦对庸楚二国的刻骨仇恨而对其固态的物质文化遗产进行空前的抢掠、焚烧、破坏，终至毁灭得一干二净，似乎这个国家根本不存在过。据文物专家安用甫、尚巍等介绍，数年前（包括前不久），文物考古专家从古庸都遗址中发掘出新石器时代的石斧、石锛、石球及打磨十分精细的石刀，还有大量的原始社会晚期的陶器、陶片，发现了10余口古井和纵横交织的街巷，乃至庸王宫妃子们洗浴的大浴室七星井（颇有古罗马大浴室的气派）。七、八千年前

建设的地下水道体系一应俱全，至今可用。特别是发现城中央的大祭坛、王宫遗迹，还有秦汉时代完整的九九乘法口诀表，与庸都西北辖地龙山里耶出土的乘法口诀表形成文物证据链，同时出土汉代“充长之印”、木牍和汉简等珍贵文物，而在古城外围发掘的战国铜剑达数十把之多。

为了确证司马错灭屈氏庸国的史实，笔者曾走访了市区文物局专家。出人意外的是，他们向我出示了3枚印章和一柄青铜剑。

1986年，城建施工队在市邮电公寓秦汉墓出土一枚宽2.8厘米、长2.9厘米、通高1.5厘米的滑石印章，印面阴刻篆书“索承之印”四字（二级.9）。1987年，在市内卫校秦汉墓同时出土两枚滑石印章，一枚宽2.4厘米，长2.4厘米，残高1.4厘米，印面刻“索右尉印”（二级.11）。另一枚宽2.6厘米，长2.6厘米，通高2.2厘米，印面刻“沅南左尉”（二级.12）

经专家鉴定，3枚印章均系秦国时期遗物。尉，官名，多为武职。春秋时有军尉、舆尉。战国有中尉。各国在将军下置国尉、都尉。秦有国尉、关都尉等名称。据此推测，此“索右尉”“沅南左尉”及“索承”3枚印章主人可能都是当年参加大庸国都抗秦保卫战的附庸古索国尉级军官。其时，今武陵源之古索国就是大庸帝国的近邻附庸国。庸亡索灭后，难民逃到汉寿，汉建索县。

1982年10月22日，城建队民工在兴建天门山街时（位于古庸都之东门），挖得两把铜剑，其中一把已从中部折裂，全长67厘米，柄长11厘米，最宽部6厘米，重1斤7两。它的长度超过了被称为“中华第一剑”的越王勾践剑（全长55.6厘米），超过了吴王夫差剑（全长58.3厘米），超过了楚王剑（全长50.5厘米）。而秦剑一般都超过65厘米以上，最长已达81.0–94.8厘米。经考证，这把剑应该是**秦剑**，是秦国军队毁灭大庸帝国都城的遗物之证。

相传秦军摧毁了庸都，心犹不甘，竟然对崇山祖文化遗产进行毁灭性抢掠性挖掘和破坏，从燧人氏祝融时代以降所留下的12座古帝王大祭台（见《山海经》）、5大帝王墓葬（见《山海经》）、古驩兜国都城、公元前22世纪末至公元前21世纪初，大禹在崇山大砂台所建夏朝之初都，以及崇山大祭坛、10余座崇山古堡以及祝融、帝尧、驩兜、善卷等一大批伟人故居连五间及一批宗庙等统统挖地三尺。与此同时，对屈家坊屈邑州城——三闾宗坊和对岸“玉石之城”“屈王城”、澧口老庸城、金藏关、屈原故里老屋场、老庸湾颛顼出生地大水泉故址、蛇滚坡遗址、崇阳坪屈氏郡望碑、丹丘大祭坛、屈伯庸别墅、屈原辟谷种兰的相公溪（兰岗）等进行刨根掘底的毁灭——司马错要让崇山、庸都、屈邑、屈原故里从人间消失。古庸都、屈家坊、老庸湾被夷为一片废墟，一大批未来得及逃命的屈姓人口被屠杀（后有“万人坑”惨案专文）。特别是史籍所载藏于天门崇山某山洞中的“数十枚高丈余、其色甚光明”的巨型庸钟也下落不明……

经过上万年积累起来的崇山祖地、大庸帝国等第一轮创世文明遗产，就这样或抢劫，或毁灭于暴秦司马错的屠刀铁蹄之下。更令人发指的是，这群欺宗灭祖的秦人，居然对天门圣山进行抢掠、毁灭，几万年创造的神仙之都及黄帝陵、黄帝宫等均荡然无存……从此，大庸古国文明彻底消失于后续文明的视野之中。八千载泱泱大国，化成一曲缥缈回响于九霄的天籁；万年国史文脉，变成一个依稀泣诉于尘世的传说……

这让我自然联想到数十年前的日本强盗及更早的西方八国联军强盗，对中国文化的空前浩劫……

清光绪进士康有为曾说过这样一段名言：**“此则我国人不知崇敬英雄，不知保存古物之大罪也。然不知崇敬英雄，不知保存古物，则真野蛮人之行为，而我国人乃不幸有之。则虽有千万文明之具，而为二者之扫除，亦可耗然尽矣。虽有文史流传，而无实形指睹。”**（康有为《欧洲十一国游记》，社会科学文献出版社2006年版，第73页）

这段血泪文字，不正是对人类史上具有世界始创地位的东方伟大古大庸帝国最后消亡的血泪控诉吗？!

笔者认为：秦军对古庸都、崇山祖山、昆仑天门仙山、屈家坊古城、澧口老庸城、屈原故里等之所以下此毒手，很可能与抗秦代表人物屈原有关。且三百年与秦作战的主力一直是大庸屈氏家族军队和统帅作战的屈氏莫敖。世仇一结，祸及文物，怎不令人顿足扼腕哪!!!

——这难道还不足以让当代、未来中华民族反省深思吗？

三、屈子招魂之真相

屈原之父伯庸、长子屈平平爷孙俩战死的噩耗，很快借助沅江、澧水的舟楫传遍沅澧、洞庭乃至华夏广阔大地。其时，屈原正留住在汨罗女儿小婴家。当年先祖屈瑕征罗子国兵败自缢于此。罗子国本是崇山祝融氏吴回之后，熊姓和荆楚同祖。《通志·氏族略》云：“罗氏，子爵，熊姓。一曰祝融之后。”罗泌《路史·后纪八》更明确指出：“罗，熊析也……濮，罗，归，越，春，滇，鄅，麋，芈蛮，皆芈分也。”故罗与楚同属祝融氏吴回之后，曾会入以大庸帝国为首的八国联军助武王伐纣灭商之战。后被武王灭，子民几经迁徙，定居汨罗，建罗城。

笔者此前已确认屈原被襄王逐出宫廷时间就在熊横登基王位的当年——公元前299年，因而断定《招魂》《大招》与楚怀王、顷襄王均毫无瓜葛。就是说，屈原已在怀王被扣留在秦国之时就被抢班夺权的顷襄王和一帮佞臣逐出楚宫而回庸。史载：“前297年，楚怀王自秦亡之赵，赵弗纳，秦追及之，执之以归。”又载：“前296年，楚怀王卒于秦，楚人怜之，楚南公曰：‘楚虽三户，亡秦必楚。’楚与秦绝。”时年，尸首运回，哪还能从正在贬谪回乡的路途召回屈原，让他主祭!？另外，屈原投江15年后，即周赧王五十二年（前263），楚顷襄王卒，子熊完立，是为考烈王。故无论怎样霸蛮，“二招”都扯不上为楚怀王招魂，更扯不上为仇人楚顷襄王招“生魂”，尤其扯不上屈原为自己招生魂而“以讽谏怀王”，让其回头是岸。怀王都死十七八年了，还讽谏什么！至于说是宋玉“怜师命（屈原）将落，作《招魂》，以复其精神，延其寿命”（载《安福县志·外记·流寓》），那就是一派胡言了！

所谓屈原“放逐”江南，一直是屈学者们孜孜探求的命题，但终因不明了屈氏大庸国的真实存在，故只能触及皮毛，难入肌肤。对屈原的精神状态、思想意识的变化，

还仅仅停留在“**倾注于楚怀王或顷襄王二人**”的层面上。以致我们看到了这样的宏论：**“再不相爱，我们就老了。”“屈原一生最大的事情不就是与楚王‘相爱’吗？”**（抄自湖南某报）看起来好像是幽了一默，却肉麻得让我如触电般起了一身鸡皮疙瘩。这好比个别注家无聊到怀疑屈原与楚怀王有“同性恋”一样让人恶心作呕！事实上，屈原的宗国大庸及其屈邑亲人，一直在为抗秦而战。叔父屈匄和八万庸军主力的覆没，使他对宗庸国的命运深表忧虑。晚年远游，他的精神几近失常崩溃。晋·王嘉《拾遗记》有一段编造屈原晚年孤独流浪的“神话”，读来令人心酸怆然：

“洞庭山浮于水上，其下有金堂数百间，玉女居之。四时闻金石丝竹之声，彻于山顶。……屈原以忠见斥，隐于沅湘，披蓁茹草，混同鸟兽，不交世务，采柏实以合桂膏，用养心神；被王逼逐，及赴清泠之水，楚人思慕，谓之水仙。”

从上述文字分析，此时屈原已离开兰岗，告别潭口、告别兰岗、天门，告别屈家坊，告别庸都，启程远游。按照屈原后裔屈祖生等老人述说，屈原是从庸都（今古人堤）之南的仙人溪出口过澧水，继溯溪进入长寿国仙人溪，然后下元溪抵达沅陵北溶“花园”——庸国历代帝王主持铸镛（钟）铸鼎——分封“千邦万国”的权力圣物的基地——今北溶镇，作最后一次视察，并举行颇有规模的祭祖、辞祖仪式。然后去沅陵外婆家——修氏庄园，为久久思念的外公外婆上坟，并接受当地黔中官员的觐见奏报——也许，这是他作为未正式登基的庸王最后一次履职。

——这里，才是屈原正式远游沅湘的起点站。约半年后，抵达桃江，续弦洎（音‘季’）氏，生女绣英、生子屈黑。又数年，告别桃江，携小女绣英继续远行，止步于大女儿女媭出嫁的汨罗。听到父亲、母亲、儿子战死、大庸灭国的噩耗，让神志处半混沌状态的屈原一下猛醒。放浪形骸十数年，此刻如五雷轰顶、万箭穿心！于是，他在汨罗江岸设坛，面向澧西千里之外的天门崇山，为亡父、亡母、亡妻、亡子、亡女、亡孙及数十万在卫国战争中壮烈殉国的将士们招魂！

1.“朕幼清以廉洁兮，身服义而未沬。主此盛德兮，牵于俗而芜秽。上无所考此盛德兮，长离殃而愁苦。”

大意是：我从年轻时就清白廉洁，亲身实行仁义仁政毫不含糊。我一直保持着这些美德，但受世俗牵累而身受秽污。上天无法考察这些美德，我长期受难啊忧愁痛苦。

请读者诸君注意：首句自称“朕”之“朕”，前文已作考辩，此为屈原本为末代庸王（庸帝）身份的自称，与前诗共七处称“朕”一脉相承，形成坚不可摧的身份证据链。那个文臣宋玉，胆敢冒杀头灭族之罪而自称“朕”?！查已确认的宋玉其他多篇诗中，怎么就找不出一个“朕”来？宋玉又凭什么地位资格自我表白“清白廉洁”？又凭什么依据断定是宋玉为屈原招魂?！

——故我断言：《招魂》著作权属于屈原无疑！

2.“魂兮归来！西方之害，流沙千里些！旋入雷渊，爢（mí）散而不可止些。”

此“流沙”绝对指天门昆仑之流沙，即

今张家界市永定新城区沙堤乡之古流沙河。从汨罗江逆澧水至大庸600余公里，正好“流沙千里”。设若西域于阗敦煌一带果有“流沙”（按：此为汉初由汉武帝指于田为昆仑后所附会出的“流沙”，但至今找不到实实在在的“流沙河”在何处），从汨罗至敦煌、于阗至少在8000公里以远，那就该写成“流沙万里”。故此“流沙”只能是屈原所写“忽吾行此流沙兮，遵赤水而容与”（《离骚》）的故乡之流沙。“雷渊”：渊，深水；潭。又作泽。“雷渊”即“雷泽”，位于今张家界市永定区枫香岗乡华胥氏诸英履大人迹感孕生伏羲女娲的雷泽坪（前章已解）。由此反证，于阗有雷泽地名吗？锁定流沙、雷渊在屈原故乡，就断定《招魂》的目标在大庸宗国版土之内而非北方的郢都，郢都何有流沙、何有雷渊！？历代注家见“西方”必“西域”，见“流沙”亦必西域。汉武帝瞎指昆仑到于田，祸及两千年史家，**误导代代史家以汉代武帝瞎说的谬论解释远几千年战国时的历史，从而一路高举错旗到今天！**

既然祭词靶向直指故乡大庸，那就可敲定《招魂》与怀王之死魂无关！更与顷襄王之生魂无关！读者诸君想想，按屈原的个性，他有可能为构陷他、迫害他、驱逐他的政敌招生魂吗？！至于所谓宋玉为屈原招“生魂”，那简直就是滑天下之大稽了！

3.“宫庭震惊，发《激楚》些。”

《淮南子》：“结《激楚》之遗风。”此之宫庭，指大庸国宫廷。司马错摧毁庸都，屈原儿子屈平平为保卫庸宫而战死，国破家败人亡，怎不令天下震惊！《激楚》，原大庸古乐曲之一种，亦即“庸风”古曲之一支。后由熊绎北伐殷商携传于楚，作为出阵战歌，以鼓士气，其曲激越昂扬，震奋人心。

4.“青骊结驷兮，齐千乘。悬火延起兮，玄颜蒸。步及骤处兮，诱骋先。抑骛若通兮，引车右还。”

大意是：战车驾着四匹黑马冲向敌阵，后面跟着千辆车骑齐齐整整向前推进。火把高悬在城内城外，漆黑夜晚照亮一片通红。步兵紧跟随着奔驰车马，令旗引路在前跃马驰骋。或停止或奔跑指挥若定，指挥车向右转继续前行。

这段文字根本看不出是楚庄王（见《吕览》载庄王猎于云梦）率千军万马悬火夜猎犀牛的场景。依笔者分析，应该是泣诉父王伯庸统率千军万马在黔中与暴秦悍将司马靳作战，及儿子屈平平率千军万马为保卫庸都与司马错日夜苦战的纪实过程，是一幕惊心动魄、鬼哭神号的生死搏杀：战争从早晨打到夜晚，两军又挑灯夜战，火把悬挂于树梢，篝火燃烧在城楼，火光熊熊，狼烟滚滚，车马交错，刀光剑影，杀声震天，吼声动地。大将军、庸国最后一位莫敖屈平平乘着先导车，向左向右回旋，奋勇砍杀，秦军如狼似虎，一次次反扑围剿。死尸枕籍，血染澧水……

注家多依汉代先辈所注，认为是楚王们闲得无聊，动用数十万国防军夜晚打猎，烧野火追猎几头犀牛。郭沫若先生的译文是：“发出猎车一千乘，四马纯黑或纯青。放火烧林草，把黑夜照得通明。下车徒走，载止载驱驰，诱出野兽，追罢上车向右转。”（见《屈原赋今译》人民文学出版社，1953年版）我说此论不能成立，理由：屈原举行招魂大祭的前

提是大庸宗国被秦将司马错灭亡、屈氏家族灭绝，自己行将赴死。此时此刻，凭什么要为早已死于秦21年的楚怀王招死魂或为已决裂19年的政敌仇人楚顷襄王招生魂!?

这八句祭词是识别《招魂》著作权的核心证据之一。有注家以为“此篇是宋玉为招楚顷襄王的生魂而精心创作的一篇‘招魂词’”，故《招魂》以宋玉冠名。并说：“在艺术上，《招魂》借鉴了屈原的《大招》，但青出于蓝而胜于蓝，取得了很高的成就。”(吴广平《楚辞图文本》，第26页)

所谓为楚怀王或楚顷襄王招“生魂”之论，与一些人认为是屈原为自己招生魂一样令人肉麻作呕，既不合实情也不可理喻。真实的生活中，世上有几个人吃饱了饭没事干请巫师为活着的自己或为活着的他人举行隆重、盛大的招生魂祭祀活动的？关于招“生魂”，大庸民间叫“追魂”“喊魂”，是说某人受了某种惊吓失魂，又叫飘魂，于是请巫师“打整追魂”。但自己设坛为自己招“生魂”，老金白活了七十年可是闻所未闻，见所未见。大庸张家界土家族苗族白族，从古至今没有先例！除非此人患了精神分裂症！

照这些大师所言，屈原是以为自己“飘魂”了才自己主祭为自己“招魂”的。

那个死了多年的楚怀王阴魂未散或楚顷襄王也恐怕是觉得自己“失魂”了，才请仇敌屈原或宋玉作法“追魂”的。

问题是：堂堂大楚王，谁敢怀疑他“失魂”了？或问一介书生宋玉是不是取得了“国祭”巫师的职衔!?他有这个“追魂”的资质、道法和本事吗？

以这种既迂腐又不可靠的理由就剥夺了屈原的著作权，是否太轻率、太武断了些?!

5.“与王趋梦兮，课先后[1]。君王亲发兮，**惮青兕**[2]。朱明承夜兮，时不可以淹[3]。皋兰被经兮，斯路渐[4]。”

[注释]　(1)王：此之“王”，非指楚王，而指大庸国之庸王，实指其父伯庸。梦：此指天门云梦大泽之梦，非指湖北云梦，因《招魂》所祭祀主要对象是处“流沙千里”的大庸国而非江之北的楚国。课：考核，比较。(2)惮：(书)怕。通殚：尽；竭尽。殛尽也，杀尽。青兕(音“四”)：犀牛。从全诗分析，此之“青兕”，当喻指暴秦——“秦师”。**沅澧流域土、苗**(乃至全湖南)**读“老师”为“老思”，决不读“老诗”！韶山人毛泽东称他的先生也叫“老思”，称“中国”叫“中gue”。“青兕”谐音即“秦师”，屈原说的是大庸方言，那时还不知道北方有“普通话”，把暴秦之师比作凶猛残忍的野兽犀牛，十分形象、合理。**“君王亲发兮，惮青兕”，是说庸王伯庸亲率千军万马与司马靳暴秦决战，斩杀秦兵。这种以动植物喻比人类社会众生，源自诗经的赋比兴，无此即无诗。古今诗中多不胜数，以庸国后人毛泽东诗为例：“万丈长缨要把鲲鹏缚”，以“鲲鹏”喻比貌似强大的敌人及反动势力；“今日长缨在手，何时缚住苍龙”：现在我们已经掌握了强大的武装力量，什么时候才能捉住蒋介石，推翻腐朽的蒋家王朝？“忽报人间曾伏虎”：降龙伏虎，此指打倒了国民党反动派。另如“独有英雄驱虎豹”之“虎豹”“更无豪杰怕熊罴”之“熊罴”“冻死苍蝇未足奇”之“苍蝇”“有几个苍蝇碰壁”之“苍蝇”“蚂蚁缘槐夸大国”之“蚂

蚁”“蚍蜉撼树谈何易”之“蚍蜉”“要扫除一切害人虫”之“害人虫”等等，都是十分形象而通俗的比喻。故前人说**无比喻则无诗**。想不到，屈原一个比喻——“青兕”，让两千年来多数注家误读错解——还以为在湖北云梦之地真的发现了一头或几头犀牛。为了降服杀死这几头“犀牛”，不惜由楚王御驾亲征，率千军万马的国防大军打着火把连夜围杀。且问：为了几头犀牛，有此必要动用作战部队和广大民众吗！还要楚王御驾亲征？笔者断定**屈原以“青兕”喻比“秦师”，绝非杜撰**。关于司马错爷孙率秦师拔黔中灭大庸，唐代刘禹锡曾作《登司马错古城》，诗云：“将军将秦师，西南奠遐服。故垒清江上，苍烟晦乔木……”首句将军：指秦国蜀郡太守、秦国著名将领司马错。此之将：即统率；秦师：秦国的军队。该诗即写诗人凭吊公元前280年司马错声北击南，拔黔中灭大庸帝国的古战场——今张家界市。其实，刘禹锡只知在黔中，不知主战场在黔中之北200里的古庸都。**此之“秦师”，正是屈原以犀牛“青兕”喻比“秦师”的实证。**⑶朱明：又红又亮。承：接。朱明承夜：红色太阳承继黑夜，意即战争从白天打到黑夜。淹：留。⑷皋兰：此指屈原在《离骚》中所写“余既滋兰之九畹兮”“步余马于兰皋兮”之兰岗——亦即诗中“兰皋”“兰阜”，位于屈原老家澧口之西6公里植兰辟谷好几年的关门街村兰岗组。径：路，小路。被径：被，被披；径，小路。被杂草覆盖的小路。渐：浸，渐染，掩没。

大意是：我跟随着君王在天门云梦山下冲杀血拼，人人争先恐后冲锋陷阵。君王亲自引弓射向敌阵，一排排秦敌被射死殆尽。战争从白天一直持续到黑夜，时光如流水一样不可淹留稍停。我（忽然看见）那遥远的兰岗已被杂草覆盖啊，如今已看不见相公溪边的那条路径。

末二句“皋兰被径兮，斯路渐”至为重要，锁定这是一场战争而不是打猎，且战争发生的地点就在他那遥隔千里的故乡大庸，而他辟谷种兰的兰岗——兰阜、皋兰，因多年没有回家照看，小路都被野草遮掩了。如果是写在湖北云梦打猎，怎么又扯到兰岗植兰的事呢？这是屈原在汨罗为保卫庸都而战死的儿子和将士举行招魂大祭时突然想到他辟谷种兰的兰岗。这是多么令人震颤的故乡之痛！恰恰这一出其不意的与杀敌作战毫无关联的闲笔，却字字见血见泪，为后人破解《招魂》留下了不可篡改的识别地标！

［按］或问：众多注家皆以楚王在云梦纵火夜猎大事作注，可见楚王云梦打猎并非空穴来风，笔者岂能不察？载之史著的除了前述楚庄王猎于云梦（见《吕览》），还有见之唐代余知古《渚（音“主”）宫旧事译注》：“既而（宣）王游于云梦，结驷千乘，旌旗蔽日。野火之起也若云霓，兕虎之嗥若雷霆。有狂兕依轮而至，王手弓而射之，一发尽殪。王抽旃（zhān）旄（máo）而抑兕首，仰天笑曰：‘乐矣！今日之游也。寡人千秋万岁之后，子谁与乐此乎’？”（湖北人民出版社1999年版，第103页）

此写安陵君陪楚宣王云梦打猎之事，不妨与《招魂》对比：

《招魂》：“与王趋梦兮，课先后。”

余知古：“（安陵君）既而（与宣）王游于云梦。”

《招魂》：“青骊结驷兮，齐千乘。”

余知古：“结驷千乘。”

《招魂》：“悬火延起兮，玄颜蒸。”

余知古：“野火之起也若云霓。”

不消说，唐代余知古写楚宣王云梦打猎，其场景句式基本因袭屈原。后期屈学注家反以余氏之说误解早几千年的《招魂》！

查楚宣王熊良夫，继位于公元前370年，卒于公元前340年，晚30年。若以公元前365年云梦打猎算，屈原作《招魂》（前278）晚87年；宣王死约13年后，即公元前353年，屈原出生。谁都不会相信，屈原在为先祖、为父母、为已灭的屈氏家族、为国家而战死者招魂之时，凭什么还想到会为相隔三代87年前腐朽透顶的楚宣王调动千军万马游猎云梦的荒唐之举而倾情礼赞？更不可能为已结仇、距死还有15年阳寿的政敌楚顷襄王（前278—前263）招生魂！

好在屈原在末尾以8句31字将这场惊天地、泣鬼神的大庸帝国天门云梦之战的真实发生地交代清楚了：“皋兰被径兮，斯路渐。湛湛江水兮，上有枫。目极千里兮，伤春心。魂兮归来，哀江南！”

6.“湛湛江水兮，上有枫。”

是说庸都澧水的上边，有一株或一片血染的枫树。这是一句点题的话。意思是：这些战死的烈士，都是枫木的传人。枫木，即苗族妈妈树，相传是苗人起源的祖母树，三苗的图腾神木。别看就是那么一个“枫”字，已引起诸多诗人的注意。唐·李商隐《楚宫》诗：“枫树夜猿愁自断，女萝山鬼语相邀。”又唐·黄滔《灵均》诗：“莫问灵均昔日游，江蓠春尽岸枫秋。”清·王士桢《萧尺木〈离骚〉图画歌》：“青枫斑斑染啼血，灵风神雨纷飘摇。”清·王夫之《和程奕先长沙怀古》：“渺渺枫树林，屈子悲《神弦》。”此类诗还有“梁园多绿柳，楚岸尽枫林”（唐·储光羲）。“竹暗湘妃庙，枫明楚客船”（唐·许浑）等。

不需饶舌狡辩，这些古代大诗人笔下的“枫”无一不是界定“枫”出自屈原的《招魂》，哪有半点湖北云梦打猎的影子！而此之屈原所说“上有枫”，我以为是实指千里之外澧水上游故乡大庸枫香岗那棵三千几百年古枫！

《大庸县志》行政区划《大庸县苏维埃区乡政权建置与1988年乡镇对照表》：

乡苏维埃政府	1988年乡名
玉泉乡（玉皇洞乡）	**枫香岗乡**

枫香岗东北不远有宋山，山下有宋坪村。《山海经·大荒南经》载：“有宋山（一本作宗山）者，有赤蛇，名曰育蛇。有木生山上，名曰枫木。枫木，蚩尤所弃其桎梏，是为枫木。”郭濮注云：“蚩尤为黄帝所得，械而杀之，已摘弃其械，化而为树，既今枫香树。”

故苗族人认为枫树是蚩尤的化身。中华大地，南方多枫，但并非都与蚩尤有关。除非找到《山海经》所载宋山、赤蛇、枫木三大符号原生于同一地方的那个“原点”。此之“宋山”正是屈原所指枫香岗实地实名之宋山。与宋山共处的还有月斧山、玉皇山、玉皇洞、大历山、巫山、崆峒山、麻空山、玉泉山、麻公山、麻婆山、麻婆洞等（与崇山、天门山一样一山十数名）。据本境苗族人介绍，麻公山、麻婆山是苗族始祖的出产地。古代三苗以崇山为中心，尊崇山为祖公山、崇公山，而根在麻公山。麻公山又名大巫山，其北有巫山石窟，其东为麻婆山，盖因苗族的老祖婆而得名，俗名“神山”。西侧则为天下第一古苗寨，叫“巫山古人寨”，又有“寨子垴”，亦为远古苗寨。寨子垴山下有条溪谷，古称“祝母溪”，相传因三苗始祖祝融之母得名。其东又有伏羲洞、伏羲泉，伏羲洞山上又有远古“苗寨子”，再东又有“古人寨”，四大古苗寨排列在麻公山，这是中国苗族起始信息符号最集中的地方。蚩尤的出生地（及行刑归葬地）必与麻公山、麻婆山、麻婆洞有关。或曰麻婆就是蚩尤的祖婆，即“祝母”。抑或这二位祖婆、祖公，就是出身于此的女娲、伏羲。而华胥山，一名脚印山，则是华胥氏履大迹感孕生伏羲、女娲的发生原点。

中国历代史家就苗族的原生地考将过来考将过去，一直没有确指，殊不知就在——也只能在天门崇山昆仑的怀抱之中。也怪不得苗族先祖南征北战，失败了都要回归崇山，原来这里就是他们的创世祖先诞生之地，回崇山就是回到祖先神灵安息的地方。

笔者判定枫香岗麻公山、麻婆山（麻，又作芈）是苗族及姓氏产生的原生点，其中有个重要证据与天门昆仑有关，苗族《上梁词》云：

> 说此梁，道此梁，
> 此梁生在昆仑山上，
> 长在活人头上。
> 满地生，从水长，
> 生得枝枝成对、叶叶成双。
> ……主东选定年月吉祥，
> 新造华堂，
> 即请张良和鲁班，
> 择一吉日做栋梁。
> 一点楠木做中柱，
> 二点圆柱是枫香，
> 三点柏杨做排扇，
> 四点杉木树挂枋。

（引自《湘西民族风情》，岳麓书社1989年版，第447页）

毫无疑问，湘西境内的天门昆仑，与汉武帝信手所指西藏、新疆昆仑无关。在请木匠神中，一般只请鲁班，但大湘西土苗地区必同请张良，这与张良追随屈原隐居昆仑峰（武陵源）、天门山不无关系。词中提及的“圆柱”，系指靠中柱后侧第二根大柱，俗名“金柱”，苗语呼为“图奶”，意为“母柱”或“妈妈柱”。苗族建房必以枫木做母柱，象征祖先神灵的庇护和子孙的兴旺发达。木匠上山砍伐此树，须以香纸祭之。砍倒抬回，要平稳地放在木马上加工，勿使着地，更严禁从中跨过。树皮则需收拾包好，抛入河中，不得当柴使用（忌火）。又如苗民每遇搬迁，哪怕路程千里万里，也要挖几株小枫树带走培植。而“主梁”，即堂屋的大梁，则是一户一族的“神梁”，此树必选生在本地最高山顶的“双丫树”，俗称“祖梁”“昆仑木”“昆仑柱”，这是本境土苗昆仑崇拜的实证。

这里讲述一个小“插曲”：2009年11月20日，即古历“小雪”节气的头一天，气温刺骨，霜花铺地。课题组一行4人登宋山长湾村考察“脚印岩”（史前人类足印）。回程路上，突然发现路上拦着一条红蛇，此即“赤蛇”，又名“育蛇”，当地村民叫“屋檐蛇”。俗言“三月三，蛇出山；九月九，蛇钻土”。缘何冰霜季节有红蛇出世拦路？联想到刚才所引《山海经》的记载，众人顿悟：是赤蛇

现身说话，告诉我们：这里就是蚩尤行刑丢弃桎梏（梏，音故。桎梏，脚镣和手铐）的史事发生地！由此引伸开去，意味着黄帝斩蚩尤，原来不在北方，而是将其遣回故乡，斩杀在故乡武溪——今大庸所古城之东北约6华里宋山之上！史载：黄帝杀了战神蚩尤，军威受挫，屡战屡败，只好打出画有蚩尤头像的战旗，竟反败为胜，终得江北半壁江山！想不到一条红蛇让我们留足，得以瞻仰黄帝杀蚩尤的刑场！—— 你说怪也不怪？

这绝对是百万分之一概率的隔世邂逅！

大家当即从多个角度拍下这一万金难求的活证！待拍完照片，赤蛇艰难地蠕动，慢慢溜去。我说：若有人要争"宋山"，可以编造一百个假宋山，不难。争蚩尤也不难，全国到处都有蚩尤的踪迹。但要在宋山就地找出一条赤蛇做证，恐怕不容易。考察组田奇富兄说他愿自掏腰包悬赏10万元在国内再寻找一座宋山和山上的一棵古枫，再加一条赤蛇，以及一双世界罕见的史前人类足印等四大关于蚩尤行刑地的实证、实地、实名符号！

由宋山、古枫、麻公山、麻婆山和一条红蛇，引出人类起源历史，本已令人不可思议；而更不可思议的是，就在蚩尤行刑就义的宋山之上，居然还有一双史前人类脚印！此即大庸巫山人脚印，无疑是史前人类起源的太古信息。这可能是目前全世界发现并保存最为完整的一双真人脚印。联系到华胥氏诸英、雷公（祝融）盘古和女娲、伏羲出自天门昆仑山，**这片土地有理由尊称为人类的初始摇篮！**

宋山南麓就是枫香岗、枫香坪。古时此地昔为一大片古枫林，不下三千亩，遍山遍岭。中有一棵巨型古枫，腹内朽空如屋，内空直径4–5米，当地村民常在里面开会、摆几张麻将桌。外围20余人牵手合围。经吉首大学生物系教授廖博儒鉴定，树龄当在2700–2800年以远。故老相传，大约在2800年前，这里的一棵古枫自然老朽倒地，当地三苗崇庸人很快在旁边继植一株枫香，一直长到现在。为了纪念苗祖，将此地命名为枫香岗。1986年5月16日，这棵曾被千千万万庸人土家、苗人祭拜尊崇的古枫也不幸因老朽而自然坍倒。那天黑云遮天，风雨雷霆，一如初夜，人不敢出屋，畜不敢出栏。然古枫有眼，倒下的瞬间，避开了树下街边一大片民居，恰倒在一条街巷中线部位，未造成一人一禽之伤害。倒树的那一刻，全村人跪地痛哭。奇怪的是，由此上溯2597年（与2600年仅差2年），即公元前611年，楚庄王"辱尊乱朝纲"，联合秦巴灭上庸，同室操戈，屠戮同族，天怒人怨。这一年，枫香岗第一代（或第二、第三代）"妈妈树"轰然倒下！过后不久，当地崇庸苗人父老，又继植一株枫香。这棵枫树，就是1986年5月16日倒塌的这棵枫香王。2008年，由出生于斯的李智勇先生牵头，在古树西侧继植了第三代或第四代枫香。当这棵枫香从双溪桥乡用平板车迎回枫香岗村时，全村人跪地迎接，鞭炮声惊天动地。植树过后，又在树前立了一块由村支书张明白撰写的碑文《枫树传记》：

"枫树，纪古民传，距今二千八百有年。绿岗树林，人少屋稀，耕种为生。相传瞬间，雷击生火，燃三昼夜，十里灰烬。唯有枫树，枝叶受惊，神火绕去，屹然耸生。径围数丈，叶茂树青。天赐神树，百里观景。以树得名，流传至今。七零（年）中期，宝地显灵，枫树茂盛。仙鹤纷飞，鸟叫花明。六畜兴旺，五谷丰登。八零（年）中期（1986年5月），狂风四起，乌云盖地。厄运降临，枫树倒地。山水悲泣，村民哭啼。二十世纪（2008年），承先启后，开拓进取。共同发起，重栽神树（注：阴历三月十七日，从永定区双溪桥杨柳凹村，喜接枫树定植，一路披红驰进。上午十二时动工，下午六点钟栽植完备）。穴炮齐鸣，声震大地。树入穴中，众民下跪。一片欢喜，天开朝晖（据专家测算：树龄四十八寿，干高十三米，直径三十四厘米）。二零零八年十一月十八日。”（非全文）

我们不必计较老村民欠缺的文笔功夫或不太规矩的碑文行文格式，只是以此告诉读者诸君：时至当代今朝，普天之下，哪里还有如此千古不改的枫树崇拜先例？这样的精神只能在苗族发祥的祖地，只能在华胥氏诸英履仙人足迹，生伏羲、女娲的母地，只能在蚩尤丢弃桎梏的纪念地，只能在古庸国发祥的祝融祖地，只能在昆仑崇拜的枫树妈妈的故乡！屈原写湛湛澧水之上，有一棵古枫，他是在极目千里之外的故乡，那里有棵枫香树，这可是他从少年时起年年祭拜的祖母树啊！如果以屈原为父、为子招魂是公元前279年，这棵枫树也该满270多岁了。这棵枫树，见证了公元前611年楚、秦、巴三子灭上庸的血屠之隐痛，见证了公元前312年屈匄八万屈家军队覆亡之悲伤，见证了公元前280年古庸都城破时屈平平以胸膛护卫庸王帝座的浩然之正气，见证了末代庸王伯庸战死北溶（庸）陪都时最后一声仰天之长啸……

屈原为被残杀的屈氏家族招魂、为战死的庸国壮士们招魂，也为他日思夜念的母亲、妻室子孙招魂，呼唤魂兮归来，返回故居，就是要他们都回到妈妈树—枫树妈妈—蝴蝶妈妈—枫树心脏里去。因为在苗族信仰中，枫木崇拜与始祖崇拜是融为一体的。回归枫木林，就是回归祖林，只有回归祖林才能得到祖先神灵的庇佑，在天堂过上好日子。

对这一古俗，只有苗裔屈原最清楚不过。这是本族的千古遗俗，局外人懂什么？局外人知道招魂就是见枫树妈妈吗？

两千多年来的注家们总是围绕屈原所谓追求“美政”、视楚怀王为“美人”、为救星，怪不得有人阴阳怪气地怀疑屈原与楚怀王二人甚至有说不清的“同性恋”关系似的令人恶心！因而，对《招魂》对象的判断总落在楚怀王身上，令人恶心作呕！而王逸认为“《招魂》者宋玉之所作也……宋玉哀怜屈原忠而斥弃，愁懑山泽，魂魄放佚，厥命将落，故作《招魂》欲以复其精神，延其年寿，……”（王逸《楚辞章句》）我认为全然不知屈原苗裔古俗的王逸之谈纯粹是学究空谈高论，不足为信，更不足为史。司马迁早就界定《招魂》是屈原作品，可王逸一辩，就剥夺了《招魂》的著作权，来个“屈冠宋戴”。而一些后人不问青红皂白，也跟着瞎起哄，挖空心思制造理由附合王逸之说，推波助澜，火上浇油，让一些徘徊者、迟疑者最终放弃原则，将“二招”逐出篇目，从而让屈原冤上加冤！

查手头五、六个楚辞版本，如中华书局《屈原集校注》（金开诚等著），不收《招魂》《大招》；时代文艺出版社《楚辞》将《招魂》冠名宋玉，《大招》冠名景差；岳麓书社

《楚辞》图文本（吴广平校注）《招魂》冠宋玉；人民文学出版社《屈原赋今译》（郭沫若著）拒译《远游》，否定《大招》，但为《招魂》讲了好话。他说："关于《招魂》的作者，用不着踌躕，我们应该尊重司马迁的见解。那是屈原在招楚怀王的魂。"梁启超评价《招魂》则"实全部《楚辞》中最酣肆、最深刻之作"。

这里，我要感谢郭老承认了《招魂》的著作权人是屈原。但屈原绝非为楚怀王招魂，而是在为战死和被秦师屠杀的父亲、儿孙、族人，以及为殉国之将士、为被司马错屠城的屈氏家族、广大民众招魂，为何从头到尾没发现半个与楚怀王相关的文字！实质上，屈原在心系楚国的同时，更心系生他、养他的宗庸国。当他被楚怀王猜忌、疏远、排斥及至楚顷襄王将其"怒而迁之"，逐出楚宫的那一刻，屈原对早有僭越之心的楚子国就彻底心灰意冷了。而此后的岁月里，屈氏后庸国不断发生内忧外患，甚至发生"辱尊乱朝纲"、欺宗灭祖的僭越战争，这不仅已危及宗庸国，危及楚国，也危及三闾宗坊的屈邑家族。

7."目极千里兮，伤春心。魂兮归来，哀江南！"

此"目极千里"，正好与"西方之害，流沙千里些"形成地理位置里程对应。屈原在祭词的末尾，痛哭流涕，面向千里澧西故乡大声呼唤，他呼唤的不仅是父王、母亲、儿孙，还有被司马错坑杀的一万余屈氏家族。我甚至认为在当时信息和交通工具极其原始落后状态下，屈原当时还真以为国家已亡，屈家坊、潭口老家及老庸湾、老庸城（今崇阳坪）、兰岗等屈氏居地已毁灭，被坑杀的屈氏家族中，必有他的儿子、孙子。就是说，他的国家、他的家族、他的家庭都不存在了。这末句"哀江南"，此作两解：一是屈原作《招魂》法事时，正处长江之南洞庭水口边的汨罗。二是大庸宗国中心，也在长江之南，而荆州、郢都（纪南城）在长江之北岸，故可断定屈原《招魂》的目标对象就是死者们的故乡，亦即他的宗庸国，他的屈氏家族，他的屈氏子孙，屈原怎不大放悲声"哀江南"啊?！或问：若是楚顷襄王与三军将士在湖北云梦夜猎犀牛，都玩疯了，玩疯了，又发哪根神经突然伤心垂泪哀号起来了？那就是乐极生悲了。乐极生悲也不该"哀江南"呀?！这一群丧尽天良的昏君腐将有什么可哀的？哀国？哀民？哀阳寿苦短，不能长命万岁？既便是，也不能哀错地方呀！

就是这"哀江南"三字，确保了作者的著作权，从根透底否定了两千多年来屈学界所有对《招魂》的误读、误解、误判！

司马迁说了一段十分入木透骨的话："父母者，人之本也。人穷则反本，故劳苦倦极，未尝不呼天也；疾痛惨怛，未尝不呼父母也。"（《史记·屈原列传》）

一个"伤春心"的"伤"字，一个"哀江南"的"哀"字，不正是屈原面向千里之外的故国故乡为父母儿孙喊魂的真实写照吗？

远望千里之外的故乡，山河破碎，国家倾覆，故乡灰劫，家族灭绝。回想远游十九年的落魄生涯，他有太多太多的后悔与自责，太多太多的抱怨与遗恨！十九年来，他心灰意冷，四方游荡。不问国事，不顾家庭。他上没有孝敬年迈父母，下没有照料妻室儿孙。于国，作为一代庸王、莫敖，他没能登基王位，振臂一呼，率男儿赴沙场，与暴秦同归于尽；于民，作为一国之主、一国至尊，他没有挺身一搏，拯黎民同出苦海，随老父共赴国难……一腔的哀伤，满腹的悔恨，无尽的思念，此刻只能面西而跪，仰天痛哭：“父亲啊！母亲啊！妻子啊！儿子啊！女儿啊！孙子啊！屈氏将士和家族啊！你们的魂灵快回来吧！快回来吧！我只能在遥远的汨罗江岸痛哭哀悼啊！……”

人至将死，其心也哀。生命将逝，其情也悲。此时此刻，在呼唤亡灵回归故土之时，又何尚不是为自己喊魂?!狐死必首丘，人亡归故里。人死之际，第一闪念就是回归故土，这不正是屈原一次次思乡痛哭的深层情结吗？此时此刻，一些人还真以为他还眷念着楚怀王、心系着顷襄王，还日思夜想着他们召他回宫做官，这叫看错局面，错度人心，那实在是一种迂腐，一种误解，一种亵渎！

“伤春心”：面对春色而伤心。请注意这个“春”字，说明屈原举行招魂大祭之时，正是春天，即公元前280年司马错灭庸的第二年春，亦即公元前279年之初春。这个时间正好与司马错末夏初秋季出战拔黔中灭大庸吻合。屈原可能是在公元前280年底得到凶讯的，次年初春作《招魂》大祭就是顺理了。

《诗经·豳（音宾，又作邠）风·七月》：“春日迟迟，采蘩祁祁。女心伤悲，殆及公子同归。”可能是中国文学伤春主题的萌芽。而屈原“伤春心”则升华了这一文学主题。这与宋玉“悲哉！秋之为气也，萧瑟兮草木摇落而变衰”，开创“悲秋”文学主题一样极大地影响了后世文学。

回头清点，又有一点“发现”：屈原向四方招魂时，重点突出西方，即一千二百里的故乡大庸，共17句。南方，沅陵（黔中）是母亲出生地，是父王伯庸为国捐躯的地方，12句。东方，洞庭之东，是先祖屈瑕战败自缢的地方，也是自己将长眠异地之乡，10句。北方，郢都，是屈原政界失败，丧妻、遭贬回故乡的伤心地，6句。

[延伸阅读] 宋玉并非《招魂》之作者

在屈原著作版权之争中，起落最大的就是《招魂》《大招》。而假想中的著作者或是宋玉，或是景差，其中又以宋玉呼声最高。笔者无意参与争论，只凭自己的发现和感悟去判别真伪。近读［唐］余知古《渚宫旧事译注》（湖北人民出版社1999年版），还真查出关于宋玉的几许蛛丝马迹，或有助了解其人。兹录如下：

“宋玉初事襄王而不见察。”是说宋玉刚刚事奉楚顷襄王时才干没有被觉察。说明宋玉在楚怀王时还没进宫，**亦说明与屈原不曾同朝共事。我甚至怀疑屈宋二人是否真有过交往。**

“玉之见王，因其友，……”是说宋玉拜见楚顷襄王，是通过他朋友的关系。说明宋玉入宫，牵线人与屈原无关，因为屈原在顷襄王登基当年就被驱逐离宫回大庸了。

——这从根子上否定了宋玉、景差者流与屈原同朝共事的谬传！

“襄王与唐勒、景差、宋玉游于云阳之台。”是说楚顷襄王与唐勒、景差、宋玉在云阳台游览。说明此时屈原早已不在楚宫。而他们3人与顷襄王交往已渐入佳境。

“襄王登云阳之台，令诸大夫景差、唐勒、宋玉等并造大言赋。赋毕而宋玉受赏。……遂赐云梦之田。”是说楚顷襄王登上云阳台，命令诸大夫如景差、唐勒、宋玉等人同时同题写大言赋。赋写完后宋玉受到襄王赞赏，并赐给宋玉云梦地方的田土。说明宋玉三人其时均已升为大夫。此之云梦，即今湖南澧水八百里云梦大地，中心即天门云梦山。宋玉所赐之田位于临澧县望城乡宋玉村。今存宋玉城、宋玉墓、泛舟湖等遗迹。亦可证宋玉归于澧水，与追随屈原而至澧毫无关联，**亦说明宋玉等人与屈原似乎没有同朝为官的迹象。**

“襄王与宋玉游于云梦之台。……王曰：‘愿子赋之，以为楚志’。”是说楚顷襄王与宋玉在云梦泽中台馆游览。楚顷襄王说：“希望你为这个故事（按指楚怀王）写一篇赋，把它作为楚国的历史。”说明：宋玉已可单独陪侍楚顷襄王了。屈原此时早已回大庸了。

“宋玉与登徒子皆受钓于玄洲子，而并见于襄王。”是说宋玉和登徒子都在玄洲子那里学习钓鱼的技术，又同时去拜见楚顷襄王。说明：此时之宋玉，其身份已今非昔比了。

上述文字中，没有发现宋玉等人与屈原友谊交往的蛛丝马迹，也没有发现楚顷襄王与屈原的谅解合作，只看到楚顷襄王跟宋玉几个文人在一起游山玩水的潇洒风流。宋玉为了升迁，挖空心思显露才华，使出浑身解数与楚顷襄王拉关系、套近乎。拍马屁中虽不乏讽谏之况味，但实难与屈原之风骨画等号。另外，世传宋玉三人曾是屈原学生，但怎么也找不出三五两字的确证文字。目前我所见到的信息，只有余知古《渚宫旧事译注》。**屈原事楚怀王二十九年中，宋玉三人都还没有进入楚宫。待屈原被逐出楚宫多年后，宋玉才托人介绍面见顷襄王。**从上述文字中，看不出宋玉与屈原之间的师生关系。但不排除三人都受屈原诗赋的影响，尤其宋玉赋的文笔风格，多有屈原的影子，如“悲哉，秋之为气也！萧瑟兮草木摇落而变衰”（《九辩》），与屈原“悲秋风之动容兮，何回极之浮浮”（《抽思》）、“袅袅兮秋风，洞庭波兮木叶下”（《湘夫人》）相比，就可看出宋玉有明显的摹仿屈诗痕迹，故我推断：宋玉既缺乏为屈原招生魂的动因和激情，也不可能为阴险多疑的楚顷襄王招生魂，更不可能产生屈原为楚顷襄王招生魂的怪事。宋玉与楚顷襄王打得火热之时，屈原正远游澧沅，漂泊江湖，与宋玉一南一北同活了十八九年，至死都没有走到一起。笔者当初怀疑宋玉落户云梦临澧，是追随屈原而来，并为其著写了一节文字，但经过数年慎察，一直找不到二人对接的半点信息，故只好将此节删去。另外，宋玉作为一介普通书生，根本没有主持巫祭的政治资质和职业技能，硬要把《招魂》《大招》两堂法事交由他去办，就只能以“捉到黄牛当马骑”的俗语去自嘲了。

现在可基本认定：宋玉、景差者流与屈原根本没有同朝为官的一字半句。我甚至怀疑宋玉等人，与屈原是否见过面还是个问题。注家们拿二人与屈原说事，只怕又是一个“影子理论”。

第十二节　司马错坑杀屈原家族“万人坑”惊天大案

2012年11月11日上午，屈原嫡派第七十六代裔孙屈楚福送来了一张手绘示意地图，上面除了若干十分重要的地名信息，我的眼睛一下盯到一个令人震颤的地名：“万人坑”。

一个重大发现，就在一刹那间的定格中完成了。这一发现，不仅为这部拙著投下了最后一抹出彩的光圈，更为千百年争吵不息的“二招”作出最后定论提供了一份不可复制的实物实证。

一、“万人坑”一坑尸骨

下面，是由屈楚福与参与现场指证的关门岩乡禾稼村老支书张友生和村民张启明、朱西桃等提供的关于“万人坑”的一些线索：

1979年冬，关门岩公社党委决定在崇阳坪（颛顼出生故里鱼形地，亦即屈原家族郡望地）围堤防洪造稻田，创办公社农场，由党委副书记、武装部长屈楚福任总指挥长。同时调集全公社11个大队的全部劳动力“参战”，总数达1000余人，限时突击两个月完成治河围堤任务。为了加快进度，特地从吉首请来了两台推土机，其中一位驾驶员负责人姓谷，龙山人。协助配合推土机施工的是田家坊大队党支部副书记田运先（病故）。指挥部的工棚就设在“万人坑”的外边。

崇阳坪的西北濒河边，有一座巨大的土丘，俗名“大坟山包”，又称“万人坑”，占地面积约1.0亩，坟堆高7–8米。当两台推土机一齐向大坟包掘进，不多久就推出累累尸骨。据估计，尸骨堆积面实际面积约2亩多，坑深6–8米。当尸骨现世，一时轰动西阳二坪，招惹数百人围观。人们注意到这一令人震惊的现象：不少头骨被铁钉钉过，一些锈成铁皮壳的铁钉还在颅骨内，钉子约有5寸长。还有钉在颈椎骨、背脊骨、手、脚上的。更多尸骨呈现出被刀砍、枪刺、重器打砸的形状。从所露出的尸骨看，没有一具是完整的。就是说，这一万余名死者，死前均遭受他人的暴力钉、砸、砍、刺等人身伤害，明显带有集体迫害屠杀的性质。

这些尸骨还有这个现象，当推土机掘开坟堆时，累累尸骨在瞬间变成黑色，稍动即碎。

这个信息太重要了。我必须多方求证。按照屈楚福留下的张友生的手机号码，我于11月14日上午7时40分联系上了张友生。张友生肯定这是关门岩人众所周知的事，并一口气报出村支书叶金明的电话号码，说你可以问叶书记。一听“叶书记”，让我一惊：侯昌铭三闾宗坊48字赞诗中就有“屈昭斗叶，皆楚之良”的记载，说明庸国4大公族姓氏中，至少还保留屈、叶两姓，而昭、斗二姓似已绝迹。于是，我立即拨通了禾稼村

叶书记的手机。他说：我的屋距“万人坑”才一里多路，几乎天天要路过。大约是1979年冬，关门岩公社刘春祥书记发起创建农场，屈楚福部长当指挥长，他当时是关门岩公社的副书记、武装部部长。记得从吉首请来了两台推土机，成了村里的“西洋镜”，一些老人成天到晚就坐在地边一边吸烟一边看热闹。推土机推出尸骨后，印证了流传千古的“万人坑”不是吓唬孩子的鬼话，原来实有其事实有其人！据长辈说，过去大坟山包荒草野竹，古树枯藤,遮天蔽日，人不敢行，叫“夜半犹闻冤魂哭,白日常听鬼唱歌”。1958年“大跃进”，开荒种旱粮，古坟山包古树砍光了。成了堆积杂草乱石之地。“万人坑”约2亩多。铁钉子钉在脑壳上没错，还钉在脚上、手上，那些断手断脚的刀砍痕十分明显。他说，他特别注意到：这些骨头全都腐烂了，稍碰即碎，决不是三五百年的尸骨，三五百年的尸骨我见过，应该超过两千年以上！

我问：这些尸骨后来是怎么处理的？叶书记说：因为骨头都高度腐败，推土机几经来回，差不多碾碎成沫，大部分推到河边，还有一些露在表土上，一河洪水就冲走了。

张启明、朱西桃亦分别证实上述所说，都是亲眼所见，一辈子都不会忘记，因为目睹一坑埋了如此之多的尸骨，世上能有几人几回？

那么，这一坑万余具因酷刑致死的人是从哪里转移到这里的？究竟犯了什么死罪？若是死刑犯，一个地方的监狱能关得下这么多人？更不可能集中整个澧州、辰州两府的罪犯到这里集体行刑吧？是地方宗族仇杀？可民间宗族势力再大，也不至于大到俘虏这么多人，也不至于出此酷刑！——所有的解释都难圆其说，这只能是一次国家犯罪、一次战争的集体屠杀！

那么，这场残忍的灭人之战，发生在什么时代？显然，这场战争发生地肯定就在不远的地方，因为胜利者不可能将万余战俘驱赶到很远的异地去灭杀。不可能，那是最危险也最愚蠢的举措。而且，一般灭俘也不至动用如此酷刑，这必定有一个重大的历史原因、复杂的社会背景！

二、屈氏家族被屠罪案揭秘

历史注定将由笔者去侦破这桩千古无头大案。

既然是历史大案，我就只能拷问历史。

于是，我首先问地方史。孟安齐《澧州志序》告诉我：“数千年来，民苦荼毒，生聚难矣；士困饥寒，教训难矣。且文字灰烬，史牒荒残，全澧旧志，尤百不一存。”

显然，要想从现存各志书中查找屈家坊万人坑屠杀案，是极不切实的事，只能另作方案。首先，我必须锁定作案发生的现场。与之相邻的关门岩，那里是屈原辟谷植兰的兰岗、兰国——相公溪，被暴秦糟踏毁灭，空无一人。所处的崇阳坪，其东叫老庸湾老庸城，自古是历代庸王的东方花园之城，是屈氏郡望圣地，但人口不多，又无军事设施。故可排除在此地作战、俘虏万人的可能性。此地可确定是第二作案现场。那第一现场到底在哪里？我对着市行政区划图琢磨良久，发现与万人坑最近的城邑只有两个：一个是庸都古人堤，距此约15公里。另一个是屈家坊古邑城，距此约4公里。两座城邑都有作为第一现场的条件和可能。潜意识告诉我：这第一作案现场很可能就在屈家坊！两地之间一定有什么神秘联系。远古时代，整个西、阳二坪散居的人口加起来也不会超过万人，唯拥有“四十八街、四十八巷”的屈邑古城，至少积聚了2–3万居民，除此之外，没有任何可供一次性屠杀1万人的人口资源。这是案子能够成立的核心之所在。没有这个前提，就不可能产生这样的犯罪。那么，造成犯罪就必定涉及一个重大历史事件：即屈邑古城在历史上一定曾经发生过什么，比如家族仇杀，或因谋反遭朝廷灭种（如明初武溪崇山边粮通判田虎就因涉嫌谋反而灭族）。这些假设都有可能发生，只要将屈邑在历史长河中的过程作一系统排查推定，一切真相就会大白。因为秦汉以降的重大历史事件，国史及周边省州县志大多都有载可考。

我的调查是从1916年澧州镇守使武字营火烧屈家坊开始，一直上溯到东汉建武二十三年（47）。在1963年中，大庸境内发生了至少10次以上较大规模的战争，但都没有发现坑杀万人的记载。再继续上查，到了公元前278年，白起拔郢，烧夷陵，楚都徙陈。屈原投江卒（《中外历史年表》）。再上查到公元前280年，司马错发陇西卒攻楚，拔黔中，楚献汉北上庸于秦。

请注意：历史上溯到这一年，正好接通古大庸国的历史。就在这一年，司马错明拔黔中，暗灭宗庸。显然，这个司马错极有可能是制造这起灭国灭族惨案的主要嫌疑犯！

于是，我的目标很自然地定格在公元前280年发生在大庸国本土的一场战争——

从历史的本源考究，大庸国本应是秦的宗国、祖国（即国之祖）。

从五帝以来，至夏、商、周三朝均未称帝，战国七雄，也没有一个敢称帝的，连王都不敢称。唯独庸国称“庸帝”“帝庸”“帝国”“天庸”“皇帝”（见《尚书》），这是由不得你服不服气、相不相信的历史真相。公元前611年，楚、秦、巴三国瓜分上庸，但不敢侵犯庸国本土——大庸。这也是史界一直没有悟透的盲区。故司马错不敢大张旗鼓宣称灭宗国大庸，而是玩了声北击南、暗度陈仓的阴谋，在天下不知不觉中一举灭了大庸宗国。

司马错为何胆敢僭越灭庸？这完全是秦王的意图：不灭宗庸，就无法灭楚，因为大庸国一直是楚国的靠山，连续数百年的战争，楚国的兵源、粮食，几乎全由大庸国供应。而且，作为宗国、祖国，大庸国一直是楚国的精神支柱，大庸灭，楚必乱，唇亡齿寒。而从古时相传的宗法制度，只有推倒了宗庸帝位，才有可能取而代之，对这一深层内幕，是上古史界第一盲区，单以为秦王上台称始皇帝是取了“三皇”之“皇”和“五帝”之“帝”统而称之。却不知“三皇”的“皇国”何在？“五帝”的“帝国”何方？——这个“皇国”“帝国”，普天下只有一个，那就是载入《尚书》的唯一一个“庸帝”——天庸帝国！五帝实质上都是一代天庸大帝。秦王归根结底取代的就是庸帝的皇冠！也就是把三皇五帝的皇冠接过来戴，他也便成了可与三皇五帝齐名乃至胜于一筹的天下第一帝了。

所以说，司马错此次征庸，意义非凡。

《华阳国志·蜀志》这样记下了司马错“拔黔中”的战事行动——

“司马错率巴、蜀众十万（按：一说二十万），**大舶船万艘，米六百万斛**（一斛为五斗），**浮江伐楚，取商於之地。为黔中郡。”**

《中外历史年表》亦载：**“前280年，辛巳，周赧王三十五年，……司马错发陇西卒攻楚，拔黔中，楚献汉地上庸于秦。”**（翦伯赞主编《中外历史年表》，中华书局1985年版，第90页）

商於之地在河南淅川，正是上庸边境，但距巴、蜀（且以重庆为极点）数千里。按上述军事目标，司马错万艘大船、十万大军，只能从重庆出发，顺长江达武汉，再从武汉北折汉水进入淅川。这是一条长达数千里的作战路线。为了这个“商於之地”，有必要花如此之大的代价吗？

史书意味深长地写道：所做这一切，只“为黔中郡”。

这是一句“南辕北辙”的隐语！

它告诉人们一个重大信息：司马错攻取淅川“商於之地”的背后原来是为了南方那个“黔中郡”！黔中是大庸国的南部门户重镇，与大庸国古都（古人堤）一山之隔。黔中一破，唇亡齿寒，庸国不保。

但人们又有理由质问：按当时中国大势，强秦势头正盛，独霸华夏已如囊中取物。而此时腐败的楚国一路走低，简直到了穷途末路之境，还哪里顾得上黔中郡，司马错十万大军，完全可以一路高歌，一举荡平黔中，何须出此劳民伤财、劳师远征之臭棋！

历史是不会开玩笑的。司马错不是饭桶。“为黔中郡”的潜台词背后，肯定有个重大阴谋！

此刻，上万艘大舶船正在长江三峡顺水缓行，10万陇西兵在快乐地欣赏两岸风光。这种架势在告诉世人：“司马错要取商於之地啰！”

而在同时，司马错却亲率10万“联合国军”正秘密日夜兼程，从涪陵溯乌江，经彭水，至龚滩，然后弃船穿酉阳，达石堤，入酉水（白水），登船抵保靖，又经王村、罗依溪至施庸国，司马错命次孙司马靳率5万兵马乘船攻黔中，自己亲率5万主力部队直取长官，灭施庸国（庸之子国），继穿回龙、营盘、永茂，突击后坪关，捣毁武溪大庸城（今永定区大庸所古城），然后直奔庸都古人堤——这是一条极其隐秘的军事要道，因为有施庸国扼守，屈伯庸命其长孙屈平平将主力布防在永顺方向的中山、青坪、石堤一带，以确保庸都的安全，自己则率主力驰战黔中，牵制司马靳，但万万没有料到，司马错大张旗鼓“为黔中郡”的背后原来是“为大庸宗国”！

这个横扫南北的绝命杀手怎么变得“胆小如鼠”了？为何让一万艘大舶船在长江兜风而自己偷偷摸摸在南方武陵大山中鼠窜？

现在真相大白：他是醉翁之意，是暗度陈仓，是瞒天过海，是声北击南，他要干一件遭天谴、招众怒，为万世所不齿的僭越犯上之大罪、之大恶的事——灭大庸、灭祖宗！（或者说，还有一个更为恶毒的计划……）

这是古今中外不可能复制的战例。待万艘大船与汉水招手相望时，司马错早已兵临庸都城下了。

刚才提示了一下，《华阳国志》说“司马错率巴、蜀众十万”，而《中外历史年表》

则说“发陇西兵”。一个说10万，一个又说20万；一个说“巴蜀”，一个说“陇西”。

到底谁对谁错？我说是真史就不会有错。

司马错表面上打的是一张牌，暗中却是两张牌。万艘大船载的是他的国军——“陇西兵”，他们做出进攻上庸的架式，但并没有实际动作，只是造势，引起舆论震动，吸引楚国的眼球，从而“调动”楚国的主力。因为汉北上庸是楚国的北疆重镇。而随他本人运动的是“联合国军”。一句“巴蜀众十万”，一下撕开了内幕。

大庸、沅陵民间流传千古的屈原家族婚俗《告祖词》记下了这场灭大庸宗国之战的过程：“伯君耗尽回天力，九子乘舟犯嵩梁。”

“伯君”指庸王伯庸，在他执政晚期，已是国运衰微，大势已去，气数将尽。“九子”，正是记录司马错纠集裹胁被秦制服、控制或投降的九个庸之子国，史载巴、蜀二国便是。九个子国各带1万降兵，加上司马错的1万亲兵，共计10万之众。“乘舟”：指司马错乘船载兵侵犯嵩梁。嵩梁即天门山，历史常以此代表古庸国或庸都。

《告祖词》又唱：“十二屈末终伯庸，寿终正寝沅水岸。”

是指屈瑕虽入主大庸，但因条件尚不成熟，没有真正夺过大庸国政权，直到公元前611年楚、秦、巴三国灭上庸，才正式接过熊氏大庸国政权，一直到伯庸，正好十二代庸王。在伯庸执政时期，庸国被秦所灭。指挥灭庸的元凶正是秦国大将司马错无疑。伯庸在黔中与秦作战，败退沅陵北溶，后战死于北溶，故叫“寿终正寝沅水岸”。“北溶”之名即出自“伯庸”。

《告祖词》还唱：“万国九州拜蛮都，庸亡国碎血染堂。”

第一句是说大庸国首都（古人堤）是万国九州的中心。第二句是写屈原之子屈平平为保卫庸都战死庸王宫，故叫“庸亡国碎血染堂”。

两段《告祖词》，记下了伯庸、屈平平爷孙俩为保卫大庸宗国而壮烈牺牲的过程，是楚南庸人抗秦卫国的重要证据。史家们似乎没有注意：楚国抗秦的主战场一直在长江以西以北，却不知大庸国还顽强地存活着，并领导南方人民英勇抗秦，为支持楚国、牵制强秦做出了多大的牺牲！这部秘史，如果不是屈氏家族自己通过神秘的“告祖词”代代传唱、口口传承，或许一部辉煌的后庸秘史还要等多少年多少代才能破解了。

郭沫若说：“中国文化之分为南北两系，自商周秦汉以来即然。”（转引自何新《宇宙之问》）我以为是先见之论。但郭老只知长江之北的楚文化体系，却不清楚古代地图中占了半个中国版土的南方空白地区的文化体系，那里正是伟大的大庸帝国的本土！他已意识到，但没发现！

就在秦军摧毁庸都后的当天，司马错亲自率兵杀奔屈邑古城——此时的屈家坊，已是大难临头，有如末日来临。故老相传：司马错取道施庸、长官，突袭武溪庸城（今大庸所古城），再破枫香岗四方庸城，直逼古庸都，大将军屈平平措手不及，仓猝应战，苦战三日三夜。在危急关头，屈平平秘派悍将携承开、承元、承天、承祯四个儿子和一群孙子及其眷属护送撤离潭口，乘夜远遁。一直到津市才改乘大船，过洞庭、入长江。有

屈谱认为此四子为屈原之子，笔者经九年探究，认为是“屈平”与其长子“屈平平”之误。与由屈家坊屈祖生（楚子）、屈楚福等提供这一信息对接。世人只知有屈原、屈平之名，而不知有其子屈平平。假如承开四兄弟是屈原之子，年岁应在35–45岁，正是上战场杀敌抗秦的年龄，倘若城破国亡，必全部战死无疑，故大庸屈家坊屈原后人认定就是屈平平之子、屈原之孙。屈平平以身殉国，并在乱中抢救了四个儿子及一群孙子。这些后人，经过无数艰难险阻，多数保其平安，远徙于他方，续接香火，繁衍生息。

而屈家坊那边，此刻至少还有两万多屈氏家族军队在坚守屈邑。屈部将士们利用屈邑军事城堡的功能，与秦军进行空前惨烈的家园保卫战。在最危急时刻，已年高90岁的修氏婆婆修淑贤——屈原之母，披挂上阵。她手持数十斤重的婆婆棍，冲入敌阵，与秦兵血战，终因年迈力衰，身负重伤倒地牺牲。屈氏家丁们拼死搏杀，抢出祖婆尸首，并趁乱将尸首草草掩埋到金藏关——簸箕塌之后山——婆婆磡。此刻，秦军在受到重创之后仍然突破屈邑城防，两万余屈氏百姓战士与秦军进行巷战，一万多人战死，一万余战士或屈氏百姓负伤被俘。

与此同时，秦军之一部快速杀向澧口金藏关一口印——簸箕塌屈原庄园，目标直指屈原及其亲属，却不知屈原早数年已远游而去，而其长子屈平平已战死庸都，四个孙子及其眷属已由屈平平于秦军突袭庸都当天，派悍将护兵将其转移，当夜乘船逃出澧口。秦兵捉拿屈原及家属未遂，便实施抢劫，挖地三尺，然后一火焚之。与此同时，另一路秦兵围杀老庸湾老庸城及伯庸御花园，所有未逃者均杀之，古城及御花园一火焚之。

此刻，我们似乎明白：司马错在“为黔中郡”的幌子背后，不但要灭庸国，也要灭屈邑，灭屈氏族种！

此刻，让我们昂首遥看天门山之南的黔中：司马靳正率5万蜀兵大张旗鼓从西水（白河）杀向黔中（沅陵窑头古城），努力造成“拔黔中”之势，分散古庸都（大庸）注意力，故庸王伯庸亲率主力在黔中窑头迎战，则令孙子屈平平坚守庸都。有人对伯庸如此分兵不可理喻，认为伯庸应亲兵镇守庸都才是，怎能交给孙子屈平平？殊不知这正是司马错高调“为黔中郡”的结果之所在。明万历二十五年（1597）《辰州府志序》云：“楚之咽喉在辰，而天下积储在楚（按：实为庸）；故辰安则楚安，楚安则天下安。”伯庸虽年过93岁（一说95岁）。对辰州——黔中郡的地位价值是明白的：黔中一失，庸国休矣！于是不顾高龄力衰，亲率主力赶赴黔中抗敌。而此刻，司马错偃旗息鼓，取道施庸国（大庸之附庸国），与施庸军战于都城长官，施庸军不敌，退守营盘，秦破之，施庸国亡（今留施庸、营盘、长官等古国地名）。然后分兵两路乘夜突袭武溪大庸古城。屈平平所设后坪关、清鱼潭关等关隘须臾皆破。双方作战的主战场摆在城西、城南、城东的孟坪（且住岗）、五方城（二家河）、荷花、五子坪（南庄坪）、官黎坪、西溪坪等万亩平原良田。大庸国一千余辆战车在平坝上与秦兵交战。秦军为达到快速灭亡大庸之目的，发起夜战强攻。屈平平则在城楼上、碉楼上、大树上燃起火把，挑灯夜战——这便是屈原《招魂》中“青骊结驷兮，齐千乘。悬火延起兮，玄颜蒸。步及骤处兮，诱骋先。抑骛若通兮，引车右还”的真实场景写照。那决不是许多注家所解的楚王率十数万国防军在夜里打猎围杀几头青兕（sì）——犀牛（按：一解为野牛）的荒唐行为！

且问：围猎几头犀牛，楚王再腐败，再浑蛋，犯得着动用千军万马还昼夜不息与之拼杀吗？这种有悖起码常识的笑话，居然让两千年屈学界一些大师为之乐道、为之鼓噪！

历史记住了这个黑色、血腥、恐怖、哀伤的日子：公元前280年九月初秋。

下面，让我们看看司马错是如何处置这些俘虏的。

三、屠杀屈氏家族的血案现场——“万人坑”

此时，司马错正在焦急地调查周边有无天坑或天然凹地土坑。听血洗老庸湾、老庸城回来的将士们报告，就在屈家坊对河崇阳坪黄岩头（小地名）发现巨型天然积水坑。司马错大喜，即下令把一万余名屈姓俘虏捆绑涉水押向黄岩头土坑边，然后一声令下，早“三对一”准备好的秦军士兵突然向各自控制的俘虏动手——他们或用钉子钉头部，钉脊椎部，钉双眼，或猛砸头部，或刀刺胸口，或砍断脚手，或剁掉手腕脚板，或砸嘴，或割舌，或割耳，或割生殖器……人间所有最残忍的刑罚在这里都用上了。撕心裂肺的惨叫声与放荡得意的狂笑声一时在澧水岸边骤起！待秦军将士们一个个将俘虏折磨至死，才将这些尸体堆在一个巨大水坑里——这就是秦人发明的集体“坑杀”。

在这一万余屈姓中，还应包括袭击老庸湾、捣毁潭口屈原老屋，乃至毁灭崇山所俘获的屈原族人。

现在回头说说万人坑，经笔者现场考察，又听当地百姓传言，说这里原是崇阳坪“鱼形地”的“尾巴”，本是一片平地。其上黄岩头澧水古河道原是直线，却为了死保崇阳坪800亩良田沃土，被强制性地用河堤逼着拐了个弯子。可能是远古时代的一次特大洪水，击垮了河堤，在“鱼尾巴”一段冲开了一个巨大的决口，后来人们又筑起了更坚固的河堤，但由于决口处太深太大，于是成了一个永远无法填平的特大土坑。司马错面对一万多俘虏，心急如焚，便派人打听周边有无天坑或天然土坑。如果找不到，就只能人工开挖，如果开挖能埋葬一万人的大坑，至少需要两千人连续作业10–15天。这肯定对实施他的阴谋不利。没想到天助其愿，居然在数里外找到了个大水坑——这便是让人捉摸不透的第二犯罪现场——黄岩头。

有人要问：两军交战，不杀战俘；或要杀就杀，何以下如此毒手？

这就是我前面提示的“重大的历史原因和复杂的社会背景”——秦人仇恨楚人。因为楚国是唯一敢与强秦抗衡甚至可以统一中国的又一大国、强国。而更仇恨一直将秦视为“虎狼之国”，并不遗余力为构建“合纵”——联齐抗秦统一联盟阵线而为之鼓呼、为之呐喊、为之奔走、为之不惜个人前途生命誓死抗秦到底的主帅——大将军莫敖屈原。秦人仇恨屈原，惧怕屈原，恨不得啖其肉、侵其皮、喝其血、抽其筋、绝其种，灭他屈氏一族，否则，总逃不脱楚南公所预言的

“楚虽三户，亡秦必楚”的恐怖魔咒。

——但他们扑了空，他们不知道十九年前屈原早已远游他方而去。于是，一万余个屈氏俘虏就成了秦军报复泄恨屈原的牺牲品。

——这，就是“万人坑”惨案的始末。

现在，我们是否可以断定：制造这桩坑灭屈原家族的千古惨案的元凶只能是秦将司马错！

——这，也正是屈原“招魂”的真实背景之所在。19 年或 20 年前，屈原被逐出楚宫，正是顷襄王登基之日。怀王客死秦地，尸首送回，屈原早已回到故乡大庸，他有何理由或有可能再回郢都为怀王尸哭丧行招魂之祭？而一些腐儒，一口咬定屈原“自招生魂”，令人喷饭，有何言哉！

也许有人问：你怎断定司马错就是元凶呢？

我说，我之所以不厌其烦地从 1916 年逐代上溯，是感觉万人坑的尸骨很可能与屈邑屈家坊有关。一是有作案的动机——仇杀。只有秦人对屈原、对屈原家族怀有不共戴天之仇、刻骨咬牙之恨。二是有作案的条件——集聚一城的屈氏大族。否则，凭到处捕捉，断不可能得万人之众。而这个条件，庸都四周唯一只有“四十八大街、四十八小巷”的屈邑州城——屈家坊拥有，那里至少有 3 万以上屈氏王族聚邑而居。三是与司马错作案时间吻合。诸位已经注意到，从 1916 年逐代上溯，一直到公元前 202 年汉置充县，屈邑一直没有发生灭族战难，即便秦一统中华之年（前 221），这里早已是一片废墟，风平浪静，兵安无事。而当查到公元前 280 年司马错的出现，黔中拔了，老庸国灭了，作为历代屈氏庸王的出生祖地、屈原的出生故乡屈家坊又怎能虎口脱险、独善其身?!

难道这是巧合？非也！这才是深埋 2290 年的屈邑屠城之难的真相！这万人坑——大坟山包，埋葬的正是屈原家族无疑！

值得注意的是：司马错在灭庸国灭屈邑的犯罪过程中，曾将积累数千年的大庸帝国的文化珍宝、国家档案等，及数千年屈邑代代帝王家族传承的诸多文化宝物，劫掠一空，运回蜀郡。**这或许就是尹智祥先生探寻四川三星堆文化源头之谜的答案**。大庸文化、屈原家族文化的毁灭，罪在暴秦！罪在司马错！

史载：“前 280 年 辛巳 周赧王三十五年。秦白起攻赵，斩首二万，取代光狼城。**司马错发陇西卒攻楚，拔黔中，楚献汉北上庸于秦**。”（翦伯赞《中外历史年表》，中华书局 1985 年版，第 90 页）

所谓“楚献汉北上庸于秦”，指的就是司马错采取“声北击南”，抄蜀道迂回突袭灭大庸国后，楚国朝野震动，全体国民如丧考妣。楚顷襄王派使者向秦索还庸国中心本土及黔中。秦昭王提出以汉北上庸作为交换条件。楚顷襄王极不情愿，欲一死战。谁知一万艘大船所载 10 万秦兵早陈兵上庸边界——“商於之地”，只等一声令下，就向上庸发起进攻。顷襄王见大势已去，只好与秦签订以上庸换大庸的丧权辱国条约。

对这一细节，史界一直无人悟透，为何把最具战略价值的上庸舍弃而换回黔中——大庸？外人有所不知，**不知大庸国为楚之宗国、祖国，灭庸等于灭宗灭祖**。楚人自古尊祖敬宗，所谓国之大事在祀与戎。祀，指祭庸祖；戎，指征伐列国。保祖卫宗，就是传承一种文化精神，一种国家信念。先祖宗国不存，国失灵魂，国将不国。由此证明大庸实乃楚国之宗，庸楚同源，楚为庸建，庸楚一家，此为铁证。

公元前277年（一作公元前276年），楚、秦两国达成的以上庸换大庸的协议刚实行两年还不到，强秦便背信弃义，派遣白起南下，先是平定巫郡，继陈兵黔中，置黔中郡，庸国正式宣告灭亡。延续三千七百多年的大庸帝国从此永远退出历史舞台。公元前260年，司马错之次孙司马靳跟随白起参与对赵国赵括作战，战于长平，大破赵军，坑杀45万人。若司马错与之相比，就是小儿科了。那万人坑这个主意，我断定出自司马靳，因为他的爷爷有坑杀屈原家族的先例。公元前257年，白起被秦昭王赐死于杜邮（在咸阳市东）。同时在一地被赐死的还有司马靳。叫前代造孽，后代报应。班固《汉书》卷六十三《司马迁传第三十二》载："在秦者错，与张仪争议，于是惠王使错将兵伐蜀，遂拔，因而守之。错孙蕲（应为靳），事武安君白起。蕲与武安君坑赵长平军，还，而与之俱赐死杜邮，葬于华池。"

现查，司马错是司马迁的第四世祖；司马靳是司马迁的第六世祖。从司马迁的自述中，他肯定到了天门昆仑、大庸崇山。他应该对祖宗灭庸灭祖灭屈原家族的事有所了解，但毕竟不是光彩的一笔。他可以对此保持沉默，缄口不言，但他还是写了、说了，但没有瞎说乱写。他满腔热情地写，为屈原作传，为屈原仗义，表现了一个伟大史家的胸怀。也算是司马错后人代祖宗向屈原表示的一种姿态吧。

至此，屈邑"万人坑"之谜今日终于大白于天下，屈氏之祖九泉有知，该当笑慰。

屈学界是否注意到：自公元前280年司马错灭庸灭屈后，延续千百年的"庸楚两国同存共监制"、互派特使——莫敖的国策自行终止。屈氏世袭莫敖之职止于屈原长子屈平平。至公元前223年楚亡，楚国57年中再无屈氏莫敖参与朝廷政权，亦无莫敖统率屈氏家族军队参加抗秦战争。这个中内窍，又有几个能察能解?!

四、追寻屈氏后裔难民踪迹

庸亡屈灭后，庸国屈氏、熊氏两大国姓多数战死或被屠，灭族灭门者无算。死者暴尸街头，虎狼争食；生者背井离乡，四处逃散。屈原元配昭氏夫人所生一子屈平平战死于庸都古人堤。女儿小媭（女婴）远嫁在汨罗，逃过一劫。四孙承开、承元、承天、承祯乱中脱逃，远遁江苏临海东滕屈家村，未几，即南迁至"特庸"（原名"北洋"），从此，屈原后裔开始了漫长而艰辛的回迁行动。后迁常熟，至南宋庆元太守嫔（pín，玭）公生九子，后人迁湘阴、星沙、临湘、衡阳、丰都、重庆、黄州、永州、利川、宝庆、宣恩、贵州等地。桃江洎氏夫人自杀，所生女儿绣英此前已随父亲远游汨罗长女小媭（女婴）家，儿子屈黑因父投江，也投沅江而死。邓氏夫人所生二子屈署、屈鲋住江苏临海东滕屈家村。屈鲋以其父侯爵身份改姓屈侯氏，古籍中载屈侯鲋便是后人。《耀州志》载屈原有三子俱入秦并有二子更姓，其中一

子后裔改姓房名寅。房寅后人中，又有一支再改为孙姓者，药王孙思邈即是一脉。邓氏夫人后裔一支流落于陕南商洛市山阳县元子街镇屈家涧村等地。另一支屈孟师后裔，如今生活在江西省上饶市波阳县三庙前乡樟潭村；屈仲虞一支后裔则落户在江西九江湖口县流芳乡的凤凰村及城山镇东庄村；屈季敏一支后裔居住在安徽池州市东至县龙泉镇黄荆港村。（参见钱征《屈原流放陵阳之考证》）大庸王族熊姓中有因楚亡以国为氏改姓楚，如张家界市官黎坪楚家院子即是中心地。屈氏中有以庸国为氏改姓为庸，慈利江垭镇棋盘村是本境唯一庸姓村。又以屈原三闾为姓氏的，叫三闾氏，亦有改屈南氏（或作屈男）者。还有以屈氏莫敖之职为姓氏的，叫莫氏。今永定区沅古坪镇有莫氏。又桑植、慈利等地亦有分布。杨柳铺乡龙跃村莫庸组之“莫庸”二字，是对古庸国铭心刻骨的记忆。也有以崇山创世先祖祝融之“祝”为姓氏的，一支改芈姓、米姓。还有以大庸巫山之名而改巫姓的。甚至以祖山充山（崇山）之“充”为姓的。在大庸国屈昭斗叶四大公族中，屈氏除了部分改姓，几乎全部逃遁。昭氏绝迹，斗氏远徙，叶氏有存。

为了纪念被灭亡的大庸古国，澧水两岸至今还保留一大批“庸”字地名，如孟庸、雅庸、富庸、超庸、莫庸、上庸、中庸、下庸、舒庸、施庸、庸山、庸水、庸溪、郭家墉、彭家墉、大庸村、中庸水、大庸田、大庸渡、大庸溪、大庸坪、大庸路、大庸铺、大庸所、大庸卫、大庸县、大庸市、大庸仓、大庸水、大庸里、古庸溪（桃源境）、老庸湾、老庸城、大庸义渡、庸都园等。连流落洞庭湖的一支古庸人，都不忘留下“庸田三郎湖”古名。所谓国破山河在，亡者浩气存，单等二三月，春来又发生。

除了上述追杀亡命四方者，到了汉代，曾迁六国贵族后裔和关东豪族于关中，屈氏亦列其中。《汉书·高帝纪第一》载：“九年十一月，徙齐楚大氏昭氏屈氏景氏怀氏田氏五姓关中，以利田宅。”其中“屈氏居安陵”。曲阜市屈庆鹤先生写道：“屈原悲孤忠无助，惜国难民疾，万般无奈，投江致死。而屈原的后人也遭到追捕或迫害，其子孙背乡离土，远遁外地，或隐踪山林，或匿迹民间。”（《乙丑端阳话屈原》，引自《屈原后裔寻访记，郑之问等著。长江出版社，2010 年 6 月第 1 版》）据《屈原后裔寻访记》调查统计，屈原后裔流落分布全国达 25 个省、自治区、直辖市及包括台湾在内的 184 个县（市）273 个村（非全部）。到了明末乱世，在邻县辰州（沅陵）还发生了一桩迫害屈原后裔、灭族灭门的惨案。据龙阳殿（今永定谢家垭乡）屈泽标主编屈氏《脉源志》（2014 年 5 月）载，自屈家坊分枝居住于辰州府塔紫岩支脉慧铭公之第五代孙元连公第四子，又分居于屈家界，繁衍生息达 99 口之多，同堂而居，鸣锣吃饭，分工理事，人丁兴旺。不料与当地异姓地头蛇结怨，其人畏惧屈族发展迅猛，担心屈家独霸一方，且又妒其为屈原后裔，便买通省府同姓高官，以莫须有之罪名，密派州府武装，突袭屈家界，将同堂三代 98 口杀戮，堆埋于牛栏粪坑。屈家房产、田地均被霸占。为了抹灭屈姓，竟将屈家人倡修的“屈公桥”之“屈”字凿去“尸”字头，成了“出公桥”。屠杀发生时，年仅 5 岁的屈国顺因住在外婆家，幸免一劫。外公为了保其屈原后裔一脉，冒死将其匿藏，躲过追杀。此后改名换姓，小心抚养。待国顺十二岁时，外公将其送往龙阳殿自谋生路。当地一个叫赵廷主的亲戚，乃一方乡绅，得知国顺系三闾大夫屈原之后裔，对恶人勾结官府血屠之行义愤填膺，对可怜落难的国顺疼爱有加，遂资助良田数亩，房屋几间，让其自食其力，结婚生子，创业发家，屈原昭氏元配后裔一支，得以延续。据统计，屈国顺一脉现有309户1019人，分居龙阳殿、石良坝、青湾三村。2014年4月5日，屈国顺后裔集资为祖人立碑，举行盛大祭祖仪式，其后人屈泽彪作铭曰：

乱世族屠留独苗，成人立室赵恩高。
打拼勤奋建基业，瓜瓞连绵世代骄。

历史翻开又一页，屈家界上洒鲜血。
领兵匪首灭吾族，三间一苗延祖脉。

【特载】拜山屈家界

——屈家界屈原后裔灭门惨案寻踪

●屈　辉

我们是迟了370多年，才前去屈家界拜山的。

界在故乡读去声gai，有两种含义：一是界限的本义，一是大山上的坪地。生在长在开门见山、行走是山，“九山半水半分田”的天地中，开智启蒙以前，总觉得山是世界的本源和全部，浑不知山外有大海辽阔，平原无垠。打小在山里求存，驶牛打耙，栽秧割谷，挖葛寻药，烧炭伐木，任凭岁月的鞭子时刻抽打活着的脊梁。最喜欢秋冬闲暇时节，相随着祖辈父辈，吆喝群狗，背着火铳，去翻山过垭，奔跑赶山。

童年少年的玩伴，四乡八寨的大山小山几乎逛遍，独未去过屈家界。偶尔动这个念头的时候，大人们都会脸上变色，异口同声地反对，不知什么原因。直到长大后，听到一个在山里流传了几百年的传说。

老人们在煤油灯下反复诉说，屈家界是家族伤心之地。**明代中叶，伟大诗祖屈原的直系后裔屈氏正四郎后裔再五慧铭公从屈原祖屋——屈家坊分房搬迁到辰州，成家立业于今沅陵洞溪乡鸭子岩屈家界，历慧、可、之、启、必、登六代，整个家族耕樵安身、同堂而居，鸣锣吃饭、分工理事，人丁至99口。**这段历史记载在清光绪十一年(1885)永定屈家坊《屈氏族谱》收录明代老谱序(四)载：“正四郎实余族始祖……子开职受游击，出仕星沙。徙居永定阳和坪，后编十都屈家坊。开公有子五人……再四居永定县，**再五徙辰州府沅陵县白鹤山，后徙龙阳殿。**”这个再五，就是我族一支屈姓的始祖慧铭公。原本指望远徙世外桃源沅古坪落业，却不知一场灭门之灾正悄悄降临到这支家族头上：明崇祯十七年(1644)正月，一房头恶族伙同辰州府官兵夜袭我族。可怜一众族人96人，被坑杀于屈家界我族猪楼下的粪池之中。2人正在出席家族出资兴建的龙阳河屈公桥竣工典礼，闻知消息后急急回赶，亦遭该族一众伏击，被棒杀于毛塔至鸭子岩的长坡岗上。第十五世祖国顺公年方两岁，居邻村三房头外祖父家，才得以幸免。

国顺公是活着、还是死去，立刻成了问题。因为恶族还在寻找，扬言要割藤断根。外戚族小，终于无法庇护孤苗。为避强仇，先祖于12岁时从白鹤山辗转逃匿至今谢家垭乡

龙阳殿村，得赵氏家族廷主恩人资助田亩，自此再建家园，年无闲月、月无闲日、日无闲时，家道中兴，育有登魁、登先、登甲三子，遗下我宗族一脉。并按“自产苏常家楚国，先臣方正宜为则；才宏学裕作词宗，永远传闻怀祖德”28派开枝散叶，又15代矣。

“一定要去屈家界拜山！”我是在听说这些历史以后立下的宏愿。但为生计在外忙碌奔波，直至今年才得以成行。偕同族人楚贵、泽彪一行3人，由屈氏外甥秦云该驾车前往。

出发前一直阴雨，似乎处在晚春。动身时天气转晴，似有天意庇佑，以减轻我等路途泥泞之苦。我们是从龙阳殿出发的，沿擂钵界、团谷岩两山所夹清溪而下，经转骨头、三中堂、天星岗、二公坪、赵家溪等自然村落，抵毛塔村转向鸭子岩方向，至长坡岗弃车上行。山外芳菲已尽，山里诸花始开，说不尽沿途天蓝云淡，山青溪秀，桃红柳绿，瀑白花黄，满眼尽是丰腴画卷。

得蒙歌师李世爱女儿二妹指引，我们沿着鸭子岩村落上的山脊线，曲曲弯弯行走近两个小时。越是前行，树木愈见葳蕤，林子更是幽深，人迹几乎罕至。众鸟不见其踪何处，但闻其声婉转合奏，更显山中寂静如羲皇时代。不知世祖何故，远走定居、繁衍生息于如此荒山？

到的时候是正午，阳光正好。有风拂过，一众树木哗哗喧响，如泣如诉。

我特意打开了手机百度地图，地名指向显示，我们正在“屈家界”上。界上的坪地没有想象中的大，但起造“双手推车”的吊脚楼没有问题。界下叫做屈家湾，有一湾水田，百十余亩，应是当年家族赖以养家糊口的根本。

鸭子岩村民都说，界上尚有屈家先祖墓，应是惨祸前遗存。我们按照二妹的指引，顺利找到四棺。坟墓皆保存完好，碑文底座尚存，疑当中就有慧铭公墓。我们砍掉坟上荆棘杂林，以烟为香，跪拜祷告：祖宗有灵、佑我一行，确定脉源、找到碑文。可能当时恶族故意毁坏，我们在附近任凭百般翻看，最终还是没有找到墓碑，遗憾而罢。

山里建屋，其后必留有沟坎以避山雨。遵循这一习惯，我们找到了家族大屋遗址。后有大山倚靠且脉气通畅，周边群山环护但视野广阔。其下前左、前右均为平地，惜中间下塌陷若天坑，活脱脱写成一个“凹”字。楚贵大哥言说，此屋场看似大吉，皆因“凹”字形大凶。家族灭门之祸，或得之于斯。

屋场右边百米处，有水田名“水井”，临山一侧有泉，水自一小小山洞流出。正值春季，水量颇丰，想是家族立足斯地的理由、信心之所在。鞠一捧尝，清冽甘甜。靠左下是旱碾房，其旁约有一分坪地，应是当年修建猪楼的地方。如果没有错，那此地就是家族埋骨之地。听说大集体时期，当地曾有年轻人提议，要掘我族埋骨等地的泥巴以烧青瓦，被老人们制止，死不做此缺德之事。

站在这里，虽隔着数不清的岁月时光，那个传说仍然血腥逼人，依旧硌得人心疼痛无比。不知人性有多凶残，致使外族起意痛下杀手？不知结下了多大仇怨，致使我族遭此惨烈灭门之祸？如有幽冥，坟地里的慧铭公当年该是如何绝望？如有神灵，满天神佛菩萨当时又在何方？

一切都是无解。

家族大屋下的田地还没有荒废，菜花在这晚春里仍然开成一片金黄。我宗族的遗训还在：“一房头是仇人，二房头是亲人，三房头是恩人。”至今还有不和“一房头”某姓通婚的习俗。龙阳河上的屈公桥还在，但不知何年何人出于何心将“屈公桥”之“尸”字头凿去，成了“出公桥”。

屈家界只是无语。

日落时分，我们离开祖源之地屈家界，又专门去拜谒龙阳殿国顺公墓。但见前头甘溪清清，背后青山隐隐，吉地守卫森森古木，墓碑围拢沉沉暮霭。扒开浮草，一段铭文清晰显现，曰：

乱世族屠留独苗，成人立世赵恩高。

打拼勤奋立基业，瓜瓞连绵世代骄。

五、 屈原后裔一千六百八十五年东迁西归之壮举

或许有人问：你从“万人坑”入手考证、推理，发现了司马错、司马靳爷孙俩于公元前280年秋以声北击南之计，一举灭庸灭屈的惊天大案，破解了屈原故里课题研究中第一等的偏题、难题，从而为屈原后裔四散逃难、尔后又进行长达一千九百多年的寻祖归根回迁之壮举找到了实证，你当时想到这一发现能否与永定明代《屈氏族谱》对接？

实话相告：当初从《华阳国志·蜀志》中偶尔看到司马错爷孙俩“率巴、蜀众十万，浮江伐楚，取商於之地。为黔中郡”的文字时，心有触动，但一时无法悟透。此后，又从中外历史年表中发现“司马错发陇西卒攻楚，拔黔中。楚献汉北上庸于秦”的记载，进而联系屈原在《招魂》中那段关于庸都夜战的惊心动魄的描述——就那一刻，我感觉天灵盖顿时轰然打开——一个困扰屈原学研究中关于暴秦灭庸灭屈的千古之谜顷刻间彻底告破！

至于能否与永定《屈氏族谱》对接，其实六年前就已获得手抄本，但因司马错灭庸灭屈拔黔中——古代第一灭国、灭祖、灭宗、灭族、灭屈、灭楚惊天大案未破，就无法细究揣摩。乃至《“万人坑”惊天大案》一节定稿五年后的今日——2016年2月7日，即大年二十九日上午，才突然一阵心惊肉跳：

光绪屈谱中到底有没有关于司马错灭庸灭屈的蛛丝马迹?!

于是重读屈氏古谱，逐字细查，居然从序（四）找到一条重大线索：

“二十九世至屈原，时周赧王三十六年壬午岁（前279），自临海迁江南。”

寥寥二十四字，却听隐隐雷声！

周赧王三十六年，即公元前279年。时年正是公元前280年司马错爷孙俩灭庸灭屈拔黔中后的第二年。据唐·刘禹锡《登司马错城》“登临值萧辰”句分析，司马错灭庸灭屈正是落叶初秋。即农历八月至九月份。前面已经说过，当屈平平意识国破在即，大难临头，遂果断派亲兵武士将四子承开、承元、承天、承祯等一批子孙后人派兵护送上船远遁。他们出澶口，下澧水，到达津市后改乘大船——**这一重要信息和至关重要的细节是屈楚福先生从民国永定县政界名流屈定义小夫人唐珍之子屈先修口中得知的。屈先修老人说：当年国破城毁前夜，平平公于深夜亲自护送四子及一群孙子从城南手巾岩古渡上船，再由悍将卫队护送。在澶口老屋稍**

作停留，即辞别故里，洒泪登船。当船队抵达津市口岸，即改乘大船，然后鼓帆东进，一路过洞庭、入长江。至长江口后，又濒海岸北上，抵达江苏临海东塍镇屈家村落脚。为何不远万里，直奔临海？因为那里有同父异母的同胞兄弟屈署、屈跗。

关于屈原子署、跗二兄弟，光绪九年(1883)《临海屈氏族谱》有载："(屈)平生署、跗……跗(一作鲋)客于魏，所为魏贤屈跗是也。……屈跗之后为三闾氏，则跗当是屈原子也。"由此可证居住临海的屈原二子只能是署、跗。那么，此二子之生母是谁？临谱无载。据陕南《山阳屈氏族谱》[宋熙宁九年(1076)九月初修]所载"灵均公元配邓夫人遗像"分析，署、跗二子是否为邓氏所生？若是，邓氏一脉另一支又为何流落山阳？查《山阳屈氏族谱》："三闾大夫屈原后裔，原籍楚国。汉高祖九年(前198)，'徙遗族楚、昭和屈、景、怀、齐、田氏关中'(《史记》)。"可知山阳屈氏汉代迁徙，比大庸永定屈原四孙亡命北迁晚81年。《山阳谱》又说："洪武三十一年(1388)，'大槐树人'始迁丰阳(今山阳)。""大槐树人"指明代山西洪洞始迁地，此为山阳屈氏第二次迁徙。发现屈原署、跗二子确实为邓氏亲子，初居临海，汉代异迁。

从永定屈谱所说公元前279年，屈原四孙"自临海迁江南"分析，他们在临海异母伯叔处仅停留一年多时间即开始二度迁居，这是为何？

笔者分析：四孙一行20余口难中脱逃，万里迢迢，马不停蹄，直奔临海，说明他们是有备而去，已早知那里有自己的同胞伯叔，况且那里远离秦地。但很可能碍于人生地疏、寄人篱下或习俗有异、性情不合乃至更深层面的考虑等原因，因为毕竟不是昭氏所生后人，便又从临海起步南迁。南迁何处？经笔者反复查考，发现四兄弟南迁到达盐城某地一处叫北洋的荒村止步落业。说也巧，这个"北洋"之名恰与老庸王"伯庸"谐音。而"北洋"恰又与大庸官黎坪的伯阳坡同音，有种浓浓的乡情感，于是就在此落脚，一住就是几代人。抗战时期，当地中共党员胡特庸随刘少奇来苏北领导反"扫荡"斗争立下殊功。惜于解放战争时期于1948年5月在此牺牲。6月22日，盐东县决定将"北洋"更名为"特庸区"，以示世代纪念。解放后改名"特庸公社"，现为"特庸镇"。这个名字就像专为大庸屈原后裔量身定作的，并将此名写入族史中。后来，这支屈原元配昭碧霞嫡系子孙，开始了长达一千六百八十五年的寻祖归根的回迁壮举。或说，告别临海南下至特庸，是屈原后裔回迁归根的第一站。在特庸居住数代人后，又举族南迁至常熟。约公元前199年(汉高帝八年)，长孙屈开一支自特庸南迁至常熟县城北门外印花桥定居。其间，又有兄弟后人分迁他方。南宋庆元年间(1195)，屈开后人蠙公(音"频"，简写"玭")出任宁波太守。开禧二年(1206)，蠙公"致仕返湘"(致仕：辞官退隐)，一句"返湘"之"返"字，足证是由常熟回迁湖南，首居湘阴。蠙公生子四：发隆、发元、发明、发开。元代至元十六年(1340)，发开官授游击，出仕星沙(长沙近郊)。居星沙。生子五：再大、再二至再五。再大迁临湘，再二迁慈利五都，再三徙四川丰都县北门，再五迁沅陵龙阳。蠙公长子发隆生子九，排次正一郎至正九郎。其四子正四郎之次子屈馆因避难仅携祖神灵牌一尊进入桑植枫香坪、洪家关、八大公山隐居。元至正十六年（1340），嫔公四子发开迁衡阳县永伏秋溪。明永乐三年（1405），发开公第四子再四受先人之托，随西征军运粮队自星沙回归大庸屈家坊——屈原祖籍。配孔氏，生子值装。再四是唯一不怕死的屈原后裔，胆敢只身一人，闯回千年故土，成了屈原后裔主脉回迁故里之始祖。

从公元前280年东逃江苏临海东塍屈家村，至1405年西归大庸屈家坊，长达1685年！这可能是中国历史上一支家族背井离乡大逃亡、又万里回归时间最长久、最艰辛的伟大壮举！

据屈家坊《屈氏族谱》所记，南宋末，屈原裔孙正四郎一支各自东西、各奔出路，分支迁徙居住地为临海、特庸、常熟、湘阴、星沙、永定、沅陵、黄州、岳州、腾冲、丰都、临沂、桑植、永顺、衡阳、澧州、澧县、花垣、保靖、怀化、重庆、潼南、秀山、巴南、合川、麻城、川渝、金寨、利川、黔江、酉阳、竹山、竹溪、安康、宜昌、宜宾、吉首、麻阳、凤凰等。涉及浙江、江苏、安徽、湖北、广西、四川、重庆、湖南、云南、山东、陕西等省份及缅甸等国家。还不包括屈原后代八迁说："常熟始迁祖屈氏自楚至常熟八迁，……初一关中，次二成皋，次三汝南，次四徒河，次五临海，次六祁阳，次七汴，次八常熟。"（《临海屈氏族谱》第九自序）此之"八迁"所指是汉朝建立后所推行的大族迁徙政策，《汉书·高帝纪》（卷一）载："九年十一月，**徙齐楚大氏昭氏屈氏景氏怀氏田氏五姓关中，与利田宅。**"（九年即公元前206年建汉第九年，即公元前197年。**所载昭氏、屈氏、景氏，正是古庸国三大公族**，可证被害者不只是屈姓。历史就这么玄妙。）

笔者读到谱序（四）中的二十四字时，只能用"狂喜"与"震撼"同期声表达。

由此可证：

1.笔者依国史、方志、族谱、民间唱本等证言推理考证司马错爷孙灭庸灭屈拔黔中、屈原后裔及屈氏家族大逃亡的全过程均可对接吻合。

2.司马错爷孙破庸都、拔黔中的战争场面与屈原《招魂》所写完全相同。

3.为屈原元配之孙自潭口老屋集体大逃亡，北上临海，又千年回迁秘史找到了史事发生点：庸国不破，屈氏万名子孙为何惨遭杀戮？屈氏不灭，屈原子孙又为何背井离乡，亡命华夏四面八方？

这一双史合璧的奇事，稍有不慎，便失之交臂，空留千古遗恨！

从目前所能查到的国内诸多《屈氏族谱》（可参《屈原后裔寻访记》，长江出版社2010年版）关于记载公元前280–前279年庸亡屈灭，屈原子孙大逃亡的秘史，此其唯一。由此可证，只有真正、真实的屈原故里，才有可能发生这样成系列改朝换代、天崩地裂的重大历史事件！

我坚信：是真史，就一定能与史事发生时间与发生地**无缝对接**！

感谢130年多前永定《屈氏族谱》的修编者们！是你们屈原后裔自己准确无误地记下了一部被国史遗漏的重大信史，它的价值足可与屈氏家族流传的《告祖词》和宋朝《太平御览》载《荆州图记》关于屈原故里在潭口里归乡岸、姊归岸的核心证词等量齐观！

第十三节　屈原《大招》祭祖

据屈家坊故老相传，当年国破家灭，数年后，屈原长女小嫛（女嫛）及小女绣英曾一起秘密携父遗骨回潭口老家一趟，将其安葬正对面的悬棺石穴中，并秘密访问了当地乡亲故人，乡亲们也从她俩口中得知屈原的一些重要信息。

屈原在公元前280年底或公元前279年初得到司马错灭庸灭屈噩耗后，即于次年清明节举行招魂大祭。越明年，又得郢都破，夷陵毁，楚都徙陈的凶讯，双重打击，如雷轰顶，精神崩溃，万念俱灰，屈原遂于是年五月初五举行大招祭祖仪式。祭祖毕，即从祭坛上投汨罗江以殉国。**注意：是殉庸而非殉楚。楚国离灭亡还有50多年阳寿哩！**

关于《大招》的著作者，历代也是争论不休。王逸说：“《大招》者，屈原之所作也。或曰景差，疑不能明也。”朱熹说：“今以宋玉《大小言赋》考之，则凡（景）差语皆平淡醇古，意亦深靖闲退，不为词人墨客浮夸艳逸之态，然后乃知此篇为（景）差作无疑也。”（《楚辞集注》）晁补之不同意王逸、朱熹所疑或坚持景差说：“《大招》古奥，疑原作，非景差辞。”（《重编楚辞》）明代黄文焕亦说：“晁氏曰：词义高古，非原莫能及。余谓本领深厚，更非原莫能及。”清代林云铭全面论证《大招》为屈原所作。并修正了王逸的屈原“自招”一说，认定屈原是招楚怀王之“亡魂”。郭沫若则对《大招》予以全面否定：“《大招》行文呆滞，格调卑卑，是不十分高明的《招魂》的摹仿品。……《大招》不仅不是屈原所作，而且也可能不是景差或任何其他楚国作者所作。”（《屈原赋今译》）把《大招》贬得一文不值了，但反响平平，附合者寡。倒是王逸认为是“屈原自招生魂”之作，颇让一些人认同。王逸在“魂魄归来，无远遥只”句下注云：“屈原放在草野，忧心憔悴，精神散越，故自招其魂魄，言宜顺阳气始生而来归己，无远漂遥，将遇害也。”王逸此说标新立异，令人惊诧愕然，“自招生魂”，千古一例，怕是王先生看错了局面。一笑。而王夫之则认为是景差招屈原之亡魂，更多人说是宋玉为老师而招，今人则以为后人拟《招魂》而招屈原之魂以吊之，或称是招楚王亡魂等。

我以为以上诸论都是臆测之说，与本意大相径庭。《大招》是祭祖，是为历代祖先——上至于高阳帝的告祖仪式，这里面毫无疑问地也包含了为屈瑕、为父亲、为母亲、为妻室、为儿孙、为家族的大招。这里有个时间界限问题：公元前280年底或公元前279年初屈原得国破家亡凶讯后，即于公元前279年清明节为父、为子、为屈氏家族招魂。屈原此时悲情难平，万念俱灰，已产生自杀以追先祖、追父母、追妻室、追子孙而去的念头。到次年（前278）又传来秦将白起拔郢、楚亡在即的消息，这无疑是一剂催化剂，于是再设祭坛为先祖大招。如此二度招魂，古今一例。世上悲事何其多，但没有比丧父、丧妻、丧子，丧孙，更有灭宗、灭祖、灭族、灭国加于一身更大悲大哀的了，于是二度招魂。

我认定《大招》乃是屈原祭祖的理由，是注意到《大招》中的一段极其重要的文字，不妨与司马迁《五帝本纪》一段文字作一对比：

屈原《大招》	司马迁《五帝·颛顼》
名声若日，照四海只。 德誉配天，万民理只。 [注]"只"：古代苗语语气助词，与屈原诗"些""兮"类同。	静渊以有谋，疏通而知事。养材以任地，载时以象天。依鬼神以制义，治气以教化，絜诚以祭祀。动静之神，日月所照，莫不砥属。
北至幽陵，南交趾只。 西薄羊肠，东穷海只。	北至于幽陵，南至于交趾。 西至于流沙，东至于蟠木。

由此判断，太史公的这段文字是得《大招》启示的。所说疆域四至，是指颛庸大帝时期大庸帝国的疆域。张良皋说："这一带是……第一大国庸国的南疆。夏商周时代，庸国是祝融氏之国；五帝时代，庸国是高阳氏之国。"（张良皋《巴史别观》，第71页）

这是中国两千年来史界第一个先知先觉者对神秘颛庸帝国的深度解读。

或说正因为张良皋发现了消失了的文明中心大庸帝国，也才发现颛顼乃是一代庸帝的天大秘密，并发现庸国早于五帝立国的深层背景。只有从这一大背景中才有可能认识《大招》的本意。否则，只能在楚怀王、顷襄王身边转圈。转不通了（王逸等人也发现《大招》与楚怀王无关），就信口说是屈原"自招生魂"了。

1. "发政献行，禁苛暴只。举杰压陛，诛讥罢只。直赢在位，近禹麾只。豪杰执政，流泽施只。魂乎归徕！国家为只。"

以上祭词的意思是：发布政令推行行政，禁绝苛法废除暴政。举贤任能居高位，罢除无能与凡庸。忠直俊秀掌国事，恰似夏禹任贤能。豪杰当国执大政，恩泽流布众百姓。魂灵啊，回来吧！这样的国家大有作为。（参见《楚辞》释本，时代文艺出版社2002年版，第191页）

诸位一看就会明白，如此"豪杰执政，流泽施只"的古帝王不正是司马迁所写的颛顼高阳吗？！岂是腐败无能、客死他国、出尽国丑的楚怀王及野心家、阴谋家楚顷襄王可与之相比的？！这哪里有半个字在为楚怀王招魂哟！又哪里是宋玉给襄王招生魂哟！！更哪里是屈原给自己招生魂哟！！！

2. "雄雄赫赫，天德明只。三公穆穆(1)，登降堂只。诸侯毕极，立九卿(2)只。昭质既设，大侯张只。执弓挟矢，揖辞让只。魂乎归徕！尚三王(3)只。"

[注释] (1)三公：《书》："立太师、太傅、太保，兹为三公。"此周之三公也。(2)九卿：《国语·周语》：内官不过九卿。《解》："九卿，九嫔也。"《周礼内宰》：以妇职之尘教九御。[注] 九御，女御也，九九而御于王，因以号焉 [民国《辞源》，第57页]。(3)三王：三代之王，谓夏禹、商汤、周文武也。

以上祭词的意思是：

国力赫赫威势盛，君王圣德日月明。三公相处很和睦，出入殿堂议大政。遍用诸侯委政事，继之受职设九卿。射礼箭靶竖起来，白色熊皮挂当中。执弓挟箭来比射，互相礼让君子风。魂灵啊，回来吧！继承三王的传统。（译文同上书，第192页）

上述祭词亦是颂扬帝高阳即其庸楚后裔明君的德政伟绩。这是一套完完整整祭先祖的祭词，与腐败无能的怀王、襄王何干？！由是可证《大招》既非为怀王而招，亦非宋

玉为襄王而招，又非为屈原而招，更非屈原为自己而招！果如是，屈原就是精神病患者了。我之断然否定是宋玉（或景差）所作的根本理由只有一个：族外之人决不会对人家的祖宗感兴趣，更不会为人家的祖宗招魂而哭天怆地！从专家们研究宋玉的身份发现，他作为一名文学侍臣，乃一介书生，没有巫师职称资质的只言片语，能招什么魂?!

公元前278年，屈原完成了两坛大祭，加上这一年白起攻楚，拔郢、烧夷陵，楚都徙陈，更感前途无望，所谓“涕泣交而凄凄兮，思不眠以至曙。终长夜之曼曼兮，掩此哀而不去”（《悲回风》）。又加上“背膺牉以交痛兮，心郁结而纡轸”（《惜诵》）。此时的屈原，身染沉疴，正经受背脊疼痛、心脏病、风湿病、神经官能症及各种病痛交加和精神崩溃的多重折磨摧残。他恨“楚王恃其国大，不恤其政”。他恨“群臣相妒以功，谄谀用事”。他为“良臣斥疏，百姓心离，城池不修。既无良臣，又无守备”，国如危卵、大难临头而心忧如焚（见《战国策·中山策》引白起批评楚国的一段话）。

国破了，家灭了，父母妻儿都“走”了。一切都过去了。一切都失去了。除却一具病魔缠身的躯壳，已一无所有。痛不欲生，生不如死，不如一死了之，死虽是消极的解脱，但死是不能不选择的不归之路。

作为出使楚国的莫敖、辅佐怀王的谋臣，未能战胜一帮佞臣，扫清朝廷阴霾；作为联齐抗秦派的合纵外交领袖，未能战胜张仪而力挽狂澜于既倒，终致大楚一败涂地；作为三闾大夫，掌国祀大祭的巫臣、巫师，面对失败，只有一死谢天，叫国有大难，巫师献身。作为庸国的末代庸王——屈侯（未正式举行登基仪式的末代庸王和不太称职的楚莫敖），在强秦灭宗灭庸的战争中，没有挺身而出，挥握战刀，冲上指挥第一线；没有与父亲并肩作战，共洒热血，以不负“大莫敖”英雄气概；没有以生命一搏，为儿子平平敲击庸王钟以壮军威，终致宗庸国破，爷孙殉难，母亲殒命，楚国痛失半壁江山，屈氏家族灭亡绝种（以屈原当时获得的信息和判断）。他在离开故乡远游前，曾特地上天门山向赤松子泣诉，就已经产生了追随而去的念头。此时此刻，国破家亡，族灭种绝，万念俱灰，肝肠寸断，巫师献身的时刻已然沓来！

就在那一天，农历五月端午，灰飞烟灭的家乡大庸及黔中人民血凝大地绽出点点红花的日子，屈原怀抱巨石，一步步踉跄欲倒，走啊、走啊，似走过千里万里的心路历程；走啊、走啊，心中在滴血、心胸在撕裂！他是在追随先祖，以最后一声长啸，纵身投入汨罗江潭……

这一年，是公元前278年。我认为只能是这一年，是多重重创打击之后必然的归宿。人不到万不得已，不到穷途末路，不到彻底绝望，不到生不如死，是绝不会轻生赴死的。《招魂》祭亡，《大招》祭祖，向父母妻室祖宗一诉衷肠，了了一门心结，那么现在，该上路了。

唯其屈原投江，才成就了世界最伟大的一代诗祖诗魂的英名。

屈原走了，永远永远地走了……

屈原向汨罗纵身一跃的那一刹那，他可能听到了一声尖厉而绝望的呼唤——那是他的爱女——女嬃。他叫她小嬃，屈家坊的乡亲父老至今都称她小嬃。他的最后三四年，是在汨罗度过的。屈家坊的老人们传说小嬃远嫁到汨罗，或与屈氏得姓始祖屈瑕兵败罗城、尸留罗子国的土地上有关。在屈原近10年的远游行程中，除了沅陵、溆浦、桃江、汉寿等地，数在汨罗的时间最长。他在桃江停留时，遇到当地才女美人洎氏，并续弦为妻，生女绣英、生子屈黑。虽说有了新家，但他心里的孤独与思念总是挥之不去。他思念爱妻昭碧霞，更思念远离家乡的爱女小嬃。他远游最后的一站就是汨罗。从此父女相依为命。小嬃是幸运的，因为嫁在远方而躲过灭国灭族之难。小嬃是幸福的，因为父亲来到了她身边。同时相携而至的还有洎氏后母所生的绣英妹妹，姊妹俩能在战乱中与父亲同住一起，这无疑是最幸运、最幸福的了。她已不是父亲唯一的亲人。她曾责备过父亲的刚直与执拗（屈诗："女嬃之婵媛兮，申申其詈余。"）父亲老年的漂泊流浪又使她心疼如绞。

事实上，屈原最后的时光并不寂寞。

因了与小嬃、绣英的团聚，汨罗又多了一些话题。因了屈原的死去，汨罗便又多了许多故事。

相传屈原死后，桃江的儿子屈黑也追随父亲投沅江而去。洎氏自杀。长女女嬃和年幼的二女儿绣英为父亲治丧。流传于岳阳的民间传说《楚塘和十二疑冢》《仙匠铸金头》，记录了女嬃、绣英为父亲铸半边金头的动人故事，可作旁证（参读《中国民间故事集成·岳阳市分卷·中》，第28页）。

父亲一走，小嬃和绣英姊妹俩成了延续父亲悲剧的人物。

汨罗人说：小嬃、绣英姊妹俩从此为父亲守灵。数年后的一天，姊妹俩把父亲的遗骨秘密携回潭口老家，安葬在簸箕塌老屋场正对岸绝壁上的悬棺石室中。数年前，一位考古工作者应笔者之邀，用特制像机隔岸观察，认为屈原后裔所传的屈原尸骨由他女儿小嬃、绣英携回安葬在悬棺穴内的可能性很大，这个悬念或有可能成为未来屈学家们的注意力新话题。

[本节结语]

[之一] 司马迁说："屈原既死之后，……楚日益削，数十年，竟为秦所灭。"（《屈原列传》）

班固："（屈原）不忍浊世，自投汨罗。原死之后，秦果灭楚。"（《离骚赞序》）

韩愈说："楚，大国也。其亡也，以屈原呜。"（《送孟东野序》）

在世界史上，以一个人物的存亡而影响一个国家存亡的事例，有之，但不见其多。在中国，屈原或其唯一。

笔者经破译屈诗，以司马错灭后庸国（前280）、次年（前279）屈原在汨罗为亡父、亡子及战死将士招魂，又次年（前278）秦白起攻楚，拔郢，烧夷陵，楚都徙陈。这一信息无疑是火上浇油，在他破碎的心灵中再插一刀，于是，就在是年五月端阳，屈原举行两堂祭祖招魂法事后，即奋身赴汨罗江而死。说来也是巧合。郭沫若老前辈推算屈原投江日也是公元前278年。而且，与屈家坊明代《屈氏族谱》所载对接，这很出乎我的意料！郭老断定公元前278年是屈原赴死之日的结论进行推敲，原来他的灵感仅停留在秦白起

攻楚拔郢徙陈楚受秦重挫的层面上，我以为光靠这一动因是不可能让屈原轻易赴死的，迁都不等于亡国。事实上，楚国真正灭亡的日子是半个世纪后的公元前223年！更何况，秦白起破郢都时，楚国还有可与秦国争战55年的实力，故以此作为屈原赴死的核心理由很难令人信服。这也是长期来屈学界诟病屈原肚量狭窄，缺乏担当精神，恐其亡国而轻生的主要原因。其实，当时离楚亡国还差55年哩！（楚襄王继位于公元前299年，死于公元前263年。楚亡于公元前223年）干吗就慌慌张张匆匆赴死！？郭老哪里想到还有远比这更撕肝裂肺的灭宗庸灭屈族灭屈家的惨剧！

时年，屈原75岁。

胡念贻、雷庆翼等专家推算屈原生于公元前353年正月二十三日，被公认是最科学、最准确的推算法，比郭沫若推算为公元前340年早13年。笔者认为胡、雷二公之说与屈原生平历史的全过程完全吻合。归还屈原以准确生辰日和亡忌日，已不止于修正历史，从人情良心上说，以错误的推算而折了屈原13年的阳寿，实在让人心何以安，情何以堪！笔者认为：重新确认屈原生辰忌日，与追讨被后人剥夺的若干著作权一样是屈学研究的重大课题。

这里，我再次呼吁：

还屈原10余首诗的版权吧！

还屈原13年的阳寿吧！

［之二］对屈原为何选择投江自杀，不知让多少人不可理喻而为之扼腕。澳大利亚学者文青云（荷兰人）在他的《岩穴之士》中写道：“（司马迁）在《屈原列传》中对这位伟大诗人的自杀持批评态度，这种自杀在他看来是没有意义的和不负责任的。一个具有像屈原那样的才华的人，本可以从一个诸侯国出游到另一个诸侯国，他无论到哪里去做一个客卿都会受到欢迎的，因此，仅仅因为被楚国的君主冷落他就自杀，这是没有道理的，在其他国家，还有许多可以做好事的机会他却没有去尝试。”（《岩穴之士——中国早期隐逸传统》，山东画报出版社，第81页）

与其说文先生是借司马迁之口批评屈原轻生，还不如说是他个人的直抒胸臆。或说他对屈原的研究与认识，基本上是受两千年中国屈学前辈的影响，基本上还尚未得其要旨。而更多注家则认为屈原投江，是刻意为自己塑造一具完美的人格形象，从而留下“千秋万古名”。正如西人马斯洛所说：“这样的人似乎在竭尽所能，使自己超于完善。这使我们想到尼采的忠告：‘你成为你自己！’他们是一些已经走到，或者正走向自己力所能及高度的人。”

由上所言，我想要说的是：一个局外人怎知屈原心灵深处的大苦大悲大痛大哀。往往有时的误解甚至比误伤更残忍！

笔者也是几经考证，至到获得记述后庸灭国的民间告祖词，特别是破解了庸国灭、屈氏亡、千古冤坟万人坑后，才基本弄清屈原罢官被逐回故乡后的诸多遭遇，最后的结论是：非死不可，不死才怪。

换上另外任何一个人（只要不是冷血战白痴），在这种状态下，除了选择死，还有什么出路供他选择的呢？

［之三］相传屈原投江殉国后——注意：殉庸国而绝非殉楚国！楚国还有55岁的阳寿！仅此一证，就可全面否定两千年屈

原学研究的共性错误、错解、错论！此时，屈原外婆乡——母亲修淑贤娘家黔中郡——沅陵扶桑溪神州傩起源地——七甲坪傩坛正为屈原投汨罗江举行盛大祭祀活动，一段《叹屈原亡灵》词风传一时，并从此进入七甲坪“上岗教”“下河教”两教傩坛唱本，代代传诵：

“屈原一去永无涯，何日回家？东南西北把信查。茫茫四海人无数，哪里寻他？一去影无踪，何日相逢？除非纸上画音容。

要得见来难得见，梦里相逢。一去上泉台，何日归来？孝男孝女哭哀哀。今日灵前三点酒，愿步金阶。”

[附记] 2019年6月2日，笔者赴120里外沅陵七甲坪两河村五婶娘全廷玉葬礼（93岁），听到巫师这段唱词，令我震惊失声！即请主祭张宏明大师（曾在某部当连长）将其手抄与我。他说，在辰州傩唱本中，涉及屈原的唱词不少。并说：屈原是沅陵的外甥，他的母亲就是沅陵窑头濮国古城修氏王族千金大美女修淑贤。屈原之父屈伯庸曾住北溶花园，监督铜窑铸庸钟、铸铜鼎、铸淳于三大国之重器，兼守庸都南大门黔中地。因年迈不敌秦将司马靳，战死北溶。还说：屈原死讯传到沅陵后，正赶上一年一度划龙舟祭盘古活动，主持官员当即宣布“改祭盘古祭屈原！屈原是沅陵的外甥！”古传：“**人划龙舟祭盘古，我划龙舟祭屈原。**”从那一年那一月那一天起，沅陵龙舟改变祭盘古为祭屈原，成为屈原外婆乡最盛大的节日。此后，逐渐远播，成了中华民族千古共遵的习俗。这支祭屈原投江的巫傩唱词，一直传唱到如今，未改词、未变调，这真是屈原外婆乡的奇迹！

[之四] 法国心理学家让·斯塔罗宾斯基说：“自杀行为很少能归结为某种单纯的原因，而是由多种因素决定的。压抑的现实与未能忘却的过去，‘外在’的状况与‘内在的情绪’，预谋的选择与突发的冲动……”罗宾斯基又说：“**明智的自杀把阳光和荣誉召唤于自身，尽管自杀完成于孤独状态，但它却展现在众人目光之下……我们由此看到了一种将铁器掉转头对准自己的那种积极的男性形象，它证明战败后依然存在着一种自由。**”

西方法律认为：“**犯罪的自杀是怯懦，义务的自杀是光荣。**”

俄国著名作家陀斯妥耶夫斯基（1821-1881）也说：“因为人类存在的秘密并不在于仅仅单纯地活着，而在于为什么活着。当对自己为什么活着缺乏坚定的信念时，人是不愿意活着的，宁可自杀，也不愿意留在世上，尽管他的四周全是面包。”（《拯救与逍遥》）

其实，对于“死”，屈原早在为叔父屈匄及为国捐躯的八万将士招魂唱《国殇》时就已经作了表述：“**出不入兮往不还**”“**终刚强兮不可凌**”“**身既死兮神以灵，魂魄毅兮为鬼雄**”。屈氏家族军队气壮山河之死，正是他自己早已抱定的生死观。

如果说，《离骚》以“帝高阳之苗裔兮，朕皇考曰伯庸”开篇，那么，《招魂》《大招》则以祭先祖颛庸大帝高阳和父亲伯庸而作结，**这简直就是颛庸帝国——一颗伟大的人类创世文明的太阳起与落的轮回，**是巧合？还是天意？

现在回头评说郭老对《大招》的批评：

"《大招》行文呆滞，格调卑卑。"梁启超亦批评："《大招》明为摹仿《招魂》之作。其辞靡弱不足观。"（《要籍解题及其读法》）我以为二公所说不冤。我更以为可由此断定《大招》才是真正的屈原作品！如果屈原不是作秀，而是在切切实实地祭祖，此时此刻，屈原赴死在即，精神恍惚，神经紊乱，心如止水，万念皆灰，不仅情志木纳，口语亦有迟滞之态。人之将死，一切皆空，还有什么阳光心态，作洋洋大观之文章乎？何况是大招祭祖，是人神沟通，是喃喃泣诉，是哽咽连声，是呼天抢地，是悲情倾泄，郭老梁公对屈诗本身的剖析已入木三分，**却忘了这已不是作诗，亦非一篇平常的祭词，而是一篇绝命词，一篇用血用泪用仇用恨喷汇出来的真正的绝命词啊！**

我很赞称蔡靖泉的一句话："如果没有确切证据就剥夺了屈原对它（《大招》）的著作权，那就未免太对不住屈原了。倘若弃其诗而不顾，又何以全面地论其人？"（《楚文学史》，蔡靖泉著。湖北教育出版社1996年8月版，第412页）是呀，天地良心，在没有设身处地去感悟死者死前的艰难处境和绝望心境就轻率说三道四表示否定，也未免流于草率，从而让一些注家仅凭王逸、朱熹前辈的一句错话就残忍地作出遗恨千古的错断，让屈原九泉蒙冤！

第十四节　悲怆：庸楚挽歌

一、屈原诗中故里

从27篇屈诗中，笔者发现凡涉及故乡的诗句，几乎全部与天门昆仑及其昆仑文化体系的各类地名符号和故乡历史人物有关。同时，我又发现：在屈原全部辞句中，没有发现与秭归、乐平里以及所谓20余"说"作为屈原故里相关的一山一水一草一木，哪怕一句一字。没有。这一反常理现象告诉人们：屈原与秭归乐平里及其他20余"说"没有丝毫地缘、人缘、亲缘关系！更没有与秭归乐平里相关的屈原家族背景、邑城背景、国家背景的哪怕半个字的信息，没有！连三峡、长江及至长江以北楚国范围内的所有地名符号也没有片言只语的表示，没有！就是说，以秭归为代表的20余"说"根本就不在屈原心中或视野范围内，更不在远游的行程线路之列。这说明了什么？笔者一脸茫然。那些大有"誓死捍卫"秭归说及郢都说、汉寿说、郧阳说等之悲壮的注家们，咋就没注意屈原诗中没给他们留下丝毫关于"故里"的蛛丝马迹这一反常现象?!

随着时间的推移，当不甘被"秭归说"及其他"众说"欺骗的一大批注家终于觉醒并向它们开战的同时，又为找不到真实的"故里"而陷入迷茫（郭沫若就是代表人物）。难道屈原此人是从天上掉下来的？抑或如胡适者流所问的"这个人存不存在还是个问题"?

而此时，东方朔“平生于国长于原野”的所谓“故里”之论又沉渣泛起，并由此再创了屈学一道新课题。但这个伪命题因先天不足又很快陷于学术“围剿”的泥淖。而令这些狂热追随者始料不及的是：有那么一天，沉睡几千年的清华楚简一朝被专家唤醒，并站出来说话，一份《楚居》证词告诉世人：楚武王熊通是第一个以郢为都的始创人，从而从发生学的根子上彻底否定了楚王封子瑕于郢都——即屈原故里在郢都的系列谬论。就是说，凡以此立论的所有文章皆谬！或者说，从有关“郢都说”——延伸到“秭归说”之争可从此永远宣告逐出屈学论坛！

回顾两千年来研究屈原故里及身世历史一路兵败到如今，值得屈学界深思反省，其借口、理由足可著出一部大书来。据笔者整十三年探索实践，至少有下列几点体会可供方家思考：

1. 关于楚武王封太子瑕于屈邑

两千年屈原学关于屈姓产生这个核心问题，注家们多有不解。逵夫先生说：“屈瑕以前的屈氏人物《左传》中没有叙及，是因为《左传》记楚事起于楚武王。”（引自易重廉《屈原综论》岳麓书社2012年9月第1版）《左传·桓公十二年》云：“楚伐绞，军其南门。莫敖屈瑕……覆诸山下，大败之，为城下之盟而还。”关于屈瑕姓之由来，本著前面已专解。其实这是雄才大略或野心勃勃的楚武王所作的一个重大长远战略计划：将长子熊瑕封回宗国大庸，名为出使庸国，实施“庸楚两国共监制”，暗为伺机夺取庸王政权，为大楚统一华夏的野心扫清体制上的障碍。这个梦想，一直等到公元前611年楚、秦、巴三国瓜分上庸，即屈瑕以“庸楚两国共监”使臣莫敖身份被熊通派到大庸国朝廷，定居屈家坊，并改熊为屈姓。至到93年之后的玄孙悍将屈荡，才正式抢班夺权，入主庸宫，接替熊氏庸王。一直到屈原逐回故乡的大多诗篇，都与这个大背景有关。“秭归说”者把屈瑕“口封”在秭归乐平里那个巴掌大的山沟沟里，那楚武王是不是要存心把儿子困死在那穷乡僻壤？那“封邑”的意义何在？！这是一个最最浅显的道理，根本用不着大动干戈去论战，又何况乐平里根本就产生不了能容纳成千上万人的“屈邑”，更是典型的“凡屈皆无的无屈地带”。既然整个湖北省和秭归县都找不出屈邑屈姓，又何谈“食采于屈”?!

2. 确认屈原出身地望，最关键的是必须以屈原诗作为判断是非的终极证词

两千年来，屈学界暗流着一种怪诞现象：研究屈原却不相信屈原自己说的话，或者说不必以屈原的诗话作为依据和线索。比如屈原说他的先祖帝高阳是“苗裔”——即三苗之后——亦即今天的苗族，一些注家便连篇累牍地著文“考将过来考将过去”，认为屈原决不是“苗裔”，而是“大汉族”，好像屈原沾上“苗族”就有辱了他的身份似的。当然就不会相信熊渠所说“我蛮夷也，不与中国之号谥”的苗夷身份。更不会相信武王熊通所言“我蛮夷也。……请王室尊吾号……（我）蛮夷皆率服而不加位，我自尊耳”的苗裔身份。这些人心中总认为楚人是北方族（亦即大汉族）。如果承认“蛮夷”，势必涉及南蛮中心在“南夷崇山”。早在20世纪70年代末，吉首苗史专家龙文玉为屈原族属问题讲了公道话后，便招来史界的讥笑、围攻。又如：屈原说他的父亲叫伯

庸——“伯”，大也。即一代“大庸”——亦即一代庸王庸帝，一些注家就说伯庸是屈原的“祖先”，并不惜歪曲“皇考”而解为“祖先”。甚至扯上了早伯庸几百年的“句亶王”或“狐庸”。还有比这更寒心的说法：说屈原抬出五帝之一的先祖高阳和拥有“伯”级爵位的父亲伯庸（这些人根本不知“庸”为何物），是借炫耀自己的“皇族”“王族”血统来往自己脸上贴金以抬高自己，把屈原贬成唯名是图的“小人”。就更不会相信屈原7次自称“朕”的真实身份和背景了。

连诗人自己说的话都不相信，又怎能相信他的诗赋？如果连他的诗也不相信，那你又何必那样痛苦地、违心地为屈原而去研究著述?!

当本章初译之后，终于发现：袁山松炮制的“秭归说”本是彻头彻尾的谣言，他忘记了此前应该认认真真地细读屈原辞的内容，结果是“麻雀吃苞谷子没与屁股打商量——吃得进屙不出”。明知屈原诗辞里没有半个字关于秭归乐平里的地名信息，也未给长江三峡留半个字，却还要壮起胆子造假，居然还哄了一千五百年的屈学界。可能也有人为其辩解：屈原是流逐沅澧，却没有放逐秭归，当然就没留下秭归的诗句呀！殊不知屈原被逐出楚宫，并非因“罪”而“流放”，他毕竟只是政见不合，况且是同宗共祖，况且伯庸一族还掌控着宗庸帝国，至少还有执行祖宗所制所订“庸楚两国共监共存体制”的宗法权利，犯不着逼人太甚，开罪老庸王伯庸，屈原何去何从，还是由自己选择。屈原被僭越宗法的阴谋家、小人顷襄王挤兑迫害，赶出楚朝廷，只能回归祖国老家大庸述职，从《哀郢》走出楚都大门的第一步起，一路写去的都是返回故乡，完全符合中国古人“从哪儿来回哪儿去”的“首丘法则”。这一点，汉代刘向已经发现了个中秘密：**“违郢都之旧闾兮，回湘沅而远迁。”**（《思古》）“违郢都之旧闾”，指屈原离开居住了近20年的郢都旧居——但决不是生身故乡、出马之国。一句“回湘沅”的“回”字，校正了屈原辞发生学的基本走向——即从郢都出发迁回到他遥远的南方沅澧的故国故乡，而不是“放流”或流放到南方大庸！从以后的若干作品中我们可以看到，屈原已不惜笔墨和感情抒写他的故乡大庸。

如果还要为秭归一辩，且问屈原走出楚宫后怎不选择回秭归老家乐平里，看看久违的老家、久别的双亲父母及儿孙。因为顷襄王并未剥夺他回老家的行动自由权呀！如果说为了“改造”屈原，那里山更大林更密水更恶——山外不是有条长江吗？更适合“改造”呀！退一万步，就是屈原或因纠结无脸回老家见乡亲父老，可为故乡写点思乡诗表达游子情怀不会受襄王干涉吧？可屈原却为何写了那么多关于大庸“故乡”的人事古史山川草木风俗神话故事，怎么没有一字一句一人一事冠上长江、秭归乐平里的地名符号而要冠上古大庸一带大量的人们耳熟能详的家乡地名？难道屈原是有意回避故乡秭归乐平里而撒谎？或说屈原是个对生身家乡无情无义，对家乡父老不忠不孝的“冷血”？此论若能成立，屈原为什么在诗中一次又一次地为大庸家乡痛哭流泪?！那他诗中一组庞大的关于故乡、故居的文字为什么全部在天门崇山昆仑澧水一带，而怎么没有一个字、一句话涉及到长江、秭归和乐平里或其它20余个所谓“故里”?

——所有的“假设”都不成立。所有的伪造、横争、诡辩都绕不开屈原的诗辞。或说：只有与作者的诗辞能对接的故乡就是作者的真故乡，反之就是假冒伪劣胡说八道的“疯子说梦”！

至此，笔者已再无必要浪费心思，多费口舌。俗言“打酒只问提壶人”。关于屈原生身故里我已用13年生命的岁月追寻考究，基本上都著写在这部书里了，此刻作进厂前最后一次修饰，正是公元2021年11月20日星期六，实在太累太累了。我说，该说的我都说了，最后还是由屈原自已说了算吧。**两千多年的全部争论只能由屈原自已一锤定音：屈原故乡准确地望就在“仍羽人于丹丘兮，留不死之旧乡”的天门昆仑山下的丹丘潭口里！**

笔者从“登阆风而緤马”“邅吾道夫昆仑”句中悟出了《离骚》；从“遗余佩兮澧浦”“广开兮天门”悟出了《九歌》；从“昆仑县圃”悟出了《天问》；从“登昆仑兮食玉英”“冯（凭）昆仑以瞰雾”悟出了《九章》；从“吸飞泉之微液兮”悟出了《远游》；从“青骊结驷兮，齐千乘”悟出了《招魂》；从“名声若日，照四海只”悟出了《大招》……我敢说，除“二招”作于汨罗，《涉江》作于溆浦，其余主要作品应该是在故乡潭口和天门昆仑崇山构思创作完成的。而《悲回风》与《远游》则是打开屈原故乡之门的另外两把金钥匙。此前许多注家不明白诗辞中的核心内容——天门昆仑究在何方，轻率地作出“×××篇作于××地”的结论，都是脱离了真实的文学创作的历史背景生活环境和表达语境而臆断瞎编的。**况且，古代文字全部书于竹简上，屈原一边流浪一边考察一边访贫问苦一边交结故友一边吟诗著述一边制作竹简的可能性几乎微缩到“零”，因为在颠沛流离中一人一马要背负沉重的竹简书籍只怕有些麻烦。**

通览屈辞，笔者看不出这些创作素材来源于楚国的某个祠庙里的“壁画”，而是诗人生于斯，长于斯，又回归于斯所亲身经历感悟出的思想、情感与激情碰撞的结果。

笔者十分注意屈诗中所述地理环境、山水状态和民俗风情中的故乡信息。比如“广开兮天门”，几乎多数注家都误解成神界虚无的“天界之门”，独张良皋一眼洞穿：“那是大庸天门山的天门眼！”并认定：“屈原‘天问’，必定是看到大庸天门山后才产生灵感的。”著名作家高洪波说：“亘古以来登天门者，不计其数，首推楚人屈原，凝目一望，得名句曰：‘广开兮天门’！”比如《山鬼》之“鬼”，从对妆束分析，我以为更接近大湘西古庸土家族的“毛古斯”舞。清同治本境文士丁启性作《永定竹枝词》曰：“**薜衣萝带舞婆娑，嘈杂神弦唱九歌。木偶何曾能祸福，奈他说鬼看东坡。**”这个唱着跳着“九歌”的木偶人物的服饰形象，不正是**穿稻草、披藤蔓、着花草、舞婆娑的古大庸土家毛古斯吗**？诗中“说鬼”二字不正是点明这个“毛古斯”就是屈原诗中的“山鬼”吗？笔者甚至由大湘西土家族“毛古斯”生发开去，发现这个“女毛古斯”极有可能是屈原元配昭碧霞的影子。是屈原心中永远的“仙鬼”——女神！

李书泰提醒笔者可否为屈原笔下的诸多花花草草做个考究，或许对屈原诗中故乡有些辅证作用。其实，前辈注家早已引起注意，南宋进士吴仁杰在其《离骚草木疏》中

就已作了研究，并列出“以譬君子”的花草嘉木共计44种，“以比小人”的恶草臭木计11种。而这55种花草植物，几乎遍布澧沅流域。植物学家称：光一个张家界武陵源的花卉草木植物，就是欧洲的全部！关于大庸湘西土苗妇女插花栽花之习，《永定竹枝词》有载：“谁家健妇把锄犁，鬓插山花足踏泥。”（王日修）“沿河最是乡村女，一朵山花插鬓边。”（罗光普）

屈诗中还有许多动物，亦神亦鬼，亦幻亦真，游乎诗中，几可演绎成一部动物秘史来。

汉·王逸说：“‘离骚’之文，依诗取兴，引类辟喻。故善鸟香草，以配忠贞。恶禽臭物，以比馋佞。灵修美人，以媲于君。宓妃佚女，以譬贤臣。虬龙鸾凤，以托君子。飘风云霓，以为小人。”（《楚辞章句》）

刘勰说：“若乃山林皋壤，实文思之奥府；略语则阙，详说则繁。然屈平所以能洞鉴《风》《骚》之情者，抑以江山之助乎？”（《文心雕龙》）

清·周拱辰说：“‘骚’中山川人物，草木虫鱼，一名一物，皆三闾之碧血枯泪，附而著其灵。”

我以为各家之言都恰到好处。但真正让我无以自抑、刻骨铭心的是我13年坚持不改的亲临、亲看、亲问、亲考的“四亲”治学治史原则。为了证实屈原诗中狂写故乡兰园兰花的秘史，特邀屈楚子、屈楚福、陈丰富三位老先生（本书地方历史、文化顾问、课题组核心成员）考察并现场指认屈原故里“三兰桥”和“三兰园”。此即前章分别先后予以述及。三兰桥为：兰花桥、花神桥、兰香桥；三兰园为：花旮里（200亩稻田）、三古塌（300亩山地）、兰岗（400亩稻田），共900亩。

3.虚假、伪造的屈原故里“秭归说”及众“说”引发“屈原否定论”和“屈原作品否定论”逆流泛滥。

两千多年来，屈学界曾多次掀起“屈原否定论”和“屈原作品否定论”两大逆流现象。而产生这两“论”的根源就是屈学界长期没有攻破屈原出身故里这一基础性学术高地。**而由袁山松、郦道元合伙推出的屈原故里“秭归说”古史最成功的谣言**，以及后辈走马灯似的冒出来的20余“说”的谣言又让更多人无所适从。并不愚蠢的中国屈学界绝大多数学者一眼洞穿“秭归说”及众“说”都没占有一二三条可作法律依据的国史文献证词或考古证据。20世纪60年代，个别学者出于对屈原的爱戴，还屈原一个真实的名分，下决心推倒虚假、伪造的谣言“秭归说”，却又苦于找不到可以替代的另一个“故里”，于是从汉武帝时滑稽大师东方朔“平生于国兮长于原野”天大“牛皮”中找到“灵感”，又凭空制造了个“郢都说”“国家说”，说白了，**只不过是从这个可笑的陷阱跳到另一个可笑的泥坑，颇有刚出“虎口”又入“狼窝”的味道。“郢都说”一出，其他二十余“说”便也纷纷发力亮相，于是形成中国古代——近代——当代屈学界最为热闹的屈原故里多说混战的“屈学战国时代”。而“混战”的本质是全中国屈学界的觉醒，形成群雄逐鹿，共讨“秭归说”之态势。**

从某种意义上说，这种为真理而苦战、而“力挺”的场面还是颇显悲壮的。长达1500余年的“秭归说”在屈学界一大批斗士前赴后继、生生不息的讨伐批判声中渐露原形。但这旷时持久却又日久难决的论战，反过来又让屈学界多为之沮丧绝望、为之徬彷不安。就是说，两千年数十代先辈争持不下的千古疑案是否有最后揭案的可能？找不到屈原的出生家乡，找不到屈原的生身父母，找不到屈原的妻室儿女，找不到屈原的家庭屋场，找不到屈原的国籍背景，叫一无根脉，二无亲缘，三无族群，四无国籍（其实很多学者早已发现屈原不是楚国人而是庸国人），难道屈原是天外来客？抑或如某些人所说是秦汉后附会出来的“托儿”？

——于是，有人提出屈原其人存不存在还是个问题的问题。

既然屈原其人都不可靠，那他的作品的真伪又有几成公信度？于是，由对屈原作品的否定，转向对屈原其人的否定。其代表人物就是民国大家胡适。就作品而言，其范围有全面的否定，或局部某篇的否定，如否认屈诗是个人创作，是搜集整理的战国时代的民间文学作品等。**查首开否定屈原作品，或张冠李戴之先河者可能是汉代王逸**。他说：“《招魂》者，宋玉之所作也。”（《楚辞章句》）又说：“《大招》者，屈原之所作也，或曰景差，疑不能明也。”（《大招序》）此风一开，祸及屈学两千年，于是，历代否定屈原作品之声不绝于耳。宋代魏了翁最早提出《悲回风》与《惜往日》不是屈原的作品。清末吴汝纶，现代闻一多是为附合者。其理由是两篇不似屈原口吻。宋·罗苹说：“予有以知《天问》非屈原作。”（《路史·后记·夷羿传注》）附合者就有廖平、胡适、何天行、游国恩（后有改变）、张希之、郑振铎、谭介甫等大家。凌纯声不仅否定《天问》，连《大招》《招魂》也一齐否定了（《中国的边疆民族与环太平洋文化》，台北联经书局1979年版，第617页）郭沫若否定《远游》《卜居》《渔父》《大招》（见《屈原研究》，河北教育出版社1996年版）。廖平则来个全部“枪毙”，认为《楚辞》均非屈原所作，称《离骚》是秦博士做的《仙真人诗》（《六译馆丛书·楚辞讲义》，存古书局1921年版）。胡适不但否定屈原其人，还对《天问》予以全面攻击：“《天问》文理不通，见解鄙陋，全无文学价值，我们可断定此篇为后人杂凑起来的。”（《文存·读楚辞》第2卷，亚东图书馆1930年版）闻一多、刘永吾甚至认为《怀沙》以下四篇《思美人》《惜往日》《橘颂》《悲回风》“并非屈原所作”。钱穆也是个“全面否定论”者，他说：“至《楚辞》二十五篇，未必全出屈原之作。”又说：“今按《哀郢》未必屈原作。《惜往日》……此亦非屈子自道之辞。至《悲回风》非屈子作，昔人更多疑者。”（《古史地理论丛》生活·读书·新知三联书店2014年版，第149页）等，可称是全面否定屈诗、屈原的大师级人物（还不包括一批日本屈学者的否定之论）。

总结起来，被历代注家列入否定的篇目大约有《离骚》《哀郢》《惜往日》《悲回风》《远游》《卜居》《渔父》《招魂》《大招》《九歌》《九章》（部分）、《天问》等。否定频率最高的是《远游》《卜居》《渔父》3篇，总共达20余首之多！

按当今已被众多专家所认同并见诸若干版本的屈原自创诗，大约定为27首（篇），却否定了29首之多（有重复者）！真让我一头雾水，两眼茫然，不知所措。我只且问一声：既然差不多大部都否定了，这个延续两千多年的“屈原学”还有再继续下去的必要吗?!正如萧兵先生所说：“假如这些作品都被否定精光，那就没有什么‘屈原’可言了。”（《楚辞的文化破译》，湖北人民出版社，1991年11月版，第764页）而他自己也认为《远游》《卜居》

《渔父》“三篇以为非屈作的可能较大”(《楚辞的文化破译》，湖北人民出版社 1991 年 11 月版，第 764 页)。

笔者误闯屈原学之门或说当今最不识时务者，岂敢对屈原作品真伪说长道短。但经十三年实战摸索，得出一点体会：

凡只要从屈原诗中成体系发现相关澧水天门昆仑崇山县圃等故乡的地名、神话、历史及人名符号，就可判定这首诗是屈原创作的，创作的地点大都在他的故乡(包括故乡远亲近邻的水系、地区)。

由此回头逐篇审读，我发现上述那一大批被除名者，恰全都是屈原抒写故乡的经典之作！而萧兵老师所除名的《远游》《卜居》《渔夫》，也全都是屈原作品。尤其《远游》，恰是屈原从大庸故乡天门山离朝离家远游前的登峰造极之作，我认为是留给家乡的最后一件作品，而写在汨罗的《招魂》《大招》两篇祭辞，才是他的绝笔之作——在做完两堂大祭法事后，即投汨罗江殉祖、殉国(庸国而绝非楚国)、殉父母儿孙。

二、 两个浪漫诗人李煜、屈原的亡国之音

那么，该怎样对屈原的一生作出一个较为准确而公允的评价呢？

曾在湖南一师、南开大学、复旦大学任教的易白沙，1921 年只身赴京刺杀北洋政府首脑未果，旋即南下组织军队北伐亦未果。于是，选择在屈原投江的日子跳海自杀，以唤起民众。毛泽东先生特为其写了一副挽联：

无用之人不死，有用之人愤死，
我为民国前途哭；
去年追悼陈公，今年追悼易公，
其奈长沙后进何。

这个“愤死”的“有用之人”即指屈原，又以屈原比易白沙志士。

毛泽东先生还说：“屈原如果继续当官，他的文章就没有了。因为丢了官，才有可能接近下层生活，才有可能产生像《离骚》这样好的文学作品。知识往往是经过困难、经过挫折才得来的。”(《毛泽东的读书生活》)

我认为毛的评价中肯而深刻。**这是古庸国大地上所产生的两代空前绝后的伟大诗人。**

郭沫若也有不少精到的评价。他说：“屈原根本是一位诗人，他的失意正是时代对于他的玉成。假使他不是诗人，他一定不会失意。……时代对于他真是特别厚待，他既禀赋有充分的诗人气质，而使他处到了国将破、家将亡的境遇，玉成了他成为一个空前而且恐怕绝后的伟大诗人。”

郭老还有一段让我震撼的话：“由楚(按：应为庸)所产生出的屈原，由屈原所产生出的《楚辞》(按：应为庸辞)，无形之中在精神上是把中国统一着的。中国人如果不灭种，中国文化如果不消灭，《楚辞》就没有毁灭的一天。楚人(应包括庸人)的功劳是不朽的，屈原是会永远存在的。”(《屈原研究》)

——这段话，应该成为我的这部拙著对屈原先生的终极结论。

此时，我的大脑骤然间迸出一线火花：

我想到南唐后主李煜(937–978)和后庸君王屈原。

（一） 南唐后主李煜

公元961年（辛酉宋建隆二年）六月，南唐主（由帝降主）李璟死，第六子煜（yù）嗣，是为后主。公元971年，南唐改号江南。公元975年，江南三次向宋求和缓师不许。时年，宋兵随下金陵，李煜降，江南亡。李煜亡国的理由若干，比如纵情声色，荒淫腐朽，曾“大展教坊，广开第宅”（《通鉴长编》），终日和妃嫔宫妓一起填词作乐。故史界的定论最关键的一条：因为他是一个词人。

李煜的词流传下来的仅三四十首。数量虽少，但艺术成就很高，历来评论家对他的词都极为推崇，因而使他置身于词坛第一流作家之列。李煜不仅擅长词章，还通晓音律，又工书善画，还是著名的艺术品收藏家。李煜自幼酷爱书法，创造出被史书称为“金错刀”体的书法艺术。其作品到北宋末年仍有传世，被收入《宣和画谱》。李煜工于书画，精于品鉴，故亦爱收藏，对南唐时期驰名天下的李廷珪墨、澄心堂纸和龙尾砚尤为钟爱。然而在北宋军队攻下金陵之日，命人将内府书画焚为灰烬，让后人留下了无限伤痛。就在国破家亡之时，他还写了《破阵子》词：“……最是仓皇辞庙日，教坊犹奏别离歌，垂泪对宫娥。”

王国维《人间词话》说：“词至李后主而眼界始大，感慨遂深。遂变伶工之词而为士大夫之词。”

李煜的词以南唐灭亡前后为界，后期成就最高。他当了俘虏被羁押在汴京，从皇帝沦为阶下囚，但他并没有停止创作，用愁用恨用泪的经纬线交织着他的词作：“多少恨，昨夜梦魂中”（《望江南》）。“自是人生长恨水长东”（《乌夜啼》）。“人生愁恨何能免，销魂独我情何限”（《子夜歌》）。尤《虞美人》最是伤肝灼心：“春花秋月何时了，往事知多少。小楼昨夜又东风，故国不堪回首月明中。雕阑玉砌应犹在，只是朱颜改。问君能有几多愁？恰似一江春水向东流。”堪称千古绝唱，万代遗响。年年岁岁，月落月出，不知打动了多少读者的心！

据宋人《西清诗话》说，当北宋大军压境之际，李煜“在围城中，作《临江仙》词，未就而城破”。宋太祖得知此事后曾对群臣说：“李煜若以作诗功夫治国家，岂为吾所俘也。”据载：赵匡胤初见李煜时也说：“好个翰林学士。”命运就是这般捉弄人，偏偏让才子做了君王。人生角色的错位不仅给他个人带来了悲剧，也给国家民族造成了无可挽回的灾难。

而更多人对李煜因词而亡国，似乎没有多少遗憾，倒是为他留下一批伟大的词作而庆幸。

这种结局，似乎有影射屈原的意味。

（二） 后庸君王屈原

屈原仅仅是左徒，是三闾大夫吗？

未必。上述二职是“庸楚两国共监制”中在楚朝廷所封的使臣职务。

他还有两个更重要职务：莫敖和庸王。

屈原本来是可以利用这两个权力创造历史奇迹的，正如一些注家力主屈原不是“放逐”而是“受襄王之命回家乡招兵抗秦”（张中一、隆名骥、胡则丘和年轻一辈的黄丹等力主此说）。但在我所研究收集到的大量信息中，尚没发现关于屈原身体力行呼风唤雨动员广大庸楚百姓奋起抗秦的实例，而是不登王基，不理朝政，不管父母，不顾儿孙，辟谷修行，孑然一身，浪迹江湖，狂啸行吟，颇有消极、颓废、悲观、绝望之情状。

——而本属于他的职责，却让行将就木的老庸王父亲伯庸和他的儿子屈平平顶替担待了。结果是：庸都破，庸国灭；宗坊毁，潭口崩；儿子死，父亲亡。子孙罹难，流离失所。七千年庸朝基业一朝倾覆，数十万庸濮大军化为鬼魂……

从本质上说，这是一种“误国”行为，与其诗人资质不无关系。

郭沫若对此做了十分深刻的剖析。他说：“与其说是时代限制了他，毋宁说是资质限制了他。他假如是有实际家的本领，在被放逐的十四五年间（按：笔者考证自郢都逐回故乡达 19–20 年），便应该有些准备。”郭沫若还以晚屈原 60 年的楚国人项羽起义作比较：“实际家能够领导民众，组织民众；诗人、其进步者屈原，竟只能感受着人民的气势而呼号，在实践上则在时代的边际上彷徨。……他在诗域以外的，现实世界里却没有力量来领导时代。”由此得出了结论：“时代玉成了他成为一个空前而且恐怕绝后的伟大诗人。”（《屈原研究》）

郭老的分析，合情合理，准确精到。

1249 年之后的南唐后主李煜，几乎同样以诗词而误国，也同时成就了一代不朽的词人。这恐怕是屈原始料不及的。

李煜：南唐后主。

屈原：晚庸后主。

相同的个性，共同的爱好，相似的命运，一样的遭际，雷同的结局，等同的评价：

一个是未登基而称“朕”的庸王、莫敖——泪水浸诗的“逐臣”；

一个是由帝降主的帝王——长歌当哭的“囚徒”。

他们有心报国，却无力回天。

两个都是失败的君王，但两个都是伟大的诗人。

两个国家都在他俩手中灭亡了，但他俩的作品却彪炳千秋、万世长存！

两个政治上的悲剧人物各自为自己的国家、为那个时代付出了生命代价，却各自为自己的国家、为那个时代泣诉了一曲挽歌。**这一支支挽歌至今还在天际回响，在大地悲鸣，在世世代代警示着递代更替的“庙堂”与“江湖”；“诗心”与“家国”！**

三、悲怆：庸楚挽歌之绝唱

屈原之诗词义奥古、精深博大，它涉及天体宇宙、昆仑神话、自然万物、国家社会、人间遭际、朝代更替诸多内容，尽在诗中。以晚辈之浅薄学识，有何能耐资格谈译注解读，评头品足，不过摸其皮毛，窥其外表，作探路试水而已。

本章搁笔之时，我为屈原对久别多难的故乡的那份游子之情沉默许久许久。作为一个大政治家、大诗人、大老爷们儿，为何一看到一提到故乡就有那么多的泪水：

“忽反顾以流涕兮”“横流涕兮潺湲”“长太息以掩涕兮”“揽茹蕙以掩涕兮”“涕泣交而凄凄兮”“望北山而流涕兮”“涕淫淫其若霰”“曾歔欷之嗟嗟兮”“孤子吟而抆（wěn）泪兮”……

也许，是怀念他悲惨冤死的结发爱妻？痛惜他年迈多难的高堂父母？哀伤没落衰败的庸楚祖国之命运？还是他心中已经酝酿很久的一个将远游他方以寻求精神解脱、了却人生的远行？

有道是：病死不离床，饿死不离乡。

然而，他却要走了，真的走了。背井离

乡，孑然一身。

抛却那妻室儿孙……

抛却那父老乡亲……

抛却那屈家坊他出生的祖屋……

抛却那潭口里他成亲的新居……

抛却那数千年的庸国故都……

抛却那古庸帝开创的万里江山……

屈原的后裔屈国新老太告诉笔者说：是她爷爷屈家塾老一辈代代口传下来的："那年，屈原从天门洞辟谷隐居修行三年，著写家乡最后一首辉煌诗篇《远游》后，即筹划只身远游三湘四水、考察国情民意的宏大计划。历代注家对屈原远游，目的是寻找作诗的感觉或素材，是逃避现实的消极遁世之说不敢苟同。屈原并不是因找素材而远游，而是在体察民情同情中引爆诗情。"

金某庆幸屈原后裔还有这样的智者，是的，屈原在天门山辟谷所感悟出天门博大胸怀，令他感奋彻悟：他已完成了从一个使臣心态到治理一个泱泱大国的君王政治家的素质修炼过程。他必须对自己来一次更艰苦卓绝的磨炼——踏遍庸国半壁江山，探索自古帝王"长臂管辖"而亡国的历史教训。于是，他坚定不移地离家远游，广泛深入地踏查民间。从而深度、广泛调研，为振兴庸国朝廷、推行在楚未能完成的宏伟改革新政计划而补上的一课。因为屈原的失败究其源头不就是为怀王起草改革新宪令而遭奸臣陷害吗?!

屈原远游动身前做了三件事：一是跪在簸箕塔对岸细岩头爱妻昭碧霞坟头哭诉衷肠，作别远行；二是在屈家坊与母亲修淑贤（修氏婆婆）泣诉了一腔衷肠：堂前不复见慈母哟，梦里依稀呼儿孙。最怕夜半儿叫母哟，人间天上俱断肠！三是回庸都向老父王及群臣同僚辞职、辞朝、辞行，并与长子屈平平泣别。然后，一步步走出帝宫……

此时此刻，庸都万人空巷，在帝都大道两旁焚香跪拜，哭声动地，天穹变色。屈老太说，屈原当年是从手巾岩渡口登船过澧水的。城乡百姓十里相送，一直送到仙人溪长寿国入口，已是几千人的队伍了。据笔者等人沿屈原远游出发之路实地踏查，屈原此行之路，大体经过的重要村寨有：大庸仙人溪（古长寿国）→中柱垭→进入沅溪境→四都→上村→黄家河→大北厢→岔溪→南溪坪→桃竹溪→同起浪→官庄坪（此处为古代庸国官员驿站）→落坪（古名"落脚坪"）→"姬昌坪"（相传周文王姬昌在此居住过，与崇山文王垭形成史证连锁）→朱红溪→北溶（伯庸）花园（今花园村）止步。**此地为远古时代历届庸帝、庸王铸钟铸鼎（国器）基地**。伯庸黔中抗秦之战败，身负重伤，退兵至此。司马靳拔黔中郡，追杀而来，伯庸苦战不敌，全军战死。伯庸死，北溶破，一屈姓将军乱中将其尸首仓促掩埋于北溶花园（伯庸行宫，今为花园村）之侧山湾，即远遁他乡。北溶陪都古城被摧毁。**铸钟铸鼎之"铁炉巷"掘地**三尺。几乎所有没来得及转移的铜器、金器、镛钟、庸鼎、虎錞等国之重器被抢掠一空。《告祖词》悲歌记下了这一史实：

祖居辰沅铁炉巷，以铸钟鼎贡庸王。

庸王以鼎号子国，子雄辱尊乱朝纲。

伯庸耗尽回天力，九子乘舟犯嵩梁。

庸王长叹天诛我，空留钟池泣苍桑。

庸都已破，北溶既失，数千年的大庸帝国即宣告从历史上消失。

屈原远游选择走这条线路，很可能是想远游前见上父亲一面。其时，屈原六十四五

岁，所谓“君也老，臣也老矣”。哪知此行一聚，竟成永诀！

《周礼·春官宗伯》：“凡邦之大灾，歌哭而请。”郑玄注曰：“有歌者，有哭者，冀以悲哀感神灵也。”

屈国新老太太含泪说：“屈原自离开屈家坊潭口后，如同永别，从此再也没有回屈家坊潭口……”她回忆说：这是她爷爷屈家塾追述的先人——**四**（届）**进士屈龙门**口口传下来的。

但丁说：“世界上有一种最美丽的声音，那便是母亲的呼唤。”

我想，屈原一定是听到了他母亲修淑贤老人从幽冥中传来的呼唤：“我的屈儿呀！……儿呀！……”

泪眼汪汪长泣血哟，高堂寂寂暗销魂。伤心怕唳空山鹤哟，入耳愁闻古洞猿。

艾青说：“为什么我的眼里常含着泪水，是因为我对这块土地爱得深沉。”

刘鹗说：“灵性生感情，感情生哭泣。”（《老残游记》）

赫尔岑（cen）说：“由于所爱甚多，所以我的心中热泪常流。”

郑在瀛说：“我们仿佛听见了尼采仰天叫唤的声音：‘我痛苦，我痛苦，我痛苦呀！’屈原以巨大的悲情哀思破天荒地唱出了最美丽的模糊史学（既有神仙的，又有世界的）——楚辞，从个人的命运唱到国家民族的命运，他哭起来了！”

屈原离家远游的最后目的地在汨罗——他的爱女小婴家。**为了不忘改姓先祖，他作主把长女小婴远嫁到祖宗屈瑕战死的罗子国土地上，让女儿孤身远嫁，没料到竟成了他最后赴死的归宿之地！真是造化弄人哪！**

公元前278年农历五月初五，屈原在接连做完“招魂”“大招”两堂祭祖祭国大祭后，独自一人且行且泣，且行且止，漫无目的地沿汨罗江而上，到了河伯潭，他止步不行，面向千里外的西部下跪遥拜——那是他久别的大庸故国故乡啊！

一切皆空。

一切皆无。

万籁俱寂。

心如止水。

“浮江淮而入海兮，从子胥而自适。”“望大河之洲渚兮，悲申徒之抗迹。骤谏君而不听兮，重任石之何益！”“宁赴湘流，葬身于江渔之腹中，安能以皓皓之白，而蒙世俗之尘埃乎?”

——先人有以赴汤蹈火报国之豪情壮志。赴汤，即赴汤汤之水也。屈原此刻早已抱定追随先贤、先祖、先父、慈母、妻子、儿孙及庸国广大可怜国民赴水而去的决心。

此时此刻，他一定在心中吟诵《悲回风》的诗句，他曾产生过追随伍子胥、申徒狄投水以了却自己的心愿。那么，今天，命运把他逼到绝路，他分明听到了千里澧水故国故都那边数万将士幽魂和战乱亡国而处水深火热之中的庸国国民及屈家坊、潭口乡亲们的悲泣呼唤，尸体盈野，血染澧水……天塌了，地陷了，七千年古庸江山，一朝成了屠场鬼城。此时此刻，屈原的内疚、痛悔、仇恨、疯狂，已让他彻底崩溃，万念俱灰，几乎丧失理智、精神分裂。此时此刻，作为一届庸国大帝、一位文武兼修的大帅，却远离故国故土，在南方万山丛中一步一喘地跋涉，在异域他乡江畔水岸一步三叹地行吟。**历史成就了百代诗魂，却破碎了庸国万古江山！**

此时此刻，苍天仿佛凝固，大地屏住呼吸。历史正冷竣地注视着一个伟大悠久的中华古史创始第一国——之宗国——之祖国——之庸国的覆亡，也盯上了一位遗世独立、才华横溢、潇洒出尘、忧国忧民、出污泥而不染、遭迫害而不屈的倔傲气质却误国误民误家的亡国罪君屈原。

此时此刻，历史之眼正冷酷地注视着这位苍拙瘦削的老人，心如止水，双目无光，老泪横流，步履蹒跚，正一步步向汨罗江边走去、走去……，然后，怀抱巨石，伴随一声摧肝裂胆的仰天长啸，一个枯瘦苍拙的身影，扑向正在涨端午水的汨罗江中……

野阔江风悲，水深落日泣。只剩得女嬃、绣英双手泥上抓，一声声哀叫爷（大庸、汨罗、长沙、辰州等地称父亲叫爷［此字读“伢”“伢老子”，古濮语］）……

“出不入兮往不返”“终刚强兮不可凌”“身既死兮神以灵，魂魄毅兮为鬼雄”！

这是他二十多年前为叔父屈匄及八万庸国抗秦将士战死超度大祭所作的《国殇》。这些为国捐躯的将士之死，正是他自己早已暗暗抱定的生死观。

——悲悯至极。

——悲壮至极。

他是人世间最伟大的殉国者。

他是人世间最伟大的殉道者。

他是人世间最伟大的殉民者。

他是人世间最伟大的殉情者。

他是人世间最伟大的殉诗者。

1962年1月24日，九十高龄的民国元老于佑任先生独自一人登上一座山头，面向大陆对岸吟唱一首《自挽歌词》云：

“葬我于高山之上兮，望我大陆；
大陆不可见兮，只有痛哭！
葬我于高山之上兮，望我故乡；
故乡不可见兮，永不能忘！
天苍苍，野茫茫；
山之上，有国殇！”

我对屈原屈辞的最终评价只有两个字：悲怆。

—— 为庸国而悲泣。

—— 为楚国而悲泣。

—— 为臣民而悲泣。

—— 为故乡而悲泣。

—— 为父母而悲泣。

—— 为妻室而悲泣。

—— 为儿孙而悲泣。

—— 为屈氏而悲泣。

—— 为自己而悲泣……

27首诗篇组成一部恢宏、壮丽、辉煌、大气、大苦、大悲的悲怆交响曲。或者说，这是一首留给走向没落衰亡的乱世庸楚和屈原潭口故里的輓歌！

本著最后修改掩卷进厂之际，我在书稿前奠了一杯老酒，长跪不起，我只能将酒杯高举额头，和着泪水，轻声却胸中奔涌着万钧雷霆呼唤着：

—— 我的老乡啊！

—— 我永远的楷模！

—— 我心中永远的思念，永远的痛啊！

—— 我千呼万唤的屈原夫子啊，山高水深，路途迢遥，您一路好走！

2021年11月11日辛丑（牛）年十月十六日下午13时33分改定。整整13年的漫漫研究写作之旅，第29次——最末一次修改毕。再过2日，该进厂了。

魂兮归来

踏着澧水之波回来,驾着云霓之风回来……

那是一次跨越中华半部文明世纪的长途跋涉:跨过条条江河,越过座座高山。在魂飘二千三百六十余年后的今日,终于回到澧水岸边的故里家园。

您果真回来了吗?我守望了两千三百年的老乡诗祖屈原!

回来了!回来了!那是天门的回音,那是澧水的呼唤!

回到中央仙山之上的云中朝廷,莫不是凤凰台上轩辕吹笛引来羽影翩翩?回到您当年辟谷修炼的天门眼,多想再仰首接几点梅花飞泉。回到潇洒于清尘之外的赤松石窟,仙师是否还在金水池边炼丹?回到崇山县圃之麓的母校熊馆,追寻师爷鬼谷子的风范。回到您曾叱咤风云的古庸都,可听到爱子屈平平在血泊中杀敌的呐喊?回到屈家坊您出生的祖屋里,可闻悉母魂依稀唤儿男?回到您儿时植花编织的花门口前,回到您辟谷种兰的相公溪畔。回到暴秦坑杀屈氏家族的万人坑边,回到先祖屈瑕囤兵北伐的古寨城垣。回到"一蛇吞象"的长寿国仙人溪,回到您花季少年励志赋诗的橘颂园。……

您就这样走啊走啊,走过崇山祝融火娃屋场,走过帝尧、善卷故里连五间。走过文王垭,走过共工湾。走过伏羲太极图,走过禹王白马泉。走过高阳之祖庙,走过社溪之祭坛。走过母校鬼谷之熊馆,走过同学政敌张仪之窗前。走过颛顼化鱼故里鱼形地,走过父王行宫老庸湾。走过崇山六大帝王之祭台,走过崇山四大帝王之坟山。走过苗祖驩兜归葬地,走过沮诵仓颉制字的简造湾。走过天门黄帝之册府,走过天门轩辕之陵园。走过盘古开天辟地的昆仑眼,走过女娲炼石补天的天门山。走过鸿文塔、走过文昌阁;走过青云塔,走过文华殿。走过您种兰辟谷的相公溪,走过您仰天长啸的兰岗之骚坛。走过沧浪桥头,走过渔父渡边。走过白鹤洲前花神桥,走过二尉岩下屈子潭。您峨冠博带,行吟泽畔。拔剑四顾,两眼茫然。走啊,走过"一口印",那不是詹尹大师在为您卜居察风水?走啊,走过渔浦渡,那不是渔父阿公在为您雨中摆渡船?……

您就这样走啊走啊,走过两千年轮回,走过两千载流年。走过四十里姊归岸,还记得阿姐久别重逢的那双泪眼?走过四十里归乡岸,可曾忘乡亲十里相迎的动人场面?您且走且停,且吟且叹。您寻寻觅觅,戚戚惨惨。您越走心越沉,越走心越乱。慢慢慢,且止步;停停停,朝前观:那可是婆婆礅上的慈母修氏坟?那不是老庸湾父王伯庸的后花园?那不是梦魂牵萦的潭口老家?那不是日月岩下的丹丘故园?细岩头下,犹闻爱妻昭氏山鬼哭哟,悬棺穴里,方知我屈平孤魂枯骨寒!屈子码头,您手捧茹水洒悲泪;簸箕塌上,您长跪不起哀苍天!洒悲泪啊,日日思亲亲不语;哀苍天啊,您夜夜呼儿儿不见!山河破碎,爷孙喋血;庸亡屈灭,子孙罹难!恨恨恨,北漂郢都,留下百代遗恨;冤冤冤,南归故里,背了千古奇冤!

"魂兮归来啊——"那不是大庸土家苗裔在招魂?

"游子归来啊——"那不是故里乡亲父老在呼唤?

归来归来,三魂缈缈飘飞三千里;归来归来,七魄悠悠一别两千年!今日个,千古冤魂回潭口;今日个,百代游子归故园!

——且听隐隐雷声,天翻地覆;放眼历史车轮,滚滚向前!

2016 年 10 月 9 日凌晨急就

2018 年 9 月 28 日修改

2020 年 7 月 19 日夜 9 时修改

2021 年 10 月 25 日凌晨 04:11 分终修毕

此时,我在书稿前长跪不起,为屈原奠酒,已是泪水洗面。

跋一

在庸国的故土上 细翻祖先的史册

李书泰

前不久，荆州著名学者、中国屈原学会名誉理事张世春，经多年考证得出石破天惊的结论：“秭归并非屈原的故里。”尽管张先生认为“屈原生于楚都纪郢铁证如山”，却苦于找不到“铁证”（估计永远找不到），但他认识到“屈原出生秭归系千古谬误”则是十分准确的科学判断。

张先生指出：“袁山松是第一个将屈原遗迹与秭归县名挂起钩来的人。郦道元将袁山松的挂钩引进《水经注》，并同时对其挂钩产生怀疑：‘余谓山松此言，可谓因事而立证，恐非名县之本旨矣。’但是，袁山松的挂钩被后人放大，而郦道元的怀疑却被很多人忽略。”并认为“郦道元既为‘屈原生于秭归’背了千年黑锅，也为袁氏谬论做了千年宣传”。这是多么敏锐的学术洞察力，可谓一语中的，令人钦佩之至。

我认为，张世春先生作为一个湖北籍的学者，不囿于成说，不私于乡情，勇敢否定谬论，大胆坚持真理，将一个错断的历史谜案纠正一半，已经是一个了不起的贡献。因为只有从错误的泥潭中拔出来，我们才有机会循着正确的路径去探寻历史的真相！在此，我向从未谋面的张先生表示由衷的敬意。同时，也要提醒有志于屈原故里研究的同仁们，在逃离错误的史界陷阱之后，避免误入新的迷途。

其实，关于楚国大巫师——莫敖——“宗教教主”——楚南后庸宗主国“精神领袖”——诗祖屈原的故里，就连距屈原生活年代最近的淮南王刘安和大史学家司马迁也不敢轻易指证“它”在什么地方。他们在其《离骚传》和《史记·屈原贾生列传》中也只字未提其生身之地，正如中国屈原学会首任会长汤炳正所说：“屈原故里在秭归，晋以前无载记可据。”言外之意，不挑自明。

那么，真正的“屈原故里”到底在何处？

近读大湘西著名学者、作家，张家界历史文化基础性研究课题组主审金克剑先生扛鼎之作——《屈原故里大庸考》一书，头脑中突然撞击出两个字符——震撼！

如果说，张世春先生挑战权威，驱散阴霾，理性地否定了一个错误结论——“屈原出生秭归系千古谬误”，那么金克剑先生则摧山破冰，正本清源，庄严地给了世界一个全新的答案——屈原故里在大庸（张家界）！

全书洋洋九章120万余言，层层剥笋，穷搜极讨，尽全力以竭泽，求水落而石出，以超乎寻常的毅力和学力，敏锐果敢的悟性和胆识，为我们打开了一扇探视历史真相的天窗。

我与克剑先生是相识相知二十多年的好友，既钦佩他的德养，也仰慕他的智识。他的成功，在于他博学多思，笔耕不辍，长期积累；在于民间草根文化的母乳滋养，地方古籍文献的恒久熏染。作为一个从未涉猎屈学研究的“局外人”，居然成功破译楚辞中博大精深的历史和文化密码，让屈原故里的历史真相大白于天下，关键在于他找到了屈原及楚辞所指涉的那个久远的历史时空，找回了那段历史时空中的屈原及其作品的原初形态，从文化发生学的角度探明了那段历史和情感事象是怎么发生的，其发生源、发生地、发生点都在哪些人群和哪些地方？这个“地方”与当时的时代背景发生了怎样的历史钩链？克剑先生的贡献就在于为我们找回了这一切，找到了历史关联，找回了历史真相，找准了屈学关键。《屈原故里大庸考》一书向我们昭示：只有读懂历史才能读懂屈原，读懂屈原才能读懂屈辞，读懂屈辞才能进入屈学！

克剑先生原本是屈学的局外人，却很有学术天分，很有学术悟性，也很有学术胆识。他的成功更在于他发现中华文化并非只有五千年；发现中原文化并非本源文化，中原只是文化汇聚地而不是发源地；发现夏商周三代以来近五千年的文明，只是中华民族的第二轮文明，而司马迁笔下的五帝时代以远的三皇时代才是华夏辉煌的第一轮文明；发现第一轮文明的核心不在中原，而在盛产豆子和稻子的澧水流域——“澧豆文明”“稻作文明”的中心地，即在“蝴蝶人”“元谋人”“巫山人”“建始人”“陨县人”“长阳人”“石门人”等远古人类包围的大天门、崇山地区；发现屈原笔下的燧人氏盘古、祝融、伏羲、女娲、黄帝、高阳等人文始祖才是开发古庸大地的创世先贤；发现肩挑两湖、四川的大天门昆仑地区才是人类的摇篮，文明的母地；发现素有“中央仙山”“祖山”“宗山”“国山”之称的崇山才是这核心的核心；发现以三苗、百濮、盘瓠等部落先民为主体的崇庸人、天崇人（即土家苗族之先祖）才是我华夏第一轮文明的创造者；发现华胥国、轩辕国、大庸国、三苗国、驩兜国才是三皇五帝归宿国；发现庸楚一家，庸国是楚国的母国；发现大庸三闾宗坊即今张家界市永定区屈家坊屈原老祖屋才是屈原笔下“上洞庭而下（兰）江”“去终古之所居”的“不死之旧乡”！

克剑先生《屈原故里大庸考》一书的成功之处，不仅仅在于他大胆设想，小心求证，以义无反顾的精神全身心投入，钻天入地，竭泽而渔，搜罗最扎实的史料，分层次编织正、反、主、次等多方面证据链条，以无可辩驳的严谨论证，破解历史谜团，还原历史真相，将蒙冤漂泊流落于异地他乡的屈原冤魂招回故土，让“泪飞顿作倾盆雨”（见著者书中《乐平里考察记》）的屈原英灵在素有“屈子遗风”的“神仙窟宅”——澧水之滨得以安息！更重要的是，克剑先生以他超常的史识灵感、深厚的学术功底，成功破译了屈原“祖先封地”“诗中昆仑”“笔下轩辕”等一系列历史古谜，既丰富了全书内容，又填补了学术空白。特别是对屈姓后庸国的存在和兴衰进行了大胆挖掘与充分论证，史料扎实，惊世骇俗，活生生半部后庸国史！

尤其是他深入解读和充分利用民间祖传告祖词，以及古庸属地残存地名信息，挖掘出“司马屠城”(庸都、三闾宗坊屈家坊)、“后庸灭国”的罕见史料，再现了一段血雨腥风的时空历史，再现了屈原辞赋创作产生的时代背景。正是在这样一种改朝换代、社会急剧变化和动荡的乱世风雨中产生了以屈辞为代表的一系列悲怆之歌。在明确这一国破家亡的重大历史背景后，我们会有更多人穿越时空，更加直接，更加深切地感受到屈原的心态和心境，走进屈原的内心世界，感悟出屈原辞赋丰富而深刻的内涵。

我想，作为详悉掌故、擅长辞颂、深谙巫学、善作神游、通晓祭仪的莫敖、宗教教主、精神领袖的屈原，他一定是悲怆的，也一定是理智的、明晰的。处于困顿中的他，仍然洞察历史，洞悉世界，并对世界、对历史保持清醒的认识和有力的批判，正所谓“众人皆浊我独清，众人皆醉我独醒”。在对庸楚高层的“怒其不争”中，他仍然眷恋庸国的辉煌和楚国的强大，充满着对祖宗之国，祖宗之业，祖国历史，祖国人民的无限深情。他在苍凉有力的《天问》中，面对昆仑天门，一连问了一百七十多个问题。问天就是在问“天庸”、问“大庸”、问“大楚”；问“天庸”就是在悲泣天朝“大庸”的渐渐远去；问“大楚”就是在怅叹泱泱大楚的江河日下！一曲《澧骚》(即《离骚。此为金克剑对该诗题的独特感悟与认知》)道不尽爱恨情仇，满腹忧伤，唯有《招魂》寄托一腔哀思，万般愁怅……

在此，我要郑重地说一声感谢：感谢克剑先生的突破和发现，您让我认识了屈原，走近了屈辞，他也有可能让我走进屈学。

同时，借此机会向您提一点建议：鄙人感到，老兄你在破译屈乡谜底时充分利用民间古传、典籍记录和地名密码方面，正如大史学家张良皋所说，可谓“穷搜极讨，前无古人”，但由于您全身心专注于上述几个方面材料的搜讨而忽略了屈原作品中另外一组物产密码的破解(当然《橘颂》题解一节还是很成功的)。比如，当屈原“忽临睨夫旧乡”之澧水而著《澧骚》(即《离骚》)时，诗中所涉及的秋兰、木兰、幽兰、椒兰、兰芷、辟芷、菉葹、宿莽、申椒、若木、菌桂、蕙茝、杜衡、芳芷、秋菊、薜荔、芰荷、芙蓉、茹蕙、荃蕙、琼茅、女萝、筳篿、萧艾、椒糈、鹈鴂、凤鸟、鸾皇、玉鸾、玉虬、凤皇、神翳、蛟龙、飞龙、瑶象等一系故乡物产似应专节细写，包括采集实物标本，并拍摄图片。我以为，屈氏后庸国所在地(即今澧水张家界一带)，东接赣庐,西通巴蜀,北枕襄鄂,南极湘桂，地处北纬30°生物繁衍最昌盛的亚热带季风气候区位,雨量充沛,节候分明，动植物资源异常丰富、多姿多彩。这种得天独厚的地理环境和资源禀赋,使得《澧骚》(即《离骚》)取材独具地理标志性物产特色，这是“屈原故里在大庸之说”无可撼动的重要证据链条，尚望著者引起重视，于鸿著正式付梓之前弥补这一遗珍之憾。当然，遗漏之珍料当不独于此，尚有许多珍稀史料有待于本书面世后，求助、求证、求教于国内外一批方家和有识之士。

克剑先生《屈原故里大庸考》的成功，还在于他独特的语言风格。他本是一位著作等身的作家，从业30多年的职业编辑，注册高级策划师。他不是专业史学者，毫无学究之气。他敢想，敢说，敢闯，勇于实践，长于策划，素擅出新出奇。他性格爽朗，语言犀利，文笔

辛辣，行文极其灵活多变，有时如行云流水，无拘无束；有时似惊涛骇浪，汪洋恣肆。这些风格也体现于本册学术专著。通览全书，既有逻辑层面的严谨论证，又有考证层面的深层解密，既有学术领域的破立交锋，又有情感世界的延伸阅读。不愧职业编辑家的谋篇布局，吾心服矣！

然而，行文至此，我又很自然联想到前苏联科学院院士卡匹查的一段话。他说：“任何一项新发现，无论是自然科学，还是社会科学，往往不会很快为大多数人所接受，要么不理解，要么不服气，要么被打击、被封杀，要么被冷遇、被淡化。”他引用法国著名启蒙者爱尔维休的话说：“审慎的人几乎总是把不论在哪方面有天才的、暂时还没有取得名望的人说成是疯子。伟大的人总是开始引起讥笑，然后获得赞美。”他介绍说：“著名俄国科学家、圣彼得堡医学院教授彼得罗夫发现电弧，成功地研究和利用了气体中的放电。但在公众中与其说是赞美，不如说是同情和惋惜。”

在这物欲横流的金钱社会，克剑先生坐冷板凳、钻故纸堆“研读”出来的迟到的发现，也许会遭遇同样的境况，甚至更多的是非议或“腹诽”。但以他的胆识和实力，他一定会泰然处之，一定会任凭风浪起，稳坐钓鱼台。因为征服是他的个性，进取是他的追求。为捍卫真理，他早已做好准备，而且充满底气，充满自信！

行文至此，我希望我们这个社会多一点象克剑先生这样的“疯子”！我认为，一个社会如果没有一批充满想象力、感悟力、创造力、发现力的“疯子”，这个社会就很难绽放出灿烂而进步的火花。

笔力不济，词不达意，姑此为跋。

2012 年 12 月 3 日 18 时直至次日 9 点 58 分
2020 年 8 月 7 日修改
此刻，该著历时已整 13 年了，却似言犹未尽，仍在埋头冲刺，
勇攀高峰，实乃屈学史界古今一人一例。2021 年 10 月 28 日自审留言。

【李书泰】张家界市桑植县人。市政协文史委主任、副秘书长。知名文史专家。中国先秦史学会会员，中国鬼谷子研究会会员。出版《鬼谷子身世研究》，为两千年中国研究破解鬼谷子身世第一人。亦为中国史界研究破解古庸国历史第一人，著写出版《庸国荒史研究》。张家界市历史文化基础性研究发起人、担纲人。

跋二

谁将改写屈原故里

李文锋

也许就因为屈原的辞赋与日争辉，当我们踮足望远凝高的时候，往往争相目睹的是他的辞赋风骚，而无意间却忽略了他脚下的烟火故乡。这正如我们吃了蛋而忘了鸡。殊不知，这种吸精纳髓，对于辞赋的欣赏是一种难能可贵，可对于诗人情感底色、天人合一之诗艺的全面理解与诗格的深度把握却不免失之于偏隅。正如你吃了蛋，味至美，最好还是要了解一下那蛋是何方神鸡所下，方妙。

屈原的万世流芳，说直白一点，是因为他的诗才；光诗才还不够，是因为他独创的楚辞史诗之丰碑；光楚辞似乎也还不够，还因为他的刻骨铭心的爱国情怀，他才得以从楚辞走向史记，才得以从小我走向大我，才得以从尘埃走向天空。屈原是何等伟大的诗人，他的伟大固然与他人生经历息息相关，但也与他的故土血脉不可分割。一方水土，养一方人，一方水土，也养一方诗情。他是天上的，也是地上的。他是民族的，也是世界的。

我望着那片天空。两千多年的天空是那么的雄浑高阔。今天，却是那么的低垂，萎靡。但那片天空，还是凝聚着一股潜隐的气势。云，也许不如远古银亮，但天空的底色，还是那么尖锐的发蓝。天空之下的山峦，就像上帝在此精心锤炼的一幅巨雕。在巍巍崇山，峨峨天门，汤汤澧水之间，摊开宽展的西、阳二坪，捧出一条茹澧，送一河渔歌清明倒影，沿着两岸的山脉奔腾而下，至潭口猛地一缩，便如女子从胯下往小腹处猛地缩紧了腰身，那是何等的楚楚可人。无尽的想象时，山峦又突变，水与山更加纠缠不清，悠悠然、森森然，一路东去。澧水与山脉约会至潭口，神秘莫测，便造出了许许多多关于水口城门大风水的奇景。

我就那么地走啊，从古老男根图腾的且柱岗，顺应澧水河畔，穿越已成杳杳天籁的古庸都和夏都遗址的古人堤，掠过明代卫城南门码头倒影中的吊脚楼，小画舫，黑鸬鹚，捣衣声，打更声，吟诵声……走进骚歌庸风，水榭歌舞，走出雕梁画栋，印染店铺，一路往东。我就那么地走，一边欣赏风景，一边披阅人间，一边抠出脚板底下偶尔不小心滑进去的一粒小石子。我闻着兰芷的芬芳，追着澧水的吟唱，听着兰花神的故事，吐纳楚天巫蛊的气息，一不小心走到了阳湖坪的屈家坊。

我走进一座古城邑的中心，驻足一片声色古朴的幻影。在鸡鸣狗吠中，我悄然穿过一角破落的石门。亦真亦幻。我抚摸着这些残存的历史碎片。古老的石条证明自己滚过了几千年

的历史。龙凤呈祥的三方大槽门骇然屹立在我的面前，铺满石板路的街巷里，来来往往的人流、马车川流不息。我静下心来，幻影落定。我于从未有过的宁静中听到了一声星落满月，翠莲出水，金菊迎风似的哭啼。我问身后的同行，他说这是屈原的哭声。他还说，这是屈原的祖屋，这是屈原的出生地。在两千三百多年前，这片富饶肥美的地方，曾是华夏子孙的母国——古大庸帝国的诞生地。屈原有幸出生于此兮，也算是人生之所幸。

当我要问同行者更多的时候，他却不见了。他隐身了？两千多年之后，他，我和屈原再次在此地相遇了。他以惊人的发现，说这座在风雨中飘摇了两千多年的三闾大夫祠，就是屈瑕采食于屈邑之原生地。他说家族可以灭亡，但这血裹的哭声不会改变；他说祖屋可以烧焚冲走，但这石条石巷可以千古不变；他说一家屈氏不足以为证，千家同颂则不辩自明；他说物质可以毁灭，但这精神的源头是不会泯灭的。他深深懂得一个人的流传，条件必有祖业之基、生存环境，本人必是一方神圣、一方精神领袖，或建立了霸业丰功，其流传方式，必有口碑文字、文物古迹、自述自传或人地相传。他的考证深谋远虑，去伪存真，层层慎耕，抽丝剥茧，环环相扣，珠圆玉润，最终以其精微缜密之思复原了一代帝国，创世伟人，屈原故里与亲情芬芳。

他以金刚肉腿勘遍了传说中的屈原脚印（按：我的文学导师金克剑双腿受残于极左年代，尚有钢条留在右腿骨内），他以火眼金睛发现了沉埋千古的关于屈原的珍言珠语，他以呕心沥血搜罗了天下经年据证，他以厚积薄发赢来了史学界赞声一片，他以乡梓奇缘之浓情浸淫屈氏骨血，终以一十二年半光阴侦破了屈原身世的千古之冤。然后，以大法官的浩然正气冲天一怒，将法槌砸在法案上！如今的日日夜夜，我在澧水河畔徜徉时，总能隐隐约约听见一个满身沧桑的长者幽婉而沉静地呼号：“魂兮归来——魂兮归来吧！”呼号遥遥，隐隐回震。屈原您听见了吗？您愿意以他作为您的肉体化身吗？他，就是屈原故里张家界的一代文史大师金克剑先生。一部一百二十万言的煌煌巨著，就是他奠放在您潭口老家堂屋神龛上的一份祭礼！

我就那么地走，伴着那澧水两岸的招魂曲，走过了两千年。我走向了哪里？我要走向潭口，我要走向大庸帝国的文化高地，我要走向我诗思的精神源头。就这样，一握腰身的潭口清晰地呈现在了我的眼前。

在这里，屈原顽少，苦读，梦想。青年的他，英俊倜傥，位居莫敖，因肩负庸王之命而出使楚朝。岂知与同僚政见不合，又因骨血如崇山天门傲然，道不同不相谋，竟遭奸佞的毁谤，被襄王逐出宫廷。一叶扁舟，载一腔不平，回归故里，捧茹澧而哭，辟谷兰岗而赋离骚，长啸“广开兮天门”而作九歌，祭得神灵昭示离家远行。起身兮远游啊，一路愁苦忧思，一路战火连天，终因不忍弃国难舍故土，徘徊复徘徊，是年五月初五，闻庸灭家破，父死子亡，万念俱灰，悲愤断肠，苦痛哀国，设祭坛为亡者、先祖举《招魂》《大招》之大祭，遂于汨罗投河而自尽。“鸟飞反故乡兮，狐死必首丘。”或因这种坎坷劫难，他在险恶的政治环境与悒忧的心情与坚毅骨气的三重元素挤压之下，才得以炼成真金白银的千古楚辞之绝唱。楚辞之艺天人合一，楚辞之情融鬼通神。这是一代大诗家的鬼斧神工，天才落地。从此，一个政治家的消失与一代诗人的崛起，孰轻孰重，后人自有评说。

就在那低垂星光的茅草掩映的河岸上，一个穿着长袍峨冠佩剑形销骨立的身影，正在向老庸湾走来。他就是惨遭顷襄王驱逐的屈原。他乘一条小船，沉吟几多惆怅之后，义无反顾地回到了家乡。他穿过二尉岩，上了潭头铺，过了兰香桥，走在归乡岸上。他捕捉自己少年烛光下的身影，怀想裸身在沧浪之波的追逐，他的心情是复杂的。但家乡的父老乡亲是欢迎他的。他的父母在老庸湾的家里凭栏瞭望。尤其是他远嫁的姐姐，听说弟弟回到了家乡，不采流言蜚语，毅然回到潭口簸箕埸上的老屋和老庸湾的娘家，她要安慰在政治上失魂落魄的弟弟，她要与弟弟共度难忘的亲情时光。归乡岸的对面，有一条姊归岸，那是百姓对一位有主见、识大体、不畏权势的女性的永恒纪念。

还有一则民间传说：屈原投江后，托梦给姐姐，说三天后有神鳌托他回归故里。姐姐怀梦，突发灵感，就发明了粽子。她用箭竹叶包裹糯米，又缠上五彩丝线，投入门前的七里江潭喂养鱼虾，以防它们出于饥饿啄食屈原的遗体——至到今天，那条“神鳌”还静静地守候在屈原老屋门前，不过已化成百丈鳌山。这是一种令人锥心落泪的祭奠。多么细心的女人啊，两千多年了，这粽子年年不断地抛向大江大河，我想屈原的尸骨永远还在。

屈原回到故里，乡音乡情给了他心灵上的安慰，他在“有山三万八，山山皆兰花”的大庸家乡，选址兰岗，“余既滋兰之九畹兮，又树蕙之百亩”，如今兰园不存，独留相公溪、相公洞遗迹供人凭吊；他以兰为食，辟谷修炼，或游于江潭，行吟泽畔。面对澧水，他吟诵着“举世皆浊我独清，众人皆醉我独醒”的哲言；面对故里，他又满心惆怅，精神有些恍惚，于是他反复吟诵：“路漫漫其修远兮，吾将上下而求索。”然而，纵观两千多年来的时空，除了多少烟云变幻，除了多少沧海桑田，除了多少人事是非，还有这不变的七里江潭与丹丘橘洲，还有屋后那不变的日月穿石与归乡河岸，更有这不变的血脉与文化基因。战国逐鹿，庸楚败亡，但其另一座文化的精神高峰，却永远高高耸立在华夏大地，赫赫昂首在澧水河岸！

就那么走，突然，我眼前的天空兀地高阔起来。有人惊呼，潭口到了。是的，这就是我日思夜想的潭口啊。这是我走了两千年之后的潭口。这里美得让我流泪。这里的山峦辉映着天问的沉思，每一棵绿树都是绿色的问句。这里的水波写意出离骚的反诘，每一颗石子都是沉甸甸的记忆。这里更多的是“沅有芷兮澧有兰”的美丽无边，更有“观流水兮潺湲”之无尽的思绪。这里山川秀美、物阜粮丰，比之难以涉足的险恶而单一的大江大河更能守成；这里云蒸霞蔚、山重水复，比之一览无余的无边的裸露的坦坦平原更能藏身。在那天老地荒，信息不畅，水路为王的时代，此处潭口，进可以取中原大地，退可以固守南国家园，是天然的港口，也是自生的屏障。由此可见，只有这样的奇秀美景，澹澹水域，才能配以屈瑕的食邑之地。也只有这样的壮丽河山，锦绣人文，才会激发诗祖的瑰丽诗情！

当那高阔的天空越来越空旷的时候，白云已然退去。无字的天书，深藏在悬念的蔚蓝色之后，写满了我对初识潭口无法掩饰的眷恋与电闪雷劈般的震撼！古往今来，奇幻的诗思根

植于山川，发源于性情，创造于灵感，切入于时令与人事。屈原以其本土苗语诗风之标志性的“兮”字，遍插楚辞，通天化地，呼鬼唤神，高歌低唱，一吟到底，写尽写绝了人情天性，也写尽写绝了一个漳口的“兮”字女腰的地理形象。屈原的诗情能穿越亿万年的时空，他还将穿越未来无穷无尽的预言，走向永恒。这不能不说，是故里的山川风情给予了他人生最美丽的沐浴，也给予了他诗魂的雄才大略。

越深入漳口，越神奇。“漳口有缺红日补，天门无锁白云封。”这不是戏言，而是古代当地幽默大师覃金瓯陪一位县令拜谒屈原故里即席而对的千古名联。这是对漳口丹丘祭日的真实写照。濯漳口沧浪兮，洗净了多少岁月之铅华；拜鳌鱼福地兮，引来了多少学子独占鳌头。如今，这里还矗立着“二厨岩”与“日月岩”的传奇。品味这两个朴素而真实的民间故事，你将会感受到大自然与人类神秘相融通的细节魅力。

这是谁在说话呢？我回眸凝神，原来我已不知何时站在了漳口崇阳坪鱼形地的鱼眼上。这是鱼说的。那是《山海经》所记“蛇乃化为鱼，是为鱼妇。颛顼死即复苏”的那条天下第一大“鱼”。此地就是“老庸湾”——古庸国东方帝都——老庸城遗址。屈原“帝高阳之苗裔兮，朕皇考曰伯庸”，高阳颛顼者，史称“颛庸”，与他的后裔——屈原之父伯庸两大历史巨人加上大中华创始之国——古大庸帝国的三大千古谜底皆深埋于此。

此刻，我分明看到一个长者，就这样在这片被历史遗忘的草莽中寻寻觅觅，不忍舍去。寒暑易节，春去冬来，日复一日，年复一年。他就这样一次又一次在这片台地上踏查、沉思。有时自言自语，好像在跟这个老屋场的主人作穿越时空的对话；有时，又沿着漳口岸边的古道且行且止，去感悟当年的故人行吟泽畔。一瞬间，三年过去了……七年过去了……九年过去了……十二年过去了……

——十二年，那是4380余个艰难跋涉的白日；那是4380余个笔底雷声的夜晚。十二年，那是一个从哇哇坠地、呀呀学语、蹒跚学步、发蒙入学到新芽初苗的少年年轮啊！就在这一天，一部用十二年半汗血之精熬煮成的120万言巨著，终于锵然出炉！在中国屈学伟大宝库中，无疑又新奉献了一份大礼。我说：这是一部由著者发现独创的全新叙事版权模式的宏大经典论著，敢言是古今屈学研究成果金字塔的尖顶之作！我捧着老师的这块“金砖”，只觉得好沉好沉。此刻，我泪水潸然，哽咽连声，只想说：

“请记住一个人吧！他将改写屈原故里！”

【李文锋】张家界市永定区人。作家、诗人。市电视台副总编辑、市作家协会副主席、市直作家协会主席，出版长篇小说《半部官阶》《毕兹卡王》《风流魔影》及《灵琴》《张家界的旋律》等散文集。长篇小说《火鸟》获湖南“梦圆二〇二〇”主题文学征文一等奖。这是一位文学弟子为师傅所作的跋语。

跋三

父亲与屈原

金 陵

作家每一次用笔蘸墨水，都要在墨水瓶中留下自己的一点血肉 。

——托尔斯泰

父亲这部大书终于要出版了。

我就这样漫漫默默地在揪心和等待中陪伴熬老了13年岁月。

这是一部以120万言的证据证词，为屈原故里及身世彻底翻案的超级诉状。

作为他的女儿很难对这部巨著评头品足，说长道短，于是换一种方式，想借此机会向广大读者谈谈作者的一些鲜为人知的遭遇与故事，或许对阅读这部大书有所启迪。

提起我的父亲金克剑，张家界人鲜有不知的，他是张家界文化界的一面旗帜，是古庸城的一个传奇。

父亲外形很易识别，因为奇特。人群当中，虽算不得英俊潇洒，但回头率蛮高。额头溜光闪亮，前脑勺毛发掉光，只剩下后脑勺一片稀疏的丛林。以前，父亲还四处问药，见效果不咋的，干脆就不管它了，自我解嘲“聪明绝顶”。而这招牌式的“发型”，竟然成了老庸城不便克隆的“名片”。他那爽朗的笑声、渊博的学识、健谈的英姿、高低不平的脚步，构成了庸城一道别样的风景。

说起父亲那高低不平的身姿，我简直不忍心提笔碰及那段心酸的往事。我见过父亲年轻时的照片，虽身段较为浓缩，但那浓眉那大眼、那头茂盛的板寸、那儒雅的气质，仍给人提供了他英姿逼人的信息。年轻时的父亲，高中毕业赶上“文革”风暴，失去了高考的机会，回到生产队务农，但每天书不离手，即便出工，也是如此。别人休息时，家长里短、打情骂俏，唯有他悄悄从屁股后边摸出一本书，远远地躲在一角独自啃读。书，让他沉浸了一个世界，也隔离了一个世界。表面看来，他格格不入，且有偷懒耍滑之嫌，但他手上农活却比别人做得更精细更地道。

因为父亲身上生就的文化气息，又有绘画、书法的功底，公社需要放“8·75”电影的人才，他就当之无愧入选了。放映员是吃百家饭的，长年挑着担子，走乡串寨，到各生产队逐地循环放映。无论天晴下雨，还是刮风下雪，父亲都忠诚地履行着自己电影放映员的职责，

曾先后被评为全县、全州、全省先进放映员。

是毛主席逝世的那年冬日，父亲放影转点回到家里，想乘白天砍点柴火过冬。他仗胆一人爬上深山老林，在百丈悬崖上砍下一棵人人觊觎但都望而生畏的巨粗残疾古树。悲剧也就在那一刻注定了，父亲被迅即倒下的古树无情地压断了双腿，却奇迹般地未能掉下万丈悬崖。父亲被人抬回家里，5岁的我对那血肉模糊的惨烈场面至今还深深地雕刻在脑海之中。半年以后，父亲从医院出来，就成了一个走路瘸拐的残疾人。每逢天气翻脸，父亲的双腿便疼痛不已。愈到晚年，痛愈加剧。父亲的断腿之痛，成为家人心头的永远之痛啊！

时逢恢复高考，因遭受极左迫害，父亲被无端“内专”8年，自然也剥夺了高考的权利，只能远远地坐在考场外向苍天抛洒一腔悲泪！

这里，我实在不忍再用笔尖挑开那8年中所遭受的人生苦难之血痂。却让我记起斯大林的一段名句：“每一次都遭到失败，受到侮辱，不得不退却，不得不把委屈和耻辱，愤怒和绝望埋在心里，仰望茫茫的苍天，希望在那里找到救星。”（斯大林《悼列宁》载《斯大林全集》第6卷第43页，人民出版社）

天无绝人之路。正在为生计发愁之时，经推荐当上了公社中学代课老师，月薪5元。父亲双腋夹着拐杖，蹒跚着走上讲台，尽情释放他那过人的才华和对教育事业的忠诚与挚爱。每次在全县统考中，他所教语文、历史、地理都名列前茅。终于有一天，机会降临，他参加了全县2000余民办教师争夺5个转公办名额的竞考血拼，居然一考定乾坤，随之调到他心仪多年的县文化馆，从事文学辅导专干工作。从此，父亲告别农村，开始了他自幼萌发的要圆作家梦的崭新生活。

说起父亲对文学的痴迷，让我记起爷爷曾向我讲述的一件往事：那是1960年夏的星期天，红土坪完小一位老师领着几个少先队员吹洋号、打洋鼓，翻山越岭来到我们家，送了一张喜报，说恭喜您的儿子克剑在全县“万字关”作文竞赛中获得第一名，还奖了一支钢笔、50个作业本子。这是当年轰动红土坪公社的一件大事，在张二坪大队更是出尽了风头。那年，他12岁。就从那天起，父亲就已暗暗与文学结缘，这也许就是古人所说的“生有异禀”吧！问起父亲，他说确有其事。记得作文题目叫“家乡巨变”。5个作文本，方格填满了就是1万字。

父亲调到县文化馆当文学专干，第一件大事就是参入国家文化工程——主持大庸市民间文学三套集成搜集整理出版工作，三年下来，让他成了通晓本土民族民俗民间文化的非遗专家，这为他未来文学创作及未来的历史研究打下了坚实的桩底。80年代初，父亲以《鬼谷神功》《女俘》《狼岛》《血征》等中篇小说名噪一时。他的散文《红与白》还入选全国高中语文民俗教材（人民教育出版社2006年6月版）。父亲当时的愿望，不仅仅是个人奋斗，还发誓要为全县（市）培养一批文学人才。那时，城内乡下有一批懵懵懂懂的年轻文学爱好者，各自为战，如散兵游勇。父亲将他们收编到自己门下，悉心栽培。我家那时“半边户”经济寒酸至极，但只要弟子们来访求教，父亲都要叫我母亲炒上几个菜，盛情款待。父亲的豪爽热情、母亲的贤惠善良，让我家变成了一个温馨的小客栈，也成了文学爱好者们聚会的小沙龙。为激起弟子们的创作热情，充实写作素村，我父亲带着比他小不了多少的年轻人，上山下乡，深入采风，体验生活，办班写作。为了培养文学人才，他从最初创办《龙虾花》《大庸青年》内刊，到后来创办省级刊号《张家界》旅游杂志，及至成功申办国内统一刊号的《旅行》杂志，这种旷时20余年的办刊艰巨历程，国内同行罕见，但他也为此付出了沉重代价，浪撒了20余年本可个人奋斗创作的年龄。因为杂志经费纯属自收自支，办刊之艰难只能向苍天诉说。父亲经常自掏工资补贴杂志。一直到杂志改革易主，父亲都还有两寸厚一沓高达6万余元的发票无处报销，长眠在他的办公桌里。但父亲一点不悔，他说为张家界文化之崛起、旅游之宣传、人才之培养，总要有文化举旗人为之冲锋陷阵，甚至搭上性命。

从古至今，世界上给官不当的先例怕是凤毛麟角，我的父亲就是那一羽凤毛，一瓣麟角。大半生来，父亲至少有两次辞官低就的先例，一是前面提起的1980年7月12日，父亲参加全县2000余名民办老师竞争5名公办老师考试一举夺魁，还没分配就被县委宣传部抢先下了调令，还安排了官位，父亲却坚辞不就，居然选择了不上级别的县文化馆，理由就是“从政从文一字之差，我更适合从文”。二是1999年初，九三学社省委副主委利光裕教授一行3人专程到张家界，商谈要父亲主持筹备召开市九三学社第一次代表大会，并出任第一届主委（正处级）大事，还透露将兼任市政府某副职的人事秘密。父亲不为所动，又是那句话：“从政从文一字之差，我更适合从文。”竟屈就副主委之职。利副主委叹道：“我敢断言，给官不当者，全中国只有一个金克剑！”父亲此举，曾让我还有妈妈、弟弟、爷爷奶奶、外公外婆及双边家族及一些友人都为之抱怨，简直难以理喻。社会上还颇多微词。父亲报之一笑，无憾无悔，淡定如风。

悉数历代文化名人，凡有识者多有胆，有胆有识者往往恃才傲物，桀骜不驯，敢说敢做，不同于常人。他们从不按常规出牌，淡薄名利，视权贵地位如小草，屈原、李白、苏轼等无一不是。父亲名气大了，市政协自然要向他招手。这个虚衔政协委员加常委，破例一当四届20年（**此其唯一**）！他不辱使命，尽职尽责，被报纸称为“人民的代言人”。一年一度的大会发言，总要引发全场掌声风暴和强烈反响与思考。父亲浩然正气，口若悬河，以全新的视角、雄辩的气势、缜密的思维震撼了所有在场人。父亲大会发言和许多重大提案如影响联合国教科文组织的武陵源景区大拆迁提出为世界遗产、武陵源立法、国内最早提出创建生态旅游城市、第一个提出申报“中国优秀旅游城市”、申报世界“张家界地貌”等，都一一成功。他所提出并推动城市改造“穿衣戴帽”等若干成体系的城市战略问题研究建言，都受到了市里、省里乃至国家领导甚至联合国教科文组织的高度重视，多数最终获得认可与实施。尤其国内第一个提出创建“张家界国家公园”的政协大会发言和提案，比2013年11月颁布的《中共中央关于全面深化改革若干重大问题的决定》所提出建立国家公园体制早8年！父亲那种雄才大略、超人思维、过人胆识，且直言敢谏并务使成功的鼓动力、推动力，受到广大政协委员和市民的赞赏与敬重。《张家界日报》曾以《金委员再放大炮》为题重头报道。2005年11月2日，《张家界日报·生活周刊》，以头条整版刊发父亲的头像（极其罕见），并在左下角配了一段文字：“金克剑奔走呐喊捍我故园 最近，在张家界旅游和文化界，《人文张家界》一书引起很大反响。书作者就叫金克剑。……（略）曾经担任过《旅

行》杂志社社长兼主编的金先生，数十年如一日，在潜心研究本土文化的同时，始终以一个'人民的代言人'的形象活跃在社会舞台，行走在山川江河……”（记者赵杰报道）因此也让他获得了带有褒贬双重含义的“金（经）杆子”绰号。誉乎？毁乎？父亲一笑置之，浑然不顾，依然我行我素。

父亲还是个策划天才，拥有“国家注册高级策划师”职称，除了上述宏观战略性策划案例，还有若干影响中国和世界的旅游项目策划案例。如震撼世界的飞机穿越天门、世界最长最高的天门山观光索道、世界独创的最长最高的大峡谷玻璃桥等。由于他的策划成果及独有的策划才智，被全国高管委人才专业委员会、中国策划协会等四家机构联合授予“中国杰出策划师”称号。甚至说，父亲的这部巨著，本身就是一部伟大文化产品策划成果！

还有两件小事不得不说：

一是早几年，苗民讨米者成了当时社会溃疡之痛。凡光顾“半边户”的我家者，都会得到父母亲一份尊重、一份不丢脸面的施舍。父亲常为此满含热泪，却无力回天。他说：“只要有几个大贪良心发现，把赃款捐出来，这些穷人就不必讨米了。”天真得与年龄极不相称。但他却是一脸的认真。

二是自1980年秋调到县文化馆后，坚持打扫机关庭院，并一路扫出大门、扫到回龙街口，一扫10余年。后因工作调动迁住到土门冲无人管卫生的私房小区，父亲又操起扫帚，两条“T”字小巷，一扫又是30余年，至今扫街史已达40余年，至今仍忙里偷闲，乐此不疲，邻舍路人无不为之感叹。我对此不可理喻，他一笑说：“扫街是我修炼高格人品的原动力，人家不屑一顾，我却乐此不疲。而最重要的，只怪我血管里流淌的是你爷爷奶奶的农民骨血，这是万金难买、最为珍贵的人生财富，叫不忘出身卑微，常思艰苦奋斗。”“文革”高中毕业后，回乡务农，一切梦想灰飞烟灭，他却在油灯下秘密刻印了一本“励志书”——《奋斗》。现在回头评价父亲大半生，就是一部卑微者超人十倍、百倍的奋斗史。

父亲是性情中人，事业上出类拔萃，生活上也并不拘谨，别人请他温泉泡澡，他欣然前往；别人邀请他去歌厅嗨歌，他也不会忸怩拒绝，握着话筒吼几声有大山回音的嗓子。他陶醉那种酣畅淋漓的快感。他轻易不唱的《澧水号子》是他最得意的自创保留曲目。号子音域宽广，声音高达十七八度。这是他在全县“文革”两派武斗白热化时，受命与三位“战友”赴京向“中央文革领导小组”汇报。他们隐身于澧水货船，化装成船工，在急流险滩撑篙拉纤，就在与生命搏斗的过程中，不时听到岸上“造反派”与“保守派”血雨腥风的枪炮声和惨叫声，于是在现实情境剧中原生态“嚎”出来、吼出来一支浑厚、悲壮的“澧水船工号子”。父亲曾同我俩讲起那段往事：当他在澧水船上撑篙拉纤时，忽然产生一种幻觉：就在麻麻细雨淡淡青烟的岸上，他分明看到一个古人，峨冠博带，一脸悲戚，高吟“沅有芷兮澧有兰”，向浓雾深处和有（武斗）枪声硝烟的“战场”走去。那不是屈原大夫吗？此之梦幻，一直纠缠了父亲好多年。令父亲震惊的是，26年后的1992年，在穷困文化馆没有职工宿舍的境况中，父亲举债在城里建了一栋小屋，友人曹无害为其书写一副对联：“金门三间志，广厦万间情。”其实，父亲那时还不敢涉猎屈学，谁知暗含玄机。**一晃40多年，父亲与屈原居然还果真发生了一次伟大的隔世邂逅！**难道是冥冥中的屈原的某种久违的暗示！？历史就是那么的奇妙。2008 年秋，市政协主席周光庭和文史委李书泰主任发起成立“张家界市历史文化基础性研究课题组”，力邀父亲参与。父亲不肯放弃写长篇小说而改行去钻痛苦的故纸堆，但最终禁不住友人顽强的厮磨，只好一头扎进史海，任凭命运沉浮。那年，正是父亲 60 岁寿诞在祥龙国际酒店请客吃寿酒的日子，父亲以西方美术大师毕加索**“人从六十岁开始变年轻”**巨型横幅作生日勉言。就在那次会议上，他在认领课题时，不假思索报出让中国屈学界石破天惊的题目——“屈原故里在大庸”，发誓要为两千年屈原疑史翻案，这无异于以卵击石，其难度之艰，工程之巨，可想而知。选做此题，父亲并非心血来潮，多少年前，他在念高中时，就曾得到语文教师马龄的影响和指点故始终怀揣着浓浓的屈原情结。他曾在《张家界日报》上陆续发表了一组关于屈原故里极有可能在南方澧水流域古大庸（今张家界）的小文章，试试深浅。不料小石一投，激起千层巨浪，网上哗然一片。父亲不避褒毁，毅然将屈原身世故里研究这个难度空前的屈学重担扛在肩上。但要找到能作理论支撑的成体系、成方阵的史料证据谈何容易！起步之时，父亲脑袋一片茫然，搜集资料如同大海捞针。治史可不是作小说，要严谨缜密，来不得半点纰漏。从那一天起，他淡出社交圈，沉下心来，狂读史书，猎古钩沉，继而外出考察、田野调研。父亲拖着残腿，忍着剧痛，拄着拐杖，驱车行程八千余里，硬是走完了湖南湖北凡有所谓“屈原故里”，或传有“屈原足迹”的地方。恐是父亲精诚所致，感动了屈原，还真正得到屈原的暗中相助，每次出行，都会有意料不到的重大线索出现。甚至，莫名其妙得到了几乎不可能得到的国史、方志、族谱、瓜藤谱、民间古唱本等五大事关研究成败的核心证言证词。于是父亲思路渐渐开阔，只觉得屈夫子正笑吟吟一步步向他走来，默默注视着自己，给他聪明水，给他精气神，于是不断顿悟，愈写愈开，愈写愈顺。日写，夜写，神思飞扬，灵感如泉。谁料当洋洋洒洒的 60 多万字的半部初稿打完最后一个句号时，父亲突然头痛欲裂，轰然倒地！经过九死一生的“涅槃”与死神擦肩而过。稍好以后，又不断调查、攻读、补充、修改、完善。一晃九年、十年、十一年、十二年，乃至整十三年！十三年中他先后 5 次发病，3 次住院！最近的一次是 2018 年 3 月 2 日的“面瘫”并引发眼底黄斑病变。这使父亲想到诸葛亮说的一句话：**“我有功于江山社稷，而损我寿也。”**经 3 个多月的全休调养，父亲又带病伏案，对著作做以后若干次“攻坚”式细琢修饰调整。甚至不惜对若干章节大动干戈、乃至推倒重写。一部洋洋洒洒 120 万字的鸿篇巨著《屈原故里大庸考》，实际手写总字数达 3520 余万字！今日，总算进入“谈婚论嫁”程序。而此刻，他的一个外甥女儿已大学毕业，弟弟的儿子则升级高三；而我们的爷爷奶奶、外公外婆，都先后作古，未能最后看到他们为之关心、为之揪心的儿子、女婿这部古今第一屈学大书的模样。父亲每每为之痛哭悲泪。他痛悔不是很称职的儿子、女婿，也不是很称职的父亲，但却是个孝子、慈父。他有苦、有难、有泪，可又向谁倾诉？就是石头、树木，也要为之感动为之洒泪唏嘘的！

然而，一切都杳然而逝，父亲以人生整整 13 年 4800 余天的寿命代价——即从“花甲”进入“古稀”的年龄，完成了他伟大的华丽转身，从作家、编辑蜕变成当代屈原学大家。这是对屈学界空前未有的挑战，他颠覆了千古权威，改写了历史“定论”。换言之，父亲得以成功，还得仰仗他的文学功底、平时积累。通读全著，你只觉得行文如流水，琅琅如筑琴，绝

无传统史学论著的艰涩沉闷的痛苦。说改行，还不如说是文学与史学嫁接交融的当代版成功案例。但父亲心知肚明，这本著作一经问世，屈学界定会掀起轩然大波，各种责难、质疑、谩骂，当然还有兴奋、赞赏、欢呼，都会潮水般涌来。对此，父亲显得很淡定，因为13年半的研究著述过程，本身就是与两千年屈学界的误论、错论、谬论进行立论、辩论、驳论的过程。他几乎与古今多数屈学先辈在其著作中对过话、交过手、红过脸，故谙熟千古屈学的软肋与是非。他原想再冷放3年、穷读3年、考察3年、删补3年、打磨3年——但他自感眼力、心力、体力、气力、精力等每况日下，关键是生命年轮已成强弩之末，叫心有余而力不足。也罢！孩子好与否，总要出世；女儿丑与乖，总要出嫁。他已经做好了各种思想准备：暴风也罢，骤雨也罢，他都将把他们一揽入怀。知父莫若女，他是想收获一部能伴随屈原诗远行永远而不被岁月淘汰之经典。

蓦然回首，我忽觉得父亲和屈原有缘。他的传奇般的人生经历、他的忧国忧民的人生态度、他的直言敢谏的人之个性、他的激情四溢的创作才华、他的“路漫漫其修远兮，吾将上下而求索”的奋斗精神（父亲高中毕业回农村后秘密自编、自补、自印了一部约20万字励志书——《奋斗》）……你看，父亲所经历的一切，哪一样不闪烁着屈原的影子？父亲对屈原既敬又爱，早已深深地将自己的灵肉与屈原的魂魄融合在一起了：

——父亲犹似屈原，此“屈原”即父亲自己。

文章至此，我突然反思22年前（1999—2021）至41年前（1980-2021）父亲两次辞官（正科、正处）而从文的决定，现在看来，他的选择几乎有先见之明的神奇。设若选了官场，我敢断言：屈原的千古之冤还不知要再等待多少年、多少代后再产生一个张克剑、李克剑才有可能为其翻案昭雪呢！回想父亲在初期调研过程中，所接二连三出现的“屈原显灵相助”的奇事（**如5份几乎不可能得到的核心证词的神秘现身并莫名其妙送上门来!!**），难道是屈原在冥冥中的一种心灵的暗示!？由此想到古代成语“心诚则灵”，恐怕不是瞎造出来的。

可不是么？放眼中国，“正科级”“正处级”或更高级别的官员何止百万千万，但能登上屈原故里学术研究巅峰——乃至由此登堂入室，破解屈原千古真身的重大秘密的古今屈学界唯此一人。从这个层面说：最后的赢家还是我的父亲——金克剑。

2016年夏第一稿；2020年6月第二稿

2021年10月1日第三稿

【金陵】张家界吉首大学中文系副教授，文学硕士。专攻张家界大湘西土家民俗文化。有20余篇关于土家族人文民俗历史论文在全国多家专业刊物发表。

后 记

经过13年（2008年8月7日–2021年11月30日）4800余天刮骨熬油的打拼（按：不包括13年4000余个漫漫长夜），我的这部长篇学术拙著《屈原故里大庸考》，今天终于可以勉强交稿，进入印刷程序了。

自汉高祖五年（前202）置充县（充，即崇山，亦即大庸、永定）后的15个朝代2223年以来，老大庸的地方衙门，一直到明、清修编《永定卫志》《永定县志》《永定县乡土志》时才开始对本土历史文化展开初级研究工作，但限于信息闭塞，资料匮乏，专业史家稀缺，故难以登堂入室，不过摸其皮毛，浅尝辄止而已。两千多年来，大庸张家界地区（永定、慈利、桑植、武陵源）虽不乏诗人大儒，但没有产生一个真正意义上的职业史家学者，也没有产生一部真正意义上的历史专著。大庸（张家界）的历史著作影响力没有走出本土，没有走出湖南，更没有走向全国，又何论走向世界。长期以来，本土历史的话语权一直掌握在境外州府、省府和外籍学者及史著中，故只能听凭他人“忽悠”“开涮”。比如对“大庸”本义的解读，不知为何物，明代居然废弃而改“永定”，当代则把已恢复了的“大庸”改成“张家界”。更有甚者，东晋袁山松道听途说玩了以“秭”代“姊”的把戏，就把原本属于大庸（张家界）潭口里的归乡岸、姊归岸的屈原故里搬到湖北秭归，以“秭”代“姊”了。而那个郦道元不仅支持袁山松的谣言，为屈原故里“秭归说”让出发声的版面，造成长达1500余年的屈学混战。同时，又故伎重演，把原本属于大庸（张家界）的雷泽坪、脚印岩连同华胥氏的籍贯家乡乃至把帝尧夫妇的墓葬一齐“搬迁”到北方的成阳县，等于为大庸（张家界）制造了又一桩历史冤案。这样的历史大搬迁还有许多案例，如有个大师钱穆，表面上解屈原诗，却坚定地认为“**至《楚辞》二十五篇，未必全出屈原之作，亦未必全述屈原之事**”。却又为了把骨子里并不相信的屈原其人籍贯搬到江北河南，竟然提出要把“**洞庭沅湘澧诸水**”来个“**乾坤大挪移**”，一齐搬到河南！（见《古史地理丛书》141页，生活·读书·新知三联书社，2014年4月版）——这就是近代屈原故里学研究中出现的“大师奇葩”，亦见其屈原学术界思想、观念混乱之一斑，从而导致一个伟大的文明古国——大庸帝国、一个伟大的爱国诗人——屈原，以及一大批载之于古籍史著中的成方阵走来的伟大历史人物和几乎贯穿整个中华百万年史的若干重大历史事件的真相被歪曲、被篡改、被遗忘；反过来，一些谬误则大行其道，结果是：大庸张家界人除了对一片石头森林的自恋

式骄傲，却少了对本土历史文化的底气与自信，乃至让历届赴任大庸（张家界）的父母官们误以为这里除了山水就是一片文化荒漠；乃至把一个伟大的创世文明古国——“大庸”之名，被一个成立不过20年的“张家界林场”和一支不过百人的“张姓家族”所居住的小山村“张家界”所替代——其理由就如一个小学生答题那样单纯可爱：**“大庸大庸，就是大大的庸人**（按：此贬义之‘大庸人’，即大大的平庸庸俗之人）。**我们坚决不做大大的庸人！”**（按：此为某行政长官原话）。就这一句话，导致大庸市——古大庸帝国万年古名被大峰林——即屈原所定位的“石林”——一个叫“张家界林场”的小小村落给顶替为“张家界市”了，好多人还为此弹冠相庆，自鸣得意：**“我们从此不再做‘大大的庸人’了。”**

——用一个不足两百人的小村落——不超过30年历史的“张家界林场”之名，替代了一个洪荒古老的、伟大的、拥有远超百万年文明史及长江以南半壁江山的大庸帝国——古庸都之名，**“张家界市”成了百家姓中“张氏家族之市”**了、**“张氏家族之‘界’”**了。

——丢弃了伟大中华历史起步之根脉、之祖宗，浑然不觉，还自鸣得意,还要为其作《记》：**“从此我们不再做大大的庸**（俗之）**人了！”**

——也许这正是我痛下决心放弃文学、改行屈学，为我市找“魂”，为中华寻根，为华族找祖，为神州找国，不再听凭外人忽悠，从而著写这部拙著的初心与原动力！

此时此刻，我回想到2009年初的那些日子，张家界市第五届政协主席周元庭及政协文史委主任李书泰同志以前无古人的责任担当、魄力和勇气发起并实施了前无古人的“张家界市历史文化基础性研究”学术工程，此举得到了以胡伯俊、赵小明两位外籍官员为代表的市委、市政府的全力支持。两千年来的遗憾在这几个外籍人士的强力推动下有望得到弥补改观。而我所承担认领的《屈原故里大庸考》或许是众题材中最为敏感、最为艰巨、最为险峻的学术高峰。但我并没有退缩，而是庄严地接下了这一规模空前、难度绝后的中国史学第一重大、第一艰巨的学术课题，并由此改变了我后续人生和命运。数年后，新一届市委书记杨光荣同志和市长许显辉同志接力前行。我至今还记得光荣书记力排众议所讲的一段语重心长的话，后来写进了市委常委会议纪要，他说：

“张家界历史文化研究这件事，只能加强，不能削弱。要继续不断地坚持下去，不能停，不能断，不能丢，丢了是要负历史责任的。”

——49个铿锵有力的字句，挽救了千百年来第一次发起的本土历史研究工程，挫败了那一、二个几乎发疯般反对者的企图。就凭这句真诚、暖心的话，让我热泪盈腔。与一二个当张家界的官、吃张家界的饭，却仇恨般反对者相比，我只能表示蔑视冷笑，倒更坚定了我义无反顾、将研究进行到底的决心。那一刻，我想到司马迁在承受腐刑之辱、人格之痛，坐在牢狱中著成了光耀万代、泽被后世的伟大《史记》！

纵观古今，凡著写国史，必是国家朝廷行为；研究著写地方志或本土历史著作，则是地

本著刚写完一半工程，大病住院15天，死里逃生，生命的警钟向我敲响！图左李书泰在病床陪护。

方政府的职责。按说如此重大的使命是不可能推给社会上几个热血文人君子去当“志愿者”寒窗苦斗的。我感言：在当今这个被铜臭气息弥漫着的浮躁时代，能静下心钻故纸堆，坐冷板凳，在孤灯下甘守一份冷寂、一份清贫、一份淡定，这样的人不是“傻瓜”就是“异类”，绝对的“弱智群体”。但这样的“傻瓜”并不需要他人的同情怜悯，他们只求得到社会大众的一份理解和尊重，政府高层的一份重视与呵护。正如英国著名学者福克斯所说：**“学术著作已被看成是代表国家软实力的一个重要因素。”**我很以为然。

如果从2008年9月初我被正式受邀由文学改行投入我市历史文化基础性研究工程，到2021年11月28日正式与印刷厂签署印刷合同，历时整整13年多的时光！这对于我来说，恰是我73岁生命年轮的六分之一！13年多来，我几乎没日没夜地连续打拼，中途先后5次生病，3次住院。病魔已摧残了我的肌体，生命已向我敲响了警钟！可箭在弦上，不得不发。连续13年中，共29次大修大改，总计文字达3480余万字，成稿120万字。13年来，一次次不惜伤筋动骨地修改，有些章节乃至重起炉灶，推倒重来。在读中寻找，在读中感悟，在读中修改，在频繁的外调中不断发现，不断去伪求真，不断筛选更新，还要嚼文咬字，字斟句酌，千锤百炼，形成个人风格，独成一家之言，努力把学术著作做成一杯薰风拂面的老茶，一碗惹人欲醉的土家米酒。虽达不到“语不惊人死不休”之境界，但确实尽力做到“为求一字稳，愿耐半宵寒”之境界。这正是我迟迟不敢匆匆抛出的底线。须知这是为唯美主义者的诗魂屈原翻案所作的超级大传啊！

此时此刻，出版在即，感慨唏嘘，泪水潸然。一切感言都不足以表达心中所想之万一，只能凝成一句话：谨向所有曾为我的研究著述出版给予关注、关心、关照、支持、理解、同情、呼吁、帮助、推动、奉献的各级领导、社会各界人士及我的友人、弟子等，深深致谢！

芳名如下（排名不分先后）：宋镇豪 马龄 王春明 何光岳 李燕杰 王中兴 张良皋 杜刚建、周元庭、李书泰、胡伯俊、赵小明、杜芳禄、杨光荣、许显辉、刘革安、王洪斌、刘绍建、郭天保、欧阳斌、李培其、邹菊芳、向恩明、何其雄、丁卿林、胥岸英、王智菁、陈美林、简德彬、杨瑞任、罗勇、张子龙、罗金铭、王雅晖、田贵君、刘少龙、邓剑、赵福生、覃文乐、李周池、张心家、向绪平、陈志冬、姜君、楚晓剑、孙飞彪、向晓燕、雷明盛、张全、张茜、李亚文、张倩、陈丰富 王章贵 屈楚福（三岗屈）屈楚子 屈国聪、屈楚建、屈先恩、屈先勇、屈国厚、屈先新、屈金辉、屈泽波、屈泽彪、屈天云、屈建新、屈先社、

屈辉、屈先仲、屈冬胜、屈国满、屈清平、屈楚福（乐园屈）、王育久、龚建业、曾甲长、胡维厚、覃儿健、吴祥文、唐青松、龚国楚、李唯读、李建春、马克伦、刘刚、宋永松、田绪忠、陈玉林、王卿、田坤生、胡卫衡、田奇富、宋彦璋、周志家、陈国雄、张世祥、张世乐、唐天立、李舟仁、江云龙、李明艾、罗建辉、谭仕忠、张玉莲、唐志华、李海洲、李光玉、龚岳松、汪青松、姜灵男、张仁军、杨思维、李汉英、熊立秀、吴三妹儿、胡贤英、曾才峰、罗文维、龚育文、王建荣、张年初、易善来、王正鹏、袁兆平、邹启祥、曾祥伟、罗曼斯克、李军声、李康学、刘本银、曹无害、唐伟、龚澧舟、李龙、李平、李文锋、龚雪耀、熊夫木、胡家胜、胡良秀、全迎春、姚雅琼、流云、吴旻、石继丽、李炎雄、张兴才、向延波、余晓华、曹开胜、伍文胜、姜玲鸽、黄道英、向佐绒、李荣坤、江波、王家柱、朱月清、宋声锦、陈善怀、朱岚武、吴建国、向凤毛、赵宗山、康存为、金承乾、启琼、舒湘汉、陈德鸿、张振莘、龚瑞珍、李自凯、向良群、刘经慈、尹业清、李振、敬有权、田野军、王承均、刘少建、田奇斌、谷俊德、杜登胜、赵辉廷、杜亚填、唐莉敏、田奇华、李玉兵、杨帆、张小龙、易善任、龚军令、李伊忠、熊文渊、张汉清、郑英杰、尚立昆、胡少云、王光明、罗彬、覃龙、姜阳春、李纲、刘银凤、全豪雄、伍侃、彭华伟、唐志华、秦钊胜、金陵、金雷、金继光、张致先、龚德邵、李月姿、金先胜、全树雄、胡薛男、陈明、田开元……

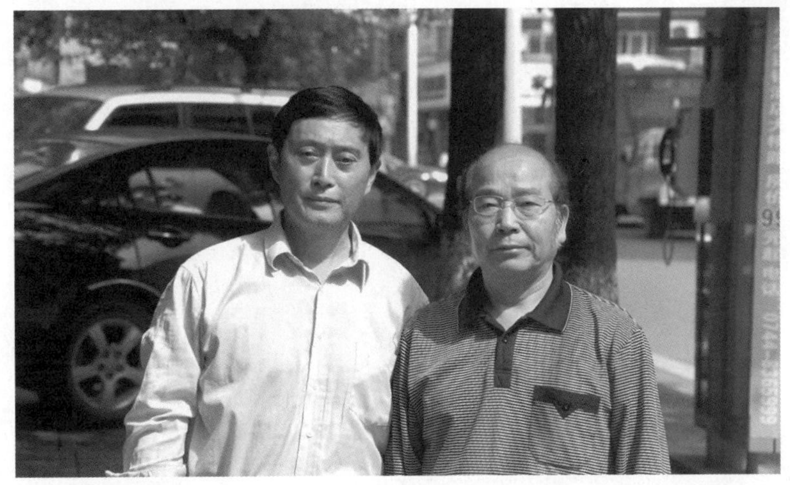

田开元（图左），与著者为大庸一中老三届同年级同学。其父母皆为芬兰基督教澧水教区传教士，自幼受其影响。品学兼优，尤深爱美术。后任电影院美工。有《庸城记忆》等画集出版。曾被评为国家广电部先进个人。本著全部手绘图均出他手。（李书泰/摄）

我坚信：助我为屈原两千年冤案成功昭雪者必得屈原九天英灵之护佑！我亦坚信：本著一旦出版，极有可能在屈学领域或在一定社会层面产生一定的反响而招致不同层面读者的非议乃至反对、攻击、嘲讽、辱骂，但我心如止水、不波不惊。因为只有我自己明白我为此所作的战略准备、所作的艰苦调研，所付出的超负荷百倍千倍所写下的每一字一句——都蘸有我从心中呕出来的血。我自信已掌控了局面、坚信已握住了话语权。我亦为此庆幸能同如此众多知音者、关心者、同情者、疼爱者、鼓励者、支持者和鄙视者、反对者、嫉妒者、冷笑者、嘲弄者、辱骂者等一起在浪尖上傲啸弄潮！

——或说，我正处“学术”这个名词已被这个浮躁年代所淡漠所鄙夷亦即万众浸淫手机不读书的浅薄时代，令我反成了与这个拜金时代极不合拍的“异类”。

此时此刻，书稿开印在即，我仍觉惴惴不安，一种巨大压力无形中隐隐袭来。

谨将此书献给哺育培养我成长的伟大的中国共产党诞辰100周年！献给伟大的中华人民共和国诞生72周年！

——屈原千古，魂兮归来！

本著研究写作始于2008年9月。

2021年11月13日（辛丑牛年十月初九日午时）第二十九修改正式定稿，耗时13年零2个月。

2021年11月28日，赴长沙签约。12月2日凌晨7：19分，对后记作最后一次审读，该开机了。